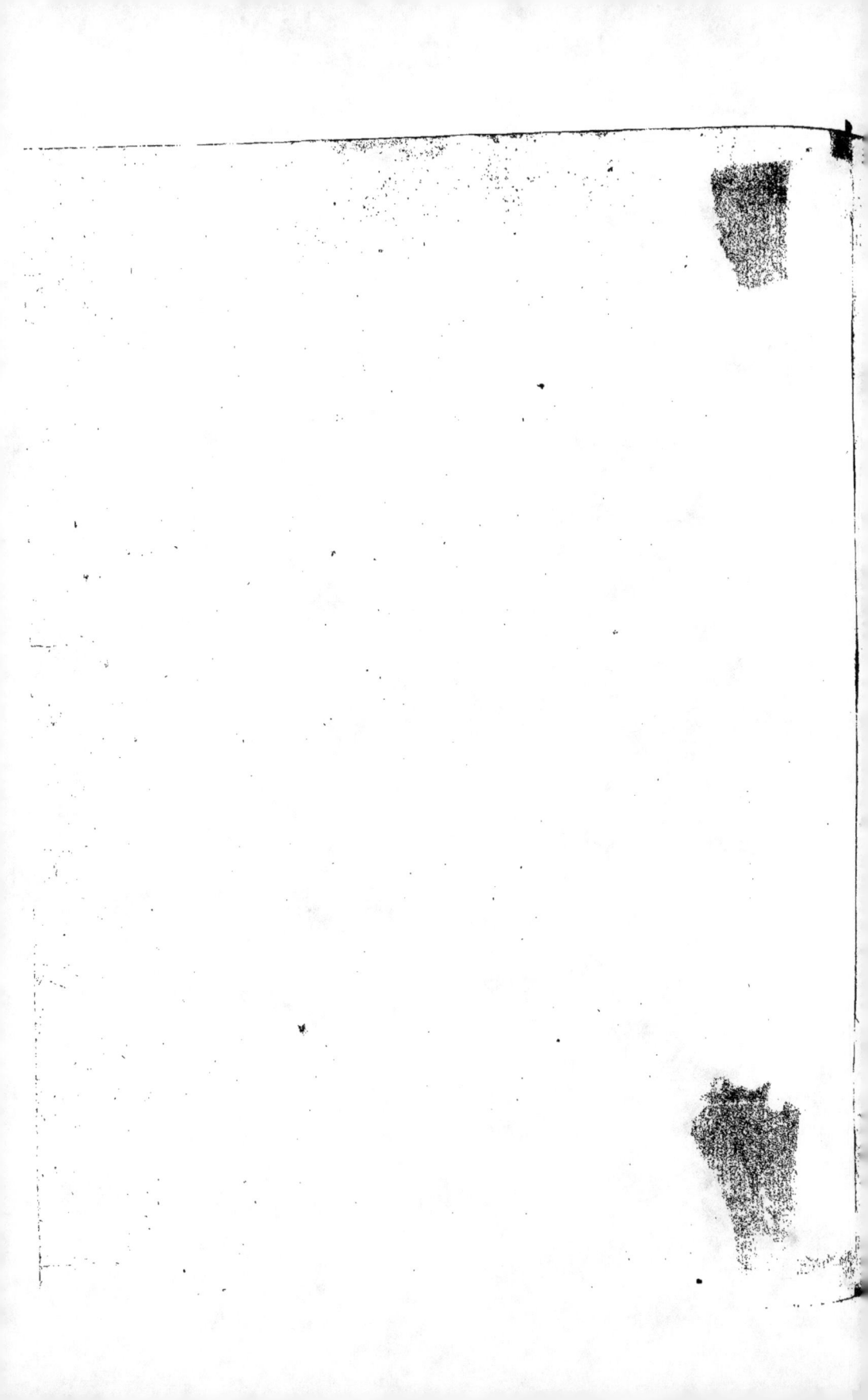

LA SCIENCE

PARFAITE

DES NOTAIRES.

TOME PREMIER.

LA SCIENCE

PARFAITE

DES NOTAIRES,

OU

LE PARFAIT NOTAIRE:

CONTENANT

LES ORDONNANCES, ARRESTS

& Réglemens rendus touchant la fonction des Notaires,
tant Royaux, qu'Apostoliques.

Avec les Stiles, Formulés & Instructions pour dresser toutes sortes
d'Actes, suivant l'usage des Provinces de Droit Ecrit, & de celles
du Pays Coûtumier, tant en Matiere Civile que Béneficiale.

NOUVELLE EDITION.

Revûë, corrigée & augmentée sur celle de feu Me. CLAUDE-JOSEPH DE
FERRIERE, Doyen des Docteurs-Regens de la Faculté des Droits de Paris,
& ancien Avocat au Parlement.

Par le Sieur F. B. DE VISME.

TOME PREMIER.

A PARIS, AU PALAIS,

Chez SAUGRAIN, pere, Libraire, Grand'Salle,
à la Providence.

———————————————

M. DCC. LII.

AVEC PRIVILEGE DU ROY.

PRÉFACE.

LA Science d'un Notaire ne doit pas consister seulement à posseder le style & la forme usités des Actes; il faut, pour remplir dignement son ministere, qu'il ait une parfaite connoissance des principes sur lesquels ces Actes se rédigent, & des clauses particulieres qui peuvent y être inserées.

Pour rassembler l'un & l'autre dans cet Ouvrage, on y établit d'abord sur chaque matiere, des principes tirés de nos meilleurs Auteurs, & on n'a rien négligé pour y joindre des Formules modernes très-exactes, très-recherchées & très-intelligibles.

On sera, sans doute, obligé de convenir, que ce Livre est absolument nécessaire à ceux qui ont embrassé une Profession, dont il renferme tous les devoirs. Les contestations qui naissent fréquemment des Contrats, des Testamens & des autres Actes, font suffisamment connoître de quelle utilité il doit être aux Juges, aux Avocats, & aux Procureurs. On peut même avancer, qu'il n'y a presque personne dans la societé civile, qui n'en puisse tirer un très-grand avantage:

Tome I.   a

Chaque Particulier a un interêt fenfible de bien connoître l'effet des Actes qu'il paffe, & des engagemens qu'il contracte. C'eft par ce moyen que nous nous rendons capables de ftipuler par nous-mêmes ce qui tend à la confervation de nos droits, & de rejetter ce qui n'eft pas conforme à nos interêts, & contraire à notre volonté.

Pour rendre cette Edition, & plus ample & plus correcte que les précedentes, on a eu recours à des perfonnes de la Profeffion, en faveur de qui l'approbation du Public s'eft unanimement déclarée.

A l'égard des principes, on s'eft appliqué à les diftribuer dans un ordre convenable, & à les rendre avec beaucoup de précifion; fans néanmoins expofer ceux qui font peu verfés dans ce genre d'étude, à la néceffité d'un Commentaire. Un Livre de Jurifprudence exige particulierement la méthode & la clarté. Quelque juftes que foient fes décifions, fi elles font mal rendues, & placées confufément, il déplaît, il rebute, on le regarde comme un édifice, dont les matériaux font entaffés les uns fur les autres, fans goût & fans arrangement.

Un Auteur, dont le ftyle eft diffus, obfcur & embarraffé, annonce en vain dans fa Préface, que fon Livre eft le fruit de fes longues méditations, & de la grande experience qu'il s'eft acquife par une longue pratique du Bareau: Le Public, Juge févere & refpectable, décide toujours d'un Ouvrage par le mérite de l'Ouvrage même. Dépouillé de toutes fortes de préventions, il ne laiffe qu'à la vérité & à la raifon, le droit qu'elles doivent avoir, de déterminer fon jugement. Quand on a le bonheur d'avoir fon fuffrage, on fe paffe aifément de celui de quelques Particuliers, qu'on fçait être affez peu judicieux pour n'approuver que ce qu'ils font.

Comme le Public a reçu déja favorablement l'Ouvrage qu'on lui préfente aujourd'hui de nouveau, on a confervé l'ordre & la méthode de feu M. de Ferriere, & on n'a fait des changemens & des augmentations qu'à l'occafion de ce qui eft furvenu depuis, furtout dans le ftile des Contrats & Actes. Comme dans la précedente Édition M. de Ferriere renvoye en certains cas, à fes Oeuvres, on a exactement confervé fes renvois. Heureux, fi l'on a rempli le vœu du Public.

TABLE
DES CHAPITRES
CONTENUS DANS CES DEUX VOLUMES:

LIVRE PREMIER.

Des Notaires & de leurs Fonctions.

TABLE DES CHAPITRES. v

LIVRE SECOND.

Des Contrats & Actes.

LIVRE TROISIE'ME.

Des Contrats qui se forment par la tradition de la chose.

LIVRE QUATRIE'ME.

Du Mariage & des conventions qui se font entre futurs Conjoints.

DES CHAPITRES. ix

LIVRE CINQUIE'ME

Du Contrat de Vente , & autres Actes qui ont rapport à la vente.

LIVRE SIXIE'ME.

Des Contrats qui se forment par le seul consentement des Parties.

LIVRE SEPTIE'ME

Des Donations.

LIVRE HUITIE'ME.

Des Transports, Cessions & Abandonnemens de Biens.

LIVRE NEUVIE'ME.

Des differentes especes de conventions & autres Actes qui se font pardevant Notaires.

LIVRE DIXIE'ME.

Des Arrêtés de comptes , des payemens, quittances & décharges.

LIVRE TREIZIE'ME.

Des Actes qui concernent la tutelle, des avis de parens, & des comptes de tutelle.

LIVRE QUATORZIE'ME.

Des Actes qui se font à l'occasion des Procès, ou en conséquence.

LIVRE QUINZIE'ME.

Des Actes concernant les Fiefs & Droits Seigneuriaux & Féodaux.

LIVRE SEIZIE'ME.

Des formalités qu'il faut observer pour mettre un Acte en forme exécutoire.

LIVRE DIX-SEPTIE'ME ET DERNIER.

Des Bénéfices & des Actes qui les concernent.

Tome I. c

TABLE DES CHAPITRES.

Fin de la Table des Chapitres contenus dans les deux Volumes.

TABLE
PAR ORDRE DE CHRONOLOGIE,

Des Edits, Ordonnances, Déclarations, Arrêts & Reglemens, répandus dans les deux Volumes, concernant les Notaires.

MATIERE LAIQUE.

c ij

Fin de la Table des Edits, Déclarations, &c. en matiere laïque,
contenus dans les deux Volumes.

TABLE

TABLE
ALPHABETIQUE,
Des Formules de Contrats & Actes, contenus dans ces deux Volumes.

MATIERE LAIQUE.

A

Tome I. d

B

d ij

C.

D

      Etat

F

I

N

O

P

Q

Quittance

f

V

*Fin de la Table des Formules de Contrats & Actes
en matiere laïque.*

Nota. La Table des Formules d'Actes en matiere Ecclefiaftique, eft à la fin du Tome fecond.

APPROBATION.

J'A I lû par ordre de Monfeigneur le Garde des Sceaux un Livre intitulé : *La Science parfaite des Notaires*, par M. *Claude-Jofeph de Ferriere*, *Avocat en Parlement, Doyen des Docteurs-Régens en la Faculté de Paris ;* nouvelle édition, avec des augmentations confidérables. Les fix éditions qui ont été faites de ce Livre prouvent affez combien il eft utile au Public ; les augmentations de l'Auteur dans cette nouvelle édition la rendront encore plus avantageufe que les premieres : je n'y ai rien trouvé qui doive en empêcher l'impreffion. A Paris ce 15 Janvier 1727. CAPON.

PRIVILEGE DU ROI.

LOUIS, par la grace de Dieu, Roi de France & de Navarre : A nos amez & féaux Confeillers les Gens tenant nos Cours de Parlement, Maîtres des Requêtes ordinaires de notre Hôtel, Grand Confeil, Prevôt de Paris, Sénéchaux, leurs Lieutenans Civils, & autres nos Jufticiers qu'il appartiendra, SALUT. Nous confiderons, à l'exemple de nos Prédéceffeurs, les Ouvrages qui tendent à la perfection des Sciences comme un des premiers objets de notre attention. Mais parmi le grand nombre de Livres qui fe compofent journellement, ceux qui traitent de la Jurifprudence Nous ont paru mériter une diftinction particuliere. Nous fçavons que par leur fecours les Magiftrats & les Juges, & tous ceux qui ont quelque part dans l'adminiftration de la Juftice, fe rappellent avec plus de facilité les maximes qui doivent fervir de décifion aux conteftations qui peuvent naître entre nos Sujets ; & comme notre cher & bien amé CLAUDE-JOSEPH DE FERRIERE, *Doyen des Profeffeurs en la Faculté des Droits de Paris*, Nous a fait remontrer que feu CLAUDE DE FERRIERE fon pere, Profeffeur en la Faculté des Droits de Reims, auroit donné au Public plufieurs Ouvrages de Jurifprudence qui ont été reçus avec toute l'approbation poffible ; mais qu'il conviendroit qu'aucuns ne fuffent réimprimés fans quelques augmentations & corrections qui peuvent être néceffaires pour les amener à leur perfection ; que d'ailleurs l'Expofant auroit toujours tâché, par fon application continuelle à l'étude de la Jurifprudence Canonique, Civile & Françoife, de fe mettre en état de fuivre les traces de fon pere, en confacrant fes veilles pour l'utilité du Public, foit par les augmentations & les corrections qu'il a faites fur quelques Ouvrages de fon pere, foit par ceux qu'il a lui-même mis au jour, ou aufquels il travaille actuellement ; mais craignant que d'autres ne vouluffent entreprendre d'imprimer ou faire imprimer lefdits Ouvrages, ce qui lui cauferoit un préjudice confiderable, & le pourroit priver du fruit de fes travaux, il Nous auroit très-humblement fait fupplier de vouloir bien lui accorder nos Lettres de continuation de Privilége, tant pour la réimpreffion des Ouvrages de feu fon pere, que des fiens, qui font imprimez ou à imprimer, offrant pour cet effet de les faire réimprimer en beau papier & beaux caracteres, fuivant la feuille imprimée & attachée pour modéle fous le contre-fcel des Préfentes. A CES CAUSES, voulant favorablement traiter ledit Expofant, & le récompenfer en quelque façon du zéle qu'il Nous témoigne avoir pour l'utilité publique, & à Nous procurer des Livres dont les éditions & la lecture ne peuvent être que très-utiles pour l'avancement des Sciences & des Belles-Lettres, Nous lui avons permis & accordé, permettons & accordons par ces Préfentes, de faire imprimer & réimprimer par tels Libraires & Imprimeurs qu'il choifira, les Œuvres de feu fon pere & les fiens ; fçavoir, *la Jurifprudence du Digefte, du Code, des Novelles & des Décretales ; l'Inftitution coutumiere ; fon nouveau Commentaire fur la Coutume de Paris ; la Compilation de tous les Commentateurs anciens & modernes fur cette Coutume ; les Œuvres de Bacquet avec des Commentaires ; le Traité du Droit de Patronage ; le Traité des Fiefs ; la Science parfaite des Notaires, & un nouveau Protocole pour les Commençans ; l'Introduction à la Pratique ; le Dictionnaire de Droit & de Pratique ; la nouvelle Traduction des Inftitutes, avec l'Hiftoire du Droit Romain ; la Traduction des Inftitutes du Droit Canon par Lancelot, avec des Commentaires ; l'Introduction au Droit canonique ; le Dictionnaire du Droit canonique fuivant le Droit canon & les Ufages de France ; Paratitla in Libros Digeftorum & Codicis & in Novellas, necnon in quinque Libros Decretalium ; Nova & methodica Inftitutionum Juris civilis & canonici Tractatio ;* en tels volumes, forme, marge, caractere, conjointement ou féparément, & autant de fois que bon lui femblera, & de les faire vendre & débiter par-tout notre Royaume, Pays, Terres & Seigneuries de notre obéiffance, pendant le tems & efpace de vingt-cinq années confécutives, à compter du jour de l'expiration du précédent Privilége : Faifons défenfes à toutes perfonnes, de quelque qualité & condition qu'elles foient, d'en introduire d'impreſſion étrangere dans aucun lieu de notre obéiſſance ; comme auſſi à tous Libraires, Imprimeurs & autres d'imprimer, faire imprimer, vendre, faire vendre, débiter ni contrefaire aucun deſdits Livres ci-deſſus ſpécifiés, en tout ni en partie, ni d'en faire aucuns extraits, ſous quelque prétexte que ce ſoit d'augmentation, correction, changement de titre, même de traduction étrangere ou autrement, ſans la permiſſion expreſſe & par écrit dudit Expoſant, ou de ceux qui auront droit de lui, à peine de confiſcation des exemplaires contrefaits, de douze mille livres d'amende contre chacun des contrevenans, dont un tiers à Nous, un tiers à l'Hôtel-Dieu de Paris, & l'autre tiers audit Expoſant, & de tous dépens, dommages & intérêts : à la charge que ces Préſentes ſeront enregiſtrées tout au long ſur le Regiſtre de la Communauté des Libraires & Imprimeurs de Paris, dans trois mois de la date d'icelles ; que l'impreſſion de ces Livres ſera faite dans notre Royaume, & non ailleurs ; & que l'Impétrant ſe conformera en tout aux Réglemens de la Librairie, & notamment à celui du 10 Avril 1725 ; & qu'avant de l'expoſer en vente, les manuſcrits ou imprimez qui auront ſervi de copie à l'impreſſion deſdits Livres, ſeront remis dans le même état où les Approbations y auront été données, ès mains de notre très-cher & féal Chevalier le Sieur DAGUESSEAU, Chancelier de France, Commandeur de nos Ordres ; & qu'il en ſera enſuite remis deux Exemplaires de chacun dans notre Bibliotéque publique, un dans celle de notre Château du Louvre, & un dans celle de notredit très-cher & féal Chevalier le Sieur DAGUESSEAU, Chancelier de France, Commandeur de nos Ordres ; le tout à peine de nullité des Préſentes. Du contenu deſquelles vous mandons & enjoignons de faire jouir l'Expoſant ou ſes ayans cauſe pleinement & paiſiblement, ſans ſouffrir qu'il leur ſoit fait aucun trouble ou empêchement. Voulons que la copie deſdites Préſentes, qui ſera imprimée tout au long au commencement ou à la fin deſdits Livres, ſoit tenue pour dûement ſignifiée ; & qu'aux copies collationnées par l'un de nos amez & féaux Conſeillers & Secretaires, foi ſoit ajoutée comme à l'original. Commandons au premier notre Huiſſier ou Sergent de faire pour l'exécution d'icelles tous Actes requis & néceſſaires, ſans demander autre permiſſion, & nonobſtant clameur de Haro, Chartre Normande, & Lettres à ce contraires : CAR tel eſt notre plaiſir. DONNÉ à Paris le quatorziéme jour du mois de Juillet, l'an de grace mil ſept cens trente-neuf, & de notre Regne le vingt-quatriéme. Signé, par le Roi en ſon Conſeil, SAINSON.

Regiſtré ſur le Regiſtre X de la Chambre Royale & Syndicale des Libraires & Imprimeurs de Paris, N°. 276, fol. 258, conformément au Réglement de 1723, qui fait defenſes, Art. IV. à toutes perſonnes, de quelque qualité qu'elles ſoient, autres que les Libraires & Imprimeurs, de vendre, débiter & faire afficher aucuns Livres, pour les vendre en leurs noms, ſoit qu'ils s'en diſent les Auteurs ou autrement ; & à la charge de fournir à la Chambre Royale & Syndicale des Libraires & Imprimeurs de Paris les huit Exemplaires preſcrits par l'Art. CVIII du même Réglement. A Paris le 6 Septembre 1739. LANGLOIS, Syndic.

LA

LA
SCIENCE
PARFAITE
DES
NOTAIRES.

A Profeſſion de Notaire eſt d'une étendue immenſe, puiſqu'à proprement parler, il n'y a point d'affaire qui ne puiſſe être de ſon reſſort, ni de perſonnes qui n'en éprouvent tous les jours la néceſſité.

Mais ſi ſa vaſte étendue fait ſon éloge, on ne ſçauroit diſconvenir qu'elle n'en faſſe auſſi la difficulté : L'emploi de dépoſitaire de la confiance de tout le monde, demande des qualités extraordinaires dans celui qui l'exerce ; & il eſt aſſez difficile d'avoir de ſi grandes & de ſi fréquentes liaiſons avec le Public, ſans courir ſouvent riſque de lui nuire.

Tome I.   A

Ainsi, la probité, qui doit être le caractere essentiel de tous les hommes, & qui suffit dans quelques-uns des emplois de la vie civile, n'est pas suffisante dans un Notaire; peut-être même ne seroit-elle pour lui qu'une qualité stérile, si elle n'étoit éclairée par la science. Et cette science ne consiste pas seulement, comme plusieurs s'imaginent, dans le stile ordinaire des Actes, ni dans l'arrangement & l'usage des termes consacrés à la pratique, il faut encore être instruit des principes & des maximes de la Jurisprudence, qui seule peut apprendre ce que c'est qu'une convention légitime, & quelle est la force, l'étenduë, la liaison & la contrarieté des Clauses qu'on y met, & enfin les avantages ou les inconveniens qui en peuvent provenir.

Guidé par cette science, un Notaire prévoit d'abord les conséquences de tous les termes des Contrats qu'il dresse, & trouve des temperamens sûrs & judicieux, pour concilier également les interêts de chaque Partie.

C'est un Médiateur qui termine les contestations avec équité, qui prévient avec prudence celles qui pourroient naître par la suite; enfin, une espece d'Arbitre ou de Juge, qui par son exactitude à mettre les intentions des Contractans dans tout leur jour, assure tout à la fois, & la possession des biens, & la tranquilité des familles.

Pour peu qu'on veuille examiner d'un autre côté, les inconvéniens qui résulteroient de l'impéritie & de l'ignorance d'un Notaire; de quelle conséquence seroient ses fautes, la plûpart du tems irréparables? Combien son ignorance deviendroit ruineuse aux Parties, par l'autorité que son ministere donne aux Actes; on se persuadera facilement, qu'il n'y a gueres de Charge qui exige en même-tems une érudition plus profonde, & une délicatesse de conscience plus scrupuleuse.

De tout ce que nous venons de dire, il est aisé d'inferer que la science d'un Notaire est autant spéculative que pratique. On pourroit-donc la réduire à deux choses; la premiere est de sçavoir les principes & les maximes essentielles qui reglent la nature des conventions & autres Actes qui se passent par les Notaires. Ces maximes sont établies par les Ordonnances de nos Rois, par les Loix Romaines, par les Reglemens & par nos Coutumes. La seconde, est de sçavoir réduire en pratique ces principes & ces maximes, en rédigeant dans le stile ordinaire les differens Actes qui se présentent, & en suivant ponctuellement ce que les Ordonnances ont prescrit; mais les maximes du Droit Romain ne sont pas toujours conformes avec celles des Coutumes, & de plus les Coutumes ont souvent entre elles-mêmes des differences considerables ; quelques exemples le justifieront. Dans les Pays de Droit écrit, l'institution d'heritier est absolument nécessaire dans un testament, sur-peine de nullité ; dans le Pays Coutumier elle est tout-à-fait inutile. Presque toutes nos Coutumes admettent la communauté de biens entre conjoints par mariage ; celle de Normandie le défend. Il y a par conséquent un grand nombre de Regles extrêmement differentes pour dresser des Actes sur un même sujet ; un Notaire soigneux doit donc examiner bien des circonstances avant que d'en venir à la seconde partie de son devoir, qui, comme nous venons de dire, consiste à rédiger les Actes.

Suivant la division qu'on vient d'établir, on s'attend peut-être à voir cet Ouvrage divisé en deux Parties, dont l'une contienne les principes de Droit, & l'autre les Formules des actes : Mais on a jugé plus à propos de ne les point séparer, & de donner tout ensemble les Exemples & les Regles, en mettant sur chaque Formule d'Actes en particulier, des Observations sur les Principes & les Maximes qui lui sont propres, & en rapportant ce qui est prescrit par les Ordonnances & les Loix pour rendre ces Actes solemnels & autentiques.

On trouvera donc le principe, & son application tout de suite ; outre que cette méthode épargne la peine de chercher en deux endroits, l'esprit humain s'attache plus aisément à ce qui, en même-tems, se presente tout entier à lui. Mais avant que d'expliquer nos Maximes, & d'entrer dans le détail des Actes, il est bon de dire quelque chose des Notaires en general & de leurs fonctions, après avoir donné une idée de cet Ouvrage.

C'est faciliter l'intelligence d'un Livre, que d'y traiter les Matieres d'une juste méthode : Rien ne contribue plus à faire retenir ce que l'on a lû. On a tâché de donner à celui-ci tout l'arrangement dont il a paru être susceptible. Pour éviter la confusion, on l'a divisé en plusieurs Livres, & chaque Livre en plusieurs Chapitres, & on a eu beaucoup d'attention à placer chaque Matiere en son lieu. Pour disposer l'esprit du Lecteur, on va donner ici une légere idée de tout l'Ouvrage, & l'ordre qu'on y a suivi conforme à celui que feu M. de Ferriere a gardé dans la précedente édition.

Idée generale de cet Ouvrage.

Le premier Livre traite de la qualité des Notaires, explique com-

bien il y en a de fortes, quels font leurs droits & leurs privileges ;
quelles précautions ils doivent prendre lorfqu'ils paffent des Actes ;
quelles formalités ils y doivent obferver, & quelles peuvent être les
fautes dont ils font refponfables. Il y eft auffi parlé des Minutes des
Actes, des Groffes des Contrats, Compulfoires, & des Collations de
Pieces.

Dans le fecond Livre, nous traitons des Actes en general ; des
conditions requifes pour les rendre obligatoires ; des claufes qu'on
y peut valablement appofer ; des conventions licites & de celles qui
ne le font pas ; de l'ufure ; du ftellionat ; des differentes claufes appofées dans les Contrats ; de l'avantage des conventions par écrit ;
de l'hypoteque qui naît des Actes paffés pardevant Notaires, & de
leur exécution.

Nous parlons dans le troifiéme, des Contrats qui fe forment par la
tradition de la chofe, & ces Contrats font le Prêt, le Commodat, le
Dépôt & le Gage.

Le quatriéme eft du Mariage & des conditions qui font requifes
pour qu'il foit valablement contracté ; des chofes qui font le principal objet des Contrats de Mariage, qui font la communauté, la dot
que la femme apporte au mari, & le douaire ou l'augment de dot
que le mari conftitue au profit de la femme ; nous y parlons auffi
des differentes claufes & ftipulations qui fe font en conféquence,
ou par rapport à d'autres motifs : Enfin, nous y donnons des Regles
pour dreffer des contrats de Mariage, foit en Pays Coutumier, foit
enPays de Droit écrit.

Le cinquiéme comprend ce qui concerne le Contrat de vente, fes
effets, & tous les Actes qui fe font en conféquence de ce Contrat,
ou qui y ont quelque rapport, comme le Contrat d'échange, les
Conftitutions de rentes volantes ou foncieres & autres Actes femblables.

Le fixiéme eft du Contrat de louage en general, & des differentes
efpeces de Baux, de la Société & de la Procuration.

Le feptiéme, des Donations entre-vifs, du Don mutuel & autres
Actes ou Claufes qui concernent les Donations, ou qui y ont rapport.

Nous traitons dans le huitiéme Livre, des Tranfports, de la Subrogation, des Ceffions & Abandonnemens de biens, des Sauf-conduits
& Attermoyemens, des Unions de Créanciers & Contrats de Direc-
tion.

Le neuviéme traite de certaines Conventions & Actes particuliers qui fe font pardevant Notaires ; tels font les Devis & Marchés,

les Conventions pour apprentiffage, Protêts de Lettres de Change, Cautionnemens, Autorifations, Ratifications, Comparutions, Certificats, Déclarations, Reconnoiffances d'écritures fous feings privés, Dépôts de Pieces & Extraits d'Actes.

Le dixiéme eft des Arrêtés de compte, des Payemens, Quittances & Décharges de Titres & Papiers, ou d'autres chofes.

Nous traitons dans le Livre onziéme, des Teftamens, des Codiciles, des Inftitutions d'heritiers, des Exhérédations, des Subftitutions, des Fideicommis, & autres Actes de derniere volonté, foit par rapport aux Provinces de Droit Coutumier, foit par rapport aux Pays de Droit écrit.

Il eft parlé dans le douziéme, des Actes qui fe font en conféquence des Teftamens & des Codiciles; tels que font les Inventaires, les Renonciations, les Partages, Liquidations, Rapports & Licitations.

Le treiziéme traite des Actes qui concernent la Tutelle, des Avis de Parens, & des Comptes de Tutelle.

Nous traitons dans le quatorziéme, des Actes qui fe font à l'occafion des Procès, ou en conféquence, comme font les Compromis, les Tranfactions, les Défiftemens, Oppofitions, Mainlevées, les Actes d'appel, les Renonciations aux appellations interjettées, & autres femblables.

Le quinziéme renferme les Actes qui concernent les Fiefs, les Droits Feodaux & Seigneuriaux, tels que font la Foi & Hommage, l'Aveu & Dénombrement, le Retrait Feodal, la Réunion d'une Roture à un Fief, l'Erection d'une Roture en Fief, & le Papier Terrier.

Le feiziéme explique ce qui eft de ftile, & enfeigne les formalités qu'il faut obferver pour mettre un Acte en groffe & en forme exécutoire.

Et dans le dix-feptiéme & dernier, il eft traité des Benefices & des Actes qui fe paffent en matiere Beneficiale & Ecclefiaftique pardevant Notaires.

LIVRE PREMIER.

Des Notaires & de leurs Fonctions.

IL faudroit remonter bien avant dans l'Antiquité, pour faire connoître quel a été l'etabliſſement des Notaires, & dans quel tems leur miniſtere a commencé. Sans entrer dans une recherche qui ſeroit plus curieuſe qu'utile, je me contenterai d'expliquer ce que ç'eſt qu'un Notaire, & par quelle raiſon ceux qui reçoivent les Conventions qui ſe paſſent entre les hommes, ſont ainſi appellés; après quoi nous entrerons dans le détail de leurs fonctions & de leurs prérogatives.

Ceux qui voudront s'inſtruire plus amplement du nom & de l'origine des Notaires, peuvent conſulter le nouveau Notaire Apoſtolique, au commencement duquel ſe trouve une Diſſertation très-ſçavante ſur ce ſujet. Et la nouvelle édition faite en 1739, par défunt M. Langloix, ancien Notaire des Chartes de ſa Compagnie.

CHAPITRE PREMIER.

Du Nom, de l'Origine, & de la Qualité des Notaires.

NOTAIRE ſe peut définir un Officier public, inſtitué à l'effet de rédiger par écrit, dans la forme preſcrite par les Loix, & de rendre autentiques par ſa ſignature, les Conventions qui ſe paſſent entre les hommes, & les Diſpoſitions qu'ils peuvent faire, ſoit entre-vifs, ſoit à cauſe de mort.

Ainſi les Notaires ſont des perſonnes publiques, établies pour écrire & arrêter ce dont les Parties demeurent d'accord, & ſont conſiderés comme de fideles Témoins de la vérité des Actes qui ſe paſſent devant eux, auſquels ils donnent une autorité publique, diſtinguée de celle que peuvent avoir non-ſeulement les promeſſes verbales faites devant Témoins, mais encore des Actes paſſés ſous ſignature privée.

Les Actes paſſés pardevant Notaires, produiſent deux principaux effets. Le premier eſt qu'ils emportent hypoteque ſur les biens de l'Obligé, du jour qu'ils ont été reçus par les Notaires. Le deuxiéme, eft que dès qu'ils font fcellés du Sceau de la Jurifdiction, dans laquelle les Notaires qui les ont paffés, font immarriculés, ils peuvent être mis à exécution, fans qu'il foit befoin de Mandement ni de Permiffion du Juge; à la difference des Actes paffés fous fignature privée, qui n'emportent point d'hypoteque, & qui ne peuvent être mis à exécution qu'après avoir été juridiquement reconnus, ou que par Sentence ou Arrêt l'execution en a été ordonnée.

Le nom de Notaire, fuivant quelques Auteurs, vient de ce que ceux qui paffoient les Actes & Conventions des Parties, y appofoient leurs *Cachets*, *Marques*, *Chiffres*, *Notes* ou *Noms* en abregé. La plus commune opinion eft, que le nom de Notaire tire fon étimologie du mot Latin *Nota*, qui veut dire *Notes*, *Ecritures abregées*, ou *Chiffres*; parce que ceux qui avoient appris l'art d'écrire en notes, ont été les premiers employés pour écrire les conventions des Parties: *Undè vocantur Notarii.* Par les Ordonnances de nos Rois, les Notaires font obligés d'écrire les Contrats & Actes à l'ordinaire fans chiffres, notes ou abbreviations. Et s'ils retiennent encore aujourd'hui dans leurs Minutes quelques abbreviations, comme leur *&c.* c'eft fans conféquence, & ils ne les employent que pour fous-entendre des chofes de peu d'importance, & qui n'ont pas befoin d'être exprimées, comme étant de Droit, fans qu'il en foit fait mention dans l'Acte.

Sans trop nous arrêter à expliquer quelle a été l'origine & la condition des Notaires à Rome, nous rapporterons ici briévement de quelle maniere ils ont été inftitués dans ce Royaume.

M. Charles Loyfeau, Livre 2, *des Offices*, Chapitre 2, obferve qu'anciennement les Procès n'étant pas fi fréquens qu'ils le font devenus depuis, les Juges fe fervoient de leurs Clercs pour Greffiers & pour Notaires tout enfemble; ce qui leur fut défendu par Philippe le Bel en 1302. Dans la fuite Philippe le Long déclara par fon Ordonnance de l'année 1319, que les Sceaux & Ecritures (ce qui fignifioit en ce tems les Greffes & Tabellionages) étoient de fon Domaine.

En 1493, Charles VIII. fépara les Greffes & les Notariats de l'Office de Prevôts & Baillifs, lefquels s'étoient attribué le pouvoir d'en difpofer; il conferva les Prevôts en titre, & donna à ferme les Greffes & les Notariats.

Les Tabellions furent depuis créés en titre d'Offices par François I. en 1542. Cet Edit défendit aux Juges, leurs Lieutenans & Greffiers, de recevoir à l'avenir aucun Contrat volontaire entre les Parties, comme ils faisoient en ce tems-là, & en réserva la faculté aux Notaires ; ce qui n'empêche pas que les Parties ne contractent en Jugement.

En 1575, Henry III. créa un Garde-Note en chaque Siege Royal, pour avoir la garde de toutes les Minutes des Notaires, après qu'ils seroient décedés, ou qu'ils auroient résigné leurs Offices. Avant cet Edit on les apportoit au Greffe, & les Greffiers en délivroient des Expeditions aux Parties. Quatre ans après, les Charges de Gardes-Notes furent supprimées, & réunies aux Notaires, qui en prennent à present la qualité.

En 1597, les Tabellions furent aussi réunis aux Notaires par Henry IV. Leur fonction consistoit à mettre en grosse la minute de l'acte reçu par les Notaires, & à la délivrer aux Parties, après l'avoir scellée. C'est le sentiment de Ragueau, qui fait cette distinction entre les Notaires & les Tabellions ; disant qu'en plusieurs Villes les Notaires reçoivent & passent seulement les minutes & notes des Contrats, & les peuvent délivrer aux Parties en brevet ; mais qu'ils sont tenus de les porter aux Tabellions, pour les garder & délivrer en grosses aux Parties, si elles le requierent, pour avoir une exécution parée.

Les Charges de Notaires n'étoient d'abord données qu'à ferme : Mais en la même année 1597, au mois de May, le Roi Henry IV. les rendit héréditaires, unit & incorpora ensemble les Offices de Notaires, Tabellions & Gardes-Notes ; de sorte que la garde des minutes fait aujourd'hui partie de l'Office des Notaires.

Il y a encore quelques endroits du Royaume où les fonctions des Notaires & celles des Tabellions n'ont pas été réunies ; & en ce cas, comme nous venons de dire, le Notaire reçoit la minute, & le Tabellion en délivre l'Expédition après l'avoir mise en forme.

Maintenant on appelle communément *Notaires*, tous les Officiers Royaux qui reçoivent les Conventions & les Contrats, & les délivrent aux Parties. Et on nomme *Tabellions* les Officiers qui font la même fonction dans les Seigneuries & Justices subalternes.

Au reste, le nom de Tabellion vient du terme Latin *Tabulæ*, qui signifie Tablettes, parce que les Anciens écrivoient sur des Tablettes leurs Contrats, leurs Testamens, & leurs Actes les plus importans.

Pour revenir à la fonction des Notaires, les Actes qu'ils reçoivent sont des Actes passés sous la foi publique ; de sorte que c'est avec raison que l'Office de Notaire a toujours été mis au nombre des plus importans & des plus nécessaires pour entretenir la societé civile.

Le

Le témoignage des Notaires est, pour ainsi dire, le sceau de la vérité, qu'ils apposent aux Actes qu'ils signent, & ils leur donnent un caractere si autentique, qu'il n'est pas permis d'en douter, ni de se pourvoir contre autrement que par l'inscription en faux. En un mot, c'est principalement par leur moyen que les conventions des hommes sont entretenues, les volontés des mourans exécutées, & plusieurs Actes & Titres conservés à la postérité, qui pourroient être ensevelis dans un éternel oubli.

Chaffanée, *in suo Catalogo gloriæ mundi*, Partie 2, Consideration 19, parle en ces termes de la nécessité où les hommes se trouvent d'avoir des Notaires : *Periret omnis judiciorum vis, nisi essent Notarii, qui Acta conscriberent : periret ipsa veritas, & fides in contractibus & commerciis : periret omnis ordo in judicio forensium causarum, nisi esset aliqua fide is publicaque persona, cui Judex crederet.*

La fonction des Notaires consiste donc à assurer la foi des Actes par leur témoignage : Ce sont des Témoins choisis par les Parties, qui se raportent à eux de la verité des Actes qui ont été faits en leur presence, & qu'ils ont attesté veritables par leur signature. Ils sont les dépositaires de la fortune des Particuliers, & du secret de leurs familles ; ils ont la foi publique en leurs mains ; leurs Actes sont proprement Ecritures publiques, solemnelles, & autentiques ; & les Juges dans leurs Jugemens déferent sans hésiter aux Actes que les Notaires ont signés, qui sont regardés comme des Loix que les Parties se sont imposées elles-mêmes dans une pleine liberté.

Ainsi, comme ils ont entre leurs mains la fortune & les biens des Particuliers, il est d'une conséquence infinie pour le Public, que ces Offices ne soient exercés que par des personnes d'une probité à l'épreuve de tout.

Dans les Capitulaires de Charlemagne, les Notaires sont appellés *Judices Carthularii*, Juges Carthulaires, parce qu'ils font l'office de Juges entre les Contractans ; ils les écoutent dans leurs differends, les concilient, arrêtent leurs conventions, & donnent Acte de ce dont on les requiert : Ils obligent les personnes les unes envers les autres ; donnent hypotheque ou un droit réel sur les biens de ceux qui s'obligent ; ils reçoivent les affirmations des Parties ; & autrefois ils leur faisoient prêter serment d'exécuter les clauses des Actes qu'ils passoient.

Les Notaires sont donc des Juges choisis par les Parties, ou Arbitres communs entre les Parties, qui les condamnent de leur consentement, & même sans appel. Ils commencent leurs Actes

par ces mots : *Pardevant les Notaires souffignés, furent préfens, &c.*
ou *Aujourd'hui font comparus devant les Notaires souffignés, &c.* ou
En la préfence des Notaires souffignés, &c. parce qu'effectivement
les Parties fe prefentent à eux, ou comparoiffent devant eux,
comme en Juftice & en Jugement, pour fe foumettre à l'exécution du contenu en l'Acte qu'ils paffent.

Enfin, par un Edit du mois de Novembre 1696, & par une
Déclaration du mois de Décembre enfuivant, on leur a encore
donné l'autorité de fceller les Actes eux-mêmes, comme fi leur
Etude étoit non-feulement un Tribunal, mais auffi un Greffe,
d'où il ne fort rien qui ne porte le caractere de l'autorité publique,
dont le Prince les a revêtus.

Cette autorité de fceller leurs Actes eux-mêmes, eft une
grande prérogative; puifque par-là ils donnent eux-mêmes à leurs
Actes l'exécution parée; & qu'ainfi en vertu de l'Acte fcellé &
au fortir de l'Etude du Notaire qui l'a paffé, on exécute les biens
de l'Obligé; au lieu qu'auparavant il falloit avoir recours à un autre Officier public, qui donnoit à l'Acte fon autorité en y appo-
fant le fcel. Auffi les Notaires ont-ils à prefent la qualité de
Gardes-Scel.

Dans les Inventaires que les Notaires font, lorfqu'ils font appellés après la mort de quelqu'un, ils font prêter le ferment à
ceux qui font dans la maifon, pour fçavoir s'il n'y a aucuns effets détournés.

Suivant ce que nous venons de dire, les Notaires font en plufieurs rencontres confiderés comme Juges, ils en font les fonctions dans tout ce qui eft de Jurifdiction volontaire; c'eft-à-dire,
dans tous les Actes qui fe paffent entre les Parties de leur confentement, & qui par conféquent n'ont rien de commun avec le
droit de Juftice. Mais pour ce qui eft de la Juftice contentieufe,
elle appartient aux Juges ordinaires, & jamais aux Notaires.

Chez les Romains, la Charge de Notaire a été au nombre
des plus vils emplois, puifqu'elle a été poffedée pendant un
tems par les Efclaves publics. Il faut cependant demeurer d'accord, que cette Charge eft parmi nous fort honnête, & qu'elle
eft compatible avec la Nobleffe, comme il eft prouvé dans
la Préface des Chartes & Privileges des Notaires du Châtelet de
Paris.

Jouet dans fa Biblioteque des Arrêts, *Verbo* Noble, nombre
9, dit le contraire; mais André de la Roque, dans fon Traité de
la Nobleffe, prouve qu'un Notaire ne déroge pas, & que s'il eft

Noble, il conserve sa Noblesse, & la transmet à sa posterité, & il dit qu'il a été jugé ainsi pour un Notaire du Châtelet de Paris. Le même Auteur ajoute, qu'au Pays de Leon en Bretagne, les Notaires sont Nobles, comme il se voit dans les Arrêts de Dufail, livre 2, chapitre 72.

Ce qui prouve encore que la Charge de Notaire ne déroge pas à Noblesse, c'est que dans les Provinces un Notaire qui seroit aussi Avocat, pourroit avocasser dans les affaires pour lesquelles il n'auroit point passé d'actes, comme il a été jugé par Arrêt du Parlement de Provence, rendu le 26 Janvier 1640, rapporté par Boniface, tome 1, livre, 1, titre 20, nombre 1.

Enfin, une derniere preuve, c'est que la Charge de Notaire à Paris, est compatible avec celle de Secretaire du Roi, qui ennoblit. Plusieurs Notaires de Paris sont en même-tems Secretaires du Roi.

La question a été agitée, sçavoir, si les Notaires ont la préséance sur les Procureurs. Par Arrêt du 4 May 1669, rapporté dans le troisiéme tome du Journal des Audiences, la Cour a jugé au profit des Notaires de Chaumont en Bassigny, contre les Procureurs dudit Bailliage; & ordonné que les Notaires precederoient les Procureurs en toutes assemblées publiques & particulieres.

Avant que d'entrer dans le détail des fonctions & des devoirs des Notaires, nous allons finir ce Chapitre par quelques observations generales qui concernent leurs fonctions.

Aujourd'hui que les fonctions de Notaires, Tabellions, Gardes-Notes & Gardes-Scel, ne font presque partout qu'un même Office; ce sont les Notaires qui écrivent les Actes, qui en délivrent les Expeditions & les Grosses, qui les scellent, & qui doivent garder les Minutes qu'ils ont passées. Ils doivent avoir la capacité requise pour passer tous les Actes qui sont de leur ministere, conserver exactement, fidelement & en bon ordre, les Minutes des Actes qui demeurent entre leurs mains, & en faire des Expeditions entierement conformes à leurs Minutes.

Comme ils sont principalement institués pour rédiger par écrit la volonté des Parties, & donner aux Actes qu'ils passent, le caractere de la forme publique, & celui de l'autorité de la Justice, & que d'ailleurs ils sont le plus souvent les maîtres de la fortune des familles & des Particuliers; ils doivent avoir la capacité nécessaire pour se bien acquitter de leur emploi, garder inviolablement le secret des choses qui regardent l'interêt de ceux dont ils ont eu la confiance ; & furtout ils doivent avoir une attention particuliere à ne se rendre jamais complices d'aucun dol ni d'aucune surprife, qui puiffe bleffer le repos des familles & des Particuliers, ou diminuer la fureté de leurs biens, & la fermeté des engagemens qu'ils ont contractés.

Un Notaire doit toujours se souvenir qu'étant dépositaire de la foi & de l'autorité publique, un crime quelque leger qu'il foit, deviendroit très-grand en fa personne, pour peu qu'il regardât fon ministere. C'eft auffi la raison pour laquelle lorfqu'un Notaire a délinqué ou prévariqué dans fa Charge, il eft plus griévement puni, que ne le feroit un Particulier pour un fait femblable. En un mot, on ne. fçauroit trop févir contre les Notaires qui se laiffent corrompre pour trahir leurs devoirs, puifqu'il n'y a personne qui foit à l'abri des malverfations que peut commettre celui qui eft revêtu d'un Office, qui eft fans contredit le lien de la focieté civile, l'appui des conventions qui se paffent entre les hommes, & le facré dépôt de leurs dernieres volontés.

Comme un nombre exceffif de Notaires dans un même lieu pourroit caufer beaucoup d'inconveniens, en ce qu'étant trop multipliés, la plupart feroient oififs, & par conféquent peut attachés à remplir les devoirs d'un Emploi-fi important, par Edit du mois d'Avril 1664, le nombre des Notaires Royaux a été fixé, comme il fera dit vers la fin du quatriéme Chapitre de ce premier Livre.

CHAPITRE II.

Des Charges qui approchent en quelque chofe de la fonction des Notaires.

NOus avons en France des Charges qui approchent de la fonction des Notaires, en ce qui eft de donner la foi aux Actes ; tels font les Secretaires d'Etat, les Secretaires du Roi, & les Secretaires de la Cour de Parlement, lefquels font prépofés pour contre-figner les Ordres du Prince, les Mandemens de la Cour, & les Expeditions du Sceau.

Il y a une Déclaration du Roi du 21 Avril 1692, vérifiée en Parlement le 30 du même mois, portant que les Contrats de mariage paffés en préfence du Roi, & reçus par les Secretaires l'Etat, feront exécutés, porteront hypoteque, & auront même force que s'ils étoient passés par des Notaires. Que la minute en restera entre les mains du Secretaire d'Etat, qui en délivrera des Expeditions pour la commodité des Parties. Qu'il en sera déposé une copie, collationnée par le Secretaire d'Etat, chez un Notaire, qui pourra en délivrer des Expeditions, comme s'il en avoit reçu la minute.

A l'égard des Secretaires des Princes Ecclesiastiques & Laïes, ils font aussi auprès d'eux la fonction de Notaires, en contre-signant leurs Actes ou Lettres; car ils certifient que foi doit y être ajoutée, comme étant signés de leur main.

Les Greffiers font aussi en ce sens les Notaires des Juges; ils signent pour eux les Jugemens, & en délivrent des Expeditions aux Parties; mais ils ne reçoivent aucuns Actes entre les Parties, que de l'autorité, & en exécution des Sentences du Juge, & jamais du seul consentement des Parties. Il n'y a que les Notaires qui puissent recevoir de tels Actes, aussibien que de faire les In-ventaires, & même les partages, quand ils font volontaires, comme nous le dirons ci-après.

En effet, les Greffiers n'ont été institués que pour servir à écrire fous les Juges les Actes judiciaires, ès cas où le ministere du Juge est requis; lequel ministere cessant, le Greffier n'est que personne privée, & ne peut faire instrumens publics extrajudiciairement: Et même par leur institution il se trouve qu'ils ne font créés qu'à l'effet de recevoir les Actes qui s'expedient au Greffe. Ainsi il y a une très-grande difference entre les Greffiers & les Notaires; leurs droits font séparés aussibien que leurs fonctions. Ils conviennent uniquement en ce que de même que les Actes passés pardevant Notaires obligent & font foi, les actes reçus par les Greffiers fous l'autorité du Juge font foi; & même fans que l'assistance de Té-moins ou d'un autre Greffier, doive être intervenue à l'Acte; au lieu qu'il est enjoint aux Notaires de ne point passer d'Actes seuls, mais d'y joindre un second Notaire, ou deux Témoins.

Nous avons encore les Banquiers-Expeditionnaires en Cour de Rome, qui follicitent & font obtenir les Referits, Bulles, Provisions, & autres Actes qui s'expedient en Cour de Rome; ils les contre-signent & les certifient par leurs signatures, & fans leurs certificats, ces Expeditions ne font point foi en Justice. Ainsi, on peut dire que leurs Charges approchent en quelque chose de la fonction des Notaires.

CHAPITRE III.

Quelles Personnes peuvent être reçues dans la Charge de Notaire.

POUR être reçu Notaîre il faut être de la Religion Catholique, Apostolique & Romaine, Laïc, majeur de 25 ans, de bonnes mœurs, avoir les capacités requises pour cette Charge. Ainsi, il y a plusieurs personnes qui ne peuvent pas être reçues Notaires.

I. Ceux qui sont de la Religion Prétendue Réformée, comme il a été jugé par plusieurs Arrêts, & ordonné par Edit du 14 Juillet 1682.

II. Les Ecclesiastiques & Religieux ne peuvent être Notaires en Cour Laïque, suivant l'article 2 de l'Ordonnance de Charles VIII. de 1490. Il est vrai qu'autrefois les Prêtres pouvoient exercer ces sortes d'Offices; mais cela leur a été défendu, comme étant contre la décence de leur caractere, qui ne leur permet pas de se mêler de négociations séculieres.

III. Les mineurs de vingt-cinq ans, suivant l'article 81 de l'Ordonnance de Charles IX. donnée en 1560. Ainsi, pour pouvoir être pourvû de cette Charge avant la majorité, il faut des dispenses du Prince, auquel cas la qualité de Notaire rend le mineur, qui a eu des dispenses, majeur pour tout ce qui est de l'exercice de sa Charge; mais non pas pour toute autre affaire. Voyez Brodeau sur M. Louet, lettre G. sommaire 9, nombre 5; Papon, livre 4, titre 14, & la Peyrere, lettre M. nombre 9.

IV. Ceux qui ne sont pas d'une conduite irréprochable; car pour exercer une Charge, de laquelle dépend le repos public, la tranquillité des familles, & la fortune des Particuliers, il faut être d'une probité incorruptible. D'ailleurs, les Juges ne reçoivent point d'Officiers sans qu'ils joignent à leurs Provisions une information de vie & mœurs.

V. Ceux qui n'ont pas les capacités requises pour se bien acquitter d'un emploi si important pour le Public, & en même-tems si perilleux. Ainsi, l'usage du Châtelet de Paris, est que ceux qui veulent être pourvus d'une Charge de Notaire, ayent fait la Charge de principal Clerc chez les Notaires, pendant cinq ans pour le moins.

Si l'on en croit la Préface des Chartes & Privileges des Notai-res & Gardes-Notes du Châtelet de Paris, les Notaires étoient autrefois Docteurs, Licenciés, ou au moins Bacheliers en Droit, & c'est peut-être de-là que leur étoit attribué la qualité de Clercs qu'avoient anciennement en France les Notaires Royaux, qui étoient qualifiés de *Clercs-Notaires du Roi notre Sire*.

Aujourd'hui il n'est pas nécessaire pour être reçu Notaire, même à Paris, qu'on ait pris des dégrés en Droit; mais ceux qui se presentent pour être reçus dans une Charge de Notaire, lors-qu'ils sont Avocats, sont dispensés du tems de Clericature, & même de l'examen.

Cependant, il seroit à propos qu'on ne reçût dans une Charge aussi importante, que des Gens lettrés, & qui fussent reçus Avo-cats; car pour bien s'en acquitter, il ne suffit pas de sçavoir ce qui est de stile, il faut sçavoir les principes qui reglent la nature des Contrats & autres Actes qui se passent par les Notaires. Or, ces principes sont tirés des Ordonnances de nos Rois, des Cou-tumes & du Droit Romain. On peut même dire avec assurance, que la plupart des principes qui regardent les Contrats & les Tes-tamens en sont tirés, & que pour ce qui est des Contrats, nous n'avons que très-peu de Coutumes qui en parlent, encore disent-elles très-peu de chose. Ainsi il seroit à souhaiter que tous les No-taires fussent pleinement instruits des principes du Droit Romain, qui d'ailleurs est la source de toutes les bonnes Loix. C'est princi-palement par le secours du Droit Romain que les Notaires peu-vent entendre la nature des Actes qu'ils passent journellement, & les conséquences des clauses que l'on y insere.

Par Ordonnance de Charles VIII. de l'an 1490, art. 20, ceux qui ont obtenu des Provisions pour les Offices de Notaires, doi-vent s'adresser aux Sénéchaux, ou à leurs Lieutenans, pour être par eux reçus, & doivent être préalablement par eux examinés touchant leur science & capacité, avec quatre des plus anciens Conseillers du Siege; information de vie & de mœurs préalable-ment faite. Cette Ordonnance est confirmée par celle de Fran-çois I. en Octobre 1535, chap. 19, art. 1 & 22.

L'Ordonnance du Roi François I. au mois d'Octobre 1535, chap. 19, art. 2, ordonne que les Notaires, après le serment prêté, seront reçus & inscrits en la matricule du lieu; qu'il y sera mis le jour de leur réception; & que ceux qui seront reçus seront obligés de mettre leur nom, surnom & seing manuel, dont ils entendent se servir, le lieu d'où ils sont, & en quel lieu & pour quel lieu, ils font créés Notaires, dès queltems, par qui, & comment, & le jour de leur réception, fans que dans la fuite, pour quelque caufe que ce foit, ils puiffent changer leur nom, furnom, ni feing manuel.

CHAPITRE IV.

Des Notaires Royaux.

NOUS avons en France deux fortes de Notaires, fçavoir les Notaires Royaux & les Notaires des Seigneurs, aufquels on peut ajouter une troifiéme efpece de Notaires, fçavoir les Notaires Apoftoliques, dont les fonctions font reftraintes à paffer feulement les Actes qui concernent les Bénéfices.

Nous parlerons ici des Notaires Royaux, & de ceux des Seigneurs, de leur pouvoir & de leurs différences. A l'égard des Notaires Apoftoliques, il en fera parlé à la fin de cet Ouvrage, au Livre qui concerne les Actes qui fe paffent dans les Matieres Ecclefiaftiques & Bénéficiales.

Les Notaires Royaux font ceux qui font créés par le Roi dans les Juftices Royales, pour recevoir les Actes faits entre toutes fortes de perfonnes de quelque qualité qu'elles foient, & en quelque lieu qu'elles ayent leur domicile, pourvû que les Actes foient paffés dans le reffort de la Jurifdiction Royale où le Notaire eft immatriculé.

Sous le nom des Notaires Royaux, nous comprenons les Notaires du Châtelet de Paris, qui ont des Privileges particuliers, comme il fera dit ci-après.

Il n'y a que le Roi qui puiffe créer des Notaires Royaux, & les Appanagiftes n'ont pas le pouvoir d'en créer dans les Terres de leur appanage; c'est un droit que le Roi s'eft réfervé à lui feul, étant un droit de Souveraineté, comme il eft dit dans l'Ordonnance de Philippe le Bel de l'an 1302, art. 20, & celle de Louis XII. art. 42, de l'an 1510. Cela eft conforme au Droit Commun, qui veut que, *poteftas creandi Notarios, Tabelliones, vel Actuarios, ad Imperatorem pertineat.* Ce droit de fa nature ne peut appartenir qu'au Prince Souverain. C'eft un droit de la Couronne, de faire des Officiers, & un effet de la puiffance fouveraine immédiate, d'en établir & regler le pouvoir.

Ainfi le pouvoir de créer des Notaires étant un droit de Souveraineté,

raineté, les Seigneurs n'ont le droit de créer des Notaires dans l'étendue de leurs Seigneuries, que lorsque la faculté leur en a été expressément accordée par nos Rois ; ensorte qu'il faut qu'ils soient fondés en titres exprès, comme nous dirons dans la suite.

Il y a deux choses à remarquer touchant les effets des Contrats passés pardevant les Notaires Royaux.

1°. Qu'ils emportent hypoteque sur les biens des Obligés, en quelque lieu du Royaume qu'ils soient situés, quoique lesdits biens soient hors le ressort des Notaires qui les ont passés.

2°. Qu'ils peuvent être mis à exécution par toute la France, pourvû qu'ils soient scellés du Sceau Royal de la Jurisdiction dans laquelle les Notaires qui les ont passés sont immatriculés. La raison est que le Sceau est la marque autentique de l'autorité que le Roi donne aux Actes qui sont passés par ses Officiers ; ainsi quand un Acte est scellé, il est exécutoire, sans qu'il soit besoin de Mandement ni de permission du Juge.

Sur quoi il est nécessaire d'observer que dans les Coutumes de nantissement, comme Ponthieu, Amiens & autres, les Contrats & Actes passés devant les Notaires Royaux, même du Châtelet de Paris, peuvent avoir leur exécution parée dans le ressort de ces Coutumes ; mais qu'ils n'ont d'hypoteque que du jour de la Sentence du Juge qui nantit, sans quoi ces Contrats auroient une hypoteque sans effet, & seroient purs personnels & mobiliaires contre les débiteurs à l'égard des biens régis par les Coutumes de nantissement. Il y a de ce un acte de notorieté des Officiers de la Sénéchaussée de Ponthieu du 22 Décembre 1712.

Quoique les Notaires Royaux puissent, comme nous avons dit, recevoir des Actes entre toutes sortes de personnes, & en quelque lieu qu'ils ayent leur domicile ; ils ne peuvent néanmoins passer aucun Acte hors le ressort de la Jurisdiction où ils sont immatriculés, comme il est dit à la page précedente.

L'Ordonnance du Roi Henry II. du 11 Décembre 1543, fait défenses expresses aux Notaires respectivement, d'entreprendre sur les ressorts & limites l'un de l'autre, & de recevoir, passer, & grossoyer aucuns Contrats hors leurs ressorts & limites, sur peine du quadruple du profit & émolumens qu'ils en auront reçu, de nullité des Contrats & de tous dépens, dommages & intérêts envers les Parties interessées, ainsi qu'il est contenu dans l'Ordonnance du même Roi, du mois de Novembre 1542, art. 1.

Il faut encore remarquer, que les Notaires Royaux ne peuvent

Tome I. C

demeurer qu'aux Terres du Roi, & aux lieux où ils font immatriculés, enforte qu'ils ne peuvent demeurer dans les Terres d'un
Seigneur qui a droit de Tabellionage ; & au cas qu'un Notaire
Royal y vînt demeurer, le Seigneur le pourroit chaffer de fes
Terres, s'il n'eft fondé en titre ou en poffeffion immémoriale :
Mornac, *ad l. ult. ff. de Jurifdict.* Guenois, dans fa Conference
des Ordonnances, titre des Notaires, §. 18, nombre 13 ; Coquille, fur la Coutume de Nivernois, titre de Juftice, article 25 ;
néanmoins, cela n'eft point obfervé partout ; car il y a des No-
taires Royaux même dans les Terres des Seigneurs, quoique les
Seigneurs y ayent auffi leurs Tabellions.

Bacquet, en fon Traité des Droits de Juftice, chapitre 25,
nombres 10 & 28, dit que le Roi peut créer des Notaires dans
les Terres des Seigneurs qui ont droit de Tabellionage, en deux
cas. Le premier eft, lorfque le Roi en érigeant les Terres des Seigneurs en Pairies, Duchés, Marquifats, Comtés, Baronies, ou
Châtellenies, s'eft expreffément réfervé la faculté & le pouvoir
de mettre des Notaires Royaux ès Terres defdits Seigneurs. Le
deuxiéme eft, quand par la Coutume locale, & commune obfer-
vance & ufage de tout tems gardé dans la Province, le Roi a
toujours mis & créé des Notaires dans les Terres de certains Seigneurs, ou privativement à iceux, ou conjointement avec eux.

C'eft pour cela qu'on voit des Notaires Royaux en beaucoup
de Juftices des Seigneurs Hauts-Jufticiers ; & qu'en quelques-
unes on voit des Notaires Royaux & des Notaires Subalternes ;
mais en ce cas, les Notaires Royaux emportent prefque tout, à
caufe de l'exécution parée qu'ont indiftinctement les Contrats
paffés par eux.

Les Barons & Châtelains, qui ont droit de créer & d'établir
des Notaires dans leurs Baronies & Châtellenies, & d'appofer
leur fcel aux Contrats, peuvent bien empêcher les Notaires
Royaux de faire leur demeure dans leurs Terres & Jurifdictions ;
mais on tient qu'ils ne peuvent pas les empêcher d'y inftrumenter. Ainfi, jugé au Parlement de Paris, 1°. Par Arrêt du 18 Juin
1612, en faveur des Notaires Royaux.

2°. Par Arrêt du 28 Août 1714, rendu au Rapport de Monfieur
Paris.

3°. Par un autre Arrêt du 28 Août 1719, dont voici l'efpece :
La Dame d'Halencey avoit fait fon Teftament dans le Château
d'Ervé, en faveur du fieur d'Halencey qu'elle avoit époufé en
fecondes nôces. Ce Teftament fut reçu par Dupré, Notaire Royal

au Bailliage de Clermont , réſidant à Varenne. Les heritiers collateraux de ladite Dame attaquerent ſon teſtament , tant à cauſe
des avantages qu'elle avoit faits à ſon ſecond mari , qu'à cauſe du
défaut de caractere dans l'Officier qui l'avoit reçu , parce qu'il
l'avoit reçu dans la Prevôté d'Ervé , où il y a un Notaire réſidant ,
& que Dupré étant de la réſidence de Varenne , il avoit reçu le
Teſtament hors ſon reſſort. Le ſieur d'Halencey, prétendit que
Dupré étant Notaire Royal au Bailliage de Clermont , & qu'ayant
reçu le teſtament de la Dame d'Halencey dans le Bailliage de
Clermont , il n'avoit point inſtrumenté hors de ſon reſſort. Par
le ſuſdit Arrêt qui intervint ſur l'appel interjetté de la Sentence
du Juge de Clermont , le Teſtament fut déclaré bon & valable.

4°. Par Arrêt du 21 Juillet 1724, qui a pareillement jugé bon
& valable un Teſtament reçu dans la Châtellenie de Treſol , par
un Notaire du Bailliage de Sezanne , qui eſt compoſé de trois
Châtellenies : Sçavoir, Chantemerle, Eſternoy & Treſol , dont
les Notaires ſont reçus au Bailliage de Sezanne. Me. Gouin qui
avoit écrit au Procès, pour ſoutenir la validité du Teſtament ,
s'étoit ſervi de la faveur des legs pieux, dont il s'agiſſoit ; mais
il avoit auſſi employé tous les moyens qui peuvent ſervir à décider la queſtion que je traite ici ; ſçavoir, qu'un Notaire reçu dans
le Bailliage Royal, a pour reſſort toute l'étendue du Bailliage
dans lequel il a été reçu, à la différence des Notaires des Seigneurs , qui n'ont d'autre Territoire que l'étendue de la Seigneurie où ils ſont Notaires ; mais que le Notaire qui reçoit ſon autorité du Roi pour être Notaire Royal dans un Bailliage, a toute l'é-
tendue de ce Bailliage pour Territoire. Les réſidences des Notaires n'ont été établies que par un Reglement de Police, afin
que les Notaires fuſſent diſtribués en differens endroits pour le
ſoulagement du Public, & afin qu'ils ne couruſſent point les uns
ſur les autres.

En effet, quel inconvenient ne naîtroit-il pas de la reſtriction
du pouvoir des Notaires Royaux, dans le ſeul lieu de leur réſidence ? On feroit ſouvent fort embaraſſé de contracter avec des
Forains, qui ſont des perſonnes de differentes Châtellénies. Un
malade voudra teſter, le Notaire du lieu ſera abſent ; faute de pouvoir ſe ſervir d'un Notaire Royal du Bailliage , faudra-t'il qu'il
meure *inteſtat* ?

Quand l'Ordonnance d'Henry II. de 1542, fait défenſes aux
Notaires de recevoir des Actes & Teſtamens hors de leur reſſort, l'eſprit de cette Ordonnance eſt, par rapport aux Notaires

Royaux, qu'un Notaire Royal d'un Bailliage n'aille point inſtrumenter dans un autre Bailliage Royal. Par exemple, qu'un Notaire Royal du Bailliage de Sezanne n'aille point inſtrumenter
dans le Bailliage de Meaux, ni pareillement qu'un Notaire du
Bailliage de Meaux ne vienne point inſtrumenter dans le Bailliage
de Sezanne. Mais un Notaire Royal peut aller inſtrumenter &
paſſer des Actes dans toute l'étendue de ſon Bailliage, même
dans les Seigneuries qui en relevent, & il a droit d'y faire tous les
Actes qui ſe peuvent faire comme en paſſant, & qui ne requierent point de ſéjour. D'où il faut conclure, qu'on ne peut point,
à cet égard, tirer aucune conſéquence valable du droit de Juriſdiction contentieuſe du Bailly, au droit de Juriſdiction volontaire
du Notaire du Bailliage, qui ne s'exerce que par le choix & le
conſentement des Parties.

Nous remarquerons cependant, que ce que nous venons de
dire, n'a lieu qu'à l'égard des Notaires Royaux qui compoſent les
Communautés des Notaires des Villes où il y a Bailliage ou Sénéchauſſée, & que cela ne regarde pas les Notaires Royaux des
Prevôtés, Mairies & Châtellenies Royales.

Les premiers ſont Notaires généraux de leur Bailliage ou Sénéchauſſée, de ſorte qu'ils peuvent inſtrumenter dans toute ſon
étenduë, attendu qu'ils ont été créés avec ce droit, & qu'ils y
ont été maintenus par pluſieurs Arrêts de Réglemens rendus au
Parlement de Paris, le 18 Août 1727, en faveur des Notaires de
Provins, & le 2 Juin 1728, en faveur des Notaires de la Ville
de Sens.

Cela a été depuis jugé de même par Arrêt du 18 Août 1729,
rendu en faveur de la Communauté des Notaires de Chaumont
en Baſſigny, contre Jean Potier, Notaire Royal en la Prevôté de
Nogent-le-Roy, reſſort dudit Bailliage de Chaumont, où il avoit
été reçu, & où ſous ce prétexte, il inſtrumentoit au dehors de la
Prevôté dans toute l'étendue de ce Bailliage, & même dans la
Ville de Chaumont. Cet Arrêt lui fait défenſes de faire, à l'avenir,
de pareilles entrepriſes à peine de faux, & l'a condamné en ſix
cens livres de dommages & interêts, & aux dépens, & a ordonné
qu'il ſeroit regiſtré, publié & affiché, &c.

Ainſi les Notaires Royaux des Prevôtés, Mairies, & Châtellenies Royales, ou réſidans ès Paroiſſes, ſont des Notaires
Royaux à la verité, mais particuliers, chacun pour le détroit de
leur établiſſement ; de maniere qu'ils n'ont pas droit d'inſtrumenter dans d'autres lieux, quoique ſitués dans l'étendue du Bailliage.

où ils ont été reçus, comme il a été jugé par les Arrêts de Reglemens que nous venons de citer.

C'est en partie sur l'Edit du mois d'Avril 1664, que sont fondés ces Reglemens, parce que suivant cet Edit, le nombre des Notaires Royaux est fixé; sçavoir, vingt pour les Villes Capitales des Provinces; dix pour les autres Villes où il y a Bailliage ou Sénéchauffée; quatre pour les petites Villes où il y a Prevôté; deux pour les Bourgs où il y a Foires & Marchés; & un pour les Paroilles au-dessus de soixante feux.

Il y a lieu de croire que ces derniers ne font pourvûs desdits Offices que pour en faire les fonctions, chacun dans leur détroit; mais qu'au contraire, les premiers ont droit d'instrumenter dans toute l'étendue du Bailliage ou Sénéchauffée, & privativement seuls dans leur Ville. C'est donc un droit de concurrence qu'ils ont d'exercer dans leur reffort avec les Notaires Royaux qui y font établis, à l'effet d'être les Notaires particuliers seulement Notaires dès Territoires qui leur font limités, & au-de-là desquels ils n'ont pas droit d'instrumenter. Ce qui paroît très-équitable, puifque le prix des Offices de ces Notaires Royaux particuliers est bien different du prix des Offices des Notaires Royaux des Bailliages & Sénéchauffées.

A l'égard des Privileges des Notaires Royaux, il faut observer que le Roi Henry III. par son Edit donné à Paris au mois de May 1575, touchant la création des Notaires-Gardes-Notes, en tous les Bailliages, Sénéchauffées, Prevôtés & autres Sieges Royaux du Royaume, pour empêcher qu'ils ne fussent incommodés en leurs maisons, & distraits dans l'exercice de leur Charge, les exempta & affranchit des Gens de guerre. En second lieu, il les déchargea de toutes Tutelles, Curatelles, établissement de Commissaires, & autres charges & fonctions publiques, sans qu'ils soient tenus, ni puissent être contraints de les accepter, pour quelqu'occasion que ce soit, sinon de leur gré & consentement. Néanmoins, par l'Arrêt d'enregistrement du Parlement de Paris, en datte du 22 Juin audit an, sur la modification dudit Edit, il est porté que lesdits Gardes-Notes ne seront point exempts de Tutelle.

CHAPITRE V.

Des Notaires du Châtelet de Paris ; de leurs Fonctions ;
Droits, Prérogatives, Privileges, & Immunités.

L'OFFICE de Notaire au Châtelet de Paris en contient trois;
fçavoir, de Notaire, de Tabellion & de Garde-Notes, tous
trois Offices Royaux, réunis & incorporés enfemble : Ainfi les
Notaires du Châtelet de Paris reçoivent les Actes comme Notaires, en délivrent des Expeditions & des Groffes comme Tabellions, & gardent les minutes des Actes qu'ils paffent comme
Gardes-Notes.

Ils ont de plus aujourd'hui la qualité de Gardes-fcel depuis
que le Roi leur a accordé le pouvoir de fceller les Actes qu'ils
paffent. Ce qui eft un privilege très-confiderable, comme nous
l'avons dit ci-deffus, page 10.

Ils jouiffent donc de tous les droits & privileges que nous venons de dire avoir été accordés aux Notaires Royaux. Mais
comme la Ville de Paris eft la Capitale du Royaume, & que d'ailleurs
les Notaires du Châtelet de Paris fe font toujours diftingués par
leur integrité, fuffifance, capacité & experience, nos Rois leur
ont accordé plufieurs prérogatives confiderables, qui leur font
particulieres.

Ils ont feuls le pouvoir d'inftrumenter, recevoir & paffer tous
Contrats, Teftamens, Inventaires, Partages, Terriers, & autres
Actes volontaires en la Ville, Fauxbourgs & Banlieue de Paris,
fans qu'il foit permis à aucuns Officiers, faire & paffer efdits lieux
aucuns Actes concernans la Charge de Notaire, fuivant les Edits
& Déclarations qui leur ont été accordés par nos Rois; entr'au-
tres par l'Edit perpétuel du 5 Juin 1317, appellé la Conftitution
Philippine des Notaires du Châtelet de Paris.

Quoique ce droit foit très-bien établi, & paroiffe ne pas faire
de difficulté; néanmoins en differens tems, il leur a été contefté
par quelques Officiers des Juftices fubalternes, mais les Notaires
ont toujours obtenu gain de caufe, & tous les Arrêts qui font fur-
venus à ce fujet, les ont maintenus en poffeffion de ce droit.

Les Officiers de la Juftice du Bailliage du Palais ont prétendu
empêcher les Notaires du Châtelet de Paris, de faire les Inven-

taires ès maisons qui sont dans l'enclos du Palais, & qui sont de la Jurisdiction du Bailliage.

Sur cette contestation est intervenu Arrêt du 4 Avril 1573, rapporté par Chenu, titre 25, chapitre 128, qui a jugé que les Notaires du Châtelet doivent faire les Inventaires dans les maisons dépendantes de la Jurisdiction du Bailliage, esquels par Ordonnance du Bailly ou son Lieutenant, il y a scel apposé à la réquisition d'une Partie, pourvû que l'Inventaire soit fait entre coheritiers, volontairement & de concert ; car lorsqu'il se fait par Ordonnance du Juge, comme en cas de desherence ou d'aubaine, ou pour autres droits du Roi, le Juge doit faire l'inventaire à la requête du Procureur du Roi.

Chenu, titre 25, chapitre 131, dit avoir été jugé par Sentence des Requêtes du Palais, le 6 Octobre 1455, au profit des Notaires du Châtelet de Paris, à l'encontre du Prieur & Convent de Saint Martin des Champs de Paris, que l'Inventaire dont étoit pour lors question, & que deux Notaires du Châtelet avoient commencé à faire dans l'étendue de la Justice dudit Prieuré, seroit par eux parfait & achevé, le Procureur Fiscal du Prieuré présent, si bon lui sembloit.

Il y a eu pareille Sentence donnée au Châtelet, le 10 Février 1503, au profit des Notaires du Châtelet, contre les Religieux, Abbé & Convent de Saint Germain des Prez.

Ensuite il y a eu Arrêt de la Cour, servant de Reglement, prononcé le 3 Décembre 1569, entre les Notaires du Châtelet, Demandeurs d'une part, & l'Evêque de Paris, les Religieux, Abbé & Convent de Sainte Geneviéve ; les Doyen, Chanoines & Chapitre de l'Eglise de Saint Marcel ; les Religieux, Abbé & Convent de Saint Germain des Prez ; les Religieux, Abbé & Convent de Saint Magloire ; les Religieux, Abbé & Convent de Saint Martin des Champs ; le Grand-Prieur du Temple ; le Greffier du Trésor, & la Communauté des Examinateurs du Châtelet de Paris, Défendeurs d'autre part.

Par cet Arrêt, la Cour a ordonné, que quand les Officiers du Roi auroient prévenu par scellé en la Ville & Fauxbourgs de Paris ; en ce cas, ausdits Notaires appartiendroit privativement aux Commissaires-Examinateurs, Hauts-Justiciers, leurs Greffiers & Greffiers du Trésor, la confection des Inventaires & description des biens ès maisons sur lesquelles auroit été mis & apposé le scellé ; ensemble les partages, quand ils en seroient requis par les Parties, sans que les Commissaires, Hauts-Justiciers, leurs Offi-

ciers, ni Greffiers du Tréfor s'en puiſſent aucunement entremettre, ſur peine de faux & de nullité de tout ce qui ſeroit par eux
fait au contraire ; & au cas que leſdits Hauts-Juſticiers, ou leurs
Officiers dans les fins & limites de leurs Juſtices, & ſur leurs Juſti-
ciables, euſſent prévenu par appoſition de ſcellé ; audit cas à eux
reſpectivement appartiendroit la confection des Inventairés des
biens & maiſons ſur leſquels leur ſcellé auroit été premierement
& avant tous autres, mis & appoſé, privativement aux Notaires,
ſur les peines telles que deſſus, à moins que les Parties ne vou-
luſſent les Inventaires être faits par les Notaires.

Mais quand par Sentence & Jugement contradictoire du Juge
competent, donné ſans fraude & ſuppoſition d'Inſtance, un
partage aura été ordonné entre Parties, qui auront conteſté &
pourſuivi par Jugement le partage ; en ce cas, en exécutant les
Sentences & Jugemens, les partages ſeront faits par les Commiſſaires-Examinateurs du Châtelet, Hauts-Juſticiers ou leurs Officiers, privativement aux Notaires, à moins que du commun conſentement des Parties, les Notaires ne fuſſent requis de faire,
paſſer & recevoir leſdits partages, nonobſtant leſdites Sentences
& Jugemens.

Le Bailly & autres Officiers du Temple, ont prétendu avoir
droit de faire les Inventaires ès maiſons qui ſont dans l'Enclos du
Temple, & empêcher les Notaires du Châtelet de Paris d'y en
faire. Monſieur le Grand-Prieur prenant le fait & cauſe de ſes Officiers, intervint dans la Cauſe. Par Arrêt du 14 Décembre 1703,
il fut ordonné que l'Inventaire des biens de Meſſire René Binet,
Chevalier, Seigneur de Beaurepaire, décedé dans l'Enclos du
Temple, ſeroit fait par de Savigny & ſon Confrere ; & en conſéquence dud. Arrêt, a été procedé audit Inventaire par led. Me.
de Savigny, le 17 du même mois.

Par Arrêt du Conſeil d'Etat du 23 Août 1645, le Roi a maintenu & gardé les Notaires du Châtelet de Paris, en la fonction &
exercice de leurs Charges, & aux droits qu'ils ont de faire & paſſer tous Contrats & Actes, & ſpécialement les Contrats de conſtitutions de Rentes qui ſeront paſſés par les Prevôt des Marchands
& Echevins de la Ville de Paris. Leſdits Notaires avoient précedemment obtenu un Arrêt de la Chambre des Comptes, le 30
Décembre 1638, pour le fait des quittances, acquits & décharges du payement deſdites Rentes, à l'encontre des Contrôleurs des Rentes de l'Hôtel de Ville de Paris.

Voici

Voici le fait. Il parut un Edit donné à Saint-Germain en Laye, au mois de Juin audit an 1638, pour l'attribution des gages & taxations aux Receveurs & Payeurs généraux desdites Rentes, & aux Contrôleurs généraux d'icelles, avec attribution auſdits Contrôleurs du pouvoir & faculté de faire & paſſer toutes quittances, acquits & décharges concernant le payement deſdites Rentes, à ceux dont ils ſeroient requis, pour chacune deſquelles Sa Majeſté leur auroit permis de prendre deux ſols.

La Communauté des Notaires s'étant oppoſée à la vérification de cet Edit au ſujet de l'attribution deſdites quittances auſdits Contrôleurs, par l'Arrêt qui intervint ſur ladite oppoſition, le 30 Décembre 1638, ladite Chambre ordonna la publication & enregiſtrement dudit Edit; à la charge que leſdits Contrôleurs ne s'entremettroient en aucune maniere, à faire quittances, acquits & décharges concernant le payement deſdites Rentes; leſdits Notaires maintenus en la fonction de leurs Charges, à l'effet qu'il en ſoit uſé comme il avoit été fait par le paſſé.

Les Receveurs des Conſignations obtinrent le 28 May 1611, des Lettres Patentes, par leſquelles il leur étoit permis de choiſir & nommer deux Notaires de la Communauté des Notaires de Paris, pour recevoir & paſſer toutes les quittances & Actes néceſſaires concernant le fait des Conſignations. La Communauté des Notaires obtint un Arrêt du Conſeil Privé, le 23 Décembre de la même année, par lequel le Roi en ſon Conſeil, ordonna que les Receveurs des Conſignations ſeroient tenus de prendre & recevoir toutes Quittances & Actes concernant leſd. Conſignations, paſſées pardevant les Notaires au Châtelet de Paris indifferemment; & défenſes auſdits Receveurs des Conſignations de faire choix d'aucun deſdits Notaires au préjudice des autres. Et le 30 Mars 1612, fut rendu une Sentence au Châtelet en conformité dudit Arrêt.

Les Notaires du Châtelet de Paris ont toujours été conſervés dans le droit de faire Inventaires, Parrages & diviſion de biens, nonobſtant les Edits de création des Commiſſaires-Examinateurs. Chenu rapporte pluſieurs Arrêts, par leſquels les Commiſſaires du Châtelet ont été condamnés en l'amende, pour avoir attenté de faire Inventaires, au préjudice des Arrêts donnés par la Cour en faveur des Notaires du Châtelet, & à rendre & reſtituer ce qu'ils avoient pris & exigé pour la confection d'iceux.

Par Arrêt du 23 Mars 1719, rendu ſur les concluſions de M. l'Avocat General Gilbert, & plaidant Daunard pour la Com-

Tome I.   D

munauté des Commiffaires du Châtelet, & Defnyau pour celle des Notaires ; la Cour appointant en droit la queftion de fçavoir à qui des Notaires ou Commiffaites appartient la defcription des meubles, effets, titres & papiers des perfonnes interdites, a ordonné que par provifion, la defcription commencée par M. Jourdain, Notaire, des effets, titres & papiers de . . . , interdit, fera par lui parachevée en prefence des heritiers de l'interdit.

Par Édit du mois de May 1575, il eft ordonné que les minutes des partages faits par les Commiffaires du Châtelet de Paris, feront par leurs veuves ou heritiers portées aux Notaires Gardes-Notes, après le décès defdits Commiffaires, & que tous Curés & Vicaires qui auront reçu & paffé des Teftamens ou Codiciles, ayent dans huitaine après le décès des Teftateurs, à les porter & mettre ès mains defdits Notaires & Gardes-Notes, chacun en fon reffort, fur peine d'amende arbitraire. Cet Édit ne s'obferve pas à l'égard des Commiffaires.

Les Notaires du Châtelet de Paris ont droit de faire les Inventaires des Princes du Sang, quand leurs Inventaires fe font à l'amiable, & qu'ils font requis de les faire. Ainfi, par Arrêt du 31 Juillet 1630, il a été ordonné contre les quatre Secretaires de la Cour, que l'Inventaire de Madame la Ducheffe d'Orleans, commencé par les deux Notaires du Châtelet de Paris, que Monfieur le Duc d'Orleans avoit nommés, feroit par eux continué & parachevé. Cet Arrêt fe trouve avec quelques autres fur le même fujet, dans le Recueil des Chartes des Notaires du Châtelet de Paris.

Le droit qu'ont les Notaires du Châtelet de Paris, de faire feuls dans cette Ville, Contrats, Teftamens & autres Actes qui doivent être reçus par des Notaires, n'eft pas le feul privilege qui leur ait été accordé.

Premierement, en fait d'Actes qui font de leur miniftere, ils peuvent inftrumenter dans quelque lieu que ce foit du Royaume, enforte qu'ils peuvent aller dans toutes les Villes & lieux de France, pour y recevoir & paffer, à la réquifition de toutes fortes de perfonnes, toutes Lettres, Contrats, Teftamens, Inventaires & autres Actes concernans & dépendans de leurs Offices, fans autre Commiffion que le droit de leurs Offices, leur inftitution étant telle, ainfi qu'il paroît par leurs Lettres Patentes & confirmation de nos Rois, contenues au Recueil des Chartes & Privileges des Notaires du Châtelet de Paris.

En outre ce droit d'inftrumenter partout le Royaume, vient d'être confirmé en faveur de la Communauté des Notaires du Châtelet de Paris, en la perfonne de M^e. de Savigny. Voici l'efpece.

L'époufe de M. de Franqueville, Confeiller au Parlement de Rouen, mourut dans la même Ville au mois de Juin 1749, laiffant deux filles mariées, l'aînée à M. le Marquis de Lys, & la cadette à M. le Comte de la Baume. Le 12 Juillet M. le Marquis de Lys requit M^e. de Savigny par acte devant Notaires de fe tranfporter à Rouen, pour faire l'inventaire. A la reconnoiffance & levée des fcellés, le 15 dudit mois, M. de la Baume nomma M^e. Legingois, Notaire à Rouen, pour faire ledit inventaire, ce qui forma une conteftation entré les Parties & les Notaires, laquelle fut portée en referé en l'Hôtel de M. le Premier Préfident, qui renvoya les Parties à l'Audience; & par Arrêt de la Grand'Chambre, rendu fur les conclufions de M. le Procureur General, il fut ordonné qu'il feroit procedé à la confection dudit inventaire par ledit M^e. Legingois, ou tel autre des Notaires du Bailliage que M. de Lys voudroit nommer.

Cet Arrêt conftatant bien, à la verité, le droit de M. de Lys, mais détruifant celui des Notaires du Châtelet de Paris par prévention, ou par fuite, M^e. de Savigny s'eft pourvû en caffation au Confeil Privé, où eft intervenu Arrêt contradictoire entre lui & lefdits fieurs de Lys & de la Baume, le 8 Juin 1750, qui a ordonné que ledit M^e. de Savigny continueroit de proceder à la confection de l'inventaire en queftion, nonobftant toutes oppofitions, clameur de haro, Chartes Normandes, & autres empêchemens quelconques.

Néanmoins, ils ne peuvent pas s'habituer ou faire leur réfidence ailleurs qu'en la Ville de Paris, pour l'exercice de leurs Charges, fur quoi voyez Brodeau, fur l'article 165 de la Coutume de Paris.

Une remarque importante à faire fur cet article, eft que quand les Notaires du Châtelet de Paris inftrumentent dans les Provinces, même hors le reffort de la Generalité de Paris, ils fe fervent du papier timbré de la Generalité de Paris, fans que leurs Actes foient fujets à la formalité du Contrôle, auquel ceux des Notaires de Province font affujettis.

A l'occafion du Privilege des Notaires du Châtelet, de pouvoir inftrumenter dans toutes les Villes du Royaume, les Notaires de

Versailles leur ont fait une contestation qui a été décidée en faveur des Notaires du Châtelet de Paris, par Arrêt du Parlement du 30 Août 1707, dont voici le prononcé :

NOTRE DITE COUR ayant égard à la demande des Doyen, Syndics & Communauté des Notaires au Châtelet de Paris, & à leur Requête du 29 Août dernier, ordonne que les Lettres Patentes, Arrêts & Reglemens de la Cour seront exécutés ; & en conséquence a maintenu & gardé lesdits Doyen, Syndics & Communauté des Notaires du Châtelet dans le droit & possession de pouvoir se transporter, tant dans la Ville de Versailles, qu'en toutes les autres Villes & lieux du Royaume, pour y passer & recevoir pour toutes les personnes qui les requereront, tous Contrats, Testamens, Inventaires & Actes dépendans de leurs Offices.

Les Notaires d'Orleans, de Montpellier, & ceux du Conservateur des Foires de Brie & Champagne, peuvent aussi recevoir tous contrats hors leurs Jurisdictions ; la Coutume d'Orleans en fait mention en l'article 463. Voyez M. Louet sur le nombre 15. Néanmoins, ils ne peuvent passer aucuns Actes, ni faire aucuns Inventaires ni partage en la Ville de Paris, quoique tels Actes eussent été commencés ailleurs, parce que leur privilege ne s'étend pas contre les Notaires du Châtelet de Paris. Ainsi, quand lesdits Inventaires & Partages ont été commencés ès Villes d'Orleans, de Montpellier, & autres lieux du domicile des décedés, ils ne peuvent être continués en la Ville de Paris par autres Notaires, que par ceux du Châtelet de Paris.

II. Les Notaires du Châtelet de Paris ont été pris par le Roü Charles VI. en sa sauvegarde, par Lettres Patentes du mois d'Avril 1411, & ces Lettres de Charles VI. ont été depuis confirmées par les Rois ses successeurs, & notamment par un Edit du mois de May 1575.

III. Ils ont leurs causes commises pardevant le Prevôt de Paris, tant en demandant, qu'en défendant ; l'Ordonnance de Louis XII. du mois d'Avril 1510, confirme ce privilege, qui leur avoit été accordé par les Rois prédécesseurs, voulant que les renvois, ajournemens & exploits faits à leurs requêtes de leurs causes, en demandant & défendant, pourvû que ce soit avant contestation en cause, pardevant le Prevôt de Paris, en vertu de sa Commission, valent & sortent leur plein & entier effet.

Par Edit du mois de Février 1693, qui a réuni les Notaires Apostoliques, créés par Edit de 1691, aux cent treize Notaires du Châtelet de Paris ; le Roi a accordé le droit de Committimus au petit Sceau, aux douze plus anciens d'entr'eux ; & ceux qui ont exercé leurs Offices pendant vingt ans, lorsqu'ils se retirent, jouissent du privilege de véterance, & en cette qualité, ont voix déliberative, & continuent à jouir de tous les Privileges de leurs Confreres.

IV. Ils ont droit de porter la Robe & le Bonnet ; sur quoi, il faut observer, que le Sénéchal de Guyenne ayant refusé d'homologuer le Reglement que les Notaires de la Ville de Bordeaux avoient fait entr'eux, portant qu'étant créés à l'*instar* des Notaires de Paris, ils porteroient la Robe ; ils prirent un Acte de notorieté, le 17 Juillet 1688, par lequel M. le Lieutenant Civil attesté, que les Notaires sont reçus & prêtent le serment en Robe & Bonnet, & sont en possession de porter la Robe dans les assemblées publiques & particulieres, & partout ailleurs où bon leur semble ; que lorsqu'ils sont mandés, ou qu'ils comparoissent devant les Magistrats, ils sont obligés d'être revêtus de leur Robe, & que si on les souffre sans l'avoir, c'est par tolerance.

V. Le Sceau du Châtelet de Paris est attributif de Jurisdiction partout le Royaume, non-seulement par un privilege immémorial, ou par la soumission volontaire que font les Parties qui contractent, mais par le droit de Sa Majesté qui est attaché au Scel, lequel est reconnu partout le Royaume, puisqu'il se servoit du grand Sceau pour sceller toutes les Lettres & les Ordres des Rois.

VI. Que lorsqu'il y a inscription de faux contre les Actes reçus par les Notaires du Châtelet de Paris, ils ne peuvent être traduits en premiere Instance qu'au Châtelet, & par appel au Parlement pour l'instruction & jugement du faux.

De ce il a été donné Acte de notorieté par M. le Camus, Lieutenant Civil, dont voici les termes : *Sur la Requête judiciairement faite, &c. Certifions à tous qu'il appartiendra, que les Notaires Gardes-Notes au Châtelet de Paris, ne se défaisissent point des minutes des Actes & Contrats qu'ils ont reçus & passés, s'ils en ont délivré des Grosses & Expeditions ; & lorsque l'on s'est inscrit en faux contre les minutes de ces Actes & Contrats, ils ne peuvent être traduits pour l'instruction & jugement du faux en premiere Instance, qu'en la Jurisdiction du Châtelet de Paris, & par appel au Parlement de la même Ville, & ce par un privilege spécial qui leur est attribué par une Déclaration du mois de Juillet*

1676, *vérifiée au Parlement le 28 du même mois. Ce fut fait & don-*
né, &c. le 30 Mars 1686.

Au reste l'Edit du Roi donné à Nancy, au mois d'Août 1673, vérifié au Parlement de Paris le 7 Septembre, & à la Cour des Aydes le 7 Octobre de la même année, attribue aux Notaires de Paris, la qualité de Conseillers du Roi, avec pouvoir de paffer tous Contrats, Inventaires & autres Actes, sans déroger à Noblesse, & les décharge du logement de Gens de guerre, tant en leurs maisons de Paris, qu'en celles de la Campagne, & les conserve dans tous les Privileges, même au droit de Gardes-Gardiennes.

CHAPITRE VI.

Des Notaires des Seigneurs, & de leurs Fonctions.

L ES Notaires des Seigneurs sont ceux qui sont créés dans les Justices Seigneuriales pour recevoir tous Contrats, Actes entre-vifs, & Ordonnances de dernieres volontés, pourvû que ce soit dans l'étendue de la Jurisdiction dans laquelle ils sont immatriculés, & entre personnes qui y soient demeurantes. Tous Seigneurs n'ont pas droit d'instituer des Notaires & Tabellions, il n'y a que les Seigneurs Châtelains & autres plus titrés, qui ayent ce droit, comme nous le dirons dans le Chapitre suivant, encore n'en peuvent-ils créer qu'un certain nombre, conformément à la fixation qui en a été faite par les Reglemens, attendu que le nombre excessif qu'un Seigneur institueroit dans sa Seigneurie, y causeroit beaucoup d'inconveniens.

Pour que les Notaires des Seigneurs Châtelains & autres plus titrés, reçoivent légitimement & valablement des Actes, deux conditions sont requises : 1°. Qu'ils les reçoivent dans leur ressort, en quoi ils conviennent avec les Notaires Royaux. 2°. Que ces Actes soient passés entre personnes qui soient demeurantes dans les limites de leur Jurisdiction ; de sorte qu'ils ne peuvent recevoir d'Actes dans l'étendue de leur ressort, entr'autres personnes que couchans & levans dans icelui. En quoi ils different des Notaires Royaux, qui peuvent recevoir tous Actes entre toutes sortes de personnes, & en quelque lieu qu'elles ayent leur domicile, pourvû que les Actes soient passés dans le ressort de la Jurisdiction Royale, où les Notaires sont immatriculés.

Quand les Contrats sont passés par les Notaires des Seigneurs dans leur ressort, & entre personnes y demeurantes, ils produisent deux effets.

1°. Ils emportent hypoteque sur tous les biens des Obligés, en quelqu'endroit du Royaume qu'ils soient situés. Lalande, sur la Coutume d'Orleans, article 463, rapporte un Arrêt du 18 Juin 1611, rendu en faveur des Notaires du Duché de Montbazon, qui a jugé que les Contrats passés par des Notaires subalternes dans leur ressort, & entre personnes qui y sont domiciliées, emportent hypoteque, non-seulement sur les biens de l'Obligé, situés dans le ressort, mais sur tous ses autres biens.

2°. Ils sont exécutoires dans le ressort de la Seigneurie du Seigneur qui a droit de Notariat, pourvû qu'ils soient scellés du Sceau de la Jurisdiction Seigneuriale, dans laquelle les Notaires qui les ont passés sont immatriculés.

Mais pour les mettre à exécution dans l'étendue d'une autre Justice, il faut la permission du Juge. C'est la disposition de l'article 66 de l'Ordonnance de 1530.

C'est aussi comme il faut entendre l'article 165 de la Coutume de Paris, qui porte : *Que les obligations passées sous Scel autentique, sont exécutoires sur les biens, meubles & immeubles de l'Obligé, pourvû qu'au jour de l'obligation passée, les Parties fussent demeurantes au lieu où l'obligation est passée.*

La raison est, que le Sceau du Seigneur n'est connu que dans l'étenduë de sa Justice, & ne peut avoir son pouvoir sur les Terres du Roi, ni sur celles des autres Seigneurs.

Ces principes ainsi établis, il faut voir maintenant quel effet peut avoir un Contrat passé par des Notaires subalternes ; premierement, hors le ressort de leur Jurisdiction ; en second lieu, dans l'étendue de leur ressort ; mais entre personnes qui sont demeurantes hors d'icelui.

A l'égard de la premiere partie de cette proposition, nous la traiterons en particulier dans un chapitre séparé, & nous n'en parlerons ici qu'en passant, & qu'autant qu'il est nécessaire d'en dire un mot, pour expliquer pleinement la derniere.

M. Louet, lettre N. chapitre 10, rapporte un Arrêt du 3 Avril 1604, qui a fait défenses aux Notaires non Royaux d'instrumenter hors leur ressort, & entr'autres personnes que celles qui sont demeurantes dans les limites de leur Jurisdiction, sur peine de faux & de nullité des Actes. Brodeau rapporte d'autres Arrêts qui le confirment.

Par autre Arrêt du 18 Juillet 1660, rapporté dans le deuxiéme tome du Journal des Audiences, donné en faveur des Notaires Royaux, la Cour défend aux Notaires subalternes de recevoir à l'avenir aucuns Contrats hors leur ressort & entre personnes qui ne soient pas demeurantes dans l'étenduë du Tabellionage.

L'Ordonnance de 1539, article 66, défend aux Notaires des Seigneurs, de passer aucuns Actes entre ceux qui ne font point sujets à leur Jurisdiction. La raison est, que le pouvoir des Notaires non Royaux est borné & limité dans de certaines limites & entre les personnes qui font sujettes à la Jurisdiction de celui qui les a commis, d'où il s'ensuit que hors de l'étendue de la Jurisdiction, & entr'autres personnes que celles qui y font demeurantes, les Notaires n'ont pas plus de pouvoir que s'ils étoient personnes privées.

En effet, les Notaires des Seigneurs hors leur Territoire, ne font plus Notaires, mais personnes privées, d'autant qu'ils ne font que Notaires des Seigneurs particuliers, qui n'ont de pouvoir & de Jurisdiction volontaire, qu'entre les Sujets du Seigneur duquel ils font Notaires. Le pouvoir de tels Notaires étant ainsi borné & limité, le consentement des Parties ne le peut pas étendre ni proroger.

Il n'en est pas de même des Notaires Royaux, lesquels recevant leur autorité du Prince, dont le pouvoir s'étend sur tous ceux qui font demeurans dans le Royaume, peuvent recevoir tous Actes, entre toutes sortes de personnes de quelque qualité qu'elles foient, & en quelque lieu qu'elles ayent leur domicile, pourvû que les Actes foient passés dans le ressort de la Jurisdiction Royale, où le Notaire est immatriculé.

Que si les Contrats font passés par des Notaires subalternes hors leur ressort, ils ne font considerés que comme écriture privée, & partant ils ne peuvent être mis à exécution ; & il faut se pourvoir par action, pour faire condamner celui qui les a passés.

Mais la difficulté est de sçavoir, si un Contrat étant passé par un Notaire subalterne dans son ressort, entre personnes demeurantes hors d'icelui, ce Contrat emporte hypoteque sur les biens du débiteur situés hors son ressort.

Ce dernier point a été fort débatu, & quoiqu'on ait toujours tenu qu'un Contrat passé par un Notaire subalterne qui a instrumenté dans son ressort, mais entre personnes non domiciliées, n'avoit

n'avoit point d'exécution parée ; plusieurs néanmoins ont prétendu qu'il ne laissoit pas d'emporter hypoteque.

La raison de la difference est, que l'exécution & l'hypoteque
sont choses bien differentes ; l'exécution dépend de la Jurisdiction de la Justice dans laquelle ils sont établis, & pour les biens
situés dans le ressort d'icelle, à peine de nullité des Actes, & de
trois cens livres d'amende contre lesdits Notaires pour chacune
contravention.

M. Louet, lettre N. chapitre 10, rapporte des Arrêts rendus
en forme de Reglement, entre les Notaires Royaux & les Notaires subalternes, par lesquels il a été fait défenses aux Notaires
subalternes de passer Contrats entre autres personnes que domiciliées & demeurantes dans leur ressort, sur peine de nullité des
Contrats, lesquels par conséquent, ne pourroient valoir que
comme écriture privée. Et c'est l'opinion qu'il faut suivre, quoiqu'on rapporte quelques Arrêts qui ont jugé le contraire. *Voyez*
Bouguier, lettre C. ch. 7, & le Journal des Audiences, tome 2,
chap. 26.

Mais cette question ne pourroit faire aujourd'hui aucune difficulté, d'autant que par un Edit du mois d'Octobre 1705, &
par Arrêt du Conseil d'Etat du Roi en datte du 2 Août 1707, il
a été fait défenses aux Notaires & Tabellions des Seigneurs
Hauts-Justiciers, de passer aucuns Actes entre d'autres personnes
que les Justiciables de la Justice dans laquelle ils sont établis, &
pour les biens situés dans le ressort d'icelle, à peine de nullité
des Actes, & de trois cens livres d'amende contre lesdits Notaires pour chacune contravention, & de pareille amende de
trois cens livres contre chacune des Parties contractantes.

Touchant le pouvoir des Notaires subalternes, concluons,
1°. Qu'il faut qu'ils instrumentent dans leur ressort : ce qui s'observe
également pour les Notaires Royaux. Sur quoi il faut encore remarquer, qu'un Notaire subalterne ne peut instrumenter que dans
le détroit de la Jurisdiction où il est reçu, & non pas de la mouvance du Seigneur.

2°. Que tous les Contractans soient domiciliés dans le détroit
de la Jurisdiction où le Notaire est reçu, & que l'Acte qu'il passe
soit fait pour les biens situés dans le ressort de cette même Jurisdiction.

3°. Que quand un Contrat a été passé par un Notaire Seigneurial dans l'étenduë de sa Jurisdiction, entre personnes y
domiciliées, il emporte hypoteque sur tous les biens de l'O-

Tome I.   E

bligé, même fur ceux qui font fitués hors l'étendue de la Jurifdiction.

4°. Que fi l'un des Contractans n'eft pas domicilié dans le reffort de la Jurifdiction du Notaire qui reçoit l'Acte, ledit Acte
figné ou reconnu des Parties, ne vaut que comme écriture
privée.

Les Notaires fubalternes des Juftices Seigneuriales peuvent
donc inftrumenter concurremment avec les Notaires Royaux,
mais ils n'ont cette concurrence, que dans le diftrict, c'eft-à-
dire, dans le détroit de la Jurifdiction dans laquelle ils ont été
reçus, encore faut-il qu'ils inftrumentent entre perfonnes qui
foient toutes domiciliées dans l'étenduë de la Juftice où ces Notaires font reçus, & pour biens qui y foient tous fitués. Ainfi,
c'eft une entreprife que font les Notaires fubalternes des Juftices Seigneuriales fur les fonctions privatives des Notaires
Royaux, lorfqu'ils inftrumentent pour les Forains & mixtes, ou
pour les biens fitués hors l'étenduë de la Jurifdiction où ces
Notaires des Seigneurs ont été reçus. C'eft ce qui a été jugé
par plufieurs Arrêts, & notamment par un Reglement du 5
Septembre 1704, rendu au profit des Notaires Royaux de
Langres.

Il n'eft pas poffible que ceux qui fe font recevoir Notaires
dans les Jurifdictions fubalternes, ayent toujours les capacités
requifes pour s'acquitter dignement d'un emploi fi important, &
en même-tems fi perilleux; d'ailleurs, les Actes qu'ils paffent
font naître une infinité de conteftations. Il feroit donc à fouhai-
ter qu'il plût au Roi de fupprimer tous les Notaires fubalternes,
les Seigneurs n'y perdroient gueres, & le Public feroit à couvert d'une infinité de fauffetés & de beaucoup d'autres inconveniens.

C'eft ce que dit l'Auteur des Additions aux Commentaires
de M. Vigier, à la fin du titre 2 de la Coutume d'Angoumois.
Il dit de même qu'on pourroit former les mêmes fouhaits pour
la fuppreffion des petites Juftices Seigneuriales, à la réferve de
celles qui font établies dans les grands Fiefs de dignité. On en a
connu l'abus depuis long-tems, & M. le Duc de Lorraine en a
donné l'exemple dans fes Etats. Journal Hiftorique de Février
1716.

Autrefois les Juges Seigneuriaux donnoient des Provifions aux Notaires de leurs Seigneurs, comme l'a obfervé
Chopin, *lib.* 3. *de Doman. tit.* 21; mais aujourd'hui cette fa-

culté est réservée aux Seigneurs, comme étant une dépendance de leur Domaine, & de la proprieté de leur Justice. Vigier sur Angoumois, article 1.

CHAPITRE VII.

Quels Seigneurs ont droit de Tabellionage.

LEs Seigneurs n'ont droit de Tabellionage, qu'en tant qu'ils le tiennent du Roi par une concession expresse ou tacite. La raison est, que suivant le Droit, *Potestas creandi Notarios, Tabelliones, Actuarios ad Imperatorem pertinet.* Ainsi, il n'y a que le Roi qui puisse créer des Notaires, ou qui puisse accorder aux Seigneurs la faculté d'en avoir ; c'est pourquoi le Seigneur qui a droit de Justice, n'a pas toujours le droit de Tabellionage.

Sous le bon plaisir de nos Rois, plusieurs Coutumes ont accordé aux Seigneurs Châtelains le droit de Tabellionage. La Coutume de Blois porte, article 17, que le Seigneur Châtelain a Scel, Contrôle & droit de Tabellionage. Celle de Senlis a la même disposition, article 93 ; celle de Touraine, article 75, porte que les Comtes & aussi les Barons peuvent avoir douze Notaires en chaque Comté & Baronie, & non plus ; & les Seigneurs Châtelains six.

François I. par son Ordonnance donnée à Angoulême, au mois de Novembre 1542, art. 4, accorda aux Seigneurs, Barons & Châtelains des Provinces reglées par le Droit écrit, le pouvoir de jouir des droits de Tabellionage & Sceaux en leurs Baronies & Châtellenies, ainsi que faisoient pour lors les Barons & Châtelains des Provinces reglées par les Coutumes, afin que l'égalité fût gardée entre les Seigneurs de même rang & de même qualité.

On prétend que le droit d'avoir des Notaires, se prescrit contre le Roi par une possession immémoriale. C'est le sentiment de Pontanus sur la Coutume de Blois, article 17 ; de Bacquet, Loyseau & autres. La raison est, que ce qui s'accorde par le Roi par grace & privilege, est sujet à prescription, & se peut acquerir par le même moyen. Or, le droit de créer des Notaires se peut acquerir par grace & privilege spécial, ce qui est sans difficulté : d'où il semble qu'on peut conclure que ce droit se peut prescrire.   E ij

Mais comme le droit de créer des Notaires appartient au Roi, & a été réuni au Domaine par l'Ordonnance de Philippe I. de 1319, & que ce qui est réuni au Domaine de la Couronne est imprescriptible, il faut conclure que le Roi seroit toujours en droit de casser une pareille usurpation.

Suivant le sentiment de Loyseau, de Bacquet, & des autres Docteurs François, il n'y a que les Seigneurs Châtelains & les Seigneurs possedans Fiefs de dignité, qui puissent avoir des Notaires ou Tabellions, & non les simples Seigneurs Hauts-Justiciers, à moins qu'ils ne soient fondés en titres exprès, possession immémoriale, ou Coutume locale.

Ainsi, quoiqu'il semble que les Seigneurs Hauts-Justiciers, qui ont la Justice contentieuse, dussent aussi avoir la Justice volontaire, & par conséquent le droit d'avoir des Notaires ou Tabellions, néanmoins ils ne l'ont pas, parce que le Roi s'est réservé le droit de créer des Notaires, comme nous avons dit : C'est aussi le sentiment de Me. Charles du Moulin sur la Coutume de Paris, art. 1, glose 5, nomb. 55.

CHAPITRE VIII.

Des Actes passés par des Notaires hors l'étenduë de leur ressort.

TOUS Notaires, soit Royaux, soit subalternes, ne peuvent instrumenter hors de leur ressort : mais les Notaires Royaux peuvent instrumenter dans leur ressort entre toutes sortes de personnes, quoiqu'elles n'y soient pas domiciliées ; au lieu que les Notaires subalternes instrumentant dans le ressort, ne le peuvent qu'entre Parties qui y sont domiciliées ; c'est-à-dire, entre gens y couchans & levans, comme nous avons dit dans le chapitre précedent.

La question de sçavoir si les Contrats passés par les Notaires hors de leur ressort sont nuls, a été agitée en plusieurs rencontres ; & on demande quel est l'effet de cette nullité quand le Notaire Royal & subalterne a instrumenté hors son ressort. Pour résoudre cette difficulté, il faut distinguer les testamens qui sont de droit municipal, d'avec les Contrats qui sont du droit des Gens.

Quant aux Teſtamens, ce vice les annulle entierement; mais pour les Contrats & autres Actes, cette incapacité des Notaires n'en emporte pas une nullité abſolue; elle diſtrait ſeulement la forme & le caractere public & civil, & le conſentement qui eſt du droit des Gens reſte toujours, enſorte que ces Actes valent du moins comme écriture privée; mais qui a deux grands dé-fauts : Le premier, qu'ils n'ont point d'exécution parée; le ſe-cond, qu'ils n'emportent point hypoteque.

L'Ordonnance du Roi Henry II. du mois de Novembre 1542, déclare, ſans aucune diſtinction, tous Contrats & Actes paſſés par les Notaires hors le reſſort, nuls & de nul effet. La Coutume de Poitou, article 379, dit auſſi que les Notaires ne peuvent paſ-ſer aucuns Contrats hors les limites du lieu où ils ont été inſti-tués, ſur peine de nullité, & de répondre des dommages & interêts des Parties intereſſées; mais tous nos Docteurs du Droit François tiennent que les termes de cette Ordonnance & de cette Coutume ne doivent pas être pris à la rigueur, & que la peine de nullité qu'elles prononcent n'eſt que comminatoire, & ne regarde tout au plus que l'hypoteque & l'exécution parée.

Loyſeau, en ſon Traité des Offices, livre 1, chapitre 4, nom-bre 98, dit : Qu'il ſeroit trop rigoureux, qu'un Contrat d'impor-tance comme de Mariage, de Vente, de conſtitution de Rente, un Teſtament ou autres Actes, fuſſent déclarés nuls, ſous pré-texte que ceux qui les ont paſſés, ont ignoré ſi le Notaire dont ils ſe ſont ſervis avoit droit de les recevoir dans le lieu où ils ont été paſſés. *Ce ſeroit*, dit cet Auteur, *établir le fondement de la Juſtice, qui gît en la foi des Contrats, ſur une formalité & ſubti-lité de chicanne, plutôt que ſur l'équité & la bonne foi.*

De plus, il ſemble que les Contrats étant munis du Sceau Royal, ſont aſſez autoriſés pour avoir force & autorité en tous les Pays qui ſont ſoumis au Roi; & ſelon le ſentiment d'Hoſ-tienſis, de Panorme & autres Docteurs, la Charge de No-taire ne dépend pas tant de la Juriſdiction qui eſt limitée dans un certain détroit, que de la puiſſance & autorité publique, qui s'étend de ſoi partout l'Etat : Que ſi la Juriſdiction conten-tieuſe peut être prorogée par le conſentement des Parties, pourquoi celle qui eſt volontaire, & notamment celle des Notaires, qui ne ſont que rédiger par écrit la volonté des Par-ties, ne le ſera-t'elle pas du conſentement des Parties, pour la validité des conventions qu'elles auront faites ?

Ce n'eſt pas l'autorité & la puiſſance du Notaire qui donne

la force à un Contrat, puifque les conventions étant du Droit des Gens, ne requiercnt que le confentement des Parties, pour les obliger refpectivement, & ce n'eft que pour attefter la verité de l'Acte, qu'il eft néceffaire qu'il foit rédigé par écrit, jufques-là qu'un billet ou fimple promeffe n'eft pas moins obligatoire fous fignature privée qu'une obligation paffée pardevant Notaire; toute la différence qu'il y a, c'eft que la fimple promeffe n'emporte pas exécution parée, & ne donne pas hypoteque, mais quant à l'obligation du débiteur, il n'y a aucune différence.

L'exercice du Tabellionage eft un Acte de Jurifdiction volontaire, laquelle fe peut exercer *inter volentes*, partout & en tous lieux; mais tels Contrats paffés par un Notaire hors de fon reffort, n'ont effet que d'écriture privée, de même qu'une Sentence rendue par un Juge incompetent, du confentement des Parties. *Si non valet in vim rei judicatæ*, *valet in vim confenfus*, fuivant la Loi 2, *C. communia utriufque judicii.*

Il en eft donc de même d'un Contrat qui eft reçu par un Notaire hors de fes limites; s'il ne vaut pas comme inftrument public, il vaut du moins comme inftrument privé, qui ne porte ni hypoteque, ni exécution. Imbert, au livre 1 des Inftitutions Forenfes, ch. 4; de Mafuer, tit. *de execut.* Rebuffe, fur les Ordonnances, *tit. de litt. obligat.* Bacquet, des Droits de Juftice, ch. 25; Brodeau fur Louet, lett. N. nombre 11; la Peyrere, lett. N. nomb. 45.

Au furplus, les Notaires qui ont inftrumenté hors leur reffort, doivent être condamnés aux peines portées par cette Ordonnance du Roi Henry II. du mois de Novembre 1542, envers les autres Notaires, dans le reffort defquels ils ont ufurpé fur les fonctions.

Ainfi, cette Ordonnance qui déclare nuls tous les Contrats paffés par un Notaire hors fon reffort, ne fe doit point entendre à l'égard des Contractans; il feroit abfurde de vouloir qu'un Contrat figné par les Parties, fût nul & ne produisît aucun effet à leur égard, parce qu'il n'a pas été paffé par un Notaire dans fon reffort, puifqu'il auroit été valable fans l'autorité & l'intervention du Notaire; mais il faut dire qu'un tel Acte n'emporte point hypoteque, ni exécution parée, & que contenant le confentement volontaire des Parties, il vaut toujours comme s'il étoit paffé fous fignature privée.

Un tel contrat ne produiroit donc qu'une fimple action, de

même qu'une cédule ou promesse contre l'Obligé, & ne produiroit point d'hypoteque; enforte que celui au profit duquel il
auroit été fait, ne pourroit passer que pour un simple créancier
chirografaire; & c'est ainsi que l'Ordonnance susdite se doit entendre.

Néanmoins, le Juge dans le ressort duquel on veut mettre à exécuter tel Contrat, donne ordinairement permission
de l'exécuter, & l'Obligé ne pourroit pas y former opposition,
sous prétexte qu'il auroit été passé par un Notaire hors son
ressort.

Cette décision qui est certaine, qu'un Contrat passé par un Notaire hors son ressort, est nul, seulement quant à l'hypoteque,
mais qu'il vaut comme écriture privée, doit être étendue à un
Acte signé par un débiteur, & passé par un Notaire interdit;
car le débiteur ayant reconnu devoir, ne peut alleguer l'interdiction du Notaire, pour profiter indirectement de l'argent qu'il
a reçu, en faisant déclarer l'Acte nul.

Quant aux Testamens & Ordonnances de derniere volonté,
il n'y a aucune difficulté qu'ils ne soient absolument nuls & de
nul effet, pour tout ce qu'ils peuvent contenir, quand ils sont
faits par un Notaire hors son ressort; quoique les dernieres volontés soient extrêmement favorables, néanmoins le défaut de la
moindre solemnité en emporte la nullité, les formalités en
étant prescrites par la Coutume sont de rigueur, & ne peuvent
être suppléées, parce qu'elles sont de droit public & municipal.
Ainsi jugé par Arrêt du 28 Février 1615, rapporté par la Lande,
sur l'article 463 de la Coutume d'Orleans, touchant un Testament fait à Lyon par un Notaire de Beaujeu. Cet Arrêt est aussi
rapporté par Mornac, *ad leg. ult. ff. de Jurisd.*

C'est un défaut essentiel quand le Testament n'a pas été passé
pardevant celui qui avoit droit de le recevoir; de même qu'un
Testament passé pardevant une personne privée est nul, celui
qui est passé pardevant un Notaire hors son ressort, doit pareillement être nul, puisqu'on peut dire en effet, qu'il a été passé pardevant une personne privée. Voyez Louet & son Commentateur, lettre N. ch. 10.

Il y a même plus de raison de déclarer la nullité des Testamens
que des autres Actes pour avoir été passés par un Notaire hors
son ressort, comme dit Basnage, tome 1, liv. 1, tit. 20, nombre
6; car par les autres Actes, les Parties contractantes ne disposent
que d'une partie de leurs biens; au lieu que par un Testament le-

Teftateur difpofe , du moins en Pays de Dròit écrit, de tous fes biens : D'ailleurs, le Teftament étant fait ordinairement par un moribond dans un lit fermé, il eft plus convenable qu'un Notaire du lieu le reçoive, que non pas un étranger, qui ne connoît point la voix du Teftateur, & laquelle on pourroit facilement fuppofer.

Il n'y a que deux cas aufquels un Teftament reçu par un Notaire hors fon reffort pourroit être valable. Le premier eft, quand c'eft un Teftament folemnel fait en Pays de Droit écrit, lequel pouvant être écrit par le Teftateur ou par une autre perfonne, toute forte de Notaire peut en recevoir l'Acte.

Le deuxiéme, quand il y a néceffité d'appeller un Notaire étranger, comme fi dans le lieu il n'y a point de Notaire, ou s'il eft fufpect, ennemi du Teftateur, ou ayant Procès avec lui; ou enfin, fi c'eft en tems de pefte que fe fait le Teftament, ainfi que la Cour l'a jugé plufieurs fois.

A l'égard des autres Actes reçus par des Notaires hors leur reffort, ils font à la vérité confiderés comme écritures privées, ainfi que nous l'avons dit ; mais cela ne peut avoir lieu à l'égard des Teftamens pour les faire fubfifter. La raifon eft, que les autres Actes fubfiftent comme écritures privées, parce qu'ils font faits entre les Parties contractantes, & ne préjudicient point à un tiers; mais les Teftamens portent préjudice à un tiers, c'eft-à-dire aux héritiers légitimes.

Au refte, il n'eft pas néceffaire pour la validité du Teftament, que le Teftateur foit du reffort du lieu où il fait fon Teftament, il fuffit qu'il foit fait dans le reffort du Notaire qui a droit de le recevoir, autrement ce feroit réduire très-fouvent les hommes dans l'impoffibilité de difpofer de leurs biens par derniere volonté.

❧ On demande, *fi une donation eft valable, quand elle eft faite par un Notaire hors fon reffort.*

Pour réfoudre la queftion, il faut fçavoir, que l'Acte de donation ne peut être fait que pardevant Notaires; & lorfqu'il eft paffé par un Notaire hors de fon reffort, ce n'eft qu'un Acte privé qui ne peut être enregiftré, vû qu'on ne met point dans les regiftres publics des Actes privés; d'où il s'enfuit que le Donateur le pourroit valablement révoquer, & que l'infinuation qui en feroit faite, ne feroit d'aucune confideration.

Il faut donc diftinguer la donation des autres Contrats, parce que fi la raifon pour laquelle les autres Contrats font valables

entre

entre les Parties, quoique faits pardevant un Notaire hors son
ressort, est qu'ils auroient pû être faits sous signature privée ; il
faut dire par argument, *à contrario sensu*, que la donation qui ne
peut valoir si elle n'est passée pardevant Notaires, doit être nulle
& de nul effet, si elle est passée pardevant un Notaire hors son
ressort.

Brodeau sur M. Louet, lettre N. chap. 10, rapporte un Arrêt
du mois de Juillet 1651, qui a déclaré nulle une donation entre-
vifs reçuë par un Notaire subalterne hors son ressort, & entre personnes qui n'y étoient pas demeurantes ; ce qui doit être étendu
aux donations passées par les Notaires Royaux hors leur ressort,
parce qu'il y a parité de raison.

C'est une question, sçavoir de quelle maniere seroit consideré
un Contrat ou Acte passé pardevant un Particulier qui seroit réputé Notaire, & estimé tel par une erreur publique, n'ayant jamais été reçu en la Charge de Notaire.

Il semble que ce que nous avons dit des Contrats faits pardevant des Notaires hors leur ressort, se doivent aussi entendre de
ceux qui sont faits par de faux Notaires, reconnus publiquement
pour Notaires par erreur publique ; & qu'ainsi, un tel Contrat ne
pourroit jamais être consideré comme Contrat, mais seulement
comme un Acte passé sous signature privée.

Cependant, il faut dire le contraire suivant la Loi *Barbarius, ff.
de Offic. Præf.* qui décide qu'un Esclave ayant passé pour Préteur à
Rome par erreur, tout ce qu'il avoit fait pendant sa prétenduë
Préture étoit valable, en consideration de ceux qui ont eu quelques affaires pardevant lui, & à cause de la bonne foi publique ;
on présume que le Peuple Romain l'a voulu faire Préteur , & il
y auroit quelque sorte d'injustice d'imputer à ces Particuliers une
erreur qui étoit publique, suivant la maxime : *Error communis fa-
cit jus.*

Quelques-uns ont prétendu qu'il falloit que ce faux Notaire
fût en possession depuis dix ans, de passer des Actes en qualité de
Notaire. Mais cette opinion n'est pas suivie. Il suffit que l'on rapporte plusieurs Actes passés par ce Notaire en differens tems, &
entre differentes personnes, qui ayent été exécutés par les Parties, & qu'il les ait signés comme Notaire.

Pour revenir aux Contrats & Actes passés par des Notaires
hors leur ressort, ils ont engendré quantité de Procès au sujet de
leur validité, hypoteque, ou exécution parée entre les Contractans, leurs heritiers, & créanciers. Nous avons quelques

Tome I. F

Arrêts, qui par équité, felon les circonſtances, l'erreur & la bonne foi publique, ont déterminé les Juges à autoriſer ces Actes, en la paſſation deſquels les Notaires avoient exercé leur pouvoir.

Il ſe trouve dans les Additions ſur la Peyrere, lett. N. nombre 45, pluſieurs Arrêts qui ont jugé que des Actes & des Teſtamens qui avoient été reçus par un Notaire hors ſon reſſort, étoient valables, ſi le Notaire d'une Sénéchauſſée étoit en poſſeſſion d'inſtrumenter dans une Sénéchauſſée voiſine, attendu que l'uſage, la commune erreur & la foi publique levent le défaut de pouvoir qui ſe trouve en la perſonne du Notaire qui a reçu ces Actes & ces Teſtamens.

Mais ces Arrêts de tolerance n'empêchent pas que les Notaires, qui ont paſſé des Actes hors leur reſſort, ne ſoient condamnés aux dommages-interêts envers les Notaires, au préjudice deſquels ces Actes ont été paſſés, lorſqu'ils ſe ſont plaints d'une pareille entrepriſe.

C'eſt ce qui a été jugé au profit des Notaires Royaux de Reims en 1629 & 1633, & en faveur des Notaires Royaux de Langres, le 5 Septembre 1704; ce qui eſt conforme à la Déclaration du 17 Septembre 1697, à l'Edit d'Octobre 1705, & à l'Arrêt du Conſeil du 2 Août 1707.

CHAPITRE IX.

Des Actes paſſés pardevant Notaires hors le Royaume, ou pardevant des Notaires Apoſtoliques.

CHARONDAS, ſur l'article 164 de la Coutume de Paris, dit que les Contrats paſſés, ou Jugemens donnés hors le Royaume, n'ont nul effet ni pouvoir obligatoire ou exécutoire en icelui, & que leur ſcel n'y eſt point tenu pour autentique; M. Ricard, ſur le même article, dit que les Obligations paſſées ſous le ſcel Eccleſiaſtique, n'emportent point parmi nous exécution, garniſon ni hypoteque, de même que les Obligations paſſées hors le Royaume, quoique pardevant perſonnes publiques, & ne paſſent en France que pour écritures privées.

Tous Actes & Contrats reçus par Notaires étrangers, ſont conſiderés comme écritures privées, quant aux biens ſitués dans ce

Royaume, ils n'ont point ici d'exécution parée, & n'emportent point hypoteque, quoique tels Actes & Contrats soient du droit des Gens, qui a lieu partout, & qu'ils procedent de la volonté des Parties.

La raison est, que l'exécution parée & la constitution d'hypoteque, font en France de droit public, & ne peuvent proceder que de l'autorité du Prince, par le ministere de ses Officiers, ou de ceux des Seigneurs qui tiennent leur Justice du Roi. Le pouvoir & le sceau d'un Prince étranger, quoique Souverain, n'est point reconnu en France ; c'est sur ce fondement qu'il a été jugé par Arrêt d'ordre de la Terre de Raucour en Champagne, prononcé en Robes rouges le 7 Septembre 1621, que les Contrats de mariage passés en Allemagne & autres Pays, sous les sceaux des Princes étrangers, quoique Souverains, n'emportoient point hypoteque sur les biens situés en ce Royaume : Ainsi, ils furent rejettés de l'ordre, & les créanciers porteurs de Contrats passés pardevant Notaires Royaux en France, quoique postérieurs, furent seuls colloqués.

De ce, il y a eu un Edit du Roi Louis XIII. donné à Paris au mois de Janvier 1629, article 121, qui porte : *Les Jugemens rendus, Contrats ou Obligations reçues ès Royaumes ou Souverainetés étrangeres, pour quelque cause que ce soit, n'auront aucune hypoteque ni exécution en notre Royaume ; ains tiendront les Contrats lieu de simples promesses ; & nonobstant les Jugemens, nos Sujets contre lesquels ils auront été rendus, pourront de nouveau débattre leurs droits comme entiers, pardevant nos Officiers.*

Depuis il est intervenu une Déclaration, donnée à Versailles le 6 Décembre 1707, qui porte : *Tous Actes & Contrats qui ont été ou seront passés par des Notaires demeurans hors l'étendue du Royaume, ou dans les Pays où les Contrôles des Actes des Notaires & Insinuations Laïques ne sont pas établis, ne pourront avoir aucune exécution, ni fonder aucune action en Justice, s'ils n'ont été contrôlés & insinués.* Voyez Boyer en la question 243 ; les Apostilles sur la décision 317 de Guypape, *Aufrerius, §. 127, tit. de Arrestis.*

Pour ce qui est des Notaires Apostoliques, leurs entreprises ont été autrefois si loin sur les droits des Notaires Royaux ou des Justices Seigneuriales, qu'ils prétendoient pouvoir passer toutes sortes d'Actes ; mais ces entreprises ont été corrigées par plusieurs Ordonnances de nos Rois. Celles de Charles VIII. de l'an 1490, & du Roi François I. des mois d'Octobre 1535, & Août 1536, défendent aux Notaires Ecclesiastiques de recevoir aucuns

F ij

Contrats entre Laïcs pour chose temporelle, d'autant que lesdits Notaires Ecclesiastiques n'ont aucun pouvoir ni Jurisdiction sur le temporel des Sujets du Roi. L'Ordonnance de Henry II. de l'an 1559, le décide pareillement.

L'article 20 des Libertés de l'Eglise Gallicane, rédigées par M. Pithou, porte: Que les Notaires Apostoliques ne peuvent recevoir Contrats de choses temporelles & profanes entre les Sujets du Roi, & ne portent les Contrats par eux reçus, comme ventes, échanges, donations, & autres, aucune hypoteque sur les biens assis en ce Royaume; mais sont réputés sans effet pour ce regard.

Si les Juges Ecclesiastiques ne peuvent mettre à exécution leurs Sentences, sans implorer le bras seculier, leurs Notaires doivent-ils avoir le pouvoir & l'autorité de faire valoir leurs Contrats, en ce qui concerne les choses temporelles?

Voyez Charondas en ses Réponses du Droit François, livre 1, chapitre 56; Masuer, *tit. de execut. verf. Item virtute litterarum;* Imbert, au livre 1 des Institutions Forenses, chapitre 4; *Joannes Gallus,* en la question 259; Guypape, & son Commentateur sur la décision 317, & Rebuffe, *in tractatu de litteris obligatoriis, art. 2, num. 37.*

CHAPITRE X.

Si les Inventaires & les Partages doivent toujours être faits pardevant Notaires, au préjudice de tous autres Officiers.

LEs Notaires ont été principalement institués pour rédiger par écrit dans la forme prescrite par les Loix, & rendre autentiques par leurs signatures, les conventions qui se passent entre les hommes, & les dispositions qu'ils peuvent faire, soit entre-vifs, soit à cause de mort: Ainsi, il semble que le droit de passer toutes sortes d'Actes, qui se font du consentement des Parties, & qui sont de Jurisdiction volontaire, ne leur puisse être contesté: Cependant, il y a eu question, sçavoir si les Notaires peuvent faire les Inventaires & les Partages, ou si c'étoit aux Baillifs, Présidiaux, ou Sénéchaux à les faire.

Il a été jugé par plusieurs Arrêts, que les Inventaires & Partages étoient des Actes de Jurisdiction volontaire, dont la confection appartient aux Notaires, avec défenses aux Juges & autres Officiers de les entreprendre.

Par Edit de 1542, vérifié en la Cour le dernier Juillet 1543, il est ordonné que les Notaires auront la confection des Inventaires & Partages de biens & heritages, à l'exclusion des Juges & Officiers de Judicature. Les Notaires de Sens ont obtenu des Lettres Patentes, par lesquelles ils furent conservés dans ce droit.

En l'an 1568, les Notaires de Sezanne obtinrent Lettres en forme de Déclaration, par lesquelles il leur fut permis de faire tous Inventaires & Partages dont ils seroient requis, avec défenses aux Juges & Greffiers de s'en entremettre; & sur la contestation desdits Juges à l'enregistrement desdites Lettres, lesdites Lettres furent lûës & enregistrées l'an 1573, par Arrêt contradictoire.

La même question a été encore jugée par Arrêt, entre les Officiers du Siége de Villeneuve-le-Roy, & les Notaires d'icelui, au profit des Notaires, l'an 1575, rapporté par Chenu en ses Reglemens, titre 25, chapitre 127. Il ajoute une distinction; sçavoir, que quand les Parties sont d'accord entr'elles, les Notaires font les Inventaires; mais que quand l'Inventaire se fait par Ordonnance du Juge, comme en cas de desherence ou d'aubaine, les Juges doivent faire l'Inventaire à la requête du Procureur du Roi; car alors l'Inventaire n'est plus un Acte de Jurisdiction volontaire, qui se fasse à la réquisition des Parties, ni de leur consentement; mais c'est un Acte de Jurisdiction contentieuse qui se fait par le Juge.

Les Notaires peuvent faire des Inventaires & Partages, quand il n'y a que des appointemens ou Jugemens volontairement donnés entre les Parties ou leurs Procureurs. Ainsi décidé par un Arrêt du 11 Juillet 1677, rendu en forme de Reglement, contenant l'explication de ces mots: *Actes volontaires, & de Jurisdiction contentieuse*, dont voici la teneur:

ENTRE *la Communauté des Notaires Royaux au Bailliage de Chaumont en Bassigny, & en la Prevôté de Bar-sur-Aube, Demandeurs en Reglement; & le Prevôt de Bar-sur-Aube. Vû l'Arrêt donné entre les Parties le 19 Février 1573; ensemble, celui concernant le Reglement entre les Notaires du Bailliage, Siege Présidial & Prevôté de Troyes, du 14 Janvier 1575: LA COUR, oüi sur ce le Pro-*

cureur General, en interprétant & déclarant lesdits Arrêts, dit que les appointemens & Jugemens qui seront volontairement donnés & passés en la Prevôté de Bar-sur-Aube, par les Parties ou leurs Procureurs, par lesquels il sera ordonné partages & inventaires être faits, sont déclarés & les déclare la Cour n'être de Jurisdiction contentieuse; & que lesdits Inventaires & Partages, & autres Actes qui seront ordonnés être faits par appointemens ainsi volontairement passés, seront faits & expediés par lesdits Notaires, & non par le Prevôt, auquel Prevôt appartiendront les Partages & Inventaires qui seront ordonnés être faits par Sentences contradictoires données après contestation en Cause, & sans fraude; comme aussi, au cas seulement où il sera question d'aubaines, épaves, desherence, biens vacans, & partage des biens des mineurs, esquels le Roi & le Public auront le seul interêt, sinon que par commun consentement des Parties, les Notaires fussent requis faire, passer & recevoir lesdits Inventaires & Partages, nonobstant lesdits Jugemens & Sentences; ausquelles Parties, hors ledit cas, fait la Cour inhibition & défenses respectivement de s'entremettre au fait desdits Partages, sur peine de faux & de dépens, dommages & interêts. Fait en Parlement le Jeudy onze Juillet mil six cent soixante-dix-sept.

Ceux qui ont administré les biens d'autrui, rendent ordinairement leurs comptes, du consentement des Parties, pardevant des Notaires; mais quand c'est par Jugement contradictoire, c'est pardevant le Juge, ou pardevant un des Conseillers du Siége; car par l'article 5 de la nouvelle Ordonnance, au titre de la Reddition des Comptes, *tout Jugement portant condamnation de rendre compte, doit commettre celui qui devra recevoir la presentation & affirmation du compte.* Que si c'est dans un lieu où il y ait des Commissaires-Examinateurs, le Juge doit nommer celui qui sera commis pour cet effet.

Si les comptes sont rendus par les Tuteurs des mineurs, & que ceux à qui les comptes sont rendus, soient encore mineurs, alors les comptes doivent être rendus pardevant le Juge ou les Conseillers-Examinateurs; à cause que le Public y a interêt: ce qui est conforme au susdit Reglement. Il y a eu pareil Reglement pour les Notaires de la Ville de Bourges, contre le Prevôt de la même Ville, du 28 Mars 1685.

Mais, on demande, si un pere, par Testament, laissant des enfans mineurs, peut ordonner qu'inventaire sera fait après sa mort par un Notaire, au préjudice des droits du Juge. Chenu, en ses Reglemens, titre 25, chapitre 131, rapporte un Arrêt du 12 Août

1577, qui a jugé que l'Inventaire devoit être fait pardevant le Notaire, conformément à la difpofition du pere, fans que cela pût préjudicier à la Coutume & aux droits du Juge en d'autres cas; cependant, le Juge fembloit être bien fondé d'empêcher la confection de l'Inventaire pardevant Notaires.

En effet, il a été jugé par plufieurs Arrêts, conformément à la difpofition du Droit écrit, que les Particuliers ne peuvent point déroger au Droit public, & il n'y auroit, ce femble, qu'un cas auquel la volonté du Teftateur pourroit lui ôter la confection de l'Inventaire de fes biens après fa mort; fçavoir, fi le Juge & lui avoient eu des inimitiés confiderables, ou qu'il eût laiffé des Procès à fes enfans avec le Juge; car en ce cas, il feroit d'une dangereufe conféquence que le Juge eût connoiffance de toutes les affaires du défunt, il y auroit même fujet de craindre qu'il ne fupprimât quelques titres ou pieces qui feroient de conféquence pour la décifion de leurs conteftations.

C'eft peut-être fur ce motif que la Cour a rendu le fufdit Arrêt rapporté par Chenu; car de croire qu'un Particulier puiffe ôter à un Juge la fonction de fa Charge, en certain cas, pour la donner à celui à qui elle n'appartient pas, cela n'eft pas régulier, & on ne peut l'avancer avec fondement. Il faut donc que la Cour ait reconnu, en rendant cet Arrêt, qu'il y avoit dans le fait, des raifons très-fortes pour s'écarter des regles ordinaires.

Dans les lieux où il y a des Commiffaires-Examinateurs, on demande à qui d'eux ou des Notaires appartient la confection des Inventaires & Partages.

Pour l'explication de cette queftion, il faut obferver que le Roi Henry III. créa & érigea en chacun Bailliage & Prevôté, des Commiffaires-Examinateurs en l'an 1586, & que le Roi Henry le Grand, par fon Edit donné à Paris l'an 1596, amplifiant & augmentant leur pouvoir, leur attribua la confection des Inventaires & Partages, privativement à tous Officiers & Notaires; ce qui fit naître plufieurs conteftations entre les Commiffaires-Examinateurs & les Notaires. Depuis, la Cour a maintenu les Notaires aux droits qui leur étoient attribués par les anciens Edits, Arrêts & Reglemens pour la confection des Inventaires & Partages.

Ainfi, par Arrêt donné le 25 Février 1599, entre les Commiffaires & les Officiers du Bailliage, Préfidial & Prevôté d'Orleans, & les Notaires, a été jugé que les Notaires jouiroient de la confection des Inventaires & Partages, ainfi qu'ils faifoient

avant l'Edit de Création des Commiſſaires, ſans aucune limi‐
tation.

Pluſieurs autres Arrêts rapportés par Chenu, chapitre 132,
ont ordonné que les Notaires jouiroient du droit de confec‐
tion des Inventaires & Partages faits volontairement entre ma‐
jeurs, privativement à tous Juges, Greffiers, Commiſſaires.

Cette maxime générale a été confirmée, 1°. Par Arrêt du
Conſeil du 6 Septembre 1674, rendu en faveur des Notaires de
Tours.

2°. Par un autre Arrêt du Conſeil du 27 Septembre 1677, en
faveur des Notaires d'Amiens, qui a jugé que la confeétion des
Inventaires & Partages faits entre majeurs, leur appartient priva‐
tivement à tous Juges, Greffiers, Commiſſaires.

3°. Par un Arrêt de Reglemenr du Parlement de Paris, rendu
le 15 Janvier 1684.

4°. Par autre Arrêt du Conſeil d'Etat du 11 Janvier 1695, qui
fait un pareil Reglement en faveur des Notaires de Tours, & de
tout le Royaume.

5°. Par un Arrêt du Parlement de Paris, rendu le 20 Janvier
1699, en faveur des Notaires de Provins.

6°. Par un autre Arrêt du même Parlement, rendu le 27 Juillet
1729, en faveur des Notaires de Poitiers, contre les Juges,
Commiſſaires, Greffiers, qui ont été par cet Arrêt condamnés
aux dépens.

Ainſi, cette Juriſprudence eſt à preſent certaine, & doit ſervir
generalement à tous les Notaires des Bailliages & Sénéchauſſées,
puiſqu'ils ſont également fondés dans le Droit Commun, qui ſont
les Edits, Ordonnances & Déclarations du Roi, qui ont ſervi de
fondement à tous ces Arrêts.

Quant aux Inventaires des marchandiſes, les Notaires les peu‐
vent faire, de même que les Inventaires de tous autres effets.
Il faut excepter ceux de Librairie. Par Arrêt du 27 Juin 1577,
défenſes ont été faites à toutes perſonnes de faire aucune priſée
ou Inventaire d'aucuns Livres blancs ou reliés, neufs ou frippés,
ſinon aux Libraires. Et par Sentence du Châtelet de Paris, du
2 Décembre 1704, la même choſe a été jugée contre les No‐
taires.

Par Sentence du 13 Décembre 1613, il avoit été ordonné
que la deſcription & priſée des Livres & uſtanciles d'Impri‐
merie de défunt Jean le Clerc, après avoir été faite par des Li‐
braires, ſeroit miſe ès mains de Maître Jean Charles, Notaire

au

au Châtelet de Paris, pour être ajoutée à la minute de l'Inventaire par lui encommencé des biens délaissés par ledit défunt, & en être par lui délivré autant en grosse à Philippe Foulon sa veuve.

La veuve ayant appellé de cette Sentence, & la Communauté des Libraires s'étant jointe avec elle, & celle des Notaires s'étant aussi jointe avec ledit Jean Charles : La Cour, par son Arrêt du 15 Novembre 1614, ordonna que la description & prisée des Livres & ustenciles d'Imprimerie dudit défunt le Clerc, faite par des Libraires, seroit mise ès mains dudit Jean Charles, pour servir de minute, & être ajoutée à la minute de l'Inventaire par lui fait des autres biens dudit défunt, & inserée en la grosse dudit Inventaire, par un seul & même article.

Cette veuve voulant ensuite retirer son Inventaire, ledit Charles ne le voulut délivrer qu'en y ajoutant la description des Livres & ustenciles d'Imprimerie tout au long, & non par un seul article; ce qui donna lieu à un autre Arrêt en interprétation du premier, donné au rapport de Monsieur de Grieu, le 19 Décembre 1614, par lequel il fut dit, que la description & prisée des Livres seroit inventoriée par ledit Notaire, sans déclaration particuliere desdits Livres & ustenciles, mais seulement seroit fait mention en général, c'est-à-dire, par un seul article, & en substance, de ce qui auroit été rapporté par la description & prisée faite par les Libraires.

Ces deux Arrêts sont rapportés en la Conference des Ordonnances, livre 10, titre 14. La raison de leur décision est, que si les Notaires décrivoient tout au long les Inventaires des Libraires, ils absorberoient une partie de la valeur des Marchandises, par les droits qui leur sont dûs pour les Inventaires.

Il est depuis survenu plusieurs Déclarations du Roi, qui ont ordonné que les prisées des Imprimeries & des Livres seront faites par des Imprimeurs ou Libraires, dont une du cinquiéme Septembre 1711, & une autre du premier Avril 1716. Il nous suffira de rapporter ici celle de 1716, & le dispositif de l'Arrêt du Conseil d'Etat, rendu en conséquence.

LOUIS, &c. Salut. Les Rois nos prédéceſſeurs ont toujours eu une attention particuliere à tout ce qui peut avoir rapport à l'Imprimerie & Librairie, & le Roi notre très-honoré Seigneur & Biſayeul, avoit jugé à propos de renfermer dans un Edit en forme de Reglement, du mois d'Août 1686, la diſpoſition des differentes Ordonnances intervenues ſur cette matiere. L'article LXVIII. de ce Reglement fait défenſes à toutes perſonnes, autres que Libraires ou Imprimeurs, de faire aucunes deſcriptions ou priſées des Imprimeries, & des Livres qui doivent être expoſés en vente, à peine de nullité deſdites deſcriptions & priſées, & de cinq cens livres d'amende contre les contrevenans. Le même article ajoute, qu'après que l'Inventaire des Imprimeries & des Livres auroit été ainſi fait par deux Imprimeurs ou Libraires, il ſeroit mis & annexé par les Notaires à l'Inventaire des autres meubles, dont il ſeroit fait mention par un ſeul article dans la minute & la groſſe des Inventaires ; cependant par un Edit du mois de Mars 1713, portant réunion de trente Offices de Commiſſaires aux priſées & ventes de meubles à Paris, à la Communauté des Huiſſiers-Priſeurs du Châtelet, il a été fait défenſes aux Notaires, Greffiers, & autres d'annexer à leurs minutes des mémoires des priſées & catalogues des Livres ; ce qui a donné lieu auſdits Huiſſiers-Priſeurs, de prétendre qu'à eux ſeuls appartenoit le droit d'en faire les priſées. Et comme des diſpoſitions auſſi contraires ne peuvent ſe concilier, & qu'elles donnent lieu à des conteſtations qui retardent ſouvent la confection des Inventaires, & en augmentent les frais ; qu'il eſt d'ailleurs de l'interêt de nos Sujets que la priſée des Imprimeries & des Livres ſoit faite par des perſonnes capables d'en diſtinguer la valeur, & d'en connoître le prix : A ces cauſes, & autres, à ce nous mouvans, de l'avis de notre très-cher & très-amé Oncle le Duc d'Orleans Régent ; de notre très-cher & très-amé Couſin le Duc de Bourbon ; de notre très-cher & très-amé Oncle le Duc du Maine; de notre très-cher & très-amé Oncle le Comte de Toulouſe, & autres Pairs de France, Grands & Notables Perſonnages de notre Royaume, & de notre certaine ſcience, pleine puiſſance & autorité Royale, Nous avons par ces Preſentes, ſignées de notre main, dit, déclaré & ordonné, diſons ; déclarons & ordonnons, voulons & nous plaît, que l'article LXVIII. de l'Edit en forme de Reglement, du mois d'Août 1686, ſoit exécuté ſelon ſa forme & teneur ; & que conformément à icelui, les deſcriptions ou priſées des Imprimeries & des Livres qui doivent être expoſés en vente, ne puiſſent être faites par d'autres que des Imprimeurs ou Libraires ; & que l'état qui contiendra leſdites deſcriptions ou prifées, foit figné par deux Imprimeurs ou Libraires, & annexé par les Notaires à l'Inventaire des autres meubles, dont mention fera faite par un feul article dans la minute & la groffe des Inventaires. Faifons défenfes aux Huiffiers-Prifeurs de notre Châtelet de Paris, & à toutes autres perfonnes de quelque qualité & condition qu'elles foient, de s'immifcer aux defcriptions & prifées des Livres & Imprimeries, à peine de nullité, & de cinq cens livres d'amende, & ce nonobftant ledit Edit du mois de Mars 1713, auquel nous avons dérogé & dérogeons à cet égard feulement. Si donnons en mandement, &c. Donné à Paris, le vingt-cinq Février 1716. Regiftré en Parlement le premier Avril 1716.

Sur quelques conteftations furvenues au fujet de l'exécution de la Déclaration ci-deffus, eft intervenu Arrêt du Confeil d'Etat du Roi, le 27 Juillet 1717, par lequel :

LE ROI EN SON CONSEIL, de l'avis de Monfieur le Chancelier, a ordonné & ordonne, que l'article LXVIII. du Règlement de 1686, & la Déclaration du 25 Février dernier, feront exécutés felon leur forme & teneur; ce faifant, que les defcriptions & prifées des Livres & des Imprimeries ne pourront être faites par autres que des Libraires ou Imprimeurs; fait défenfes aux Huiffiers-Prifeurs de s'y immifcer, à peine de nullité defdites prifées, d'interdiction, & de cinq cens livres d'amende; même de procéder à la vente des Livres des perfonnes décédées, que la prifée n'en ait été faite par lefdits Libraires ou Imprimeurs. Ordonne pareillement Sa Majefté, que les Notaires feront tenus d'annexer les prifées ainfi faites par deux Libraires ou Imprimeurs à l'Inventaire des autres meubles, & d'en faire mention par un feul & même article, tant fur la minute que fur la groffe defdits Inventaires; leur fait défenfes d'en recevoir aucunes faites par les Huiffiers ou autres perfonnes, à peine d'une pareille amende. Et fera le préfent Arrêt lû & publié dans les Communautés des Notaires & des Huiffiers-Prifeurs du Châtelet de Paris, & enregiftré fur leurs regiftres.

Le Reglement fait pour la Librairie & Imprimerie, arrêté au Confeil, Sa Majefté y étant, le 28 Février 1723, contient aux articles 113 & 121, la même difpofition que la fufdite Déclaration & le fufdit Arrêt du Confeil d'Etat.

Mais la Communauté des Notaires, & celle des Huiffiers-Prifeurs au Châtelet de Paris, ayant refpectivement préfenté Requête au Roi, pour qu'il plût à Sa Majefté recevoir leurs très-humbles remontrances contre la Déclaration du 25 Février 1716, & les recevoir Oppofans à l'exécution de l'Arrêt du

Conseil du 27 Juillet de la même année, & à l'article 113
desdits Reglemens pour la Librairie; il est intervenu Arrêt au
Conseil d'État Privé du Roi, le 14 Juillet 1727, contradictoire
avec la Communauté des Libraires & Imprimeurs de Paris, au
rapport de M. Barillon de Morangis, Maître des Requêtes,
dont voici le dispositif:

*LE ROI EN SON CONSEIL, de l'avis de Monsieur le
Garde des Sceaux , faisant droit sur l'Instance , a ordonné & ordonne,
que toutes les fois qu'il sera fait Inventaire par autorité de Justice des
Bibliotheques ou Cabinets de Livres, la prisée n'en pourra être faite
que par les Huissiers-Priseurs en presence & de l'avis d'un ou de
deux Libraires , qui y seront appellés & convenus par les Parties
interessées ; & que les Notaires continueront à inventorier & dé-
crire les Livres comme les autres meubles & effets sujets à prisée ;
& qu'à l'égard des fonds de Librairie & d'Imprimerie, les Libraires
& Imprimeurs en feront seuls le Catalogue & la prisée dans le cours
de l'Inventaire, lequel Catalogue sera par les Notaires annexé à la minute de l'inventaire dans lequel, aussibien que dans la grosse, il en sera
fait mention par un seul & même article, si les Parties ne le requierent autrement , dont en ce cas, sera fait mention par le Notaire , sans que le present Reglement puisse être tiré à conséquence par
aucun autre Corps & Communauté de Marchands , Arts & Mé-
tiers : Sur le surplus des demandes, hors de Cour , tous dépens compensés. Et sera le present Reglement exécuté selon sa forme & teneur ; & à cet effet, enregistré sur le registre desdites Communautés , à
la diligence des Syndics d'icelles, qui seront tenus d'en certifier Monsieur le Garde des Sceaux dans le mois. Fait au Conseil d'Etat Privé du
Roi, le 14 Juillet 1727.*

Cet Arrêt a été registré sur les registres des Communautés
des Notaires , des Huissiers-Priseurs, & des Libraires-Impri-
meurs.

Depuis, il est encore intervenu un Arrêt du Conseil du
24 Novembre 1742, sur la vente des Livres, dont voici le
prononcé :

*LE ROI EN SON CONSEIL., de l'avis de Monsieur
le Chancelier , a ordonné & ordonne , que les Reglemens concernant
la Librairie & Imprimerie seront exécutés selon leur forme & teneur,
notamment les articles 113, 114, 115 & 116 du Reglement du
28 Février 1723 ; en conséquence, ordonne qu'il ne pourra être procedé à la vente publique des Bibliotheques ou Cabinets de Livres qui
auront appartenus à des personnes décédées , à la requête de quelques*

perſonnes que cette vente ſe pourſuive, même à celle du Procureur de Sa Majeſté en la Chambre du Domaine, qu'après que la viſite deſdits Livres aura été faite par les Syndic & Adjoints des Libraires & Imprimeurs de Paris, & qu'ils en auront donné leur Certificat.

Nous avons dit ci-devant page 48, que les Notaires peuvent faire les Inventaires des Marchandiſes & de tous autres effets; mais il faut obſerver à ce ſujet, que lorſqu'il ſe trouve des Marchandiſes & effets chez un Marchand ou Artiſan, l'Huiſſier à la vérité les priſe, mais de l'avis de deux Marchands ou Maîtres de la Profeſſion, appellés & requis à cet effet, en prêtant ſerment au préalable ès mains des Notaires.

CHAPITRE XI.

Si un Notaire peut poſſeder d'autres Charges.

NOus avons dit ci-devant, qu'en Province un Notaire qui ſeroit reçu Avocat, pouvoit avocaſſer dans les affaires pour leſquelles il n'auroit point paſſé d'Actes. Il faut voir preſentement, ſi un Notaire peut poſſeder d'autres Charges.

Les Notaires du Châtelet de Paris pouvoient ſe faire recevoir dans la Charge de Payeur des Rentes de l'Hôtel de Ville, ſans Lettres de compatibilité; mais aujourd'hui la Charge de Notaire & celle de Payeur des Rentes ſont incompatibles. Un Notaire peut poſſeder une Charge de Secretaire du Roi; mais il ne peut pas expedier, ni ſigner des Lettres, comme Secretaire du Roi, pendant qu'il eſt revêtu de la Charge de Notaire.

On demande ſi la Charge de Greffier, de Procureur, ou d'Huiſſier eſt incompatible avec celle de Notaire.

Il faut d'abord convenir que cette incompatibilité n'eſt point prononcée par aucune de nos Ordonnances; quoiqu'il ſoit défendu aux uns d'entreprendre de faire les fonctions des autres.

Dans les Juriſdictions ſubalternes, il eſt toleré que la même perſonne ſoit Notaire, & en même-tems Greffier, Huiſſier & Procureur, par le défaut de Sujets.

Par rapport aux Juriſdictions Royales, l'Office de Notaire

& d'Huiffier peut être exercé par une même perfonne; mais il ne peut pas exécuter comme Huiffier, un Acte qu'il a paffé comme Notaire, comme il a été jugé par Arrêt du Parlement de Bretagne, du 16 Septembre 1632, rapporté par Frain, Plaidoyer 122.

Pareillement, les Notaires Royaux peuvent être Procureurs, pourvû qu'ils n'occupent pas dans les Caufes, où ils auront fait office de Notaire. Il y en a un Arrêt du Parlement de Paris, du 17 Avril 1584, rapporté par Papon, livre 4, titre 14, nombre 9, & par Filleau, partie 2, titre 7, chap. 7.

Bouchel, dans fa Biblioteque du Droit François, verbo, Procureur, rapporte un Arrêt du 26 Janvier 1562, par lequel il a été jugé au profit de Me. Jean Laurens, qu'il foit reçu en l'état de Procureur, quoiqu'il fût Notaire, à la charge néanmoins qu'il ne pourroit inftrumenter dans les Caufes où il feroit Procureur. Le même Auteur, verbo, Avocat, dit que par plufieurs Arrêts, il eft défendu aux Procureurs d'être Notaires; il cite un Arrêt des Grands-Jours tenus à Angers, le 16 Septembre 1539; & enfin, verbo, Notaires, il dit que nul ne peut être Notaire & Procureur, il faut qu'il opte; & il rapporte un Arrêt du 14 May 1596.

Parmi cette varieté d'Arrêts, il faut s'en tenir à la premicre décifion, par rapport aux fimples Jurifdictions Royales; puifqu'il n'y a ni Ordonnance, ni Déclaration qui prononce cette incompatibilité abfoluë.

Au refte, un Notaire peut exercèr l'Office de Greffier, foit par Commiffion ou comme Titulaire; on ne fçauroit trouver en ce point aucune raifon d'incompatibilité, & même anciennement ceux qui étoient revêtus de la Charge de Greffier d'une Jurifdiction, l'étoient auffi de celle de Notaire. Ce qui fait que dans les anciennes Ordonnances, la Charge de Greffier & celle de Notaire font très-fouvent confondues enfemble.

CHAPITRE XII.

Des précautions que les Notaires doivent prendre lorsqu'ils passent des Actes.

UN Notaire avant que de passer un Acte, doit se faire instruire par les Parties de leurs conditions & qualités, & aussi de leurs droits & de leurs intentions, afin de connoître si les personnes contractantes sont capables ou non de contracter, si les choses dont on veut passer quelques Actes, sont dans le commerce des hommes, & examiner quelles sont les solemnités requises par les Loix du Royaume, pour la validité de l'Acte dont il s'agit.

Comme il est choisi par les Parties pour être le fidele interprete de leurs volontés, son principal soin doit être de les pénetrer, afin de pouvoir placer leurs interêts & leurs volontés dans tout leur jour ; car ce n'est que par ce moyen qu'il peut éviter dans ses Actes les dangereuses équivoques, qui sont ordinairement la source des contestations.

En effet, la plupart des Procès ne tirent leur origine que des ambiguités que les Notaires laissent dans leurs Actes. Peut-être n'en doit-on pas toujours accuser la mauvaise foi ou l'ignorance du Notaire ; mais au moins on ne peut le disculper en ce cas, d'avoir eu peu d'attention à bien comprendre les interêts des Parties, ou à les rédiger exactement par écrit.

Les Notaires doivent donc premierement, exprimer les intentions des Parties avec netteté, & néanmoins avec une précision reglée, de maniere qu'ils n'obmettent rien des choses qui concernent essentiellement l'Acte qu'ils vont passer.

En second lieu, les Notaires doivent mettre dans les Contrats toutes les claufes dont les Parties conviennent ensemble, & sont d'accord, excepté celles qui sont contre les bonnes mœurs, ou défendues par les Loix, ou sont expressément contraires à ce qui est porté par la Coutume.

Par exemple, on ne peut apposer dans un Contrat aucunes claufes qui soient usuraires, parce qu'elles sont contre les bonnes mœurs, & défendues par les Loix ; un Notaire en doit avertir les Contractans, & il ne doit point recevoir de Contrats où les Contractans voudroient appofer de femblables claufes ; car outre qu'elles font déclarées nulles, le Notaire pourroit être condamné à quelqu'amende, & repris par les Juges, fuivant la difpofition de la Loi 3, au Code, *tit. de Sacro-Sanct. Eccl.*

Il y a plus, c'eft qu'un Notaire qui reçoit des Contrats illicites, peut être privé de fon Office, fuivant les Ordonnances de nos Rois, & notamment celle de Louis XII. de l'an 1510, art. 65.

En troifiéme lieu, les Notaires ne doivent mettre aucune claufe particuliere, qui augmente ou diminue la teneur d'un Acte, que du confentement des Parties, comme il eft porté par l'Ordonnance de François I. de l'an 1535, article 3. C'eft à quoi les Notaires doivent bien prendre garde. Il y en a qui mettent dans des Contrats des claufes, dont ils forment leurs ftiles, qui fe rencontrent très-fouvent contraires à l'intention & à la volonté des Parties, qui en ignorent la force, ce qui caufe dans la fuite une infinité de Procès.

En quatriéme lieu, les Notaires ne doivent point écrire aucun Acte par chiffre, ni même fe fervir d'abréviations, à moins qu'elles n'ayent une fignification certaine dans l'ufage. Ainfi, les abréviations que l'on n'entend pas communément ne doivent point être ufitées dans les Actes, & quand il s'y en trouve, elles doivent être rejettées comme nulles, & de même que fi elles n'étoient pas écrites. A l'égard des chiffres, quoique l'intelligence en foit facile, l'ufage en eft entierement réprouvé aux Contrats & aux Teftamens, à caufe des conféquences qui en pourroient provenir.

En cinquiéme lieu, il ne leur eft pas permis d'étendre l'*& cætera* qu'ils mettent dans les Actes ; ainfi, ils ne peuvent en conféquence de cet *& cætera*, qui feroit dans une minute, rien ajouter à l'expédition, ou à la groffe de l'Acte ; la raifon eft, que cet *& cætera* contient en foi une fignification certaine & légitime, laquelle eft bornée & limitée à la nature du Contrat.

Ainfi, cette claufe, *& cætera*, mife en la minute, ne peut être étenduë dans la groffe aux claufes qui produifent un effet particulier, qui intereffe l'une des Parties, *quia fcilicet indigent fpeciali enuntiatione*, comme font les renonciations aux bénéfices que le Droit a introduit en faveur de quelqu'un.

M. Charles Dumoulin, *Tract. Contract. Ufurar. quæft.* 7, ayant propofé la queftion, fi en vertu de ces mots de la minute du Notaire, *Renonçant, & cætera*, le Notaire avoit pû ajouter, *Renonçant au bénéfice de divifion*, répond qu'il ne l'avoit pû ; & il dit l'avoir

fait

fait juger ainſi, lui plaidant, par un Arrêt du Parlement de Paris.

M. Maynard, livre 8 de ſes Queſtions, chap. 31, dit que cet *& cætera*, ne comprend que ce qui regarde préciſément l'exécution de l'Aɛte, ou l'éclairciſſement des clauſes qui y ſont appoſées; mais il tient avec raiſon, qu'il ne peut operer aucune autre diſpoſition nouvelle & étrangere à l'Aɛte, ni produire par conſéquent, aucun effet qui excede ce qui a été nommément convenu entre les Parties. Il cite un Arrêt du Parlement de Touloufe, qui le jugea ainſi à ſon rapport au mois de Janvier 1574.

On peut encore voir ſur la reſtriɛtion qu'on doit donner à l'*& cætera*, ce qu'en ont dit Guypape, *quæſt*. 129; Maſuer, titre 18, nomb. 37; Papon, liv. 4, tit. 14, nomb. 10.

En ſixiéme lieu, les Notaires ne peuvent pareillement, dans leurs groſſes ou expeditions, étendre aucuns mots ni clauſes de la minute des Aɛtes qu'ils ont paſſés. Ainſi, les Notaires ne peuvent changer, augmenter, ni diminuer ce qui eſt porté dans leurs minutes, quand ils font ou font faire les groſſes & expeditions des Aɛtes; il n'eſt pas dans leur pouvoir de donner aux termes qui ſe trouvent dans leurs minutes, un ſens qui intereſſe l'une des Parties, au préjudice de ce dont ils ſont convenus.

Le Notaire n'eſt interprete de la volonté des Parties, que dans le tems qu'il la reçoit, & ſitôt que l'Aɛte eſt parfait, il n'eſt plus que le dépoſitaire de leur volonté, à laquelle il ne peut rien ajouter ni diminuer, ſous quelque prétexte que ce ſoit.

Charondas, liv. 12 de ſes Réponſes, nombre 44, rapporte un Arrêt du 5 Juillet 1561, qui déclara injurieux l'empriſonnement fait d'un débiteur par ſon créancier, en vertu d'une obligation ſur la groſſe de laquelle le Notaire avoit étendu le mot *Obligeant*, (écrit dans la minute) à la contrainte par corps, dont les Parties n'avoient point parlé en paſſant cette Obligation. Depuis la nouvelle Ordonnance de 1667, cela n'eſt plus à craindre, parce que par l'art. 6 du titre 34, il eſt défendu aux Notaires de paſſer aucuns Aɛtes portant contrainte par corps, excepté pour les baux de biens de Campagne.

En ſeptiéme lieu, les Notaires doivent dans ce Royaume, ne rédiger leurs Aɛtes & Contrats, qu'en langue Françoiſe, à l'exception de quelques Aɛtes qui concernent les matieres Eccleſiaſtiques & Bénéficiales, qui ſe rédigent en Latin. C'eſt ce qui a été ſtatué par l'Ordonnance de François I. à Villers-Cotterets, afin que chacun entende clairement de quelle maniere il contraɛte, & ce qui eſt contenu dans les Aɛtes qu'il paſſe.

Tome I.   H

Les Obligations qui fe font fous feing privé, peuvent parmi nous être conçues en quelque langue que ce foit, tant en Pays Coutumier qu'en Pays de Droit écrit ; mais pour les Actes qui fe paffent pardevant Notaires, il faut néceffairement qu'ils foient conçus en nôtre langue.

Néanmoins, fi les Contractans font tous deux Etrangers, ou l'un Etranger & l'autre François, & qu'ils ne puiffent fe faire entendre l'un à l'autre qu'en langue Latine, alors les Notaires peuvent rédiger en langue Latine, les Actes & les Obligations qu'ils paffent, en faifant mention de cette raifon.

Enfin, fi les Contractans ne fe peuvent faire entendre l'un à l'autre par aucune langue, ils doivent fe fervir pour contracter, du miniftere d'un Truchement ou Interprete, lequel doit être nommé par le Juge ordinaire du lieu où fe fait la convention, au bas d'une Requête qui eft prefentée à cet effet ; & l'acte doit en conféquence fe paffer pardevant deux Notaires, ou pardevant un Notaire & deux Témoins, qui rédigent par écrit ce qui eft dit par le Truchement, ainfi que rapporte Papon dans fon Notaire, tome 1, livre 3, des Stipulations & Obligations verbales, page 171.

Touchant l'ancien ufage de dreffer en France toutes fortes de Contrats, Teftamens, & même d'Actes judiciaires, voyez ce qu'en a dit M. Maurice Bernard dans fes Obfervations du Droit, liv. 2, ch. 9. Nous remarquerons feulement ici, qu'on a trouvé plufieurs inconveniens dans les anciens Contrats, que les Notaires de ce Royaume dreffoient autrefois en langue Latine. Ils étoient fouvent remplis d'une longue traînée de paroles fuperflues & de claufes inutiles, qu'ils empruntoient fans difcernement des formules d'actes qui leur fervoient de modeles.

Tous ces Actes étoient très-difficiles à entendre, à caufe qu'il y regnoit partout une incongruité de conftruction, & un jargon latinifé par des gens qui ne fçavoient point de Latin. Les phrafes étoient fi embaraffées & fi eftropiées, qu'elles offroient toujours à l'efprit de ceux qui les lifoient differens fens ; & quand on en attrapoit le véritable, ce n'étoit jamais que par hazard, & plus par conjecture que par un jufte difcernement. Et cela n'arrivoit le plus fouvent qu'après une lecture réiterée de l'Acte & accompagnée de fréquentes & de pénibles réflexions. Enfin, l'ambiguité qui en réfultoit, caufoit fouvent une infinité de Procès, qui jettoient les Parties dans des embarras terribles, & dans de très-grandes dépenfes.

En huitiéme lieu, les Notaires ne doivent recevoir d'Actes,

que de perfonnes qu'ils connoiffent, & ce, pour éviter les frau-
des & fuppofitions de perfonnes qui paffèroient des Obligations
ou autres Actes au nom d'un autre, auquel abus il eft véritablement d'une très-grande conféquence d'obvier. Ce qu'il eft difficile d'obferver fcrupuleufement à Paris, à caufe de la quantité
d'Habitans qu'il renferme & des perfonnes qui y arrivent de tous
Pays.

L'Ordonnance de Blois de 1498, article 65, & celle de François I. de 1535, article 19, porte que les Notaires ne recevront
aucun Contrat, s'ils ne connoiffent les perfonnes, ou qu'elles
foient certifiées & témoignées être celles qui contractent, fur
peine de privation de leurs Offices. C'étoit en 1535, il y a 216
ans.

Il eft aifé de connoître la raifon & l'équité de ces Ordonnances; mais dans les grandes Villes, il eft impoffible de les exécuter, principalement en celle de Paris, comme il vient d'être obfervé. Cependant il feroit néceffaire, que dans des Actes de conféquence, les Parties produififfent des perfonnes dignes de foi,
qui affuraffent les Notaires qu'ils font tels qu'ils le difent, pour
éviter les fauffetés qui fe commettent affez fouvent par l'interpo-
fition de perfonnes fuppofées, dans des Actes très-importans.

En neuviéme lieu, les Notaires doivent avertir les Parties,
quand les Actes qu'elles paffent font fujets à infinuation, comme
les Donations, & les Actes en matieres Bénéficiales; & ils doivent faire mention dans l'Acte, qu'ils ont averti les Parties, que
ledit Acte eft fujet à infinuation.

En dixiéme lieu, ils doivent obferver les folemnités requifes
par les Coutumes du lieu où les Actes font paffés, à peine de
nullité, & c'eft à quoi les Notaires doivent bien prendre garde:
Ainfi, un Notaire du Châtelet de Paris recevant un Acte ou un
Teftament dans une autre Coutume que celle de Paris, doit y obferver toutes les formalités & les folemnités qui font requifes dans
le lieu où il inftrumente, pour la validité de cet Acte, autrement
il feroit nul.

Pour ce qui eft de la forme du ftile de l'Acte, foit qu'un Notaire fuive la forme ordinaire de contracter, ou celle qui lui eft
particuliere, cela ne rend pas l'Acte nul; fi les claufes ne font pas
claires & bien digerées, c'eft aux Parties à s'imputer d'avoir choifi
un Notaire qui ignoroit la maniere de bien dreffer un Contrat.

CHAPITRE XIII.

Des choses que les Notaires doivent exprimer dans les Actes
qu'ils passent , & des formalités qu'ils y doivent
observer.

DANS les Actes que les Notaires passent , il y a des formalités essentielles , dont l'omission cause la nullité.

I. Le Notaire doit exprimer dans tous les Actes qu'il passe , le
nom des Parties , à peine de nullité : Ainsi , les Notaires ne doivent
jamais dans les Actes , laisser le nom des Parties en blanc. De ce
il y a eu Sentence servant de Reglement du Châtelet de Paris, le
12 Décembre 1615 , rapporté par Neron, par laquelle il a été
fait défenses aux Notaires de recevoir aucune Promesse où le
nom du créancier seroit en blanc.

Il faut donc absolument que le Notaire qui passe un Acte, exprime le nom & le surnom des Parties : *Nomina enim ad recognos-*
cendos homines inventa sunt & ad res demonstrandas ; undè nomen sic
dictum putat Festus , quasi novimen, quod notitiam faciat. Si quelqu'un a plusieurs noms, ils doivent être tous exprimés dans l'Acte.
Cependant , il suffit pour sa validité que le nom de famille y soit
exprimé avec celui qu'on a reçu au Baptême.

Outre le nom des Parties, il est du devoir du Notaire., d'exprimer leur qualité & condition pour éviter toute équivoque , &
établir plus fortement la désignation des personnes , & aussi afin
que par l'expresse déclaration de la qualité & de la condition des
Parties , on puisse connoître sans peine, la validité ou invalidité
de l'Acte.

II. Ils doivent mettre dans les Contrats & Actes la demeure &
la Paroisse des personnes qui les passent , suivant l'Ordonnance
de François I. donnée à Villers-Cotterets , au mois d'Août 1539.
Guenois dit que par Arrêt du 2 Juillet 1528 , il étoit ordonné &
enjoint aux Notaires de mettre la demeure des Contractans , & en
cas qu'ils en eussent deux , la principale ; il ajoute , que pareil Arrêt avoit ensuite été donné le 14 Avril 1539 , & que c'est sur ces
deux Arrêts , que cet article de l'Ordonnance a été dressé.

Il arrive assez souvent , que les Parties font élection de domicile dans un autre lieu que celui de leur demeure, pour l'exécution d'un Acte qu'ils passent, auquel cas, le créancier peut donner les Assignations & Commandemens audit lieu. Surquoi il faut observer que le domicile stipulé par un Contrat, est plus réel que personnel; c'est pour cela que les heritiers des Contractans sont censés avoir ce domicile transmis en leurs personnes, parce que cette élection de domicile semble faire partie du Contrat : Mais pour éviter les contestations, il est plus sûr de s'adresser au véritable domicile de l'heritier, & non pas au domicile élû par le défunt, particulierement lorsqu'il s'est écoulé un long espace de tems depuis la passation de l'Acte.

III. Les Notaires doivent mettre le nom, la demeure & Paroisse des Témoins qui assistent à la passation de l'Acte, ce qui est enjoint par la susdite Ordonnance de 1539, article 67, & par l'Ordonnance de Blois de 1579, art. 167.

IV. Ils doivent exprimer le lieu où les Actes sont passés, suivant l'Ordonnance de 1539, & l'article 167 de l'Ordonnance de Blois. Ce qui doit être entendu non-seulement d'un lieu général; mais du lieu particulier où l'Acte est passé : Ainsi, il ne suffiroit pas de dire, *fait & passé dans la Ville de Paris*, il faut spécifier particulierement si c'est dans l'Etude de l'un des Notaires qui ont passé l'Acte, ou dans la maison de l'un des deux Contractans, ou si c'est dans un autre lieu qu'il a été passé. Boyer, *quæst. 33, num.* 27 : Néanmoins, Chopin, au livre 2, sur la Coutume de Paris, titre 4, nombre 5, tient qu'il n'est pas nécessaire pour la validité d'un Acte, *Minutula loca, domiciliaque peculiaria attexere ;* mais il est toujours plus sûr de le faire, pour éviter toute contestation.

Les Ordonnances ont obligé les Notaires de marquer les demeures des Parties, afin de connoître si elles font leur demeure dans les lieux où elles ont contracté où les sceaux sont autentiques ; car si l'obligation est passée par un Notaire Royal, elle est exécutoire partout le Royaume ; il en est de même si c'est par un Notaire subalterne entre des personnes domiciliées dans le ressort où il est Notaire : Cette obligation sera également mise à exécution contre les heritiers de l'Obligé, en quelques lieux qu'ils fassent leur demeure, dans le tems qu'on met à exécution l'obligation. Cette matiere est longuement traitée par M. Louet, & M. Brodeau, lettre N. sommaire 10, où il en fait voir les conséquences, & qu'il vaut mieux traiter devant des Notaires Royaux, sans quoi on ne peut agir en déclaration d'hypoteque contre ceux d'un autre ressort.

Rebuffe, en ses Commentaires sur les Ordonnances Royaux, en la Préface, nombre 95, dit que l'expression du lieu est seulement requise aux Actes publics, & non pas pour les Ecritures privées; parce qu'une personne privée peut faire une promesse ou cédule en quelque lieu que ce soit; au lieu qu'un Notaire ne peut exercer son Office, que dans les lieux de son ressort & de sa matricule; car par l'Ordonnance du Roi Louis XII. art. 62, il ne peut recevoir aucun Contrat hors son Territoire, ne pouvant plus alors être considéré que comme un simple Particulier, qui n'a pas la faculté de faire la fonction de Notaire. Ainsi, il importe beaucoup que le lieu où l'Acte est passé soit exprimé, pour connoître si le Notaire est du ressort, & l'a pû passer; & d'ailleurs pour obvier à plusieurs faussetés & suppositions qui se pourroient commettre.

V. Ils doivent déclarer le tems que le Contrat est passé; sçavoir, l'année, le mois & le jour, & même si c'est devant ou après midi, comme il leur est enjoint par ledit Article 167 de l'Ordonnance de Blois. La raison est, que c'est ce qui détermine la priorité ou postériorité des hypoteques. Il est pourtant vrai quand le Contrat est passé l'après-midi, il est inutile de le dire, parce que quand il n'est pas dit avant midi, il est constant qu'il est réputé passé après midi, & ne va qu'après celui où il est dit passé avant midi.

Il seroit même nécessaire d'ajouter à un Acte l'heure à laquelle il a été passé. Voyez Charondas, livre 22, réponse 26; touchant la datte des Actes. Voyez M. Louet, lettre M. sommaire 10, & Papon, livre 17, titre 1, nombre 1; nous remarquerons seulement qu'un Acte pardevant Notaire, ne peut être consideré que comme une écriture privée, lorsque la datte du jour auquel il a été passé y manque; ce qui n'a pas lieu, lorsqu'on a omis d'y exprimer si c'est avant ou après midi; car pour lors l'Acte n'en est pas moins autentique, & cette omission ne peut porter au créancier aucun préjudice, que par rapport à l'antériorité d'hypoteque qui pourroit être accordée à un autre créancier, dont le titre marqueroit avoir été passé avant midi. Un Acte cependant, ne seroit pas nul par le défaut de datte, selon tous les Docteurs, dont Brodeau fait une longue énumération sur la lettre M. sommaire 10, nombre 6 de M. Louet.

A l'égard des Testamens passés pardevant Notaires, s'ils étoient sans datte, ils seroient absolument nuls, comme nous dirons ci-après en parlant des Testamens.

VI. Les Notaires font tenus par les Ordonnances, d'exprimer dans les Actes tranflatifs de proprieté, la nature des heritages qui font aliénés, d'y faire mention s'ils font tenus en Fief ou en roture, & d'y défigner le Fief d'où relevent lefdits heritages, foit du Domaine du Roi, ou des Seigneurs particuliers, & de quelles charges ils font chargés envers les Seigneurs féodaux ou cenfiers, à peine de privation de leurs Offices, quant aux Notaires; & de nullité des Contrats, quant aux Contractans, & autres peines.

C'eft la difpofition de l'Ordonnance de François I. du mois d'Août 1536, chapitre 3, article 4, & de celle du mois d'Août 1539, articles 180 & 181. Le contenu en ces Ordonnances a été renouvellé par Arrêt du Confeil d'Etat du 29 Août 1721, mais ces Ordonnances ne font pas exécutées à la rigueur, quant aux peines qui y font portées, & affez fouvent les Vendeurs déclarent dans les Contrats, qu'ils ne fçavent dans la Juftice de qui font & de qui relevent les heritages qu'ils vendent, & ils font quittes au moyen de cette déclaration.

VII. Les Notaires doivent inferer dans les Contrats qui font paffés pardevant eux, les Procurations des Parties contractantes, en qualité de Procureurs; c'eft ce qui a été enjoint par Arrêt du 6 Juillet 1577; précaution néceffaire, parce qu'autrement la Procuration venant à fe perdre, celui qui l'auroit donnée pourroit défavouer ce qui auroit été fait en fon nom, & en vertu de cette Procuration.

VIII. Le Notaire qui paffe un Acte dont il y a minute, doit déclarer à la fin de l'expedition qu'il en délivre, que la minute dudit Acte eft demeurée pardevers lui.

IX. Les Notaires doivent lire les Contrats & Actes aux Parties, avant que de les faire figner, afin qu'elles entendent fi tout ce qui y eft énoncé eft conforme à leur intention; c'eft la difpofition de l'Ordonnance de François I. en Octobre 1535, ch. 9, article 4, dreffée, quant à cet article, fur un Arrêt du 29 Décembre 1423, rapporté par Guenois: Ainfi, tous Contrats & Actes doivent être lûs aux Parties, pour être approuvés par leur confentemenr, qui eft la bafe & le fondement de tous les Contrats & autres Actes qui fe paffent pardevant Notaires.

X. L'Acte ayant été lû aux Parties, le Notaire qui l'a reçu doit le faire figner par les Parties, avant que de le figner; car il eft défendu au Notaire qui reçoit un Acte, de figner le premier avant les Parties & les Témoins, parce que c'eft la fignature du No-

taire qui doit clore l'Acte, & qui doit faire foi que l'Acte est parfait, c'est-à-dire, qu'il a été signé par les Parties & par les Témoins ; ce qui fait voir de quelle importance est la signature des
Notaires, puisque c'est d'elle que dépend l'accomplissement &
la perfection des Actes qu'ils passent.

Il y a certains Actes qui requierent des formalités particulieres,
prescrites par les Ordonnances & par les Coutumes, comme les
Donations, les Substitutions & les Testamens ; mais nous rapporterons dans la suite ces formalités en leur lieu.

CHAPITRE XIV.

De quelle nécessité est, dans les Actes & Contrats,
la signature des Parties, celle des Notaires
& des Témoins.

RIEN ne pouvoit donner plus de fermeté aux Actes, que ce
qu'ont fait les Ordonnances de ce Royaume, d'enjoindre
aux Notaires de ne point passer d'Actes seuls, mais d'y joindre un
second Notaire ou deux Témoins, de faire signer les Parties, de
signer eux-mêmes, & de faire signer les Témoins, ou s'ils ne sçavent pas signer, d'en faire mention dans l'Acte : Mais la signature
des Actes publics, non-plus que celle des Actes privés, n'a pas
toujours été en usage dans ce Royaume. Pasquier, livre 4 de
ses Recherches, chapitre 13, le prouve par un passage de Saint
Bernard, que Loyseau rapporte aussi, livre 2 des Offices, ch. 4.
Celui qui faisoit un Acte, se contentoit d'y apposer son cachet
avec ses armes, sans le signer.

Cet usage provenoit des Romains, il n'y avoit point de Particulier qui n'eût son cachet, dont il se servoit dans la plupart des
Actes qu'il passoit, & même dans les Lettres missives ; & ce cachet qui étoit attaché à un anneau, étoit appellé *Annulus signa-*
torius. Et comme les anneaux ont toujours été le hieroglyfique de
la foi, qui est le fondement de tous les Contrats, il ne faut pas
s'étonner si les Anciens s'en sont servi pour affermir leurs promesses & leurs conventions.

Il a été un tems que l'ignorance étoit si grande, qu'il n'y avoit
que les Ecclesiastiques & les Moines qui sçussent écrire ; c'est
pourquoi

pourquoi dans les Actes publics on se servoit uniquement de Sceau, & le Notaire ne faisoit qu'écrire le nom des Contractans & des Témoins, sans les faire signer; mais les Laïcs ennuyés des fréquens & fâcheux inconveniens que produit une ignorance si crasse & si universelle, ont pris soin dans les derniers siécles de se faire instruire en la connoissance des Lettres, & se sont trouvés en état de signer, ce qui a insensiblement aboli l'usage des cachets; de sorte qu'au lieu des Sceaux des Particuliers, on se servoit du Scel public, sans quoi les Actes passés par les Notaires n'avoient point d'exécution parée.

Enfin, par l'Ordonnance de 1554, celle d'Orleans en 1560, article 84, & celle de Blois en 1579, article 175, il a été enjoint aux Notaires de faire signer aux Parties & aux Témoins les Actes qu'ils reçoivent, au cas qu'ils sçachent signer, dont ils doivent faire mention, & au cas qu'ils ne sçachent pas signer, les Notaires sont obligés de faire mention de la réquisition qu'ils leur en ont faite, & de leur réponse qu'ils ne sçavent pas signer, ou ne l'ont pû à cause d'un tel empêchement.

Le défaut de signature des Contractans ou Témoins quand ils sçavent signer, & qu'ils le peuvent, rend l'Acte nul, parce que l'Ordonnance charge les Notaires de les faire signer quand ils le sçavent, & cela sous peine de nullité; mais l'usage est constant qu'il n'est pas nécessaire que dans l'Acte le Notaire fasse mention de l'interpellation qu'il aura faite, quand ils ne sçavent pas signer, il suffit qu'il marque qu'ils ont déclaré ne sçavoir signer; & l'omission de ces mots, *de ce interpellés suivant l'Ordonnance*, n'opere pas la nullité de l'Acte, & cela, parce que l'Ordonnance, en chargeant les Notaires d'interpeller les Parties & les Témoins de signer & d'en faire mention, ne prononce pas à peine de nullité: Or, dans les choses odieuses, on ne fait point d'extension d'un cas à un autre.

A l'égard de la signature des Notaires, elle est absolument nécessaire, puisque c'est elle qui donne la forme à l'Acte: Mais, 1°. Ils ne doivent signer les Actes qu'après que les Parties & les Témoins ont signé, comme nous l'avons dit dans le Chapitre précedent. 2°. Les Notaires doivent signer les Actes en présence des Parties. Charondas, livre 10 de ses Réponses, chapitre 66, rapporte un Arrêt de Reglement en l'espece d'un Contrat de mariage, passé par une fille malgré elle. Il fut signé par les Parties en l'absence du Notaire qui étoit malade, & auquel on le porta signer. La fille prit ensuite des Lettres de rescision contre le Contrat. Par Arrêt du 2 Décembre 1599, le Contrat fut caſſé, & la Cour fit défenſes aux Notaires de ſigner à l'avenir des Contrats & Actes, ſinon en préſence des Parties.

Il faut encore remarquer qu'un Notaire ne peut recevoir ſeul un Contrat, & il faut qu'il le faſſe ſigner par un autre Notaire, ou par deux Témoins. L'Ordonnance de Louis XII. article 66, le veut ainſi, dérogeant à tout uſage & Coutume contraire.

C'eſt auſſi la diſpoſition de celle de Blois, au mois de Novembre 1579, article 165. L'article 66 porte, que dans les lieux où il n'y a qu'un Notaire, il ſoit tenu de faire appeller un Témoin au moins, pour ſigner avec lui la minute; néanmoins l'uſage eſt, que les Notaires paſſent les Actes en preſence de deux Témoins, dont au moins l'un des deux doit ſçavoir ſigner.

Le Notaire qui ſigne en ſecond, tient lieu de deux Témoins: *Notarius vicem duorum Teſtium ſuſtinet.* L'autorité que donne à un Notaire ſa Charge, rend ſon témoignage d'un plus grand poids que celui d'un Particulier.

La ſignature des Témoins eſt requiſe, non-ſeulement dans les Contrats, mais auſſi dans les Teſtamens; on n'en faiſoit pas même difficulté au tems de l'Ordonnance d'Orleans, laquelle eſt conçuë ſous ces termes généraux (tous Actes & Contrats:) *Quaſi Actorum appellatio ad teſtationem Judicii ultimi protrahatur*, comme dit Chopin, *in ſuo tractatu de privil. Ruſt. lib.* 1, *cap.* 2.

L'Ordonnance de Blois qui interprete celle d'Orleans, fait mention expreſſe des Teſtamens en l'article 165; on peut dire même que la ſignature des Témoins doit être encore plus requiſe dans les Teſtamens, que dans les Contrats, parce que les Teſtamens ſont plus ſujets aux ſuppoſitions & aux ſurpriſes, que les diſpoſitions entre-vifs.

Que ſi un Acte ou Contrat eſt paſſé pardevant deux Notaires, ils le doivent ſigner tous deux, afin d'aſſurer davantage la foi des Actes qui ſont publics. Baſſet, en ſes Arrêts, tome 1, livre 2, titre 14, chapitre 1, rapporte deux Arrêts du Parlement de Grenoble; l'un du 22 Décembre 1522; l'autre du 22 Juillet 1631, par leſquels il a été jugé, que quand un Acte eſt paſſé pardevant deux Notaires, il doit être ſigné de tous les deux, & il ne ſuffit pas pour le rendre valable, qu'il ſoit ſigné d'un ſeul. Chaſſanée ſur la Coutume de Bourgogne; Boyer, en ſa déciſion 21, & autres, ſont de cet avis.

C'eſt donc une maxime certaine, qu'un Contrat ou Acte, auquel il manque la ſignature de quelqu'un des Notaires ou des Témoins, n'eſt pas parfait, & ne peut être conſideré comme un Acte autentique, mais ſeulement comme un écrit ſous ſeing privé, quoiqu'il ſoit ſigné de toutes les Parties, & revêtu d'ailleurs de toutes ſes formalités : Il a même été jugé par Arrêt du mois de Février 1597, rapporté par M. le Prêtre, centurie II. chapitre 46, qu'un des Contractans pouvoit ſe départir d'un Contrat ſigné par les Parties ; mais qui ne l'auroit pas encore été par les Notaires.

Dans l'eſpece, les Parties ayant ſigné la minute d'un Contrat au logis des Notaires, étoient ſorties pour aller voir ſi elles pourroient avoir compoſition de quelques arrerages de rente ; & au retour, une des Parties ne voulant pas accomplir le Contrat, s'oppoſa à ce qu'il fût ſigné par les Notaires. Sur la conteſtation intervint Arrêt au profit de celui qui ne vouloit pas l'exécution du Contrat.

Il paroît cependant, qu'il faut qu'il y ait eu dans le fait des circonſtances particulieres ; car quand un Contrat eſt ſigné des Parties, & qu'il y manque la ſignature des Notaires, il doit être au moins regardé comme un Acte ſous ſeing privé, en vertu duquel on peut agir & pourſuivre en Juſtice ſon exécution, de même qu'on pourroit faire d'un billet ſous ſeing privé.

Pour éviter ces ſortes de conteſtations, le Notaire qui a paſſé un Acte, le doit ſigner ſur le champ ; c'eſt-à-dire, incontinent après qu'il eſt ſigné des Parties, & en leur préſence.

Mais, on demande ſi la minute d'un Acte étant reſtée entre les mains d'un Notaire, qui ſeroit décedé ſans l'avoir ſignée, doit faire foi en Juſtice, & ſi l'Acte doit paſſer pour parfait. Il ſemble que la négligence du Notaire ne devroit point porter préjudice aux Contractans, qui ont ſujet de croire que le Notaire avoit ſigné l'Acte, d'où on pourroit conclure que la mort du Notaire devroit tenir lieu de ſa ſignature ; enſorte qu'un tel acte devroit avoir tous les mêmes effets qu'il auroit eu, ſi le Notaire l'avoit ſigné.

Néanmoins, il faut dire le contraire, & qu'un tel Contrat qui n'eſt pas ſigné par le Notaire, mais ſeulement par les Parties, ou par les Témoins, emporte, à la vérité, obligation entre les Contractans qui ne ſont plus en état de ſe départir ;

I ij

mais un tel Contrat n'est point exécutoire, & n'emporte pas hypoteque, d'autant qu'il ne peut être consideré que comme un Acte sous seing privé. Bouvot, tome 2, *verbo, Notaire,* question 8, rapporte un Arrêt du Parlement de Dijon du 10 Décembre 1610, qui l'a jugé ainsi.

Cette question a été depuis jugée de la même maniere au Parlement de Paris; & comme les donations faites sous seing privé, sont absolument nulles, d'autant que les Actes sous signature privée, ne peuvent être admis au Greffe des Insinuations; & aussi parce que les donations faites sous seing privé, ne sont point censées avoir de datte certaine: Par Arrêt du 20 Mars 1691, rapporté dans le cinquiéme tome du Journal des Audiences, un Contrat de mariage a été déclaré nul, en ce que par icelui, l'un des futurs Conjoints donnoit à l'autre, & que la minute étoit signée des Parties, & non pas du Notaire.

Pour ce qui est des Testamens, il n'y a pas de doute que s'il manque à un Testament la signature d'un Notaire ou d'un Témoin, le Testament ne soit absolument nul, parce que c'est un Acte qui doit être revêtu de toutes ses formalités; autrement il est entierement nul, & ne peut produire aucun effet, parce qu'un Testament qui ne peut valoir comme solemnel, n'étant pas revêtu de toutes ses formalités, ne peut jamais, comme écriture privée, avoir d'exécution. Charondas, au livre 7 des Réponses du Droit François, chapitre 49, rapporte des Arrêts qui ont déclaré nuls des Testamens, parce qu'il y manquoit la signature des Témoins.

CHAPITRE XV.

Si les Notaires peuvent mettre dans leurs Actes des apostilles, faire des ratures, & ajouter des interlignes.

APOSTILLE, est une annotation ou renvoi, qu'on fait à la marge d'un Acte, pour y ajouter quelque chose, & souvent tout ce qui est ajouté à quelque Acte par ce renvoi, est appellé Apostille. Rature, est un trait de plume qui efface quelques mots ou quelques lignes d'un écrit. Interligne, est ce qui est écrit entre deux lignes.

La foi que l'on ajoute aux Actes passés pardevant Notaires, est fondée sur la foi publique dont ils sont les dépositaires, & sur l'exactitude que l'on présume qu'ils apportent dans la passation des Actes ; cette exactitude consiste principalement à écrire fidelement les conventions des Contractans, sans y rien ajouter ni diminuer que de leur consentement.

C'est pour cela que tout ce qui ne se trouve pas écrit dans le corps de l'Acte, n'en fait point partie, si le Notaire ne l'a pas fait parapher par les Contractans. Ainsi, les additions qui se trouvent à la marge d'un Acte, & qui n'ont pas été paraphées par les Parties, ne font point foi, & sont réputées comme n'étant point à l'Acte. Charondas, au livre 7 des Réponses du Droit François, chapitre 169.

Pareillement ce qui est raturé dans le corps de l'Acte, doit être absolument approuvé par les Parties, & il doit être fait mention à la fin de l'Acte de cette approbation, & du nombre de mots qui ont été rayés.

A L'égard des Interlignes, comme elles pourroient avoir été ajoutées après coup, ce qui pourroit être difficile à découvrir, elles sont entierement défendues.

Boniface, tome 1, livre 1, titre 20, nombre 8, rapporte un Arrêt qui défend aux Notaires de rayer des lignes ou des mots aux Actes qu'ils reçoivent, ni faire des additions ou renvois, qu'ils ne soient ratifiés par les Parties, & par les Témoins; le Notaire, qui par l'addition avoit donné lieu au Procès, fut condamné aux dépens des deux Parties.

Mais quand le Notaire ou les Parties ont oublié d'exprimer quelque chose, il doit être mis en marge par apostille, avec un renvoi, & l'apostille paraphée & signée des Contractans. Voici le prononcé d'un Arrêt rendu à ce sujet au Parlement de Paris le 4 Septembre 1685, lû & publié au Siége de Noyon.

LA COUR a mis l'appellation, & ce dont a été appellé au néant ; émendant, enjoint à l'Appelant d'être plus circonspect dans la fonction de sa Charge ; lui enjoint, & à tous les autres Notaires du Bailliage de Noyon, de se conformer au stile des Notaires de Paris, & de s'en servir en tout ce qui ne sera point contraire à la Coutume des lieux ; enjoint à l'Appelant d'écrire les minutes des Actes qu'il recevra, d'une écriture aisée à lire, & de mettre les noms

propres & les sommes d'un plus gros caractere que le reste de l'Acte ;
lui fait défenses d'user d'aucunes abréviations, surtout à l'égard des
sommes & des noms propres : Ordonne qu'il sera tenu de laisser trois
doigts de marge dans toutes les pages de ses minutes, pour y ajouter commodément les apostilles qu'il conviendra y mettre. Lui défenses de faire aucunes apostilles dans les minutes ; comme aussi, de
raturer, soit des lignes entieres ou des mots, que la radiation ou apostille ne soient approuvées à la marge, & l'approbation signée & paraphée dans l'instant des Parties, des Témoins & du Notaire, le tout
à peine de nullité des Actes, des dommages & interêts, & de cent
livres d'amende. Ordonne que les ratures seront faites par une barre
& trait de plume simple, passant sur les mots, afin de pouvoir compter & distinguer facilement la quantité des mots rayés, à peine d'a-
mende arbitraire. Lui fait défenses d'ajouter quoique ce soit à la fin
des Actes qui seront par lui passés, si ce n'est à l'instant de la passation, & qu'en le faisant dans le même instant approuver & parapher
par les Parties & Témoins, & par lui Notaire, & à condition que
ce qui sera ajouté n'entrera point dans la signature des Parties, des
Témoins & Notaires, à peine de nullité des Actes, dommages & interêts des Parties, & de cent livres d'amende. Lui fait défenses sur
les mêmes peines, de laisser en blanc, dans quelqu'Acte que ce soit,
le nom des Parties & des Témoins, & de passer aucuns Actes que
les Témoins ne soient présens, sous les mêmes peines ; comme aussi,
de signer aucun Acte qui ne soit auparavant signé des Parties &
des Témoins. Lui enjoint de faire signer, tant les Parties que les
Témoins, à l'instant de la passation des Actes, ou d'expliquer si les
Parties ne sçavent point signer, ou s'ils sçavent signer, & nommer la cause pour laquelle ils n'auront pû signer. Lui enjoint d'inserer dans tous les Actes les dattes des années, du jour & du mois,
s'ils ont été passés devant ou après midi ; si les Parties ne sçavent signer,
& qu'ils fassent des marques, & il en sera fait mention par le Notaire en présence des Témoins instrumentaires, lorsque l'une des
Parties ne sçaura ou ne pourra signer. Entre ceux qui seront appellés pour être presens dans l'Acte, il y en aura au moins un qui sçache signer, & qui signe actuellement, à peine de nullité, dommages &
interêts des Parties, & de cent livres d'amende. Lui fait défenses
de faire signer aucun Acte aux Parties ou aux Témoins, sans leur
en avoir fait lecture, à peine de cent livres d'amende. Lui fait défenses, sous les mêmes peines, d'employer ses enfans ou domestiques
pour Témoins dans les Actes qu'il recevra, & de délivrer aucune
Grosse ni Expedition des Actes, sans l'écrire & en faire mention à

l'inſtant ſur la minute, à peine de cent livres d'amende, & de répondre des dommages & intérêts. Lui enjoint d'employer dans les Actes la demeure des Parties contractantes, & d'écrire les minutes des Actes qu'il recevra toutes de ſuite dans ſes regiſtres, ſans laiſſer aucun blanc. Ordonne qu'aucun ne pourra être reçu à l'avenir Notaire Royal dans le Bailliage de Noyon, qu'il n'ait été Clerc de Notaire ou de Procureur pendant cinq années, & qu'il ne ſoit jugé ſuffiſant & capable de l'Office, de quoi il ſera interrogé en la Chambre du Conſeil. Ordonne que les Regiſtres, Protocoles & Minutes des Notaires Royaux du Bailliage de Noyon, réſidans hors de la Ville qui viendront à déceder, ſeront mis dans trois mois après leur décès, ès mains du ſucceſſeur qui s'en chargera par répertoire, ſinon le tems paſſé, ſeront portés au Dépôt public du Tabellionage de Noyon. Ordonne que le preſent Arrêt ſera lû & publié au Bailliage de Noyon, l'Audience tenant. Donné à Paris en Parlement le quatriéme jour de Septembre 1685.

Dans cet Arrêt la Cour préfere le ſtile des Actes paſſés par les Notaires de Paris, à celui de tous les autres Notaires des Provinces, parce que ce ſtile eſt plus correct, moins embarraſſé, & mieux rédigé que tous les autres.

La Cour défend les abréviations des ſommes, c'eſt-à-dire, de les écrire en chiffres, pour éviter qu'on ne les falſifie aiſément, & ordonne la même choſe à l'égard des noms propres. Charondas, livre 3, chap. 1 des Pandectes, rapporte un Arrêt du Parlement du 19 Janvier 1585, qui déclare nuls les legs faits dans un Teſtament paſſé par un Curé qui avoit écrit par des chiffres les ſommes leguées.

Non-ſeulement la Cour défend aux Notaires de faire des apoſtilles & des ratures dans les Actes, qu'elles ne ſoient approuvées en marge par tous ceux qui doivent ſigner l'Acte; mais elle veut que ces apoſtilles & ces ratures ne ſoient faites que dans l'inſtant du Contrat, & non pas après coup, quoique du conſentement des Contractans.

Quoiqu'il leur ſoit permis de changer ce qu'ils veulent dans l'Acte qu'ils ont paſſé, néanmoins, quand cet Acte eſt une fois ſigné d'eux, des Témoins & du Notaire, il eſt entierement parfait, & il faut un autre Acte paſſé avec les mêmes formalités, & entre les mêmes Parties, pour y pouvoir ajouter ou diminuer la moindre choſe; outre que ſi l'apoſtille étoit faite l'après-dînée, & que l'Acte eût été paſſé le matin, il y auroit fauſſeté dans l'apostille, qui se trouveroit n'être pas de même datte que l'Acte, quoiqu'elle fût réputée en faire partie.

Il faut donc, dans le cas auquel les Parties veulent changer quelque chose dans l'Acte par eux signé, que le Notaire en ajoute un autre au bas du premier, dans lequel les nouvelles conventions soient inserées, avec les mêmes formalités.

Un autre inconvenient qui pourroit arriver, c'est qu'en ajoutant un renvoi ou apostille, l'une des Parties ne voulant pas le parapher, l'Acte deviendroit nul & imparfait, cela est arrivé plusieurs fois.

Il est dit aussi dans le susdit Arrêt, que s'il est ajouté quelque chose à la fin de l'Acte, déja signé par les Parties, les Témoins & le Notaire, du consentement des Contractans, ce qui sera ainsi ajouté à la fin de l'Acte, n'entrera point, c'est-à-dire, ne sera point présumé compris dans la signature qui se trouvera au-dessus; d'où il s'ensuit que cette addition, à la fin de l'Acte, doit être aussi signée par les Parties, les Témoins & le Notaire.

A l'égard du nom des Parties & des Témoins, il doit être nécessairement exprimé dans l'Acte, autrement, s'il étoit permis de le laisser en blanc, il seroit aisé d'en falsifier la vérité contre l'intention des Parties.

On demande : *Si au cas qu'un Notaire ait omis de faire signer une apostille ou un renvoi dans un Acte à un des Contractans, avant d'en délivrer une Expedition, l'autre Partie peut faire assigner cette personne pour signer cette apostille ou ce renvoi, & demander à faire preuve par Témoins, qu'elle étoit convenuë de les signer en sa présence, & de ceux qui ont été Témoins dans l'Acte.*

Il semble qu'une telle demande doit être permise ; cependant, il faut dire le contraire, parce que ce seroit faire prouver par Témoins une convention que le Notaire a dû faire signer, suivant l'article 84 de l'Ordonnance d'Orleans, & l'article 165 de celle de Blois, & dont l'Ordonnance de Moulins défend la preuve ; cela ne doit pas être permis.

CHAPITRE

CHAPITRE XVI.

Contenant plusieurs décisions remarquables touchant la fonction des Notaires dans l'exercice de leurs Charges.

OUTRE ce que nous venons d'obferver dans les trois Chapitres précedens, il y a plusieurs autres chofes remarquables qui concernent la fonction des Notaires dans l'exercice de leurs Charges, à quoi les Notaires doivent prendre garde.

Premierement, ils doivent faire leurs demeures dans l'étenduë du lieu où ils ont droit d'inftrumenter. Comme les Notaires ont été fixés par Edit pour les Villes & pour les Communautés, ils ne peuvent fe difpenfer de faire leur réfidence ordinaire dans les lieux de leur établiffement, & ne peuvent pas établir leur demeure dans un autre lieu.

De ce, il y a Arrêt du Parlement de Grenoble, du 16 May 1683, pour les Notaires de Valence, contre un Notaire d'une Communauté voifine de Montoifon, quoiqu'il fût porté par les Provifions, qu'il jouiroit des mêmes droits que les Notaires de la Ville de Valence, fous prétexte de quoi, il prétendoit habiter dans la Ville. *Voyez* Chorier en fa Jurifprudence fur Guypape, page 122.

En fecond lieu, les Notaires ne peuvent tenir leurs Etudes en différentes maifons, comme il a été jugé par Jugement Préfidial de Touloufe, du 4 Juin 1569, remarqué par la Rocheflavin, liv. 2, lettre N. art. 2.

En troifiéme lieu, ils doivent avoir leur demeure dans un lieu qui ne foit point expofé au danger que l'eau peut caufer. Ainfi, ils ne peuvent demeurer à Paris fur les Ponts, depuis qu'en 1668, le Pont Marie tomba, & que les minutes d'un Notaire qui demeuroit deffus, furent enveloppées dans le naufrage ; ce qui caufa un défordre très-grand dans plufieurs familles, & une perte très-confiderable à plufieurs Particuliers.

En quatriéme lieu, les Notaires font refponfables des dépôts qu'on juftifieroit leur avoir été faits ; mais ils ne font pas garans

Tome I. K

de ceux que l'on fait à leurs Clercs, sans leur participation, & sans leur aveu.

En cinquiéme lieu, les Notaires du Châtelet de Paris doivent avoir dans leurs Etudes un Tableau, où les noms des interdits soient écrits, afin que chacun en ait connoissance, & qu'on ne fasse aucuns Contrats avec eux. Brodeau sur M. Louet, lettre S. chap. 16.

On demande: *Si un Notaire peut passer des Actes pour ses parens.* Il a été jugé qu'il le pouvoit, suivant l'Arrêt donné en la Chambre de l'Edit du 9 Juillet 1659; cependant s'il s'agissoit d'un Contrat fait au profit des proches du Notaire qui l'auroit passé, comme d'une donation ou autre, il y auroit lieu d'y donner atteinte; d'autant qu'entre parens on pourroit présumer de la fraude; mais cette question dépend toujours des circonstances. *Voyez* Papon, livre 4, nombre 14; Bouvot, tome 2, *verbo*, *Notaire*, question 7; Boniface, tome 1, livre 1, titre 20.

On demande: *S'il est permis à un Notaire de passer des Actes les Dimanches & jours de Fêtes.* Il est vrai que les Actes de Jurisdiction contentieuse ne se peuvent expedier ni datter des jours de Dimanches & Fêtes commandées; mais les Actes de Jurisdiction volontaire, tels que sont ceux qui se passent chez les Notaires, peuvent être valablement faits, & être dattés des Dimanches & des Fêtes, surtout les Testamens & les Codiciles, qui sont souvent des Actes pressés, un Malade ne pouvant pas attendre le lendemain de Dimanche ou Fête. Il y a néanmoins quelques Actes qu'il faut excepter de la regle générale; sçavoir, les Inventaires & les indications de se trouver chez un Notaire un jour de Fête ou de Dimanche, à l'effet d'y passer un Acte; parce que ces sortes d'Actes ne se font pas entièrement de la pleine volonté des Parties, & tiennent en quelque façon de la nature des Actes de Jurisdiction contentieuse.

J'ajoute à ce sujet, que la Compagnie des Notaires en 1363, forma une Déliberation portant: *Que les Notaires d'alors (qui avoient été fixés à soixante dès l'an 1300 par Philippe le Bel) & leurs successeurs, cesseroient l'exercice & fonctions de leurs Charges le jour du Dimanche, à quoi chaque Officier s'obligeroit par serment lors de sa réception;* & que cette Déliberation fut confirmée par le Roi Charles V. suivant ses Lettres Parentes du mois d'Avril de ladite année 1363, qui enjoignent au Prevôt de Paris d'y tenir la main. *Voyez* Chartes des Notaires, édition de 1663, pages 81 & suiv. compris 86.

❋ On peut faire encore une difficulté touchant le miniftere des Notaires ; fçavoir : *Si un Notaire peut ftipuler pour un abfent ?* En matiere de donation, il ne le peut, parce que pour la validité d'une donation, il faut qu'elle foit acceptée par le Donataire en perfonne, ou par Procureur fondé de Procuration fpéciale : Ainfi, l'acceptation des Notaires ne feroit pas fuffifante. *Voyez* l'Ordonnance de Louis XV. de 1731, article 5.

Mais, s'il s'agit d'une Obligation, l'ufage eft qu'il peut ftipuler pour le Créancier abfent ; & en ce cas, celui qui a promis, & qui eft obligé envers l'abfent, ne peut révoquer fon confentement, fi cet abfent, au profit de qui l'Obligation eft faite, en demande l'exécution : Il en eft de même d'un tranfport & d'une délégation.

Mafuer, *tit. de litteris Obligat.* Guypape, décifions 49 & 317, & Boyer, décifion 173, nombre 5, tiennent qu'un Notaire étant perfonne publique peut ftipuler pour autrui, & c'eft la pratique généralement obfervée dans tout le Royaume, que dans les Contrats & Obligations que les Notaires reçoivent, ils fe mettent & fe conftituent ftipulans & acceptans pour ceux qui font abfens, & au profit de qui l'Acte fe paffe ; mais il faut toujours que celui pour lequel les Notaires ont ftipulé, ratifie l'Acte, ce qui fe fait en l'executant.

Il nous refte encore quelques queftions touchant les fonctions des Notaires, que nous allons examiner.

1°. On demande : *Si un Notaire peut être contraint par des Parties, de recevoir un Acte.* On tient qu'on peut contraindre un Notaire de recevoir un Acte, pourvû qu'il ne foit point contre les bonnes mœurs ; & contre la difpofition des Loix. La raifon eft, qu'il eft perfonne publique, & qu'il étoit en fon pouvoir d'accepter ou de refufer l'Office & état de Notaire ; mais fitôt qu'il l'a une fois accepté, & qu'il en eft revêtu, il ne lui eft pas permis de refufer fon miniftere à ceux qui en ont befoin. Il doit faire les fonctions de fa Charge pour tous ceux qui l'en requierent, fans acception de perfonne.

2°. On demande : *Si un Notaire peut obliger ceux qui ont paffé un Acte chez lui, d'en rétirer l'Expédition.* Il a été jugé qu'il ne le pouvoit pas. Papon, livre 4, titre 14, nombre 15, remarque un Arrêt du Parlement de Paris du 14 Octobre 1550, qui l'a jugé ainfi. Néanmoins, fi une Partie avoit donné charge à un

K ij

Notaire de faire mettre en grosse un Contrat, il pourroit la contraindre de la lever.

3°. On demande : *Si les Notaires peuvent changer le stile ordinaire des Actes.* Les Docteurs décident qu'ils ne peuvent changer les clauses qui résultent de la Coutume, mais qu'ils peuvent changer les termes du stile ordinaire, quand le changement des termes ne répugne point au Droit Commun, & ne diminue en rien l'intention des Parties.

4°. On demande : *Si un Notaire peut changer sa signature.* Il ne le peut, si ce n'est de l'autorité du Juge, & pour cause raisonnable. En l'année 1689 ou 1690, M. de Troyes, Notaire au Châtelet de Paris, étant tombé en apoplexie & paralysie, demeura perclus de la main droite, & ne se défit point de sa Charge, qu'il exerça depuis pendant plusieurs années. Il signoit les Actes, Minutes & Expéditions de la main gauche, & faisoit mention qu'il signoit de la main gauche, attendu son infirmité ; suivant ce que nous venons de dire, la permission lui en avoit été accordée par le Juge.

5°. On demande : *Si un Notaire qui s'est servi d'un seing & paraphe, depuis qu'il est en Charge, est en droit de faire défendre à un autre Notaire de se servir du même seing & paraphe.* Chassanée, dans son Catalogue, *Gloriæ mundi*, part. 7, concluf. 33, tient qu'il le peut, à cause des inconveniens & des suppositions qui pourroient arriver, si deux Notaires se servoient du même seing & paraphe.

6°. On demande : *Si deux Notaires peuvent être associés ensemble pour les fonctions de leurs Charges.* Il paroît qu'il y a des inconveniens à cela ; cependant, à Paris nous avons vû plusieurs Notaires associés ensemble, entr'autres, M. Savalette avec M. de la Leu ; M. le Fevre & M. de la Balle, Notaires, Associés ensemble.

CHAPITRE XVII.

*Si un Notaire qui a caufé la nullité d'un Acte,
eſt reſponſable du dommage qu'il a caufé
à un des Contractans.*

UN Notaire eſt toujours tenu des dommages & intérêts
qu'il a caufés à un des Contractans, lorſqu'il y a dol de
fa part, ou une lourde faute, parce que la lourde faute eſt com-
parée au dol. Filleau, partie 4, queſtion 169, rapporte un Arrêt
du 15 Février 1590, qui a jugé qu'un Notaire qui avoit follicité
un tiers d'acquerir une maiſon d'un Particulier, qu'il ſçavoit être
fourbe & mauvais Vendeur, & n'avoir pas moyen de garantir ſes
faits & promeſſes, étoit tenu des dommages & intérêts de l'Acquereur évincé.

Mais, on demande : *Si un Notaire qui auroit caufé la nullité
d'un Acte, par ſon ignorance ou par ſa négligence, pourroit être
pourſuivi par les Parties intereſſées, pour leurs dommages & intérêts.*
La Juriſprudence n'a jamais été fort aſſurée ſur ce point. M.
Louet, lettre N. chapitre 9, remarque des Arrêts des années
1595, 1599, & 1604, par leſquels des Particuliers ont été dé-
boutés de leurs demandes contre des Notaires. Brodeau ſur
M. Louet, au lieu cité, rapporte un Arrêt du 16 Février
1617, par lequel, ſur une ſommation faite à un Notaire qui
avoit omis des formalités eſſentielles à un Teſtament, en conſéquence de quoi le Teſtament avoit été caſſé, la Cour mit
les Parties hors de Cour & de Procès.

M. Bougier, en ſes Arrêts, lettre N. chapitre 3, en rapporte
un autre du 21 Janvier 1605, qui l'a jugé de même à l'occaſion
d'un Teſtament qui avoit été caſſé, faute par le Notaire d'a-
voir mis ce mot, *relû*. Il en rapporte un autre, rendu en la
Chambre de l'Edit l'an 1610, par lequel un Notaire fut auſſi
renvoyé abſous de la demande à lui faite, quoique par ſa faute
un Teſtament eût été caſſé, parce qu'il ne l'avoit ſigné que deux
jours après la mort du Teſtateur.

Papon, livre 2, titre 8, nombre 9, remarque, qu'un Notaire ayant reçu une Procuration pour réſigner un Bénéfice,

fous la réferve d'une penfion, & étant accufé de faux, pour avoir
dépêché à Rome, & obtenu des Bulles, fans parler de la penfion réfervée, a été déchargé par Arrêt du Parlement de Bordeaux, en datte du 27 Mars 1520, telle omiffion étant pré-
fumée faite par inadvertance, plutôt que par dol.

Cette queftion s'eft préfentée en la Grand'Chambre le 7 Mars
1684; Sçavoir: *Si un Notaire qui avoit paffé un Contrat, dans lequel*
il avoit donné à la perfonne qui avoit contracté, la qualité de femme
autorifée par Juftice en vertu d'Arrêt, cet Arrêt d'autorifation ne s'é-
tant pas trouvé véritable, le Notaire devoit être tenu de la validité de
l'Acte.

Le Notaire fut affigné à cet effet; mais par Arrêt rapporté dans
le quatriéme tome du Journal des Audiences, livre 7, chapitre
4, il fut renvoyé abfous, quoiqu'on lui objectât avec raifon, qu'il
avoit dû attacher l'Arrêt qu'on lui avoit apporté, à la minute de
l'Obligation, comme il auroit fait une Procuration. *Voyez* les
Chartes des Notaires, chap. 19.

Il eft vrai qu'à la rigueur les Notaires devroient être refponfables des dommages & interêts des Parties, pour raifon des Actes
qui font caffés & infirmés par leur faute.

Mais à moins qu'il n'y ait des circonftances aggravantes contre les Notaires, la Cour favorife ordinairement leur caufe à cet
égard; confiderant que s'ils pouvoient être pourfuivis pour dommages & interêts, en conféquence des nullités qu'ils pourroient
faire dans les Actes, il n'y a pas un Notaire à qui ce malheur ne
pût arriver par inadvertance; ce qui cauferoit la perte de fes biens
& de fa famille; & fuivant M. Louet, lettre N. fommaire 9, il
n'y a point de recours de garantie contre un Notaire, quand on
ne peut lui imputer que fon imperitie.

D'ailleurs, on peut dire qu'il y a auffi de la faute de ceux qui
paffent des Actes devant un Notaire qui ne fçait pas fa Profeffion,
& qu'on doit au moins, quand on n'eft pas le maître de faire autrement, fe faire aider de confeils de gens habiles, qui veillent
à nos interêts, & prennent garde fi un Acte eft revêtu de toutes
fes formes.

C'eft par ces raifons qu'on déchargeoit autrefois les Notaires
des dommages & interêts qui étoient requis & demandés contre
eux, pour avoir dans les Contrats des femmes, omis d'inferer la
renonciation au Senatufconfulte Velléïen.

Néanmoins, pour les grands & fréquens inconveniens qui
arrivoient à ce fujet, les derniers Arrêts chargerent les Notaires

de la mettre, à peine de répondre en leur nom des dommages
& interêts des Parties. Enfin, par un autre Arrêt du 28 Juillet
1604, la Cour leur enjoignit de folliciter l'obtention & vérification d'une Déclaration du Roi, pour l'abolition de cette Jurifprudence du Senatufconfulte Velleïen. Ainfi, par Edit du Roi,
Henry IV. au mois d'Août 1607, il fut défendu aux Notaires
d'inferer à l'avenir les renonciations au bénéfice de ce Senatufconfulte ; ordonnant au furplus, que les femmes feroient bien &
dûement obligées fans ces renonciations.

Il n'y a pas de doute que les Notaires ne doivent point être
tenus des dommages & interêts des Parties, quand la nullité
de leurs Actes provient de la difpofition du Droit & des Coutumes, pourvû qu'il n'y ait point de dol ni de faute fi lourde,
qu'elle foit inexcufable, & mérite de paffer pour dol ; mais ils
doivent être tenus des dommages & interêts des Parties, quand
la nullité de leurs Actes provient de ce qu'ils auroient fait quelque chofe contraire aux Ordonnances. Rebuffe fur les Ordonnances, tit. de litter. Obligat. art. 4, dit : Si Notarius in Teftamento
folemnitatem omiferit, falfi pœnâ puniri debet, conformément à la
Loi, Jubemus, C. de Teftamentis.

En effet, fi l'Ordonnance a prefcrit aux Notaires précifément
d'obferver une formalité dans les Actes qu'ils paffent, ils font
tenus de l'obferver, à peine des dommages & interêts des Parties,
parce qu'ils ne peuvent être excufés d'ignorer, ou de ne pas obferver les Ordonnances qui concernent principalement leurs
fonctions.

A l'égard du fait d'autrui, ils n'en font point tenus. Ainfi, les
Notaires ne font pas garans de la vérité des faits, ni des Actes mis
en avant, ou produits par l'une des Parties, pourvû qu'il n'y ait
point de fraude de leur part. C'eft fur ce fondement qu'il a été
jugé par l'Arrêt rapporté ci-deffus, qu'un Notaire qui avoit paffé
un contrat d'une femme, comme autorifée par Juftice, en vertu
d'un Arrêt qui n'étoit pas véritable, n'étoit pas tenu en fon nom
de la validité de l'Acte.

On demande : Si les Notaires font refponfables des Actes qu'ils
paffent pour les Interdits. Un nommé du Vouldy avoit été interdit
par l'avis de fa mere & de fes parens, par Sentence du Châtelet,
l'an 1649, fignifié à tous les Notaires en particulier ; & en conféquence il avoit été infcrit dans le Tableau des Interdits. L'an
1655, on proceda au partage des biens du pere, fous l'autorité
d'un Curateur pour lui. L'an 1659, il vendit une rente fur l'Hôtel

de Ville, qui lui étoit échuë par son partage, à un Marchand, pardevant Motels, Notaire au Châtelet, lequel n'avoit pas pris garde que ledit du Vouldy avoit procédé au partage sous l'autorité d'un Curateur. Deux mois après le Contrat, ce Marchand voulut se faire immatriculer à l'Hôtel de Ville, pour recevoir le quartier de la rente qu'il avoit achetée. Il trouva opposition de la part des parens de son Vendeur.

Il poursuivit les heritiers de du Vouldy, soutenant que son Contrat étoit bon, à cause de sa bonne foi, parce que dans l'intervale du Vouldy étoit décedé, & en même-tems le Marchand somma le Notaire en garantie, parce qu'il devoit sçavoir que le Vendeur étoit interdit, & ne devoit passer aucun Acte, sans l'autorité de son Curateur & avis de ses parens.

La Cour, par son Arrêt du 17 Janvier 1662, rapporté au tome 2 du Journal des Audiences, liv. 4, chap. 42, condamna le Notaire à indemniser le Marchand, conformément à la Sentence des Requêtes du Palais, de laquelle avoit été interjetté appel. Il y a eu depuis plusieurs Arrêts qui ont déchargé les Notaires en pareil cas, quoique les Contrats ayent été déclarés nuls. Mais cette question dépend des circonstances.

Nonobstant cet Arrêt, il faut tenir pour principe certain, qu'un Notaire n'est pas tenu de faire valoir l'Obligation qu'il a passée d'une personne interdite; un Notaire n'est garant des Contrats qu'il reçoit, que quand la nullité des Actes provient de son dol ou de sa lourde faute. Dans l'espece dudit Arrêt, il y avoit de la part du Notaire une très-grande faute, en ce que par l'extrait du partage, il paroissoit que le Notaire avoit sçu que du Vouldy étoit interdit, puisque le partage entier lui avoit été communiqué pour en faire l'extrait.

Ainsi, il faut dire que dans la these generale, un Notaire n'est point tenu de la nullité de l'Acte, qui provient de l'interdiction d'un des Contractans. C'est à celui qui contracte avec quelqu'un, à en sçavoir l'état & la condition; ce n'est pas le fait du Notaire qui reçoit l'Acte: *Nemo debet esse ignarus conditionis ejus, cum quo contrahit; L. 19, ff. de Regul. Juris.* Un Notaire n'est pas obligé de consulter à chaque Contrat qu'il passe le Tableau des Interdits, cela même l'exposeroit à quantité de querelles & d'inconvéniens. D'ailleurs, un Notaire seroit bien à plaindre s'il y étoit astraint, & il n'y a point de Notaire, si exact qu'il soit, à qui un manque d'attention sur un tel fait ne pût arriver, & qui ne fût au hazard d'être ruiné, s'il étoit responsable de la nullité des Contrats

qui

qui pourroit provenir de l'interdiction d'un des Contractans.

Aussi la question s'étant présentée depuis, elle a été décidée en faveur des Notaires. Le sieur de Savigny, Notaire, étant en Procès pour raison d'un Contrat qu'il avoit passé pour un interdit, M. le Chancelier d'Aguesseau, alors Procureur Général, donna des conclusions, qui tendoient à la décharge dudit Notaire. Le Procès étoit au rapport de M. le Nain, Doyen du Parlement.

Depuis, le sieur Masson Notaire, ayant passé une Obligation pour la Dame d'Estouteville, quoiqu'interdite, fut assigné au Châtelet, à l'effet de répondre de ladite obligation, il y fut condamné par Sentence du 13 Septembre 1709; mais sur l'appel par lui interjetté de cette Sentence, Arrêt est intervenu en la cinquiéme Chambre des Enquêtes, le 3 Août 1718, qui l'en a déchargé.

Voici le prononcé dudit Arrêt : *LA COUR faisant droit sur l'appel de Masson, tant contre Moreau de Villers, que contre ladite du Vernay, met l'appellation & ce au néant; émendant, le renvoye absous des demandes contre lui formées en garantie par ledit Moreau & ladite du Vernay, tous dépens de la cause principale & d'appel entre eux compensés : Ordonne que les Reglemens de la Cour des 18 Mars 1614 & 23 Décembre 1621, feront exécutés; en conséquence, que les Jugemens d'interdiction feront publiés à l'Audience du Parc Civil du Châtelet, & à son de trompe & cri public par les carrefours & autres lieux accoutumés; & qu'en lieu éminent du Parc Civil du Châtelet, il y aura un Tableau contenant les noms & furnoms des Interdits, extraits de celui de la Chapelle de la Communauté des Notaires, duquel chacun d'eux aura autant en son Etude; que les noms & furnoms des Interdits feront ci-après, à la diligence & frais de ceux qui auront obtenu l'interdiction, ajoutés au Tableau dudit Parc Civil, & l'interdiction fignifiée à tous les Notaires, & par le Sergent qui en fera la fignification, le nom & furnom de l'Interdit inscrit au Tableau desdits Notaires, & le jour de ladite fignification & interdiction, pour y avoir recours, si besoin est. Enjoint au Substitut du Procureur Général du Roi, de veiller à l'entiere exécution desdits Reglemens des 18 Mars 1614 & 1621 : Ordonne qu'à sa diligence, le présent Arrêt sera lû & publié, l'Audience tenant; & que l'Arrêt de 1621, conformément à icelui, sera transcrit avec le présent Arrêt en un Tableau, qui sera aussi mis en la Chapelle des Notaires.*

Les heritiers d'un Notaire ne peuvent être recherchés que dans deux cas, pour fait de sa Charge, dont il seroit tenu s'il vivoit. Le premier est, s'ils avoient profité de quelque chose par rapport à la faute du Notaire, dont ils seroient heritiers. Le deu-

Tome I.   L

xiéme est, si la cause avoit été contestée avec le Notaire de son vivant. Ainsi jugé par Arrêt du Parlement de Grenoble du 25 Juin 1622. *Voyez* Basset, tome 1, livre 2, titre 14, chap. 2.

Brodeau sur M. Louet, lettre N. sommaire 9, nombre 4, rapporte un Arrêt par lequel la veuve d'un Notaire fut déchargée des poursuites contr'elle faites, pour garantir un Contrat reçu par son défunt mari, qui avoit été déclaré nul, pour n'avoir pas été signé des Parties & Témoins instrumentaires.

CHAPITRE XVIII.

Si un Notaire doit garder le secret sur les faits particuliers dont il a connoissance.

UN Notaire qui passe un Acte, ne peut jamais être obligé de déclarer un fait dont il a connoissance, quoiqu'il puisse nuire à l'un des Contractans. A l'exception de son propre fait, il n'est point garant de ce qui est dit dans le Contrat par lui reçu, d'autant qu'il est obligé de garder le secret des Parties. *Voyez* Chenu, centurie 2, questions 67 & 68.

Par Arrêts des 23 Décembre 1592 & 16 Juillet 1633, des Notaires du Châtelet ont été déchargés de la demande contre eux intentée, pour n'avoir pas déclaré en passant des Contrats de vente & de constitution, les dettes dont ils avoient passé les Actes auparavant. *Voyez* les Chartes des Notaires, chapitre 19, page 802.

Les Notaires sont obligés de garder le secret dans les affaires qui leur passent entre les mains.

En plusieurs rencontres, les Notaires du Châtelet de Paris ont été dispensés de porter témoignage, & déposer des choses concernant le fait de leur Charge, & de révéler le secret des Parties. De ce il y a eu Sentence du Châtelet, des 21 Octobre 1609, & 8 Janvier 1647, & Arrêts du Parlement des 7 Mars 1644, & 20 Août 1650. *Voyez* les Chartes des Notaires, chapitre 19, pages 810 & suiv.

CHAPITRE XIX.

Des Témoins qui interviennent aux Actes qui se passent pardevant Notaires.

UN Notaire ne peut recevoir seul un Acte, il doit le faire signer par un autre Notaire, ou par deux Témoins, qui sont appellés pour cette raison Témoins instrumentaires, en ce qu'ils témoignent de la vérité de l'Acte.

Guenois, en sa Conference, au §. 1 du titre des Notaires, dit avoir été ordonné par Arrêt du 2 May 1550, que le pere avec le fils, le frere avec le frere, l'oncle avec le neveu, & le beau-pere avec le gendre, ne pouvoient pas être admis pour Témoins dans un Contrat.

Il faut que les Témoins soient présens depuis le commencement de l'Acte jusqu'à la fin ; autrement l'Acte peut être attaqué de faux, quand même les Témoins signeroient, comme ayant été présens à tout l'Acte ; & le Notaire qui ne les appelle que lorsque l'Acte est écrit, ou après que les Parties ont signé, leur fait faire une fausseté, & en fait une lui-même, quand il déclare que cet Acte a été fait en présence de ces Témoins.

Il est de la derniere importance que les Témoins soient présens lors de la signature des Contractans, parce que leur présence est particulierement requise pour certifier la vérité de cette signature, & empêcher que le Notaire ne leur suppose la signature d'autres personnes, que de celles qui ont passé l'Acte.

C'est un des chefs exprimés dans un Arrêt du Parlement de Paris, rendu le 4 Septembre 1685. Ce même Arrêt conformément à l'Ordonnance, veut du moins qu'il y ait un des Témoins qui sçache signer, afin que le Notaire ne soit pas seul maître de l'Acte, surtout quand les Contractans ne sçavent pas signer eux-mêmes.

C'est cependant un abus très-grand & très-ordinaire, à l'égard des Actes passés par des Notaires de Campagne, qui soutiennent n'être pas obligés à cette exactitude, parce qu'ils ne peuvent, disent-ils, trouver de Témoins qui sçachent écrire.

Ils ont encore un abus plus grand, qui est de faire signer un Acte à un Témoin sans lui en faire la lecture : Néanmoins, aux

L ij

termes des Ordonnances, Arrêts & Reglemens, cette lecture de
l'Acte ne peut & ne doit être faite féparément & hors la préfence
des Contractans, parce que fans cela un Témoin ne peut valablement attefter qu'il a été prefent à l'Acte.

Le même Arrêt ordonne encore, que le Notaire ne pourra employer fes enfans ou Domeftiques, pour Témoins dans les Actes
qu'il recevra ; cependant, à la Campagne, le Témoin ordinaire
eft le Clerc du Notaire, quand il en a un, ce qui eft un abus.

Auffi le 2 Juillet 1708, eft intervenu Arrêt du Parlement de
Paris, qui fait défenfes à tous Notaires de fe fervir dans les Contrats, Actes & Teftamens qu'ils recevront, de Témoins qui
foient leurs Clercs, ni qui foient au-deffous de l'âge de vingt
ans accomplis, fous peine de faux & de nullité defdits Contrats,
Actes & Teftamens.

CHAPITRE XX.

*Si la prefence des Notaires ou des Témoins, à un Contrat
paffé par leur Débiteur, lorfqu'ils ne déclarent point le
droit d'hypoteque qu'ils ont, & n'en font point de réfervé,
leur nuit, & emporte une renonciation de leur part, à la
préference de l'hypoteque.*

ON peut dire, en faveur des Notaires, qu'ils font obligés au fecret, & que n'étant point Parties dans un Acte,
ils font tenus de recevoir les conventions des Parties, fans connoiffance de caufe. A l'égard des Témoins, on peut dire auffi,
que ce n'eft point à eux, qui ne font point Parties dans les Actes
aufquels ils interviennent, à examiner les conventions de ceux
qui contractent.

Cependant, on peut objecter au Notaire, qui a écrit & reçu
lui-même un Acte, que s'agiffant d'un fait qui le concerne, il a
dû déclarer fon hypoteque fur les biens de la Partie qui s'oblige
de nouveau, & que faute d'en avoir fait la déclaration & la réferve, il a renoncé à la priorité d'hypoteque qu'il avoit lui-même,
en faveur de celui au profit duquel le Contrat eft paffé. On peut
dire de même des Témoins, qui voyant que leur débiteur conftituoit une nouvelle hypoteque fur fes biens, ont dû déclarer la

leur , & en faire réserve , faute de quoi ils doivent être présumés avoir renoncé à l'antériorité de leur hypoteque.

Comme il seroit dur de faire une Loi générale de cette Maxime, on a restraint cette décision ; ensorte que la présence des Notaires ou des Témoins à un Contrat passé par leurs débiteurs (lorsque les Notaires ou les Témoins ne déclarent pas le droit d'hypoteque qu'ils ont , & qu'ils n'en font point de réserve) ne leur nuit , & n'emporte une renonciation de leur part à la préference de l'hypoteque, que quand il y a dol ou lourde faute de la part du Notaire ou des Témoins, ce. qui dépend des circonstances. •

Quand un Notaire reçoit un Contrat, dans lequel un Particulier déclare ses biens francs & quittes, le Notaire préjudicie à l'hypoteque qu'il a sur les biens de l'Obligé, faute d'avoir déclaré son hypoteque : Il en est de même, si celui qui constitueroit sur lui une rente , ou passeroit une obligation, déclarant ses biens francs & quittes, devoit quelque chose par un Contrat antérieur à un des Témoins, le créancier antérieur, qui seroit Témoin à un tel Acte, seroit déchu de son hypoteque par rapport à ce nouveau créancier, faute d'avoir déclaré son hypoteque , attendu qu'il paroît participant du dol & de la fraude de son débiteur: Il faut néanmoins observer que ceci est bien dangereux en Campagne ; où les Témoins n'ont presque jamais connoissance de ce qu'ils signent.

La présence d'un Notaire ou d'un Témoin leur peut être encore nuisible , quand on peut imputer à leur lourde faute l'omission qu'ils ont faite d'un droit à eux appartenant ; par exemple , quand il s'agit d'un droit particulier, espece particuliere d'un fond, d'un corps certain & désigné par le Contrat ; comme si je suis Témoin dans un Contrat de vente , que fait mon débiteur , d'un heritage qui m'est hypotequé , j'y perds certainement mon hypoteque. Anne Robert rapporte un Arrêt dans le cas d'une hypoteque spéciale, quoiqu'il n'y eût point la clause de garantie de toutes dettes & hypoteques.

Il faut dire pareillement, que si je suis Témoin dans un Contrat de vente qu'un autre fait d'un heritage à moi appartenant, j'y perds mon droit de propriété, à l'égard de cet Acquereur , ou si je suis Témoin dans un Contrat de constitution , dans lequel un homme hypoteque spécialement un heritage qui m'appartient , comme s'il lui appartenoit, l'hypoteque de ce créancier tient à mon préjudice.

Enfin, quand un Débiteur hypoteque spécialement un fonds à un nouveau créancier, lequel est déja hypotequé spécialement au Notaire ou à un des Témoins de l'Acte, leur silence les fait décheoir de l'antériorité d'hypoteque, par rapport au nouveau créancier, parce que cette désignation a dû leur faire déclarer le droit & l'hypoteque qu'ils avoient sur ce fond; il y en a Arrêt du 22 Janvier 1523. *Voyez* M. Louet & son Commentateur, lettre N. sommaire 6.

Mais quand le Débiteur hypoteque generalement tous ses biens, la presence du Notaire ou du Témoin, leur créancier, ne doit point leur être préjudiciable. D'où il faut conclure, que hors le cas du dol ou de la lourde faute, la présence & la signature à un Contrat ne nuit point au Notaire ni aux Témoins: Aussi par Arrêt du Parlement de Toulouse, du 10 Juin 1626, rapporté par Cambolas, liv. 5, chap. 25, il a été jugé, que quand un Témoin signoit un Acte, il n'étoit pas censé se départir de son hypoteque.

Il faut conclure aussi, que lorsqu'un Particulier, créancier d'un futur époux, assiste par honneur & par office d'amitié au Contrat de mariage, sa presence & sa signature ne lui peuvent pas nuire, & l'empêcher de prétendre préference d'hypoteque pour sa dette, au préjudice des conventions matrimoniales de la future épouse; parce que, pourvû qu'il n'y ait pas de clause expresse, que les biens du futur époux sont francs & quittes, on ne peut pas dire que ce Témoin ait renoncé à son hypoteque, sous prétexte qu'il a consenti à une autre. D'ailleurs, on ne peut, en ce cas, objecter aucun dol ni lourde faute au Témoin qui a signé un tel Contrat de mariage par honneur, & en qualité d'ami ou de parent.

C'est ce qui a été jugé par Arrêt du premier Mars 1611, qui débouta la femme de la préference d'hypoteque qu'elle demandoit contre un créancier de son mari, qui avoit signé comme Témoin à son Contrat de mariage.

La même chose a lieu quand ce créancier est frere, ou autre proche parent du futur époux, comme il a été jugé par Arrêt du 15 Juillet 1602, rapporté par Bouguier, lettre H. nomb. 18. On cite un autre Arrêt du 8 Mars 1623, rendu contre Rollet, Procureur, qui a jugé la même chose. On rapporte encore un autre Arrêt du 25 Juin 1632, qui a jugé la question en faveur de celui qui avoit assisté & signé au Contrat de mariage de son parent, comme porteur de la procuration de la mere du futur époux.

Mais il faut dire le contraire, lorsqu'un créancier du futur époux signe au Contrat de mariage, auquel il y auroit la clause expresse, que les biens du futur époux font francs & quittes de toutes dettes; car alors le créancier présent & dénommé au Contrat de mariage, faute d'avoir déclaré fon hypoteque, ne pourroit prétendre antériorité d'hypoteque, au préjudice des conventions matrimoniales de la future épouse. C'est l'espece de l'Arrêt de Pelerin, rendu au mois de Septembre 1584, rapporté par Bouguier, lettre H. nombre 8. *Voyez* auffi M. le Prêtre, cent. 1, chap. 29.

Celui qui a figné dans un Acte autrement que comme Témoin ou Procureur, fans avoir été trompé, eft cenfé l'avoir approuvé, il ne pourroit plus ufer du retrait lignager du bien qui auroit été vendu par l'Acte où il a figné; il en eft de même du créancier, s'il a figné fans faire de réferve. Dumoulin fur l'art. 56 de l'ancienne Coutume, glofe 1, n. 25, traite ces queftions.

Il refte trois remarques à faire pour finir ce Chapitre.

La premiere eft, que quand on dit qu'un Notaire ou un Témoin nuit à fon hypoteque, en ne la déclarant pas dans un Acte par dol ou lourde faute; cela ne s'entend que par rapport au nouveau créancier, dont l'hypoteque, quoique pofterieure, doit être en ce cas, préferée à la leur; mais non pas par rapport à tous les autres créanciers.

La deuxiéme, que quand on dit dans les cas ci-deffus propofés, que la préfence nuit aux Notaires & aux Témoins, cela n'a lieu que quand ils ont connoiffance de ce qui étoit porté dans l'Acte: Ainfi, comme aujourd'hui ceux qui affiftent aux Contrats de mariage par honneur, les fignent fans en avoir entendu la lecture, fi un créancier du futur époux figne le Contrat de mariage, auquel il y auroit la claufe expreffe, que les biens du futur époux font francs & quittes de toutes dettes, ce créancier ne devroit pas être déchû de fon hypoteque, pour avoir figné comme Témoin un tel Contrat:

La troifiéme, qu'un Notaire qui paffe un Acte, n'eft en aucune maniere obligé de déclarer les hypoteques que le débiteur pourroit avoir conftituées par d'autres Actes paffés pardevant lui; on peut dire même au contraire, qu'il eft obligé de garder le fecret. Ainfi, un créancier à qui un débiteur a déclaré dans un Acte fes biens francs & quittes, ne peut avoir aucune action contre le Notaire, quand bien même ce Notaire auroit reçu précedemment plufieurs autres Contrats de conftitution de rente fur les biens du débiteur, n'étant pas obligé d'en rendre compte, comme nous l'avons dit ci-deffus.

CHAPITRE XXI.

Des Minutes des Actes qui se passent pardevant Notaires.

M<small>INUTE</small>, est l'original des Actes qui se passent chez les Notaires, ou des Jugemens sur quoi on délivre des Grosses ou Expeditions. Les Minutes doivent être signées des Parties & des Notaires, quand ce sont des minutes de Contrats, ou par les Juges, quand ce sont des minutes de Jugemens.

Le Roi Louis XII. par son Ordonnance à Lyon au mois de Juin 1610, Article 65, enjoint à tous Notaires & Tabellions de faire bons & suffisans registres & protocoles des Contrats & Actes par eux reçus & passés, & de les mettre par ordre selon la priorité & posteriorité, afin que si on en avoit besoin, on pût avoir recours au protocole ou registre. A quoi sont conformes les Ordonnances du Roi François I. du mois d'Octobre 1535, chap. 29, art. 6, & celle du mois d'Août 1539, art. 161.

Dans l'article 7 de cette derniere Ordonnance, il est dit: Que dans les registres & protocoles seront mises & inserées tout au long les minutes des Contrats, & qu'à la fin de l'insertion, sera mis le seing des Notaires qui auront reçu les Contrats.

L'Article 175 porte: Que s'il y a deux Notaires pour la réception d'un Contrat ou d'un Testament, sera mis & écrit au bas dudit Testament ou Contrat, & signé des deux Notaires, le nom de celui ès livres duquel aura été enregistré le Contrat ou Testament, pour y avoir recours quand on en aura besoin.

L'Ordonnance du même Roi François I. à Yz-sur-Tille, du mois d'Octobre 1535, chapitre 19, article 8, ordonne aux Notaires de ne rien laisser en blanc dans les minutes, sans y faire apostille en marge ni en tête, & interlinéature, ni qu'ils puissent y laisser aucun blanc entre lignes; que s'il est nécessaire d'en faire, ils les mettent à la fin du Contrat, avant qu'il soit signé par les Parties; & par ce même article, il est ordonné que la signature soit mise si près de la lettre, qu'on n'y puisse rien ajouter.

Néanmoins, quand il y a quelque chose à ajouter à un Contrat

trat en quelque endroit, on l'écrit à la marge avec un renvoi, &
on le fait parapher par les Parties & les Notaires; & si c'étoit quelque clause qui fût trop longue, on en feroit un renvoi à la fin de
l'acte.

Si dans le corps du Contrat il a été nécessaire de faire quelque
rature de quelques mots, ou de quelques lignes, il faut en faire
un renvoi à la marge, & le déclarer, & faire mention que les
Parties ont approuvé la rature de tant de lignes ou mots, & leur
faire parapher, afin qu'aucune des Parties ne s'en puisse plaindre.

Boniface, en ses Arrêts, tome 1, partie 1, livre 1, titre 20,
nombre 12, rapporte un Arrêt de la Cour des Aydes de Provence, par lequel Puget, Notaire de Gordes, fut condamné à l'a-
mende envers le Roi & envers la Partie, & aux dépens du Procès, pour avoir laissé un feuillet blanc dans ses regîtres.

Le même Auteur, tome 5, livre 3, titre 2, chap. 13, rapporte
un Arrêt rendu au Parlement de Provence le 30 Septembre 1685,
qui jugea qu'un Notaire pouvoit être poursuivi extraordinairement comme faussaire, pour avoir laissé dans ses regîtres des
Actes imparfaits, & des feuillets blancs.

La raison pour laquelle il est enjoint aux Notaires de faire des
regîtres, est pour empêcher les antidates qui se pourroient faire
au préjudice du droit d'un tiers. Par exemple, un homme oberé
de dettes, pourroit par des antidates, tromper ses légitimes créanciers, en passant sous le nom d'un ami, & à son profit, des Obligations, où même des Contrats de constitution de rente, antérieurs à tous ses créanciers.

La Coutume de Bourbonnois, en l'art. 78, oblige les Notaires
de faire protocoles & regîtres des Lettres perpetuelles par eux
reçues. Par Lettres perpétuelles on entend Testamens, Contrats
de mariage, Constitutions de rentes, ventes, donations, échanges & autres Contrats tranflatifs de proprieté, & non pas les obligations, quittances, louages & autres Actes semblables, dont
souvent on ne fait point de minute.

Il est bon, avant de finir ce Chapitre, de faire les observations
suivantes.

I. A présent les Notaires, principalement à Paris, ne font point
faire de regîtres de leurs minutes, comme ils faisoient autrefois;
mais ils en font des liasses par mois, qu'ils enferment dans des
boëtes, pour y avoir recours en cas de besoin, & pour pouvoir
plus facilement produire les minutes en Justice, soit en cas d'inscription en faux, ou pour autre cause.

II. Il n'eſt pas permis aux Notaires de mettre , par convention faite entr'eux , leurs minutes dans un Bureau particulier, à l'effet que les émolumens ſoient communs ; car telle convention tend au monopole, & eſt contre l'autorité publique. *Voyez* Albert, *verbo*, Notaire , article 1 , & Mornac, *ad legem quod autem* 53 , *ff. pro ſocio*.

III. Si les minutes d'un Notaire avoient été pillées ou brûlées, il pourroit obliger les Parties , par Ordonnance du Juge , à lui communiquer les Expeditions qu'il leur en auroit délivrées, pour refaire de nouvelles minutes ſur ces Expeditions. Cela a été introduit pour la ſureté des Parties entr'elles; mais les Notaires n'ont pas ce droit.

IV. Si par accident un Notaire avoit perdu une minute de quelqu'Acte , & qu'il ſçût de quelle maniere ſa minute lui a été enlevée, il pourroit ſe pourvoir contre ceux qu'il ſçauroit la lui retenir , & faire dépoſer les Témoins qui auroient été preſens quand l'Acte a été paſſé ; leurs dépoſitions jointes à la déclaration de ceux qui ont paſſé l'Acte , juſtifieroïent de la verité dudit Acte, & de ſa forme.

V. Si la minute & l'expedition d'un Acte ſe trouvoient différentes , on doit préſumer pour la verité de la minute. C'eſt ce qui a été jugé par Arrêt du Parlement de Paris , rapporté par Charondas ſur le Code Henry , au titre du Crime de faux. *Voyez* M. Bornier dans ſon Commentaire ſur l'Ordonnance de 1670 , titre 9 , article 9.

La raiſon eſt , que la minute eſt originale , & faite en préſence des Parties ; mais la groſſe & l'expedition eſt une énonciation de ce qui eſt porté par la minute. Outre que la Groſſe où l'expedition peut quelquefois par erreur ou vice de Clerc ſe trouver différente ; ce qui ne doit & ne peut donner atteinte à ce qui eſt dans la minute : Ainſi , ce qui eſt autrement dans la groſſe que dans la minute paſſe pour une fauſſeté , & ſi on produiſoit une groſſe d'un Acte, dont la minute ne ſe trouvât pas chez le Notaire, elle ne pourroit pas valoir , & la groſſe , en ce cas , ſeroit ſuſpecte de faux.

CHAPITRE XXII.

De quels Actes les Notaires sont tenus de garder Minutes.

LE s Notaires sont obligés de garder minutes, 1°. Des Contrats de mariage.

2°. Des Donations, des Dons mutuels, des Créations de Pensions viageres, qui se font par forme de don ou récompense, & généralement de tous les Actes dont la validité dépend de l'insinuation, & notamment des Renonciations à communauté ou à succession.

3°. Des Contrats de vente de maisons & d'heritages en forme de licitation & de transports de droits successifs, qui font aussi sujets à l'insinuation, avec cette différence des précedens, que l'insinuation de ces derniers Actes ne regarde que le Traitant qui doit faire ses diligences pour être payé de son droit ; mais que le défaut d'insinuation des premiers Actes ne les empêche pas d'être valables.

A l'égard des Contrats de constitution, il convient d'en garder des minutes ; cependant rien n'empêche que les Notaires qui les passent, ne les délivrent en brevet aux créanciers, en en faisant mention.

4°. Les Notaires gardent minute des Testamens, quand ils vont les passer chez les Particuliers. Ils gardent aussi ordinairement minute de tous ceux qu'ils passent dans leurs Etudes ; mais quelquefois un homme en santé vient passer son Testament chez un Notaire, & désire l'avoir en original ; en ce cas on le lui délivre, & on fait mention à la fin du Testament, qu'à la réquisition du Testateur, on lui a délivré son Testament original, dont il n'est point resté de minute.

5°. Les Notaires gardent minute des Partages ; mais quelquefois les Parties les font doubles, sous seing privé, & ne viennent que simplement les reconnoître pardevant Notaires ; mais alors il faut qu'ils soient écrits sur du papier timbré de la formule des Notaires, & qu'ils soient contrôlés ; & en ce cas on leur délivre, en faisant mention que le partage a été passé double ou triple, &c.

6°. Les Notaires gardent minute des Transactions, parce

qu'ordinairement dans ces fortes d'Actes, les interêts des Parties font respectifs; outre que les Transactions terminent ordinairement des Procès, dans lefquels il eft intervenu ou des Arrêts ou des Sentences, dont il refte minute aux Greffes; & par conféquent, il faut garder auffi minute des Actes qui les détruifent, ou qui y dérogent.

7°. Les Notaires doivent garder minute de tous les Actes qui portent main-levée des faifies faites fur les Payeurs des Rentes de l'Hôtel de Ville, parce que quand il y a une faifie, les Payeurs ne payent point qu'en conféquence d'une main-levée, dont il y ait minute; ils exigent auffi qu'il y ait minute des autres Actes dont on leur fournit copies ou extraits.

8°. Ils doivent auffi garder minute de tous Actes qui portent main-levée de faifies-réelles, d'oppofitions formées aux hypoteques ou au Sceau des Charges, parce qu'il faut, en vertu de la main-levée, obtenir la radiation defdites faifies ou oppofitions.

9°. Ils doivent garder minute des Actes d'acceptation ou de renonciation à la communauté, attendu qu'ils font d'une très-grande importance, ainfi qu'il a été jugé par un Arrêt de Réglement du 14 Février 1701, intervenu dans la premiere caufe du rôle de Paris, fur l'appel interjetté par Louife Taine, veuve du Commiffaire Gourby, des Sentences rendues au Châtelet les 27 Avril & 22 May 1700, contre la Damoifelle Gourby fa fille. M. le Lieutenant Civil en avoit fait un Reglement pour le Châtelet, & les Juftices de fon reffort; mais par le fufdit Arrêt de Réglement, il fut enjoint aux Greffiers & Notaires qui recevroient à l'avenir des Actes d'acceptations & renonciations à la communauté, d'en garder les minutes, & il leur fut fait défenfes de les délivrer en brevet aux Parties.

Enfin, les Notaires doivent garder minutes de tous les Actes fynallagmatiques, c'eft-à-dire, qui contiennent une obligation réciproque entre les Parties; & s'il arrive que ces Actes étant fimples de leur nature, les Parties fouhaîtent qu'il n'y en refte point de minute, le Notaire doit déclarer à la fin de l'Acte, que du confentement d'une telle Partie, il a été délivré l'Acte en original à l'autre, lefdites Parties n'ayant défiré qu'il en fût gardé minute.

Me. Charles Dumoulin, fur l'article 4 de l'Edit des petites Dattes, obferve que Louis XII. ordonna aux Notaires de garder les minutes, ce qui ne s'obfervoit point, dit-il, auparavant.

On demande : *Si les Notaires doivent retenir des minutes des Tranfports, des Quittances, Procurations & Obligations.*

On ne garde pas ordinairement de minute d'un tranfport ; cependant fi un tranfport étoit caufé pour demeurer quitte par le cédant envers le ceffionnaire, d'une fomme contenue en une Sentence ou Arrêt ; ou autre Acte dont il y auroit minute ; en ce cas il en faudroit garder minute ; parce que ce tranfport ne doit pas feulement fervir au Ceffionnaire pour fe faire payer de la fomme qui y eft contenue ; mais il doit auffi fervir au cedant, pour demeurer quitte envers le Ceffionnaire de la fomme qu'il lui doit par Acte dont il y a minute.

Quant aux quittances fimples, c'eft-à-dire, qui ne portent point d'obligation, il n'eft pas néceffaire d'en garder minute, parce qu'il n'y a que l'Obligé qui en ait befoin pour juftifier les payemens par lui faits, toutefois & quantes qu'il fera requis, c'eftpourquoi il fuffit que la quittance des payemens qu'il fait, pour rentes ou autres fommes qu'il doit, lui foit expédiée & délivrée ; & fi c'eft une obligation qu'il acquitte, il en doit faire endoffer le payement fur la minute, & la groffe lui doit être renduë.

Pour ce qui eft des Procurations qui font faites pour la pourfuite des affaires, on n'en fait point de minute, parce qu'ordinairement on laiffe en blanc le nom du Procureur, qu'on remplit de celui qu'on veut, & qui accepte de faire ce qui eft contenu en la Procuration.

Cela s'obferve même pour les Procurations pour réfigner des Offices. La raifon eft, que comme on envoye fouvent des Procurations pour être exécutées dans un autre lieu, qui fe trouve quelquefois très-éloigné de celui où la Procuration eft faite, on ne fçait pas celui qui pourra faire le contenu en la Procuration, c'eft pourquoi il faut laiffer le nom en blanc, autrement on le rempliroit fouvent d'un autre que de celui qui accompliroit la Procuration ; ainfi la minute feroit remplie d'un nom, & la groffe d'un autre, ce qui feroit une efpece de fauffeté.

D'ailleurs, il importe peu qu'il y ait des minutes des Procurations, il fuffit que le Procureur faffe voir fon pouvoir à ceux qui y ont interêt, & que le Porteur agiffant & contractant en vertu d'icelle, on l'annexe à la minute de l'Acte que l'on paffe ; on ne peut point alleguer les nullités des Procurations à réfigner Offices, ni par le Collateur qui a admis la réfignation, ni par celui, qui depuis auroit été par lui pourvû d'Office, pourvû qu'il apparoiffe de la volonté du Réfignant.

A l'égard des Procurations pour réfigner les Bénéfices, il faut que les Notaires en faffent & retiennent des minutes.

La raifon eft, que l'Ordonnance de 1510, article 4, dit qu'il doit être fait regiftre, non-feulement des Procurations pour réfigner les Bénéfices, mais auffi du tems qu'elles auront été délivrées, combien de fois, & à quelles perfonnes. Il en eft de même des démiffions des Bénéfices, & de prefque tous les Actes qui les concernent, ainfi que nous dirons ci-après, en traitant des Notaires Apoftoliques, & des Actes de matiere Bénéficiale.

Pour ce qui eft des obligations fimples, il n'eft pas néceffaire d'en faire minute, ni qu'elles demeurent dans les regiftres des Notaires, afin que le débiteur s'étant acquitté, & l'obligation lui ayant été rendue par celui à qui il devoit, on ne puiffe plus lever de groffes de l'obligation; mais cela dépend de la volonté des Parties; & au cas qu'il n'y ait point de minute de l'obligation, l'obligation étant paffée & fignée par les Parties & par les Notaires, doit être délivrée au créancier.

CHAPITRE XXIII.

A qui les Notaires font obligés de communiquer leurs Minutes.

LEs Notaires ne font obligés de communiquer leurs minutes, & de délivrer des expeditions des Actes qu'ils ont paffés, qu'aux Parties qui ont paffé lefdits Actes, ou qui y font dénommées, & qui par conféquent, ont un interêt direct d'en avoir communication.

L'Ordonnance de François I. au mois d'Août 1539, article 177, leur défend de les communiquer à d'autres qu'aux Contractans, à leurs heritiers & fucceffeurs, ou à tous autres qu'on connoîtroit y avoir interêt, à moins qu'il ne foit ordonné par Juftice: Car le Juge peut contraindre les Notaires qui font dans fa Jurifdiction, de communiquer leurs regiftres à ceux qui peuvent y avoir interêt, comme il a été jugé par Arrêt de l'an 1548, rapporté par Guenois fur cet article; & fi c'eft dans une autre

Jurifdiction, il faut obtenir des Lettres de Chancellerie en forme de Compulfoire, en vertu defquelles on fait commandement au Notaire qui a pardevers lui les Actes dont on veut avoir communication, ou dont on veut tirer copie, d'en repréfenter la minute, & d'en dreffer une copie, offrant de lui payer fes frais & falaires raifonnables; & en cas de refus, il faut lui faire donner affignation pardevant le Juge du lieu, pour l'y contraindre.

Quoique régulierement les Notaires ne foient pas obligés de communiquer leurs Minutes à ceux qui n'ont pas parlé dans les Actes, & qui par conféquent ne paroiffent pas y avoir un intérêt perfonnel, il y a néanmoins des Actes dont ils font tenus de donner communication à de certaines perfonnes.

Le Roi Charles VII. par fon Ordonnance à Châlons du 12 Août 1445, article 25, oblige les Greffiers & Notaires de montrer leurs papiers, regiftres & protocoles efquels font enregiftrées les Caufes qui concernent le Procureur du Roi, par lefquels il pût prétendre des droits & des amendes.

L'Article fuivant porte, que les Notaires peuvent être contraints à prêter ferment, de dire & notifier aux Tréforiers de France tout ce qu'ils fçavent avoir été paffé par eux profitable ou préjudiciable au Roi ou aux Seigneurs, & déclarer tous les Contrats faits concernant les mouvances du Domaine, pour en avoir les ventes & les droits Seigneuriaux.

L'Ordonnance de François I. de l'an 1536, chap. 3, art. 5, enjoint aux Notaires d'exhiber leurs Contrats aux Seigneurs, aufquels feront dûs les droits de ventes, fur peine de payer eux-mêmes la valeur d'iceux.

Le 7 Septembre 1701, eft intervenu un Reglement de la Cour, contre les Notaires, & autres perfonnes publiques qui reçoivent des Teftamens, qui les oblige d'en faire leur déclaration dans huitaine au Procureur General, lorfque lefdits Teftamens contiendront legs, aumônes, donations, fondations & difpofitions au profit des Hôpitaux, Eglifes, Communautés, Prifonniers & perfonnes qui font dans la néceffité.

On demande: *Si un Notaire peut être condamné à exhiber aux Parties intereffées, les Mémoires fur lefquels il auroit dreffé la minute de quelqu'Acte.* Il faut dire que non; comme il a été jugé dans l'efpece fuivante. Le Prevôt de Paris avoit ordonné que Cottereau Notaire, qui avoit reçu le Teftament de la femme d'Oronce, exhiberoit ou reprefenteroit le brouillard ou mémoire qui lui avoit été baillé pour drefler & expedier ledit Teftament. Cottereau Notaire, dit pour défenfes en caufe d'appel, qu'il avoit inferé & mis le contenu au mémoire en fon regiftre, lequel regiftre il eft tenu de garder, par l'Ordonnance de 1539, & exhiber quand befoin fera; mais quant au mémoire, qu'il ne l'avoit point gardé, alleguant auffi qu'il n'étoit pas tenu de le faire.

Par autre Arrêt du 21 Février 1558, la Cour mit l'appellation & ce au néant; émendant, ordonna que les Notaires feront tenus d'exhiber feulement leurs regiftres, fans qu'ils foient tenus de garder les mémoires & brouillons, fur lefquels ils ont dreffé leurs Actes. Biblioteque de Bouchel, *verbo*, *Notaire*.

Sur cela, il faut encore obferver qu'un Notaire ne peut jamais convenir qu'il a dreffé un Teftament fur un mémoire ou brouillon, puifqu'il faut que dans le Teftament il foit dit que le Teftateur a dicté mot à mot fa volonté aux Notaires qui ne font que l'écrire, à mefure qu'elle leur a été dictée par le Teftateur.

CHAPITRE XXIV.

Des Minutes des Notaires après leurs décès.

OU il n'y a pacte au contraire, les papiers d'un Notaire Royal décedé fuivent l'Office. Autre chofe eft du Notaire du Seigneur. Loyfeau, des Offices, livre 2, chapitre 6, nombres 12 & 13.

Les Minutes des Notaires Royaux, quand ils font décedés, appartiennent donc à celui qui eft fubrogé à l'Office & à la Pratique du défunt, à moins qu'il n'y ait convention au contraire; car il y a difference entre l'Office & la Pratique; quelquefois elle fe divife par la vente que l'on fait de l'Office à une perfonne, & de la Pratique à une autre.

Que fi l'Office de Notaire Royal étoit vendu, fans parler de la Pratique, elle appartiendroit à l'Acquereur de l'Office, parce que la Pratique eft une fuite & une dépendance naturelle de l'Office, à moins qu'on ne ftipule au contraire.

II

Il y a eu un Arrêt de Reglement du 4 Septembre 1632, rapporté dans le Journal du Palais, livre 8, qui a reglé la maniere de faire l'Inventaire des minutes d'un Notaire décedé, qui merite d'être inseré en cet endroit. Il a été rendu entre Claude Leroy & Claude Roger, Notaires au Châtelet de Paris; & Marie du Bois, veuve de Jean le Normand, aussi Notaire audit Châtelet.

LA COUR faisant droit sur les conclusions du Procureur General, ordonne, que les Inventaires des biens des Notaires déc. dés, seront écrits par l'un des deux Notaires appellés pour la confection des Inventaires, ou de la main du principal Clerc de celui qui devra avoir la minute, & non de l'une des Parties, quoique Notaires; que toutes les cottes, tant sur les pieces que minutes des Inventaires, seront de la main d'un desdits Notaires; & les minutes desdits Inventaires signées en l'Intitulation & la Préface, & à la fin d'iceux, par lesdits deux Notaires, & par les Parties, s'ils sçavent signer; ou sera fait mention de la cause pour laquelle elles n'auront pas signé; & que lorsque la Pratique d'un Notaire décedé sera mise en main d'autre Notaire, toutes les minutes lui seront délivrées par la veuve & heritiers, en presence de deux Notaires, dont ils conviendront, & vérifiées sur le répertoire du défunt; tous les Contrats & autres Actes contenus audit répertoire, cottés en marge d'icelui répertoire par nombre, depuis le premier jusqu'au dernier, & chacune page dudit répertoire paraphée, tant par lesdits Notaires, que par les Parties, & les blancs qui s'y trouveront remplis de traits de plume, en telle sorte qu'il ne puisse être rien ajouté au répertoire; sera ajouté à la fin dudit répertoire, de la main desdits Notaires, & fait mention par quelles personnes lesdites minutes dudit répertoire ont été representées; & au bas dudit répertoire, le Notaire qui recevra ladite Pratique & minutes, s'en chargera, & en baillera décharge valable ausdits heritiers pardevant lesdits deux Notaires.

Quant aux minutes des Notaires subalternes, elles n'appartiennent pas à celui qui leur succede dans la Charge, mais elles doivent être mises au Greffe pour y avoir recours.

Le 27 Juin 1716, a été rendu au rapport de M. Dreux, un Arrêt au Parlement de Paris, sur les Conclusions de Messieurs les Gens du Roi, servant de Reglement pour la sureté & conservation des pieces & minutes des Greffes & Notariats, dont voici le dispositif:

LA COUR ordonne, que les Procès, Informations, Procedures, Pieces déposées ès Greffes du Duché-Pairie de Luynes, Baugé, d'Ay-

renne, Houdan, Bonneſtable, Bauqueſne, Bonneuil, la Warde, Ger-
migny, Cloye, Parthay, Pré-Nouvellon, Brou, Chevreuſe, Mon-
fort, de Tours, Chaumont, de Noyers, de Lucheux, Marchenoir,
Fetteval, de Samblançay, Rochecorbon, Saint-Michel, Coulom-
miers, les Ecluſes, & de Craſſay, comme pareillement les Sentences, Actes, Liaſſes & Regiſtres deſdits Greffes qui ſont entre les
mains de perſonnes qui ont exercé leſdits Greffes, de leurs veuves, enfans & heritiers, ou ayans cauſe, ſeront mis entre les mains des
Greffiers actuellement en exercice, pour être le profit des expeditions
faites aux tems des anciens Greffiers hors d'exercice, partagé par
moitié entr'eux, & leurs heritiers & ayans cauſe, & les nouveaux
Greffiers actuellement en exercice, pendant dix ans ſeulement ; & à
l'égard des minutes des Contrats & autres Actes reçus par les Notaires deſdites Juſtices à préſent décedés, ou qui s'étoient démis de
leurs Offices, & dont les baux ſont expirés, & leſquelles minutes
paſſées du tems de leurs exercices ſont demeurées entre leurs mains,
ou entre celles de leurs heritiers ou ayans cauſe, ſeront auſſi remiſes
entre les mains des Notaires actuellement en charge, & dans l'exercice d'icelle, qui s'en chargeront au bas des répertoires, à la charge que l'émolument des groſſes qui en ſeront délivrées demeurera pour
les deux tiers à ceux qui en auront retenu les minutes, à leurs heritiers ou ayans cauſe ; & l'autre tiers aux Notaires actuellement en
charge, qui expedieront & qui ſigneront leſdites groſſes, à l'effet de
quoi ſeront faits des Inventaires ſommaires & ſéparés ſans frais,
par les Juges ordinaires des lieux, à la requête & en préſence des
Subſtituts de notre Procureur General & des Procureurs Fiſcaux
deſdites Juſtices, de tous & chacuns les Actes & pieces des exercices
des Charges de Greffiers & de Notaires, qui peuvent être en la
poſſeſſion des perſonnes non faiſant fonction de Greffiers & Notaires ; à la repreſentation deſdits Actes & pieces, ceux qui en
ſont ſaiſis ſeront contraints par toutes voyes dûes & raiſonnables,
même par corps, en vertu du preſent Arrêt, & ſans qu'il en ſoit
beſoin d'autre ; deſquels Inventaires ſommaires qui ſeront faits par
leſdits Juges, comme deſſus eſt dit, en ſera baillé copie à chaque
Partie intereſſée pour ce qui le pourra concerner, & à chaque Greffier & Notaire en exercice une autre copie, par rapport aux Pieces
& Actes dont on les chargera, demeurant au ſurplus les minutes
des Inventaires ſommaires aux Greffes deſdites Juſtices, pour y
avoir recours quand beſoin ſera ; ordonne en outre qu'à l'avenir à
chaque changement de Greffiers & de Notaires dans leſdites Juſtices, la même regle ſera ſuivie & pratiquée, & à quoi les Juges

affiſtés deſdits Subſtituts de notre Procureur General & Procureurs Fiſcaux, demeureront autoriſés en exécution du preſent Arrêt, ſans préjudice toutefois des baux faits, & qui pourront être faits à l'avenir, concernant les Charges des Notaires & Greffiers deſdites Juſtices, pour ce qui peut regarder la remiſe préfinie pour jouir des émolumens deſdites Charges, par rapport aux Fermiers en exercice deſdites Charges, & ſans qu'eſdits cas, ils puiſſent en vertu du Reglement ci-deſſus, faire proroger les tems de leurs jouiſſances, qui n'auront lieu que dans les cas où leſdits tems n'auront point été marqués & preſcrits par leſdits baux.

Ce Reglement étoit bien néceſſaire ; car auparavant les minutes des Tabellions & Greffiers des Seigneurs qui décedoient paſſoient entre les mains de leurs veuves & heritiers, ces minutes ſe perdoient, ou chacun s'en emparoit au préjudice du Public, & ſi un Acquereur avoit en ſa poſſeſſion la minute de ſon Contrat de vente, il étoit impoſſible à un Demandeur en déclaration d'hypoteque, de lui juſtifier ſon acquiſition ; avant le Reglement ci-deſſus cela cauſoit un déſordre bien commun dans les Bourgs & Villages.

CHAPITRE XXV.

Des Groſſes des Contrats.

GROSSE DE CONTRAT, eſt une expédition en parchemin d'un Contrat, qui eſt expediée par le Notaire qui en a la minute, & délivrée au profit de celui de qui le Contrat eſt paſſé ; laquelle groſſe eſt exécutoire ſur les biens du débiteur, après qu'elle a été ſcellée.

Le Notaire, qui délivre une Groſſe, en doit faire mention en marge de la minute.

L'Ordonnance de François I. à Villers-Cotterets, au mois d'Août 1539, article 178, veut que depuis que les Notaires ont délivré une fois la Groſſe des Contrats & Obligations, ils n'en puiſſent plus bailler, à moins qu'il ne ſoit ordonné par Juſtice, Parties ouies. Sur quoi il faut obſerver que ce terme, *Contrat*, dans cet article 178, ne doit s'entendre que des Contrats obligatoires, & non pas des autres Actes qui ne le ſont pas, comme les Inventaires.

Si la grosse d'un Contrat obligatoire étoit perdue, le créancier ne peut pas en lever une seconde grosse sur la minute, & le Notaire ne doit la délivrer que conformément à cette Ordonnance ; mais pour que le créancier fasse contraindre le Notaire à lui délivrer une seconde grosse, il faut qu'il fasse assigner à cet effet son Débiteur pardevant le Juge qui doit connoître de l'obligation, ou qu'il obtienne sur Requête la permission au Notaire de faire la délivrance d'une seconde grosse, ce qui équipole la Sentence. Si le Débiteur s'y oppose, alleguant pour moyens qu'il a payé le contenu en l'obligation ou Contrat, à la grosse duquel il se rapporte ; en ce cas, le Juge doit ordonner que le créancier fera preuve de la perte de son Contrat, & le Débiteur des payemens par lui faits, comme il a été jugé par Arrêt du 20 Juillet 1564, rapporté par Charondas en ses Réponses, livre 7, chap. 12.

Que si le Juge ordonne que le Notaire délivrera une seconde grosse au créancier, le créancier doit faire donner copie de la Sentence au Notaire, avec sommation de lui délivrer une seconde grosse.

Au cas qu'une seconde grosse soit délivrée, soit du consentement du Débiteur, ou par Ordonnance du Juge, le créancier n'aura son hypoteque sur les biens du Débiteur, que du jour de la délivrance de cette seconde grosse, quoique le créancier justifiât par des Témoins dignes de foi, que la premiere a été perdue, brûlée, prise, ou autrement.

La raison est, qu'il pourroit arriver que le contenu en l'obligation ou au Contrat auroit été acquitté par le Débiteur, & que les payemens auroient été endossés par le créancier, & que par intelligence entre le Créancier & le Débiteur, le créancier supposeroit que le Contrat auroit été perdu, par ce moyen, venir du jour de la passation d'icelui, & être préferé à tous autres créanciers posterieurs, légitimes & de bonne foi ; ce qui seroit une fraude, à quoi il a été trouvé très-équitable de remedier, les créanciers qui auroient véritablement perdu la premiere grosse de leurs Contrats, devant s'imputer à eux-mêmes leur faute & leur négligence.

Il seroit à souhaiter que les Notaires de la plupart des Provinces, eussent le même stile que ceux du Châtelet de Paris, pour l'expedition des grosses des Contrats & obligations, pour les mettre en forme ; c'est-à-dire, qu'ils commençassent par *A tous ceux, &c.* & qu'ils fissent mention, que c'est la premiere grosse qu'ils délivrent ; car au lieu de mettre le ftile tel qu'au Châtelet de Paris, ils ne mettent à la groffe autre chofe pour le ftile que ce qui eft dans la minute ; ainfi, l'on ne peut connoître fi c'eft une groffe ou une feconde expedition, ce qui peut caufer de grands inconveniens, & à quoi il feroit à propos de mettre ordre.

CHAPITRE XXVI.

Des Compulfoires.

COMPULSOIRE, eft une Commiffion décernée pour contraindre les Notaires, Greffiers, & autres perfonnes qui font dépofitaires d'Actes publics, de reprefenter les minutes ou autres Actes qu'ils ont entre leurs mains, pour en être délivré extraits, *Vidimus*, ou copies collationnées, Parties prefentes ou dûement appellées.

Cette Commiffion peut être décernée par Lettres de Chancellerie, fcellées du grand Sceau, par Lettres de Chancellerie près les Parlemens, par Arrêts ou Ordonnances de Cours fuperieures, & par Sentences ou Ordonnances de Cours inerieures.

Quand les Notaires, Greffiers, ou autres perfonnes, chez lefquelles on veut compulfer quelqu'Acte, font dans le détroit de la Jurifdiction où la conteftation eft pendante ; l'Arrêt, Sentence ou Ordonnance, émanée de cette Jurifdiction, fuffit pour compulfer. Quant au contraire ils font hors le détroit de cette Jurifdiction, il faut néceffairement une Ordonnance ou Pareatis de leur Superieur.

Lorfque les conteftations font pendantes au Confeil, on doit prendre des Lettres de Compulfoire au grand Sceau, lefquelles Lettres font exécutoires dans tout le Royaume, fans autre Commiffion, Ordonnance ou Pareatis.

Si les conteftations font pendantes en un Parlement ou autre Cour Souveraine, la permiffion de compulfer peut être obtenue par un Arrêt, ou par une Ordonnance fur Requête. Si c'eft par un Arrêt, l'Huiffier de cette Cour Souveraine, qui fera commis, pourra proceder audit Compulfoire, en vertu de cet Arrêt, fans qu'il foit fcellé, dans tout le détroit de cette Cour Souveraine ;

mais si on veut commettre un autre Huissier ou Sergent, il faudra faire sceller l'Arrêt, lequel sera pareillement exécuté dans tout le détroit de cette Cour Souveraine, dont il est émané.

Si le Compulsoire doit être fait hors le détroit de cette Cour Souveraine, il faut alors obtenir un Pareatis du grand Sceau, ou une permission des Juges des lieux, ce qui est fondé sur l'art. 6 du titre 27 de l'Ordonnance de 1667.

Lorsque la permission de compulser est obtenu par une Ordonnance de Cour Souveraine, sur Requête, il faut prendre une Commission en Chancellerie, ou des Lettres de Compulsoire, qui s'obtiennent sur le vû de l'Ordonnance; & ces Lettres de Chancellerie s'exécutent de la même maniere qu'un Arrêt scellé.

Enfin, si les contestations sont pendantes dans une Jurisdiction inferieure, on peut proceder au Compulsoire, en vertu d'une Commission de compulser, portée par Sentence ou Ordonnance, & ce dans tout le détroit de cette Jurisdiction, pourvû que les personnes que l'on veut contraindre à representer les Actes pour compulser, soient soumises à cette Jurisdiction.

Il est néanmoins plus avantageux de prendre en Chancellerie des Lettres de Compulsoire dans toutes sortes d'occasions, parce que la moindre contestation ou opposition donne lieu à un référé devant le Juge qui a décerné l'Ordonnance; ce qui cause de l'embarras, coute bien plus que des Lettres de Compulsoire prises en Chancellerie.

Les Commissions de Chancellerie pour compulser, sont pour l'ordinaire adressées à des Huissiers ou Sergens Royaux, lesquels, par les Lettres, sont commis pour proceder aux Compulsoires. Il y a néanmoins des occasions, où l'on commet des Baillifs ou Lieutenans Generaux, & cela, lorsqu'il s'agit de compulser des Actes de conséquence, pour en faire des Extraits & Descriptions exactes dans des matieres importantes.

Après avoir obtenu la Commission ou Ordonnance, portant permission de compulser, on la fait signifier à celui contre qui on veut s'en servir, ou à son Procureur, avec assignation à comparoir à certain jour & heure précise, au domicile d'un Greffier, ou en l'Etude d'un Notaire, pour de-là se transporter où besoin fera. On fait en même-tems un commandemenr à celui qui a les pieces, de les representer au jour de l'assignation, ce qui est conforme à la disposition de l'art. 1 du titre 12 de l'Ordonnance de 1667, qui abroge l'usage de donner les assignations, pour assister aux Compulſoires, extraits ou collations de pieces, aux portes des Egliſes, ou autres lieux publics, pour de-là ſe tranſporter ailleurs; enſorte qu'on eſt obligé de les donner pour comparoir au domicile d'un Greffier ou d'un Notaire, ſoit que les pieces qui doivent être compulſées, ſoient en leur poſſeſſion, ou en celle d'autres perſonnes.

Cependant, ſi un Bailly, un Lieutenant Général ou autre Juge étoit commis pour procéder à un Compulſoire, & faire un extrait de deſcription de pieces, il ne faudroit pas donner aſſignation chez un Greffier ou chez un Notaire; car il ne conviendroit pas que ce Juge ſe tranſportât chez eux; mais il faut en ce cas, donner l'aſſignation en l'Hôtel du Juge commis, pour de-là ſe tranſporter où beſoin ſera, ce qui n'eſt point contraire à l'Ordonnance, qui n'a eu en vûe que d'abroger l'uſage des aſſignations aux portes des Egliſes & autres lieux publics; & ſi elle a ordonné qu'elles ſeroient faites chez un Greffier ou chez un Notaire, ce n'eſt que dans le cas qu'un Huiſſier ou Sergent ſeroit commis, comme il eſt ordinaire; mais non pas quand un Juge ou autre Officier ſeroit commis.

En conſéquence de l'Aſſignation, les Parties doivent comparoir à l'heure marquée; mais en cas que l'une des Parties ſoit défaillante, le Procès-verbal de compulſoire ne doit commencer qu'une heure après l'échéance de l'Aſſignation, dont mention doit être faite dans le Procès-verbal, comme il eſt porté par l'art. 2 du même titre de l'Ordonnance de 1667.

L'heure étant expirée, ſi celui qui requiert le Compulſoire, ne comparoit, ni Procureur pour lui, il payera à la Partie, qui aura comparu, pour ſes dépens, dommages & interêts; la ſomme de vingt livres, & les frais de ſon voyage, s'il y échet, article 3.

Si c'eſt la Partie aſſignée qui eſt défaillante, on ne laiſſe pas de proceder au Compulſoire, tant en preſence qu'abſence, & pour cet effet, l'Huiſſier ou Sergent commis ſe tranſporte dans le lieu où il y doit être procedé, & il eſt fait un iteratif commandement à celui qui a les pieces, de les repreſenter pour en tirer les extraits & collations que beſoin ſera.

Si celui qui eſt chargé des pieces qu'on veut compulſer fait refus, on lui donne aſſignation pardevant le Juge ſaiſi du differend, pour dire les cauſes du refus, & ſe voir condamner aux dépens, dommages & interêts à cauſe du retard, & qu'à la repréſentation des pieces il ſera contraint par ſaiſie & exécution de ſes meubles.

S'il obéit, on procede au Procès-verbal de Compulsoire, & celui qui est commis pour le faire, doit faire recevoir les réquisitions des Parties, ou de leur Procureur, & faire une description exacte des regiftres, minutes, Grosses & autres Actes dont on fait le Compulsoire.

Si c'est un regiftre, il faut faire mention de quoi il est couvert, combien il y a de feuillets en tout, & comment la premiere page commence, combien il y a de feuillets écrits; il doit aussi mettre ce que contiennent les dernieres lignes, ensuite il doit examiner s'il n'y a point de feuillets déchirés, & faire mention en quelle page du regiftre il a extrait la copie qu'il en a tirée, si l'écriture est saine & entiere, si le regiftre est signé ou non, de qui il est signé.

A l'égard des minutes, il doit prendre garde s'il y a des ratures ou quelques autres défectuosités, & faire mention des signatures.

Quant aux grosses & Actes en parchemin, il doit prendre garde s'il n'y a point de défectuosités, comme des ratures, des interlignes, des renvois non paraphés, des signatures biffées, & quelque feuillet rompu & déchiré.

Outre le Procès-verbal, l'Officier commis met encore la collation sur les copies qu'il a tirées des Actes, & il datte lesdites copies de leur jour, en déclarant les avoir collationnées sur la minute de l'original, en vertu des Lettres de Compulsoire.

En délivrant le tout à la Partie, l'Officier qui a fait le Compulsoire, met au bas de son Procès-verbal, le reçu de l'argent qu'on lui a donné.

Si on compulse un Acte ou minute qui soit entre les mains d'un Notaire, le Notaire en fait une expedition ou copie en papier, & en represente l'original ou minute à l'Officier commis au Compulsoire, lequel collationne cette expedition ou copie, & en fait mention au pied de l'Acte.

L'Auteur du Stile du Châtelet, édition de 1746, prétend que le Notaire ne signe point l'expedition compulsée; mais que c'est l'Huissier; ce qui est contre le sentiment de M. Langloix, qui a fait la nouvelle édition des Chartes des Notaires.

Il n'est pas toujours nécessaire, pour avoir une expedition d'un Acte devant Notaire, de le faire compulser, il y a des cas où il suffit d'une simple Requête au Juge. Ces cas sont:

1°. Lorsqu'une personne a besoin de l'expedition d'un Acte où elle est Partie, & que le Notaire lui refuse.

2°. Lorsque

2°. Lorfque l'Acte eft imparfait par le défaut de fignature de quelques Parties.

3°. Dans le cas d'avoir befoin d'une feconde groffe de titre exécutoire, la premiere étant perdue.

En 1743, le fieur du Vivier ayant obtenu des Lettres pour compulfer une tranfaction dont M^e. Hurtrelle avoit la minute, & dont les vacations lui étoient dûes; le fieur du Vivier qui n'étoit point Partie dans cette tranfaction, prétendit ne devoir que la vacation du Compulfoire; mais par Arrêt contradictoire du Parlement du 20 Juillet 1743, le fieur du Vivier fut condamné à payer à M^e. Hurtrelle les vacations, minute & expedition de la tranfaction, & aux dépens.

CHAPITRE XXVII.

Des Collations des Pieces.

COLLATION, eft la reprefentation & confrontation d'une copie à fon original, pour voir fi elle y eft conforme; au bas de laquelle copie on met un Acte, qui en rend témoignage; & cet Acte fe donne par une perfonne publique, qui a pouvoir de le faire.

Les collations des pieces font judiciaires ou extrajudiciaires. Les premieres font ainfi appellées, parce qu'elles fe font pendant le cours des pourfuites, & de l'Ordonnance du Juge, qui eft faifi du different qui eft entre les Parties. Ces collations fe font par les Greffiers & Huiffiers; & à ces pieces ainfi collationnées par Ordonnance du Juge, foi eft ajoutée comme à l'original, pourvû que les folemnités requifes ayent été obfervées.

Les collations extrajudiciaires, font celles qui fe font fans Ordonnance du Juge, fur le fimple réquifitoire des Parties. Ces collations fe font par les Notaires ou par les Secretaires du Roi; on leur met entre les mains la piece que l'on veut faire collationner; ils en font faire une copie, au bas de laquelle ils mettent leur collation dans le ftile qui fera donné ci-après dans les formules.

Les Copies collationnés fur le réquifitoire d'une Partie, ne font foi qu'autant qu'on y en veut ajouter; au lieu que quand des pieces font collationnées par Ordonnances de Juftice, Parties prefentes, ou dûement appellées, elles font foi comme l'original ou minute, fauf l'infcription de faux; auquel cas, il faut rapporter la minute, à quoi faire les Notaires ou autres Officiers qui l'ont entre les mains, peuvent être contraints, même par corps.

Me. Charles du Moulin, nombre 63, fur le §. 5 de l'ancienne Coutume de Paris, glofe, *in verbo Dénombrement*, dit au fujet de la reconnoiffance des écritures, que quand quatre Notaires auroient collationné une copie fur l'original, quoiqu'ils certifient que c'eft le veritable original pour l'avoir bien vû & examiné; toutefois leur copie collationnée ne fait pas une pleine foi fans la reprefentation de cet original; car, dit-il, des Témoins tels que font des Notaires, ne peuvent dépofer que de ce qu'ils voyent; & comme ils n'ont point vû faire l'original, ils n'en peuvent pas auffi avoir de certitude & rendre témoignage que la piece qu'on leur a mife entre les mains foit abfolument l'original.

Fin du Livre premier.

LIVRE SECOND.

Des Contrats & Actes.

ACTE se prend generalement pour toute écriture qui justifie quelque chose. Il y en a de deux sortes; sçavoir, les Actes publics & les Actes privés.

Les Actes privés, font ceux qui sont faits par les Particuliers entr'eux, sous leurs écritures privées, comme sont les Reçus, Quittances & autres.

Les Actes publics, sont ceux qui sont faits par des personnes publiques, d'où vient qu'ils sont appellés autentiques.

Il y a des differences considerables entre les Actes privés & les Actes publics.

La premiere est, que les Actes privés ne font point foi en Justice comme les Actes publics, à moins qu'ils ne soient reconnus par ceux qui les ont passés, ou qu'à leur refus ils ne soient vérifiés.

La deuxiéme est, qu'ils n'ont point de datte que du jour qu'ils ont été juridiquement reconnus; car la datte qui est apposée à un tel écrit, est toujours suspecte, d'autant qu'il dépend des Parties de la mettre à leur volonté.

La troisiéme est, qu'ils ne font point exécutoires d'euxmêmes; qu'il faut obtenir dessus Sentence ou Arrêt pour les mettre à exécution, après les avoir au préalable fait contrôler; ce qui n'est point nécessaire aux Actes autentiques, qui emportent d'eux-mêmes exécution parée.

On peut ajouter une quatriéme difference, qui est que les Actes privés n'emportent point d'hypoteque.

Pour bien dresser un Acte qui soit valable, il ne suffit pas d'avoir des modeles pour les copier mot à mot; il faut le dresser avec jugement, suivant les Ordonnances, & avec les formalités prescrites par les Coutumes des Lieux dans lesquels on les passe, autrement on s'exposeroit à faire des Actes vicieux; ce qui arrive souvent à ceux qui travaillent sans application, & qui ne

O ij

veulent pas se donner la peine d'examiner la difference de chaque Acte ; & d'étudier les clauses particulieres qui lui conviennent ; c'est pourquoi dans ce stile des Notaires, on ne s'est pas
contenté de rapporter des formules de chaque Acte, on a donné
autant qu'il a été possible, des Maximes & des Observations sur
chaque espece de Contrat, pour faciliter la connoissance des
principes du Droit, tant écrit que coutumier, & de ce qui est
prescrit par les Ordonnances.

Pour disposer le Lecteur à bien connoître la difference des
Actes, & les clauses particulieres qui conviennent à chacun,
nous allons donner une idée des Actes qui sont mis au nombre
des Contrats ; après quoi nous expliquerons quelles personnes
sont capables de contracter ; quelles choses peuvent faire la matiere d'un Contrat ; quelles conventions sont licites ou illicites ;
quelles clauses & conditions peuvent être apposées dans les
Contrats ; & enfin, quel est l'effet des Contrats passés pardevant
Notaires.

CHAPITRE PREMIER.

Des Actes mis au rang des Contrats.

CONVENTION, est le consentement de deux ou de plusieurs personnes, qui s'accordent en un même point, &
qui promettent d'accomplir l'une envers l'autre les choses dont
elles sont demeurées d'accord.

Pour avoir une idée de l'origine des Contrats, il faut sçavoir
que toute convention faite entre les hommes, qui par elle-même
n'est pas contraire à l'honnêteté & aux bonnes mœurs, produit
une obligation naturelle, qui fait que ceux qui s'y sont obligés,
sont tenus de satisfaire à ce qu'ils ont promis, parce qu'il n'y a
rien de si convenable à l'équité naturelle, que l'accomplissement
de ce qu'on a promis ; & cela n'est pas un droit particulier à quelque Peuple, mais un droit universel que la raison naturelle a in-
spiré à tous les hommes.

Quoique l'équité naturelle & la seule bonne foi obligent géneralement tous les hommes à l'exécution de leurs promesses,
néanmoins ceux qui proposerent la Loi des douze Tables, ne
jugerent pas à propos que toute convention emportât une néces-

fité abfolue, & donnât une action, pour en exiger l'accompliffement; ils craignirent que cette néceffité ne caufât de trop fréquens
Procès, & qu'il n'arrivât fouvent qu'un homme fût obligé d'exécuter ce qu'il auroit promis trop légerement & fans réflexion.

Cela fut caufe que les Legiflateurs choifirent les conventions
qu'ils crurent les plus néceffaires à la focieté civile, & leur attri-
buerent le pouvoir de contraindre les hommes à la néceffité de
les accomplir. Pour les diftinguer des autres, ils leur donnerent un
nom particulier qui leur fut propre.

Les Interpretes de la Loi des douze Tables ajouterent, que
les autres conventions produiroient une obligation civile, lorfqu'elles feroient accomplies & effectuées par l'une des Parties,
qui auroit fait ou baillé quelque chofe fous la foi de la convention; & attendu le nombre infini des conventions, ils ne prirent
pas le foin de donner à chacune un nom particulier, d'autant plus
que pour les rendre obligatoires, il n'étoit requis autre chofe, finon
qu'elles euffent été déja exécutées d'un côté ou d'autre.

Ainfi, les conventions qui ont été autorifées par la Loi des
douze Tables, ont été appellées Contrats nommés, les autres
qui font demeurées fans nom particulier, ont été appellées Contrats innommés, & n'étoient Contrats que par l'exécution qui en
avoit été faite par la main des Contractans.

Toutes les autres conventions qui n'ont point de nom propre,
& qui font demeurées dans les purs termes de la convention,
fans aucune fuite & accompliffemeut de la part de quelqu'une
des Parties, n'étoient chez les Romains, que des conventions
nues & de fimples pactes qui ne produifoient qu'une obligation
naturelle.

Ces réflexions ainfi fuppofées, voyons à prefent ce que c'eft
que Contrat, & de combien il y en a de fortes.

Contrat eft une convention entre deux ou plufieurs perfonnes,
par laquelle l'une des Parties s'oblige envers l'autre, ou toutes les
deux s'obligent réciproquement de faire ou de donner quelque
chofe, laquelle convention produit une obligation civile & une
action.

Tout Contrat eft une convention, qui par conféquent requiert
le confentement des Parties contractantes, & même la fubftance
d'un Contrat confifte dans ce confentement.

La liberté doit tellement fe rencontrer dans tous les Contrats,
qu'elle ne doit point être forcée par une crainte, qui puiffe trou-
bler un homme ferme; elle ne doit point auffi être déçue par dol,

fraude & fuggeſtion. C'eſt pour cette raiſon qu'un Priſonnier ne peut point paſſer d'Acte qui ſoit obligatoire, qu'il ne ſoit entre les deux guichets, comme lieu de liberté; ce qui doit être exprimé dans l'Acte, ſous peine de nullité.

L'effet principal & immédiat du Contrat eſt donc de produire une obligation : Ainſi, un Contrat oblige l'une des Parties envers l'autre à exécuter tout ce qui y eſt porté, ou il oblige réciproquement les Parties l'une envers l'autre ; car comme tout Contrat tend à faire ou à donner quelque choſe, celui qui a promis, eſt obligé d'accomplir ſa promeſſe & ſa convention, à quoi il peut être contraint en Juſtice par les voyes de Droit.

La principale diviſion des Contrats, eſt celle qui ſe fait en Contrats nommés & Contrats ſans nom.

Les Contrats nommés, ſont ceux qui ont un nom particulier qui les diſtingue les uns des autres, comme le Commodat ou le Prêt à uſage, le Gage, le Dépôt & autres.

Les Contrats ſans nom ſont ceux que nous nommons en general Contrats, qui n'ont point de nom particulier. Le Droit Romain en fait quatre eſpeces.

La premiere eſt la convention pour laquelle je conſens de vous donner quelque choſe, & vous réciproquement vous convenez que vous ferez quelque choſe pour moi. Par exemple, que je vous donnerai une telle tapiſſerie, à la charge que vous ferez les affaires que j'ai à Rouen ; & ce contrat eſt appellé en Droit, *do ut facias.*

La deuxiéme eſt une convention par laquelle je conviens avec vous de vous donner une telle tapiſſerie, & vous que vous me donnerez un tel cheval ; & telle convention eſt appellée, *do ut des* : & c'eſt ce que nous appellons échange ou permutation.

La troiſiéme eſt l'accord par lequel l'un convient qu'il fera pour l'autre quelque choſe : Par exemple, qu'il ira à Lyon, & l'autre qu'il lui donnera quelque choſe, ce Contrat eſt nommé *facio ut des.*

La quatriéme & derniere, eſt celle par laquelle je conviens que je ferai vos affaires à Paris, & vous que vous ferez les miennes à Lyon ; c'eſt ce que le Droit appelle, *facio ut facias.*

Il faut remarquer ici, que ces conventions, de même que toutes les autres, ſont obligatoires parmi nous, quoique par le Droit Romain, elles n'obligeaſſent que quand une des Parties avoit exécuté, de ſa part, la convention. Par exemple, deux Marchands conviennent d'échanger quelques marchandiſes. Telle convention, par le Droit Romain, n'étoit qu'un pacte ou simple convention, laquelle n'étoit point obligatoire, jusqu'à ce qu'un des Marchands eût reçu de l'autre les marchandises dont ils étoient convenus; ce n'étoit qu'en ce cas, que celui qui avoit reçu les marchandises, pouvoit être contraint de donner les siennes.

En France, toutes les conventions qui sont honnêtes, & qui ne sont pas contraires aux Loix, sont obligatoires; & nous appellons Contrats, generalement tous les pactes & conventions qui se font entre les hommes, de quelque nature qu'elles soient.

Pour ce qui est des Contrats nommés, il en est fait mention dans le Droit Romain de quatre especes differentes. La premiere est de ceux qui se forment par la tradition ou la délivrance d'une chose. La deuxiéme, est de ceux qui ne requierent pour leur perfection que le seul consentement des Parties. La troisiéme est de ceux qu'on appelle Stipulations, qui, chez les Romains, se formoient par la solemnité des paroles. La quatriéme est de ceux qui se formoient par l'écriture.

Nous ne recevons en France que les deux premieres especes de Contrats, les deux autres n'y sont plus en usage; car ce que nous appellons Stipulations, sont proprement des clauses ordinaires des Contrats, ou celles qui sont ajoutées aux Contrats du consentement des Parties; & ces clauses, par le Droit Romain, sont appellées pactes, ou simples conventions. Mais les Stipulations chez les Romains, étoient de véritables Contrats.

Quant aux Contrats qui se forment par la tradition de quelque chose; sçavoir, le Prêt mutuel, le Commodat ou Prêt à usage, le Dépôt & le Gage, ils ne prennent point leurs perfections parmi nous, de même que chez les Romains, sans cette tradition : Ainsi le Prêt ne se contracte point, s'il n'y a quelque chose qui soit donnée par celui qui prête à celui qui emprunte, il en est de même du Commodat, du Dépôt & du Gage.

Les Contrats qui se forment par le seul consentement des Parties sont le Mariage, l'Achat & la Vente, le Louage, la Societé, la Procuration, &c. Ces Contrats prennent leurs perfections du seul consentement des Parties; ils produisent l'effet des Contrats, sans la tradition d'aucune chose de part ni d'autre, quoique la tradition des choses en soit l'accomplissement.

Par exemple, le Contrat de Vente : Dès que les Parties sont convenues de la chose & de son prix, la vente est parfaite, quoique le Vendeur n'ait pas encore livré la chose par lui vendue, ni l'Acheteur payé le prix convenu, & en France cet Acte produit l'effet des Contrats, qui est l'obligation mutuelle entre les Contractans, pour laquelle le Vendeur peut être contraint de livrer la chose qu'il a vendue à l'Acheteur, en lui payant le prix convenu, & l'Acheteur peut être contraint de payer le prix porté par le Contrat au Vendeur, en lui livrant par le Vendeur la chose qui lui a été vendue ; & la tradition de la chose vendue & le payement du prix, sont ce que nous appellons l'accomplissement du Contrat, ou l'exécution d'icelui.

Après cette idée generale des diverses especes de Contrats, tant suivant le Droit Romain, que suivant le Droit François, il faut remarquer premierement, que quoique par ce mot, *Contrat*, on entende, comme nous avons dit, le consentement de deux ou de plusieurs personnes, qui promettent & qui s'obligent de faire ou de donner quelque chose ; néanmoins ce terme, *Contrat*, signifie aussi quelquefois l'Acte ou l'instrument par écrit qui fait & qui sert de preuve de la convention passée entre les personnes qui l'ont faite.

Il faut observer en second lieu, qu'il n'est pas possible de traiter en particulier & dans le détail, de toutes les clauses & conventions dont les Contrats sont susceptibles, parce qu'elles sont en trop grand nombre ; mais du moins il faut sçavoir ce qui est requis en general, pour les rendre légitimes & obligatoires ; ce qui se peut réduire à trois choses. 1°. La qualité des personnes qui contractent. 2°. Celle des choses dont on contracte. 3°. Celle de la convention même dont on se sert pour contracter.

Au reste, ceux qui voudront avoir une plus grande intelligence des Contrats, soit par rapport au Droit Romain, soit par rapport à notre usage, n'ont qu'à voir la traduction des Institutes de l'Empereur Justinien, de feu M. de Ferriere, sur le titre 14 du troisiéme livre, & sur les titres suivans, où on trouvera des explications très-amples sur l'origine, la nature & les effets de toutes sortes d'Obligations & de Contrats.

CHAPITRE II.

CHAPITRE II.

Quelles Perſonnes ſont capables de contraĉter.

LEs perſonnes capables de contraĉter ſont celles qui ſont capables de conſentir, & qui ayant la libre adminiſtration de leurs biens, n'en ſont point empêchées par aucune Loi; ainſi elles peuvent s'obliger par toutes ſortes d'Aĉtes.

Les perſonnes incapables de contraĉter, ſont celles qui en ſont empêchées, faute de pouvoir conſentir; ou dont le conſentement n'eſt pas valable & légitime pour contraĉter, à cauſe de quelque empêchement.

Les incapables le ſont, ou pour toujours, comme ceux qui ſont morts civilement au monde, tels que ſont les Religieux & Religieuſes, tels ſont auſſi les Condamnés à mort, les Condamnés aux Galeres, & les bannis à perpetuité. Les autres ſont ſeulement incapables pour un tems, comme les mineurs qui ne peuvent contraĉter juſqu'à ce qu'ils ſoient parvenus à leur majorité, & les femmes mariées, tant que le mariage dure.

Il y en a auſſi qui ſont incapables de contraĉter par rapport à de certains Aĉtes, comme les enfans de famille, qui ne peuvent paſſer un Contrat de mariage valable, ſans le conſentement de leurs pere & mere; & les perſonnes mariées, qui ne peuvent faire de donation entre-vifs au profit l'une de l'autre; ceux qui ſont en la puiſſance d'autrui, comme les mineurs qui ne peuvent diſpoſer au profit de leurs Tuteurs, ſuivant l'article 276 de la Coutume de Paris.

Il y a auſſi des incapacités par rapport au lieu où l'Aĉte eſt paſſé; ainſi un Etranger ne peut faire un Teſtament en France.

Il y a enfin, des incapacités naturelles de contraĉter, & d'autres qui ſont légales. Les incapacités naturelles de contraĉter, ſont celles qui proviennent d'un défaut de nature, comme d'être ſourd & muet de naiſſance, ou d'être furieux & en démence. Les incapacités légales, ſont celles qui ſont déclarées par la Loi, pour quelque cauſe énoncée par un Jugement, comme l'interdiĉtion pour cauſe de prodigalité ou imbécilité d'eſprit.

Il y a néanmoins des cas auſquels une partie des perſonnes ci-deſſus ſont capables de contraĉter: Ainſi, celui qui eſt condam-

Tome I.   P

né à mort, feulement par contumace, peut contracter dans les cinq ans, & tefter, pourvû qu'il se reprefente avant que les cinq années foient expirées, & qu'il obtienne dans la fuite un Jugement d'abfolution, ou qu'il meure avant les cinq ans; car en ce cas, tous les Contrats & Actes qu'il a paffés, & qui étoient en fufpens, font confirmés, & ont leur effet.

Il en eft de même des Religieux & Religieufes, à l'égard des Actes qu'ils ont paffés dans les cinq ans, qui leur font accordés pour reclamer contre leurs vœux, s'ils fe font fait reftituer dans ce tems.

Les mineurs non émancipés ne peuvent contracter ni s'obliger fans l'autorité de leur Tuteur; s'ils ont obtenu des Lettres d'émancipation, & qu'ils les ayent fait enteriner, ils peuvent paffer tous les Actes qui concernent l'adminiftration de leurs meubles, & les revenus de leurs immeubles; ils peuvent même tefter à vingt ans de leurs meubles, acquêts & conquêts immeubles, fuivant l'article 293 de la Coutume de Paris; & s'ils n'en ont point, ils peuvent tefter du quint de leurs propres, après vingt ans accomplis. Mais avant vingt ans, les perfonnes mariées font réputées ufantes de leurs droits & émancipées pour avoir l'adminiftration de leurs biens-meubles; mais non pour vendre, engager ou aliener leurs immeubles pendant leur minorité, fuivant l'article 239 de la même Coutume.

De ce que nous venons de dire, il s'enfuit que les mineurs autorifés par leurs Tuteurs, ou les femmes mariées autorifées par leurs maris, ou féparées par leur Contrat de mariage, ou par Juftice, quand la féparation a été exécutée, fuivant l'article 234 de la même Coutume, peuvent s'obliger valablement.

Les enfans de famille peuvent paffer un Contrat de mariage valable, quoiqu'ils ne rapportent point le confentement de leurs pere & mere, quand ils ont l'âge marqué par l'Ordonnance, & qu'ils ont requis le confentement dans la forme qu'elle a prefcrite; quand les pere & mere font en démence, ou abfence longue & notoire, ou lorfqu'ils leur refufent leur confentement fans raifon, & que les Juges en connoiffance de caufe, ordonnent qu'il fera paffé outre au mariage, après avoir pris l'avis de la famille.

A l'égard du Senatufconfulte Macédonien, touchant le prêt en argent, fait à des fils de famille, voyez ce qu'en a dit feu M. de Ferriere, dans fa traduction des Inftitutes à la fin du titre 7 du livre 4.

Les perfonnes mariées fe peuvent auſſi avantager par don mutuel fait durant le mariage, ſuivant l'article 280 de la Coutume
de Paris; & par l'article 281, en mariant leurs enfans, ils peuvent convenir que les enfans laiſſeront jouir le ſurvivant de
leurs pere & mere, des meubles conquêts du prédécedé, la
vie durant du ſurvivant, pourvû qu'il ne ſe remarie point.

Par l'article 279, la femme qui ſe remarie en ſecondes ou
autres nôces, ne peut diſpoſer que de certains biens au profit
de ſon ſecond mari. Il en eſt de même du mari qui épouſe une ſeconde femme.

Un Etranger qui ne peut teſter en France, peut y paſſer toutes
ſortes d'Actes, comme Contrats de vente, Obligations pour
prêt, &c. Ceux qui ne ſont que ſourds ou muets, & qui peuvent ou écrire, ou donner des marques certaines de leur conſentement, peuvent auſſi contracter. Mais on ne peut teſter par ſi-
gnes, à cauſe de la conſéquence, & parce qu'il ſeroit aiſé de s'y
tromper, & de tromper ceux-mêmes qui expliqueroient ainſi leur
derniere volonté.

Pour ce qui eſt de l'incapacité des mineurs, il faut que le Notaire ſuive les diſpoſitions des Coutumes des lieux où les mineurs ſont domiciliés; car c'eſt la Coutume du domicile qui
fixe l'âge de contracter ou de teſter, qui regle la capacité des
perſonnes.

A l'égard des Interdits, voyez ce qui en eſt dit dans le chap.
17 du livre précedent.

On demande ſi on peut ſtipuler pour autrui. Voyez ce
qu'on a dit à ce ſujet ſur le chapitre 16 du livre précedent,
page 75, & ſur le §. 4 du titre 40 des Inſtitutes, livre 3, de
M. de Ferriere. Le titre *quibus alienare licet vel non*, du livre 2
des Inſtituts, explique ceux qui ne peuvent contracter.

CHAPITRE III.

Des Contrats & Obligations que passent les femmes mariées en Pays Coutumier.

IL y a deux observations à faire sur les Obligations que passent les femmes mariées en Pays Coutumier.

La premiere est que lorsqu'une femme mariée passe quelque obligation, le Notaire est obligé de lui déclarer l'effet des renonciations qu'elle fait aux privileges introduits en faveur des femmes qui s'obligent; comme il a été jugé par Arrêt rapporté par Chenu en ses Reglemens, titre 26, chapitre 140. Ce qui se doit entendre principalement de la renonciation au Senatusconsulte Velleïen, dans les lieux où il a lieu en France.

Pour entendre ce que c'est que ce Senatusconsulte ou Ordonnance du Senat Romain, il faut sçavoir que les Empereurs Auguste & Claude avoient par leurs Ordonnances ôté aux femmes le pouvoir & la liberté de cautionner leurs maris : Mais parce qu'on reconnut depuis que les cautionnemens qu'elles faisoient pour d'autres que pour leurs maris, les faisoient également tomber dans la perte de leurs biens, le Senat Romain défendit toutes sortes d'intercessions & de cautionnemens que les femmes pourroient faire pour toutes sortes de personnes generalement quelconques; ordonnant de plus que ce Senatusconsulte ne serviroit pas seulement aux femmes qui se seroient ainsi obligées, mais aussi à ceux qui les auroient cautionnées, & qui leur auroient donné procuration de le faire.

Par un Edit d'Henry IV. au mois d'Août 1606, il a été défendu aux Notaires d'inserer les renonciations au benefice du Velleien, ni aux autres Droits introduits pour les femmes, ès Brevets, Contrats, Obligations & autres Actes passés pardevant eux, ni d'en faire aucune mention, à peine de suspension de leurs Charges, d'amende arbitraire, & des dépens, dommages & interêts des Parties; ordonnant néanmoins, que les femmes seroient bien & dûement obligées sans ces renonciations; sur quoi il faut remarquer, que depuis cet Edit, le Pays Coutumier a été exempt de cette formalité & de cette renonciation au Senatusconsulte Velleïen, qui n'a aujourd'hui lieu que dans les Provinces du Pays de Droit écrit qui ne font pas du reffort du Parlement de Paris, à caufe que les femmes y ont le privilege de la Loi *Julia de fund. dotali ;* comme auffi dans quelques Coutumes qui ont fur ce une difpofition expreffe, comme celle de Nivernois qui en l'article 14, titre des Droits appartenans à gens mariés, veut la ftipulation de la renonciation expreffe à ce privilege.

Les mineurs qui peuvent contracter des Obligations naturelles en France, comme chez les Romains, & qui peuvent auffi en contracter de civiles, pourvû que *caufâ cognitâ* elles leur foient avantageufes, fuivant le titre au ff. *de in integram reftitutione,* ont auffi pour leur interêt le *Senatufconfult. Macedon.* contre ceux qui les ont trompés.

La deuxiéme obfervation à faire fur les Obligations que paffent les femmes mariées en Pays Coutumier, eft qu'une femme mariée ne peut paffer aucun Acte, fans être autorifée de fon mari. Ainfi, en Pays Coutumier tout Contrat fait par une femme mariée, fans être expreffément autorifée de fon mari, eft abfolument nul de plein droit : C'eft la difpofition de l'article 223 de la Coutume de Paris, & de plufieurs autres. Cette autorité eft fi confiderable qu'un mari ne la perd pas, quand même il feroit ceffion de biens. *M. Louet, lettre F. fomm.* 30.

Il faut que le mot *autorifée,* foit appofé à l'Acte, à peine de nullité ; ce qui eft fi vrai, que l'Acte paffé par la femme, & dans lequel le mari auroit parlé, s'il n'étoit pas expreffément porté dedans qu'il l'autorife, feroit abfolument nul à l'égard de la femme feulement. Ainfi, un Notaire ne doit jamais omettre de faire mention que les femmes en puiffance de mari, qui parlent dans des Actes, ont été autorifées de leurs maris, à peine de nullité à l'égard des femmes.

Dans le Pays de Droit écrit, l'autorifation du mari n'eft point requife pour les Actes que paffe une femme mariée, ni en Pays Coutumier, du moins pour les Teftamens & Actes de derniere volonté que les femmes font. Il y a néanmoins quelques Coutumes, où les femmes mariées ne peuvent tefter fans être autorifées de leurs maris. Telles font les Coutumes du Duché de Bourgogne, de Chartres, de Nivernois ; & dans le cas où elles voudroient faire quelque difpofition en faveur de leurs maris (ce qui eft permis par quelques-unes de ces Coutumes) elles doivent fe faire autorifer par Juftice.

Il y a même des Coutumes, où l'autorifation expreffe du mari n'eſt pas néceſſaire, dans les Actes qu'une femme paſſe, & où le conſentement du mari ſuffit, comme Sens, titre 11, article 3 ; Bar, titre 11, article 170; la Marche, article 198; Xaintonge, titre 8, article 84. Dans ces Coutumes, pour que l'Obligation que la femme paſſe ſoit valable, il ſuffit qu'il apparoiſſe du conſentement du mari, de quelque maniere que ce ſoit, lors de la paſſation de l'Acte.

En Pays Coutumier, quand un Acte a été paſſé par une femme mariée, ſans l'autorité du mari, la ratification poſterieure du mari ne rendroit pas l'Acte valable, ſuivant le ſentiment de Pontanus, ſur la Coutume de Blois, titre 14, article 2.

L'Obligation de la femme mariée étant nulle, faute d'autoriſation, la caution qu'elle auroit donnée n'eſt pas liberée, parce que, dit Monſieur Renuſſon, en ſon Traité de la Communauté, chapitre 7, nombre 30, il en doit être de même de la caution de la femme non autoriſée que de la Caution d'un mineur, qui demeure obligée, quoique le mineur ſe ſoit fait reſtituer.

Il n'y a que les femmes qui ſont unies par le Sacrement de mariage légitimement contracté, qui ne peuvent paſſer d'Actes ſans être autoriſées de leurs maris; d'où il s'enſuit :

1°. Que la fiancée peut valablement s'obliger, ſans être autoriſée de ſon fiancé, d'autant que la puiſſance maritale ne commence que du jour de la bénédiction nuptiale. Il y a cependant quelques Coutumes qui requierent l'autoriſation du fiancé; comme celle d'Artois, article 87, & celle de Sedan, art. 120, ſur leſquelles Dumoulin dit que cela eſt contre le bon ſens & la raiſon.

2°. Que la femme qui n'eſt unie que par le lien d'un mariage clandeſtin, peut valablement contracter & s'obliger ſans être autoriſée de ſon mari, ſuivant le ſentiment de Balde, livre 4, conſeil 132; de Dumoulin, ſur la Coutume de Valois, article 94, ſur Angoumois, article 40, ſur la Coutume du Grand Perche, article 119. Il y en a un Arrêt du 12 Mars 1601, rapporté par M. Auzanet, ſur l'article 234 de la Coutume de Paris.

Quoique régulierement une femme mariée ne puiſſe contracter ſans être autoriſée de ſon mari, elle peut néanmoins le faire & s'obliger en quelques cas; par exemple, pour tirer ſon mari de priſon & d'eſclavage. *Item*, pour doter ſa fille en l'abſence de ſon mari, pourvû néanmoins que la conſtitution de dot ne contienne pas un avantage au préjudice des autres enfans.

Ce que nous venons de dire de la nécessité de l'autorisation du mari a lieu, quoiqu'il soit stipulé par le Contrat de mariage, qu'il n'y aura point de communauté entre les Conjoints; mais si après le mariage contracté, il survient une séparation, ou qu'il y ait clause de séparation de biens par le Contrat de mariage, la femme peut valablement s'obliger jusqu'à concurrence de ses meubles & revenus, sans être autorisée de son mari; mais elle ne peut pas faire aucun Contrat tendant à l'aliénation de ses immeubles, sans être autorisée, parce que la séparation ne détruit pas la puissance maritale.

Il faut encore remarquer, que la femme, Marchande publique, c'est-à-dire, qui fait marchandise séparée de celle de son mari, à son vû & sçû, peut s'obliger pour le fait & dépendance de son négoce, sans être autorisée, & même elle oblige son mari de la même maniere qu'elle s'oblige elle-même, suivant les art. 235 & 236 de la Coutume de Paris; ce qui est de Droit Commun, attendu que son mari est censé l'avoir autorisée à cet effet, suivant le sentiment de Dumolin sur l'article 168 de la Coutume de Blois.

CHAPITRE IV.

Des Contrats & Obligations que passent les femmes mariées en Pays de Droit Ecrit, & en Normandie.

LEs femmes peuvent avoir deux sortes de biens en Pays de Droit écrit; sçavoir, les biens dotaux & les biens paraphernaux.

Les biens dotaux sont ceux qui ont été donnés ou promis en dot au mari, pour soutenir les charges du mariage, soit par la femme, soit par ses parens, ou par des étrangers.

Les biens paraphernaux, sont tous ceux qui n'ont pas été donnés ou promis en dot, soit qu'ils appartiennent à la femme, lors du mariage, ou qu'ils lui soient échûs depuis par succession, donation ou autrement, tant en directe qu'en collaterale.

La femme, en Pays de Droit écrit, a la libre disposition de

ses biens paraphernaux, elle les peut vendre, aliener & hypotequer; en s'obligeant même sans le consentement de son mari, sous les exceptions néanmoins qui vont être expliquées.

A l'égard des biens dotaux, quoique le mari soit le maître & Proprietaire de la dot pendant le mariage; néanmoins suivant la Loi *Julia*, *de fundo dotali*, & la Constitution de Justinien faite en conséquence, le fond dotal de quelque nature qu'il soit, est inaliénable, même du consentement de la femme, laquelle peut exercer l'action en éviction: Sur quoi voyez ce que M. de Ferriere a dit dans sa traduction des Institutes, au livre 2, titre 7.

La prohibition de la Loi cesse: 1°. Quand l'immeuble constitué en dot a été vendu par criées & subhastation. 2°. Quand un heritage a été donné en dot au mari pour un certain prix. 3°. Quand par le Contrat de mariage, il a été expressément convenu que le mari le pourra vendre.

A l'égard des biens paraphernaux, la femme les peut aliéner, engager & hypotequer, sans le consentement de son mari; & les Obligations qu'elle contracte sont valables: Néanmoins par le Senatusconsulte Velleïen introduit en faveur des femmes, & par l'Autentique *si qua Mulier*, toutes & quantes fois que les femmes se trouvent obligées pour le fait d'autrui, pour quelque cause que ce soit, même pour dettes privilegiées, soit en fidejussion, pures ventes, échanges & autres, tels Contrats & Obligations sont déclarés nuls, excepté:

I. Lorsque la femme a occasionné le prêt, ou quand en s'obligeant, elle a reçu les deniers contenus en l'Obligation pour satisfaire à la dette d'autrui, soit qu'après elle les perde, ou qu'elle les conserve, elle est indubitablement non-recevable à s'aider du Velleïen, suivant la Loi: *Sed si ego cum muliere*, & la Loi *Bona fide*, *ff. ad Senatusconsult. Velleïan.*

II. Lorsque la femme s'étant obligée pour le fait d'autrui, elle ratifie l'Obligation, étant en majorité, suivant la Loi, *Si mulier perfectæ ætatis*, *Cod. eodem titulo.* Mais si elle s'est obligée pour le fait de son mari, toutes les ratifications qu'elle fait par la suite, ne la peuvent empêcher de s'aider du Senatusconsulte Velleïen, suivant le sentiment d'Accurse.

III. Quand la femme use de ruses, pour tromper ses créanciers, comme quand elle s'oblige au créancier de celui à qui elle doit, moyennant la quittance qui lui est passée de sa dette,
elle

elle ne peut pas s'aider du Velleïen, fuivant la Loi, *Et primo* 2 , §.
Sed ita demùm, & la Loi, *fi decipiendi, ff. eodem:* Car , difent les
Gloffateurs, la foibleffe des femmes a mérité que les Loix s'inter-
prétent en leur faveur ; mais elles font indignes de cette grace ,
quand elles mettent l'artifice en ufage pour tromper quelqu'un.

IV. Quand la femme reçoit récompenfe pour une obligation
qu'elle contraéte pour autrui ; car n'y étant point entrée gratuitement , l'exception du Velleïen ne lui pourra fervir, fuivant la Loi
Antiquæ , cod. eodem.

V. Lorfque la femme , fans être obligée précedemment , a actuellement payé , fuivant la Loi premiere au code *eodem.*

VI.Quand la femme s'oblige pour caufe favorable, comme
pour conftitution de dot & autres femblables , fuivant les Loix
3 2 ,pénultiéme & derniere , au code *eodem.*

VII. Lorfque la femme eft Marchande publique , ou qu'elle
tient Hôtellerie , elle ne peut auffi s'aider du Velleïen ; elle peut
même être contrainte par corps , fuivant le fentiment de Boërius,
Déclaration 349.

VIII. Quand la femme , en s'obligeant & contraétant , a expreffément renoncé au Velleïen ; & fi elle eft mariée , qu'elle ait
renoncé aux Autentiques *Si qua mulier ,* & *five à me ,* elle ne
peut plus fe fervir du privilege du Senatufconfulte, ni des Autentiques ; pourvû que le tout lui ait été donné à entendre par le Notaire qui a paffé l'Aéte , & qu'il en foit fait mention expreffe.

Dans les Pays régis par le Droit Ecrit, qui font du reffort du
Parlement de Paris , comme une partie de l'Auvergne, les Provinces du Lyonnois, Mâconnois, Forêt & Beaujollois, les femmes fe peuvent obliger valablement pour autrui, fans faire aucune renonciation, parce que le Senatufconfulte Velleïen a été
abrogé par l'Edit d'Henry IV. du mois d'Août 1606 , regiftré au
Parlement de Paris le 22 May 1607 , & qu'il a même été fait défenfes aux Notaires de plus faire mention de pareilles renonciations.

Cet Edit n'a dérogé qu'au Senatufconfulte Velleïen , & non
pas à la Loi *Julia* ; c'eft pourquoi les obligations que les femmes
contraétent dans ces Pays font valables , en tant qu'elles ne contiennent point d'aliénation dans leur fonds dotal.

Mais le Roi a donné une Déclaration précife , en faveur du
commerce pour les Villes de Lyon, Pays Lyonnois , Mâconnois,
Forêt & Beaujollois, par laquelle il a abrogé la Loi *Julia.* Cette

Tome I. Q

Déclaration qui eſt du mois d'Avril 1664, regiſtrée le 20 Août de la même année, porte que toutes les obligations ci-devant paſſées, & qui ſe paſſeront à l'avenir ſans aucune force ni violence par les femmes mariées dans la Ville de Lyon, Pays Lyonnois, Mâconnois, Forêt & Beaujollois, ſur leſquelles aucun Arrêt n'eſt encore intervenu, feront bonnes & valables, & que par icelles, les femmes ayent pû par le paſſé, & puiſſent à l'avenir obliger valablement, ſans aucune diſtinction, tous & chacuns leurs biens dotaux & paraphernaux, mobiliers & immobiliers, ſans avoir égard à la diſpoſition de la Loi *Julia*, qui eſt abrogée à cet égard.

Il reſte à obſerver, qu'en Normandie la Loi *Julia* & le Senatuſconſulte Velleïen y ſont obſervés, non pas de la même maniere que dans le Pays de Droit Ecrit, parce que la femme autoriſée de ſon mari, qui s'eſt engagée, qui a aliéné ou vendu ſon bien dotal en Normandie, n'a pas l'action en éviction comme en Pays de Droit Ecrit; mais elle doit ſe pourvoir, premierement, en garantie contre ſon mari & ſes biens, & après l'avoir diſcuté, elle revient contre l'Acquereur : Mais auſſi on obſerve en Normandie le Senatuſconſulte Velleïen, avec plus de rigueur que dans les Pays de Droit Ecrit, puiſque quelques renonciations qu'on faſſe faire aux femmes qui contractent Obligation pour autrui, l'Obligation ſera toujours déclarée nulle.

CHAPITRE V.

Si un Prifonnier peut paffer quelque Obligation valable.

COMME cette queſtion ſe doit décider par les circonſtances, il eſt impoſſible d'établir à cet égard une Juriſprudence certaine ; cependant on peut dire abſolument que l'Obligation faite par un Priſonnier eſt valable ; car il peut faire un teſtament en priſon, ſuivant la Loi 9, *ff. qui teſtam. facere poſſunt* ; & l'Autentique, *ſi Captiv. cod. de Epiſcop. & Cleric.* même le Priſonnier pour crime, avant l'accuſation, pourvû qu'il meure avant la condamnation, ſuivant cette même Loi, ou après l'appel par lui interjetté de la Sentence, s'il décede pendant l'appel. Or, ſi un Priſonnier a la faculté de teſter, il faut conclure qu'il peut pareillement contracter, & passer une Obligation qui soit valable.

Cependant, quelques Auteurs, comme Gail, livre 1, Observation 22, tiennent que l'Obligation passée en prison, n'est point obligatoire ; mais cette proposition n'est vraye qu'en certains cas, & suivant les circonstances. Par exemple, si un Prisonnier détenu dans les Prisons d'un Seigneur, dans ses Terres, & à sa poursuite ou de ses Officiers, traitoit ou transigeoit avec ce Seigneur ou ses Officiers, l'Obligation seroit nulle.

On ajoute même que l'Obligation ne laisse pas d'être nulle, quand ce Prisonnier auroit ratifié en pleine liberté, parce que l'on présume en ce cas que la ratification est une suite de la crainte & de la vexation. Il y a sur cela des Arrêts du Parlement de Grenoble, rapportés par Guy-Pape, questions 113, 253 & 326.

François Marc, tome 2, question 377, dit que les ratifications d'actes faites par les Prisonniers après être sortis de prison, ne sont point obligatoires, & doivent être regardées comme des suites d'actes extorqués par force, & passés par crainte.

Par ces raisons, l'Obligation faite par un Prisonnier au Géolier seroit nulle, pour ce qui excederoit les frais de nourriture & géolage, à cause de l'autorité que de telles personnes ont sur l'esprit des Prisonniers & sur leur personne. Toute transaction, promesse ou convention passée en prison par le débiteur à un créancier, peut être aussi annullée si le créancier ne justifie d'une cause légitime d'obliger son débiteur, parce qu'on présume que celui qui est détenu en prison, fait tout par crainte, particulierement avec son créancier, d'autant que la prison en elle-même, est une juste cause de crainte. Il y a plus, c'est que la crainte seule d'être emprisonné, donneroit lieu à la restitution, suivant la Loi 7, §. 1 ; & la Loi derniere, §. au même titre, D. *Quod metus causa.*

Au contraire, les Prisonniers peuvent valablement s'obliger, même au profit de ceux qui les ont fait emprisonner, quand l'emprisonnement est fait d'autorité de Justice & pour cause juste, suivant la doctrine de Barthole.

Au reste, comme nous avons dit ci-dessus, lorsqu'un Prisonnier passe le moindre acte, on doit lui faire faire entre les deux Guichets, comme lieu de liberté ; ce qui doit être exprimé dans l'acte, sous peine de nullité.

Q ij

CHAPITRE VI.

Si l'on peut passer des Contrats par l'interposition d'une tierce personne.

ON contracte une Obligation, non-seulement lorsque l'on déclare soi-même son consentement à la personne en faveur de qui on veut s'engager; mais encore lorsqu'on lui fait connoître sa volonté par l'entremise d'un tiers que l'on établit pour en être l'Interprete & le Porteur.

Ce tiers est regardé comme un simple instrument de notre volonté; ainsi, tout ce qu'il fait, il le fait en notre nom & par notre ordre; s'il acquiert quelque droit, ou s'il contracte quelqu'Obligation par rapport à la personne avec qui il a été chargé de traiter en vertu de notre procuration, c'est pour notre compte, & non pas pour le sien, & il ne contracte en tout ce qu'il fait en conséquence, d'autre engagement que celui de se bien acquitter de sa commission.

Mais afin que l'autre Partie puisse valablement traiter avec ce tiers, il faut qu'elle soit assurée que nous l'avons constitué l'interprete de notre volonté & porteur de notre parole; ce qui se fait en vertu d'un acte qui en fait foi, que l'on appelle Procuration, ou bien il faut que celui qui contracte au nom d'autrui, se fasse fort en son propre & privé nom de faire ratifier l'acte par celui au nom duquel il a été passé, auquel cas, faute de la ratification ensuivie, il est tenu de toute perte, dépens, dommages & interêts qu'en a pû souffrir l'autre Partie.

A l'égard des procurations, en vertu desquelles on peut contracter pour & au nom d'autrui, il y en a de deux sortes : Sçavoir, la procuration générale, & la procuration spéciale. Sur quoi il faut observer que les Notaires doivent inserer aux Contrats qui sont passés pardevant eux, les procurations des Parties contractantes en qualité de Procureurs; il faut même, si elles sont en brevets, les annexer aux minutes des Contrats, & faire parapher lesdites procurations par ceux qui les representent.

La procuration générale, est celle qui contient un pouvoir général & indéfini d'administrer toutes les affaires, & gouverner tous les biens de celui qui a donné une telle procuration; de sorte qu'il peut généralement faire tout ce qui paroit néceſſaire pour l'adminiſtration & la conſervation des biens de celui qui a donné un tel pouvoir; & celui qui l'a donné eſt garant de tout ce que ſon Procureur a fait, conclu & arrêté de bonne foi ; car ſi le Porteur d'une telle procuration, trahit par une noire perfidie les interêts de celui pour lequel il agit, le Mandant n'eſt pas tenu de ratifier ce qu'il a fait, parce qu'en lui donnant un tel pouvoir général, il eſt cenſé avoir ſuppoſé ſa bonne foi comme une condition eſſentielle. Il en eſt de même des blanc-ſignés que l'on confie quelquefois à un tiers, pour mettre au-deſſus l'acte de la convention; car ces ſeings n'impoſent aucune obligation, ſi celui à qui on les a confiés eſt convaincu d'avoir prévariqué & de les avoir remplis de choſes abſolument contraires à l'intention & à l'interêt de celui qui les a donnés, dans l'eſperance qu'on en feroit un bon uſage, ſuivant la commiſſion qu'il a marquée.

La procuration ſpéciale eſt celle qui porte un pouvoir borné à gerer une affaire particuliere. Celui qui eſt chargé d'une telle procuration limitée, n'en doit pas paſſer les bornes, & doit ſe renfermer uniquement dans ce qui eſt énoncé dans ſa commiſſion. Et au cas qu'il ſoit à propos pour l'avantage de celui pour lequel il agit, de faire quelque choſe qui excede ſon pouvoir, il doit en demander une autre. Celui qui a donné une procuration ſpéciale, ne peut donc être obligé en vertu d'icelle envers celui avec qui ſon Mandataire a contracté, que juſqu'à concurrence du contenu en ladite procuration.

On demande, 1°. *Si la ſtipulation du fait d'autrui eſt valable lorſ-que celui qui promet qu'un autre donnera ou fera quelque choſe, n'a point de procuration pour faire une telle promeſſe.* Par exemple, Titius me promet que Sempronius me donnera cent piſtoles; on demande ſi une telle promeſſe eſt valable. Juſtinien, au troiſiéme livre de ſes Inſtitutes, au §. 3 du titre 20, déclare qu'une telle promeſſe n'eſt pas valable, parce que celui qui a promis ne s'eſt engagé à rien de ſon chef, & celui au nom duquel il a promis ne peut être obligé, ſuivant la maxime de Droit, que perſonne ne peut être engagé par la promeſſe d'autrui. Mais la promeſſe eſt valable qu'on fera enforte qu'un autre donnera ou fera quelque choſe au profit du Stipulant, ce qu'on appelle ſe faire fort; ou bien quand on y appoſe une peine : Par exemple, quand on convient que ſi Titius ne donne ou ne fait pas telle choſe, on s'engage de donner ou de faire ſoi-même quelque choſe, ou de payer une telle ſomme par forme de dédommagement ; la raiſon eſt que dans l'un & l'autre cas, ce n'eft pas tant le fait d'autrui qu'on promet, que le fien propre.

On demande, 2°. *Si l'on peut, fans procuration, ftipuler au profit d'un tiers.* Juftinien au §. 4 du même titre, dit que non. La raifon eft, que notre propre interêt a toujours été regardé comme la mefure, la regle & le fondement de toutes les ftipulations que nous faifons : Or, nous n'avons aucun interêt qu'une chofe foit donnée à un autre.

On ne peut donc ftipuler pour & au profit d'un autre, fans un pouvoir fpécial. De-là vient que quoique les Notaires, qui font perfonnes publiques, ftipulent pour les abfens, ils ne peuvent point acquerir pour eux aucun droit par de tels Contrats, que par le moyen de la ratification. *Voyez* ce que M. de Ferriere a dit dans fa traduction des Inftitutes, fur le §. 4 du titre 20 du livre 3.

CHAPITRE VII.

De quelles chofes on peut contracter.

IL y a des chofes qui ne tombent point dans le commerce, & dont par conféquent il n'eft pas permis de contracter. Telles font les chofes faintes, comme les Vafes facrés, les Reliques, les Eglifes, les Cimetieres, &c. qui ne peuvent être vendus, échangés, ni hypotequés.

Il en eft de même des chofes qui font au Public, comme les Places publiques, les Murailles des Villes, les Rivieres navigables, les Ports de mer, &c. Les chofes qui appartiennent aux Communautés Religieufes & Laïques, & celles qui appartiennent au Fifc, & qui font partie du Domaine du Prince, font inaliénables, fi ce n'eft en certains cas & fous certaines conditions.

Pour ce qui eft des chofes privées, chacun eft le maître de difpofer de ce qui lui appartient; mais à l'égard de celles qui appartiennent aux autres, nous n'en pouvons difpofer qu'en vertu de leur procuration. Sur quoi il faut obferver qu'un Notaire ne doit point recevoir un acte, par lequel une perfonne vend ou difpofe du bien d'autrui, fans procuration, ou du moins fans fe faire fort de lui, autrement ce feroit un acte manifeftement nul & illufoire.

On peut contracter des droits qu'on a en vertu d'un titre , dont on peut faire ceſſion & tranſport. À l'égard des droits ſur un Bénéfice , on ne peut traiter pour argent , cela rendroit la convention ſimoniaque & nulle.

On peut contracter pour raiſon des ſervitudes réelles impoſées ſur un heritage , comme auſſi vendre par avance une ſimple eſperance : Ainſi , on peut céder à un autre le profit qu'on eſpere tirer d'une ſocieté.

Non-ſeulement les choſes , mais auſſi les faits peuvent être le ſujet des ſtipulations & des contrats , comme ſi nous ſtipulons pour quelqu'un qu'il fera ou ne fera pas quelque choſe : Mais il y a une très-grande difference entre la ſtipulation d'une choſe & la ſtipulation d'un fait ; car lorſque l'on a ſtipulé une choſe , celui qui l'a promiſe peut être forcé de la bailler : *Quia res manu militari capi poteſt.* Au lieu que quand c'eſt un fait , la condamnation ne ſe réſoud qu'en dommages & interêts , auſquels celui qui manque de faire ce qu'il a promis , doit être condamné par le Juge. *Voyez* ce que M. de Ferriere a dit dans ſa traduction des Inſtitutes , au livre 3 , ſur le paragraphe dernier du ſeiziéme titre.

CHAPITRE VIII.

Des Conventions licites , & de celles qui ne le ſont pas.

LEs conventions licites ſont celles qui ſont faites des choſes qui tombent dans le commerce , & dont on peut contracter, ſoit que la perſonne ſoit capable de contracter ou non ; car quoiqu'un mineur ne puiſſe contracter , ſans l'autorité de ſon Tuteur, ni une femme ſans l'autorité de ſon mari , néanmoins leurs obligations ne s'appellent pas illicites , quoiqu'elles ſoient nulles ; parce qu'à l'égard du Notaire , il peut être trompé par le mineur, qui ſe dit majeur , & par la femme qui ne lui dit pas qu'elle eſt mariée.

Mais l'acte eſt illicite à l'égard du Notaire , quand l'Ordonnance lui défend préciſément de le paſſer : Ainſi , un Notaire ne doit pas recevoir de contrats uſuraires , ni tous ceux qui ſont contre les bonnes mœurs ; comme un contrat de vente d'une choſe ſacrée , ou un acte par lequel l'un des Contractans , moyennant une ſomme , s'obligeroit envers l'autre de faire un crime, ou de tromper un autre, ou de lui faire tort par quelque mauvais artifice, parce qu'un Notaire ne doit pas prêter son ministere pour nuire, & que le dol est toujours exclus dans les conventions.

Il n'est pas permis de vendre des droits successifs avant que la succession soit échuë, parce qu'il est contre les bonnes mœurs de transiger la succession d'une personne vivante, si ce n'est qu'elle y consente, ou que la renonciation se fasse par un contrat de mariage.

On sçait assez qu'il n'est pas permis aux Notaires de passer aucun acte contre l'interêt de l'Etat, du Roi, du Public, même contre celui de sa Communauté, parce que ce seroit une prévarication; & un Notaire qui auroit reçu un contrat de chose réprouvée de droit, & mauvaise par elle-même, comme un contrat usuraire, une obligation contenant simonie, ou tendante à récompenser quelque crime, coureroit risque d'être privé de son Office, & même d'être puni corporellement, suivant la qualité de la chose dont il s'agiroit.

On ne peut aussi recevoir que les Conventions des Parties faites sans contrainte & non extorquées par violence ou par menace, parce que ce qui est signé par force, ne peut passer pour une convention, dont la condition essentielle est la liberté de la faire ou de ne la pas faire.

Mais si le consentement d'un des Contractans n'est pas libre, parce qu'il y a erreur de sa part; en ce cas, le Notaire n'en est pas responsable, non plus qu'il ne l'est pas de la lézion manifeste, en cas de vente, parce que chacun est maître de son bien; il ne doit pourtant pas passer une obligation sans cause, comme un contrat de vente, sans qu'il y ait un prix stipulé.

Par Arrêt du 29 Décembre 1659, la Cour a fait défenses aux Notaires de recevoir des actes de promesses de mariage par paroles de préfent; c'est-à-dire, une promesse réciproque par laquelle deux personnes, sur le refus à eux fait par les Archevêques & Evêques, leurs Grands-Vicaires ou Curés, de leur conferer le Sacrement de mariage, déclarent qu'ils se prennent pour mari & femme; parce que ce seroit autoriser les mariages clandestins. Ce qui a été confirmé par un Arrêt de Reglement du 5 Septembre 1680, signifié au Syndic des Notaires de Paris, à la requête des Monsieur le Procureur Général, & ce à peine d'interdiction contre le Notaire.

Par Edit du mois d'Août 1661, il a été défendu aux Particuliers
liers

liers de donner à l'avenir aucuns deniers comptans, heritages, ou rentes aux Communautés Eccleſiaſtiques, Régulieres ou Séculieres, à l'exception de l'Hôtel-Dieu de Paris, de l'Hôpital General & de celui des Incurables, à condition d'une rente à fond perdu, c'eſt-à-dire, viagere, durant la vie du Donateur; & défenſes ont été faites aux Notaires de recevoir tels contrats de conſtitution.

Par Arrêt de Reglement du 9 Mars 1620, ſignifié au Syndic des Notaires, il leur a été fait défenſes d'inſerer à l'avenir dans les contrats & obligations conçus pour prêt, la déclaration de majorité, & les extraits-baptiſtaires qui leur ſeront preſentés pour la prouver, à peine de nullité, & d'en répondre en leur propre & privé nom.

Cet Arrêt a été ſuivi d'un autre rendu le 26 Mars 1624, par lequel fut fait défenſes à toutes perſonnes de prêter de l'argent aux enfans de famille étant en puiſſance de pere & de mere, bien qu'ils ſe déclarent majeurs, & mettent entre les mains du créancier leurs extraits-baptiſtaires, pour juſtifier leur majorité, à peine de nullité des promeſſes & obligations, & de punition corporelle. *Voyez* Brodeau ſur Louet, lettre M. ſommaire 4, nombre 4.

Ces Arrêts ne s'exécutent pas. On dépoſe tous les jours des extraits-baptiſtaires pour prouver la majorité des Contraƈtans.

CHAPITRE IX.

De l'Uſure.

LEs conventions uſuraires ſont illicites, quoique la pratique n'en ſoit pas abolie. Il faut donc qu'un Notaire ſoit pleinement inſtruit de tous les principes qui regardent l'uſure, afin de ne point paſſer de contrat qui ſoit uſuraire. C'eſt auſſi pour cette raiſon qu'on s'eſt appliqué à ne rien omettre ici de ce qui peut donner une entiere connoiſſance de l'uſure.

L'uſure ſe prend ici, ou pour la convention & le contrat uſuraire, ou pour le gain illicite, qui eſt comme le fruit de l'argent ou d'autre choſe prêtée.

On définit l'uſure un gain au-de-là du ſort principal de l'argent ou de la choſe prêtée, tiré & exigé par le créancier, en con-

Tome I. R

féquence du prêt qu'il fait : Ainſi, l'uſure n'eſt autre choſe que le prix de l'uſage de l'argent prêté, & un accroiſſement qui en provient.

L'uſure ne ſe commet proprement que dans le prêt, c'eſt-à-dire, en conſéquence de l'uſage qu'on accorde à quelqu'un de choſes qui ſe conſomment par l'uſage : Mais pour qu'il y ait uſure, il faut que ce qui eſt payé par de-là le ſort principal, ſoit payé par convention, ou que la choſe n'ait été prêtée par le créancier, qu'avec intention d'en recevoir du profit ; car ſi ce profit étoit gratuitement donné par le débiteur en reconnoiſſance, il n'y auroit point d'uſure.

L'uſure ſe commet, ſoit que le prêt conſiſte en argent monnoyé, ou en autres choſes qui ſe conſomment par l'uſage, ſoit que le profit ſe tire de l'augmentation des choſes de même nature que celle qui a été prêtée, ou quelqu'autre choſe.

L'uſure ſe diviſe en compenſatoire, punitoire & lucrative.

L'uſure compenſatoire eſt ce qui ſe paye par le Preneur au par-deſſus du ſort principal, pour raiſon du dommage cauſé, ou du gain ceſſant ; ce n'eſt pas proprement une uſure, mais une compenſation juſte & légitime, comme quand le Vendeur d'un heritage ſtipule, que les interêts de l'argent lui ſeront payés juſqu'au payement actuel du prix convenu ; ces interêts ne peuvent pas être conſiderés comme uſuraires, puiſqu'ils tiennent lieu des fruits de l'heritage vendu.

L'uſure punitoire, eſt la peine du retardement que fait le Débiteur de payer une dette. Elle n'eſt pas défenduë parmi nous, & les Juges y condamnent par forme de dédommagement, comme il eſt dit au chapitre 2 de ce livre.

L'uſure lucrative, eſt le gain & le profit qui ſe tire du Prêt. Sans entrer dans ce qui s'obſervoit par les Loix Romaines touchant l'uſure, nous dirons ici que les uſures lucratives ſont défenduës, tant par le Droit naturel, que par le Droit Divin, & par le Droit Eccleſiaſtique.

Cette uſure eſt défendue par le Droit naturel, parce que c'eſt un gain qui répugne à la raiſon & à l'équité, vû qu'il ſe prend de l'argent qui eſt ſterile de ſa nature, & qui ne produit rien par lui-même, & on ne peut prétendre avec raiſon, qu'il produiſe du profit, puiſque ſon uſage ne conſiſte que dans la conſomption.

D'ailleurs, l'équité naturelle ne permet pas d'exiger de ſon débiteur, plus que ce qu'on lui a prêté ; & en agir autrement, c'est vendre l'usage d'une chose qui n'est plus à celui qui la donne, puisque cette chose passe dans le même moment dans le domaine & dans la possession de celui qui la reçoit. Enfin, il n'y a rien de plus contraire à l'équité naturelle, que de faire tort aux autres pour nous procurer quelque avantage.

L'usure, selon les Peres de l'Eglise, est une espece de larcin, ensorte que, selon eux, entre les vols & les usures, il n'y a d'autre différence, sinon que le larcin se fait furtivement, & malgré celui à qui il est fait ; & que l'usure se tire du consentement de celui qui l'a promise ; mais c'est un consentement forcé & contraint, qui n'en purge pas le vice, & qui ne met pas à couvert de l'injustice, qui en est inséparable, ceux qui l'exigent & qui la reçoivent.

Que l'usure soit défendue par le Droit Divin, la preuve n'en est pas difficile. Dieu défendit aux Egyptiens d'accabler son Peuple d'usure, ainsi qu'il est dit au chapitre 22 de l'Exode, verf. 25. Il défendit d'exiger de son prochain, plus qu'on ne lui a prêté, & de lui prêter à usure, ainsi qu'il est porté au chapitre 25 du Lévitique, versets 36 & 37. Il défendit à son Peuple de se prêter à usure les uns aux autres de l'argent, & toute autre chose, lui permettant néanmoins de le faire à l'égard des Etrangers. *Tu ne donneras point*, dit le Texte Sacré, *ton argent à ton frere à usure*, Deuteronome 23, versets 19 & 20. A quoi on peut ajouter ce que le Prophéte David dit au Pseaume 14, versets 1 & 6, & au Pseaume 54, versets 10 & 12, sur lesquels on peut voir la remarque de Saint Augustin ; comme aussi, ce que dit le Prophéte Ezéchiel, chapitre 16, versets 8 & 13, & chapitre 22, verset 12.

L'Evangile défend aussi l'usure expressément dans Saint Luc, chapitre 6, verset 4, ce qui suffit pour prouver que l'usure est un péché selon la Loi de Jesus-Christ. Une infinité de Conciles l'ont précisément décidé, aussibien que plusieurs Souverains Pontifes, & la plupart des Peres de l'Eglise qui se sont si fort récriés contre.

Nos Rois l'ont défenduë sous des peines très-rigoureuses. Les Usuriers sont de plus obligés à la restitution des usures qui leur ont été payées, & ils ne les peuvent retenir, quand bien même le débiteur ne les répeteroit pas, parce qu'ils ne peuvent pas retenir ce qui n'est pas à eux.

Quand l'usure est prouvée, les Juges en ordonnent toujours la restitution, quoiqu'elle ait été payée volontairement, & ils l'imputent fur le principal. D'où il s'enfuit, que fi les interêts ufuraires égaloient le principal, le débiteur feroit abfolument quitte de tout, & l'obligation feroit déclarée entierement acquittée par le moyen de l'imputation. Il y a plus, c'eft que fi les interêts payés excedoient le principal, le créancier qui feroit convaincu de les avoir reçus, feroit condamné à les reftituer, ayant reçu ce qui ne lui étoit pas dû. Louet, lettre S. nombres 8., 9, 10 & 11.

Au refte, l'ufure ne peut être couverte ni par le payement volontaire, ni par tranfaction, ni par aucun Jugement qui feroit intervenu deffus.

CHAPITRE X.

Des Conventions qui rendent le prêt ufuraire.

L A morale de plufieurs perfonnes eft fi relâchée, qu'elle leur a fait imaginer des détours & des fubtilités, pour conclure qu'il n'y a point d'ufure dans des négociations qui ne laiffent pas d'être ufuraires. Ainfi il eft bon de donner là-deffus tous les éclairciffemens poffibles.

Toute convention par laquelle il a été accordé que le débiteur fera tenu de donner à fon créancier quelque chofe au-de-là du fort principal, eft ufuraire: Ainfi, toute promeffe de payer les interêts d'une fomme prêtée eft illicite, comme il a été jugé par plufieurs Arrêts.

Cependant une telle ftipulation d'interêt, mife dans une obligation, ne la rend pas nulle; mais elle ne produit aucun effet, quand bien même elle feroit caufée pour le retard où feroit le débiteur de payer après un certain tems; car comme nous avons dit, il faut une demande en Juftice pour les interêts, & une Sentence qui les adjuge. Un Notaire ne doit pas ignorer qu'une pareille claufe n'eft pas licite dans une obligation pour prêt, & celui qui l'auroit inferée dans un tel acte, feroit expofé à recevoir des Juges une fâcheufe mercuriale.

Il eft donc conftant qu'il y a ufure lorfque le créancier exige quelque chofe du débiteur au-de-là de la fomme par lui prêtée, en confideration du tems qu'il lui donne pour la payer.

Ce n'eft point au créancier à entrer dans l'ufage que fon débiteur fera de l'argent qu'il prête, & s'il lui doit procurer du profit; il fuffit qu'il n'y ait point d'aliénation du fort principal, pour qu'il y ait ufure. Ainfi quoique les deniers empruntés par le débiteur ayent été en un même inftant par lui employés en achat d'héritages, dont par conféquent il doit tirer un profit annuel, néanmoins les interêts n'en peuvent être ftipulés ni dûs, finon du jour de la demande en Juftice. Les interêts qui procedent d'une caufe qui n'en doit point produire, font toujours illicites, foit qu'ils confiftent en argent ou en autre chofe qui peut être eftimée à certain prix, comme marchandife, nourriture & autres chofes femblables.

C'eft auffi une convention ufuraire que celle par laquelle celui qui emprunte, fe charge de rendre à fon créancier un fervice qu'on peut eftimer à prix d'argent; par exemple, qu'il fera fes affaires gratis. Il faut dire la même chofe de la convention par laquelle un débiteur s'obligeroit de payer à fon créancier une fomme ou les interêts, faute de payer le fort principal dans le tems convenu.

Il y a pareillement ufure lorfque quelqu'un prête du bled, à condition qu'il fera rendu en même quantité, quand le prix en fera augmenté, parce que c'eft un gain certain, à la charge duquel le prêt a été fait.

Mais on peut prêter du bled dans le tems de la cherté, au prix qu'il vaut pour lors, & ftipuler qu'on en rendra une plus grande quantité, fi le prix en diminue, jufqu'à concurrence de fa valeur au tems du prêt. Cette derniere convention eft valable, parce que celui qui prête fon bled dans le tems de la cherté, n'eft pas cenfé avoir voulu tirer de l'ufure du prêt; mais il a feulement donné de fon bled à crédit pour lui être rendu fuivant fon prix, enforte que s'il n'en profite pas, il n'en fouffre aucune perte.

Quand on prête de l'argent à interêt à une Societé, dans laquelle on n'eft intereffé pour aucune part, enforte que la perte de l'argent regarde uniquement ceux qui compofent la Societé; on ne peut douter qu'il n'y ait ufure. Mais fi l'on prête à un certain interêt fon argent à une Societé, à l'effet d'être tenu de la perte qui pourra arriver, pour lors il n'y a point d'ufure. Telle négociation n'eft pas un prêt, qui de fa nature doit être gratuit; mais c'eft mettre de l'argent dans une Societé, pour le faire profiter, & en même-tems courir le rifque du profit ou de la perte.

La convention par laquelle celui qui emprunte de l'argent, baille un heritage à son créancier, à la charge qu'il en jouisse, & que les fruits lui appartiendront pour l'interêt de son argent, est appellée antichrese.

Ce terme qui vient du Grec, veut dire contre-jouissance; car de même que le débiteur jouit de l'argent, qui lui a été prêté, de même le créancier jouit des fruits du fonds qui lui a été obligé pour la sureté de son dû. C'est aussi la raison pour laquelle cette sorte d'engagement est appellé Mort-Gage par Bouteillier dans sa Somme Rurale; parce que le créancier ne décompte pas sur la dette les fruits qu'il a perçus, à la difference du Vif-Gage, par le moyen duquel le débiteur s'acquitte à proportion que le créancier perçoit les fruits qui proviennent de la chose engagée.

L'antichrese étoit permis chez les Romains; mais ce pacte a été prohibé comme usuraire par le Droit Canonique, *Cap. conquestus extrà de usuris*, parce que le prêt doit être gratuit, attendu que, *nummus nummum non parit*, comme nous avons dit ci-dessus. D'ailleurs, un tel pacte peut causer un très-grand préjudice au débiteur, parce qu'ordinairement les fruits d'un heritage montent bien plus haut que l'interêt que l'on tireroit de la somme prêtée dans un commerce ordinaire d'usure.

Nous avons suivi en ce point la disposition du Droit Canonique : Ainsi, cette paction est défendue parmi nous; & quand elle est portée en Justice, le Jugement qui intervient, condamne le créancier d'imputer sur le principal tous les fruits qu'il a perçus en conséquence d'un tel pacte.

CHAPITRE XI.

Si une somme dûë par Billet ou Obligation peut produire
des interêts en conséquencè d'une demande judiciaire
qui en est faite.

QUOIQUE suivant ce que nous avons dit ci-deffus, un créancier ne puiffe exiger aucune chofe de fon débiteur au-de-là de la fomme par lui prêtée, parce que tout prêt doit être gratuit; néanmoins quand le créancier demande en Juftice l'argent qui lui eft dû, avec demande d'interêts faute de paye-ment, alors les interêts commencent à courir du jour de la de-mande judiciaire, lorfqu'elle eft fuivie de condamnation.

En effet, la qualité de la dette eft alors changée, ce n'eft plus un prêt gratuit, mais forcé, puifque le créancier demande fon ar-gent, & qu'on le retient malgré lui; enforte que les interêts font dûs, non pas par la nature du contrat, mais par l'Ordonnance du Juge, qui impofe la peine de l'interêt à celui qui ne fatisfait pas à fa dette & à fa promeffe. Ainfi, dans ce cas, l'interêt ne procede point du fimple prêt, qui par lui-même n'eft pas capable d'en produire; mais de la contumace du débiteur, que le Juge pu-nit, en le condamnant aux interêts de la fomme demandée, juf-qu'à l'entier & actuel payement d'icelle.

Pour donner lieu à ces interêts, & les rendre légitimes, il faut que la fomme demandée foit dûe légitimement, & que la de-mande en foit faite en Juftice, & encore, que par l'exploit le créancier en demande les interêts, autrement ils ne feroient point dûs, & ne pourroient être adjugés que du jour d'une autre de-mande qui en feroit faite; ce qui eft fi vrai, que la demande du principal, avec proteftation des interêts, ne feroit pas une jufte caufe, pour que le Juge y pût condamner.

La feule demande judiciaire ne fuffit pas pour faire courir les interêts d'une fomme dûe par l'obligation, il faut le faire pronon-cer par Sentence du Juge, la demande feule ne pouvant pro-duire d'interêts fans une Sentence qui les adjuge. Ainfi jugé par Arrêt du 9 Mars 1607, en l'efpece duquel il y avoit eu demande des interêts, mais non conteftée ni pourfuivie, & incontinent après le débiteur s'étoit volontairement obligé aux interêts pour avoir quelque délai. L'Arrêt jugea que les interêts n'étoient point dûs, & que ceux qui avoient été volontairement payés devoient être imputés sur le principal.

Comme la demande des interêts ne suffit pas sans une Sentence qui les adjuge, aussi la seule Sentence & condamnation volontaire de payer les interêts d'une somme dûe par l'obligation, ne suffit pas s'il n'y a une demande précedente d'interêts, ainsi qu'il a été jugé par Arrêt du 16 May 1628. *Voyez* M. le Prestre, centurie 2, chapitre 27, & les notes, & M. Louet & Brodeau, lettre I. nombres 8 & 9.

On tient que la demande & condamnation d'interêts, obtenüe contre un des co-obligés personnellement & solidairement, vaut contre tous les autres co-obligés, quoiqu'ils n'ayent point été poursuivis, comme il a été jugé par Arrêt du 19 Avril 1630; & ce qui est à remarquer, c'est qu'il y avoit plus de vingt ans de distance entre la condamnation d'interêts, obtenuë contre un des co-obligés, & la poursuite faite contre l'autre, qui offroit de payer le principal, & soutenoit ne point devoir d'interêts. *Voyez* Brodeau sur M. Louet, lettre P. sommaire 2, & Henris, tome 2, liv. 4, quest. 40, avec les notes de M. Bretonnier.

CHAPITRE XII.

Si c'est usure que de prêter à gros interêt à celui qui doit employer cet argent à un négoce maritime.

IL arrive quelquefois qu'on prête de l'argent à celui qui doit passer les mers, & faire des voyages de long cours, ou pour que cet argent soit employé à l'achat de marchandises, qui doivent être envoyées par mer dans les Pays éloignés, & pour lors on stipule que le vaisseau étant arrivé sans naufrage au lieu destiné, on rendra l'argent avec un gros interêt, & qu'au contraire, si le vaisseau fait naufrage, l'argent sera perdu pour le créancier, sans aucun interêt, sur quoi on demande si un tel prêt est usuraire.

L'interêt dans ce cas n'est point usuraire, parce qu'il n'est pas promis pour le prêt simplement, mais à cause du péril & du hazard

zard que court le créancier de perdre entierement l'argent qu'il prête.

De plus, c'est moins un prêt qu'un fait de societé ou de commerce, où chacun risque à perdre ou à gagner; ainsi, puisque le créancier prend sur lui le péril de l'argent qu'il prête (ce qui est contre la nature du prêt) il est juste qu'il en puisse tirer un interêt même considerable, si le vaisseau revient sans faire naufrage, & qu'il participe au gain que son débiteur fait à l'occasion de l'argent qu'il lui a prêté.

Ces sortes de contrats se nomment, *Contrats à la grosse avanture*, *Contrats à la grosse*, ou *Contrats à retour du voyage*. Ils sont permis & autorisés par l'Ordonnance de la Marine de 1681. Le Lecteur qui souhaitera s'instruire à quelles conditions ces sortes de contrats peuvent se faire, peut consulter le titre 5, livre 3 de ladite Ordonnance, avec les Commentaires.

CHAPITRE XIII.

Si on peut donner à interêt les deniers pupillaires.

PAR le Droit Romain, les usures pupillaires étoient permises, c'est-à-dire, qu'il étoit permis d'exiger des interêts pour le prêt de deniers appartenans à des mineurs & à des pupilles; mais le Droit Canonique est contraire, & ne permet point l'usure dans ce cas, puisqu'il le défend généralement & indistinctement, & qu'il décide qu'il n'est pas permis de pécher pour procurer quelque avantage à d'autres.

C'est le sentiment de Covarruvias, *lib.* 3, *cap.* 2, de Molina, *disput.* 224, *num.* 19, & de plusieurs autres Docteurs & Canonistes.

Cependant la faveur particuliere des mineurs, avoit introduit en France un usage contraire; ensorte que depuis long-tems on tenoit que les deniers des mineurs pouvoient être donnés à interêt par cédules & obligations, parce qu'ils ne doivent point être oisifs, attendu la faveur des mineurs. On trouve même dans M. le Prestre, centurie 4, chapitre 14, plusieurs Arrêts qui ont permis aux Tuteurs de donner les deniers de leurs mineurs à interêts, pour un tems, comme jusqu'à leur majorité.

Plusieurs de nos Docteurs François n'ont pas approuvé cet

ufage, comme étant contraire à l'équité & au droit naturel. Charondas, fur le code Henry III. livre 6, titre 21, article 2, reconnoît que c'eft une ufure & un contrat illicite, que de tirer profit des deniers des mineurs, fans aliénation du principal. Coquille, fur le chapitre 21 de la Coutume de Nivernois, article 15, eft de même avis, & cette opinion eft la plus fûre.

Il s'eft prefenté une queftion; fçavoir, fi le mari d'une femme mineure peut donner par contrat de conftitution les deniers appartenans à fa femme, avec une claufe expreffe de rembourfer le fort principal, après un certain tems, arrivant la majorité de fa femme.

Dans l'efpéce un mari avoit reçu le rembourfement d'une rente appartenante à fa femme mineure, n'ayant pas encore vingt-deux ans, la fomme étoit de trois mille livres; il prête la fomme à un Particulier par un contrat de conftitution, par lequel au commencement la rente eft ftipulée perpétuelle & annuelle, & à la fin du contrat cette claufe eft inferée : *Qu'attendu que les deniers donnés à conftitution par le prefent contrat, proviennent du rachat d'une rente, &c. appartenante à ladite Damoifelle laquelle étoit mineure, le conftituant s'obligeoit & promettoit faire le rachat de ladite rente, &c. dans trois ans, au jour de auquel arrivoit la majorité de ladite Demoifelle, &c.*

Les trois ans étant échûs, pendant lefquels le débiteur avoit payé les arrérages de ladite rente, le mari créancier fait faire commandement au Conftituant de lui payer & rembourfer le fort principal de ladite rente, en exécution du contrat.

Par Arrêt donné en la Grand'Chambre en 1684, le mari fut débouté de fa demande; & il fut jugé que le débiteur ayant toujours payé les arrerages, ne pouvoit être contraint au rachat de la rente.

Depuis il a été jugé contre l'ancien ufage, que le Tuteur ne pouvoit pas même donner les deniers de fon mineur à interêt. Cet Arrêt a été rendu en la Grand'Chambre fur les conclufions de M. l'Avocat General Chauvelin, le 7 May 1714.

Ainfi la Cour a jugé par cet Arrêt, que les deniers pupillaires ne peuvent point produire d'interêts, fans aliénation du principal, & que les interêts qui auroient été payés en conféquence d'un tel prêt fans aliénation, doivent être imputés fur le principal, fauf le recours du mineur contre le Tuteur; & la Cour ordonna que l'Arrêt feroit lû & publié, & ferviroit de Reglement.

CHAPITRE XIV.

Si les interêts de la dot d'une femme font dûs.

LEs deniers dotaux de la femme produifent interêt de droit; fans demande ni condamnation, & fans qu'il foit befoin de les ftipuler; ce qui a lieu tant contre les pere & mere de la femme qui ont promis la dot, que contre le mari, lorfqu'il s'agit de la reftitution de la dot.

A l'égard des pere & mere qui ont promis la dot, cela eft fans difficulté. Premierement, parce que les fruits de la dot font acquis au mari du jour de la célebration de mariage, & cela à caufe des charges du mariage, dont le mari eft tenu. Secondement, parce que la dot tient lieu de légitime à la fille : Or, les interêts de la légitime font confiderés comme les fruits & les revenus d'une fucceffion, qui s'augmentent & font un capital au profit de ceux qui en ont la proprieté.

Ainfi les interêts dûs au jour du décès du mari qui n'en auroit point fait de demande, ne font point préfumés remis ; mais au contraire ils font dûs à fes heritiers, comme faifant partie de fa fucceffion, ce qui a lieu même quand la dot a été promife par une autre perfonne que par les pere & mere de la fille.

Il eft fi certain que les interêts de la dot font dûs au mari, que fi pour fûreté de la dot un heritage a été donné en gage au mari, avec convention d'en percevoir les fruits jufqu'au payement de la dot, cette convention eft valable en ce cas, & le mari n'eft pas obligé d'imputer fur le principal les fruits qu'il en aperçus, comme il eft expreffément décidé par les Conftitutions canoniques, au titre des Décretales, *de ufuris, cap* 16.

La dot eft donnée au mari pour des fruits ou interêts en provenans foutenir les charges du mariage, par conféquent après les avoir portées, il peut demander ce qui lui a été promis expreffément & tacitement; fçavoir, la dot qui eft contenue dans la convention expreffe, & les interêts qui font contenus dans la convention tacite.

D'ailleurs, il ne s'agit pas dans ce cas d'un prêt, mais d'une convention particuliere; fçavoir, de la part du mari, de contracter mariage, & de la part de celui qui promet la dot, de la payer au mari, & de le dédommager des charges par lui foutenues, en lui payant les interêts de cette même dot, qui font pour ainfi dire deftinés à cet ufage ; car quant à la dot, c'eft le patrimoine de la femme, dont le mari eft le débiteur, quand il l'a reçue.

Nous avons dit ci-deffus, que la dot produifoit auffi des interêts au profit de la femme, dans le cas de la reftitution, & ce du jour de la diffolution du mariage, ou du jour de la féparation ; ce qui eft fans difficulté.

Mais les interêts des deniers dotaux ne font dûs à la femme que par rapport à ce qui lui en eft ftipulé propre par fon contrat de mariage ; car pour les deniers qui font entrés en communauté, ils ne font point reftituables, à moins qu'il n'y en ait dans le contrat une claufe de reprife, en renonçant par la femme à la communauté, auquel cas les interêts font dûs de tout ce qui eft ftipulé dans cette claufe de reprife.

Quant au remploi des propres, les interêts en font auffi dûs du jour de la diffolution de la communauté, puifque c'eft le prix d'un heritage ; & cela doit être obfervé, foit qu'il s'agiffe du propre de la femme, ou du propre du mari.

Quant au douaire, la Coutume de Paris & plufieurs autres portent que les fruits ou interêts du douaire courent du jour du décès du mari, fans demande ; mais il y a quelques Coutumes qui ne les font courir que du jour de la demande.

Ce que nous avons dit ci-deffus, que les deniers dotaux de la femme produifent interêts, tant lorfqu'il s'agit de la demande de la dot contre les pere & mere, ou autres qui l'ont promife, que contre le mari, lorfqu'il s'agit de la reftitution, fouffre une exception, fçavoir, quand par le contrat il y a ftipulation expreffe, portant terme de payer ou reftituer la dot ; car en ce cas, les interêts ne courent que du jour du délai expiré, fi en accordant le délai, on ftipule que le futur époux n'en payera point.

CHAPITRE XV.

Si les rentes conftituées à prix d'argent font licites
& non ufuraires.

IL femble premierément, que la raifon qui défend de prendre
des interêts du prêt, doive avoir lieu dans les rentes conftituées
à prix d'argent, puifque l'argent pour lequel elles font caufées,
eft par lui-même ftérile, qu'il ne produit rien, & que fon ufage
ne confifte que dans une confommation qui s'en fait à l'inftant
que l'on s'en fert; car l'argent qui fe paye tous les ans pour les
interêts de la rente conftituée, eft comme le prix & le produit de
l'argent, dont on a fait la conftitution.

En fecond lieu, dans la rente conftituée à prix d'argent, il y
a une efpece de prêt, puifque celui qui conftitue fur lui la rente,
devient le débiteur de l'argent qu'il reçoit à cette charge.

En troifiéme lieu, les rentes conftituées à prix d'argent, produifent le même inconvenient que le prêt, dont on tire des interêts, en çe que le débiteur ayant laiffé paffer quelques années fans
les payer, devient infolvable par les pourfuites & les contraintes
que l'on exerce contre lui, pour en avoir le payement.

Nonobftant ces raifons, le Droit Ecclefiaftique a permis les
rentes conftituées à prix d'argent, & a déclaré qu'elles étoient
juftes, licites & conformes au Droit Commun, & que les Vendeurs d'icelles font obligés d'en payer les interêts, qui ne peuvent être imputés fur le principal.

La raifon eft, que dans le contrat de conftitution il n'y a ni
prêt véritable, ni par fiction; dans le prêt le débiteur peut être
contraint de payer la fomme qu'il a empruntée, au lieu que dans
le cas du contrat de conftitution, il eft feulement tenu de payer
la rente jufqu'au rembourfement du fort principal, auquel il ne
peut être contraint, tant qu'il paye les interêts de la rente, à laquelle il eft obligé.

L'obligation principale du prêt avec ufure, eft de payer le principal, & l'obligation acceffoire eft d'en payer l'ufure. Dans le
contrat de conftitution au contraire, l'obligation principale eft
de payer la rente annuelle, & non le principal; c'eft pourquoi il

ne peut point y avoir d'ufure, quoique la rente foit conftituée en
argent, & les interêts payables en argent.

L'ufure ne fe commet, comme il a été dit ci-deffus, que lorfqu'on paye quelque chofe au-de-là du fort principal, & l'ufure
fuppofe le payement du fort principal. Or dans le contrat de conftitution, il n'y a point d'obligation de payer le fort principal,
parce qu'il eft aliéné, qu'il n'eft point exigible, lorfqu'on paye
les interêts.

Ainfi, quoiqu'après un nombre d'années, l'Acquereur ait reçu
par les arrerages, le fort principal, & même plus, quoique le
fort principal lui foit encore dû, il n'y a point d'ufure, parce que
l'Acquereur ne les a pas reçus au-de-là du fort principal, & en
vertu du prêt; mais à titre de l'achat de la rente & de l'aliénation du principal, qu'il n'a pas été, & qu'il n'eft pas en droit
d'exiger.

CHAPITRE XVI.

Comment l'ufure fe peut commettre dans la Vente.

QUOIQUE l'ufure femble ne fepouvoir commettre proprement que dans le prêt, néanmoins elle fe commet quelquefois dans le contrat de vente, en conféquence du prix qui fe
paye par l'Acheteur, ou qu'il ftipule devoir.

La premiere queftion qui fe préfente à ce fujet, eft de fçavoir,
*s'il y a ufure quand on achete des marchandifes, & qu'on en donne
moins que le jufte prix, parce qu'on paye par avance.*

Pour réfoudre cette queftion, il faut diftinguer trois cas:

Le premier, lorfque l'on achete, par exemple, du grain avant
la moiffon, & que l'on paye par avance le prix qu'il vaudra après
la moiffon faite ou approchant; on peut certainement dire que ce
cas eft fans ufure.

Le deuxiéme, lorfqu'on achete du bled avant la moiffon, un
certain prix payé comptant au hazard s'il vaudra un prix plus ou
moins fort. Certainement il n'y a point là encore d'ufure; cette
incertitude met l'Acheteur à couvert de tout; le hazard eft égal
pour l'un & pour l'autre: Ainfi, il n'y a que l'évenement
qui eft incertain, qui fera connoître lequel des deux en aura
profité.

Le troisiéme est, quand quelqu'un achete du grain avant la moisson, & qu'il le paye moins qu'il ne vaudra pour lors, à cause du payement qu'il fait par avance ; dans ce cas, il y a usure. C'est une usure palliée & couverte, c'est faire profiter son argent du jour que l'on le donne, jusqu'au jour de la délivrance du grain acheté.

La deuxiéme question est de sçavoir, *s'il y a de l'usure quand on vend sa marchandise plus cher, parce qu'on la donne à crédit.*

Alexandre III. dans le chapitre 6 au titre des Décretales, *de usuris*, décide qu'il n'y a point d'usure, cependant qu'il y a péché, parce que c'est faire profiter le prix de la marchandise pour raison du délai, comme si c'étoit pour argent prêté ; car il ne faut pas tant s'attacher à la figure des paroles, qu'à la substance des contrats & des conventions.

Que si on vend de la marchandise plus cher qu'elle ne vaut, parce qu'on a dessein de la garder & de ne la vendre que dans le tems qu'elle vaudra certainement davantage, il n'y a ni usure, ni injustice, si ce n'est à l'égard du bled que l'on ne peut cacher sans péché, & en differer la vente, dans le dessein de le faire rencherir ; cependant il n'y a rien de plus ordinaire.

Mais voici une usure qui est énorme, qui se fait dans le contrat, que les Casuistes Espagnols appellent *Mohatra*, par lequel on achete à crédit des marchandises à haut prix, pour les revendre au même instant à la même personne argent comptant, & à meilleur marché. Par exemple, un Marchand vend à celui qui a besoin d'argent, des marchandises pour douze cens livres, dont il se fait faire une promesse ou obligation payable dans six mois ou dans un an, & ces marchandises ne valent tout au plus que huit cens livres. Dans le même tems l'Acheteur les vend au même Marchand pour six ou sept cens livres argent comptant.

Ceux qui font de ce contrat un commerce ordinaire, trouvent un autre expedient, pour empêcher qu'on ne les accuse d'usure ; ils vendent à un homme qui a besoin d'argent des marchandises, & quelquefois des meubles un prix excessif, & donnent du tems pour en faire le payement, & les font dans le même-tems racheter à très-vil prix, par personnes interposées. Dans l'un & l'autre de ces cas, l'usure est énorme & très-condamnable.

La troisiéme question est de sçavoir, *si le prix d'un heritage vendu peut produire des interêts jusqu'à l'actuel payement.*

Le prix d'un heritage vendu produit naturellement des interêts depuis le contrat de vente jufqu'à l'actuel payement, foit qu'il y en ait ftipulation ou non, parce qu'*interim* l'Acheteur jouit de l'heritage. Cette maxime fouffre néanmoins une exception, au cas que par le contrat de vente il y eût terme de payer fans interêts pendant le délai ; auquel cas les interêts ne commenceroient à courir que du jour du terme échû ; car s'il n'y a point de claufe, *fans interêts pendant le tems*, ils feroient dûs de droit.

En vente de marchandifes & autres chofes mobiliaires, on ne peut ftipuler d'interêts pour commencer à courir depuis le contrat de vente jufqu'à l'actuel payement, & telle ftipulation eft ufuraire. Les interêts ne peuvent être dûs que du jour de la demande en Juftice, parce que la fomme ftipulée & convenue pour le prix de la chofe vendue, eft un argent qui eft ftérile par lui-même, & qui ne produit rien.

Il y a des Auteurs qui foutiennent qu'on peut ftipuler par le contrat de vente d'une chofe mobiliaire, qu'après un intervale raifonnable de tems, les interêts feront dûs, & qu'en ce cas les interêts doivent commencer à courir, faute de payement, du jour du délai expiré. Dumoulin dit que cette convention vaut fans demande judiciaire, comme faifant partie du prix convenu ; autrement, qu'il faudroit annuller toute la vente, fi les conditions n'en étoient exécutées.

Cependant je crois que pour ôter toute difficulté, le plus fûr eft de faire la demande en Juftice, tant du principal que des interêts.

Ainfi, en cas de vente d'un fonds de marchandifes, on peut ftipuler des interêts ; mais fi on n'en parle pas, ils ne courent que du jour de la demande.

CHAPITRE XVII.

Du Pacte de la Loi Commiffoire.

CE pacte eft une convention qui tire fon origine du Droit Romain, par laquelle le Vendeur convient avec l'Acheteur que fi le prix de la chofe vendue n'eft pas payé dans un certain

tems,

tems, la vente ſera nulle, ou par laquelle le créancier convient avec ſon débiteur, que faute par le débiteur de payer au créancier ſon dû, la choſe engagée pour ſûreté de la dette ſera acquiſe au créancier.

Ce paƈte eſt appellé Loi, parce que les paƈtes ſont appellés les Loix des contrats, dès qu'ils prennent leur forme. Il eſt appellé commiſſoire, parce qu'en conſéquence & faute de payement, la choſe vendue ou engagée appartient au vendeur ou au créancier, *committitur venditori aut creditori.*

Il paroît par la définition que nous avons donnée de ce paƈte, qu'il y en a de deux ſortes; l'une qui ſe pratique aux contrats de vente, l'autre qui s'appoſe aux contrats de gage.

Il y a entre l'une & l'autre de ces deux eſpeces une très-grande différence. Le paƈte de la Loi commiſſoire qui eſt appoſé au contrat de vente, eſt conçu en cette maniere : *Que ſi dans tel tems l'Acheteur ne paye pas le prix de la choſe vendue, la vente demeurera réſolue & non faite.*

Tel paƈte eſt permis par le Droit Romain, & approuvé par notre Droit François, & même ſans cette convention il eſt toujours au pouvoir du Vendeur de pourſuivre l'Acheteur pour le payement du prix convenu, ou à faute de payement, faire déclarer en Juſtice la vente nulle. La raiſon eſt que comme on a coutume de vendre une choſe ce qu'elle peut valoir, ou à peu près, lorſque faute de payement du prix la vente eſt réſolue, l'Acquereur n'en reçoit aucun dommage.

Mais en France, telle ſtipulation eſt toujours regardée comme comminatoire, étant plutôt une queſtion de fait que de Droit, dit la Loi 32 *de uſuris.* Pour que le Vendeur puiſſe exercer le paƈte de la Loi commiſſoire, il faut qu'il ait recours à l'autorité du Juge; de maniere qu'il faut qu'il ſe ſerve de ſommation & interpellation judiciaire, & qu'ayant conſtitué l'Acquereur en demeure, il rentre dans la poſſeſſion de la choſe vendue par autorité de Juſtice.

Suivant la maxime de Mornac, cela s'obſerve pareillement dans les contrats de vente à faculté de réméré. M. Louet ſur la lettre P. ſommaire 1, traite au long cette matiere.

Le paƈte de la Loi commiſſoire qui eſt appoſé au contrat de gage eſt ainſi conçu : *Que ſi le débiteur ne paye pas dans un tel tems ce qu'il doit à ſon créancier, la choſe engagée pour ſureté de la dette ſera acquiſe au créancier.*

Ce paƈte a été réprouvé par l'Empereur Conſtantin, L. *fin.*

Tome I. T

C. de pactis pignor, & n'eſt point admis parmi nous. La raiſon eſt, que la valeur du gage excede toujours ce à quoi peut monter la ſomme que le créancier a prêtée à ſon débiteur, & qu'ainſi un pauvre débiteur perdroit toujours beaucoup, ſi en vertu de ce pacte, & faute de payement, le créancier devenoit Propriétaire de la choſe qu'il lui auroit donnée en gage ; ainſi, cette convention a été avec beaucoup de raiſon défendue, comme étant une uſure déguiſée, & en même-tems très-pernicieuſe.

Cependant ſi ce pacte de la Loi commiſſoire étoit appoſé à un contrat de gage, de maniere que le créancier ne pût pas profiter du malheur de ſon débiteur, mais qu'il fût tenu de lui tenir compte de ce que le gage vaudroit au-deſſus de la dette, un tel pacte ſeroit valable. Par exemple, s'il eſt convenu entre le créancier & le débiteur, que faute par le débiteur d'avoir ſatisfait dans un certain tems, la choſe engagée appartiendra au créancier pour ſa juſte valeur, ſuivant l'eſtimation qui en ſera faite par l'arbitrage d'un homme de probité, *arbitrio boni viri,* ou que le créancier l'achetera ſon juſte prix, conformément au dire d'Experts & gens à ce connoiſſans, tel pacte n'eſt aucunement uſuraire, *L. ſi fundus, §. ult. ff. de pignor. L. Titius, ff. de pignor. act. ult. C. de jure domini impetrando, & L. ſin. C. de diſtract. pignor.*

C'eſt auſſi l'avis de M. Charles Dumoulin, dans ſon Traité des Contrats uſuraires, & de du Luc en ſon Recueil d'Arrêts, livre 10, queſtion 52, & de pluſieurs autres, qui tiennent avec raiſon, que par ce moyen le débiteur ne peut jamais ſouffrir aucune perte ni dommage, puiſqu'il eſt en droit de répeter contre ſon créancier ce que le gage vaut au-de-là de la dette.

CHAPITRE XVIII.

Si dans les cas où les interêts font légitimes & non ufuraires,
on peut demander l'interêt de l'interêt.

DAns les cas où les interêts font légitimes & non ufuraires, on ne peut en aucune maniere faire courir ni exiger l'interêt de l'interêt. La Loi qui permet pour la premiere fois les interêts d'une fomme d'argent, qui eft ftérile de fa nature, n'a pû admettre une feconde fiction pour les interêts, lefquels devant être confiderés comme les fruits du fort principal, n'en peuvent point produire d'autre ; outre que ce feroit pouffer les chofes à l'infini, & jetter les débiteurs dans une perte totale de leurs biens. *Voyez* Brodeau fur Louet, lettre R. fommaire 55.

De cette décifion on peut tirer plufieurs conféquences.

I. Qu'un créancier ne fçauroit faire paffer à fon débiteur un contrat de conftitution de rentes pour interêts dûs, ou pour arrerages de rente, ni faire entrer des interêts ou arrerages dans le fort principal d'un contrat de conftitution ; ce contrat appellé *Anatocifme*, eft même défendu par le Droit Romain.

II. Qu'on ne fçauroit faire demande en Juftice d'interêts d'une fomme provenante d'arrerages de rentes échus, ni d'interêts d'interêts adjugés.

III. Que pour les fommes dûes par cedules & obligations faites pour arrerages de rentes échus, ou pour interêts adjugés, on n'en fçauroit légitimement demander d'interêts.

IV. Qu'un créancier ne peut pas valablement ftipuler que fon débiteur, pour demeurer quitte avec lui d'une fomme qu'il lui doit pour arrerages, fera tenu de payer & continuer en fon acquit, une rente que ce créancier doit à un tiers, parce que ce feroit véritablement tirer interêts d'interêts.

Cette regle qu'il ne peut être dû interêts d'interêts, fouffre quelques exceptions.

La premiere eft pour les deniers des mineurs, qui ne doivent pas demeurer oififs, & defquels on en adjuge dans les comptes de tutelle, l'interêt d'interêt contre le Tuteur, quand le premier interêt monte à une fomme notable, qui peut tenir lieu de capital; & tels interêts font dûs, fans qu'il en ait été fait aucune demande en Juftice, d'où on conclut que quand le Tuteur doit lui-même une rente à fes mineurs, il eft tenu de leur payer l'interêt des arrerages quand ils font confiderables, & qu'ils font demeurés oififs entre fes mains.

La deuxiéme eft, que le Fidejuffeur qui a été contraint de payer les arrerages d'une rente ou les interêts d'une obligation, en qualité de caution, peut demander contre le principal Obligé, les interêts de ce qu'il a payé; ils lui font dûs fans demande en Juftice, & même du jour du payement, par forme de dommages & interêts; cependant ils ne doivent courir que du jour de la demande fuivie de condamnation.

La troifiéme eft que pour les arrerages de douaire, penfions, fermes, moiffons de grain, fruits d'heritages, loyers de Maifons, & autres pareilles redevances, foit en argent ou autrement; on peut en faire courir les interêts par la demande judiciaire fuivie de condamnation, parce que ces arrerages accumulés font un fonds & un principal. Brodeau fur Louet, lettre R. fommaire 55.

On peut pareillement demander en Juftice les interêts des arrerages des rentes foncieres, puifque ces arrerages ne proviennent pas d'argent prêté, mais de véritables fruits qui proviennent du bail d'heritage. Il y a pareille raifon d'étendre la même décifion aux interêts courans du prix d'un heritage vendu, ou de portions héréditaires cedées, ou de retours de partage, &c.

CHAPITRE XIX.

Du Stellionat.

APRE's avoir traité de l'ufure, qui eft un crime & dans lequel celui qui prête doit prendre garde de tomber, il n'eft pas hors de propos de parler du ftellionat, qui eft une fraude que doit éviter celui qui emprunte.

Le ftellionat eft une efpece de crime & de larcin qui fe commet par celui qui vend ou qui engage des immeubles qui ne lui appartiennent pas, ou qui les hypoteque comme francs & quittes, quoiqu'ils ne le foient pas.

Ce crime fe peut pourfuivre civilement ou criminellement, fuivant la qualité de la fraude; & l'action qui en réfulte, emporte dommages & intérêts, fuivant la qualité de la matiere.

On peut contraindre le débiteur d'une rente confiituée à la rachéter, quand il y a ftellionat, & dans quelque cas que le ftellionat foit commis, celui qui en eft convaincu, eft condamné par corps à l'exécution de ce qui eft ordonné par le Jugement.

Le ftellionat fe commet ou en contrat de vente, ou par rapport à une conftitution d'hypoteque.

Il fe commet en contrat de vente, 1°. Quand un homme vend ou aliéne à deux differens Acquereurs une même chofe. 2°. Quand il vend frauduleufement un bien qui paroît lui appartenir, quoiqu'il n'en ait pas la proprieté irrévocable. Dans ces cas, on peut agir par corps contre le Stellionataire, pour la reftitution du prix qui a été payé, & pour les dommages & intérêts.

3°. Le ftellionat fe commet quand un homme qui vend fon heritage, le déclare franc & quitte de toutes dettes & charges; & que néanmoins cet heritage fe trouve chargé & hypotequé d'une fienne dette, pour laquelle l'Acquereur de l'heritage eft enfuite pourfuivi, comme dit Dumoulin, queftion 7, nombre 148 de fes Contrats ufuraires. Dans ce cas on condamne le Stellionataire, & par corps, à faire ceffer la pourfuite, ou à la reftitution du prix, dommages & intérêts.

Le ftellionat fe commet en conftitution d'hypoteque, ou dans les obligations, ou dans les rentes conftituées.

Dans les obligations le ftellionat ne fe peut rencontrer que dans un cas; fçavoir, quand dans une obligation pour fomme de deniers, le débiteur déclare que les biens qu'il hypoteque fpécialement font francs & quittes de toutes dettes, & que néanmoins ils fe trouvent chargés de plufieurs hypoteques antérieures.

L'effet du ftellionat dans ce cas, eft de peu de confideration, puifque pour les obligations, on peut toujours pourfuivre le débiteur pour le payement, quand bien même il n'y auroit pas de ftellionat; mais ce qu'il y a de particulier lorfqu'il y a véritablement ftellionat, c'eft la contrainte par corps, & auffi que s'il y avoit délai ftipulé dans l'obligation, le Juge peut condamner au payement, fans attendre le terme ftipulé.

Dans les rentes conftituées, le ftellionat fe commet en deux manieres.

La premiere, quand un débiteur prend une fomme à conf-

titution, & pour fureté il hypoteque fpécialement dans le
contrat de conftitution un heritage qui ne lui appartient pas.
De même, quand par un contrat de conftitution le débiteur
prend la qualité de Seigneur d'une Terre qui ne lui appartient pas.

La deuxiéme maniere eft quand par le contrat de conftitution
le débiteur hypoteque tous fes biens qui font déja hypotequés
à des dettes anterieures, & qu'il déclare fauffement que fes biens
font francs & quittes de toutes dettes.

Touchant le ftellionat, voyez M. Louet & fon Commentateur,
lettre S. fommaire 18. Nous remarquerons ici, 1°. Que la peine
des Stellionataires en France eft la prifon jufqu'à ce qu'ils ayent
reftitué les fommes par eux reçues à la faveur de leurs fauffes
déclarations. C'eft un des cas où conformément à l'article 4 du
titre 34 de l'Ordonnance de 1667, on obtient une condamnation par corps quand le ftellionat eft bien prouvé.

2°. Qu'un Prêtre Stellionataire eft fujet à la contrainte par
corps.

3°. Que les femmes & les filles y font auffi fujettes, quand le
ftellionat procede de leur fait, fuivant l'article 8 du même titre
de l'Ordonnance de 1667 ; & par une Déclaration du mois de
Juillet 1680, en interprétation dudit article, il eft dit que les
femmes & les filles ne feront réputées Stellionataires, que lorfqu'étant libres & hors de la puiffance de leurs maris, ou s'é-
tant réfervé par leur contrat de mariage l'adminiftration de leurs
biens, ou étant féparées de biens d'avec leurs maris, elles auront
commis un ftellionat, mais qu'elles ne pourront être réputées
Stellionataires quand elles fe feront obligées conjointement avec
leurs maris, avec lefquels elles font en communauté de biens,
auquel cas elles ne pourront être contraintes par corps, au payement de telles dettes ; mais feulement par faifie & vente de leurs
biens. Il en eft de même de ceux qui fe font obligés avec celui
qui a commis le ftellionat, ils n'en font pas tenus, parce que ce
crime ne procede pas de leur fait perfonnel. C'eft ce que M.
Louet traite auffi fur la lettre F. nombre 21, fuivant la Loi *apud*
celfam, *ff. de doli mali & metus exceptione.*

CHAPITRE XX.

Des Conditions qui font appofées dans les Contrats.

LEs conventions font ou pures & fimples, ou conditionnelles, ou renferment quelque claufe qui en arrête l'exécution jufqu'à un certain tems. Les pures & fimples ont un effet
préfent, & non-feulement obligent les Contractans à l'inftant
qu'elles font paffées, mais encore peuvent être mifes à exécution au même-tems. Les conditionnelles n'obligent qu'après l'é-
venement de la condition; & celles qui contiennent quelque
claufe qui en arrête l'exécution, obligent à l'inftant qu'elles font
contractées; mais leur effet eft différé jufqu'au terme marqué.
Voyez ce que M. de Ferriere a dit fur le titre 16 du troifiéme livre des Inftitutes de Juftinien.

Nous remarquerons d'abord ici :

1°. Que les contrats font fufceptibles de toutes fortes de claufes, *pacta dant legem contractui*, & les Contractans font obligés d'y
fatisfaire, pourvû qu'elles ne foient pas contraires aux bonnes
mœurs ni au Droit public, & qu'elles ne donnent point atteinte à
la fubftance du contrat.

2°. Que quoiqu'il y ait de la différence entre ces trois mots,
charge, *claufe* & *condition*, néanmoins dans le ftile ordinaire les
Notaires fe fervent fouvent de ces trois mots pour fignifier la même chofe : Ainfi, on dit que les Parties ont tranfigé aux charges, claufes & conditions qui fuivent, fans faire aucune différence entre ces trois mots, quoiqu'il y en ait véritablement.

Ce mot *claufe* fignifie proprement un pacte particulier & acceffoire, appofé à une convention générale & principale, lequel en reftraint le fens & l'effet, ou en differe l'exécution. *Voyez*
le chapitre fuivant.

Le mot *charge* s'entend d'ordinaire d'une claufe onereufe
à l'un des Contractans. Telle eft dans un bail emphitéotique,
la claufe par laquelle le Preneur s'engage de défricher l'heritage
ou d'y bâtir.

Le mot *condition* fignifie proprement un fait incertain, de
l'évenement duquel on fait dépendre l'exécution d'un acte.

L'idée d'une condition renferme deux chofes. La premiere,

qu'elle suspend l'obligation ; & l'autre qu'elle dépend d'un évenement futur & incertain ; d'où il résulte que les clauses qui
roulent sur le present ou sur le passé, quoiqu'elles soient conçues
en termes qui renferment naturellement une condition, ne sont
pas néanmoins des conditions, à proprement parler.

En effet, il n'y a que l'avenir qui étant toujours incertain aux
hommes, puisse former une véritable condition qui suspende
l'acte auquel elle se trouve apposée. Ainsi, les conditions qui
se rapportent au tems present ou au tems passé, ne suspendent
jamais les obligations ; elles les infirment d'abord, ou leur
donnent sur le champ toute la force qu'elles peuvent avoir,
parce que les choses qui sont certaines en elles-mêmes, quoiqu'elles soient incertaines dans notre esprit, n'apportent point
de retardement à une obligation. Le fait present ou passé, auquel les Contractans ont attaché son effet, est déterminément
vrai ou faux : Ainsi, l'obligation subsiste d'abord, ou ne subsiste
pas, selon que ce fait se trouve faux ou véritable.

La condition se divise en possible & en impossible. La possible
est celle qui peut arriver & avoir son accomplissement, & elle
se divise en casuelle, potestative & mixte.

La casuelle est celle dont l'évenement dépend uniquement
du hazard. Par exemple : *Si un tel Navire revient des Indes.*

La potestative est celle dont l'évenement dépend uniquement
de celui à qui elle est imposée. Par exemple : *Je promets
mille livres à Titius au cas qu'il aille à Paris.*

La mixte est celle dont l'évenement dépend en partie du hazard, & en partie de la volonté de celui à qui elle est imposée.
Par exemple : *Je promets quatre mille livres à Titius, au cas qu'il
épouse Sempronia.*

Les conditions possibles suspendent l'effet de l'acte auquel elles
sont apposées, ensorte qu'avant qu'elles soient arrivées, il n'est
point obligatoire & ne peut avoir d'exécution : Néanmoins, il
naît d'une convention conditionnelle une esperance que la chose
promise sous condition sera dûe au Stipulant, & cette esperance
est transmissible à ses heritiers, au cas qu'il décede avant que la
condition soit arrivée. Il n'en est pas de même des legs conditionnels, dont l'esperance ne passe point aux heritiers des Légataires, quand ils meurent avant que la condition sous laquelle ils
sont faits soit arrivée ; ensorte qu'ils s'éteignent par la mort des
Légataires, comme le dit M. de Ferriere sur le s. 4 du titre 16 du
troisiéme livre des Instituts,

La

La condition impoffible eft celle qui ne peut point être accomplie, foit que la nature répugne à fon évenement, foit que les Loix & les bonnes mœurs y mettent obftacle, parce qu'on préfume qu'un honnête homme regarde comme impoffible tout ce qui eft défendu par les Loix, & tout ce qui eft contraire aux bonnes mœurs.

Une condition impoffible appofée à une convention, la rend nulle, parce que dans les conventions il y a deux perfonnes qui peuvent entrevoir que la condition qu'ils y appofent eft impoffible, & quand ils paffent outre, il eft vraifemblable qu'ils ont plutôt l'envie de rire & de badiner que de contracter une obligation. Il n'en eft pas de même d'une condition impoffible appofée à une difpofition de derniere volonté ; une telle condition ne la vicie point ; mais elle eft confiderée comme fi elle n'avoit point été écrite. La raifon eft que dans les actes de derniere volonté, on juge que quand le Teftateur a appofé une condition impoffible à une inftitution d'heritiers, ou à un legs, fon intention étoit d'inftituer un heritier, ou de laiffer un legs, & qu'à l'égard de la condition qu'il y a appofée, il n'y a pas fait de réflexion. Voyez ce que M. de Ferriere a dit fur le §. 10 du titre 14 du fecond livre des Inftitutes.

CHAPITRE XXI.

Des Claufes des Contrats.

NOus avons dit dans le chapitre précedent ce que l'on entend par claufe, nous allons dans celui-ci rapporter quelques exemples des claufes ordinaires qui s'ajoutent aux contrats.

Premierement, il y en a qui reftraignent le fens & l'effet d'une convention. Ainfi, dans le contrat de vente la claufe de rémeré inferée, empêche que l'Acquereur ne devienne Proprietaire incommutable du fond par lui acquis, & donne la faculté au Vendeur de rentrer dans la proprieté & poffeffion de ce fonds en rendant le prix.

Dans un contrat de louage, ou bail à loyer, la claufe de fix mois, foit qu'elle foit refpective ou appofée feulement en faveur du Propriétaire ou du Locataire, restraint le terme à la volonté de celui qui a droit de se servir de cette clause.

Pareillement la clause, *sans que l'hypoteque spéciale déroge à la générale*, se met pour empêcher que suivant le Droit Commun, le créancier qui a stipulé une hypoteque spéciale ne soit obligé de discuter les biens de son débiteur spécialement hypotequés, avant que de s'attaquer aux biens qui sont compris dans l'hypoteque générale.

En second lieu, il y a des clauses qui ne sont apposées que pour differer l'effet & l'exécution d'un acte; sçavoir, quand il y est porté que celui qui s'oblige à payer une somme, n'en fera le payement que dans un tems marqué. Il est certain que la dette est contractée à l'instant que l'acte est passé; mais elle n'est exigible qu'après l'échéance du terme apposé dans l'acte.

Le lieu du payement ajouté à la stipulation, la rend, comme faite *in diem*, & contient tacitement un délai pour que le débiteur puisse satisfaire à sa promesse dans le lieu exprimé dans la stipulation: Ainsi, celui qui étant à Lyon a promis de donner à Paris quelque chose au Stipulant, ne peut pas être contraint au payement de ce qu'il a promis, avant qu'il se soit passé un tems suffisant pour que le débiteur ait pû aller à Paris. Voyez ce qui est dit sur le §. 5 du titre 16 du troisiéme livre des Institutes de M. de Ferriere.

En troisiéme lieu, il y a des clauses qui doivent être nécessairement spécifiées en termes précis dans les actes, comme sont toutes les clauses qui ne dérivent pas de la nature des contrats; & il y a au contraire des clauses tacites qui sont sous-entenduës, comme dérivant de la nature du contrat que l'on passe. Telle est la garantie de la chose vendue, ou la restitution du prix en cas d'éviction. Ces sortes de clauses, quoiqu'omises, sont toujours tacitement suppléées par les Loix, à moins qu'il n'y eût une convention expresse au contraire.

En quatriéme lieu, il y a des clauses qui se mettent en faveur seulement de l'un des Contractans, comme sont celles qui donnent au débiteur quelque délai pour payer. Il y a au contraire des clauses qui sont réciproques entre les Parties; comme s'il est dit qu'une Societé sera contractée à la charge que chacun des Associés apportera en commun une telle somme, pour composer le fonds de la Societé.

En cinquiéme lieu, il y a des clauses qui s'ajoutent pour que le contrat soit parfait par leur accomplissement. Par exemple, s'il

eſt dit que le contrat n'aura lieu qu'en cas que l'un des Contractans accompliſſe une certaine choſe dans un certain tems, le
contrat n'eſt point parfait que quand il y a ſatisfait.

En ſixiéme lieu, il y a des clauſes réſolutoires qui réſolvent
les contrats faute d'être accomplies; comme s'il eſt dit, que
faute par le Vendeur de délivrer la choſe vendue dans un tems,
la vente demeurera nulle & réſolue; car en ce cas, le contrat a
été parfait dans l'inſtant qu'il a été paſſé; mais il devient nul dans
le jour marqué.

Cependant l'on conſidere cette peine comme une peine comminatoire; de ſorte qu'il ſuffit que la condition ſoit accomplie
avant le Jugement, pour que cette peine ne ſoit point encourue. Ainſi, quoiqu'il ſoit dit dans un contrat qu'il demeurera nul
& réſolu de plein droit, ſans qu'il ſoit beſoin de le faire ordonner en Juſtice; néanmoins l'Acquereur doit faire appeller le Vendeur devant le Juge pour le faire ainſi ordonner, le Vendeur peut toujours y ſatisfaire avant que le Juge ait prononcé,
ſauf les dommages & intérêts de l'Acquereur.

Il n'y a donc point de clauſes qui ſoient véritablement réſolutoires de plein droit, à moins que de les faire ajouter
comme faiſant partie du contrat, & comme une condition
ſine qua non. On exprime que la volonté des Parties eſt, que
cette clauſe ait ſon plein & entier effet, & que le contrat
n'a été paſſé qu'à cette condition, ſans laquelle il n'auroit
été fait.

Nous avons vû des Vendeurs dans l'appréhenſion que l'argent
diminuât, faire mettre par une ſage précaution, cette clauſe,
Qu'il ne ſera pas loiſible à l'Acheteur de faire le payement du prix de
la choſe vendue, qu'après un certain tems, comme d'un an, deux ans,
trois ans, & même plus, *& que pendant ce tems il en payera l'in-*
térêt au Vendeur.

Pour éviter toutes conteſtations, & donner plus de poids à
une ſemblable clauſe, on ajoute qu'elle fait partie du contrat,
& que ſans cette condition le contrat n'eût pas été paſſé, auquel
cas elle doit avoir toute ſon exécution, ainſi qu'il a été jugé depuis peu de tems.

En ſeptiéme lieu, il y a deux clauſes que l'on appelle *pé-*
nales, qui impoſent aux Contractans la néceſſité de remplir
leurs conventions, & à faute de ce, les ſoumettent à la peine
contenue dans l'acte. Par exemple, s'il eſt dit, qu'en cas que
l'un des Aſſociés n'apporte dans le fonds de la Société qu'une

telle somme, il ne partagera la perte & le profit qu'à concurrence.

Pareillement, s'il est stipulé, que faute par le Vendeur de livrer la chose vendue, il sera diminué à l'Acquereur sur le prix
une somme arbitrale en Justice à proportion du tems qu'il aura
laissé écouler sans la livrer. Ces sortes de clauses ne sont obligatoires, qu'autant qu'elles sont justes & convenables, & le Juge ne doit pas condamner à cette somme, s'il ne voit que par
ce retardement l'Acquereur a souffert un dommage réel & ef-
fectif, Arrêt du 16 Avril 1581; & si la somme est trop forte, le
Juge doit la réduire.

Quand il y a dans un acte des clauses obscures & contradictoires, & qui se détruisent, le contrat est de nul effet, & on ne
doit y avoir aucun égard, comme il a été jugé par Arrêt du
10 Fév. 1646, rapporté par Basset, tome 1, liv. 4, tit. 1, ch. 8;
cependant, cela n'a lieu que quand tout le corps de l'acte est
rempli d'obscurités & de contradictions; car s'il n'y a que quelque clause particuliere, la nullité ne tombe que sur cette clause,
encore quelquefois reçoit-elle quelqu'interprétation qui la fait
valider dans un sens.

La regle ordinaire est, que l'interprétation d'une clause obscure se fait toujours à la décharge de celui qui en est grevé,
& au désavantage de celui qui l'a fait ajouter à l'acte; ce qui
est fondé sur l'équité naturelle & sur l'autorité des Loix. Une
premiere raison est, que celui qui a dicté la clause, doit s'imputer de ne l'avoir pas expliquée plus clairement. En second
lieu, l'on doit être naturellement porté à décharger un débiteur, plutôt qu'à augmenter sa dette; enfin, les Loix veulent que
dans les choses obscures l'on ne suive pas la rigueur du Droit;
mais le sens qui approche le plus de l'équité. *In obscuris quod
minimum est sequimur : semper in dubiis benigniora præferenda sunt,
L. 56, ff. de Reg. Jur.*

CHAPITRE XXII.

De la foumiffion à la contrainte par corps.

SOUMISSION à la contrainte par corps étoit autrefois une clauſe par laquelle les débiteurs obligeoient non-ſeulement leurs biens à leurs créanciers, mais encore leurs perſonnes, de maniere qu'ils ſe ſoumettoient à la contrainte par corps faute de payement.

Autrefois telle clauſe étoit valable ; & même ſuivant l'article 48 de l'Ordonnance de Moulins, les Juges condamnoient par corps au payement de ſomme pécuniaire après les quatre mois, à compter du jour du Jugement, quoique les débiteurs ne ſe fuſſent point ſoumis dans l'acte à la contrainte par corps; mais l'uſage des contraintes par corps, pour dettes purement civiles, a été abrogé par l'Ordonnance du mois d'Avril 1667, titre 34, qui défend, 1°. Aux Cours & Juges de les ordonner, à peine de nullité. 2°. A tous Huiſſiers & Sergens de les exécuter, à peine de tous dépens, dommages & intérêts. 3°. Aux Notaires & Tabellions de paſſer aucunes obligations portant contrainte par corps; d'où il réſulte, qu'on ne peut plus aujourd'hui employer dans aucun acte la ſoumiſſion à la contrainte par corps.

Il y a néanmoins encore aujourd'hui des cas où la contrainte par corps a lieu pour dettes civiles & pécuniaires, même de plein droit, comme pour dépôt néceſſaire ; pour deniers Royaux; pour délivrance de deniers conſignés entre les mains de perſonnes publiques par autorité de Juſtice ; pour repreſentation de meubles ſaiſis ; pour Lettres de Change, ou pour Billets portant promeſſe de fournir Lettres de Change, ou d'en fournir la valeur, ou pour Billets de Change entre Marchands & Négocians; pour achat de vin ſur les Étapes, de grains dans les Marchés, de beſtiaux & autres marchandiſes dans les Foires, & autres cas énoncés dans ladite Ordonnance de 1667, titre 32.

Enfin, il y a deux cas eſquels la ſoumiſſion à la contrainte par corps peut être encore aujourd'hui valablement ſtipulée.

Le premier est pour l'exécution des contrats maritimes, grosses avantures, chartes-parties, ventes & achats de Vaisseaux, & pour le fret & naulage. Non-seulement on peut pour raison de ces sortes d'articles, s'obliger par corps; mais de plus, les Juges de l'Amirauté peuvent ordonner par corps l'exécution de leurs Jugemens.

Le deuxiéme est pour fermage de terres & heritages de Campagne. Ainsi, les Proprietaires de tels heritages peuvent stipuler par les baux qu'ils en font, la contrainte par corps, tant à cause qu'ils n'ont point de privilege pour leurs fermages, qu'à cause que le payement ne s'en fait que par année; & enfin, parce que le Fermier, avant que d'appliquer à son profit les grains & fruits procedans des heritages qu'il tient à ferme, doit satisfaire le Proprietaire, à la nourriture duquel le revenu des heritages de Campagne est naturellement destiné; & le Fermier qui en use autrement, lui fait une espece de larcin, *L. 63*, *§. locavi*, *ff. de furtis*. C'est aussi pour cette raison qu'un Fermier, soit en bled ou en argent, n'est pas reçu à faire cession, suivant les Arrêts rapportés par M. Louet & son Commentateur, lettre C. sommaire dernier. Papon en ses Arrêts, livre 10, titre 10, article 15, & Charondas en ses réponses, livre 3, chapitre 5.

Mais quelque faveur que mérite cette dette, si la contrainte n'étoit pas stipulée par le bail, le Juge ne pourroit pas la prononcer; parce que l'article 7 du titre 34 de ladite Ordonnance de 1667, permet bien aux Proprietaires des terres & heritages situés à la Campagne, de stipuler par les baux les contraintes par corps, & ne dit rien de plus; ainsi, n'étant pas de droit, elle ne peut avoir lieu que dans le cas énoncé audit article, suivant la maxime, *odiosa sunt restringenda*, & le Proprietaire doit s'imputer, s'il ne s'est pas servi d'un droit que l'Ordonnance lui accordoit.

Il y a plus, c'est que cette stipulation est tellement restrainte, que dans la reconduction tacite qui se contracte par l'exploitation que fait le Fermier de la Terre après son bail expiré, la contrainte par corps stipulée par le bail ne dure plus, & ne passe pas de la premiere location où elle étoit expresse, à la location tacite, quoique toutes les autres clauses & conventions demeurent en leur entier, comme elles y étoient exprimées, attendu que la tacite reconduction est une suite du premier bail.

Au reste, le créancier qui est en droit d'exercer la contrainte par corps contre fon débiteur, peut proceder par toutes contraintes & cumulation d'icelles, jufqu'à entier payement & fatisfaction. Cela s'obferve auffi dans l'exécution des Sentences des Juges & Confuls, en vertu defquelles & de la contrainte par corps, le débiteur étant emprifonné, le créancier peut auffi le faire exécuter en fes biens, meubles & immeubles, fuivant l'Edit d'érection des Jurifdictions Confulaires par Charles IX. du mois de Novembre 1563.

CHAPITRE XXIII.

Des Renonciations aux Privileges ou exceptions de Droit.

ON entend par renonciation aux privileges ou exceptions de Droit, une déclaration par laquelle celui qui pourroit fe fervir de quelque privilege ou de quelqu'exception de Droit, y renonce. Il y en a qui font valables & autorifées par les Loix; d'autres au contraire, qui ne font point admifes. On peut en général diftinguer celles qui font permifes d'avec celles qui font prohibées, par cette regle, qu'il eft permis à un chacun de renoncer au droit qui lui eft accordé, pourvû qu'il ne s'agiffe pas en même-tems du droit d'un tiers, ou du Droit public, & que la renonciation ait été faite en pleine liberté, & ne contienne rien qui bleffe les bonnes mœurs.

Après cette regle générale, pour entrer dans le détail des renonciations, nous allons diftribuer ce chapitre en deux parties. Dans la premiere, nous donnerons quelques exemples des renonciations, qui font permifes; & dans l'autre, nous en donnerons de celles qui ne le font pas.

Premierement, les Fidejuffeurs & les Coobligés folidairement peuvent renoncer au bénéfice de divifion & difcuffion.

En fecond lieu, on peut renoncer à l'effet d'une Sentence rendue à fon profit, quand bien même les chofes ne feroient plus en leur entier. *Voyez* M. Louet & fon Commentateur, lettre C. fommaire 37; M. Bouguier, lettre R. nomb. 4.

En troifiéme lieu, un créancier peut valablement renoncer à fon hypoteque en faveur de l'Acquereur; mais il peut enfuite revenir indirectement contre cette renonciation, en formant une demande en déclaration d'hypoteque contre le Détempteur d'un autre fonds, à la garantie duquel celui qui a été vendu est affecté & hypotequé. Ainsi jugé par Arrêt du 10 May 1687, rapporté dans le Journal du Palais.

En quatriéme lieu, une femme peut renoncer au Senatusconsulte Velleïen, comme nous avons dit ci-dessus au chapitre 4 de ce livre : Mais pour que cette renonciation soit valable, il est nécessaire que la femme soit avertie par le Notaire de l'effet du Velleïen, & de l'Autentique *si qua mulier*, & même que la minute en contienne une déclaration expresse ; autrement s'il n'y avoit qu'un *&c.* de Notaire en la minute, quoique cela fût exprimé dans la grosse, l'obligation seroit nulle à l'égard de la femme, sauf au créancier son recours contre le Notaire pour ses dommages & interêts. Papon, livre 12, titre 5, nombre 1.

En cinquiéme lieu, on peut renoncer à une succession échue, pourvû que telle renonciation ne soit point faite par un débiteur au préjudice & en fraude de ses créanciers, comme M. de Ferriere l'a dit dans son Introduction à la Pratique, lettre R.

En sixiéme lieu, une fille par son contrat de mariage, peut valablement renoncer aux successions de ses pere & mere, par qui elle est dotée. Voyez ladite Introduction à la Pratique au même endroit.

En septiéme lieu, les Officiers d'Armée peuvent en contractant pardevant Notaires ou sous signature privée, renoncer au droit d'obtenir des Lettres d'Etat pour raison de l'exécution de l'acte qu'ils passent.

En huitiéme lieu, on peut renoncer aux cas fortuits ; c'est-à-dire, qu'on peut en prendre sur soi tout l'évenement & tout le dommage qui en peut arriver.

Après avoir rapporté les exemples des renonciations les plus ordinaires qui sont admises par notre usage, voici des exemples de celles qui ne sont point reçues parmi nous.

1°. On ne peut renoncer au bénéfice de cession, parce que c'est un bénéfice accordé par la Loi aux débiteurs, à l'effet de leur faire éviter la prison, ce qui est en quelque maniere un bénéfice de Droit public, auquel on ne peut déroger : D'ailleurs, par le moyen de cette renonciation, le débiteur contracteroit une obligation sans esperance de pouvoir se servir d'un tel bénéfice. Dumoulin, en son Traité des Contrats usuraires, question 36 ; Covarruvias, *lib.* 2, *variar. resolut. cap.* 1, *tom.* 1, *tom.* 1 *, num.* 7 *;* d'Olive, livre 1 , chapitre 3. *Mornacius ad authenticam , imò à debitore, C. de obligat. & actionib.* Il faut néanmoins obferver qu'une telle renonciation feroit bonne, fi elle étoit faite par le débiteur en faveur de celui qui auroit bien voulu lui fervir de caution. *Mornacius ad L.* 13 *, ff. ad Leg. Aquil.* Voyez l'Ordonnance de 1669, titre des Répis, article 12, & Papon, livre 10, titre 10, article 3.

2°. On ne peut renoncer à l'exception de la prefcription, d'autant qu'elle eft introduite pour le bien public. *Voyez* Guypape, en fes queftions 319 & 409 ; Boyer, en la décifion 182, nombre 8; Chaffanée , fur les Coutumes de Bourgogne, titre 9 , §. 2 , & Rébuffe, fur les Ordonnances, *tit. de refcif. contract. art. unico , gloffa* 2 *, num.* 4.

3°. On ne peut renoncer au droit d'interjetter appel, avant que la Sentence ait été prononcée , parce que l'appel eft un bénéfice accordé par la Loi à ceux qui font opprimés par l'iniquité ou l'ignorance des premiers Juges : Ainfi , l'appel étant confideré comme une jufte défenfe , non-feulement de Droit public, mais encore de Droit naturel, perfonne n'y peut renoncer avant que la Sentence du premier Juge ait été prononcée, & que par ce moyen, le Droit d'appeller, qui étoit auparavant de Droit public, foit devenu une faculté de Droit particulier. *Joannes Faber. ad l.* 2*, C. de re judicat.*

4°. On ne peut renoncer au bénéfice de reftitution en entier , accordé aux mineurs lézés par la foibleffe de leur âge, ou par le dol de ceux avec qui ils contractent; parce que ce bénéfice eft de Droit public ; car les biens des mineurs étant en la protection du Public, ce bénéfice qui a été introduit pour leur confervation eft de Droit public , auquel il n'eft pas permis de renoncer ; d'ailleurs , la renonciation qu'un mineur feroit à ce bénéfice, feroit une lézion contre laquelle par conféquent il fe pourroit faire reftituer.

5°. Celui qui vend un immeuble, ne peut dans le contrat de vente, renoncer au bénéfice de reftitution pour lézion d'outre moitié du jufte prix : *Quia eadem facilitate quâ ultrà dimidiam jufti pretii partem deceptus eft venditor , beneficio legis fecundæ , Cod. de refcind. vendit. renuntiaret.* La Loi auroit pourvû inutilement aux intérêts du Vendeur, fi cette renonciation étoit bonne , puifque l'Acheteur ne contracteroit jamais avec lui qu'à condition qu'il renonceroit à ce bénéfice, ce qu'il feroit avec autant

Tome I.   X

de facilité qu'il en auroit euë à vendre son héritage un prix si au-dessous de sa juste valeur.

6°. On ne peut renoncer au bénéfice de la Loi *Si unquam* 8, *C. de revocand. donationib.* Sçavoir, la révocation des donations pour la survenance des enfans. *Voyez* M. Ricard, en son Traité des Donations, partie 3, chapitre 5, section 2, nombre 570.

7°. On ne peut renoncer au droit que l'on a en défendant d'être assigné pardevant son Juge naturel, attendu que les Jurisdictions sont parmi nous domaniales & de Droit public. Ainsi la Jurisdiction d'un Juge ne peut être prorogée par le consentement des Parties qui ne sont pas ses Justiciables. Masuer, *tit. de Judicib. & eorum Jurisdiction. verf. Item Partes non possunt*, Joannes Faber, *ad L. 4, C. de Episcopali audient.* Boyer, en la décision 114, nomb. 51; Guypape, en la décision 77; Imbert, au livre 1 de ses Institutions Forenses, chapitre 22; Bacquet au Traité des Droits de Justice, chap. 8.

8°. On ne peut pas renoncer à la Jurisdiction des Juges extraordinaires qui sont spécialement établis pour connoître de certaines matieres à l'exclusion de tous autres Juges, comme sont les Juges de l'Election, Messieurs de la Cour des Aydes, la Chambre du Trésor; parce que renoncer à leur Jurisdiction, ce seroit renoncer au Droit public.

Mais pour ce qui est des Juges de privilege, comme Messieurs des Requêtes de l'Hôtel & du Palais, on peut renoncer à leur Jurisdiction, parce que n'étant point de Droit commun, mais de privilege, on y peut renoncer, suivant la maxime, qu'un chacun peut renoncer au privilege qui est introduit en sa faveur. Il y a plus, c'est qu'une renonciation tacite au Droit que nous appellons *Privilegium fori*, est valable : Ainsi, celui qui a droit de *Committimus*, peut faire assigner ses débiteurs pardevant leurs Juges ordinaires. Il peut aussi sur l'assignation qui lui est donnée pardevant son Juge ordinaire, ne pas demander son renvoi; & sitôt que la Cause a été contestée, il ne peut plus le demander, parce qu'ayant reconnu la Jurisdiction de son Juge naturel, il ne peut plus décliner sa Jurisdiction.

CHAPITRE XXIV.

Quel eſt l'effet des Contrats paſſés pardevant Notaires.

APRE's avoir expliqué ce qui concerne en général les contrats paſſés pardevant Notaires, quelles perſonnes peuvent contraĉter, de quelles choſes on peut contraĉter, quelles ſont les conventions licites ou non ; il reſte à expliquer deux choſes.

La premiere, quels ſont les effets des contrats paſſés pardevant Notaires.

La deuxiéme, quelles choſes peuvent donner atteinte à un contrat.

A l'égard des effets des contrats paſſés pardevant Notaires, il y en a trois principaux, qui font connoître combien il eſt plus avantageux de paſſer des contrats pardevant Notaires, que ſous ſignature privée. Le premier eſt, que les contrats paſſés pardevant Notaires, font foi en Juſtice, & qu'ils ont en eux une approbation publique. Le deuxiéme eſt, qu'ils emportent hypoteque ſur les biens des Obligés, du jour qu'ils ont été reçus par les Notaires. Le troiſiéme, qu'ils emportent exécution parée ; mais pour cela il faut qu'ils ſoient ſcellés du Sceau de la Juriſdiĉtion dans laquelle les Notaires qui les ont paſſés ſont immatriculés ; car l'exécution dépend du Sceau. C'eſt ce que j'expliquerai dans les chapitres ſuivans, après quoi je traiterai les differentes choſes qui peuvent donner atteinte aux contrats.

CHAPITRE XXV.

Qu'il est utile de rédiger les conventions par écrit, en ce que toutes conventions pour choses excedant la valeur de cent livres, ne se peuvent prouver par Témoins.

L A validité des conventions ne dépend point en elle-même des écrits ou des actes qui en font foi: On s'oblige aussi indispensablement sans écrit que par écrit, & l'écriture n'est pas de la substance des contrats ; cependant elle est devenue nécessaire, pour servir de preuve des conventions qui se passent parmi les hommes.

Dans les premiers siécles, l'unique regle des actions humaines étoit la bonne foi, & chacun exécutoit ses promesses, sans y être contraint que par la probité : Mais la corruption des mœurs a fait connoître dans la suite qu'il étoit dangereux de s'en rapporter toujours à la parole des hommes ; ainsi, on a été obligé d'avoir recours à la preuve par Témoins, ou à la preuve par écrit ; enfin, l'experience a fait voir que la preuve par écrit étoit beaucoup plus certaine que la testimoniale.

Voici comme s'en explique l'Auteur de l'excellent Ouvrage, qui a pour titre : *Le Droit de la Nature & des Gens*, livre 3, chap. 6, §. 16. *On a établi, non-seulement, que dans les affaires importantes on prendroit des Témoins, à la mémoire & à la conscience desquels on en appelleroit, au cas que l'une des Parties niât ses engagemens, ou qu'il y eût quelque difficulté aux termes ; mais encore que l'on auroit surtout la précaution de mettre par écrit les articles de la convention. En effet, la mémoire des hommes, même de plusieurs à la fois, est labile, & leur fidelité suspecte ; au lieu que les écrits ne sont pas si susceptibles d'oubli ou de perfidie : D'ailleurs, on élude quelquefois de simples paroles par cette exception spécieuse, qu'on les a lâchées avec précipitation & sans y avoir bien pensé, ou dans un mouvement de passion. Mais on ne sçauroit faire la même chose à l'égard des écrits, parce qu'en les dressant on a eu occasion d'examiner distinctement & à loisir, l'affaire dont il est question ; ensorte que si l'on y souscrit, on doit être censé y avoir pleinement consenti. On ne peut pas non plus si aisément chicaner sur des écrits que sur de simples paroles, dans lesquelles une*

particule captieufement inferée, & prononcée avec tant de rapidité
qu'on ne s'en apperçoive point, eft capable de changer tout le fens du
difcours : Inconvenient auquel les écrits ne font pas fi fujets. Ainfi, on
a raifon d'ajouter plus de foi à des pieces autentiques, & où il ne paroît aucune trace de corruption, qu'à la dépofition même des Témoins ;
car le témoignage d'un homme contre lui-même eft bien plus fort ,
que celui de tout autre ; & la plus mauvaife de toutes les caufes,
c'eft lorfque l'Accufé ne peut éviter de fe condamner lui-même.

Il eft donc d'un homme foigneux & avifé, de fe munir, autant qu'il peut, de bonnes obligations par écrit, & de ne fe
fier que rarement à de fimples paroles. Auffi Plutarque rapporte, que Perfée prêtant un jour de l'argent à un de fes amis,
lui fit faire une obligation dans les formes ; & comme cet ami
lui di: *Quoi ! vous voulez prendre avec moi, toutes les précautions
qu'exigent les Loix ?* Il lui répondit : *C'eft afin que vous me ren-
diez mon argent de bonne grace, & que je ne fois pas obligé de le demander en Juftice.*

Pour obvier aux inconveniens que produifent tous les jours
les faux témoignages, l'Ordonnance de Moulins, article 54,
a établi, qu'on ne pourroit recevoir la preuve par Témoins ,
de ce qui excederoit cent livres, non-plus que ce qui feroit
contre la teneur d'un écrit & d'un contrat. Cette difpofition
a été confirmée par l'Ordonnance de 1667, titre 20, art. 2.

Voici ce que porte l'Ordonnance de Moulins, article 54:
*Pour obvier à la multiplication des faits que l'on a vû ci-devant
être mis en avant en Jugement, fujets à preuve de Témoins , & reproches d'iceux, dont adviennent plufieurs inconveniens & involu-
tions de Procès ; avons ordonné & ordonnons, que dorefnavant de
toutes chofes excedant la fomme ou valeur de cent livres , pour une
fois payer, feront paffés contrats pardevant Notaires & Témoins , par
lefquels contrats feulement , fera faite & reçue toute preuve defdites
matieres, fans recevoir aucune preuve par Témoins , outre le contenu
audit contrat, ni fur ce qui feroit allegué avoir été dit ou convenu avant
icelui, lors & depuis ; en quoi n'entendons exclure les conventions particulieres, & autres qui feroient faites par les Parties fous feings, fceaux
& écritures privées.*

L'article 2 de l'Ordonnance de 1667, titre 20, eft conçu en
ces termes : *Seront paffés actes pardevant Notaires , ou fous fignature privée, de toutes chofes excedant la fomme ou valeur de cent
livres, même pour dépôt volontaire ; & ne fera reçue aucune preuve
par Témoins contre & outre le contenu aux actes, ni fur ce qui fe-*

roit allegué avoir été dit avant, lors ou depuis les actes, encore qu'il s'agît d'une somme ou valeur moindre de cent livres, sans toutefois rien innover pour ce regard, en ce qui s'observe en la Justice des Juges & Consuls des Marchands.

De ces Ordonnances on peut tirer deux principes certains, qui prouvent l'utilité & la nécessité de passer des contrats par écrit.

Le premier est, que toutes conventions pour choses excedant la valeur de cent livres, ne se peuvent prouver par Témoins, & ce à cause de la facilité des Témoins à se laisser corrompre. Sur quoi il est bon de faire les observations qui suivent.

La premiere, que les conventions pour choses excedant cent livres, ne se peuvent prouver par Témoins; mais qu'il n'en est pas de même des faits. En effet, *Facta per Testes non pacta probantur.* Par exemple, je serai reçu à faire preuve par Témoins, que Mœvius a occupé ma maison pendant un tel tems, parce que c'est un fait dont la preuve par Témoins est reçue, pour chose excedant la valeur de cent livres; mais je ne serai pas reçu à prouver par Témoins, que Mœvius est convenu avec moi de la somme de trois cens livres par chacun an, pour les loyers de ma maison, parce que ce n'est pas un fait, c'est une convention dont la preuve par Témoins n'est reçue que pour chose qui n'excede pas la valeur de cent livres : Or, toutes conventions pour choses excedant cette somme, doivent être rédigées par écrit, soit par-devant Notaires ou sous écritures privées.

Il faut excepter quelques cas dans lesquels la preuve par Témoins est reçue pour conventions excédant la valeur de cent livres.

Premierement, les Juge & Consuls admettent souvent la preuve testimoniale, pour conventions excedant ladite somme.

En deuxiéme lieu, la preuve par Témoins est reçue pour dépôt nécessaire des choses excedant la somme de cent livres : Sçavoir, en cas d'incendie, ruine, tumulte, ou naufrage, ou en cas d'autres accidens imprévûs, où on ne pourroit avoir fait des actes, suivant l'article 3 du titre 20 de l'Ordonnance de 1667.

En troisiéme lieu, l'article 4 de la même Ordonnance de 1667, permet au Juge de recevoir la preuve par Témoins, pour dépôts faits en logeant dans une Hôtellerie, entre les mains de l'Hôte ou de l'Hôtesse, suivant la qualité des personnes, & les circonstances du fait.

En quatriéme lieu, quand il y a commencement de preuve par

écrit, le Juge peut recevoir la preuve par Témoins, pour convention excedant la valeur de cent livres, comme il eſt dit dans
l'article 5 de ladite Ordonnance de 1667. Par exemple, un
homme m'écrit un billet, par lequel il me prie de lui prêter cinquante piſtoles, & il me marque qu'il m'en donnera une reconnoiſſance quand je voudrai ; je lui mande qu'il vienne, & que je
lui prêterai la ſomme qu'il me demande par ſon billet. Il me vient
trouver, & m'aſſure qu'il me rendra en peu de jours la ſomme
que je lui prête ; ce qui fait que ſans exiger de lui une reconnoiſſance, je lui prête la ſomme qu'il me demande en préſence de
quelques perſonnes. Dans ce cas, s'il nie que je lui ai prêté la
ſomme en queſtion, je ſuis reçu à en faire preuve par Témoins, parce qu'il y a commencement de preuve par écrit, qui eſt le billet,
par lequel il m'a prié de lui prêter ladite ſomme : Néanmoins, dans
cette eſpece, le Juge doit examiner la qualité & la condition des
Témoins & de toutes les Parties.

En cinquiéme lieu, il faut faire diſtinction des matieres & des
occaſions où l'on a coutume de contracter par écrit, & de celles
où l'on n'a pas coutume de contracter ainſi. Dans les premieres,
le créancier ſe doit imputer de n'avoir pas écrit, puiſque c'étoit
une affaire qui y étoit ſujette. Dans les ſecondes, la preuve par
Témoins y eſt reçue, parce que ce ſont des négoces & des conventions dans leſquelles on n'a point coutume d'écrire : Ainſi, le
défaut de la précaution de l'écriture ne peut pas être objecté.

Voyez l'Arrêt du 30 May 1656, rapporté par Dufreſne, liv. 8,
chapitre 41, contre un Voiturier par eau, non chargé par regiſtre,
& qui n'avoit point coutume d'en tenir, pour un bahut qu'on lui
avoit donné à porter, & qu'il dénioit ; la preuve par Témoins fut
admiſe, & ſur les preuves le Voiturier fut condamné de rendre
les meubles contenus au bahut, ſuivant l'eſtimation, dont le Demandeur ſeroit crû à ſon ſerment juſqu'à deux cens livres ; enjoint au Voiturier de tenir regiſtre.

On peut dire auſſi, par la même raiſon, que la preuve par Témoins doit être reçue dans le prêt à uſage, autrement appellé
commodat, parce que quoique le prêt ſoit une véritable convention, & qu'ainſi il paroiſſe devoir être compris dans la prohibition de l'Ordonnance ; néanmoins il eſt de notorieté publique,
que le plus ſouvent, lorſqu'on ſe prête quelque choſe, comme
un cheval, des meubles, du grain même, on ne le rédige point
par écrit, & que le prêt ſe fait ordinairement de bonne foi entre

amis, entre voisins & autres, & qu'on n'appelle point de Notaire en cette occasion.

Guenois en sa Conférence des Ordonnances, sur l'article 54 de l'Ordonnance de Moulins, rapporte un Arrêt du 11 Avril 1574, qui reçut la preuve par Témoins du commodat. Vrevin, chapitre 13 de ses Observations, sur l'article 54 de l'Ordonnance de Moulins, rapporte un autre Arrêt, qui a jugé qu'une femme pouvoit être admise à prouver par Témoins, qu'elle avoit prêté à sa voisine son collier, qui étoit de prix, nonobstant l'Ordonnance de Moulins, parce que ces sortes d'ornemens se prêtent entre femmes, sans en tirer de reconnoissance, & sur la bonne foi. Mais il est de la prudence du Juge d'entrer dans l'examen de toutes les circonstances, & de ne se déterminer que par des faits clairs & précis, qui soient prouvés par le témoignage de personnes d'une probité averée.

Il faut encore observer que la preuve de la perte des titres & actes, se peut faire par Témoins, & on ne peut pas dire que cela soit contre l'Ordonnance de Moulins, quoiqu'il s'agisse de plus de cent livres. Autre chose est prouver qu'une somme est dûe; autre chose est prouver qu'on a perdu le titre qui faisoit foi que la somme est dûe; mais dans ce cas, il faut que les Témoins déposent de la perte du prétendu acte, & de la teneur dans lequel il étoit.

Voyez M. le Prestre, centurie 1, chapitre 60; Henry III. par son Ordonnance du mois de Février 1580, article 29, accorda aux Ecclesiastiques la preuve par Témoins, de la perte de leurs titres, à l'occasion des troubles : Et la Cour vérifiant cette Ordonnance, l'étendit à toutes sortes de personnes.

Le deuxiéme principe que l'on peut tirer de l'Ordonnance de Moulins, & de celle de 1667, aux endroits ci-dessus rapportés, est qu'on n'admet point la preuve par Témoins contre la teneur d'un écrit & d'un contrat. C'est ce que nous allons expliquer dans le chapitre suivant.

CHAPITRE XXVI.

CHAPITRE XXVI.

De la force des Actes & Contrats par écrit, en ce qu'on n'admet point la preuve par Témoins contre ce qui y est contenu.

UN acte par écrit, surtout quand il est passé pardevant Notaires, est une preuve incontestable en Justice, de la convention faite entre les Parties, & de ce qui est contenu dans l'acte. En effet, quant un acte est bon, quant à la chose qui en fait la matiere ; qu'il est bon par rapport à la capacité de celui qui agit, & qu'enfin il est bon par lui-même, il a en soi une preuve certaine.

Ainsi, quand une des Parties veut se pourvoir contre, pour détruire un fait qui est exprimé dans un contrat, il faut en ce cas, recourir à l'inscription de faux ; comme si dans un contrat, il a été exprimé qu'il y a eu numération de deniers, & qu'il n'y en a point eu ; comme cette énonciation du Notaire fait foi, elle ne peut être détruite que par la voye de l'inscription de faux.

Ce qui fait qu'il n'est pas permis aux Juges d'admettre la preuve par Témoins, contre ce qui est contenu dans un tel acte, parce qu'il ne seroit pas juste de laisser une incertitude éternelle dans la fortune des hommes, en abandonnant la vérité & la solidité des actes autentiques à la foi des Témoins, qui est souvent très-périlleuse. C'est par ces raisons, que par Arrêt du 5 Septembre 1636, confirmatif d'un legs universel fait par un mari au frere de sa femme, la Cour jugea que la preuve par Témoins des faits de suggestion n'étoit pas recevable.

Ce principe a été confirmé par un usage incontestable, dont il a été délivré plusieurs actes de notorieté.

Il y en a un donné par M. le Lieutenant Civil le 21 Avril 1691, par lequel il est porté, que l'on n'est point reçu à prouver le contraire de ce qui est énoncé par les actes passés pardevant Notaires. Il y en a un autre du 15 Janvier 1700, qui porte qu'on n'admet jamais la preuve par Témoins contre un contrat public & autentique passé pardevant Notaires. Enfin, par un autre acte de notorieté du 19 Août 1701, il est porté qu'on ne peut être admis à la preuve par Témoins, contre un contrat ou autres actes passés par-

Tome I.   Y

devant deux Notaires, ou un Notaire & deux Témoins; & que pour détruire ces sortes d'actes qui emportent hypoteque, il faut passer à l'inscription de faux, ou avoir un commencement de preuve par écrit, qui induise la fraude, & qui puisse donner lieu à la preuve par Témoins.

Il faut dire aussi que quand l'acte n'est pas parfait, en ce cas la preuve par Témoins doit être admise, parce qu'il y a commencement de preuve par écrit, & ce qui manque à l'acte peut être suppléé par la preuve testimoniale.

Ce principe que la preuve par Témoins n'est point reçuë contre la teneur des contrats, se doit entendre des contrats vrais, & non de ceux qui sont feints & simulés, qui ne peuvent être appellés contrats : C'est pourquoi, quand Dumoulin en parle, *Fraus*, dit-il, *consistit in circonstantiis facti, quod probandum est per Testes.* La fraude ou la feinte consiste dans des circonstances de fait, & c'est ce qui est susceptible de la preuve par Témoins : Ainsi, on est recevable à prouver par Témoins qu'un contrat est feint & simulé, principalement quand il s'agit de l'interêt d'un tiers, qui n'est point Partie du contrat, dont on tourne l'effet à son préjudice. C'est ce qui a été jugé par Arrêt du 2 Août 1582, dans l'espece d'un contrat de bail à rente perpétuelle, que l'on soutenoit frauduleux & simulé, & qu'il y avoit eu hors le contrat promesse & faculté accordée de racheter la rente en argent baillé par l'Acquereur, auquel cas le retrait lignager avoit lieu; par l'Arrêt la preuve testimoniale de ce fait fut admise.

On rapporte un autre Arrêt du 20 Mars 1607, rendu au profit du Receveur de l'Abbaye Saint Germain des Prés, en un contrat d'échange soutenu frauduleux. La Cour, par cet Arrêt & plusieurs autres, a jugé les contrats simulés nuls, sans inscription de faux. Mais dans ces rencontres la fiction se doit prouver par d'autres Témoins que par les Témoins instrumentaires; c'est-à-dire, par d'autres que ceux qui ont signé au contrat, parce que leur foi est engagée. M. Louet, lettre T. sommaire 7.

La matiere de ce chapitre & du précedent, est très-amplement traitée dans le livre de la Preuve par Témoins, composé par M. Danty, auquel je renvoye le Lecteur qui souhaitera s'en instruire plus à fond.

CHAPITRE XXVII.

De l'Hypoteque des Contrats.

LA matiere des hypoteques eſt une des plus étendues de la Juriſprudence ; pluſieurs Auteurs en ont traité, & entr'autres Baſnage en a fait un Traité particulier. Nous n'en traiterons ici que par rapport à ce qui concerne la fonction d'un Notaire.

L'hypoteque eſt une obligation réelle, qui en conſéquence de l'obligation perſonnelle, ſe conſtitue par l'autorité publique ſur les immeubles du débiteur.

En France, la ſeule convention des Parties n'eſt pas capable de conſtituer hypoteque, il faut pour cet effet le miniſtere des perſonnes publiques, ſçavoir, des Juges ou des Notaires. Les Juges rendent des Jugemens qui emportent hypoteque du jour qu'ils ſont rendus ; & les Notaires paſſent des contrats, pour l'exécution deſquels les biens immeubles des obligés ſont affectés & hypotequés du jour qu'ils ont été reçus par les Notaires. Et quoique dans ces Jugemens & dans ces contrats il ne ſoit fait aucune mention d'hypoteque, ou que les Jugemens ayent été rendus par défaut, néanmoins ils emportent hypoteque ſur les biens des débiteurs, ou de ceux qui ſont obligés ou condamnés à faire ou à payer quelque choſe.

De ce que nous venons de dire, il s'enſuit qu'en France l'hypoteque ne peut pas être conſtituée par un écrit ſous ſeing privé, dont la date dépend de la volonté du débiteur & du créancier, ni même par aucune convention dont la preuve ſe pourroit faire par Témoins. Il y auroit peu de ſureté de rapporter la datte de l'hypoteque à l'une de ces preuves, d'autant plus que l'une ni l'autre ne doit jamais avoir aucun effet au préjudice d'un tiers : Ainſi parmi nous, il n'y a point d'hypoteque, ſi ce droit n'eſt fondé ſur un titre public tel que nous l'avons dit ; nous avons même quelques Pays qui aſſujettiſſent à d'autres formalités, pour conſtituer hypoteque en vertu d'un contrat paſſé pardevant Notaire.

En Normandie, il faut qu'un tel acte ſoit contrôlé & enregiſtré, pour emporter hypoteque, conformément à l'Edit du Contrôle de l'année 1606, qui s'y obſerve à la rigueur, quoiqu'il ne soit pas en usage ailleurs. Il faut néanmoins excepter l'hypoteque tacite introduite par la disposition du Droit en faveur des femmes, qui a lieu en Normandie sans cet enregistrement, pour les biens donnés en dot, & pour ceux qui écheent à la femme en ligne directe pendant le mariage, qui lui tiennent lieu de dot. Pour ce qui est des autres biens échus par succession collaterale, donation ou autrement, la femme n'a hypoteque que du jour des aliénations qui en ont été faites, pour en faire la répetition.

Dans les Provinces de Picardie & autres, les contrats, quoique passés pardevant Notaires, sont réputés purs, personnels & mobiliers, & ne portent hypoteque sur des tierces personnes, s'ils ne sont nantis & réalisés par les Officiers des lieux, d'où relevent les biens affectés & obligés, comme nous l'avons dit ci-devant chapitre 4, & le dirons ci-après. Il faut excepter la dot d'une femme, le douaire, & toutes conventions matrimoniales, & autres, emportant hypoteque tacite par la disposition du Droit, qui par un privilege spécial, ne requierent pas la solemnité du nantissement.

Le nantissement a été introduit dans ces Coutumes, comme une formalité qui pouvoit rendre les hypoteques notoires, & empêcher les Stellionats, si fréquens dans les Provinces où les hypoteques sont secrettes.

Ce nantissement ne donne hypoteque que sur les heritages qui sont situés dans l'étenduë de la Jurisdiction où il est fait, & non sur les autres.

Voici de quelle maniere se fait le nantissement, dans les Coutumes qui le requierent. On s'adresse au Juge du lieu, où l'heritage sur lequel on veut acquerir hypoteque est situé; on lui exhibe son contrat, & on obtient un acte, qui déclare l'hypoteque constituée, lequel doit être endossé sur le contrat, & enregistré au Greffe.

Il y a d'autres Provinces dans le Royaume, qu'on appelle Pays de saisine, comme sont les Coutumes de Beaumont en Beauvoisis, de Senlis, & de Valois; sur quoi nous observerons, que la saisine est une formalité semblable à celle du nantissement, en ce que l'Acquereur d'un heritage, ou le créancier d'une rente prend par ce moyen une espece de possession & mise de fait du Seigneur, de qui relevent les biens acquis & hypotéqués. Mais la saisine differe du nantissement, en ce que l'effet de la saisine n'est pas de donner l'hypoteque, puisqu'elle est acquife au moyen du contrat paffé pardevant Notaires ; elle fert feulement à donner la préference entre un genre de créanciers hypotequaires, quand il s'agit entr'eux d'être colloqués utilement fur le prix d'un bien décreté fur leur débiteur commun ; de maniere que ceux qui font enfaifinés font préferés à ceux qui ne le font pas : Mais les contrats de mariage n'ont pas befoin d'être enfaifinés dans ces Coutumes, non plus que d'être nantis dans les Coutumes de nantiffement.

L'hypoteque ne fe conftitue que fur les immeubles, & c'eft principalement en cela que l'hypoteque differe du gage.

A l'égard de la claufe de l'hypoteque, les Notaires l'expriment ordinairement en ces termes : Que le débiteur *a affecté, obligé & hypotequé tous fes biens, meubles & immeubles, prefens & à venir.* Pour ce qui eft des meubles, cette claufe eft inutile, puifque les meubles en France ne font point fujets à hypoteque, de quelque prix & valeur qu'ils foient ; mais ce qui abonde ne vicie pas.

Par Edit du 3 Février 1683, pour la vente des Offices, article 10, les Charges & Offices font fufceptibles d'hypoteque, de même que les véritables immeubles, enforte que le prix en eft diftribué entre les créanciers faififfans & oppofans au Sceau, felon l'ordre de la priorité de leurs hypoteques ; au lieu qu'auparavant il fe diftribuoit au fol la livre, comme le prix de la vente des meubles.

L'hypoteque valablement conftituée, produit deux effets.

Le premier, eft le droit de fuite, qu'il donne au créancier fur l'immeuble hypotequé, que le débiteur a aliéné ; car l'hypoteque eft un droit fur la chofe, qui fuit celui qui la poffede, quoiqu'il ne l'ait pas conftituée.

Sur quoi il faut obferver, 1°. Que le créancier hypotequaire ne peut agir contre le tiers détempteur de l'heritage hypotequé, qu'après difcuffion faite du débiteur, lorfque ce tiers détempteur a contracté de bonne foi avec le débiteur, ignorant l'hypoteque, de laquelle fon auteur avoit chargé le fonds vendu. C'eft un principe de Droit, approuvé par l'ufage, que le créancier hypotequaire ne peut d'abord convenir le tiers Poffeffeur, qu'il n'ait ufé de difcuffion contre fon débiteur ; car l'action hypotequaire n'étant que l'acceffoire, la fuite & la confirmation de l'action perfonnelle, on doit naturellement commencer par la premiere & la principale ; & fi la difcuffion doit être pratiquée contre le débiteur, avant que l'action puiffe être intentée contre la caution ; à plus forte raison , cet ordre de difcuffion doit être fui-vi à l'égard d'un tiers Acquereur, du moins dans les Coutumes qui n'ont pas de difpofition contraire. 2°. Que quand les biens hypotequés au créancier ont été aliénés à diverfes perfonnes , & en differens tems, le créancier n'eft pas obligé de s'en pren-dre plutôt aux derniers Acquereurs qu'aux premiers ; mais il peut s'en prendre indifféremment auquel il veut.

Le deuxiéme effet de l'hypoteque valablement conftituée, eft le droit de priorité & de préférence, qu'il donne fur l'hé-ritage au créancier antérieur contre les poftérieurs, lequel droit s'exerce, quand l'heritage eft vendu en Juftice, & que les créanciers ont formé leurs oppofitions afin de conferver, fui-vant la maxime : *Qui prior eft tempore, potior eft jure.* Ainfi, le premier en datte a le meilleur droit, non pas que le tems par lui-même confere aucun droit ; mais parce que celui qui eft le premier en datte a déja acquis un droit réel fur la chofe hypotequée, ce qui fait que le dernier ne peut rien pré-tendre fur la chofe, que le précedent ne foit entierement fa-tisfait de fon dû.

L'hypoteque de fa nature eft indivifible, d'où il s'enfuit, que fi un heritage hypotequé eft acheté par plufieurs, & partagé entr'eux, pour en jouir par divis, chaque partie de ce fonds fera obligée & hypotequée pour la dette entiere ; de forte qu'il fera permis au créancier de pourfuivre qui il voudra de ces Acheteurs folidairement, & pour toute fa dette, fauf le re-cours les uns contre les autres. *Voyez* M. Louet, lettre H. Som-maire 20.

Quand nous difons que les contrats paffés pardevant No-taires emportent hypoteque, cela s'entend, 1°. Des Notaires, qui ont inftrumenté dans l'étendue de la Jurifdiction dans la-quelle ils ont droit d'inftrumenter, & même fi ce font des Notaires de Seigneurs, il faut encore que ce foit entre per-fonnes domiciliées dans l'étendue de la Seigneurie dont ils font Notaires.

Il n'y a que les Notaires du Châtelet de Paris, ceux d'Or-leans & de Montpellier, qui ayent droit d'inftrumenter dans l'étendue de tout le Royaume, & entre toutes fortes de per-fonnes, comme nous avons dit dans le Livre précedent.

Cela s'entend, 2°. Des Notaires, tant Royaux que de ceux des Seigneurs, mais non pas des Notaires Apoftoliques ; car nous tenons en France, que la Jurifdiction féculiere ne reconnoît point le Sceau; c'est-à-dire, l'obligation & l'hypoteque de la Jurisdiction Ecclesiastique; & qu'ainsi les contrats & obligations passés sous le scel Ecclesiastique, n'emportent ni exécution ni hypoteque expresse ou tacite; ce qui est si vrai, qu'une Procuration passée sous le scel Ecclesiastique, n'est point reçue en Cour de Laïcs. *Voyez* M. Louet, lettre H. somm. 25.

Cela s'entend, 3°. Par rapport aux biens qui appartiennent au débiteur qui constitue l'hypoteque; car l'hypoteque constituée sur ce qui n'appartient pas au Constituant est nulle, & il y a stellionat. La raison est, que l'hypoteque est un droit réel, que personne ne peut imposer que sur ce qui lui appartient réellement.

Pour ce qui est des cédules, promesses & autres écrits sous seing privé, ce sont actes qui n'emportent point hypoteque, parce que parmi nous, c'est la seule datte publique des contrats ou des Jugemens qui produit l'hypoteque, comme il a été dit ci-dessus. Pour faire acquerir hypoteque aux actes sous seing privé, il faut les faire reconnoître en Justice ou pardevant Notaires. *Voyez* Monsieur Louet, lettre H. sommaire 4.

On demande, 1°. De quel jour les interêts & dépens adjugés en exécution d'une obligation, ont leur hypoteque? On tient que c'est du jour de l'obligation, comme il a été jugé par Arrêt rapporté par M. Bouguier, lettre H. chapitre 6, quoique dans l'obligation, la clause, *à peine de tous dépens, dommages & interêts,* n'eût pas été inserée.

On demande, 2°. De quel jour est l'hypoteque, quand une obligation est convertie en un contrat de constitution? Par deux Arrêts rapportés par M. Louet & son Commentateur, lettre N. chapitre 7, il a été jugé que l'hypoteque, tant pour le principal que pour les arrerages, étoit du jour de l'obligation.

On demande, 3°. De quel jour est l'hypoteque d'un contrat passé par un mineur & par lui ratifié en majorité? Par Arrêt donné en la Grand'Chambre le 23 Juillet 1667, rapporté dans le Journal des Audiences, il a été jugé que l'hypoteque étoit du jour de l'obligation contractée par le mineur. Le Parlement de Rouen a jugé au contraire, que l'hypoteque n'étoit que du jour de la ratification. La question n'est pas sans difficulté. *Voyez* le Commentaire de M. de Ferriere sur l'article 239 de la Coutume de Paris. La commune opinion eft, qu'après la ratification, l'hypoteque eft du jour du contrat.

A l'égard de l'hypoteque d'un contrat paffé au nom d'autrui, & enfuite ratifié par celui au nom duquel il a été paffé ; on demande fi c'eft du jour de la datte du contrat, ou du jour de la ratification ?

Il faut diftinguer, fi celui qui a paffé le contrat au nom d'autrui, étoit fondé de procuration, le contrat emporte hypoteque fur les biens de l'Obligé, du jour de la datte du contrat ; mais fi le contrat a été fait fans procuration, en ce cas, l'hypoteque n'eft que du jour de la ratification, parce qu'on ne peut obliger le bien d'autrui, fans fon confentement.

Il en eft de même de l'hypoteque d'un contrat paffé par un mari, & enfuite ratifié par fa femme. L'hypoteque ne fe donne que du jour de la ratification, & non du jour du contrat : Ainfi, quand une femme ratifie un acte dans lequel fon mari s'eft fait fort pour elle, fans être fondé de procuration, l'obligation de la femme n'eft renduë valable que par le moyen de la ratification ; & par conféquent, l'hypoteque du créancier, à l'égard des biens de cette femme, ne peut être que du jour qu'elle a ratifié.

Lorfqu'une obligation paffée par une femme, fans autorifation de fon mari, eft enfuite par elle valablement ratifiée, l'hypoteque n'eft que du jour de la ratification, parce que l'obligation eft nulle dans fon commencement, & n'ayant commencé que du jour de la ratification, ce n'eft que de ce jour qu'elle peut produire fon effet : Ainfi, la ratification ne peut avoir un effet rétroactif, au préjudice des autres créanciers qui ont contracté de bonne foi dans l'entre-tems. *Voyez* le Commentaire de M. de Ferriere fur l'article 223 de la Coutume de Paris.

CHAPITRE XXVIII.

CHAPITRE XXVIII.

De l'Hypoteque générale & spéciale.

L'HYPOTEQUE conſtituée par contrat eſt générale ou ſpéciale. La générale, eſt celle par laquelle tous les biens d'un débiteur ſont généralement hypotequés à la dette du créancier. Il n'eſt pas beſoin pour cela, que l'hypoteque ſoit exprimée dans l'acte, elle y eſt toujours conſtituée de plein droit dans un acte qui eſt paſſé pardevant Notaires, & procede de l'autorité publique, dont les actes paſſés pardevant Notaires ſont revêtus.

L'hypoteque ſpéciale eſt celle par laquelle certain heritage qui appartient au débiteur, eſt par lui nommément & ſpécialement obligé, & affecté particulierement à la dette du créancier; ſur quoi il faut remarquer, que quand on hypoteque un heritage ſpécialement à une dette, il eſt bon d'en déclarer la ſituation, les tenans & aboutiſſans; & ſi c'eſt une Terre, on doit déclarer en quoi elle conſiſte; ſi c'eſt un Fief ou une roture, & combien il y a d'arpens.

Ces deux ſortes d'hypoteques ſe peuvent joindre & accumuler enſemble en une même obligation; & en ce cas, le créancier eſt tenu de diſcuter l'heritage qui lui eſt hypotequé ſpécialement, avant que de s'attaquer aux autres qui ſeroient paſſés en la poſſeſſion des tiers Acquereurs, ſuivant la Loi 2, *cod. de pignorib.* laquelle Balde dit être l'unique qui concerne cette diſcuſſion. Elle paroît fondée ſur ce que l'on préſume que la choſe ſpécialement hypotequée, peut ſuffire au créancier pour ſon payement: Ainſi, quand l'hypoteque générale eſt jointe à la ſpéciale, la générale ſemble n'être que ſubſidiaire & conditionnelle, au cas que la ſpéciale ne ſoit pas ſuffiſante pour l'entier payement de la dette.

Les créanciers ſe trompent donc, lorſqu'ils s'imaginent que cette double hypoteque leur donne une plus grande aſſurance de leur dette, puiſque l'hypoteque ſpéciale ne donne aucune préférence ſur l'heritage hypotequé ſpécialement, & un créancier antérieur qui n'auroit qu'une hypoteque générale, ſeroit pré-

Tome I.   Z

feré à celui qui auroit deſſus un heritage, une hypoteque ſpéciale & poſterieure; de plus, l'hypoteque ſpéciale eſt moins
utile que la générale, en ce qu'elle oblige à la diſcuſſion dont
nous venons de parler, ce qui ne cauſe pas peu d'embarras à
un créancier: Mais cette diſcuſſion, comme nous avons dit,
ne doit avoir lieu que par rapport aux heritages du débiteur,
qui feroient paſſés en la poſſeſſion des tiers Acquereurs; ainſi,
quand il n'y en a point d'aliénés, & que tous les heritages géneralement & ſpécialement hypotequés ſe trouvent en la poſſeſſion du débiteur, il eſt au choix du créancier qui a une hypoteque ſpéciale, de s'addreſſer d'abord à l'heritage ſur lequel
il n'a qu'une hypoteque generale, & le débiteur n'eſt pas en
droit de lui oppoſer qu'il doit commencer par diſcuter l'hypoteque ſpéciale. *Voyez* M. le Maître en ſon Traité des Criées, chap.
32; Chopin, *lib. 3 de Morib. Pariſiorum, tit.* 8, *num.* 3; Loyſeau,
au livre du Déguerpiſſement, chap. 8; Mornac, *ad l. creditoris
urbitrio, ff. de diſtract. pignor.*

Pour obvier à la néceſſité de la diſcuſſion de l'heritage ſpécialement hypotequé par rapport à ceux qui ſe trouvent en la poſſeſſion d'un tiers Acquereur, on met, *ſans que l'hypoteque ſpéciale
déroge à la générale, ni la générale à la ſpéciale.*

Au moyen de cette clauſe, la diſpoſition de la Loi 2, *cod. de
pignor.* ceſſe, & le créancier a la liberté d'agir en vertu de ſon
hypoteque générale ou ſpéciale comme il lui plaît, ou même d'a-
gir dans le même tems en vertu de l'une & de l'autre. *Voyez* M.
Bouguier, lettre D. chap. 6. Aujourd'hui cette clauſe, *ſans que
l'hipoteque ſpéciale déroge à la générale,* eſt devenu un ſtile ordinaire des Notaires, & ſe met dans tous les contrats; c'eſt pourquoi il n'y a plus à cet égard de différence entre l'hypoteque
générale & l'hypoteque ſpéciale.

Un des principaux effets de l'hypoteque ſpéciale ſe trouve dans
les contrats de fermage & de louage, en ce que l'hypoteque ſpéciale étant ſtipulée par le Fermier ou Locataire, ſur l'heritage loué
ou pris à Ferme, oblige le nouvel Acquereur d'entretenir le bail;
de ſorte qu'il ne peut pas expulſer le Locataire ou Fermier, juſqu'à ce que le bail ſoit expiré.

La Loi *Emptorem, cod. de locato & conducto,* n'oblige pas le
ſucceſſeur à titre ſingulier, tel qu'eſt un Acheteur, d'entretenir
le bail fait par ſon auteur; mais ſi l'heritage affermé ou loué, a été
ſpécialement affecté & hypotequé au Locataire ou Fermier pour
la ſûreté de ſon bail, l'Acheteur ou tout autre Acquereur à

titre particulier, eft tenu d'entretenir le bail fait par fon auteur. Ce qui n'auroit pas lieu, fi le Fermier n'avoit deffus l'héritage qui lui a été donné à bail, qu'une hypoteque générale, ainfi
que l'a remarqué Imbert en fon Manuel du Droit François, fous
le mot de *Louage;* Guypape en fa queftion 180; Bacquet, au
Traité des Droits de Juftice, chap. 24, nomb. 155.

CHAPITRE XXIX.

De l'Hypoteque privilegiée.

C'EST une maxime générale, que l'hypoteque a lieu du
jour de la datte du Contrat ou Acte, & que *prior tempore potior eft jure;* mais il y a certaines hypoteques privilegiées, qui, quoique poftérieures, font préférées, attendu le privilege de la dette.
Il faut donc en cela, diftinguer l'hypoteque qui n'eft point la
caufe de la dette, & qui n'eft qu'acceffoire à l'obligation perfonnelle, de l'hypoteque où la chofe hypotequée eft la caufe de
la dette même. L'hypoteque qui n'eft qu'acceffoire à l'obligation
perfonnelle, fe range fuivant l'ordre des tems, & alors, *prior
tempore potior eft jure.* Mais l'hypoteque où la chofe hypotequée
eft la caufe de la dette même, ce droit eft un privilege in-
hérent à la chofe, qui n'eft point affujetti à l'ordre des tems.
Il eft préferé fur la chofe à tout autre créancier, quoiqu'antérieur, dont l'hypoteque n'eft qu'acceffoire à l'obligation perfonnelle.
Par exemple, celui qui a vendu un heritage, & eft demeuré
créancier du prix ou de partie, a une hypoteque privilegiée
fur cet heritage, & eft en conféquence de fon privilege, préferé à
tous les autres créanciers de l'Acquereur, quoiqu'anterieurs en
datte.
Cela eft abfolument vrai, quand le Vendeur par le contrat de
vente, a fait réferve & ftipulation expreffe de ce privilege: Mais
quand il n'en étoit point fait mention, les anciens Arrêts ju-
geoient que ce privilege n'avoit point de lieu, le Vendeur ne
pouvant pas prétendre fur l'heritage vendu aucun privilege,
puifque par la vente pure & fimple, fans condition & ftipulation
de préférence, il s'étoit démis de toute la proprieté, & n'é-
toit devenu que fimple créancier: Mais cette Jurifprudence
a changé comme odieufe & contraire à l'équité. Ainfi, les

derniers Arrêts ont jugé le privilege au profit du Vendeur, sans stipulation.

Ce privilege a lieu contre tous autres privilegiés, même contre celui qui auroit bâti dans l'heritage depuis le contrat, & rendu la chose meilleure.

Par la même raison, celui qui a baillé son héritage à rente fonciere, est preferé dessus pour sa rente, à tous créanciers du Preneur. *Voyez* M. Louet, lettre H. Somm. 21, & Bouguier, lettre H. chapitre 12.

Celui qui a prêté des deniers par obligation ou contrat de constitution à un Particulier, pour acheter un héritage, a un privilege spécial sur cet héritage, pour être payé par préference à tous créanciers antérieurs, parce que sans ses deniers cet héritage n'eût point appartenu au débiteur! Mais pour établir ce privilege, il faut deux circonstances, & l'omission d'une seule le fait manquer.

La premiere, que le créancier, en baillant son argent, stipule expressément que le prêt qu'il fait au débiteur, est pour faire cette acquisition, avec stipulation expresse qu'il aura privilege sur la chose acquise.

La deuxiéme, que par le contrat d'acquisition que fait le débiteur, il paroisse que c'est des deniers de ce créancier qu'elle a été faite : Ainsi, il faut qu'il y en ait une déclaration expresse au cas que la vente soit faite pardevant Notaires; ou si l'acquisition se fait par décret, il faut que la quittance du Receveur des Consignations en fasse mention. *Voyez* M. Louet, lettre H. sommaire 24.

Enfin, pour établir ce privilege, il faut encore que lors du prêt, il y ait une réalité des mêmes especes précise & marquée.

Celui qui a prêté des deniers à un Particulier, pour bâtir une maison sur un fonds, ou pour réparer celle qui étoit déja bâtie, a un privilege spécial sur ce fonds, par lequel il est preferé à tous autres créanciers : Et en effet, il est juste que celui qui a donné son argent, pour conserver ou pour améliorer un héritage, qui sert de gages à tous les créanciers, soit preferé à ces mêmes créanciers, dont il a conservé le bien.

Mais pour avoir ce privilege, il faut nécessairement que les deux circonstances énoncées ci-devant se rencontrent. La premiere, que le créancier ait stipulé ce privilege, en prêtant ses deniers.

La deuxiéme, qu'il paroisse que ces deniers ont été vérita-

blement employés au bâtiment ou aux réparations ; & ce par
les déclarations qui feront inferées dans les marchés faits avec
les Entrepreneurs & dans leurs quittances ; le tout devant être
à cet effet paffé pardevant Notaires.

Enfin, pour établir ce privilege, il faut encore que lors du
prêt, il y ait une réalité des mêmes efpeces précife & marquée.

Par la même raifon, l'Entrepreneur ou Maffon, qui ayant
bâti ou réparé, eft demeuré créancier du prix de fon ouvrage,
a auffi ce privilege fur le fond ; & celui-là n'a que faire de déclaration, car ce privilege eft de droit.

CHAPITRE XXX.

De l'Hypoteque des Comptes de Tutelle, & de celle des Contrats de Mariage.

NOus avons remarqué dans le chapitre précedent quelques cas où la regle, *qui prior eft tempore potior eft jure,*
ceffe : Nous en allons expliquer deux autres dans celui-ci, en
parlant de l'hypoteque du mineur fur les biens de fon Tuteur,
& de celle de la femme fur les biens de fon mari ; la Loi donnant à l'un & à l'autre une hypoteque tacite, qui remonte plus
haut que l'obligation qu'il a produit.

Pour ce qui eft du mineur, il a hypoteque fur les biens de
fon Tuteur ou Curateur, pour le reliquat de compte, ou pour
la mauvaife adminiftration, du jour de l'acte de tutelle, quoique
la dette qui forme ce reliquat, ne foit née que long-tems après ;
& c'eft une hypoteque tacite que lui donne la Loi ; le mineur
a même cette hypoteque du jour que l'adminiftration a commencé, quoiqu'il n'y en ait point eu d'acte formel. Par Arrêt prononcé en Robes rouges le 6 Avril 1575, il fut déclaré que le fils
avoit hypoteque fur les biens de fa mere pour fon reliquat de
compte, non-feulement du jour qu'elle avoit été élûe Tutrice, mais du jour du décès de fon pere, à l'inftant duquel
la mere avoit commencé la geftion ; & le fils fut préferé à
un créancier intermédiaire entre le décès du pere & l'acte de
tutelle.

La même hypoteque tacite a lieu contre les Protuteurs ; & c'eſt l'eſpece de l'Arrêt cité ci-deſſus ; car la mere n'étoit que Protutrice avant l'acte, par lequel elle avoit été depuis nommée Tutrice.

La même hypoteque tacite a pareillement lieu contre les Gardiens Nobles & Bourgeois.

Il faut dire auſſi, que la même hypoteque tacite a lieu contre les Tuteurs honoraires ; car quoique par nos mœurs ils ne ſoient point comptables ni tenus de l'adminiſtration des Tuteurs onéraires ; néanmoins, ſi les Tuteurs honoraires prennent des deniers des mineurs par cedules ou obligations, l'hypoteque tacite en courra, tant pour le principal que pour les interêts, qui en ſont dûs de droit du jour de l'acte de tutelle.

Le Tuteur, au contraire, n'a hypoteque contre ſon mineur, pour ſon reliquat, que du jour de la clôture de ſon compte. La raiſon eſt, qu'il y a beaucoup de difference entre l'action directe de tutelle, qui eſt donnée au mineur contre ſon Tuteur, & l'action contraire de tutelle, qui eſt donnée au Tuteur contre ſon mineur ; la Loi donne expreſſément une hypoteque tacite dans l'action directe de tutelle ; mais pour l'action contraire de tutelle, il n'y a nul texte dans le Droit par lequel on lui donne une hypoteque tacite.

D'ailleurs, le mineur eſt à la garde du Public ; c'eſt-à-dire, qu'il eſt de l'interêt public que les biens des mineurs ſoient conſervés ; mais pour le Tuteur, il doit être imputé à ſa faute d'être entré en avance avec ſon mineur, & il a dû ſçavoir que la tutelle n'a pas été introduite en faveur des Tuteurs, mais de leurs mineurs. *Voyez* M. Louet & ſon Commentateur, lettre H, ſommaire 23.

A l'égard de l'hypoteque de la femme, pour ſes repriſes, pour le remploi de ſes propres aliénés, & pour l'indemnité des dettes qu'elle a contractées conjointement avec ſon mari, elle a hypoteque du jour de ſon contrat de mariage.

Les repriſes s'entendent des ſommes que la femme a miſes en communauté, & qu'elle a droit de reprendre après le décès de ſon mari, en renonçant par elle à la communauté, en vertu de la ſtipulation de repriſe appoſée dans le contrat de mariage. L'hypoteque de la femme pour ſes repriſes, eſt du jour du contrat de mariage, attendu que la clauſe de repriſe fait partie de ce contrat.

Elle a pareillement hypoteque pour la repriſe de tout ce qui lui eft échu pendant le mariage, comme par donation, legs ou autrement, au cas de renonciation à la communauté, & de ftipulation de reprife par contrat de mariage.

La femme a auffi hypoteque du jour de fon contrat, pour le remploi des propres aliénés, quand elle a ftipulé expreffément le remploi de fes propres aliénés, mais fi elle ne l'a point ftipulé, il y a plus de difficulté; néanmoins Brodeau fur M. Louet, lettre R. fommaire 30, rapporte plufieurs Arrêts qui ont jugé en faveur de la femme. S'il n'y avoit point de contrat de mariage, l'hypoteque tacite feroit du jour de la célebration d'icelui, par la raifon que le renvoi eft de Droit Commun, & que le mari y eft tacitement obligé, dès qu'il contracte mariage, au cas que dans la fuite il aliéne les biens de fa femme.

Pour l'indemnité des dettes & obligations contractées par la femme avec fon mari, l'hypoteque eft auffi du jour du contrat de mariage, ou de la célebration, au cas qu'il n'y ait point de contrat.

La raifon de douter, eft qu'il ne paroît pas naturel que cette hypoteque ait un effet rétroactif au jour du contrat de mariage, d'autant qu'il femble raifonnable que l'hypoteque pour une dette future n'ait lieu que du jour que la dette naîtra, lorfqu'il eft au pouvoir du débiteur de faire qu'elle arrive ou qu'elle n'arrive pas.

La raifon de décider eft, que les hypoteques prépofteres ont été autorifées principalement en faveur des femmes, & cela, en confideration de la foumiffion dans laquelle elles font pendant le mariage, qui fait qu'elles font préfumées ne contracter jamais avec une entiere liberté.

De plus, les promeffes de s'époufer portées par un contrat de mariage, ne font pas fans quelques effets préfens, elles produifent toujours une obligation naturelle qui fuffit pour donner lieu à l'hypoteque, furtout lorfque la promeffe de mariage contenue au contrat eft fuivie de l'effet.

D'ailleurs, on répute que le mari eft Adminiftrateur néceffaire des biens de fa femme, & en conféquence, on donne cette hypoteque à la femme du jour que l'adminiftration du mari a commencé, & non du jour que la dette a été contractée. *Voyez* le grand Commentaire de M. de Ferriere fur l'article 232 de la Coutume de Paris.

Que fi la femme s'eft obligée avec fon mari, étant féparée d'avec lui, ou que le mari ait aliéné les propres de fa femme de fon confentement, l'hypoteque pour fon indemnité ou pour le remploi, n'eſt que du jour de l'obligation, ou de l'aliénation des propres. *Voyez* M. de Renuſſon en ſon Traité de la Communauté, chapitre 4, §. 8, nombre 25.

Cependant, s'il étoit dit par le contrat de mariage, qu'il n'y auroit point de communauté, & qu'en même-tems il y eût ſtipulation du remploi ou d'indemnité, cette ſtipulation auroit ſon effet, & l'hypoteque ſeroit du jour du contrat de mariage, par la raiſon que nous avons dit ci-deſſus, que les ſtipulations prépoſteres ont lieu, particulierement pour les femmes.

On demande, ſi l'hypoteque de la dot, des repriſes, des remplois, & de l'indemnité, eſt préferable au douaire des enfans?

L'Arrêt donné entre les créanciers de Monſieur & de Madame Galland, & de la Damoiſelle Galland leur fille, le 5 Avril 1677, rapporté dans le Journal du Palais, a jugé que la dot conſiſtante en deniers, ſtipulés propres dans le contrat de mariage, avec les repriſes, c'eſt-à-dire, les ſommes que la femme a miſes dans la communauté, & qu'elle reprend en renonçant à la communauté, en vertu de la ſtipulation de repriſe, ſont préferées au douaire.

Ce même Arrêt a auſſi donné préference aux deniers provenans des rentes conſtituées, rachetées pendant la communauté, ſoit que la femme ait ſigné, ou non, les quittances de rembourſement, & aux deniers provenans, ſoit des rachats des rentes, ſoit d'heritages vendus par les co-heritiers d'une ſucceſſion commune, avant que de proceder au partage; ſuppoſé qu'il ſoit dit dans le contrat de mariage, que tout ce qui échera par ſucceſſion, ſera propre à la femme. Et après ces ſommes, qui ſont réputées compoſer la dot de la femme, ſuivra le douaire; après lequel ſera mis, du jour du contrat du mariage, le remploi des propres aliénés, l'indemnité des dettes auſquelles la femme s'eſt obligée, & le préciput, lorſqu'il eſt porté par le contrat de mariage, qu'en renonçant elle le reprendra.

CHAPITRE XXXI.

CHAPITRE XXXI.

Par quels moyens s'éteint l'Hypoteque.

L'HYPOTEQUE s'éteint de plusieurs manieres.

La premiere, par le payement actuel de la dette, & par tout acte équipolent au payement, comme les offres réelles, & la consignation actuelle de la somme dûe, au refus du créancier de la recevoir.

La seconde, par la renonciation du créancier expresse ou tacite à l'hypoteque.

La renonciation expresse à l'hypoteque se fait par le créancier, lorsqu'il consent par écrit que le débiteur vende, donne ou dispose de l'heritage sur lequel il avoit hypoteque.

La renonciation tacite se fait lorsque le créancier signe au contrat de vente de l'heritage hypotequé à sa dette, sans en faire de déclaration ni réserve, comme il a été jugé par Arrêt rapporté par M. Louet, lettre N. sommaire 6.

Pareillement, lorsque le créancier est témoin à un contrat de constitution, par lequel le débiteur déclare ses biens francs & quittes, il perd son droit d'hypoteque sur iceux, à l'égard de ce nouveau créancier, ce qui a lieu à plus forte raison pour le Notaire qui reçoit un tel contrat de son débiteur. *Voyez* M. Louet, au lieu cité.

La troisiéme maniere par laquelle l'hypoteque s'éteint, est la perte de la chose hypotequée.

La quatriéme, est la perte de la grosse de l'obligation ou du contrat de constitution; sur quoi il faut remarquer que par l'Ordonnance de 1539, article 178, il est défendu aux Notaires de délivrer une seconde grosse des testamens & des contrats, s'il n'est ainsi ordonné par Justice, Partie présente ou dûement appellée; auquel cas le créancier auquel on délivre une seconde grosse n'a hypoteque que du jour de sa seconde grosse, comme il a été dit ci-devant, livré 1, chapitre 25.

La cinquiéme, est la prescription de quarante ans, à l'égard du débiteur, par la raison que l'action personnelle étant jointe à l'hypotequaire, est prorogée à quarante ans. Mais à l'égard du

Tome I.   A a

tiers détenteur de bonne foi, il ne lui faut que dix ans entre prefens, & vingt ans entre abfens, pour prefcrire l'action hypo-
téquaire.

Il faut remarquer que l'hypoteque ne s'éteint pas par la novation, comme fi celui qui devroit par obligation une fomme de
mille livres, conftituoit une rente à fon créancier quelques années après, pour demeurer quitte envers lui de cette fomme,
comme j'ai déja dit ci-devant: Ainfi, le créancier auroit en ce
cas, hypoteque fur les biens de fon débiteur, du jour de l'obligation, pour l'extinction de laquelle la conftitution de rente auroit été créée, comme il a été jugé par Arrêts rapportés par M.
Louet & fon Commentateur, lettre N. fommaire 7.

CHAPITRE XXXII.

De l'exécution des Contrats & Obligations.

L'EFFET des contrats eft de produire une obligation civile,
& une action; foit qu'ils foient paffés pardevant Notaires,
ou non. Mais pour les mettre à exécution, il ne fuffit pas qu'ils
foient paffés pardevant Notaires, & qu'ils foient revêtus de toutes les formes néceffaires pour leur validité; il faut encore qu'ils
foient fcellés du fceau de la Jurifdiction, ce qui n'eft pas requis
pour leur fubftance & pour leur perfection, d'autant que la perfection des contrats confifte dans l'expreffion de l'accord & de
la convention des Parties, dans leur fignature & dans celle du
Notaire.

Le fceau n'eft donc néceffaire que pour donner autorité à
l'acte, & le pouvoir à l'Huiffier de le mettre à exécution. C'eft
une marque publique, qui fait connoître que le contrat n'eft pas
faux & fuppofé; car on ne connoît pas les fignatures des Notaires
& des autres perfonnes publiques; mais on connoît les fceaux
où fe voyent les Armes du Roi ou d'un Seigneur: Ainfi, un Huiffier ne doit entreprendre de faifir le bien d'autrui, s'il n'a le mandement & la permiffion du Juge, ou l'aveu du Prince Souverain,
l'exécution d'un Jugement ou d'un contrat dépendant toujours
abfolument du fceau.

De ce que nous venons de dire, il s'enfuit qu'il eft beaucoup
plus avantageux de paffer des contrats pardevant Notaires, que

fous fignature privée ; puifque les actes fous feing privé n'emportent point d'exécution parée, & que pour les mettre à exécution, il
faut les faire reconnoître en Juftice, au lieu que les contrats paffés
pardevant Notaires, font exécutoires fur les biens des Obligés,
fur lefquels ils emportent exécution parée, pourvû qu'ils foient
expediés en forme, & munis du fceau de la Jurifdiction où le
Notaire qui les a paffés a droit d'inftrumenter.

Voyons à prefent, fi en vertu du fceau les contrats font exécutoires partout le Royaume, & fi pour cela il n'eft pas quelquefois befoin de la permiffion du Juge.

Pour réfoudre cette queftion, il faut fçavoir qu'il y a en France
deux fortes de fceaux, dont on fait fceller les contrats & obligations : Sçavoir, le fceau Royal, & le fceau autentique non Royal,
c'eft-à-dire, des Juftices fubalternes.

A l'égard du fceau Royal, il eft exécutoire partout le Royaume, comme il eft porté par l'article 65 de l'Ordonnance de 1539.
La raifon eft, que l'autorité du Roi eft diffufe partout le Royaume, & qu'il feroit abfurde de reftraindre le pouvoir du fceau du
Roi dans de certains lieux ; d'ailleurs, il doit être connu partout.

Ainfi quand un acte eft paffé pardevant un Notaire Royal, il
eft exécutoire partout le Royaume, quoique ceux qui l'ont paffé
ne fuffent pas demeurans dans l'étendue du reffort du Notaire
Royal qui l'a reçu, il fuffit qu'il l'ait fait dans l'étendue de fon reffort, & que ceux qui l'ont paffé y fuffent dans le tems que ledit
acte a été paffé.

Il n'en eft pas de même du fceau des Seigneurs, parce que n'é-
tant connu que dans l'étendue de la Juftice Seigneuriale, il ne
doit point avoir fon exécution parée hors fes limites. Il y a plus,
c'eft que le pouvoir des Seigneurs étant borné dans leur Territoire, & n'ayant point d'autorité dans les autres lieux, les Juges ne font point obligés de reconnoître leurs fceaux, ni de déferer à leur autorité, lorfqu'ils font appofés à des actes qui ont été
paffés par des perfonnes qui n'étoient pas domiciliées dans le reffort de la Juftice du Notaire qui les a paffés.

Ainfi, quant aux obligations & contrats paffés fous fceaux autentiques non Royaux, c'eft-à-dire, des Juftices Seigneuriales,
la même Ordonnance de 1539, article 66, veut qu'ils foient
exécutoires contre les Obligés ou leurs héritiers, partout le
Royaume, & fur tous leurs biens, en quelqu'endroit qu'ils foient
fitués, pourvû qu'au tems de l'obligation, ils fuffent demeurans

au-dedans du détroit & Jurifdiction où les fceaux font autentiques.

Mais fi les Parties n'y avoient pas leur domicile, au tems que
le contrat a été paffé, il faudroit pour l'exécution d'icelui, la permiffion du Juge Royal du domicile du débiteur, & le fceau de la
Juftice Seigneuriale du Notaire qui l'auroit paffé, ne feroit pas
fuffifant pour le rendre exécutoire : Ainfi, ne pouvant paffer que
pour un écrit fous feing privé, il ne peut être exécuté qu'en ob-
tenant du Juge du débiteur la permiffion de le faire, & il n'emporte hypoteque que du jour de la condamnation, ou du jour
que le Juge du débiteur a permis de le mettre à exécution.

Ce qui eft dit ici des fceaux autentiques non Royaux, fe doit
entendre des fceaux des Seigneurs des Juftices féculieres, & non
de ceux des Evêques, lefquels n'ont aucun pouvoir fur les biens
temporels, comme nous l'avons déja dit.

On demande, comment les contrats & obligations font exécutoires contre les héritiers des perfonnes obligées ?

Ils ne peuvent être exécutés contre les héritiers, avant qu'ils
foient déclarés tels, & ayent pris qualité ; & pour y parvenir, il
les faut faire appeller en Juftice, fuivant l'article 168 de la Coutume de Paris. La raifon eft, que les obligations & les condamnations font perfonnelles : Ainfi, elles ne peuvent être exécutées
que contre les Condamnés, & ceux qui y font dénommés, &
non contre leurs veuves & leurs héritiers, avant qu'ils foient déclarés tels.

En effet, la veuve peut renoncer à la communauté, & par ce
moyen, elle fe décharge entierement de toutes les dettes de la
communauté, & même quand elle l'accepteroit, elle ne pourroit pas être pourfuivie pour les dettes de la communauté, que
jufqu'à concurrence de ce qu'elle en pourroit amender. Ainfi les
obligations paffées par le mari, ou les condamnations rendues
contre lui, ne peuvent être exécutées contre fa veuve, à moins
que par Jugement elles ne foient déclarées exécutoires contre
elle.

Il faut auffi demeurér d'accord, que le préfomptif héritier
d'un défunt, n'eft réputé héritier que lorfqu'il a pris qualité. La
raifon eft, que nul n'eft héritier qui ne veut, felon l'article 316 de
la Coutume de Paris, & qu'on a quarante jours pour déliberer,
après que l'Inventaire eft fait, fi on acceptera la fucceffion, ou fi
on y renoncera : D'où il s'enfuit que les obligations & condamnations faites & rendues contre le défunt, ne peuvent pas être

exécutées fur les biens de fon héritier, s'il n'eſt ordonné auparavant : Mais après que l'héritier préfomptif a pris qualité pure & fimple, les obligations & condamnations faites & rendues contre le défunt, peuvent être exécutées contre lui, en le faifant dire & ordonner auparavant par Sentence du Juge, fuivant l'Edit du Roi Henry II. du 4 Mars 1549.

Quoique les créanciers du défunt ne puiſſent pas exécuter les obligations paſſées par le défunt à leur profit, ou les Sentences & condamnations obtenues contre lui fur les biens de fa veuve ou de fes heritiers préfomptifs, avant qu'ils ayent pris la qualité de commune ou d'heritiers ; néanmoins, il leur eſt permis de faire faifir & arrêter les biens de la fucceſſion ou de la communauté. Et cette faifie fe fait pour empêcher que les meubles ne foient divertis, ou qu'ils ne foient faifis à la requête d'autres créanciers.

Le Juge ayant déclaré exécutoires contre l'heritier les obligations paſſées par le défunt, les créanciers les peuvent exécuter fur les biens propres de l'heritier par faifies & exécutions réelles des biens qui lui appartiennent. Il faut excepter néanmoins le cas auquel l'heritier du défunt fe feroit porté heritier par bénéfice d'inventaire ; car pour lors l'exécution ne peut être faite, que jufqu'à concurrence de ce dont il amende de la fucceſſion.

Il faut encore obferver, que s'il y a plufieurs heritiers, l'exécution ne peut être faite contre chacun d'eux, fur leurs biens propres, que pour telle part & portion, dont ils font heritiers. La raifon eſt, que les dettes perfonnelles fe divifent entre les heritiers felon la part & portion dont ils font heritiers, outre laquelle ils ne peuvent être pourfuivis perfonnellement, d'où il s'enfuit que chacun des heritiers eſt déchargé de l'obligation perfonnelle en payant aux créanciers fa part de la dette contenue en l'obligation, ainfi que M. de Ferriere l'a dit plus amplement fur la Coutume de Paris, articles 332, & fuiv.

Mais on demande fi l'heritier du créancier peut, fans Ordonnance du Juge, mettre à exécution fur les biens du débiteur, l'obligation paſſée au profit du défunt. Il eſt fans difficulté, qu'il le peut, attendu cette maxime, *que le mort exécute le vif, & le vif n'exécute pas le mort.*

La raifon de la différence eſt, que la caufe du débiteur ne change pas par la mort de fon créancier, & fa condition eſt telle qu'elle étoit auparavant, & l'heritier du créancier eſt en droit d'exercer les droits de celui auquel il succede. Mais quand le débiteur est mort, il n'est pas juste de commencer par la saisie & exécution (qui est une voye de rigueur) contre celui qui ignore ou qui peut ignorer l'obligation.

Après avoir parlé des effets des conventions par écrit, & des contrats passés pardevant Notaires, il est bon d'examiner quelles sont les choses qui peuvent donner atteinte à ces actes & contrats qu'on a passés.

Il y a plusieurs choses qui peuvent donner atteinte aux contrats & aux actes, tant sous seing privé, qu'à ceux qui sont passés pardevant Notaires : Sçavoir, les restitutions en entier, & réscisions des contrats, les contre-lettres, les protestations, les inscriptions de faux & le serment décisoire, dont nous allons traiter dans les chapitres suivans, à l'exception des contre-lettres, & des protestations, dont nous ne traiterons que dans le neuviéme Livre de cet Ouvrage.

CHAPITRE XXXIII.

Des Restitutions en entier, & des Rescisions de Contrats.

LA restitution en entier est un bénéfice de droit, par lequel celui qui a été lezé & trompé en passant quelques actes ou contrats, est remis en pareil état qu'il étoit avant cet acte ou contrat.

Comme les voyes de nullité n'ont point de lieu en France, si la nullité n'est absolument exprimée par les Ordonnances ou par les Coutumes, hors ce cas la restitution contre un contrat ne se donne que par Lettres Royaux qu'il faut obtenir en Chancellerie, & faire enteriner en Justice. Elles s'appellent Lettres de Rescision ou de Restitution en entier.

Les mineurs peuvent être restitués contre tous contrats & obligations, quand ils en souffrent la moindre lézion, sans autre cause que celle de leur minorité.

A l'égard des majeurs, il n'y a parmi nous que trois circonstances où ils soient bien fondés à être restitués; la force ou crainte, le dol ou tromperie, & la lézion énorme.

I. La force ou crainte, est quand on a été contraint par force ou par crainte de mauvais traitemens, à passer un Acte ou contrat ; ce qui se doit entendre de la crainte d'un mal considerable, capable de donner de la terreur à une personne constante & de bon sens ; comme la crainte de la mort, des tourmens, de la perte de tous les biens ou de la plus grande partie, &c.

II. Le dol ou tromperie, ce qui s'entend aussi par les termes de fraude & circonvention, est quand dans la passation d'un acte, il y a eu de la mauvaise foi de la part de quelqu'un des Contractans, qui s'est servi de mauvais artifices pour tromper les autres, soit en déguisant ou cachant la vérité, soit en se servant d'adresse pour les faire tomber dans quelque piege.

III. La lézion énorme est quand une personne se trouve énormément lézée par un contrat ; sur quoi il faut remarquer, 1°. Qu'il faut que la lézion soit d'outre-moitié du juste prix, c'est-à-dire, que le Vendeur n'ait pas reçu pour le prix de son héritage, la moitié de sa juste valeur. 2°. Que l'estimation de l'héritage se doit faire par Experts, eu égard au tems du contrat. 3°. Que le bénéfice de restitution pour cause de lézion d'outre-moitié, n'est accordé qu'au Vendeur, qui est présumé avoir vendu par nécessité, & non pas à l'Acheteur qui est présumé avoir acheté cherement par l'affection qu'il avoit d'acquerir la chose.

Le bénéfice de lézion d'outre-moitié a lieu en d'autres cas que la vente : Sçavoir, 1°. En bail à rente, parce qu'il équipole une vente, & emporte aliénation du fonds. 2°. En bail emphitéotique au-dessus de dix ans. 3°. En échange d'heritage avec rentes constituées. Arrêt du 8 May 1574 ; autre Arrêt du 2 Mars 1646.

La restitution pour lézion n'a lieu dans les baux à ferme, ou contrats de louage, parce que ce n'est qu'une vente de fruits, qui est une chose mobiliaire, pourvû que le bail soit au-dessous de dix ans. Elle n'a pas lieu non-plus en vente de meubles, en vente par décret ; ce qui se doit entendre en décret forcé, & non pas en décret volontaire, en transaction, en vente ou transports d'hérédité, ou droits successifs ; ce qui se doit entendre entre co-heritiers ou co-partageans, mais non pas des ventes ou transports faits à des étrangers.

Il faut remarquer que la restitution contre tous les actes & contrats, doit être demandée dans les dix ans du jour du contrat pour les majeurs, ou de la majorité acquise pour les mineurs, autrement on n'y est plus reçu, conformément à l'Ordonnance de Louis XII. ce qui se pratique à la rigueur. Jugé par Arrêt du 31 Janvier 1615.

Pour obtenir & faire enteriner des Lettres de refcifion, il ne fuffit pas de rapporter des proteftations faites avant ou après la paffation des actes, il faut que les faits qu'on articule foient prouvés par écrit ou par Témoins. Pour être reftitué contre un partage, il n'eft point néceffaire de lézion d'outre-moitié; il fuffit qu'elle foit du tiers au quart; ou du quart au quint. *Voyez* M. le Preftre, centurie 1, chapitre 12, & le Praticien de M. Lange, livre 4, chap. 21 & 22.

La demande en caffation de contrat, n'en doit pas empêcher l'exécution; & pendant le Procès refcifoire, le contrat doit être entretenu, autrement le Défendeur n'eft pas tenu de proceder, ainfi qu'il a été jugé par Arrêt rapporté par Bouchel dans fa Biblioteque du Droit François, *verbo*, *Provifion.*

Celui des Contractans qui avoit faculté de faire caffer un contrat, qui, au lieu de fe pourvoir contre, s'en fert & le met à exécution, perd le droit qu'il avoit de revenir contre, & n'en peut plus demander la caffation. *Voyez* Peleus, queftion 131.

Quand on veut fe pourvoir en caffation contre le contrat, il le faut faire pour le tout; on n'eft point recevable à divifer les claufes qu'il contient, & à fe faire relever pour un chef & non pour les autres. Ainfi jugé par Arrêt du Parlement de Bourgogne, du 11 Mars 1619, rapporté par Bouvot, tome 2, *verbo*, *Contrat.*

CHAPITRE XXXIV.

De l'Inscription de faux.

FAUX eft une fuppofition frauduleufe pour obfcurcir la vérité, & faire paroître les chofes autrement qu'elles ne font.

Ce crime fe commet en trois manieres: Par paroles, par écritures ou par actions. Par paroles; quand les Témoins dépofent contre la vérité. Par l'écriture, quand on fabrique ou qu'on altere ou antidate un contrat ou quelqu'autre piece. Par fait, quand on vend à faux poids ou à fauffe mefure, ou qu'on altere ou fabrique la Monnoye.

Suivant le Droit Romain, on pouvoit inftruire le crime de
faux

faux civilement. En France, & surtout depuis l'Ordonnance de 1670, l'accusation de faux se fait de la même forme que celle des autres crimes.

L'inscription de faux est un acte qu'on fait au Greffe, par lequel on déclare qu'une piece ou signature est fausse & supposée, à l'effet d'empêcher qu'on s'en serve contre nous.

Elle est souvent nécessaire, surtout quand on veut se pourvoir contre un acte, contre lequel on ne peut objecter de vice apparent.

Ainsi, par acte de notorieté du 19 Août 1701, il est porté, qu'on ne peut être admis à la preuve par Témoins, contre un contrat ou autres actes passés pardevant deux Notaires, ou un Notaire & deux Témoins, & que pour détruire ces sortes d'actes qui emportent hypoteque, il faut passer à l'inscription de faux, ou avoir commencement de preuve par écrit.

Quand on s'inscrit en faux contre un acte, il faut faire apporter la minute originale au Greffe.

L'exception de faux n'empêche pas la provision du contrat, ainsi que dit avoir été jugé M. Expilly, Arrêt 33. En effet, un contrat impugné de faux, doit être exécuté pendant la discussion, en donnant caution, sans préjudice des droits des Parties, comme il a été jugé par Arrêt du Parlement de Paris, du 27 Mars 1527. La raison est, que cet acte étant complet, & n'ayant aucun vice visible, il doit être mis à exécution par provision.

Il faut néanmoins excepter le cas auquel il s'agiroit d'un contrat pignoratif & usuraire; car pour lors ce contrat étant accusé de faux, la provision y doit être jointe, comme il a été jugé par Arrêts des 9 Mars 1576, & 19 Février 1582, rapportés par Papon, livre 18, titre 1, nombre 29.

Le même M. d'Expilly, chapitres 23 & 24 de ses Arrêts, prétend qu'un acte fait il y a cent ans & moins fait foi, quoiqu'il ne paroisse pas que celui qui l'a passé fût Notaire, & quand même il se trouveroit rongé, pourvû qu'il puisse être lû dans les endroits essentiels.

On demande quand le débiteur a son acte cancellé pardevers lui, s'il en est réputé quitte? A quoi on répond que les Loix décident que la présomption est concluante qu'il a payé; cependant les Docteurs veulent, suivant la Loi premiere, au code *de probationibus*, que le débiteur prouve deux choses pour assurer la présomption de son payement : 1°. Que

Tome I. B b

cet acte barré ou rayé lui ait été rendu par le créancier. 2°. Qu'il ait été biffé après le payement fait, sinon on présume que l'acte a été dérobé. L'office du Juge peut tout avec le serment & l'interrogatoire des Parties.

Quand des heritiers ou autres produisent un faux titre, sans en être les auteurs, mais pour l'avoir trouvé dans leurs papiers, le Juge doit en ce cas déclarer l'acte nul, ordonner qu'il sera laceré en Jugement, & condamner la Partie qui s'en est servie, aux dépens de l'Instance, & aux dépens, dommages & interêts, même en une amende. Ainsi jugé par Arrêt du Parlement de Paris, rapporté par Papon, livre 22, titre 12, nombre 9.

On peut, sur une copie ou expedition d'un acte, délivrée par un Notaire, demander l'exécution de la minute, sans s'inscrire en faux, comme il a été jugé par Arrêt du Parlement de Dijon, du 9 Décembre 1566, rapporté par Bouvot, tome 2, *verbo Notaire*, question premiere. Par Arrêt du Parlement de Provence du 15 Octobre 1643, un Notaire a été condamné à remettre les minutes au Greffe de la Cour, afin que celui qui plaidoit contre lui, en pût prendre des extraits, ainsi que le rapporte Boniface, tome 1, livre 1, titre 20, nombre 5.

Comme le crime de faux est de matiere contentieuse, & qu'il a été rendu une Ordonnance par Louis XV. au mois de Juillet 1737, pour la forme d'instruire le faux principal & le faux incident, nous n'en dirons pas davantage à ce sujet.

CHAPITRE XXXV.

Si celui contre qui on agit en vertu d'un Contrat ou autre Acte autentique, peut demander le ferment décifoire au Demandeur.

IL eft certain que le ferment peut être demandé à celui qui étant Porteur d'un contrat ou autre acte, en demande l'exécution, & que celui qui eft fondé en acte autentique, peut être contraint de prêter ferment, ou de fe défifter de fa prétention.

Ainfi, on peut donner atteinte à un contrat, en déferant le ferment décifoire à celui qui veut agir en conféquence & fur la foi de ce contrat; car par ce moyen, on en élude la force & l'autorité, en ce que la Partie qui s'en veut fervir, eft obligée de jurer fur un fait contraire à fa teneur, ou faute par lui de jurer de la vérité de l'acte, il eft déchû de fa prétention.

La raifon eft, que c'eft une efpece de conviction honteufe, que de vouloir tirer avantage d'un acte, & de ne vouloir pas prêter le ferment qui eft déferé fur un fait qui eft abfolument connu; & dont on ne peut prétendre caufe d'ignorance.

Il n'en eft pas de même des heritiers de celui au profit duquel un acte auroit été paffé; car ils ne feroient pas obligés de jurer, attendu qu'il ne s'agit pas d'un fait qui les regarde, & dont il foit conftant qu'ils ayent une parfaite connoiffance.

Cambolas, livre 2, chapitre 37, rapporte un Arrêt du 15 May 1582, qui a jugé qu'on peut déferer le ferment décifoire fur un fait oppofé au contenu d'un contrat.

Celui auquel le ferment étoit déferé alleguoit qu'il s'agiffoit d'un fait contraire au contrat, & par conféquent, qu'on ne pouvoit y donner atteinte, même par la délation du ferment. Il fe fervoit de l'article 54 de l'Ordonnance de Moulins, qui défend de recevoir aucune preuve par Témoins contre un contrat.

Cependant, il fut jugé qu'il jureroit, ou qu'il feroit déchû de fa prétention, quoique fondée en acte autentique; & il fut dit

B b ij

que sous le nom de preuve, en ladite Ordonnance, le serment n'y étoit pas compris.

Il y a plusieurs autres Arrêts rapportés dans le Journal des Audiences qui ont jugé la même chose, que celui qui agit en vertu d'un contrat, est tenu de jurer sur des faits contraires audit contrat. On trouve, à la vérité, quelques Arrêts qui ont jugé au contraire ; mais l'usage est que le Demandeur fondé sur une obligation ou contrat, ou autre acte passé par le Défendeur, peut être contraint de prêter le serment : Sçavoir, si la somme lui a été prêtée, ou si elle ne lui a pas été payée.

C'est le sentiment de Brodeau sur M. Louet, lettre S. chap. 4, de Mornac, sur la Loi *in Contractibus* 14, §. *illo, C. de non numer. pecun.* C'est aussi la disposition expresse de la Coutume de Bourbonnois, article 36, & de celle de Berry, titre 2 des Jugemens & Juges, art. 31.

Tous les jours on fait affirmer, si on veut, un Cessionnaire, comme le transport à lui fait est sérieux & véritable ; cela se pratique aussi contre un retrayant.

Fin du second Livre.

LIVRE TROISIE'ME.

Des Contrats qui se forment par la tradition de la chose.

APRE's avoir parlé en général des contrats & de leurs effets, il faut expliquer ce qui regarde chaque contrat en particulier. J'en donnerai la définition & j'en expliquerai la nature, ce qui est absolument nécessaire à sçavoir pour les pouvoir bien rédiger par écrit.

Rappellons d'abord ce qui a été dit ci-dessus, Livre second, chapitre premier, que la principale division des contrats se fait en contrats nommés & en contrats innommés.

Les contrats nommés sont ceux qui ont un nom particulier, qui les distingue, lequel ayant été approuvé par le Droit, produit une action, qui est propre & particuliere à chaque espece de ces contrats.

Les contrats innommés, sont ceux qui n'ont point de nom particulier, & qui ne produisent point d'action spéciale ; mais qui tirent leur substance de l'accomplissement de la convention, de la part d'un des Contractans.

C'est du moins ce qui étoit établi par les Loix Romaines ; car parmi nous, toutes conventions honnêtes, & qui ne sont pas contraires aux Loix sont obligatoires, sans qu'elles tirent leur substance de l'accomplissement de la convention de la part d'un des Contractans, à l'exception des quatre contrats qui se forment par la tradition de la chose dont nous allons parler. *Voyez* ci-dessus page 110, ce que nous avons dit des contrats innommés.

Pour ce qui regarde les contrats nommés, sans nous arrêter au Droit Romain, nous pouvons dire que selon l'usage de la France, ils se forment par la tradition de la chose, ou par le seul consentement des Parties.

Les contrats qui se forment par la tradition de la chose, sont ceux qui pour être obligatoires & produire une action civile, requierent, outre le consentement des Parties, la tradition de la chose. Ces contrats sont le Prêt, le Commodat, le Dépôt & le Gage, dont il sera traité dans les chapitres suivans.

CHAPITRE PREMIER.

Du Prêt mutuel.

LE prêt mutuel, est un contrat par lequel on prête réellement quelque somme de deniers, ou quelqu'autre chose qui consiste en genre, dont on transfere la proprieté en la personne de celui qui emprunte, pour s'en servir & en disposer à sa volonté, à la charge d'en rendre dans un tems une pareille quantité, de même qualité & de même valeur.

Il n'y a point de prêt sans numération ou délivrance de la chose qu'on prête, autrement il ne peut être dit prêt, d'autant que c'est un contrat, *qui re perficitur*, qui se forme par la tradition de la chose, sans laquelle il ne peut subsister ; c'est pourquoi, il est du devoir des Notaires d'exprimer & de faire mention en toutes obligations qui se font pour prêt, de la numération ou délivrance de la chose prêtée.

Ce contrat n'a lieu que pour les choses dont l'usage ne peut être séparé de la proprieté, & desquelles on ne peut se servir qu'en les consommant ; c'est-à-dire, qu'il n'y a que les choses qui périssent & qui se consomment par l'usage, qui tombent dans ce contrat.

C'est aussi pour cette raison que ce contrat est appellé *Prêt mutuel*, à la différence du commodat, ou prêt à usage.

De ce que nous venons de dire, il s'ensuit que celui qui emprunte, ne s'oblige pas de rendre les mêmes choses qu'on lui a prêtées, parce que ne les empruntant que pour s'en servir, s'il n'avoit pas la faculté de les consumer, le prêt lui seroit inutile ; mais il s'oblige seulement de les rendre en genre, & non pas en espece. Or, rendre en genre, c'est rendre une chose de même substance, quantité & qualité qu'étoit celle qui a été prêtée : Ainsi, quand on prête de l'argent, c'est à la charge d'en rendre autant en nature, en monnoyes semblables, ou de même valeur, & non pas les mêmes ; autrement le prêt se trouveroit inutile. Pareillement si l'on prête du vin ou du bled, c'est à la charge qu'on en rendra d'autres de même quantité & qualité, & non pas le même.

Au contraire, dans les contrats de commodat ou prêt à usage, de dépôt & de gage, il faut rendre en espece les choses qui ont été livrées pour cause de commodat, de dépôt ou de gage.

A l'égard de l'échange, on baille un genre pour un autre, comme du vin pour du bled ; mais dans le prêt, le débiteur s'oblige de rendre en genre la chose qui lui a été prêtée, & cela en pareille quantité.

Aujourd'hui le prêt mutuel se contracte rarement pour autres choses que pour de l'argent ; car si on emprunte des marchandises, c'est à la charge d'en payer le prix dans un certain tems, & ce n'est pas en ce cas un prêt, mais une vente, dont le prix convenu ne doit être payé que dans le tems ou délai que le Vendeur a accordé à l'Acheteur, & c'est ce que nous appellons acheter à credit.

Autrefois que l'argent étoit moins commun, on empruntoit par le prêt mutuel, des choses qui périssoient par l'usage, comme celles qui sont déclarées ci-dessus. Presentement cela n'est plus usité ; & en cas qu'un semblable contrat se presentât, l'acte qui en seroit passé, devroit contenir le prêt qui se feroit de la chose, sa quantité & sa qualité. Par exemple, un muid de vin d'un tel terroir, & le tems auquel la restitution en devroit être faite, à moins qu'il ne fût déclaré qu'elle se feroit à la volonté de celui qui l'auroit prêtée.

La proprieté de la chose prêtée doit appartenir à celui qui prête, & doit être transferée en la personne qui emprunte, comme il vient d'être dit ; aussi ce contrat est appellé en Latin, *mutuum, eo quod de meo tuum fiat.* D'où il s'ensuit :

1°. Qu'il faut absolument que celui qui prête soit Proprietaire de la chose, puisque par le moyen de ce contrat, il en transfere la proprieté ; car on ne peut transferer à un autre plus de droit que l'on n'en a soi-même.

2°. Que ceux qui n'ont pas la libre administration de leurs biens, comme les mineurs, sans l'autorité de leurs Tuteurs, ne peuvent prêter, parce que le prêt emporte aliénation.

Le prêt doit être gratuit. Ainsi, dans ce contrat, il ne peut être rien stipulé ni promis au-de-là de la somme prêtée ; autrement il seroit converti en un contrat usuraire ; & c'est ce qui distingue le prêt de l'usure. De sorte que celui qui emprunte, ne peut être obligé, en vertu de ce contrat, de rendre une plus grande quantité que celle qu'il a reçue, quand même on en seroit convenu autrement. On ne peut donc pas stipuler dans une obligation les interêts de la fomme prêtée, ni les comprendre dans le principal.

Quoique la plupart des contrats produifent une obligation réciproque, néanmoins le prêt n'eft obligatoire'que d'un côté ; c'eft-à-dire, de celui qui emprunte ; car celui qui prête n'eft obligé en aucune maniere.

Comme fuivant ce que nous avons dit, la proprieté de la chofe prêtée eft tranfmife en la perfonne du débiteur, il s'enfuit que celui qui a emprunté n'eft pas déchargé de l'obligation qui naît de ce contrat, quoique par quelque cas fortuit il ait perdu les chofes qui lui ont été prêtées : D'ailleurs, n'étant pas tenu de rendre en efpeces les mêmes chofes qu'il a reçues, mais feulement d'autres du même genre, en même quantité, & de pareille bonté & valeur, & le genre des chofes & la quantité ne pouvant jamais périr, il ne peut pas prétendre d'être déchargé de la dette qu'il a contractée par la perte de ce qui lui a été prêté.

L'augmentation ou la diminution des monnoyes, furvenue après le prêt, regarde auffi celui qui a emprunté, par les raifons que nous venons de dire ; & on ne pourroit pas ftipuler valablement que celui qui emprunte, rendra en efpeces autant de louis d'or qu'il en a reçu, nonobftant l'augmentation ou diminution de leur valeur au tems du payement ; car ce feroit obliger le débiteur de payer ce qu'il n'auroit pas reçu.

Il n'en eft pas de même du prêt de quelqu'autre chofe : Par exemple, celui qui prête du bled dans un tems qu'il eft à bon marché, peut ftipuler qu'on lui en rendra autant dans une autre faifon définie & défignée, parce qu'on peut dire, que peut-être dans le tems marqué & défigné, il fe pourra faire que le prix en fera augmenté.

Quand dans l'obligation pour prêt de bled, vin ou autre chofe, il y a ftipulation que le débiteur pourra rendre le bled ou vin en efpeces, ou la valeur en argent ; ce n'eft plus à proprement parler un prêt, mais une vente & une obligation ; ce qui a lieu, foit que la valeur foit eftimée par l'acte même, ou qu'il foit feulement dit que l'eftimation en fera faite.

Il eft bon d'obferver, qu'en matiere de prêt, il eft permis de contracter au nom d'autrui, & on ne regarde pas qui a compté l'argent, mais feulement au nom de qui il a été livré à l'Emprunteur.

La raifon eft que pour la validité d'une obligation pour prêt, payable à volonté, il n'eft pas néceffaire que le créancier l'accepte, parce que la déclaration de la dette faite par le débiteur, eft

fuffifante

suffisante pour l'obliger. Cet usage qui étoit reçu à Rome, a passé jusqu'à nous, dit M. Pasquier, liv. 4 de ses Recherches, ch. 14, ce qui est confirmé par plusieurs Arrêts, rapportés par M. Louet & son Commentateur, lettre D. sommaire 51.

Ainsi, lorsque le créancier au profit duquel se fait l'obligation, est absent, le Notaire peut valablement accepter pour lui l'obligation qui est passée par le débiteur au profit du créancier, & alors on met dans l'obligation, *que Pierre a reconnu devoir à Jacques, demeurant à   absent, les Notaires soussignés, stipulans, & acceptans pour lui, en tant que faire le peuvent, &c.* auquel cas, telle obligation est aussi valable que si elle avoit été acceptée par le créancier; ensorte qu'elle est exécutoire, tant contre le débiteur que contre ses heritiers.

Mais si l'obligation portoit surséance & délai, il faudroit qu'elle fût acceptée par le créancier, ou par une personne fondée de procuration, ou qui se fasse fort de faire agréer au créancier la surséance.

Il faut remarquer en second lieu, que Bouchel, *verbo, Notaire,* rapporte un Arrêt de Reglement du Parlement de Paris, du 24 Décembre 1626, qui fait défenses à tous Marchands de bailler ou vendre à crédit aucunes marchandises à des fils de famille, sans le consentement & autorité de leurs Tuteurs ou Curateurs, à-peine de perte de leur dû, & d'amende arbitraire.

Il n'y a donc pas de sûreté à prêter à un fils de famille, surtout quand il est mineur; un tel contrat pouvant être fort aisément annullé & cassé, si ce n'est que le prêt fût fait pour l'utilité du mineur, comme pour survenir à ses alimens, &c. & c'est ce qu'il faut exprimer dans l'acte pour la sûreté du créancier, qui doit veiller à bien stipuler l'emploi; car dans ce cas, c'est à lui à prouver que le prêt a tourné à l'utilité du mineur. *Voyez* ce que M. de Ferriere en a dit à ce sujet dans sa Traduction des Instituts de Justinien, à la fin du titre 7 du livre 4.

Touchant le prêt, voyez encore ce que M. de Ferriere en a dit sur le commencement du titre 15 du troisiéme livre des Instituts.

CHAPITRE II.

Des Obligations.

ON appelle obligation, un acte passé pardevant Notaires, pour prêt d'argent ou d'autre chose, à la difference des reconnoissances sous signatures privées, que l'on appelle simples promesses, cédules ou billets.

Les obligations se font ordinairement pour prêt d'argent, quelquefois elles se font pour autres causes, comme pour marchandises prêtées, pour demeurer quittes, ou pour d'autres raisons.

Si elles se font pour argent prêté, ou l'argent est compté en présence des Notaires, & alors, c'est une obligation avec réalité; ou il a été déja prêté en leur absence, & c'est dont il faut faire mention dans l'acte; auquel cas on met: *Que Pierre a reconnu devoir à Jacques la somme de* *qu'il lui auroit ci-devant prêtée, ou qu'il lui devroit,* pour autre cause qu'on explique.

Si au contraire, l'argent a été compté & délivré en passant l'acte, on l'exprime, & on met cette clause: *Que l'argent a été réellement compté, nombré, & réellement délivré en présence des Notaires soussignés.*

On tient que cette clause, *compté, &c.* est surabondante, & que le défaut de numération d'especes n'a lieu que quand on soupçonne l'acte de fraude au préjudice d'un tiers; hors cela, il suffit que l'acte marque le prêt; & la preuve par Témoins n'étant pas admise contre les actes par écrit, le débiteur n'a que la voye de faux contre le créancier, ou celle de lui déferer le serment.

Ce qui est essentiel à une obligation, c'est qu'elle doit contenir la cause pour laquelle elle est faite; car une obligation sans cause est nulle. Suivant la Loi *cum de indebito; ff. de probationibus.* La raison est, que les obligations, pour produire leur effet, doivent être fondées sur des causes qui soient confirmées par les Loix. *Voyez* Coquille, question 308.

Il n'en seroit pas de même d'une quittance, elle ne seroit pas nulle, quoiqu'elle ne contînt aucune cause, & que la simple déclaration du créancier, qu'il quitte son débiteur de la somme qu'il lui doit, ou de tout ce qu'il lui doit, ne laisseroit pas d'operer la liberation de l'obligation, dont étoit tenu celui à qui une telle quittance auroit été donnée par son créancier. *Voyez* Coquille, en sa question 120. Cela est fondé sur cette maxime du Droit énoncée en la Loi 47, *ff. de obligat. & actionib. Proniores sumus ad liberandum, quàm ad obligandum.*

Ainsi, quand par une obligation un Particulier promet payer à un autre une somme d'argent, sans ajouter en vertu de quoi, & pourquoi, la promesse n'est pas valable, n'étant pas causée. Il n'en seroit pas tout-à-fait de même, si un Particulier reconnoissoit devoir cette somme; car ce mot, *devoir*, est un terme qui suppose une cause légitime de la promesse, & pourroit suffire pour faire condamner le débiteur au payement. *Voyez* le Journal des Audiences, tome 2, livre 2, chapitre 10 : Mais le plus sûr est d'ajouter à la reconnoissance de la dette la cause d'où elle procede.

Il faut, comme nous venons de dire, que la cause pour laquelle une obligation est faite, soit exprimée dans l'acte : Ainsi, quand l'obligation est faite pour autre cause que pour argent prêté, compté & délivré actuellement, comme pour argent qui auroit été prêté auparavant, ou pour marchandises prêtées, ou pour d'autres causes, il faut le déclarer.

Par exemple, si c'est pour pension, on peut dire : *Pour trois mois de pension, nourriture & logement ; que ledit tel a fourni au débiteur, échus au premier du mois, &c. à raison de cinq cens livres par chacun an, suivant la convention des Parties, &c.*

Si c'est pour achat d'un cheval, il en faut déclarer toutes les particularités : Par exemple : *Pour un cheval blanc, que ledit A. lui a vendu, ayant crin, queue & oreilles, & garni d'une selle de velours, &c. bride & licol.*

Quand une personne se trouve débiteur d'une autre par une transaction qui termine leurs differends, pour s'acquitter, il s'oblige pour cause de prêt par cette transaction ou par un acte séparé, quoiqu'en effet il ne lui ait été prêté aucun argent par le créancier, & que le titre de cette dette provienne d'autre cause, comme de restitution de fruits, de dommages & interêts, de frais avancés ; ce qui se verra dans le chapitre des transactions.

Les obligations conditionnelles sans expression de cause, sont valables, parce que la condition leur sert de cause, comme si quelqu'un s'oblige envers un autre au payement d'une somme, au cas qu'il se marie, ou sous une autre condition. L. 108, *ff. de verb. oblig.* Papon, liv. 10, tit. 2, art. 2.

Quoique suivant ce que nous venons de dire, il soit requis pour la validité d'une obligation, que la cause soit exprimée dans l'acte, néanmoins notre Jurisprudence a varié sur cette question. Les anciens Arrêts ont déclaré nulles les promesses dont la cause n'étoit point exprimée; mais à present on juge le contraire, & elles sont aujourd'hui déclarées valables.

Il n'y a que les circonstances qui peuvent faire déclarer nulles de semblables promesses : Sçavoir, lorsqu'il y a lieu de présumer qu'elles ont été faites contre la prohibition des Ordonnances, comme pour argent perdu au jeu, ou pour autre cause non licite.

Pour quelque cause qu'une obligation soit faite, il faut que le nom du créancier soit déclaré. Il y a eu Sentence du Châtelet de Paris du 12 Décembre 1615, par laquelle il a été fait défense expresse à tous Notaires, de recevoir & passer aucunes reconnoissances, promesses & autres actes, avec le nom du créancier en blanc. Et depuis, la Cour, par plusieurs Arrêts, a défendu de faire des billets où obligations sans déclarer le nom du créancier.

L'Ordonnance du Commerce de 1673, titre 5, article 1, porte que les Lettres de change doivent contenir sommairement le nom de ceux ausquels le contenu doit être payé, le tems du payement, le nom de celui qui en a donné la valeur, & si elle a été reçue en deniers, marchandises ou autres effets.

On met ordinairement dans les obligations le tems auquel le créancier pourra exiger la dette qui y est contenue; mais les obligations ou promesses qui ne contiennent point dans quel tems le débiteur payera, ou qui contiennent un terme trop court, ne sont pas nulles pour cela; & quand le tems du payement n'est pas exprimé, le créancier peut demander la dette quand il lui plaît. Suivant la Loi, *in omnibus, ff. de regulis juris.*

Le créancier doit faire élire un domicile certain au débiteur pour sa sûreté, & pour l'exécution du contenu en l'obligation, afin que si le débiteur manque de payer dans le tems porté par l'obligation, le créancier puisse faire demande au débiteur, au domicile par lui élû, vû qu'autrement il faudroit lui faire donner affignation en fon domicile, lequel pourroit être hors le lieu de la demeure du créancier.

Les Notaires font ordinairement mention dans les obligations, de l'hypoteque que le débiteur conftitue fur tous fes biens, meubles & immeubles, prefens & à venir, ce qui n'eft pas néanmoins néceffaire, d'autant que quand elle feroit omife, elle feroit fuppléée de droit. C'eft l'autorité publique qui donne l'hypoteque fur les biens du débiteur, & non pas la convention des Parties, enforte que tous contrats paffés en bonne forme pardevant Notaires capables, emportent hypoteque fans ftipulation, comme nous avons dit au Livre précedent, en parlant de l'hypoteque.

Il faut feulement remarquer que la claufe particuliere par laquelle un débiteur conftitue une hypoteque fpéciale fur un certain bien, peut être très-utile au créancier, qui fans cela pourroit ignorer la fituation des biens de fon débiteur, & ne pourroit pas les faire faifir.

Souvent les créanciers obligent leurs débiteurs d'affirmer dans l'obligation que la chofe qu'ils affeftent & obligent fpécialement, leur appartient, & qu'elle eft franche & quitte de toutes dettes & hypoteques, quoiqu'en effet, ils fçachent le contraire; afin que faute de payement ils faffent condamner par corps leurs débiteurs comme Stellionataires; car l'Ordonnance de l'an 1667, titre 34, qui a défendu les obligations par corps pour caufe civile, permet aux Juges de les ordonner pour caufe de ftellionat, en l'article 4 dudit titre.

C'eft auffi pour cette raifon, qu'en fraude de cette Ordonnance, les créanciers font déclarer à leurs débiteurs qu'ils font Proprietaires de certaines Maifons ou Terres, quoiqu'ils n'y ayent aucun droit de proprieté, & que les créanciers le fçachent, afin que par ce moyen, & en vertu du ftellionat, ils puiffent les faire contraindre par corps au payement de la fomme portée par l'obligation.

Ce détour n'eft pas permis en confcience, non plus que tous les autres dont on fe fert pour contraindre fon débiteur au rembourfement du principal, en vertu de claufes appofées dans les contrats de conftitution, aufquelles un débiteur ne peut fatisfaire.

Dans les obligations & contrats de conftitution, on met quelquefois la claufe, *à peine de tous dépens, dommages & interêts.* Cette claufe n'eft pas néceffaire; quoiqu'elle foit omife, le créancier a fon hypoteque pour les frais, mifes d'exécution, dépens, dommagés & intérêts du jour du contrat; cependant il eft bon de la mettre pour éviter conteftation.

. Si les Parties ont confenti qu'il y ait minute de l'obligation, cela doit être déclaré à la fin de l'acte, dans l'expedition ou groffe que l'on en délivre, & on doit marquer que la minute eft demeu-rée entre les mains de tel Notaire.

Il faut prendre garde combien de perfonnes s'obligent & in ter-viennent dans l'acte.

Quelquefois l'acte fe fait entre le créancier, au profit duquel l'obligation s'eft paffée, & le débiteur feul. Quelquefois celui qui prête eft abfent ; auquel cas le Notaire, comme perfonne publi-que, accepte pour lui l'obligation qui eft paffée par le débiteur au profit du créancier, & en ce cas, il eft d'ufage de mettre, *les No-taires fouffignés acceptant pour ledit fieur créancier, autant que faire le peuvent.*

Quelquefois celui qui prête exige du débiteur un Fidéjuffeur ou Caution, lequel s'oblige pour le débiteur. Quelquefois il y a plufieurs perfonnes qui s'obligent par le contrat, lefquels font ou étrangers, ou mari & femme, & l'obligation eft ou folidaire, ou de chacun pour telle part & portion qu'il emprunte, ou qu'il doit au créancier.

Toutes ces obligations produifent des effets différens, fuivant leurs différentes circonftances, & la diverfité des clau-fes qui y font appofées, comme nous obferverons dans la fuite.

Quelquefois la caufe de l'emprunt des deniers eft pour em-ployer ou en achat de marchandifes, ou pour faire bâtir, ou pour payer les Ouvriers qui ont travaillé en un bâtiment, ou pour autre emploi.

De ce que nous venons de dire, il réfulte qu'il y a quatre fortes d'obligations : Scavoir, les obligations fimples, où il n'y a qu'un débiteur ; les obligations de plufieurs débiteurs ; les obligations, où il intervient des Cautions, & les obligations où il y a ftipula-tion d'emploi, dont on verra des Formules dans les chapitres fuivans.

Il nous refte à remarquer, touchant les obligations, 1°. Qu'une promeffe ou obligation faite par un fils de famille de payer la fomme à l'échéance de la fucceffion de fes pere & mere, ou quand il fera Prêtre, mort ou marié, n'eft pas va-lable : Ainfi jugé par Arrêt d'Audience du 13 Décembre 1618, rendu entre Tauvagny de Chambray , & Jean d'Anfrevol Sieur du Pont ; & défenfes furent faites à toutes perfonnes de plus faire telles promeffes ou obligations. *Le Preftre , centurie 4, chapitre 19, Arrêt de Reglement de 1618.*

M^e. Charles Dumoulin , dans fon Traité des Ufures , queftion 100, tient que toutes fortes de contrats aléatoires , & autres de même nature , font nuls & réprouvés.

2°. Que par autre Arrêt de Reglement du 9 Mars 1620, fignifié aux Syndics des Notaires , il leur a été fait défenfes d'inferer à l'avenir dans les contrats & obligations conçus pour prêt, la déclaration de majorité , & les extraits baptiftaires qui leur feront prefentés pour la prouver, à peine de nullité, & d'en répondre en leur nom.

Ce dernier Arrêt a été fuivi d'un autre , rendu le 26 Mars 1624, par lequel il fut fait défenfes à toutes perfonnes de prêter de l'argent aux enfans de famille , étant en puiffance de pere & mere , bien qu'ils fe déclarent majeurs , & mettent entre les mains du créancier leurs extraits baptiftaires, pour juftifier leur majorité, à peine de nullité des promeffes & obligations, & de punition corporelle. *Voyez* Brodeau , fur M. Louet, lettre M. fommaire 7 , nombre 4.

Aujourd'hui ces deux derniers Arrêts ne font pas obfervés. On dépofe tous les jours des extraits baptiftaires pour juftifier de la majorité de ceux qui paffent des actes, & cette précaution n'eft point blâmable , quand elle n'eft point accompagnée de fraude.

CHAPITRE III.

Formules d'Actes & Obligations pour prêt d'argent, ou pour autres causes.

Obligation simple, où il n'y a qu'un Débiteur sans Caution.

PARDEVANT, &c. fut présent Nicolas le Roi, Bourgeois de Paris, y demeurant rue, &c. Paroisse, &c. lequel a reconnu devoir à Martin Roger, aussi Bourgeois de Paris, demeurant, &c. à ce present, & acceptant, la somme de cinq cens livres, pour prêt de pareille somme, que ledit Roger lui a fait ci-devant pour employer à ses affaires, dont il est content, & a promis de rendre & payer ladite somme de cinq cens livres audit sieur créancier en sa demeure à Paris, ou au Porteur, &c. à sa volonté & premiere demande, à peine de tous dépens, dommages, & interêts : Pourquoi ledit débiteur élit son domicile en sa demeure ci-dessus désignée, auquel lieu, &c. nonobstant, &c. promettant, &c. obligeant, &c. renonçant, &c. Fait & passé à l'an, &c. Le tel jour, avant *ou* après midi, & ont signé, &c.

Si l'un des deux ne sçait pas signer, on met *,,ledit tel a signé, & ledit tel a déclaré ne sçavoir écrire ni signer, ou ne pouvoir, quant à present, écrire ni signer, à cause de telle maladie ou autre accident, de ce interpellé.*
Dans l'obligation ci-dessus, la somme avoit été prêtée avant l'acte. Si le prêt se fait en presence des Notaires, on met dans l'acte une réalité ; ce qui se fait en ces termes : *Pour prêt de pareille somme, que ledit Roger a fait presentement audit sieur le Roy en louis d'or & écus ayant cours, comptés, nombrés, & réellement délivrés à la vûë desdits Notaires soussignés, pour employer aux affaires dudit débiteur, dont il est content, & a promis, &c.* comme ci-dessus.
Quelquefois on fait faire une obligation pour cause antérieure à l'acte, & en vertu d'un titre précedent. Par exemple, un Locataire ou un Fermier, en vertu d'un bail passé devant Notaires, passe une obligation au Proprietaire pour reste de loyers ou fermages échûs; le Proprietaire lui accorde un terme ; mais en ce cas, il doit réserver l'hypoteque qui résulte de son bail, afin d'être préferé aux créanciers de son Locataire ou Fermier intermédiaires entre le bail & l'obligation ; même si c'est un bail de fermage de Campagne, il doit réserver la contrainte par corps, qui doit avoir
été

été stipulée par le bail à ferme ; car en ce cas, l'obligation est moins un titre en faveur du créancier, qu'un délai en faveur du débiteur.

De plus, il ne faut pas manquer, dans les obligations comme dans les contrats de constitution, s'ils se passent avant midi, d'en faire mention, parce que si par évenement les biens du débiteur venoient à être saisis réellement, le créancier venant en ordre d'hypoteque, passeroit avant celui du même jour, qui n'auroit sa datte que de l'après midi : c'est pourquoi, quand c'est effectivement l'après midi, il n'est pas nécessaire de le dire, parce que dans un acte où il n'est dit ni avant ni après midi, il est réputé passé l'après midi.

Reconnoissance en forme d'Obligation pour loyers, portant délai.

F U T présent Pierre Boucher, Bourgeois de Paris, demeurant, &c. lequel a reconnu devoir à Claude Lucas, aussi Bourgeois de Paris, demeurant, &c. à ce présent, & acceptant, la somme de douze cens livres, pour reste & parfait payement des loyers échus le tel jour, d'une maison sise à Paris rue   qu'il tenoit à loyer dudit sieur Lucas, dont ledit débiteur est content, & a promis & s'est obligé, sous l'hypoteque & privilege résultant du bail de ladite maison passé devant le tel jour, de payer ladite somme de douze cens livres audit sieur créancier en sa demeure à Paris, ou au Porteur, &c. en trois payemens égaux, chacun de quatre cens livres, dont le premier se fera au premier Janvier prochain, le second au premier Avril suivant, & le troisiéme & dernier au premier Octobre aussi suivant ; le tout à peine de tous dépens, dommages & interêts, & d'être déchu de la faveur des second & troisiéme termes, faute par ledit débiteur de satisfaire aux premier & second à leurs échéances; & ne pourra cette condition être réputée comminatoire ; mais sera exécutée à la rigueur, attendu que sans icelle ledit sieur créancier n'auroit accordé ledit délai. Et pour l'exécution des présentes & dépendances, ledit débiteur a élu son domicile, &c. *comme en la premiere.*

On a mis dans l'acte précedent une réserve du privilege, qui est celui qu'ont les Proprietaires sur les meubles, marchandises & ustanciles qui garnissent la maison louée au Locataire.

Obligation pour Fermages de Campagne.

F U T présent Claude, Fermier, demeurant à   lequel a reconnu devoir au sieur Jean, demeurant à.   à ce present & acceptant, la somme de mille livres, pour deux années échuës au jour & Fête de Saint Martin d'hyver dernier, du loyer & fermage de la Ferme de.

Tome I.   D d

fise, à   que ledit Claude tient à loyer dudit Jean pour neuf
années commencées le jour de Saint Martin d'hyver de l'année
suivant le bail passé devant   le (ou bien) la somme
de mille livres, à laquelle les Parties ont apprétié les grains dûs par ledit
Claude pour deux années échûes, &c. comme ci-dessus, dont ledit Claude
est content, & a promis & s'est obligé de payer ladite somme de mille livres,
audit Jean, en sa demeure, ou au Porteur, en trois payemens égaux chacun, &c. *comme dans la Formule précedente.*

Et à la fin il faut ajouter : Et s'est ledit Jean reservé tant pour le payement
de ladite somme de mille livres, que pour les fermages échus & qui écheront à compter dudit jour de Saint Martin d'hyver dernier, & pour le surplus de l'exécution dudit bail, l'hypoteque & privilege resultans d'icelui à
son profit, même la contrainte par corps contre ledit Claude, qui s'y est soumis par le susdit bail, auquel ledit Jean n'entend innover ; & pour l'exécution des presentes, &c.

On observera que les deux dernieres formules commencent
par ces mots : *Fut présent*, parce qu'on suppose qu'il en resteroit
minute ; si on les en délivroit en original au créancier, comme il
se peut, on les devroit commencer par ces mots : *Pardevant les
Notaires*, &c. comme en la premiere ; tel est l'usage.

Obligation pour Marchandise.

FUT présent Pierre, demeurant à, &c. lequel a reconnu devoir à Jerôme, demeurant, &c. à ce present, & acceptant ; la somme de mille livres pour le prix de telles & telles marchandises, (les désigner) que ledit Jerôme a vendues & livrées audit Pierre, qui le reconnoît ainsi & en est content. Laquelle somme de mille livres ledit Pierre a promis & s'est obligé
de rendre & payer audit Jerôme en sa demeure à Paris ou au Porteur, &c.
à sa volonté & premiere demande (ou bien en tel tems, & en tant de payemens) à peine de tous dépens, dommages & interêts, élisant pour cet effet son domicile en sa demeure ci-devant désignée, auquel lieu, &c.

Obligation pour le prix d'un Cheval.

FUT présent Abraham, &c. demeurant   lequel reconnoît devoir
à Isaac, demeurant à &c. la somme de deux cens cinquante livres pour
le prix d'un Cheval sous poil gris, ayant crin, queue & oreilles, garni de sa
selle, bride & licol, que ledit Isaac lui a vendu & livré en bon état, ainsi
que ledit Abraham le reconnoît & en est content ; mais à la charge de la
garantie suivant les Us & Coutumes de Paris, laquelle somme de deux cens
cinquante livres, ledit débiteur promet & s'oblige de payer, &c. *comme dans
les autres.*

Ces mots, *Us & Coutumes*, rendent celui qui vend le Cheval,
garant, durant neuf jours, de certaines maladies occultes qu'il

pourroit avoir, & ce fuivant l'ufage des Marchés de Paris; comme fi le Cheval étoit morveux, pouffif, courbattu, &c. en ce cas le Vendeur feroit obligé de reprendre le Cheval, & d'en reftituer le prix, s'il l'avoit touché; au lieu que quand on vend le Cheval, tel qu'il eft, & que ces mots (tel qu'il eft) font mis dans l'acte, on n'a point de recours contre le Vendeur, pour quelque maladie que ce foit.

Depuis que par le titre 34 de l'Ordonnance de 1667, la contrainte par corps a été abrogée en matiere civile, il n'eft pas permis aux Notaires de ftipuler dans leurs actes, que le débiteur fe foumet à la contrainte par corps, comme nous l'avons remarqué ci-deffus, page 179 : Cependant il y a des cas où la contrainte par corps étant acquife au créancier contre fon débiteur avant l'acte, il n'y a point d'inconvenient à en faire la réferve dans l'acte; au contraire, on doit avoir l'attention de le faire. Par exemple, quand un créancier fait remife à fon débiteur d'une partie des dépens aufquels il a été condamné, & lui accorde terme & délai pour le furplus, ou quand il lui accorde fimplement terme, fans remife, fi les dépens excedent deux cens livres, & qu'il y ait quatre mois d'écoulés depuis l'exécutoire. Quand un débiteur par Lettres de change demande termes à fon créancier, s'oblige par-devant Notaires, ou quand on convient de furfeoir à des pourfuites criminelles, moyennant une fomme d'argent que le Pourfuivi s'oblige de payer; en tous ces cas, la contrainte par corps eft requife au créancier, qui en doit faire réferve, comme nous l'avons remarqué ci-devant au fujet d'une hypoteque antérieure, l'acte étant pour lors plutôt un délai en faveur du débiteur, qu'un titre en faveur du créancier.

Obligation pour compofition & remife de dépens, où l'on fait réferve de la contrainte par corps.

FUT préfent Jacques, &c. demeurant débiteur envers Jean, &c. demeurant lequel s'eft reconnu débiteur envers Jean, &c. demeurant à ce préfent & acceptant, de la fomme de deux cens dix livres, à laquelle ledit Jean a bien voulu compofer, pour tous les frais, dépens, mifes d'exécution, aufquels ledit débiteur a été condamné envers ledit créancier par Sentence, (ou Arrêt.) contradictoire rendu (en telle Jurifdiction) le Lefdits dépens contenus en l'exécutoire d'iceux, levé par ledit fieur créancier, le Laquelle fomme de deux cens dix livres, ledit débiteur promet & s'oblige de payer audit fieur créancier en fa demeure à Paris, ou au Porteur, &c. dans tel tems, à peine de tous dépens, dommages & interêts, même d'être déchû du benéfice de la remife préfentement faite, faute par lui de faire ledit paye-

D d ij

ment dans ledit tems. Ledit sieur créancier se reservant tous les droits sans aucune novation ; même la contrainte par corps qui lui est acquise contre ledit débiteur, attendu la nature de la dette, à l'effet de quoi ladite Sentence (ou Arrêt) & ledit exécutoire sont restés en ses mains en leur force & vigueur jusqu'audit payement ; & pour l'exécution des présentes & dépendances, ledit débiteur a élu son domicile, &c.

Obligation pour Lettres de Change.

FUT present Jacques　　　　　lequel a reconnu devoir à Jean demeurant　　　　　à ce présent & acceptant, la somme de mille livres, pour le contenu en une (ou deux) Lettres de change tirées par le sieur Bonnefoi, Marchand à Lyon, sur ledit débiteur, à l'ordre dudit sieur créancier, le (tel jour) acceptées par ledit débiteur, & dont le payement écheoit aujourd'hui. Pourquoi ledit débiteur promet & s'oblige de payer ladite somme de mille livres audit sieur créancier en sa demeure à Paris, ou au Porteur, &c. dans tel tems, à peine, &c. faute duquel payement dans ledit tems, ledit sieur créancier pourra, si bon lui semble, obtenir Sentence en la Jurisdiction des Juges-Consuls de cette Ville contre ledit débiteur, & le poursuivre, comme il est d'usage pour dettes de pareille nature ; ledit sieur créancier se réservant à cet effet, tous les droits & actions résultans desdites Lettres de change sans novation. Et pour l'exécution des presentes, &c.

Il faut remarquer qu'au moyen d'une telle obligation que dessus passée par le débiteur au jour de l'échéance, le créancier conserve contre lui le droit de le poursuivre & de le faire condamner par corps en la Jurisdiction Consulaire ; mais ce créancier perd le recours qu'il auroit eû contre le Tireur de la Lettre de change, si le créancier l'avoit fait protester dans le tems, au lieu de se faire passer une telle obligation par celui qui devoit acquitter la Lettre de change, & qui étoit en état de la faire.

Obligation pour batterie & excès.

FUT présent Michel le Fevre, demeurant à　　　　　lequel a confessé devoir à Etienne Tardif la somme de trois cens livres, à laquelle ledit créancier lui a volontairement remis & quitté, par ces présentes, tout l'interêt civil, réparation, dépens, dommages & interêts, & autres choses généralement quelconques qu'il pouvoit prétendre & demander contre lui au sujet des excès & voyes qu'il prétend avoir été commis en sa personne par ledit débiteur & ses complices, le tel jour, à telle heure, en tel endroit, pour raison de quoi il y a Instance pardevant tels Juges contre le débiteur, & ses complices, sur laquelle ledit créancier a obtenu décret de prise de corps contr'eux ; ensemble, deux Sentences de provision, l'une de quatre-vingt livres, & l'autre de soixante ; laquelle Instance, ensemble

lefdits Décret & Sentences de provifions, & tout ce qui a fuivi jufqu'à préfent, ledit créancier confent & accorde être & demeurer le tout nul & fans
effet, à l'égard du débiteur feulement, au moyen des prefentes, lefquelles
ne pourront, en façon quelconque, nuire ni préjudicier audit créancier,
pour continuation de fes pourfuites, qu'il fe réferve de faire en la fufdite
Inftance contre lefdits complices; & a promis ledit débiteur, payer ladite
fomme de trois cens livres audit créancier en fa maifon à Paris, ou au Porteur, &c. d'hui en un mois prochain, à peine de tous dépens, dommages
& interêts, & d'être déchu de la prefente remife & décharge, fi bon femble audit créancier, lequel en ce cas, fe réferve de faire exécuter lefdits
Décret & Sentences de provifions, felon leur forme & teneur, & de continuer ladite procedure criminelle contre ledit débiteur, ainfi que contre
fefdits complices; à quoi faire cefdites prefentes ne pourront auffi lui nuire
ni préjudicier: Et pour l'execution des prefentes, & leurs dépendances,
ledit débiteur a élu fon domicile irrévocable en cette Ville de Paris, en
la maifon de, &c. auquel lieu, &c. Fait & paffé, &c.

Les Receveurs des Confignations, en donnant leur quittance
de confignation fans recevoir le prix entier, prennent ordinairement l'obligation du furplus du prix, au nom d'une perfonne à
leur difpofition, dont ils prennent une déclaration, afin que fous
le nom de celui dont ils fe fervent, ils puiffent pourfuivre le débiteur, ou le faire condamner aux interêts de la fomme, dont ils
profitent pendant le tems que l'ordre & la diftribution du prix de
l'adjudication eft à faire, jufqu'auquel tems d'ordinaire le Receveur ne pourfuit pas l'Adjudicataire de fatisfaire à l'obligation
qu'il lui a faite, & fe contente de lui faire payer les interêts, qu'il
exige fous le nom d'une tierce perfonne plus facilement qu'il ne
feroit en fon nom.

Et pour operer le privilege fur l'adjudication, il ne faut pas
omettre la réalité d'efpeces dans l'obligation & dans la quittance.

Obligation faite à un tiers qui prête fes deniers pour configner.

FUT préfent A.   lequel a reconnu & confeffé devoir à
B.   demeurant   à ce préfent & acceptant,
la fomme de   pour prêt de pareille fomme fait par ledit B.
audit A. en louis d'or, d'argent & efpeces ayant cours, comptées, nom-
brées & réellement délivrées à la vûe des Notaires fouffignés, pour employer à l'effet ci-après déclaré, dont ledit B.   s'eft contenté;
a promis & s'eft obligé de rendre & payer ladite fomme de
audit B.   en fa demeure à   ou au Porteur, &c. à
fa premiere demande, à peine de tous dépens, dommages & interêts; au

payement de laquelle somme ledit A.   a affecté & hypotequé spécialement une maison, sise   & generalement tous ses biens, meubles & immeubles, presens & à venir, une obligation ne dérogeant à l'autre; déclarant ledit A.   que ladite somme de   par lui ci dessus empruntée, est pour employer à la consignation qu'il est tenu de faire ès mains de C.   Receveur des Consignations   pour prix de la vente & adjudication faite au profit dudit A.   d'une Maison & Terre saisies réellement sur   promettant ledit A.   de faire ladite consignation & d'en tirer quittance dudit sieur Receveur des Consignations en bonne forme; & par icelle déclarer que ladite somme y sera entrée, afin que ledit B.   ait un privilege & hypoteque spéciale sur lesdites choses, ainsi que ledit A. consent; de laquelle quittance que ledit A.   retirera dudit sieur Receveur des Consignations, il promet fournir copie collationnée audit sieur créancier dans trois jours, à peine de restitution de ladite somme presentement empruntée, sans que cet énoncé puisse être réputé comminatoire, &c. & pour l'exécution des presentes, a élû domicile, &c. Fait & passé, &c.

Quelquefois on ne veut pas prêter de l'argent soi-même à un ami, par des considérations particulieres, ou bien on ne veut point être nommé dans une obligation; alors on en prête par une personne interposée : En ce cas celui qui paroît prêter son argent, fait passer par le débiteur une obligation à son profit ; mais il faut que ce créancier supposé fasse ensuite une déclaration qu'il ne prétend rien à l'obligation, confessant qu'elle appartient à celui qui a véritablement prêté ses deniers.

Déclaration d'une Obligation au profit d'un tiers.

AUJOURD'HUI est comparu pardevant les Notaires, &c. Nicolas de Lorme, Marchand   demeurant à   lequel à reconnu & déclaré, que les quatre cens livres contenues en l'obligation que Claude de la Grange a passée à son profit pardevant les Notaires soussignés ce jourd'hui, sans minute, sont & appartiennent à Matthieu de la Chaize, des deniers duquel il a fourni audit de la Grange lesdites quatre cens livres; & qu'il n'a accepté ladite obligation qu'à sa réquisition, & pour lui faire plaisir; ainsi il consent que ledit Matthieu de la Chaize touche ladite somme de quatre cens livres, ou qu'il en dispose à sa volonté, comme de chose lui appartenante; pourquoi il lui fait la presente déclaration. Ce qui a été accepté par ledit de la Chaize, demeurant   à ce présent, qui a reconnu avoir entre ses mains l'original de ladite obligation, & a promis acquitter ledit sieur de Lorme de tout évenement à ce sujet; promettant, &c. obligeant, &c. Fait & passé, &c.

Il est expedient pour celui au profit de qui une semblable dé-

claration est faite, qu'elle soit passée le même jour de l'obligation, afin d'assurer l'hypoteque de l'acte, & que si cette déclaration étoit posterieure à l'obligation, les créanciers intermédiaires du créancier simulé, ne prétendissent priorité d'hypoteque ; attendu que le créancier simulé, sous le nom duquel les
deniers ont été prêtés, a été réellement saisi de l'obligation faite sous son nom, jusqu'au tems de la déclaration qu'il
en a faite, au profit de celui qui a véritablement prêté ses deniers au débiteur.

Il est mieux aussi que la déclaration soit passée devant les
mêmes Notaires qui ont reçu l'obligation ; mais cela n'est pas
nécessaire.

Quand celui au profit de qui la déclaration est faite est absent, on ne met point ces mots : *Ce qui a été accepté par ledit de
la Chaize, demeurant* à ce présent, &c. mais on
met : *Déclarant ledit Comparant, qu'il a remis audit de la Chaize
l'original de ladite obligation, à la charge d'être indemnisé de tous
faits & évenemens au sujet d'icelle ; dont acte. Fait & passé, &c.*

Dans le cas d'une pareille déclaration au profit d'un tiers, le
véritable créancier, qui ne veut point être connu, se munit
ordinairement d'une procuration, le nom du Procureur en
blanc, pour faire les poursuites contre le débiteur, même
pour recevoir la somme, & en donner quittance ; & pour lors on
doit l'énoncer dans la déclaration, & faire dire à celui qui passe
la déclaration : *Qu'à la requisition du véritable créancier, il a passé
ladite procuration, de l'évenement de laquelle il sera aussi garanti &
indemnisé.*

CHAPITRE IV.

Des Obligations passées par plusieurs Débiteurs.

QUAND une obligation est passée par plusieurs débiteurs,
soit pour prêt d'argent, soit pour vente de marchandises,
ou pour autres causes, les débiteurs s'obligent solidairement, un
seul pour le tout, ou chacun jusqu'à concurrence de l'argent
qu'ils ont emprunté, ou de la marchandise qu'ils ont achetée ;
c'est pourquoi le Notaire doit s'informer si les Parties qui em-

pruntent, consentent à l'obligation solidaire, afin de ne l'exprimer qu'à propos, & de la volonté des débiteurs, autrement il arriveroit, que contre leur intention, chacun seroit obligé solidairement; ce qui pourroit être très-préjudiciable à l'un d'eux, en cas d'insolvabilité des autres.

Pour induire la solidité entre plusieurs obligés par un même acte, il faut une clause expresse, qui marque que telle a été leur intention & leur volonté, autrement il n'y a point de solidité; d'autant qu'une telle clause ne peut être ni suppléée, ni sous-entendue par aucune autre.

Ainsi l'obligation n'est pas solidaire, lorsque les co-obligés par la même obligation, ne se font pas obligés solidairement, ou quand ils se font obligés chacun pour une partie; comme s'il est porté, que l'argent a été prêté à deux, pour employer chacun à leurs affaires particulieres : En ce cas, ils font présumés ne s'être obligés chacun que pour leur part & portion.

Henrys, tome 1, livre 4, chapitre 6, question 25, rapporte un Arrêt du 4 Février 1632, qui a jugé que l'obligation passée conjointement par deux Marchands pour marchandises à eux vendues, n'étoit pas solidaire. Ce qu'il faut entendre de Marchands qui ne font pas associés; car en cas de Societé, ils seroient obligés solidairement.

Obligation de deux Débiteurs sans solidité.

PARDEVANT, &c. furent présens, &c. lesquels ont reconnu devoir chacun pour moitié, à Pierre Cambray, &c. à ce present & acceptant, la somme de six cens livres, pour pareille somme de six cens livres, que ledit Pierre Cambray leur a prêtée, comptée, nombrée & délivrée actuellement, en présence desdits Notaires soussignés, en louis d'or, &c. pour employer à leurs affaires, dont lesdits débiteurs font contens, & promettent payer audit Pierre Cambray, chacun la moitié de ladite somme, ou au Porteur des presentes, d'hui en trois mois, &c.

Si c'est pour marchandises, il faut dire : *Pour telles marchandises que ledit Cambray a vendues & livrées ausdits débiteurs, dont ils se contentent, &c.*

A l'égard des obligations passées solidairement par plusieurs débiteurs, il faut observer qu'on appelle obligation solidaire, celle qui est passée par plusieurs débiteurs, avec clause expresse qu'ils s'obligent *solidairement, un seul pour le tout.*

On tient aussi que les mots, *l'un pour l'autre,* operent le même
effet

effet que le mot, *folidairement*, parce qu'on a plus d'égard au fait qu'aux paroles.

Dans une obligation folidaire, le Notaire ajoute ordinairement cette claufe, *que les obligés renoncent aux bénéfices de divifion & de difcuffion.* C'eft pourquoi il eft néceffaire d'entendre ce que c'eft.

Le bénéfice de divifion eft celui par lequel on peut divifer une obligation qui n'eft pas ftipulée folidaire, comme il arrive quand plufieurs Fidéjuffeurs ou Cautions ont cautionné un débiteur; car fi un des Fidéjuffeurs eft pourfuivi, il peut fe fervir du bénéfice de divifion, à moins qu'il n'y ait renoncé par le contrat.

Le bénéfice de difcuffion eft celui par lequel un Fidéjuffeur peut demander que le débiteur principal foit difcuté, avant qu'il puiffe être contraint au payement de la fomme dûe par le débiteur.

Voyez ce qui eft dit des claufes de cautionnement au livre 9, chapitre 5, ci-après.

On demande : *Si au cas qu'il y ait plufieurs obligés folidairement, & que la claufe de renonciation à ces deux bénéfices ne foit point appofée, un des co-obligés peut être contraint de payer toute la fomme, fauf fon recours contre les autres, s'il ne peut pas offrir fa part de la dette, & demander que fes co-obligés foient pourfuivis pour leur part & portion ?*

Sitôt que le terme, *folidairement*, eft dans un acte, un des obligés peut être contraint pour le tout, quand même la claufe de renonciation aux bénéfices de divifion & de difcuffion n'y feroit pas, comme il a été jugé par Arrêt du 8 Février 1642, rapporté par Henrys, tome 2, livre 4, queftion 38. La raifon eft, que la folidité ftipulée par l'acte, ne produiroit aucun avantage, ou au moins expoferoit à une difcuffion très-difficile.

De ce que nous venons de dire, il s'enfuit que la claufe de renonciation à ces deux bénéfices eft inutile, quand le terme, *folidairement*, eft dans l'acte. C'eft le fentiment de M. Bouguier : Néanmoins, il eft à propos de l'appofer, pour ôter à des débiteurs, qui n'auroient autre deffein que de différer le payement de ce qu'ils doivent, l'occafion de former de mauvaifes conteftations.

Obligation de deux Débiteurs avec solidité.

FURENT présens Nicolas   demeurant   & Claude
demeurant   lesquels ont reconnu devoir à Abraham   à ce
présent & acceptant, la somme de quinze cens livres, pour prêt de pareille
somme, &c. laquelle somme de quinze cens livres lesdits Nicolas   &
Claude   Débiteurs, promettent & s'obligent solidairement un d'eux
seul pour le tout, sans division, discussion ni fidejussion, à quoi ils renoncent,
rendre & payer audit Abraham   en sa demeure à Paris, &c. ou au
Porteur des Présentes, dans tel tems, à peine, &c. Et pour l'exécution des
présentes, &c.

Obligation solidaire d'une veuve, tant en son nom que comme Tutrice de ses enfans.

FURENT présens Dame Françoise Maréchal, veuve de Messire Louis
Bruslé, Ecuyer, Secretaire du Roi, demeurante, &c. en son nom, &
comme Tutrice de leurs enfans mineurs, créanciere de la succession dudit
sieur son mari, au moyen de la renonciation qu'elle a faite à la communauté
de biens qui étoient entr'eux, & en chacun desdits noms solidairement, sans
division ni discussion; & en vertu de l'avis des parens desdits mineurs, portant pouvoir de faire les comptes des sommes dûes au ci-après nommé, reçu
par   Greffier, le   jour, ou homologué par Sentence
du Châtelet, du   jour, demeuré annexé à la présente minute,
pour y avoir recours en cas de besoin: Et Me. François Fevret, Procureur
en la Cour de Parlement, demeurant, &c. lesquelles Parties ont reconnu
avoir ce-jourd'hui compté verbalement des sommes de deniers qui sont dûes
en principaux & interêts audit sieur Fevret, par ledit feu sieur Bruslé & ladite
Dame sa veuve solidairement, & des payemens qui ont été faits audit sieur
Fevret, le tout du passé jusqu'à ce jour, pour les causes énoncées audit
avis de parens, & ainsi qu'il est mentionné sur le registre dudit Fevret; par
lequel compte tout déduit & rabattu, ladite Dame Bruslé esdits noms s'est
trouvée redevable envers ledit Fevret de la somme de
sur laquelle somme, elle consent & accorde que ledit sieur Fevret reçoive
celle de   & pour le surplus sera payé audit sieur Fevret,
sçavoir quatre cens livres dans un an, quatre autres cens livres un an après,
& ainsi continuer d'année en année; jusqu'au parfait payement dudit surplus:
Et pour l'exécution des présentes & dépendances, ladite Dame Bruslé a élu
domicile irrévocable en la maison de   auquel lieu, nonobstant, &c. promettant, &c. obligeant, &c. renonçant, &c. Fait &
passé, &c.

Obligation solidaire d'un mari & d'une femme, pour procurer l'élargissement du mari Prisonnier.

FURENT préfens Paul   Marchand, Bourgeois de Paris, & Madeleine   fa femme, qu'il autorife à l'effet des préfentes, demeurans à Paris, rue   ledit Paul de préfent détenu ès Prifons de la Conciergerie du Palais, venu entre les deux guichets d'icelle, comme en lieu de liberté; lefquels ont reconnu être redevable envers Antoine   à ce préfent & acceptant, de la fomme de huit cens livres contenuë en une Lettre de change tirée par Jean   fur ledit Paul   en datte du   payable au   acceptée par ledit Paul   le   faute de payement de laquelle, dans le tems fufdit, ledit Paul   a été conftitué efdites Prifons, en vertu de la Sentence des Juges-Confuls de cette Ville, en datte du   laquelle fomme, ledit Paul   & fadite femme promettent & s'obligent folidairement, fans divifion, difcuffion ni fidéjuffion, à quoi ils renoncent, payer audit Antoine   en fa demeure à Paris, ou au Porteur des préfentes, dans fix mois, à peine de tous dépens, dommages & intérêts; & en confidération de ladite obligation folidaire, ledit Antoine   a par ces préfentes fait & donné main-levée pure & fimple dudit emprifonnement, confentant que ledit Paul   foit élargi & mis hors lefdites Prifons; quoi faifant, tous Greffiers, Geoliers & Gardes d'icelles, en feront valablement déchargés, comme par ces préfentes, il les en décharge, fans néanmoins par ledit Antoine   déroger à ladite Sentence; laquelle avec ladite Lettre de change eft demeurée en fes mains, en fa force & vertu, jufqu'au payement actuel de ladite fomme de huit cens livres dans le tems fufdit, & fans préjudice à lui des frais de ladite Sentence & autres. Et pour l'exécution des préfentes, ledit Paul   & fa femme ont élu domicile, &c. Fait & paffé entre lefd. deux Guichets, &c.

Autre Obligation folidaire d'un mari & d'une femme, où intervient un Fidéjuffeur.

FURENT préfens Nicolas Dubois, Marchand à Paris, & Jeanne Lenoir fa femme qu'il autorife à l'effet des préfentes, & Claude Dubois auffi Marchand à Paris, demeurans enfemble   lefquels ont reconnu devoir à Abraham le Clerc, Marchand, demeurant à   à ce préfent & acceptant, la fomme de deux mille livres, pour prêt de pareille fomme, que led. fieur créancier leur a fait prefentement en louis d'or, d'argent & monnoye ayant cours, comptés, nombrés & délivrés réellement à la vûe des Notaires fouffignés, dont lefdits débiteurs font contens, déclarant que ladite fomme fera par eux employée aux affaires de leur commerce. Promettent & s'obligent folidairement l'un pour l'autre, un d'eux feul pour le tout, fans divifion, difcuffion ni fidéjuffion, à quoi ils renoncent, (ou bien, fous la renonciation ordinaire aux bénéfices de droit) de rendre & payer ladite fomme de deux mille livres audit fieur créancier en la demeure, ou au Porteur, &c. dans *tel tems* à peine de tous dépens, dommages & intérêts; auquel payement lesdits débiteurs affectent, obligent & hypotequent sous ladite solidité, tous leurs biens, meubles & immeubles, présens & à venir.

A ce faire est intervenu Claude Boucher, Bourgeois de Paris, y demeurant lequel s'est volontairement rendu & constitué Caution desdits débiteurs envers ledit sieur créancier pour ladite somme de deux mille livres; & s'est obligé solidairement avec eux, lui seul pour le tout, sous lesdites renonciations aux bénéfices de droit, au payement de ladite somme dans le tems ci-dessus marqué, faisant son propre fait de ladite dette, comme principal débiteur & seul obligé; auquel payement ledit sieur Boucher a affecté & hypotequé tous ses biens présens & à venir, & spécialement une maison sise à *tel* endroit, sans qu'une obligation déroge à l'autre. Tous lesquels biens ledit sieur Boucher a déclaré & affirmé (sous la peine de stellionat, qui lui a été expliquée par lesdits Notaires soussignés) être libres de toutes substitutions, & francs & quittes de toutes dettes hypotecaires du passé jusqu'à ce jour.

Et pour l'exécution des présentes & dépendances, lesdits débiteurs & Caution ont élû leurs domiciles chacun en leur demeure devant désignée, ausquels lieux, &c. nonobstant, &c. promettant, &c. obligeant solidairement comme dessus, &c. renonçant, &c. Fait & passé.

Dans cette obligation, les principaux débiteurs sont le mari & la femme, & un autre Particulier; sur quoi il est bon de remarquer, que le mari & la femme peuvent s'obliger solidairement, & renoncer aux bénéfices de division & de discussion; mais il faut que la femme soit autorisée par le mari, à l'effet de l'obligation, & en conséquence de cette obligation, le créancier peut poursuivre la femme & ses biens, pour avoir le payement de toute la somme contenue en l'obligation, sauf à la femme son recours sur les biens de son mari, avenant la dissolution de leur communauté.

Il pourroit arriver qu'un des Obligés solidairement n'auroit rien pris dans la somme prêtée, & qu'il ne seroit intervenu que pour faire plaisir à son co-obligé, & lui faciliter le prêt que le créancier n'auroit point fait sans son obligation. En ce cas, celui qui a reçu toute la somme doit donner à son co-obligé une indemnité qui peut être inserée dans l'acte même, ou faite par un acte séparé. En l'inserant dans l'acte, on la fera ainsi:

Clause d'indemnité d'une Obligation solidaire.

ET attendu que ladite somme de deux mille livres tournera au profit desdits Nicolas Dubois & sa femme seulement, & que ledit Claude Dubois ne touchera rien de ladite somme, lesdits Nicolas Dubois & sa femme promettent & s'obligent sous ladite solidité, d'acquitter, garantir & indemniser ledit Claude Dubois de toute suite & évenement au sujet de l'obligation qu'il vient de contracter, reconnoissant qu'il ne l'a fait que pour leur faire plaisir, & leur faciliter le prêt de ladite somme, que ledit sieur créancier n'eût point fait sans cette indemnité, laquelle ne pourra cependant aucunement nuire audit sieur créancier, ni préjudicier à la solidité ci-dessus stipulée.

Si on fait l'indemnité par un acte séparé, on la pourra faire dans la forme qui suit.

Indemnité d'une obligation solidaire faite par un acte séparé.

AUJOURD'HUI sont comparus devant les Notaires soussignés, Nicolas Dubois, Marchand, & Jeanne Lenoir sa femme, qu'il autorise, demeurant... lesquels ont reconnu qu'à leur priere & pour leur faire plaisir, Claude Dubois leur frere & beau-frere, s'est obligé conjointement & solidairement avec eux envers Abraham le Clerc, Marchand, au payement de la somme de deux mille livres contenue en leur obligation solidaire passée devant lesdits Notaires soussignés ce jourd'hui, & que ladite somme de deux mille livres a tourné entierement à leur profit; c'est pourquoi ils promettent & s'obligent solidairement, sans division ni discussion, renonçant aux bénéfices de ces droits, de justifier au sieur Claude Dubois du payement de ladite obligation dans le tems qu'elle est stipulée payable, & de l'acquitter & indemniser dudit payement, par les mêmes peines & voyes qu'il pourroit y être contraint. *Election de domicile, &c.*

Cette clause: *Par les mêmes voyes qu'il y pourroit être contraint,* n'est absolument nécessaire que quand il peut y avoir contrainte par corps, comme si c'est pour fait de marchandise; & en ce cas, celui qui n'auroit rien pris de la somme & qui auroit payé pour celui qui l'auroit prise toute entiere, pourroit obtenir une contrainte par corps contre son co-obligé, pour lui faire rendre la somme qu'il auroit été contraint de payer pour lui.

Lorsqu'il intervient dans une obligation une Caution ou un Fidéjusseur, après que l'obligation est dressée, pour ce qui regarde le créancier & le débiteur, de là maniere qu'il est dit ci-devant, il faut mettre ce qui suit, concernant l'obligation du Fidéjusseur.

Clause portant Obligation solidaire, où intervient un Fidéjudesseur.

A ce faire étoit présent & est intervenu Philippe   Marchand demeurant   lequel s'est par ces presentes rendu & constitué Caution dudit   envers ledit créancier; ce faisant s'est obligé conjointement & solidairement avec lui, un d'eux seul pour le tout, sous les renonciations requifes, au payement de ladite fomme de dans le tems & de la maniere fufdite, dont & du tout il fait fon propre fait & dette comme principal débiteur.

Quand il y a plufieurs Cautions intervenantes dans une même obligation, il faut que le Notaire déclare fi les Fidéjuffeurs fe font obligés folidairement pour toute la dette, refpectivement les uns pour les autres, s'ils ont renoncé chacun à leur égard au bénéfice de divifion & de difcuffion.

Mais quand il n'y a qu'un feul Fidéjuffeur, il eft inutile de le faire renoncer au bénéfice de divifion; il fuffit qu'il renonce au bénéfice de difcuffion; néanmoins les Notaires font dans l'ufage de les joindre l'un à l'autre, & de mettre : *Renonçant aux bénéfices de divifion & de difcuffion*; & en ce cas, la renonciation au bénéfice de divifion ne fert de rien, parce qu'un feul Fidéjuffeur obligé folidairement pour le tout & fans difcuffion, ne peut pas demander divifion de la dette.

CHAPITRE V.

Des Obligations, avec déclaration d'emploi.

QUAND une fomme eft prêtée pour faire un certain emploi défigné, comme pour l'achat d'un Office ou d'une maifon, il faut déclarer par le contrat quel eft l'Office ou la maifon, quels font les tenans & aboutiffans, & faire obliger le débiteur de déclarer dans la quittance qu'il retirera du payement de l'Office ou de la maifon, que ladite fomme a été payée des deniers du créancier, pour être la chofe à lui affectée & hypotequée fpécialement & par privilege, avec fubrogation, au lieu & place du Vendeur, & fournir dans un tel tems une quittance d'emploi, & à faute d'y fatisfaire, être contraint de rembourfer le créancier, &c.

Obligation avec déclaration d'emploi.

FUT préfent Michel de Lorme, Marchand, Bourgeois de Paris, demeurant   lequel reconnoît devoir bien légitimement à Me. Claude Faret, Avocat en Parlement, demeurant à Paris à ce préfent & acceptant la fomme de dix mille livres, que ledit Faret lui a préfentement prêtée, comptée, nombrée & réellement délivrée, en préfence des Notaires fouffignés, en louis d'or, écus d'argent, & autres monnoyes ayant cours, pour employer à l'effet ci-après déclaré, dont ledit de Lorme est content, & promet faire le payement de ladite somme de dix mille livres audit sieur créancier en sa maison, ou au Porteur des presentes, d'hui en un an prochain, à peine de tous dépens, dommages & interêts, au payement de laquelle somme ledit de Lorme a obligé tous ses biens présens & à venir, & spécialement une maison sise à Paris, rue   où pend pour enseigne   tenant d'un côté à, &c. *faut mettre les tenans & aboutissans.* Déclarant ledit Débiteur, que ladite somme de dix mille livres est pour employer avec ses autres deniers, sans emprunt, à l'acquisition d'une maison, sise rue   *Il faut mettre la Paroisse,* l'Enseigne, *avec les tenans & aboutissans,* dont ledit debiteur est convenu pour la somme de vingt mille livres, avec François Courtin, Proprietaire d'icelle, par contrat passé le   jour de   pardevant   Notaires au Châtelet de Paris, & pour sûreté du payement de ladite somme de dix mille livres, promet & s'oblige ledit debiteur de retirer quittance du payement de ladite somme de vingt mille livres dudit Courtin, dans laquelle il sera déclaré, que dans led. payement est entré ladite somme de dix mille livres, afin qu'il ait hypoteque spéciale & privilegiée sur ladite maison, & soit & demeure subrogé jusqu'à la concurrence de ladite somme, aux droits, noms, raisons, actions, privileges & hypoteque du Vendeur; pour sûreté de quoi ledit debiteur s'oblige de fournir aud. S^r. créancier copie collationnée du contrat d'acquisition de ladite maison, & une expedition de ladite quittance, portant la susdite subrogation, dans huit jours au plus tard pour tout délai, à peine de tous dépens, dommages & interêts, & d'être contraint au remboursement de ladite somme de dix mille livres, si bon semble audit sieur Faret, étant de plein droit déchû du terme porté par ces presentes, auquel en ce cas, ledit débiteur a expressément dérogé & renoncé; car autrement, ledit sieur Faret n'auroit prêté ladite somme audit de Lorme: Et pour l'exécution des présentes, ledit débiteur a élû domicile, &c. Fait & passé, &c.

Obligation solidaire avec déclaration d'emploi.

F URENT présens, &c. Nicolas Gentil, demeurant, &c. & Theodore Milet, demeurant, &c. lesquels ont reconnu devoir solidairement, un seul pour le tout, sans division, discussion, &c. à Gilles le Maître, demeurant à   la somme de six mille livres, pour pareille somme que ledit sieur le Maître leur a prêtée, comptée & réellement délivrée, présens les Notaires soussignés, en louis d'or, écus d'argent, & autres monnoyes ayant cours, pour employer à l'effet ci-après déclaré, dont lesdits débiteurs se sont contentés, & ont promis solidairement comme dessus, *ou* (sous ladite solidité) de rendre & payer ladite somme de six mille livres audit le Maître, créancier, en sa maison à Paris, ou au Porteur, &c. d'hui en un an prochain, à peine de tous dépens, dommages & interêts; auquel payement lesdits débiteurs ont spécialement affecté, obligé & hypotequé une maison sise à Paris, &c. (*faire en cet endroit la déclaration des tenans &*

aboutissans de ladite maison, puis après) ausdits débiteurs appartenant, au
moyen de l'acquisition qu'ils en ont faite de Martin, &c. par contrat passé
pardevant *tel* Notaire, le *tel* jour, & généralement tous & chacuns leurs
autres biens meubles & immeubles, présens & à venir, une obligation ne
derogeant à l'autre ; déclarant lesdits débiteurs, que ladite somme de six
mille livres est pour convertir & employer avec autres leurs deniers, sans
emprunt, au payement de la somme de dix-huit mille livres de principal,
qu'ils doivent de reste du prix de ladite maison, laquelle ils ont fait décreter sur eux, & s'en sont rendus Adjudicataires, par le décret volontaire
qui en a été fait au Châtelet de Paris. Et par la quittance qu'ils retireront
dudit payement, promettent faire déclaration, que ladite somme de six mille
livres provenue de la présente obligation y sera entrée, à l'effet de faire
subroger ledit sieur créancier au lieu & place, droits, hypoteques, privileges & préference dudit sieur Martin, &c. sur ladite maison, jusqu'à la
concurrence desdites six mille livres de principal, & de ladite quittance ou
autre acte équipolent, qui portera ladite subrogation, ou du moins ladite
déclaration, fournir expédition en forme ; ensemble copie collationnée par
les Notaires soussignés, desdits contrats de vente & décret audit sieur
créancier, dans huit jours prochains, pour plus grande sûreté de son payement & justification de ladite subrogation, à peine de tous dépens, dommages & interêts, & d'être solidairement contraints audit payement &
remboursement de ladite somme de six mille livres, si bon semble audit sieur
créancier, nonobstant le susdit terme, auquel lesdits débiteurs ont expressément dérogé & renoncé pour cet égard ; & aussi, sans que ladite destination & emploi des deniers puisse préjudicier audit sieur créancier, à la susdite obligation générale de tous lesdits biens présens & à venir desdits débiteurs ; car ainsi, &c. *élection de domicile, comme dessus.*

Obligation solidaire d'un mari & d'une femme, avec déclaration d'emploi.

FURENT présens Claude le Fevre, demeurant, &c. & Marie Charles
sa femme, de lui autorisée à l'effet des presentes, lesquels ont reconnu
devoir à Pierre le Brun, demeurant, &c. à ce présent & acceptant, qui leur
a presentement compté, nombré & réellement délivré à la vûe des Notaires soussignés, la somme de quatre mille livres, pour employer à l'effet
ci-après déclaré, dont ils sont contens, laquelle somme de quatre mille livres lesdits le Fevre & sa femme, promettent & s'obligent solidairement,
sans division ni discussion, à quoi ils renoncent, rendre & payer audit le
Brun, en sa demeure à Paris, ou au Porteur des présentes dans huit mois,
à peine de tous dépens, dommages & interêts ; au payement de laquelle
somme lesdits débiteurs ont spécialement & par privilege affecté, obligé
& hypotequé, sous ladite solidité, l'Office de
& généralement tous leurs biens, meubles & immeubles, présens & à venir,
sans qu'une obligation déroge à l'autre ; déclarant que ladite somme de quatre mille livres est pour employer avec d'autres deniers. (*Il faut expliquer*
si ces autres deniers sont appartenans aux débiteurs, ou s'ils sont d'emprunt,
                                                                          avec

avec déclaration d'emploi, ou fans déclaration d'emploi,) au payement de
partie du prix dudit Office de   dont ledit le Fevre a traité
avec Antoine   par contrat paffé pardevant
Notaires à Paris, le   Et par la quittance qu'ils retireront
dudit payement, ils promettent, fous ladite folidité, faire déclaration que
ladite fomme de quatre mille livres y fera entrée, afin de fubrogation, en
faveur dudit fieur le Brun, aux droits, privileges & hypoteques dudit fieur
Antoine   laquelle fubrogation ils ont dès-à-préfent confenti,
Expedition de laquelle quittance, qui contiendra ladite déclaration & fubrogation, avec copie dudit traité & autres pieces néceffaires pour le foutien
de ladite fubrogation, lefdits débiteurs promettent fous ladite folidité,
fournir audit fieur le Brun dans trois jours, à peine de reftitution de
ladite fomme, & de tous dépens, dommages & interêts; *élection de domicile comme deffus.*

*Obligation folidaire d'un mari & d'une femme mineure, avec décla-
ration d'emploi, & promeffe de la part du mari de faire ratifier
fon époufe, fitôt qu'elle fera parvenuë à l'âge de majorité, avec intervention de Caution de ladite promeffe.*

FUT préfent Meffire Pierre Menillon, Chevalier, Seigneur de Treffé,
    ayant l'agrément du Roi, pour traiter de l'Office de   &
Dame Françoife Dumefnil fon époufe, qu'il autorife à l'effet des préfentes,
par laquelle Dame de Treffé, ledit fieur fon époux promet & s'oblige en
fon propre & privé nom, de faire ratifier cefdites prefentes, & la faire
obliger d'abondant & folidairement avec lui, fous les renonciations ci-après,
au contenu d'icelles, & en rapporter acte, pour y être joint dans
qu'elle aura atteint l'âge de majorité, demeurant à Paris, ruë
Paroiffe   lefquels ont reconnu & conteffé devoir bien & légitimement au fieur François   demeurant à Paris, &c. à ce
préfent & acceptant, la fomme de vingt mille livres, que ledit fieur créancier a prêtée aufdits Sieur & Dame de Treffé, en louis d'or, d'argent &
monnoyes ayant cours, comptés & délivrés, préfens les Notaires fouffignés;
pour employer à l'effet ci-après déclaré, dont lefdits Sieur & Dame de
Treffé font contens. Promettent & s'obligent folidairement l'un pour l'autre, un d'eux feul pour le tout, fans divifion, difcuffion ni fidéjuffion, à
quoi ils renoncent, de rendre & payer ladite fomme de vingt mille livres
audit fieur François   en fa demeure en cette Ville, ou
au Porteur des préfentes, à fa volonté & premiere demande, à peine de tous
dépens, dommages & interêts; à quoi lefdits Sieur & Dame de Treffé ont
affecté, obligé & hypotequé fpécialement la Terre & Seigneurie de Treffé,
fes circonftances & dépendances, appartenante audit fieur de Treffé, & généralement tous & chacuns les autres biens meubles & immeubles, préfens
& à venir defdits Sieur & Dame de Treffé, fans qu'une obligation déroge
à l'autre; déclarant lefdits Sieur & Dame débiteurs, que ladite fomme de
vingt mille livres eft pour employer au payement de partie de la fomme
de   moyennant laquelle ledit fieur de Treffé eft fur le point de

traiter avec Dame Louïfe   veuve & commune en biens de Meſſire Pierre A. Conſeiller du Roi en ſes Conſeils, &c. & Meſſieurs les heritiers dudit feu ſieur A. dudit Office, dont il étoit pourvû au jour de ſon décès : Promettant leſdits Sieur & Dame de Treſſé de faire ledit emploi, & par le traité dudit Office de   qui contiendra le payement de ladite ſomme de vingt mille livres, déclarer qu'elle provient dudit ſieur François   afin qu'il ait, ainſi que leſdits Sieur & Dame de Treſſé le conſentent, privilege ſur ledit Office de   gages, droits & émolumens y attribués, ſans déroger aux obligations ſpéciale & générale des biens deſdits Sieur & Dame de Treſſé, ci-deſſus ſtipulées ; expedition duquel traité, contenant ladite déclaration, leſdits Sieur & Dame de Treſſé promettent & s'obligent ſous ladite ſolidité de fournir audit ſieur François   inceſſamment, avec copie collationnée des Lettres de Proviſion dudit Office de   qui ſeront expediées au nom dudit ſieur de Treſſé, à peine de tous dépens, dommages & interêts ; & pour plus grande aſſurance audit ſieur François   du payement de ladite ſomme de vingt mille livres, promettent leſdits Sieur & Dame de Treſſé, ſous la même peine & ſolidité ci-deſſus, de faire entrer dans le payement qui ſera fait à ladite Dame Louïfe   & aux heritiers dudit défunt Seigneur A. du prix de la vente dudit Office de   des deniers deſdits Sieur & Dame de Treſſé, le prix de la vente que ledit ſieur de Treſſé fera de ſon Office de Conſeiller, &c. & d'en juſtifier audit ſieur François   inceſſamment ; au moyen de quoi ledit ſieur François   ne pourra s'oppoſer au ſceau des Proviſions qui ſeront obtenues par l'Acquereur dudit Office de Conſeiller, &c. que pour ſûreté de l'exécution de la promeſſe ci-deſſus faite par leſdits Sieur & Dame de Treſſé, d'en employer le prix au payement qui ſera fait à ladite Dame veuve & heritiers dudit défunt ſieur A. du prix dudit Office de la maniere ci-devant dite. A ce faire eſt intervenue Dame Magdelaine du Pré, veuve de Meſſire Nicolas Dumeſnil, demeurante, &c. à ce préſente, laquelle s'eſt obligée en ſon propre & privé nom, ſolidairement avec ledit ſieur de Treſſé, ſous les renonciations ordinaires, de faire ratifier le préſent acte par ladite Dame de Treſſé, ſa fille, & la faire obliger d'abondant avec ledit ſieur de Treſſé ſolidairement au contenu d'icelui ; & en fournir acte valable audit ſieur François   dans ledit tems que ladite Dame de Treſſé aura atteint l'âge de majorité, à peine, &c. & pour l'exécution, &c.

Autre Obligation ſolidaire d'un mari & d'une femme, avec déclaration d'emploi, & délegation acceptée.

FURENT préſens Meſſire Jean Lefevre, Chevalier, Seigneur de   Conſeiller du Roi en ſa Cour de Parlement, & Dame Angelique Lerouge ſon épouſe, qu'il autoriſe à l'effet des préſentes, demeurans   leſquels ont reconnu devoir à M. Louis Langlois, demeurant   à ce préſent & acceptant, la ſomme de vingt mille livres, que ledit ſieur créancier a prêtée preſentement auſdits Sieur & Dame débiteurs,

pour employer à l'effet ci-après déclaré, en louis d'or, écus & monnoyes
ayant cours, réellement délivrés à la vûe des Notaires souſſignés, dont
leſdits Sieur & Dame débiteurs font contens, & ont promis & ſe font
obligés ſolidairement l'un pour l'autre, ſous les renonciations ordinaires
aux bénéfices de droit, de rendre & payer ladite ſomme de vingt mille livres
audit ſieur créancier, en ſa demeure à Paris, ou au Porteur, &c. dans deux
ans de ce jour, à peine de tous dépens, dommages & interêts. Auquel payement qui ſera fait tout en eſpeces ſonnantes d'or & d'argent, ſans aucuns billets ni autres pareils effets, nonobſtant les Edits, Déclarations & Arrêts qui
pourroient en autoriſer le cours dans les payemens, à la faveur deſquels
leſdits Sieur & Dame débiteurs ont expreſſément renoncé, iceux Sieur &
Dame débiteurs ont affecté & hypotequé ſous la ſolidité ci-deſſus ſtipulée
ſpécialement & par privilege, attendu l'emploi qui ſera fait des deniers prêtés, l'état & Office de Conſeiller du Roi en ſa Cour de Parlement de Paris,
duquel ledit ſieur Lefevre eſt pourvû, & généralement tous leurs autres
biens, meubles & immeubles, preſens & à venir, ſans qu'une obligation
déroge à l'autre.

Déclare leſdits Sieur & Dame débiteurs, que ladite ſomme de vingt
mille livres préſentement prêtée, ſera employée avec vingt autres mille livres
de leurs deniers & ſans emprunt, au payement qu'ils feront inceſſamment à
Meſſire   de la ſomme de quarante mille livres, pour le
parfait & entier payement de celle de quatre-vingt mille livres, prix dudit
Office de Conſeiller au Parlement, vendu par ledit ſieur
              audit ſieur débiteur, ſuivant le traité paſſé devant M.
Notaire à Paris, & ſon Confrere, le   promettant leſdits
Sieur & Dame débiteurs ſous ladite ſolidité, de déclarer dans la quittance
qu'ils retireront pardevant Notaires dudit payement de quarante mille livres,
que les vingt mille livres preſentement prêtées en feront partie, afin que ledit ſieur créancier ſuccede aux droits dudit ſieur   & acquiere
privilege ſur ledit Office de Conſeiller au Parlement, juſqu'à concurrence
de ladite ſomme de vingt mille livres. Expedition de laquelle quittance qui
contiendra ladite déclaration, avec l'extrait dudit traité, & les autres pieces
néceſſaires pour le ſoutien de ladite ſubrogation, leſdits S^r. & D^e. débiteurs
ſe ſont obligés ſolidairement comme deſſus, de fournir audit ſieur créancier
dans huit jours, à peine auſſi de tous dommages & interêts, & d'être contraints ſur le champ à la reſtitution de ladite ſomme de vingt mille livres; pour
faciliter le payement de laquelle leſdits Sieur & Dame débiteurs ont par ces
préſentes conſenti que ledit ſieur créancier la touche, & reçoive de M. Louis
Lerouge, & Dame Nicole Lelong ſon épouſe, pere & mere de ladite Dame
le Fevre, à compte & en déduction de ce qui reſte dû auſdits Sieur & Dame
débiteurs par leſdits Sieur & Dame Lerouge, de la dot par eux promiſe à
ladite Dame le Fevre leur fille, par le contrat de ſon mariage avec ledit ſieur
le Fevre, paſſé devant   Notaires à Paris
le   à l'effet de quoi leſdits Sieur & Dame débiteurs font
audit ſieur créancier, ce acceptant, délegation & tranſport avec toute garantie de ladite ſomme de vingt mille livres, & l'ont juſqu'à concurrence
de cette ſomme, ſubrogé avec pareille garantie, aux droits, actions & hypoteques qui leur ſont acquis par ledit contrat de mariage, de la groſſe duquel

ils promettent fous ladite folidité, d'aider ledit fieur créancier à la premiere réquifition; & ne pourra la prefente délégation empêcher ledit fieur créancier de fe pourvoir directement fur les biens defdits Sieur & Dame débiteurs; eft même convenu qu'il lui fera permis de former fon oppofition annuellement au Sceau des Provifions de l'Office de Confeiller au Parlement dont ledit fieur débiteur eft pourvû, jufqu'à l'actuel payement de ladite fomme de vingt mille livres, des frais de laquelle oppofition il fera rembourfé par lefdits Sieur & Dame débiteurs.

Et attendu que ladite Dame Angelique Lerouge eft encore mineure, ledit fieur fon mari s'oblige de lui faire ratifier ces prefentes auffitôt fa majorité, qui arrivera le.   & d'en fournir acte valable audit fieur créancier, à peine d'être pour lors contraint au payement de ladite fomme, à l'effet de paffer lequel acte, il a dès-à-prefent autorifé irrévocablement ladite Dame fon époufe, fans qu'elle ait befoin d'une nouvelle autorifation.

A ce faire font intervenus lefdits Meffire Louis Lerouge, & Dame Nicole Lelong fon époufe, de lui autorifée à l'effet des préfentes, demeurans   lefquels ont déclaré qu'à leur égard ils acceptent le tranfport fait fur eux de ladite fomme de vingt mille livres, & qu'ils fe le tiennent pour valablement fignifié; & en conféquence, ont promis & fe font obligés folidairement l'un pour l'autre, fans divifion ni difcuffion, à quoi ils renoncent envers ledit fieur Langlois, au payement de ladite fomme de vingt mille livres, en l'acquit de leurs gendre & fille, & en déduction du reftant de ladite dot dans ledit terme de deux ans de ce jour, même s'obligent auffi fous ladite folidité, de fournir audit fieur créancier la ratification de ladite Dame le Fevre leur fille dans le tems fufdit, à peine d'être dès-lors contraints au payement de ladite fomme.

Et pour l'exécution des préfentes & dépendances, lefdits Sieur & Dame le Fevre, Sieur & Dame Lerouge, ont élû leurs domiciles chacun en leurs demeures ci-deffus défignées, aufquels lieux, &c. nonobftant, promettant, &c. obligeant chacun à fon égard & folidairement comme dit eft. Renonçant, &c. Fait & paffé, &c.

Les formules que nous venons de donner dans ce chapitre, peuvent fervir de modeles pour toutes les autres obligations, dans lefquelles on ftipule un emploi, en retranchant les claufes qui pourroient ne pas convenir au cas particulier qui fe prefenteroit.

Nous aurons par la fuite occafion de nous étendre fur la matiere des fubrogations, de leur effet, & des chofes fur lefquelles on peut acquerir un privilege. Nous nous contenterons de remarquer ici, qu'il eft néceffaire que l'obligation par laquelle l'emploi eft promis, foit antérieure, ou de même datte que la quittance ou autre acte qui contiendra l'emploi, & que l'un & l'autre foient paffés devant Notaires, ainfi qu'il eft porté aux arrêtés faits par la Cour de Parlement fur les fubrogations, le 6 Juillet 1690.

CHAPITRE VI.

Du Commodat, ou Prêt à usage.

LE second contrat qui requiert une tradition actuelle, est celui qu'on appelle en Droit, *Commodat*, que nous appellons en François du nom de *Prêt*, aussibien que le précedent, notre langue n'ayant point de nom propre & particulier pour cette sorte de contrat; pour le distinguer de l'autre, on l'appelle *Prêt à usage*.

Ce contrat est une concession gratuite de l'usage de quelque chose, soit meuble ou immeuble, que l'on fait à quelqu'un pour un certain tems, à la charge de restituer la même chose en especes, après tems défini & stipulé.

Le prêt convient avec le commodat, en ce que l'un & l'autre n'est parfait que par la tradition de la chose, & en ce que l'un & l'autre doit être gratuit.

Il y a plusieurs différences entre le prêt & le commodat.

La premiere est, que le prêt se fait des choses qui perissent par l'usage, & qu'il en transfere la proprieté à celui à qui on prête; le commodat au contraire, ne transfere point la proprieté, ni même la véritable possession, mais seulement une faculté de s'en servir à un certain usage, & pour un certain tems. D'où il s'ensuit, qu'il ne consiste que dans les choses qui ne se consument pas par l'usage, mais seulement dans celles qui se peuvent restituer en especes, sans aucun changement. Ainsi, comme dit M. Cujas, *Commodatum est mutuum ad usum, mutuum est commodatum ad abusum*.

La deuxiéme difference est que le prêt n'est obligatoire que d'un côté; c'est-à-dire, qu'il n'y a que celui qui emprunte, qui soit obligé, au lieu que le commodat produit une action de part & d'autre; l'une est la principale, qui est donnée à celui qui a prêté la chose, pour la redemander après le tems défini & stipulé; & l'autre qui est accordée au Commodataire, pour redemander les dépenses justes & nécessaires, qu'il lui a fallu faire pour la conservation de la chose prêtée, excepté celles sans lesquelles *re commodata uti non possumus*.

Le prêt à usage doit être gratuit; car il doit procurer un bénéfice qui procede de la pure liberalité de celui qui prête; & s'il eſt rendu mercenaire & intereſſé, le loyer ou l'intervention de prix corrompt & altere l'effet du bénéfice, & change la nature de ce contrat, qu'il convertit en une autre toute differente.

Il eſt requis dans le prêt à uſage, que le même corps qui a été prêté, ſoit reſtitué en eſpeces, au lieu que dans le véritable prêt, il ſuffit qu'on rende tout autant qu'on a reçu d'un même genre, comme nous l'avons dit.

Enfin, il faut que le prêt à uſage ſoit fait pour un uſage déterminé, & pour un certain tems; l'effet de cette limitation de tems & d'uſage, eſt, 1°. Que le Commodataire ne peut pas ſe ſervir de la choſe prêtée, à un autre uſage qu'à celui pour lequel elle lui a été prêtée. 2°. Que celui qui a fait le prêt ne peut pas retirer la choſe qu'il a prêtée, avant que le tems défini ſoit expiré. Il eſt bien loiſible à celui qui fait plaiſir de preſcrire la loi, & de limiter le tems & l'uſage de la choſe qu'il prête; mais l'ayant une fois prêtée à tems & uſage préfix, il eſt obligé d'en laiſſer jouir le Commodataire. *Quia beneficio alieno juvari nos oportet, non verò decipi.*

Si la conceſſion de l'uſage d'une choſe étoit indéfiniment accordée à quelqu'un, ſans définition d'uſage, & ſans limitation de tems, une telle convention paſſeroit en une autre nature de contrat, que l'on appelle en Droit, *Précaire*. Et en ce cas, celui qui a ainſi accordé indéfiniment l'uſage d'une choſe, peut, quand bon lui ſemble, la redemander; en quoi principalement differe le précaire du commodat, ou du prêt à uſage.

Ces deux contrats different encore, en ce que dans le précaire celui qui reçoit n'eſt tenu que de ſon dol & de ſa lourde faute; au lieu que dans le prêt à uſage le Commodataire eſt obligé de garder avec un très-grand ſoin la choſe qui lui a été prêtée; de ſorte qu'il eſt tenu non-ſeulement de ſon dol & de ſa lourde faute; mais encore de ſa faute légere, & même de ſa faute très-légere.

Cette différence procede de cette liberté qui eſt accordée au Bailleur dans le précaire, de retirer la choſe à ſa diſcretion. Ainſi, il doit s'imputer de ne l'avoir pas retirée plutôt, & de l'avoir laiſſée trop de tems entre les mains de celui à qui il l'a prêtée; ainſi, quoique le précaire ſe faſſe de même que le commodat, pour l'utilité ſeulement de celui qui emprunte, celui qui reçoit à titre de précaire, n'eſt pas tenu d'apporter une auſſi grande diligence pour la conſervation de la choſe qui lui eſt prêtée, que le Commodataire.

C'eſt pour cette raiſon qu'on doit mettre dans l'acte de reconnoiſſance du commodat, cette clauſe: *Qu'à faute de rendre la chose prêtée en l'état qu'elle étoit, quand elle a été prêtée, celui qui l'a reçue sera obligé en tous dépens, dommages & interêts.* Il est bon même pour éviter tout Procès, de stipuler qu'en cas de perte ou de renonciation de la chose prêtée, celui qui l'a empruntée sera tenu de payer une certaine somme convenue entre les Parties.

Au reste, le Commodataire n'est pas tenu des cas fortuits dans les cas suivans, si ce n'est, 1°. Qu'il y fût soumis expressément. 2°. Lorsqu'il a été en demeure de rendre la chose prêtée. 3°. Lorsqu'il a donné lieu au cas fortuit, comme s'il s'est servi de la chose à un autre usage qu'à celui qui lui avoit été prescrit, ou enfin, quand il est intervenu de sa faute de quelque maniere que ce soit. 4°. Si la chose prêtée a été estimée, pourvû que le Commodataire se soit obligé par une clause expresse d'en rendre l'estimation, comme si le Commodataire promettoit qu'à faute de rendre la chose, il payeroit la somme de tant : Mais sans une telle convention, la simple estimation n'oblige pas le Preneur aux cas fortuits, elle ne sert qu'à faire connoître la valeur de la chose, au cas qu'elle soit détériorée ou perdue par la faute du Preneur.

Voyez ce que M. de Ferriere a dit du commodat dans sa Traduction des Institutes, au §. 2 du titre 15 du troisiéme livre.

Au reste, quand on prête gratuitement à son ami un cheval, un diamant, ou autre chose, on n'a pas coutume de faire un acte devant Notaire, pour s'en assurer la restitution ; cependant, rien n'empêche de le faire ; c'est pourquoi nous allons donner un modele de reconnoissance de commodat en la formule suivante.

Reconnoissance du Commodat.

FUT présent Jean Favier, Marchand demeurant à   lequel reconnoît que Nicolas Gentil, à ce présent, demeurant &c. lui a prêté ce jourd'hui son cheval (*dire de quel poil & de quelle façon il est*) pour aller à Lyon, lequel il promet lui rendre & restituer d'hui en un mois, sain, entier, & tel qu'il l'a reçu dudit Gentil ; & à faute de ce, promet lui payer l'estimation d'icelui, dont ils sont convenus à la somme de   laquelle somme ledit Favier promet payer audit tems, au cas qu'il soit arrivé perte dudit cheval, par quelque maniere que ce soit, ou que ledit cheval soit diminué de prix par quelque vice ou défaut qui seroit survenu pendant qu'il aura été ès mains dudit Favier ; car autrement, & sans cette convention, le prêt dudit cheval n'auroit pas été fait. Et pour l'exécution des présentes, &c.

CHAPITRE VII.

Du Dépôt.

LE troisiéme contrat, qui prend sa forme de la tradition, est le dépôt; c'est un contrat par lequel on donne quelque chose en garde à quelqu'un, qui s'en charge gratuitement, à la charge de la rendre toutefois & quantes qu'il plaira à celui qui l'a déposée.

Ce contrat, comme le précedent, doit être gratuit. Il ne transfere aucune proprieté ni la véritable possession, & produit une obligation réciproque, & par conséquent deux actions; l'une & la principale, qui est donnée à celui qui a déposé la chose, pour qu'elle lui soit restituée; l'autre, qui est accordée au Dépositaire pour la restitution des frais qu'il est obligé de faire pour la conservation de la chose déposée.

On ne permet point au Dépositaire l'usage de la chose déposée, (en quoi il differe du commodat,) mais on lui en commet seulement la gardé, dont il se charge gratuitement.

Ce contrat est different du gage. 1°. En ce que dans le gage le débiteur transfere en la personne de son créancier la possession de la chose qu'il lui donne en gage pour sureté de sa dette, au lieu que dans le dépôt, celui qui donne quelque chose en garde à quelqu'un, en retient non-seulement la proprieté, mais encore la véritable possession. 2°. En ce que le gage est fondé sur une obligation principale; de sorte que tant qu'elle subsiste, le gage ne peut être retiré des mains du créancier; mais le dépôt ne dépend point d'aucune autre cause obligatoire, que de la seule volonté de celui qui baille: Ainsi, il est toujours à sa liberté de le retirer quand bon lui semble.

Le dépôt differe du séquestre, en ce que le dépôt se fait seulement des choses mobiliaires, non contentieuses, au lieu que le séquestre se fait ordinairement des choses immobiliaires & litigieuses, à la charge de la rendre à celui qui aura obtenu gain de cause.

L'action du dépôt a plusieurs privileges: 1°. En ce que quelques exceptions qui puissent être alleguées par un Dépositaire, on condamne toujours par provision, à la restitution du dépôt:

Ainsi,

Ainſi, les Lettres de répi ne peuvent pas faire retarder la reſtitution du dépôt, non plus que le bénéfice de ceſſion, ni l'exception de la compenſation. Néanmoins, le Dépoſitaire eſt privilegié pour les frais qu'il a été obligé de faire pour la conſervation de
la choſe dépoſée, & a droit de rétention juſqu'au rembourſement.
Mornac, ad L. 11, cod. depoſiti.

2°. En ce que ſi un Dépoſitaire fait banqueroute, celui qui a
dépoſé quelque choſe entre ſes mains, eſt préferé à tous autres
créanciers, pourvû que la choſe dépoſée ſe trouve exiſtante, &
que ſi ce ſont des deniers, ils n'ayent pas été confondus avec d'autres, autrement ils ne ſeroient plus cenſés exiſter, & par conſéquent, ne pourroient pas être revendiqués. Ainſi, en cas de dé-
confiture, le dépôt n'entre point en contribution, & pourvû que
la choſe ſe trouve en nature, elle doit être rendue à celui qui l'a
dépoſée; ſi c'eſt de l'argent monnoyé, il doit être auſſi rendu en
entier, ſi par la reconnoiſſance il paroît non-ſeulement de la
ſomme qui a été dépoſée, mais auſſi en quelles eſpeces, & que
les ſacs déſignés ſe trouvent ſans avoir été confondus avec d'autres, enſorte que les deniers ſe trouvent en nature. Voyez M. le
Prêtre, cent. 1, chap. 91.

3°. Cette action eſt infamante contre celui qui a dénié le dépôt, & a été condamné à en faire la reſtitution. Les Anciens ne
croyoient pas qu'il y eût de perfidie plus grande que celle qui ſe
commet à cet égard; de ſorte qu'ils mettoient au nombre des
plus grands crimes le violement de la foi pour la reſtitution des
choſes dépoſées.

Comme le Dépoſitaire n'a que la garde de la choſe dont la garde lui eſt confiée, s'il s'en ſert à ſon uſage, il eſt tenu de larcin.

Le Dépoſitaire n'eſt point tenu de la perte de la choſe dépoſée,
à moins qu'elle ne ſoit arrivée par le dol du Dépoſitaire, négligence ou faute ſi lourde, qu'elle faſſe préſumer de la fraude de ſa
part. La raiſon eſt que ce contrat ſe fait en faveur & pour l'utilité
du Dépoſant: ainſi, il n'eſt pas juſte, que l'office que rend le Dépoſitaire au Dépoſant, puiſſe lui être déſavantageux.

Quoique par la nature de ce contrat, le Dépoſitaire ne ſoit
point tenu de la perte de la choſe dépoſée, toutefois le Dépoſitaire en peut être reſponſable par ſa convention: Ainſi, le Notaire
qui fait un acte de dépôt, ne doit mettre aucune clauſe qui puiſſe
rendre le Dépoſitaire reſponſable de la perte de la choſe dépoſée,
ſi ce n'eſt ſon intention, & qu'il ne déclare expreſſément, que
telle eſt ſa volonté.

Tome I.   G g

Il y a deux sortes de dépôt : Sçavoir, le dépôt volontaire, autrement dit le simple ; & le dépôt nécessaire, appellé autrement, le dépôt miserable.

Le dépôt volontaire est celui qui se fait avec une pleine liberté sans que le Déposant y soit contraint par aucune force majeure ; de sorte qu'il a suivi volontairement la foi du Dépositaire, comme si un homme étant sur le point de faire un voyage, donne sa vaisselle d'argent, ou autre chose en garde à quelqu'un.

Le dépôt nécessaire est celui qui se fait par contrainte dans un des quatre cas mentionnés en l'article 3 du titre 20 de l'Ordonnance de 1667, qui sont l'incendie, la ruine, le tumulte & le naufrage, ou autres semblables accidens imprévûs, où l'on sauve ce que l'on peut, & où la nécessité pressante oblige de le confier au premier qui se rencontre, sans avoir le tems de se choisir une personne de confiance, ni de tirer une reconnoissance par écrit de la chose déposée.

Quoique par l'art. 54 de l'Ordonnance de Moulins, la preuve par Témoins ne soit pas reçue en France, pour chose qui excede la somme de cent livres, néanmoins elle est admise pour dépôt nécessaire, ainsi qu'il est prescrit par l'art. 3 du titre 20 de l'Ordonnance de 1667 ; & par l'art. 4 du même titre, la preuve par Témoins est reçue pour dépôts faits en logeant dans une Hôtellerie, entre les mains de l'Hôte ou de l'Hôtesse, par la raison que les Hôteliers, Messagers & Voituriers sont considerés comme Dépositaires publics & nécessaires.

Celui qui est chargé d'un dépôt nécessaire, peut être condamné par corps à en faire la restitution, suivant l'art. 4 du titre de la décharge de la contrainte par corps, parce que celui qui a fait un tel dépôt, n'a pas volontairement suivi la foi du Dépositaire, il y a été contraint par un accident imprévû.

Reconnoissance d'un Dépôt.

AUJOURD'HUI est comparu pardevant, &c. Me. Nicolas de la Fosse, Avocat en Parlement, demeurant, &c. lequel a reconnu que Claude de la Fosse son frere, Marchand demeurant à ce présent, lui a mis entre les mains en especes au cours de ce jour, la somme de deux mille livres, pour cause de dépôt, pour les lui garder, s'obligeant & promettant de les lui rendre, ou au Porteur des présentes, en mêmes especes que celles qu'il lui a données en garde, toutefois & quantes qu'il en sera requis : Et pour l'exécution des présentes, &c.

CHAPITRE VIII.

Du Gage.

LE quatriéme contrat qui fe forme par la tradition, eſt le gage ; fur quoi il faut remarquer, qu'on prend quelquefois le
gage & l'hypoteque dans la même ſignification ; & c'eſt en ce
ſens, que l'on dit qu'un heritage ſaiſi réellement eſt le gage de
Juſtice : Mais à parler proprement, le gage s'entend d'une choſe
mobiliaire, dont la poſſeſſion actuelle eſt transferée en la perſonne du créancier pour ſureté de ce qui lui eſt dû, & on appelle hypoteque, l'obligation & le droit que le débiteur conſtitue ſur ſes
immeubles pour ſureté de ſa dette, & dont il retient la poſſeſſion
naturelle.

Le gage eſt un contrat nommé obligatoire de part & d'autre,
par lequel un débiteur met entre les mains de ſon créancier quelque choſe pour ſureté de ſa dette, à la charge que ce gage ſera
rendu en eſpece au débiteur, lorſqu'il aura entierement payé la
dette, ou ſatisfait le créancier par quelqu'autre maniere, & à la
charge qu'il ſera permis au créancier de vendre le gage, faute par
le débiteur de payer au tems dont on eſt convenu.

Ce contrat ne ſubſiſte jamais ſeul, & ſuppoſe une obligation
principale, dont il n'eſt que l'acceſſoire, & pour la ſureté duquel
il intervient, d'où il s'enſuit que l'obligation du gage eſt éteinte
dès que celle ſur laquelle il eſt intervenu ne ſubſiſte plus.

Le gage a cela de commun avec les trois précedens contrats,
que c'eſt un contrat nommé qui ne peut être parfait que par la
tradition actuelle de la choſe. Il convient avec les deux derniers
qui ſont le commodat & le dépôt, en ce qu'il oblige réciproquement les deux Parties contractantes ; auſſi l'action de gage eſt
double. Il y a la directe qui eſt accordée au débiteur, par laquelle
il demande ſon gage au créancier, après l'avoir entierement ſatisfait de ſon dû. Il y a auſſi la contraire qui eſt donnée au créancier
pour répeter contre le débiteur les impenſes qu'il lui a fallu faire
pour la conſervation de la choſe qu'il a reçue en gage, ou pour
ſes dommages & interêts, s'il a reçu de bonne foi en gage quelque
choſe qui n'appartenoit pas à ſon débiteur.

On ne peut engager que les choſes mobiliaires qui nous appartiennent, parce que le gage donne un droit réel : Or, on ne peut constituer de droit sur le bien d'autrui : Ainsi, quand un débiteur a donné en gage à son créancier un effet qui ne lui appartenoit pas, il est tenu envers lui de tous dépens, dommages & intérêts.

De ce que le gage donne un droit réel & spécial sur la chose donnée en gage, il s'ensuit, 1°. Que le créancier la peut retenir jusqu'à l'entier payement de son dû. 2°. Qu'il est préféré à tous autres créanciers, à l'effet d'être payé sur le gage dont il se trouve saisi ; d'où il résulte, que la contribution au sol la livre ne peut point avoir lieu sur ce gage, & qu'il n'est point sujet à aucune saisie au préjudice du créancier à qui il a été donné en gage. *Voyez* M. le Prêtre, cent. 1, chap. 91.

Le créancier qui a un gage en sa possession, ne peut jamais se l'approprier ; mais si le débiteur ne paye pas au tems marqué, le créancier peut faire vendre le gage, en observant les formalités requises en Justice à ce sujet, sur quoi voyez ce que M. de Ferriere a dit dans sa Traduction des Institutes, liv. 2, titre 8, §. dernier. Voyez aussi Brodeau sur l'art. 181 de la Coutume de Paris.

Il y a plus, c'est que le créancier qui se sert de la chose qui lui a été donnée en gage, commet une espece de larcin, parce que ce n'est pas pour en user, mais pour la sureté de sa créance, que le gage lui a été donné.

Le créancier est tenu d'apporter une diligence exacte pour la conservation de la chose qui lui a été donnée en gage. Ainsi, il est responsable de la perte & de la détérioration qui y arrive par sa faute légere. La raison est, que ce contrat se fait pour l'utilité de l'un & de l'autre des Contractans ; le débiteur trouve plus aisément par le moyen du gage, de l'argent à emprunter, & le créancier trouve plus de sureté quand on lui donne en main un gage qui répond de sa créance.

De ce que nous venons de dire, que le créancier n'est tenu par rapport au gage, que de sa faute légere ; il s'ensuit que si le gage périt ou est détérioré par un cas fortuit, ou par faute très-légere du créancier qui l'a reçu ; ce créancier n'en est point responsable.

Deux conventions particulieres ont été chez les Romains, apposées au contrat de gage ; sçavoir, la Loi commissoire & l'antichrese ; mais ces conventions ne sont point admises parmi nous. *Voyez* ce qui en est dit ci-dessus, page 134.

Obligation où il est fait mention de Gages donnés en nantissement.

FUT present, &c. Nicolas, &c. demeurant, &c. lequel a reconnu devoir à Pierre le Brun, demeurant à   à ce présent & acceptant, la somme de deux mille quatre cens cinquante livres, pour pareille somme que ledit le Brun lui a prêtée, &c. pour employer aux affaires, besoins & nécessité dudit Nicolas, &c. dont il se tient content; promet rendre ladite somme de deux mille quatre cens cinquante livres audit le Brun, ou au Porteur des présentes, dans quinze mois de ce jourd'hui; & pour plus grande sûreté dudit payement, ledit Nicolas, &c. débiteur, a baillé par forme de nantissement audit le Brun créancier, en la présence desdits Notaires, un service de vaisselle d'argent blanc, au Poinçon de Paris, consistant (*en telles & telles pieces, qu'il faut spécifier en cet endroit, & mettre le poids; & puis dire*) appartenant audit Nicolas débiteur, ainsi qu'il a dit & affirmé pardevant lesdits Notaires; lesquels nantissemens ledit sieur le Brun, créancier, promet de remettre ès mains dudit Nicolas, débiteur, incontinent qu'il lui aura payé ladite somme de deux mille quatre cens cinquante livres, portée par la présente obligation; & à défaut dudit payement, au terme susdit, ledit sieur débiteur consent & accorde que ledit sieur créancier fasse vendre lesdits nantissemens, après un simple exploit de commandement fait à sa personne, ou domicile ci-après élû, pour des deniers en provenans être payé sur & tant moins, ou jusqu'à la concurrence de son dû, interêts, frais & dépens, &c. *l'élection de domicile, & le reste comme aux obligations ci-dessus.*

Si le débiteur ne donne pas en présence des Notaires les choses en gage, & qu'il les ait données auparavant, il faut faire faire la déclaration au créancier qu'il en est nanti. Cette déclaration se fait à la fin de l'obligation, en la maniere qui suit :

Et pour plus grande sûreté du payement, ledit créancier reconnoît que le débiteur lui a mis entre les mains par forme de gage & de nantissement, un bassin d'argent, deux plats d'argent, & six assiettes d'argent, le tout pesant   marcs, poinçon de Paris, lesquels ledit créancier promet de rendre & restituer audit débiteur, toutefois & quantes qu'il plaira audit débiteur, en lui payant ladite somme de   portée par la présente obligation. Et à défaut, &c.

Quand le débiteur donne des gages au créancier, le créancier stipule ordinairement, qu'à faute par le débiteur de payer dans le tems porté par l'obligation, il lui sera permis de faire vendre les gages, sans formalité de Justice, sans autres exploits ou significations, qu'un seul exploit de commandement qui sera fait au domicile élû par le débiteur.

En vertu de cette clause, le terme étant échû, & le débiteur ne satisfaisant pas à l'obligation, le créancier peut le faire sommer qu'il ait à payer la somme portée par l'obligation, à lui ou au Porteur d'icelle ; qu'à faute de ce, il lui signifie & déclare qu'en exécution de ladite obligation, il fera vendre lesdits gages ; que si c'étoit des meubles, il les faudroit faire vendre en la Place publique, aux jours & lieux accoutumés ; & si c'étoit des bagues, joyaux, vaisselle d'argent de la valeur de plus de trois cens livres, ils ne pourroient être vendus, selon l'article 13 du titre des Saisies de l'Ordonnance de 1667, qu'après trois expositions à trois jours de Marchés différens.

Quand cette clause n'est pas apposée, il faut que le créancier fasse assigner le débiteur, pour voir dire que les gages seront vendus, & le Juge ordonne, à faute de payer dans un certain jour, la vente des gages ; car le Juge donne ordinairement un délai de payer, quoique celui porté par l'obligation soit expiré ; ce qui se fait par une espece de commiseration pour les débiteurs.

Quoiqu'il soit stipulé que faute de payement dans un tel tems, les choses mises en gage pourront être vendues, il faut toujours en faire ordonner la vente par le Juge, d'autant qu'on peut prétendre avec raison, que cette clause doit être regardée comme pénale, & par conséquent comme une clause comminatoire.

L'Ordonnance du Commerce, titre des Interêts de Change, article 8, ordonne en termes exprès : Qu'aucun prêt ne sera fait sous gages, qu'il n'y ait un acte pardevant Notaires, *dont sera retenu minute*, & qui contiendra la somme prêtée & les gages qui auront été délivrés ; à peine de restitution des gages ; à laquelle le Prêteur sera contraint par corps, sans qu'il puisse prétendre de privilege sur les gages, sauf à exercer ses autres actions.

L'article 9 de la même Ordonnance, dit : Que les gages qui ne pourront être exprimés dans l'obligation, seront énoncés dans une facture ou inventaire, dont sera fait mention dans l'obligation ; & la facture ou inventaire contiendra la quantité, qualité, poids & mesure des marchandises, ou autres effets donnés en gages.

L'Ordonnance oblige de laisser une minute de cette obligation, afin d'empêcher que les débiteurs prêts à faire faillite, ne donnent leurs meubles & marchandises en gages à des créanciers supposés, pour frustrer leurs créanciers légitimes.

La même Ordonnance ne veut pas obliger les Parties à mettre toujours dans l'obligation le détail des choses données en gage, parce que la description étant longue, l'expedition de la grosse de l'obligation couteroit beaucoup au débiteur ; c'est pourquoi il leur est permis de la faire entr'eux, avant que de passer l'obligation ; car cette description ou mémoire, se doit faire par le détail & par pieces. Par exemple :

Description ou mémoire des Draps & Etoffes de laine & de soye, que A. donne à O. en gage, pour le prêt qu'il lui fait de telle somme.

Premierement, une piece de Drap de Hollande noir, contenant tant d'aunes.

La description ou mémoire des choses données en gage étant ainsi faite, le Notaire qui passera l'obligation doit mettre :

Et pour sûreté du payement de ladite somme, ledit débiteur a mis ès mains dudit O. son créancier, les marchandises contenues dans l'inventaire qui en a été fait entr'eux, contenant tant d'articles, &c. lequel a été paraphé par les Parties & par les Notaires soussignés, & est demeuré annexé à ces présentes.

Et au pied de cet état ou inventaire, le Notaire met : *Paraphé au désir de l'obligation passée devant les Notaires soussignés, ce jourd'hui* Les Parties & les Notaires le signent.

Fin du Livre troisiéme.

LIVRE QUATRIE'ME.

Du Mariage, & des Conventions qui se font entre futurs Conjoints.

APRE'S avoir parlé des contrats qui se forment par la tradition de la chose, il faut expliquer à présent ceux qui se forment par le seul consentement des Parties, & qui pour être obligatoires, ne requierent la tradition d'aucune chose.

Ces contrats sont, le contrat de mariage, celui de vente, le louage, la societé, la procuration.

Nous parlerons dans ce Livre, du mariage, dont la matiere est très-ample. Outre ce que nous en allons dire ici, le Lecteur peut voir la traduction des Institutes de M. de Ferriere, au titre 10 du premier livre.

Voici l'ordre que nous nous sommes proposé de suivre. Nous parlerons d'abord des conditions requises pour qu'un mariage soit valablement contracté, ensuite des choses qui font le principal objet des contrats de mariage, qui sont :

1°. La communauté qui se contracte entre le mari & la femme.

2°. La dot que la femme apporte au mari.

3°. Le douaire que le mari constitue au profit de la femme.

Nous examinerons aussi les différentes clauses & stipulations qui se font dans les contrats de mariage : Enfin, nous donnerons des regles pour dresser des contrats de mariage, soit en Pays Coutumier, soit en Pays de Droit écrit ; après quoi nous rapporterons les principaux Edits & Déclarations touchant les mariages.

CHAPITRE PREMIER.

CHAPITRE PREMIER.

Du Mariage, & des conditions requises pour le contracter valablement.

LE mariage confiste dans le confentement légitime de l'homme & de la femme, de paffer leur vie enfemble dans une union indiffoluble & perpétuelle, & dans une communication de tous droits divins & humains.

On le définit par un contrat civil & politique, qui prend fon origine du droit naturel, élevé à la dignité de Sacrement, par lequel l'homme & la femme font joints d'un lien indiffoluble, & qui ne fe peut féparer que par la mort de l'un ou de l'autre.

Le mariage a été élevé à la dignité de Sacrement par Jefus-Chrift dans la Loi de grace, pour être le figne & l'image de l'union parfaite de Jefus-Chrift avec fon Eglife; d'où il réfulte, qu'il donne des graces fingulieres à ceux qui le contractent dans les vûes pour lefquelles il a été inftitué, & qui y vivent felon les Loix de l'Évangile; car alors l'amour conjugal foutenu d'une charité parfaite & réciproque, fait que les Conjoints par mariage accompliffent tous les devoirs aufquels ce lien les engage, tant à l'égard l'un de l'autre, qu'envers leurs enfans, & fait répandre fur eux & fur leur famille les bénédictions du Ciel; mais il faut pour cela que les penfées humaines & temporelles ne faffent pas toute la regle de cet engagement, ni de la conduite des perfonnes mariées.

De ce que le mariage a été élevé à la dignité de Sacrement, il s'enfuit qu'il doit être reglé par les Loix Ecclefiaftiques : Mais comme le contrat civil eft la bafe de ce Sacrement, en ce que le mariage prend fon fondement & emprunte fes effets du Droit civil, il s'enfuit auffi que le Prince a droit d'étendre ou de diminuer la liberté de le contracter, felon qu'il le juge convenable au bien de fon Royaume & de fes Sujets; & que les Ordonnances qu'il fait à ce fujet, doivent abfolument être obfervées, fous les peines qui y font contenues, d'autant plus qu'elles établiffent en ce point l'état légitime des perfonnes, ce qui eft très-important dans la focieté civile.

Touchant le droit qu'ont les Princes féculiers fur les mariages,

Tome I. Hh

voyez l'excellent Traité qu'en a fait M. de Launoy, & les difcours
de Monfieur le Premier Préfident de Lamoignon, & de Monfieur
l'Avocat General Talon, du 16 Février 1677, imprimés dans les
Notes Françoifes fur le Concile de Trente.

L'union des corps que produit le mariage entre l'homme & la
femme, doit être accompagnée de celle des cœurs ; & ce lien eft
fi indiffoluble, qu'on n'admet pas la diffolution du mariage pendant la vie des mariés, quand le mariage a été valablement contracté. Et comme l'union du mari & de la femme n'admet point
de partage, la pluralité des femmes pour un même mari eft défendue, auffibien que celle de plufieurs maris pour une même
femme. C'eft pour cette raifon que par Arrêt du 9 Février 1640,
rapporté par Henrys, tome 1, livre 4, chapitre 6, queftion 99,
il a été fait défenfes à tous Curés, Prêtres ou Vicaires, de paffer
outre à la célébration d'aucuns mariages des perfonnes qui fe di-
ront être en viduité, fans avoir un certificat figné des Curés &
Juges des lieux, en bonne & dûe forme, que le mari ou la femme
de ceux qui fe prefenteront pour être mariés, font décedés, à
moins que lefdits Curés, Prêtres ou Vicaires, qui célebreront
lefdits mariages, n'ayent une connoiffance certaine du décès, à
peine d'en être refponfables.

Comme le mariage ne dépend pas moins de la puiffance temporelle de nos Rois, que de la puiffance fpirituelle de l'Eglife,
nous allons rapporter ici les conditions reconnues néceffaires par
l'une & l'autre de ces deux puiffances.

I. Le confentement des peres & meres ou des Tuteurs ou des
Curateurs pour les perfonnes qui fe marient étant en la puiffance
d'autrui ; & faute de ce confentement, le mariage peut être déclaré nul, comme nous le dirons dans le chapitre fuivant.

II. La publication de trois bans en la Paroiffe de chacun des
futurs Conjoints, à jour de Dimanche & de Fêtes, par le Curé ou
Vicaire, en la Meffe Paroiffiale ; cette proclamation de bans a
été principalement introduite pour avertir le Public du mariage
qui fe doit célebrer, afin qu'il foit rendu public, & que ceux qui
auroient intérêt de s'y oppofer, le puiffe faire, ou que s'il y a quelqu'empêchement, il puiffe être connu.

III. La préfence ou bénédiction du propre Curé des Contractans : Ce qui eft fi néceffaire, que dans les mariages des Princes
qui fe célebrent dans les Chapelles des Palais des Rois par des
Prélats, on a toujours le foin d'y appeller les Curés ; d'où il réfulte qu'un mariage célebré dans une Paroiffe étrangere eft nul.

IV. La préfence de quatre Témoins dignes de foi, qui atteftent la vérité du mariage, & qui certifient la qualité de ceux dont le mariage eft célebré. Il y a même des peines très-rigoureuſes pro-noncées contre les Témoins qui auront déguifé & caché l'âge, qualité & domicile des Parties qui fe marient.

Ces différentes formalités font établies, principalement par l'Ordonnance de Blois d'Henry III. du mois de May 1579, ar-ticles 40 & 41, & par quelques autres que nous rapporterons dans le dernier chapitre de ce quatriéme Livre.

Celle de Louis XIII. de 1639, porte que l'article 40 de l'Or-donnance de Blois fera obfervé; & en l'interprétant, ordonne que la publication des bans fe fera par le Curé de chacune des Parties; que ce fera avec le confentement des peres & meres; Tuteurs & Curateurs, s'ils font enfans de famille, & en puiffance d'autrui; que quatre Témoins affifteront, outre le Curé, à la célébration. Défenfes à tous Prêtres, de célébrer aucun mariage, qu'entre leurs vrais Paroiffiens, fans permiffion expreffe ou par écrit des Curés des Parties, ou de l'Evêque; qu'il fera tenu regiftre, tant du mariage, que de la publication des bans, difpenfes & permif-fions accordées; que les majeurs contracteront publiquement en face d'Eglife, felon les formalités de l'Ordonnance; que les en-fans qui naîtront des mariages tenus fecrets, feront déclarés inca-pables de toutes fucceffions. Ce qui s'exécutera contre les enfans des femmes que les peres ont entretenues, & qu'ils époufent à l'extrêmité de leur vie. La même Déclaration porte défenfes à tous Juges, de recevoir la preuve par Témoins, des promeffes de mariage, autrement que par écrit, qui foit arrêté en prefence de quatre proches parens ou Témoins, encore que les Parties foient de baffe condition. Suivant un Arrêt du 13 Juin 1684, rendu entre Buffy-Rabutin & la Riviere, il a été jugé qu'un acte de célebration de mariage non figné des Parties, n'eft pas nul, & qu'on n'eft pas moins bien marié; de même qu'un enfant ne fe-roit pas moins Chrétien, quoique fon Parain n'eût pas figné le baptiftaire.

Par Edit du mois de Mars 1697, & Déclaration du 15 Juin de la même année, Sa Majefté a confirmé les Ordonnances des Rois fes prédéceffeurs, & a enjoint expreffément d'obferver dans les mariages, les formalités prefcrites ci-deffus, fous des peines très-rigoureuſes.

La principale fin de ces Edits & Déclarations, a été d'obliger ceux qui fe veulent marier, de célebrer leur mariage pardevant

leurs propres Curés ; de punir les Curés & les Vicaires, & autres
Prêtres, tant Séculiers que Réguliers, qui contreviendront aux
devoirs qui leur font preferits par cet Edit, & d'ôter par-là tout
moyen à l'avenir de profaner ce qu'il y a de plus faint dans la Religion, & de plus refpectable & de plus intereffant dans l'Etat &
dans la fociété civile.

Il refte encore deux obfervations à faire. La première, que
faute de proclamation de bans, les mariages des mineurs peuvent
être déclarés nuls. Mais la feule omiffion de cette publication ne
feroit pas une jufte caufe pour donner atteinte au mariage qui
auroit été contracté par des majeurs, à moins qu'il n'y eût des
circonftances de rapt fait ou commencé en minorité. De plus, il
n'eft pas difficile d'obtenir de l'Evêque difpenfe des deux derniers
bans.

La deuxiéme eft, que comme les mariages doivent être contractés publiquement en face d'Eglife, en la préfence du propre
Curé de ceux qui fe marient, & avec les formalités preferites,
toute déclaration paffée pardevant Notaires, qu'on fe prend pour
mari & femme, eft abfolument nulle. C'eft à ce fujet que défenfes
ont été faites aux Notaires, à peine d'interdiction, de recevoir pareilles déclarations. Arrêt du 5 Septembre 1680, rapporté dans
le Journal des Audiences, liv. 3, chap. 22.

La Déclaration du Roi du 15 Juin 1697, porte expreffément :
Que les conjonctions des perfonnes, lefquelles fe prétendront
mariées & vivront enfemble, en conféquence des actes qu'ils auront obtenus du confentement réciproque, avec lequel ils fe
feront pris pour maris & pour femmes, n'emporteront ni communauté, ni douaire, ni aucuns autres effets civils, de quelque nature
qu'ils puiffent être en faveur des prétendus Conjoints, & des enfans, qui en peuvent naître, lefquels feront privés de toutes fucceffions, tant directes que collaterales.

La même Déclaration fait défenfes à tous Juges d'ordonner à
des Notaires de délivrer de pareils actes, & aux Notaires d'en expedier, fous quelque prétexte que ce puiffe être, à peine d'être
privés de leurs Charges, & d'être déclarés incapables d'en exercer aucune autre.

CHAPITRE II.

Du Mariage des fils de famille & des Mineurs.

DE toutes les formalités que la sage précaution de nos Rois a jugé néceffaires pour obvier aux abus qui se pourroient commettre dans les mariages, il n'y en a point qui ait été plus étroitement enjointe, que le confentement, l'avis & l'affiftance des pere & mere, ou des Tuteurs ou Curateurs.

A l'égard des pere & mere, l'obligation d'avoir leur confentement pour une affaire fi importante, eft fondée non-feulement fur l'obéïffance filiale, infpirée par la nature & enfeignée par la Loi de Dieu, qui en a fait un précepte; mais encore fur une raifon politique bien forte; fçavoir, que le premier moyen de conduire les Sujets à l'obéïffance qu'ils doivent à leurs Souverains, eft de leur en faire prendre l'impreffion par celle qu'ils doivent à ceux de qui ils tiennent l'être, & à qui ils font redevables de leur éducation : D'ailleurs, les Souverains ont un fenfible intérêt d'empêcher que les familles ne fe ruinent par des mariages inégaux. Ainfi, les enfans qui négligent le confeil de leurs parens dans les alliances qu'ils contractent, ont toujours été regardés dans ce Royaume & dans les autres bien policés, comme des violateurs des Loix divines & humaines, civiles & politiques.

Cependant les mariages contractés fans ce confentement, ne font pas toujours expofés à être déclarés nuls. Il faut confiderer, ceux qui ont pere & mere, fous trois différens états, les uns font mineurs de vingt-cinq ans, les autres majeurs, & les autres ont l'âge prefcrit par les Ordonnances, pour faire à leurs pere & mere les fommations refpectueufes de confentir à leur mariage.

Les enfans mineurs, qui contractent mariage fans le confentement de leurs pere & mere, font préfumés avoir été forcés à ce manque de refpect par une efpece de rapt, appellé rapt de féduction, & comme le rapt eft un empêchement dirimant, les pere & mere peuvent, fi bon leur femble, fe pourvoir contre le mariage, & le faire déclarer nul, comme il eft dit fur le commencement du 10e. titre du premier livre des Inftitutes de Juftinien, par M. de Ferriere.

Les enfans majeurs de vingt-cinq ans, peuvent valablement

contracter mariage sans le consentement de leurs pere & mere, enforte que si dans ce mariage toutes les formalités prescrites par les Ordonnances, ont été exactement observées, les parens ne peuvent pas le faire déclarer nul; mais ils peuvent exhéreder leurs enfans, qui se font, par ce manque de respect, rendus indignes de leurs successions.

Nous n'avons point en France la puissance paternelle, comme dans le Droit Romain, mais seulement telle qu'elle est établie pour le mariage par nos Ordonnances: Ainsi, il est libre à un majeur qu'on ne justifie point avoir été suborné en minorité, de se pourvoir par mariage; il court seulement le risque de l'exhérédation, lorsque sans le consentement de ses pere & mere il se marie, & quoique la personne qu'il épouse ne soit pas indigne de son alliance, cela ne peut pas empêcher ses pere & mere de l'exhéreder.

Enfin, si les enfans ont l'âge prescrit par les Ordonnances pour faire à leurs pere & mere les sommations respectueuses de consentir à leur mariage; sur le refus que leurs pere & mere auront fait d'y consentir, les enfans sont en droit de contracter mariage sans crainte d'être exhérédés, parce que les pere & mere qui ont négligé de pourvoir leurs enfans après un certain âge, doivent s'imputer si leurs enfans se marient sans leur participation, & sans soumettre leur volonté à la leur.

Pour pouvoir se marier sans le consentement de ses pere & mere, & sans crainte de l'exhérédation, il faut, suivant les Ordonnances, que les mâles ayent trente ans accomplis & les filles vingt-cinq aussi accomplis, & qu'ils ayent sommé, interpellé & prié, ou fait prier leurs pere & mere de donner leur consentement à leur mariage; il en faut avoir une preuve par écrit, autrement ils seroient exposés à la rigueur des Loix, qui permettent aux pere & mere d'exhéreder leurs enfans, quand ils se font mariés sans leur consentement, quelqu'âge que leurs enfans puissent avoir.

Touchant ces sommations, il faut remarquer:

1°. Que les veuves sont obligées de les faire, quand elles veulent passer à un second mariage; le premier mariage ne les dispense pas de requerir le consentement de leurs pere & mere pour passer à un second.

2°. Que ces sommations doivent être réiterées & être au nombre de trois, faites en différens jours, pour les garçons & les filles comme pour les veuves.

3°. Que ces fommations n'étant pas un acte judiciaire, mais un acte de refpect & de foumiffion, qui fe doit faire dans toute l'honnêteté poffible, elles fe doivent faire par Notaire & non par des Huiffiers, fuivant l'Arrêt du Parlement du 27 Août 1692, qui eft dans les nouveaux Mémoires du Clergé, tome 5, tit. 8, part. 3, nomb. 103.

4°. Avant de faire cette fommation, il eft néceffaire que les enfans demandent permiffion de la faire aux Juges Royaux des lieux où leurs pere & mere ont leur domicile, fuivant le même Arrêt.

Il faut donc que ces fommations aux pere & mere foient faites par deux Notaires, ou par un Notaire & deux Témoins.

Ces deux dernieres formalités ont été ordonnées, pour donner plus de foi à ces fortes de fommations, qui font toujours odieufes par elles-mêmes.

Les Notaires s'étant tranfportés dans la maifon des pere & mere, doivent faire la fommation telle qu'elle eft ci-après, & faire mention de la réponfe qui leur a été faite par les pere & mere, dans l'acte qu'ils en doivent délivrer à celui qui les en a requis.

Sommation aux Pere & Mere, pour confentir au mariage de leurs Fils ou Filles.

AUJOURD'HUY, en la préfence & compagnie des Notaires fouffi-gnés, Marie, &c. fille majeure de vingt-cinq ans accomplis dès le tel jour, demeurante, &c. s'eft tranfportée en la maifon de, &c. fon pere, auquel lieu étant, & parlant à fa perfonne, ladite Damoifelle étant en tout devoir & refpect, continuant plufieurs prieres & fupplications verbales qu'elle a ci-devant faites, a d'abondant prié & requis ledit fieur fon pere, de vouloir confentir à fon mariage, avec, &c. qui eft un parti favorable & avantageux pour elle; lequel a dit qu'il n'empêchoit pas le mariage d'entre ladite Damoifelle fa fille; mais qu'il avoit des raifons particulieres qui l'empêchoient de figner le contrat; qu'au furplus, elle étoit maîtreffe d'elle, & qu'elle pouvoit faire ce qui lui plairoit, étant majeure de vingt-cinq ans; dont de ce que deffus, ladite Damoifelle a requis acte aufdits Notaires, qui lui ont octroyé ce préfent, pour lui fervir & valoir en tems & lieu, ce que de raifon. Fait à Paris, &c.

Quand le pere ou la mere refufe à la premiere fommation, de confentir au mariage, il faut faire deux autres fommations différentes, & en différens jours.

Si les Notaires 'ne trouvent pas le pere ou la mere, à qui ils doivent faire la sommation, ils font mention dans l'acte, de la personne à laquelle ils ont parlé, & de sa réponse. Après quoi ils mettent: *Laquelle absence & réponse ladite Damoiselle a pris pour refus, & a protesté, que sans se départir du profond respect qu'elle a pour ledit sieur*   *son pere, il sera passé outre à la célébration dudit mariage, dont elle a requis acte, &c.*

Voici encore deux choses ausquelles les Notaires qui font ces sortes d'actes, doivent faire attention: C'est, 1°. D'y faire mention si le pere ou la mere, ou autre personne, à qui ils ont parlé, a signé l'acte, ou si elle a refusé de le faire. 2°. Les Notaires doivent laisser copie de l'acte à la personne à laquelle ils ont parlé, & en faire mention dans l'acte.

Les mineurs qui n'ont pas vingt-cinq années accomplies, & qui n'ont ni pere ni mere, ne peuvent contracter mariage sans l'autorité de leur Tuteur ou Curateur, & sans le consentement de leurs plus proches parens; autrement le mariage pourroit être cassé, suivant l'Ordonnance de Blois, articles 40 & 43. Que si les enfans mineurs sont sous la tutelle de leur pere ou de leur mere, en ce cas, il n'est point besoin du consentement des plus proches parens, celui du pere ou de la mere suffit.

Les Notaires ne doivent point passer les contrats de mariage des mineurs, si ce n'est du consentement de leurs pere & mere, ou de leurs Tuteurs ou Curateurs, & de leurs plus proches parens. Il faut néanmoins observer qu'il y a quelques Coutumes où l'on est majeur à vingt ans, & que dans ces Coutumes, ceux qui n'ont ni pere ni mere, peuvent se marier sans le consentement de leurs parens, quand ils sont parvenus à cette majorité légale. Mais quand ils ont pere & mere, cette majorité ne leur donne pas le droit de se marier sans leur consentement, ou sommations respectueuses.

Les contrats de mariage de ceux qui étant mineurs ont encore leurs pere & mere, ou l'un d'eux, ne se font pas au nom & sur les stipulations des mineurs, Parties contractantes; mais quand les Parties contractantes sont majeures, le contrat de mariage se passe en leurs noms, on met seulement qu'ils sont assistés de leurs pere & mere, ou de leur pere, ou de leur mere.

Outre le cas de fils âgés de trente ans, & de filles âgées de vingt-cinq, dont nous avons parlé ci-dessus, il y en a encore quelques autres où les enfans peuvent se marier sans le consentement de leurs pere & mere, & sans crainte d'être par eux privés de leurs successions; sçavoir, quand ils sont en démence ou furieux, ou

quand

quand ils font abfens depuis un long-tems, fans avoir donné de leurs nouvelles, ou qu'ils font fortis du Royaume pour la Religion Prétendue Réformée ; & alors les enfans majeurs ou mineurs peuvent valablement contracter mariage, en prenant le confentement de leurs autres parens ou alliés.

Dans le cas d'abfence hors le Royaume pour la Religion Prétendue Réformée, pour que leurs enfans qui font dans ce Royaume, puiffent fe marier fans le confentement de leurs pere & mere, il faut obferver ce qui eft prefcrit par la Déclaration du 6 Août 1686 ; fçavoir, qu'il foit fait devant le Juge Royal des lieux, le Procureur du Roi prefent, & autres Juges & Procureurs Fifcaux, au défaut des Royaux, une affemblée de fix des plus proches parens ou alliés, amis ou voifins, pour donner leur avis & confentement, dont il fera fait mention fommaire dans le contrat de mariage, qui fera figné defdits parens, amis, ou voifins, comme auffi fur le regiftre de la Paroiffe où fe fera la célébration du mariage.

CHAPITRE III.

De ceux qui ne peuvent contracter Mariage.

COMME la fin principale du mariage eft d'avoir des enfans, ceux qui font impuberes ne peuvent pas fe marier, il faut que les mâles ayent quatorze ans accomplis, & les filles douze ans accomplis pour pouvoir fe marier ; mais il n'y a point d'âge, quelqu'avancé qu'il foit, au-de-là duquel il foit défendu de fe marier.

Les imbéciles & hebêtés, & les furieux ne doivent point être reçus à contracter mariage, parce que toute la fubftance du mariage confifte dans le confentement de ceux qui le contractent. A l'égard des interdits, ils peuvent fe marier ; mais ils doivent le faire avec le confentement de leur Curateur, fans avis de parens.

Le mariage eft défendu entre perfonnes de diverfes Religions. *Voyez* Papon, tome 1, livre 4.

Un Prêtre ne fe peut marier, fans violer la foi qu'il a promife à Dieu. La même chofe fe doit entendre des Diacres ou Sous-Diacres, par la raifon que ces Ordres majeurs contiennent impli-

Tome I. I i

citement le vœu de chasteté, & par conséquent une renonciation
au mariage.

Il en est de même de ceux qui ont fait profession de la vie Monastique ou Reguliere, attendu que le vœu de chasteté qui se fait
dans la Profession de la vie Monastique ou Réguliere, contient
une renonciation expresse au mariage. Il y a un Arrêt de Reglement du 9 Juillet 1668, rapporté au troisiéme tome du Journal
des Audiences, qui fait défenses à toutes personnes de contracter mariage avec ceux qui auront fait des vœux & obtenu des
rescripts pour les déclarer nuls, à moins que lesdits rescripts
n'ayent été enterinés, à peine de la vie contre l'un & l'autre des
contrevenans.

La parenté est l'union de deux personnes, dont l'une est des-
cendante de l'autre, ou qui descendent toutes deux d'une même
souche. Ainsi il y a la ligne directe, qui est la suite des ascendans
& descendans, & la ligne collaterale, qui est l'ordre & la suite
de ceux dont l'un ne descend pas de l'autre, mais qui tirent
leur naissance d'une même souche, comme les freres & sœurs,
les oncles & tantes, avec les neveux & niéces, & les cou-
sins.

La parenté en ligne directe est toujours un empêchement au
mariage en quelque dégré que ce soit, sans que le Pape en
puisse dispenser.

En ligne collaterale, la parenté empêche le mariage jusqu'à
l'infini entre les collateraux, qui se tiennent lieu entr'eux d'ascendans & de descendans; mais le Pape en dispense.

A l'égard des collateraux qui ne se tiennent pas lieu d'ascendans & de descendans, le mariage n'est défendu entr'eux que jusqu'au quatriéme dégré canonique inclusivement.

Touchant la parenté & la maniere de compter les dégrés,
voyez ce que M. de Ferriere a dit sur le §. premier, & sur
les §§. suivans du titre 10 du livre premier des Institutes de
Justinien.

L'alliance ou l'affinité est une union que le mariage produit
entre un des Conjoints & les parens de l'autre : Ainsi, tous les
parens du mari sont alliés à la femme au même dégré qu'ils
sont en parenté au mari. Les dégrés d'alliance suivent les dégrés de parenté; ensorte que les parens au premier dégré de
la femme, sont alliés au premier dégré du mari, & ainsi du reste.
L'alliance, comme la parenté, empêche le mariage jusqu'au quatriéme dégré.

Il faut remarquer que l'alliance ne se prend point en Droit commun, comme on la prend dans l'usage ordinaire de parler ; de sorte que les parens du mari ne sont point alliés aux parens de la femme ; ainsi le frere du mari n'est point allié à la sœur de la femme ; c'est pour cela qu'ils peuvent contraîter mariage. Voyez touchant l'alliance, ce que M. de Ferriere en a dit dans ses Instit. sur les §§. 6, 7 & 8 du titre 10 du premier livre. Nous remarquerons seulement ici que l'alliance défend le mariage de la même maniere & aux mêmes dégrés que le défend la parenté.

Outre l'alliance dont nous venons de parler, il y en a encore une autre qui est appellée alliance spirituelle, qui se contraîte par le Sacrement de Baptême, & est un empêchement au mariage. 1°. Entre les Parains, Marraines, & le Baptifé, ensorte qu'un Parain ne peut épouser sa Filleule. 2°. Entre les Parrains, Marraines, & les pere & mere du Baptifé : Ainsi, le pere du Baptifé ayant perdu sa femme, ne peut épouser la veuve du Parrain de son enfant.

Il faut remarquer, que le Parrain & la Marraine d'un enfant peuvent se marier ensemble, & que cette compaternité n'est point un empêchement.

Il y a encore d'autres empêchemens qui rendent nul le mariage, comme l'erreur & la surprise quant à la personne ; la surprise quant à l'état ; le crime, c'est-à-dire, l'homicide & l'adultere en certains cas ; la violence ; un premier mariage subsistant ; l'honnêteté publique ; l'impuissance ; la clandestinité, & le rapt ; mais ces choses sont plutôt de la connoissance des Casuistes & des Juges que des Notaires ; ainsi nous n'en traiterons pas.

CHAPITRE IV.

Des Contrats de Mariage.

CONTRACTER mariage, se prend quelquefois pour le consentement solemnel, prêté par le mari & la femme en face d'Eglise ; & comme tel il est Sacrement. Quelquefois aussi il se prend pour l'acte qui contient les clauses & conventions faites touchant ce consentement ; & c'est en ce dernier sens que nous traiterons ici du mariage,

Pour la validité d'un mariage, il n'est pas nécessaire qu'il y ait contrat par écrit, il suffit que le mariage ait été contracté en face d'Eglise, avec les formalités prescrites par les Ordonnances. En effet, la Coutume fait un contrat pour ceux qui n'en font point en se mariant, & regle leurs conventions matrimoniales. Le mariage est lui-même un contrat; & l'acte de célébration en est le véritable titre; ainsi, quand ceux qui se marient se passent de l'acte que nous appellons contrat de mariage, on a recours à la Loi municipale du Pays, qui est un contrat commun & public à tous les peuples d'une Province, auquel les Conjoints se font tacitement soumis lorsqu'ils se sont mariés, sans aucun traité ni conventions matrimoniales rédigées par écrit.

Cependant il est toujours plus avantageux à ceux qui se marient de faire un contrat de mariage, d'autant qu'ils y peuvent mettre des clauses & conventions particulières, & les regler autrement qu'elles ne le seroient par la Loi, dont la prévoyance, en fait de conventions matrimoniales, tombe plutôt sur le général que sur le particulier; c'est ce qui fait que dans les contrats de mariage on y met des conventions souvent contraires à la disposition des Loix & des Coutumes: D'ailleurs, il y a des choses, qui n'étant point exprimées par la Coutume, ne se peuvent point suppléer, comme le préciput, qu'on stipule ordinairement dans les contrats de mariage en faveur du survivant.

Mais, quand on fait un contrat de mariage, il doit être fait par-devant Notaires, & auparavant la célébration du mariage. Le traité qui seroit fait sous seing privé, seroit sujet à reconnoissance; encore faudroit-il qu'elle se fît avant la célébration du mariage; & en présence de toutes les personnes qui auroient signé au traité de mariage fait sous seing privé.

Si ce traité étoit simplement fait sous signature privée, & qu'il ne fût pas reconnu, non-seulement il ne porteroit point d'hypoteque, mais encore, ne faisant foi ni de sa datte, ni de son contenu, il seroit considéré comme non fait, ou comme n'ayant eu d'existence qu'après la célébration du mariage; ainsi, tout ce qui s'y trouveroit compris seroit nul; & il faudroit s'en tenir au contrat que la Coutume fait elle-même pour ceux qui se marient sans faire de contrat.

Il y a une observation importante à faire ici; c'est que quand il n'y a point de contrat de mariage, les Parties sont censées avoir suivi pour leurs conventions matrimoniales, le domicile du mari, tel qu'il étoit lors de la célébration du mariage. La même chose a lieu lorfqu'il y a un contrat de mariage, & que fur quelques articles les Parties ne fe font pas expliquées, elles font toujours cenfées avoir contracté fuivant la Coutume du domicile du mari, quand le contraire n'eft pas déclaré au contrat.

Le contrat de mariage eft fans doute le plus important de tous ceux qui fe font entre les hommes, puifqu'il fert de fondement à la vie civile, au repos des familles & au bien de l'Etat; auffi eft-il celui à qui on a donné de plus grands privileges, & une autorité toute particuliere. Dès que ce contrat eft parfait & couvert de la célebration du mariage, il regle les familles, affure la condition des perfonnes. Enfin, c'eft une loi domeftique, & en même-tems fouveraine, dont l'exécution devient inviolable par le mariage qui a été contracté fous fa foi.

C'eft auffi ce qui fait, 1°. Qu'il n'eft pas au pouvoir des Conjoints, même de leur mutuel confentement, d'en changer la moindre claufe. Les contre-lettres n'y peuvent pas non-plus donner atteinte, à moins qu'elles ne foient faites avant la célebration du mariage, & en préfence des même parens qui ont affifté au contrat. Au lieu que les autres contrats peuvent être réfiliés par les Parties qui les ont paffés, ou peuvent être rendus inutiles par des contre-lettres.

2°. Que tout ce qui paroît avoir été fait par les futurs Conjoints en fraude du contrat de mariage, doit être de nul effet; c'eft-à-dire, que les Conjoints ne fe peuvent faire des avantages l'un à l'autre par aucun acte féparé & fecret, outre & pardeffus ce qui eft porté au contrat de mariage, comme il a été jugé par Arrêt du 19 Février 1716, rendu au rapport de M. de Vrevin.

Voici l'efpece. Deux futurs Conjoints fe font une donation mutuelle, & le lendemain paffent leur contrat de mariage en préfence de leurs parens, fans parler dans ce contrat, de la donation faite le jour précedent. La donation a été déclarée nulle, fur le fondement que cette diffimulation des futurs Conjoints étoit frauduleufe, & devoit être regardée comme une contre-lettre préparée au contrat de mariage, qui doit, nonobftant un tel détour, fervir toujours de loi dans la famille. Tout ce que les Parties font entr'elles clandeftinement, à l'infçu des parens, & hors le traité de mariage, eft réputé leur être préjudiciable, & fufpect de fraude & d'inconfideration. Ainfi tous les actes faits avant ou depuis le contrat, hors la préfence des parens, qui dérogent & qui changent quelque chofe aux claufes & conditions du contrat de mariage, font nuls & réprouvés, à l'exception du don mutuel que les Conjoints peuvent fe faire dans le cours de leur mariage, n'ayant point d'enfans, suivant l'article 280 de la Coutume de Paris.

Ce contrat interesse non-seulement les Parties qui se marient, & leur posterité que l'on espere devoir naître de leur mariage; mais encore dans la famille du mari ou de la femme, au cas qu'il n'y ait point d'enfans de ce mariage, ou que les enfans qui en proviendront, meurent sans en laisser. Il faut donc, quand on dresse un contrat de mariage, bien ménager l'interêt des Parties, de leurs descendans, & des familles de l'un & de l'autre des futurs Conjoints: Et pour cela il faut connoître les differentes stipulations qui se font dans ces sortes de contrats, en comprendre la raison & les effets, en prévoir les suites & les conséquences, & les rédiger par rapport à la qualité des Parties.

Il faut examiner d'abord si elles traitent de leur chef & de leur propre autorité, ou sous celle d'autrui; si elles sont majeures ou mineures, & si ce sont des personnes qui ayent déja été mariées, & si elles ont des enfans ou non; car ces differentes circonstances exigent differentes précautions & differentes clauses.

Leurs conventions matrimoniales doivent être rédigées avec attention, & reglées suivant leur état, leurs facultés, & les circonstances, toujours dans la vûe d'une égalité, au moins de proportion, en suivant au surplus leur volonté, en tant que la Loi n'y met point d'obstacle.

La consideration des contrats de mariage est si grande, qu'on reçoit en leur faveur toutes sortes de dispositions & de clauses, quelque singulieres qu'elles soient, pourvû qu'elles ne soient pas contraires aux Loix ni aux bonnes mœurs. Ce que les Coutumes prescrivent pour regler les droits des Conjoints, soit durant le mariage, soit après sa dissolution, peut être ou conservé ou changé, ou même anéanti par le contrat de mariage.

Les futurs Conjoints y peuvent aussi faire des conventions utiles ou nécessaires pour la conservation de leurs droits, au-de-là de ce qui a été prévû par les Coutumes.

On y peut convertir le mobilier en immobilier, & au contraire on y peut stipuler la qualité de propre pour des biens qui ne le sont pas, & même pour de simples deniers.

On peut y favoriser l'interêt des pere & mere qui dotent par le moyen de la convention dont il est parlé en l'article 281 de la Coutume de Paris.

On y peut mettre des clauses pour l'avantage ou le repos de toute la famille, comme la renonciation des filles dotées aux successions directes & collaterales.

Une mineure même y peut renoncer à toutes successions à écheoir, pourvû qu'on lui donne une dot convenable, & que cette dot soit totalement payée lors de l'ouverture de la succession, suivant la maxime de M. Charles Dumoulin, & l'usage établi presque dans tous les Etats.

On y peut faire toutes sortes de dispositions gratuites, soit particulieres, soit universelles, y donner même des successions, en instituant & substituant des heritiers; ce qu'on appelle institution contractuelle.

En un mot, la grande faveur des contrats de mariage, & la nécessité qu'il y a de suppléer à nos Coutumes, pour bien ménager l'interêt des familles, font que l'on déroge souvent au Droit commun & ordinaire.

Mais s'il est permis de faire dans un contrat de mariage toutes sortes de stipulations, & y apposer toutes sortes de clauses, elles doivent être prises à la lettre, sans extension ni restriction, principalement lorsque ces clauses n'ont rien de commun avec les dispositions de la Coutume du lieu où le contrat de mariage a été passé, elles ne doivent pas être prises au-de-là de leurs termes. *Voyez* M. le Brun en son Traité de la Communauté, liv. 1, ch. 3, nomb. 48, chap. 5, nomb. 22.

Il y a principalement trois choses à considerer dans les contrats de mariage.

1°. La communauté qui se contracte entre le mari & la femme.

2°. La dot que la femme apporte au mari.

3°. Le douaire que le mari constitue au profit de la femme.

CHAPITRE V.

De la communauté de biens entre mari & femme.

COMMUNAUTÉ de biens est une espece de société, qui rend les Conjoints par mariage communs en biens meubles, & en conquêts immeubles, faits durant le mariage, & en toutes dettes mobiliaires contractées avant ou pendant le mariage.

Elle a été établie par la disposition du Droit Coutumier, & est inconnue en Pays de Droit écrit. De-là vient que si un contrat de

mariage eſt paſſé dans le Pays Coutumier entre perſonnes y demeurantes, quoique le Notaire eût omis de faire mention de la
communauté, néanmoins elle auroit lieu par la ſeule diſpoſition
de la Coutume.

Au contraire, quand un contrat eſt paſſé en Pays de Droit
écrit, la communauté n'a point de lieu, ſi on n'en a point fait
mention particuliere ; ce qui eſt vrai, quoique des perſonnes du
Pays Coutumier contractaſſent mariage dans le Pays de Droit
écrit, dans le deſſein de retourner à leur domicile ; c'eſt la raiſon pour laquelle, en ce cas, ils doivent dans leur contrat de mariage ſtipuler la communauté, en dérogeant à toute Coutume
contraire.

La communauté n'eſt contractée par la force de la diſpoſition
de la Coutume dans les Pays Coutumiers, que quand ceux qui
contractent mariage y ſont demeurans.

De ce principe, il s'enſuit que ſi des perſonnes du Pays de
Droit écrit contractoient mariage à Paris, ſans parler de la communauté de biens, à deſſein de s'en retourner dans leur Pays ;
ou même ſi un homme du Pays de Droit écrit venoit prendre
femme à Paris, ſans qu'il fût fait mention de la communauté dans
le contrat, la communauté n'auroit point de lieu, parce qu'il y
auroit lieu de préſumer que telle auroit été la volonté des Parties ;
c'eſt pourquoi il eſt de très-grande conſéquence de donner des
articles au Notaire qui doit paſſer le contrat, & prendre garde ſi
toutes les clauſes y ſont exprimées ; car, comme nous avons
déja dit, on n'y peut plus revenir quand le mariage eſt célebré.

Quoique la communauté de biens ne ſoit pas établie par le
Droit écrit, néanmoins il eſt permis aux Parties, qui ont leur domicile dans le Pays de Droit écrit, de ſtipuler la communauté,
parce que le Droit ne le défend pas.

Toutefois, on ne la peut pas ſtipuler dans la Coutume de Normandie, d'autant que dans l'article 389, il eſt porté : *Que les perſonnes conjointes par mariage ne ſont communes en biens, ſoit meubles
ou conquêts immeubles, ains les femmes n'y ont rien qu'après le décès
du mari.* Et tel a toujours été l'uſage de cette Coutume, que la
communauté n'y peut point être ſtipulée.

La raiſon eſt, qu'il n'eſt pas permis aux Particuliers d'éluder la
prohibition expreſſe de la Loi, qui veut être obéie. C'eſt un lien
qui tient nos volontés aſſujetties, & qui ne nous permet pas de
rien changer à ſon intention. Ainſi, ceux qui ſont demeurans dans
la

la Coutume de Normandie & qui veulent ftipuler la communauté, contractent mariage en la Coutume de Paris, avec ftipulation de communauté, & une déclaration qu'ils dérogent à la Coutume de Normandie, & fe foumettent à celle de Paris.

La Coutume de Reims, en l'article 239, a une difpofition femblable à celle de Normandie: Cependant l'ufage s'y eft introduit d'y ftipuler, quand on le veut, qu'entre les futurs Conjoints il y aura communauté.

Le Droit commun Coutumier admet la communauté, & ce Droit, prefque général, fert fouvent de regle aux perfonnes même qui font domiciliées dans les Provinces où la communauté n'a pas lieu; mais pour que ceux qui contractent mariage dans une Coutume où la communauté n'a pas lieu, foient communs en biens, meubles & conquêts immeubles, il faut en faire une ftipulation expreffe dans le contrat de mariage.

Cette ftipulation fe peut dreffer ainfi: *Les futurs époux feront communs en tous biens, meubles & conquêts immeubles, fuivant & au défir de la Coutume de Paris, à laquelle ils fe foumettent, dérogeant à cet égard à toutes Coutumes contraires, & notamment à celle de . . . où ils font demeurans, nonobftant les acquifitions qu'ils y pourroient faire.*

Quoique la communauté foit admife dans la plupart de nos Coutumes, les Contractans peuvent ftipuler qu'il n'y aura point entr'eux de communauté, parce qu'il eft permis de fe foumettre à la Loi municipale, ou d'y déroger, à l'exception néanmoins des chofes fur lefquelles elle s'eft expliquée en termes négatifs & prohibitifs, comme nous avons dit ci-deffus. Comme les Parties contractantes peuvent convenir qu'il y aura entr'elles communauté, en dérogeant aux Coutumes qui y font contraires, auffi leur eft-il loifible dans les Coutumes qui admettent la communauté conjugale, de ftipuler le contraire.

Cela fe fait ordinairement lorfque le futur époux eft fans biens, & fans établiffement qui lui en puiffe procurer, ou que l'un des futurs Conjoints a des enfans d'un premier mariage, & ne veut pas à leur préjudice, enrichir une feconde femme ou un fecond mari, des acquifitions faites de la premiere communauté.

Quand le contrat porte qu'il n'y aura point de communauté, le mari ne laiffe pas néanmoins d'avoir l'adminiftration des biens de fa femme, de faire baux à loyer de fes immeubles, & de donner des quittances des revenus à elle appartenans qu'il reçoit; à moins qu'il ne foit ftipulé qu'elle jouira de fes biens, & qu'elle

Tome I. K k

en aura l'adminiftration, & que le mari l'a autorifée à cet effet; &
c'eft une claufe qu'il faut exprimer, autrement elle ne fe fupplée
point, & l'exclufion feule de la communauté ne donne pas ce
droit à la femme.

La future époufe pour entrer en communauté, doit mettre une
partie de fes biens dans icelle; ce qui va ordinairement au tiers
ou au quart; néanmoins quand elle eft majeure, elle peut faire
entrer dans la communauté telle part & portion de fes biens qu'il
lui plaît.

Les femmes qui époufent des Marchands, mettent quelquefois dans la communauté plus du tiers de leurs biens, pour égaler en quelque maniere le mari, duquel fouvent le bien eft en
marchandifes, dont la femme profiteroit, en cas de prédécès du
mari, en acceptant par elle la communauté, où elle auroit mis
peu de chofe.

Il n'eft pas néceffaire de ftipuler ce que le mari met en communauté, il en eft le maître, & il y contribue de fon travail & de
fon induftrie; de forte que s'il a des meubles ou des deniers
comptans, il les peut ftipuler propres, comme il fera dit ci-
après.

Le droit de communauté paffe aux heritiers de la femme tant
en ligne directe que collaterale, à moins qu'ils n'en foient exclus,
comme c'eft un avantage préfumé, fait par le futur époux à la future époufe, il le peut reftraindre à fa perfonne, fans l'accorder
ni à fes enfans, ni aux collateraux: il peut même ftipuler que la
fomme que la femme aura mife en la communauté, y demeurera,
en cas qu'il furvive la femme.

La convention qui reftraint la communauté à la perfonne de
la femme, fe dreffe ainfi: *Et arrivant le prédécès de la femme,
fes heritiers n'auront & ne prendront rien dans la communauté,
& ne pourront même reprendre la fomme que la femme y a ap-
portée.*

Cette claufe n'exclut pas feulement les heritiers collateraux,
mais encore les pere & mere de la fille, & même fes enfans,
fans que les uns ni les autres puiffent objecter que cette claufe
foit contraire au Droit commun. *Voyez* le chapitre 45 du premier livre du Journal des Audiences, tome premier.

Comme le mari peut ftipuler qu'il n'y aura point de communauté, il peut n'admettre que la future époufe dans la communauté, & en exclure tous les heritiers de la femme, & même les enfans qui naîtront de leur mariage.

Le futur époux peut, à plus forte raison, reftraindre le droit de communauté à fa future époufe, & aux enfans qui naîtront de leur mariage ; ce qui fe fait en la maniere qui fuit : *La communauté ainfi ftipulée n'aura lieu qu'au profit de la future époufe & de fes enfans, & non pas de fes autres heritiers, dont ils feront & font dès-à-préfent exclus expreffément ; enforte qu'en cas de prédécès de la femme fans enfans, la totalité des meubles & conquêts appartiendra au mari furvivant.*

On peut auffi convenir : *Qu'avenant le décès de la future époufe fans enfans, il fera au choix du futur époux d'admettre fes heritiers à la communauté, ou de les exclure, en leur rendant une telle fomme, ou ce qu'elle y aura apporté, & ce qui lui feroit échu pendant le mariage.*

Ces fortes de claufes fe mettent affez fouvent dans les contrats de mariage de Marchands ou de gens d'affaires, qui ont interêt qu'après le prédécès de leurs femmes, les heritiers ne foient point admis à la communauté, & pour en découvrir le fond à demander un inventaire.

Le mari peut auffi admettre fa femme en la communauté, pour un tiers ou pour un quart feulement.

Les Parties peuvent auffi convenir, que la femme, lors de la diffolution du mariage, n'aura qu'une certaine fomme pour tout droit de communauté. Cette claufe fe dreffe ainfi : *Arrivant la diffolution du mariage, la future époufe fe contente, dès-à-préfent, comme dès-lors, pour tout droit de communauté, & pour la part qu'elle pourroit prétendre dans les meubles & conquêts d'icelle, de la fomme de . . . . qu'elle prendra fur les meubles & conquêts de la communauté, & s'ils ne fuffifent pas, fur les propres du mari.*

On convient quelquefois que le furvivant des Conjoints aura l'ufufruit de tous les effets dont la communauté fe trouvera compofée au jour de fa diffolution, au cas qu'il y ait des enfans ; à la charge de les élever fuivant leur condition jufqu'à un certain âge, fans paffer à un autre mariage, & même qu'il en aura la proprieté, au cas qu'il n'y ait point d'enfans.

La nature de contrats de mariage étant de rendre les conventions qui y font contenuës, ftables & non fujettes au changement, quand les Conjoints ont une fois ftipulé dans le contrat qu'il n'y aura pas de communauté entr'eux, ou que la femme fe contentera d'une fomme pour tout droit de communauté, ou qu'elle n'y fera admife que pour un quart ou autre partie, ils ne peuvent plus convenir du contraire ; le mari n'a plus la liberté de remettre les chofes dans le Droit commun, & de rappeller fa femme à la communauté, même en faifant intervenir le confentement de leurs parens, qui ont figné au contrat.

La femme qui eft une fois excluse de la communauté, ne peut plus y être admife, quand bien même le mari fe feroit réfervé par contrat de mariage la faculté de rappeller fa femme à la communauté. Une telle claufe eft poteftative, & peut dégenerer en avantage indirect, & dépendant de la volonté des Parties, & ne pourroit fervir qu'à les faire contrevenir à la prohibition de la Loi. *Voyez* M. le Brun en fon Traité de la Communauté, liv. 1, ch. 2, nomb. 48, chap. 3, nomb. 9.

Au refte, la communauté conjugale n'eft pas regardée dans la perfonne de la femme comme un autre contrat de focieté ; elle n'eft confiderée dans fa perfonne que par rapport aux créanciers de la communauté, que comme une acquifition de biens, lefquels paffent en la perfonne de la femme avec leurs charges, d'où il s'enfuit que la femme qui renonce à la communauté, n'eft point tenue des dettes d'icelle, fuivant l'art. 237 de la Cout. de Paris.

De ce même principe, il s'enfuit auffi que la femme qui accepte la communauté, n'eft tenue des dettes de cette communauté, que jufqu'à concurrence de ce qu'elle en amende, ainfi qu'il eft porté en l'article 238.

Mais il faut, pour que la femme jouiffe de l'un de ces deux privileges :

1°. Qu'elle n'ait recelé aucuns effets, car l'effet du recelé eft non-feulement de la priver des effets recelés, mais encore de la rendre indéfiniment tenue des dettes envers les créanciers.

2°. Qu'elle faffe bon & loyal inventaire, autrement elle feroit tenue des dettes de la communauté indéfiniment.

La raifon eft, que quand il n'y a pas d'inventaire ni partage équipolent à un inventaire, la fixation des biens de la communauté ne fe peut faire, & par conféquent, la veuve ne peut pas juftifier, que ce qu'elle amende des biens de la communauté ne monte qu'à une telle fomme : Ainfi ne pouvant limiter ce qu'elle tire de la communauté, le profit eft cenfé indéfini, & par conféquent, l'obligation de payer les dettes de la communauté devient par ce moyen indéfinie pour la veuve ou fes heritiers, qui prennent part à la communauté.

Cette néceffité à la veuve de faire inventaire pour n'être pas tenue des dettes de la communauté au-de-là de ce qu'elle a profité en rendant compte, est tellement indispensable, qu'elle ne peut stipuler par son contrat de mariage, qu'elle en sera dispensée, ni le mari consentir à cette stipulation, que la femme ne sera pas indéfiniment tenue envers les créanciers de la communauté, quoiqu'elle ne fasse pas d'inventaire.

La raison est qu'une telle clause seroit contre le Droit public, qui ne permet pas qu'on puisse, par des conventions particulieres, changer ni diminuer le droit de ceux qui ne sont pas Parties au contrat.

CHAPITRE VI.

Quels biens entrent dans la Communauté.

UN des effets de la communauté est de faire une confusion du mobilier que chacun des futurs Conjoints apporte en mariage, & des acquisitions qui seront par eux faites durant & constant le mariage, pour après le décès de l'un d'eux, le tout être partagé entre le survivant & les heritiers du prédécedé.

L'article 120 de la Coutume de Paris porte : *Qu'homme & femme conjoints ensemble par mariage, sont communs en biens, meubles & conquêts immeubles, faits constant & durant ledit mariage.*

Ce terme, *meubles*, comprend tous les effets mobiliers, comme meubles meublans, l'argent comptant, les droits & actions mobiliaires, les promesses, les obligations & les sommes dûes par Sentence ou Arrêt à l'un & à l'autre des Conjoints au jour de leur mariage, ou qui leur seront échûs pendant icelui à quelque titre que ce soit, par donation, legs, ou succession, soit directe, soit collaterale, à moins que la donation ne soit faite à la charge que les choses mobiliaires données sortissent nature de propre au Donataire ; car chacun peut apposer à sa liberalité, telle condition qu'il lui plaira.

Tous les immeubles que les Conjoints possedent avant la célebration du mariage, soit propres, soit acquêts, n'entrent point en communauté, sinon pour la jouissance ; mais les acquisitions d'immeubles faites durant le mariage y entrent, les heritages même acquis, & les rentes constituées pendant la communauté des deniers ſtipulés propres ou deſtinés à être employés en rentes ou fonds d'heritages, au profit de l'un des Conjoints, ſont auſſi réputés conquêts & communs entr'eux.

Il faut excepter le cas où il y auroit une ſtipulation expreſſe portée par le contrat de mariage, que leſdits heritages ou rentes appartiendront à celui des deniers duquel l'acquiſition ſera faite; ils n'entrent point alors dans la communauté. Ils n'y entrent pas nonplus, quand le mari a déclaré dans le contrat d'acquiſition, qu'elle a été faite pour ſatisfaire à la ſtipulation d'emploi au profit de ſa femme, & que la femme ait accepté ce remploi.

Tous les immeubles donnés à l'un des Conjoints pendant le mariage, tombent dans la communauté, à moins que la donation n'ait été faite par un des aſcendans, ſuivant l'art. 246 de la même Coutume, parce que tout ce qui eſt donné par les aſcendans aux deſcendans, eſt préſumé donné en avancement d'hoirie.

Il en eſt de même de toute autre donation qui ſeroit faite par un étranger, à condition qu'elle ſeroit propre au Donataire; car telle donation eſt réputée propre, & n'entre point en la communauté, ſuivant le même article.

Quant aux donations faites en collaterale aux préſomptifs heritiers, elles tombent dans la communauté, ſoit que les donations ſoient entre-vifs, ou teſtamentaires, comme il a été jugé par les derniers Arrêts.

C'eſt pour cette raiſon qu'on met quelquefois cette clauſe dans les contrats de mariage : *Que les immeubles donnés ou legués par étrangers ou autres, ſortiront nature de propre au Donataire ou Legataire, & qu'ils ne tomberont point dans la communauté.*

De ce que nous venons de dire, il s'enſuit : 1°. Que ſi toute la dot de la future épouſe étoit mobiliaire, elle tomberoit toute entiere dans la communauté. 2°. Que ſi elle ne conſiſtoit qu'en immeubles, aucune portion n'entreroit dans la communauté.

Mais quand la dot eſt trop ample, on limite ce qui entre dans la communauté par une ſtipulation de propre, & lorſque la future épouſe n'a aucuns meubles, on fait entrer dans la communauté une partie des immeubles, par le moyen de l'ameubliſſement.

CHAPITRE VII.

De l'Ameubliſſement.

L'Ameublissement eſt un rapport d'un immeuble dans la communauté, ou une ſtipulation par laquelle on fait prendre à un immeuble la nature de meuble, à l'effet de le faire tomber dans la communauté conjugale.

Il ne peut être employé que dans les contrats de mariage, où cette communauté eſt ſtipulée; & il a été inventé pour faciliter le mariage des filles, qui n'ont que des rentes & des heritages, qui n'entrent point dans la communauté.

Cette ſtipulation ſe met le plus ſouvent en faveur du futur époux, pour compenſer ce qu'il peut avoir lui-même de mobilier en état d'entrer en communauté, ou le gain que peut produire à la communauté ſon travail & ſon induſtrie.

Ainſi, lorſque la future épouſe n'a que des biens immeubles, le mari doit ſtipuler qu'une partie ſera ameublie; c'eſt-à-dire, qu'elle ſortira nature de meubles, à l'effet d'entrer dans la communauté, & que le mari en puiſſe diſpoſer ſans le conſentement de ſa femme, comme d'un bien de la communauté, dont il eſt le maître. La regle ordinaire eſt, que la future épouſe mette dans la communauté, le quart ou le tiers de ce qu'elle apporte en dot, & quand elle n'a que des immeubles, elle en ameublit ordinairement juſqu'à la concurrence du quart ou du tiers.

La fille majeure peut néanmoins ameublir tous ſes immeubles, ou telle partie que bon lui ſemble; car ſi les perſonnes majeures ont la liberté de ſe donner tous leurs biens par leur contrat de mariage; à plus forte raiſon leur doit-il être permis de faire entrer dans la communauté des effets qui, de leur nature, n'y devroient pas entrer. Celui qui ameublit ne perd pas, comme celui qui donne la proprieté *hic & nunc*, des effets compris dans l'ameubliſſement, il les met ſeulement dans la communauté, dans l'eſperance qu'au tems de la diſſolution d'icelle, il en prendra ſa part avec profit, au cas que la communauté ſoit devenue opulente.

Si la fille eſt mineure, l'ameubliſſement exceſſif de ſes biens ne ſe peut faire ſans cauſe, ſans avis de parens, & ſans autorité du

Juge, parce que l'ameublissement étant une espece d'alienation, quand il se fait des biens de mineurs, il ne se peut valablement faire que pour une juste cause, avec les formalités requises pour la validité des alienations des biens qui appartiennent à des mineurs.

Mais lorsque l'ameublissement des biens d'une mineure n'est pas excessif, c'est-à-dire, qu'il n'excede pas le tiers de ses biens, comme il se fait ordinairement, quand une fille qui se marie n'a que des meubles, il n'est pas nécessaire alors, qu'il soit homologué par Sentence du Juge. La raison est, qu'usant du Droit commun, & ne faisant que ce qu'une personne majeure a coutume de faire, elle ne peut pas se dire lézée par un tel ameublissement, & qu'on ne restitue pas tant un mineur à cause de sa minorité, qu'à cause de la lézion.

Il faut encore observer, que quand l'ameublissement est fait par les pere & mere qui marient leur fille de leurs propres biens, ils ne sont pas obligés de le faire homologuer, quoiqu'il excede le tiers des biens de la mineure, parce qu'il dépend de ceux qui dotent, d'ameublir telle quantité que bon leur semble, & qu'ils peuvent apposer à leurs liberalités toutes les clauses qu'ils jugent à propos.

L'ameublissement se fait de plusieurs manieres.

Premierement, en stipulant qu'un heritage sera ameubli jusqu'à concurrence d'une certaine somme qui entrera dans la communauté. Dans ce cas, ce n'est pas l'heritage qui entre dans la communauté, mais seulement la somme dont on est convenu, & l'heritage est chargé de cette somme, de sorte que la femme qui a fait l'ameublissement, conserve toujours la pleine & entiere proprieté de son heritage, ensorte que le mari n'en peut disposer, ni du tout ni d'une partie, sans le consentement de sa femme; mais il peut l'affecter & hypotequer jusqu'à la concurrence de la somme pour laquelle la femme a consenti à l'ameublissement.

Secondement, si on convient qu'un heritage sera vendu, pour les deniers en provenans être mis dans la communauté; pour lors la proprieté de l'heritage demeurera toujours pardevers la femme jusqu'à ce qu'il soit vendu; & par conséquent, si la dissolution de la communauté arrive avant qu'il soit vendu, l'heritage lui appartient, ou à ses heritiers; sauf à tenir compte à la communauté de l'estimation d'icelui; & si l'heritage est propre de ligne, il appartiendra à ceux de la ligne.

En

En troisiéme lieu, si l'heritage est déclaré ameubli, & réputé conquêt de la communauté, jusqu'à ce qu'il soit vendu, la femme est censée en conserver toujours la proprieté; de sorte que si elle renonce à la communauté, elle le reprendra, au cas qu'il soit porté qu'en renonçant elle aura droit de reprise; & si elle accepte la communauté, & que par le partage, l'heritage tombe dans son lot, ou qu'elle le reprenne en renonçant, en vertu de la susdite clause de reprise : Si c'est un propre de ligne, il conserve sa qualité de propre, pour appartenir, après le décès de la femme, à ses heritiers des propres.

CHAPITRE VIII.

Du pouvoir du mari sur les biens de sa femme dans le Pays Coutumier.

LE mari est le Chef & le seul Maître de la communauté, & comme tel, il en peut disposer comme il lui plait.

Ce pouvoir du mari ne s'étend point aux propres de la femme, il ne peut les vendre sans son consentement, & il n'en a que la simple administration pour en recevoir les revenus, en faire des baux, même il ne peut faire des baux de plus de six ans pour les maisons de la Ville, & de neuf ans pour les heritages de la campagne.

Les revenus propres & heritages de la femme entrent dans la communauté & en font partie; ensorte que le mari en est le maître : Car en Pays Coutumier on regarde tout le bien de la femme, comme on regarde dans le Pays de Droit écrit ce qu'on appelle la dot, qui est ce que la femme apporte au mari pour soutenir les charges du mariage : Ainsi, comme en Pays de Droit écrit toute la dot tombe sous l'administration du mari, de même en Pays Coutumier tout le bien de la femme est regardé comme sa dot, pour tomber sous l'administration du mari, & servir à soutenir les charges du mariage, par le moyen des revenus qui proviennent de ses propres, sans qu'il puisse de son chef disposer des fonds.

La puissance du mari sur la personne de sa femme, est encore un autre effet de cette communauté; mais ce pouvoir est bien plus grand que sur ses biens.

Par nos Coutumes, la femme hors minorité & mariage, est maîtresse de ses droits, mais pendant le mariage, elle est entierement en la puissance de son mari, & ne peut en aucune façon contracter sans l'autorité de son mari, & toute obligation ou contrat qu'elle seroit seroit nul.

La séparation ne diminue rien de la puissance maritale; si elle donne quelque pouvoir à la femme sur ses biens, ce n'est que pour l'administration: Ainsi, la femme ne sçauroit aliéner ni s'obliger sans autorisation, non plus que si elle n'étoit point séparée. Elle peut bien, sans l'autorité de son mari, disposer de ses meubles, & du revenu de ses immeubles, en faire baux, donner quittances, même s'obliger pour sa nourriture & entretenement, mais non pour autre cause, ni faire d'autre contrat.

Pour faire valablement les actes ci-dessus, il faut même, pour plus grande sureté, que la femme séparée se fasse autoriser par le Juge, au défaut de son mari; autrement il y auroit lieu à contester les actes qu'elle auroit passés.

Ce que nous venons de dire a lieu pareillement, lorsque par le contrat de mariage il n'y a point de communauté stipulée entre les Conjoints, quand même par le contrat de mariage, le mari auroit, par une clause particuliere, permis à sa femme la libre administration de son bien, & l'auroit autorisée à cet effet, parce que cette clause ne se doit jamais entendre, que pour la faculté de recevoir les revenus de ses immeubles, & non pas pour les vendre, ou pour les obliger, comme il a été jugé par Arrêt le 26 Juin 1578.

Au reste, il y a quelques cas où une femme se peut valablement obliger sans autorisation, comme quand il s'agit de tirer son mari de prison, ou de doter sa fille.

CHAPITRE IX.

Des dettes que le mari est obligé de payer, en conséquence
de la communauté.

LA communauté conjugale produit une confusion du mobilier que chacun des Conjoints apporte en mariage, & des
acquisitions faites pendant le tems que cette société dure, pour
être après la dissolution d'icelle, le tout partagé entre le survivant
& les heritiers du prédécedé.

Mais ce n'est pas là le seul effet de la communauté ; elle rend
aussi communes toutes les dettes mobiliaires des Conjoints, & notamment celles qui étoient dûes par chacun d'eux avant leur mariage.

Cela posé pour principe, il s'ensuit que le mari en conséquence de la communauté, est obligé de payer toutes les dettes mobiliaires qui ont été contractées par sa femme avant le mariage ;
& voici sur quoi cela est fondé. Comme tous les effets mobiliers
de la femme tombent dans la communauté, il s'ensuit que
toutes les dettes mobiliaires par elle contractées, y doivent aussi
tomber.

Il y a néanmoins de grands inconveniens qui pourroient arriver de cette maxime ; pour les prévenir, les futurs Conjoints ont
coutume de convenir par leur contrat de mariage, qu'ils payeront chacun séparément leurs dettes faites avant le mariage.

Voici comment cette clause se dresse : *Les futurs époux ne se-*
ront néanmoins tenus des dettes l'un de l'autre, créées avant la célé-
bration de leur mariage ; mais elles seront payées par celui qui les aura
faites, ou du chef duquel elles seront dûes, & sur son bien, sans que
l'autre en soit tenu.

Au moyen de cette clause, la communauté n'est point chargée
de ses dettes, elles doivent être acquittées par celui qui les a
faites, & par conséquent imputées ou reprises après la dissolution
de la communauté, sur la part qui lui en doit revenir, ou sur ses
biens.

Cette clause opere toujours son effet entre les Conjoints, mais
non pas à l'égard d'un tiers : Ainsi elle n'empêche pas que le mari
ne puisse valablement être poursuivi pour les dettes de sa femme

par les créanciers, ni que les créanciers du mari ne soient en droit
de faire saisir les meubles & effets mobiliers que la femme auroit
apportés en mariage.

Pour se mettre à couvert d'un pareil embarras, & jouir pleinement de l'avantage de la clause ci-dessus, il est nécessaire qu'il y
ait inventaire fait avant le mariage, des effets de celui des dettes
duquel on veut affranchir la communauté; afin que l'autre Conjoint ne puisse pas se plaindre, & alleguer que cet inventaire est
frauduleux, il est bon qu'il y soit present ou appellé, ou qu'il l'ap-
prouve.

L'effet de cet inventaire est, que si pendant le mariage les
créanciers de l'un des Conjoints venoient à faire saisir les effets
communs, l'autre en pût obtenir main-levée en representant
l'inventaire, en vertu de la clause de séparation de dettes portées
au contrat de mariage.

Ainsi, quand il y a eu inventaire des effets de la femme, & que
ses créanciers poursuivent le mari, il se peut faire décharger des
poursuites contre lui faites, en representant l'inventaire & leur
abandonnant les effets que la femme a mis dans la communauté,
ou en leur en payant l'estimation.

Si au contraire, les créanciers du mari faisoient saisir les meubles que la femme auroit apportés, elle pourroit s'y opposer, &
en demander la distraction en se faisant séparer, & elle reprendroit
par ce moyen les meubles qu'elle auroit apportés contenus en
l'inventaire qui en auroit été fait, au cas qu'ils se trouvassent encore en nature.

Mais on demande ce qu'il faudroit faire si les futurs Conjoints
n'avoient point de meubles, pour empêcher les futurs Conjoints
d'être tenus des dettes l'un de l'autre, créées avant la célébration
de leur mariage.

Il faudroit en ce cas, après la clause dont nous avons donné le
modele, ajouter: *Qu'il n'a été fait aucun inventaire en conséquence
de la clause ci-dessus, attendu que les futurs n'ont aucuns meubles ni
effets à inventorier*, ou bien il faudroit déclarer, *que tout ce que la
future épouse apporte en mariage, consiste en telle chose* . . . . .
ou telle somme . . . Car les Parties sont dispensées de la representation d'un inventaire, lorsqu'il est notoire qu'ils n'avoient
point d'effets à inventorier au tems qu'ils ont passé leur contrat de
mariage.

CHAPITRE X.

Des biens des Contractans, & principalement de la dot de la future Epouse.

APRE's la clause que les futurs Conjoints seront communs en biens, on parle de leurs biens, & premierement de ceux de la future épouse, & c'est ce qu'on appelle *dot*.

On entend par ce terme, tout ce qui est apporté par la femme ou par ses proches, ou autres, pour en jouir par le mari, & faire les fruits siens pendant le mariage, à l'effet d'en supporter les charges.

Les femmes peuvent être dotées de leurs propres biens, ou de ce qui leur est donné en mariage par leurs proches, ou par des étrangers; la seule précaution qu'il y a à prendre, lorsque ce sont des parens collateraux ou des étrangers qui promettent la dot, principalement quand elle consiste en immeubles, c'est de faire insinuer le contrat de mariage en la maniere prescrite par l'art. 23 de l'Edit du mois de Février 1731.

Mais cette insinuation n'est pas requise, quand la future épouse apporte en dot son propre bien, ou quand ce sont ses pere & mere qui la marient, & qui lui donnent en avancement d'hoirie quelques effets pour lui tenir lieu de dot.

La dot consiste en argent comptant, en meubles ou en immeubles, il n'importe; elle doit toujours servir à soutenir les charges du mariage: Ainsi, le droit de la femme est d'être nourrie & entretenuë par son mari de toutes choses, & son devoir est de vivre dans la dépendance de son mari.

En Pays de Droit écrit, la femme n'est chargée d'apporter pour son entretien, que ce que la convention expresse & particuliere du contrat de mariage lui constitue en dot, & elle retient la proprieté & l'entiere administration de ses biens paraphernaux, comme nous dirons ci-après au chapitre des contrats de mariage qui se font en Pays de Droit écrit.

En Pays Coutumier, les meubles suivent de plein droit l'union conjugale, & deviennent communs: Ainsi, le mari qui est le chef de la femme & de la famille, devient le maître des meubles que la femme lui apporte en mariage, & aussi des revenus des immeubles qu'elle lui a apportés en dot.

Lorsque la future épouse est majeure, & qu'elle n'a ni pere ni mere, comme c'est elle qui parle en son nom au contrat de mariage, elle doit déclarer en quoi consistent ses biens, leur nature & qualité, avec promesse de les apporter au futur époux la veille des épousailles, soit en deniers comptans, obligations, promesses, rentes, contrats, &c.

A l'égard des immeubles que la fille apporte en mariage, il suffit qu'elle les déclare, & qu'elle marque d'où ils lui sont échûs; mais il n'est pas besoin qu'elle ajoûte aucune clause particuliere & expresse pour les exclure de la communauté, parce qu'il n'y a que les meubles qui y entrent, *vi consuetudinis*, & que les immeubles en sont exclus de plein droit.

Si celle qui contracte mariage a des meubles & des effets mobiliers, ou de l'argent comptant, on convient de ce qui en doit entrer en communauté, & au cas qu'il n'y en ait qu'une partie, il faut faire une stipulation qui empêche le reste d'y entrer; soit que la fille se marie de son chef, soit qu'elle soit mariée par ses pere & mere; autrement tous ses meubles feroient partie de la communauté, & la femme ni ses heritiers, avenant la dissolution du mariage, n'en pourroient retirer que la moitié.

Dans ce cas, tout ce qui est donné à la future épouse sera imputé également moitié par moitié sur les successions de l'un & de l'autre; au moins dans la France coutumiere, où la charge de doter les filles est commune au pere & à la mere: Mais dans le Pays de Droit écrit, c'est un devoir qui ne regarde que le pere.

Quand ce sont les pere & mere qui marient leur fille, le contrat de mariage se passe en leur nom, ils déclarent ce qu'ils lui donnent en dot en avancement d'hoirie de leurs futures successions.

De ce que nous venons de dire, il s'ensuit qu'après la mort du premier mourant des pere & mere, les filles qui ont été dotées du vivant de l'un & de l'autre, doivent rapporter, en Pays coutumier, moitié de leur dot à la succession du premier mourant, ou moins prendre, & rapporter l'autre moitié à la succession du dernier mourant, avec les fruits & interêts, à compter du jour du décès, suivant l'article 309 de la Coutume de Paris.

Lorsque c'est un Tuteur qui marie une fille mineure, l'on met,

Que le futur époux la prend avec ses biens & droits à elle échûs par le décès de ses pere & mere, desquels le Tuteur rendra compte au futur époux, quand il en sera requis, & incontinent après le mariage.

Il arrive souvent qu'un pere ou une mere survivant, marie une fille, sans lui avoir rendu compte de la succession du prédécedé; & alors le survivant lui donne en dot une somme à imputer d'a- bord sur ses droits successifs paternels ou maternels, tant en fonds, que fruits & revenus, si tant se montent, & le surplus en avancement d'hoirie de sa future succession ; auquel cas, le survivant qui a donné cette somme, tant de la succession du pré- décedé échûë, que sur la sienne à écheoir, ou même sans déclarer de quels biens, est toujours censé n'avoir rien voulu donner du sien, qu'après s'être entierement acquité de ce qu'il devoit, suivant la maxime : *Nemo liberalis, nisi liberatus.*

Ainsi jugé par Arrêt du 19 Mars 1625, rapporté par du Fres- ne en son Journal, & par un autre Arrêt du 21 Avril 1682, con- firmatif de la Sentence du Bailly de Beauvais, au profit de M. Claude de Regnouel, & Marie du Bas sa femme, contre Mar- guerite Foi, veuve de Claude du Bas.

Cette clause se peut dresser ainsi : *En faveur duquel mariage, ladite Dame . . . . . mere de ladite Demoiselle future épouse, promet lui donner en dot la somme de . . . tant pour ses droits successifs paternels, en fonds, fruits, & revenus, si tant se montent, que le surplus, en avancement d'hoirie de sa future suc- cession.*

Et comme le survivant des pere & mere qui dotent ainsi leur fille, a naturellement en vûe de se dispenser de rendre compte à sa fille des biens du prédécedé, il est bon d'ajouter : *Et au moyen de ladite dot, lesdits Sieur & Demoiselle futurs époux ne pourront demander à ladite veuve . . . aucun compte ni partage dudit bien paternel, sinon en lui remettant & rendant ladite somme entiere de . . . . . ou les effets & choses ci-dessus délaissées en payement.*

Cette clause n'empêche pas les futurs époux de demander compte après le mariage, quand même la dot auroit été con- stituée, à la charge que le survivant ne seroit point tenu de rendre compte de la succession échûë à la future épouse. Il y auroit toujours lieu de se faire relever contre cette clause, & de demander compte en rendant la dot ; ainsi, au cas qu'elle fût moindre que la portion de la fille dans les biens de la succeſſion échûë, y compris les revenus dont le compte étoit dû, les Conjoints pourroient revenir contre cette clauſe dans les dix ans de leur majorité.

Cette regle eſt fondée ſur ce que les renonciations à une ſucceſſion déja échûë ne peuvent avoir lieu qu'entre majeurs, après l'inſpection & examen des titres, & une diſcuſſion de compte; c'eſt pourquoi, on peut ſe faire reſtituer contre, tant que le pere ou la mere ſurvivant, n'a pas rendu compte, ni donné communication des pieces juſtificatives. *Voyez* Bacquet, dans le chapitre 7 de ſon Traité de Bâtardiſe.

Il faut encore remarquer que ſi l'enfant étoit mineur, & que l'aſcendant fût Tuteur au tems du contrat de mariage, la ſtipulation faite au profit du ſurvivant, de n'être point obligé de rendre compte, ſeroit nulle, & il ne ſeroit pas néceſſaire de Lettres de reſciſion pour la faire déclarer telle, attendu que cette nullité eſt prononcée par l'article 2 de l'Edit du mois de Février 1549.

Nous avons dit ci-deſſus, que quant aux immeubles que la fille apporte en mariage, il ſuffiſoit de les déclarer, & qu'ils ne tomboient point dans la communauté, ſi ce n'eſt par une clauſe expreſſe, que l'on nomme ameubliſſement; il en eſt de même des immeubles que le mari a au tems du mariage. Quant aux meubles qu'il a, comme ils entrent dans la communauté de plein droit, ſi l'on eſt d'accord qu'ils y entrent, il n'en faut point parler; mais ſi le futur époux les en veut exclure, il le doit faire par une clauſe expreſſe, autrement ils y entreroient.

Quelquefois on convient qu'il ſera fait inventaire des effets mobiliers du futur époux, en préſence de la future épouſe, ou de celui qui ſtipule pour elle: Et cette précaution eſt bonne à prendre en pluſieurs occaſions, ſurtout quand c'eſt un Marchand qui ſe marie, attendu que ſouvent leurs biens conſiſtent principalement en effets mobiliers.

CHAPITRE XI.

CHAPITRE XI.

Des differentes stipulations de Propres.

POUR faire connoître de quelle maniere on fait prendre à des effets mobiliers la nature d'immeubles, pour les empê-cher de tomber dans la communauté conjugale, nous allons ex-pliquer les différentes stipulations qui se font à ce sujet, & les dif-férens effets qu'elles produisent.

La premiere stipulation est : *Que les deniers ou les choses mobiliai-res que la femme apporte en mariage , ou qui lui sont données par ses pere & mere , lui sortiront nature de propre.*

L'effet de cette stipulation est, que telles choses n'entrent point dans la communauté, autrement elles y entreroient : Et si la Stipulante decede la premiere, laissant des enfans communs , en ce cas, les deniers stipulés propres leur appartiennent à l'ex-clusion du pere. Les collateraux succedent pareillement dans ces deniers, à l'exclusion du mari, s'il n'y a point d'enfans communs, ou des enfans nés de la défunte d'un mariage précedent.

Mais, dès-lors que ces deniers sont parvenus aux enfans, comme heritiers de leur mere, cette stipulation est consom-mée, ayant eu son effet ; de sorte que tels deniers ne sont plus considerés dans la succession des enfans, que comme meubles, quoiqu'ils soient encore dûs, parce que la destination ne peut s'étendre au-de-là dans lesquels elle est conçuë & exprimée : Ainsi, le pere succede à ces deniers, quand il sur-vit à ses enfans, quoiqu'ils décedent en minorité, à l'exclusion des autres enfans, freres & sœurs desdits enfans.

La deuxiéme est : *Que les deniers ou meubles que la femme apporte en mariage , lui sortent nature de propre, & aux siens.*

En ce cas, les enfans communs au profit desquels cette stipu-lation est faite, succedent à ces deniers, à l'exclusion de leur pe-re ; de sorte qu'ils y succedent les uns aux autres jusqu'au dernier, sans que le pere y puisse rien prétendre ; mais il y succede au der-nier mourant de ses enfans, comme heritier mobiliaire, à l'exclu-sion des collateraux, parce que cette stipulation est bornée & consommée en la personne du dernier des enfans, quoiqu'il dé-cede en minorité.

Tome I. M m

La troisiéme est : *Que les deniers seront propres à la future épouse, & aux siens de son côté & ligne.*

En ce cas, les collateraux succedent au dernier mourant des enfans, à l'exclusion du pere survivant. Que si les deniers ont été donnés par les pere & mere de la fille, les collateraux paternels & maternels du dernier des enfans, y succedent également ; mais s'ils ont été donnés par l'un ou l'autre, comme par le pere de la fille, lequel a fait cette stipulation ; en ce cas, les collateraux du dernier mourant des enfans du côté de leur ayeul maternel y succederont, supposé que leur ayeul fût décedé ; car autrement, nonobstant telle stipulation, il y succederoit par droit de reversion, suivant l'article 313 de la Coutume de Paris.

La quatriéme est : *Que les deniers donnés par pere & mere à leur fille, seront employés en heritage, pour lui sortir nature de propre à elle & aux siens de son côté & ligne.*

Cette stipulation a le même effet que la précedente ; mais si elle porte seulement l'emploi des deniers, sans clause de *siens, côté & ligne*, le pere ne laisse pas de succeder à ses enfans dans les deniers non employés, quoiqu'on pût dire qu'il ne doit point profiter de sa négligence & de sa faute ; & il y succede préferablement à ses autres enfans, pourvû que celui de la succession duquel il s'agit, soit décedé en majorité ; autrement tels deniers non employés passeroient à ses freres & sœurs, comme tenans lieu de l'immeuble en l'emploi duquel ils ont été destinés.

La raison est tirée de l'article 94 de la Coutume de Paris, en ce que la stipulation n'est pas consommée, jusqu'à ce que les enfans soient majeurs, les biens qui leur échéent conservant toujours leur qualité jusqu'à leur majorité.

On voit, par ce que nous avons dit, que lorsque la somme ou l'effet stipulé propre, est sorti des mains du mari, il est tiré de la communauté, & que l'action à laquelle la stipulation étoit attachée, a été consommée par la restitution de la somme ou de l'effet mobilier à une personne majeure, la fiction cesse, & le bien reprend sa véritable nature.

Ces dispositions de propres sont extrêmement nécessaires, & ne se peuvent suppléer pour quelque cause que ce soit ; aussi a-t'il été jugé qu'une fille mineure ayant été mariée par son pere, qui lui avoit donné une somme d'argent comptant, & avoit omis de stipuler qu'une partie lui tiendroit nature de propre, ne pouvoit être relevée de cette omission, parce que son pere étoit présumé l'avoir ainsi jugé à propos pour son bien, & l'avoir fait avec conseil & délibération.

La même chofe auroit lieu, fi lors du contrat une fille étoit majeure & ufante de fes droits, parce qu'on ne peut pas préfumer qu'elle ait manqué de prudence pour fes interêts.

Mais fi une fille avoit été mariée mineure par un Tuteur étranger, ou par fa mere, elle pourroit être relevée de l'omiffion de ftipulation de propre & reprife, & il n'entreroit en communauté, qu'une partie de fa dot, que les Arrêts ont arbitrée & moderée au tiers. *Voyez* Brodeau fur M. Louet, lettre D. nombre 36.

M. de Ferriere a expliqué ces matieres plus amplement fur l'article 93 de la Coutume de Paris; le Lecteur y aura recours, s'il en a befoin. Nous ferons feulement ici les obfervations fuivantes.

La premiere, que quoique ce foit le ftile ordinaire des Notaires de ftipuler : *Que les deniers*, ou partie d'iceux, *fortiront nature de propre à la future époufe, & aux fiens, de fon côté & ligne;* néanmoins il n'eft pas toujours à propos de mettre cette claufe, *de fon côté & ligne*, & ils ne doivent être mis, qu'au cas que ce foit l'intention des Parties, de vouloir préferer leurs collateraux à l'autre des Conjoints.

Souvent les Contractans ignorent l'effet de ces termes, & s'ils connoiffoient la force qu'ils peuvent produire, ils ne voudroient pas en faire une claufe fur leur contrat de mariage, aimant quelquefois mieux que le mari furvivant jouiffe de cette bonne fortune, en cas de décès des enfans, que des collateraux qui pourroient être éloignés ou inconnus : Ainfi, ceux qui font prépofés pour regler les conventions de futurs Conjoints, doivent leur expliquer l'effet des claufes qu'ils font inferer dans les contrats de mariage, afin que rien ne s'y gliffe par inadvertance contre leurs interêts & contre leurs intentions.

La deuxiéme obfervation eft : Que quand la fille qui eft mariée n'eft pas légitime, quoiqu'elle foit dotée par fon pere, ces mots, *de fon côté & ligne*, font inutiles, parce que ceux qui ne font pas nés en légitime mariage, n'ont point de parens collateraux qui leur puiffent fucceder.

La troifiéme eft : Que ces ftipulations de propres ne font que des propres par fiction : Ainfi, elles n'empêchent pas que celui au profit de qui une telle ftipulation eft faite, ne puiffe difpofer des effets mobiliers comme d'un meuble, à moins que la ftipulation ne contienne une claufe particuliere : *Que l'on ne pourra difpofer de la chofe que comme d'un véritable propre, &*

M m ij

qu'elle sera réputée propre, tant de disposition que de succession, &
pour toutes sortes d'effets.

Cette derniere clause apposée à un contrat de mariage auroit
un effet très-étendu & très-considerable; car elle empêcheroit
que le Conjoint à qui la chose appartiendroit, n'en pût disposer
que jusqu'à la concurrence de ce qui lui est permis par la Coutume de disposer de ses propres.

La quatriéme est : Que pour la sûreté de l'emploi des deniers
dotaux jusqu'à ce qu'il soit fait, & pour empêcher le pere d'y succeder, comme heritier mobilier de ses enfans, on stipule : *Que le*
futur époux sera tenu d'employer la dot, & jusqu'à cet emploi, il sera
réputé être fait assignat de rente, au profit de la future, sur les heri-
tages du mari, laquelle rente tiendra lieu à la future épouse d'heritages,
à l'acquisition desquels ses deniers sont destinés.

Cette clause équipolle à une destination d'emploi conçu dans
tous les dégrés de stipulation : Ainsi, elle vaut contre le mari autant que si l'on avoit stipulé les deniers de la femme, propres *à*
elle, & aux siens de son côté & ligne.

La cinquiéme est : Que si l'on veut que la future épouse puisse
prétendre que les premieres acquisitions, qui seront faites par le
futur époux, passent pour emploi, il en faut une clause particuliere, & stipuler : *Que les premiers heritages qui seront acquis par le*
mari, après la célebration du mariage, tiendront à la future, na-
ture de propre, & aux siens de son côté & ligne, comme présumés ac-
quis des deniers dotaux, & stipulés être mis en emploi, sans qu'il soit
besoin d'en faire déclaration dans le contrat d'acquisition, ni d'accepta-
tion de la femme.

Sans cette clause, la femme ne pourroit pas prétendre ce droit
sur les premieres acquisitions faites par son mari, à moins que le
mari n'eût déclaré dans le contrat avoir fait cette acquisition des
deniers de sa femme, & que sa femme n'ait précisément accepté
le remploi.

La sixiéme est : Que quand les pere & mere de la fille veulent
avoir connoissance de l'emploi de la dot de leur fille, ils peuvent
le faire par une clause qui se dresse ainsi: *Et a été convenu que l'em-*
ploi des deniers dotaux se fera en heritages ou rentes, par l'avis des pere
& mere de la future.

Les stipulations de propres peuvent être faites non-seulement
au profit de la femme & des siens de son côté & ligne ; mais on en
peut aussi faire au profit du mari & des siens, & même au profit de
ceux de son côté & ligne, suivant que les Parties en conviennent.

Ce qu'il y a de remarquable à ce sujet, c'est que ces sortes de stipulations qui se font au profit des maris, ont bien moins de suite & d'étendue que celles qui sont faites au profit des femmes.

La raison est : Que le mari étant le maître de la communauté, il est lui-même saisi de tous les biens sur lesquels son propre est à prendre; de sorte que la confusion & l'extinction de son action peut arriver plus aisément que celle de la femme. Le mari étant le dépositaire & le maître des effets qui tombent dans la communauté, il est débiteur envers lui-même des sommes qu'il stipule propres : Ainsi, l'effet de stipulation de propre à son profit, ne peut ordinairement produire d'effet, que quand la femme ou ses heritiers acceptent la communauté; cas auquel le mari reprend d'abord, par liberation, ce qui lui a été stipulé propre.

Toute la difficulté qui se peut rencontrer lorsque l'on passe une telle clause, est de s'assurer que le futur époux a véritablement les sommes & effets mobiliers qu'il stipule propres; car comme personne ne donne quittance de ce que le mari apporte en mariage, il peut stipuler propres, des effets qu'il n'a pas, pour les préléver un jour au préjudice de la communauté.

CHAPITRE XII.

Du Douaire.

LE douaire est un avantage ou donation que fait le mari à sa femme par contrat de mariage, pour en jouir après sa mort.

Cet avantage n'est pas fait à la femme par le mari, pour la récompenser, comme quelques-uns disent, des biens qu'elle lui a apportés en dot ; puisque le douaire est accordé à celle qui n'a rien apporté en mariage, ou qui avoit promis, ou pour laquelle une somme avoit été promise en dot au mari, laquelle ne lui a point été payée.

Ce n'est point aussi par la raison qu'en rend Cujas : *Ut præmium habeat defloratæ virginitatis;* puisque les femmes veuves ont un douaire aussibien que celles qui contractent leur premier mariage; mais cet avantage est fait par le mari à la femme, afin que celle qui contracte mariage soit sûre d'avoir des alimens sûr les biens de son mari, pour la récompenser des soins & des peines qu'elle prend pour son ménage, pour élever ses enfans, & pour la conservation des biens communs.

Le douaire est un droit generalement établi dans toutes les Coutumes de France, & il est coutumier, ou préfix.

Le douaire coutumier est celui qui est défini par la Coutume des lieux où sont situés les heritages sujets au douaire, & ce douaire est toujours dû, sans être stipulé par le contrat de mariage, la Coutume y suppléant, & servant, en ce cas, de contrat public.

Le douaire coutumier n'est donc accordé à la femme que quand il ne lui en aura été accordé aucun par son contrat de mariage, auquel cas, tel douaire est dit purement & simplement coutumier; mais s'il est stipulé par contrat de mariage, conformément à la Coutume, ce douaire est appellé coutumier conventionnel.

Dans la Coutume de Paris, & dans plusieurs autres, le douaire coutumier consiste dans l'usufruit de la moitié des heritages que le mari tient & possede au jour de la célebration du mariage, & de ceux qui lui sont échûs en ligne directe depuis la célebration du mariage, & pendant tout le tems qu'il a duré.

En d'autres Coutumes, comme de Normandie, le douaire coutumier n'est que du tiers du revenu des heritages propres du mari.

D'autres Coutumes ont des dispositions toutes particulieres, & distinguant entre les Conjoints nobles, & ceux qui ne le sont pas, n'accordent le douaire coutumier qu'aux uns, & en privent les autres.

Dans les Coutumes où les rentes constituées sont réputées immeubles, celles qui appartiennent au mari pendant le mariage, ou qui lui sont échûës en ligne directe, sont sujettes au douaire.

Le douaire préfix est celui qui est stipulé par le contrat de mariage, & qui peut monter à telle somme, & à telle quotité de biens que l'on veut, si ce n'est dans les Coutumes qui limitent le pouvoir de porter le douaire au-dessus de la quotité qu'elles fixent.

Ce douaire peut être d'une somme de deniers, ou d'une partie de rente dont on convient, pour en jouir par usufruit, ou en pleine propriété, s'il est ainsi conveau & stipulé sans retour, comme nous dirons ci-après.

Lorsque par le contrat de mariage il n'y a point de douaire stipulé, la Coutume y fupplée, & fert en ce cas, de contrat public, comme nous avons dit : Mais il eft toujours de l'interêt de la future époufe de ftipuler un douaire, parce que fi le mari n'a point de biens propres, elle demeurera fans douaire, à moins qu'elle n'en ait ftipulé un par contrat de mariage.

Il faut excepter la Coutume d'Orleans, laquelle en l'article 221, donne en ce cas, à la femme, en ufufruit, le quart de la portion des heritiers du mari dans les conquêrs de fon mariage, & s'il n'y a point de conquêrs, la proprieté du quart dans les meubles.

Le douaire préfix, foit qu'il confifte en une rente, ou en une fomme de deniers, fe prend fur les biens du mari, ou fur la part qui lui appartient en la communauté au jour de fon décès.

Dans la Coutume de Paris, & dans la plupart des autres, le douaire coutumier ou préfix étant un don entre-vifs faifit la veuve : Ainfi, les fruits & arrerages du douaire courent au profit de la veuve du jour du décès du mari, fans qu'il foit befoin d'en faire demande en Juftice.

Il y a néanmoins quelques Coutumes où les fruits & arrerages du douaire ne font dûs à la veuve que du jour qu'elle en a fait la demande en Juftice ; ce qui oblige de prendre quelque précaution.

La claufe concernant le douaire préfix, fe dreffe ordinairement en la maniere qui fuit : *Ledit futur époux a doué & doue la future époufe de la fomme de . . . pour une fois payée, ou d'une telle rente par chacun an, à prendre fur tous fes biens, meubles & immeubles, préfens & à venir, qu'il a dès-à-prefent chargés, obligés, affeétés & hypotequés, à garantir, fournir & faire valoir ledit douaire.*

Et d'autant qu'il y a ; comme nous avons dit, des Coutumes où le douaire ne faifit pas, & où les arrerages n'en font dûs que du jour de la demande, on doit toujours ajouter à la fufdite claufe : *Lequel douaire faifira, & coureront les arrerages d'icelui du jour du décès du mari, fans qu'il foit befoin d'en faire demande en Juftice, dont la femme & les enfans feront difpenfés.*

Cette claufe ne doit jamais être omife ; car quoique le contrat de mariage foit paffé dans une Coutume où le douaire faifit, & que les Contraétans y ayent leur domicile, il peut y avoir des biens fujets au douaire, qui foient fitués dans une Coutume où le douaire ne faifit point.

La ftipulation d'un douaire préfix contient une exclufion tacite du douaire coutumier, fuivant l'article 261 de la Coutume de

Paris, parce que la future épouse, qui s'est expressément tenue au douaire stipulé par son contrat de mariage, est censée avoir renoncé au douaire établi & réglé par la Coutume.

La future épouse peut néanmoins, par une clause expresse, se réserver la faculté de choisir le douaire préfix, ou le douaire coutumier, au tems que le douaire aura lieu : Mais quand la future épouse s'est réservé ce choix, l'utilité de la famille est, pour éviter toute contestation, d'ajouter une clause qui donne aux enfans la liberté de ne s'y pas tenir.

Cette clause se dresse en la maniere qui suit : *A condition que le choix qu'aura fait ladite future épouse, ne pourra préjudicier aux enfans issus du mariage, lesquels ne seront point tenus de s'en tenir au choix qui aura été fait par leur mere, quoiqu'ils en fussent heritiers ; mais pourront choisir un douaire préfix ou coutumier, celui qui leur sera le plus avantageux.* Voyez ce que M. de Ferriere a dit sur l'article 261 de la Coutume de Paris.

Le douaire, soit coutumier ou préfix, n'est à l'égard de la femme, qu'une jouissance par usufruit de la chose en quoi consiste le douaire : Ainsi, la proprieté en est toujours réservée aux enfans issus du mariage, ou aux heritiers collateraux du mari.

Après le décès de la femme, le douaire entre donc dans la masse de la succession du mari, & appartient à ses heritiers, soit en ligne directe, soit en ligne collaterale : Mais les enfans dans les biens sujets au douaire, ont un privilege particulier, qui est que si la succession de leur pere ne leur est pas avantageuse, ils peuvent y renoncer, & prendre la qualité de douairiers, & en cette qualité, demander les biens sujets au douaire purement & simplement, sans payer aucunes dettes procedant du fait de leur pere, créées, depuis son mariage. Coutume de Paris, article 250.

La regle que nous venons d'avancer, que la femme n'a que l'usufruit de son douaire, souffre une exception ; sçavoir, lorsque par le contrat de mariage, le douaire est stipulé, *pour elle sans retour.*

Ces termes lui en attribuant la proprieté, operent que le douaire ne passe point de la femme à qui que ce soit du chef du mari, à l'exception des enfans issus du mariage, qui peuvent en renonçant à la succession de leur pere, s'en tenir au douaire, quoique stipulé *sans retour*, en faveur de leur mere.

Il y a des Coutumes où le douaire n'est que viager pour la femme, & n'appartient point en proprieté aux heritiers du mari,

pas

pas même aux enfans issus du mariage, comme Meaux, article 10; Vitry, article 90; Poitou, article 257, & Sens article 163.

Si l'on veut que le douaire passe dans ces Coutumes aux enfans issus du mariage, il faut, après ces termes, *sans retour,* ajouter, *si ce n'est aux enfans nés du mariage ausquels il sera propre, dérogeant à toute Coutume contraire;* autrement les enfans issus du mariage n'y pourroient rien prétendre, quand bien même ils renonceroient à la succession de leur pere.

Dans toutes nos Coutumes où le douaire n'est pas viager pour la femme, il est le propre heritage aux enfans issus du mariage, pour en jouir après le trépas de pere & mere, incontinent que douaire a lieu. Coutume de Paris, art. 255.

De ce principe, il s'ensuit que le douaire a lieu, quoique la femme soit décedée avant son mari; ensorte que les pere & mere ne le peuvent vendre, engager, ni aliener, pour quelque raison que ce soit, au préjudice des enfans; mais comme le douaire n'est constitué au profit des enfans, que pour leur tenir lieu de légitime, ils ne le peuvent pas prétendre au cas qu'ils soient heritiers de leur pere; car en qualité d'heritiers de leur pere, ils sont tenus de ses faits & promesses; ainsi, ils ne peuvent pas poursuivre ceux qui se trouvent détempteurs des biens sujets au douaire, & qui les ont acquis de lui.

Il faut donc pour qu'ils puissent poursuivre ces détempteurs de biens sujets au douaire, qu'ils renoncent à la succession de leur pere, & qu'ils se tiennent au douaire de leur mere, & prennent la qualité de douairiers, laquelle leur donne la faculté de revendiquer les biens sujets au douaire, sans être tenus des faits de leur pere, ni même d'aucunes dettes par lui contractées depuis le mariage.

De ce que nous venons de dire, il s'ensuit qu'il est très-dangereux d'acheter des biens propres d'un pere de famille, puisque les acquereurs sont obligés de les abandonner aux enfans douairiers, quoique ces acquisitions ayent été accompagnées ou suivies du décret; car c'est une maxime certaine, que le décret ne purge point le douaire, s'il n'y a pas ouverture au douaire dans le tems que s'est fait le décret des biens qui lui sont affectés.

C'est ce qui fait qu'un homme marié se trouve en plusieurs rencontres, comme interdit, & hors d'état de faire des aliénations, qui pourroient quelquefois lui procurer de grands avantages.

Pour cette raison, il seroit souvent utile au futur époux de n'assigner le douaire que sur de certains immeubles, & de stipuler que le surplus en demeurera quitte & affranchi.

A l'égard de la femme, quoiqu'elle n'ait que l'usufruit de son douaire, néanmoins à cause du droit réel que la Coutume lui donne sur les biens sujets au douaire, elle a faculté de les evendiquer sur les tiers acquereurs; à moins qu'elle n'ait parlé au contrat de vente, en renonçant à son douaire, ou en s'obligeant à la garantie.

Cela n'empêche pas néanmoins, qu'après son décès, les enfans, dans le cas où le douaire leur est propre, ne puissent toujours en revendiquer la proprieté, à moins que leur mere ne se soit obligée à la garantie de la vente, & que les enfans n'en soient heritiers, parce qu'alors ils sont tenus de ses faits & promesses.

Le douaire est le propre heritage aux enfans issus du mariage, comme nous l'avons dit, & ce propre est paternel, parce qu'il procede en effet des biens du pere.

Néanmoins, quand le douaire préfix ne consiste que dans une somme de deniers, & qu'il est une fois parvenu aux enfans douairiers, il perd sa qualité de propre, & reprend sa premiere nature de meuble; ensorte que c'est le plus proche heritier mobilier des enfans, qui y succede, comme M. de Ferriere l'a dit sur l'article 259 de la Coutume de Paris.

Dans les Coutumes où les rentes sont réputées immeubles, le douaire peut se prendre sur les rentes, comme nous avons dit ci-dessus; mais plusieurs tiennent que le douaire ne se peut prendre sur les Offices que subsidiairement, c'est-à-dire, au cas que le mari soit décedé sans autres biens, sur lesquels le douaire se puisse prendre.

Il faut excepter néanmoins lorsque par une stipulation expresse l'Office est spécialement affecté au douaire: Ainsi, quand on voit au futur époux des Charges & peu d'autres biens, la future épouse doit stipuler: *Que le douaire se prendra sur les Offices appartenans au futur époux, & sur ses autres biens concurremment, ou au choix de ladite épouse, & de ses enfans, auquel douaire lesdits Offices sont dès-à-present affectés & obligés.*

Lorsque l'on doute de l'assurance du douaire, que le futur époux constitue à cause des dettes, dont on le croit déja chargé, s'il a pere & mere, on tâche de les engager à s'obliger au douaire, ou à certifier leur fils, & à le rendre au mariage franc & quitte de toutes dettes & hypoteques jusqu'au futur mariage,

avec promeſſe ſolidaire, qu'en cas qu'il s'en trouve, de l'en acquitter.

Il nous reſte deux obſervations à faire ſur le douaire.

La premiere, qu'en fait de douaire coutumier, l'on ſuit la Coutume du lieu où les heritages ſont ſitués. Il faut dire la même
choſe à l'égard du douaire préfix, lorſqu'il conſiſte en la jouiſſance d'heritages ou de rentes aſſignées ſur certains fonds. Mais
ſi la rente eſt aſſignée généralement ſur tous les biens du mari, ſitués en diverſes Coutumes, ou que le douaire préfix conſiſte en
une ſomme de deniers, on doit ſuivre la Coutume du lieu où le
mari avoit ſon domicile au tems que le contrat de mariage a été
paſſé, parce que tout douaire eſt perſonnel, & ſe prend toujours
ſur les biens du mari.

D'ailleurs, les Parties ſont cenſées avoir fait le contrat de
mariage, ſuivant la Coutume du domicile du mari, à moins
qu'il n'apparoiſſe du contraire par une clauſe appoſée au contrat.

Il réſulte de ce principe, que ſi un domicilié dans une Coutume où le douaire n'eſt que viager, épouſe une femme domiciliée dans une autre Coutume où il eſt propre aux enfans, &
que par le contrat de mariage il ſoit ſtipulé préfix, le douaire ne
ſera que viager; à moins que les Parties n'ayent ſtipulé que le
douaire ſera propre aux enfans qui naîtront de leur futur mariage, nonobſtant toutes Coutumes contraires auſquelles ils dérogent.

La deuxiéme obſervation eſt: Qu'en fait de douaire, la convention des Parties l'emporte ſur la diſpoſition de la Coutume:
Ainſi, de même que l'on peut ſtipuler un douaire plus fort que
celui qui eſt établi par la Coutume, on en peut auſſi ſtipuler un
qui ſoit moindre; on peut même convenir qu'il n'y en aura
point du tout: Mais pour cela, il faut une clauſe particuliere, qui marque poſitivement: *Que la future épouſe renonce,*
tant pour elle que pour les enfans qui naîtront de ſon mariage, au
douaire.

Mais quand bien même il ſeroit ſtipulé dans le contrat, que la
future épouſe ne prendra qu'une certaine ſomme pour tout ce
qu'elle pourroit prétendre dans la communauté, cette clauſe
n'emporteroit pas une excluſion du douaire. Il faut pour que
dans le Pays Coutumier le douaire ne puiſſe avoir lieu, qu'il y ait
dans le contrat de mariage une clauſe expreſſe qui faſſe mention
qu'il n'y aura point de douaire: Ainſi jugé par Arrêt du 2 Mars

1648, rapporté dans le premier tome du Journal des Audiences, liv. 5, chap. 31.

Dans le Pays de Droit écrit, il n'y a point de douaire, mais un augment de dot ; sur quoi voyez ce qui est dit ci-après au chapitre des contrats de mariage passés dans les Provinces régies par le Droit écrit.

CHAPITRE XIII.

Du Préciput.

PRÉCIPUT est un avantage consistant en meubles, ou en argent, que le survivant des Conjoints prend en Pays Coutumier, en vertu d'une stipulation expresse, sur toute la masse de la communauté, hors part, & sans diminution de ce qui lui doit revenir des biens restans de la communauté.

Cet avantage n'est point dû quand il n'en est point parlé dans le contrat de mariage, parce qu'il n'est point établi sur la disposition de la Coutume, & n'est uniquement fondé que sur la convention des Parties, qui peuvent le regler comme bon leur semble, ce qu'ils font ordinairement, eu égard & à proportion des biens qu'ils apportent en mariage ; mais il n'importe que les biens de l'un soient plus considerables que ceux de l'autre ; celui même des Conjoints qui n'auroit rien apporté en mariage, ne laisseroit pas de prendre le préciput s'il étoit convenu qu'il y en auroit un.

Le préciput est une suite de la communauté stipulée par le contrat de mariage, d'où il s'ensuit que comme il se prend sur les biens de la communauté, il ne peut pas y avoir de préciput lorsqu'il n'y a pas de communauté : Ainsi, le mari ne le peut pas prendre, quand les heritiers de la femme ont renoncé à la communauté.

Il faut dire aussi que la femme qui renonce à la communauté n'a pas droit de le prendre, puisqu'elle n'a aucun droit dans les biens de la communauté, sur lesquels il se doit prendre. Il faut néanmoins excepter le cas où il seroit stipulé qu'en renonçant à la communauté, elle ne laissera pas de prendre le préciput ; car alors elle peut le prendre en vertu de cette clause, & si les biens de la communauté ne sont pas suffisans pour y satisfaire, il se doit prendre subsidiairement sur les propres du mari.

On dit ordinairement qu'il n'importe pas de quelle ſomme on ſtipule le préciput, puiſqu'il eſt réciproque, & qu'il eſt incertain ſur lequel des deux Conjoints doit tomber cet avantage; mais on s'abuſe, parce que ſi le mari ſurvit, & que la communauté ne le puiſſe pas fournir, il le perd, d'autant qu'il ne peut pas le prendre ſur les propres de ſa femme; au contraire, ſi c'eſt la femme qui ſurvit, & que la communauté ne ſoit pas avantageuſe, elle a droit de le prendre ſubſidiairement ſur les propres de ſon mari qui lui en répondent, auſſibien que ſes autres conventions matrimoniales, lorſque le préciput eſt ſtipulé au contrat de mariage, au cas même que la femme renonce à la communauté.

Concluons donc, que cette clauſe eſt très-déſavantageuſe au mari & à ſes heritiers, parce qu'en ce cas, l'avantage n'eſt pas égal: D'ailleurs, cet avantage n'étant accordé au ſurvivant que ſur les biens communs, cette ſtipulation paroît contraire à la nature du préciput; car par la renonciation à la communauté, faite par la femme, il n'y a plus de biens communs ſur leſquels le préciput ſe puiſſe prendre.

Quoique le préciput ſoit ordinairement ſtipulé réciproque au profit du ſurvivant des Conjoints, il peut cependant n'être ſtipulé qu'au profit de l'un d'eux, parce que cet avantage dépend uniquement de la volonté des Parties, d'autant qu'il n'a point d'autre fondement.

On peut par la même raiſon, convenir que le préciput n'aura lieu qu'au cas qu'il n'y ait point d'enfans, ou que le préciput ſera réduit à une ſomme plus modique, dont on convient, au cas qu'il y en ait.

Cet avantage ſe prend hors part & ſans confuſion de ce qui doit revenir des biens de la communauté au ſurvivant; d'où il s'enſuit que ſa part & portion de la communauté n'en devient pas plus chargée des dettes, qui doivent être acquittées par la communauté, après que le ſurvivant aura prélevé ſon préciput.

Le préciput ſe peut ſtipuler en eſpeces ou en argent; lorſqu'il eſt ſtipulé en eſpece de meubles, on doit limiter juſqu'à quelle ſomme le ſurvivant pourra prendre des meubles de la communauté : *Suivant la priſée qui en ſera faite par l'inventaire ſans* *crüe.*

Ces termes : *Sans crue,* ſont d'une très-grande importance pour le ſurvivant, parce que s'ils étoient omis, il feroit obligé de faire une nouvelle priſée, ou de payer la crüe des meubles, à l'exception de la vaiffelle d'argent, qui ayant fon prix fixé, n'eft pas fufceptible de la crue.

Cette augmentation, qu'on appelle la crue, eft le quart en fus, c'eft-à-dire, au-deffus de la prifée de l'inventaire, à Paris & dans les grandes Villes; elle eft moindre ailleurs, & dépend de l'ufage des lieux, comme il a été dit dans l'Introduction à la Pratique de M. de Ferriere.

Le préciput fe prend en argent, lorfqu'il eft dit que le furvivant prendra par préciput la fomme de . . . Mais on donne ordinairement la faculté au furvivant de prendre pour préciput, une certaine fomme, ou des meubles jufqu'à concurrence.

On ftipule quelquefois que le furvivant prendra pour fon préciput; fçavoir, le mari, fes armes & fes chevaux fi c'eft un Gentilhomme ou un homme d'armée; ou fes livres, fi c'eft un homme de robe; & la femme fes bagues & joyaux, jufqu'à la concurrence d'une telle fomme.

Mais cela n'empêche pas que le furvivant ne puiffe prendre pour fon préciput tels autres meubles qu'il voudra choifir de la communauté.

A l'égard des perfonnes de médiocre fortune, le préciput ordinairement ne confifte que dans une chambre meublée, & un lit garni.

Outre le préciput, dont nous venons de parler, il y a dans quelques Coutumes, un autre préciput légal, qui donne au furvivant des deux Conjoints nobles, en propriété, les meubles de la communauté, en payant toutes les dettes mobiliaires, & les obfeques & funerailles du défunt : Sur quoi voyez ce que M. de Ferriere en a dit fur l'article 238 de la Coutume de Paris.

Nous avons dit ci-deffus, que le préciput eft une fuite de la communauté, & par conféquent, que quand il n'y a point de communauté, il ne peut y avoir de préciput; cependant il faut remarquer que cela n'empêche pas, que dans les contrats de mariage contenant une exclufion formelle de communauté, les futurs Conjoints ne puiffent ftipuler, que le furvivant prendra par forme de préciput fur les meubles du prédécedé tels d'iceux qu'il voudra choifir pour la prifée de l'inventaire qui en fera fait, & fans crue, jufqu'à la fomme de tant, ou ladite fomme en deniers comptans, au choix dudit furvivant.

Tel avantage n'eft point réputé donation, & par conféquent l'infinuation n'en eft point requife pour fa validité : Mais en Pays

Coutumier les contrats de mariage, qui portent qu'il n'y aura point de communauté entre les futurs Conjoints, sont sujets à l'insinuation.

CHAPITRE XIV.

Du Remploi des Propres aliénés.

REMPLOI des propres aliénés, est le remplacement, qui doit être fait des propres appartenans à l'un des Conjoints, & qui ont été aliénés pendant le mariage; à l'effet d'empêcher que le prix d'iceux ne tombe dans la communauté.

L'article 232 de la Coutume de Paris, porte: *Que si durant le mariage, est vendu aucun heritage, ou rente propre appartenant à l'un ou à l'autre des Conjoints par mariage, ou si la rente est rachetée, le prix de la vente ou achat est repris sur les biens de la communauté, au profit de celui auquel appartenoit l'heritage ou rente, encore qu'en vendant n'eût été convenu du remploi ou récompense, & qu'il n'y ait eu déclaration sur ce faite.*

Pour que le remploi des propres aliénés ait lieu, il n'est pas nécessaire dans la Coutume de Paris, qu'il y en ait une stipulation dans le contrat de mariage, il en est de même dans les Coutumes qui ont une disposition semblable à celle de Paris, aussi-bien que dans celles qui n'en parlent point, comme équitable, ainsi que M. Louet l'a traité sous la lettre R. sommaire 30.

La raison est: Que la communauté n'est réputée contractée que sous la convention qu'elle ne sera que des meubles des Conjoints au tems du mariage, & de ce qu'ils acquerreront pendant icelui: Ainsi, le remploi des propres aliénés est de droit & d'équité, autrement, un des Conjoints, en vendant ses propres, en mettroit le prix dans la communauté, & y apporteroit une augmentation qu'il ne lui doit point; ce qui seroit absolument contraire aux regles du Droit Coutumier, qui ne permet pas que les Conjoints puissent s'avantager directement ni indirectement pendant le mariage.

Il faut d'ailleurs récompenser celui dont les propres ont été aliénés, par la même raison que l'Associé doit être récompensé de la dépense qu'il a faite au profit de la societé: Et comme le remploi est une dette de la communauté, il se prend sur les biens qui la composent, par la raison, que le prix de la vente ou rachat de la rente est présumé y être rentré, ensorte que la femme qui accepte la communauté, confond avec elle la moitié de son remploi.

Nous avons néanmoins quelques Coutumes qui ont une disposition contraire à celle de Paris, & qui portent expressément, que les deniers provenans de la vente des propres de l'un des Conjoints faite pendant le mariage, sont réputés meubles, & qu'ils tombent dans la communauté, sans pouvoir être repris par celui à qui ils appartenoient.

Dans ces Coutumes qui refusent l'action de remploi, la récompense n'est accordée qu'en vertu d'une clause expresse de remploi au profit de celui des Conjoints dont les biens non communs se trouveront vendus au tems de la dissolution de la communauté.

Cette clause se dresse en la maniere suivante : *Si pendant le mariage il est aliéné quelqu'heritage propre à l'un des Conjoints, ou remboursé quelque rente, le remploi en sera fait en autres heritages ou rentes.*

Quoiqu'il ne soit pas nécessaire de stipuler le remploi dans la Coutume de Paris, & dans celles qui ont une semblable disposition, pour être les deniers de la vente repris sur la communauté, néanmoins, on l'appose ordinairement dans les contrats de mariage, parce que l'action du remploi des propres aliénés durant le mariage, est mobiliaire ; de sorte que si l'un des Conjoints décede, laissant des enfans, & que lesdits enfans prédécedent le survivant des pere & mere, avant que le remploi soit fait, le survivant succede à cette action, laquelle comme mobiliaire, demeure confuse en sa personne, de maniere que les heritiers collateraux ne lui en peuvent rien demander, & même il succede à cette action dans la succession de chacun de ses enfans, qui décedent avant le remploi, à l'exclusion des autres enfans qui restent.

Mais pour empêcher que le survivant des pere & mere ne succede à cette action, & la faire passer aux enfans, de sorte qu'ils y succedent les uns aux autres seulement, on stipule : *Que le remploi en sera fait en achat d'heritages ou rentes, pour lui tenir même nature de propre.*

Cette clause n'empêche pas que le survivant ne succede à ses enfans, à l'exclusion des heritiers collateraux ; elle empêche seulement que s'il y a plusieurs enfans, & que l'un d'eux vienne

à

à déceder, le survivant n'y succede pas au préjudice des autres enfans qui restent.

La raison est, que l'action de remploi est mobiliaire de sa nature, & que la susdite clause ne la rend immobiliaire que par rapport aux enfans & entr'eux seulement : Ainsi, cette action reprend sa premiere nature, & redevient mobiliaire dans la succession de l'enfant qui décede sans laisser ni frere ni sœur, & par conséquent cette action appartient alors à son heritier mobilier. Brodeau a traité cette question sur l'article 93 de son Commentaire de la Coutume.

Mais pour faire que l'action de remploi passe après la mort du dernier décedé des enfans, à ses collateraux heritiers des propres, à l'exclusion du survivant, il faut que la clause porte : Que l'action de remploi sera propre *aux siens de son côté & ligne.* Ainsi, quand on veut assurer entierement le remploi des propres, tant aux enfans qu'aux collateraux, on doit rédiger la clause de cette maniere :

Si pendant le mariage, sont rachetées quelques rentes, ou vendus quelques heritages des futurs époux, les deniers qui en proviendront seront employés en autres rentes & heritages pour sortir même nature de propres à celui auquel appartiendront lesdits heritages aliénés, ou rentes rachetées, & aux siens de son côté & ligne ; & où le remploi n'auroit été fait, les deniers seront repris sur la communauté, & l'action pour le remploi sera réputée immobiliaire, & de même nature que si le remploi avoit été fait.

Voyez sur cette matiere ce que M. de Ferriere a dit sur l'art. 232 de la Coutume de Paris, où il a expliqué au long les differentes clauses qui se font pour rendre immobiliaire l'action de remploi.

Il nous reste à observer ici que l'action de remploi est réciproque ; le mari peut demander le remploi aussibien que la femme, c'est un droit commun aux deux Conjoints, avec cette differen-ce, que le mari ne peut jamais prétendre de remploi de ses propres aliénés, quand la femme ou ses heritiers renoncent à la communauté, ou qu'il y a exclusion de communauté entre les Conjoints, parce que la femme ne profite point alors du prix des propres du mari qui ont été aliénés ; d'ailleurs le mari doit s'imputer à lui-même, si la communauté, dont il étoit le Maître, n'est pas opulente : Ainsi quand les meubles, acquêts & conquêts de la communauté ne sont pas suffisans, le mari ne peut jamais reprendre les deniers de ses propres aliénés sur les biens de sa femme.

Au contraire, quand les propres de la femme ont été aliénés; fi les biens de la communauté ne font pas fuffifans pour qu'elle en puiffe reprendre le prix deffus, elle le reprend fur les propres du mari, obligé fubfidiairement, & à cet égard, a hypoteque du jour de fon contrat de mariage. La raifon eft: Que le mari étant le Maître de la communauté, fi fes propres n'étoient pas garans du remploi dû à fa femme, il lui feroit facile, en abufant des effets de la communauté, de réduire fa femme & fes heritiers à ne pouvoir être récompenfés de fes propres aliénés, & de faire tomber fur eux, la peine de fa diffipation.

CHAPITRE XV.

De la Reprife de la femme, en renonçant à la communauté.

LA reprife de la femme, en renonçant à la communauté, eft une faculté particuliere, que la femme ne peut exercer qu'en vertu d'une ftipulation expreffe appofée dans fon contrat de mariage, qui lui accorde cette faculté.

Elle confifte à pouvoir, arrivant la diffolution de la communauté, reprendre, en y renonçant, tout ce qu'elle y aura apporté, & tout ce qui lui fera échû pendant le mariage, à quelque titre que ce foit, avec fon douaire & préciput, fans être tenue d'aucunes dettes contractées pendant la communauté, pas même de celles aufquelles elle fe feroit obligée.

La femme, après le trépas de fon mari, peut, fi bon lui femble, accepter la communauté ou y renoncer, cela eft de Droit, & il n'eft pas befoin de ftipulation, pour qu'elle ait le choix d'accepter ou de renoncer à la communauté; mais parce qu'en renonçant à la communauté, tout ce que la femme y auroit apporté, y demeureroit en pure perte pour elle, avec tout ce qui lui feroit échû durant le mariage, à l'exception des propres, il eft d'une très-grande conféquence de ftipuler la reprife de la femme en renonçant à la communauté.

Cette claufe de reprife n'eft jamais fous-entendue, & ne fe fupplée pas, parce qu'elle n'eft pas accordée à la femme par la difpofition du Droit coutumier: Ainfi, la faculté que donne cette claufe étant extraordinaire, & contre le Droit commun, elle ne

fe peut exercer qu'en vertu d'une ftipulation expreffe, appofée
au contrat de mariage.

De ce principe, il s'enfuit, que la faculté de renoncer exprimée dans le contrat de mariage, n'emporte point la faculté de
reprife. Il n'en eft pas de même de la claufe de reprife, elle emporte toujours la faculté de renoncer, quoique non exprimée
dans le contrat de mariage, parce que la claufe de la reprife eft
une conféquence du pouvoir de renoncer; pouvoir que la femme tient de la difpofition de la Coutume.

La claufe de reprife étant contre le Droit commun, eft reftrainte aux termes dans lefquels elle eft conçue : Ainfi, elle ne
peut rien operer au-de-là de ce qu'elle contient expreffément ;
c'eft un droit étroit, une faculté extraordinaire, qui s'interprete
& s'exécute à la lettre, fuivant la propre fignification des termes
dans lefquels cette claufe eft conçue, & avec limitation aux
chofes & aux perfonnes qui font dénommées en la ftipulation :
Ainfi, cette claufe ne peut pas être étendue d'un cas à un
autre, d'une chofe à une autre, ni d'une perfonne à une
autre.

De ce principe incontestable, il s'enfuit :

Premierement, que fi cette ftipulation portoit feulement que
la femme renonçant à la communauté, reprendra tout ce qu'elle
y aura apporté ; cette claufe ne fuffiroit pas pour lui donner droit
de reprendre ce qui lui feroit échû par legs, donation ou autrement, parce que cette claufe ne peut être entendue précifément que des chofes qui font effectivement entrées dans la
communauté, au moment qu'elle a été contractée, comme il
a été jugé par Arrêt du 18 Juin 1687, rapporté dans le Journal
du Palais : Ainfi, pour que la claufe foit complette, il faut qu'elle
comprenne non-feulement tout ce que la femme aura apporté à
la communauté ; mais auffi tout ce qui lui fera échû pendant le
mariage, à quelque titre que ce foit.

En fecond lieu, que fi la reprife n'a été ftipulée, qu'en cas de
diffolution de mariage, elle ne peut être étendue au cas où la
communauté feroit rompue, autrement que par la mort naturelle du mari : C'eft pourquoi on la doit ftipuler, non pas fimplement au cas de diffolution du mariage ; mais en général, *au cas de*
diffolution de communauté, afin que fi la communauté eft rompue
par la mort civile du mari, ou par la féparation de biens accordée en Juftice à la femme, ou par quelqu'autre maniere
que ce foit, la femme puiffe exercer la reprife : Et en vertu d'une

telle clause, la femme ayant exercé la reprise en conséquence de la dissolution de communauté pour cause de séparation, & venant ensuite à mourir avant son mari, le mari survivant n'est pas en droit de redemander cette reprise aux heritiers de sa femme. C'est ce qui a été jugé par Arrêt du 30 Décembre 1718, rendu sur les conclusions de M. Gilbert de Voisins, Avocat Général.

La raison est, que la reprise que fait la femme dans le tems de la séparation de biens, n'est pas seulement provisoire, mais encore définitive, & que sans que la femme survive, elle acquiert irrévocablement pour elle & ses heritiers, par la séparation, ce qu'elle auroit droit de reprendre si elle survivoit à son mari, quand il est dit, que la reprise aura lieu, *arrivant la dissolution de la communauté.*

Une troisiéme conséquence que l'on tire du même principe est: Que quand la reprise n'est accordée qu'à la femme, comme elle lui est personnelle, elle n'est point transmissible aux enfans ni aux heritiers collateraux qui ne peuvent l'exercer; c'est une faculté personnelle qui s'éteint avec la personne: Ainsi, cette clause étant conditionnelle, c'est-à-dire, n'étant accordée à la femme qu'en cas qu'elle survive à son mari; si elle meurt la premiere, la faculté de reprise qui lui étoit personnelle devient caduque, & la condition de survie n'étant pas arrivée, la faculté de reprise stipulée en faveur de la femme est éteinte par sa mort. M. Louet, lettre F. sommaire 28, traite abondamment cette matiere importante.

La faculté de renoncer est toujours accordée aux heritiers de la femme, tant en ligne directe que collaterale, parce qu'autrement la communauté introduite en faveur de la femme, seroit préjudiciable à ses heritiers; mais la stipulation de reprise ne sert point à ses heritiers, à moins qu'ils n'y soient compris. Cette stipulation ne sert qu'à ceux en faveur desquels elle est expressément faite.

Par cette raison, quand la clause de reprise est faite au profit de la femme & des siens, elle ne peut être exercée que par elle, ou par ses enfans. Pour qu'elle puisse être exercée par d'autres heritiers de la femme, il faut que la clause de reprise soit faite, *tant pour la future épouse, que pour les siens, & ses heritiers collateraux:* Mais il n'est pas ordinaire qu'on accorde la faculté de reprise à d'autres qu'à la femme & aux siens, ou à leur défaut, à ses pere & mere.

Quand la faculté de reprise n'est précisément accordée qu'à la femme, elle ne peut être exercée par ses heritiers ni par ses créanciers, lorsque la femme meurt avant son mari, comme nous avons dit ci-dessus.

Mais cette faculté est transmissible aux heritiers & aux créanciers de la femme, lorsqu'elle a survêcu son mari, & qu'elle vient ensuite à déceder sans avoir renoncé à la communauté, & sans avoir demandé ses reprises franches & quittes, conformément à son contrat de mariage.

La raison est : Que le droit de reprendre, ayant par le décès du mari, été acquis à la femme survivante, ce droit fait partie de sa succession, & peut être par conséquent exercé de son chef par ses heritiers ou ayans cause, lorsqu'elle est décédée, sans s'être expliquée à cet égard. Ainsi jugé par Arrêt du 2 Juillet 1716, rendu en la deuxiéme Chambre des Enquêtes, au rapport de M. d'Averdouin.

Il résulte de tout ce qui a été dit ci-devant, que la stipulation de reprise doit être rédigée avec beaucoup d'attention. Pour qu'elle soit complette & sans ambiguïté, il faut qu'elle soit dressée en la maniere qui suit :

Lors de la dissolution de la communauté, si la future épouse, ou les enfans qui naûront dudit mariage, usent du droit qu'ils ont de renoncer à la communauté, ils reprendront la dot entiere de ladite future épouse, & tout ce qui sera échû pendant ledit mariage, tant en meubles, qu'immeubles, par succession, donation, legs, ou autrement, même elle, si elle survit, reprendra son douaire & son préciput ci-dessus stipulés ; le tout franc & quitte des dettes & hypoteques de ladite communauté, quoique ladite future épouse y fût personnellement engagée, dont en ce cas, elle & sesdits enfans seront acquittés & indemnisés par ledit futur époux, ou ses heritiers, & sur ses biens, sur lesquels il y aura hypoteque de ce jour, pour raison de ce, ainsi que pour raison de l'exécution des autres clauses du présent contrat : Et les interêts desdites reprises courreront du jour de la dissolution de la communauté, sans qu'il soit besoin d'en faire la demande en Justice.

A la fin de cette clause, il y a premierement, une stipulation d'indemnité en faveur de la femme, & de ses enfans ; parce que la stipulation qui porte que la femme en renonçant à la communauté, reprendra franchement & quittement, tout ce qu'elle y aura apporté, &c. sans même être tenue des dettes de la communauté, auxquelles elle auroit parlé, n'a effet qu'à l'é-

gard de son mari ou de ses heritiers; mais elle ne préjudicie
en rien aux créanciers envers lesquels elle s'est obligée : Ainsi,
ils la peuvent poursuivre, sauf son recours pour son indemnité sur
les biens de son mari.

En second lieu, cette clause contient que l'hypoteque
pour cette indemnité, sera sur les biens du mari, du jour
du contrat de mariage, & cela, pour prévenir la difficulté
qu'on pourroit faire ; que faute de cette stipulation, l'hypoteque ne seroit que du jour des obligations contractées par la
femme. En effet, quoique les derniers Arrêts semblent avoir
décidé que la femme a pour raison de son indemnité, hypoteque sur les biens du mari du jour du contrat de mariage,
néanmoins il est toujours bon de l'exprimer dans les contrats
de mariage, pour éviter les contestations qui pourroient naître
là-dessus.

En troisiéme lieu, cette clause porte que les interêts des reprises coureront du jour de la dissolution de la communauté,
sans qu'il soit besoin d'en faire demande en Justice, parce que
si cela n'étoit pas exprimé, les heritiers du mari pourroient
prétendre que les interêts n'en sont dûs que du jour de la demande
suivie de condamnation.

Cependant, je crois que les interêts des reprises sont dûs de
droit à la femme, de même que ceux de la dot, du jour de
la dissolution de la communauté, sans qu'il soit besoin d'en faire
la demande en Justice. *Voyez* ce qu'en a dit M. de Ferriere
sur l'article 237 de la Coutume de Paris, glose premiere,
S. 2, nombre 49.

CHAPITRE XVI.

De la Stipulation que doit faire le mari, au cas de la reprise
accordée aux heritiers de la femme.

L A faculté de reprendre la dot entiere de la femme, en renonçant à la communauté, est quelquefois accordée à ses
heritiers, à défaut d'enfans, surtout aux pere & mere qui dotent leur fille : Mais en ce cas, le futur époux doit stipuler
par une clause expresse, qu'il retiendra sur la dot une certaine
somme, pour le dédommager des frais de nôces, & charges de
mariage.

Il est de très-grande conséquence pour le mari d'apposer cette clause, principalement dans ce tems, auquel ceux qui se marient sont obligés de dépenser dans les premieres années une bonne partie des biens que leurs femmes leur apportent ; & ces dépenses causent ordinairement la ruine de ceux qui n'ont pas sçû prévoir le malheur qui leur pouvoir arriver.

Ainsi, quand par le contrat de mariage il a été stipulé que la femme & ses heritiers reprendront franchement & quittement tout ce qu'elle y aura apporté, & qui lui sera échu par don, legs, &c. le mari doit stipuler, qu'au cas que la femme prédécede, & que ses heritiers renoncent à la communauté, & se servent de la clause de reprise, il retiendra pardevers lui une somme pour frais de nôces, & charges de mariage, que l'on fixe suivant la qualité ou le bien des Parties, ou qu'on réduit au tiers ou au quart de ce que la femme a apporté en communauté. Cette stipulation est une suite de la clause qui a fait la matiere du chapitre précédent ; & elle se met immédiatement après dans le contrat de mariage.

Voici de quelle maniere on la doit dresser : *Les pere & mere de ladite future épouse, & à leur défaut ses heritiers collateraux, renonçans à ladite communauté, exerceront les mêmes reprises qu'eussent pû faire les enfans, s'il y en eût eu, franches & quittes aussi de toutes les dettes de la communauté ; mais ils laisseront audit futur époux la somme de* . . . . . . *pour l'indemniser des frais de nôces & charges de mariage, & lui accorderont un ou deux ans de délai pour la restitution du surplus, avec ou sans interêts pendant ledit tems.*

Il n'est point ordinaire d'accorder cette faculté de reprise aux heritiers collateraux de la future épouse ; on la restraint presque toujours à ses pere & mere : Mais quand on la met en faveur de toute autre personne que de la future épouse, on doit toujours par une autre clause, accorder au mari la rétention d'une certaine somme pour les frais de nôces & charges de mariage.

La raison est, qu'il peut arriver qu'une femme vienne à mourir peu de tems après avoir été mariée ; & un mari se trouve dans un grand embarras, d'être obligé de restituer entierement la dot de sa femme, & de supporter en pure perte de grands frais qu'il lui a fallu faire pour ses nôces, & pour s'accommoder dans son ménage. Il est donc juste qu'il ait une espece de don mobile, un Gardien garde les meubles, & un mari ne conserve rien, qu'nne communauté de dettes paſſives, à laquelle les heritiers de la femme ont renoncé.

Comme ces ſortes de clauſes ne ſe ſuppléent point, il eſt d'une conſéquence infinie pour le futur époux de ne la point omettre, & il eſt de l'équité & de la juſtice de la lui accorder, quand il veut la ſtipuler.

CHAPITRE XVII.

Des Donations qui ſe font par Contrat de Mariage.

QUOIQUE par la diſpoſition du Droit coutumier, il ne ſoit pas permis aux Conjoints par mariage de ſe faire aucunes donations entre-vifs, ce qui eſt conforme au Droit écrit, néanmoins, telles donations ſont valables, quand elles ſont faites par contrat de mariage, non-ſeulement quant à l'uſufruit, au cas de ſurvie par le Donataire ; mais auſſi en pleine proprieté, ſoit que la donation ſoit faite ſeulement par un des Contractans à l'autre, ou qu'elle ſoit réciproque, & qu'elle ſoit d'acquêts ou de propres, il n'importe.

Cela provient de ce que la faveur des contrats de mariage eſt ſi grande, qu'ils ſont ſuſceptibles de toutes ſortes de clauſes, pourvû qu'elles ne ſoient pas contraires aux Loix ni aux bonnes mœurs ; de ſorte que par contrat de mariage, l'un des Contractans peut donner tous ſes propres à l'autre, ſans aucune réſerve.

Les donations qui ſe font par contrat de mariage entre futurs Conjoints, ou par l'un d'eux, ne ſont point annullées par la ſurvenance des enfans, elles ſont ſeulement réductibles juſqu'à la concurrence de la légitime : Ainſi, un des futurs Conjoints peut donner à l'autre, à l'effet que la donation vaille, quoiqu'il y ait enfans ; auquel cas, telle donation validera, & ne pourra être que réductible à la légitime deſdits enfans.

On peut appoſer à une donation de tous biens entre futurs Conjoints, cette clauſe : *Que la donation ne ſera valable, qu'au cas qu'il n'y ait point d'enfans vivans iſſus du mariage, lors du décès du premier mourant ; ou au cas que les enfans iſſus du futur mariage décedent avant l'âge de vingt-cinq ans accomplis avant*

le

le furvivant de leur pere & mere. C'eft ce qui a été jugé par Arrêt rendu en l'Audience de la Grand'Chambre, le Mardy 11 Mars 1680., plaidant Pajot & Nivelle.

Les perfonnes qui veulent fe faire quelqu'avantage fans faire tort à leurs enfans, ftipulent que la donation qu'ils fe font par le contrat de mariage d'une partie confiderable de leurs biens, n'aura lieu qu'au cas qu'il n'y ait point d'enfans iffus de leur mariage, lors du décès du premier mourant.

Il y a des perfonnes qui portent leurs vûes jufques fur leurs collateraux, & qui ne veulent pas leur ôter la propriété de leurs biens; c'eft pourquoi ils ne font par leur contrat de mariage, à leur futur époux, ou à leur future époufe, qu'une donation de l'ufufruit de leurs biens, ou de partie d'iceux.

Les donations faites par contrat de mariage par des étrangers, font valables; mais quand une perfonne étrangere fait une donation dans un contrat de mariage, à l'un des futurs Conjoints, comme le contrat eft un acte qu'on fait figner à la fin par tous les parens & amis, qui par honnêteté ne le lifent prefque jamais, il faut prendre la précaution de faire parapher le Donateur à tous les endroits où paraphent les Parties contractantes; il y a même des Notaires dont la fage précaution va jufqu'à lui faire mettre le mot de *Donateur*, au-deffous de fa fignature.

Il y a une autre efpece de donation, laquelle fe peut faire par contrat de mariage entre futurs Conjoints, ou entre Conjoints pendant le mariage; & cette donation eft appellée, *don mutuel*, par lequel les Contractans conviennent que le furvivant des deux jouira par ufufruit, fa vie durant, de la moitié des biens de la communauté, appartenans aux heritiers du prédécedé.

Mais il y a une difference très-confiderable entre le don mutuel fait par contrat de mariage, & celui qui eft fait pendant le mariage; en ce que par contrat de mariage le don mutuel peut être ftipulé *fans retour*, c'eft-à-dire, en proprieté pour le Donataire; au lieu que pendant le mariage, il ne peut être ftipulé que pour la jouiffance feulement, auquel cas, le Donataire eft toujours obligé de donner bonne & fuffifante caution; au lieu que quand le don mutuel eft ftipulé pour l'ufufruit feulement, par contrat de mariage, les Contractans peuvent convenir que le Donataire fera déchargé de donner caution.

La raifon eft, que comme ils le peuvent ftipuler *fans retour*, à plus forte raifon peuvent-ils convenir que le furvivant ne fera point obligé de donner caution. *Voyez* ci-après livre VII. chapitre

XII. ce qui eft dit du don mutuel qui fe fait hors du contrat de mariage.

Autrefois on tenoit pour maxime, que les donations en faveur de mariage, n'étoient point fujettes à l'infinuation, n'étant pas tant des donations, que des efpeces de contrats ou conventions, outre qu'elles étoient regardées fi favorablement, qu'elles étoient exceptées des regles generales.

Cependant les Ordonnances de 1540 & de 1566, ont rendu ces donations fujettes à l'infinuation, auffibien que les autres; ce qui a été confirmé depuis par la Déclaration de Louis XIII. vérifiée en Parlement le 5 Décembre 1622.

Tous les contrats de mariage qui contiennent les donations, foit réciproques, ou autres, ou don mutuel, font aujourd'hui fujets à l'infinuation.

Il n'y a que les donations qui font faites par contrat de mariage ou ligne indirecte, qui en foient exemptes. L'art. 1 de la Déclaration du 17 Février 1731 le porte ainfi.

CHAPITRE XVIII.

Des Claufes & Conventions particulieres qui s'appofent dans les Contrats de Mariage.

IL y a quelques claufes & conventions particulieres, qui fe mettent quelquefois dans les contrats de mariage.

I. Que la femme ne fera point commune avec fon mari & qu'elle aura l'adminiftration de fes biens, pour les donner à loyer, ou à ferme, & en avoir la jouiffance pleine & entiere; & que pour cet effet, elle demeurera autorifée pour la pourfuite de fes droits & actions; de forte que dans la fuite l'autorité du mari n'eft pas requife, à moins qu'il ne s'agît de l'alienation des biens de fa femme, ou de contracter des dettes autres que celles qui concernent l'adminiftration de fes biens.

II. Quand les pere & mere marient leur fille, ils peuvent ftipuler, que le furvivant jouira des meubles & conquêts du prédécedé, la vie durant dudit furvivant, pourvû qu'il ne fe remarie point, fuivant l'article 281 de la Coutume de Paris: De forte que fi le furvivant fe remarie, les enfans qui ont par leur contrat de mariage confenti à cette ftipulation, peuvent l'obliger de rendre compte de la communauté qui étoit entre lui & le premier décedé de leurs pere & mere.

Et s'il arrive que d'autres enfans, qui n'auront pas fait cette convention, obligent le survivant de rendre compte, ceux qui l'auront faite ne s'en pourront pas prévaloir, & ils ne pourront pas demander le supplément de la portion qui leur doit appartenir dans les biens de la communauté.

Mais alors, quand quelques-uns des enfans ont été obligés de laisser jouir le survivant de la portion qui lui appartenoit dans les meubles & conquêts immeubles, & que les autres l'ont obligé de leur rendre compte & de faire partage des biens de la communauté, en qualité d'heritiers du prédécedé ; les uns & les autres sont tenus de rapporter les fruits & les interêts des avantages par eux reçus du prédécedé, depuis le jour de son décès jusqu'au jour du partage des biens du survivant, & ceux perçus du survivant depuis son décès jusqu'au jour du partage de ses biens, & par ce moyen l'égalité est conservée entr'eux.

Voyez M. le Brun, en son Traité de la Communauté, livre 2, chapitre 2, section 6, distinction 2, & ce que M. de Ferriere en dit sur cet article 281 de la Coutume de Paris. Nous remarquerons seulement ici:

I. Que pour éviter les contestations qui peuvent naître à l'occasion de cette clause, on y ajoute ordinairement la condition de faire observer le semblable par les autres enfans.

II. Que cette clause n'étant qu'un forfait pour les jouissances de l'enfant marié, elle se peut stipuler par le pere & la mere qui survit, pourvû que le survivant ne soit point Tuteur de celui avec qui il stipule la jouissance des meubles & conquêts du prédécedé sa vie durant. *Voyez* ce que nous avons dit à ce sujet au chapitre 10 de ce livre.

III. Quand le futur époux est pourvû de quelque Charge, pour laquelle il doit des deniers privilegiés, comme au Vendeur de la Charge, ou aux créanciers qui lui ont prêté pour en faire l'acquisition, les parens de la fille, ou elle-même jouissante de ses droits, stipulent, que les deniers qu'elle donne en dot à son mari, & qu'elle stipule lui sortir nature de propre, seront employés en l'acquit des sommes que le futur époux doit, jusqu'à concurrence, avec stipulation de subrogation aux droits des créanciers, pour la sûreté de la reprise des deniers dotaux.

Cette clause se dresse ainsi : *Et a été stipulé, que ces deniers seront employés à l'acquit de ce que le futur époux peut devoir sur sa Char-*

ge, & que la future épouse demeurera subrogée jufqu'à concurrence d'i-
ceux aux hypoteques des créanciers, pour la fûreté de la reprife des de-
niers dotaux.

IV. Pour la fûreté du douaire, la fille ou fes pere & mere qui la marient, craignant que le futur époux n'ait contracté avant le mariage, des dettes qui pourroient abforber tous fes biens, obligent les pere & mere du futur époux de certifier & déclarer leur fils franc & quitte de toute dette & hypoteque jufqu'au jour des époufailles, obligeant pour ce tous leurs biens, même ils les obligent d'affecter leurs biens pour la fûreté du douaire conftitué à leur fille, & aux enfans qui naîtront du mariage ; enforte que fi les dettes du futur époux abforboient les biens qui lui ont été donnés en mariage, la femme pour fon douaire, auroit recours fur les biens des pere & mere de fon mari.

Quand les pere & mere du futur époux ont fimplement promis de le mettre en ménage, *franc & quitte de toutes dettes*, cette claufe affure la femme que les dettes antérieures de fon époux ne l'empêcheront pas d'être payée de fa dot, de fon douaire, de fon préciput, & même des donations que le mari lui a faites par fon contrat de mariage ; Ainfi, ces chofes étant en fûreté, l'afcendant qui a promis de mettre le futur époux en ménage franc & quitte de toutes dettes, n'eft point obligé de payer fes dettes poftérieures.

La raifon eft : Que l'effet d'une claufe ne doit pas aller au-delà de l'intention des Parties : Or, l'intention de l'afcendant n'a pas été de garantir aux futurs Conjoints une communauté plus ou moins opulente. *Voyez* M. le Brun, en fon Traité de la Communauté, livre 2, chapitre 3, fection 3, nombres 41 & 42.

Mais quelquefois on ftipule : *Que toutes les dettes dont le futur époux fe trouvera chargé perfonnellement au jour de la célébration du mariage, feront acquittées par fes pere & mere, qui promettent de les payer en leur propre & privé nom, & d'en indemnifer la future époufe;* & pour lors les pere & mere du mari font obligés, en vertu de cette claufe, d'acquitter toutes fes dettes antérieures au mariage, & d'en indemnifer la femme.

Un fils de famille eft accablé de créanciers (on les fuppofe illégitimes.) Voici la maniere de s'en mettre à couvert par fon contrat de mariage.

Ses pere & mere lui font donner quittance par le contrat d'une fomme qui excederoit fa légitime, & enfuite ils don-

nent à leur bru tout leur bien par donation entre-vifs, à la réferve de l'ufufruit qu'ils laiffent à leur fils fa vie durant, avec prohibition de le faifir, finon qu'il demeurera réuni & confolidé à la
proprieté.

V. Comme ce qui eft donné par un collateral n'eft pas fujet à
rapport, une perfonne qui veut donner par contrat de mariage à
un de fes parens, & qui ne veut feulement que lui avancer la part
qu'il pourra prétendre dans fa fucceffion, fans faire tort aux autres
collateraux, qui font auffi fes préfomptifs heritiers, doit en faire
une déclaration expreffe dans le contrat.

Cette déclaration fe fait ainfi : *Que cette prefente donation n'eft
faite par le Donateur, qu'à condition de rapporter par les futurs Conjoints, en cas d'acceptation de fa fucceffion, les biens donnés, ou
partie d'iceux, jufqu'à concurrence d'une telle fomme, lorfque fa
fucceffion fera ouverte, pour le tout être partagé également entre fes
heritiers.*

VI. Les pere & mere, furtout entre perfonnes de qualité,
en dotant leurs filles, les obligent de renoncer par leurs contrats
de mariage à leur fucceffion future, fans qu'elles y puiffent rien
prétendre, au moyen de la dot qui lui eft conftituée.

Cette renonciation fe fait ordinairement pour avantager les
mâles, afin qu'ils puiffent foutenir le nom & la famille; & pour
cet effet, l'on fait même quelquefois auffi renoncer les filles aux
fucceffions de leurs freres.

Ces fortes de renonciations font fi favorablement reçues dans
la France, tant en Pays de Droit, qu'en Pays coutumier, que
quoique la fille foit mineure, & qu'elle n'ait pas eu fa légitime,
elle ne peut revenir contre. Il fuffit qu'on lui ait donné une dot
convenable, & que cette dot foit entierement payée lors de l'ouverture de la fucceffion.

Cela eft fondé fur ce qu'elle a une chofe certaine qui eft fa dot,
pour une chofe incertaine, qui eft l'evenement de la fucceffion
& de la bonne ou mauvaife fortune des pere & mere au tems
de leurs décès. D'ailleurs, *Habilis ad nuptias, habilis videtur
ad pacta omnia, & renunciationes, quæ apponi in talibus folent.*

Voyez M. Louet, lettre R. nombre 17; M. le Preftre, centurie 1, chapitre 23; M. de Renuffon, Traité des Propres, chap. 2,
fection 6.

VII. Les pere & mere des futurs époux, ou l'un d'eux, peuvent donner une terre ou une maifon aux enfans qui naîtront du

mariage, pour empêcher que tous les biens ne foient diffipés ou aliénés, ou hypotequés pendant le mariage, afin que les enfans qui en naîtront puiffent avoir, après la mort du Donateur, de quoi vivre, au cas que les futurs Conjoints laiffent déperir leurs biens.

VIII. On ftipule, principalement dans les contrats de mariage des perfonnes de qualité : *Que la future époufe, arrivant le décès du futur époux, aura fon habitation fa vie durant dans l'un des Châteaux ou Maifons, Cour, Baffe-Cour, Jardin & Enclos appartenans au futur, pendant tout le tems qu'elle demeurera en viduité.*

On ajoute auffi quelquefois : *Que l'habitation ne durera que jufqu'au mariage du fils aîné,* afin de ne pas laiffer le principal heritier d'une Maifon fans une demeure convenable à fa condition & à fon rang. Et en ce cas, on indemnife la veuve en augmentant fon douaire, ou en lui affignant une rente particuliere pour lui tenir lieu d'habitation payable par le fils aîné.

Quelquefois on ftipule, que le lieu de l'habitation de la veuve fera meublé par les heritiers du mari, jufqu'à la concurrence de certaine fomme : Mais cette claufe n'eft pas ordinaire, parce qu'il ne convient pas que la femme, qui a d'ailleurs un préciput en meubles, faffe encore meubler fon habitation aux dépens de la fucceffion de fon mari.

Quand l'habitation eft fixée par le contrat de mariage, ou quand le choix eft déferé à la femme, il faut fuivre la Loi qui eft écrite. Mais quand on laiffe fimplement l'habitation à la femme, fans s'expliquer davantage, il faut alors la donner à la veuve fuivant fa condition, dans une maifon de la fucceffion, s'il y en a, ou lui payer le loyer de fon logement qui doit être reglé fuivant la prudence du Juge, quand les Parties n'en demeurent pas d'accord à l'amiable : Et quand il y a plufieurs maifons dans la fucceffion du mari, l'heritier n'eft pas tenu de lui donner la plus belle, & ne peut pas non-plus l'obliger d'accepter la pire ; cela fe doit regler par un temperamment jufte & équitable, fuivant la qualité des perfonnes & leurs facultés.

Ce droit d'habitation eft tellement perfonnel, que la veuve ne peut tirer aucuns loyers du lieu qui lui a été donné pour fon habitation.

Il s'éteint du jour que la veuve à qui il eft dû, paffe en fecondes nôces. Il s'éteint auffi par tous les moyens par lefquels s'éteint le douaire.

IX. Les pere & mere de l'un des futurs Conjoints, ou de l'un & de l'autre, conviennent quelquefois & promettent, *de ne point avantager l'un de leurs enfans plus que l'autre*, ou *qu'ils ne pourront faire aucune donation & difpofition au préjudice de celui ou de celle qu'ils marient.*

Ces claufes ont toutes le même effet, qui eft d'ôter aux pere & mere, qui y ont confenti, le pouvoir de difpofer de leurs biens en faveur de leurs autres enfans, au préjudice & en fraude de celui qu'ils ont marié fous cette condition : Ainfi, ces claufes ont le même effet que l'inftitution contractuelle, qui empêche les pere & mere d'avantager, au préjudice de l'Inftitué, leurs autres enfans ; mais qui ne leur ôte pas la faculté de vendre & d'aliéner.

X. Quelquefois les pere & mere, en mariant leurs enfans, promettent par leur contrat de mariage, *de les conferver en leurs droits héréditaires.*

Cette claufe ne produit point d'autre effet, fi ce n'eft d'empêcher que les pere & mere qui y ont foufcrit, puiffent faire de teftament au préjudice de ceux à qui ils l'ont ainfi promis par leurs contrats de mariage.

CHAPITRE XIX.

Des Inftitutions Contractuelles.

L'INSTITUTION contractuelle eft une donation particuliere, qui participe de la donation entre-vifs, & de la donation à caufe de mort, par laquelle une perfonne fait don irrévocable par contrat de mariage, de fa fucceffion future, à un de fes enfans, ou même à un étranger ; en faveur de mariage.

Un tel Donataire eft regardé comme un véritable heritier, & parce qu'il eft inftitué par contrat de mariage, il eft appellé heritier contractuel.

Cette inftitution fe dreffe ainfi : *Et ont lefdits Sieur & Dame pere & mere, inftitué le futur époux leur fils, heritier en tous leurs biens.*

Les inftitutions d'heritier univerfel ne fe peuvent faire, fuivant le Droit Romain, que par teftament. L'ufage les a fait recevoir dans la France coutumiere, au cas qu'elles fussent faites par contrat de mariage ; ce qui a donné dans le Pays Coutumier beaucoup plus de faveur aux contrats de mariage, qu'aux testamens.

C'est aussi cette faveur qui a fait recevoir tant de pactions extraordinaires dans les contrats de mariage, qui d'elles-mêmes ne devroient pas être admises ; mais on a consideré que ces conventions extraordinaires sont le fondement de plusieurs mariages, qui ne se feroient point autrement.

Les institutions contractuelles ont acquis une telle autorité en France, qu'elles ont même été reçues dans les Coutumes, qui réprouvent l'institution testamentaire, comme la Coutume de Blois, article 137 ; Montargis, article 13 ; & Senlis, article 165.

Il faut cependant excepter la Coutume de Berry, laquelle au titre des mariages, articles 5 & 6, condamne les institutions universelles faites par contrats de mariage, des biens présens & à venir, & n'admet que les donations particulieres.

Du Pays coutumier, d'où l'institution contractuelle a vraisemblablement pris son origine, elle a passé aux Provinces de Droit écrit, quoique par le Droit Romain, l'on ne puisse se faire un heritier par aucun contrat, pas même par celui de mariage. *Voyez* Maynard, tome 1, livre 3, chapitre 90.

Pour la validité des institutions contractuelles, il faut deux conditions.

La premiere est : Que ces Institutions soient faites par des contrats de mariage, n'ayant été admises contre la disposition du Droit, qu'en leur faveur.

La deuxiéme condition est : Qu'elles doivent être faites en faveur des mariés, & de leurs descendans seulement.

Quand l'institution contractuelle faite par pere & mere, seroit de la totalité des biens, ou d'une partie qui empêchât que les autres enfans ne pussent avoir leur légitime, elle vaudroit, sauf la légitime des autres.

Les Coutumes de Bourbonnois, d'Auvergne & de la Marche, qui disposent le plus précisément des institutions contractuelles, étendent le pouvoir de disposer par contrat de mariage au-de-là de ce qu'elles permettent de donner gratuitement, même entre-vifs. Il n'y a que la légitime des autres enfans, à laquelle les institutions contractuelles ne peuvent pas donner atteinte.

Mais

Mais on demande, *quels biens ſont compris dans l'inſtitution con-*
tractuelle, quand elle eſt faite par pere & mere, ſans expreſſion de
quels biens ou de quelle part & portion héréditaire elle eſt faite.

Il faut dire qu'elle ne s'entend pas de tous les biens; mais ſeulement de la part & portion que l'Inſtitué peut prétendre dans les
biens de ſes pere & mere; c'eſt-à-dire, que s'il y a trois enfans,
l'Inſtitué n'eſt cenſé l'être que pour un tiers; ainſi des autres cas,
où le nombre des enfans ſe trouve plus ou moins grand.

On ne peut pas néanmoins dire que cette inſtitution ſoit inutile, quoiqu'elle ne donne à l'Inſtitué que ſa part & portion
dans les biens de ſes pere & mere, d'autant qu'elle produit
ſon effet.

1°. En ce qu'elle empêche ſes pere & mere de diſpoſer de
leurs biens en faveur de leurs autres enfans, au préjudice
de cette part & portion qu'ils doivent laiſſer à celui qu'ils in-
ſtituent.

2°. En ce que cette inſtitution ne peut point être détruite par
un acte de révocation, ſuivant le ſentiment de Boërius, en ſa Déciſion 204, non-plus que par une autre inſtitution d'heritier, ſoit
contractuelle, ſoit teſtamentaire.

Cependant, celui qui a inſtitué, peut vendre, hypotequer,
donner ou leguer à titre particulier, au préjudice de l'heritier,
ou des heritiers contractuels; & cela, ſoit que l'inſtitution ſoit
faite en faveur de l'un des futurs Conjoints, ou en faveur des
deſcendans du futur mariage. Celui qui a fait une telle inſtitution d'heritier par contrat de mariage, a toujours la liberté d'a-
liéner & de diſpoſer librement de ſes biens, tant préſens qu'à
venir, comme bon lui ſemblera, pourvû néanmoins que ce ſoit
ſans fraude.

La raiſon eſt: Qu'il paroît que ſon intention n'a été que d'aſſurer ſa ſucceſſion à l'Inſtitué: Ainſi, cette inſtitution, qui ne doit
avoir d'effet qu'au tems de la mort de celui qui l'a faite, ne doit
s'entendre que des biens qui ſe trouveront lui appartenir au jour
de ſon décès.

Nous avons cependant quelques Coutumes, comme celles
d'Anjou, du Maine, où la ſimple déclaration d'aîné étant publiée,
ôte aux aſcendans Donateurs, la faculté d'aliéner & hypotequer
les biens féodaux & immeubles qu'ils poſſedent dans le tems du
contrat de mariage, au préjudice de la portion qui en doit revenir à l'aîné, ſans leur interdire néanmoins l'aliénation & la libre
diſpoſition des biens à venir.

Tome I.

Pour que les déclarations d'aîné produifent dans la Coutume de Paris, & dans les autres femblables, le même effet qu'elles produifent dans les Coutumes d'Anjou & du Maine, il faut exprimer en termes formels, que telle eft la volonté des Parties, & ajouter : *Qu'au moyen de ladite déclaration d'heritier ou du fils aîné, les pere ou mere ne pourront difpofer de leurs biens féodaux, les hypoteguer, engager ni aliéner à fon préjudice.*

Sans cette claufe l'Inftituant a toujours, pendant fa vie, le pouvoir d'aliéner, hypotequer, & même de faire quelques liberalités entre-vifs ou à caufe de mort, mais toujours à titre particulier, & fans fraude.

Voyez la Note de M. Charles Dumoulin fur l'article 12 du titre des Donations de la Coutume de Nivernois, & fur l'article 222 de la Coutume de Bourbonnois.

Voilà quel eft l'effet de l'inftitution contractuelle en Pays coutumier ; à l'égard du Pays de Droit écrit, l'irrévocabilité de l'inftitution contractuelle produit un effet qui n'eft limité en aucune maniere ; en ce que l'Inftituant ne peut plus difpofer des biens qu'il a dans le tems qu'il fait l'inftitution, ni de ceux qu'il acquiert enfuite. La raifon eft, qu'en Pays de Droit écrit, on regarde l'inftitution contractuelle comme une donation de biens préfens & à venir.

Celui qui a fait une inftitution contractuelle n'eft point prohibé d'appeller ou de rappeller fes propres enfans à fa fucceffion, foit par donation entre-vifs ou par teftament, mais jufqu'à concurrence de leur part afferente, autrement cette difpofition feroit réputée en fraude. Arrêt de la Chambre de l'Edit, du 27 Mars 1599, rapporté par Chenu, centurie 1, queftion 82.

L'inftitution contractuelle convient avec la donation entre-vifs, 1°. Parce que c'eft un contrat, puifqu'elle ne fe peut faire que par un contrat de mariage.

2°. En ce qu'elle eft irrévocable, & n'eft point fujette à la réferve des quatre quints des propres.

3°. En ce que l'Inftituant y abdique le pouvoir qu'il avoit auparavant, de difpofer à titre univerfel de tout ou partie de fes biens.

Elle convient avec la donation à caufe de mort, & avec les inftitutions teftamentaires, en ce qu'elle ne peut avoir fon plein & entier effet, qu'au moment de la mort du Donateur ; de forte que les biens qui en doivent provenir un jour au Donataire, peuvent augmenter ou diminuer jufqu'au moment de la mort du

Donateur. Ainsi, l'exécution de l'institution contractuelle est differée au tems de la mort de l'Instituant ; d'ailleurs, elle a en soi le caractere de donation à cause de mort, qui est que le Donateur se préfere à celui à qui il donne, & préfere celui à qui il donne, à son heritier.

On demande si la Loi, *si unquam, cod. de revocandis donationi-bus*, a lieu en fait d'institutions contractuelles.

Pour décider cette question, il faut distinguer si c'est le pere ou un étranger, qui ait fait l'institution ; si c'est le pere qui ait fait l'institution au profit de son fils, la survenance d'enfans ne sera pas révoquer l'institution, sauf la légitime, parce que celui qui avoit déja un enfant, & qui l'a institué par son contrat de mariage son unique heritier, pouvoit prévoir qu'il pourroit en avoir d'autres ; c'est le sentiment de Tiraqueau & de Dumoulin, & tel est le Droit commun : Mais si c'est un étranger qui a fait l'institution, elle sera révoquée par la survenance d'enfans.

L'effet de l'institution, en cas de prédécès de l'Institué, passe à ses enfans, non à d'autres. L'Arrêt d'Albiat, rapporté dans tous les Arrêtistes, qui est du 16 Juillet 1613, l'a jugé ainsi.

L'Institué, quoiqu'il ait accepté l'institution contractuelle, peut y renoncer lors de l'ouverture de la succession, parce qu'il n'a pas pû accepter une succession qui n'étoit pas encore ouverte, & parce qu'il n'a contracté que sur la faculté d'être heritier ; cependant si l'Institué étoit heritier présomptif, il ne pourroit pas, lors de l'ouverture de la succession, renoncer à l'institution, & venir *ab intestat*, afin de se dispenser d'une condition apposée dans l'institution.

La simple promesse d'instituer, faite par contrat de mariage, vaut institution, suivant le sentiment de M. Maynard, livre 5, chapitre 90, parce que c'est le fondement de l'établissement des Conjoints.

De même, si la fille promet par son contrat de mariage, de renoncer aux successions futures de ses pere & mere ; cela vaut renonciation, comme il a été jugé par Arrêt du 24 Juillet 1653, rapporté par Brodeau sur M. Louet, lettre R. sommaire 17, article 6.

Il y a une autre question : Sçavoir, *si les institutions contractuelles sont sujettes à insinuation, comme les donations entre-vifs.*

Ceux qui estiment qu'elles sont sujettes à insinuation dans les quatre mois, ou pendant la vie de l'Instituant, opposent que telles institutions saisissent, qu'elles sont irrévocables, & que les réſerves coutumieres n'y ont point lieu: Mais quoique le titre de l'inſtitution ſoit entre-vifs, ſon effet cependant n'eſt que de faire un véritable heritier *ab inteſtat;* auſſi c'eſt par cette raiſon que Ricard, en ſon Traité des Donations, partie 1, nombre 156, eſtime qu'elles ne ſont point ſujettes à inſinuation.

Le Brun, en ſon Traité des Succeſſions, livre 3, chapitre 2, eſt auſſi du même avis, & ajoute même que celles qui ſont faites par des étrangers, n'y ſont pas ſujettes, il en rend une raiſon très-ſolide; c'eſt que les créanciers n'ont pas d'interêt à empêcher ces ſortes de diſpoſitions, puiſqu'elles ne donnent aucune atteinte à leurs droits.

M. Brillon, dans ſon Dictionnaire des Arrêts, *verbo* Inſtitution, dit que le 6 Septembre 1712, il a été jugé en la troiſiéme Chambre des Enquêtes, qu'une inſtitution contractuelle univerſelle portée par un contrat de mariage, au profit d'un parent collateral, n'étoit pas ſujette à inſinuation. La raiſon eſt, que l'Inſtituant ne ſe déſaiſit point, & qu'il eſt inutile à l'heritier du ſang, dépouillé par l'inſtitution univerſelle, de ſçavoir, s'il a quelque-choſe, puiſqu'il ne peut rien avoir.

Ce même Auteur rapporte, qu'en opinant on inſinua, que s'il s'agiſſoit d'une inſtitution d'heritier particulier, comme d'un quart, ou d'un tiers de la ſucceſſion, l'inſinuation ſeroit néceſſaire.

Mais aujourd'hui cette queſtion eſt inutile, puiſque par les derniers Edits & Déclarations, toutes donations faites par contrat de mariage ſont ſujettes à inſinuation, à l'exception toutéfois de celles qui ſont faites en ligne directe, d'où il faut conclure qu'il n'y a que les inſinuations contractuelles qui ſont faites en ligne directe, qui en ſoïent exemptes, & que toutes les autres ſont ſujettes à inſinuation.

Le pere qui fait une inſtitution contractuelle en faveur de ſon fils, ou qui lui fait une donation par contrat de mariage, peut par le même contrat, & non après, ſubſtituer aux enfans qui naîtront du mariage, les choſes données: Ainſi, un pere qui a fait une inſtitution contractuelle au profit de ſon fils, ne peut pas, après coup, le grever de ſubſtitution, non pas même en faveur de ſes petits-enfans. C'eſt ce qui a été jugé par Arrêt du 22 Février 1635, rapporté par Brodeau ſur M. Louet, lettre S. ſommaire 9, article 13.

Mais toute diſpoſition oblique, par laquelle l'on greve l'Inſti-

tué ou le Donataire, par le même acte, de rendre les biens au
Subſtitué, eſt valable, quand elle eſt faite dans un contrat de mariage, quoiqu'elle ſoit faite au profit d'un étranger, parce que
ces ſortes de diſpoſitions font une Loi de l'inſtitution ou de la donation.

Quand ce ſont des perſonnes de qualité, & qu'il y a un Fief
conſiderable dans la Maiſon, ils le donnent ordinairement à leur
fils aîné, en le chargeant de le reſtituer à l'aîné qui naîtra de ſon
mariage, pour icelui appartenir à l'aîné de la famille, & empêcher par ce moyen, qu'il n'en ſorte.

Mais, telles ſubſtitutions, ſoit par contrat de mariage, ou par
derniere volonté, ne ſe peuvent point faire au préjudice de la
légitime de l'enfant qui eſt chargé de reſtituer, c'eſt-à-dire, que
les pere & mere doivent toujours laiſſer, ſans aucune charge de
reſtitution, la légitime à celui qu'ils veulent charger de reſtitution aux enfans qui naîtront de lui; enſorte que la charge de
reſtituer ne peut avoir lieu que pour ce qui excede la légitime, tant dans la France coutumiere, que dans le Pays de Droit
écrit.

La clauſe portant inſtitution du fils, avec ſubſtitution par ſes
pere & mere, ſe dreſſe en la maniere qui ſuit : *En conſideration dudit futur mariage, leſdits Sieur & Dame pere & mere dudit ſieur futur époux, l'ont inſtitué leur heritier, le reconnoiſſant pour tel, & promettant de lui conſerver leurs ſucceſſions ; & en outre leſdits Sieur &
Dame pere & mere, ſubſtituent au profit des enfans qui naîtront dudit
futur mariage, les biens immeubles qui écheront audit ſieur futur époux
leur fils, par le moyen de la preſente inſtitution ; ſans que ledit ſieur
futur époux en puiſſe diſpoſer à leur préjudice, par donation ou autrement, & ſans qu'il les puiſſe affecter ni hypothequer, pour quelque
cauſe que ce puiſſe être.*

Donation d'une Terre que les pere & mere veulent faire paſſer à l'aîné des enfans mâles qui naîtront du futur mariage : *Et en
faveur dudit mariage, leſdits Sieur & Dame donnent audit ſieur leur
fils la Terre de . . . à la charge de la reſtituer à l'aîné qui
naîtra, ou à celui qui reſtera aîné de la famille.*

Cette donation ſe peut encore faire en la maniere qui ſuit :
*Leſdits Sieur & Dame donnent en faveur dudit mariage, aux en-
fans qui en naîtront, la Terre de . . . pour paſſer à l'aîné
de la famille.*

Par la premiere de ces deux dernieres clauſes, le fils des Donateurs eſt inſtitué, & par conſéquent, fait un dégré dans la ſup-

putation des dégrés de substitution fixés par l'Ordonnance, au lieu que par la seconde clause, les enfans à naître étant directement institués, l'on commence par eux à compter les dégrés, & non pas par leur pere.

Brodeau sur M. Louet, lettre S. sommaire 9, nombre 11, conseille à un pere, qui institue son fils aîné, d'apposer à l'institution une clause limitative, en cas que son fils décede sans enfans mâles, à l'effet de faire retourner à sa famille les Terres qu'il lui donne.

Cette clause se dresse ainsi : *Et au cas que le fils aîné dudit futur époux décede sans hoirs mâles, n laissant que des filles, les Terres retourneront à sondit pere, ou à ses autres enfans mâles, selon l'ordre de leur naissance, à la réserve de la somme de . . .dont les filles, s'il y en a, seront tenues de se contenter.*

Dans les endroits & dans les cas où l'institution contractuelle ne donne à l'Institué que le droit de prendre les biens qui se trouveront appartenir à l'Instituant au jour de son décès, elle n'est point sujette à être insinuée ; mais quand elle ôte à l'Instituant la faculté de disposer à titre particulier de ses biens, & qu'elle est regardée comme une donation de biens présens & à venir, elle doit être insinuée, pour avoir effet à l'égard des créanciers & des acquereurs posterieurs.

Quand l'institution contractuelle comprend aussi une substitution, il faut qu'elle soit publiée. La publication qui en est faite dans les six mois, remonte au jour de la substitution ; mais quand elle est faite après les six mois, elle n'a effet que du jour que la substitution est publiée.

Quoique suivant ce que nous avons dit ci-dessus, l'institution d'heritier faite par contrat de mariage, ait tous les avantages d'une disposition entre vifs, néanmoins, elle ne donne pas à l'Institué la faculté d'être en même-tems heritier institué, Legataire & Donataire, il faut qu'il opte. Comme il a été jugé par Arrêt du Parlement de Paris, rendu le 5 Mars 1712.

Voyez le Traité des Institutions contractuelles de Monsieur de Lauriere.

CHAPITRE XX.

Des Articles de Mariage, & des Obligations qui en résultent.

APRÉS avoir expliqué les principes qui peuvent concerner les contrats de mariage, il est à propos d'en donner différens modeles & formules: Mais il faut avant, dire quelque chose des articles de mariage, dont on a coutume de convenir, & qui précedent ce contrat; il est bon aussi d'examiner l'obligation qui résulte des promesses, articles ou contrats de mariage.

Les articles de mariage sont les clauses dont les futurs Conjoints conviennent & entendent composer leur contrat de mariage. On les dresse sur toutes les clauses que nous avons expliquées, selon qu'il plaît à la future épouse ou à ses parens; étant dressés selon qu'il leur convient, ils sont envoyés par elle ou par ses pere & mere, au futur époux, qui s'y tient, ou qui les contredit, y retranche ou augmente ce qu'il juge à propos, sauf à se concilier dans la suite avec la future épouse, & ses pere & mere.

Après que les Parties sont demeurées d'accord de leurs conventions, & qu'ils ont arrêté les articles de mariage, on en fait double copie, qui est signée des futurs Conjoints & de leurs peres & meres; & chacun des futurs époux en garde une copie.

Les articles ayant été ainsi accordés & signés par les Parties, le contrat de mariage se doit faire par le Notaire, suivant & conformément à ces articles, sans y rien changer, augmenter ni diminuer, sinon du consentement & ordre exprès des Parties.

L'effet des articles de mariage signés, est d'obliger les Parties à la célébration de mariage, sous peine de dépens, dommages & interêts de la part de celui qui refuseroit de la faire.

A l'égard des clauses qu'on y insere, elles sont telles qu'il plaît aux Parties, pourvû qu'elles ne soient point contre les Loix ou contre les bonnes mœurs. Ainsi, ces clauses sont differentes suivant les circonstances, la qualité des Parties, & leur volonté, & sont les mêmes que celles des contrats de mariage. Nous en donnerons seulement ici quelques modeles.

Articles d'un Contrat de Mariage pur & simple avec communauté.

LE s Parties souffignées ont arrêté les articles de mariage ci-après : Les futurs époux feront communs en tous biens, meubles & conquêts immeubles qu'ils feront pendant le mariage, fuivant la dispofition de la Coutume de Paris, felon laquelle les conventions appofées en leur contrat de mariage, feront reglées, & à laquelle ils fe font foumis, dérogeant & renonçant pour cet effet à toutes autres Coutumes.

Ne feront néanmoins tenus des dettes & hypoteques l'un de l'autre, faites & créées avant la célébration de leur mariage ; & s'il s'en trouve aucunes, elles feront payées & acquittées par celui ou celle qui les aura faites, & fur fes biens, fans que ceux de l'autre en foient tenus.

En faveur duquel mariage, les pere & mere de la future époufe, prometront lui donner, la veille des époufailles, la fomme de douze mille livres, dont le tiers entrera en communauté, & les deux autres tiers demeureront propres à ladite future époufe & aux fiens, de fon côté & ligne, avec tout ce qui lui adviendra & échera pendant ledit mariage, par fucceffion, donation, legs ou autrement.

Le futur époux douëra la future époufe de la fomme de huit cens livres de douaire préfix, une fois payée, à l'avoir & prendre par elle fur tous fes biens, fitôt qu'il aura lieu.

Le furvivant des futurs époux prendra par préciput des biens meubles de leur communauté, fuivant la prifée de l'inventaire qui en fera faite, & fans crue, jufqu'à la fomme de fix cens livres, ou ladite fomme en deniers comptans, au choix du furvivant.

Sera permis à la future époufe, & aux enfans qui naîtront du mariage, d'accepter ladite communauté, ou y renoncer ; & en cas de renonciation, de reprendre tout ce qu'elle aura apporté audit mariage, & tout ce que pendant icelui lui fera avenu & échu par fucceffion, donation, legs ou autrement ; même ladite future époufe, fefdits douaire & préciput ; le tout franchement & quittement, fans qu'elle ni fefdits enfans foient tenus d'aucunes dettes & hypoteques de ladite communauté, encore qu'elle y eût parlé, s'y fût obligée, ou y eût été condamnée, dont elle & fefdits enfans feront acquittés & indemnifés par les heritiers, & fur les biens dudit futur époux ; pour raifon de quoi, & des autres conventions ci-deffus, ils auront hypoteque du jour de leur contrat de mariage, fi pendant ledit futur mariage étoit vendu ou aliené, &c.

Fait & arrêté le

Quelquefois on fait la fufdite ftipulation de reprife en faveur des enfans, & même des heritiers collateraux, en la maniere qui fuit :

Sera permis à la future époufe, & aux enfans qui naîtront du mariage,

ou

ou à fes heritiers collateraux, au défaut d'enfans iffus dudit futur mariage, d'accepter ladite communauté, ou y renoncer; & en cas de renonciation, de reprendre, &c.

Quand cette claufe eft ainfi appofée au profit des heritiers collateraux, le mari doit ftipuler que fi la future époufe décede fans enfans, il reprendra une certaine fomme pour les frais des nôces & charges de mariage, au cas que les heritiers renoncent à la communauté, & fe fervent de la claufe de reprife, comme nous avons dit ci-deffus.

Autres Articles de Mariage avec communauté.

ON ftipulera communauté de biens entre les futurs époux fuivant la Coutume de Paris, avec dérogation à toutes Coutumes & Loix contraires. Sans cependant qu'ils foient tenus des dettes l'un de l'autre antérieures à la célebration du mariage; s'il y en a, elles feront payées par le débiteur d'icelles, & fur fon bien perfonnel.

En faveur du mariage, les pere & mere de la Demoifelle future époufe lui conftitueront en dot chacun par moitié, en avancement de leurs fucceffions futures, la fomme de vingt mille livres, qu'ils s'obligeront folidairement de payer en deniers comptans aux futurs époux la veille de la célebration du mariage.

Sera convenu qu'au moyen de la dot, le furvivant des pere & mere jouira pendant fa vie des biens du prédécedé, fans qu'il puiffe lui en être demandé compte ni partage par les futurs époux, leurs enfans, ni autres pour eux.

De ladite fomme de vingt mille livres, fera mis en communauté huit mille livres, les douze mille livres de furplus feront ftipulés propres à la Demoifelle future époufe, & aux fiens de fon côté & ligne, avec tout ce qui lui échera pendant le mariage.

Le douaire fera ftipulé préfix de cinq cens livres de rente viagere s'il n'y a point d'enfans, & de quatre cens livres feulement de rente viagere en cas d'enfans.

Le préciput fera fixé au profit du furvivant, à la fomme de douze cens livres en meubles, fuivant la prifée de l'inventaire & fans crue, ou en deniers comptans.

La faculté de reprendre la dot entiere de la future époufe & tout ce qui lui échera pendant le mariage, fera accordé à ladite future époufe & aux enfans qui naîtront du mariage, en cas de renonciation à la communauté, même à elle, en cas de furvie, de reprendre fon douaire & fon préciput, & de faire lefdites reprifes franches & quittes à l'ordinaire.

La même faculté de reprife, en renonçant, fera étendue aufdits Sieur & Damoifelle pere & mere de ladite future époufe, & au furvivant d'eux, en laiffant au futur époux deux mille cinq cens livres pour l'indemnifer des frais de nôces & des charges du mariage.

Tome I. R r

Le remploi de propres alienés de part ou d'autre pendant le mariage, sera stipulé au défir de la Coutume de Paris; à l'égard de ladite future épouse, il se fera subsidiairement sur les propres dudit futur époux; & on stipulera l'action dudit remploi immobiliaire & propre à chacun des futurs époux, & aux leurs de chaque côté & ligne.

Autres Articles de Contrat de Mariage sans communauté de biens.

LEs Parties souffignées ont arrêté les articles de mariage ci-après:
A été convenu qu'il n'y auroit point de communauté de biens entre lesdits futurs époux, lesquels jouiront féparément de ceux à eux appartenans, dérogeant à cet effet à la disposition de la Coutume de Paris.

Pour connoître & distinguer les biens, meubles & immeubles de ladite future épouse, il en a été fait un état, lequel est demeuré ci-joint après avoir été paraphé par lesdits futurs époux & par les Notaires souffignés, à leur réquisition, & pour avoir par ladite future épouse la jouiffance de fes biens, recevoir les fruits & revenus de fes immeubles, & difpofer de fes meubles, ledit futur époux a autorifé ladite future épouse irrévocablement, fans que par la fuite elle ait befoin d'aucune autre autorifation.

Ledit futur époux fera tenu de loger ladite future épouse dans les meubles à lui appartenans, & de la nourrir conformément à fon état, fans qu'elle foit obligée de fournir aucuns meubles, fi bon ne lui femble.

En confideration de ce que ladite future épouse aura la conduite du ménage & les incommodités qui en réfultent, elle ne payera audit futur époux pour fes logement & nourriture, que la fomme de   par an.

Ledit futur époux a doué & doue ladite future épouse de   de rente de douaire préfix, dont elle jouira, fuivant ladite Coutume, dès qu'il aura lieu.

Le furvivant defdits futurs époux prendra fur les biens du prédécédé pour gain de furvie, la fomme de   une fois payée, foit qu'il y ait enfans ou non dudit futur mariage.

S'il eft vendu ou aliené aucuns immeubles, ou racheté rentes appartenantes en propres à ladite future épouse, remploi en fera fait en autres heritages, ou rentes, pour lui fortir même nature de propre, & en cas que lors de la diffolution dudit mariage, lefdits remplois ne fe trouvent faits, les deniers en feront repris fur les biens dudit futur époux (fans toutefois qu'il puiffe être garant en aucune forte des faits du Prince,) *cette claufe eft bonne lorfque la future épouse a des effets fur le Roi.*

Si pendant ledit mariage, ladite future épouse contracte quelques dettes folidairement avec ledit futur époux, elle en fera indemnifée par lui & fur fes biens.

Il y aura hypoteque fur les biens dudit futur époux pour l'exécution de toutes les claufes ci-deffus, du jour du contrat de mariage.

Nous fouffignés, Jacques Leroy pour moi, d'une part; & Pierre de la Fond, & Therefe Dubois ma femme que j'autorife, en nos noms, & ftipulans pour Marie-Therefe de la Fond, d'autre part; promettons de paffer & figner le contrat de mariage d'entre lefdits Sieur Leroy & Damoifelle de la Fond, conformément aux articles ci-deffus. Fait double, &c.

On doit mettre dans les articles toutes les claufes dont on veut compofer le contrat de mariage ; mais on peut ne les mettre qu'en fubftance dans les articles , fauf à leur donner toute leur étendue dans le contrat.

Autres Articles d'un Contrat de mariage pareillement fans communauté.

IL n'y aura point de communauté de biens entre les futurs époux , & chacun jouira à part des biens qui leur appartiennent de préfent, & qui fe trouveront dans la fuite leur appartenir à quelque titre que ce foit.

Ne ferons par conféquent tenus des dettes & hypoteques l'un de l'autre, faites & créées avant le futur mariage, ni de celles qui feront contractées pendant icelui, lefquelles feront payées par celui qui les aura faites.

Le futur époux ne fe chargera d'aucuns des biens meubles, ni autre chofe appartenant à ladite future époufe.

Le futur époux autorifera la future époufe, pour la pourfuite de fes droits, jouiffance & perception de fes revenus.

Le futur époux douera la future époufe de la fomme de deux mille livres de douaire préfix.

Et pour aider audit futur époux à fupporter les charges de mariage, attendu qu'il n'y aura point de communauté, la future époufe lui fera donation entre-vifs de la fomme de trois mille livres, *ou autre fomme, dont les Parties conviennent ;* ou bien la future époufe promettra de lui payer une certaine fomme par année , pour fa penfion & celle de fes Domeftiques.

Sera fait un état des biens des futurs époux, à l'effet d'en jouir chacun féparément.

Et fi après le mariage , la future époufe achete quelques meubles, elle retirera quittance des Marchands pardevant Notaires, pour juftifier qu'elle les a payées de fes deniers, & qu'ils lui appartiennent.

Le futur époux s'obligera d'indemnifer la future époufe de toutes les dettes qu'elle pourra contracter, pour & avec lui, pendant le mariage ; pour laquelle indemnité elle aura hypoteque fur fes biens du jour du contrat de mariage.

Fait & arrêté le

Des Obligations qui réfultent des Articles du Mariage.

C'eft un principe certain, que les mariages doivent être libres, & qu'on ne peut être contraint de célébrer un mariage contre fa volonté, quoiqu'on y ait confenti, & qu'on s'y foit engagé auparavant : *Libera debent effe matrimonia ; coacta enim trifles & difficiles exitus habere folent.* Le lien du mariage eft d'une conféquence infinie, puifque de-là dépend ordinairement le bonheur de ceux qui s'y engagent ; c'est ce qui fait qu'on considere cette affaire , comme requérant, plus que toute autre, un plein & entier consentement. D'où il s'ensuit :

Prémierement, que la stipulation faite entre peres & meres, que leurs enfans impuberes seront mariés ensemble, lorsqu'ils seront en âge, avec dédit ou peine apposée contre celui qui n'y consentira pas, est contre les bonnes mœurs, & la convention est nulle, & ne se peut exiger.

En second lieu, qu'on n'admet point en France la demande des dommages & interêts, qui consistent *in lucro*, mais bien de ceux qui consistent *in damno* de celui qui est prêt d'exécuter & accomplir la promesse de mariage, lequel peut les demander à l'encontre de celui qui est refusant de l'accomplir.

Ainsi, on ne rejette point en France toutes les stipulations de peines apposées dans les promesses de mariage ; mais quand elles sont exhorbitantes, elles sont réductibles, selon la prudence du Juge, & même quoiqu'il n'y eût point de stipulation pénale apposée, le Juge peut condamner celui qui refuse de célebrer le mariage, à une certaine somme par forme de dommages & interêts envers celui qui offre de le célebrer.

Cette condamnation néanmoins cesseroit, même en cas de stipulation pénale apposée, au cas qu'il fût survenu quelque cause légitime, pour se désister de la promesse, ou du contrat de mariage.

C'est ce qui a été jugé par Arrêt du 17 Juin 1602, par lequel Goury fut déchargé de l'exécution des articles par lui passés, & renvoyé absous des dommages & interêts contre lui prétendus ; sur ce qu'il ne vouloit passer outre au mariage, à cause que le pere de la fille avoit depuis été accusé de crime de péculat, & étoit en fuite.

Par autre Arrêt du 10 Juillet 1603, une femme ayant pris des Lettres de rescision contre un contrat de mariage, par elle passé, elles furent entérinées, sur ce que le futur époux avoit celé le nombre de ses enfans & de ses dettes.

C'est une maxime certaine, que si ce n'est pas par la volonté de celui qui a fait les presens, que le mariage ne se célebre pas, il les peut répeter ; mais il ne le peut, quand il tient à lui que le mariage ne s'ensuive : Ainsi, les Arrêts ont jugé, que tout ce qui a été donné par le fiancé à la fiancée, en faveur & contemplation du futur mariage, soit meubles, habits, bagues & autres choses, se doit rendre au fiancé ou à ses heritiers, quand le mariage ne s'enfuit point; même par quelqu'accident inopiné, pourvû qu'il n'ait pas tenu à celui qui les redemande, que le mariage ne s'en foit enfuivi.

Un nommé Colombel avoit donné à fa fiancée plufieurs bagues & habits nuptiaux; il fut tué avant que de l'époufer. Par Arrêt du 6 Décembre 1598, il fut jugé que le prix des habits & bagues fe devoit rendre par la fiancée à fes heritiers.

Il ne fuffit pas de rendre les chofes en efpece, parce que fouvent elles feroient inutiles à celui à qui on les rendroit; mais il y a des cas dans lefquels il en faut payer la valeur; comme il a été jugé par Arrêt du 20 Juin 1643, ce qui doit avoir lieu, fur tout quand il tient à celui qui a reçu les prefens, que le mariage ne foit accompli.

Par Arrêt du 5 Juin 1642, les articles dreffés par le Moyne, Procureur au Châtelet, & Antoinette de la Planche, furent déclarés nuls, à faute d'avoir par le pere de la fille exécuté le contenu en iceux, & il fut condamné à reftituer audit le Moyne, la valeur de tout ce qu'il avoit donné & fourni tant à ladite fille qu'autres, au fujet du mariage, foit devant ou après la fignature defdirs articles; il fut auffi condamné de l'indemnifer de tous frais, voyages, féjour & dépenfes par lui faites, pour dommages & interêts.

Mais cette répetition n'a point lieu, quand il tient à celui qui a fait les prefens que le mariage s'enfuive; & en ce cas, non-feulement les dons & prefens par lui faits, ne lui doivent point être rendus; mais même il doit être condamné aux dommages & interêts, pour l'inéxécution de fa promeffe.

Ainfi jugé par Arrêt du 3 Février 1622, dans l'efpece duquel il y avoit fiançailles & contrat; le fiancé ne vouloit plus exécuter fa promeffe. Par l'Arrêt, il fut dit que les bagues & préfens qui montoient à plus de vingt mille livres, demeureroient à la fille, à laquelle la Cour adjugea en outre la fomme de fix mille livres de dommages & interêts. *Voyez* M. Louet, lettre F. fommaire 18.

Par autre Arrêt du 12 Décembre 1623, rapporté par du Frefne, livre 1, chapitre 9, il a été jugé, que celui qui avoit donné fujet à la diffolution des fiançailles, ne pouvoir répeter les préfens par lui faits.

CHAPITRE XXI.

De la forme ordinaire des Contrats de Mariage en Pays Coutumier.

AVANT de donner des formules de contrats de mariage, j'ai crû qu'il étoit à propos de donner ici une idée des differentes clauses qui y entrent ordinairement, surtout en Pays coutumier, me proposant de traiter dans un Chapitre particulier, ce qui regarde la forme des contrats de mariage en Pays de Droit écrit.

Sur quoi il faut remarquer, qu'en l'un & l'autre Pays on commence par l'intitulé, c'est-à-dire, par l'énonciation des personnes contractantes, leurs noms & qualités, celui de leurs peres & meres, & des personnes qui y assistent comme Témoins.

Si les futurs époux sont majeurs & usans de leurs droits, ou s'ils sont assistés de leurs peres & meres, ou de leurs Tuteurs, on l'énonce dans l'intitulé.

Si le pere ou la mere d'une des Parties ne vouloit pas consentir au mariage, & par conséquent ne vouloit pas être à la signature du contrat, on pourroit mettre dans l'intitulé : *Que l'un des futurs époux n'a pû obtenir le consentement du sieur   son pere, & de la Dame   sa mere, à l'effet du mariage ci-après, nonobstant les réquisitions respectueuses qu'il lui a fait faire par trois jours differens, suivant les actes passés par tels Notaires, les tels jours.*

Mais il n'est point d'usage aujourd'hui de faire mention dans le contrat de mariage, que le pere ou la mere de l'un des Contractans n'y a pas consenti, & qu'il lui a été fait des sommations respectueuses à ce sujet. On trouve qu'il est plus à propos de n'en point parler, pour ne point laisser un monument de la désobéissance des enfans, ou de la mauvaise humeur de leur pere & mere: D'ailleurs, cela n'est point nécessaire, & est même absolument inutile, puisque quand les pere & mere refusent leur consentement, ils ne dotent point, & la mention que l'on feroit dans le contrat de mariage de leur refus, ne pourroit produire aucun effet.

A'près l'intitulé du contrat de mariage, on met :

Lesquels pour raison du futur mariage, qui sera incessamment célé-bré en face d'Eglise, entre tel & telle, ont fait les conventions sui-vantes :

Voici celles qui sont les plus usitées dans le Pays coutumier.

I. On a coutume de commencer par la clause qui concerne la communauté : Sçavoir, que les futurs époux seront communs en biens, meubles, &c.

II. Ensuite on met la clause, qu'ils ne seront tenus des dettes faites & créées par l'autre, avant la célebration du futur mariage.

III. Quand il y a communauté, on exprime ce que la future épouse promet apporter en dot, ou ce que ses pere & mere lui donnent pour dot, en faveur du futur mariage.

IV. On définit ce qui doit entrer en communauté ; ce qui est ordinairement de la part de la future épouse, le tiers de la dot ; & de la part du futur époux, ce dont les Parties conviennent, & ce que ledit futur époux déclare y mettre, lorsqu'il fait une énon-ciation de ses biens.

V. Le futur époux déclare le douaire qu'il constitue à sa future épouse.

VI. On exprime quel sera le préciput en faveur du sur-vivant.

VII. On met la clause de renonciation, avec la faculté de reprise franchement & quittement de toutes dettes, en faveur de la future épouse & de ses enfans ; laquelle clause se met aussi quelquefois en faveur de ses pere & mere, & quelquefois aussi, mais rarement, en faveur de ses autres heritiers ; auquel cas, on convient ordinairement d'une somme, qui demeurera au futur époux, pour l'indemnité de ses frais de nôces, & charges de mariage.

VIII. On met la stipulation, qu'en cas d'aliénation de propres, remploi en sera fait.

IX. On énonce les biens du futur époux, lorsqu'il a été ainsi convenu, & alors on stipule ce qui en doit entrer dans la com-munauté.

X. On finit par ces mots, ou autres équivalens : *Tout ce que des-sus a été convenu & accordé entre les Parties, en passant ces Présentes, pour l'exécution desquelles, &c.*

Il n'est pas absolument nécessaire que ces clauses soient énon-cées dans le même ordre que nous les avons placées ci-dessus , il fuffit qu'elles y foient, pour avoir leur exécution ; mais je les ai rapportées dans l'ordre qu'elles fe rangent ordinairement.

Il y a plufieurs autres claufes qu'on peut mettre à un contrat de mariage, comme on peut voir dans les précedens Chapitres, & dans ceux qui fuivent ; mais celles que nous venons de rapporter, font les plus ordinaires & les plus ufitées des contrats de mariage en Pays coutumier.

Au refte, pour donner plus de facilité à ceux qui ne font pas fort avancés dans le Notariat, & les aider à dreffer des contrats de mariage avec ordre & netteté ; nous allons en donner un modele, avec une indication de chaque claufe en particulier.

Intitulé de Contrat de Mariage.

FURENT préfens Maître Claude Defnoyers, Avocat en Parlement, demeurant   fils de Maître Paul Defnoyers, auffi Avocat en la Cour, & de défunte Dame Elifabeth Aumont, fon époufe ; affifté dudit fieur fon pere, à ce prefent pour l'effet ci-après, demeurant rue   ledit fieur Defnoyers fils, ftipulant pour lui & en fon nom, d'une part.

Et Dame Catherine le Page, veuve de Maître Nicolas Potel, Avocat audit Parlement, demeurante   ftipulante pour Damoifelle Anne-Catherine Potel leur fille, demeurante avec ladite Dame fa mere, à ce prefente, & de fon confentement, auffi pour elle, & en fon nom, d'autre part.

Lefquelles Parties, en préfence & du confentement des Sieurs & Dames leurs parens & amis, ci-après nommés : Sçavoir, de la part dudit fieur Defnoyers, de   Et de la part de ladite Damoifelle Anne-Catherine Potel, de ont volontairement reconnu & confeffé avoir fait & accordé entr'elles le traité de mariage & conventions qui fuivent.

On peut encore rendre l'article précedent de cette maniere. Lefquelles Parties, pour raifon du futur mariage d'entre ledit fieur Defnoyers fils, & ladite Damoifelle Anne-Catherine Potel, qui fera célebré en face d'Eglife inceffamment, & fitôt que l'une des Parties en requerera l'autre, ont fait les conventions fuivantes :

Sçavoir, que ladite Dame Potel a promis donner à ladite Damoifelle Anne-Catherine Potel fa fille, de fondit confentement, par loi de mariage audit Maître Claude Defnoyers, lequel, de l'agrément dudit Paul Defnoyers fon pere, a promis la prendre pour fa légitime époufe, & en faire folemnifer le mariage en face de notre Mere Sainte Eglife, le plutôt que faire fe pourra, & lorfque l'une des Parties en requerera l'autre.

Claufe portant Communauté.

Pour être les futurs époux communs en tous biens, meubles & conquêts immeubles,

immeubles, suivant la Coutume de Paris, conformément à laquelle leur communauté sera reglée, encore qu'ils fassent ci-après leur demeure ou des acquisitions en Pays de Loix, Usages, & Coutumes contraires, ausquelles ils ont expressément dérogé & renoncé.

Clause concernant les dettes des futurs Conjoints, créées avant le mariage.

Ne seront néanmoins tenus des dettes l'un de l'autre, faites & créées avant la célébration du mariage, qui seront payées & acquittées par celui ou celle qui les aura faites & créées, & sur son bien, sans que l'autre ni ses biens en soient aucunement tenus.

Clause contenant ce qui est apporté en dot par la future épouse.

En faveur duquel mariage, ladite Dame veuve Potel, mere de ladite Damoifelle future épouse, lui a donné en dot la somme de trente mille livres, tant pour ses droits successifs paternels, fruits & revenus d'iceux, si tant se montent, que le surplus, si surplus y a, en avancement d'hoirie de sa future succession.

Et pour le payement de laquelle somme de trente mille livres, ladite Dame veuve Potel a, par ces présentes, cedé, quitté, transporté & délaissé, & promet garantir de tous troubles & empêchemens généralement quelconques, ausdits Sieur & Demoiselle futurs époux, ce acceptant pour eux & leurs ayans cause, les trois parties de rente ci-après déclarées, faisant en principaux la somme de vingt-deux mille livres. La premiere, de six cens livres de rente rachetable de douze mille livres, constituée audit feu sieur Potel par Maître, &c.

La seconde, de trois cens livres de rente, au principal de six mille livres, à prendre sur Germain   & Damoiselle   sa femme, qui en sont débiteurs suivant leur promesse solidaire, portant celle d'en passer constitution audit feu sieur Potel, & cependant, d'en payer l'interêt, dattée du, &c.

Et, la troisiéme, de deux cens livres, rachetable au denier vingt, de la somme de quatre mille livres, constituée par, &c.

Ce faisant, ladite Dame veuve Potel a présentement fourni & délivré ausdits Sieur & Damoiselle futurs époux, la grosse en parchemin de la constitution faite par, &c. l'original de la promesse desdits sieur Germain   & Damoiselle   son épouse, & la grosse du contrat de création de la rente dûë par &c. le tout susdatté & mentionné, & les a mis & subrogés en tous les droits, actions, & hypoteques & privileges desdites créances, pour par lesdits Sieur & Damoiselle futurs époux, & leurs ayans cause, en jouir & disposer en toute proprieté, comme de chose leur appartenante, du jour de leurs époufailles ; se réservant ladite Dame veuve Potel, les arrerages échus & qui écheront jusqu'audit jour, pour percevoir lesquels, lesdits Sieur & Damoiselle futurs époux l'aideront desdits titres, en cas de besoin.

Plus, ladite Dame veuve Potel, en déduction des huit mille livres restans desdites trente mille livres, se charge de nourrir & loger en sa maison avec elle, les futurs époux, seulement pendant deux années, du jour de leurs épousailles, lesquelles deux années de nourriture ont été évaluées entre les Parties à la somme de quatorze cens livres; ensorte qu'au moyen de la cession & de la promesse ci-dessus, ne reste plus à fournir desdites trente mille livres de dot, que six mille six cens livres, que ladite Dame veuve a promis payer en deniers comptans, la veille desdites épousailles.

Clause que les futurs Conjoints ne pourront demander compte à la mere de la future épouse, des biens de la succession de son défunt mari.

Et au moyen de ladite dot, lesdits Sieur & Damoiselle futurs époux ne pourront demander à ladite Dame veuve Potel aucun compte ni partage dudit bien paternel, sinon en lui remettant & rendant ladite somme entiere de trente mille livres, ou les effets & choses ci-dessus délaissées en payement.

Clause contenant quelle partie de la dot entrera en communauté.

De laquelle somme de trente mille livres, le tiers entrera en ladite communauté, & les deux autres tiers, ensemble tout ce qui pourra écheoir à ladite Damoiselle future épouse, par succession, donation, legs testamentaire ou autrement, tant en meubles, qu'immeubles, pendant ledit mariage, lui sera & demeurera propre, & aux siens de son côté & ligne.

Clause portant constitution de Douaire.

Ledit sieur futur époux a doué ladite Damoiselle future épouse, de la somme de mille livres de rente viagere par chacun an, en cas qu'il n'y ait enfans vivans lors du décès dudit sieur futur époux; & s'il y en a, seulement de huit cens livres de rente viagere, aussi par chacun an, à avoir & prendre l'un ou l'autre desdits douaires, sitôt qu'il aura lieu, sur tous les biens, meubles & immeubles, présens & à venir dudit sieur futur époux, qui les a obligés & hypotéqués à fournir & faire valoir ledit douaire, duquel ladite Damoiselle future épouse jouira & sera saisie, suivant ladite Coutume de Paris, sans être obligée d'en faire demande en Justice. Le fond duquel douaire, fixé dès-à-présent sur le pied du denier vingt, sera propre aux enfans qui naîtront dudit mariage.

Clause concernant le Préciput.

Le survivant desdits Sieur & Damoiselle futurs époux, prendra par préciput, & avant faire partage des biens de leur communauté, la somme de trois mille livres en meubles de ladite communauté, suivant la prisée de l'inventaire, & sans crue, ou ladite somme en deniers, à son choix, & option.

Stipulation, qu'en cas d'aliénation des propres, remploi en fera fait.

S'il est vendu ou aliéné des immeubles, ou racheté rentes propres à l'un ou à l'autre desdits Sieur & Damoiselle futurs époux, pendant le mariage, remploi en fera fait en autres heritages ou rentes, qui fortiront pareille nature de propre, à eux ou à ceux de leur côté & ligne; & où le remploi ne feroit fait au jour de la diffolution de ladite communauté, les deniers feront repris fur les biens & effets de ladite communauté; & s'ils ne fuffifent à l'égard de ladite Damoiselle future épouse, fur les propres & autres biens dudit fieur futur époux, l'action qui tiendra lieu de remploi, fera propre aufdits futurs époux, à leurs enfans, & à ceux de leur côté & ligne, & fera réputée immobiliaire.

Stipulation de reprife accordée à la future Epouse, en cas de renonciation à la communauté.

Sera permis à ladite Damoiselle future épouse, & aux enfans qui pourront naître dudit mariage, en renonçant à ladite communauté, de reprendre tout ce qu'elle aura apporté audit mariage, & ce qui lui fera advenu & échû conftant icelui, tant en meubles, qu'immeubles, par fucceffion, donation, legs ou autrement, même ladite Damoiselle future épouse, fi elle furvit, fes douaire & préciput, tels que deffus, le tout franc & quitte de toutes dettes & hypoteques de ladite communauté, encore qu'elle y eût parlé, s'y fût obligée, ou y eût été condamnée; dont audit cas, & fefdits enfans feront acquittés & indemnifés par les heritiers & fur les biens dudit fieur futur époux, furlefquels pour raifon de ce, & de toutes les claufes & conditions du préfent contrat, il y aura hypoteque de ce jourd'hui.

Conftitution de rente par le pere au profit du futur Epoux.

En faveur duquel mariage, ledit fieur Defnoyers pere donne en dot audit fieur fon fils, tant pour les droits fucceffifs qui lui font échûs par le décès de Dame Elifabeth Aumont fa mere, fruits & revenus d'iceux, fi tant fe montent, que le furplus, fi aucun y a, en avancement d'hoirie de fa future fucceffion, la fomme de douze mille livres; pour laquelle ledit fieur Defnoyers pere a, par ces préfentes, vendu, créé & conftitué, & promis garantir de tous troubles & empêchemens généralement quelconques, fournir & faire valoir audit fieur futur époux, ce acceptant pour lui & fes ayans caufe, fix cens livres de rente au denier vingt, que ledit fieur Defnoyers promet & s'oblige payer audit fieur futur époux & fes ayans caufe, en cette Ville de Paris, ou au Porteur des préfentes, par chacun an, à compter du jour de fes époufailles, dont le premier payement, pour portion de tems, échera le plus prochain quartier après, & continuer tant que ladite rente aura cours, à l'avoir & prendre fur tous les biens préfens & à venir dudit fieur Defnoyers, le tout qu'il a obligé & hypotequé fournir & faire valoir ladite rente bonne & bien payable par chacun an, aufdits quatre quartiers, nonobftant chofes à ce con-

Sf ij

traires, pour en jouir par ledit fieur futur époux & fes ayans caufe, comme de chofe à lui appartenante ; laquelle rente de fix cens livres demeurera rachetable à toujours, en payant par le Rachetant en un feul payement, en cette Ville de Paris, pareille fomme de douze mille livres, les arrerages, frais & loyaux coûts qui fe trouveront dûs, & autres, fi le cas échet.

Déclaration de ce que le futur Epoux met en communauté, & ſtipulation de propres à ſon fils.

Ledit fieur futur époux déclare que les livres & meubles qu'il a à lui appartenans, procedans de fon travail, montent à la fomme de quatre mille livres, qui entreront en ladite communauté, & ladite rente lui tiendra nature de propres, & aux fiens de fon côté & ligne, avec tout ce qui lui échera pendant le mariage, en meubles & immeubles, à quelque titre que ce foit.

Fin du Contrat de Mariage.

Car ainfi a été convenu & accordé entre les Parties ; & pour l'exécution des préfentes & dépendances, ledit Sieur Defnoyers pere, & ladite Dame Potel mere, ont élû leur domicile irrévocable à Paris, &c. aufquels lieux, &c. promettant, &c. obligeant chacun à fon égard, &c. renonçant, &c. Fait & paffé à Paris, en la maifon de ladite Dame veuve Potel, l'an mil fept cent   le   après midi, & ont figné.

Quittance d'une partie de la dot, & décharge de la garantie d'une rente tranſportée & donnée en dot par le précedent Contrat de mariage, attendu le rembourſement.

Lefdits Maître Claude Defnoyers, & Damoifelle Anne-Catherine Potel à préfent fon époufe, qu'il autorife à l'effet qui fuit, demeurans rue Paroiffe   reconnoiffent que conformément à leur contrat de mariage devant écrit, ladite Dame Catherine le Fage, veuve dudit fieur Potel, leur mere à ce préfente, leur a payé les fix mille fix cens livres, qu'elle avoit promis de leur payer la veille des époufailles, & qu'elle leur a fourni les deux années de nourriture & logement en fa maifon & avec elle, qu'elle s'étoit obligée de leur fournir, pour les caufes portées audit contrat de mariage, & qui ont été évaluées par icelui à la fomme de quatorze cens livres, dont ils quittent & déchargent ladite Dame veuve Potel à cet égard.

Comme auffi lefdits Sieur & Damoifelle Defnoyers reconnoiffent que la rente de deux cens livres, au principal de quatre mille livres qui avoient été conſtituées par lefdits fieurs, &c. faifant partie des trois rentes cedées par lad. Dame Potel aufdits Sieur & Damoifelle Defnoyers, pour partie de la dot d'icelle, fuivant ledit contrat, leur a été rembourfée par, &c.

Au moyen duquel rembourfement, lefdits Sieur & Damoifelle Defnoyers ont quitté & déchargé ladite Dame Potel de la garantie de la rente rembourfée, fans préjudice de la garantie des deux autres parties de rentes qui reftent en nature, conformément audit contrat de mariage, qui demeure à cette fin en fa force & vertu. Promettant, &c. obligeant, &c. renonçant, &c. Fait & paffé, &c.

CHAPITRE XXII.

Formules des différens Contrats de Mariage, & des Claufes & Conventions qui s'y appofent.

QUOIQUE par la lecture des précedens chapitres, il foit facile de dreffer des contrats de mariage en Pays coutumier, néanmoins, comme il y a differentes manieres de les rédiger fuivant l'état & la qualité de ceux qui contractent, & qu'on y employe une infinité de claufes, fuivant la volonté des Parties ; nous avons crû devoir donner ici diverfes formules de Contrats de mariage, & de claufes & ftipulations qui y peuvent être inférées.

Contrat de Mariage contenant conftitution de dot par les pere & mere de la future Epoufe, & donation réciproque entre les futurs Epoux.

FURENT préfens Pierre Langlois, Marchand, Bourgeois de Paris, demeurant rue   fils de défunt Jean Langlois, &c. & de Jeanne le Roux fa femme, à prefent fa veuve, demeurante avec fondit fils, de l'agrément de fadite mere, & de fon confentement, d'une part : le fieur Jean Mirebaut, Marchand, Bourgeois de Paris, & Damoifelle Anne le Beau fon époufe, qu'il autorife à l'effet des préfentes, demeurant ftipulant pour Damoifelle Jeanne Mirebaut leur fille, à ce préfente & de fon confentement, auffi pour elle & en fon nom, d'autre part ; lefquelles Parties en la préfence & de l'avis de leurs parens & amis : Sçavoir, de la part dudit futur époux, *de tels*, & de la part de ladite future époufe, *de tels*, ont volontairement reconnu & confeffé avoir fait entr'elles les accords & conventions de mariage qui enfuivent ; c'eft à fçavoir, que lefdits Langlois & Damoifelle Mirebaut fe font promis prendre par la Loi & nom de mariage, pour icelui faire célebrer & folemnifer en face de notre Mere Sainte Eglife, le plutôt que faire fe pourra, & qu'il fera avifé entr'eux & leurfdits parens & amis.

Seront lefdits futurs époux communs en tous biens, meubles & conquêts immeubles, fuivant & au défir de la Coutume de Paris.

Ne feront tenus des dettes faites & créées avant la célebration du futur mariage ; & s'il s'en trouve, elles feront payées & acquittées par & fur les

biens de celui du côté duquel elles procederont, sans que l'autre, ni ses biens
en soient tenus.

En faveur duquel mariage, lesdits Sieur & Damoiselle Mirebaut ont promis & se font obligés solidairement envers ledit futur époux, pour leurdite
fille, de lui bailler & délivrer la veille des épousailles, en avancement d'hoirie de leurs successions futures, la somme de mille livres en argent comptant,
& de lui délaisser, avec garantie, excepté des faits du Roi, quinze cens livres
de rente, à prendre sur l'Hôtel de Ville de Paris, au principal de trente mille
livres, au moyen de quoi ladite future épouse ne pourra demander aucun
compte ni partage au survivant desdits pere & mere (demeurant en viduité)
des biens du prédécedé, en faisant toutefois bon & fidele inventaire, & faisant observer le semblable par ses autres enfans, desquelles deux sommes
montantes ensemble à quarante mille livres, le tiers entrera en la future communauté, & le surplus, avec tout ce qui aviendra & échera à ladite future
épouse, en meubles, immeubles, par succession, donation, legs ou autrement, lui demeurera propre, & aux siens de son côté & ligne.

Et outre, en consideration dudit mariage, ledit sieur Mirebaut frere de
ladite Damoiselle future épouse, assure à icelle Damoiselle sa sœur, même
lui fait don, par donation entre-vifs, en avancement de sa succession future,
ce acceptant par ladite Damoiselle, autorisée comme dessus, de la somme de
douze mille livres, à prendre sur les plus clairs & apparens biens qu'il pourra
délaisser après son décès, lesquels y demeurent à cet effet affectés & hypotequés, l'usufruit à lui réservé sa vie durant, laquelle somme sera & demeurera pareillement propre à ladite future épouse, & aux siens de son côté &
ligne, à condition toutefois, qu'en cas que ladite Damoiselle future épouse
vint à prédéceder ledit sieur son frere, sans enfans, ladite somme retournera
audit sieur Donateur.

En faveur duquel mariage, ledit futur époux a doué ladite Damoiselle sa
future épouse, de la somme de   en cas qu'il n'y ait enfans dudit
mariage; & en cas qu'il y en ait, ledit douaire demeurera réduit à
de l'un desquels douaires elle jouira, sitôt qu'il aura lieu, sans qu'elle soit tenue d'en faire demande en Justice.

Le préciput sera réciproque, au profit du survivant, de la somme de quatre mille livres, qui sera prise en deniers comptans, ou meubles, linges,
hardes, joyaux, ou autres meubles, suivant la prisée de l'inventaire qui en
sera lors fait, & sans crue, au choix & option dudit survivant.

Arrivant la dissolution de ladite communauté, sera loisible à ladite future
épouse, & aux enfans qui naîtront dudit mariage, d'accepter icelle, ou y renoncer; & en cas de renonciation, reprendre tout ce qu'elle y aura apporté,
avec ce qui lui sera échû pendant icelui, par succession, donation, legs ou
autrement, même si elle survit, lesdits douaire & préciput, sans qu'elle ni
sesdits enfans, soient tenus d'aucunes dettes & charges de ladite communauté, encore qu'elle y eût parlé, s'y fût obligée, ou y eût été condamnée,
dont elle sera acquittée par les heritiers & sur les biens dudit futur époux,
pourquoi elle aura hypoteque sur iceux de ce jourd'hui.

Pareille faculté de renonciation & reprise est accordée aux pere & mere
de ladite future épouse, en laissant par eux audit futur époux la somme

de fix mille livres, pour l'indemnifer de fes frais de nôces & charges de mariage.

S'il eft vendu ou aliéné aucuns biens propres à l'un ou à l'autre defdits futurs époux, remploi en fera fait en acquifitions d'autres heritages ou rentes, pour fortir pareille nature de propre à eux & à ceux de leur côté & ligne; & fi l'emploi ne fe trouvoit fait au jour de la diffolution de ladite communauté, les deniers feront repris fur les biens & effets de ladite communauté, s'ils ne fuffifent à l'égard de ladite Damoifelle future époufe, fur les propres & autres biens dudit fieur futur époux, l'action duquel tiendra lieu de remploi, & fera propre aufdits futurs époux, à leurs enfans, & à ceux de leur côté & ligne.

Et pour l'amitié que lefdits futurs époux fe portent l'un à l'autre, & voulant s'en donner des preuves évidentes, ils fe font fait donation entre-vifs & irrévocable, en la meilleure forme que donation peut valoir, au furvivant d'eux deux, ce acceptant par le furvivant, de la fomme de vingt mille livres fur tous les plus clairs biens qui fe trouveront appartenir au premier décedé, au jour de fon décès, pour en jouir par le furvivant en pleine proprieté; pourvû, & à la charge qu'il n'y ait aucuns enfans nés & à naître dudit mariage lors dudit décès, auquel cas demeurera la préfente donation nulle de plein droit.

Et pour faire infinuer ces prefentes partout où befoin fera, lefdits futurs époux ont élû leur Procureur, le Porteur, &c. *Le refte comme aux autres Contrats ci-deffus.*

Il faut remarquer à l'occafion de la donation qui eft la fin de ce Contrat de mariage, que cette donation peut n'être pas abfolument annullée, quoiqu'il y ait des enfans dudit mariage au jour du décès du premier mourant; mais il faut mettre la claufe qui fuit:

Et en cas qu'il y eût des enfans, & qu'ils vinffent à deceder avant l'âge de majorité, ou d'être pourvûs par mariage ou autrement, ladite donation reprendra fa force & vigueur.

Autre Contrat de Mariage fait par les peres & meres.

FURENT préfens, &c. lefquelles Parties, en préfence, par l'avis & confentement de leurs parens & amis ci-après nommés: Sçavoir, de la part de ladite Jeanne, &c. *comme aux précedens Contrats*, ont reconnu avoir fait & accordé entr'elles les traités & conventions civiles de leur futur mariage ainfi qu'il enfuit; c'eft à fçavoir, que lefdits fieur Nicolas Dubois & Damoifelle Marie Geneft fa femme, ont promis & promettent donner ladite Damoifelle Jeanne Dubois leur fille, à ce préfente & confentante, audit Claude Emond, qui la promet prendre pour femme & légitime époufe, par nom & loi de mariage, en face de notre Mere Sainte Eglife, le plutôt que faire fe pourra, & qu'il fera avifé & déliberé entr'eux, leurs parens & amis.

Les futurs époux feront communs en biens, &c. cependant, ils ne feront point tenus des dettes, &c. *comme dans le Contrat ci-deffus.*

En faveur duquel mariage, lefdits fieurs Nicolas Dubois & Damoifelle Marie Geneft ont promis & promettent folidairement l'un pour l'autre, fous les renonciations requifes, donner au futur époux, pour la dot de ladite Damoifelle Jeanne Dubois leur fille, la veille du jour de leurs époufailles & bénédiction nuptiale, la fomme de   en avancement d'hoirie de leurs fucceffions futures, de laquelle fomme de   en entrera en la communauté la fomme de, &c. *comme deffus.*

En faveur auffi duquel futur mariage; lefdits Sieur & Damoifelle pere & mere dudit futur époux, ont par ces préfentes promis folidairement, fans divifion, difcuffion, ni fidéjuffion, à quoi ils renoncent, fournir & payer à icelui futur époux leur fils, en avancement d'hoirie de leurs fucceffions futures, en deniers comptans, la veille du jour de fes époufailles, la fomme de   pour lui fortir nature de propres, à lui & aux fiens de fon côté & ligne.

Et en outre, lefdits Sieur & Damoifelle pere & mere dudit futur époux, donnent par donation pure & fimple & irrévocable entre-vifs, & en la meilleure forme que donation peut valoir, & promettent garantir de tous troubles & empêchemens généralement quelconques, audit Claude Emond leur fils & futur époux, ce acceptant, pour lui, fes hoirs & ayans caufe, une maifon fife à Paris, rue   confiftante, &c. provenante des conquêts & acquifitions, que lefdits Sieur & Damoifelle pere & mere dudit Claude Emond, ont fait pendant leur communauté; laquelle maifon ils lui font valoir la fomme de vingt mille livres, pareillement en avancement d'hoirie de leur future fucceffion, pour de leurdite maifon en jouir, faire & difpofer par ledit fieur futur époux en pleine proprieté, dès-à-prefent, & à toujours, comme de chofe à lui appartenante à jufte titre, à commencer ladite jouiffance au terme de Saint Jean dernier, fe réfervant feulement lefdits Sieur & Damoifelle Donateurs, les loyers échus de ladite maifon, avant ledit jour de Saint Jean, tranfportant tous droits de proprieté, &c. dont ils fe démettent & deffaififfent, pour en revêtir ledit fieur futur époux leur fils.

Le refte comme aux Contrats ci-deffus.

Quittance du payement de la dot.

E T le   jour de   font comparus pardevant les Notaires fouffignés, Etienne, &c. & Anne, &c. fon Accordée, qu'il autorife autant que faire le peut, demeurant à, &c. lefquels ont reconnu & confeffé avoir reçu comptant d'Antoine, &c. & Marie, &c. fa femme, à ce préfens & acceptans, la fomme de feize mille cinq cens livres, fçavoir, quinze mille livres de deniers comptans en louis d'or, & autres bonnes monnoyes ayant cours, comptés, nombrés & réellement délivrés, préfens lefd. Notaires fouffignés; & quinze cens livres en un trouffeau de pareille valeur, revenant le tout enfemble à ladite premiere fomme de feize mille cinq cens livres, que lefdits Antoine & fa femme ont donnée en dot à ladite Anne leur fille, &

promis

promis payer ausdits futurs époux, comme le porte leur contrat de mariage passé pardevant *tels* Notaires le *tel* jour ; dont & de laquelle somme de seize mille cinq cens livres lesdits futurs époux se contentent, & en quittent & déchargent lesdits Antoine & sa femme, & tous autres ; & consentent que dudit payement soit fait mention sommaire par tous Notaires sur ce requis, sur la minute & expeditions dudit contrat de mariage ; ce qui ne servira, avec cesdites présentes, que d'une même quittance, promettant, &c. obligeant, &c. renonçant, &c. Fait & passé, &c.

Contrat entre un fils n'ayant point de pere, de l'agrément de sa mere, avec une fille ayant pere & mere, stipulant pour elle, & lui donnant en avancement de leurs successions, certaine somme en dot, avec clause que le survivant desdits pere & mere jouira des biens du prédécedé.

FURENT présens A. fils de défunt A. & de Jeanne le Roi sa femme, à présent sa veuve, assisté de sadite mere, pour ce comparante, demeurans, &c. pour lui & en son nom, d'une part.

Et O. & de B. sa femme, de lui autorisée, demeurans   stipulans pour leur fille, demeurante avec eux, à ce presente & de son consentement, aussi pour elle & en son nom, d'autre part.

Lesquelles Parties, en la presence de leurs parens & amis ci-après nommés ; sçavoir, de la part de A.   & de la part de O.   ont reconnu & confessé avoir fait entr'elles les accords & conventions de mariage qui ensuivent ; c'est à sçavoir : *Le reste comme aux Contrats de mariage ci-dessus.*

Pour être les futurs époux communs, &c.

Ne seront néanmoins tenus des dettes, &c.

En faveur duquel mariage, lesdits O. & B. se sont obligés solidairement, sans division, discussion ni fidéjussion envers ledit futur époux pour leurdite fille, de lui donner en avancement de leurs successions futures, la veille de leurs époussailles, la somme de soixante mille livres ; sçavoir, trente mille livres en deniers comptans, & trente mille livres en un contrat de constitution de quinze cens livres de rente sur les Aydes & Gabelles, qu'ils garantiront de tous troubles & empêchemens, sinon des faits du Prince seulement ; de laquelle somme de soixante mille livres le tiers entrera en communauté, & les deux autres tiers demeureront propres à ladite future épouse, & aux siens de son côté & ligne, avec tout ce qui lui adviendra & échera pendant ledit mariage, par, &c.

Au moyen desquelles soixante mille livres, qui seront données par lesdits Sieur & Damoiselle pere & mere, à ladite future épouse, le survivant d'eux jouira sa vie durant des biens du prédécedé, sans que lesdits futurs époux puissent en demander aucun compte ni partage, en faisant par lui bon & fidele inventaire, & observer la même chose à ses autres enfans.

Ledit futur époux a doué ladite future, &c.

Le survivant, &c. aura pour préciput, &c.

Sera permis, &c. de renoncer à la communauté,

Le tout comme dans les précedens Contrats de mariage.

Tome I.   Tt

Contrat de Mariage avec communauté entre deux perfonnes majeures, & ufantes de leurs droits.

FURENT préfens, &c. lefquelles Parties, en préfence, & du confentement de leurs parens & amis ci-après nommés; fçavoir, de la part dudit
futur époux, &c. ont volontairement fait les traités & conventions de mariage qui enfuivent; c'eft à fçavoir, que lefdits Claude de Lanoue & Marie Giraud, ont promis & promettent réciproquement par ces préfentes, de fe
prendre l'un & l'autre par nom & loi de mariage, & icelui faire célebrer & folemnifer en face de notre Mere Sainte Eglife, le plutôt que faire fe pourra, &
qu'il fera avifé & déliberé entr'eux.

Seront les futurs époux communs en tous biens, meubles & conquêts immeubles, fuivant la Coutume de Paris, encore qu'ils fiffent ci-après leurs demeures ou des acquifitions en Pays & Coutumes contraires, aufquels ils ont
par ces préfentes, expreffément dérogé & renoncé pour ce regard.

Ne feront néanmoins lefdits futurs époux tenus des dettes, &c. *comme aux
Contrats ci-deffus.*

Ladite future époufe a déclaré que fes biens & droits confiftent en une
Maifon fife   à elle appartenante de fon propre, par la fucceffion dudit défunt fon pere, dix mille livres en deniers comptans, & deux
mille livres en meubles meublans, uftenciles, tapifferies, habits, linges &
hardes à fon ufage, tout ce mobilier revenant enfemble à la fomme de douze
mille livres, laquelle fomme de dix mille livres en deniers comptans, &
lefdits meubles & uftenciles de la valeur de deux mille livres, ladite future
époufe promet fournir & payer audit futur époux la veille des époufailles.

De laquelle fomme de douze mille livres en entrera en ladite communauté
jufqu'à la fomme de huit mille livres, les quatre mille livres de furplus, & ladite maifon demeureront propre à ladite future époufe, & aux fiens de fon
côté & ligne, avec tout ce qui lui échera pendant le mariage, à quelque
titre que ce foit.

En faveur duquel mariage, ledit futur époux a doué & doue la future époufe de la fomme de cinq cens livres de rente de douaire préfix, à prendre fur
tous & chacun les biens, meubles & immeubles, préfens & à venir dudit
futur époux, qu'il en a dès-à-prefent chargés, affectés, obligés & hypotequés, à gârantir, fournir & faire valoir ledit douaire, pour en jouir fuivant
ladite Coutume.

Le furvivant defdits futurs époux aura & prendra pour fon préciput des
biens meubles de ladite communauté, jufqu'à la fomme de, &c.

Sera loifible à la future époufe, & aux enfans qui naîtront dudit mariage,
de prendre & accepter ladite communauté, ou y renoncer; & en cas de renonciation à ladite communauté, de reprendre franchement & quittement tout
ce qu'elle aura apporté & lui fera venu & échu par fucceffion, donation ou
autrement, avec fes douaire & préciput, tels que deffus, fans être tenus d'aucunes dettes ni hypoteques, &c.

Si pendant ledit futur mariage il étoit vendu, aliéné ou racheté aucuns
heritages ou rentes propres à l'un ou à l'autre des futurs époux, les deniers

en provenans feront remployés, &c. *comme aux Contrats ci-deffus.*
Fait &paffé en la maifon de   l'an, &c. ont figné.

Autre Contrat de Mariage entre deux perfonnes majeures, avec communauté.

FURENT prefens Louis Dumont, demeurant   fils de Jean
Dumont, & de Genevieve Maroy fa femme, fes pere & mere, pour lui
& en fon nom, d'une part; & M... Dubois, fille majeure de défunts
fes pere & mere, demeurans   auffi pour elle & en fon nom,
d'autre part.

Lefquelles Parties, en la préfence de leurs parens & amis ci-après nommés;
fçavoir, de la part dudit fieur Dumont de   & de la part de ladite Dubois de   ont reconnu & confeffé avoir fait & accordé entr'elles les traités de mariage & conventions qui enfuivent.

C'eft à fçavoir, qu'ils promettent fe prendre l'un l'autre par nom & loi de
mariage, &c.

Seront communs, &c. *comme deffus.*

Ne feront néanmoins tenus des dettes, &c. *comme deffus.*

Ladite future époufe promet apporter audit futur époux, la veille de leurs
époufailles, la fomme de quatre mille livres; fçavoir, trois mille cinq cens
livres en deniers comptans, & cinq cens livres en habits, linges, hardes, &c.
de laquelle fomme de quatre mille livres, le tiers entrera en communauté, &
le furplus demeurera propre à ladite future époufe, & aux fiens de fon côté
& ligne, avec tout ce qui lui aviendra & échera pendant ledit mariage, par
fucceffion, donation ou autrement.

Ledit futur époux a doué & doue ladite future époufe de la fomme de
mille livres de douaire préfix, une fois payée, à l'avoir & prendre par elle fur
tous les biens dudit futur époux, fitôt qu'il aura lieu, fans être tenu d'en faire
demande en Juftice, pour en jouir par elle fuivant la Coutume.

Le furvivant defdits futurs époux prendra par préciput, & avant partage
faire des biens meubles de leurdite communauté, tels qu'il voudra choifir,
fuivant la prifée de l'inventaire qui en fera lors fait & fans crue, jufqu'à la
fomme de fix cens livres, ou ladite fomme en deniers comptans, au choix
dudit furvivant; fera permis à ladite future époufe, & aux enfans qui naîtront
dudit futur mariage, d'accepter ladite communauté, ou y renoncer; & en
cas de renonciation, de reprendre, &c. *comme deffus.*

Fait & paffé, &c.

Claufe qu'il n'y aura point de communauté.

A été ftipulé expreffément, qu'il n'y auroit point de communauté de biens
entre lefdits Sieur & Damoifelle futurs époux, nonobftant la Coutume de
Paris, à laquelle à cet égard ils dérogent & rénoncent; & pour éviter confu-
fion des biens, il a été fait un état de tous les meubles, vaiffelle, linge & autres
effets appartenans à ladite Damoifelle future époufe, lequel état paraphé des
Parties & des Notaires fouffignés, a été annexé à ces prefentes; & lorfque
dans la fuite, & conftant ledit mariage, ladite Damoifelle future époufe fera

quelqu'achat de meubles, vaisselle, linge, & autres choses, elle prendra des quittances des Vendeurs, pardevant Notaires, afin de justifier que lesdites choses lui appartiendront; & tous les meubles qui se trouveront dans ladite maison, autres que ceux contenus audit état, ou qui seront mentionnés esdites quittances, seront réputés appartenir, & appartiendront effectivement audit sieur de   Nonobstant qu'il n'y ait point de communauté, est convenu que ledit sieur futur époux recevra toutes les sommes qui seront dûes à ladite Damoiselle future épouse, pour loyers de maison, fermages & arrerages de rente, & generalement tous les fruits & revenus de ses biens, tant presens que futurs, sans aucune exception ni réserve, du reçu donnera quittances valables, au refus du payement fera toutes poursuites & diligences nécessaires, donnera main-levées, & fera tout ce que besoin sera pour l'administration desdits fruits & revenus.

De tous lesquels fruits & revenus desdits biens présens & futurs, ladite Damoiselle future épouse destine les trois quarts pour aider à l'entretien du ménage, & à cet effet lesdits trois quarts demeureront audit sieur futur époux, qui ne sera tenu d'en rendre compte à qui que ce soit, ni pour quelque cause que ce puisse être; quant à l'autre quart, ladite Damoiselle future épouse se le réserve, pourquoi ledit sieur futur époux sera tenu de remettre ledit quart à ladite Damoiselle future épouse sur ses simples quittances, au fur & à mesure qu'elle en aura besoin, & qu'elle l'en requerera, sans que lesdits fruits & revenus puissent être saisis par les créanciers dudit sieur futur époux, si aucuns y avoit.

Ledit sieur futur époux a doué ladite Damoiselle future épouse de dix mille livres de rente de douaire préfix, à l'avoir & prendre seulement sur un effet immobilier, qui sera dans la suite désigné par ledit sieur de sans qu'après ladite désignation les autres biens dudit sieur futur époux puissent être en façon quelconque sujets audit douaire, ni affectés & hypotequés à icelui; au contraire, il se réserve très-expressément la liberté de disposer de sesdits autres biens comme bon lui semblera; bien plus, s'il trouve à propos de vendre l'effet qu'il aura chargé dudit douaire, il lui sera loisible de le faire; & dès l'instant de la vente ledit effet demeurera pleinement déchargé dudit douaire, sauf dans la suite, & quand bon lui semblera, à désigner un autre effet; mais s'il décedoit sans avoir fait ladite désignation, tous ses biens, meubles & immeubles, demeureront chargés dudit douaire, duquel ladite Damoiselle future épouse jouira suivant la Coutume de Paris.

Et pour se donner par lesdits Sieur & Damoiselle futurs époux des marques de leur tendresse réciproque, ils se font, par ces presentes, faits donation mutuelle au survivant d'eux deux, ce acceptant respectivement par ledit survivant; premierement, de la somme de vingt mille livres, à prendre par le survivant sur les plus clairs & apparens biens du prédécédé; en second lieu, de tous les meubles & effets qui se trouveront appartenir au premier mourant, au jour de son décès, à quoi ils puissent monter; en troisiéme lieu, de l'usufruit des immeubles, pour de tout ce que dessus donné jouir, faire & disposer par ledit survivant, ainsi qu'il avisera bon être; soit qu'il y ait enfans dudit mariage, ou qu'il n'y en ait point, & sous la seule condition, en cas qu'il y ait des

enfans, de les élever & entretenir fuivant leur état: Et pour faire infinuer, &c.

Voici une obfervation importante fur les contrats de mariage
que l'on fait figner par Sa Majefté. Quand il s'agit d'un contrat
de mariage de grand Seigneur; fi c'eft un Prince du Sang, la
minute eft expediée par un Secretaire d'Etat, qui reçoit la fignature du Roi, celle des Contractans, & celle des Princes & Seigneurs qui y fignent. Il en conferve la minute, & en délivre une
expedition fignée de lui, que les Parties dépofent pour minute à
un Notaire, lequel en délivre une autre expedition aux Parties
contractantes.

Lorfque ce ne font point des Princes & Fils de France qui fe
marient, mais des grands Seigneurs qui défirent y faire figner le
Roi, le Notaire des Contractans dreffe la minute, la porte chez
le Roi, un Secretaire d'Etat prefente la plume à Sa Majefté, qui
figne ce contrat en préfence du Notaire, lequel Notaire reprend
enfuite la minute, la fait figner aux Contractans, & aux autres Seigneurs, garde la minute, fur laquelle il délivre l'expedition
aux Parties.

Contrat de Mariage d'un grand Seigneur, fait en préfence du Roy.

FURENT prefens très-haut & très-puiffant Seigneur, Monfeigneur
Louis   Duc de   Pair de France,
Marquis de   Comte de   & autres lieux,
demeurant en fon Hôtel à Paris, rue   Paroiffe
pour lui & en fon nom, affifté de très-haute & très-puiffante Dame,
Madame   fa mere, Ducheffe de   veuve de
très-haut & très-puiffant Seigneur, Monfeigneur
demeurante   à ce prefente, d'une part; très-haut &
très-puiffant Seigneur, Monfeigneur   Duc de   Pair
de France, Chevalier des Ordres du Roi, Gouverneur pour Sa Majefté, des
Ville & Château de   Seigneur de   &
autres lieux; très-haute & très-puiffante Dame   fon époufe,
de lui autorifée à l'effet des prefentes, demeurans en leur Hôtel
au nom & comme ftipulans pour Damoifelle   leur
fille, à ce prefente & de fon confentement, d'autre part: Lefquelles Parties,
en la prefence & de l'agrément de très-haut, très-puiffant & très-excellent
Prince, Louis, par la grace de Dieu, Roi de France & de Navarre; de
très-haut, très-puiffant & excellent Prince, Louis, Dauphin de France, de
très-haut & puiffant Prince, Philippe d'Orleans, petit-Fils de France, Duc
d'Orleans, Valois & Chartres. (*Il faut mettre les Princes de la Maifon Royale,*

334 Liv. IV. Ch. XXII. *Formules de différens Contrats de Mariage,*
s'ils doivent y signer ; après les Princes & Personnes d'un certain rang, on met
ce qui suit.)

Et encore en la présence & du consentement de leurs parens & amis ci-
après nommés: Sçavoir, de la part dudit Seigneur futur époux, &c.
& de la part de ladite Damoiselle future épouse, &c. (*observer de met-*
tre les dégrés de parenté , cela devenant par la suite nécessaire pour justifier de la
nobilité) ont reconnu & confessé avoir fait & accordé entr'eux les traités, accords & conventions de mariage qui ensuivent ; c'est à sçavoir, que lesdits
Seigneur & Dame , Duc & Duchesse de   ont promis & promettent donner ladite Damoiselle   leur fille, de sondit consentement,
audit Seigneur Duc de   qui a promis & promet la prendre pour
sa femme & légitime épouse ; & ledit mariage solemniser en face de notre Mere
Sainte Eglise, le plutôt que faire se pourra & sera avisé & délibéré entr'eux lesdits Seigneur & Dame, leurs parens & amis, & lorsque l'une des Parties en requerera l'autre.

Seront lesdits Seigneur & Damoiselle futurs époux , communs en tous
biens, meubles & conquêts immeubles , suivant la Coutume de Paris, encore qu'ils fissent par la suite leurs demeures ou des acquisitions en Pays de
Coutumes contraires , auxquels ils ont , par ces presentes, expressément dérogé & renoncé à cet égard.

Ne seront tenus des dettes & hypoteques l'un de l'autre , créées auparavant leurdit futur mariage, qui seront acquittées par celui du chef duquel
elles procederont , sur ses biens, & sans que ceux de l'autre en soient
tenus.

En faveur duquel mariage, lesdits Seigneur & Dame , Duc & Duchesse
de   ont constitué en dot à ladite Damoiselle future épouse,
leur fille, en avancement d'hoirie de leurs successions futures, la somme
de   en déduction de laquelle lesdits Seigneur & Dame , Duc
& Duchesse de   ont promis & se sont obligés solidairement
l'un pour l'autre, un d'eux seul pour le tout, sans division , discussion , ni fidejussion, à quoi ils renoncent, payer ausdits Seigneur & Damoiselle futurs
époux, la veille de leurs épousailles, la somme de
& pour les ·   restans, lesdits Seigneur & Dame Duc &
Duchesse en ont constitué ausdits Seigneur & Damoiselle futurs époux, ce
acceptans   de rente annuelle, à prendre sur tous leurs
biens, meubles & immeubles, rachetables à leur volonté, en plusieurs payemens, dont le moindre ne pourra être que de la somme de
Et voulant ladite Dame Marquise de   donner à ladite
Damoiselle future épouse, des marques de l'estime & consideration qu'elle
a pour elle, ladite Dame Marquise de   autorisée dudit
Seigneur Marquis de   son époux, a donné par donation
entre-vifs & irrévocable, à ladite Damoiselle future épouse, ce acceptant
par elle & par ledit Seigneur futur époux , la somme de   à
prendre sur les plus clairs & apparens de ses biens, après son décès, & celui
dudit Seigneur Marquis de   son époux , sans que de ladite
somme il en soit payé aucun interêt pendant la vie desdits Seigneur & Dame
Marquis & Marquise de

Desquelles sommes il en entrera en la future communauté la somme de à imputer sur les deniers comptans; & le surplus, ensemble tout ce qui aviendra & écherra à ladite Damoiselle future épouse, pendant ledit futur mariage, par succession, donation ou autrement, lui sortira nature de propre, & aux siens de son côté & ligne.

A ledit Seigneur futur époux doué & doue ladite Damoiselle future épouse de de rente de douaire préfix, duquel elle demeurera saisie du jour du décès dudit Seigneur futur époux, sans être tenue d'en faire demande en Justice; lequel douaire demeurera propre aux enfans qui naîtront dudit futur mariage suivant la Coutume de Paris.

Et outre ledit douaire, ladite Damoiselle future épouse aura pour sa demeure & habitation, le Château de durant sa viduité, avec ses enclos & préclôtures, meublé de meubles nécessaires & convenables à une personne de sa condition, ou la somme de pour son droit d'habitation, outre ledit douaire, à son choix.

Le survivant desdits Seigneur & Damoiselle futurs époux, aura & prendra par préciput, avant part, desdits meubles de ladite communauté, tels qu'il voudra choisir, suivant la prisée qui en sera faite par l'inventaire & sans crue, jusqu'à la somme de ou ladite somme en deniers comptans, si bon lui semble.

Si pendant ledit mariage, il est vendu, racheté, ou autrement aliéné quelques rentes ou heritages appartenans à l'un desdits futurs époux, le remploi en sera fait en autres heritages ou rentes, pour sortir même nature de propre à celui ou celle du côté & ligne duquel lesdits biens aliénés ou rentes rachetées seront procedés; & si au jour de la dissolution de ladite communauté, ledit remploi ne se trouvoit fait, les deniers s'en reprendront sur les biens de ladite communauté, si elle est suffisante, sinon ce qui s'en défaudra, à l'égard de ladite Damoiselle future épouse, sera repris sur les propres & autres biens dudit Seigneur futur époux, l'action duquel remploi sera immobiliaire de côté & ligne.

Avenant la dissolution de la future communauté, il sera au choix de ladite Damoiselle future épouse, & des enfans qui viendront dudit futur mariage, d'accepter ladite communauté, ou y renoncer: Et en cas de renonciation, reprendront franchement & quitement tout ce qu'elle aura porté en mariage, & ce qui lui sera avenu & échu pendant icelui, par succession, donation, legs, ou autrement, même ladite Damoiselle future épouse, son douaire, préciput & habitation tels que dessus, sans être tenue d'aucune dette, encore qu'elle y fût obligée ou condamnée, dont elle & sesdits enfans seront indemnisés par ledit Seigneur futur époux, & sur ses biens; pour raison de quoi icelle future épouse & ses enfans auront hypoteque du jour du présent contrat de mariage, sur tous & chacuns les biens dudit futur époux.

Et avenant aussi que ladite Damoiselle future épouse décedât sans enfans, auparavant lesdits Seigneur & Dame Duc & Duchesse de ses pere & mere, & Dame Marquise de sa tante, ils reprendront par droit de réversion, chacun à son égard, ce qui aura été par eux promis & donné, à la réserve de la somme qui sera entrée en ladite future communauté, qui demeurera audit Seigneur futur époux, pour la dépense & charge dudit futur mariage.

Et pour infinuer ces préfentes à Paris, & partout ailleurs où il appartiendra, lefdites Parties ont fait & conftitué leur Procureur, le Porteur d'icelles, lui donnant pouvoir de ce faire, & en prendre & tirer acte.

Car ainfi a été accordé entre lefdites Parties, promettant, &c. obligeant chacun en droit foi folidairement, comme dit eft. Renonçant, &c. Fait & paffé à l'égard de Sa Majefté, & des Princes & Princeffes du Sang, au Château de · l'an le jour Et à l'égard des Parties contractantes & de leurs parens & amis, en l'Hôtel defdits Seigneur & Dame Ducheffe de le jour dudit mois, &c.

Quittance de la Dot.

Et le jour de font comparus pardevant les Notaires fouffignés, ledit Seigneur Duc de & ladite Dame, à préfent fon époufe, de lui autorifée, lefquels ont reconnu & confeffé avoir reçu defdits Seigneur & Dame Duc & Ducheffe de à ce préfens, par les mains du fieur leur Intendant, auffi à ce préfent, qui leur a payé, compté, nombré, & réellement délivré en louis d'argent & monnoye ayant cours, à la vûe des Notaires fouffignés, la fomme de que lefdits Seigneur & Dame Duc & Ducheffe de fe font obligés de donner la veille de leurs époufailles, pour partie de la dot de ladite Dame leur fille, fuivant & au défir du contrat de mariage devant écrit, de laquelle fomme de ils font contens, & quittent & déchargent lefdits Seigneur & Dame de & tous autres. Fait & paffé, &c.

Autre Contrat de Mariage d'un grand Seigneur.

PARDEVANT, &c. furent préfens très-haut, très-excellent & très-puiffant Prince, &c.

Lefdits futurs époux feront communs en tous biens, meubles & conquêts immeubles, fuivant la Coutume de Paris, fous laquelle leurdite communauté fera reglée & gouvernée, nonobftant que lors de la diffolution dudit futur mariage, ils fuffent demeurans, & leurfdits biens fitués fous Coutumes & difpofitions contraires, aufquelles lefdites Parties ont expreffément dérogé & renoncé pour ce regard.

Ne fera ladite Damoifelle future époufe tenuë des dettes & hypoteques dudit Seigneur fon futur époux, faites avant leurs époufailles, dont fi aucunes fe trouvent, feront entierement prifes & acquittées fur les biens propres & particuliers dudit Seigneur futur époux, fans que ceux de ladite Damoifelle future époufe, ni ceux de leurdite communauté en foient tenus.

En faveur duquel futur mariage, mefdits Seigneur & Dame pere & mere dudit Seigneur futur époux, ont par ces préfentes, confirmé audit Seigneur époux, ce acceptant, la donation qu'ils lui ont ci-devant faite du Duché &

Pairie

Pairie de, &c. avec fes appartenances & dépendances, pour en jouir & difpofer par lui, fes hoirs & ayans caufes, à toujours, conformément au contrat
de ladite donation paffé pardevant *tels* Notaires, le *tel* jour, infinuée partout où befoin a été ; & outre lui font don & promettent folidairement, fans
divifion, difcuffion, ni fidéjuffion, renonçant aufdits bénéfices, lui fournir &
payer dans la veille du jour de fes époufailles, la fomme de trois cens mille
livres, laquelle entrera entierement en ladite future communauté, dont il y
en aura deux cens mille livres en deniers comptans, & cent mille livres
en, &c. Et encore, ont certifié & certifient icelui Seigneur futur époux leur
fils, franc & quitte de toutes dettes & hypoteques, jufqu'audit jour des
époufailles, & s'il s'en trouve, promettent auffi folidairement, comme deffus, de les acquitter de leurs propres deniers.

De plus, s'obligent folidairement, avec tous leurs biens prefens & à venir,
au douaire & conventions matrimoniales ci-après ftipulées & accordées à ladite future époufe, à laquelle, & à fes hoirs & ayans caufes, ils en répondent,
& en font leur propre fait & dette folidairement, comme deffus, pour ledit
Seigneur futur époux, leur fils, qu'ils reconnoiffent être leur fils aîné & principal heritier, & comme tel promettent pareillement de lui conferver leurs
fucceffions.

Auffi, en la même confideration dudit futur mariage, mefdits Seigneur &
Dame pere & mere de ladite Damoifelle future époufe, donnent & conftituent en dot, par cefdites prefentes, à icelle Damoifelle future époufe leur
fille, la fomme de   qu'ils promettent folidairement,
fans divifion, difcuffion, ni fidéjuffion, renonçans aufdits bénéfices, fournir
& payer, comme il fera dit ci-après, aufdits futurs époux : Sçavoir, la veille
du jour de leurs époufailles, trois cens mille livres, qui entreront pareillement
en ladite communauté, dont il y en aura   en deniers
comptans, &   . en pierreries, bagues & joyaux de
cette valeur. Plus en la ceffion, tranfport & délaiffement que mefdits
Seigneur & Dame pere & mere de ladite Damoifelle future époufe, leur feront ladite veille des époufailles, avec toutes les garanties néceffaires du
Marquifat de   fis à, &c. & de la Baronie de
fife à, &c. enfemble de toutes les appartenances & dépendances, fans aucune
réferve, ainfi que le tout appartient aufdits Seigneur & Dame pere & mere
de ladite Damoifelle future époufe, pour demeurer propre à elle, & aux
fiens de fon côté & ligne, & en jouir par lefdits futurs époux, leurs hoirs
& ayans caufes, dudit jour de leurs époufailles, en avant & à toujours, &
cinq cens mille livres auffi en deniers comptans, fitôt que ledit Seigneur
futur époux, ou lefdits Seigneur & Dame fes pere & mere auront trouvé
occafion de les employer utilement en acquifition de Terres nobles dans le
reffort du Parlement de Paris, lefquelles demeureront auffi propres à ladite
Damoifelle future époufe, & aux fiens de fon côté & ligne ; toutefois lefdites acquifitions ne pourront être faites que par l'avis defdits Seigneur &
Dame pere & mere de ladite Damoifelle future époufe, lefquels jufqu'au
jour dudit payement defdites cinq cens mille livres, feront tenus & promettent folidairement, comme deffus, d'en payer l'interêt au denier vingt, de
fix mois en fix mois aufdits futurs époux, à compter dudit jour defdites

épousailles ; à mesure desquels payemens ledit interèt diminuera à proportion d'iceux ; moyennant laquelle somme de quinze cens mille livres, ladite Damoiselle future épouse, de l'autorité dudit Seigneur Duc son futur époux, a par ces presentes renoncé en faveur de Messeigneurs les Princes ses freres, & de leurs enfans & descendans mâles seulement, à tous les autres droits & prétentions généralement quelconques, que de présent ou à l'avenir elle pourroit prétendre, demander & esperer en quelque sorte & maniere que ce soit, ès biens & successions futures de mesdits Seigneur & Dame ses pere & mere ; & promettent lesdits futurs époux solidairement, de ratifier ladite renonciation, sitôt que ladite Damoiselle future épouse aura atteint l'âge de vingt-cinq ans accomplis. Ausquelles fins ledit Seigneur futur époux l'a aussi dès-à-present autorisée par cesdites presentes, sans qu'il soit besoin d'autre autorisation, sous cette condition & réserve que fait ladite Damoiselle future épouse, que si tous lesdits freres viennent à prédéceder sesdits pere & mere, sans enfans mâles, lors vivans, nés en loyal mariage, elle pourra, si bon lui semble, revenir ausdites successions paternelles & maternelles, en y rapportant ladite somme de quinze cens mille livres, ou ce qui lui aura été lors payé ou fourni d'icelle, ausquels rapports elle pourra comprendre & employer les choses qui se trouveront en nature, pour le même prix qu'elles lui auront été fournies en payement de sa dot.

Et à l'égard desdits biens & droits dudit futur époux, ci-dessus stipulés, & à lui, comme dit est, donnés par lesdits Seigneur & Dame ses pere & mere, demeureront entierement propres à icelui Seigneur futur époux, & aux siens de son côté & ligne, à la réserve toutefois de ladite somme de trois cens mille livres qui entrera en ladite communauté, au désir de ladite stipulation.

Et d'autant que lesdits futurs époux ont l'honneur d'être parens du Roi notredit Seigneur, Sa Majesté leur a liberalement fait don, en faveur de leurdit futur mariage, de la somme de trois cens mille livres en deniers comptans, que Sadite Majesté veut leur être payée par le Garde de son Trésor Royal, en vertu de l'Ordonnance de comptant, qu'elle leur en fera expedier & délivrer auparavant leursdites épousailles.

Ledit Seigneur Duc futur époux a doué & douë ladite Damoiselle sa future épouse, de vingt-cinq mille livres de rente de douaire préfix ou du douaire coutumier, à son choix, à l'avoir & prendre sitôt que le douaire aura lieu, generalement sur tous & chacuns les biens, meubles & immeubles, presens & à venir dudit Seigneur futur époux, avec son habitation au Château dudit Duché de, &c. & la jouissance de l'enclos, pourpris, jardins & préclôtures d'icelui Château, lequel sera meublé une fois seulement aux dépens des heritiers dudit Seigneur futur époux, de meubles, tapisseries, linges & autres choses nécessaires, selon la qualité des futurs époux, sans diminution dudit douaire, duquel tel qu'il sera choisi par ladite Damoiselle future épouse, elle demeurera saisie du jour du décès dudit Seigneur futur époux, sans qu'elle soit tenuë de le demander en Justice, dérogeant aussi pour ce regard lesdites Parties, à toutes Coutumes contraires.

Le survivant desdits futurs époux prendra par préciput, & hors part des biens de ladite communauté ; sçavoir, ledit Seigneur futur époux, ses habits ;

linges, armes & chevaux; & ladite Damoiselle future epouse, ses habits, bagues, joyaux, linges, carosse, litiere, & chevaux, & autres meubles de ladite communauté, tels que ledit survivant voudra choisir, suivant la prisée de l'inventaire qui en sera fait & sans cruë, jusqu'à la somme de deux cens mille livres, ou ladite somme en deniers comptans, au choix dudit survivant.

Si pendant ledit futur mariage il étoit vendu, aliené ou racheté aucuns heritages ou rentes propres à l'un ou à l'autre desdits futurs époux, les deniers en provenans seront aussitôt remployés en achats d'autres heritages ou rentes, pour sortir pareille nature de propre, au profit de celui ou celle d'où ils procedoient; & si lors de la dissolution dudit futur mariage, ledit remploi n'étoit fait, les deniers seront repris sur la masse de ladite communauté, si elle se trouve suffisante, sinon ce qui s'en défaudra à l'égard de ladite Damoiselle future épouse, sera repris sur les propres dudit Seigneur futur époux, & sera ladite action de remploi réputée immobiliaire de côté & ligne.

Sera loisible à ladite Damoiselle future épouse, & aux enfans qui naîtront dudit futur mariage, en renonçant à ladite communauté, de reprendre ladite somme de trois cens mille livres ci-dessus ameublie, avec le surplus de sa dot, & tout ce que durant ledit futur mariage lui sera avenu & échu par successions, donations, legs ou autrement; & outre ce, ladite Damoiselle future épouse aura encore sesdits douaire, habitation & préciput, tels que dessus, le tout franchement & quittement, sans être par elle, ni sesdits enfans, tenus d'aucunes charges, dettes, ni hypoteques de ladite communauté, encore que ladite Damoiselle future épouse y eût parlé, s'y fût obligée, ou y eût été condamnée, dont elle & sesdits enfans seront acquittés sur les biens dudit Seigneur futur époux, ou par ses heritiers.

Arrivant le prédécès de ladite Damoiselle future épouse, sans enfans lors vivans dudit futur mariage, ses heritiers auront la même faculté en renonçant à ladite communauté, de reprendre franchement & quittement, comme dessus, tout ce que ladite future épouse aura apporté audit mariage, & tout ce que durant icelui lui sera avenu & échu, ainsi que dit est, par successions, donations, legs ou autrement, à la réserve de la somme de cent cinquante mille livres, qui demeurera audit Seigneur futur époux, pour aucunement le dédommager des frais de nôces & charges dudit futur mariage; pour toutes lesquelles reprises & indemnités, ladite future épouse, sesdits enfans & heritiers auront leur hypoteque de ce jourd'hui sur tous les biens presens & à venir dudit Seigneur futur époux, & desdits Seigneur & Dame ses pere & mere, qu'ils en ont d'abondant aussi solidairement, comme dessus, affectés, obligés & hypotequés à cet effet envers ladite Damoiselle future épouse, sesdits enfans & heritiers.

Et pour faire insinuer cesdites presentes à Paris, & partout ailleurs où besoin sera, suivant l'Ordonnance, lesdites Parties ont fait & constitué leur Procureur general & spécial, le Porteur d'icelles, auquel elles en ont donné & donnent pouvoir.

Car ainsi le tout a été traité, stipulé, convenu & accordé entre lesdites Parties, en faisant & passant ces presentes, nonobstant toutes Coutumes &

Loix à ce contraires, aufquelles lefdites Parties ont expreffément dérogé & renoncé par cefdites prefentes ; promettant &c. obligeant chacun en droit foi, &c. lefdits Seigneur & Dame pere & mere defdits futurs époux, folidairement, comme dit eft, &c. renonçant, &c. Fait & paffé, &c.

Autrefois quand avant le mariage, les futurs époux avoient eu copulation charnelle, & qu'il en étoit iffu un enfant, pour le légitimer, ils le reconnoiffoient par leur contrat de mariage. Ce qui étoit humiliant & contre la pudeur, ce contrat ne demeurant pas toujours fecret, & étant quelquefois obligé de l'exhiber & d'en juftifier en affaires : Mais à prefent cela ne fe pratique plus, non-plus que de mettre l'enfant fous le poil à l'Eglife lors de la célebration du mariage. Quand on eft dans le cas fufdit, on fait fon contrat de mariage à l'ordinaire, & dans l'acte de célebration à l'Eglife, on fait la déclaration de l'enfant qu'on a eu avant le mariage, de fon fexe, du jour qu'il a été baptifé, en quelle Paroiffe, du nom qu'il a eu, & que les Mariés le reconnoiffent pour leur enfant, & être procréé d'eux ; alors cet enfant eft légitimé, fon état eft conftant, & il jouit de tous les avantages des légitimes.

Au moyen de ce qui fe pratique à prefent à cet égard ci-deffus expliqué, il n'eft plus queftion comme autrefois, de faire avant ou depuis, ou même par le contrat de mariage, d'actes de défiftement de la plainte, & des pourfuites qui auroient été faites, foit par la fille, foit par fes pere & mere, contre le garçon ; tout cela tombe au moyen de l'accompliffement du mariage.

Délaiffement des Héritages & Rentes promis en faveur de Mariage.

FURENT préfent Gabriel, &c. & Marguerite, &c. fa femme, qu'il autorife, demeurant ruë, &c. lefquels pour fatisfaire au contrat de mariage d'entre Philippe, &c. & Nicole, &c. leur fille, paffé pardevant les Notaires fouffignés, le   ont reconnu & confeffé avoir cedé, quitté, tranfporté & délaiffé par ces prefentes, dès maintenant & à toujours, & promettent folidairement, fans divifion, difcuffion ni fidéjuffion, à quoi ils renoncent, garantir de tous troubles & empêchemens generalement quelconques, même fournir & faire valoir, tant en fort principal qu'arrerages, les rentes ci-après déclarées, & même lefdits arrerages, payer & continuer fi faute y avoit de payement par les débiteurs d'icelles, de quartier en quartier, après un exploit de commandement fait aux perfonnes ou domiciles defdits débiteurs, fans autre pourfuite, difcuffion, ni diligence faire, fi bon ne fem-

ble aufdits Philippe, &c. & Nicole fon accordee, qu'il autorife autant que faire le peut, à ce prefens & acceptans pour eux , leurs hoirs & ayans caufes ; c'eft à fçavoir, la Maifon de l'Image Saint Claude, fife à Paris, rue, &c. tenant, &c. & cent cinquante livres de rente rachetable de trois mille livres conftituée audit Gabriel, par Simon, &c. & Charlotte, &c. fa femme, folidairement par contrat paffé pardevant *tels* Notaires, le   le tout que lefdits Gabriel & fa femme avoient promis folidairement donner & garantir comme deffus à ladite future époufe leur fille, & fournir audit futur époux par leurdit contrat de mariage, pour de ladite maifon & rente, jouir & difpofer par iceux futurs époux, leurs hoirs & ayans caufes, au défir de leurdit contrat de mariage, comme bon leur femblera, & de chofe à eux appartenante, au moyen des prefentes, pour en commencer la jouiffance de ce jourd'hui, à l'effet de quoi lefdits Gabriel & fa femme ont dès-à-prefent mis & fubrogé lefdits futurs époux en leur lieu & place, droits de propriété, privileges, hypoteques, noms, raifons & actions ; lefquelles maifon & rente fortiront nature de propre à ladite Nicole, & aux fiens de fon côté & ligne, au défir dudit contrat de mariage ; & ont lefdits Gabriel & fa femme prefentement délivré aufdits Philippe, &c. & Nicole fon accordée, la groffe en parchemin dudit contrat de conftitution, avec *telles &
telles* pieces concernant la propriété de ladite maifon de l'Image Saint Claude, de toutes lefquelles pieces lefdits futurs époux fe contentent, & en quittent & déchargent lefdits pere & mere de ladite future époufe. Fait & paffé, &c.

Conftitution de dot par les pere & mere à leur fille, à la charge de renonciation à leurs Succeffions futures.

En faveur duquel futur mariage lefdits Sieur & Damoifelle pere & mere de ladite Damoifelle future époufe, conftituent en dot à ladite Damoifelle leur fille & future époufe, la fomme de   &c. à la charge que ladite future époufe renoncera aux fucceffions futures defdits Sieur & Damoifelle fes pere & mere, fans qu'elle y puiffe rien prétendre ni demander aucune chofe, & ce au profit & pour l'avantage de fes freres, de fes foeurs, & de leurs enfans, defcendans, & de chacun d'eux, pour telle part & portion qu'il plaira aufdits Sieur & Damoifelle pere & mere, de difpofer de leurs biens entre leurs autres enfans ; & à la charge que ledit fieur futur époux s'obligera en fon nom de garantir & faire valoir envers & contre tous ladite renonciation, au cas que ladite Damoifelle   mere de ladite Damoifelle future époufe, pendant le prefent mariage, ou leurs enfans iffus d'icelui vouluffent, après fon décès, fe pourvoir contre ladite renonciation ; toutefois, le cas arrivant que ladite Damoifelle mere de ladite Damoifelle future époufe vînt à déceder fans enfans mâles lors vivans, ladite Damoifelle future époufe pourra, fi bon lui femble, prendre & accepter lefdites fucceffions paternelle & maternelle, ou l'une ou l'autre, en rapportant par elle la moitié de ladite fomme de   en chacune defdites fucceffions, ou en moins prenant ; le tout fans préjudice à ladite Damoifelle future époufe, des droits fucceffifs qui lui pourroient écheoir

ce les ayeux & autres ascendans, après le décès desdits Sieur & Damoiselle
ses pere & mere.

Quand la fille qui fait renonciation eſt mineure, il faut ajouter
cette clauſe ; ſçavoir :

Que les futurs époux promettent & s'obligert ſolidairement de ratifier ladite renonciation, dès que ladite Damoiſelle future épouſe aura accompli ſa
vingt-cinquiéme année.

Clauſe concernant la Dot, l'Emploi & Repriſe.

En faveur duquel futur mariage, leſdits Sieur & Dame pere & mere de
ladite future épouſe, ont promis de lui donner la ſomme de quarante mille
livres, & icelle payer dans la veille des épouſailles auſdits Sieur & Damoiſelle futurs époux, laquelle ſomme ſera employée par ledit ſieur futur époux
en terres ou rentes, qûi ſortiront nature de propre à ladite Damoiſelle future
épouſe, & aux ſiens de ſon côté & ligne ; & ſi au jour de la diſſolution de la
future communauté, ledit emploi n'étoit fait, ſera loiſible à ladite future
épouſe de reprendre ladite ſomme de quarante mille livres ſur les deniers &
meubles qui ſe trouveront en ladite communauté ou en terres, telles qu'elle
voudra choiſir, qui auront été acquiſes durant ledit futur mariage, pour le
prix porté par les contrats d'acquiſitions ; pour leſdites terres, enſemble tout
ce qui aviendra & échera à ladite future épouſe, en meubles ou immeubles,
par ſucceſſions, donations, legs ou autrement, lui être & demeurer propre,
& aux ſiens de ſon côté & ligne.

Stipulation de l'emploi de deniers dotaux au payement des dettes du futur époux, avec ſubrogation.

De laquelle ſomme de trente mille livres entrera en la communauté la
ſomme de douze mille livres, & les dix-huit mille livres reſtans ſeront &
demeureront propres à ladite future épouſe & aux ſiens de ſon côté & ligne,
laquelle ſomme de dix-huit mille livres ſera employée par ledit ſieur futur
époux, ainſi qu'il promet & s'oblige, au payement de ſes dettes hypotequaires, & par les quittances qui ſeront retirées des créanciers qui toucheront
ladite ſomme, ſera fait déclaration que les deniers procedent & font partie
de la dot de ladite Damoiſelle future épouſe, pour lui ſortir nature de
propre, comme étant leſdits payemens faits de ſes deniers dotaux ; expeditions en bonne forme deſquelles quittances, qui contiendront leſdites déclaration & ſubrogation, ſeront remiſes avec les piéces juſtificatives deſdites dettes, ès mains deſdits Sieur & Damoiſelle pere & mere de la future
épouſe, dans trois mois après la bénédiction & celebration dudit mariage.

Autre ſtipulation d'emploi.

Laquelle ſomme de   ledit ſieur futur époux ſera tenu
au plutôt & inceſſamment, ainſi qu'il le promet & s'y oblige, après le

jour de la bénédiction nuptiale, convertir & employer en acquifitions de terres & heritages dans la Coutume de Paris, au nom & profit de la future épouse, qui lui feront cenfés & réputés propres, comme dit eft, lefquelles acquifitions & emplois fe feront par l'avis dudit fieur pere de la future époufe.

Conflitution de Dot, tant pour les Droits fucceffifs déja échûs, qu'en avancement de ceux à écheoir.

Ledit fieur pere de la future époufe, en faveur dudit futur mariage, cede & délaiffe, & promet garantir de tous troubles & empêchemens généralement quelconques à ladite future époufe fa fille, ce acceptant, une Maifon fife, &c. eftimée vingt mille livres; pour de ladite Maifon jouir & difpofer par lefdits futurs Conjoints dès l'inftant de leur mariage; laquelle Maifon fera & demeurera propre à ladite future époufe, & aux fiens de fon côté & ligne; ladite ceffion ainfi faite, tant pour le droit fucceffif mobilier & immobilier, appartenant à ladite Damoifelle   par la fucceffion de feue   fa mere, qu'en avancement d'hoirie de la fucceffion future dudit fieur fon pere.

Autre Claufe femblable.

En faveur duquel mariage ladite Dame   mere de ladite Damoifelle future époufe, promet lui donner la veille de fes époufailles, *ou autre tems limité*, la fomme de   pour le droit fucceffif, mobilier & immobilier, fruits & revenus d'iceux échûs par le décès de fon pere, fi tant fe monte, finon le furplus en avancement d'hoirie de la future fucceffion de ladite Dame fa mere.

Voyez ci-deffus page 271 quel eft l'effet de cette claufe; nous allons feulement remarquer ici, que pour diftinguer après le décès du furvivant, ce qui a été donné fur fa fucceffion, il faut rendre compte de la premiere.

Quand les pere & mere marient leurs enfans, ce qu'ils leur donnent en mariage eft réputé donné fur leurs futures fucceffions; de telle forte qu'après le décès du premier mourant, il en faut rapporter la moitié ou moins prendre; & l'autre moitié ne fe rapporte qu'après le décès du dernier mourant, avec les fruits & interêts au denier vingt de chacune moitié, du jour du décès, felon l'article 309 de la Coutume de Paris.

Quelquefois on ftipule, mais rarement, que toute la fomme s'imputera fur la premiere fucceffion à écheoir; auquel cas il faut égaler tous les autres enfans, à ce qui a été donné en mariage, auparavant que le marié puiffe rien prétendre.

Si en la fucceffion à laquelle le rapport fe doit faire, il ne fe trouvoit pas affez de bien pour égaler au rapport les autres enfans, du moins jufqu'à la concurrence de leur légitime , celui qui a été avantagé , eſt obligé de parfaire ladite légitime ſur ce qu'il a eu , ſuivant l'article 307 de la Coutume de Paris , quand même il n'auroit eu que de l'argent comptant, laquelle légitime eſt la moitié de telle part & portion , que leſdits enfans euſſent eu chacun , ſi celui de la ſucceſſion dont eſt queſtion , n'eût point diſpoſé par donation ou autrement , ſur le tout déduit les dettes & frais funeraires , ſuivant l'article 298 de la Coutume.

Clauſe pour une fille mariée avec ſes droits.

Ledit ſieur futur époux a promis & promet prendre ladite Damoiſelle pour ſon épouſe avec ſes biens & droits à elle appartenans , tels qu'ils lui ſont échus par la ſucceſſion de Damoiſelle   ſa mere, & qui pourront lui avenir par le décès dudit ſieur   pere de ladite Damoiſelle future épouſe , à telle ſomme qu'ils puiſſent monter.

Autre Clauſe par laquelle le futur époux prend ſa future épouſe avec ſes droits.

Ladite future épouſe apporte audit futur époux , qui d'elle confeſſe avoir reçu en louis d'or , d'argent & monnoyes ayant cours, la ſomme de dont quittance ; & outre, ledit futur époux prend ladite future épouſe aux biens & droits à elle appartenans ; tant des ſucceſſions de ſeſdits défunts pere & mere, qu'autrement.

Deſquels biens le tiers entrera en communauté, & les deux autres tiers ſeront & demeureront propres à ladite future épouſe, &c.

Il eſt aſſez d'uſage, comme nous l'avons dit ci-deſſus, lorſque des pere & mere dotent leur enfant, de ſtipuler que le ſurvivant deſdits pere & mere jouira des meubles & conquêts du prédécedé. Cette clauſe eſt autoriſée par l'article 281 de la Coutume de Paris : Mais comme cette jouiſſance ne s'étend qu'à la part du prédécedé dans les meubles & conquêts de la communauté ; & que le prédécedé pouvoit avoir beaucoup de propres, que l'enfant marié pourroit demander au ſurvivant, nonobſtant la ſuſdite clauſe, les pere & mere peuvent ſtipuler, qu'au cas que les enfans demandent compte & partage, la dot ſera imputée totalement ſur la ſucceſſion du prédécedé. Cette clauſe ſe peut mettre ainſi :

Clauſe

Clause pour assurer au survivant des pere & mere, dotant leurs enfans,
la jouissance des biens du prédécédé.

Moyennant laquelle dot, le survivant desdits Sieur & Damoiselle pere &
mere de la future épouse, jouira pendant sa vie de la portion de ladite Damoiselle future épouse, dans tous les biens & communauté du premier mourant desdits Sieur & Damoiselle pere & mere; pourquoi lesdits Sieur & Damoiselle futurs époux renoncent à pouvoir demander aucun compte ni partage au survivant, en faisant faire par lui un fidele inventaire, & tant qu'il demeurera en viduité; & au cas, que nonobstant cette convention, qui est une
condition essentielle de la dot ci-dessus, lesdits Sieur & Damoiselle futurs
époux veuillent venir au partage ou compte ci-dessus, & qu'ils y soient admis, en ce cas, ils seront tenus d'imputer la dot entiere de ladite Damoiselle
future épouse, sur la succession du premier décédé desdits Sieur & Damoiselle ses pere & mere.

On pourroit même conseiller aux pere & mere qui dotent
leurs enfans, de stipuler toujours que la dot sera entierement
imputée sur la succession du premier décédé. Cette clause in-
viteroit les pere & mere à donner une dot plus considerable,
puisqu'il seroit certain que le survivant ne dotant point, ne se
priveroit pas d'un bien qui pourroit être nécessaire pour sa subsistance.

Il arrive quelquefois que l'un des Conjoints qui marient leur
enfant, étant beaucoup plus riche que l'autre, le dote seul, sans
que l'autre Conjoint y contribue; & pour lors il faut l'énoncer
expressément, & dire que l'autre Conjoint qui ne dote point, ne
paroît au contrat que pour y donner son consentement.

Clause pour Ameublissement.

Lesdits Sieur & Damoiselle pere & mere de ladite future épouse, ont donné & ameubli ausdits futurs époux, ce acceptans, une Maison sise à
chargée de cens seulement envers, &c. pour d'icelle Maison & lieux y contenus, jouir & disposer par ledit sieur futur époux, & sortir nature de conquêt, comme si ladite Maison avoit été acquise pendant leur futur mariage;
laquelle Maison lesdits Sieur & Damoiselle pere & mere font valoir la somme de quinze mille livres.

Autre clause pour Ameublissement.

Desdits biens & effets de ladite Damoiselle future épouse, en entrera en
ladite communauté, jusqu'à la somme de dix mille livres, à prendre sur le

Tome I. X x

mobilier, fi tant il monte , finon ce qui s'en manquera pour parfaire ladite
fomme de dix mille livres, fe prendra fur les immeubles de ladite Damoifelle future époufe, laquelle en confent l'ameubliffement, par ces préfentes, jufqu'à cette concurrence ; & quant au furplus defdits biens propres &
immeubles de ladite Damoifelle future époufe, ils lui demeureront toujours propres & aux fiens de fon côté & ligne.

Autre claufe d'Ameubliffement , quand la future époufe eft mineure.

Et d'autant que tous les biens de ladite future époufe confiftent efdites
Maifons, heritages & rentes déclarées ci-deffus, elle a ameubli audit futur
époux ladite Maifon fife & confiftant, *comme deffus*, *&c.* de l'avis & confentement dudit fieur   fon Curateur, & de fes parens & amis;
& d'autant que cet ameubliffement a befoin d'être homologué en Juftice,
lefdits futurs époux & lefdits parens de ladite future époufe, ont fait & conftitué leur Procureur, le Porteur des préfentes, auquel ils ont donné pouvoir de confentir & pourfuivre l'homologation, pour d'icelle Maifon &
lieux y contenus jouir & difpofer par ledit fieur futur époux à fa volonté,
& fortir, &c.

Il faut remarquer que la claufe d'ameubliffement n'a point
befoin d'homologation, quand l'ameubliffement n'excede point
l'ufage ordinaire, qui eft du tiers de la dot, ou environ : Ainfi
l'homologation de l'ameubliffement, quand la future époufe
eft mineure, n'eft requife que quand il excede le tiers de la dot.

Claufe qu'il n'y aura point de communauté.

A été expreffément convenu & accordé, qu'il n'y aura point de communauté de biens entre lefdits Sieur & Damoifelle futurs époux ; & que chacun jouira à part & divis des biens à lui appartenans, nonobftant la Coutume
de Paris, ou autres femblables, qui introduifent communauté de biens,
aufquelles ils ont dérogé & renoncé.

Et à l'effet de pouvoir, par ladite Damoifelle future époufe, avoir libre
& entiere difpofition de fes biens, recevoir fes revenus de quelque nature
qu'ils foient , même les principaux, les vendre , engager, aliener ainfi que
tous les autres immeubles qui lui appartiennent & pourront lui appartenir
ci-après, faire baux, paffer contrats, traiter & tranfiger, & généralement
pour agir en toutes fes affaires, ledit futur époux l'a dès-à-préfent irrévocablement autorifée & autorife par ces préfentes, fans qu'il foit befoin
d'autre ni plus particuliere autorifation, & fans que ledit futur époux puiffe
être tenu en façon quelconque de tout ce qui pourroit être fait par ladite future époufe.

Quand il n'y a point de communauté, les futurs Conjoints

font un état de leurs hardes & meubles, que l'on annexe à la minute du contrat de mariage, & on exprime, si c'est l'épouse qui fera la dépense, & ce que le futur époux lui payera par an ; ou si c'est lui qui se chargera de la dépense, comme cela se fait ordinairement, & quelle pension la femme lui payera en ce cas par chacun an.

Autres clauses lorsqu'il n'y a point de communauté.

A été accordé & convenu qu'il n'y aura aucune communauté de biens entre lesdits Sieur & Damoiselle futurs époux, soit de ceux qui leur appartiennent presentement, ou de ceux qui leur écheront ci-après, en quelque sorte & maniere que ce soit, nonobstant toutes Coutumes à ce contraires, auxquelles ils ont dérogé & renoncé.

Au moyen de quoi chacun desdits Sieur & Damoiselle futurs époux, jouiront séparément & à divis de leurs meubles & immeubles, présens & à venir, ensemble des revenus desdits immeubles, ainsi qu'ils auroient pû faire avant le présent contrat de mariage, à l'effet de laquelle jouissance, & afin que ladite Damoiselle future épouse puisse avoir l'entiere & libre disposition de sesdits biens, meubles & immeubles, présens & à venir, pour les régir, gouverner & administrer, ensemble pour les vendre & aliéner, ou autrement en disposer par donation entre-vifs, ou testamentaires, & en quelque autre maniere que ce soit, au profit & en faveur de telles personnes & à telles charges, clauses & conditions qu'elle jugera à propos, ainsi que pour recevoir tous rachats, remboursemens & sommes qui se trouveront lui être dûës, comme pareillement pour faire telles acquisitions que bon lui semblera, prêter ou emprunter toutes & telles sommes qu'elle désirera par promesses, obligations, constitutions ou autrement, même pour faire & passer tous autres contrats & actes qu'il appartiendra pardevant Notaires & en Justice, intenter, poursuivre & défendre à toutes actions & Procès pardevant tous Juges, comparoître en Jugement pour la conservation & défense de ses droits, transiger, composer & compromettre, s'il y échet, prendre & accepter successions, legs testamentaires, ou y renoncer, & généralement pour faire, agir & traiter par ladite Damoiselle future épouse, librement & de son chef, non-seulement pour ses biens, droits & actions, & autres choses quelconques qui lui appartiennent & se trouveront lui appartenir & la concerner en son nom ; mais encore pour telles autres personnes, causes & occasions que ce soit ou puisse être ; & enfin pour en user, faire & disposer par elle, sans exception ni réserve : Icelui Sieur futur époux a dès-à-presens, par ces presentes, autorisé ladite Damoiselle future épouse, & l'autorise pour toujours irrévocablement, en telle sorte qu'elle ne sera obligée de prendre autre pouvoir, ni nouvelle autorisation, sous quelque prétexte que ce puisse être.

Nonobstant cette clause d'autorisation générale, on ne laisse pas de demander l'autorisation particuliere, quand il s'agit d'aliénation, laquelle pourroit ne valider sans cela : Par Arrêt du 23 May 1700, il a été jugé que pour la validité d'une aliénation d'immeuble faite par une femme, l'autorisation générale n'étoit pas suffisante ; mais qu'il falloit une autorisation particuliere, pour l'acte en question; d'où il s'ensuit qu'une telle autorisation générale, quelqu'étendue qu'elle soit, ne peut servir que pour la perception des revenus, & non pas pour l'aliénation des immeubles.

Et afin qu'il n'y puisse avoir aucune confusion des biens desdits Sieur & Damoiselle futurs époux, & que l'on connoisse ce qui leur appartient à chacun en leur particulier, notamment pour ce qui concerne leurs meubles, linges, hardes, ustenciles, joyaux, outre leurs autres effets immeubles ; ils ont déclaré & reconnu qu'à l'égard de ceux de ladite Damoiselle future épouse, ils sont contenus dans un mémoire de meubles, vaisselle & autres ustenciles, qui montent à, &c. Pour ce qu'appartient audit futur époux, de hardes, linges, &c. sont pareillement contenus en un état ou mémoire, lesquels mémoires sont demeurés annexés à la minute des presentes, à la réquisition desdits futurs époux, après qu'ils ont été signés & paraphés d'eux en presence desdits Notaires.

À l'égard des immeubles desdits Sieur & Damoiselle futurs époux, n'en a été fait aucun état ni mémoire, attendu que les contrats, titres & papiers les concernans, sont suffisans pour justifier à qui ils appartiennent.

Quant aux meubles dont lesdits Sieur & Damoiselle futurs époux pourront ci-après faire achat, chacun en leur particulier, ils seront réputés appartenir à celui ou celle qui s'en trouveront saisis, & les avoir en sa possession pour son usage & service, & à la marque ou chiffre duquel ils se trouveront marqués, si faire se peut, & dont même ils pourront justifier des quittances des Marchands autant que faire se pourra.

Et d'autant que ladite Damoiselle future épouse entend faire la dépense de la Maison, tant pour le logement & nourriture, que pour les gages & entretiens des domestiques qu'elle a ou désirera prendre, a été convenu que ledit sieur futur époux lui payera pour sa nourriture & logement, la somme de, &c. de pension par chacun an; & en cas qu'il veuille avoir des domestiques, il suppléera de ce qu'il conviendra, & sera réglé entre les Parties.

Quelquefois le futur époux n'accorde à la future épouse, que l'administration de ses biens, lui ôtant le pouvoir de les vendre ou engager; ce qui se fait en ces termes :

Mais afin que les biens de ladite Damoiselle future épouse soient conservés pour elle & pour ses enfans, il est convenu & arrêté entre les Parties, que ladite Damoiselle future épouse ne pourra les vendre, aliéner, engager, ni en disposer sans l'autorité & le consentement dudit sieur futur époux, lequel l'autorisera, après avoir été dûement informé de la nécessité qui y obligera; comme aussi pour faire poursuite de ses droits ou actions, ou de se défendre en Justice.

Quelquefois aussi le mari stipule qu'il aura l'administration des biens de sa femme, & qu'il en aura la jouissance pour soutenir les charges du mariage.

Ordinairement le mari se charge de la dépense de la Maison, & la femme convient de lui payer par an une certaine somme, tant pour sa pension, que pour celle de ses domestiques, du nombre desquels on convient.

Quand il n'y a point de communauté entre les Conjoints, chacun d'eux fait un mémoire des hardes & meubles qui lui appartiennent, lequel est annexé à la minute du contrat de mariage, comme il est porté dans le précedent acte; mais quelquefois les Parties veulent qu'il en soit fait un inventaire, lequel se peut faire en la maniere qui suit: Sur quoi il est bon de remarquer, que cet inventaire n'est pas seulement nécessaire, & qu'un simple mémoire est suffisant.

Inventaire fait en conséquence de la convention, qu'il n'y aura point de communauté entre les Conjoints.

L'AN à la requête de Damoiselle, &c. & en exécution de la clause apposée au contrat de mariage d'entr'elle & Claude, &c. reçu par les Notaires soussignés, le jour de portant qu'il n'y aura aucune communauté de biens entr'eux, & que pour cet effet, ils ne seront point tenus des dettes, &c. & qu'ils feront faire respectivement inventaire de tous leurs biens, ainsi qu'il est porté par ledit contrat, & en la présence dudit Claude pour ce present & comparant, a été par lesdits Notaires soussignés, fait inventaire de tous les biens, meubles, ustenciles d'Hôtel, titres & papiers appartenans à ladite Damoiselle, & concernans ses droits, étant dans la Maison où elle est presentement demeurante, sise comme dit est, &c. par elle montrés & exhibés, affirmant le tout lui appartenir, & lesquels meubles ont été prisés par Huissier-Priseur, audit Châtelet de Paris, qui les a prisés en sa conscience, eu égard à leur juste valeur, aux sommes de deniers, & ainsi qu'il ensuit, &c.

Le futur époux doit aussi faire un inventaire de ses biens, comme dit est, en présence de la future épouse, ou au nom d'icelle, lequel inventaire se dresse comme le précedent.

Clause faisant mention de l'inventaire des biens du futur époux.

Ledit futur époux a apporté avec la future épouse en meubles & usten-

ciles, argent, promesses & obligations, suivant que le tout est contenu en
l'inventaire qui a été fait, & qui est demeuré annexé à ces presentes, après
avoir été paraphé, &c. jusqu'à la somme de huit mille livres, dont la future
épouse, de lui, en tant que faire se peut, autorisée pour plus grande validité,
demeure d'accord, pour avoir vû & examiné toutes lesdites choses contenues
audit inventaire, & ce, outre les terres & heritages qui appartiennent au futur époux en la Paroisse de *tel endroit* , &c.

Il faut cependant remarquer, qu'il n'est pas nécessaire de faire
d'état ni d'inventaire des biens du futur époux, quand on stipule qu'il n'y aura point de communauté entre les futurs Conjoints, puisque tout ce qui ne sera pas compris dans l'inventaire
de la future épouse, sera censé appartenir à l'époux : Ainsi, quand
il n'y a point de communauté, on peut se passer de faire inventaire
des effets du futur époux.

A l'égard des biens de la future épouse, il est toujours nécessaire d'en faire inventaire, lorsqu'il y a dans le contrat de
mariage clause exclusive de communauté entre les futurs Conjoints.

Il y a même un cas, où y ayant communauté, il est quelquefois d'une très-grande conséquence pour le mari, qu'il ait été
fait avant le mariage, un inventaire des effets de sa femme. C'est
le cas prévû par l'article 222 de la Coutume de Paris, qui porte:
Que quoiqu'il soit convenu entre deux Conjoints, qu'ils payeront séparément leurs dettes faites auparavant le mariage ; néanmoins, ils en seront tenus, s'il n'y a inventaire préalablement fait,
& au contraire s'il y en a , ils demeurent quittes, representant
l'inventaire, ou l'estimation d'icelui.

Ainsi, pour que le mari puisse user de la clause inserée dans son
contrat de mariage, que les dettes antérieures à la célebration,
seront payées par le débiteur d'icelles, & sur son bien , & se dispenser de payer les dettes mobiliaires de sa femme antérieures à
ladite célebration , il faut, suivant ledit article, qu'il ait eu la précaution de faire faire avant la célebration du mariage, inventaire
des effets de sa femme.

Une autre observation qu'il faut faire à ce sujet, c'est que si la
femme qu'un homme doit épouser est veuve, ayant des enfans
mineurs d'un premier mariage , il faut que cet inventaire soit fait
en presence d'un Tuteur *ad hoc*, desdits mineurs; qu'il soit fait
avant le second mariage, & qu'il comprenne tant les effets de la
premiere communauté, que ceux échûs à la femme pendant son
veuvage, ou par elle acquis ; il faut enfin, qu'il soit fait pardevant

Notaires. L'une de ces conditions manquant, l'inventaire ne seroit pas valable, comme il a été jugé par Arrêt du Parlement le 14 Mars 1731, qui a été publié au Châtelet.

Clause que les heritiers collateraux de la future épouse ne jouiront de la communauté.

A été expressément convenu, qu'en cas que ladite future épouse prédécede ledit futur époux, sans enfans de leur mariage, les heritiers collatéraux d'icelle future épouse ne pourront avoir ni prétendre pour tout droit, part & portion en ladite communauté, que la somme de   outre les propres qui se trouveront appartenir à ladite future épouse, & ledit futur époux demeurera quitte envers eux de toutes choses quelconques, en leur payant ladite somme, en telle sorte qu'ils ne pourront faire apposer aucun scellé, ni faire aucun inventaire, & y obliger ledit sieur futur époux, si bon ne lui semble.

Clause que les effets du futur époux lui demeureront propres, à l'exception d'une somme qui entrera en communauté.

Tous les biens & effets, mobiliers & immobiliers qui appartiennent de present audit sieur futur époux, sont stipulés & demeureront propres à lui & aux siens de son côté & ligne, excepté la somme de   qui entrera en ladite communauté, & à cette fin, pour la justification d'iceux, il en fera faire inventaire en la presence de ladite Damoiselle future épouse & dudit sieur   son pere, avant la solemnité dudit mariage.

Constitution de Douaire préfix sans retour.

En faveur duquel mariage, ledit futur époux a doué ladite future épouse de la somme de quatre mille livres de douaire préfix une fois payée & sans retour, à l'avoir & prendre sitôt qu'il aura lieu, sur tous les biens dudit futur époux, qui en demeureront chargés.

Constitution du Douaire préfix ou coutumier, au choix de la future épouse.

Ledit sieur futur époux a doué & doue ladite future épouse de cinq cens livres de rente de douaire préfix ou du douaire coutumier, à son choix, pour l'avoir & prendre sitôt qu'il aura lieu, sur tous & chacun les biens, meubles & immeubles, presens & à venir dudit sieur futur époux, avec son habitation au Château dudit Fief & Maison Seigneuriale de   appartenant audit sieur futur époux, & la jouissance de l'Enclos, Pourpris, Jardins, Garennes & Préclôtures dudit Château, lequel sera meublé une seule fois seulement, aux dépens des heritiers dudit sieur futur époux, de meubles, tapisseries, linges & autres choses nécessaires, selon la qualité defdits futurs époux, fans diminution dudit douaire, tel qu'il fera choifi, duquel elle demeurera faifie au jour du décès dudit fieur futur époux, fans qu'elle foit tenue de le demander en Juftice.

Claufe qui engage les pere & mere du futur époux, pour la fureté du Douaire.

Lefdits Sieur & Damoifelle pere & mere dudit fieur futur époux, ont certifié & certifient ledit fieur futur époux leur fils, franc & quitte de toutes dettes & hypoteques, jufqu'audit jour du mariage ; & en cas qu'il s'en trouvât quelques-unes précedant ledit futur mariage, ils promettent folidairement, l'un pour l'autre, fous les renonciations requifes, les acquitter de leurs propres deniers ; comme auffi, ils s'obligent, fous ladite folidité, au douaire & conventions matrimoniales, ftipuléés & accordées par le prefent contrat de mariage à ladite Damoifelle future époufe, à laquelle, & fes hoirs ou ayans caufes, ils en répondent & en font leur propre fait & dette folidairement comme deffus, pour ledit fieur futur époux leur fils ; à quoi ils affeétent, obligent & hypotequent, fous ladite folidité, tous leurs biens préfens & à venir.

Donation à la future époufe par le futur époux.

En faveur duquel futur mariage, ledit futur époux a donné & donne par ces prefentes à ladite future époufe, ce acceptant, en cas qu'il la prédécede fans enfans, la fomme de   à prendre fur la part des biens de la communauté appartenante audit futur époux ; & en cas qu'ils ne foient pas fuffifans, fur les biens propres d'icelui, laquelle fomme de   lui appartiendra en pleine proprieté, pour en jouir par elle & les fiens à fa volonté.

Autre claufe de donation à la future époufe.

En faveur duquel futur mariage, ledit fieur futur époux a donné, cedé & tranfporté, par donation pure, fimple & irrévocable entre-vifs, dès maintenant & pour toujours, & promet pour plus grande fureté, garantir à ladite Damoifelle future époufe, ce acceptant, pour elle, fes hoirs & ayans caufes, ladite Maifon fituée, &c. pour en jouir par ladite future époufe, fes hoirs & ayans caufes, à toujours, après le décès dudit fieur futur époux, au cas qu'il n'y ait point d'enfans provenans dudit futur mariage, & que ladite Damoifelle future époufe furvive ledit fieur futur époux, fans que ledit fieur futur époux puiffe vendre, engager ou aliéner ladite Maifon pendant ledit futur mariage.

Donation au futur époux.

En confidération dudit mariage, & pour l'eftime particuliere que ladite Damoifelle future époufe a pour ledit fieur futur époux, elle a par ces préfentes, donné par donation entre-vifs irrévocable, & en la meilleure forme

qu'elle

qu'elle fe peut faire audit fieur futur époux, ce acceptant, la fomme de dix mille livres, à prendre fur tous les plus clairs & apparens biens, meubles & immeubles qui lui appartiendront au jour de fon décès, en quelques lieux & endroits qu'ils foient fitués & affis, pour jouir & difpofer par ledit fieur futur époux, de ladite fomme de dix mille livres en pleine propriété, ainfi que de fes autres biens, & ce en cas qu'il furvive ladite Damoifelle future époufe ; ayant été expreffément convenu entr'eux, que fi ledit fieur futur époux la prédécedoit, la prefente donation demeurera nulle & fans effet.

Donation réciproque en pleine propriété entre les futurs époux.

En conféquence dudit futur mariage, & pour la bonne amitié que lefdits futurs époux ont dit fe porter l'un à l'autre, & pour s'en donner des marques évidentes, ils fe font par ces préfentes, fait donation réciproque ; fçavoir, ledit futur époux à ladite future époufe, ce acceptant, d'une Maifon fife, &c. appartenante audit futur époux, de fon propre paternel, à lui échûë par la fucceffion de, &c. fon pere. Et ladite future époufe a fait pareillement donation audit fieur futur époux, ce acceptant, d'une Maifon, &c. appartenante à ladite future époufe de fon propre, à elle échûë par les fucceffions de défunts, &c. fes pere & mere ; pour lefdites Maifons ci-deffus données refpectivement être & appartenir au furvivant en pleine propriété, dès l'inftant du décès du premier mourant, fans qu'il foit befoin d'aucun acte de Juftice, & en jouir, faire & difpofer par ledit furvivant, fes heritiers & ayans caufes, à leur volonté, & comme de chofe à eux appartenante, pourvû néanmoins qu'il n'y ait au jour du décès de l'un d'eux, aucuns enfans nés & procréés dudit futur mariage, auquel cas, ladite donation fera nulle & fans effet. Et pour la validité de ladite donation, fe tranfportent lefd. futurs Conjoints, dès-à-prefent, tous droits de propriété, fonds & trèfonds defdites Maifons, fe deffaififfant l'un au profit de l'autre, &c. Et pour faire infinuer la prefente donation, &c. *comme deffus.*

Claufe de Don viager au futur époux.

En faveur dudit futur mariage, ladite future époufe fait, par ces préfentes, don irrévocable audit futur époux, ce acceptant, de l'ufufruit & jouiffance d'une Maifon, lieux & heritages fitués à Paris   dont la propriété appartient à ladite future époufe de fon propre, &c. pour d'icelle Maifon & lieux en dépendans, jouir par ledit futur époux, fa vie durant feulement, après le décès de ladite future époufe, pourvû qu'au tems dudit décès il n'y ait aucuns enfans iffus dudit futur mariage ; & au cas qu'il y ait enfans, fera ladite donation nulle & fans effet, comme non faite ; à la charge d'entretenir par ledit futur époux ladite Maifon & lieux en dépendans, de toutes réparations viageres, & la rendre en bon état par fes heritiers après fon décès, fans que pour raifon defdites réparations, ledit futur époux foit tenu de donner caution ; & pour faire infinuer, &c.

Donation viagere mutuelle de tous biens, tant propres, qu'acquêts & conquêts, pour le survivant.

En confideration dudit futur mariage, lesdits futurs époux se font, par ces préfentes, donation viagere, mutuelle & réciproque au furvivant d'eux deux, ce acceptant par ledit furvivant, de tous & chacuns les biens, meubles, propres, acquêts & conquêts immeubles, qui appartiendront au premier mourant au jour de fon décès, à quelque fomme qu'ils fe puiffent monter, & de quelque valeur qu'ils foient, & en quelques lieux qu'ils fe trouvent fitués; fans en retenir ou excepter aucunes chofes; pour de tous lefdits biens jouir par le furvivant fa vie durant, à fa caution juratoire; à la charge d'entretenir les Maifons & heritages de toutes réparations viageres, & qu'ils feront rendus en bon état, quand l'ufufruit conftitué par lad. donation finira; & pourvû que lors du décès du premier mourant, il n'y ait aucuns enfans vivans, nés & à naître, auquel cas d'enfans, ladite prefente donation viagere mutuelle fera nulle. Et pour faire infinuer, &c.

Autre Donation mutuelle de la propriété de tous biens.

En confideration dudit futur mariage, pour l'affection & l'amitié que fe portent lefdits futurs époux l'un à l'autre, ils fe font par ces prefentes, donation pure & fimple entre-vifs & irrévocable au furvivant d'eux, ce acceptant, pour lui, fes hoirs & ayans caufes, de tous & chacuns les biens meubles & immeubles, propres, acquêts & conquêts, & tous autres qui appartiendront au premier mourant lors de fon décès, en quelques lieux qu'ils foient fitués, de quelque nature & valeur qu'ils puiffent être, fans en rien réferver, retenir ou excepter; pour de tous lefdits biens jouir par ledit furvivant, faire & difpofer en pleine propriété, comme bon lui femblera & à fa volonté; pourvû néanmoins qu'au jour du prédécès de l'un d'eux, il n'y ait aucuns enfans vivans dudit mariage; & au cas qu'il y en eût, ladite donation demeurera nulle & fans effet, tranfportant dès-à-prefent par ledit premier mourant audit furvivant, fes hoirs & ayans caufes, tous droits de propriété, poffeffion & tous autres généralement quelconques, qu'il a, aura & lui appartiendra, efdits biens, meubles, propres, acquêts & conquêts immeubles, lors du décès du premier mourant, dont il s'eft deffaifi, démis & dévêtu par ces prefentes, pour, au nom, & au profit dudit furvivant, & de fefdits hoirs & ayans caufes. Et pour faire infinuer, &c.

Ordinairement, quand on fait une femblable donation mutuelle de tous biens, on met cette clause: *Qu'il fera permis au premier mourant de difpofer jufqu'à une certaine fomme, par donation entre-vifs, ou par teftament ou autrement; & en cas qu'il meure fans en avoir difpofé, que ladite fomme demeurera comprife dans ladite donation;* ce qu'il faut faire, car fans cela les difpofitions qui feroient faites au préjudice de la donation, feroient nulles.

Donation réciproque entre-vifs, de tous biens presens & à venir,
quoiqu'il y ait des enfans survivans, au cas qu'ils décedent
avant l'âge de vingt-cinq ans.

Pour l'amitié & affection que lesdits Sieur & Damoiselle futurs époux se
portent respectivement, ils se font l'un à l'autre, & au survivant d'eux fait,
ce acceptant, au nom & profit dudit survivant, don entre vifs, de tous &
chacuns leurs meubles & immeubles, presens & à venir, acquêts, conquêts
& propres, en quelque chose qu'ils puissent consister, & en quelques Coutumes qu'ils soient assis & situés, au cas qu'au jour du décès du premier mourant, il n'y ait aucuns enfans vivans dudit futur mariage, lequel don aura
lieu, quoiqu'il y ait un ou plusieurs enfans survivans le prédécedé desdits
Conjoints, en cas que lesdits enfans vinssent à déceder avant l'âge de vingt-
cinq ans, sans laisser aucuns enfans d'eux nés en légitime mariage; se réservant néanmoins l'un & l'autre, la faculté de disposer jusqu'à la somme de dix
mille livres sur les biens donnés, soit par donation, testament ou autrement,
ainsi qu'ils aviseront, que le survivant sera tenu d'acquitter & exécuter : Et
si le premier mourant n'en avoit disposé lors de son décès, ladite somme de
dix mille livres demeurera comprise en la presente donation, pour desdits
biens donnés, jouir, faire & disposer par le survivant desdits futurs époux en
pleine proprieté.

Autre Clause semblable à la precedente.

La presente donation ainsi faite, pourvû qu'au jour du décès dudit premier mourant, il n'y ait aucuns enfans nés ou à naître du present mariage; &
en cas qu'il y en eût, & qu'ils vinssent à déceder en minorité, ou avant
d'être pourvûs par mariage ou autrement, avant le décès dudit survivant,
ladite donation reprendra sa force & vertu.

Donation faite à la future épouse, soit qu'il y ait enfans du futur
mariage, soit qu'il n'y en ait point.

Et pour la bonne amitié que ledit futur époux a dit porter à ladite future épouse, il a par ces présentes fait donation entre-vifs & irrévocable,
à ladite future épouse, ce acceptant, de la somme de
à prendre sur les plus clairs & apparens biens qui se trouveront lui appartenir au jour de son décès, soit qu'il y ait enfans ou non du present
mariage.

Donation faite par la future épouse, aux enfans qui naîtront
du mariage.

En faveur dudit mariage, a été convenu, soit que ladite Damoiselle future épouse survive ledit futur époux, ou qu'elle le prédécede, laissant
des enfans dudit mariage; ladite Damoiselle a fait donation irrévocable

auſdits enſans, de ladite Maiſon ſiſe, &c. pour jouir par leſdits enſans des choſes par elle données après ſon décès, ſans qu'elle en puiſſe diſpoſer ni les charger, affecter, ni obliger en quelque maniere que ce ſoit, du conſentement de ſon mari, ou autrement, au préjudice deſdits enſans. Néanmoins au cas que ladite Damoiſelle future épouſe ſurvivant ſon mari, paſſât en ſecondes ou autres nôces, & que des ſubſéquens mariages elle eût d'autres enſans, leſdits enſans iſſus du préſent mariage, après le décès de ladite Damoiſelle future épouſe, auront le choix de pouvoir ſucceder avec les autres enfans deſdits ſubſéquens mariages, en rapportant les choſes à eux données par ladite Damoiſelle future épouſe leur mere, ou bien ſe tenir à ladite donation, laquelle a été acceptée par leſdits Notaires ſtipulans pour eux.

Autre Donation d'un parent en faveur d'un Mariage.

En faveur duquel mariage, mondit Seigneur Duc de   déſirant témoigner le contentement qu'il en reçoit, a donné par ceſdites Preſentes, au fils aîné qui pourra naître dudit mariage, leſdits Seigneur & Damoiſelle futurs époux ſtipulans & acceptans, la ſomme de   preſentement payée, compté, &c. laquelle il a confeſſé avoir préſentement reçue, dont il s'eſt tenu content, & a très-humblement remercié   laquelle ſomme de   ſera employée en acquiſition d'une Terre noble, pour être cenſée & réputée propre audit fils aîné, &c.

Clauſe de Donation par un Etranger à la future Epouſe, à la charge de réverſion.

Ledit ſieur   voulant auſſi de ſa part contribuer à l'établiſſement de ladite Damoiſelle future épouſe ſa niece, & lui donner des preuves de ſon amitié, a par ces préſentes fait donation entre-vifs, pure, ſimple & irrévocable, en la meilleure forme que donation puiſſe valoir, en faveur dudit futur mariage, & a promis garantir de tous troubles & empêchemens généralement quelconques, à ladite future épouſe, ce acceptant, pour elle & ſes ayans cauſes, par leſdits Sieur & Damoiſelle ſes pere & mere, 1°. De la ſomme de dix mille livres en deniers comptans, que ledit ſieur Donateur promet & s'oblige de fournir & payer auſdits futurs époux la veille de la célébration dudit mariage. 2°. D'une Maiſon ſiſe en cette Ville de Paris, conſiſtante, &c.   appartenante audit ſieur Donateur, au moyen de l'acquiſition qu'il en a faite de (énoncer la propriété) étant en la cenſive de   pour par leſdits Sieur & Damoiſelle futurs époux, à cauſe d'elle, jouir & diſpoſer de ladite Maiſon en toute propriété, à compter du jour de la célébration dudit mariage, ſous la réſerve néanmoins de l'uſufruit au profit dudit ſieur Donateur pendant ſa vie & juſqu'à ſon décès, lors duquel l'uſufruit ſera réuni à la propriété de ladite Maiſon, de laquelle propriété ledit ſieur Donateur ſe deſſaiſit dès-à-preſent au profit de ladite Damoiſelle future époufe & de fes hoirs & ayans caufes, voulant Procureur le Porteur donnant pouvoir.

Cette donation faite par le fufdit motif, fous ladite réferve de l'ufufruit de ladite Maifon, plus à la charge des Cens dont ladite Maifon eft tenue, à compter feulement du jour que ledit ufufruit ceffera, à la charge auffi par lefdits futurs époux d'entretenir les baux de tout ou de partie de ladite Maifon, qui pourront fubfifter lors du décès dudit fieur Donateur, de devenir dès-à-prefent, chargés des groffes réparations dont le Proprietaire eft ordinairement tenu, ledit fieur Donateur reftant feulement chargé des réparations viageres: Enfin, la fufdite donation eft faite à condition que ladite fomme de 10000 livres & ladite Maifon tiendront nature de propres paternels à ladite Damoifelle future époufe, & aux fiens de fon côté & ligne; & qu'en cas que ladite Damoifelle future époufe prédécede ledit fieur Donateur, fans enfans dudit mariage, ou que lefdits enfans, s'il y en a, décedent après ladite Damoifelle leur mere, & avant ledit fieur Donateur; en ces cas, ledit fieur Donateur reprendra à titre de réverfion & de retour de chofe par lui donnée, tant la fufdite fomme de 10000 livres que la propriété de la fufdite Maifon, le tout franc & quitte des dettes contractées par lefdits futurs époux pendant leur mariage; led. fieur Donateur jugeant à propos d'appofer cette condition à fa liberalité.

Conftitution de Dot par les pere & mere, en deniers comptans, payables partie lors du mariage, & partie après le décès du furvivant.

Lefdits Sieur & Damoifelle pere & mere donnent & conftituent en dot à ladite Damoifelle future époufe leur fille, en avancement d'hoirie fur leurs fucceffions futures, la fomme de foixante mille livres; en déduction de laquelle ils promettent & s'obligent folidairement fans divifion ni difcuffion, de payer aufdits futurs époux, la veille de la célébration du mariage, en efpeces fonnantes, la fomme de 30000 livres; à l'égard des 30000 livres reftant, ils ne feront exigibles qu'après le décès du furvivant defdits Sieur & Dlle. pere & mere, qui jufques-là n'en payeront point d'interêts, & au payement de ladite fomme de trente mille livres lors dudit décès, lefdits Sieur & Damoifelle pere & mere de ladite future époufe affectent & hypotequent fous ladite folidité tous leurs biens préfens & à venir, fans néanmoins que la prefente obligation puiffe empêcher lefdits Sieur & Damoifelle pere & mere de difpofer de leurfdits biens autrement qu'à titre univerfel, & par difpofition teftamentaire, & fans qu'au cas de vente ou aliénation defdits biens, lefdits futurs époux puiffent former des oppofitions aux Décrets, ni faire d'autres actes confervatoires, qui gêneroient la liberté defdits Sieur & Damoifelle pere & mere.

Au moyen de ladite conftitution de dot, le furvivant defdits pere & mere jouira pendant fa vie de tous les effets de la fucceffion du prédécedé, fans être obligé d'en rendre compte, pourvû que ledit furvivant refte en viduité, & faffe faire fidele inventaire.

Et au cas que nonobftant cette claufe, lefdits futurs époux ou leurs enfans demandaſſent compte audit ſurvivant, & qu'il fût condamné de le rendre, en ce cas, ladite ſomme de 30000 livres qui doit être payée la veille de la célébration, ſeroit imputée en entier ſur la ſucceſſion du prédécedé.

Clauſe de Donation par Contrat de Mariage, d'un pere à ſon fils, avec réſerve d'uſufruit & ſubſtitution.

L Edit ſieur M.   pere dudit ſieur futur époux, pour donner encore des marques de ſon affection audit ſieur ſon fils, & déſirant en même-tems conſerver dans ſa famille la Terre & Seigneurie de   ſiſe   les Fiefs de   & la Maiſon où il demeure à Paris, ſiſe ruë

Ladite Terre & Seigneurie conſiſtante en moyenne & baſſe Juſtice, Cens & Rentes, Maiſon Seigneuriale, deux Fermes, Jardins, Terres labourables, Prés, Vignes; leſdits Fiefs de   en Cens & Rentes, Bois taillis avec quelques Baliveaux; ladite Maiſon conſiſtante en pluſieurs Corps de logis, ſur & en face de ladite ruë: a donné & donne par donation entre-vifs, pure, ſimple & irrévocable, en la meilleure forme que donation peut valoir, & promet de garantir de tous troubles, dettes, hypoteques, éviction, & autres empêchemens généralement quelconques, audit ſieur ſon fils à ce préſent & acceptant, & tant pour lui que pour ceux qui ſeront appellés à la ſubſtitution ci-après ordonnée, ladite Terre & Seigneurie de leſdits Fiefs &   avec toutes leurs appartenances & dépendances, acquiſitions, augmentations, améliorations, & ladite Maiſon, en ſe réſervant néanmoins l'uſufruit des choſes données ſa vie durant, & la liberté de faire couper des pieds d'arbres & baliveaux pour rétabliſſemens, améliorations, & réparations dans les Bâtimens de ladite Terre, à la charge encore des Droits Seigneuriaux & des Cens dont leſdits biens donnés peuvent être tenus, & des rentes qui ſont dûës ſur ladite Terre & ladite Maiſon, dont ledit ſieur Donateur acquittera ledit ſieur Donataire pendant la durée dudit uſufruit, & à condition que ladite Terre & Seigneurie, leſdits Fiefs avec les appartenances & dépendances de ladite Maiſon ſeront & demeureront ſubſtitués ſans aucune diſtraction de légitime ni autre, comme ledit Sieur Donateur les ſubſtitue par ces preſentes par fidéicommis graduel & perpétuel: Premierement, au profit des enfans & deſcendans mâles dudit ſieur Donataire, & au défaut de ſes enfans & deſcendans mâles, aux filles, avec préference des mâles aux filles, & avec préference entre les mâles de l'aîné aux puînés dans tous les dégrés; enſorte que ſi le Donataire laiſſe deux ou pluſieurs enfans mâles, ladite Terre, leſdits Fiefs, & ladite Maiſon appartiendront entierement & ſans aucune diſtraction, en vertu du fideicommis, au fils aîné dudit ſieur Donataire, à l'excluſion des autres mâles ſes freres puînés; & lorſque le fils aîné dudit ſieur Donataire décedera, ladite Terre, leſdits Fiefs & ladite Maiſon appartiendront à ſon fils aîné de la même maniere, pour le tout & ſans diſtraction; mais ſi le fils aîné dudit ſieur Donataire vient à mourir ſans laiſſer aucuns enfans mâles, quand même il laiſſeroit des filles, ladite Terre & ladite Maiſon retourneront & appartiendront de

la même maniere fans diftraction de légitime, en vertu dudit fideicommis,
au fecond fils dud. fieur Donataire, s'il eft lors vivant, ou, s'il étoit décedé,
à fon fils aîné s'il en a laiffé, & ainfi fucceffivement aux autres enfans mâles
dudit fieur Donataire, ou à leurs defcendans mâles de dégré en dégré, l'ordre de primogéniture toujours gardé entre les enfans & defcendans mâles;
& s'il n'y avoit point d'enfans mâles du futur mariage, & que ledit fieur
Donataire en eût d'un fecond ou autre mariage fubféquent, ladite fubftitution aura lieu au profit des mâles dudit fecond ou autre mariage, & de leurs
defcendans mâles, dans tous les dégrés, en la même forme & maniere que
deffus, & préference des aînés; à la charge néanmoins audit cas, que s'il y a
des filles du futur mariage, la fille unique, s'il n'y en a qu'une, ou l'aînée,
s'il y en a plufieurs, aura fur lefdits biens fubftitués la fomme de vingt mille
livres, qui fera payée par celui qui recueillera la fubftitution; & fi tous les
enfans mâles & defcendans mâles par mâles dudit fieur Donataire viennent à
manquer, ledit fidéicommis aura lieu au profit des filles dudit fieur Donataire, avec le même ordre de primogéniture entre les filles, tel qu'il a été ci-
deffus exprimé entre les mâles, à condition que fi la fille aînée laiffe plufieurs
enfans, fon fils aîné mâle qui fera en état de recueillir, fera préferé, & faute
de mâle, fa fille aînée.

Et fi ledit fieur Donataire vient à mourir fans enfans mâles ni femelles,
ou fi l'un de fes enfans qui auroit recueilli ladite fubftitution au premier
dégré venoit à mourir fans enfans, & qu'il n'y en eût aucun autre defcen-
dant dudit fieur Donataire, ledit fidéicommis aura lieu au profit de Damoifelle G. B. M. fille dudit fieur Donataire, & fœur dudit fieur Donataire,
fi elle eft lors vivante, ou fi elle étoit décedée, au profit de l'aîné de fes
enfans mâles, ou au défaut des mâles, au profit de l'aînée de fes filles, le
même ordre de primogéniture gardé à toujours fans diftraction d'aucune
légitime; & fi ledit fieur Donataire & ladite Damoifelle fille dudit fieur
Donateur, venoient à mourir fans aucuns enfans ni defcendans, le fidéicommis aura lieu au profit de F. M. neveu dudit fieur Donateur, s'il étoit lors
vivant, & s'il étoit décedé, au profit de l'aîné de fes enfans mâles, & de
l'aînée des filles ou defcendans d'eux, fuivant le même ordre de primogéniture exprimé ci-deffus.

Ladite fubftitution faite encore à la charge que ledit fieur Donataire, ni
aucuns de ceux qui recueilleront lefdits biens fubftitués, ne les pourront
aliener ni hypotequer; déclarant auffi ledit fieur Donateur qu'il veut &
entend que les enfans & defcendans mâles de fon fils & de fa fille, & dudit
fieur F. M. qui feront engagés dans les Ordres, foient exclus de ladite fubftitution dans tous les dégrés.

Par la nouvelle Ordonnance du mois d'Août 1747, articles 30
& 31, il eft dit que conformément à l'Ordonnance d'Orleans article 59, toutes les fubftitutions faites, foit par Contrat de
mariage ou autre acte entre-vifs, foit par difpofition à caufe de
mort, en quelques termes qu'elles foient conçues, ne pourront
s'étendre au-de-là de deux dégrés de fubftitués, outre le Dona-

taire, l'heritier inftitué ou Légataire, ou autre qui aura recueilli le premier les biens du Donateur où du Teftateur. Nous en parlerons plus au long au livre XI. chapitre IX. des Subftitutions.

CHAPITRE XXIII.

Des Contrats de Mariage paſſés dans les Provinces régies par le Droit Ecrit.

LE Pays de Droit écrit a pour les contrats de mariage des regles particulieres & differentes de celles qui font admiſes par notre Droit coutumier : Ainſi, la communauté entre mari & femme n'y a point lieu, la femme n'y a point de douaire, & en pluſieurs autres chofes les contrats de mariage y font differens.

De la communauté de biens entre Conjoints en Pays de Droit Ecrit.

Quoique la communauté de biens entre mari & femme ne foit point de difpofition du Droit écrit, mais une pure invention du Pays Coutumier ; néanmoins, elle a lieu dans les Pays de Droit écrit, lorfqu'elle eft ftipulée par une convention expreffe, parce que fi le Droit Romain n'admet pas la communauté entre mari & femme, il ne la défend point.

Quand les futurs Conjoints ont deffein d'établir communauté entr'eux, la premiere claufe, fuivant l'ordre ordinaire, contient la ftipulation de communauté. Il y a deux obfervations à faire fur une telle ftipulation faite en Pays de Droit écrit.

La premiere, que fi le futur Conjoint eft encore fous la puiffance paternelle, & qu'il ne foit pas émancipé, il eft néceffaire de faire précéder l'émancipation que le pere fait de fon fils, parce que fi l'on excepte les Provinces régies par le Droit écrit, qui font du reffort du Parlement de Paris, où le mariage émancipe, dans les autres Provinces régies par le Droit écrit, le mariage n'émancipe point : Ainfi dans ces Provinces, la communauté ne fçauroit profiter au fils qui fe marie, mais au pere, parce que tout ce que le fils de famille acquiert eft acquis au pere.

La deuxiéme eft, qu'il ne fuffit pas de ftipuler en Pays de Droit écrit,

écrit, une communauté purement & ſimplement en termes vagues & généraux ; il faut ajouter, que la communauté ſtipulée entre les futurs Conjoints, ſera régie ſuivant le Pays coutumier, ou ſuivant la diſpoſition d'une telle Coutume que l'on exprime dans le contrat de mariage, avec dérogation à toute autre Coutume contraire.

Il eſt encore bon d'exprimer quelle portion des biens des futurs Conjoints entrera dans la communauté, ſi c'eſt un quart, un tiers, ou la moitié, & ſi cette partie eſt des biens préſens & à venir, à quelque titre qu'ils puiſſent appartenir à l'un & à l'autre des futurs Conjoints, & que le ſurplus de cette partie de biens de la future épouſe lui ſera propre & patrimonial, & à ceux même de ſon côté & ligne, ſuivant ce dont les Parties ſont convenues. Autrement, lorſque la communauté entre futurs Conjoints eſt ſtipulée généralement & ſimplement, elle ne ſe regle que par les diſpoſitions du Droit Romain ſur les ſociétés, qui ſont fort différentes de celles qui ſont établies par la communauté entre mari & femme en Pays Coutumier.

Suppoſons, par exemple, qu'en Pays de Droit écrit, on eût purement & ſimplement ſtipulé, qu'il y aura entre les futurs Conjoints communauté de biens, meubles & immeubles, cette communauté ne ſera que des meubles & immeubles à venir & acquis à titre onéreux, & non pas à titre gratuit, comme de don, de legs, d'hérédité ; parce qu'une telle ſocieté n'eſt regardée que comme une ſocieté de travail, qui ne comprend point ce qui vient d'ailleurs.

Clauſe de communauté pour des perſonnes domiciliées en Pays de Droit Ecrit.

Seront leſdits futurs époux uns & communs en biens, meubles & conquêts immeubles, quoique leſdits futurs époux ayent leur domicile ordinaire dans   Pays de Droit écrit, auquel il n'y a aucune communauté entre les Conjoints par mariage, & quoiqu'ils ayent deſſein d'y retourner, ou ſoit qu'ils aillent demeurer dans un autre lieu, où il n'y auroit point auſſi de communauté de biens entre perſonnes mariées ; conſentant ledit ſieur futur époux de recevoir ladite future épouſe au droit de communauté, tant de meubles, que conquêts immeubles, pour participer, elle & ſes heritiers, audit droit de communauté, ſuivant l'uſage de la Ville de Paris ; de même que ſi leſdits futurs époux étoient domiciliés dans ladite Ville, & avoient deſſein d'y établir leur domicile actuel & ordinaire ; & pour cet effet leſdits futurs époux ont dérogé & dérogent par ces préſentes, en tant que beſoin ſeroit, à toutes autres Coutumes & uſages particuliers des lieux où ils ont leur domicile, & où ils pourroient l'établir pendant leur mariage.

Déclaration des biens du futur Epoux, dans les Contrats de Mariage qui se passent en Pays de Droit Ecrit.

Après la stipulation de communauté, quand on en veut faire, la clause qui vient ensuite, contient la déclaration des biens du futur, & en quoi ils consistent, si ses pere & mere, ou autres, font quelques donations, institutions contractuelles, & déclarations d'heritier; c'est-là le lieu de les apposer avec les réserves & conditions qu'on y veut mettre, comme substitution, réversion en cas de prédécès du futur sans enfans, ou enfans de ses enfans, & réserve d'usufruit, & autres.

Il faut toujours observer, que si c'est le pere qui donne à son fils, qui soit sous sa puissance; il faut pour la validité d'une telle donation, qu'elle soit précedée d'émancipation, parce que tous traités faits entre le pere & le fils en puissance, sont nuls.

De la dot de la future Epouse en Pays de Droit Ecrit.

Après la déclaration des biens du futur, on fait une déclaration en quoi consiste la dot de la future; s'il lui est fait quelques donations, on les énonce sur la déclaration du mari, suivant les réserves qu'on y veut apposer.

Au moyen de la dot, on peut faire renoncer la future épouse aux successions à écheoir de ses pere & mere, quoique ces sortes de renonciations soient contraires à la disposition du Droit; néanmoins pour le soutien des familles, ces renonciations à successions à écheoir, sont de Droit commun en France, comme nous avons dit ci-dessus.

Lorsque telle stipulation a été faite, on demande à qui la dot revient après le décès de la femme & de ses enfans? Si c'est à son mari qui a survêcu sa femme & ses enfans, qui doit avoir ses deniers par droit de succession, ou s'ils reviennent à l'ayeul maternel par droit de réversion. Martin s'est déclaré en faveur du pere qui, selon lui, doit être l'heritier. Bulgard a pris le parti du droit de réversion en faveur de l'ayeul maternel, quoique cette réversion n'ait pas été stipulée. L'avis de Martin a prévalu; c'est l'avis de plusieurs autres Auteurs.

Il ne faut pas manquer, si c'est le pere ou la mere survivante.

qui dote, de faire l'imputation sur la succession échue, ou celle à écheoir.

Cette déclaration en quoi consiste la dot de la future, est très-importante, parce que tout ce que la femme n'apporte point en dot est censé paraphernal; c'est-à-dire, qu'il n'y a que la dot dont le mari soit en droit de jouir, pour soutenir les charges du mariage.

Pour ce qui est des biens paraphernaux, la femme en a la libre disposition, même des successions qui lui écheront, tant en directe que collaterale. C'est pourquoi on a coutume de distinguer les biens dotaux d'avec les paraphernaux; & si l'on veut que les successions à écheoir à la femme, fassent partie de la dot, on en fait une stipulation expresse.

Ainsi, dans le Pays de Droit écrit, la femme a deux sortes de biens; sçavoir, la dot & les biens paraphernaux.

La dot est ce que la femme, ou ce qu'une autre personne pour elle & en son nom, donne au mari, pour soutenir les charges du mariage. Le mari est en Pays de Droit écrit, Proprietaire de la dot pendant le mariage, & en peut disposer comme d'un bien à lui appartenant, avec néanmoins les restrictions faites par le Droit, comme M. de Ferriere a dit sur le titre 7 du deuxiéme livre des Institutes de Justinien.

Cette proprieté du mari dans les biens dotaux de sa femme, n'est pas perpétuelle, ce n'est même qu'une proprieté par fiction; en sorte qu'avenant la dissolution du mariage, la dot doit être renduë à la femme ou à ses heritiers, à moins qu'il n'y ait une convention contraire.

Par biens paraphernaux, on entend ceux que la femme s'est réservés en Pays de Droit écrit, outre ce qu'elle a constitué en dot à son mari; ils sont appellés, *quasi extra dotem.* La femme en a non-seulement l'administration, mais encore la pleine & entiere proprieté, de sorte qu'elle en peut disposer à sa volonté, tant du fonds que des fruits, sans le consentement de son mari. La Coutume d'Auvergne en dispose ainsi, conformément au Droit Romain, en l'article 1, chapitre 14.

Mais quelquefois la femme permet l'administration de ses biens paraphernaux à son mari par le contrat de mariage, & pour cet effet, elle le constitue son Procureur, pour régir & administrer lesdits biens; & en ce cas, il est tenu d'en compter des fruits & jouissances à sa femme ou à ses heritiers.

Il y a des conventions qui se font dans les contrats de mariage

en Pays de Droit écrit, touchant la dot, conformément au Droit
Romain, comme celles qui suivent:

I. *Que si la femme vient à déceder avant le mari, sans enfans, sa
dot appartiendra au mari.*

II. *Que la dot seroit restituée au Constituant, ou à celui qu'il lui
plaira, avenant le décès de la femme sans enfans.*

III. *Que si la dot consiste en argent comptant, l'emploi en sera fait
pendant le mariage en acquisition d'heritages.*

IV. *Que le mari sera obligé de supporter les charges du mariage,
pour une certaine somme par chacun an, pour le surplus de la dot être
rendu à la femme.*

V. *Que les fruits du fonds dotal de la derniere année, pendans
par les racines, appartiendront à la femme*; autrement il faudroit
faire partage entre le survivant & les heritiers du prédécédé,
à proportion du tems que le prédécédé auroit vêcu durant cette
année.

VI. *Que la dot sera restituée au jour dont les Parties conviendront*;
c'est-à-dire, qu'elle sera restituée plutôt qu'elle n'a de coutume
d'être; car si la dot est en deniers comptans, le mari ou ses heritiers ne sont obligés d'en faire la restitution que dans un an du
jour de la dissolution du mariage.

On peut encore stipuler qu'en cas de prédécès de la future sans
enfans, le futur époux rendra la dot en argent dans un tel tems,
à compter du jour du décès, & cependant l'interêt, ou sans interêt jusqu'après ledit tems, parce que quand la dot est constituée
par pere & mere en deniers, suivant la disposition du Droit, la
restitution ne s'en fait par le mari survivant, qu'un an après le décès de sa femme, & ce sans interêt.

Suivant la disposition du Droit, le mari qui n'a pas de biens,
n'est obligé de restituer la dot de sa femme prédécédée, qu'autant qu'il le peut, & déduction faite de ce qui lui est nécessaire
pour vivre.

En Pays de Droit écrit, pour que le mari ait quelque pouvoir
sur les biens de sa femme pendant le mariage, il faut qu'il y ait
un Contrat, parce que tout son pouvoir se réduit à la jouissance
de ce qui a été constitué en dot: Or, la constitution de dot ne
se peut faire que par un Contrat, d'autant que la Loi ne supplée pas à cet égard au défaut des Contractans, comme la Coutume supplée à leur défaut en Pays Coutumier, sur plusieurs articles.

Clauſes d'Ameubliſſement, de Préciput, Repriſe en renonçant & Indemnité en Pays de Droit Ecrit, lorſqu'il y a ſtipulation de communauté.

Dans les Contrats de mariage, où il y a ſtipulation de communauté en Pays de Droit écrit, l'on ſe ſert des mêmes clauſes d'ameubliſſement & de réaliſation qu'on a coutume de ſe ſervir en Pays coutumier; enſemble de celles de préciput, repriſe en renonçant, & indemnité; car la femme commune en Pays de Droit écrit, peut valablement s'obliger conjointement avec ſon mari, tant ſur la portion qui pourra avenir, en acceptant la communauté, que ſur les biens paraphernaux.

De l'Augment de Dot.

La femme n'a point de douaire en Pays de Droit écrit, à moins que le mari n'eût des biens ſujets à douaire, ſitués en Pays coutumiers; c'eſt pourquoi le futur lui conſtitue une donation, à cauſe des nôces, ou un augment de dot.

Cet augment eſt de la valeur de la moitié, ou du tiers, ſuivant les différens uſages du Pays; il peut être rendu plus fort, ou diminué par la convention des Parties; mais quand il n'en ſeroit point parlé, il ne laiſſeroit pas d'être dû à la femme.

Cependant cet augment comparé en quelque façon au douaire des Pays Coutumiers, n'eſt dû à la veuve, par les heritiers du mari, qu'en cas que la dot en deniers ait été payée, autrement il n'eſt pas dû, ou du moins la femme n'a droit d'en demander le payement qu'à proportion de ce que le mari a reçu de la dot.

Il eſt à propos de ſtipuler l'interêt de l'augment de dot du jour de la diſſolution du mariage par mort ou ſéparation des Conjoints, pour éviter la difficulté de ſçavoir ſi l'augment a le même privilege que la dot pour les arrerages, qui eſt une queſtion fort agitée entre les Docteurs, & comme arrivant la diſſolution du mariage, les fruits de la dot, pendant la derniere année, ſe partagent à proportion du tems, à commencer l'année au même jour du mariage, entre le ſurvivant & les heritiers du prédécédé, ſuivant la diſpoſition de Droit, les futurs peuvent convenir là-deſſus de la maniere qu'ils le jugeront à propos; par exemple, que le ſurvivant aura les fruits de la derniere année en entier.

Des Gains de survie.

Après ces différentes ſtipulations, on appoſe la clauſe des gains de ſurvie, qui ne ſont autre choſe que l'avantage que les futurs Conjoints par mariage ont ſtipulé au profit du ſurvivant, ſoit qu'il ſoit réciproque ou non.

Le gain de ſurvie eſt ordinairement employé pour ſignifier une certaine ſomme qui eſt ſtipulée au profit de la femme en cas de ſurvie, ſoit qu'il y ait des enfans iſſus du futur mariage, ſoit qu'il n'y en ait point.

On appelle encore gain de ſurvie, l'avantage qui eſt ſtipulé au profit du mari, de retenir en cas de ſurvie, une certaine portion de la dot, ou une certaine ſomme ſur la dot de ſa femme, à l'effet de n'être tenu envers les heritiers de ſa femme, qu'à la reſtitution du ſurplus, dans le tems & de la maniere que les Parties conviennent.

Inſtitution du Fils aîné.

Enfin les futurs peuvent, par leur Contrat de mariage, comme il eſt très-fréquent en Pays de Droit écrit, ſe nommer un heritier, ou pluſieurs de leurs enfans à naître, tels qu'ils, ou l'un d'eux voudra choiſir, ou leur aîné mâle, pour telle portion qu'ils jugeront à propos, ſauf la légitime des autres enfans.

Cela eſt d'autant plus néceſſaire pour l'entretien des familles, qu'en Pays de Droit écrit, il n'y a point de préciput ni de droit d'aîneſſe ſur leurs Fiefs & biens nobles, comme en Pays Coutumier.

Il y a outre cela une infinité d'autres clauſes, que les circonſtances particulieres des familles & des perſonnes qui contractent mariage ſuggerent; il nous doit ſuffire d'avoir rappellé ici les clauſes les plus ordinaires & les plus eſſentielles.

Contrat de Mariage en Pays de Droit Ecrit.

PARDEVANT   Notaire au Bailliage de
demeurant   ſouſſigné, en preſence des Témoins ci-après nommés & ſouſſignés, furent preſens & conſtitués en leurs perſonnes Maître Claude de la Noue   & avec lui, de ſon autorité & permiſſion, George de la Noue ſon fils aîné, d'une part; & Maître Jacques Mareſts, & avec lui de ſon autorité & permiſſion, Damoiſelle Marie Girauld ſa femme, & auſſi avec lui & de ſon autorité & permiſſion, Damoiſelle Nicole

Mareſts la fille d'autre part ; leſquelles Parties ſont entr'elles de l'avis &
conſeil de leurs parens & amis, pour ce aſſemblés, pour eux & les leurs, les
Promeſſes, Conſtitutions, Donations en cas de ſurvie, & autres Paῤtions &
Conventions qui enſuivent : Sçavoir, premierement, que ledit ſieur Georges
de la Noue fils, & Damoiſelle Nicole Mareſts, promettent ſe prendre l'un
l'autre pour mari & femme en loyal mariage ; & pour cet effet ſe repreſenter en
face de notre Mere Sainte Egliſe, toutefois & quantes que l'une des Parties
en requerera l'autre, affirmant n'avoir fait aucunes choſes pourquoi ledit
mariage ne pût être célebré.

En faveur & contemplation duquel mariage, ledit ſieur Claude de la Noue
établi & conſtitué en ſa perſonne pere dudit futur époux, a donné audit ſieur
ſon fils, ce acceptant, par donation irrévocable faite entre-vifs, à cauſe des
nôces, à perpétuité pour préciput & avantages, en conſideration des bons &
agréables ſervices qu'il a reçus de lui, & qu'il eſpere en recevoir à l'avenir ;
de la preuve deſquels il le diſpenſe par ces preſentes, ſa Terre & Seigneurie
de   conſiſtant en Château & Maiſon-forte,
environné de foſſés & pont-levis, avec tous les meubles, armes & autres
uſtenciles d'Hôtel, qui ſont à preſent en ladite Maiſon ; enſemble la haute,
moyenne, & baſſe Juſtice, les Main-morte, Corvées, avec les Prés, Terres,
Bois, Garennes, Moulins, Vignes & Domaines en dépendans, ainſi que ledit
ſieur Donateur & ſes Prédéceſſeurs en ont joui, ſans retenir, réſerver, ni
excepter aucun droit ni partie quelconque, avec fonds, fruits, entrées, iſ-
ſues, proprietés, appartenances & dépendances, aux charges dûes ſur ladite
Maiſon, franche néanmoins des arrerages de tout le paſſé juſqu'à preſent ; ſe
déſaiſiſſant ledit ſieur Donateur de la proprieté de ladite Maiſon, Terre &
Seigneurie par lui donnée, & de toutes les dépendances & appartenances
d'icelles, en quoi qu'elles conſiſtent, & en quelque lieu que le tout ſoit ſitué,
& en a inveſti & revêtu, inveſtit & revêt led. futur époux ſon fils, avec tout le
droit de conſtitut du nom & titre de précaire ; tranſlation de tous droits & actions, & autres changemens de droit, conſentant qu'il en prenne la vraye, réelle
& actuelle poſſeſſion, jouiſſance & ſaiſine toutefois & quantes, pour laquelle
faire il lui donne tout pouvoir néceſſaire par ces preſentes ; & pour
jouir par ledit ſieur futur époux de la donation à lui faite, & en pouvoir
diſpoſer à l'avenir à ſa volonté, comme de choſe à lui appartenante, ledit ſieur Claude de la Noue pere déclare qu'il l'émancipe, ladite donation faite ſans préjudice au ſieur Donataire de participer aux autres biens
dudit ſieur Donateur ſon pere, par ſucceſſion *ab inteſtat*, teſtamentaire ou
autrement.

En faveur & contemplation dudit futur mariage, leſdits ſieur Mareſts &
Damoiſelle Marie Girauld, pere & mere de ladite Damoiſelle future épouſe,
conſtitués & établis en leurs perſonnes, de leur bon gré & volonté, conſtituent en dot de mariage audit futur époux, au profit toutefois de ladite
Damoiſelle future épouſe leur fille, la ſomme de quinze mille livres, qu'ils
promettent payer le jour de la bénédiction nuptiale deſdits futurs époux,
laquelle ſomme ſera imputée & aſſignée ſur ladite Maiſon, Terre, & Seigne-
rie ci-deſſus donnée audit ſieur futur époux, pour ſûreté de la reſtitution
d'icelle, le cas de la reſtitution arrivant ; & au moyen du payement de ladite

fomme, ladite Damoiselle future épouse, de l'autorité dudit sieur son futur époux, quitte ausdits Sieur & Damoiselle ses pere & mere, tous droits de légitime, supplément d'icelle, & autres quelconques, réclamations qu'elle pourroit prétendre ès biens & successions de sesdits pere & mere, & de ses freres & sœurs, au cas néanmoins que lesdits Sieur & Damoiselle ses pere & mere laissent des enfans mâles de leur mariage, descendans des mâles en légitime mariage.

Ledit sieur futur époux a donné & promis donner le jour de la bénédiction nuptiale à ladite Damoiselle sa future épouse, en bagues & joyaux, jusqu'à la somme de quinze cens livres, dont il lui fait donation, pour en disposer par elle à sa volonté. Et au cas que ledit futur époux aille de vie à trépas avant ladite Damoiselle sa future épouse, il lui donne par gain de survie sa vie durant, la somme de   de rente : Mais au cas que ladite Damoiselle future épouse prédécede ledit sieur futur époux, en ce cas, elle lui donne la somme de   laquelle elle veut être prise & retenue sur ladite constitution; car ainsi l'ont voulu & accordé lesdites Parties, qui ont promis le tout entretenir & accomplir de point en point, selon sa forme & teneur, sur peine, de part & d'autre, de tous dépens, dommages & interêts. Et pour la validité des presentes, lesdites Parties ont consenti & consentent qu'elles soient enregistrées & insinuées au Greffe dudit Bailliage de   constituant pour ce faire, requerir & consentir ladite insinuation, tous les Procureurs postulans audit Bailliage, auquel cas, ils en donnent plein pouvoir & puissance, les créant & constituant pour cet effet. Fait & passé, &c. presens, &c. qui ont signé avec lesdites Parties.

Autre Contrat de Mariage en Pays de Droit Ecrit.

FURENT presens & constitués en leurs personnes, Messire Hector Duval, Chevalier, Seigneur de Saint-Illieres, & avec lui de son autorité & permission, Messire Thimoleon Duval son fils aîné, d'une part; & Messire Claude de Corbie, & avec lui aussi de son autorité & permission, Damoiselle Marie-Therese de Corbie sa fille, d'autre part; lesquelles Parties, de l'avis & consentement de leurs parens & amis, font entr'elles les promesses, donations en cas de survie, & autres pactions & conventions qui ensuivent; c'est à sçavoir, que lesdits sieurs Thimoleon Duval, & Damoiselle Marie-Therese de Corbie, promettent se prendre en foi de mariage en face de notre Mere Sainte Eglise, le plutôt que faire se pourra, & lorsque l'une des Parties en requerera l'autre.

En faveur duquel futur mariage, ledit sieur de Saint-Illieres constitué en sa personne pere dudit sieur futur époux, a donné & donné audit sieur son fils, par donation entre-vifs irrévocable, pour préciput & avantages, ce acceptant, la Terre & Seigneurie de   consistant, &c. & pour jouir par ledit sieur futur époux de la presente donation à lui faite, & en pouvoir disposer à l'avenir à sa volonté, comme de chose à lui appartenante; ledit sieur de Saint-Illieres pere, a déclaré & déclare qu'il l'a émancipé & émancipe; ladite donation faite sans préjudice audit sieur futur époux, à

prendre

prendre part aux autres biens dudit ſieur de Saint-Illieres ſon pere , par ſucceſſion *ab inteſtat* , par teſtament ou autrement.

Et de la part de ladite Damoiſelle future épouſe , en faveur dudit futur
mariage , ledit ſieur de Corbie pere , & conſtitué tel en ſa perſonne , a volontairement conſtitué en dot audit ſieur futur époux , au profit toutefois de ladite Damoiſelle future épouſe ſa fille , la ſomme de quarante mille livres ,
qu'il promet payer ; ſçavoir , moitié le jour de la bénédiction nuptiale , &
l'autre moitié trois mois après , ſans interêts pendant ce tems ; laquelle ſomme ,
dèſlors du payement , & pour aſſurance de la reſtitution qui s'en devra faire ,
le cas d'icelle arrivant , ledit ſieur futur époux , du conſentement de ſeſdits
parens , a aſſigné & aſſigne ſur ladite Terre & Seigneurie de
à lui donnée par ledit ſieur ſon pere ; & moyennant le payement de laquelle
ſomme , ladite Damoiſelle future épouſe , de l'autorité & conſentement dudit ſieur futur époux , renoncera & renonce dès-à-preſent , comme pour lors ,
aux ſucceſſions échûes & à écheoir deſdits Sieur & Dame ſes pere & mere , ſans
prétendre aucun droit de légitime , ſupplément d'icelle , & autres généralement quelconques , & ce au profit & pour l'avantage de ſes freres , & de leurs
enfans & deſcendans , & de chacun d'eux , pour telle part & portion qu'il
plaira audit ſieur de Saint-Illieres , de diſpoſer de leurs biens entre ſes autres
enfans , & à la charge que ledit ſieur futur époux s'obligera en ſon nom de
garantir & faire valoir , en cas que ladite Damoiſelle future épouſe , pendant
le préſent mariage ou les enfans iſſus d'icelui voulutſſent , après ſon décès ,
reclamer contre ladite renonciation ; mais s'il arrivoit que leſdits enfans mâles
vinſſent à déceder ſans hoirs avant ledit ſieur de Saint-Illieres pere , ſera loiſible à ladite Damoiſelle future épouſe de prendre & accepter , ſi bon lui ſemble , la ſucceſſion des ſuſdits pere & mere , le tout ſans préjudice à ladite Damoiſelle future épouſe des droits ſucceſſifs qui lui pourroient écheoir de ſes
ayeux & autres aſcendans , après le décès de ſeſdits pere & mere ; ledit ſieur
futur époux a donné & promis de donner , le jour de la bénédiction nuptiale , à ladite Damoiſelle future épouſe , en bagues & joyaux , juſqu'à la ſomme de trois mille livres , pour en diſpoſer par elle à ſa volonté.

Au cas que ledit ſieur futur époux vienne à déceder avant ladite Damoiſelle future épouſe , il lui donne pour gain de ſurvie , ſa vie durant , & par
chacun an , la ſomme de 600 livres : Mais au cas que ladite Damoiſelle future épouſe prédecede ledit ſieur futur époux , elle lui donne en proprieté la
ſomme de dix mille livres , à prendre ſur les deniers qui compoſent ſa dot ; &
ne ſera ledit ſieur futur époux , audit cas de ſurvie de ſa part , tenu de reſtituer
le ſurplus de la dot , que deux ans après la diſſolution de la communauté ,
ſans être obligé d'en payer l'interêt ; car ainſi le tout a été accordé , convenu
& arrêté entre leſdites Parties , qui ont promis le tenir & entretenir ſelon ſa
forme & teneur , à peine de tous dépens , dommages & interêts , & ſans leſquelles clauſes le futur mariage ne prendroit ſa perfection : Et pour la validité
des preſentes , leſdites Parties conſentent qu'elles ſoient inſinuées & enregiſtrées où beſoin ſera , conſtituant à cet effet , &c. Fait & paſſé , &c.

Tome I.   A a a

CHAPITRE XXIV.

Des Contrats de Mariage qui se passent en Normandie.

LA Coutume de Normandie a des dispositions si particulieres à l'égard des Contrats de mariage & des conventions matrimoniales, que nous avons crû en devoir faire un chapitre. Et pour en faciliter la lecture, nous avons distribué les choses qu'il renferme en différens articles. Mais avant que d'en donner l'explication, il faut observer:

I. Que généralement parlant dans les Contrats de mariage qui se passent en Normandie, aussibien que dans les successions, les mâles sont grandement favorisés, & les filles au contraire très-maltraitées; ce qui provient de ce que ces peuples n'ont gueres en vûe que la conservation & la splendeur de leurs familles qui ne peuvent jamais mieux se soutenir, qu'en faisant passer les biens aux mâles, puisque c'est par les mâles que le nom & la famille se soutiennent, & non par les filles, qui en se mariant changent de nom, & passent dans une autre famille.

II. Qu'en Normandie les femmes ne peuvent s'obliger envers qui que ce soit, même de l'autorité de leurs maris; & par conséquent, elles ne peuvent consentir à l'aliénation de leurs biens; le Sénatusconsulte Velleïen étant dans ce Pays en vigueur, nonobstant l'Edit abrogatoire de 1609, qui n'y a pas été vérifié; & comme une femme en Normandie, ne peut valablement s'obliger, il est inutile de stipuler dans un contrat de mariage l'hypoteque au profit de la femme pour l'indemnité des dettes, ou de mettre aucune clause d'indemnité en sa faveur.

III. Qu'une femme en Normandie a hypoteque légale & tacite du jour de son Contrat de mariage, pour la répétition de sa dot; & au cas de *mariage encombré*, c'est-à-dire, de biens dotaux aliénés, tant ceux qui ont été donnés en faveur de mariage, que ceux qui sont échus à la femme en ligne directe pendant le mariage, comme il est porté par l'article 539 de la Coutume de Normandie; sur quoi, voyez Basnage, en son Traité des Hypoteques, chapitre 13. A l'égard des autres biens qui sont autrement échûs à la femme depuis la dot, cette hypoteque tacite n'a lieu que du jour des aliénations, suivant l'article 542 de la même Coutume.

IV. Comme la femme ne peut en Normandie valablement consentir à l'aliénation de ses biens, elle a droit de revendication de son fonds, & d'en évincer les Acquereurs, quand les biens du mari ne suffisent pas pour l'indemniser.

V. Que l'Edit de 1606, concernant l'obligation du Contrôle de tous Contrats passés pardevant Notaires, pour acquerir hypoteque, a été véritablement révoqué; si ce n'est en Normandie où il a lieu, même pour les Contrats de mariage; c'est pourquoi il y faut prendre garde.

Après ces observations, nous allons faire voir quelles sont les dispositions de la Coutume de Normandie, touchant la communauté conjugale, la dot des femmes, le douaire, le don mobile, le droit qu'a la femme en Normandie dans les biens de son mari, lorsqu'elle lui survit. Enfin, nous expliquerons quelles donations se peuvent faire les futurs Conjoints, ou ceux qui sont mariés.

De la Communauté en Normandie.

Cette Coutume n'admet point la communauté entre Conjoints; le mari est le maître de tout le mobilier, & des acquisitions faites pendant le mariage; ensorte qu'il en peut disposer à sa volonté, même en fraude de sa femme, qui ne peut y rien prétendre qu'après le décès de son mari, pourvû qu'elle en soit heritiere; auquel cas, elle a droit de prendre une certaine portion en proprieté des conquêts.

Comme cette Coutume, qui exclut la communauté, est prohibitive, l'on ne peut par une clause particuliere, déroger à sa disposition; ce qui ne souffre pas de difficulté pour les personnes domiciliées en Normandie, qui y contractent mariage.

L'on tient même que cette regle a lieu entre les personnes de Normandie qui viennent à Paris passer leur Conttat de mariage, & qui retournent en leur Pays continuer leur domicile, au cas que l'affaire soit plaidée en Normandie, où on s'attache toujours inviolablement à la lettre de la Coutume.

Mais à Paris on donne plus d'effet au Contrat & au lieu où il est passé : Ainsi, quand des personnes domiciliées en Normandie veulent qu'il y ait entr'elles communauté, elles n'ont qu'à venir passer leur contrat de mariage à Paris, & stipuler qu'il y aura communauté.

Comme le sceau du Châtelet de Paris est attributif de Jurisdic-

tion partout le Royaume, on eft fûr que le Contrat de mariage, & toutes les claufes qui y font contenues, auront leur exécution, pourvû que l'on plaide à Paris, & non pas en Normandie, où les Juges font fi jaloux de leur Coutume, & fi fort attachés à faire obferver à la rigueur toutes fes difpofitions.

Des perfonnes domiciliées à Paris, ou autres femblables Coutumes, y ayant contracté mariage, fuivant la Loi municipale du
Pays, qui admet la communauté, fi le mari fait des acquifitions
en Normandie, fans y aller demeurer, les Conjoints font réputés
communs, foit pour empêcher la fraude du mari, qui pour avoir
la libre difpofition des acquifitions faites pendant le mariage, ne
manqueroit pas de les faire dans des Provinces où la communauté n'eft pas reçuë, foit pour empêcher les avantages indirects
de la part de la femme, qui pour favorifer fon mari, confentiroit
à ce que telles acquifitions ne fe fiffent qu'en Pays où la communauté n'auroit pas lieu entre Conjoints.

D'ailleurs, le mariage étant une fois contracté avec communauté ou fans communauté, il ne doit pas dépendre de la volonté particuliere des Conjoints de diffoudre la communauté contractée, ou d'en établir une quand il n'y en a point. Les Conjoints en transferant leur domicile ne font pas réputés faire entr'eux un nouveau Contrat de mariage, ni acquerir de nouveaux
droits l'un envers l'autre, ni fe donner quittance de ceux qu'ils
fe devoient auparavant. Il faut néceffairement qu'ils s'en tiennent
au droit établi par leur contrat de mariage, auquel il ne leur eft pas
permis de déroger.

Il faut donc dire auffi que fi des perfonnes mariées en Normandie, & par conféquent fans communauté, viennent dans la fuite
à faire leur demeure à Paris, ou dans une autre Coutume où la
communauté conjugale eft admife, elles ne deviennent pas pour
cela communes en biens.

Dans les Contrats de mariage faits en Normandie, l'on ne fait
point de convention d'ameubliffement, parce qu'il ne fe fait que
pour faire un fonds à la communauté. Or, la Coutume de Normandie défend fi pofitivement la communauté entre mari & femme, qu'elle ne laiffe pas la liberté d'y déroger; ainfi, il ne peut
point y être fait d'ameubliffement.

On ne voit point dans les Contrats de mariage paffés en Normandie, aucune ftipulation de préciput réciproque en meubles,
au profit du furvivant des deux Conjoints. La raifon eft, que le
préciput fuppofant une maffe commune de biens dans lefquels le

furvivant a déja part , & un droit acquis , fans cette communauté de biens , qui fait l'objet du préciput, il ne peut fubfifter.

Claufe de la Communauté pour des perfonnes domiciliées en Normandie, qui fe marient en Pays où la Communauté a. lieu.

En faveur duquel futur mariage a été accordé entre les Parties, que lefdits futurs époux feront communs en tous biens , meubles & conquêts immeubles qui feront faits durant & conftant leur futur mariage, en quelques lieux & Coutumes qu'ils foient fitués, fuivant l'ufage de la Ville, Prevôté & Vicomté de Paris. Et pour fureté de ce que deffus, ledit fieur futur époux a promis & promet de ne faire aucunes acquifitions , finon dans les lieux où par la Coutume la future époufe auroit droit de communauté. Et néanmoins en cas que ledit futur époux fît des acquifitions pendant le mariage, dans des Coutumes qui défendroient ladite communauté, & qui empêcheroient ladite future époufe de prétendre part dans ladite communauté; en ce cas, ledit futur époux & fes heritiers feront tenus fournir & payer à ladite future époufe ou à fes heritiers , la moitié de la jufte valeur & eftimation defdites acquifitions, telle qu'elle fera lors de la diffolution dudit futur mariage , ou la moitié du prix defdites acquifitions porté par les Contrats, au choix & option de ladite future époufe, fes heritiers & ayans caufes. Et pour cet effet, lefdirs futursépoux ont dérogé & dérogent à la Coutume de Normandie, où ils ont leur domicile ordinaire & actuel , où ils prétendent retourner; & en tant que befoin feroit, ont dérogé & dérogent par ces prefentes à toutes autres Coutumes à ce contraires, où ils pourroient établir leur domicile pendant leur mariage, fe foumettant, &c.

De la Dot des Femmes en Normandie.

Les filles peuvent être dotées en Normandie , mais fous les reftrictions fuivantes.

I. Les pere & mere peuvent en mariant leur fille, la doter de meubles fans heritages, ou d'heritages fans meubles; ils peuvent auffi ne la point doter, & la marier avec un chapeau de rofes, fans lui donner ni heritages, ni meubles, ni argent.

II. Pour conferver les biens des familles aux enfans mâles , qui en doivent foutenir le nom & l'éclat, il eft ftatué par la Coutume de Normandie, que la fille mariée du vivant de fes pere & mere, quoique gratuitement, ne peut rien efperer en leurs fucceffions, dont elle eft exclufe par la Coutume, quand fes pere & mere ont des enfans mâles, à moins que par le Contrat de mariage elle ne foit réfervée expreffément au partage de leurs fucceffions.

Cette réserve est d'une grande conséquence pour ceux qui vont prendre femme en Normandie. La Coutume le permet, mais toujours à la charge de rapporter.

La clause de cette réserve se dresse en la 'maniere qui suit: *Sans que les choses ci-dessus données à la future épouse, par ses pere & mere, puissent l'exclure de sa part héréditaire en leurs successions futures, laquelle est expressément réservée à elle & à ses hoirs, pour être reçuë à partage avec les freres, nonobstant l'intention contraire de la Coutume, à laquelle il est dérogé à cet égard, & nonobstant l'empêchement desdits freres, qui ne pourront s'en plaindre, en rapportant toutefois par ladite future épouse & ses hoirs, les choses à elle ci-dessus données.*

III. Les pere & mere qui ont promis une somme de deniers en dot par le Contrat de mariage de leur fille, n'en demeurent point garants dès qu'ils l'ont payée à leur gendre; mais s'ils ont promis une rente sur eux, & qu'ils la remboursent au mari, ils sont garans de sa solvabilité.

Les freres qui marient leur sœur sont toujours garans de la solvabilité du mari, dans le cas même où ils ont constitué & payé sa dot en deniers.

La raison est que la dot que les freres promettent à leur sœur n'est pas une liberalité de leur part, mais le payement d'une légitime; c'est pourquoi ils sont toujours garans de la mauvaise collocation qu'ils en font entre les mains du mari.

Dans tous les cas de la garantie de la dot, ceux qui la payent & qui en demeurent garans, ne peuvent pas demander Caution au mari, à moins qu'il n'ait été stipulé par le Contrat de mariage.

Cette clause se peut dresser ainsi: *Et a été convenu entre les Parties, que le futur époux ne pourra recevoir le payement de la dot promise, ou le remboursement de la rente constituée pour dot à la future épouse, sans donner par lui bonne & suffisante Caution, ou sans faire le remplacement ou remploi des deniers.*

IV. Une fille qui a des freres, soit qu'elle soit dotée réellement ou non, ne peut jamais être appellée à la succession de ses pere & mere à titre d'heriticre : Elle est néanmoins capable de legs, & de recevoir de la liberalité de ses pere & mere, jusqu'à la concurrence de ce qu'il est permis de donner à un étranger.

V. Quand une fille est mariée par pere & mere, & par eux dotée en deniers ou autres effets mobiliers, excedans le tiers de leur succession: Si son mari ne s'en est pas fait payer en entier de leur vivant, les freres de ladite épouse peuvent faire réduire la dot au tiers de tous les biens, meubles & heritages qui se trouvent dans les successions ; ce qui fait qu'en Normandie le gendre a un interêt notable d'être payé comptant de la dot, la veille ou le jour des nôces.

VI. Tout le mobilier qui appartient à la femme au jour du mariage, est réputé dot, & par conséquent restituable pour le tout, au cas que le don mobile soit d'une certaine somme.

VII. Quoique le mari n'ait que les meubles qui échéent à sa femme pendant le mariage, il est tenu non-seulement des dettes de la femme pour raison des successions, d'où viennent ces meubles, mais encore des dettes anterieures au mariage, à moins qu'il n'y ait un inventaire fait des effets mobiliers qu'avoit la femme lorsqu'elle a été mariée.

VIII. Les filles qui n'ont pas été mariées du vivant de leurs pere & mere restent à la garde de leur frere pendant un an, pour être pourvûes ; ainsi elles peuvent dedans l'année, demander au frere *mariage avenant*, autrement dit, *dot raisonnable*, qui est à l'arbitrage du frere, dont la principale obligation est de marier ses sœurs, sans les départager ni métallier.

Si le parti par lui proposé à sa sœur, est sortable, elle se doit contenter de la dot offerte & agréée par le futur époux, sans pouvoir prétendre aucune autre chose des successions de ses pere & mere, surtout quand le mariage a été contracté sous cette condition.

Que si le frere néglige, ou fait refus de marier sa sœur, elle peut se pourvoir par l'avis de ses parens, & demander à son frere *mariage avenant*, suivant l'estimation qu'ils en feront.

Comme en Normandie la succession des freres & sœurs retourne à leurs freres ou sœurs, au préjudice de leurs pere & mere ; les peres, pour ne se pas défaisir entierement de ce qu'ils donnent, employe une clause de réversion, en cas que leurs fils ou filles, en faveur desquels ils exercent leur libéralité, viennent à déceder sans enfans. Cette clause de réversion est assez fréquente dans la constitution de dot qu'un pere fait à sa fille.

En Normandie, comme ailleurs, la dot étant promise au mari pour supporter les charges du mariage, les interêts de la dot courent du jour que le mariage a été célebré.

Du Douaire en Normandie.

En Normandie, le douaire est dû à la femme & aux enfans. Il

confifte au tiers de l'heritage du mari, comme il eft porté en l'article 371 de la Coutume de Normandie.

Ce douaire s'appelle *le tiers Coutumier*, qui ne peut jamais être augmenté par la convention des Parties ; c'eft ce qui fait qu'on ne s'y fert gueres du douaire préfix ; car comme il ne peut être plus avantageux que le Coutumier, étant réductible au douaire de la Coutume, on s'en tient à fa difpofition.

Mais quoique le douaire en Normandie ne puiffe exceder le tiers Coutumier, & qu'en tout cas, il foit réductible ; néanmoins il peut être ftipulé moindre par le Contrat de mariage, mais telle convention n'a lieu que contre la femme, & non contre fes enfans, qui font faifis de la proprieté du tiers Coutumier, par la difpofition de la Coutume, & peuvent en demander la totalité, nonobftant le choix de leur mere. Voyez l'article 398 de la Coutume de Normandie.

Ce qui fait que le douaire en Normandie, n'eft que du tiers du revenu des heritages propres du mari, c'eft qu'une Ordonnance de Jean fans Terre, Roi d'Angleterre, regla le douaire des femmes au tiers des biens du mari. Ordonnance qui paroît avoir été fuivie autrefois dans ces Pays de la France, qui furent fous la domination des Anglois ou dans leur alliance, & obfervée depuis par les peuples de ces Provinces.

La femme n'a douaire que fur les biens dont la proprieté appartient à fon mari ; c'eft pourquoi, fi le mari a été évincé depuis fon mariage de la poffeffion d'une Terre qu'il poffedoit, la femme n'en pourroit pas demander récompenfe fur les autres biens de fon mari.

La femme n'a auffi douaire fur le don mobile de fon mari, que lorfqu'il fe trouve dans la fucceffion du mari, & elle n'en auroit point s'il l'avoit aliéné ; & au cas qu'il l'eût hypotequé, la femme ne pourroit prendre deffus fon douaire, qu'à la charge de l'hypoteque ; car puifque le mari a faculté d'aliéner fon don mobile, fans que la femme y puiffe rien prétendre, il peut pareillement l'hypotequer à fon préjudice.

La Coutume de Normandie ne donne pas feulement douaire à la femme fur les biens dont le mari eft faifi, mais auffi fur ceux qui lui font échus en ligne directe defcendante, à caufe de cette efperance certaine & de ce droit que les enfans ont fur les biens de leurs pere & mere. *Voyez* Bafnage fur l'article 368 de la Coutume de Normandie.

La femme peut même prendre fon douaire fur la fucceffion du
pere

pere ou de l'ayeul de son mari échûë depuis sa mort, pourvú que le pere ou l'ayeul du mari ayent consenti au mariage.

La douairiere est tenue de donner caution pour jouir de son douaire, mais quand la veuve ne peut donner caution, on établit un Sequestre des fruits que la veuve perçoit par les mains de ce Séquestre.

En Normandie, la femme n'est pas de plein droit saisie du douaire ; ainsi les arrerages n'en courent que du jour qu'il est demandé, à moins que par le contrat de mariage les Parties ne soient convenuës que les arrerages en courroient à l'instant du décès du mari, sans en faire demande en Justice.

Le douaire est dû à la femme, quoiqu'il ne soit pas stipulé; mais quand la femme par une convention expresse renonce au douaire, elle n'en peut prétendre, ce qui se pratique de même dans les autres Pays Coutumiers.

Du Don mobile.

Don mobile est un don que la femme fait à son mari d'une partie de ses biens, pour le dédommager des frais de nôces, ou le récompenser des avantages qu'il a faits à sa femme, quoique souvent très-médiocres, ou enfin pour honorer le traité de mariage.

Ce don qui s'est introduit en Normandie par l'usage, ne peut être que du tiers du bien de la femme, quand c'est elle qui se marie; quand ce sont les freres qui marient leur sœur par mariage avenant, qui est une espece de légitime, ils ne peuvent aussi donner que le tiers en don mobile : Mais quand c'est le pere qui marie sa fille, il peut tout donner en don mobile : Enfin, lorsque le pere n'a rien stipulé en don mobile, on présume que le tiers appartient au mari, à cause que c'est l'usage de le donner en don mobile.

Si c'est une veuve qui se marie, le don mobile ne peut, suivant l'Edit des secondes nôces, exceder la part de l'enfant moins prenant, & s'il a été donné au 1er. mari le tiers des immeubles, on ne peut plus en rien donner au second, parce qu'en Normandie une personne ne peut donner que le tiers de ses immeubles.

Le mari qui n'a pas eu de don mobile, est tenu d'employer la moitié des meubles échûs à la femme pendant le mariage, en acquisitions d'heritages ou rentes, pour tenir nature de propre à la femme & à ceux de son côté & ligne : Et à l'égard de l'autre moitié desdits meubles, le mari a droit de la retenir.

Tome I. Bbb

Deniers donnés à la femme après son mariage, n'appartiennent point au mari, & tiennent lieu de propre, quand elle a limité le don mobile sur ses autres biens.

Le don mobile n'est pas un don de survie, puisque si le mari prédécede, il se prend par ses heritiers.

Du Droit qu'a la femme en Normandie dans les biens de son mari, lorsqu'elle lui survit.

Suivant les articles 392 & 393 de la Coutume de Normandie, la femme, après la mort de son mari, a le tiers aux meubles, lorsqu'il y a des enfans, & la moitié lorsqu'il n'y en a point, ou qu'il n'y a que des filles, qui ayent été mariées du vivant de leur pere, pourvû qu'il soit quitte du meuble par lui promis à ses filles ou à ses gendres, en faveur du mariage.

La veuve n'a cette part aux meubles de son mari, que quand elle lui survit. Ainsi ce droit de succession auquel la Coutume de Normandie admet la femme, érant purement personnel, ne peut être transmis aux heritiers de la femme, quand elle décede avant son mari.

La femme n'étant admise à cette part & portion de meubles que comme heritiere, elle est tenue de contribuer aux charges & aux dettes de la succession pour sa part. Sur quoi il faut observer que le remploi des propres de la femme qui ont été aliénés, & les amendes ausquelles le mari auroit été condamné, sont du nombre des dettes ausquelles la femme doit contribuer.

Mais elle n'est point tenue de contribuer aux frais funéraires, ni aux legs.

De plus, les heritiers du mari sont obligés de lui fournir ses habits de deuil : *Quia ex generali totius regni consuetudine, vidua non debet suis sumptibus maritum lugere.*

Néanmoins, si la veuve par un second mariage précipité, fait voir le peu de regret qu'elle a de la mort de son mari, les heritiers ne sont pas tenus de lui faire porter des marques extérieures d'une douleur, qu'elle ne ressent pas véritablement dans le cœur.

La femme peut renoncer à la succession de son mari dans les quarante jours après le décès d'icelui, pourvû qu'elle renonce en Justice, & qu'elle n'ait pris ni recelé aucune chose des meubles, dont elle est tenue se purger par serment faisant ladite renonciation, auquel cas elle aura seulement ses biens paraphernaux exempts de toutes dettes, & son douaire, suivant l'article 394 de la Coutume de Normandie.

Lorsque la femme a satisfait aux conditions prescrites par cet article, qu'elle a renoncé judiciairement à la succession de son mari dans le tems préfix, qu'elle n'a pris ni recelé aucune chose, elle en tire ces deux avantages : 1°. Qu'elle n'est point tenuë des dettes de son mari, qui par malheur ou par dissipation, se trouveroit oberé de dettes. 2°. Qu'elle reprend ses paraphernaux exempts de toutes dettes, & son douaire.

Les paraphernaux de la femme en Normandie, s'entendent des meubles servans à l'usage de la femme, comme sont lits, robes, linges, & autres de pareille nature, desquels le Juge fait une honnête distribution à la veuve en essence, eu égard à sa qualité & à celle de son mari, l'heritier néanmoins & le créancier appellés, pourvû que lesdits biens n'excedent la moitié du tiers des meubles ; & néanmoins où le meuble seroit si petit, la veuve aura son lit, sa robe & son coffre, comme il est porté en l'article 395 de la Coûtume de Normandie.

Cette Coûtume n'accorde à la veuve ces biens paraphernaux que par grace & par commiseration, & en l'honneur du mariage, d'autant que l'honnêteté publique ne permet pas qu'une femme sorte de la maison de son mari comme une malheureuse, assez infortunée, pour n'avoir pas de quoi se vêtir & de quoi se coucher. *Mulier renuncians non debet exire nuda, sed debet habere vestes ordinarias & cubile.* Ce qui fait voir combien sont differens ces biens paraphernaux, de ceux que l'on entend sous ce même terme en Païs de Droit écrit, dont nous avons parlé dans le chapitre précedent.

De ce que la Coûtume de Normandie ne donne ces paraphernaux à la veuve qui renonce, que par pitié & par commiseration, au préjudice même des créanciers du mari, il s'ensuit :

1°. Que cette distribution se doit faire par le Juge avec moderation, & suivant la qualité du mari & de la femme, en la presence des heritiers & des créanciers ; car comme cette liberalité se fait à leurs dépens, & qu'ils ne s'y peuvent opposer, il est juste qu'elle se fasse du moins en leur présence, afin qu'ils puissent veiller à leurs interêts, & faire ensorte qu'il n'y ait point de fraude, & qu'elle se fasse dans les regles d'une juste proportion.

2°. Que ces paraphernaux ne sont dûs à la veuve qu'en cas qu'elle renonce à la succession de son mari, & qu'elle n'ait stipulé aucun remport par son contrat de mariage, ou qu'elle ne puisse l'avoir telle qu'elle l'a stipulé ; car elle ne peut pas jouir de ces deux causes lucratives.

Il faut dire auffi par la même raifon, que le legs fait par le mari à la femme, la prive de fes paraphernaux, lorfqu'elle accepte le legs, parce que lorfque le mari a pourvû par fon teftament au befoin de fa femme, elle ne peut plus recourir au fecours que la Coutume lui offre par pitié & par commiferation, à moins qu'elle ne renonce au legs que fon mari lui a fait.

Pour obtenir la délivrance des paraphernaux, il n'eft pas néceffaire que le Contrat de mariage ait été reconnu; car quoiqu'il n'eût point d'hypoteque, une femme ne doit point être privée de la reprife de fes paraphernaux, parce que c'eft plutôt une rétention de ce que la Coutume donne à la veuve, qu'une créance.

Des Donations que fe peuvent faire les futurs Conjoints, ou ceux qui font mariés en Normandie.

En Normandie, il n'eft pas loifible aux futurs Conjoints de fe faire toutes fortes d'avantages par Contrat de mariage.

Le Fiancé ne peut en quelque tems que ce foit donner de fes immeubles à fa Fiancée; tout l'avantage qu'il lui peut faire, fe réduit au tiers coutumier en douaire, qui lui appartient fans ftipulation par la difpofition de la Coutume.

Il n'en eft pas de même de la future époufe, elle peut par Contrat de mariage donner à fon futur époux fes meubles & le tiers de fes immeubles.

Le futur époux peut avantager fa future époufe au-de-là de ce que la Coutume permet. 1°. En confeffant avoir reçu en dot ce qu'il n'a pas reçu, ou avoir reçu plus que ce qu'il a reçu véritablement; car la quittance donnée par le mari, fuffit pour obliger fes heritiers à reftituer la dot qu'il auroit déclaré avoir reçue. La raifon eft, qu'il feroit injufte d'obliger la femme à prouver qu'elle a payé les deniers dont le mari a donné quittance, furtout quand elle a été paffée devant des perfonnes publiques. Nonfeulement on difpenfe les femmes de faire ces fortes de preuves, on ne reçoit pas même la preuve des faits contraires. Mafuer, *tit. 9 de except.* dit que l'exception de dot non payée, & deniers non nombrés, n'eft point admife, à moins que l'on ne faffe apparoir du contraire par des actes autentiques. Bacquet, en fon Traité des Droits de Juftice, chap. 15, nomb. 65, dit que le titre *De dote cauta & non numerata*, n'a point lieu en France, nonplus que l'exception *non numeratæ pecuniæ*; la raifon eft que *ftatur inftrumento & ei creditur.*

2°. En accordant à la future époufe par le Contrat de mariage la faculté de remporter fes bagues & joyaux, ou une fomme qui véritablement en excede de beaucoup la valeur, & celle des meubles qu'il reconnoît qu'elle a apportés, auquel cas la fomme ftipulée au lieu des bagues & joyaux, ne fe peut prendre par elle que fur les meubles de fon mari, quand elle ne lui a fait aucun don mobile. Et quand la femme a fait un don mobile à fon mari, le remport fe peut véritablement prendre fur fes immeubles, mais jufqu'à concurrence du don mobile feulement.

À l'égard des gens mariés en Normandie, ils ne fe peuvent ceder, donner ou tranfporter l'un à l'autre quelque chofe que ce foit, ni faire Contrats ou conceffions, par lefquels les biens de l'un viennent à l'autre, en tout ou partie, directement ou indirectement; ce font les termes de l'article 410 de la Coutume de Normandie, d'où il s'enfuit:

1°. Que le don mutuel n'a point lieu en Normandie, attendu cette prohibition fi générale & fi abfolue, que la Coutume fait au mari & à la femme de s'avantager l'un l'autre en quelque maniere que puiffe être.

2°. Qu'en Normandie les donations teftamentaires font défendues entre gens mariés, en quoi cette Coutume eft conforme à la plupart de nos Coutumes, & contraire au Droit Romain.

CHAPITRE XXV.

Des fecondes Nôces.

P A R fecondes Nôces, on entend celles qui font contractées après un précedent mariage, foit qu'elles foient les deuxiémes, troifiémes ou quatriémes, elles font toutes appellées en Droit, fecondes Nôces.

Quoique les fecondes Nôces, fuivant la Loi du Chriftianifme, ne foient pas moins permifes que les premieres, il faut cependant demeurer d'accord, que toutes les Nations du monde ont toujours regardé les premieres avec vénération, & les fecondes, comme un engagement nuifible aux familles, & par conféquent moins favorables que les premieres, furtout pour ceux qui ayant des enfans d'un 1er. lit oublient le devoir que la nature leur enseigne, pour rechercher aux dépens de leur propre sang, ce qui leur fait plaisir.

Aussi met-on, quant aux effets civils, une grande différence entre les premieres & les secondes Nôces; la faveur des premieres Nôces est si grande, que tout ce qui tend à en empêcher la liberté, n'est d'aucune consideration, & est regardé contraire aux bonnes mœurs, & comme un empêchement qui donne atteinte à l'interêt public, pour lequel les mariages sont absolument nécessaires.

Par exemple, la condition de ne se point marier, mise à une donation, à un legs, ou à une institution d'heritier, non-seulement seroit nulle, mais la disposition ne laisseroit pas de valoir purement & simplement. Au contraire, quand cette condition est apposée, à l'effet d'empêcher les secondes Nôces, pour obliger un homme veuf ou une femme veuve à garder la viduité, elle est tellement licite, que le défaut de son accomplissement rend caduque la disposition à laquelle elle est attachée.

D'où il s'ensuit que les premieres Nôces sont beaucoup plus favorables que les secondes, qui ne sont pas, à la vérité, absolument interdites; mais qui sont plutôt tolerées que permises, surtout quand il y a des enfas s du premier lit.

Les Romains avoient la Loi, *fœminæ 3, cod. de secundis Nuptiis*, & la Loi, *Hæc edictali 6, cod. eod. tit.* qui ont été fort renommées à ce sujet. La premiere punissoit les femmes, qui ayant des enfans d'un premier lit, se remarioient même après le tems du deuil; on les privoit non-seulement de tous les avantages qu'elles avoient reçus de leurs premiers maris, qu'elles étoient obligées de rendre à leurs enfans; mais encore on les excluoit des successions de leurs propres enfans, qui étoient en ce cas déferées aux autres enfans survivans, l'usufruit seulement réservé à la mere sa vie durant. La seconde Loi défendoit expressément à la femme veuve de donner à son second mari plus qu'à l'un de ses enfans, dans les biens de sa succession.

La sévérité de ces Loix contre les secondes Nôces, est fondée sur ce que les secondes affections se forment sur les débris des premieres, & qu'elles les détruisent entierement jusqu'à éteindre à l'égard des enfans qui en sont provenus, l'amour que la nature inspire à tous les hommes pour leurs enfans; aussi la disposition de ces Loix a parue si équitable, qu'elle a été confirmée par l'Edit de François II. l'an 1560, appellé communément *l'Edit des Secondes Nôces*, dont il est à propos de rapporter ici la teneur.

Cet Edit ordonne : *Que si les femmes veuves ayant enfans, ou enfans de leurs enfans, passent à de nouvelles Nôces, elles ne pourront en quelque façon que ce soit, donner leurs biens, acquêts ou propres, à leurs nouveaux maris, pere, mere, ou enfans desdits maris, ou autres personnes, &c. & que s'il se trouve division inégale de leurs bienfaits entre leurs enfans, ou enfans de leurs enfans, les donations par elles faites à leurs nouveaux maris seront réduites & mesurées à raison de celui des enfans qui en aura le moins. Et quant au regard des biens desdites veuves, acquis par dons & liberalités de leurs défunts maris, elles n'en pourront faire aucune part à leurs nouveaux maris; mais elles seront tenuës de les réserver aux enfans communs d'entr'elles & leursdits défunts maris, de la liberalité desquels iceux biens leur seront avenus.*

Le semblable voulons être gardé ès biens qui sont avenus aux maris par dons de leurs défuntes femmes ; tellement qu'ils n'en pourront faire dons à leurs secondes femmes ; mais seront tenus les réserver aux enfans qu'ils ont eus de leurs premières. Toutefois, n'entendons par ce présent notre Edit, bailler ausdites femmes plus de pouvoir & liberté de donner & disposer de leurs biens, qu'il ne leur est loisible par les Coutumes des Pays, ausquelles par ces présentes n'est dérogé, en tant qu'elles restraignent plus ou autant la liberalité desdites femmes.

Cet Edit, qui est observé régulierement partout le Royaume, contient deux chefs. Le premier restraint à une part d'enfant moins prenant, les avantages que ceux qui convolent en secondes Nôces, ayant enfans d'un premier mariage, font à leurs seconds Conjoints. Le deuxiéme ôte à la veuve qui se remarie, la disposition des avantages & gains nuptiaux qu'elle a reçus de la liberalité de son premier mari, pour être conservés en entier aux enfans du premier lit.

La Coutume de Paris, article 279, passe encore plus avant; elle défend à la femme veuve, convolant en secondes Nôces, de disposer en faveur d'un second mari, de la moitié à elle afferente dans les conquêts faits avec ses précedens maris, au préjudice des enfans du premier lit, ausquels elle est tenue de les conserver.

Avant de passer plus avant, il est à propos de faire quelques observations sur l'Edit des secondes Nôces.

I. Cet Edit dérogue aux Coutumes contraires, en ce qu'elles permettent de plus amples dispositions, encore que ces Coutumes ayent été rédigées & réformées depuis cet Edit. *Voyez* M. Louet, lettre N. somm. 3.

II. Il comprend tant les hommes que les femmes veuves, convolans en fecondes Nôces.

III. Aux termes de cet Edit, la donation faite par la femme à fon fecond mari, ou par le mari à fa feconde femme, fe réduit au nombre & à la portion de chaque enfant, tant du premier lit que du fecond; c'eft-à-dire, des enfans communs, qui fe trouveront lors du décès du Donateur ou de la Donatrice, & non pas au nombre d'enfans qui fe trouveront lors du Contrat de donation, enforte que s'il y a deux enfans qui fuccedent également lors du décès du pere remarié, la donation faite à la belle-mere fera du tiers, quoiqu'il y ait eu cinq ou fix enfans au tems du Contrat de mariage. Chenu, queftion 55; Monfieur Louet, lettre N. fommaire 2 & fuivans. La même chofe a été depuis jugée par Arrêt du 7 Septembre 1684, en la troifiéme Chambre des Enquêtes.

D'où il s'enfuit, que quoique les avantages qui fe font par les perfonnes veuves à leurs feconds Conjoints, foient réductibles aux termes de l'Edit, cette raifon ne doit point empêcher celui qui fait l'avantage, de le rendre auffi ample qu'il le fouhaite, parce qu'il peut arriver que les enfans vivans lors d'un fecond mariage, décederont avant le furvivant de leur pere ou mere qui convole en fecondes Nôces, auquel cas la donation valideroit en fon entier au profit du fecond Conjoint; car le pis aller fera de fouffrir le retranchement, eu égard au nombre des enfans du premier ou fecond lit qui furvivront leurs pere ou mere.

IV. Cet Edit comprend les donations faites par Contrat de mariage, ou faites depuis par teftament ou autrement, tant en proprieté qu'en ufufruit.

V. Les conventions d'ameubliffemens faites par le Contrat de mariage, d'une partie des immeubles de la femme veuve qui fe remarie, doivent fouffrir le retranchement de l'Edit. La raifon eft, que ces fortes de conventions font des voyes indirectes, par lefquelles la femme qui fe remarie, avantage fon fecond mari, contre la prohibition de l'Edit, en faifant entrer en communauté ce qui de fa nature n'y entreroit pas fans une pareille ftipulation. *Voyez* M. Ricard, Traité des Donations, partie 3, chapitre 9, glofe 2, nombre 1200.

VI. Le même retranchement a lieu lorfque la communauté d'un fecond mariage eft de biens difproportionnés; comme fi une veuve riche en effets mobiliers, époufoit un fecond mari indigent,

digent, ou inégal en biens, sans stipuler que les deniers & effets mobiliers qui lui appartiennent, au-pardessus de ce que son second mari apporte en la communauté, sont propres à elle & à ses enfans.

VII. Cette réduction de l'Edit des secondes Nôces a lieu, même à l'égard du douaire, lequel étant préfix, est réductible, en ce qu'il excede le coutumier.

La Coutume de Paris en l'article 253, regle le douaire coutumier, quand il y a plusieurs enfans de plusieurs lits, en ces termes: *Quand le pere a été marié plusieurs fois, le douaire coutumier des enfans du premier lit, est la moitié des immeubles qu'il avoit lors dudit mariage, & qui lui sont avenus pendant icelui mariage en ligne directe, & le douaire coutumier des enfans du second lit, est le quart desdits immeubles; ensemble, moitié tant de la portion des conquêts appartenans au mari, faits pendant ledit premier mariage, que des acquêts par lui faits depuis la dissolution du premier mariage jusqu'au jour de la consommation du second, & la moitié des immeubles qui lui échéent en ligne directe pendant ledit second mariage. Et ainsi conséquemment des autres mariages.*

L'article 254 porte: *Que si les enfans du premier mariage meurent avant leur pere pendant le second mariage, la veuve & les autres enfans dudit second mariage les survivant, ne doivent avoir que tel douaire qu'ils eussent eu, si les enfans dudit premier mariage étoient vivans; tellement que par la mort des enfans dudit premier mariage, le douaire de la femme & des enfans dudit second mariage, n'est point augmenté. Et ainsi des autres.*

VIII. Les gains de survie ou constitutions dotales, qui se font en Pays de Droit écrit, au profit du second mari; les donations à cause de Nôces, autrement dites, *Augment de dot,* sont pareillement sujettes à ce retranchement. *Voyez* Henris, tome 1, liv. 4, chapitre 105.

IX. Il faut dire aussi que le don mutuel est assujetti au retranchement de l'Edit des secondes Nôces, & généralement toutes les conventions qui se trouvent par l'évenement utiles aux seconds Conjoints, & préjudiciables aux enfans des précedens lits; en un mot, tout ce qui dégenere en avantage direct ou indirect, est soumis à la rigueur de l'Edit. *Voyez* Ricard, Traité des Donations, partie 3, chapitre 9, & M. Louet lettre N. nombres 3 & 8.

X. Les femmes veuves ayant des enfans de leur premier mariage, ne peuvent rien donner à leurs seconds maris des biens qu'elles ont eus de la liberalité de leurs premiers maris; lesquels biens elles doivent conserver aux enfans du premier lit. Chenu, question 65; Bacquet, des Droits de Justice, chap. 21, nombre 351.

XI. Les peines portées par l'Edit des secondes Nôces ne peuvent être remises par le testament d'un mari à la femme qu'il laisse veuve, comme il a été jugé par Arrêt du 19 Août 1715.

XII. La veuve, avant son remariage, ne peut vendre son bien, & aussitôt après convoler en secondes Nôces, pour de son argent avantager son second mari, parce que c'est faire fraude à l'Ordonnance, & en éluder l'exécution. Ainsi, l'on présume que le prix de l'aliénation a été donné au mari, & cela étant consideré comme un avantage, il est réductible, s'il excede les termes de l'Edit. Bouchel, sur l'art. 134 de la Coutume de Valois.

XIII. Une donation faite par une mere, ayant des enfans de deux lits, à un enfant du dernier lit, n'est point contre la disposition de la Loi. La raison est, que la Loi défend bien de donner aux enfans l'un de l'autre du premier mariage, mais non pas aux enfans communs. M. Cujas, sur la Loi, *Hac edictali*, 6, C. de secundis Nuptiis.

XIV. L'Edit n'empêche pas la femme qui se remarie de disposer en faveur de son second mari (aux restrictions d'un enfant moins prenant) de sa part des meubles & conquêts immeubles faits pendant la premiere communauté. La raison est, qu'ils ne proviennent pas de la liberalité du premier mari, mais du bénefice de la Loi. M. Louet, lettre A. nombre 1; Ricard, dans son Traité des Donations, partie 3, chapitre 9, glose 5, nombres 1330 & suivans, traite amplement cette question, & fait voir que la disposition de l'article 279 de la Coutume de Paris, étant contraire à l'esprit de l'Ordonnance, doit être renfermée dans son territoire, sans pouvoir être étenduë aux autres Coutumes qui n'ont pas une semblable disposition.

XV. Le pere qui se remarie, & qui succede à ses enfans du premier lit, n'est pas obligé par l'Ordonnance, de réserver ces successions à ses autres enfans, du premier lit seulement; M. Cujas, sur la Loi, *Fœminæ*, C. de secundis Nuptiis. M. Louet, lettre N. nombre 3, & lettre A. nombre 1; la raison est, que l'Edit des secondes Nôces n'étend pas sa prohibition aux biens de successions, puisqu'elle ne parle que des donations, liberalités & avantages reçus du prédécedé, qui doivent être réservés aux enfans qui en sont issus.

XVI. Lorsque l'enfant qui prend le moins dans la succession

n'a pas sa légitime entiere, & en demande le supplément, le second mari s'en peut prévaloir, & demander que son avantage soit aussi augmenté jusqu'à concurrence de cette légitime.

Il est bon de remarquer en cet endroit, que quand ceux qui passent en secondes Nôces, n'ont point d'enfans vivans de leur premier mariage, les secondes Nôces ne sont en aucune façon différentes des premieres. La raison est, que les Loix n'ont d'autre but que de veiller à la conservation des droits des enfans d'un premier lit.

Mais il y a encore d'autres observations importantes à faire par ceux ou celles qui épousent des femmes veuves ou des hommes veufs, lorsqu'il y a des enfans mineurs de leur premier mariage.

La premiere est, que quand il y a quelqu'enfant mineur du premier lit, la communauté contractée par le premier mariage, dure jusqu'à ce que le survivant des Conjoints ait fait faire inventaire des biens délaissés & trouvés après le décès du premier mourant, & qu'il ait été clos en Justice.

Pour rompre & dissoudre cette communauté, il faut que le survivant fasse faire cet inventaire avec personne capable & légitime contradicteur, des biens, meubles, titres, dettes, obligations, conquêts immeubles, & autres droits & actions qui étoient communs entre le survivant & le prédécédé, par deux Notaires, sans y omettre aucunes des formalités & solemnités qui s'observent selon la Coutume du lieu.

L'inventaire étant fait & parfait, doit être clos en Justice dans trois mois après la confection d'icelui. A faute par le survivant d'avoir fait faire inventaire, & de l'avoir fait clore en Justice, l'enfant ou les enfans du premier mariage peuvent, si bon leur semble, demander continuation de communauté en tous les biens, meubles & conquêts immeubles du survivant qui se remarie, au cas qu'il y en ait quelqu'un d'eux qui soit mineur, ainsi qu'il est porté par les articles 240 & 241 de la Coutume de Paris.

Il est toujours en la disposition du survivant de faire inventaire, & de le faire clôre, quoiqu'il ait passé plusieurs années sans le faire après la mort du prédécédé, & que les enfans issus du mariage soient encore mineurs, pourvû qu'il le fasse avec les solemnités requises.

Pour dissoudre la communauté contractée à Paris par des personnes domiciliées en la Coutume de Normandie, avec soumission à celle de Paris, pour les conventions portées par le Contrat de mariage, & avec dérogation spéciale à toute autre Coutume à ce contraire, le survivant est obligé, pour dissoudre la communauté, de faire inventaire, selon la forme requise par la Coutume de Paris dans les articles ci-dessus mentionnés, autrement il y auroit continuation de communauté, nonobstant l'inventaire fait & clos; comme il a été jugé par Arrêt du 19 Août 1655, rapporté par Dufresne en son Journal des Audiences.

Voyez le Commentaire de M. de Ferriere de la Coutume de Paris, sur les articles 240 & 241.

L'article 242 de la même Coutume porte : *Que si le survivant se remarie, ladite communauté est continuée entr'eux pour un tiers, tellement que les enfans ont un tiers, le mari & la seconde femme un autre tiers. Et si chacun d'eux a enfans d'autre precedent mariage, ladite communauté se continuë par quart, & est ladite communauté multipliée, s'il y avoit d'autres lits, & se partit également, de sorte que les enfans de chacun mariage ne font qu'un chef en ladite communauté, le tout au cas qu'ils n'eussent fait inventaire.*

De ce que nous venons de dire, il s'ensuit qu'il est de très-grande conséquence, pour celui qui épouse une personne qui passe en secondes Nôces, d'obliger avant de contracter mariage, celui qui contracte un second mariage, de dissoudre la communauté contractée avec ses enfans issus du premier lit, parce que dans cette communauté continuée entre le survivant & le second mari, ou la seconde femme & les enfans du premier lit, entrent tous les meubles & fruits des heritages qui appartiennent, tant au survivant, qu'à celui ou celle qui contractent mariage, pour être partagés en trois portions, suivant cet article. Sur quoi il faut observer que dans cette continuation de communauté entrent tous les meubles du survivant, & par conséquent tous les fruits de ses immeubles, même tous les acquêts qu'il fait depuis cette continuation de communauté : Mais à l'égard des enfans, les seuls meubles de la 1ere. communauté entrent dans la continuation, & rien de leurs immeubles propres ou acquêts n'y entre, nonplus que les fruits de leurs immeubles, ni les meubles qui leur viennent d'ailleurs. La raison est, que cette continuation de communauté n'a été introduite qu'en faveur des enfans pour les dédommager de la confusion des meubles qui leur revenoient de la premiere communauté : Ainsi la confusion desdits meubles qui fait la cause de cette continuation, est regardée comme le seul apport des enfans & le seul prix dont le survivant s'est contenté, en choisissant de ne point faire inventaire ; d'ailleurs, on présume qu'il ne l'a pas fait pour cacher les forces de la communauté, dans la vûe d'en abuser.

Ainſi, pour empêcher cette continuation de communauté, on doit mettre dans les articles du ſecond mariage une clauſe, portant *qu'inventaire ſera fait & clos avant la célébration du futur mariage, pour diſſoudre la premiere communauté.*

Au reſte, cette continuation de communauté n'a lieu que quand il y a des enfans mineurs, au tems du décès du premier mourant des pere & mere ; auquel cas les autres enfans majeurs continuent, ſi bon leur ſemble, cette communauté. Et quoique la communauté ſoit continuée avec les enfans mineurs, elle n'eſt pas diſſoute par leur majorité. La raiſon eſt, que la jouiſſance des biens communs continue toujours ; & même la continuation de communauté ne ceſſe pas à l'égard des enfans mineurs qui auroient été mariés pendant cette continuation.

La ſeconde choſe que doit conſiderer la perſonne qui épouſe homme veuf, ou femme veuve, aya t des enfans mineurs du premier lit, c'eſt la tutelle des enfans ; car ſi ces enfans mineurs ſont en âge d'être émancipés, il faut, dans les articles du Contrat du ſecond mariage inſerer une clauſe, portant *qu'avant le mariage les enfans mineurs du premier lit ſeront émancipés, pour leur être rendu compte de leurs biens par le ſurvivant de leur pere ou mere.*

C'eſt par ces moyens qu'on évite la confuſion, & qu'on peut connoître en quoi conſiſtent les biens de celui qui ſe remarie & s'il n'a pas diſſipé ceux de ſes enfans mineurs ; autrement, faute d'Inventaire, un ſecond conjoint pourroit être expoſé à des répetitions des effets de la perſonne chargée d'enfans d'un premier lit, qu'il auroit épouſée ; & cette répetition ſe pourroit exercer ſur le pied de la commune renommée.

La perſonne qui contraĉte mariage avec un homme veuf ou une femme veuve qui a des enfans ne ſçauroit trop faire circonſtancier d'où proviennent les biens qu'elle dit apporter en mariage, pour écarter tout ſoupçon de fraude ; car les perſonnes veuves ayant des enfans, ne peuvent avantager ceux qu'elles épouſent que dans les bornes de l'Edit, ni même donner lieu à des avantages indireĉts, par des reconnoiſſances indireĉtes qu'elles feroient, que ces perſonnes à qui elles ne peuvent donner auroient fait un apport conſiderable en communauté ou en dot. Ainſi, pour éviter toute conteſtation, rien n'eſt plus utile que de faire faire inventaire, qui faſſe connoître en quoi conſiſtent les biens de celui qui convole en ſecondes Nôces.

Voyez touchant les ſecondes Nôces le Commentaire de M. de

Ferriere sur l'article 279 de la Coutume de Paris, & l'acte de notoriété du premier Mars 1698.

Contrat de mariage en secondes Nôces, y ayant enfans
d'un premier lit, quand la veuve a accepté
la premiere communauté.

FURENT présens Philippes   Ecuyer, Seigneur de
demeurant à   fils de défunts, &c. pour lui & en son nom,
d'une part; & Dame Françoise Doublet, veuve de défunt, &c. demeurante,
&c. pour elle & en son nom d'autre part; lesquels, en la présence & de l'avis
de leurs parens & amis ci-après nommés; (*Il n'est pas cependant nécessaire*
qu'il y ait aucuns parens ni amis) sçavoir, de la part dudit sieur futur époux,
de tels & tels, & de la part de ladite Dame future épouse, de *tels & tels*; sont
volontairement convenus du traité, clauses & conditions de mariage suivantes, c'est à sçavoir, que lesdits Philippe & Dame Doublet ont promis se
prendre l'un l'autre pour mari & femme, en nom & loi de mariage, & en
faire faire la célébration en face de notre Mere Sainte Eglise le plutôt que faire
se pourra, & suivant qu'il en sera déliberé entr'eux.

Seront lesdits Sieur & Dame futurs époux communs, &c. sans être néanmoins tenus des dettes l'un de l'autre, &c. *Ces clauses comme aux autres Con-*
trats de mariage.

Lesdits Sieur & Dame futurs époux se prennent aux biens & droits à
chacun d'eux appartenans, ceux de ladite Dame future épouse consistans
en   qui lui sont propres; & en outre en ses autres reprises &
conventions portées au Contrat de mariage, d'entr'elle & ledit défunt son
premier mari, passé à   le   & aux meubles & immeubles
qui lui appartiennent par droit de communauté d'entr'elle & ledit défunt,
desquels elle a promis faire faire inventaire à sa requête, tant en son nom, que
comme Tutrice de ses enfans mineurs, en présence d'un légitime Contradicteur; & ledit inventaire faire clore en Justice avant la célébration du futur
mariage, pour dissoudre la communauté du premier mariage.

Ou si elle a fait inventaire, elle le déclarera, & sera seulement ajouté:

Suivant l'inventaire qui a été fait après le décès dudit sieur son mari,
devant   & son Confrere Notaires à   le
clos en Justice le   du contenu auquel, recolement sera fait
par les Notaires soussignés, & mention des meubles changés, diminués ou
augmentés d'état ou de valeur, en présence dudit sieur futur époux, avant
la célébration du futur mariage, pour être annexé audit inventaire, & en être
délivré des copies à la premiere réquisition des Parties, & qu'avant de passer
outre audit mariage, ladite Dame future épouse sera tenuë aussi de faire
émanciper ses enfans, (s'ils sont en âge de l'être) pour pouvoir leur être
rendu compte de la gestion & administration qu'elle a eu des biens de leur
défunt pere, en qualité de leur Tutrice; desquels biens, appartenans à ladite
Dame future épouse, en entrera en communauté la somme de
le surplus sera réputé propre, &c. *comme aux précedens Contrats.*

A été accordé expreſſément entre les Parties, que les enfans de ladite future épouſe & dudit défunt ſieur ſon premier mari, feront élevés, nourris, entretenus & inſtruits en la Religion Catholique, Apoſtolique & Romaine, par les ſoins de ladite Dame leur mere, & aux dépens de la communauté ſtipulée entre leſdits futurs Conjoints, juſqu'à l'âge de ſi tant dure ladite communauté, pour ſeulement le revenu de leurs biens, & ſans diminution du fond d'iceux ; ce qui a été agréé par ledit ſieur futur époux ; lequel pour mieux faire connoître ſon affection à ladite future épouſe & à ſes enfans, déclare qu'il prend & accepte volontairement la tutelle deſdits enfans, pour regir, gouverner & adminiſtrer leurs perſonnes & biens, conjointement avec ladite future épouſe leur mere, & même continuer ladite tutelle, en cas de prédécès de leurdite mere. (*Si les enfans ſont majeurs ou émancipés, cette clauſe eſt inutile, & n'eſt bonne qu'en cas qu'ils ſoient mineurs, encore faut-il que le nouveau mari s'en faſſe élire Tuteur par Juſtice, la tutelle dative étant ſeule en uſage dans la France Coutumiere.*) Et en conſideration des peines & ſoins que ledit ſieur futur époux pourra prendre dans ladite tutelle, & de l'eſperance que ladite Dame future épouſe a, qu'il voudra bien aſſiſter leſdits enfans de ſes bons avis, après la tutelle finie, dans toutes leurs affaires, & les aſſiſter de ſa protection, comme feroit leur propre pere ; & pour la bonne amitié que ladite future épouſe porte d'ailleurs audit futur époux, elle lui a fait & fait par ces preſentes, donation pure, ſimple, entre-vifs, irrévocable, & en la meilleure forme que faire ſe peut, ce acceptant ledit ſieur futur époux, pour lui, ſes hoirs & ayans cauſe, de telle part & portion de tous ſes biens, meubles, acquêts & conquêts immeubles, & de ſes propres, preſens & à venir, que l'un de ſes enfans moins prenant, aura & prendra à titre de ſucceſſion en ſes biens après ſon décès, ainſi qu'il eſt permis par l'Edit des ſecondes Nôces, même le cas arrivant qu'au jour du décès de ladite future épouſe, il n'y ait aucuns enfans vivans, ſoit du premier lit, ſoit dudit futur mariage, elle donne audit ſieur futur époux, ſes hoirs & ayans cauſe, en la maniere que deſſus, entre-vifs, & irrévocablement, ce acceptant, telle partie de tous ſes biens en propriété, de quelque nature qu'ils ſoient, & en quelques lieux qu'ils ſoient aſſis & ſitués, ſans aucune choſe excepter, réſerver ni retenir, pour deſdits biens jouir & diſpoſer par ledit futur époux, ſes hoirs & ayans cauſe en toute propriété & comme de choſe à eux appartenante, du jour du décès de ladite future épouſe ; & pour faire inſinuer ces preſentes où beſoin ſera, les Parties conſtituent leur Procureur le Porteur des preſentes ; promettant, &c. obligeant, &c. renonçant, &c.

Les clauſes du douaire, du précipuë, de la renonciation par la femme à la communauté, avec faculté de reprendre ; la clauſe de remploi de propres en cas d'aliénation, & le reſte comme aux modeles précedens.

Autre Contrat de mariage en secondes Nôces, y ayant enfans d'un premier lit, quand la veuve a renoncé à la premiere communauté.

FURENT presens Pierre Gallois　　　　　　　　demeurant à Paris, rue　　　　　fils de défunt, &c. pour lui & en son nom, d'une part ; Et Marguerite Pallet, demeurante aussi à Paris, rue, &c. veuve de défunt A. &c. pour elle & en son nom, d'autre part, lesquels ont promis se prendre l'un l'autre par nom & loi de mariage, & en faire faire la solemnité en face de notre Mere Sainte Eglise, le plutôt que faire se pourra, & pour raison d'icelui sont convenus des clauses & conditions suivantes :

Sçavoir, que ledit sieur Pierre Gallois futur époux, prend lad. Damoiselle future épouse aux biens & droits qui lui appartiennent, consistans en ses reprises de propres, dot, douaire, préciput, & autres conventions portées par le Contrat de mariage d'entre ledit feu sieur A. &c. passé pardevant Notaires au Châtelet de Paris, le　　　　au moyen de la renonciation qu'elle a faite à la communauté de biens qui étoit entr'eux, par acte passé pardevant, &c. Notaires audit Châtelet le　　　　insinuée le en vertu de la faculté stipulée par ledit Contrat de mariage, en conséquence de laquelle Jacques A. fils unique, & heritier par bénéfice d'inventaire dudit feu A. a été condamné au payement desdites conventions envers ladite Damoiselle sa mere, par Sentence du Châtelet de Paris, du　　　　plus une maison, sise　　　en laquelle est pour enseigne　　　à elle donnée par　　　& en meubles meublans & ustenciles, desquels biens sera fait un bref état & recollement par ladite Damoiselle future épouse, sur l'inventaire fait par　　　'　　　　　Notaires à Paris, le　　　　clos en Justice, le　　　　après le décès dudit défunt sieur A. en presence dudit futur époux, lequel s'en chargera par acte ensuite des presentes, pour être lesdits brefs états & recolement joints au present Contrat, à l'effet d'en être délivré toutes copies nécessaires qu'il appartiendra.

Clause concernant les biens d'une veuve, & portant qu'inventaire sera fait avant le mariage, pour dissoudre la premiere communauté.

Déclarant ladite future épouse, que ses biens & droits consistent aux conventions portées au Contrat de mariage d'entr'elle & ledit défunt son mari, passé devant　　　　& son Confrere, Notaires à le　　　　jour, &c. & en la moitié des meubles & conquêts immeubles qui lui appartiennent ; & à elle avenans de la communauté d'entr'elle & ledit défunt, desquels sera fait inventaire incessamment, tant en son nom, à cause de ladite communauté, que comme Tutrice des enfans mineurs dudit défunt & d'elle, & en la presence de　　　　oncle paternel & subrogé Tuteur desdits enfans ; & le sera clore en Justice, selon l'usage, avant la célebration dudit futur mariage, pour dissoudre ladite premiere communauté.

Desquels

Desquels biens, appartenans à ladite future épouse, en entrera en communauté, &c.

Autre Clause pour dissoudre la communauté qui étoit entre le survivant qui se remarie, & sa défunte femme.

Promettant ledit sieur futur époux faire faire inventaire des biens de la communauté d'entre lui & la défunte Damoiselle   sa femme, & le faire clore en Justice avec Partie capable, pour dissoudre ladite communauté ; & qu'à ce sujet ledit futur époux se fera nommer Tuteur en Justice à ses enfans, & fera nommer un subrogé Tuteur, pour prendre les interêts desdits enfans en la confection dudit inventaire, & de tous les autres droits & actions appartenans ausdits enfans ; le tout avant la célebration dudit futur mariage.

Quand la veuve a fait faire inventaire après le décès de son premier mari, & qu'il ne s'agit que de connoître l'augmentation ou la diminution survenuë à l'état de ses effets mobiliers, on a coutume de mettre une clause, pour récoler les effets déja inventoriés, laquelle se dresse en la maniere qui suit.

La future épouse ayant déclaré avoir déja fait faire inventaire des effets de la communauté, qui étoit entre ledit défunt sieur son mari & elle, pardevant   le   jour   en la presence de   oncle des enfans mineurs d'elle & de son défunt mari, & leur subrogé Tuteur, & icelui fait clore en Justice ; il a été seulement convenu entre les Parties que le recolement sera fait par les Notaires soussignés, du contenu audit inventaire, & des meubles & choses changées ou diminuées, ou augmentées d'état ou de valeur, en la presence dudit futur époux, avant la célebration dudit futur mariage.

Ce recolement est d'autant plus nécessaire, que faute de l'avoir fait, le second mari pourroit être présumé chargé de tout le contenu en l'inventaire, quoiqu'il y eût des effets perdus ou dissipés, si on ne prouvoit pas par un récolement fidele & sincere, la verité de leur perte ou de leur diminution, reconnuë lors du second mariage par un recolement.

Clause portant qu'avant le futur mariage, les enfans mineurs de l'un des futurs Conjoints, seront émancipés à l'effet de leur rendre compte de leurs biens.

Il a été convenu entre les Parties, qu'avant de passer outre audit futur mariage ; la future épouse sera tenuë de faire émanciper ses enfans mineurs (au cas qu'ils soient en âge de l'être) pour pouvoir leur être rendu compte de la

gestion qu'elle a euë de leurs personnes & biens en qualité de leur Tutrice,
provenans de la succession de leur défunt pere; ce qu'elle a promis de faire
dans , &c. à peine, &c.

Cette clause est très-importante à ceux qui épousent des personnes qui ont des enfans mineurs d'un précedent mariage, dont
ils ont tellement dissipé les biens, que ce qui leur reste ne suffit
pas pour satisfaire aux sommes dont ils se trouvent reliquataires
par l'évenement d'un compte.

Quand une veuve qui se remarie, conserve assez d'affection envers ses enfans du premier lit, pour ne pas négliger leurs interêts,
elle doit faire ensorte de les nourrir & entretenir pendant leur minorité, sans alterer le fonds de leurs biens, surtout en cas que leur
revenu n'y puisse suffire. Pour cet effet, elle doit faire mettre dans
le Contrat de mariage une clause, portant que ses enfans de son
premier mariage seront nourris & entretenus aux dépens de la
communauté stipulée par son Contrat de mariage. Cette clause se
dresse en la maniere suivante.

A été de plus arrêté & convenu entre les Parties, que les enfans de ladite
future épouse & dudit défunt son mari, seront élevés, nourris, entretenus &
instruits dans la Religion Catholique, Apostolique & Romaine, par les soins
de ladite future épouse, & aux dépens de la communauté stipulée entre lesdits futurs Conjoints, jusqu'à l'âge de   si tant dure ladite communauté, pour seulement le revenu de leurs biens, & sans diminution du fonds
d'iceux; ce qui a été agréé de la part dudit futur époux, pour d'autant plus
faire connoître à ladite future épouse son affection, &c.

Il arrive encore quelquefois que celui qui épouse une femme
veuve, ayant enfans mineurs de son premier mariage, se charge
de leur tutelle; ce qui se fait par la clause suivante.

En consideration dudit futur mariage, le futur époux a déclaré & déclare
qu'il prend & accepte la tutelle desd. enfans mineurs du premier mariage de
sa future épouse, pour régir, gouverner & administrer leurs personnes &
biens avec la future épouse leur mere, ainsi qu'elle y est tenue & obligée,
promettant même ledit futur époux continuer ladite tutelle, en cas de prédécès de ladite future épouse leur mere, & se faire élire en Justice à ladite
tutelle aussitôt après ledit mariage.

En conséquence de ce que le futur époux veut bien se charger de la tutelle des enfans mineurs de sa future épouse, elle peut
lui faire quelque gratification ou donation modique.

Donation faite au second mari, sous le titre de récompense des soins qu'il promet prendre dans la tutelle des enfans du premier mariage de sa future épouse.

En considération des peines & soins que ledit futur époux prendra dans ladite tutelle desdits enfans mineurs de ladite future épouse, & dans l'espe-rance qu'elle a qu'il voudra bien assister lesdits enfans de ses bons avis, même après ladite tutelle finie, dans toutes leurs affaires, & les proteger en leurs personnes & biens, comme feroit leur véritable pere, ladite future épouse fait donation audit sieur futur époux; ce acceptant, en cas qu'il la sur-vive & non autrement, de la somme de   à prendre sur le plus clair de ses biens, pour en jouir sa vie durant seulement, & après lui le fonds appartenir à sesdits enfans en toute proprieté, & pour faire insi-nuer ces presentes partout où il appartiendra, &c.

A l'égard des autres donations, que ceux & celles qui se re-marient, ayant enfans d'un premier mariage, font à leur second Conjoint; il faut remarquer, en premier lieu, qu'elles peuvent être faites de quelque somme, ou de quelqu'heritage qui soit moindre que la portion du moins prenant des enfans du premier mariage du Donateur, suivant la regle que, *qui peut le plus, peut le moins.*

Il faut remarquer en second lieu, selon qu'il est permis par l'E-dit des secondes Nôces, qu'il faut exprimer que telle donation est faite au futur Conjoint de telle part & portion, que l'un des en-fans du Donateur moins prenant aura & prendra en sa succession après son décès.

Il faut observer en troisiéme lieu, que les hommes veufs ou les femmes veuves, qui font des donations à leurs seconds Con-joints, ne les réduisent le plus souvent à la part de l'enfant moins prenant en leurs successions, qu'à cause que l'Edit des secondes Nôces les met dans l'interdiction de pouvoir valablement donner davantage, au préjudice des enfans du premier lit; c'est pour-quoi, pour faire un avantage au second Conjoint, autant fort que l'Edit des secondes Nôces le peut permettre par l'évenement de la mort des enfans du premier lit, un homme veuf ou une femme veuve ayant enfans de son premier mariage, peut donner à son se-cond Conjoint, autant de ses biens qu'un de ses enfans survivans au jour de son décès, pourra avoir & prendre, & ensuite ajouter qu'au cas qu'il vînt à déceder sans enfans, il lui donne générale-ment tous les biens qu'il aura pour lors à lui appartenans, ou telle part & portion qu'il lui plaît de définir.

Cette donation doit valoir & n'est point réductible par l'Edit des secondes Nôces, la condition arrivant que le Donateur prédécede, sans enfans. La raison est, que comme ce n'est que la faveur des enfans du précedent mariage, qui empêche ou réduit les donations faites aux seconds maris ou aux secondes femmes, cette faveur & cette cause cessant, elle ne peut produire aucun effet.

Clause de donation faite au second Conjoint par celui qui a des enfans
du premier lit, selon qu'il est permis par l'Edit
des secondes Nôces.

En faveur duquel mariage, & pour la bonne amitié que ladite future épouse porte à sondit futur époux, elle a fait, & fait par ces presentes, donation pure & simple, entre-vifs & irrévocable audit futur époux, ce acceptant pour lui, ses hoirs & ayans cause, de telle part & portion de ses biens-meubles, acquêts-immeubles, & propres presens & à venir, que l'un de ses enfans moins prenant aura & prendra en sa succession après son décès, ainsi qu'il est permis par l'Edit des secondes Nôces, pour en jouir par lui, ses hoirs & ayans cause en toute proprieté, & en disposer comme de chose à lui appartenante, au moyen de la presente donation, &c.

Nota. Que dans cette donation on n'y a pas fait mention des conquêts de la premiere communauté, parce qu'on suppose que le Contrat de mariage est fait dans l'étenduë de la Coutume de Paris, & conformément à sa disposition. Or, par l'article 279, la veuve qui se remarie ayant enfans de son premier mariage, ne peut disposer des conquêts de sa premiere communauté, qu'elle est obligée de conserver aux enfans du premier lit.

Mais dans les autres Coutumes qui ne contiennent pas une semblable disposition, la veuve qui se remarie, ayant enfans d'un premier lit, a la liberté de disposer en faveur de son second mari, des conquêts de sa premiere communauté, comme de ses autres biens, aux limitations & restrictions de l'Edit des secondes Nôces.

C'est l'avis de M. Ricard, Traité des Donations, partie 3, chapitre 9; de Chopin, sur la Coutume de Paris, livre 2, titre 3, nombre 7; c'est aussi ce qui a été jugé par Arrêt du Parlement de Paris, le 2 Avril 1683, rendu en la Coutume de Clermont en Beauvoisis.

Autre clause à l'effet de faire un avantage plus considerable au second Conjoint, au cas que le Donateur ayant des enfans du premier lit, vienne à déceder sans enfans.

Et le cas arrivant, qu'au jour du décès de ladite future épouse il n'y ait aucuns enfans vivans, issus, soit dudit futur mariage, ou du précedent, icelle future épouse donne en la maniere que dessus, audit futur époux acceptant, & ce, au cas qu'il la survive, généralement tous les biens (*ou les deux tiers, ou telle autre partie de tous les biens*) qui se trouveront lui appartenir au jour de son décès, de quelque nature qu'ils soient, & en quelques lieux qu'ils soient situés ; sans aucune chose en réserver, retenir ni excepter, pour en jouir par ledit futur époux, les siens & ayans cause, en pleine proprieté, comme de chose à lui appartenante, au moyen de la presente donation ; & pour faire insinuer ces presentes, &c.

Cette derniere clause ne se supplée point, & est absolument nécessaire pour que le Donataire puisse avoir plus que l'Edit des secondes Nôces permet de donner au second Conjoint, y ayant des enfans du premier lit : Ainsi, quand un homme veuf ou une femme veuve ayant des enfans, se remarie, & donne simplement à son second Conjoint autant qu'un de ses enfans peut avoir, le Donataire ne peut, en vertu d'une telle donation, prétendre tous les biens du Donateur, quoiqu'au jour de son décès, il n'y eût plus aucuns enfans du premier & du second lit.

La raison est, que dans ce cas, l'intention du Donateur n'a pas été de donner tous ses biens au second Conjoint, puisqu'il a réduit sa donation à une portion incertaine, qui pouvoit être modique, par rapport aux enfans qu'il pouvoit avoir au jour de son décès ; & qui dit une partie, ne dit pas tout : Ainsi, le cas arrivant que le Donateur décede sans enfans, le Donataire ne peut prétendre que la moitié des biens du Donateur, d'autant que suivant la Loi *Titius* 83, *ff. de Legatis* 1, quand on donne une partie de ses biens, sans en faire une désignation certaine, elle se regle à la moitié.

CHAPITRE XXVI.

Edits & Déclarations concernant les conditions
& formalités requises pour contracter
valablement mariage.

QUOIQUE le mariage, en tant qu'il est Sacrement, dépen-
de de l'autorité de l'Eglise, néanmoins, en tant qu'il est Contrat civil & une société qui se contracte entre deux personnes, il
regarde l'Etat & dépend de l'autorité du Prince & de ses Loix;
d'où il s'ensuit, qu'il faut absolument que ceux qui contractent
mariage, le contractent conformément aux Loix du Royaume.

Nous avons rapporté ci-devant les conditions & les formalités
requises pour contracter mariage suivant ces Loix; mais afin que
le Lecteur puisse trouver ici la preuve des autorités que nous
avons citées, sans avoir recours à d'autres Livres, j'ai jugé à propos, avant de finir ce qui regarde le mariage, de rapporter les
principaux Edits & Déclarations qui prescrivent ces conditions
& ces formalités pour contracter valablement mariage.

Ordonnance de Blois, du Roi Henry III.
du mois de May 1579.

ARTICLE XL. Pour obvier aux abus & aux inconveniens
qui adviennent des mariages clandestins, avons ordonné & ordonnons, que nos Sujets, de quelqu'état, qualité & condition
qu'ils soient, ne pourront valablement contracter mariage sans
proclamations précedentes de bans, faites par trois divers jours
de Fêtes avec intervale competent, dont on ne pourra obtenir
dispense, sinon après la premiere proclamation faite, & ce seulement pour quelqu'urgente & légitime cause, & à la réquisition
des principaux & plus proches parens communs des Parties contractantes. Après lesquels bans, seront épousés publiquement; &
pour pouvoir témoigner de la forme qui aura été observée esdits
mariages, y assisteront quatre personnes dignes de foi pour le
moins, dont il sera fait registre, le tout sur les peines portées par

lés Conciles. Enjoignons aux Curés, Vicaires & autres de s'en-
quérir foigneufement de la qualité de ceux qui fe voudront marier, & s'ils font enfans de famille, ou en la puiffance d'autrui.
Nous leur défendons expreffément de paffer outre à la célébration defdits mariages, s'il ne leur apparoît du confentement des
peres, meres, Tuteurs ou Curateurs, fur peine d'être punis comme fauteurs du crime de rapt.

ARTICLE XLI. Nous voulons que les Ordonnances ci-devant faites contre les enfans contractant mariage fans le confentement de leurs peres, meres, Tuteurs ou Curateurs, foient gar-
dées, mêmement celle qui permet, en ce cas, les exhérédations.

ARTICLE XLII. Et néanmoins, voulons que ceux qui fe
trouveront avoir fuborné fils ou fille mineurs de vingt-cinq ans,
fous prétexte de mariage ou autre couleur, fans le gré, fçû, vouloir & confentement exprès des peres, meres & Tuteurs, foient
punis de mort fans efperance de grace & pardon, nonobftant tous
confentemens que lefdits mineurs pourroient alleguer par après,
avoir donné audit rapt, lors d'icelui ou auparavant; & pareillement feront punis extraordinairement tous ceux qui auront parti-
cipé au rapt, & qui auront prêté confeil, confort & aide en aucune maniere que ce foit.

ARTICLE XLIII. Défendons à tous Tuteurs accorder ou
confentir le mariage de leurs mineurs, finon de l'avis & du confentement des plus proches parens d'iceux, tant paternels que
maternels, fur peine de punition exemplaire.

ARTICLE XLIV. Défendons pareillement à tous Notai-
res, fur peine de punition corporelle, de paffer ou recevoir aucunes promeffes de mariage par paroles de préfens.

ARTICLE CCLXXI. *de la même Ordonnance de Blois.* Défendons à tous Gentilshommes & Seigneurs de contraindre leurs
Sujets & autres de bailler leurs filles, niéces ou pupilles en mariage à leurs ferviteurs ou autres, contre la volonté & liberté qui doit
être en tels Contrats; fur peine d'être privés du droit de Nobleffe,
& punis comme coupables de rapt; ce que femblablement Nous
voulons aux mêmes peines, être obfervé contre ceux qui abufant
de notre faveur par importunité, ou plutôt fubrepticement, ont
obtenu ou obtiennent de Nous Lettres de Cachet, Clofes ou Patentes, en vertu defquelles ils font enlever ou féqueftrer filles,
icelles époufent ou font époufer contre le gré & vouloir de pere,
mere, parens, Tuteurs ou Curateurs.

Article XXV. de l'Edit de Melun, du mois de Février 1580.

Nous défendons à nos Juges, ès caufes de mariage pendantes pardevant les Ecclefiaftiques, de faire défenfes de paffer outre au Jugement d'icelles, fous prétexte de rapt, fans grande & apparente raifon, dont nous chargeons leur confcience & honneur; & néanmoins feront tenus les Délateurs ou Parties inftigantes, faire inftruire & mettre en état de juger ladite Inftance de rapt dans un an; autrement & à faute de ce faire, fera paffé outre au Jugement defdits mariages par lefdits Juges Ecclefiaftiques. Voulons néanmoins l'article 40 dudit Edit des Etats tenus à Blois, portant défenfes aux Curés & Vicaires d'époufer aucuns enfans de famille, ou ceux qui font en puiffance d'autrui, s'il ne leur appert du confentement des peres, meres, Tuteurs ou Curateurs, être inviolablement gardé, fur les peines contenues en icelui Edit.

Ordonnance du Roy Louis XIII. du mois de Janvier 1629.

Article XXXIX. L'Ordonnance de Blois touchant les mariages clandeftins, fera exactement obfervée, & y ajoutant: Voulons que tous mariages contractés contre la teneur de ladite Ordonnance, foient déclarés non véritablement contractés, faifant défenfes à tous Curés & autres Prêtres Séculiers ou Réguliers, fur peine d'amende arbitraire, de célebrer aucun mariage de perfonnes qui ne foient de leurs Paroiffes, fans la permiffion de leurs Curés, ou de leur Evêque Diocefain, nonobftant tous privileges à ce contraires, & feront tenus les Juges d'Eglife, juger les Caufes defdits mariages conformément à cet article.

Article CLXIX. Défirant conferver l'autorité des peres fur leurs enfans, l'honneur & la liberté des mariages, & la révérence dûë à un fi faint Sacrement, & empêcher qu'à l'avenir plufieurs familles de qualité ne foient alliées à des perfonnes indignes & de mœurs diffemblables, avons renouvellé les Ordonnances pour la punition du crime de rapt; & ajoutant à icelles: Voulons que tous ceux qui commettront rapt & enlevement de

veuves,

veuves, de fils & de filles, étant sous la puissance des peres, meres, Tuteurs & parens, & entreprendront de les suborner pour se marier, & qui auront aidé & favorisé tels mariages, sans l'aveu & consentement de leurs parens, Tuteurs, & autres qui les auront en charge, soient punis comme infracteurs des Loix, perturbateurs du repos public, & sera procedé contr'eux extraordinairement par punition de mort & confiscation de biens, sur iceux préalablement prises les réparations adjugées ; sans qu'il soit loisible aux Juges de nos Cours Souveraines & autres, de moderer la peine établie par notre presente Ordonnance. Enjoignons, à cet effet, à tous nos Juges, d'informer promptement desdits crimes, sitôt qu'ils auront été commis, & à nos Procureurs Généraux & leurs Substituts d'en faire poursuite, encore qu'il n'y eût plainte ni Partie, pour être procedé au Jugement, nonobstant oppositions & appellations quelconques, sur peine d'en répondre en leur nom ; en outre, défendons très-expressément à toutes personnes, de quelque qualité ou condition qu'elles soient, de favoriser, donner retraite ou recevoir en leurs maisons lesdits coupables, ni retenir les personnes enlevées, à peine de rasement d'icelles, & de répondre solidairement, & leurs heritiers, des réparations adjugées ; même aux Capitaines & Gouverneurs, qui commandent sous notre autorité aux Places, de les y admettre ni recevoir, sur les mêmes peines, & d'être privés de leurs Charges, lesquelles, en ce cas, avons déclaré vacantes & impétrables, pour y être par Nous pourvû, sans qu'ils y puissent être rétablis : Et afin de faire cesser telles entreprises, & qu'à l'avenir tels crimes ne puissent être excusés & couverts ; Voulons, suivant les saints Décrets & Constitutions Canoniques, tels mariages faits avec ceux qui auront enlevé lesdites veuves, fils & filles, être déclarés nuls, & de nul effet & valeur, comme non-valablement ni légitimement contractés, sans que par le tems, consentemens des personnes ravies, leurs parens & Tuteurs, prêtés avant ou après lesdits prétendus mariages, ils puissent être validés & confirmés, & que les enfans qui viendront desdits mariages, soient & demeurent bâtards & illégitimes, indignes de toutes successions directes & collaterales qui leur pourroient écheoir : Ensemble, les parens qui assistent, donnent conseil, aide & retraite, ou prêtent consentement ausdits prétendus mariages, & leurs hoirs, à toujours incapables de pouvoir succeder directement ou indirectement ausdites veuves, fils ou filles, & desquelles audit cas nous les avons privés & déclarés indignes, sans que lesdits enfans puis-

fent être légitimés, ni leurs parens réhabilités pour recueillir lefdits biens, & si aucunes Lettres étoient impetrées de Nous par
importunité ou autrement, défendons à nos Juges d'y avoir
égard.

---

*Déclaration du Roi Louis XIII. portant Reglement sur
l'ordre qui doit être observé en la célebration des Mariages, & contre ceux qui commettent le crime de rapt, du
26 Novembre 1639.*

LOUIS, par la grace de Dieu, Roi de France & de Navarre : A tous ceux, &c. A ces causes, après avoir mis cette affaire en déliberation en notre Conseil, de l'avis d'icelui, & de notre certaine science, pleine puissance & autorité Royale : Nous
avons statué & ordonné, statuons & ordonnons ce qui ensuit.

PREMIEREMENT. Nous voulons que l'article quarante de l'Ordonnance de Blois, touchant les mariages clandestins, soit exactement gardé ; & interprétant icelui, ordonnons que la proclamation des Bans sera faite par le Curé de chacune des Parties
contractantes, avec le consentement des peres & meres, Tuteurs
ou Curateurs, s'ils sont enfans de famille, ou en la puissance d'autrui, & qu'à la célebration du mariage assisteront quatre Témoins
dignes de foi, outre le Curé qui recevra le consentement des Parties, & les conjoindra en mariage, suivant la forme pratiquée en
l'Eglise. Faisons très-expresses défenses à tous Prêtres, tant Séculiers que Réguliers, de célebrer aucun mariage, qu'entre leurs
vrais & ordinaires Paroissiens, sans la permission par écrit des Curés des Parties, ou de l'Evêque Diocesain, nonobstant les Coutumes immémoriales & privileges que l'on pourroit alleguer au
contraire, & ordonnons qu'il sera fait un bon & fidele regiftre,
tant des mariages que de la publication des bans, ou des dispenses & des permissions qui ont été accordées.

II. Le contenu en l'Edit de l'an 1556 & aux articles 41, 42,
43 & 44 de l'Ordonnance de Blois, sera observé ; y ajoutant :
Nous ordonnons que la peine de rapt demeure encourue, nonobstant les consentemens qui pourroient intervenir puis après de la
part des peres, meres, Tuteurs & Curateurs, dérogeant expressément aux Coutumes qui permettent aux enfans de se marier
après l'âge de vingt ans, sans le consentement des pere & mere ;

& avons déclaré & déclarons les veuves, fils & filles, moindres de vingt-cinq ans, qui auront contracté mariage contre la teneur desdites Ordonnances, privés & déchus par leur seul fait; ensemble les enfans qui en naîtront & leurs hoirs, indignes & incapables à jamais des successions de leurs peres, meres & ayeuls, & de toutes autres directes & collaterales, comme aussi des droits & avantages qui pourroient leur être acquis par Contrat de mariage & testamens, où par les Coutumes & Loix de notre Royaume, même du droit de légitime, & des dispositions qui seront faites au préjudice de cette Ordonnance, soit en faveur des personnes mariées, ou par elles au profit des enfans nés de ces mariages, nuls & de nul effet & valeur. Voulons que les choses ainsi données, leguées ou transportées, sous quelque prétexte que ce soit, demeurent en ce cas, acquises irrévocablement à notre fisc, sans que Nous en puissions disposer qu'en faveur des Hôpitaux ou autres œuvres pies. Enjoignons aux fils qui excedent l'âge de trente ans, & aux filles qui excedent celui de vingt-cinq, de requerir par écrit, l'avis & conseil de leurs pere & mere pour se marier, sous peine d'être exhéredés par eux, suivant l'Edit de l'an 1556.

III. Déclarons conformément aux saints Décrets & Constitutions Canoniques, les mariages faits avec ceux qui ont ravi & enlevé des veuves & filles de quelqu'âge & condition qu'ils soient, non-valablement contractés, sans que par le tems, ni par le consentement des personnes ravies, & de leurs peres & meres, Tuteurs & Curateurs, ils puissent être confirmés, tandis que la personne ravie est en la possession du ravisseur; & néanmoins en cas que sous prétexte de majorité, elle donne un nouveau consentement, après être mise en liberté, pour se marier avec le ravisseur, Nous le déclarons, ensemble les enfans qui naîtront d'un tel mariage, indignes & incapables de légitime, & de toutes successions directes & collaterales qui leur pourront écheoir, sous quelque titre que ce soit, conformément à ce que nous ordonnons contre les personnes ravies par subornation, & les parens qui auront assisté, donné conseil & favorisé lesdits mariages & leurs hoirs, incapables de succeder directement ou indirectement ausdites veuves, fils ou filles. Enjoignons très-expressément à nos Procureurs Généraux & à leurs Substituts, de faire toutes les poursuites nécessaires contre ces ravisseurs & leurs complices, nonobstant qu'il n'y eût plainte de Partie civile; & à nos Juges de punir les coupables de peine de mort, & confiscation de biens, sur iceux préalablement prises les réparations qui seront ordonnées, sans que cette peine puisse être modérée; faisant défenses à tous nos Sujets, de quelque qualité & condition qu'ils soient, de donner faveur ni retraite aux coupables, ni retenir les personnes enlevées, à peine d'être punis comme coupables, & de répondre solidairement & leurs hoirs, des réparations adjugées, & d'être privés de leurs Offices & Gouvernemens, s'ils en ont, dont ils encourreront la privation par le seul acte de la contravention à cette défense.

IV. Et afin qu'un chacun reconnoisse combien nous détestons toutes sortes de rapts, Nous défendons très-expressément aux Princes & Seigneurs de nous faire instance pour accorder des Lettres afin de réhabiliter ceux que nous avons déclarés incapables de successions; à nos Secrétaires d'Etat de les signer, & à notre très-cher & féal Chancelier de les sceller, & à tous Juges d'y avoir aucun égard, en cas que par importunité ou autrement, on en eût impétré aucunes de Nous; voulant que nonobstant telles dérogations ou dispenses, les peines contenues en nos Ordonnances soient exécutées.

V. Désirant pourvoir à l'abus qui commence à s'introduire dans notre Royaume, par ceux qui tiennent leurs mariages secrets & cachés pendant leur vie, contre le respect qui est dû à un si grand Sacrement, Nous ordonnons que les majeurs contractent leurs mariages publiquement & en face de l'Eglise, avec les solemnités prescrites par l'Ordonnance de Blois, & déclarons les enfans qui naîtront de ces mariages, que les Parties ont tenus jusqu'ici, ou tiendront à l'avenir cachés pendant leur vie, qui ressentent plutôt la honte d'un concubinage, que la dignité d'un mariage, incapables de toutes successions, aussibien que leur posterité.

VI. Nous voulons que la même peine ait lieu contre les enfans qui sont nés des femmes que les peres ont entretenuës, & qu'ils épousent lorsqu'ils sont à l'extrêmité de la vie; comme aussi contre les enfans procréés par ceux qui se marient après avoir été condamnés à mort, même par les Sentences de nos Juges rendues par défaut, si avant leur décès ils n'ont été remis au premier état, suivant la Loi prescrite par nos Ordonnances.

VII. Défendons à tous Juges, même à ceux d'Eglise, de recevoir la preuve par Témoins, des promesses de mariage, ni autrement que par écrit, qui soit attesté en présence de quatre proches parens de l'une & l'autre des Parties, encore qu'elles soient

de baſſe condition. Si donnons en mandement &c. Donné à S.
Germain en Laye, le vingt-ſixiéme jour de Novembre, l'an de
grace mil ſix cent trente-neuf, & de notre Regne le trentiéme.

*Lûë, publiée, regiſtrée, &c. A Paris, le dix-neuviéme jour de
Juillet mil ſix cent trente-neuf.*

Déclaration du Roi concernant les Contrats de Mariage reçus par les Secretaires d'Etat, du 21 Avril 1692.

LOUIS, par la grace de Dieu, Roi de France & de Navarre: A tous ceux qui ces préſentes Lettres verront: SALUT.
Quoique par pluſieurs Ordonnances & Déclarations des Rois
nos prédéceſſeurs, la faculté de recevoir des Contrats ait été attribuée aux Notaires & aux Tabellions, privativement à nos autres Officiers, cependant nos amés & feaux Conſeillers-Secretaires d'Etat, & de nos Commandemens & Finances, ſe ſont
toujours conſervés dans la poſſeſſion de recevoir les Contrats de
mariage des Princes & Princeſſes, paſſés en preſence des Rois
nos prédéceſſeurs & de Nous ; & juſqu'à preſent perſonne n'a pû
raiſonnablement douter que des Contrats de mariage ainſi paſſés
n'euſſent reçu la forme la plus autentique, qu'ils ne duſſent avoir
une entiere exécution, & qu'ils ne produiſiſſent les mêmes effets
que s'ils avoient été paſſés devant Notaires; cependant, comme
Nous avons été informés que ſous préfexte que cette Juriſprudence n'a été fixée par aucun Edit ni Déclaration, les Notaires
s'efforcent de jetter des ſcrupules ſur la forme deſdits Contrats,
& prétendroient introduire la néceſſité d'en dépoſer chez eux une
double expedition reconnuë devant eux par les Parties, ce qui
nous a paru une entrepriſe contraire au reſpeæ & à la foi qui ſont
dûs à des aætes qui portent un caractere auſſi autentique, & Nous
avons jugé important pour les conſéquences, de réformer un tel
abus, & en même-tems d'établir à cet égard un droit certain &
public. A CES CAUSES, de notre certaine ſcience, pleine puiſſance & autorité Royale, Nous avons par ces Preſentes ſignées
de notre main, dit & déclaré, diſons & déclarons, voulons &
nous plaît, que les Contrats de mariage paſſés en notre preſence,
& reçus par nos amés & feaux Conſeillers & Secretaires d'Etat,
& de nos Commandemens & Finances, ſoient exécutés; qu'ils

portent hypoteque du jour de leur datte, & qu'ils ayent en toutes choses la même force & vertu que s'ils avoient été reçus par des Notaires. Voulons que la minute en demeure entre les mains de celui de nosdits Secretaires d'Etat qui les aura reçus, qui pourra en délivrer des expeditions; & néanmoins, pour la commodité des Parties, voulons qu'il en soit déposé une copie par lui signée par collation, chez un Notaire, qui en pourra délivrer des expeditions comme s'il en avoit reçu la minute. SI DONNONS EN MANDEMENT à nos amés & feaux Conseillers, les Gens tenans notre Cour de Parlement à Paris, que ces presentes ils ayent à faire regiſtrer, & icelles exécuter selon leur forme & teneur: CAR tel eſt notre plaiſir. En témoin de quoi Nous avons fait mettre notre ſcel à ceſdites presentes. DONNE' à Versailles le vingt-un Avril l'an de grace mil six cent quatre-vingt-douze, & de notre Regne le quarante-neuviéme. *Signé* LOUIS. Et ſur le repli: Par le Roi, PHELIPPEAUX. Et ſcellées du grand ſceau de cire jaune.

Regiſtrées, oui & ce requerant le Procureur Général du Roi, pour être exécutées ſelon leur forme & teneur, & copies collationnées envoyées dans les Siéges, Bailliages & Sénéchauſſées du reſſort, pour y être lûës, publiées & enregiſtrées; enjoint aux Subſtituts du Procureur Général d'y tenir la main, & d'en certifier la Cour dans un mois. A Paris en Parlement le 30 Avril 1692. Signé, DU TILLET.

Arrêt du Parlement qui ordonne que les Fils & Filles, même les Veuves, qui voudront faire ſommer leurs peres & meres, aux termes de l'Ordonnance, de conſentir à leurs Mariages, feront tenus d'en demander permiſſion aux Juges Royaux des lieux des domiciles de leurs peres & meres, du 27 Août 1692.

EXTRAIT DES REGISTRES DE PARLEMENT.

CE jour, les Gens du Roi ſont entrés, & Me. Chretien-François de Lamoignon, Avocat dudit Seigneur Roi, portant la parole, ont dit à la Cour: Qu'en examinant les cauſes qui ont été plaidées pendant ce Parlement, concernant la validité des mariages, ils ont reconnu qu'on rapporte souvent des sommations faites aux peres & meres, de consentir aux mariages de leurs enfans, dont la foi est très-suspecte, quoique l'importance de ces actes soit très-grande : Que cela vient de ce que ces actes ne sont le plus souvent attestés que par un Sergent ; qu'ils ont crû qu'en attendant qu'il ait plû au Roi de faire les Reglemens que ses Sujets desirent, pour empêcher des mariages qui troublent & deshonorent les familles, la Cour ne désapprouveroit pas qu'ils la supliassent d'ordonner, que les fils & filles, même les veuves qui voudront faire sommer leurs peres & meres, de consentir aux mariages qu'is souhaiteront de contracter, seront tenus, à l'avenir, d'en demander la permission au Juge Royal du domicile des peres & meres, qui leur sera accordée sur Requête; & que les sommations seront faites dans cette Ville de Paris, par deux Notaires, & partout ailleurs, par deux Notaires Royaux, ou un Notaire Royal en presence de deux Témoins domiciliés, à peine de nullité, & que l'Arrêt qui interviendroit seroit lû & publié dans tous les Siéges du ressort, à la diligence des Substituts du Procureur Général du Roi ; que la Cour estimeroit peut-être la formalité de demander la permission au Juge surabondante, & pouvoir causer du retardement ; mais qu'ils esperoient que lorsqu'elle auroit fait réflexion sur l'importance de ces sommations, & le peu de faveur que méritent ceux qui veulent contracter avec précipitation, des mariages sans le consentement de leurs peres & meres, elle ne jugera pas ces formalités inutiles. Les Gens du Roi retirés, la matiere mise en déliberation : LA COUR, faisant droit sur le réquisitoire du Procureur Général du Roi, a ordonné & ordonne, qu'en attendant qu'il ait plû au Roi d'y pourvoir, les fils & filles, même les veuves, qui voudront faire sommer leurs peres & meres aux termes de l'Ordonnance, de consentir à leurs mariages, seront tenus à l'avenir d'en demander permission aux Juges Royaux des lieux des domiciles des peres & meres, qui seront tenus de la leur accorder sur Requête, & que les sommations seront faites en cette Ville de Paris par deux Notaires, & partout ailleurs par deux Notaires Royaux, ou un Notaire Royal & deux Témoins domiciliés, qui signeront avec le Notaire, le tout à peine de nullité : Ordonne que le present Arrêt sera envoyé dans tous les Siéges du ressort, pour y être lû, publié & enregistré. Enjoint aux Substituts du Procureur Général du Roi d'y tenir la main, & d'en certifier la Cour dans un mois. FAIT en Parle-

ment le vingt-septiéme Août mil six cent quatre-vingt-douze.
Signé, DONGOIS.

Edit du Roi Louis XIV. du mois de Mars 1697,
*concernant les formalités qui doivent être observées
dans les Mariages.*

LOUIS, par la grace de Dieu, Roi de France & de Navarre, à tous presens & à venir, SALUT, &c. A CES
CAUSES, après avoir mis cette affaire en déliberation en notre
Conseil, de l'avis d'icelui, & de notre certaine science, pleine puissance & autorité Royale, Nous avons, par notre Edit,
statué, ordonné, statuons & ordonnons, voulons & nous plaît,
que les dispositions des Saints Canons, & les Ordonnances
des Rois nos prédécesseurs, concernant la célebration des mariages, & notamment celles qui regardent la presence du
propre Curé de ceux qui contractent, soient exactement observées; en exécution d'icelles, défendons à tous Curés & Prêtres, tant Séculiers que Réguliers, de conjoindre en mariage autres personnes que ceux qui sont leurs vrais & ordinaires Paroissiens, demeurans actuellement & publiquement dans leurs Paroisses, au moins depuis six mois, à l'égard de ceux qui demeu-
roient auparavant dans une autre Paroisse de la même Ville,
ou dans le même Diocese, & depuis un an pour ceux qui de-
meuroient dans un autre Diocese, si ce n'est qu'ils en ayent une
permission spéciale & par écrit du Curé des Parties qui contractent, ou de l'Archevêque ou Evêque Diocesain.

Enjoignons à cet effet, à tous Curés & autres Prêtres qui doivent célebrer les mariages, de s'informer soigneusement avant
d'en commencer les cérémonies, & en présence de ceux qui
y assistent, par le témoignage de quatre Témoins dignes de foi,
domiciliés, & qui sçachent signer leurs noms, s'il s'en peut
aisément trouver autant dans le lieu où l'on célebrera le mariage, du domicile, aussibien que de l'âge & de la qualité de
ceux qui le contractent, & particulierement s'ils sont enfans
de famille, ou en la puissance d'autrui, afin d'avoir en ce cas
le consentement de leurs peres, meres, Tuteurs ou Curateurs,
& d'avertir lesdits Témoins des peines portées par notre present

sent Edit, contre ceux qui certifient en ces cas, des faits qui ne sont pas véritables, & de leur en faire signer, après la célebration du mariage, les actes qui en seront écrits sur le registre, lequel en sera tenu en la forme prescrite par les art. 7, 8, 9 & 10 du titre 20 de notre Ordonnance du mois d'Avril 1667.

Voulons que si aucuns desdits Curés ou Prêtres, tant Séculiers que Réguliers, célebrent ci-après sciemment & avec connoissance de cause, des mariages entre des personnes qui ne sont pas effectivement de leurs Paroisses, sans en avoir la permission par écrit des Curés de ceux qui les contractent, ou de l'Archevêque ou Evêque Diocesain, il soit procedé contr'eux extraordinairement; & qu'outre les peines canoniques que les Juges d'Eglise pourront prononcer contr'eux, lesdits Curés & autres Prêtres, tant Séculiers que Réguliers, qui auront des Bénéfices, soient privés pour la premiere fois de la jouissance de tous les revenus de leurs Cures & Bénéfices pendant trois ans, à la réserve de ce qui est absolument nécessaire pour leur subsistance, ce qui ne pourra exceder la somme de six cens livres dans les plus grandes Villes, & celle de trois cens livres partout ailleurs, & que le surplus desdits revenus soit saisi à la diligence de nos Procureurs, & distribué en œuvres pies par l'ordre de l'Archevêque ou Evêque Diocesain; qu'en cas d'une seconde contravention, ils soient bannis pendant le tems de neuf ans, des lieux que nos Juges estimeront à propos; que les Prêtres Séculiers qui n'auront point de Cures & de Bénéfices, soient condamnés pour la premiere fois au bannissement pendant trois ans, & en cas de récidive, pendant neuf ans, & qu'à l'égard des Prêtres Réguliers, ils soient envoyés dans un Convent de leur Ordre, tel que leur Superieur leur assignera, hors des Provinces qui seront marquées par les Arrêts de nos Cours, où les Sentences de nos Juges, pour y demeurer renfermés pendant le tems qui sera marqué par lesdits Jugemens, sans y avoir aucune charge, fonction, ni voix active & passive, & que lesdits Curés & Prêtres puissent en cas de rapt fait avec violence, être condamnés à plus grandes peines, lorsqu'ils prêteront leur ministere pour célebrer des mariages en cet état.

Voulons pareillement que le Procès soit fait à tous ceux qui auront supposé être les peres, meres, Tuteurs ou Curateurs des mineurs pour l'obtention des permissions de célebrer des mariages, des dispenses de bans, & des mains-levées des oppositions

formées à la célebration desdits mariages, comme aussi aux Témoins qui auront certifié des faits qui se trouveront faux à l'é-
gard de l'âge, qualité & domicile de ceux qui contractent, soit
pardevant les Archevêques & Evêques Diocesains, soit pardevant lesdits Curés & Prêtres, lors de la célebration desdits mariages, & que ceux qui seront trouvés coupables desdites suppositions & faux témoignages, soient condamnés: Sçavoir, les hommes à faire amende honorable & aux Galeres pour le tems que
nos Juges estimeront juste, & au bannissement, s'ils ne sont pas
capables de subir ladite peine des Galeres, & les femmes à faire
pareillement amende honorable, & au bannissement, qui ne
pourra être moindre que de neuf ans.

Déclarons que le domicile des fils & filles de famille mineurs
de vingt-cinq ans, pour la célébration de leurs mariages, est celui
de leurs peres, meres, ou de leurs Tuteurs & Curateurs, après la
mort de leursdits peres & meres; & en cas qu'ils ayent un autre
domicile de fait, ordonnons que les bans seront publiés dans les
Paroisses où ils demeurent, & dans celles de leurs peres, meres,
Tuteurs & Curateurs.

Ajoutant à l'Ordonnance de l'an 1556, l'article 2 de celle
de l'an 1639: Permettons aux peres & aux meres d'exhereder
leurs filles veuves, même majeures de vingt-cinq ans, lesquelles
se remarieront sans avoir requis par écrit leurs avis & conseils.

Déclarons lesdites veuves, fils & filles majeurs, même de
vingt-cinq & de trente ans, lesquels demeurans actuellement
avec leurs peres, meres, contractent à leur insçû des mariages, comme Habitans d'une autre Paroisse, sous prétexte de
quelque logement qu'ils y ont pris peu de tems auparavant
leurs mariages, privés & déchus par leur seul fait; ensemble, les
enfans qui en naîtront, des successions de leursdits peres, meres,
ayeuls, ayeules, & de tous autres avantages qui pourroient leur
être acquis en quelque maniere que ce puisse être, même du
droit de légitime.

Voulons que l'article 6 de l'Ordonnance de 1639, au sujet
des mariages que l'on contracte à l'extrêmité de la vie, ait lieu,
tant à l'égard des femmes, qu'à celui des hommes, & que les enfans qui sont nés de leurs débauches, avant leursdits mariages,
ou qui pourront naître après lesdits mariages contractés en cet
état, soient, aussibien que leur posterité, déclarés incapables de
toutes successions.

Si donnons en mandement, &c. Donné à Versailles au mois

de Mars, l'an de grace mil fix cent quatre-vingt-dix-fept, & de notre Regne le cinquante-quatriéme.

Regiftré , &c. A Paris en Parlement , le onziéme Mars mil fix cent quatre-vingt-dix-fept.

On n'a mis ici que les principaux Edits & Reglemens concernant les mariages, il y en a un Recueil imprimé , qui regarde le mariage, tant comme Contrat civil, que comme Sacrement.

Fin du Livre quatriéme.

Fff ij

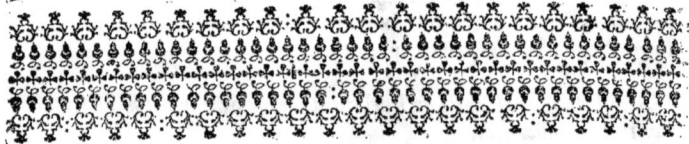

LIVRE CINQUIE'ME.

Du Contrat de Vente, & autres Actes qui ont rapport à la Vente.

LE Contrat de vente est un des plus fréquens & des plus nécessaires dans la société civile. Il a pris son origine de la permutation. Après que les Domaines eurent été distingués par le Droit des Gens, il arrivoit souvent que quelques-uns manquoient de choses que les autres avoient en abondance, ce qui fit que les hommes inventerent la permutation, afin que par des échanges mutuels ils pussent s'entr'aider.

Ces échanges se trouverent incommodes, non-seulement à cause de l'inégalité de la valeur des denrées, mais principalement parce qu'il arrivoit souvent qu'un homme trouvoit chez son voisin ce qui lui étoit nécessaire, mais il lui manquoit des choses dont ce voisin avoit aussi besoin; ainsi, ils n'étoient point en état de s'entr'aider & de s'accommoder ensemble.

Pour éviter cet inconvenient, & pour faciliter le commerce, les hommes inventerent la monnoye, c'est-à-dire, une matiere, qui portant une marque publique, auroit un prix certain, pour servir de mesure à l'estimation de toutes choses & pour n'être plus assujettis à la nécessité des échanges. C'est de-là que le Contrat de vente tire son origine.

CHAPITRE PREMIER.

Du Contrat de Vente.

LA vente est un Contrat formé par le consentement des Parties, par lequel le Vendeur s'oblige de livrer une chose, soit mobiliaire ou immobiliaire, à l'Acheteur, & de l'en faire jouir moyennant une certaine fomme, dont ils conviennent, & que l'Acheteur promet payer au Vendeur, pour le prix de la chofe vendue.

Il y a trois chofes qui font de la fubftance du Contrat de vente, & fans lefquelles ce Contrat ne peut fubfifter; fçavoir, le confentement du Vendeur & de l'Acheteur, la chofe venduë & le prix.

Le confentement qui eft requis pour la vente doit être libre & fans erreur, d'où il s'enfuit :

1°. Que ceux qui ne peuvent pas confentir, ne peuvent ni vendre ni acheter.

2°. Que l'erreur des Contractans, qui regarde le corps de la chofe venduë, fa matiere & fa fubftance, rend le Contrat nul.

Il n'en eft pas de même de l'erreur qui regarde feulement la qualité, la condition, & quelqu'autre accident de la chofe venduë ; car dans ce cas, la vente eft bonne & obligatoire, & l'Acheteur qui a été trompé, ne peut demander que des dommages & intérêts.

Il n'eft pas requis pour la validité de la vente, que le confentement du Vendeur & de l'Acheteur foit énoncé par un écrit privé ou public ; mais s'il eft convenu entre les Parties que le Contrat fera rédigé par écrit & pardevant Notaires, la vente n'eft pas cenfée parfaite, que l'acte n'en ait été fait, & qu'il n'ait été figné par les Parties & par les Notaires; & jufqu'à ce que cela ait été fait, il eft permis à l'une des Parties de fe défifter, & de rendre par ce moyen la vente nulle. Si néanmoins la vente avoit été faite fous fignature privée, & que les Parties fuffent convenuës dans cet acte qu'il feroit enfuite reconnu pardevant Notaires, l'un ne s'en pourroit pas départir fans le confentement de l'autre.

La feconde chofe néceffaire au Contrat de vente, eft la chofe venduë, fur quoi il faut dire que tout ce qui eft dans le commerce des hommes, peut être vendu, foit qu'il confifte en meubles ou immeubles.

Non-feulement les chofes corporelles peuvent être venduës ; mais auffi les incorporelles, comme les droits d'héredité ou de fucceffion échûe, les obligations & les actions.

On peut auffi vendre les chofes qui ne font pas encore dans la nature, mais qu'on a fujet d'efperer, comme les fruits d'un heritage, auquel cas, l'Acheteur court le hazard du plus ou du moins, enforte que quoique l'année ne fût pas abondante, ou que la recolte fût fort ftérile, il n'en devroit pas moins le prix convenu ; mais fi abfolument il n'étoit provenu aucuns fruits, la vente en ce cas seroit nulle, parce qu'il n'est pas ordinaire qu'une terre ou un fonds qui a coutume de produire des fruits, n'en produise absolument aucuns dans une année.

Les choses qui ne consistent qu'en pure esperance, & dont l'évenement est absolument douteux & incertain, peuvent aussi être venduës, comme l'esperance d'une Pêche, d'une Chasse, &c. auquel cas, quoique par l'évenement il ne provienne aucune chose, l'Acheteur ne laisse pas d'être obligé de payer le prix, attendu qu'il est censé être convenu que l'esperance d'un évenement si incertain lui tiendroit lieu de la chose venduë.

De ce que nous venons de dire, il s'ensuit que la vente des choses sacrées & de Droit divin, ou des choses publiques, est nulle & ne produit aucune obligation de part ni d'autre, si ce n'est que le Vendeur sçache que la chose est hors le commerce, & que l'Acheteur l'ignore, auquel cas le Vendeur est obligé, non pas à livrer la chose, mais aux dommages & interêts de l'Acheteur qu'il a trompé.

Il faut dire aussi, que la vente des choses qui sont réputées spirituelles, comme sont les Bénéfices Ecclesiastiques, est nulle; car ces choses étant hors le commerce des hommes, ne peuvent être valablement venduës, sans simonie.

Quoique régulierement tout ce qui est dans le commerce des hommes puisse être vendu; il faut néanmoins excepter certaines choses, dont la vente a été défenduë par les Loix.

I. La vente d'une succession future & non échûë, est nulle, d'autant qu'elle est contre les bonnes mœurs, & qu'elle induiroit à souhaiter la mort d'autrui; c'est aussi par cette même raison, qu'une promesse faite par un fils de famille, avec stipulation positive de payer la somme, quand la succession de ses pere & mere lui sera échûë, ou qu'il sera Prêtre, mort ou marié, n'est pas valable. Ainsi jugé par Arrêt d'Audience du 13 Décembre 1618, mentionné ci-devant livre 3, chap. 2 des obligations, page 207.

II. Les Ordonnances défendent d'acheter des Laboureurs le bled verd sur pied avant la moisson, ce qui a pareillement lieu pour les achats de vins avant les vendanges, qu'on ne peut acheter des Vignerons, quoique régulierement on puisse acheter une recolte future de tout autre Proprietaire, qui n'auroit pas la qualité de Laboureur ou celle de Vigneron.

III. La vente des choses qui ne subsistent plus, est absolument nulle, ce qui se doit entendre si elles ne subsistent plus lors du Contrat, & en ce cas, le Vendeur doit rendre le prix, mais sans dommages & interêts, lorsqu'il en a ignoré la perte.

IV. La vente de la chose qui se trouve appartenir à l'Acheteur lors du Contrat, est aussi nulle, & le Vendeur en doit rendre le prix; mais il n'est point tenu des dommages & interêts lorsqu'il a ignoré que la chose venduë appartenoit à l'Acheteur.

Touchant les choses qui peuvent être venduës, il reste trois observations à faire. La premiere, que les biens d'Eglise & des mineurs ne peuvent être vendus, sans les solemnités & formalités requises: Ainsi, les biens des mineurs ne peuvent être valablement vendus par leur Tuteur, qu'en vertu d'une Sentence, précedée d'un avis de parens, qui soit spécial à cet effet: Pour les biens de l'Eglise, nous en parlerons ci-après dans un chapitre séparé.

La deuxiéme, qu'on peut vendre des choses litigieuses, quoique le Droit Romain le défende; ce qui n'est pas observé en France, même dans le Pays de Droit écrit.

La troisiéme, que la vente d'une chose qui n'appartient pas au Vendeur, ne laisse pas d'être valable, parce que dans le Contrat de vente, il ne s'agit pas précisément de transferer par le Vendeur le Domaine & la proprieté de la chose venduë en la personne de l'Acheteur; mais le Vendeur, en conséquence de ce Contrat, est seulement obligé de livrer à l'Acheteur la chose vendue, & l'en faire joüir, & en cas d'éviction, le Vendeur est tenu de la garantie, comme nous dirons ci-après.

Le prix est la troisiéme chose requise au Contrat de vente, c'est l'estimation ou la valeur de la chose vendue, laquelle estimation doit absolument consister en monnoye & argent comptant, pour séparer la vente de l'échange, & pour distinguer le Vendeur de l'Acheteur.

Il faut remarquer, pour la validité de la vente, qu'il est nécessaire que le prix soit certain & défini entre les Parties, autrement le contrat est imparfait; & s'il arrive que la définition du prix soit commise à l'arbitrage d'un tiers, la vente est imparfaite, jusqu'à ce que l'Arbitre ait défini le prix. *Voyez* ce que M. de Ferriere a remarqué sur le paragraphe premier du titre 24 du troisiéme livre des Institutes de Justinien.

CHAPITRE II.

Des effets du Contrat de Vente.

LE Contrat de vente est parfait par le seul consentement des Parties, ce Contrat ne requerant autre chose pour sa perfection que ce consentement, la tradition de la chose vendue & le payement du prix convenu, ne regardent nullement la perfection de ce Contrat, mais sa consommation; surquoi il faut remarquer qu'un Contrat qui est parfait, produit une obligation civile & une action, & cela quoique le Contrat ne soit pas encore consommé.

Pour revenir à la vente, dès qu'elle est parfaite, elle produit une action réciproque: Ainsi, le Vendeur a contre l'Acheteur action, par laquelle il conclut à ce que l'Acheteur soit tenu de payer le prix convenu, & les dommages & interêts, s'il a été en demeure. L'Acheteur pareillement a contre le Vendeur action, par laquelle il demande qu'il soit tenu de lui livrer la chose vendue & ses dépendances, & le faire jouir d'icelle, en lui payant le prix convenu.

Il ne suffit pas que la chose ait été livrée à l'Acheteur, il faut que le Vendeur le fasse jouir de la chose vendue, de sorte que si le Vendeur a vendu quelque chose qui ne lui appartienne pas, & qu'elle ait été évincée par Sentence du Juge sur l'Acheteur, le Vendeur est obligé à la garantie, pour raison de quoi il est tenu, nonseulement de rendre le prix à l'Acheteur, mais encore de ses dommages & interêts.

Un autre effet du Contrat de vente est, que la perte & le dommage de la chose vendue, qui arrive par cas fortuit, & sans la faute du Vendeur, après que la vente est parfaite, même avant qu'elle ait été entierement consommée par l'actuelle tradition ou délivrance de la chose vendue, & par le payement du prix, regarde absolument l'Acheteur, s'il n'y a convention au contraire.

Ce que nous venons de dire n'a lieu qu'en fait de vente de corps certains; car la vente des choses qui consistent en quantité de poids & mesures, n'est pas réputée parfaite, que ces choses n'ayent été pesées, comptées ou mesurées: Ainsi, toute la perte ou la déterioration qui arrive auparavant, regarde le Vendeur; si ce n'est lorsque les choses ont été vendues en gros, & sans aucune énonciation du poids, du nombre ou de la mesure; comme si on achete généralement tout le vin qui est dans une telle cave, ou tout le bled qui est dans un tel grenier, auquel cas la vente est parfaite aussitôt qu'on est convenu du prix: Ainsi, le vin & le bled sont au péril de l'Acheteur.

L'obligation que nous avons dit provenir du Contrat de vente, opere encore un autre effet, qui est que sitôt que la vente est parfaite, il n'est pas permis à un des Contractans de s'en départir, sans le consentement de l'autre, si ce n'est qu'on y ait ajouté quelque convention qui donne cette liberté, ou que le Vendeur ait été lesé d'outre-moitié du juste prix, comme il a été dit ci-devant p. 178.

CHAPITRE III.

Des Clauses & Conventions qu'on appose au Contrat de Vente.

IL y a plusieurs clauses & conventions qu'on appose au Contrat de vente, selon la volonté des Parties.

I. Que l'Acheteur payera le prix convenu dans certain tems, & que cependant il en payera les interêts au denier vingt, suivant la fixation des interêts faite par les Ordonnances. Souvent on les stipule moindres, c'est-à-dire, au denier vingt-deux, vingt-quatre, vingt-cinq ou trente, ce qui est permis: Mais on ne peut jamais stipuler les interêts plus forts, qu'au denier vingt.

II. Que si l'Acheteur ne paye le prix convenu dans un certain tems, il payera une plus grande somme que celle dont les Parties seroient convenues. Comme cette clause pourroit donner lieu aux usures, elle doit être réputée pénale & comminatoire, & ne doit avoir son exécution que lorsque son Vendeur l'a fait ordonner par le Juge.

III. On stipule encore quelquefois dans le Contrat de vente, que si l'Acheteur ne paye le prix au Vendeur dans un certain tems, après le tems passé, le Vendeur rentrera dans la proprieté de la chose par lui vendue. Cette clause est aussi pénale & comminatoire, & ne doit avoir son exécution, qu'après que le Vendeur l'a fait ordonner en Justice.

IV. Le Vendeur peut aussi stipuler que l'Acheteur ne pourra lui payer le prix de la chose vendue, qu'après un certain tems, comme après cinq ou six ans, ou autre tems que l'on limite, & que cependant, il payera les interêts au denier vingt; & pour donner plus de force à cette clause, on ajoute: *Qu'elle fait partie du Contrat, & que sans icelle, il n'auroit pas été passé.* La faveur de la liberation n'empêche point que cette clause n'ait son exécution parmi nous.

V. On stipule souvent que l'Acquereur pourra faire décreter l'immeuble vendu pour purger les hypoteques; & que l'Acheteur ne sera tenu de payer le prix de la vente, ou partie du prix, qu'après que le Décret sera entierement achevé; c'est-à-dire, levé & scellé sans aucune opposition subsistante; sur quoi il faut remarquer en tel cas, que le Décret volontaire se fait aux frais de l'Acheteur, à moins qu'il ne soit convenu autrement. On doit ajouter dans l'acte: Premierement, que jusqu'à ce que ledit Décret soit entierement fini, les interêts du prix de la vente coureront toujours au profit du Vendeur, ce qui néanmoins est sous-entendu de plein droit. En second lieu, on doit préfinir un tems pour finir le Décret, qui est ordinairement de huit à dix mois ou d'un an.

VI. On a coutume d'inserer dans les Contrats de vente, la promesse de garantir de tous troubles, dons, douaires, substitutions, fideicommis, usufruit, hypoteques, évictions, & autres empêchemens generalement quelconques. Cette clause de garantie dans les Contrats de vente, s'étend moins que dans les transports de rentes ou de dettes, en ce que dans les transports de rentes & de dettes, cette clause garantit le passé & l'avenir, & constitue le Cedant caution & responsable de la chose transportée; au lieu qu'en matiere de vente où l'Acquereur a en ses mains la chose vendue, l'avenir n'est jamais garanti. Ainsi, la garantie de toutes choses généralement quelconques, en matiere de vente, ne s'entend que pour le passé.

VII. On peut convenir que le Vendeur ne sera point tenu de l'éviction des choses vendues; que la vente se fera sans garantie; que le Vendeur ne sera tenu d'aucune restitution de deniers, & il n'en est point tenu en ce cas, cette clause n'étant point contre les bonnes mœurs ni contre les Loix.

VIII. Quand un Seigneur de Fief acquiert un heritage étant en sa censive, dans ce cas, cet heritage devient féodal, & commence de faire partie du Fief, à moins que le Seigneur ne déclare qu'il veut & entend qu'il demeure en roture, ſuivant l'article 53 de la Coutume de Paris.

IX. Pour la ſûreté de l'Acquereur, s'il ne fait pas décreter la choſe qu'il achete, il doit ſtipuler garantie, c'eſt-à-dire, faire promettre garantie par le Vendeur, que la choſe lui appartient ; car cette promeſſe a pour effet particulier, de conſtituer hypoteque du jour du Contrat, pour la reſtitution du prix, & pour les dommages & interêts ; car ſi au Contrat de vente le Vendeur n'avoit point expreſſément promis la garantie, & à icelle obligé tous & chacuns ſes biens, l'Acheteur n'auroit contre lui qu'une action, & n'auroit hypoteque que du jour de la Sentence qu'il obtiendroit ; ce n'eſt pas que *ex æquo & bono*, cette clauſe ne doive être ſuppléée ; mais il eſt à propos de ne la pas obmettre pour éviter toute conteſtation.

X. On met quelquefois dans le Contrat de vente, qu'il ſera loiſible au Vendeur de rentrer dans ſon heritage dans un certain tems, en rembourſant le prix de la vente, ce qu'on appelle *clauſe de rachat* ou *de remeré*, dont nous traiterons ci-après.

XI. Dans la regle, la perte & le dommage de la choſe venduë, qui arrive par cas fortuit, & ſans la faute du Vendeur, après que la vente eſt parfaite, avant même qu'elle ait été effectuée & conſommée par l'actuelle tradition de la choſe vendue, regardent abſolument l'Acheteur, ainſi qu'il a été dit dans le chapitre précedent ; mais on peut convenir au contraire, & ſtipuler que le Vendeur ſera tenu des cas fortuits juſqu'à la délivrance, & le Vendeur peut auſſi ſtipuler qu'il ne ſera tenu de livrer la choſe vendue qu'il n'ait été entierement payé du prix ; mais quelque ſtipulation de décharge qu'il y ait en faveur du Vendeur touchant la garantie de la choſe vendue, il eſt toujours tenu de ſon dol & de ſa mauvaiſe foi.

XII. Il eſt bon de marquer dans le Contrat de vente le lieu où la délivrance de la choſe ſera faite, & aux frais de qui, & le tems auquel la délivrance ſera faite.

XIII. L'Acheteur peut auſſi ſtipuler, qu'à faute de ſatisfaire de la part du Vendeur, il ſera tenu des dommages & interêts, qu'on peut fixer à une certaine ſomme dans la ſtipulation.

XIV. On peut auſſi ſtipuler en ce cas, que le Vendeur ſera tenu de reprendre la choſe vendue, & en rendre le prix. Ce qui doit toujours dépendre du choix de l'Acheteur, qui peut à ſa volonté, obliger le Vendeur de lui livrer la choſe vendue.

XV. Le Vendeur peut ſtipuler que l'Acheteur ne pourra revendre la choſe vendue à un autre qu'à lui, & qu'il ſera preferé pour le prix qu'un autre en offrira; & s'il arrive que l'Acheteur contrevienne à cette clause, & qu'il vende la chose à un autre, la vente ne laissera pas d'être bonne & valable, & le Vendeur n'a qu'un recours contre lui en dommages & intérêts, parce que telle obligation consiste en fait, *quæ quidem obligatio resolvitur in id quod interest.* Touchant la prohibition d'aliéner apposée à un Contrat de vente, ou autres, voyez la Peyrere, lettre S. nombres 93 & 138; Maynard, liv. 4, chap. 10 & 11; le Bret, livre 2, quest. 4; Montholon, article 45.

Les Maisons, Terres, & autres heritages étant chargés de Droits envers les Seigneurs dont ils relevent, les Vendeurs le déclarent dans le Contrat & en chargent les Acquereurs. Coquille, sur la question 51, décide que cette déclaration vaut preuve au Seigneur, contre la maxime de Droit, *alteri per alterum iniqua conditio fieri non debet*, parce que le Possesseur étant regardé comme le Procureur du Seigneur direct, *ex vi primariæ constitutionis*, sa déclaration ordonnée même devoir être faite par les Notaires dans tous les actes qu'ils passent, fait preuve entiere en faveur du Seigneur, pour la vérité de son droit.

Les mêmes Ordonnances qui ont obligé les Notaires de faire déclarer par les Vendeurs, en quelle censive sont les heritages vendus, ont également ordonné de marquer les tenans & aboutissans, afin d'instruire l'Acquereur, & ne lui pas vendre le bien d'autrui. Ces tenans & aboutissans sont des bornes qui assurent les confins des heritages, lesquels confins se prouvent, selon les Docteurs, de quinze manieres. *Voyez* Guypape, dans sa question 193.

Enfin, il y a plusieurs autres clauses qui peuvent être apposées aux Contrats de vente, suivant la volonté des Parties, qui doit toujours être régulierement observée & exprimée par le Notaire dans la passation des Contrats.

Une des plus importantes & des plus ordinaires de ces clauses, est celle que nous appellons *la faculté de remeré*, dont il est bon de traiter plus au long, c'est pourquoi j'en ferai un chapitre séparé.

CHAPITRE IV.

De la faculté du remeré appofée au Contrat de Vente.

LA clauſe du remeré eſt une ſtipulation appofée à un Contrat de vente, par laquelle on convient que le Vendeur pourra dans un certain tems rentrer dans l'heritage vendu, en rembour-ſant le prix à l'Acheteur.

L'effet de la faculté de remeré eſt que le Vendeur, ou ſon he-ritier, peut dans le tems & pour le prix convenu, rentrer dans la proprieté de la choſe vendue, ſuivant l'accord porté par le Con-trat; d'où il s'enſuit, que les ventes auſquelles ces ſtipulations ſont appofées, ne ſont que conditionnelles : Ainſi, pendant tout le tems ſtipulé, l'Acquereur n'eſt point Proprietaire incommuta-ble, & il ne le devient que par l'expiration du délai.

Cependant, juſqu'à ce que le retrait ſoit exercé, l'Acquereur eſt maître de la choſe, enſorte qu'avant le retrait exercé, l'heri-tage acquis à faculté de remeré, paſſant par ſucceſſion à l'heritier de l'Acquereur, eſt un véritable propre dans ſa perſonne.

Si le Vendeur retire l'heritage vendu (ce qu'on appelle exer-cer le retrait conventionnel) le Contrat eſt totalement anéanti, de même que s'il n'avoit jamais été fait, & l'Acquereur eſt réputé n'en avoir jamais eu de proprieté, de ſorte que toutes les hypo-teques, ſervitudes & droits par lui conſtitués, ſe réſolvent de plein droit.

Quand on appoſe la faculté de remeré à un Contrat de vente, & qu'il y a quelque pot-de-vin, ou quelque ſomme de deniers outre le prix donné en conſideration de la vente, il eſt de conſé-quence d'en faire mention dans le Contrat, afin que la choſe ven-due venant à être retirée, cette ſomme ſoit rendue à l'Acheteur, comme ayant fait partie du prix de la choſe.

Quand la faculté de racheter n'eſt point déterminée par aucun tems, elle ne ſe preſcrit que par trente ans. Que ſi le tems eſt ap-poſé au Contrat, & que le rachat n'ait pas été fait dans le tems marqué, le Vendeur n'en eſt pas pour cela exclu ; mais pour l'en faire entierement exclure, il faut que l'Acquereur faſſe ordonner par Juſtice, Partie preſente ou dûement appellée, que faute par le Vendeur d'avoir rembourſé le prix dans le tems porté par le

Contrat, l'heritage lui demeurera incommutablement; car autrement la faculté de remeré ne se prescriroit que par trente ans, comme il a été jugé par les derniers Arrêts.

Si la faculté de remeré étoit stipulée à toujours, elle ne laisseroit pas de se prescrire aussi par trente ans, parce que toute convention apposée à un Contrat, ne produit autre chose qu'une action personnelle, laquelle de sa nature se prescrivant par trente ans, la convention demeure inutile, faute d'en pouvoir demander l'exécution; outre que c'est une maxime, qu'on ne peut pas par une convention particuliere, renoncer à la prescription, laquelle a été introduite par rapport au bien public. Ainsi jugé par Arrêt du 17 Février 1382, qui débouta un Demandeur qui vouloit rentrer dans un heritage après trente ans, en vertu d'une clause portant faculté perpétuelle de racheter.

Quand la faculté de racheter est indéfinie, elle dure trente ans, comme nous avons déja dit, & avant ce tems le Vendeur ne peut être contraint de déclarer son intention. Jugé par Arrêt du 2 Juillet 1609.

Lorsque celui qui a acheté à faculté de remeré, a revendu l'heritage avant l'expiration de la grace, on se peut adresser pour le remeré à ce second Acquereur qui a l'heritage en ses mains, sans être tenu d'aucune discussion contre le premier Acquereur, parce que l'action est réelle, & que la discussion n'a lieu qu'aux dettes personnelles. Ainsi jugé par Arrêt du mois de May 1594.

Quand le Vendeur veut exercer la faculté de remeré, il n'a pas besoin de former aucune action pour cela; mais il doit faire une sommation à l'Acquereur, pardevant Notaires, de recevoir ses deniers, & les lui offrir à découvert; & il doit, en cas de refus, les consigner sur le champ ès mains du Notaire. *Voyez* l'Arrêt du 12 Avril 1714. M. Louet, sur la lettre P. sommaire 1, traite au long cette matiere.

Il reste à observer que, suivant le Droit commun, quand la faculté de retirer est au-dessous de neuf ans, il n'est dû de quint ou lods & ventes, ni pour raison de la vente, ni pour le retrait qui est exercé dans ce tems de neuf ans; mais quand cette faculté est stipulée au-dessus de neuf ans, quints ou lods & ventes, ou autres droits de Fiefs & Seigneuries sont dûs du jour du Contrat de vente.

CHAPITRE V.

Des Contrats Pignoratifs.

APRE's avoir parlé de la faculté du remeré, il faut expliquer ce que c'est qu'un Contrat pignoratif, qui est mêlé de deux Contrats ; sçavoir, du Contrat de vente, & du bail à loyer, & qui contient des clauses toutes particulieres.

Le Contrat pignoratif, à le prendre généralement & dans un sens étendu, s'entend de toute convention par laquelle le débiteur qui emprunte, met pour sûreté entre les mains ou en la possession de son créancier, un gage, soit meuble ou immeuble.

Le prêt sur gage, l'antichrese, comme aussi l'engage, dont il est parlé dans l'art. 313 de la Coutume de Bretagne, sont compris sous cette signification de Contrat pignoratif.

Mais on entend proprement & communément par Contrat pignoratif, une convention par laquelle un Particulier vend à un autre son heritage, à faculté de rachat, perpétuelle ou pour un tems, ou par vente pure & simple, sans faculté de rachat ; & en même-tems, l'Acquereur rétrocede au Vendeur son même heritage à titre de bail, dont le louage va ordinairement à l'interêt du prix de la vente.

Ainsi, le Contrat pignoratif, suivant cette maniere de l'entendre, est mêlé de deux Contrats ; sçavoir, de la vente & du bail à loyer ou à ferme.

Ces deux Contrats ainsi mêlés ensemble, sont appellés *un Contrat pignoratif*, parce que l'on présume que l'intention des Contractans n'a pas été précisément de vendre & acheter, mais plutôt de contracter un pur engagement.

De-là il est facile de voir que c'est la relocation qui distingue le Contrat pignoratif de la vente à faculté de remeré.

L'antichrese differe du Contrat pignoratif, en ce que dans le cas de l'antichrese, c'est le créancier qui est en possession & jouit pour l'interêt de son argent, de la chose à lui donnée en gage par le Débiteur, au lieu que dans le cas du Contrat pignoratif, c'est le Débiteur qui jouit & est en possession de la chose, en payant à son créancier le prix de la jouissance de son propre heritage, pour l'interêt de la somme qu'il lui a prêtée.

Mais l'effet de ces deux Contrats eſt toujours le même, puiſ-que l'antichreſe & le Contrat pignoratif n'ont été inventés que pour procurer ſans ſoupçon d'uſure des intérêts au créancier, pour la ſomme qu'il a prêtée à ſon débiteur; auſſi pluſieurs de nos Au-teurs ont confondu ces deux Contrats.

En effet, ni l'un ni l'autre ne ſont des titres tranſlatifs de pro-prieté en faveur du créancier; le débiteur eſt toujours en droit de dégager ſon heritage, en rembourſant ſon créancier, ſans que le créancier puiſſe oppoſer de preſcription par quelque laps de tems qui ſe ſoit écoulé, à la difference de la vente à faculté de rachat, dont la faculté ſe preſcrit par l'eſpace de trente ans.

Cependant, il y a des cas où ces deux Contrats peuvent pro-duire de différens effets.

Premierement, le Contrat pignoratif eſt reçu dans les Coutu-mes de Tours, Maine & Anjou, à cauſe du tenement de cinq ans, introduit en faveur des tiers détenteurs, au lieu que dans le cas de la ſimple antichreſe, les fruits perçus par le créancier ſe-roient imputés ſur le principal.

Secondement, dans le cas de l'antichreſe, le créancier peut demander ſon payement après le terme expiré, ſi aucun a été fi-xé, en rendant la choſe à lui engagée; au lieu que dans le cas du Contrat pignoratif, le créancier ne peut jamais répeter ſon paye-ment en offrant de rendre l'heritage.

En troiſiéme lieu, dans le cas de l'antichreſe, ſi le gage vient à périr, le débiteur n'eſt point liberé; mais dans le cas du Contrat pignoratif, ſi l'heritage vient à périr, le débiteur eſt liberé; car comme dit M. Louet, lettre P. ſommaire 12, le Contrat pigno-ratif eſt un prêt ſur gage, par rapport au créancier qui donne ſon argent; mais par rapport au débiteur, c'eſt une véritable vente & non pas un prêt ſur gage; au reſte, il faut obſerver que ſi dans le Contrat d'antichreſe il étoit dit, que le créancier ne pourroit ja-mais contraindre ſon débiteur à le payer au moyen de l'engage-ment, il faudroit en ce cas, raiſonner de l'antichreſe, comme du Contrat pignoratif.

En quatriéme lieu, dans le cas du Contrat pignoratif, l'heri-tage eſt ſuſceptible de la qualité de propre dans la perſonne de l'heritier du créancier, s'il n'a été retiré avant ſon décès, parce que c'eſt une vente autant que le voudra le débiteur, à l'exemple des biens donnés en engagement par le Roi, qui ſont auſſi des propres, quoiqu'il y ait une faculté de rachat perpétuelle & im-preſcriptible.

Mais

Mais, par rapport à l'antichrefe, pour fçavoir fi les biens don-nés en engagement font des propres, il faut diftinguer, car fi l'en-gagement eft pour un tems de neuf années ou au-deffous, auquel cas, quoique le créancier vienne à mourir en poffeffion du gage, il ne fe trouve dans fa fucceffion qu'une créance, au lieu que fi l'antichrefe eft indéfinie, ou pour un tems au-deffus de neuf ans, le bien engagé eft fufceptible de la qualité de propre dans la per-fonne du créancier, parce que pour lors l'antichrefe a le même effet que le Contrat pignoratif.

Il en eft encore de même des baux emphitéotiques qui font au-deffus de neuf ans. La raifon eft, que ces Contrats font préfumés pour lors titres tranflatifs de proprieté, auffi les lods & ventes en font-ils dûs.

Il refte maintenant à examiner fi l'antichrefe & le Contrat pi-gnoratif font ufuraires. Il faut diftinguer, dans le Pays où la ftipula-tion d'interêts par obligation pour caufe de prêt eft licite, comme dans le reffort des Parlemens de Bourdeaux & de Touloufe, il n'y a nulle difficulté que l'antichrefe & le Contrat pignoratif y doivent avoir lieu, pourvû que le créancier ne reçoive pas d'in-terêts au-de-là de l'Ordonnance, auquel cas l'excedent feroit im-puté à chaque fois fur le principal, qui diminueroit à proportion; & même dans le reffort du Parlement de Bourdeaux, où les inte-rêts ceffent après vingt années, parce qu'ils ne peuvent exceder le principal, les jouiffances au bout de vingt années feroient par la même raifon imputées fur le principal.

A l'égard du reffort du Parlement de Paris (fi l'on excepte les Pays de Touraine, Maine & Anjou, où les Contrats pignoratifs ont lieu) l'antichrefe ni le Contrat pignoratif ne font point reçus : Ainfi, tout ce que le créancier fe trouveroit avoir reçu en confé-quence de ces Contrats, feroit imputé fur le principal; & les in-terêts ne font jamais dûs pour prêt, qu'il n'y ait une demande ju-diciaire d'interêts contre le débiteur, fuivie d'une condamna-tion; la maxime même du Parlement de Paris eft, qu'il ne fuf-fit pas de rapporter la Sentence de condamnation d'interêts, fi en même-tems on ne rapporte l'original de l'exploit de la de-mande d'interêts, revêtu de toutes les formalités prefcrites par l'Ordonnance.

Nous finirons ce chapitre par cette obfervation importante; fçavoir, qu'il arrive quelquefois, fuivant les circonftances, que la fimple vente à faculté de remeré, fans être mêlée de reloca-tion, eft confiderée comme vrai Contrat pignoratif, ou comme une antichrefe; enforte que ce Contrat eft déclaré illicite & ufuraire, comme étant contre les bonnes mœurs.

Ces circonftances font, quand il y a vilité de prix, quand l'Acquereur a coutume de fœncrer, ou quand la faculté de remeré eft prorogée plufieurs fois; ce qui fait qu'on préfume pour lors que les Parties n'ont point voulu faire une vente, mais un fimple engagement, à l'effet de produire des interêts au créancier pour une fomme qu'il a prêtée au débiteur.

Touchant les Contrats pignoratifs, voyez M. le Preftre, centurie 4, chapitre 2.

CHAPITRE VI.

De la tradition de la chofe venduë.

QUOIQUE le Vendeur foit obligé, en vertu du Contrat, de livrer la chofe vendue, néanmoins pour la validité de la vente, il n'eft pas abfolument néceffaire que la tradition fuive la vente fur le champ, il fuffit que le Vendeur déclare par le Contrat de vente qu'il fe défaifit de la chofe venduë, fans qu'il foit befoin de tradition réelle.

Il n'eft pas néceffaire, fuivant les Docteurs, que le titre foit toujours vrai pour transferer le Domaine. Une caufe putative, même fauffe, fait cette tranflation. C'eft ce que Bartole & les Docteurs décident, après la glofe fur la Loi *eleganter*, ff. de dolo. Par exemple, on croit un Vendeur heritier; ce titre d'heritier eft un titre habile à transferer le Domaine acquis. La Loi 2, au code *de acquirendis poffeffionibus*, dit fi précifément, *minus inftructus es quòd in vacuam poffeffionem inductus non fis, cum te proponas diù vidente & patiente Venditore poffediffe.* Auffi la prefcription légale, difent les Loix, & l'interêt public, voulant que les Domaines ne foient pas *in incerto*, c'eft ce qui rend cette poffeffion, cette prefcription, & cette tranflation favorables.

Suivant Loyfeau, chapitre 2 des Offices, & Dumoulin fur l'article 13, glofe 5, *in verbo, Vendu*, nombre 18 de l'ancienne Coutume de Paris, la claufe que le Vendeur s'eft défaifi de la chofe venduë & en a faifi l'Acheteur, n'opere qu'une permiffion à l'Acheteur de fe mettre en poffeffion de la chofe venduë de fa propre autorité, fans attendre aucune délivrance de la part du Vendeur.

En effet, la poffeffion ne peut être acquife par une déclaration de la part du Vendeur, qu'il fe défaifit de la chofe venduë; mais pour que l'Acheteur acquiere la poffeffion en entier, il faut une apréhenfion de fait & une occupation corporelle; en un mot, c'eft la véritable tradition feule qui transfere le Domaine; & c'eft par cette raifon que de deux Acheteurs, le dernier à qui la tradition de la chofe venduë a été faite, eft preferé au premier Acheteur, auquel la chofe vendue n'a pas été livrée, fuivant la Loi *Quoties, cod. de rei vindicat.* Guypape tient que cette Loi a lieu en France, & cite un Arrêt du Parlement de Grenoble, qui l'a jugé ainfi.

Si l'Acheteur eft Dépofitaire ou Commodataire de la chofe venduë avant de l'acheter, la tradition actuelle ne s'en doit point faire, à caufe de la fiction de Droit qui eft appellée, *fictio brevis manus*, qui a lieu dans ce cas, & qui tient lieu d'une véritable & actuelle tradition; il faut de plus remarquer que la tradition d'un meuble eft cenfée faite par le Vendeur, quand il a donné à l'Acquereur les clefs du lieu où le meuble eft enfermé, & alors c'eft à l'Acquereur à y veiller.

La tradition eft pareillement réputée faite quand le Vendeur reconnoît par le Contrat, que quoiqu'il ait en fa poffeffion la chofe vendue, néanmoins il n'en eft plus poffeffeur qu'à titre de précaire; c'eft-à-dire, tant qu'il plaira à l'Acquereur.

De même celui qui fe réferve l'ufage ou l'ufufruit de l'heritage qu'il vend, eft auffi cenfé en avoir fait la tradition, c'eft-à-dire, quant à la propriété du fond, en déclarant par lui, que quoiqu'il ait en fa poffeffion la chofe vendue, néanmoins il n'en eft plus poffeffeur qu'à titre d'ufufruit.

CHAPITRE VII.

De la Garantie en Contrat de Vente.

POUR parvenir à la parfaite connoiffance de la garantie en Contrat de vente, il faut diftinguer les Contrats de vente par rapport aux chofes vendues.

La vente peut être faite, ou d'un immeuble naturel, comme

d'un heritage, ou d'un immeuble fictif, comme d'un Office, d'u-
ne rente fonciere, ou d'une rente conftituée, ce qui s'appelle *cef-*
fion ou *tranfport de rente.* La vente peut être encore faite d'une
fucceffion ou d'une créance, ce qui s'appelle proprement *Ceffion*
& Tranfport de droits & actions.

Toutes ces differentes chofes, qui peuvent faire la matiere des
Contrats de vente, ont quelques regles particulieres pour les garanties.

Premierement, par rapport à la vente d'un immeuble naturel,
comme d'une Terre, d'une Maifon, ou autre heritage, il y a
trois cas qui donnent lieu à la garantie; fçavoir, en cas d'éviction,
en cas de trouble, & en cas de vice & de défectuofité du fond
vendu, inconnu à l'Acquereur lors de la vente.

C'eft de ces trois cas que l'on diftingue deux fortes de garantie; l'une de droit, & l'autre de fait. La garantie de droit concerne les deux premiers cas. La garantie de fait regarde le troifiéme.

La garantie naturelle ou de droit, a lieu par la feule autorité de
la Loi, fans aucune ftipulation; & la garantie conventionnelle,
qui ne peut avoir lieu, fi elle n'eft promife par une convention
expreffe.

La garantie de droit ou naturelle, eft celle par laquelle le Vendeur eft obligé de garantir que la chofe lui appartenoit au tems
qu'il l'a vendue. En conféquence de cette garantie, le Vendeur
eft auffi refponfable :

1°. De l'éviction & du trouble qui eft fait à l'Acquereur.

2°. Des vices & défectuofités non vifibles & inconnus qui fe
rencontrent dans l'heritage.

3°. Des fervitudes & autres charges qu'il n'a point déclarées
lors de la vente, dont l'heritage eft chargé.

Tout Vendeur eft naturellement obligé à cette garantie,
quoiqu'il n'y en ait point de convention dans le Contrat de
vente.

Outre cela, parmi ces trois cas qui donnent lieu à la garantie, il y en a qui de leur nature réfolvent la vente, comme le
cas d'éviction, lorfque l'Acheteur fouffre la perte de la chofe vendue, ou d'une partie, par le droit d'un tiers.

Quand la vente eft réfolue par une éviction totale, le Vendeur
eft tenu par cette garantie naturelle, de rendre & reftituer le prix
ou la valeur de cet heritage avec dépens, dommages & intérêts;
& l'eftimation de la chofe évincée fe fait, eu égard au tems de l'é-
viction.

Quand l'éviction n'est faite que d'une partie, la résolution du Contrat de vente n'a lieu que pour cette partie; & en ce cas, pour fixer la restitution du prix, & les dommages & interêts, il faudra faire une ventilation, & avoir égard au préjudice que cause cette éviction à l'Acquereur : Mais il faut remarquer que le Vendeur appellé en garantie pour partie, peut offrir la résolution de la vente en entier, & reprendre tout l'heritage, en rendant tout ce qu'il a reçu.

Le cas de trouble peut résoudre, ou ne pas résoudre la vente, selon les circonstances : Ainsi, une action hypotequaire ne résout pas la vente, si le Vendeur ou l'Acheteur acquittent la dette; au contraire, si l'heritage est adjugé aux créanciers, la vente est résolue : Mais soit que la vente subsiste, ou qu'elle soit résolue, le Vendeur doit les dommages & interêts suivant l'effet du trouble.

Il en est de même du cas où il se rencontre quelque vice ou défectuosité dans la chose vendue. Ce dernier cas peut de sa nature, résoudre ou ne pas résoudre la vente, selon les circonstances.

La résolution de la vente, à cause de quelque défaut de la chose vendue, est appellée en Droit *rédhibition*, d'autant que par ce moyen, le Vendeur a derechef l'heritage, ou la chose qu'il avoit auparavant.

Pour sçavoir quand la rédhibition a lieu, il faut examiner si les vices & défectuosités dans la chose vendue, que l'on suppose non évidens & inconnus à l'Acquereur, la rendent absolument inutile à l'usage pour lequel elle est en commerce; comme s'il exhale d'un fond vendu des vapeurs malignes, qui en rendent l'usage périlleux; en ce cas la rédhibition a lieu, le Vendeur & l'Acheteur seront remis au même état que s'il n'y avoit point eu de vente, le Vendeur rendra le prix & les interêts; & remboursera l'Acheteur de ce qu'il aura déboursé pour la conservation ou culture de la chose vendue; ensemble les frais où la vente auroit pû engager l'Acquereur.

Si le Vendeur avoit connu les défauts de la chose vendue, & qu'il ne les eût pas déclarés, il ne seroit pas seulement tenu des dommages & interêts, suivant la regle précedente, il devroit encore répondre des suites fâcheuses, que le défaut de la chose vendue avoit pû causer, parce qu'on ne sçauroit trop punir la mauvaise foi.

Quand les vices & défectuosités rendent seulement l'usage de la chose difficile, comme l'éviction pour partie, quelque servitude ou autre charge non déclarée & inconnue à l'Acquereur, le Vendeur est tenu de reprendre la chose, si mieux n'aime diminuer le prix, suivant la qualité du défaut, & la connoiffance qu'en avoit le Vendeur ; car fon filence frauduleux eft une forte confideration pour augmenter les dommages & interêts de l'Acquereur.

Voilà à quoi oblige la garantie naturelle, fans aucune convention. Il faut maintenant examiner quels font les effets de la garantie conventionnelle.

Comme on peut augmenter ou diminuer les engagemens naturels par les conventions, il y a une feconde efpece de garantie, qui eft la conventionnelle, telle que le Vendeur & l'Acheteur veulent la regler, & l'ont ftipulée par le Contrat de vente : Ainfi, on peut ajouter à la garantie de droit, comme s'il étoit convenu que le Vendeur garantira des faits du Prince. Cette claufe doit avoir fon exécution, quoique le Vendeur ne foit naturellement point tenu des faits du Prince.

On peut aufli par la convention, reftraindre la garantie naturelle, comme s'il étoit convenu que le Vendeur ne garantira que de fes faits, & non des droits d'autrui, ou fi, pour toute garantie, il a promis mettre entre les mains du Vendeur les titres de proprieté, ou s'il a ftipulé, qu'il ne rendra que le prix, en cas d'éviction, & non les dommages & interêts ; en tous ces cas, le Vendeur, en cas d'éviction, n'eft point tenu des dommages & interêts de l'Acheteur ; mais il doit lui reftituer le prix, n'étant pas jufte que l'Acheteur foit privé du prix qu'il a donné, pour une chofe dont il n'a pas la poffeffion & la jouiffance.

Cependant, fi le Contrat de vente étoit fait aux rifques, périls & fortunes de l'Acquereur, fans reftitution de deniers quelconques, en cas d'éviction, & fans autre garantie que du fait du Vendeur, cette claufe devroit avoir fon exécution, parce qu'on achete plus ou moins cher par de pareilles confiderations ; d'ailleurs, on peut ajouter à un Contrat telles claufes & conventions qu'il plaît aux Parties, pourvû qu'elles ne foient point contre les Loix & les bonnes mœurs, & qu'elles n'impugnent point la fubftance du Contrat.

Quand il eft dit que le Vendeur ne garantit que de fon fait, cela s'entend aufli du fait de ceux dont il eft heritier, & non de ceux dont il eft fucceffeur à titre particulier.

Le Vendeur ne peut point être déchargé de la garantie de fes faits, non pas même par une convention expreffe, car il feroit contre les bonnes mœurs qu'il pût manquer de foi.

Si un heritage eſt vendu comme il ſe comporte, ou ainſi que le Vendeur a bien & dûement joui, ou avec ſes droits & conditions ; ces expreſſions & autres ſemblables, n'empêchent pas que le Vendeur ne demeure garant des ſervitudes cachées & des charges inconnues, comme ſeroit une rente foncicre, à laquelle l'heritage ſeroit aſſervi.

Au reſte, il faut obſerver que la rédhibition & la diminution du prix n'ont pas lieu dans les ventes publiques qui ſe font en Juſtice: car dans ces ventes, ce n'eſt pas le Proprietaire qui vend, mais c'eſt l'autorité de la Juſtice qui tient lieu du Vendeur, & qui n'adjuge la choſe que telle qu'elle eſt.

On demande : *Si celui qui ſçachant qu'une choſe n'appartenoit pas au Vendeur, l'a néanmoins achetée de lui, a action de garantie après l'éviction.*

Il faut répondre, que s'il y a ſtipulation de garantie dans le Contrat de vente, l'action eſt ouverte, du moins pour la reſtitution du prix, nonobſtant le vice connu par l'Acheteur, parce que la vente d'une choſe qui n'appartient pas au Vendeur, n'eſt pas valable.

Brodeau, ſur M. Louet, lettre A. nomb. 13, rapporte un Arrêt du 10 Décembre 1640, par lequel celui qui avoit vendu un propre de ſa femme, avec promeſſe de garantie & faire ratifier, fut condamné en deux cens livres de dommages & interêts pour cauſe d'éviction envers l'Acquereur, quoiqu'il fût parent de la femme, & qu'il ſçût que là choſe n'appartenoit pas à ſon Vendeur.

Mais ſi celui qui ſçachant qu'une choſe n'appartenoit pas au Vendeur, l'a néanmoins achetée de lui, ſans ſtipuler aucune garantie, la queſtion de ſçavoir, ſi en cas d'éviction la garantie aura lieu, ſouffre beaucoup de difficulté.

Qu'il n'en ſoit point dû de dommages & interêts, cela eſt certain ; mais pour la reſtitution du prix, il ſeroit dur d'en priver l'Acquereur, parce qu'il n'eſt pas juſte que quelqu'un s'enrichiſſe aux dépens d'autrui, & que naturellement on ne donne rien pour rien. Il eſt vrai qu'on peut objecter à l'Acheteur, qu'il a acheté une choſe qu'il ſçavoit ne pas appartenir au Vendeur, & par conſéquent, comme il y a de ſa faute, qu'il n'en peut répeter le prix qu'il en a donné.

Cette queſtion s'étant preſentée, fut partie en opinions, par Arrêt, & depuis ne fut point départie; ainſi elle n'a point été décidée.

Après avoir parlé de la garantie en vertu d'un immeuble naturel, il faut parler de celle qui a lieu en vente d'immeubles fictifs.

I. En vente d'Offices, par rapport aux Offices domaniaux,

comme Notariats, Greffes & autres semblables, il y faut appliquer les mêmes principes que ceux qui ont été ci-devant établis sur la vente d'un heritage.

II. A l'égard des autres Offices domaniaux, comme Charges de Judicature, de Finances & de Police, & autres de cette nature, ces Offices sortissent à present la nature de véritables immeubles pour tous effets, si l'on excepte que le douaire de la femme ne s'y prend que subsidiairement; c'est pourquoi il y faut encore appliquer les mêmes regles que pour les véritables immeubles, par rapport à la garantie.

III. Pour ce qui est des ventes ou cessions de rentes foncieres ou constituées, la garantie naturelle, sans autre stipulation, est que le Vendeur ou Cedant est obligé de garantir de ses faits, c'est-à-dire, que la rente existe & qu'elle lui appartient, ce qui emporte la garantie de tous troubles & empêchemens, dont la cause seroit antérieure à la vente, comme droit d'un tiers, soit en propriété ou hypoteque; mais cette garantie naturelle n'oblige point le Vendeur à une sûreté envers l'Acheteur ou Cessionnaire, que le débiteur de la rente étoit solvable lors de la cession ou vente, parce que ce n'est pas là le fait du Vendeur.

La garantie conventionnelle que l'on peut apposer dans ces sortes de cessions de rente, peut pareillement restraindre la naturelle aux faits seulement du Cedant; en ce cas, la garantie n'a lieu que des troubles qui seroient formés par le propre fait du Cédant, ou de ceux dont il est heritier, mais non pas des troubles qui seroient formés par tous autres, même ceux dont le Cédant seroit cessionnaire ou successeur à titre particulier.

Cependant, en ce cas, il y auroit lieu à la restitution du prix, comme il a été dit ci-devant, à moins qu'il n'y eût la clause, *sans restitution de deniers*.

Dans la cession & transport d'une rente; cette clause se dresse en la maniere qui suit : *Que le Cédant n'est garant que de ses faits sans restitution de deniers ; que pour toute garantie, il a mis le Contrat entre les mains du Cessionnaire, qui le prend à ses risques, perils & fortunes.*

Toutefois, si un mari & une femme mineurs avoient cédé une rente appartenante à cette femme mineure, & que le Cessionnaire en fit une cession & transport à une autre personne avec cette clause, & que cette femme ayant renoncé à la communauté de biens, après le décès de son mari, elle se fit restituer contre la cession & transport qu'elle auroit fait conjointement avec son

mari,

mari, le Ceſſionnaire feroit tenu envers le ſecond Ceſſionnaire, comme il a été jugé par Arrêt du 29 Janv. 1667, que M. de Ferriere a rapporté avec les raiſons de part & d'autre dans ſon Grand Commentaire ſur l'article 108 de la Coutume de Paris.

La garantie naturelle peut auſſi être étendue, comme s'il y a clauſe de *garantir, fournir & faire valoir ;* en ce cas le Ceſſionnaire, nonobſtant une telle clauſe, eſt à la vérité obligé de diſcuter le débiteur de la rente ; mais la diſcuſſion faite, il a droit de revenir contre ſon Cédant.

Si à la clauſe de fournir & faire valoir, il étoit ajouté : *Que faute de payement, après un ſimple commandement, ou une diſcuſſion de meubles par ſaiſie & exécution, le Cédant s'oblige de payer les arrerages & continuer à l'avenir, même de rembourſer :* Toutes ces clauſes doivent avoir leur pleine & entiere exécution.

Il faut cependant obſerver, que ces clauſes de garantie de tous troubles, de fournir & faire valoir, n'emportent pas la garantie pour les pures voyes de fait, le cas fortuit & le fait du Prince ; il en faut une ſtipulation particuliere & expreſſe.

Par rapport à la vente d'une ſucceſſion, l'heritier qui vend & tranſporte une hérédité, ſans en ſpécifier les biens, les droits ni les charges, n'eſt tenu par la garantie naturelle de garantir que ſa qualité & ſon droit d'heritier ; car c'eſt ce qu'il vend, & il n'eſt garant, ni d'aucunes charges, ni d'aucuns biens en particulier, ni d'aucuns droits de l'hérédité, s'il n'y eſt expreſſément obligé par la convention ; mais s'il avoit déja profité de quelque bien de cette hérédité, & que dans le contrat de vente il n'en ſoit point fait mention, il doit le rendre à celui à qui il la vend, comme étant compris dans la vente, s'il ne la réſerve.

Si au contraire le Vendeur de l'hérédité a déclaré quelque qualité, ou fait quelque déſignation, ſans avoir ajouté, *ſans aucune garantie que de ſes faits,* & que cette qualité ſe trouve manquer, ou qu'il ſe trouve des défauts contraires, il faut juger de l'effet de la déclaration du Vendeur par les circonſtances de la conféquence des qualités qu'il aura exprimées, de la connoiſſance qu'il pouvoit ou devoit avoir de la vérité contraire à ce qu'il dit, de la maniere dont il aura engagé l'Acheteur ; & ſurtout il faudra conſiderer ſi ces qualités ont fait une condition, ſans laquelle la vente n'eût pas été faite. Ce ſont ces circonſtances qui doivent déterminer ſi la vente doit être réſolue, ou le prix diminué, & même ſi le Vendeur doit être tenu des dommages & interêts de l'Acheteur.

Dans les ventes de meubles, la garantie naturelle oblige le Vendeur à garantir à l'Acheteur une chose qui soit en nature, qui lui appartienne, & qui n'ait point de vices & défectuosités inconnus à l'Acheteur, à peine de restitution du prix, dépens, dommages & interêts.

Cette garantie naturelle peut être restrainte, comme si l'on ne vend que le droit que l'on a en la chose; cependant, en cas d'éviction, il y auroit lieu à la restitution du prix, sans dommages & interêts à la vérité; mais s'il étoit ajouté, *sans restitution de deniers,* la clause auroit son exécution.

La garantie naturelle peut pareillement être étendue, comme si l'on garantit jusqu'à un certain tems, qui excede celui qui est défini par la Loi ou par l'usage; comme si le Vendeur d'un cheval le garantit de la pousse, morve, où courbature pendant un mois.

Il faut observer que les Marchands & autres gens de métier, sont obligés par la garantie naturelle, à ce que les meubles ou marchandises qu'ils vendent, soient loyales & marchandes, conformément à leurs Statuts.

La pratique du Châtelet de Paris, à l'égard des Massons, est de les rendre garants pour les gros murs par eux édifiés durant dix ans, & pour les autres moindres ouvrages durant trois ans seulement.

Celui qui vend un cheval, est obligé par la garantie naturelle, à le garantir de la pousse, morve & courbature. A l'égard des autres vices qui sont apparens, comme si le cheval étoit borgne, le Vendeur n'en est point garant, & ces sortes de vices ne peuvent parmi nous donner lieu à l'action rédhibitoire: Mais pour la pousse, morve & courbature, l'Acheteur est obligé d'intenter son action rédhibitoire dans les neuf jours, après lequel tems il n'y est plus recevable. *Voyez* Brodeau, sur l'art. 127 de la Coutume de Paris.

Celui qui vend & transporte purement & simplement une dette, n'est tenu que de la garantie naturelle; c'est-à-dire, qu'il garantit seulement, que la propriété de la dette cedée lui appartient & que la chose lui est dûe effectivement; c'est à quoi l'oblige la garantie naturelle; & si le débiteur étoit insolvable, il n'en est point garant, s'il n'y est obligé par la cession, car il ne vend que le droit qu'il a.

Il faut dire le contraire, si par une convention particuliere il s'est obligé à garantir la solvabilité du débiteur, comme nous dirons ci-après, en parlant des transports.

CHAPITRE VIII.

Formule de Contrats de Vente, & de plufieurs autres Actes qui fe font en conféquence.

Vente de Meubles.

FUT prefent A. lequel a reconnu avoir vendu, & promet garantir de toutes revendications & autres empêchemens à P. demeurant à
à ce préfent & acceptant, les meubles qui enfuivent, que ledit Vendeur a dit & affirmé lui appartenir: Sçavoir, premierement, &c. Item, &c. Tous lefquels meubles font en la poffeffion dudit P. Acheteur, ainfi qu'il le reconnoit & dont il fe contente, pour en faire & difpofer à fa volonté, & comme bon lui femblera ; cette vente faite moyennant la fomme de   laquelle le Vendeur reconnoit avoir prefentement reçuë dudit Acheteur en prefence (des Notaires fouffignés, en louis d'or & autre monnoye ayant cours, dont il eft content & en quitte ledit P. Acquereur ; & pour l'exécution des prefentes, ledit A. a élû fon domicile en fa demeure fufdite, auquel lieu, nonobftant, promettant, obligeant, renonçant. Fait & paffé, &c.

Vente de coupe de Bois.

FUT prefent, &c. lequel a reconnu avoir vendu, & promet garantir à Jacques, Marchand de Bois à Paris, y demeurant ruë, &c. à ce prefent & acceptant, la coupe pour une fois feulement, de trois arpens de bois taillis, en une piece fife au Terroir, &c. (*il faut mettre les tenans & aboutiffans*) pour par ledit Jacques faire faire ladite coupe dudit bois dans le mois de   prochain, & icelui enlever, & rendre la place nette à la fin dudit mois, à peine de tous dépens, dommages & interêts; pour en difpofer comme de chofe à lui appartenante ; en laquelle vente font compris tous les chênes & chêneaux qui fe trouveront en ladite piece. Cette vente faite moyennant la fomme de, &c.

Quand la vente fe fait de la coupe & tonture d'une piece de bois, pour être coupée aux coupes ordinaires, le Contrat s'en fait en cette forte :

C'eft à fçavoir, toute la coupe & tonture de   arpens de bois taillis, à prendre dans la Forêt de   *d'un tel côté*, dont le mefurage & livraifon de ladite quantité d'arpens fera faite audit Jacques, par   dans un mois prochain, laquelle coupe & tonture dudit bois, ledit Jacques fera pendant neuf années aux coupes ordinaires, à rai-

son de tant d'arpens par chacune defd. neuf années, aux saisons accoutumées:
Sçavoir, depuis la Saint Martin d'hyver, jusqu'au   jour de
May, lequel bois qui sera ainsi coupé par chacune defd. neuf années, à commencer au jour de la Saint Martin d'hyver prochain, ledit Jacques sera tenu
de faire enlever chacune année dans la fin du mois de May, à peine de tous
dépens, dommages & intérêts, pour en disposer comme bon lui semblera; &
sera tenu ledit Jacques laisser en chaque arpent desdits Bois, douze gros
chênes, qui lui seront marqués par les Officiers dudit sieur
avec dix-huit baliveaux de l'âge desdits bois; ce marché fait moyennant
                          pour chacun arpent de ladite coupe dudit bois, revenant à la
somme de   pour chacune desdites neuf années, que
ledit Jacques s'oblige payer audit sieur   en
sa maison à Paris, ou au Porteur, &c. en deux termes & payemens égaux:
Sçavoir, des jours de   le premier d'iceux écheant au jour
de   prochain, & continuer ledit payement de terme en
terme, jusqu'en fin desdites neuf années, &c.

Autre vente de coupe de Bois.

FUT present Messire Jean   Chevalier, Seigneur de
                          demeurant, &c. lequel a vendu & promis garantir de tous trou-
bles & empêchemens généralement quelconques, & faire jouir à Claude Michaut, Marchand de Bois, demeurant, &c. à ce present & acceptant, la coupe
& tonture des Bois dépendans de ladite Terre de
consistans en deux cens arpens ou environ de futaye & taillis; ainsi que lesdits
bois se poursuivent & comportent sans aucune réserve; pour par ledit Michaut exploiter lesdits bois à son profit, & en faire la coupe pendant l'espace de cinq années, à raison de quarante arpens par année, à commencer la
première coupe au trois d'Octobre prochain, & ainsi continuer pendant lesdites cinq années, de façon que pendant la sixiéme année ledit Michaut
puisse faire la vuidange de la totalité desdits bois, & rendre la place nette à
l'expiration de ladite sixiéme année; après laquelle vuidange le recollement
& arpentage de bois coupés, seront faits aux frais dudit Michaut, pour constater le nombre desdits arpens, suivant la mesure du Pays de
qui est cent perches pour l'arpent, & douze pieds pour la perche. Cette
vente faite moyennant & sur le pied de cent livres pour chacun arpent, ce
qui fera la somme de vingt mille livres pour lesdits deux cens arpens; laquelle somme sera augmentée ou diminuée à proportion de l'augmentation
ou diminution qui se trouvera sur le nombre desdits arpens, après le sus-
-dit arpentage; en déduction duquel prix ledit Michaut s'oblige de payer audit sieur   d'avance au jour de Pâques prochain la somme de six mille livres, lors duquel payement ledit sieur
                          lui fournira la permission de Monsieur le Grand
Maître des Eaux & Forêts pour ladite exploitation. Plus, en déduction du
même prix, ledit Michaut s'oblige de payer audit sieur
en sa demeure à Paris, ou au Porteur, la somme de quatre mille livres par
chacune des trois prochaines années au jour & Fête de Pâques, & le surplus

dudit prix à quelque somme qu'il puisse monter, immédiatement après lesdites vuidanges & arpentages, à peine, &c. au payement duquel prix dans les termes ci-dessus exprimés lesdits bois demeurent par privilege affectés & obligés, & outre ledit Michaut y affecte & hypoteque tous ses biens presens & à venir, sans qu'une obligation déroge à l'autre.

Ledit Michaut sera aussi tenu, ainsi qu'il s'y oblige, d'observer les reglemens de l'Ordonnance de 1669 pour les Eaux & Forêts, dans le cours de la presente exploitation ; car ainsi a été convenu & accordé, & pour l'exécution des presentes, &c.

Vente de Maison.

F U T present Jacques Duclos, &c. demeurant à Paris, lequel a, par ces presentes, vendu & transporté dès maintenant à toujours, & promet garantir de tous troubles, dons, douaires, dettes, hypoteques, évictions, substitutions & autres empêchemens généralement quelconques, à Jacques Germain & sa femme de lui autorisée à l'effet des presentes, &c. à ce present & acceptant, Acquereurs pour eux, leurs hoirs & ayans cause, deux Maisons sises (*il faut marquer leurs circonstances, & les tenans & aboutissans*) occupées par, &c. ainsi qu'elles se poursuivent & comportent & étendent de toutes parts, & de fonds en comble, lesquelles Maisons appartiennent audit Jacques Duclos, au moyen de la vente & adjudication qui lui ont été faites le *il faut en établir la propriété.* Etant lesdites Maisons presentement vendues en la censive du Domaine du Roi, & chargées de tels droits qu'elles peuvent devoir à Sa Majesté, des arrerages desquels droits, si aucuns sont dûs, ledit sieur Vendeur promet acquitter lesdits Acheteurs, jusqu'au premier jour du present mois. Pour desdites Maisons, jouir, faire & disposer par lesdits Jacques Germain & sa femme, leursdits hoirs & ayans causes, comme de chose leur appartenante, à commencer la jouissance du premier jour du present mois. Cette vente faite aux charges susdites, & d'entretenir les baux faits desdites Maisons aux ci-dessus nommés, pour le tems qui reste à expirer d'iceux, si mieux n'aiment lesdits Acquereurs acquitter & indemniser ledit Jacques Germain de tout dédommagement & autres choses, que lesdits Locataires peuvent prétendre, en cas de dépossession ; & outre, moyennant la somme de, &c. sur laquelle lesdits Acquereurs ont presentement payé & délivré audit Jacques Duclos, qui a reçu d'eux la somme de &c. en louis d'or, &c. dont il est content, les en quitte & tous autres: Et pour le restant, lesdits Jacques Germain & sa femme promettent & s'obligent solidairement l'un pour l'autre, chacun d'eux seul pour le tout, sans division ni discussion, à quoi ils renoncent, le payer audit Jacques Duclos, en sa Maison à Paris, ou au Porteur des presentes, dans six mois de ce jour pour tout délai, à peine de tous dépens, dommages & interêts, & jusqu'à l'actuel payement, de payer l'interêt à raison du denier vingt, suivant l'Ordonnance, auquel payement de, &c. & interêts, lesdites Maisons presentement vendues, demeurent par privilege, affectées & hypotequées ; & outre, lesdits Acquereurs y obligent & hypotequent tous & chacuns leurs autres biens meubles & immeubles, présens & à venir, une obligation ne déro-

geant à l'autre, transportant par ledit Jacques Duclos auldits Acquereurs, tous droits de propriété & autres, qu'il a & peut avoir sur lesdites deux Maisons presentement vendües, dont il s'est démis, & dessaisi à leur profit, & de leurs hoirs & ayans cause, voulant qu'ils soient saisis par & ainsi qu'il appartiendra, constituant à cette fin son Procureur le Porteur des presentes, lui donnant pouvoir de ce faire : Et ont lesdits Acheteurs reconnu que ledit Jacques Duclos leur a presentement mis ès mains les originaux desdits Contrats & adjudication desdites deux Maisons, passés par
Plus, trois quittances, dattées l'une comme l'autre, du
passées devant, &c. la premiere de Jean Maniant, Menuisier, de la somme de, &c. la deuxiéme de, &c. de toutes lesquelles pieces fournies ausdits Acquereurs, ils se sont contentés ; car ainsi a été convenu entre les Parties, lesquelles, pour l'exécution des presentes & de leurs dépendances, ont élû domicile chacune en leur Maison sus-désignée, auquel lieu, &c.

Quittance du reste du prix porté au précedent Contrat.

Ledit Jacques Duclos dénommé au précedent Contrat, reconnoît avoir reçû de Jacques Germain & sa femme, aussi y dénommés, par les mains de lui, qui pour ce present, lui a payé en la presence des Notaires soussignés, en louis d'or, d'argent & monnoye, le tout bon & ayant cours, la somme de, &c. sçavoir, &c. de principal qu'ils lui doivent pour restant du prix porté audit Contrat, &, &c. pour quatre mois d'interêts de ladite somme, qui ont couru depuis le jour dudit Contrat, jusqu'à ce-jourd'hui, de laquelle premiere somme de, &c. ledit Jacques Duclos est content, les en quitte, & tous autres. Fait & passé à Paris, en l'Etude de, &c. l'un des Notaires soussignés, le   jour, &c. & ont signé.

Vente de Boutiques du Palais, avec obligation solidaire & garantie, à l'exception des faits du Prince.

FURENT presens sieur Jacques Germain, &c. & Damoiselle Marie, &c. sa femme, qu'il autorise à l'effet des presentes, demeurant, &c. en leurs noms, & encore ledit Jacques Germain, au nom & comme Tuteur des enfans mineurs de lui & de Marguerite Gueret sa femme, en premieres nôces, heritiers chacun pour un quart de ladite défunte leur mere, par lesquels mineurs lesd. Sr. Jacques Germain & Dlle. Marie &c. à present sa femme, promettent solidairement de faire ratifier ces presentes au fur & à mesure que chacun d'eux atteindra l'âge de majorité ; ce faisant, les faire obliger solidairement avec eux à la garantie des Boutiques ci-après déclarées, à l'exception des faits du Prince, & encore à l'entretenement de toutes les charges, clauses & conditions du present Contrat, & en fournir Acte en bonne forme aux sieurs Acquereurs ci-après nommés, à peine de tous dépens, dommages & interêts, lesquels esdits noms, ont volontairement reconnu & confessé avoir vendu & transporté, dès maintenant & à toujours, & promettent en chacun desdits noms solidairement l'un pour l'autre, chacun d'eux & un seul pour le tout, sans division, discussion, ni sidejussion, à quoi ils re-

noncent, garantir de tous troubles, évictions & autres empêchemens généralement quelconques, excepté des faits du Prince comme dit est, au Sr. Claude Geraud, Marchand, & Marie son épouse, qu'il autorise à l'effet qui ensuit, demeurans, &c. à ce presens & acceptans, Acquereurs pour eux, leurs hoirs & ayans cause, deux boutiques sises, &c. où il y a pour enseigne, &c. lesquelles boutiques contiennent, &c, tenant icelles boutiques, d'une part &c. lesdites boutiques, comme elles se poursuivent, comportent & étendent de toutes parts, appartenantes ausdits Sieur & Damoiselle Vendeurs, esdits noms, au moyen de l'acquisition que ledit sieur Jacques Germain en a faite conjointement avec ladite défunte Marguerite Gueret sa premiere femme, du sieur Jacques Duclos, par Contrat passé devant   Notaires, le
& auquel sieur Duclos lesdites boutiques appartenoient, avec les autres y mentionnées, au moyen de la vente & adjudication qui lui en avoient été faites par les sieurs Commissaires Généraux à ce députés, suivant le Contrat de ladite adjudication du   & lesquelles deux boutiques ont été depuis acquises à titre de proprieté incommutable par ledit sieur Jacques Germain, de Messieurs les Commissaires Généraux à ce députés, par Contrat du   étant lesdites boutiques en la censive du Roi, & chargées envers la recette de son Domaine à Paris, de cinq sols de cens par chacun an, au jour de Saint Remy, comme il est énoncé au Contrat de ladite adjudication, pour toutes & sans autres charges, dettes, hypoteques, ni redevances, franches, & quittes des arrerages dudit cens, de tout le passé jusqu'à present; pour desdites deux boutiques, jouir, faire & disposer par lesdits sieurs Acquereurs, leursdits hoirs & ayans cause, comme bon leur semblera, & de chose leur appartenant, à commencer ladite jouissance & en percevoir les loyers de ce jourd'hui, se réservant lesdits Sieur & Damoiselle Vendeurs esdits noms, ceux qui sont échûs précedemment jusqu'à cedit jour; cette vente faite à la charge desdits cinq sols de cens, pour l'avenir seulement, & outre moyennant la somme de   sur laquelle somme de
lesdits Sieur & Damoiselle Vendeurs esdits noms, ont confessé avoir présentement reçu desdits sieurs Acquereurs, celle de   en louis d'or, d'argent & monnoye, le tout bon, compté, nombré & réellement délivré en presence des Notaires soussignés, dont ils sont contens & les en quittent; laquelle somme de   lesdits Sieur & Damoiselle Vendeurs, esdits noms, promettent d'employer en acquisition d'heritages ou rentes au profit dudit sieur Germain & de sesdits enfans mineurs, afin que lesdits heritages & rentes soient & demeurent par privilege & hypoteque spéciale, obligés & hypotequés à la garantie de ladite vente, & par les Contrats d'icelles acquisitions faire déclaration que les prix d'icelles proviendront de ladite somme de   & de faire subroger lesdits Acquereurs aux droits & hypoteques desdits Vendeurs, jusqu'à concurrence d'icelles, & desdits Contrats d'acquisitions, fournir expeditions ausdits Acquereurs dans deux mois d'hui prochains, à peine de tous dépens, dommages & interêts: Et pour les   restans desdits   lesdits Acquereurs en ont par cesdites presentes, constitué, & promettent solidairement l'un pour l'autre, chacun d'eux seul pour le tout, sans division, discussion, ni fidéjussion, à quoi ils renoncent,

garantir, fournir & faire valoir en principal, arrerages, aufdits Sieur & Damoiselle Vendeurs efdits noms, ce acceptant pour eux, leurfdits hoirs & ayans caufe, de rente annuelle & perpétuelle, que lefdits Acquereurs promettent payer aufdits Sieur & Damoiselle Vendeurs, leurs hoirs & ayans caufe, efdits noms, en leur maifon à Paris, ou au Porteur, aux quatre quartiers, à compter de cedit jour, dont le premier échera avec la portion du prefent mois, au   jour de   prochain, & ainfi continuer, à l'avoir & prendre fpécialement & par privilege fur lefdites deux boutiques, & généralement fur tous les autres biens, meubles & immeubles, préfens & à venir defdits Acquereurs, une obligation ne dérogeant à l'autre, pour d'icelle rente jouir, &c. lefquelles   de rente feront rachetables à toujours, en payant par les Rachetans, quand bon leur femblera, en un, deux ou trois payemens égaux, la fomme de avec les arrerages qui en feront lors échus, frais, mifes & loyaux coûts, au fur & à mefure defquels rachats, au cas que lefdits enfans dudit fieur Germain foient encore lors d'iceux payemens, mineurs, ou qu'ils n'ayent ratifié le prefent Contrat en majorité, lefdits Sieur & Damoiselle Vendeurs feront tenus folidairement, comme deffus, d'employer les deniers defdits rachats en acquifitions d'autres heritages ou rentes au profit d'icelui fieur Germain & de fes enfans mineurs, qui demeureront par privilege & hypoteque fpéciale chargés & hypotequés à la garantie defdites Boutiques, comme lefdits Sieur & Damoiselle Vendeurs le confentent; & par les Contrats defdites acquifitions qui feront paffés, fera déclaré que les deniers qui feront payés pour lefdites acquifitions, feront provenus defdits rachats, même de faire fubroger iceux Acquereurs aux droits, hypoteques & privileges defdits Vendeurs, & defdits Contrats portant lefdites déclaration & fubrogation, fournir expeditions en bonne forme aufdits Acquereurs, deux mois après lefdits rachats, à peine de tous dépens, dommages & interêts; & ce faifant, à la charge defdites rentes, lefdits Sieur & Damoiselle Vendeurs efdits noms, ont cedé & transporté tous droits de proprieté qu'ils avoient & pourroient avoir efdites boutiques, s'en deffaififfans au profit defdits Acquereurs & de leurs hoirs & ayans caufe: Ce faifant, lefdits Sieur & Damoiselle Vendeurs ont prefentement mis ès mains defdits fieurs Geraud & fa femme, les titres & pieces qui enfuivent, concernant la proprieté defdites boutiques: Sçavoir; les Originaux en parchemin defdits Contrats d'adjudication, d'aliénation & vente faite audit titre de proprieté incommutable par lefdits fieurs Commiffaires Généraux, le   Plus, l'original de la quittance de finance, &c. Plus, l'expedition en parchemin dudit Contrat d'acquifition faite par ledit fieur Germain & ladite défunte fa femme, le   jour   Plus, les anciens titres concernant la proprieté defdites boutiques, dont les premiers, &c. de la délivrance defquelles piéces lefdits Acquereurs fe contentent; & pour purger les hypoteques qui peuvent être fur le'dites boutiques, lefdits Acquereurs pourront les faire décreter fur eux, en telle Jurifdiction, & quand bon leur femblera, à leurs frais & dépens, & s'en rendre Adjudicataires pour tel prix qu'ils jugeront à propos, fans néanmoins être tenus que du prix ci-deffus ftipulé; Et fi au Décret, il furvient quelques oppofitions ou
empêchemens

empêchemens procedans du sait desdits Sieur & Damoiselle Vendeurs esdits noms, ou de leurs auteurs, lesdits Sieur & Damoiselle Vendeurs s'obligent solidairement comme dessus, de les faire lever & cesser huitaine après la dénonciation qui leur en aura été faite à leurs personnes, ou à leur domicile ci-après élû, à peine de tous dépens, dommages & interêts, & d'acquitter & indemniser lesdits Acquereurs de tous frais & droits extraordinaires qui pourroient être prétendus au sujet desdites oppositions, de maniere qu'ils ne soient tenus que des frais d'un simple Décret volontaire, lequel, avec le present Contrat, ne servira que d'un seul & même titre d'acquisition ; Et d'autant que ladite Damoiselle Marie, &c. est encore mineure, ledit sieur Germain son mari a promis lui faire ratifier ces presentes, & la faire d'abondant obliger avec lui esdits noms, à la garantie desdites boutiques, & entiere exécution des presentes, & de ladite ratification & obligation, fournir acte en bonne forme ausdits Acquereurs en cette Ville, incontinent après qu'elle aura atteint l'âge de majorité, qui sera dans &c. à peine de tous dépens, dommages & interêts ; pourquoi faire, par ladite Damoiselle Marie, &c. ledit sieur Germain son mari l'a dès à present autorisée ; & pour l'exécution desdites presentes & dépendances, lesdites Parties ont élû leurs domiciles : Sça-voir, ledit sieur, &c. en la maison, &c.

Vente de Maison avec la clause de Décret.

FUT present Timothée, &c. demeurant, &c. lequel a reconnu & confessé avoir vendu, cedé, quitté & transporté, dès maintenant & à toujours, promis & promet garantir de tous troubles & empêchemens gé-néralement quelconques, à Noël, &c. demeurant, &c. à ce present & accep-tant, Acquereur pour lui, ses hoirs & ayans cause, une Maison sise à, &c. consistant en *tant* de Chambres, Basse-Cour devant, & Jardin derriere clos de murailles, contenant le tout ensemble deux arpens, ainsi que ladite Mai-son, Jardin & lieux se comportent & étendent de toutes parts, & de fonds en comble, sans en rien excepter ni réserver par ledit Vendeur, la totalité de la Maison, Jardin & lieux tenans d'un côté à, &c. (*il faut mettre les tenans & aboutissans en cet endroit*) audit sieur Vendeur appartenant, tant de son pro-pre que d'acquisition, (*énoncer la proprieté*) étant icelle Maison & lieux en la consive de *tel* Seigneur, & envers lui chargée de *tels* cens & redevances que peut devoir, que lesdites Parties, quant à present, n'ont sçû dire, ni déclarer, de ce interpellées par les Notaires soussignés, pour toutes & sans autres char-ges, dettes, redevances ni hypoteques quelconques, ainsi que ledit Vendeur a dit & affirmé, franche & quitte néanmoins des arrerages desdits cens & droits Seigneuriaux de tout le passé jusqu'à ce jour ; pour de lad. Maison & dépen-dances, jouir, faire & disposer par ledit sieur Acquereur, sesdits hoirs & ayans cause, comme de chose à lui appartenante, à commencer de ce jour. Cette vente faite à la charge desdits cens & droits Seigneuriaux seulement, & outre moyennant la somme de vingt mille livres, sur laquelle ledit Vendeur confesse avoir reçû presentement comptant dudit sieur Acquereur, qui lui a payé, compté, nombré & réellement délivré, presens les Notaires soussignés, en louis d'or, écus, & autre bonne monnoye ayant cours, la somme de trois

mille livres, dont, &c. quittant, &c. & quant aux dix-fept mille livres restant
dudit prix, ledit Acquereur s'oblige de les payer audit sieur Vendeur, en sa
maison à Paris, ou au Porteur, &c. si-tôt que le Décret ci-après stipulé lui
aura été délivré, signé & scellé sans aucune opposition subsistante de la part dudit sieur Vendeur ou de ses auteurs, & jusqu'audit payement, ledit Acquereur lui en payera l'interêt au denier vingt, à compter de ce jour; à tous lesquels payemens ladite Maison, Jardin & lieux, sont & demeurent spécialement par privilege & préference dès-à-present, obligés & hypotequés,
avec tous & chacun les autres biens, meubles & immeubles, présens & à
venir dudit Acquereur, une obligation ne dérogeant à l'autre. Transportant
ledit Vendeur tous droits de proprieté, noms, raisons, actions qu'il pourroit avoir & prétendre sur ladite Maison & lieux dont il s'est défaisi au
profit dudit Acquereur, voulant qu'il en soit & demeure saisi & mis en
possession & saisine, par qui & ainsi qu'il appartiendra, en vertu desdites
presentes, constituant à cette fin son Procureur le Porteur d'icelles, lui
en donnant tout pouvoir; auquel Acquereur ledit Vendeur promet de fournir & délivrer tous les titres de la proprieté de ladite Maison lors du
payement desdites dix-sept mille livres restant dudit prix: Et pour purger
les hypoteques qui pourroient être sur lesdits lieux vendus, a été accordé
que ledit Acquereur les fera-décreter sur lui à ses frais & dépens, poursuites
& diligence, d'hui en six mois-prochains, en telle Jurisdiction que bon lui
semblera: Et icelle Maison, Jardin & lieux encherir & faire encherir à tel
& si haut prix, qu'il en soit & demeure Adjudicataire, sans que lesdites
Parties puissent prétendre de part ni d'autre, pour raison de ce, plus grand
ni moindre prix que celui ci-dessus: Et si audit Décret intervenoit des oppositions & empêchemens, soit afin de distraire, conserver, ou autrement,
procedant du fait dudit sieur Vendeur ou de ses Auteurs; icelui sieur Vendeur sera tenu & promet de les faire cesser & lever à ses dépens, huit jours
après qu'elles lui auront été signifiées à son domicile, ci-après élû; & faire
ensorte que ladite adjudication par Décret ne soit retardée, à peine de tous
dépens, dommages & interêts. Que si à cause desdites oppositions & empêchemens, il convenoit consigner, ledit sieur Acquereur ne sera tenu de
consigner que les dix-sept mille livres qui restent en ses mains dudit prix;
& ledit sieur Vendeur sera tenu, & promet aussi de consigner aussitôt le
surplus, si besoin est, même de l'acquitter & indemniser à sa premiere demande, de tous les frais extraordinaires des criées dudit Décret, avec lequel
ces presentes ne serviront que d'un seul & même titre d'acquisition. A ce
faire est intervenue Therese.... femme dudit sieur Vendeur, qu'il autorise
à l'effet des presentes, laquelle a volontairement ratifié & confirmé, & a eu
pour agréable la presente vente, qu'elle veut & consent sortir son plein &
entier effet; & a lad. Therese.... renoncé à toutes demandes & prétentions
qu'elle pourroit avoir & prétendre ci-après sur icelle Maison, Jardin &
lieux, tant pour ses dot, douaire & conventions matrimoniales à elle accordées par le Contrat de mariage d'entre ledit sieur Timothée & elle, qu'autres
droits & hypoteques, dont & du tout elle a, par cesdites presentes, quitté
& déchargé dès-à-present entierement ladite Maison & dépendances, &
promet de n'en rechercher ni inquieter directement ou indirectement ledit Sr.

Acquereur, ni feidits hoirs & ayans caufe ; car ainfi, &c. Pour l'exécution des prefentes, *élection de domicile, &c.*

Quand l'Acquereur acheve de payer le refte du prix, il faut mettre la quittance fur la minutte & fur les groffes du Contrat, foit à la fin ou en marge, comme dans la formule fuivante.

Quittance du refte du prix du précedent Contrat.

Et le *tel jour* eft comparu devant les Notaires, &c. Timothée, &c. lequel reconnoît avoir reçu comptant dudit Noel, &c. Acquereur nommé au Contrat ci-devant, à ce prefent, qui lui a payé & réellement délivré, prefens lefdits Notaires fouffignés, en louis d'or & autre monnoye ayant cours, la fomme de dix-fept mille livres, que ledit Noel lui devoit de refte de celle de vingt mille livres, pour laquelle ledit Timothée, par le Contrat ci-deffus, lui a vendu la Maifon & lieux y mentionnés ; & de laquelle fomme ledit fieur Thimothée eft content, & en quitte ledit fieur Noel & tous autres ; enfemble des interêts qui étoient dûs jufqu'à ce jour, au moyen du payement que ledit Noel lui en a auffi fait en pareilles efpeces que deffus ; ce faifant, ledit Noel reconnoît que ledit Timothée lui a prefentement fourni & délivré tous le titres qu'il avoit pardevers lui, concernant la proprieté de ladite Maifon, Jardin & lieux, qui font ; fçavoir, un extrait du partage fait entre lui & fes co-heritiers, ès fucceffions de feu fes pere & mere, devant *tels* Notaires, *un tel jour*, faifant mention qu'une portion de ladite Maifon, Jardin & lieux lui eft échûe par ledit partage. Plus, l'expedition en parchemin du Contrat d'acquifition qu'il a faite du furplus, paffé devant *tels* Notaires, le *tel jour*. Plus, *telles & telles* pieces ; *il les faut fpécifier en cet endroit, ou bien faire un état fommaire de tous lefdits titres à part, & dire que le Vendeur a délivré à l'Acquereur, tous les titres de la proprieté de la chofe vendue, fuivant le bref état ou inventaire qui en a été fait, qui eft demeuré annexé à la minute de la décharge, après qu'il a été figné & paraphé des Parties & Notaires ;* dont & de toutes lefquelles pieces ledit Notaire eft content, en quitte & décharge ledit Timothée & tous autres ; promettant, &c. obligeant, &c.

Vente d'une Terre à la charge de Décret, & d'une rente, &c.

FUT prefent Meffire Jacques de la Fond, Seigneur de la Terre de Vic, &c. demeurant, &c. lequel a par ces prefentes, vendu & tranfporté, dès-à-prefent & à toujours, & promet garantir de tous troubles & empêchemens généralement quelconques, à Meffire Georges des Landes, à ce prefent & acceptant, Acquereur pour lui, fes hoirs & ayans caufe, la Terre & Seigneurie de   confiftant au Château, &c. avec la mouvance des Fiefs, &c. & la haute, moyenne & baffe Juftice, cens, rentes, tant en grains, volailles, que deniers, droits de chaffe & de Riviere, Terres labourables, prés, bois, &c. & tous autres droits & appartenances de ladite Terre & Seigneurie, ainfi qu'elle fe pourfuit & comporte, fans aucune réferve; ladite Terre & Seigneurie fituée prés, &c. appartenante audit Seigneur de la Fond, comme il a dit & affirmé, lui étant échûe par la fucceffion de, &c. affirmant en outre ledit fieur de la Fond, que depuis que lad. Terre lui appartient, il n'en a vendu ni engagé aucune chofe, & déclare que ladite Terre eft mouvante & releve en foi & hommage du Seigneur de, &c. aux charges & profits féodaux ordinaires dûs par la Coutume de, &c. en laquelle elle eft fituée (*s'il y a d'autres rentes ou charges en faire mention*) des arrerages defquelles rentes ou Droits Seigneuriaux, ladite Terre eft quitte & déchargée, pour avoir été payés pour le paffé jufqu'à prefent; pour de ladite Terre & Seigneurie de   & de fes dépendances, jouir, faire & difpofer par ledit fieur des Landes, fes hoirs & ayans caufe à toujours, à commencer de ce jourd'hui, de la maniere que ledit fieur Vendeur en a joui jufqu'à prefent; cette vente faite aux charges fufdites, & outre moyennant la fomme de trente mille livres, fur laquelle ledit Sr. de la Fond reconnoît avoir reçû comptant dud. fieur des Landes, qui lui a prefentement payé, &c. la fomme de quinze mille livres, dont il fe tient content, cinq mille livres que ledit fieur des Landes promet payer audit fieur de la Fond, ou au Porteur en cette Ville de Paris, d'hui en un an prochain, fans interêt, pendant lequel tems ledit fieur Acquereur pourra faire décreter ladite Terre & Seigneurie, fi bon lui femble, ainfi qu'il fera ci-après ftipulé, fans néanmoins que le Décret, fait ou non fait, puiffe retarder ni differer le payement defdites cinq mille livres, à moins que ce ne fût dans ledit tems d'un an, & en procedant audit Décret, il y eût des oppofitions formées afin de diftraire, conferver ou autrement: Et pour le regard des autres dix mille livres reftant à payer de ladite fomme de trente mille livres pour le prix de ladite vente, ledit fieur des Landes en a, par ces prefentes, vendu, créé, conftitué & affigné, dès-à-prefent, à toujours, & promet garantir de tous troubles & empêchemens généralement quelconques, fournir & faire valoir, tant en principal que rachat, audit fieur de la Fond, ce acceptant pour lui, fes hoirs & ayans caufe, cinq cens livres de rente annuelle & perpétuelle, que ledit fieur Acquereur promet payer & continuer audit fieur Vendeur, fes hoirs & ayans caufe, ou au Porteur pour eux, en cette Ville de Paris, dorenavant par chacun an aux quatre quartiers, dont le premier échera le dernier jour du mois de Mars prochain, ainfi continuer tant que ladite rente aura cours, à la garantie, cours & continuation defdits cinq cens livres de rente, tant en principal qu'arrerages, ladite Terre & Seigneurie demeure fpécialement par privilege & préference dès-à-prefent, affectée & hypotequée, avec tous & chacuns les autres biens immeubles, prefens & à venir dudit Acquereur, une obligation ne dérogeant à l'autre, pour de ladite rente jouir, faire & difpofer par ledit Vendeur, fes hoirs & ayans caufe; laquelle rente fera à toujours rachetable à la volonté dudit fieur des Landes, pour ladite fomme de dix mille livres payable en un feul payement; & aufdites charges, conditions & conventions fufdites, ledit fieur Vendeur a tranfporté tous & tels droits de proprieté, fonds, très-fonds, noms, raifons, actions, faifines, poffeffions & autres chofes généralement quelconques, qu'il pourroit avoir & prétendre fur ladite Terre & Seigneurie, dont il s'eft, par ces prefentes, défaifi, démis & dévêtu au profit dudit Acquereur, confentant qu'il en foit & demeure faifi & mis en poffeffion & faifine, par qui

& ainsi qu'il appartiendra, en vertu des presentes; constituant pour cet effet son Procureur, le Porteur d'icelles, lui en donnant tout pouvoir. Plus, ledit sieur Vendeur a presentement mis ès mains dudit sieur Acquereur, les Contrats, Décrets & pieces contenuës dans un bref inventaire qui en a été fait par les Parties, & annexé à la presente minute, pour y avoir recours, concernant la proprieté de ladite Terre avec ses dépendances; après avoir été desdites Parties, & à leur réquisition, paraphé des Notaires soussignés.

Et pour purger les hypoteques qui pourroient être constituées sur ladite Terre & Seigneurie, a été convenu que ledit sieur Acquereur pourra la faire saisir, vendre & adjuger sur lui, à ses frais & dépens, poursuites & diligences, dans l'espace d'un an, ou toutes & quantes fois que bon lui semblera, soit au Châtelet de Paris ou ailleurs, & s'en rendre Adjudicataire, moyennant tel & si haut prix qu'il conviendra porter, sans néanmoins qu'il soit tenu d'en payer plus ni moins que le prix convenu ci-dessus; & si en procedant audit Décret, il survenoit quelques empêchemens ou oppositions de la part du Vendeur ou de ses auteurs, soit afin de distraire, conserver ou autrement, ledit sieur Vendeur sera tenu & s'oblige de les faire cesser & vuider dans un mois après qu'elles auront été signifiées à sa personne, ou au domicile ci-après élû, ensorte que ledit Décret n'en soit aucunement retardé; & si en conséquence desdites oppositions ledit Acquereur étoit obligé de consigner le prix de l'adjudication, l'Acquereur consignera seulement ladite somme de cinq mille livres, qu'il s'est obligé de payer dans ledit tems d'un an, & ledit sieur Vendeur consignera le surplus, à quelque somme que ladite adjudication puisse monter, à la décharge dudit sieur Acquereur, & l'acquittera & l'indemnisera à sa premiere demande de tous les frais extraordinaires de criées dudit Décret, avec lequel ces presentes ne serviront que d'un seul & même titre d'acquisition, &c.

Au lieu de la clause: *Que le Vendeur consignera en cas d'oppositions*, ou peut mettre cette autre clause: *Que s'il convient consigner, que l'Acquereur le pourra faire, si bon lui semble, sans qu'il soit tenu d'aucuns droits de consignation ni distribution, & autres droits imprévûs, lequel, en ce cas, sera indemnisé par & sur les biens du Vendeur.*

Clause de faire, par le Vendeur, ratifier sa femme.

Et pour plus grande sûreté de l'Acquereur, ledit Vendeur s'oblige de faire ratifier le present Contrat par Damoiselle   sa femme, quand elle sera parvenue à sa majorité, & la faire obliger solidairement avec lui aux renonciations requises, & à la garantie de ladite Terre ou Maison vendue, entretenement & accomplissement du contenu au present Contrat, d'en fournir acte en bonne forme, à peine de tous dépens, dommages & interêts contre ledit Vendeur.

Ratification de la femme du Vendeur.

Et le   jour de   est comparue devant
les Notaires soussignés, Damoiselle, &c. femme de *tel*, de lui pour ce
present autorisée à l'effet des presentes, nommée au Contrat de vente ci-
dessus, laquelle après que lecture lui en a été faite par l'un desdits Notaires
soussignés, qu'elle a dit avoir bien entendu, a eu ledit Contrat pour agréable, & par ces presentes l'a ratifié, approuvé & confirmé, veut, consent qu'il
sorte son plein & entier effet, selon sa forme & teneur; promet l'entretenir &
accomplir; & pour la garantie de ladite Maison vendue par ledit Contrat,
charges, clauses & conditions y contenues, ladite Damoiselle s'est obligée
solidairement avec ledit   son mari, sans division,
discussion, ni fidéjussion, à quoi elle renonce envers ledit
Acquereur dénommé audit Contrat, à ce present & acceptant, &c.

Clause de solidité quand plusieurs Acquereurs s'obligent pour le payement du restant du prix.

Et quant au surplus de ladite somme, montant à celle de cinq mille livres,
lesdits sieurs Acquereurs s'obligent solidairement l'un pour l'autre, chacun
d'eux seul pour le tout, sans division ni discussion, à quoi ils renoncent, la
payer audit sieur Vendeur, ou au Porteur des presentes pour lui, en sa Maison à Paris, dans *tel tems*, à peine de tous dépens, dommages & interêts;
& jusqu'à l'actuel payement, lesdits sieurs Acquereurs s'obligent d'en
payer les interêts à raison du denier vingt, aux quatre quartiers de l'année,
à commencer le premier terme au premier jour de l'année prochaine, d'autant qu'ils entrent en la possession & jouissance de ladite Maison dès ce jour
de la passation des presentes. Et pour la sûreté duquel payement, ladite
Maison ci-dessus vendue, sera & demeurera par privilege, hypoteque & préference spéciale, &c.

Déclaration de l'Acquereur, que le payement est fait des deniers d'un autre, avec subrogation.

Déclarant ledit Acquereur que dans ladite somme de vingt mille livres,
qu'il vient de payer audit sieur Vendeur, est entrée celle de huit mille livres,
qu'il a empruntée à constitution de rente du sieur Jean de la Chaux, Marchand, suivant le Contrat passé devant   Notaires,
le   au désir duquel Contrat ledit Acquereur fait la presente
déclaration, afin que comme il le requiert, ledit de la Chaux soit subrogé
jusqu'à concurrence de ladite somme de huit mille livres aux droits dudit
sieur Vendeur, & acquiert privilege sur ladite Maison; laquelle subrogation
ledit sieur Vendeur a consentie, sans aucune garantie, restitution de deniers,
ni aucun recours, & aussi sans concurrence avec lui pour ce qui lui reste dû
en principal & interêts.

Clause que l'Acquereur employera le prix au payement des anciens Créanciers du Vendeur.

Cette vente faite moyennant la somme de quinze mille livres, laquelle ledit Acquereur promet employer en l'acquit du Vendeur dans deux mois d'hui, au payement & rachat de *telles* rentes constituées au profit de que ledit Vendeur a dit & affirmé être des plus anciennes dettes, dont ladite Maison peut être chargée, montant en principal à dix mille livres, & des cinq mille livres restantes il promet en payer les arrerages échûs, & qui écheront jusqu'audit tems, de deux mois prochains, frais desdits rachats, mises & loyaux-coûts; & rendre audit Vendeur le réste, si aucun y a, dans ledit tems de deux mois; faisant lesquels rachats & payemens, ledit sieur Acquereur déclarera que les deniers d'iceux proviennent de la presente acquisition, & se fera subroger aux droits & hypoteques desdits créanciers du jour de leurs Contrats de constitution, pour sa plus grande sûreté & garantie de ladite Maison, laquelle subrogation ledit Vendeur a dès-à-present consentie & accordée. Et pour cet effet, ledit Acquereur retiendra lesdits Contrats de création & titres nouvels desdites rentes, & fournira seulement audit Vendeur, à ses dépens, copies collationnées des quittances du rachat dans ledit tems de deux mois; & au cas que ledit sieur Acquereur ne fît ou ne pût faire lesdits rachats dans ledit tems, soit par l'absence des créanciers ou autre cause, ledit Acquereur se charge des arrerages desdites rentes qui écheront, à commencer dudit tems de deux mois expiré: Et néanmoins sera tenu ledit Acquereur faire lesdits rachats, & faire apparoir des quittances d'iceux, & en fournir copies collationnées audit Vendeur, au plus tard d'hui en un an, afin que ledit Vendeur soit & demeure quitte desdites rentes & arrerages d'icelles, à peine de tous dépens, dommages & interêts.

Vente faite par un Débiteur pour acquitter ses dettes au profit de sa femme séparée de biens.

FURENT présens Messire Dubois, & Dame   son épouse, séparée de biens d'avec lui par Sentence du   néanmoins de lui autorisée pour l'effet des presentes, demeurans à Paris, rue Disant, sçavoir, ledit sieur Dubois, que pour se liberer des poursuites que ses créanciers faisoient continuellement contre lui, il leur auroit offert plusieurs fois de leur abandonner trois Maisons à lui appartenantes, sises en cette Ville de Paris, rue   & la Terre & Seigneurie de Villebois, située   & encore *telle* rente à lui dûe par AA. que s'ils eussent accepté dès le tems qu'il leur a offert, ils auroient été payés & satisfaits; & ayant consideré que depuis ledit tems la valeur desdits effets est considerablement diminuée, tant à cause de la guerre, que par le déperissement des lieux, & que le montant desdites dettes est augmenté par les interêts qui en ont couru, & les poursuites & procedures desdits créanciers, ayant même été averti que quelques-uns d'eux prenant avantage du malheur du tems,

& de l'impuiſſance en laquelle il eſt à preſent de les ſatisfaire, veulent faire
vendre leſdites choſes à la rigueur & à vil prix, au préjudice dudit ſieur Dubois & de ſes légitimes créanciers; ayant d'ailleurs conſideré que ladite Dame
Dubois ſa femme eſt ſa créanciere d'une ſomme notable, en vertu de
leur contrat de mariage & Sentence de ſéparation; qu'elle lui a fait entendre qu'elle a trouvé une perſonne d'honneur de ſes parens qui lui prêtera les
deniers néceſſaires pour acheter les choſes ſuſdites, afin que par ce moyen
elle pût être payée de ſes conventions matrimoniales, & choſes à elle adjugées
par ladite Sentence de ſéparation, dont elle appréhendoit la perte, à cauſe
de la qualité des dettes précedentes ledit Contrat de mariage, les interêts d'icelles, qui augmentoient tous les jours, & les frais de pourſuites &
procedures judiciaires, & qu'elle lui offroit une ſomme plus grande des choſes
ſuſdites, que celle pour laquelle il les avoit voulu laiſſer pluſieurs fois à ſeſd.
créanciers, quoique lors les choſes ſuſdites fuſſent en meilleur état, & que
le tems fût plus avantageux qu'il n'eſt à preſent; c'eſt pourquoi, par l'avis de
ſes parens & amis, pour éviter la vente à vil prix & l'entier dépériſſement
des choſes ſuſdites, empêcher qu'une partie d'icelles ne fût conſommée en
frais, mais employée au payement de ſes créanciers légitimes, & faciliter
la reſtitution des conventions matrimoniales & payemens de la penſion adjugée à ladite Dame Dubois par ladite Sentence de ſéparation, lui aſſurer
ſon douaire & préciput, & pour ſe liberer des pourſuites deſdits créanciers,
ledit ſieur Dubois a vendu, cedé & tranſporté, dès-à-preſent & à toujours,
promet garantir de tous troubles & empêchemens généralement quelconques, au profit de ladite Dame Dubois ſon épouſe, à ce preſente & acceptante pour elle, ſes hoirs & ayans cauſe, leſdites trois maiſons ſiſes à Paris,
&c. & ladite Terre de Villebois ſiſe à   &c. & en la maniere qu'en jouit
à preſent ledit ſieur Dubois, ſans aucune réſerve, que ladite Dame Dubois
a dit bien ſçavoir; pour jouir par elle, ſeſdits hoirs & ayans cauſe, deſdites
trois Maiſons, avec toutes les actions reſcindantes & reſciſoires qui lui appartiennent, à cauſe de ladite Terre de Villebois. *Item*, cede la ſomme de
            qui lui eſt dûe par AA. tant en principal, interêts que dépens, &
conſent qu'en vertu du preſent tranſport ladite Dame reprenne ſous ſon
nom toutes les pourſuites par lui commencées, pour ſe faire payer par ledit
AA. & pour cet effet lui a mis preſentement entre les mains les pieces néceſſaires concernant leſdites dettes, & conſent qu'elle retire les autres qui
ſont entre les mains des Avocats & Procureurs, & donne quittance audit AA.
débiteur, & à ceux de ſes débiteurs ès mains deſquels ladite Dame Dubois
a ſaiſi; leſquels en ce faiſant, demeureront valablement déchargés; & outre
ce, lui vend tous les meubles, de quelque nature & qualité qu'ils ſoient,
qui ſont dans leſdites Maiſons, tant de cette Ville de Paris, que de ladite
Terre de Villebois, dont il a dreſſé un Mémoire qu'il a preſentement mis ès
mains de ladite Dame Dubois, & qui a été ſigné & paraphé deſdites Parties
en preſence des Notaires ſouſſignés. Cette vente & ceſſion faite par ledit
ſieur Dubois, à la charge d'entretenir par ladite Dame les baux qui ont été
faits par ledit ſieur Dubois deſdites Maiſons, Terres & lieux par lui preſentement vendus pour le tems porté par iceux, & pour ceux qu'il pourroit
faire ci-après, & les quittances qu'il donnera des revenus qu'il recevra des

Fermiers

Fermiers & Locataires, ne préjudicieront au droit de propriété d'iceux à ladite Dame Acquereure, qui ratifiera lesdits baux quand elle en sera requise, ès mains de laquelle ledit sieur Vendeur sera tenu de remettre lesdits loyers qui auront été par lui reçus, comme Proprietaire desdits lieux, en conséquence de la presente vente, & à la charge par ladite Dame Acquereure, de payer à sesdits créanciers jusqu'à la somme de

dont ledit sieur son mari lui a pareillement mis entre les mains un état, qui a été pareillement signé & paraphé desdites Parties & Notaires soussignés. Consent que si ladite Dame Dubois peut obtenir desdits créanciers quelque remise, soit sur le principal, interêts, frais & dépens, elle en profite seule, & outre, à la charge que ledit sieur Dubois demeurera quitte envers ladite Dame Acquereure, tant de la somme de

en laquelle il a été condamné par ladite Sentence de séparation, pour la restitution de ses deniers dotaux, que de la pension de

par chacun an à elle adjugée par la même Sentence, sans préjudice de son douaire & préciput ; consentant que ladite Dame Dubois, Acquereure, & ceux qui lui prêteront des deniers pour le payement desdits créanciers, soient & demeurent subrogés aux droits, noms, raisons, actions & hypoteques desdits créanciers, & dès-à-present, il autorise ladite Dame pour emprunter les deniers nécessaires pour leur payement, & s'oblige solidairement avec elle, à la charge qu'elle l'acquittera & indemnisera de ladite obligation ; & comme lesdites Maisons sises   & Terre de Villebois sont saisies réellement sur ledit sieur Dubois, il consent que ladite Dame son épouse obtienne main-levée desdites saisies-réelles & oppositions formées à icelles, ainsi qu'elle avisera bon être, & qu'ensuite elle les fasse saisir réellement, & adjuger sur elle pour la sûreté de la presente acquisition ; s'il est nécessaire que ladite Dame Acquereure vende quelques-uns desdits heritages, il consent qu'elle les vende & en dispose elle seule à telles personnes, prix, charges, clauses & conditions qu'elle voudra, en qualité de femme séparée & de lui autorisée dès-à-present pour cet effet, & veut que tous les Contrats qu'elle en fera elle seule en son absence, soient aussi valables comme s'il avoit été present, en vertu de cette presente autorisation ; ce qui a été accepté par ladite Dame, laquelle moyennant la vente & cession des choses susdites, a quitté, & déchargé ledit sieur Dubois de ladite somme de

& pension de   à elle adjugées par ladite Sentence de séparation ; & à l'égard de ses douaire & préciput, tels qu'ils sont stipulés par son Contrat de mariage, elle se réserve ses hypoteques du jour d'icelui ; & outre ce, a promis payer ou faire payer aux créanciers dudit sieur Dubois la somme de   suivant ledit état, qu'il lui a presentement mis ès mains, moyennant quoi, elle ou ceux qui feront lesdits payemens, demeureront subrogés en leurs droits, actions & hypoteques, & ont lesdites Parties consenti en tant que besoin seroit, que le present Contrat soit homologué en Justice, si besoin est ; & afin que ladite Dame Acquereure jouisse dès-à-present des choses susdites à elle vendues & cedées par le present Contrat, led. Sr. Dubois lui a presentement mis entre les mains. &c. & autres titres, Contrats & papiers qu'il avoit pardevers lui de toutes les susdites choses ; & néanmoins a été convenu que toutes fois & quantes

Tome I.   L l l

qu'il plaira audit fieur Vendeur de rentrer en la poffeffion des chofes fufdites, il lui fera loifible, en rembourfant à ladite Dame fon époufe les fommes qu'elle aura payées aufdits créanciers, ee que ladite Dame a accordé
à la perfonne dudit fieur Dubois fon mari feulement, fans qu'après fon
décès, fes heritiers puiffent faire ledit rembourfement; mais qu'au cas que
ledit fieur Dubois la prédécede, elle demeurera Proprietaire incommutable
des chofes ci-deffus énoncées ; & au cas qu'aucune chofe ait été reçuë
de ladite fomme de   ci-deffus exprimée, ladite
Dame   l'imputera fur lefdites dettes qu'elle aura
payées & acquittées aufdits créanciers ; car ainfi, &c. Promettant, &c.
obligeant, &c. chacun en droit foi, renonçant, &c. Fait & paffé,
&c.

Vente de Droits fucceffifs portant conftitution de Rente.

FUT prefente Marie, &c. veuve de Claude, &c. demeurante, &c. héritie-
re pour un tiers de Claude, &c. & Nicole &c. fes pere & mere, laquelle
a reconnu avoir vendu, cedé, quitté, tranfporté & délaiffé dès maintenant
à toujours, fans aucune garantie, finon de fes faits & promeffes, à Etienne,
&c. fon frere, demeurant, &c. à ce prefent & acceptant, Acquereur pour
lui, fes hoirs & ayans caufe, tous les droits fucceffifs, mobiliers & immobiliers, fruits & revenus d'iceux, droits, noms, raifons & actions refcin-
dants & refcifoires à ladite Marie, &c. appartenant, & qui lui font échus par
le décès defdits défunts fes pere & mere, en quelques lieux & endroits que
lefdits biens & droits fucceffifs fe trouvent dûs & fitués, en quoi qu'ils puiffent confifter, fans aucune réferve, encore qu'ils ne foient ici particulierement exprimés ni déclarés ; difant lefdites Parties, le tout bien fçavoir &
connoître, pour en jouir, faire & difpofer par ledit Acquereur, lefdits
hoirs & ayans caufe, comme de chofe à lui appartenante au moyen des prefentes. Cette vente & tranfport faits à la charge des Cens & Droits Seigneuriaux que peuvent devoir les heritages compris en la prefente vente envers les Seigneurs dont ils relevent, que lefd. Parties n'ont fçû déclarer, de
ce interpellées par les Notaires fouffignés, & à condition que ledit Acquereur
fera tenu ainfi qu'il promet & s'oblige, d'acquitter lad. Marie &c. de fa part de
toutes les dettes paffives qui lui pourroient être demandées par qui que ce
foit, à caufe defdites fucceffions; enfemble des frais funeraires defdits défunts, &c. & de faire enforte qu'elle n'en foit recherchée ni inquiétée, à
peine de tous dépens, dommages & interêts ; & outre moyennant le prix &
fomme de quatre mille cinq cens livres, pour laquelle ledit Etienne, &c.
a par ces mêmes prefentes vendu, créé, conftitué, affis & affigné dès maintenant à toujours, & promet garentir de tous troubles & empêchemens à ladite Marie, &c. ce acceptant pour elle, fes hoirs & ayans caufe, deux
cens vingt-cinq livres de rente annuelle & perpétuelle que ledit Etienne, &c. s'oblige de payer à ladite Marie, &c. & à fes hoirs & ayans caufe,
par chacun an, en fa Maifon à Paris, ou au Porteur, &c. aux quatre
quartiers accoutumés ; le premier d'iceux échéant au dernier jour de Décembre prochain, pour portion de tems, & ainfi continuer de quartier

en quartier, tant que ladite rente aura cours, à l'avoir & prendre fur tous & chacuns lefdits biens & droits fucceffifs prefentement vendus, qui en font & demeurent dès-à-prefent par préference & privilege fpécial chargés & hypotequés, avec tous & chacuns les autres biens, meubles & immeubles, prefens & à venir dudit Etienne, &c. à garantir, fournir & faire valoir ladite rente, bonne, folvable & bien payable par chacun an aufdits quatre quartiers fans aucune diminution, nonobftant toutes chofes à ce contraires, une obligation ne dérogeant à l'autre, pour defdites deux cens vingt-cinq livres de rente, jouir, faire & difpofer par ladite Marie, &c. fes hoirs & ayans caufe, comme de chofe à lui appartenante au moyen des prefentes, rachetables à toujours lefdites deux cens vingt-cinq livres, en rendant & payant à une fois & feul payement, pareille fomme de quatre mille cinq cens livres, avec les arrerages qui en feront lors dûs & échûs, frais, mifes & loyaux-coûts; & aux charges & conditions fufdites, ladite Marie &c. a en outre tranfporté tous & tels droits de propriété, fonds, noms, raifons, actions, faifine, poffeffion & autres chofes généralement quelconques, qu'elle avoit & pourroit prétendre fur tous lefdits droits fuccef-fifs dont elle s'eft par cefdites prefentes défaifie pour & au profit dudit Etienne, lequel s'eft auffi défaifi de tous fefdits biens & heritages, juf-qu'à la concurrence de ladite rente, en principal & arrerages, frais, mifes & loyaux-coûts, au profit de ladite Marie, &c. Voulant, confen-tant & accordant lefdites Parties réciproquement, que chacune d'elles en droit foi en demeure faifie, mife & reçue en bonne & fuffifante poffef-fion & faifine, par qui & ainfi qu'il appartiendra, en vertu defdites pre-fentes, conftituant à cette fin leur Procureur général & fpécial le Por-teur d'icelles; car ainfi, &c. & pour l'exécution des prefentes ont élû domi-cile, &c. Fait & paffé, &c.

Vente d'un Fief & des Rotures qui en dépendent.

FUT prefent Baltazard, &c. Ecuyer, Seigneur de l'Eftang, & autres lieux, demeurant à Paris, ruë, &c. lequel reconnoît avoir vendu & tranfporté dès maintenant à toujours, & promet garantir de tous troubles, dettes, hypoteques, dons, douaires, fubftitutions, évictions, aliénations, & autres empêchemens généralement quelconques, à Meffire Gabriel, &c. Chevalier, Seigneur, Baron de Beauregard & autres lieux, demeurant ruë, &c. à ce prefent & acceptant, Acquereur pour lui, fes hoirs & ayans caufe, le Fief, Terre & Seigneurie de l'Eftang, fitué dans la Pa-roiffe de Saint Martin, Pays . . . avec toutes fes dépen-dances, tant en Fief que roture, ainfi que le tout fera ci-après déclaré, confiftant en un Château & Maifon Seigneuriale, Juftice haute, moyen-ne & baffe, cens, rentes, tant en grains, volailles, qu'en argent, droit de chaffe & de riviere & étang; ladite Maifon Seigneuriale appliquée à plufieurs logemens, cour baffe, cour haute, colombier à pied, le tout fermé de fortes & hautes murailles, flanqués de tours & tourelles, pont-levis, entourée de profonds foffés à eaux vives, peuplés de poiffon. *Item*, le grand Jardin étant au-devant de l'entrée dudit Château, auffi fermé

de murailles, contenant environ trente arpens, dans lequel font plantés plufieurs arbres fruitiers, parterres, allées, paliffades, hayes hautes, fontai-
nes jailliffantes, & un Vivier de trois arpens, auffi peuplé de poiffon; ledit
jardin féparé dudit Château par un grand chemin, qui eft entre deux, d'environ cent pas de large. *Item*, une garenne de foixante arpens derriere ledit
jard'n, peuplée de lapins; un bois de haute futaye de fix-vingt arpens, à
l'un des côtés de ladite garenne; & de l'autre côté, un bois taillis de quatre-
vingt-dix arpens; deux cens arpens de terres labourables en plufieurs piè-
ces; une piece de pré appellée *le grand Pré*, contenant foixante arpens, le
tout en Fief, fitué au-dedans de lad. Paroiffe de S. Martin, & relevant en arriere-Fief de ladite Baronie de Beauregard. *Item*, cinquante arpens de
terres labourables en roture en plufieurs piéces, & quinze arpens de pré en
une piéce, auffi en roture, pareillement fitués en ladite Paroiffe de Saint
Martin, étant en la cenfive dudit Fief de l'Eftang; & généralement tout ee
qui eft & dépend dudit Fief de l'Eftang, tant en Fief que roture, audit fieur
Vendeur appartenant, fans aucune chofe en excepter ni réferver, & ainfi
que le tout eft avenu & échu à icelui fieur Vendeur par le décès de feu Meffire Ifaac, &c. fon pere, vivant, Chevalier, Seigneur dudit lieu de l'Eftang &
autres lieux, par le partage fait entre lui & fes co-heritiers de la fucceffion
dudit défunt, pardevant *tels* Notaires, le *tel* jour, franc & quitte de toutes
dettes & hypoteques quelconques juqu'à ce jour; ayant ledit fieur Vendeur
préfentement délivré audit fieur Acquereur l'extrait cejourd'hui fait par les
Notaires fouffignés fur l'original dudit partage, concernant le fufdit Fief,
Terre & Seigneurie de l'Eftang, des chofes ci-deffus vendues, avec tous
les autres titres, anciens aveux, dénombremens & déclarations de ladite
Terre & Seigneurie de l'Eftang & fes dépendances, tant en Fief que roture
qu'il avoit pardevers lui, felon que le tout eft énoncé au bref état qui en a
été fait, féparé des prefentes, figné & paraphé *ne varietur* defdites Parties &
Notaires fouffignés, dont ledit fieur Acquereur fe contente, & promet d'en
aider ledit fieur Vendeur fous fon récepiffé, s'il le pourfuivoit ci-après en recours de ladite garantie; pour dudit Fief, Terre & Seigneurie de l'Eftang,
fes appartenances & dépendances, tant en Fief que roture, fans aucune réferve,
comme dit eft, jouir, faire & difpofer par ledit fieur Acquereur, fefdits hoirs &
ayans caufe, comme bon leur femblera, au moyen des prefentes, à commencer ladite jouiffance du jour de Saint Martin d'hyver prochain, jufqu'auquel
jour ledit fieur Vendeur s'eft réfervé les loyers & fermages de ladite Terre &
Seigneurie de l'Eftang, & chofes ci-deffus vendues; & à la charge d'entretenir par ledit Sr. Acquereur le bail que ledit fieur Vendeur en a fait à Roland,
&c. pardevant *tels* Notaires, un *tel* jour, durant les trois années reftantes à expirer d'icelui, dudit jour Saint Martin d'hyver prochain. Cette vente faite à
la charge dudit bail feulement; & outre moyennant le prix & fomme de
cent cinquante mille livres, que ledit fieur Acquereur s'oblige de payer audit fieur Vendeur en fa Maifon à Paris, ou au Porteur; fçavoir, cinquante
mille livres dans ledit jour de Saint Martin d'hyver prochain, autres cinquante mille livres dans le jour de Pâques enfuivant, & les autres cinquante mille livres reftans, dans le jour de Saint Martin d'hyver auffi enfuivant,
avec l'interêt de ladite fomme de cent cinquante mille livres, à raifon de
l'Ordonnance, à compter dud. jour de S. Martin d'hyver prochain feulement,

jusqu'au parfait & entier payement, sans que ledit sieur Vendeur puisse prétendre ni demander aucuns interêts dudit prix de ce jourd'hui, jusqu'au jour de Saint Martin d'hyver prochain, à mesure desquels payemens ledit interêt diminuera à proportion d'iceux ; auquel payement dudit principal & interêt, ledit Fief, Terre & Seigneurie de l'Estang & autres choses ci-dessus vendues, demeurent principalement par préference & privilege, obligés & hypotequés avec tous & chacuns les autres biens, meubles & immeubles presens & à venir dudit sieur Acquereur, sans qu'une obligation déroge à l'autre; & aux conditions susdites, ledit sieur Vendeur a transporté tous droits de proprieté, fonds, très-fonds, noms, raisons, actions, saisine & possession qu'il pourroit avoir & prétendre sur toutes les choses ci-dessus venduës, dont il s'est désaisi, démis & dévêtu par ces presentes, pour & au profit dudit sieur Acquereur & de ses hoirs & ayans cause, consentant qu'il en soit & demeure saisi & mis en possession & saisine, par qui & ainsi qu'il appartiendra, en vertu desdites presentes, en la maniere accoutumée; déclarant ledit sieur Acquereur, qu'il veut que ledit Fief, Terre & Seigneurie de l'Estang, & choses par lui ci-dessus acquises, tant en Fief que roture, demeurent séparés à toujours de sadite Baronie de Beauregard, comme si ladite acquisition n'étoit point par lui faite, & entend d'en jouir & disposer par lui, ses hoirs & ayans cause, comme de son acquêt, séparément, sans les confondre l'une avec l'autre. Ce faisant, que ledit Fief de l'Estang soit mouvant & releve en arriere-Fief de ladite Baronie de Beauregard, & aussi que lesdites rotures soient & demeurent en roture à toujours, & ainsi sujettes à partage entre co-heritiers également, sans aucun droit d'ainesse, tout ainsi & de même qu'elles l'étoient auparavant ladite acquisition, laquelle pour ce regard ne pourra nuire ni préjudicier à l'intention & volonté ci-dessus dudit sieur Acquereur; lequel, pour purger les hypoteques qui pourroient être sur ladite Terre, Fief & Seigneurie de l'Estang, & choses ci-dessus vendues, pourra les faire décreter à ses frais, dépens, poursuites & diligences, en telle Jurisdiction, &c. (*suivre le reste de la clause des Décrets, comme aux autres acquisitions des Maisons & heritages, & élections de domicile de part & d'autre des Parties.*) Promettant, &c. obligeant, &c. chacun en droit soi, &c. renonçant, &c. Fait & passé, &c.

Clause en conséquence d'un douaire constitué sur la chose vendue.

De laquelle somme de douze mille livres, ledit Acquereur a retenu entre ses mains celle de six mille livres, pour sûreté du douaire préfix constitué par ledit sieur Vendeur, au profit de Damoiselle Antoinette sa femme, par leur Contrat de mariage du   d'une rente de trois cens livres, en payant par ledit Acquereur audit Vendeur les interêts de ladite somme, à raison du denier vingt ; ce qu'il a promis faire aux quatre quartiers de l'année. Et pour la sûreté desdits arrerages & du principal, demeurera ladite Maison spécialement affectée & hypotequée, &c.

Clause de Garantie.

Et en outre, promet ledit Vendeur garantir l'Acquereur de tous troubles

& empêchemens ; même de prendre le fait & cause dudit sieur Acquereur, aussitôt qu'il lui aura dénoncé les troubles à lui faits, & ce à peine de tous dépens, dommages & interêts, & pour raison de laquelle garantie ledit sieur Vendeur a obligé, affecté & hypotequé tous & chacuns ses biens, tant presens qu'à venir, &c.

Clause, qu'en cas d'éviction, le Vendeur ne sera tenu de rendre à l'Acquereur que le prix payé, sans dommages & interêts.

Et en cas que ledit Acquereur soit par la suite évincé de ladite Maison, ledit Vendeur ne sera tenu d'aucuns dépens, dommages & interêts, & sera déchargé du present Contrat, promesses & dépendances d'icelui, en rendant par lui lors de ladite éviction arrivée en la proprieté & jouissance, ladite somme de   qu'il a presentement reçue pour le prix de ladite vente, laquelle en ce cas, demeurera nulle & résolue.

Ratification d'une vente de Maison, avec délégation de payement.

AUJOURD'HUI est comparu pardevant &c. A. lequel après avoir pris communication, & que par   l'un des Notaires soussignés, son Confrere present, lecture lui a été presentement faite sur une expedition en parchemin (*ou papier*) d'un Contrat passé pardevant   qui en a la minute, & son Confrere Notaires à   le *tel* jour   par lequel le sieur   Procureur, fondé de procuration spéciale dudit a vendu à   une Maison sise à   circonstances & dépendances, a ledit sieur Comparant volontairement ratifié & approuvé ledit Contrat, consent qu'il sorte son plein & entier effet, selon sa forme & teneur ; & par ces mêmes presentes, ledit sieur A. a délegué sur le prix : Premierement, Messire *tel*, pour être payé de la somme de, &c. pour le remboursement d'une rente, &c. avec les arrerages qui se trouveront dûs de ladite rente, & qui écheront jusqu'au jour du rachat d'icelle, suivant que le tout est plus au long exprimé par ledit Contrat, &c. Tous lesquels payemens ledit sieur B. Acquereur, sera tenu faire en conséquence de la presente délégation ; en déduction du susdit prix de, &c. En faisant lesquels payemens, il en demeurera d'autant quitte & déchargé, ainsi que ledit sieur A. l'en quitte & décharge par ces presentes, audit cas de payement, & promet ledit sieur l'en faire tenir quitte & déchargé, & faire valoir lesdits payemens envers & contre tous, & faire ensorte qu'il n'en soit inquieté ni recherché, à peine, &c. desquels payemens il sera tenu de rapporter les quittances, ou en fournir les expeditions nécessaires audit sieur A. dans *tel tems* ; & pour l'exécution, &c.

Acte portant que l'Acquereur demeurera déchargé du prix
envers le Vendeur, en s'obligeant envers
le Créancier du Vendeur.

FURENT presens Nicolas de Lorme & Marie Gaillard sa femme, de
lui autorisée à l'effet des presentes, demeurans &c. Disant, que par Contrat passé devant, &c. Notaires soussignés, le   jour de
le sieur Guillaume   & Margueritte   sa femme, leur ont vendu & transporté une Maison sise à Paris, rue   à la charge
entr'autres, de payer à la Damoiselle Anne Henry la somme de trois mille
quatre cens livres, pour le remboursement de cent soixante & dix livres de
rente, constituée au profit de ladite Damoiselle Henry par lesdits Guillaume   & Marguerite   sa femme, par
Contrat passé devant   Notaire, le   jour
de   Et sur ce que lesdits Nicolas de Lorme & Marie Gaillard
sa femme, auroient fait entendre à ladite Damoiselle Henry, que si elle vouloit recevoir ledit rachat, ils étoient prêts de lui payer comptant ladite somme
de trois mille quatre cens livres, si mieux elle n'aimoit décharger lesdits Guillaume & sa femme, & leurs biens, de ladite rente; quoi faisant, lesdits Nicolas de Lorme & sa femme s'obligeroient solidairement en leurs propres &
privés noms, de payer & continuer ladite rente sur tous leurs biens, spécialement sur ladite Maison, sans néanmoins rien innover à l'hypoteque qu'elle
a sur ladite Maison, du jour du Contrat de constitution; laquelle Damoiselle Henry, pour ce presente & acceptante, demeurante
a déclaré qu'elle étoit prête de décharger lesdits Guillaume & sa femme de
ladite rente, & se contenter de l'obligation solidaire desdits Nicolas de Lorme & sa femme; & de fait, ladite Damoiselle Henry a par ces presentes déchargé lesdits Guillaume & sa femme, tant du sort principal, que des arrerages échûs & à écheoir, à cause de ladite rente de cent soixante-dix livres,
à la réserve de l'hypoteque que ladite Damoiselle se réserve sur ladite Maison,
du jour dudit Contrat de constitution; en conséquence de quoi, ladite Damoiselle a retenu la grosse d'icelui sur laquelle a été fait mention en substance de
ladite décharge & réserve d'hypoteque, moyennant laquelle décharge lesdits
Nicolas de Lorme & sa femme, promettent & s'obligent en leurs propres &
privés noms l'un pour l'autre, & l'un d'eux, &c. renonçant, &c. payer & continuer ladite rente de cent soixante-dix livres à ladite Damoiselle Henry, ses
hoirs & ayans cause, dorénavant par chacun an, aux termes & suivant la
création de ladite rente, tant sur ladite Maison ci-dessus déclarée, qui en est,
& demeure par privilege spécial affectée & hypotequée du jour dudit Contrat de la création de ladite rente, laquelle hypoteque ladite Damoiselle Henry s'est réservée comme dit est. *Item*, sur une autre Maison, & généralement
sur tous les autres biens presens & à venir, desdits Nicolas de Lorme & sa
femme, une obligation ne dérogeant à l'autre.

Vente en vertu de Procuration.

FUT preſent Charles, &c. demeurant, &c. au nom & comme Procureur de Timothée, fondé de ſa procuration paſſée devant *tels* Notaires, un *tel* jour, ſpéciale à l'effet des preſentes, l'original de laquelle contrôlé eſt demeuré ci-annexé, après qu'elle a été certifiée véritable, ſignée & paraphée par ledit Charles, Acquereur ci-après nommé, en preſence des Notaires ſouſſignés, par lequel ſieur Timothée, ledit Charles promet de faire ratifier ces preſentes, & à l'entretenement d'icelles, & garantie, le faire d'abondant obliger, & de ladite ratification fournir acte en bonne forme à l'Acquereur ci-après nommé d'hui en un mois prochain; à peine de tous dépens, dommages & intérêts, en ſon propre & privé nom; lequel audit nom, reconnoît avoir vendu, cedé & tranſporté par ceſdites preſentes, dès maintenant à toujours, & promet audit nom, en vertu de ladite Procuration, garantir de tous troubles & empêchemens généralement quelconques, à Noel, &c. à ce preſent, & acceptant, Acquereur pour lui, ſes hoirs & ayans cauſe, une Maiſon, &c. *ſomme aux précedens Contrats.*

Vente faite par un homme, tant en ſon nom, que comme Procureur de ſa femme.

FUT preſent Oudart, demeurant   tant en ſon nom que comme Procureur de Damoiſelle Marie   ſa femme, fondé de ſa procuration ſpéciale à l'effet des preſentes, par laquelle il l'a autoriſée irrévocablement, paſſée devant   & ſon Confrere, Notaires à   le   l'original de laquelle contrôlé eſt demeuré ci-annexé pour y avoir recours, après avoir été dudit ſieur Oudart certifié véritable, & paraphé à ſa réquiſition des Notaires ſouſſignés; par laquelle ladite Damoiſelle Oudart ledit ſieur ſon époux promet & s'oblige faire ratifier ces preſentes, & la faire obliger conjointement & ſolidairement avec lui, ſous les renonciations requiſes, à la garantie de la preſente vente, & en fournir acte en forme à l'Acquereur ſous-nommé dans le mois prochain, à peine, &c. & ſans que le défaut du fourniſſement de ladite ratification puiſſe donner aucune atteinte à ces preſentes, & cauſer l'inexécution d'icelles; lequel eſdits noms reconnoît avoir vendu, &c.

Clauſe de faculté de rachat, ou remeré d'un immeuble.

Ladite vente faite à la charge, par le Vendeur, de pouvoir exercer la faculté de remeré, & retirer ladite Maiſon vendue par le preſent Contrat pendant   en rendant par ledit Vendeur audit Acquereur, en un ſeul payement, pareille ſomme de, &c. que ledit Vendeur a reçue dudit Acquereur, avec tous ſes frais, miſes & loyaux-coûts, qui ſe trouveront par lui avoir été payés & débourſés à l'occaſion de la preſente acquiſition; quoi faiſant, ledit *tel* Vendeur rentrera en jouiſſance de ladite Maiſon, tout ainſi & de même que ſi ladite vente n'avoit pas été faite, laquelle audit cas, demeurera

meurera nulle & résolue, & les Parties au même état qu'elles étoient auparavant; & ledit tems expiré, ledit *tel* ne sera plus reçu à ladite faculté de remeré, dont il sera & demeurera déchu, & ledit sieur Acquereur, Proprietaire incommutable de ladite Maison, sans que pour raison de ce, il lui soit besoin d'observer & garder aucune formalité de Justice; après lequel tems expiré, & non plutôt, sera loisible & permis audit sieur Acquereur, pour purger les hypoteques qui pourroient être sur les choses vendues, de les faire décreter sur lui à ses frais, &c.

Nota. Que même après le tems du remeré expiré, l'Acheteur n'est point Proprietaire incommutable, qu'il n'ait fait ordonner en Justice, que faute par l'Acquereur d'avoir rentré dans son bien dans le tems stipulé, il est déchu de son droit de remeré. *Voyez* ci-dessus ce qui a été dit, page 421.

Formule de retrait conventionnel, ou remboursement fait en conséquence de remeré, avec quittance.

FUT présent Claude Guillois   demeurant à   lequel pour satisfaire aux offres que Jacques Nivot lui a ce jourd'hui faites par exploit de Jean Bonjour, Huissier, &c. contrôlé par, &c. a volontairement reconnu avoir reçu dudit Sieur Nivot, qui lui a payé, compté, nombré & réellement délivré en présence des Notaires soussignés, en louis d'or & autres monnoyes ayant cours, la somme de   pour le remboursement de pareille somme de   que ledit Jacques Nivot avoit reçue de lui pour le prix de la vente à faculté de remeré, faite audit Sieur Guillois, d'une Maison sise, &c. appartenant audit Guillois, ainsi qu'il est porté audit Contrat de vente, passé devant   Notaires, le   jour   & deux cens cinquante livres pour les frais, mises & loyaux-coûts de ladite vente, revenant lesdites deux sommes, ensemble à celle de   que ledit Guillois a presentement reçue, dont il se tient content & en quitte ledit Sieur Nivot & tous autres, & en conséquence ledit Guillois, a en tant que besoin seroit, retrocedé & délaissé sans aucune garantie, ni restitution de deniers, ladite Maison, pour en jouir & disposer par ledit Sr. Nivot, ainsi qu'il auroit pû faire avant ladite vente par lui faite; & pour cet effet, ledit Sr. Guillois a presentement rendu audit Sieur Nivot la grosse *ou* expedition dudit Contrat de vente, sur lequel & sa minute, il consent, que par tous Notaires pour ce requis, soit fait mention du present remboursement, sans que sa presence y soit nécessaire. Promettant, &c.

CHAPITRE IX.

De la Vente des Offices.

LA vénalité des Offices étoit autrefois inconnuë en France. Le Roi Louis XII. pour acquitter les dettes faites par Charles VIII. son prédécesseur, prit de l'argent des Offices ; ensuite François I. successeur de Louis XII. introduisit publiquement la vénalité des Charges, par l'établissement des Parties Casuelles, l'an 1522 ; elles ne furent établies néanmoins dans le commencement que pour les Offices de Finances ; mais les Charges de Judicature y furent mises aussi quelque tems après.

Il y a en France trois especes principales de Charges ou Offices ; les uns sont héréditaires ; les autres vénaux, & les troisiémes sont non vénaux.

Entre les Offices héréditaires, il y en a qui sont Domaniaux, lesquels se vendent toujours à faculté de rachat perpétuel, comme sont les Greffes, les Offices de Notaires, les Sceaux, les Recettes des Consignations, & quelques autres. L'exercice de ces Charges étoit autrefois donné à Ferme au profit du Domaine, avant l'érection des Parties Casuelles ; mais depuis, ces Offices ont été vendus à faculté de rachat perpétuel.

Ces Offices ont deux qualités, l'une qu'ils sont des Offices, l'autre qu'ils sont un Domaine aliéné ; c'est pourquoi la propriété d'iceux peut résider en une personne, & l'exercice dans une autre ; ainsi, celui qui a la propriété d'un Greffe peut commettre quelqu'un pour l'exercer, lequel est obligé de se faire recevoir, & faire solemnellement le serment en Justice, après information de vie & mœurs, ainsi que tout Officier doit faire ; c'est pourquoi on peut être Greffier, & n'être point Propriétaire du Greffe ; & un Greffe peut être possedé par des femmes & par des mineurs.

C'est aussi pour cette raison qu'il n'est pas besoin de Lettres de provision pour les Proprietaires de ces Offices, ni pour ceux qui s'y font recevoir pour les exercer, parce que pour les premiers, les titres de leur acquisition & les Lettres de provision qu'ils ont obtenues suffisent ; à l'égard des autres, ils n'ont aucun droit de proprieté.

Ces Offices peuvent être valablement obligés & hypotequés, & ils ont fuite par hypoteque jufqu'à l'actuel remboursement fait par le Roi, foit contre le tiers Acquereur, quoiqu'il en foit pour-vû, foit pour l'ordre d'hypoteque fur les deniers du Décret, d'au-tant que les Offices Domaniaux font reglés comme les autres im-meubles à caufe du Domaine aliéné, lequel appartient aux Ac-quereurs, & lequel par conféquent ne peut être purgé ni éteint, que par le remboursement actuel fait par le Roi.

Il y a des Offices héréditaires par privilege, comme font ceux des Gruyers, Verdiers, Forestiers, Châtelains, Gardes-Marteau, Maîtres, Sergens des Eaux & Forêts, & autres. Dans ces Offi-ces, les Lettres de provifion font néceffaires à chaque mutation, de même que pour les Offices qui font à vie.

Il y a d'autres Charges qui font héréditaires, en payant par le Titulaire, le droit annuel, qu'on appelle vulgairement *la Paulette.*

Les Offices vénaux, font ceux qui fe vendent licitement, & dont la vente ne répugne pas à la justice & à la droite raifon, comme dit Loyfeau, tels que font les Offices de Finance.

Les Offices non vénaux, font de trois differentes efpeces; les uns font tout-à-fait non vénaux; c'eft-à-dire, tant à l'égard du Prince que des Particuliers, comme font les Offices de la Cou-ronne; d'autres font non vénaux à l'égard du Prince feulement, comme font tous ceux qui n'entrent point dans les Parties Ca-fuelles, dont néanmoins on permet la vente entre les Particuliers, comme font la plus grande partie des Offices de la Maifon du Roi; & les troifiémes font non vénaux, à l'égard des Particuliers feulement, lefquels fe vendent par le Roi publiquement, lorf-qu'ils tombent dans fes Parties Cafuelles; cependant la vente pu-blique & par Décret n'en eft point autorifée en Juftice, comme font les Offices de Judicature.

La vente des Offices eft proprement appellée *compofition.* La raifon eft, qu'avant que la vente en fût permife, les Parties en traitoient & compofoient fecretement pour quelque légere ré-muneration ou gratification.

La compofition étant faite, & le prix étant payé ou configné, il faut la réfignation ou démiffion du Titulaire, & la provifion du Collateur. La raifon eft, felon Loyfeau, que l'Office ne peut pas par un commerce entierement libre, être transferé directement & immédiatement d'une perfonne en une autre par vente ou transport, fuivi de tradition ou d'acte équipolent, ainfi que les

autres biens corporels ou incorporels; mais il faut qu'il passe par
les mains du Collateur, sans la provision duquel l'Office ne peut
être possedé.

De-là vient que la composition d'un Office ne produit pas
droit en l'Office, mais seulement droit à l'Office; & même celui
qui a une Procuration irrévocable de son Vendeur, pour le réfigner en sa faveur, ou un acte exprès de résignation, n'a point encore de droit en l'Office jusqu'à ce que la résignation soit admise
par le Collateur, & la provision expediée à son profit; de sorte
que jusques-là l'Office est *in bonis* du Résignant; par conséquent
il peut être saisi par ses créanciers, il peut être confisqué pour malversation, peut-être résigné à un autre, s'il prévient par effet son
premier Résignataire.

Mais la provision pure & simple étant expediée & scellée,
donne droit en l'Office au Résignataire; ensorte qu'il ne le peut
plus perdre par le fait & par les dettes du Résignant; & il ne peut
plus être conferé à un autre, d'autant que le Résignataire en étant
pourvû, le Collateur n'a plus droit d'en pourvoir un autre jusqu'à
une nouvelle vacation.

La résignation, qu'on appelle plus ordinairement *démission*,
doit être faite entre les mains du Collateur, parce que c'est lui qui
a droit d'y pourvoir, autrement l'Office demeureroit toujours au
Résignant.

La résignation se fait par acte séparé pardevant Notaires, par
procuration spéciale. La raison est, que telle résignation emporte
en quelque maniere l'aliénation de l'Office.

Mais la provision transmet en la personne du Résignataire tous
droits de proprieté; d'où il s'ensuit que le Résignataire ne peut
point être évincé ni par hypoteque ou dettes créées par son Vendeur, ni autrement, après les provisions scellées, parce que le
sceau des provisions purge toutes les hypoteques & tous les privileges qui pourroient être prétendus sur l'Office.

On demande : *Si dans le cas de vente des Offices, le Vendeur est
sujet à garantie, ainsi que des autres choses vendues ?*

Loiseau, Traité des Offices, livre 3, chapitre 2, nombre 33,
dit : Que quoique dans les choses corporelles il n'y ait que deux
causes de garantie; sçavoir, que la chose appartienne au Vendeur,
& qu'elle soit franche & quitte d'hypoteques; néanmoins dans
les Offices, il y a une autre cause de garantie, qui est que la chose,
c'est-à-dire l'Office, qui ne se voit point, soit & subsiste; c'est-à-
dire, qu'il n'est point supprimé.

Ainsi, dans l'Office il y a ces trois caufes de garantie, qu'il foit & qu'il fubfifte, qu'il appartienne au Vendeur, & qu'il ne foit point faifi pour fes dettes. Et ces trois caufes ont lieu de plein droit, quoique les Parties n'en ayent point parlé dans le traité.

En conféquence de la premiere caufe, fi lors de la compofition l'Office ne fubfiftoit point, foit qu'il n'eût point été érigé du tout, ou qu'il ne l'eût point été valablement, ou qu'il eût été fupprimé auparavant, ou autrement éteint, il y a lieu à la garantie.

Néanmoins, fi le Vendeur avoit vendu & promis réfigner feulement le même droit qu'il avoit en l'Office, ou que l'Office eût été vendu tel qu'il étoit lors de la vente, ou que l'Acheteur l'eût acheté à fes rifques, perils & fortunes, ou que le Vendeur eût déclaré faire la vente de l'Office fans garantie : Dans tous ces cas, la vente feroit valable, & le Vendeur ne feroit pas obligé à la reftitution des deniers ; ce qu'il faut entendre avec deux limitations.

La premiere eft, s'il n'y avoit point d'efperance probable que l'Office acheté pût être rétabli, parce que la vente ne fe peut faire que d'une chofe qui exifte, ou au moins, qu'il n'y ait efperance qu'elle foit ; car on peut vendre l'efperance qu'on peut avoir, quand elle eft bien fondée, pourvû que cette efperance foit dans le commerce, autrement la vente en feroit nulle ; ainfi, on ne peut point vendre l'efperance de la fucceffion d'un homme vivant.

L'autre eft, s'il y avoit quelque dol ou réticence frauduleufe de la part du Vendeur, qui auroit pû vrai-femblablement empêcher que l'Acheteur n'eût traité de l'Office ; comme fi celui qui a appris que fon Office alloit être fupprimé, le vend à tous rifques & fortunes à celui qui n'en fçavoit rien.

A l'égard des deux autres caufes ; il y échet garantie, quand l'Acheteur eft troublé dans l'Office pour le fait du Réfignant : Mais s'il y étoit troublé à l'occafion de l'Office, comme parce qu'il feroit furnumeraire & incommode au peuple ; en ce cas, il n'y auroit point de garantie, fuivant le fentiment de Loifeau, parce que c'eft à l'Acheteur à prendre garde à la qualité de l'Office qu'il achete ; & s'il étoit fupprimé après la vente, ce feroit plûôt le fait du Prince que la faute du Vendeur.

A l'exception des Offices Domaniaux, les Charges n'étoient pas fufceptibles d'hypoteque avant l'Edit du mois de Février 1683, & au cas qu'elles fuffent vendues & décretées par les créanciers, le prix fe diftribuoit entr'eux à contribution, fuivant l'arti-

cle 45 de la Coutume de Paris. Mais cet Edit a ôté cette difference. A present tous les Offices qui sont dans le commerce sont
susceptibles d'hypoteque, soit par une clause expresse ou par une
hypoteque générale, ou même sans déclaration d'hypoteque, en
vertu seulement des Jugemens, Contrats ou Actes emportant
hypoteque sur les biens du débiteur.

On excepte les créanciers privilegiés; sçavoir, ceux qui ont vendu leurs Charges, ou qui ont prêté leurs deniers pour les acquerir, lesquels sont préferés à tous autres créanciers, soit qu'ils
soient Saisissans ou Opposans, pourvû qu'ils y viennent avant la
résignation admise & provisions expediées, & pourvû qu'ils ayent
fait leur opposition au sceau.

Il est de très-grande conséquence de déclarer dans le Contrat,
que le Vendeur se réserve privilege sur l'Office, ou que les deniers ont été prêtés par tel, pour l'acquisition de la Charge, sur
laquelle il stipule une hypoteque privilegiée, ce qui n'a pas lieu
néanmoins pour les Officiers de la Maison du Roi, lesquels sont
hors le commerce, si ce n'est entre les Particuliers; de sorte qu'ils
ne peuvent être ni saisis ni décretés, & ceux qui en sont pourvûs
ne craignent point d'oppositions au sceau.

D'autant que les Offices qui sont sujets à la Paulette, tombent
dans les Parties Casuelles par la mort du Titulaire, faute par lui
d'avoir payé le droit annuel; au cas que le Vendeur n'ait reçu
qu'une partie du prix convenu, ou que des Particuliers ayent prêté
leurs deniers pour l'acquisition de l'Office, ils doivent stipuler que
l'Acquereur sera obligé de payer le droit annuel chaque année,
& leur en fournir la quittance dans la huitaine après le Bureau ouvert, afin que l'Office soit conservé.

Au cas que le Pourvû de l'Office soit négligent de payer le droit
annuel, le Vendeur ou un de ses créanciers privilegiés sur l'Office, peuvent le payer dans la quinzaine de l'ouverture du Bureau,
ayant préalablement sommé le Titulaire de l'Office de le payer;
& le Trésorier ou le Commis à la recette du droit annuel ne peût
sur la sommation faite au Titulaire, refuser d'en recevoir le payement, & d'en donner quittance.

Celui qui a fait le payement, est préferé pour icelui à tous autres créanciers, quelque privilege qu'ils ayent sur l'Office, jusqu'à concurrence des deniers payés pour ledit droit.

Il y a encore cela de particulier, pour les Offices de la Maison
du Roi, qu'il faut avoir l'agrément du Roi, ou du Grand-Maître
de la Maison du Roi pour les sept Offices; & parce qu'il arrive

quelque fois que le Roi, ou le Grand-Maître de fa Maifon, refufent l'agrément, le Vendeur donne fa démiffion, à la charge
que fi celui qui la prend eft agréé, il payera dans un certain tems,
ou plutôt (pour entiere fûreté) qu'en donnant la démiffion, il
confignera chez un Notaire le prix convenu, & qu'il fe fera pourvoir dans un certain tems.

Comme cet agrément ne dépend pas de celui qui a traité de
l'Office, il s'enfuit que s'il lui eft refufé, le Vendeur ne peut être
pourfuivi pour dommages & interêts, & le Contrat de vente devient nul.

Procuration ad refignandum.

FUT prefent   demeurant à   lequel a fait
& conftitué fon Procureur général & fpécial, Maître   auquel
il a donné pouvoir de, pour lui & en fon nom, réfigner & remettre entre les
mains du Roi, Monfeigneur le Chancelier, Garde des Sceaux, & autres ayant
à ce pouvoir, fondit Office de Confeiller   pour, au
nom, & en faveur toutefois de   & non d'autre, ni
autrement, confentant ledit fieur Conftituant, que toutes provifions, & autres Lettres néceffaires lui en foient expediées & délivrées, & généralement
faire pour raifon de ce, tout ce qui fera requis & néceffaire, promettant, &c.
Fait & paffé ès Etudes, &c.

Nota. Les procurations *ad refignandum*, ne fe font plus à
prefent fur du parchemin; mais fur papier.

Vente ou compofition d'Office de Confeiller.

FURENT préfens Maître Claude Dupuis   Confeiller
                    demeurant à   d'une part, & Maître
Jean Lefcat, Avocat en Parlement, demeurant   d'autre ;
lefquels ont volontairement fait le traité & conventions qui fuivent, pour raifon dudit Office de Confeiller de   C'eft à fçavoir, que
ledit fieur Dupuis a prefentement mis ès mains dudit fieur Lefcat, fa procuration *ad refignandum*, paffée le   jour de
devant les Notaires fouffignés, pour réfigner ès mains du Roi notre Sire, &
de Monfeigneur le Chancelier, ledit Office de Confeiller de
au nom & en faveur dudit fieur Lefcat. Plus, les Lettres qui enfuivent; fçavoir, les Lettres de provifion dudit Office, obtenues de Sa Majefté par ledit
fieur Dupuis, fur la réfignation faite en fa faveur par Maître Jacques Dubois   ci-devant pourvû dudit Office, données à Verfailles,
le   jour de   *Signé,* LOUIS. *Et fur le repli :*
Par le Roi, PHELYPPEAUX; & fcellées du grand fceau de cire jaune, fur
double queue. L'acte de ferment & réception dudit fieur Dupuis audit Of-

fice de   plufieurs quittances du droit annuel dudit
Office; fçavoir, des années, &c. la derniere étant pour la prefente année, en
datte du   fignée & contrôlée, & autres provifions,
Lettres & quittances des précedens Poffeffeurs dudit Office, pour en vertu
de la procuration *ad refignandum*, Lettres & quittances, fe faire pourvoir
& recevoir audit Office par ledit fieur Lefcat, à fes frais & dépens, d'hui
en deux mois, jouir & fucceder par ledit fieur Lefcat, aux honneurs, prérogatives, prééminences, privileges, franchifes, libertés, gages, droits, fruits,
profits, revenus & émolumens y attribués, du jour de lad. réception; fe réfervant néanmoins ledit fieur Dupuis, les gages attribués audit Office jufqu'au jour de la réception dudit fieur Lefcat. Ce traité fait moyennant la
fomme de   que ledit fieur Dupuis reconnoît
lui avoir été comptée & délivrée prefentement par ledit fieur Lefcat, en la
prefence defdits Notaires fouffignés, en louis d'or & d'argent & autres
monnoyes ayant cours; de laquelle fomme ledit fieur Dupuis fe tient content. A été convenu entre les Parties, que s'il intervenoit des empêchemens
ou oppofitions aux provifions & réception dudit fieur Lefcat, de la part & du
fait dudit fieur Dupuis, il s'oblige les faire lever incontinent après qu'elles lui
auront été fignifiées au domicile ci-après élû, enforte qu'il n'y ait aucun retardement, à peine de tous dépens, dommages & interêts; car ainfi a été
convenu entre les Parties : Et pour l'exécution des préfentes & dépendances,
les Parties ont élu leurs domiciles, &c.

Claufe quand l'Acquereur ne paye qu'une partie du prix.

Ce traité fait moyennant la fomme de trente-cinq mille cinq cens livres,
fur laquelle ledit fieur Dupuis reconnoît avoir reçu dudit fieur Lefcat, la
fomme de quinze mille cinq cens livres, en louis d'or & d'argent, & autres
monnoyes ayant cours, en prefence des Notaires fouffignés; & quant au
furplus, montant à la fomme de vingt mille livres, ledit fieur Lefcat promet & s'oblige de les payer audit fieur Dupuis ou au Porteur des prefentes, &c. fçavoir, dix mille livres, fitôt qu'il fera pourvû & reçu audit Office, fans aucune oppofition de la part dudit fieur Dupuis, & du fait dudit fieur Dupuis, &
les dix mille livres reftant dans un an, à compter du jour de ladite réception,
& jufqu'à l'actuel payement de ladite fomme, en payer l'interêt à raifon du
denier vingt; pour fûreté de laquelle fomme de vingt mille livres, & interêts qui pourroient en être dûs, ledit Office de
demeurera par privilege & hypoteque fpéciale, affecté & hypotequé, &c.
& outre ledit fieur Lefcat y a obligé & hypotequé généralement tous fes
biens, meubles & immeubles, préfens & à venir, & fpécialement une Maifon fife, &c. une obligation ne dérogeant à l'autre : Tous lefquels biens ledit
fieur Lefcat a déclaré & affirmé francs & quittes de toutes dettes & hypoteques, du paffé jufqu'à ce jour, &c.

Claufe

Clauſe pour le payement du Droit annuel, & au cas de ſuppreſſion d'icelui.

Pour plus grande ſûreté du payement de ladite ſomme de   reſtante à payer par ledit ſieur Leſcat, & continuation de ladite rente garantie, & du contenu audit preſent traité & conſervation dudit Office, ledit ſieur Leſcat promet payer le droit annuel dudit Office par chacun an, & en tirer quittance du Tréſorier des Parties Caſuelles, ou autre qui ſera commis par le Roi, & de fournir copie de ladite quittance bonne & valable, par chacun an, huit jours après l'ouverture du Bureau de la réception du droit annuel, en quelque tems que ce ſoit, juſqu'à ce que ledit droit ſoit entierement remis & anéanti ; & lors de la ſuppreſſion dudit droit annuel ledit ſieur Leſcat s'eſt obligé de fournir bonne & ſuffiſante Caution audit ſieur Dupuis, laquelle s'obligera envers lui à la garantie, payement, cours & continuation de lad. rente, & du ſort principal, ainſi que ledit ſieur Leſcat y eſt obligé, dont ladite Caution ſera ſon propre fait & dette, un ſeul pour le tout ſolidairement, ſans diviſion ni diſcuſſion, ſous les renonciations requiſes, & élira ſon domicile irrévocable en cette Ville de Paris ; & à faute de fournir ladite Caution, ainſi que dit eſt, dans trois mois pour tout délai, à compter du jour de la ſuppreſ-ſion dudit droit annuel, ledit ſieur Leſcat conſent & accorde être contraint au rachat de ladite rente & payement des arrerages qui en ſeront dûs, par ſaiſie, vente & exécution de ſes biens, meubles & immeubles, en vertu de la preſente clauſe ; car ainſi a été convenu & arrêté entre les Parties, autrement le-dit preſent traité n'auroit été fait ; & pour l'exécution des preſentes & du con-tenu en icelles, les Parties ont élû, &c.

Vente d'Office de Correĉteur des Comptes, portant délaiſſement aux Créanciers du Vendeur des deniers provenans de la vente dudit Office, dont le débiteur n'a été pourvû.

FUT preſente Nicole   épouſe de Me. Jacques   pourvû par Sa Majeſté de l'Office de Conſeiller, &c. & non reçu en icelui, fon-dée de ſa procuration ſpéciale à l'effet des preſentes, paſſée pardevant Notaires au Châtelet de Paris, le   jour   annexée à ces preſentes, demeurante à Paris, rue   Paroiſſe   diſant que pour accelerer les affaires de ſondit mari, & l'acquitter envers ſes créanciers, elle leur auroit propoſé d'accepter le délaiſſement volontaire de ſon Office de Correĉteur des Comp-tes, & autres biens d'icelui, juſqu'à concurrence de leur dû, afin d'éviter à frais ; à quoi n'ayant voulu entendre, elle l'auroit expoſé en vente, & ſe ſe-roit preſenté pour l'acquerir, le ſieur Claude   ci-après nommé qui en auroit offert la ſomme de quarante-ſix mille livres ; ce qui l'a fait ré-ſoudre de l'accepter ; & en conſéquence, ladite Nicole   audit nom de Procuratrice autoriſée dudit ſieur ſon époux, ſous le bon plaiſir de Sa Majeſté, a reconnu avoir vendu & délaiſſé par ces preſentes, à Me. Claude Avocat au Parlement, demeurant rue   à ce preſent & acceptant,

Tome I.   N n n

l'Office de Conseiller du Roi, Correcteur ordinaire en la Chambre des Comptes à Paris, du Sémestre de Juillet, dont ledit sieur Jacques pourvû seulement par Lettres du　　　　　　sur la résignation de Mᵉ. Charles　　　aux gages de　　　par an, à la charge que ledit sieur Claude se fera incessamment pourvoir & recevoir audit Office à ses frais & diligences ; & à cette fin lui a été par ladite Damoiselle Nicole presentement délivré la procuration portant démission dud. Sr. Jacques dud. Office, passée devant　　　　lesdites Lettres de provisions au nom dudit sieur Claude　　& s'il se trouve des oppositions de la part des créanciers desdits sieurs Charles　　　　& Jacques　　　　　ladite Dame Venderesse, même en son propre & privé nom, s'oblige de les faire lever & en fournir les mains-levées audit sieur Claude, un mois après la dénonciation d'icelles, sinon demeureront converties en saisies & arrêts sur le prix dudit Office, à peine de tous dépens, dommages & intérêts, pour par ledit sieur Claude　　　jouir dudit Office aux honneurs, gages, franc-salé, épices, profits, & autres émolumens y attribués, & en disposer à sa volonté, à commencer ladite jouissance ; sçavoir, desdits gages du premier Janvier prochain, des épices du jour de la réception, & du franc-salé de la premiere délivrance qui en sera faite à la Chambre. Cette vente faite moyennant ladite somme de quarante six mille livres, acceptée par ladite Dame Nicole　　　　audit nom de Procuratrice de sondit mari, laquelle somme a été déposée réellement en louis d'or & d'argent, & monnoye ayant cours par ledit sieur Claude　　　ès mains de　　　　　l'un des Notaires soussignés, pour aussitôt l'obtention desdites provisions, ladite somme être employée au payement des dettes dudit sieur Jacques　　　　sçavoir, celle de　　　　　à Pierre, qui lui est dûe en conséquence de *tel titre* ; & celle de　　　　à Etienne　　　　qui lui est dûe pour *telle cause*　　　& celle de　　　à &c. suivant l'ordre qui sera fait à l'amiable entr'eux, de laquelle somme de quarante-six mille livres ledit sieur Claude demeure bien & valablement déchargé ; déclarant ledit sieur Claude qu'en ladite somme déposée ès mains dudit　　　　Notaire, pour le prix dudit Office, est entrée celle de dix-sept mille livres, procedant de deux Contrats de constitution par lui passés devant les Notaires soussignés, ce jourd'hui, l'un de six cens cinquante livres de rente, au principal de la somme de treize mille livres, au profit de Pierre　　　　son frere & l'autre de deux cens livres de rente, au principal de la somme de quatre mille livres, au profit de Maître Cesar　　　au désir desquels il fait à la presente déclaration d'emploi, afin que suivant iceux lesdits sieurs Pierre & Cesar　　　soient & demeurent subrogés aux droits des créanciers qui toucheront lesdits deniers ; & par ce moyen acquierent privilege & hypoteque spéciale sur ledit Office ; car ainsi, &c.

Traité de vente d'Office de Procureur du Châtelet.

FURENT presens A. &c. lesquels esdits noms, ont vendu par ces presentes, à C. Procureur au Châtelet de Paris, demeurant, &c. à ce present & acceptant, l'Office de Procureur Postulant audit Châtelet de Paris & Jurifdiction des Auditeurs, dont le défunt fieur, &c. étoit pourvû & jouïffant au jour de fon décès, & appartenant aux Vendeurs en vertu du partage,&c. Plus, toutes & chacunes les pieces & inftances, pour fuites & procedures, compofant la Pratique du défunt, & qui font tant en fon Etude, que produites devant Meffieurs les Rapporteurs, ou ès mains des Greffiers & autres Officiers qui pourroient les avoir en communication, fans aucune réferve, finon de *telle chofe*, &c. comme auffi à la charge que ledit C. ne pourra prétendre aucune chofe des fommes dûès par les Particuliers qui feront débiteurs dudit défunt, foit par des promeffes, Sentences ou autrement, pour par ledit C. &c. faire & difpofer dudit Office en faveur de telles perfonnes qu'il avifera bon être; à l'effet de quoi lefdits fieurs Vendeurs ont prefentement paffé procuration ou démiffion dudit Office, le nom du Démiffionnaire en blanc, pour être rempli de celui en faveur duquel ledit fieur C. en voudra difpofer, ce qu'il fera inceffamment & au plutôt, dans *tel tems*; & fi à l'obtention des provifions il fe trouvoit aucuns empêchemens & oppofitions procedans du fait defdits Vendeurs efdits noms, & de leurs Auteurs, ils feront tenus, comme ils s'obligent folidairement, de les faire lever & ceffer, & d'en fournir les main-levées & décharges néceffaires, huitaine après la dénonciation qui leur en fera faite à leurs perfonnes, ou domicile ci-après élû; reconnoiffant ledit C. qu'il lui a été prefentement délivré & mis ès mains, outre la démiffion, les Lettres de provifions obtenues par ledit défunt, & *telles chofes*, reconnoiffant de plus ledit fieur C. avoir été mis en poffeffion de toute la Pratique dudit défunt, à lui prefentement venduë, qui fe trouve actuellement en fon Etude, dont les clefs lui ont été à l'inftant mifes ès mains, enfemble les regiftres de recette & produits, dont & de tout il fe contente, lui délaiffant en outre, comme compris en la prefente vente, les bureaux, armoires & cloifons, faifant féparation, & tout ce qui fe trouvera d'utile à l'Etude des Clercs, comme bancs, bureaux, tablettes, &c. pour par ledit C. joüir, faire & difpofer de toutes les chofes vendues & délaiffées, comme de chofes à lui appartenantes; cette vente faite à la charge de par ledit C. acquitter tous les frais, charges dûes, impofées ou à impofer fur la Communauté des Procureurs, à caufe dudit Office, pour taxes & fommes qu'il conviendroit payer, fans aucune réferve, & d'en faire la foumiffion avant fa réception audit Office, enforte que lefdits Vendeurs n'en foient inquiétés ni recherchés, & outre moyennant la fomme de, &c. fçavoir, celle de

pour le prix dudit Office, & celle de   pour le prix de ladite pratique, &c.

Sur la fomme il faut faire les délégations ou payemens, comme l'on convient, & y obliger l'Acquereur; & pour cet effet, y hypotequer la Charge & tous fes biens.

Ces premiers payemens doivent être imputés fur la Pratique, parce que la Charge eft un immeuble, fur lequel on a privilege pour ce qui refte dû, ce qui n'a pas lieu fur la Pratique, qui eft un effet mobilier, qui n'a point de fuite par hypoteque.

Vente d'Office de Procureur au Parlement par un Tuteur.

FURENT prefent A. demeurant, &c. Tuteur des enfans mineurs de défunt M^c. B. Procureur en la Cour de Parlement, & Damoiselle veuve dudit fieur B. lefquels efdits noms, en conféquence de l'avis des parens defdits mineurs, homologué par Sentence de portant pouvoir audit fieur A. audit nom, de vendre à l'amiable l'Office de Procureur en la Cour, dont ledit fieur B. étoit pourvû, Pratique & chofes en dépendantes; lequel avis de parens eft demeuré annexé à la minute des prefentes, pour être tranfcrit en fin d'icelles, & en la prefence de M^c. oncle paternel defdits mineurs, de Maître & de Maître nommés par le fufdit avis de parens, pour affifter à la paffation du prefent Contrat, ont vendu à Nicolas S.... ancien Clerc au Palais; demeurant à Paris, en la maifon de Maître Procureur en ladite Cour, fize, &c. à ce prefent & acceptant, Acquereur pour lui, l'état & Office de Procureur Tiers-Réferendaire, Taxateur & Calculateur de dépens en la Cour de Parlement; Cour des Aydes, Cour des Monnoyes, Requête du Palais & de l'Hôtel, Eaux & Forêts, Connétablie, Amirauté, Tréfor & Bailliage du Palais, dont ledit défunt B. étoit pourvû par Lettres, &c. lefquelles fufdites pieces ont été prefentement délivrées audit fieur S...... avec un acte de nomination fait par ledit fieur A. Tuteur, de la perfonne dudit Sr. S...... pour être pourvû dudit Office, paffé préfentement devant les Notaires fouffignés, auquel fieur S.... ledit A. Tuteur audit nom, vend' & délaiffe pareillement la Pratique dudit défunt fieur B. compofée de facs, doffiers, liaffes de papiers, regiftres des Caufes & Procès produits & conclus, & de recette, tant du tems dudit défunt, que de Maître auquel il avoit fuccedé, & tout ce qui peut être dû de ladite Pratique, & de celle de fes prédéceffeurs, avec les Bureaux, rateliers, bancs, planches & tablettes, & autres chofes en dépendantes, fervant à l'Etude, dont du tout ledit fieur S.....a dit avoir connoiffance, & les avoir vûs & vifités; comme auffi avoir eu communication de la prifée & eftimation qui a été faite de ladite Pratique, par Maîtres anciens Procureurs de Communauté, nommés par la Compagnie defdits Procureurs de Communauté, le aux réferves que fait ledit fieur Vendeur de ce qui eft dû de frais, falaires & vacations par dont les pieces & procedures juftificatives feront tirées de l'Etude, & laiffées en la poffeffion dudit fieur Tuteur, pour en recouvrer le payement; & le furplus des facs, liaffes de papiers, doffiers, exploits, & autres pieces & procedures, récepiffés, quittances d'amende, demeurera audit Acquereur, lequel s'en chargera au bas d'un inventaire double, qui fera fait inceffamment par lefdites Parties, fous leurs feings, en la maniere accoutumée, & cependant dès-à-prefent, & en exécution, & pour fûreté de ladite vente, les clefs de l'Etude lui ont été prefentement mifes entre les mains, pour par ledit Sr. S..... en vertu de ladite procuration & nomination faite de fa perfonne, & autres pieces, fe faire par lui recevoir à fes frais & diligences, au plus' tard dans trois mois; & fi aufd. provifion & reception dudit Sr. S......

il intervenoit quelques oppofitions & difficultés ou empêchemens procedans du fait dudit fieur B. pere defdits mineurs, ledit A. audit nom de Tuteur fera tenu les faire lever quinzaine après qu'elles lui auront été dénoncées au domicile par lui ci-après élû, à peine de tous dépens, dommages & intérêts. Cette vente faite moyennant la fomme de   fçavoir,   pour le prix dudit Office, &   pour celui de la Pratique, en déduction duquel prix principal led. Sr. A. reconnoît avoir reçu dudit Sr. S . . . . . la fomme de   fçavoir, fur le prix dudit Office, la fomme de fix mille livres, & le furplus fur le prix de ladite Pratique ; de laquelle fomme de   ledit fieur Tuteur a dépofé ès mains de   l'un des Notaires fouffignés, la fomme de   jufqu'à ce que ledit Sr. S . . . . . ait été reçu audit Office, pour après lefdits deniers être employés au profit defdits mineurs ; de laquelle fomme ledit Tuteur fe contente & en quitte ledit Sr. S . . . . . & promet garantir, fournir & faire valoir audit fieur A. pour lefdits mineurs, leurs hoirs & ayans caufe, fix cens livres de rente annuelle, que ledit Sr. S . . . . a promis & s'eft obligé de payer aux quatre quartiers accoutumés, dont le premier payement échera au dernier Juin prochain, avec la portion reftante du prefent mois, & continuer tant que ladite rente aura cours, à l'avoir & prendre fpécialement fur ledit Office de Procureur en la Cour, qui y demeure par privilege primitif, obligé & hypotequé, & généralement ledit Sr. S . . . . y oblige tous & chacuns fes autres biens, meubles & immeubles, prefens & à venir, fans qu'une obligation déroge à l'autre, laquelle rente fera & demeurera rachetable, en rendant en deux payemens égaux, pareille fomme de douze mille livres avec les arrerages qui s'en trouveront dûs, frais, mifes, loyaux-coûts, droits de confignation, contrôle & autres généralement quelconques.

Cautionnement.

Et pour plus grande fûreté aufdits mineurs, du reftant de leur dû, eft intervenu M.   demeurant   tant en fon nom que comme Procureur de L. fa femme, fondé de fa procuration fpéciale, à l'effet des prefentes, paffée devant   le   demeurée annexée à ces prefentes, après avoir été certifiée véritable par ledit M.   en prefence des Notaires fouffignés, lequel efdits noms s'eft obligé avec ladite L. fa femme, à l'entretenement du contenu au prefent traité, & ce folidairement avec ledit fieur S . . . . Acquereur, chacun d'eux un feul pour le tout, fans divifion ni difcuffion, à quoi ils renoncent, tant au payement & continuation defdites fix cens livres de rente conftituée pour le reftant du prix defdits Office & Pratique, qu'aux autres conditions & ftipulations ci-deffus, dont ledit M. Caution fait fon propre fait & dette, & s'oblige de faire ratifier ces prefentes par ladite L. fa femme, toutefois & quantes qu'il en fera requis, à peine de tous dépens, dommages & interêts.

Et pour l'exécution des prefentes & dépendances, &c.

Il faut annexer à la minute l'avis de Parens, & ensuite de l'expedition en donner copie tout au long.

Vente de Réserves de Pratique.

FUT present A. demeurant   au nom & comme Tuteur
des enfans mineurs de défunt Maître B. Procureur en la Cour de Parlement, & de Damoiselle   sa femme, aussi mineure, lequel audit nom,
& en conséquence de l'avis de parens desdits mineurs, a vendu & transporté à
Maître Nicolas S.... ayant traité de l'Office & Pratique dudit défunt sieur
B. demeurant rue   Paroisse   à ce present, Acquereur pour
lui les Pratiques de   & généralement tout ce qui a été
réservé par ladite vente dudit Office & Pratique, ce qui se trouvera dû à
ladite Pratique dudit défunt B. par Sentences, Arrêts & condamnation,
exécutoires & promesses, le tout sans aucune garantie de la part dudit sieur
A. audit nom, encore bien que ledit défunt B. eût reçu autres & plus grandes sommes que celles portées sur ses registres de recette, soit par quittances, Lettres missives, Lettres de Change des Messagers ou autrement,
pour en disposer par ledit sieur S..... comme des autres Pratiques à lui
délaissées, ainsi qu'il avisera bon être; cette vente faite moyennant la somme de huit mille livres, comme il est porté par ledit avis de parens, &
convention faite entre lesdites Parties, laquelle somme ledit sieur S.... &
Maître D. Procureur pour ce present, tant en leurs noms que se faisant forts
de Damoiselle L. femme dudit Sr. D. par laquelle ils s'obligent de faire ratifier ces presentes; ce faisant, la faire obliger solidairement avec eux au payement de ladite somme, dans le terme ci-après déclaré, & de sa ratification
portant ladite obligation en fournir acte audit sieur A. en sa Maison, dans
quinze jours prochains, à peine de tous dépens, dommages & interêts, pour
faire laquelle ratification par ladite Damoiselle L. en l'absence dudit
sieur D. son mari, il l'a dès-à-present autorisée, ont promis esdits noms &
en chacun d'iceux solidairement l'un pour l'autre, chacun d'eux seul pour le
tout, sans division, discussion, ni fidéjussion, à quoi ils renoncent, de payer
audit sieur A. en sa Maison à Paris, ou au Porteur des presentes, dans trois
ans prochains de ce jourd'hui, en un seul payement, & jusqu'à ce en payer
les interêts au denier vingt, se réservant toutefois ledit sieur A. audit nom,
ce qui est dû par
parens dudit défunt, & les sommes dont il se trouvera des obligations, Contrats, transactions, constitutions de rentes, & autres actes passés devant Notaires au profit dudit défunt B. par Particuliers; desquelles réserves de parens
ci-dessus faites, ledit Acquereur s'oblige de rendre de bonne foi audit Vendeur audit nom, les pieces qui se trouveront dans son Etude; & à l'égard
des titres & papiers des réserves ci-dessus vendues, ledit sieur S... s'en chargera au bas d'un mémoire qui en sera fait; lequel sera mis ès mains dudit sieur
S.... pour la décharge desdits mineurs; car ainsi a été convenu entre lesdites
Parties ; & pour l'exécution des presentes & dépendances ont élû domicile,
&c.

Vente d'un Office de Lieutenant à un Grenier à Sel.

FUT present Yves, &c. demeurant à, &c. Porteur des Lettres de provifions, quittances de Finances & Marc-d'or ci-après déclarées; lequel
a, par ces prefentes, vendu fans aucune garantie que de fes faits & promeffes, à François, &c. à ce prefent & acceptant, l'état & Office de Confeiller du Roi & Lieutenant au Grenier à Sel de, &c. aux gages de quatre
cens Lvres par chacun an, & d'un fol par chacun minot de fel qui fe vendra
& diftribuera audit Grenier à Sel, tant en exercice que hors d'exercice dudit
Office ; enfemble aux honneurs & aux droits, fruits, profits, prééminences,
autorités, privileges, franchifes, libertés & fonctions dudit Office, attribués
par l'Edit de Création d'icelui, du mois de   lequel
Edit, avec lefdites Lettres de provifions dudit Office, données à Paris,
le   .   fignées fur le repli, par le Roi, & fcellées
du grand Sceau de cire verte en lacs de foye rouge & verte, qui ont été
prefentement remplies du nom dudit François, & la copie en parchemin
defdites quittances de Finance & Marc-d'or, fignée, &c. celle de la Finance dattée du, &c. montant à dix mille livres; & l'autre en datte du, &c.
de la fomme de cinq cens livres pour le Marc-d'or dudit Office, contrôlées l'une comme l'autre au Controle géneral des Finances, le, &c. le tout
attaché fous le contre-fcel defdites Lettres de provifion. Lefquelles pieces
ledit Yves, à l'inftant, & en la prefence des Notaires fouffignés, a délivré
ès mains dudit François, &c. dont il eft content & en quitte ledit Vendeur
& tous autres; auquel Office ledit François fera tenu de fe faire recevoir
dans un mois de ce jour, à fes frais & diligences, partout où befoin fera ; &
fi à ladite réception intervenoit quelques empêchemens ou oppofitions procedans du fait dudit Vendeur ou de fes Auteurs, icelui Vendeur promet
de les faire lever, & ceffer à fes frais & diligences, fitôt qu'elles lui auront
été fignifiées à perfonne à fon domicile ci-après élû, & faire enforte
que ladite réception ne foit retardée, à peine de tous dépens, dommages
& interêts. Pour dudit Office, gages & droits fufdits, jouir par ledit fieur
Acquereur, même héréditairement par fes heritiers, dudit droit d'un fol
pour minot de fel qui fera vendu, comme dit eft, audit Grenier, &
chofes attribuées audit Office, à commencer de ce jour, le tout fuivant
& conformément audit Edit & Lettres de provifions fus-datées ; & à l'é-
gard de ce qui eft échû des gages & droits dudit Office depuis le premier de Janvier dernier jufqu'à ce jour, ledit Yves les a volontairement
remis audit Acquereur, & lui en fait ceffion & tranfport en faveur du prefent traité, fans garantie ni reftitution de deniers, pour en recevoir par
ledit Acquereur, le payement de qui & ainfi qu'il appartiendra, & de tout
ce que deffus vendu & cedé, faire & difpofer par ledit Acquereur, comme
de chofe à lui appartenante; cette vente faite aux conditions fufdites, &
outre moyennant pareille fomme de dix mille livres, à laquelle monte la
finance dudit Office, laquelle fomme ledit Acquereur a prefentement payée,
comptée, nombrée & réellement délivrée, préfens les Notaires fouffignés, en
louis d'or, &c. audit Yves, &c. dont il eft content & en quitte ledit Acque-

reur & tous autres ; & pour ce qui eft de la fomme de cinq ceus livres pour
le droit de Marc-d'or & frais de l'expedition defdites Lettres de provifion,
ledit fieur Yves en décharge ledit Acquereur en faveur du prefent traité.
Election de domicile, &c.

Vente d'Office d'Huiffier.

FUT prefent A. lequel a vendu à C. à ce prefent & acceptant, l'état &
Office d'Huiffier, &c. dont étoit pourvû M. D. comme lui ayant été
vendu par M. E. duquel Office ledit A. comparant conjointement avec fes
autres freres & fœurs, en auroient pourfuivi la vente à la Barre de la Cour,
faute de payement du prix, & arrerages ou interêts, laquelle vente & adjudication auroit été faite en conféquence au nom de M. *un tel*, fon frere,
le *tel* jour, auquel fieur A. comparant au moyen du partage fait entre lui
& ledit fieur *tel*, & fefdits freres & fœurs, heritiers de *tels* leurs pere &
mere, led. Office fait partie des biens de leur fucceffion, fuivant qu'étoit
convenu le quatriéme lot du partage, échu audit Vendeur, ledit partage fait
devant *tels*, &c. extrait duquel contenant ledit lot, ledit fieur Comparant a prefentement mis ès mains dudit C. avec les pieces qui fuivent ;
fçavoir, &c. de plus l'extrait de la fufdite adjudication, & toutes les pieces, &c. pour en vertu defdites pieces fe faire pourvoir & recevoir par
ledit fieur C. audit Office à fes frais & dépens, pourfuite & diligence, inceffamment & au plus tard dans *tel tems* ; & fi à l'obtention des Lettres de
Provifion il intervient des oppofitions & empêchemens du fait dudit fieur
Vendeur ou de fes Auteurs, il fera tenu, comme il s'oblige, de les faire
lever, &c. *comme deffus.* Pour dudit Office jouir par ledit C. & difpofer des
droits, profits & émolumens y attribués, comme à lui appartenans. Cette
vente faite moyennant la fomme de　　　　　　fur laquelle ledit
C. a payé la fomme de, &c. dont quittance ; & quant au furplus, montant
à　　　　　　ledit fieur C. & N. fa femme, de lui autorifée, à ce
prefente & intervenante, s'obligent folidairement, &c. de les payer audit
fieur A. en fa demeure à Paris, ou au Porteur, le lendemain de l'obtention defdites Lettres de provifion dudit Office, fans aucune oppofition
fubfiftante, &c. 'y obligeant fous ladite folidité, tous leurs biens, meubles,
immeubles, prefens & à venir, outre le privilege que ledit fieur A. Comparant, s'eft refervé fur ledit Office, jufqu'à l'actuel payement dudit prix ;
&c. *Election de domicile comme deffus.*

Traité d'Office de Notaire à Paris.

FUT prefent Mᶜ. Jean B ..... Confeiller du Roi, Notaire, Garde-
Notes & Garde-Scel au Châtelet de Paris, y demeurant
　　　　　lequel a vendu à Maître Louis P ...... Avocat au Parlement ;
principal Clerc de Maître　　　　　　l'un des Notaires fouffignés,
demeurant　　　　　à ce prefent & acceptant, l'état &
Office de Confeiller du Roi, Notaire, Garde-Notes & Garde-Scel audit
Châtelet de Paris, dont ledit fieur B ..... jouit, auquel il a été pourvû en la
　　　　　　　　　　　　　　place

place de M^e. par les Lettres par lui obtenues de Sa Majesté, dattées à Paris, du signées sur le repli par le Roi & la Sentence de réception audit Office du lesquelles provision & Sentence, avec les pieces attachées sous le contre-scel desdites provisions, ledit sieur B..... a presentement remis audit sieur P..... qui le reconnoît, avec les quittances du prêt & annuel dudit Office de l'année & la procuration *ad resignandum* dudit sieur B..... dudit Office en faveur dud. sieur P..... passée sans minute devant les Notaires soussignés, ce jourd'hui.

Pour par ledit sieur P,.... se faire pourvoir & recevoir incessamment audit Office, à sa diligence & à ses frais, & en jouir du jour de sa réception, aux honneurs, droits & émolumens y attachés, ainsi qu'en a joui ou dû jouir ledit sieur B...... & qu'en jouissent les Pourvûs de semblables Offices.

Et si au Sceau des provisions dudit Office, il se trouve des oppositions, ledit sieur B...... s'oblige de les faire lever, & d'en fournir main-levée audit sieur P...... huitaine après la dénonciation qu'il lui en aura fait faire en son domicile ci-après élû, à peine de tous dépens, dommages & interêts.

Comme aussi ledit sieur B...... a vendu audit sieur P....... ce acceptant, toutes ses Pratiques; ensemble, celles de ses Prédécesseurs, composées de minutes, expeditions, brevets en liasses, & aussi tout ce qui est & se trouvera dû audit sieur B....... pour les affaires de son Etude, soit pour honoraires, soit pour gratifications, vacations, ou autrement, tant par le Roi, que par les Particuliers. (*Si le Vendeur veut faire quelques réserves, c'est ici le lieu de les mettre par ces mots,* à l'exception de, *&c.*) Et aussi ledit sieur B..... a vendu & délaissé audit sieur P...... ce acceptant, les bureaux, tables, tablettes, bancs, écritoires & autres meubles & ustenciles de l'Etude. Plus, tous les meubles, armoires, chaises & fauteuils du Cabinet dudit sieur B..... & les lits, tapisseries & autres meubles qui sont dans les Chambres des Clercs.

Le tout que ledit sieur B..... a promis de remettre & livrer audit sieur P...... incessamment, les répertoires desdites minutes préalablement faits & achevés.

Pour du tout jouir & disposer par ledit sieur P...... comme de chose à lui appartenante au moyen des presentes.

Ledit sieur P..... entrera en la place dudit sieur B..... dans le bénéfice de la bourse commune établie dans la Communauté des Notaires au Châtelet de Paris, tant pour ce qui en est actuellement dû, que pour ce qui en reviendra par la suite.

Cette vente faite à la charge par ledit sieur P...... d'entrer en la place dudit sieur B...... dans les dettes & charges de la Communauté des Notaires audit Châtelet de Paris, & d'en faire sa soumission en la maniere accoutumée.

Et outre moyennant la somme de soixante-dix mille livres; sçavoir, quarante mille livres pour le Corps dudit Office, & trente mille livres pour le prix desdites Pratiques, recouvremens à faire, & meubles; laquelle somme de trente mille livres pour le prix desdites Pratiques, ledit sieur P......a presentement payée comptant audit sieur B......qui l'en quitte & décharge.

Et pour les quarante mille livres prix dudit Office, ledit sieur P......a constitué & promet garantir, fournir & faire valoir audit sieur B......ce acceptant, Acquereur pour lui & ses ayans cause, deux mille livres de rente annuelle, que ledit sieur P......s'oblige de payer audit sieur B.....& à ses ayans cause en leur demeure à Paris, ou au Porteur, &c. aux quatre quartiers de l'an accoutumés également, à compter du jour de sa réception audit Office, jusqu'au rachat qui pourra être fait de ladite rente en un ou deux payemens égaux, en payant semblable somme de quarante mille livres en especes sonnantes, à la garantie de laquelle rente en principal & arrerages, led. Office demeurera par privilege affecté & hypotequé, & outre ledit sieur P.....y affecte & hypoteque tous ses biens presens & à venir, sans qu'une obligation déroge à l'autre, pour la conservation duquel privilege, ledit sieur P......s'oblige de payer exactement d'année en année le prêt & droit annuel dudit Office, & d'en justifier quinzaine après l'ouverture du Bureau, à peine de tous dépens, dommages & interêts.

Et pour l'exécution des presentes, chacun a élû son domicile en sa demeure susdite, &c.

Démission d'un Office d'Archer de l'Hôtel de Ville.

AUJOURD'HUI est comparu pardevant les Notaires au Châtelet de Paris soussignés Nicolas du J....Garde-Archer de cette Ville, y demeurant ruë   Paroisse   lequel sous le bon plaisir du Roi, de Monseigneur le Garde des Sceaux de France, & de Messieurs les Prevôt des Marchands & Echevins de cette Ville, s'est démis volontairement de son état & Office d'Archer & Garde en l'Hôtel de cette Ville, en faveur de   demeurant, &c. à ce present & acceptant, & non d'autre, consentant que toutes Lettres de provisions lui soient expediées, signées & scellées sans opposition, &c. promettant, &c. Fait & passé, &c.

Il faut remarquer que dans ces sortes de démissions d'Offices, ou de procurations *ad resignandum*, il n'est pas nécessaire que ceux en faveur de qui elles sont faites, soient presens à l'acte.

Vente & composition d'un Office de Mesureur de Charbon.

FURENT presens Nicolas du J....&c. Juré, &c. d'une part; & Claude F.....&c.   d'autre, lesquels ont fait les traités & conventions qui suivent, pour raison dudit Office : Sçavoir, que ledit sieur du J....a presentement mis ès mains dudit sieur F.....sa procuration *ad resignandum*, qu'il a ce-jourd'hui passée devant les Notaires soussignés, en faveur dudit sieur F.......Plus, quatre quittances du droit annuel dudit Office, des années   dattées des....

fignées, contrôlées, &c. avec les Lettres de provifion & de réception par lui
obtenues fur la démiffion & nomination de François B..... &c. en datte
du   fignée & fcellée, avec le traité dudit Office
fait entre lui & ledit fieur B..... &c. paffé devant
Notaires audit Châtelet de Paris, le   jour
pour en vertu de ladite procuration *ad refignandum*, Lettres & pieces fufdites, fe faire par ledit fieur F..... pourvoir audit Office par le Roi &
Monfeigneur le Chancelier, ou autrement, ainfi qu'il appartiendra, & s'y
faire recevoir par Meffieurs les Prevôt des Marchands & Echevins de cette
Ville, le tout aux frais & dépens dudit fieur F..... & faire enforte par
lui, qu'il foit pourvû & reçû audit Office dans un mois, pourvû qu'il n'y
ait aucune oppofition, &c. pour dudit Office, jouir par ledit fieur F.....
en tous droits, profits, revenus & émolumens, & en faire & difpofer par
lui, comme de chofe à lui appartenante, fous le bon plaifir du Roi & defdits fieurs Prevôt des Marchands & Echevins, à commencer la jouiffance
du jour de la réception dudit, &c. Ce prefent traité fait moyennant la
fomme, &c.

Claufe de payer par l'*Acquereur* partie du prix de l'*Office* à un *Créancier* du *Vendeur* qui auroit fait oppofition.

De laquelle fomme de   du confentement dudit fieur
du J.... ledit fieur F..... en a prefentement payé audit fieur B.....à ce
prefent, la fomme de cinq cens livres, comptée & délivrée, &c. dont ledit
fieur B.....eft content, en quitte ledit, &c. & tous autres, laquelle fomme de cinq cens livres lui étoit dûe par ledit fieur du J.... en conféquence
de la vente dudit Office, faite à fon profit, pour la fomme de
      de laquelle ledit fieur du J.... n'avoit payé,
&c. pour laquelledite fomme de cinq cens livres, ledit fieur B..... s'é-
toit réfervé une hypoteque privilegiée & préference à tous les autres
créanciers fur ledit Office, ainfi qu'il eft plus au long porté audit traité,
& pour laquelle ledit fieur B..... avoit formé oppofition au Greffe de
l'Hôtel de Ville, & de laquelle oppofition ledit fieur B...... au moyen
du prefent payement, a fait & donné pleine & entiere main-levée auldits
fieurs du J.... & F..... &c. par acte féparé des prefentes, paffé devant
les Notaires fouffignés ce jourd'hui, fans ou avec minute, lequel ne fervira avec la prefente que d'une même quittance, à la charge néanmoins
que ledit fieur B..... demeurera dès-à-prefent, comme il fe conftitue par
ces prefentes, Dépofitaire de ladite fomme de cinq cens livres, comme
de deniers de Juftice, jufqu'à ce que ledit fieur F.... foit pourvû & reçu audit Office de   fans oppofition
fubfiftante: Comme auffi les droits, privilege & préference fubfifteront
& conferveront leur force & vertu pour ledit fieur B..... fur ledit Office
jufqu'à ladite réception dudit fieur F.... fans qu'il foit préfumé y avoir
renoncé; qu'au contraire, lefdits droits, privilege & préference demeuré-
ront, quoiqu'il intervienne d'autres oppofitions de la part des créanciers
dudit fieur du J.... jufqu'à la réception dudit fieur F..... & au cas que

ledit sieur F.... soit pourvû & reçû au suidit Office, sans aucune opposition, ni autre charge, ladite somme de cinq cens livres demeurera audit sieur B.... simplement, lequel sera déchargé dudit dépôt; & pour le surplus de ladite somme de ledit sieur F....
promet par ces presentes, le payer audit sieur du J.... incessamment après. qu'il sera pourvû & reçû audit Office sans aucunes oppositions, empêchemens ni charges provenans du fait dudit sieur du J.... à peine de tous dépens, dommages & interêts; pour la sûreté de laquelle somme de & des interêts, faute de payement d'icelle, lesdites Parties sont convenues que ledit Office demeure par privilege, &c. *comme dessus*; car ainsi a été convenu entre les Parties; & pour l'exécution des presentes, &c. *Election de. domicile.*

Main-levée en conséquence de la Clause ci-dessus.

AUJOURD'HUI est comparu pardevant, &c. François B....; lequel a donné pleine & entiere main-levée à Nicolas du J.......... de l'opposition faite à sa requête au Sceau & expedition des Lettres de l'Office ce entre les mains de Monseigneur le Chancelier, Garde des rôles des Offices, & de Messieurs les Prevôt des Marchands. & Echevins de cette Ville de Paris, consentant que ladite opposition demeure nulle, & que les Lettres de provision dudit Office & autres à ce necessaires, soient expediées & délivrées en faveur de Claude F........ au profit duquel ledit sieur du J... en a fait sa démission en conséquence du Contrat fait entre lesdits sieurs du J.... F.... & B.... devant les Notaires soussignés ce jourd'hui, sans préjudicier à icelui contrat, lequel demeurera en sa force & vertu; ce qui a été accepté par ledit sieur du J.... à ce present, demeurant, &c. dont acte, &c. promettant, &c.

Accord fait entre les Parties après l'obtention des Provisions, & la réception en l'Office ci-dessus, ensuite du Contrat de Vente.

Et le sont comparus lesdits sieurs Nicolas du J.... Claude F.... & François B...... nommés au traité de l'Office de des autres parts écrit, lesquels sont convenus de ce qui suit : Sçavoir, que ledit sieur F.... a déclaré & reconnu avoir été reçû & installé audit Office de dont lui a été délivré Lettres & actes en bonne forme, le jour de tant du Roi, que de Messieurs les Prevôt des Marchands & Echevins de cette Ville de Paris, sans aucunes oppositions ni charges, au moyen de quoi la somme de cinq cens livres payée audit sieur B.... du consentement dudit sieur du J.... par ledit sieur F...... comme il est porté audit traité, demeurera purement & simplement audit sieur B... en l'acquit dudit sieur du J...... & ledit sieur B.... déchargé du dépôt dont il s'étoit chargé par icelui: Ce faisant, ledit sieur B.... a presentement déchargé ledit sieur du J... de ladite somme qu'il lui devoit en conséquence de la vente dudit Office à son profit; comme aussi, décharge tous les

biens dudit fieur du J.... de l'hypoteque ftipulée fur iceux par ledit fieur
B.... pour fûreté de payement de ladite fomme de cinq cens livres, & de toutes autres chofes qui pourroient lui être dûes en conféquence, confentant
ledit fieur B.... que fur l'expedition de la vente dudit Office, il foit fait
mention du contenu ci-deffus, fans que fa prefence y foit requife, le tout
ne fervant que d'une feule & même quittance ; & en outre, ledit fieur du
J... reconnoît que ledit fieur F..... lui a prefentement payé & délivré la
fomme de, &c. pour le reftant du prix dudit Office, dont quittance, &c. *Le
refte comme aux autres actes ci-deffus.*

Vente de l'un des fix Offices de Commiffaires & Contrôleurs des Bois à brûler & flottés, qui arrivent à Paris.

FUT prefent Antoine D.... &c. lequel a vendu à Euftache L..... à
ce prefent & acceptant, l'un des fix Offices de Commiffaires & Contrôleurs des Bois à brûler & Bois flotés qui arrivent en cette Ville & Fauxbougs
de Paris, en bateaux, trains & autrement, créés par Edit du mois d'Octobre 1645, audit fieur D.... appartenant, au moyen de l'acquifition qu'il
en a faite de Nicolas B..... dernier Titulaire d'icelui, par Contrat paffé
devant *tels* Notaires, le *tel* jour ; l'expedition duquel Contrat avec la procuration *ad refignandum*, que ledit B.... a faite dudit Office devant *tels*
Notaires, le *tel* jour, le nom du Réfignataire en blanc, & qui a été prefentement rempli du nom dudit L..... les Lettres de Provifions dudit Office
expediées au nom dudit B.... données à Paris le *tel* jour, fignées fur le repli, par le Roi, C...... & fcellées du grand Sceau de cire jaune ; les quittances de Finance & Marc-d'or dudit Office, & autres pieces attachées fous
le contre-fcel defdites Lettres, l'acte de réception & inftallation dudit B.....
audit Office pardevant Meffieurs les Prevôt des Marchands & Echevins de
Paris, le *tel* jour, la quittance du droit annuel dudit Office payé pour la prefente année, dattée du, &c. fignée B...... & le Contrat de vente que ledit
D.... avoit auparavant fait dudit Office audit B.... devant *tels* Notaires,
le *tel* jour, icelui D.... a prefentement délivré & mis ès mains dudit L.....
pour en vertu defdites pieces fe faire par ledit L.... pourvoir & recevoir
audit Office à fes frais & diligences le plutôt qu'il pourra ; & fi à l'expedition & fceau defdites provifions & réception dudit L.... audit Office, intervenoit quelqu'oppofition ou empêchement procedant du fait dudit D...
ou de fes Auteurs, icelui D...... fera tenu & promet de les faire ceffer & lever fitôt qu'elles lui auront été dénoncées & fignifiées à fon domicile
ci-après élû, & faire enforte que ladite réception ne foit retardée, à peine
de tous dépens, dommages & interêts ; duquel Office, enfemble des droits,
fruits, profits, revenus & émolumens y attribués, jouir & difpofer de ce
jourd'hui en avant par ledit L..... fes hoirs & ayans caufe, comme bon lui
femblera ; cette vente faite moyennant la fomme de douze mille livres que
ledit D.... confeffe avoir reçue dudit L..... qui lui a icelle fomme réellement délivrée prefens les Notaires fouffignés, en louis d'or & autre monnoye
ayant cours, dont, &c. quittant, &c. *Election de domicile*, &c. Fait & paffé,
&c.

Nota. Quand l'Acquereur ne paye que partie du prix, on en fait mention au Contrat en la maniere suivante :

En déduction de laquelle somme de douze mille livres, ledit D .... confesse avoir reçu dudit L ..... qui lui a compté & réellement délivré présens lesdits Notaires soussignés, en *telles* especes & autres monnoyes ayant cours, la somme de *tant*, dont quittant, &c. & le surplus dudit prix, montant à, &c. ledit L ... s'oblige le payer audit D .... en sa Maison à Paris, *à tels & tels termes*, avec l'intérêt à raison de l'Ordonnance, de ce jourd'hui en avant jusqu'à l'actuel payement, à mesure desquels payemens ledit intérêt diminuera, à quoi ledit Office est spécialement, par privilege & préférence, affecté & hypotequé, avec tous & chacuns les autres biens, meubles & immeubles, presens &.à venir dudit L ..... sans qu'une obligation déroge à l'autre ; & pour plus grande sûreté audit D .... de son payement & conservation dudit Office, ledit L ..... sera tenu & promet payer le droit annuel d'icelui par chacun an, tant & si longuement qu'il aura cours, & de fournir par chaque année, huit jours après le Bureau ouvert, copie de la quittance qu'il en retirera,à peine d'être contraint au payement du restant dudit prix, si bon semble au sieur D .... nonobstant les susdits termes, dont il consent demeurer déchû ; car ainsi, &c. *Election de domicile, &c.*

Observation sur les Offices pour lesquels il faut prendre des Provisions du Roi au Grand Sceau.

Les Offices pour lesquels il faut prendre des provisions du Roi au Grand Sceau, soit qu'ils soient casuels ou héréditaires, sont susceptibles d'hypoteques ; c'est pourquoi le Vendeur a raison de réserver son privilege & préférence au Contrat de vente, pour le reste du prix, & d'obliger l'Acquereur de payer le droit annuel, si l'Office est casuel, & de lui fournir copie de la quittance par chacun an, huit jours après le Bureau ouvert, afin que l'Office soit conservé, & qu'il soit payé de son dû sur le revenu d'icelui, s'il venoit à vacquer par le décès du nouveau Pourvû, parce qu'à faute de payement du droit annuel, l'Office venant à vaquer, il tomberoit aux Parties Casuelles du Roi, en pure perte pour les heritiers & créanciers du Pourvû.

Si le Pourvû n'avoit pas soin de payer le droit annuel, un créancier peut payer ce droit de ses deniers dans les premiers quinze jours de l'ouverture du Bureau, comme nous avons dit, sommation préalablement faite au Titulaire de l'Office, de ce faire ; & le Trésorier ou Commis à la Recette du droit, voyant ladite sommation, ne peut refuser le payement ni sa quittance au

créancier, & par ce moyen l'Office eft confervé, & le rembourfement du droit annuel fera pris par préference à tous créanciers
fur le prix de l'Office, quelque privilege qu'ils ayent.

Obfervations fur la Vente des Offices de la Maifon du Roi, ou des Princes du Sang.

Nous avons dit ci-deffus, que comme les Offices font différens, les traités le font auffi; les grands Offices de la Maifon du
Roi & de la Reine, & les Gouvernemens s'appellent proprement
Charges; à l'égard des autres, on les nomme ordinairement *Offices*
ou *Etats*, excepté les Commenfaux; c'eft-à-dire, mangeans à
une même table; & ce font eux avec les Commenfaux des Enfans de France & du premier Prince du Sang, dont les Etats font
portés à la Cour des Aydes, qui ont droit de *Committimus*, & plufieurs autres prérogatives fuivant les Edits de création de leurs
Offices.

A l'égard des grandes Charges & Gouvernemens, l'on prend
provifions du Roi immédiatement, duquel il faut être agréé, &
ces provifions s'expendient au Grand Sceau.

Pour ce qui eft des autres Etats & Offices Commenfaux, on
ne prend point de provifions du Grand Sceau; mais feulement
des Lettres de Cachet, qu'on appelle ordinairement *Brevet de retenuë*, qui font expediées par le Sécretaire d'Etat qui a la charge de la Maifon du Roi, fi c'eft une Charge chez le Roi; ou par
le Secretaire des Commandemens de la Reine, fi c'eft chez la
Reine; ou par celui du Prince du Sang, au fervice duquel on fe
met.

Ces Etats ou Offices ne tombent point en commerce, fi ce
n'eft par le confentement des Chefs, dont ils dépendent,
comme ceux que l'on appelle *des fept Offices chez le Roi*, à
fçavoir, le Gobelet, la Bouche, l'Echanfonnerie, le Commun,
la Fruiterie, la Panneterie & la Fourrerie, qui dépendent de
Monfieur le Grand-Maître, qui eft aujourd'hui Monfieur le
Prince de Condé, auquel appartiennent lefdits Etats, lorfqu'ils
vaquent.

Les Offices de la Chambre dépendent du Grand Chambel-
lan; ceux de l'Ecurie, du Grand Ecuyer; ceux de l'Artillerie,
du Grand Maître de l'Artillerie; ceux de la Fauconnerie, du
Grand Fauconnier; ceux de la Venerie, du Grand Veneur, &
ainfi des autres.

Les Gardes du Corps dépendent des Capitaines, dont chacun a sa Compagnie; il en est de même de tous les autres Offices de cette nature, qui venant à vacquer par mort ou autrement, appartiennent particulierement à ceux desquels ils dépendent, & au nom desquels les provisions sont expediées, & le serment que font ceux qui sont pourvûs se reçoit par le Grand Officier, dont ils dépendent, & l'acte s'en expedie en son nom.

Tous ces Etats & Offices ne sont point susceptibles d'hypoteques, & ne peuvent être décretés, & ainsi, l'on ne craint point qu'il y ait des oppositions au Sceau qui empêchent les provisions.

Les traités qui s'en font sont de deux façons; ou l'on est agréé, ou on ne l'est pas.

Si l'on est agréé, on se contente souvent de prendre la démission de celui qui vend, & l'on paye à l'heure même, ou l'on s'oblige de payer dans certain tems, sans mettre de condition dans le traité qui en suspende l'effet jusqu'après la réception.

Si l'on n'est pas encore agréé, on stipule que le Vendeur fournira sa démission dans un tems limité, ordinairement dans huitaine ou quinzaine, selon la distance du lieu où se trouve lors celui qui doit être agréé, pour se faire ensuite pourvoir à ses frais & diligence; & l'Acheteur promet payer en recevant ladite démission, ou en d'autres termes; & s'il n'est point agréé, le compromis demeure nul, sans dommages & interêts.

Quelquefois en passant le compromis, l'on donne la démission à la charge que si l'on n'est pas agréé dans certain tems on la rendra, & que le compromis sera nul; mais parce qu'en vertu de la démission, l'on pourroit se faire pourvoir, celui qui la donne s'assure de l'argent; soit par caution ou par consignation entre les mains du Notaire, ou d'autres, pour le recevoir si l'Acheteur est agréé, ou être rendu s'il ne l'est pas, comme on va le voir dans les formules ci-après.

A tous ces Contrats & compromis, qui ont un effet suspensif, on met une peine, que celui qui y contreviendra payera à l'autre; car c'est une maxime, que quelque promesse qu'un homme fasse de donner sa démission, & celui qui la prend d'en payer le prix convenu, si l'un ou l'autre est défaillant d'exécuter de sa part la convention, il en doit payer la peine; autrement les traités seroient inutiles, si l'on avoit cette liberté de s'en dédire quand on voudroit.

Vente d'un Office de la Maison du Roi, dépendant de Monseigneur le Grand Maître, par laquelle le Vendeur se charge de mettre les provisions ès mains de l'Acquereur.

FUT present Jacques Syon, pourvû de l'Office de l'un des Chefs de Pan-neterie de la Maison du Roi, servant au quartier de Janvier, demeurant à Paris rue   lequel, sous le bon plaisir du Roi, & de Mon-seigneur   Grand Maître de la Maison de Sa Majesté, a par ces presentes vendu à Jean Faure, demeurant à Paris rue
à ce present & acceptant, ledit Office & état de   pour lequel lesdites Parties poursuivront respectivement l'agrément pour ledit sieur Faure, à la charge néanmoins que ledit sieur Syon y fera à ses frais & dépens pourvoir & recevoir ledit sieur Faure, dans la fin du present mois, & lui mettra ès mains les Lettres de provision dudit Office, pour par ledit sieur Faure exercer, jouir & disposer dudit Office, ainsi que ledit sieur Syon a fait jusqu'à present, & que les autres Pourvûs des mêmes Charges jouiïent, à commencer la jouiïance & l'exercice dudit Office au premier jour du mois de Janvier prochain; cette vente faite moyennant la somme de
que ledit sieur Faure s'oblige payer sans aucun interêt audit sieur Syon ou au Porteur des presentes, sitôt qu'il lui aura délivré lesdites provisions, acte de réception & installation dudit sieur Faure audit Office, franchement & quittement de tous frais & droits; & pour plus grande sûreté du payement de ladite somme audit sieur Syon, ledit sieur Faure a de son consentement déposé & mis presentement ès mains de   l'un des Notaires soussignés ladite somme de   en louis d'or & d'argent & autres monnoyes ayant cours, pour ladite somme garder jus-qu'au dernier jour du present mois d'Octobre, & ledit tems passé, faute par ledit sieur Syon d'avoir fourni lesdites Lettres de provision & acte de ré-ception audit sieur Faure, dans le dernier jour du present mois d'Octobre, ledit sieur Syon consent que ladite somme de   soit rendue par ledit   Notaire, audit sieur Faure, sans qu'il soit besoin de sa presence ni de son consentement, auquel pour ses dommages & interêts ledit sieur Syon s'est volontairement obligé, si ce n'est que les pro-visions ne fuïent refusées par la faute & par le fait dudit sieur Faure, au-quel cas le present traité demeurera nul & comme non fait; & au cas que le-dit sieur Syon ait obtenu lesdites provisions dans ledit tems pour ledit sieur Faure, icelui sieur Faure consent que ledit   Notaire, mette ès mains dudit sieur Syon ladite somme de
qu'il lui a déposée & donnée en garde, aux clauses portées par ce pre-sent traité, pour l'exécution duquel ledit sieur Syon a élû son domi-cile, &c.

Confentement pour être couché fur l'Etat, & le nom du Vendeur de la Charge rayé.

AUJOURD'HUI eft comparu devant les Notaires, &c. Jacques Regnaud, Chirurgien de la Compagnie des Cent-Suiffes du Roi, lequel a confenti que fon nom à prefent couché & employé dans les départemens & états defdits Cent-Suiffes, en qualité de Chirurgien de ladite Compagnie, foit rayé, & qu'en fon lieu & place foit employé & rempli le nom de Barthelemy Pommier, Chirurgien ; n'empêche que ledit Pommier exerce ledit état & Charge de Chirurgien defdits Suiffes, fuivant & conformément au département que Monfeigneur, &c. leur Colonel Général lui en a donné fur le confentement dudit Regnaud ; lequel a dit avoir mis ès mains dudit Pommier, le certificat & provifion qu'il avoit dudit Office, pour en jouir par ledit Pommier, comme bon lui femblera, au profit duquel il s'en eft ci-devant démis ; promettant & renonçant, &c.

Démiffion d'un Office chez le Roi.

AUJOURD'HUI eft comparu devant les Notaires fouffignés, Claude   Confeiller du Roi, Contrôleur de fa Maifon, lequel s'eft démis de fondit état & Office, pour & au profit de Jacques, &c. confentant fous le bon plaifir de Monfeigneur le Grand Maître & autres ayans à ce pouvoir, que ledit Jacques foit reçu & admis audit Etat & Office ; & à cette fin que toutes Lettres de provifion, & autres à ce néceffaires lui foient expediées & délivrées, pourquoi faire & requerir ledit Claude a conftitué fon Procureur général & fpécial le Porteur des prefentes, lui en donnant tout pouvoirs & généralement, &c.

Vente d'un Office de Coureur de Vins de la Reine.

FUT prefent Guillaume Olivier, Coureur de Vins de la Reine, demeurant à, &c. lequel a vendu par ces prefentes à Sigifmond Lallemant demeurant ....à ce prefent & acceptant, lad. Charge de Coureur de Vins de la Reine, dont ledit Olivier eft pouvû & jouiffant ; à laquelle Charge ledit Lallemant fe fera pourvoir & recevoir le plutôt que faire fe pourra aux frais communs defdites Parties ; & à ces fins ledit Olivier lui a prefentement délivré fa démiffion de ladite Charge, paffée devant les Notaires fouffignés, ce jourd'hui rempli du nom dudit Lallemant, & promet de lui remettre dans ce jour les Lettres de provifion remplies du nom dudit Olivier avec l'Arrêt de la Cour des Aides, & autres pieces y attachées, portant exemption de taille pour les Titulaires & Poffeffeurs dudit Office ; & fi à la réception dud. Lallemant en ladite Charge il y a ou intervient quelqu'oppofition ou empêchement provenant du fait dudit Olivier ou de fes auteurs, icelui Olivier fera tenu, ainfi qu'il promet & s'oblige, de les faire ceffer, fitôt qu'elles lui auront été dénoncées en fon domicile ci-après élû, à peine de tous dépens, dommages & intérêts ; pour de ladite Charge jouir, faire & difpofer par led. Lallemant; enfemble des franchifes, libertés, gages, droits, fruits, profits, revenus & émolumens y attribués, ainfi que led. Olivier en a joui & qu'en jouiffent les Titulaires de pareils Offices. Cette vente faite moyennant la fomme de trois mille livres, fur laquelle ledit Olivier reconnoit avoir reçu dud. Lallemant, qui lui a payé, compté, nombré & réellement délivré, prefens lefd. Notaires fouffignés, en louis d'or & autre monnoye ayant cours, la fomme de quinze cens livres, dont, &c. quittant, &c. & à l'égard des autres quinze cens livres reftant, ledit Lallemant promet les payer audit Olivier en cette Ville ou au Porteur, fitôt qu'il fera reçu en ladite Charge, & jufqu'à ce jour lefdits gages & droits appartiendront en commun aufdites Parties, & feront partagés entr'elles également par moitié, à compter de ce jourd'hui, & du jour de la réception dudit Lallemant en ladite Charge en avant, tous lefdits gages & droits lui appartiendront entierement, fans que ledit Olivier y puiffe rien prétendre; faute de payement defdits quinze cens livres dès l'inftant de ladite réception ledit Lallemant fera tenu & promet d'en payer l'interêt audit Olivier à raifon de l'Ordonnance, jufqu'à l'actuel & parfait payement, à commencer du jour de la réception; car ainfi, &c. & pour l'exécution des prefentes & dépendances, lefdites Parties ont élu leur domicile irrévocable en cette Ville de Paris; fçavoir, ledit Olivier en la Maifon de, &c. & ledit Lallemant en celle de, &c. aufquels lieux, &c. nonobftant, &c. promettant, &c obligeant chacun en droit foi, &c. renonçant, &c. Fait & paffé, &c.

CHAPITRE X.

Du Retrait.

APRE's avoir parlé de la vente, il faut parler du retrait, qui en eft une fuite & une dépendance.

Le retrait en général eft un moyen par lequel une vente revêtue des formalités requifes pour fa validité, peut être réfolue & caffée. Il y a trois efpeces de retrait : Sçavoir, le conventionnel, le féodal, & le lignager.

Le retrait conventionnel eft une faculté accordée par l'Acheteur au Vendeur, de retirer l'heritage par lui vendu à toujours, ou dans un certain tems; & c'eft ce qu'on appelle *grace*, ou *faculté de rachat ou de remeré*. Il fait ordinairement une claufe du Contrat, quelquefois néanmoins l'Acheteur l'accorde au Vendeur par un acte féparé du Contrat de vente, comme nous avons dit ci-deffus, au chapitre IV. de ce livre.

Mais pour parvenir à ce retrait, il faut que le Vendeur mette l'Acquereur en demeure par une fommation de délaiffer l'heritage, fuivant la claufe inferée au Contrat dont on donne copie, lui offrir le fort principal & loyaux-coûts ; l'affigner pour voir déclarer les offres bonnes & valables, & que faute de les accepter, il lui fera permis de configner.

Quoique le tems du remeré foit expiré, l'Acquereur à ce titre ne fe peut dire Proprietaire incommutable qu'après trente ans du jour du Contrat, s'il ne fait ordonner que faute par le Vendeur de lui avoir rembourfé le fort principal, frais de Lettres & loyaux-coûts, dans le tems porté par le Contrat, il en fera déchû ; & en conféquence, que l'Acquereur demeurera à l'avenir Proprietaire incommutable de l'heritage à lui vendu.

Nous ne dirons rien ici du retrait féodal, nous en parlerons dans le fecond tome, livre 15, chapitre 5.

Le retrait lignager eft celui par lequel un parent du côté & ligne duquel provient l'heritage vendu, peut retirer cet heritage des mains de l'Acquereur, pour le conferver dans la famille.

Ce retrait eft préferable au féodal, & le conventionnel au lignager.

Afin que le retrait lignager ait lieu, plufieurs chofes font requifes.

I. Que la chofe fujette à retrait, foit vendue, ou aliénée par acte équipolent à une vente.

II. Que la chofe foit propre au Vendeur. Voyez l'article 143 de la Coutume de Paris.

III. Que le Retrayant foit parent lignager du Vendeur, c'eft-à-dire, du côté & ligne dont la chofe fujette à retrait eft échue au Vendeur, fuivant les art. 129, 133, 142, 155, & 159 de la Coutume de Paris, fans qu'il foit néceffaire d'être defcendu de celui qui a mis le premier l'heritage dans la famille, fuivant l'article 329 de la même Coutume.

IV. Que le Retrayant faffe fa demande en retrait dans le tems prefcrit par la Coutume.

V. Que le Retrayant rembourfe à l'Acquereur la chofe qu'il reclame, avec les frais & loyaux-coûts, ou qu'il configne, au refus de l'Acquereur, dans le tems porté par la Coutume.

VI. Que les formalités & folemnités requifes par la Coutume dans la pourfuite du retrait, foient obfervées par le Retrayant.

Par la Coutume de Paris, le parent lignager du Vendeur a un an & jour pour intenter fa demande en retrait, après lequel tems il n'eft plus recevable. Mais depuis l'Edit des Infinuations de 1704, l'an du retrait n'eft plus compté que du jour de l'infinuation.

CHAPITRE XI.

Du Retrait lignager.

IL faut remarquer d'abord que l'action du retrait lignager doit être intentée pardevant le Juge du domicile de l'Acquereur, comme feu M. de Ferriere l'a dit sur l'article 129 de la Coutume de Paris, glose cinquiéme. Si l'Acquereur est absent, & qu'il ne se trouve personne de sa famille, ni aucuns Domestiques, l'assignation doit être attachée à la porte de son domicile, ou à l'heritage tombé en retrait.

Cette assignation ne peut être donnée un jour de Fête, doit être donnée de jour & non nuitamment, sans aucune fraude, & doit écheoir dans l'an & jour. Dans l'exploit d'ajournement, on doit faire *offre de bourse, deniers & loyaux-coûts, & à parfaire.* Ces offres sont tellement nécessaires qu'il a été jugé :

I. Que l'omission d'offres de bourse faisoit décheoir le Demandeur en retrait de sa demande ; cependant il a été jugé qu'on pouvoit se servir de termes équivalens, & qu'une offre de bourse, d'argent, de pieces de quinze sols à découvert, &c. étoit valable, sans parler des deniers, & qu'un sac équipolloit à une bourse. Néanmoins dans une matiere de rigueur, comme est le retrait, je ne conseillerois pas de changer les termes.

II. Que les offres des loyaux-coûts se doivent faire dans l'exploit, sur peine de déchéance du retrait.

III. Qu'il doit être fait mention du mot *à parfaire.*

Le Demandeur en retrait ayant commencé son Instance par une signification revêtue de toutes les formalités nécessaires, doit encore à chaque journée de la cause principale, jusqu'à contestation en cause inclusivement, & conclusion sur l'appel aussi inclusivement, réiterer lesdites offres, à peine de déchéance.

Le Retrayant, après la Sentence adjudicative du retrait, doit rembourser à l'Acquereur le prix de l'heritage payé au Vendeur dans vingt-quatre heures, à compter du moment que l'Acquereur a mis ses Lettres ou Contrat au Greffe, pour connoître le prix de la chose, & qu'il aura affirmé le prix contenu en icelui être véritable, s'il en est requis par le Retrayant, suivant l'ar-

ticle 136 ; toutefois l'affirmation ne doit pas retarder le remboursement.

Le remboursement doit être fait actuellement & réellement,
sans qu'on puisse être reçu à demander compensation de la somme & prix principal de la chose, & sans fraude ; c'est-à-dire, que
le Retrayant ne doit pas prêter son nom au profit d'un tiers ; mais
il peut ceder son droit à un autre lignager. Au contraire, le retrait
féodal est cessible par un Seigneur à un étranger, parce que ce
retrait est un droit de Fief, & non pas de famille, lequel par conséquent se peut transporter à un autre par celui à qui il est dû.

Il n'est pas nécessaire que le remboursement soit fait en mêmes
especes que celles qui ont été payées ; il suffit qu'il soit fait en pieces & monnoyes ayant cours, valant autant que celles qui ont été
payées par l'Acquereur.

Si l'Acquereur refuse de recevoir le remboursement, le Retrayant est tenu de consigner le prix de la chose adjugée par retrait dans le tems de vingt-quatre heures, l'Acquereur dûement
appellé pour voir faire la consignation aux frais, dépens & périls
de l'Acquereur.

Ce tems de vingt-quatre heures pour faire la consignation est
fatal au Retrayant ; c'est pourquoi, si les deniers consignés étoient
saisis à la requête des créanciers du Retrayant, la consignation
seroit nulle, & par conséquent le Retrayant seroit déchu du
retrait.

Il y a néanmoins quelques cas où les vingt-quatre heures peuvent être prolongées. Le premier est, quand l'Instance du retrait
est jugée hors la Jurisdiction du lieu où les Parties sont demeurantes ; car en ce cas, le Juge doit octroyer un délai pour faire le
remboursement ou consignation, suivant la distance des lieux où
les Parties sont demeurantes.

Le deuxiéme est, quand l'Acquereur a par un même Contrat
& même prix, acquis un heritage propre au Vendeur & un acquêt, pour lors les vingt-quatre heures ne courent que du jour
que la ventillation du prix a été faite de chacun desdits heritages.

Le troisiéme est, lorsque dans les vingt-quatre heures il y a
quelque solemnité extraordinaire ; en ce cas la consignation peut
être differée & faite incontinent après, pourvû que ce soit par
Ordonnance du Juge.

La consignation doit être faite de tout le prix, autrement
elle est nulle ; par conséquent si le Demandeur avoit consi-

gné quelques pieces qui ne fuffent pas bonnes ou de poids &
non recevables, le prix n'étant pas entier, il feroit déchu du
retrait ; & il ne feroit pas recevable d'en mettre d'autres, fi ce
n'eft que le délai des vingt-quatre heures ne fût pas encore
paffé.

Que fi l'heritage a été baillé à rente rachetable, le rembourfement ou la confignation du fort principal de cette rente & des
arrerages échus depuis le jour de l'ajournement, doit être fait
dans les vingt-quatre heures, fuivant l'article 157, à moins que
la rente n'ait été rachetée, ou que le Bailleur de l'heritage à rente
n'aime mieux innover le bail au Retrayant, à la charge de la même rente, & d'en décharger le premier; ce qui eft au choix du
Bailleur.

Il ne fuffit pas au Retrayant d'avoir remboursé à l'Acquereur
le prix de la chofe adjugée, ou d'en avoir fait la confignation
dans le tems, il faut encore qu'il rembourfe l'Acquereur des
loyaux-coûts, ou qu'il en faffe la confignation à fon refus, non
pas dans les vingt-quatre heures, avec le prix de la chofe adjugée
par retrait; mais vingt-quatre heures après leur liquidation, parce
qu'auparavant le Retrayant n'eft pas certain de la fomme pour
loyaux-coûts.

Les loyaux-coûts font les frais & dépens faits de bonne foi
pour l'acquifition d'heritage adjugé par retrait, comme font les
droits Seigneuriaux, les frais du Contrat & autres. *Item,* en cas
d'heritage baillé à rente, les arrerages de rente échûs depuis l'a-
journement que le Preneur peut mettre & employer en fa déclaration des loyaux-coûts, en rendant par lui les fruits qu'il a perçus
de l'heritage depuis le jour de la vente, jufqu'au jour de l'ajournement, fuivant l'article 138, & en ce cas le Retrayant eft tenu de
rendre les labours, femences & frais faits pour la culture de l'heritage & pour la dépouille des fruits, quoique les frais excedaffent
la valeur des fruits.

Les impenfes néceffaires fe couchent encore en loyaux-coûts,
fuivant l'article 146; les impenfes néceffaires, font celles fans
lefquelles l'heritage périroit, ou fouffriroit un notable dommage,
& par conféquent, l'Acquereur peut retirer les impenfes faites
dans le tems du retrait ; mais il faut qu'elles foient jugées néceffaires, pour ne pas donner lieu à l'Acquereur de détourner
les lignagers du retrait, par le moyen des dépenfes inutiles qui
fe pourroient faire dans les heritages fujets à retrait. Les réparations néceffaires fe rembourfent fuivant l'eftimation qui en eft

faite par Experts nommés d'office, ou desquels les Parties conviennent.

Le retrait lignager a lieu dans les cas suivans :

I. En vente d'heritage propre au Vendeur, de quelque nature qu'il soit, suivant l'article 129, & la vente s'entend, quoiqu'elle soit par décret, par l'article 150.

II. En cas d'heritage propre, donné à rente rachetable, suivant l'article 136.

III. Quand un propre adjugé par Décret sur un Curateur aux biens vacans, ou à une succession vacante, ou sur un Exécuteur testamentaire, suivant l'article 150.

IV. Quand un heritage propre est vendu sur un heritier par bénéfice d'inventaire, suivant l'article 151, ce qui a lieu, quoique l'heritage vendu sur l'heritier bénéficiaire ne fût pas propre au défunt, parce qu'il s'est fait propre en la personne de l'heritier, à qui il est advenu à titre de succession; ce qui n'a pas lieu en la personne du Curateur aux biens vacans, sur lequel des acquêts étant vendus, ne sont point sujets au retrait, par l'art. 152.

V. Quand un propre est adjugé sur un Curateur aux biens de celui qui a fait abandonnement de ses biens.

VI. Lorsqu'un heritage, qui ne se peut partager, est adjugé par licitation à une personne qui n'est point de la famille, suivant l'article 154.

VII. Lorsqu'un heritage propre a été acheté par un parent lignager, qu'il a été depuis revendu, parce que n'étant pas sorti de la famille par cette vente, il a toujours conservé sa nature de propre ; c'est pourquoi le premier Vendeur est reçu au retrait par l'article 133.

VIII. En échange, lorsqu'il y a soulte en argent excedant la moitié de la valeur de la chose, suivant l'article 145. *Item*, si l'heritage propre est échangé avec un meuble, de quelque prix qu'il puisse être.

IX. Quand un heritage pris par échange pour & au lieu d'un propre, & par après vendu, parce qu'en ce cas, l'heritage pris par échange, tient lieu de celui pour lequel l'échange a été fait, par l'article 143.

X. En vente de la proprieté d'un heritage propre avec rétention d'usufruit par le Vendeur, auquel cas le Retrayant est tenu de retraire la proprieté seulement, & souffrir que le Vendeur jouisse sa vie durant de l'heritage aux clauses portées & mentionnées au Contrat.

XI.

XI. Lorfqu'un heritage propre eft baillé à rente fonciere non rachetable, le Preneur ayant du confentement du Bailleur fait le rachat de la rente.

XII. En Fief retiré par retrait féodal, parce que le retrait lignager eft préferable au féodal, par l'article 159, excepté lorfque le Seigneur s'eft réfervé (en baillant fon heritage en Fief) le droit de le retirer toutefois & quantes que le Vaffal le vendroit ; cependant, ce n'eft pas une queftion fans difficulté. En Pays de Droit écrit, le Seigneur direct eft préferé au parent lignager Retrayant.

Le retrait lignager n'a pas lieu dans les cas fuivans :

I. En vente d'heritage propre, réfolue, ou nulle.

II. En vente de propre par fiction, comme d'un heritage acquis des deniers donnés par pere & mere à leur fille, deftinés par Contrat de mariage, pour être employés en achat d'heritages.

III. En vente d'acquêts ou de meubles, il n'y a que les heritages, les rentes foncieres non rachetables, les Loges, Boutiques, Etaux & les Places publiques achetées du Roi, les baux à longues années qui foient fujets à retrait. *Item*, le Bois de haute futaye vendu conjointement avec les fonds, pourvû qu'il foit encore fur pied lors du retrait; au contraire, les chofes mobiliaires, l'ufufruit d'un propre heritage, le rachat des rentes rachetables, Offices vénaux, Dixmes inféodées retournantes à l'Eglife par rachat, & rentes volantes conftituées à prix d'argent, ne font point fujettes à retrait.

IV. En toute autre acquifition que par vente, comme par donation, échange, ou autre.

V. Lorfque le tems du retrait eft paffé.

VI. Quand le propre eft vendu à un Lignager, quoique plus éloigné, ce qui n'a pas lieu dans les Coutumes qui préferent le plus proche parent.

VII. En heritage propre décreté & vendu fur un Curateur à un heritage déguerpi & abandonné, parce qu'une chofe abandonnée n'a plus de Maître, & n'eft plus cenfée être dans aucune famille, par l'article 153.

VIII. En tranfaction, fuppofé qu'il n'y ait point d'argent débourfé.

IX. En heritages confifqués au Roi, ou aux Seigneurs Hauts-Jufticiers, mis en criées & adjugés par Décret fur un Curateur, parce que par la confifcation ils ont été mis hors la ligne.

X. Lorſque dans le Contrat de vente le Vendeur a ſtipulé la faculté de rachat dans un certain tems, ſi ce n'eſt après que le tems eſt expiré, à moins que le Retrayant ne veuille retraire aux mêmes clauſes & conditions.

XI. Lorſqu'un heritage poſſedé par pluſieurs co-Proprietaires, lequel ne ſe peut partager, eſt licité & adjugé à l'un d'eux: En ce cas, le retrait n'a pas lieu pour les portions dud. heritage, par Arrêt du 3 Mars 1650. La raiſon eſt, que ſi on admettoit chaque co-Proprietaire au retrait lignager, pour une portion venduë avec le tout, contre l'Adjudicataire, il faudroit proceder enſuite à une nouvelle licitation, laquelle ſeroit ſuivie d'une autre, & ainſi à l'infini.

Ceux qui peuvent uſer du retrait ſont: I. Le parent lignager du côté & ligne duquel l'heritage ſujet au retrait eſt échû au Vendeur, d'autant qu'il n'eſt pas néceſſaire d'être deſcendu en ligne directe de celui lequel premierement & originairement l'a acquis, mis & apporté dans la famille, ſuivant l'article 141, & par conſéquent, celui qui fait aſſigner le premier en retrait, eſt préféré à tous les autres, encore bien qu'ils fuſſent plus proches parens du Vendeur, ſuivant le même article, ce qui ſe doit entendre, quoiqu'il ne fût pas né ni conçu au tems de la vente de l'heritage ſujet au retrait, pourvû qu'il ſoit né au tems que l'action a été intentée.

II. L'heritier du Vendeur après ſon trépas, pourvû qu'il ſoit du côté & ligne, par l'article 143.

III. Le Juge qui a fait & prononcé l'adjudication, s'il eſt lignager de celui ſur lequel l'adjudication a été faite.

IV. Le fils peut retirer l'heritage vendu par ſon pere, quoique par lui desherité.

V. Le Fidejuſſeur du Vendeur, s'il eſt lignager.

VI. Le créancier qui s'eſt oppoſé aux criées de l'heritage vendu par décret, & qui a reçu la ſomme à lui dûe ſur le prix de l'adjudication, s'il eſt lignager.

VII. Si deux ont acheté un même heritage, propre au Vendeur, dont ils étoient parens lignagers, & qu'un des deux revende la part dudit heritage, l'autre eſt recevable au retrait, s'il eſt lignager.

VIII. Le Vendeur peut retraire l'heritage vendu par l'Acheteur, en cas que le premier Vendeur ne l'eût pas mis hors la ligne, ſuivant l'article 133.

IX. Le Tuteur ou Curateur, s'il eſt lignager, eſt receva-

ble au retrait des chofes venduës fur fon pupile ou fur le mineur.

X. Le mari, quand fa femme eft lignagere du Vendeur, peut
intenter l'action du retrait, fans pouvoir ni procuration de fa
femme; mais l'offre & l'ajournement doivent être faits au nom
de la femme, fur peine de déchéance du retrait.

XI. Le mineur peut intenter l'action du retrait fans l'autorité
de fon Tuteur.

XII. L'action en retrait intentée par la mere en qualité de Tutrice de fes enfans, eft valable.

XIII. Les enfans peuvent exercer le retrait lignager contre
leur pere ou leur mere, comme il a été jugé par Arrêt du 22
Décembre 1639, donné fur des conclufions de Monfieur l'A-
vocat Général Bignon, rapporté par les Commentateurs de la
Coutume de Paris, fur l'article 159. Par cet Arrêt, un pere
remarié qui avoit acquis pendant la feconde communauté, une
portion de Maifon, fut condamné à la délaiffer par retrait aux
enfans de fon premier lit, parce que c'étoit un propre de leur
côté & ligne.

Ceux qui ne peuvent ufer de retrait font:

I. Les parens & lignagers de l'autre côté & ligne, quoiqu'il
n'y en ait aucun du côté & ligne, dont eft vendu & échu l'heritage au Vendeur.

II. L'heritier par bénéfice d'inventaire, fur lequel un heritage propre a été vendu, parce qu'il agiroit contre fon propre
fait.

III. Ceux qui font inhabiles à fucceder, ne peuvent ufer du
retrait, comme les bâtards, fuivant l'article 158, à moins qu'ils
ne foient légitimés; de forte qu'ils foient capables de fucceffion,
comme par le fubféquent mariage de leurs pere & mere. *Idem*,
ceux qui font morts civilement, comme les Condamnés à mort,
les Bannis hors du Royaume, les Condamnés aux Galeres perpétuelles, & les Etrangers ou Aubains.

IV. Les Lignagers qui ont renoncé au retrait.

V. Le pere ne peut retraire un heritage propre maternel, vendu par fon fils.

L'an & jour accordé par la plupart de nos Coutumes pour intenter l'action en retrait lignager, commence à courir: I. En
vente d'heritages tenus en cenfive, du jour de l'enfaifinement du
Contrat de vente, ou prife de poffeffion de l'Acquereur.

II. En vente d'heritages tenus en Fief, du jour de l'inveftiture, ou du jour que l'Acquereur a été reçu à foi & hommage, suivant l'article 130 de la Coutume de Paris. Ce qui a lieu, quoique l'heritage ait été adjugé par Décret volontaire. *Voyez* M. Louet, lettre D. chapitre 26 ; mais en vente d'heritage adjugé par Décret forcé, l'an du retrait ne court que du jour de l'ensaisinement du Décret.

III. En vente d'heritage possedé en franc-aleu, noble ou roturier, du jour que l'acquisition a été publiée & insinuée au plus prochain Siége Royal, suivant l'article 142 de la Coutume de Paris. Il en faut dire de même de l'heritage tenu en Fief ou en censive, acquis par le Seigneur duquel il est mouvant, suivant l'article 135 ; ce qui a pareillement lieu au cas du Fief retiré ou retenu par le Seigneur par retenuë féodale, suivant l'article 159.

IV. En vente d'heritage tenu en Fief, en censive, ou en franc-aleu, faite sous faculté de remeré, du jour du remeré fini, en cas d'investiture, ensaisinement ou publication faite.

V. En vente d'heritage appartenant à la femme, faite par le mari sans le consentement d'icelle ; ce tems ne court que du jour de la ratification, encore faut-il qu'il y ait eu investiture, ensaisinement ou publication.

VI. En vente frauduleusement faite ; il ne court que du jour de la fraude découverte, & non du jour de l'investiture, ensaisinement ou publication.

VII. En vente de la propriété d'un heritage faite à l'Usufruitier du jour de son décès.

L'Edit des Insinuations laïques du mois de Décembre 1703, ordonne en l'article 26, que l'an & jour accordé aux lignagers pour intenter l'action en retrait, ne puisse courir que du jour de l'insinuation ou enregistrement des Contrats & titres de propriété aux Greffes des Insinuations, & que l'ensaisinement du Contrat d'acquisition ou l'investiture, ou la publication ne suffisent pas pour faire courir l'an & jour du retrait lignager. Cet Edit est à la fin du second volume des matieres laïques de cet Ouvrage.

Ce tems d'an & jour accordé aux lignagers pour intenter l'action en retrait est fatal, & court contre toutes sortes de personnes. Il n'y a aucune excuse ni aucun privilege qui puisse faire accorder la restitution contre ce laps de tems, pas même la minorité, suivant l'article 131 de la Coutume de Paris. Il faut néanmoins excepter un cas : Sçavoir, lorsque c'est le Tuteur qui est Acquereur

de l'heritage sujet au retrait; car en ce cas, l'an & jour ne court
point contre le mineur tant que dure la tutelle.

L'action en retrait intentée & non contestée, se prescrit par ce
tems d'an & jour ; mais si elle est contestée, elle est prorogée à
trois ans par le moyen de la contestation.

Enfin, il faut remarquer que si le Retrayant est débouté du
retrait par Sentence, il doit interjetter appel de cette Sentence
dans l'an & jour, autrement il ne seroit plus recevable à en appeller.

Les principaux effets du retrait lignager, sont : Premierement,
que le retrayant à qui il est adjugé, après avoir exactement observé
toutes les formalités qui sont prescrites par la Coutume, est entierement subrogé au lieu & place de l'Acquereur. Néanmoins
il n'est pas obligé d'entretenir le bail que cet Acquereur avoit
fait, parce que le droit de l'Acquereur étant résolu par le retrait,
le droit du Locataire l'est aussi. *Voyez* Dumoulin sur l'article 84
de la Coutume de Dunois.

En second lieu, le Retrayant ayant obtenu gain de cause, ou
l'Acquereur ayant acquiescé à sa demande, devient tellement
subrogé aux droits de l'Acquereur, qu'il ne lui est plus loisible de
s'en départir, à moins que l'Acquereur n'y consente.

En troisiéme lieu, l'Acquereur est obligé de rendre les fruits
de l'heritage perçus depuis le jour de l'assignation en retrait,
suivant l'article 134 de la Coutume de Paris. La raison est, que
le Demandeur en retrait est obligé d'avoir toujours ses deniers
prêts pour faire le remboursement, au cas que l'Acquereur, sans
attendre la Sentence adjudicative du retrait, accorde le retrait
au Demandeur.

En quatriéme lieu, l'heritage retiré par retrait lignager étant
en quelque maniere réputé propre au Retrayant, appartient à
son heritier des propres du côté & ligne dont il est venu &
échû au Vendeur, à la charge néanmoins de rembourser par
lui dans l'an & jour du décès du Retrayant, à l'heritier des acquêts, le prix qui aura été déboursé pour exercer le retrait.

CHAPITRE XII.

Du Retrait de mi-denier.

IL y a encore un retrait, appellé *Retrait de mi-denier*, lequel est compris sous le retrait lignager.

Ce retrait a lieu lorsque deux Conjoints par mariage achetent un heritage, & que l'un d'eux est parent lignager du Vendeur du côté & ligne, dont l'heritage étoit échû au Vendeur, & qu'après la dissolution de la communauté par la mort de l'un ou de l'autre, l'heritage est partagé comme acquêt de la communauté entre le survivant & les heritiers du prédécedé; en ce cas, la moitié de cet heritage est sujette au retrait contre le survivant, qui n'est parent lignager du Vendeur, ou contre les heritiers du prédécedé qui n'étoit point parent lignager du Vendeur, dans l'an & jour du décès du premier mourant des Conjoints, pourvû que l'heritage eût été inféodé ou ensaisiné, ou publié, comme il a été dit ci-dessus, en rendant & payant par le Retrayant, la moitié du sort principal, frais & loyaux-coûts, suivant l'art. 155.

Que si les heritiers du prédécedé n'intentent l'action dans l'an & jour contre le survivant qui n'est pas de la ligne, il est loisible, en ce cas aux autres lignagers non heritiers du prédécedé, d'user du retrait contre le survivant, supposé qu'il n'y ait enfans communs des Conjoints par mariage, & pourvu que lesdits lignagers ayent fait protestation & déclaration dans l'an & jour du décès, qu'ils veulent & entendent user du retrait, au cas que le retrait ne soit exécuté par les heritiers du prédécedé, suivant l'article 157.

Afin que ce retrait ait lieu, plusieurs conditions sont requises.

La premiere est, que l'heritage sujet au retrait ait été acheté par les Conjoints pendant leur communauté, suivant l'article 155.

La deuxiéme, que l'heritage soit propre à l'un des Conjoints, & non à tous deux.

La troisiéme, que l'heritage ait été ensaisiné, inféodé ou insinué en la Jurifdiction Royale du lieu pendant le mariage, autrement l'action en retrait dureroit trente ans, à compter du décès de l'un des Conjoints.

La quatriéme, que l'un des Conjoints foit décedé; car du vivant des deux, quoique féparés de corps & de biens, & qu'il n'y ait aucuns enfans iffus de leur mariage, ce retrait ne peut pas avoir lieu, parce qu'ils peuvent fe reconcilier.

La cinquiéme, qu'après le décès de l'un des Conjoints, l'heritage, au moyen du partage de la communauté, tombe pour moitié dans le lot de celui qui n'eft lignager; & s'il y tombe pour le tout, le retrait lignager y a lieu pour la totalité.

La fixiéme, qu'il n'y ait point d'enfans communs du mariage; car tant que le furvivant des pere & mere, qui n'eft en ligne, a des enfans iffus du mariage, le retrait de mi-denier n'a lieu contre le furvivant par l'article 159.

Il n'en feroit pas de même des enfans nés du premier lit des Conjoints, lefquels étant en ligne, ne pourroient exercer contre leur pere ou leur mere, n'étant pas en ligne, le retrait d'un heritage acquis par leur pere ou leur mere en fecond mariage.

De ce que nous venons de dire, il s'enfuit:

I. Que l'an du retrait de mi-denier ne court, à l'égard des heritiers collateraux du prédécedé des Conjoints, que du jour du décès des enfans communs contre le furvivant qui n'eft en ligne, parce que la prefcription ne peut commencer à courir que du jour que l'action eft ouverte au profit du Retrayant.

II. Que fous le mot d'*Enfans*, dont il eft parlé dans l'art. 156, il faut entendre les petits-enfans & defcendans en ligne directe des deux Conjoints.

III. Que fi le furvivant achete un heritage propre des parens du prédécedé, quoiqu'il ait des enfans vivans de lui & du prédécedé, il peut néanmoins être évincé par retrait lignager.

CHAPITRE XIII.

Formules des Actes qui concernent le Retrait lignager.

Retrait lignager, lorsque le prix de l'acquisition n'a point été payé ou consigné.

AUJOURD'HUI en la compagnie & présence des Notaires soussignés, Maître Charles Gillot, Avocat en Parlement, demeurant s'est transporté en la Maison du sieur Claude Héros sise à Paris, ruë, &c. où il a offert audit sieur Héros, en parlant à sa personne, en exécution de la Sentence du Châtelet de Paris, rendue ce jourd'hui, en deniers à découvert en louis d'or, d'argent & autres monnoyes ayant cours, la somme de douze mille trois cens livres, exhibée réellement en présence desdits Notaires, à laquelle monte le prix d'une Maison sise ruë   où pend pour enseigne ci-devant saisie sur Jean   auquel elle appartenoit, comme lui étant échuë par le partage fait entre lui & ses co-heritiers, des biens de la succession de Pierre   venduë par Décret au Châtelet de Paris, & adjugée audit sieur Héros, du, &c. A l'inftant de laquelle adjudication ledit Maître Gillot auroit fait assigner ledit sieur Héros en retrait lignager de ladite Maison, comme parent du côté dudit Pierre sur laquelle assignation seroit intervenuë, comme dit est, Sentence ce jourd'hui audit Châtelet, par laquelle ladite Maison auroit été adjugée par retrait audit Maître Gillot ; & pour satisfaire à ladite Sentence, ledit Maître Gillot a offert de payer presentement audit sieur Héros ladite somme de douze mille trois cens livres dans lesdites especes, en justifiant par ledit sieur Héros du payement & confignation, si aucune a été faite, pour raison de ladite adjudication par Décret de ladite Maison. De plus, il lui a offert presentement en pareilles especes exhibées en présence desdits Notaires, de lui payer la somme de douze cens livres pour ses frais & loyaux-coûts, sauf à répeter, ou à parfaire après la liquidation faite d'iceux : Et par ces mêmes presentes ledit Maître Gillot a sommé & interpellé ledit sieur Héros de recevoir lesdites deux sommes offertes à deniers à découvert, lui en donner quittance & décharge, lui délaisser la libre possession & jouissance de ladite Maison, comme lignager dudit Jean conformément à ladite Sentence, & lui délivrer ledit Contrat d'acquisition, avec les anciens titres de propriété de ladite Maison, qui lui ont été mis entre les mains par *tel*, & de satisfaire & faire réponse de ce que dessus ; & à faute de ce faire, protefte ledit Maître Gillot, qu'il ira presentement consigner lesdits deniers, aux dépens, risques, perils & fortunes dudit sieur Héros, entre les mains du Receveur des Consignations dudit Châtelet, & même se pourvoir en Justice contre lui pour les dépens, dommages

mages & interêts qu'il pourroit souffrir à cette occasion, & de tout ce qui en pourroit arriver ; & pour l'exécution & validité des presentes offres, ledit Maître Gillot a élu son domicile irrévocable, &c. A quoi ledit sieur Héros a répondu, qu'il étoit prêt de sa part, à satisfaire à la sommation qui lui étoit faite, pour éviter à Procès, & que pour cet effet, il déclaroit qu'il n'a consigné aucune chose du prix de ladite adjudication à l'occasion de ladite assignation en retrait, & qu'il ne veut point empêcher que ledit sieur Gillot ne consigne, si bon lui semble, ladite somme, qu'il n'a rien payé des droits Seigneuriaux, & qu'il demande seulement audit Maître Gillot la somme de cent cinquante-trois livres pour tous frais & loyaux-coûts qu'il a faits en conséquence de ladite acquisition ; & sur lad. déclaration ledit Maître Gillot a payé & délivré réellement en presence desdits Notaires soussignés ladite somme de cent cinquante-trois livres audit sieur Héros, dont il est content, & en quitte led. Maître Gillot & tous autres ; consent que ledit Maître Gillot jouisse & dispose de ladite Maison, comme bon lui semblera, au moyen de ladite Sentence & des presentes, le tout aux charges, clauses & conditions portées par l'adjudication : En conséquence de ladite déclaration ledit Maître Gillot a déclaré audit sieur Héros, qu'il ait à comparoir & se transporter presentement en la Maison de Maître   Receveur des Consignations dudit Châtelet, sise ruë   pour voir faire ladite consignation : A quoi ledit sieur Héros a répondu qu'il n'y vouloit point assister, étant satisfait de ladite somme de cent cinquante-trois livres qu'il a reçue pour ses loyaux-coûts, dont & de ce que dessus, il a requis acte desdits Notaires soussignés : Et au même instant, ledit Maître Gillot s'est transporté avec lesdits Notaires en la Maison dudit sieur   Receveur des Consignations, entre les mains duquel il a consigné, délivré & mis ès mains, de ses propres deniers, la somme de douze mille trois cens livres esdites especes pour satisfaire à ladite Sentence, dont ledit sieur Receveur des Consignations a donné sa quittance particuliere pour le prix de l'adjudication de ladite Maison, laquelle quittance a été mise ès mains dudit Maître Gillot, qui a requis acte de ce que dessus ausdits Notaires, à lui octroyé lesdits jour & an, dix heures du matin ; & à l'instant ledit Maître Gillot, assisté desdits Notaires, se seroit transporté au logis dudit sieur Héros, où étant, parlant à sa personne, il lui auroit délivré & mis ès mains, copie collationnée par les Notaires soussignés, de ladite quittance de Consignation, laquelle ledit sieur Héros a prise, & dont il s'est contenté, & à l'égard de l'original de ladite quittance, il est demeuré joint à la presente minutte, dont acte. Fait, comme dessus, lesdits jour & an, onze heures du matin, &c.

Autre Retrait, avec déclaration que partie du prix a été empruntée par l'Acquereur.

AUJOURD'HUI　　　　en la presence & compagnie des Notaires à Paris souffignés, Dame M. demeurant ordinairement en son Château & Paroisse de　　　　étant de present en cette Ville de Paris, logée en la Maison où est pour enseigne　　　rue　　　qui a élu son domicile en cettedite Ville de Paris, en la Maison de Maître　　　　Procureur au Châtelet, sise rue　　　　s'est transportée en la Maison de C. sise rue　　　Paroisse　　où parlant à sa personne, ladite Dame lui auroit offert en deniers à découvert, en especes de louis d'or & d'argent & autres monnoyes ayant cours, la somme de quarante mille livres; sçavoir, trente-six mille livres pour son remboursement du prix de l'adjudication faite à Maître P. Procureur en Parlement, dont il a droit par déclaration, d'une grande Maison & lieux, sise:　　　　tenant la totalité d'une part à　　　d'autre à.　　　　ladite adjudication faite audit P. sur Dame　　　　à la requête de Damoiselle B. veuve de　　par Sentence de Décret des Requêtes du Palais, en datte du　　　& de quatre mille livres pour les frais & loyaux-coûts, sauf à parfaire, sommant & interpellant ledit sieur C. de recevoir les deniers offerts, & lui en donner bonne & valable quittance, en conséquence de la Sentence contradictoire intervenue entre les Parties ce jourd'hui, par laquelle en affirmant, ainsi qu'a fait ladite Dame, que ledit retrait par elle demandé n'est point en fraude, & qu'elle ne prête son nom à qui que ce soit, faisant & réiterant par ladite Dame, en tant que besoin seroit, les offres par elle faites en l'Instance, de bourse, deniers, loyaux-coûts, & à parfaire, suivant la Coutume, & en fournissant par ledit sieur C. quittance & décharge valable de la somme de trente-six mille livres, qu'il avoit empruntée de Maître　　　　& qui seroit entrée au payement & consignation par lui faite du prix de ladite adjudication, ainsi qu'il paroît par la quittance d'icelle en datte du　　　　　　étant en fin de ladite Sentence de Décret; déclarant ladite Dame, que ladite somme par elle offerte, lui a été prêtée par Maître L. auquel elle en a passé obligation devant les Notaires souffignés ce jourd'hui, au désir de laquelle elle fait la presente déclaration afin que ladite Maison soit par privilege affectée & hypotequée; protestant en cas de refus de consigner incessamment ladite somme ès mains de Maître　　　　Receveur des Consignations, aux frais, risques, perils & fortunes dudit sieur C. de tous dépens, dommages & interêts; le sommant & interpellant audit cas de refus, de comparoir presentement pour voir faire ladite consignation; lui déclarant qu'à faute par lui de s'y trouver, elle fera ladite consignation, tant en absence que presence; à quoi ledit Sr. C. a dit & fait réponse qu'il est prêt de recevoir ladite somme de quarante mille livres; mais qu'à l'égard de la quittance dudit　　　　à lui demandée, il ne peut quant à present la fournir à ladite Dame, mais lui fournira, ensorte que pour raison dudit emprunt fait audit.　　　　elle ne sera aucunement inquiétée, & ou au préjudice de la présente réponse, elle voudroit consigner les deniers, proteste contr'elle de tous dépens, dommages & intérêts, & de la rendre responsable en son nom, des frais & droits de lad. consignation; oui laquelle réponse, & pour accelerer & éviter à plus grande contestation, ladite Dame a presentement & réellement payé audit sieur C. presens les Notaires soussignés, ladite somme de quarante mille livres, pour les causes ci-devant déclarées, dont quittance; au moyen duquel payement ledit sieur C. a consenti que ladite Dame M. demeure subrogée en ses droits, hypoteques & privileges sur ladite Maison, sans garantie, restitution de deniers, ni recours quelconque contre lui, sinon de ses faits & promesses seulement; a promis de remettre ès mains de ladite Dame la quittance dudit sieur enforte que pour raison de son dû elle ne soit point inquiétée, sans préjudice audit sieur C. des loyaux-coûts qu'il prétend lui être dûs au pardessus desdites quarante mille livres par lui touchées & reçues; par ladite Dame ses défenses au contraire; dont & de tout ce que dessus le dites Parties ont requis & demandé acte ausdits Notaires, qui leur ont icelui octroyé. A Paris, en la Maison dudit sieur C. sus-déclarée, l'an

le   jour de   sur les   heures   &

ont signé.

Et le   ledit sieur C. a reconnu avoir reçu de lad. Dame M. à ce presente, qui lui a payé, &c. la somme de sept-cens livres pour le remboursement de pareille somme qu'il avoit payée au sieur   pour les droits de lods & ventes de ladite Maison, & mille livres restant à lui payer pour les frais ordinaires de criées de ladite Maison, coûts, Décret & autres loyaux-coûts par lui faits à ce sujet, comme aussi pour réparations urgentes, montant & revenant lesdites deux sommes à   dont ledit sieur C. est content, & en quitte ladite Dame: Ce faisant, lui a délivré ladite Sentence de Décret en datte du   en fin de laquelle est la quittance de consignation de ladite somme de   en datte du   & quant à la quittance desdits frais ordinaires de criées & réparations urgentes, ledit sieur C. les délivrera incessamment à ladite Dame M. Promettant, &c. obligeant, &c. renonçant, &c. Fait & passé à Paris en la Maison de   en presence desdits Notaires, les jour & an que dessus, & ont signé. *Signature des Parties & des Notaires.*

Lorsque dans les vingt-quatre heures après le retrait adjugé, le Retrayant fait les offres de rembourser l'Acquereur de son principal, ou de le voir consigner à son refus entre les mains du Receveur des Consignations, icelui dûëment appellé, suivant l'article 136 de la Coutume de Paris, il n'est pas nécessaire de faire *offre de bourse, deniers & à parfaire,* quoique les Notaires le fassent ordinairement; cela n'est point requis par l'article 136; & l'article 140 ordonne seulement que le Retrayant fasse ajourner l'Acquereur, & lui fasse *offre de bourse, deniers, loyaux-coûts, & à parfaire,* tant par l'ajournement, qu'à chacune journée de Cause

Rrr ij

principale, jufqu'à conteftation en caufe incluſivement, fur peine d'être déchû du retrait, d'où il s'enfuit que telles offres ne fe
font pas après la Sentence adjudicative du retrait.

Il y a encore une raifon, qui eſt que la Coutume veut que le
Retrayant faſſe *offres de bourfe, deniers, loyaux-coûts & à parfaire,*
tant par l'ajournement, &c. parce que le Retrayant ignore le prix
que la chofe a couté à l'Acquereur, ce qu'il ne peut pas ignorer
après que l'Acquereur a mis fon Contrat d'acquifition au Grefe,
en prefence du Retrayant, ou lui dûement appellé.

Outre qu'il feroit inutile au Retrayant de faire offre de bourfe,
deniers & à parfaire, puifqu'il eſt obligé de lui faire offre du prix
entier de la chofe, ou de le configner à fon refus dans les vingt-
quatre heures, & qu'il n'y a plus rien à parfaire, quand tout le prix
eſt payé ou configné: Ainfi ces termes font inutiles dans les offres
qui fe font du prix dans les vingt-quatre heures.

Néanmoins, c'eſt l'ufage des Notaires de le mettre; mais ce
qui abonde ne vicie point.

Retrait lignager, avec offres & quittance.

AUJOURD'HUI   jour de Janvier   fur les deux
heures de relevée, en la prefence & affifté des Notaires fouffignés, Mᵉ.
Jean Nicot   s'eſt tranfporté en la Maifon de Maître Nicolas
le Leu   où parlant a fa perfonne, pour exécuter le retrait
à lui adjugé, comme parent lignager de Pierre le Fevre   par
Sentence du Châtelet de Paris, contradictoirement renduë ce-jourd'hui, de
la Maifon ci-après déclarée, il a offert réellement & à découvert en la prefence defdits Notaires fouffignés, en louis d'or, &c. audit fieur le Leu, de lui
payer & délivrer la fomme de douze mille trois cens livres, pour fon rembourfement de pareille fomme par lui payée audit fieur le Fevre, pour laquelle il lui a vendu une Maifon fife à Paris, rue
par Contrat paffé devant   Notaires audit
Châtelet de Paris, le   jour   Plus, la
fomme de mille livres que ledit Maître le Leu a déclaré avoir payée à
Monfieur   Seigneur   pour le droit de
lods & ventes pour ladite acquifition, & cent livres pour fes frais & loyaux-
coûts, fi tant fe monte, fauf à répeter en cas qu'ils fe montent à moins,
& à parfaire en cas qu'ils fe montent à davantage, après la liquidation
faite d'iceux; & en outre, a offert & offre prefentement audit Maître le
Leu, de lui délivrer extrait dudit Contrat de vente faite par ledit fieur
le Fevre audit Maître le Leu, de ladite Maifon, moyennant la fomme de
douze mille trois cens livres, datté & mentionné ci-deffus, avec une quittance étant à la fin dudit extrait de Contrat, en datte du
jour   paffée devant lefdits Notaires, par laquelle le-

dit fieur le Fevre a confeffé avoir reçu audit fieur le Leu la fomme de douze mille trois cens livres ; requerant, fommant & interpellant ledit Maître le Leu, de prendre & recevoir lefdits deniers, Contrats & quittances offerts, en donner décharge valable, & délaiffer audit fieur Nicot ladite Maifon, comme parent lignager dudit fieur le Fevre, fuivant ladite Sentence du Châtelet ; proteftant ledit fieur Nicot, au refus d'accepter lefdites offres & recevoir lefdits deniers & pieces, d'aller prefentement configner iceux aux rifques, perils & fortunes dudit fieur le Leu, & de fe pourvoir pour fes dépens, dommages & interêts, & a ledit Maître Nicot élu domicile en la Maifon de .... Procureur, &c.

Sur quoi ledit Maître le Leu a fait réponfe qu'il requiert délai pour communiquer les prefentes offres & proteftations à fon Confeil ; fur laquelle réponfe ledit fieur Nicot a perfifté en fefdites offres & proteftations de configner, & de fe pourvoir ainfi qu'il avifera, & a fait remporter lefdits deniers offerts, pour iceux configner à la recette des Confignations, & pour cet effet ledit fieur Nicot a notifié audit fieur le Leu, qu'il ait à comparoir & prefentement fe tranfporter chez ....
Receveur des Confignations, demeurant .... pour voir faire ladite confignation, à ce qu'il n'en prétende caufe d'ignorance, dont acte, &c.

Et ledit jour, cinq heures de relevée ledit Maître le Leu eft venu & comparu en l'Etude de .... l'un defdits Notaires fouffignés, lequel a déclaré que fuivant l'avis de fon Confeil, & pour éviter la confignation defdits deniers, il a fait donner affignation audit fieur Nicot à cedit jour, lieu & heure, pour lui compter & délivrer fes deniers ; comme auffi, feroit comparu ledit fieur Nicot, lequel fuivant ladite affignation a fait apporter fefdits deniers en ladite Etude, & a prefentement compté & délivré audit fieur le Leu, qui a reçu de lui en prefence defdits Notaires fouffignés, ladite fomme de douze mille trois cens livres, avec ledit extrait & quittance dudit fieur le Fevre, dont ledit Maître le Leu quitte & décharge ledit Maître Nicot & tous autres, & confent qu'il jouiffe & difpofe pleinement & paifiblement de ladite Maifon, fans préjudice aux Parties de parfaire ou répeter le plus ou le moins des loyaux-coûts, après la liquidation d'iceux, &c.

Quand le Retrayant a emprunté des deniers pour faire le rem004bourfement ou la confignation, il le doit déclarer dans l'acte, confentant que celui des deniers duquel il s'eft fervi, ait privilege & hypoteque fpéciale fur la chofe retirée. *Voyez* cette déclaration dans la formule ci-devant.

Il faut obferver fuivant l'article 137 de la Coutume de Paris, que fi le retrait eft adjugé d'un heritage baillé à rente rachetable, le Retrayant eft obligé de rembourfer celui à qui la rente eft dûë, ou de configner à fon refus dans les vingt-quatre heures, le fort principal de la rente, & les arrerages échus depuis l'ajournement, après que l'Acquereur a mis son Contrat d'acquisition au Greffe, & affirmé le prix, comme il est dit dans l'article précedent.

Le Retrayant doit donc dans les vingt-quatre heures de la Sentence adjudicative du retrait, se transporter en la Maison du créancier de la rente, & lui faire les offres conformes à cet article, consigner à son refus, ou protester en cas d'absence.

Offres & quittance en conséquence d'une vente faite à la charge
d'une somme d'argent, & d'une rente
de bail d'heritage.

AUJOURD'HUI, en la presence & compagnie des Notaires, &c. François Firmin   demeurant, &c. s'est transporté en la Maison de Martin Favier   demeurant, &c. où étant & parlant à sa personne, il lui a presentement & en la presence desdits Notaires, offert à deniers découverts en louis d'or, &c. la somme de quatre mille deux cens livres : Sçavoir, quatre mille livres pour le rachat, sort principal & amortissement de deux cens livres de rente de bail d'heritage, à la charge de laquelle entr'autres ledit sieur Favier a délaissé, tant à titre de vente, que de ladite rente à Claude Germain, une Maison sise à Paris   ainsi qu'il est plus au long déclaré dans le Contrat qui en a été passé devant   Notaires audit Châtelet, le jour   & deux cens livres pour une année d'arrerages de ladite rente, écheant le   le sommant & interpellant de recevoir ladite somme offerte de quatre mille deux cens livres pour les causes susdites, lui en donner quittance valable, si mieux n'aime ledit sieur Favier décharger dès-à-present ledit Claude Germain de ladite rente, tant en principal qu'arrerages, frais, mises & loyaux-coûts, & en donner presentement quittance & décharge, rendre ledit Contrat, & consentir que sa minute & grosse en soient déchargées, aux offres que fait ledit sieur Firmin de s'obliger à la garantie du sort principal & payement des arrerages de ladite rente, au lieu & place dudit sieur Germain, pour par ledit sieur Firmin lui fournir l'une ou l'autre desdites deux quittances, à l'effet de parvenir au retrait qu'il entend faire de ladite Maison, comme lignager dudit sieur Favier, suivant & au désir de la Sentence ce jourd'hui rendue, portant adjudication dudit retrait au profit dudit sieur Firmin ; autrement, & à faute par ledit sieur Favier d'accepter l'une ou l'autre desdites offres, ledit sieur Firmin déclare & proteste, qu'il consignera lesdits deniers offerts, aux risques, perils & fortunes dudit sieur Favier, entre les mains de   Receveur des Consignations ; & en outre de tout ce qu'il peut & doit protester en cette partie ; lequel sieur Favier a fait réponse qu'il étoit prêt & consentoit de recevoir lesdits deniers offerts pour les causes susdites, en donner quittance & décharge valable audit sieur Firmin, en lui faisant par lui apparoir de ladite Sentence & adjudication de ladite Maison à son profit, com-

me fon lignager; & non autrement, faute de quoi, ledit fieur Favier a par
ees prefentes protefté & protefle contre ledit fieur Firmin, que lefdites
offres & fommations ne lui pourront nuire, ni préjudicier, ni audit
fieur Germain; fur quoi, & après que ledit fieur Firmin a montré l'o-
riginal de la Sentence fignée & fcellée, & d'icelle donné copie collationnée par lefdits Notaires fouffignés audit fieur Favier; & que par ladite Sentence il a reconnu que ladite adjudication a été faite au profit dudit fieur
Firmin, icelui fieur Firmin lui a payé en préfence defd. Notaires fouffignés, en efpeces telles que deffus, ladite fomme de quatre mille deux cens
livres, pour le rachat du fort principal & arrerages qui étoient dûs de ladite rente de bail d'heritage jufqu'à ce jour, dont & de laquelle fomme
de quatre mille deux cens livres, pour les caufes ci-deffus, ledit fieur
Favier quitte ledit fieur Firmin, ledit Germain & tous autres; ce faifant,
a prefentement rendu & mis ès mains dudit fieur Firmin, la groffe originale dudit Contrat de vente, fur laquelle & fur fa minute, & fur l'autre
expedition dudit Contrat qui eft ès mains dudit fieur Favier, icelui fieur Favier confent, que par tous Notaires fur ce requis, foit fait
fommaire mention du prefent rachat, fans que la préfence dudit fieur Favier y foit requife, ce qui ne fervira avec les préfentes, que d'une même
chofe. Promettant, &c.

Claufe pour la continuation de la rente par le Retrayant, du confentement du Créancier d'icelle, avec décharge de l'Acquereur.

Sur lefquelles offres ledit fieur Favier a fait réponfe, qu'il acceptoit
l'obligation dudit fieur Firmin, & qu'en conféquence d'icelle, il confent
décharger ledit fieur Germain, Acquereur de ladite rente en principal & arrerages pour l'avenir; & par ce moyen ledit fieur Favier a quitté & déchargé,
dès-à-prefent & à toujours, ledit fieur Germain, Acquereur abfent, lefdits
Notaires fouffignés acceptant pour lui, tant du fort principal que des arrerages d'iceux, échus & à écheoir, frais, mifes & loyaux-coûts, & promet
ne l'inquieter jamais à l'avenir, pour quelque raifon & fous quelque prétexte
que ce foit, en vertu de ladite rente & des arrerages d'icelle; & pour cet effet, il a prefentement délivré audit fieur Firmin la groffe originale dudit
Contrat de vente & bail à rente de ladite Maifon, dudit jour, &c. & confent
que fur la minute d'icelui & autres aftes qu'il appartiendra, foit en vertu
des prefentes fait fommaire mention de la prefente quittance & décharge par
tous Notaires de ce requis, fans que la préfence dudit fieur Favier foit néceffaire; au moyen de quoi ledit fieur Firmin s'eft par cefdites préfentes,
chargé de ladite rente de deux cens livres, tant en principal qu'arrerages, a
promis la garantir, fournir & faire valoir, payer & continuer par chacun
an à toujours, & en un feul payement par chaque année, dont le premier
échera, &c. audit fieur Favier en fa Maifon, & à fes hoirs ou ayans caufe,
ou au Porteur des prefentes, felon & ainfi que ledit fieur Germain y a
été obligé jufqu'à prefent par ledit Contrat; & pour fûreté de ladite
rente & des arrerages d'icelle, ledit fieur Firmin a confenti que ladite

Maiſon dont il eſt Acquereur, au moyen du retrait lignager & de la Sentence adjudicative d'icelui, demeure à toujours, ſpécialement & par privilege & préference, chargée & hypotequée, comme elle l'eſt par le ſuſdit Contrat, ſans que par ces preſentes il y ſoit dérogé en aucune façon; & de plus, conſent que généralement tous & chacuns les autres biens preſens & à venir, ſoient à cet effet, chargés & hypotequés, une obligation ne dérogeant à l'autre; reconnoiſſant ledit ſieur Favier avoir reçu comptant dudit ſieur Firmin, qui lui a payé en preſence deſdits Notaires ſouſſignés en louis d'or, &c. la ſomme de deux cens livres pour une année d'arrerages échüe ce-jourd'hui, dont il quitte ledit ſieur Firmin, & tous autres. Promettant, &c.

Nota. Que dans les actes de retrait lignager & offres de deniers, il faut ſpécifier l'heure, à cauſe des vingt-quatre heures dans leſquelles il faut que les offres ſoient faites, pour qu'elles ſoient valables, & à cauſe de l'an & jour preſcrits par la Coutume; outre que s'il ſe trouvoit deux Retrayans, il eſt certain que le premier auroit l'avantage ſur le ſecond; ce qui fait voir que la datte du jour & de l'heure peuvent beaucoup ſervir ou préjudicier.

Le Lecteur eſt averti que nous avons donné quelques Formules concernant le retrait conventionnel au chapitre 8 de ce livre, ſur la fin; & que nous donnerons celles qui regardent le retrait féodal ci-après, en parlant des actes qui concernent les Fiefs.

CHAPITRE XIV.

Du Contrat d'Echange.

QUOIQUE le Contrat d'échange ſoit un de ces Contrats que le Droit Romain appelle *Contrats innommés*, nous en traiterons néanmoins en ce lieu, à cauſe de la grande affinité qu'il a avec le Contrat de vente.

Le Contrat d'échange, autrement dit *permutation*, eſt un Contrat par lequel on donne une choſe pour une autre; il ſe peut faire de trois manieres; on peut changer un meuble contre un autre meuble, ce qu'on appelle ordinairement *troc*; on peut échanger un meuble contre un immeuble, ce qui paſſe ſouvent pour vente, lorſque le meuble donné en échange peut être facilement eſtimé; on peut enfin échanger un immeuble contre un

autre

autre immeuble, & c'est proprement ce qu'on entend, quand on parle d'un Contrat d'échange.

Ce Contrat est plus ancien que la vente, & c'est de lui que le commerce tire son origine: En effet, les hommes ont commencé d'abord à se fournir mutuellement les choses dont ils avoient be-soin; mais ces échanges devinrent ensuite très-difficiles à prati-quer, ou à cause de l'inégalité des denrées, ou parce que chacun n'avoit pas précisément ce qui pouvoit accommoder celui avec qui il vouloit faire l'échange. Pour éviter cette incommodité, on inventa la monnoye, & on fit des Contrats de vente. On n'a pas laissé de faire encore des permutations; mais depuis l'argent mon-noyé elles sont devenues moins fréquentes.

Quoique la permutation ait beaucoup d'affinité avec la vente, elle en differe néanmoins en plusieurs articles.

Premierement, en ce qu'on n'y peut distinguer le Vendeur de l'Acheteur, parce que les deux Contractans y sont respective-ment Acquereurs & Vendeurs, au lieu que dans la vente il n'y a qu'un Acquereur & un Vendeur.

Secondement, on ne stipule point le prix des choses échan-gées, parce qu'une chose est changée pour une autre, au lieu que dans la vente, la chose vendue est estimée & évaluée pour une quantité d'argent stipulée par le Contrat.

Troisiémement, il ne s'accomplit pas suivant le Droit Romain, par le seul consentement des Parties, mais par la délivrance ac-tuelle des choses échangées faite par l'un des Contractans. *Voyez* ce que M. de Ferriere en dit sur le paragraphe deuxiéme du titre 14 du troisiéme livre des Instituts.

Néanmoins ce Contrat, parmi nous, est parfait par le seul con-sentement, aussibien que la vente; de sorte que dès le moment que ce Contrat est rédigé par écrit & signé, il est exécutoire, & les Parties sont obligées d'accomplir réciproquement ce qui y est contenu, parce qu'en effet, tous les Contrats parmi nous, ont la force des stipulations du Droit Romain: Ainsi, dès que ce Con-trat est rédigé par écrit, les deux Parties peuvent mutuellement se mettre en possession des choses échangées, sans que celui des deux qui se repentiroit d'avoir fait l'échange, puisse le ré-voquer.

En matiere d'échange, les choses échangées sont tellement affectées à la garantie l'une de l'autre, que si je suis évincé de la chose qui m'a été donnée en échange, je suis en droit de rentrer dans la chose que j'ai donnée en échange, parce qu'en matiere d'échange l'éviction réfout le Contrat de plein droit, & réduit les chofes au même état que s'il n'y avoit jamais eu d'échange.

Ce Contrat contient encore une garantie perfonnelle pour les reftitutions des fruits, les réparations, les dommages & interêts, quand le cas y échet.

La raifon eft, que fans cela, il arriveroit fouvent, qu'après avoir fouffert l'éviction de ce qui m'auroit été donné en échange, je ne ferois pas fuffifamment indemnifé, fi je n'avois d'autre recours que de rentrer dans la chofe par moi donnée en contr'échange; car je puis avoir fait des impenfes dans la chofe dont je fuis évincé, & on peut avoir fait des dégradations dans celle que j'ai donnée de ma part en échange.

Ainfi, dans ce cas & dans les autres de cette nature, il eft jufte que celui qui par mauvaife foi ou par imprudence, m'a donné une chofe qui ne lui appartenoit pas, ou qui étoit hypotequée à des créanciers antérieurs, m'indemnife de ce que j'ai fouffert à cette occafion.

On demande: *Si celui qui a pris un heritage en échange, chargé d'hypoteque, pourroit être pourfuivi par action hypotequaire?* Il faut dire que oui.

La raifon de douter eft, qu'il en a donné un autre qui eft fubrogé en fa place, & fur lequel par conféquent il femble qu'il fe doive faire une tacite tranflation d'hypoteque; en effet, quand ce co-Permutant fera pourfuivi en déclaration d'hypoteque, il aura contre l'autre co-permutant fon recours, pour raifon duquel il fera préferé fur l'heritage qu'il lui a donné en échange, ou pour mieux dire, il fera déclarer le Contrat nul & reprendra fon heritage: Ainfi, que fervira-t'il de le pourfuivre par action hypotequaire?

La raifon de décider eft, que la regle, *Subrogatum fapit naturam fubrogati*, n'a point lieu en matiere d'hypoteque, parce qu'elle n'eft faite que pour faire avantage, & non pour nuire à quelqu'un: Or, il feroit facile à un débiteur de préjudicier à fes créanciers, en prenant en échange un heritage plus difficile à décreter, & dont la condition feroit pire que celle de l'autre heritage qu'il auroit donné en contr'échange.

Il y a plus, c'eft qu'il eft impoffible d'éteindre l'hypoteque conftituée fur l'heritage donné en échange, d'autant que c'eft un droit réel qui demeure attaché à l'heritage, en quelque main qu'il paffe: Ainfi, on ne peut pas faire paffer le gage en une au-

tre perfonne, au préjudice du créancier, fans fon confentement.

Comme il eft difficile de trouver deux chofes differentes qui
foient de pareille valeur, il n'y a prefque point d'échange qui foit
fans retour; c'eft-à-dire, où il n'y ait un retour ftipulé en argent, au
profit de l'un des Contractans, & alors ce Contrat eft mixte, &
tient de la vente & de l'échange.

Par les Edit & Déclaration des années 1673 & 1674, les droits
font dûs aux Seigneurs pour échanges d'heritages contre rentes,
ou d'heritages contre heritages; fur quoi voyez ce que M. de Ferriere en dit en fon Commentaire de la Coutume de Paris fur l'art.
23, & fur quelques autres articles de la même Coutume, où les
cas efquels les Droits Féodaux & Seigneuriaux font dûs, font
amplement traités.

Formule d'Echange d'Heritages.

FURENT prefens Jacques Rigault, Vigneron, demeurant, &c. d'une
part; Pierre Rigault fon frere, auffi Vigneron, demeurant, &c. d'autre
part, lefquels reconnoiffent avoir fait entr'eux les échanges & permutations
réciproques des heritages ci-après déclarés, avec promeffe de garantie l'un
envers l'autre, de tous troubles & empêchemens quelconques. Premierement,
a été délaiffé par ledit Jacques Rigault audit Pierre Rigault fon frere, ce acceptant pour lui, fes hoirs & ayans caufe, pour en jouir dès-à-prefent & à
toujours, un demi arpent de terre planté en Vignes, fis au terroir de, &c. tenant d'un côté à, &c. & d'autre côté à, &c. d'un bout fur le chemin que l'on
nomme, &c. & d'autre à, &c. ladite piece comme elle fe pourfuit & comporte, appartenante audit bailleur de fon propre, comme il a dit, mouvante
en cenfive des Seigneurs, &c. & chargée envers eux, &c. de toutes charges
quelconques, franc & quitte, & des arrerages dudit cens jufqu'à ce jour. Pour
lequel demi arpent, ledit Pierre Rigault a délaiffé en contr'échange audit
Jacques Rigault fon frere, ce acceptant auffi pour lui, fes hoirs & ayans caufe, à commencer ladite jouiffance auffi dès-à-prefent, la feiziéme partie &
portion d'un grand Preffoir, &c. avec droit de preffoirage par indivis, fis au
Village, &c. procedant de fon propre, comme il a dit, mouvant en cenfive
des Seigneurs dont fe meut, avec cens au jour que dûs font, pour toutes
charges quelconques, franc & quitte des arrerages dudit cens. Ces échanges
faits but à but, fans aucune foulte ni retour de part ni d'autre, dont lefdites
Parties fe quittent refpectivement, à la charge des cens & droits Seigneuriaux feulement, & aux claufes & conditions ci-deffus: Car ainfi a été accordé
entre les Parties, cedant, quittant & tranfportant tous les droits de proprieté,
d'une des Parties à l'autre. *Election de domicile, &c.*

Autre Contrat d'Echange d'une Seigneurie contre une Maison & Rentes.

FUT préfent le fieur Charles, demeurant ordinairement étant de préfent en cette Ville, logé au nom & comme Procureur de Haut & Puiffant Seigneur, Meffire Henry ; & de Haute & Puiffante Dame Anne fon époufe, dudit Seigneur fon époux autorifée, fondé de leur procuration fpéciale, à l'effet des préfentes, paffée pardevant le jour des préfens mois & an, l'original de laquelle contrôlé étant au bas du projet du préfent Contrat eft demeuré annexé à ces préfentes pour y avoir recours, après qu'il a été paraphé des Parties & Notaires fouffignés, à leur réquifition d'une part ; & Dame Louife, &c. demeurante à Paris, rue. d'autre part ; lefquelles Parties efdits noms, ont reconnu avoir fait entr'eux les échanges & permutations qui fuivent ; c'eft à fçavoir, ledit fieur Charles audit nom, avoir tranfporté & délaiffé à titre d'échange, dès maintenant & à toujours, & promet efdits noms & chacun d'eux folidairement, fans divifion ni difcuffion, à quoi il renonce, garantir de tous troubles, évictions, hypoteques, douaires, fubftitutions, & autres empêchemens quelconques à ladite Dame Louife, ce acceptante pour elle, fes hoirs & ayans caufe, à l'avenir, la Terre & Seigneurie de fife audit Seigneur & Dame fon époufe, appartenante, à caufe du propre dudit Seigneur Henry, confiftant en Château, plufieurs corps de logis, trois cours attenantes l'une à l'autre, en l'une defquelles, &c. haute, moyenne & baffe Juftice, droits honorifiques dans l'Eglife Paroiffiale dudit lieu, mouvances, cens & rentes, Dixmes inféodées dépendantes de ladite Seigneurie, charges, devoirs, halles, poids, mefurages, droits fur la riviere baillés à rente aux Entrepreneurs de la navigation de ladite riviere, Vignes, Bois de haute futaye & taillis, Garennes, Prez, Marais, Moulins, Fermes, & généralement tous droits, noms, raifons & actions, refcindans, refcitoires, appartenans aufdits Sieur & Dame. à caufe de ladite Terre & Seigneurie de fes circonftances & dépendances, fans aucune réferve ; déclarant ledit fieur Charles audit nom, que lefdits Seigneur & Dame n'en ont vendu, aliéné ni diftrait aucune chofe depuis que ledit Seigneur en eft Poffeffeur & jouiffant, laquelle Terre & Seigneurie eft tenue en partie en la mouvance de . & le furplus d'autres Seigneurs dont ils font mouvans & relevent, que ledit fieur Charles audit nom, n'a pû, quant à préfent, déclarer, de ce enquis, pour fatisfaire à l'Ordonnance, lefquelles charges Seigneuriales ne fe montent au plus qu'à la fomme de annuellement, ainfi que ledit Sr. Charles audit nom a dit, fans autres charges, dettes, hypoteques ni redevances quelconques, franc & quitte de tous les arrerages defdites charges & rentes du paffé jufqu'à ce jour. Pour & en contr'échange de laquelle Terre & Seigneurie, & dépendances, ladite Dame Louife a quitté, tranfporté & délaiffé par ces préfentes, dès maintenant & à toujours audit titre d'échange, & promet garantir de tous troubles & empêchemens, fournir & faire valoir, tant en principal qu'arrerages & rachat, auſdits Seigneur & Dame leurs hoirs & ayans cauſe, ce acceptant pour eux, ledit ſieur Charles audit nom, la Maiſon & autres choſes ci-après déclarées ; ſçavoir, &c. une Maiſon ſiſe, &c. étant en la cenſive des Seigneurs ou Dames dont ſe meut, & chargée vers eux du cens ſeulement, que ladite Dame Louiſe n'a pû, quant à preſent, déclarer, de ce enquiſe pour ſatisfaire à l'Ordonnance, pour toutes & ſans autres charges, dettes, redevances ni hypoteques quelconques, franches & quittes d'arrerages dudit cens du paſſé. *Item,* cinq mille livres de rente auſſi à ladite Dame Louiſe, appartenantes en cinq parties rachetables, à raiſon du denier vingt, de la ſomme de cent mille livres dûe & conſtituée à ladite Dame Louiſe par Meſſire & Dame ſon épouſe ſolidairement par cinq Contrats de conſtitution. Le premier, de la ſomme de, &c. Le ſecond, de la ſomme, &c. le troiſiéme, &c. les arrerages deſquelles rentes, outre la garantie ſtipulée, ladite Dame Louiſe s'oblige de payer incontinent chacune année échûe, ou faute y auroit de payement d'iceux par les débiteurs ci-devant nommés, & ſans être tenus par leſdits Seigneur & Dame, &c. de faire aucune pourſuite, diligence ni diſcuſſion, qu'une ſimple ſommation ; pour des choſes ci-deſſus échangées, jouir, faire & diſpoſer par chacune deſdites Parties, comme de choſe leur appartenante au moyen du preſent échange, à commencer ladite jouiſſance reſpectivement de ce jourd'hui en avant ; ces échanges faits aux charges ci-deſſus ſeulement, & but à but, ſans aucune ſoulte ni retour faire par l'une des Parties à l'autre ; & en ce faiſant, ledit ſieur Charles a mis ès mains de ladite Dame Louiſe les titres concernant ladite Terre & Seigneurie de ✻ dont elle ſe contente, la ſubrogeant au lieu & place, & droits deſdits Seigneur & Dame de pour retirer de Receveur de ladite Terre, & autres, les baux à Ferme & autres titres qui concernent ladite Terre & dépendances, ainſi que leſdits Seigneur & Dame euſſent pû faire ; & a ladite Dame Louiſe preſentement délivré audit ſieur Charles audit nom, l'extrait collationné par les Notaires ſouſſignés, du partage ſuſdatté, avec les cinq groſſes de Contrats de conſtitution preſentement échangés, dont il la décharge ; a été expreſſément accordé que leſdits Seigneur & Dame Henry ne pourront aliéner ladite Maiſon, ni recevoir le rachat de tout ou partie deſdites cinq parties de rentes, qu'après le Décret ci-après ſtipulé, & juſqu'à ce qu'il ſoit parfait, ſigné, ſcellé & délivré ſans oppoſitions ; & demeureront au ſurplus les choſes échangées réciproquement, par ſpécial privilege, affectées & hypotequées à la garantie les unes des autres ; transportant par leſdites Parties ledit ſieur Charles audit nom reſpectivement tous droits de proprieté, noms, raiſons, actions, demandes & prétentions qu'elles avoient & pouvoient avoir ſur leſd. choſes échangées, deſquelles elles ſe ſont deſſaiſies au profit l'une de l'autre, voulant que chacune d'elles en ſoit ſaiſie & miſe en poſſeſſion par qui il appartiendra ; & à cette fin, conſtituent leur Procureur le Porteur des preſentes, auquel elles en donnent pouvoir ; & afin de purger ladite Terre & Seigneurie de & dépendances de toutes hypoteques, ladite Dame Louiſe la pourra faire décreter ſur elle à ſes frais & dépens, en telle Juriſdiction que bon lui ſemblera, d'hui en huit mois prochains, & s'en rendre Adjudicataire pour telle ſomme qu'il conviendra enchérir, ſans néanmoins qu'elle soit tenue d'en fournir, autre ni plus grande valeur que les rentes & Maisons données en échange, & si audit Décret il intervient quelques oppositions, saisies ou empêchemens procedans du fait desdits Seigneurs & Dame Henry, ou de leurs Auteurs, ledit sieur Charles esdits noms, & en chacun d'eux solidairement, sera tenu les faire lever & cesser trois mois après qu'elles auront été dénoncées au domicile ci-après élû; à peine de tous dépens, &c. & s'il convenoit au sujet desdites oppositions, consigner le prix de ladite adjudication en deniers comptans, lesdits Seigneur & Dame Henry seront tenus solidairement, comme dessus, faire ladite consignation, à la décharge de ladite Dame Louise, l'en acquitter, ensemble des droits de consignation & contrôle; & pour l'exécution, &c. Fait & passé, &c.

CHAPITRE XV.

Des Rentes constituées.

LA constitution de rente a quelque rapport avec le Contrat de vente; car par constitution de rente on entend un Contrat par lequel celui qui emprunte de l'argent, vend & constituë sur lui une rente au profit de celui qui lui prête.

La constitution de rente est donc une espece de vente à faculté de rachat: *Emptio venditio est annui census sub conditione revenditionis.* Celui qui constituë la rente est le Vendeur, & celui au profit de qui elle est constituée en est l'Acheteur.

La constitution de rente se peut faire sous signature privée, par promesse de passer Contrat de constitution à la volonté du créancier, & d'en payer cependant les interêts; mais une telle promesse n'emporte point hypoteque sur les biens du débiteur, qu'elle ne soit reconnue devant Notaires; auquel cas l'hypoteque n'en résulte que du jour de cette reconnoissance.

Les rentes constituées sont dûes par la personne, & non par les heritages affectés & hypotequés pour la sûreté d'icelles; c'est pour cette raison qu'elles sont appellées *Rentes personnelles*, à la difference des rentes foncieres, qui sont attachées au fonds.

On les nomme aussi *Rentes volantes* ou *courantes*, & *Rentes hypotequaires*.

La nécessité du commerce a été cause qu'elles ont été introduites en France, lorsque les usures conventionnelles furent défendues, à la charge néanmoins, que le créancier ne peut point contraindre son débiteur de faire le rachat de la rente

constituée à son profit, sous quelque cause & prétexte que ce
soit, si ce n'est par le fait du débiteur ; on n'a pas même voulu
que le débiteur s'obligeât par le Contrat de faire le rachat de la
rente dans un certain tems, & on a voulu que l'argent prêté à intérêt, fût une véritable aliénation, ayant du rapport avec la vente, en ce que le sort principal est le prix qui est donné pour l'acquisition de la rente.

C'est ce que nous appellons *Constitution de rente à prix d'argent,* ou *argent donné à constitution de rente ;* celui qui le reçoit
& qui constitue une rente au profit de son créancier, s'obligeant seulement à lui en payer les interêts par chacun an ; néanmoins s'il cesse de les lui payer, le créancier peut demander en
Justice, que le débiteur soit tenu de lui faire le remboursement
du sort principal avec les arrerages échus ; mais le débiteur seroit
toujours reçu à offrir les arrerages, sans rembourser le principal.

Quoique le créancier hors ce cas, ne puisse pas contraindre
son débiteur de faire le rachat d'une rente qu'il a constituée à son
profit, néanmoins le débiteur se peut décharger de l'obligation
qu'il a contractée, quand il veut, en remboursant.

En permettant ces rentes, on a fixé les interêts qu'on en pouvoit stipuler, pour arrêter l'avarice des hommes, qui ne songent
qu'à s'enrichir par la perte & la ruine des autres, autrement la nécessité des uns, & l'envie déreglée des autres de faire profiter
leur argent ; auroient fait monter ces interêts si haut, que ces
constitutions, qui n'ont été introduites que pour l'interêt des débiteurs, en auroient infailliblement causé la ruine.

Dans les premiers tems, ces interêts ne pouvoient être stipulés
qu'à raison du denier dix ; de sorte que le créancier ne pouvoit
pas stipuler un denier plus fort, pour quelque cause que ce fût,
autrement ce qui avoit été payé de plus que les interêts ordinaires
& permis, étoit imputé sur le principal.

Mais comme il s'est trouvé par la suite des tems que ces interêts étoient trop forts, & qu'ils réduisoient souvent les débiteurs
à n'en pouvoir faire le payement ; l'argent ne pouvant pas procurer des profits si considerables, ces interêts ont été réduits à raison du denier douze & du denier quatorze par les Edits de Charles
IX. l'an 1569 & 1576.

Cette réduction a duré jusqu'en l'an 1602. Par l'Edit du Roi
Henry IV. du mois de Juillet 1601, vérifié en la Cour le 18 Février 1602, les rentes ont été réduites au denier seize.

Depuis par autre Edit du Roi Louis XIII. elles ont été mises au denier dix-huit, le 16 Juin 1634.

Par autre Edit de Louis XIV. du 22 Décembre 1665, il a été expressément défendu de faire aucune constitution de rente excedant le denier vingt ; mais depuis il y a eu bien des variations sur ce sujet, surtout par rapport aux rentes de l'Hôtel de Ville ; car pour ce qui est des rentes constituées sur les Particuliers, elles ont toujours été fixées au denier vingt pendant tout le regne de Louis XIV. *Voyez* les observations que nous allons faire là-dessus à la fin de ce chapitre.

Pour ôter toute occasion d'usure, on n'a pas permis que les constitutions se fissent pour autre cause que pour argent payé, nombré & délivré en la presence des Notaires, lors du Contrat, avec déclaration des especes dont le payement a été fait, & non pour fait de marchandise vendue & livrée lors de la constitution ou auparavant, de peur que sous l'incertitude du prix & de la valeur d'icelle, on en fit des constitutions plus fortes qu'il ne seroit permis. *Voyez* M. le Prestre, centurie 4, chapitre 11, & M. Louet & son Commentateur, lettre I. nombre 8 ; & c'est pour cette raison que ces rentes sont appellées, *Rentes constituées à prix d'argent.*

Il faut néanmoins observer que la numeration réelle & actuelle n'est pas nécessaire, lorsque le Contrat de constitution est fait pour demeurer quitte d'une dette dûe sous seing privé, par obligation, Sentence, Arrêt, ou autrement.

On ne peut pas faire un Contrat de constitution pour être déchargé du payement des arrerages d'une autre rente, ou des interêts adjugés par Justice, parce qu'il n'est pas permis de constituer une rente d'une somme dûe pour des interêts. L'anatocisme qui consiste à tirer des interêts des interêts, est un Contrat illicite & réprouvé par les Ordonnances de nos Rois.

Et d'autant que les arrerages des rentes constituées pourroient causer la ruine des débiteurs, si les créanciers pouvoient laisser passer plusieurs années sans les demander, & les obliger ensuite de payer tous ceux qui seroient depuis dûs, le Roi Louis XII. a voulu par son Ordonnance de l'an 1512, article 17, qu'on n'en pût demander que cinq années, les autres précedentes étant prescrites ; de sorte qu'au préjudice de cette Ordonnance, le créancier ne peut pas déferer le serment à son débiteur ; sçavoir, s'il les a payées ou non, devant s'imputer d'avoir contrevenu à une Ordonnance, qui n'a été établie que pour l'interêt public, & pour empêcher

empêcher que les débiteurs ne tombassent par ce moyen dans la perte de leurs biens.

Pour empêcher la prescription des arrerages établis par la susdite Ordonnance, le créancier doit de cinq ans en cinq ans obtenir des condamnations contre son débiteur, ou du moins lui faire un commandement de payer; & par ce moyen on ne lui peut point objecter la prescription portée par l'Ordonnance.

Les rentes constituées à prix d'argent, quoique sur des Maisons & heritages, de quelque nature qu'elles soient, sont rachetables à toujours, en payant le principal & arrerages; de sorte que la faculté du rachat de ces rentes est imprescriptible, ainsi qu'il est porté par l'article 111 de la Coutume de Paris.

De ce qui a été dit ci-dessus, il s'ensuit que trois choses sont essentielles au Contrat de constitution.

I. Que le prix ou sort principal soit aliéné; car c'est l'aliénation que l'Acquereur fait de ce principal au profit du Constituant, qui rend légitime les arrerages que ledit Constituant ou Vendeur s'oblige d'en payer jusqu'au rachat.

II. Que les interêts ne soient pas stipulés plus forts que ceux de l'Ordonnance, qui a lieu au tems de la constitution; car à l'égard des rentes créées au denier dix-huit ou au denier vingt, avant les dernieres Déclarations, qui les ont fixées à un moindre denier, les interêts doivent être toujours payés, selon qu'il est porté par le Contrat, d'autant qu'il est en la faculté du débiteur d'éteindre & amortir la rente & les interêts par le remboursement du principal : D'ailleurs, il est certain que les Loix ne reglent que ce qui regarde l'avenir, & non ce qui concerne le passé.

III. Que la rente soit perpétuellement rachetable à la volonté du débiteur; mais que ce débiteur de la rente ne puisse être contraint par aucune clause d'en faire dans un tems le rachat; autrement il n'y auroit pas une véritable aliénation du principal. Ainsi un tel Contrat seroit usuraire, & par conséquent ne seroit pas valable : De sorte que le débiteur seroit en droit d'imputer sur le principal tout ce qu'il auroit payé d'interêts, à plus forte raison, si quelqu'un se réservoit la faculté de repeter son capital, quand bon lui sembleroit, avec stipulation d'interêts, quoique les Parties eussent qualifié le Contrat du terme de *Constitution de Rente*, il n'en seroit pas moins usuraire ni moins illicite.

Le Contrat est usuraire, lorsque le payement des arrerages est ſtipulé avant le tems échû, comme ſi après avoir ſtipulé que les arrerages ſe payeroient par chaque année, on ſtipule que la premiere année ſe payera dans ſix mois, à compter du jour du Contrat, ou qu'elle ſera payée par avance, ce qui a été jugé par Arrêt; néanmoins, nonobſtant cette clauſe, le Contrat ſubſiſte & eſt conſervé en ſa force & vertu, & les arrerages ne ſe doivent point qu'après le tems entierement échû, de ſorte que telles clauſes ſont rendues nulles & ſans effet.

La convention par laquelle il eſt porté que le créancier jouira d'une Terre appartenante au débiteur, pour & au lieu des arrerages de la rente, eſt uſuraire au cas que les fruits de la Terre ſe trouvaſſent de plus grande valeur que les arrerages de la rente.

La faculté perpétuelle de rachat, l'aliénation du ſort principal, font que les rentes ſont réputées meubles & immeubles; elles ſont réputées meubles à l'égard du débiteur, parce que l'obligation qui provient de telles rentes, eſt pure perſonnelle; ainſi, il s'en peut liberer toutefois & quantes il voudra faire le rembourſement.

C'eſt auſſi pour cela que telle rente eſt regardée comme une dette perſonnelle, laquelle après la mort du débiteur, doit être acquittée par ſes heritiers, chacun à raiſon de la portion dont il eſt heritier, vû qu'au contraire les rentes foncieres non rachetables, & autres charges réelles, doivent être acquittées par les heritiers des immeubles qui en ſont chargés; car l'hypoteque des rentes conſtituées, quoique ſpéciale ſur certains biens du débiteur, n'obligent pas ceux qui y ſuccedent en qualité d'heritiers, d'acquitter ces rentes, parce que l'action hypotecquaire n'eſt qu'acceſſoire à la perſonnelle, laquelle eſt l'action principale: ainſi on ne conſidere que la perſonalité, & non pas la réalité, vû que là réalité n'eſt qu'accidentelle, & ſeulement pour la ſûreté du créancier.

Mais à l'égard du créancier, les rentes conſtituées à prix d'argent, quoiqu'elles puiſſent être rachetées, & que les deniers du rachat ſoient meubles, néanmoins tant qu'elles ſubſiſtent, elles ſont réputées immeubles en la perſonne du créancier, parce qu'il ne lui eſt pas permis de contraindre ſon débiteur d'en faire le rachat, & que les deniers ainſi aliénés à perpétuité, au moins quant au créancier, produiſent un revenu annuel, de même que les Maiſons, heritages & autres immeubles, ſuivant l'article 248 de la Coutume de Paris.

Néanmoins il y a des Coutumes qui les réputent meubles, tant à l'égard du créancier, que du débiteur.

Il arrive souvent que l'argent est donné à constitution de rente pour l'employer en acquisition d'heritage ou d'Office ; & en ce cas, le créancier doit stipuler, que son débiteur, en faisant l'emploi, déclarera qu'il est fait de ses deniers, & qu'il consentira dans le Contrat d'acquisition, que la chose sera & demeurera obligée au créancier par privilege & hypoteque spéciale.

Que si les deniers sont prêtés à constitution pour employer aux améliorations & réparations d'un heritage ; alors pour la sureté du créancier, le débiteur doit déclarer lors de l'emploi, que ç'a été des deniers du créancier; & le créancier doit stipuler dans le Contrat, que son débiteur fera cette déclaration en payant les Ouvriers, pour lui acquerir une hypoteque privilegiée, & en le faisant, ce créancier sera preferé sur le prix de cet heritage, à celui qui l'a vendu, & qui n'en a pas reçu le prix.

Quand une rente est constituée par plusieurs débiteurs, que nous appellons *co-Obligés*, lesquels ordinairement s'obligent solidairement à la rente & aux arrerages d'icelle, quoiqu'il n'y en ait qu'un qui prenne tout l'argent pour s'en servir, les autres n'intervenant dans l'obligation, que pour la sureté du créancier, il peut poursuivre un de ses co-Obligés pour le tout, sauf à celui qui est poursuivi, son recours contre ses co-Obligés & contre le principal débiteur; & en ce cas, celui qui a pris l'argent donné en constitution, donne indemnité à ceux qui ont bien voulu s'obliger avec lui solidairement pour lui faire plaisir.

Mais on demande si un de plusieurs co-Obligés poursuivi pour le tout par le créancier, ayant payé le tout, peut poursuivre un des co-Obligés aussi pour le tout, sa part néanmoins confuse, en prenant cession du créancier.

Par l'ancienne Jurisprudence des Arrêts, il avoit été jugé pour l'affirmative ; mais la Cour s'en est départie, & juge aujourd'hui que ce co-Obligé ne pourroit poursuivre les autres que chacun pour sa part & portion, à la charge néanmoins de porter également entre tous les co-Obligés, la perte qui arriveroit par l'insolvabilité de quelqu'un d'entr'eux. Nous avons deux Arrêts qui l'ont jugé ainsi ; le premier est du 22 Février 1650, rapporté par Dufresne dans son Journal ; l'autre du 5 Septembre 1674, rapporté dans le Journal du Palais.

Dans les Contrats de constitution, le créancier stipule ordinairement une hypoteque générale sur tous les biens du débiteur, presens & à venir, & spécialement sur ceux qu'il possede; cependant, il faut observer que si les heritages affectés pour la sûreté de la rente, sont situés dans les Pays de nantissement, le débiteur doit expressément consentir que le créancier soit nanti & réalisé sur les heritages affectés, & pour cet effet, constituer Procureur, sans quoi le créancier auroit une hypoteque sans effet.

Quelquefois le créancier ne se contente pas de l'hypoteque constituée sur les biens du débiteur; mais il stipule que la rente sera prise & perçue actuellement sur tel heritage appartenant au débiteur, ce qu'on appelle *Assignat*. On ajoute dans les Contrats de constitution, que le créancier de la rente recevra par chacun an, les arrerages d'icelle par les mains du Fermier & Receveur de la Terre assignée, comme une charge d'icelle.

Enfin, on ajoute quelquefois, que dès-à-present le Vendeur & Constituant de la rente; c'est-à-dire, le débiteur, s'est démis & dévêtu de sa Terre, & en a saisi & revêtu son créancier, & lui permet, en cas de cessation de payement, après chacun terme, d'en prendre possession réelle & actuelle; & pour cet effet, il constitue son Procureur spécial & irrévocable le Porteur du Contrat.

Ce sont trois clauses differentes: Sçavoir, l'Assignat, la Cession d'actions contre le Fermier, & le Constitut ou Précaire.

Quant à l'Assignat, il ne produit point d'autre effet, selon notre usage, que l'hypoteque spéciale constituée sur l'heritage assigné pour la perception des arrerages de la rente: Ainsi, l'Assignat ne produit point de privilege au créancier de la rente; ce n'est proprement qu'une déclaration sur quel heritage les arrerages de la rente doivent être pris & perçus.

Pour ce qui est de la seconde clause: *Que le créancier de la rente prendra les arrerages par les mains du Fermier*, elle emporte tacitement cession d'action contre lui; cependant telle cession ne peut avoir effet, sinon pour exercer les actions qui peuvent competer au Propriétaire contre le Fermier de la Terre, ensorte que s'il n'y a point de Fermier, ou si le Fermier avoit payé au Propriétaire, avant que d'être poursuivi par le créancier de la rente, ou si les deniers dûs par le Fermier étoient saisis & arrêtés par d'autres créanciers du débiteur Propriétaire de la rente, telles cessions se trouveroient inutiles & sans effet.

Mais si le créancier a donné son droit au Fermier, que le Fermier ait accepté la délegation fur lui, ou que le Contrat lui ait été fignifié, le créancier eft préferable à tous autres créanciers poftérieurs à fon Contrat, tel eft l'ufage.

A l'égard de la claufe de *Conftitut* & *Précaire*, elle exclut la difcuffion, laquelle autrement auroit lieu hors la Coutume de Paris; enforte que le tiers détenteur (hors ladite Coutume où la difcuffion n'a lieu) ne pourroit valablement oppofer la difcuffion, fuppofé que cette claufe eût été appofée au Contrat de conftitution.

Les rentes conftituées fe vendent, fe cedent & fe tranfportent par celui qui en eft Titulaire, comme tout autre effet à lui appartenant. *Voyez* ci-après le titre des Ceffions & Tranfports.

Différentes fixations des Rentes fous Louis XIV.

Comme fous le Regne précedent les rentes de l'Hôtel de Ville n'ont pas toujours été fixées au denier vingt, nous avons crû devoir marquer fommairement les differentes fixations aufquelles elles ont été reglées depuis l'Edit du mois de Décembre 1665, jufqu'à prefent. Cet Edit fixoit le denier de la conftitution au den. vingt.

Par Edit du mois de Mars 1673, le Roi créa deux cens mille livres de rentes au denier dix-huit fur les Gabelles.

Par autre du mois de Janvier 1674, création de fix cens mille livres de pareilles rentes, & au même denier.

Par autre du mois de May 1680, création d'un million de livres de pareilles rentes au denier vingt.

Par autre du mois de Juin 1681, création de deux millions de pareilles rentes & au même denier.

Par autre du mois de Février 1682, création de cinq millions de pareilles rentes & au même denier.

Par Lettres Patentes du mois de Septembre 1683, création de huit cens foixante-fept mille fept cens quatre l. de pareilles rentes au denier dix-huit.

Par Edit du mois de May 1684, création d'un million de pareilles rentes au même denier.

Par autre du mois de Juillet 1684, création de douze cens mille livres de pareilles rentes auffi au même denier.

Par autre du mois d'Août 1688, création de cinq cens mille livres de pareilles rentes au denier vingt.

Par autre du mois de Novembre 1688, idem.

Par autre du mois de Novembre 1689, création de douze cens mille livres de pareilles rentes au denier dix-huit.

Par autre du même mois, création de quatorze cens mille livres de rentes viageres par Classes, suivant les différens âges, avec accroissement aux survivans. C'a été la premiere Tontine.

Par autre du mois de May 1691, création d'un million de rentes sur les Aydes & Gabelles au denier

Par autre du mois d'Avril 1692, création de douze cens mille livres de pareilles rentes au denier

Par autre du mois de Février 1693, création d'un million de pareilles rentes au denier

Par autre du mois d'Août 1693, création de cinq cens mille livres de rentes viageres sur les Aydes & Gabelles, distinguées par Classes, & à differens deniers suivant les âges, sans accroissement aux survivans.

Par autre du mois de Juin 1695, idem, au denier quatorze.

Par autre du mois d'Octobre 1695, création de douze cens mille livres de pareilles rentes & au même denier.

Par trois autres des mois de Mars, Avril & Décembre 1696, création de mêmes rentes au denier vingt. Celui du mois de Février étoit de rentes viageres, & faisoit la seconde Tontine.

Par autre du mois de May 1697, création de douze cens mille livres de rentes au denier quatorze.

Trois autres des mois de Décembre 1697, Janvier & Février 1698, qui en créerent de pareilles au denier dix-huit.

Un autre du mois de Mars 1698, qui créa un million de mêmes rentes au denier vingt.

Autre du mois de Juillet 1698, semblable à celui du mois d'Août 1693.

Trois autres des mois de Mars, Novembre & Décembre 1699, au même denier.

Au mois de Juin 1702, fut publié un Edit pour l'aliénation d'un million de livres de rentes au denier seize.

Au mois de Décembre suivant, deux autres Edits de création de pareilles rentes au même denier.

Il en fut aussi publié un autre au mois de Juin 1703, pour l'aliénation de huit cens mille livres de rentes aussi au denier seize.

Au mois de Septembre 1703, fut publié un Edit pour

l'aliénation d'un million de livres de rentes au denier quatorze.

Au mois de Décembre 1704, fut créé un million de livres de rentes, partagé en deux portions égales; l'une de rentes annuelles & perpétuelles au denier vingt; & l'autre de rentes viageres au denier dix.

Au mois d'Avril 1705, fut publié un Edit portant création de cent mille livres de rentes annuelles & perpétuelles au denier douze.

Au mois de May de la même année fut publié un autre Edit portant création de quatre cens mille livres de rentes au denier seize.

Par Edit du mois de May 1706, fut créé pour cinq cens mille livres de rentes au denier vingt sur les Aydes & Gabelles.

Au même mois fut publié un autre Edit portant création de huit cens mille livres de rentes en deux portions; l'une de rentes viageres au denier dix; & l'autre de rentes perpétuelles au denier vingt.

Le 17 Juillet 1706, a été donné une Déclaration portant permission de convertir en rentes sur les Aydes & Gabelles au denier seize, ce qui restoit à lever des gages & augmentations de gages attribués aux Offices des Chancelleries.

Il parut au mois de May 1707, un Edit portant création de cinq cens mille livres de rentes au denier dix-huit sur les Aydes & Gabelles.

Au mois de Juin de la même année fut publié un autre Edit portant création de quatre cens mille livres de rentes sur les Aydes, Gabelles, & cinq grosses Fermes, au denier dix pour rentes viageres, & au denier vingt pour rentes perpétuelles.

Au mois de Février 1708, furent publiés deux Edits, l'un portant création de six cens mille livres de rentes au denier seize sur les Aydes & Gabelles; l'autre de cinq cens mille livres de rentes aussi sur les Aydes & Gabelles, au denier dix-huit.

Au mois de Septembre 1708, autre Edit portant création de cinq cens mille livres de rentes au denier vingt, au profit de ceux qui voudroient se racheter de la Capitation.

Six cens mille livres de rentes furent créées au denier seize sur les Aydes & Gabelles, par Edit du mois de Janvier 1709; & par autre Edit du mois de Fevrier suivant, création fut faite de six cens mille livres de pareilles rentes.

Au mois de Mars 1709, fut publié un Edit pour l'aliénation en faveur des Prevôt des Marchands & Echevins de la
Ville de Paris, de huit cens mille livres de rentes au denier
douze & demi, sur la Ferme des Droits de Contrôle des Actes
des Notaires, petits Sceaux, & Insinuations Laïques.

Il fut publié au mois de May 1709, deux autres Edits; l'un
pour l'aliénation de cinq cens mille livres de rentes, pour être
partagées en deux portions: Sçavoir, 300000 livres de rentes héréditaires au denier vingt, & deux cens mille livres de rentes viageres au denier douze avec droit d'accroissement, ce qui a fait
la troisiéme Tontine; & l'autre de six cens mille livres de rentes
perpétuelles au denier dix-huit, aussi sur les Aydes & Gabelles.

Troisiéme
Tontine.

Au mois de Mars 1710, autre Edit portant création de trois
cens mille livres de rentes au denier dix-huit, pour être acquises
par les aisés, affectées sur les recettes générales des Finances &
Dons gratuits.

Le 7 Octobre 1710, parut une Déclaration du Roi, qui ré-
duisit au denier vingt toutes les rentes assignées sur les Aydes &
Gabelles & cinq grosses Fermes, Postes, Contrôle des actes des
Notaires, Petits-Sceaux & Insinuations Laïques, gages & augmentations de Gages, créées depuis 1689, à l'exception seulement des rentes appellées *Tontine,* celles purement viageres &
celles moitié perpétuelles & moitié viageres.

Au même mois d'Octobre 1710, création d'un million de
rentes au denier vingt sur les Aydes & Gabelles & cinq Grosses
Fermes.

Autre du mois de Novembre suivant, qui crée six cens mille liv.
de pareilles rentes.

Autre du mois de Janvier 1711, de six cens mille livres comme dessus.

Autre du mois suivant, qui crée cinq cens mille livres de rentes
au denier vingt, à prendre sur les deniers provenans des recettes
des Finances.

Autre du mois de Juin de la même année, qui crée un
million de livres de rentes sur les Aydes & Gabelles au denier
vingt.

Autre du mois de Décembre de la même année pareil au
précédent.

Autre du mois de Juin 1712, portant création de cinq cens
mille

mille livres de rentes au denier douze sur l'imposition des Tailles.

Trois autres Edits du mois de Décembre 1713, portant création de neuf millions, sept millions & quatorze millions de rentes sur les Aydes & Gabelles au denier vingt-cinq.

Autre des mêmes mois & an, qui ordonne le remboursement de toutes les rentes de l'Hôtel de Ville créées depuis 1680, & la conversion d'icelles en rentes créées par les trois Edits ci-dessus.

Autre du même mois, qui crée cinq cens mille livres de rente sur l'imposition des Tailles au denier douze.

Autre, *idem*, qui crée deux cens vingt mille livres de rentes au denier vingt, sur la Ferme du Contrôle des Exploits.

Autre du mois de Février 1714, qui crée quatre cens mille livres de rentes viageres en quatre classes, en faveur des Officiers des Troupes qui se trouvent dans le cas du remboursement ordonné par l'Edit de Décembre 1713.

Autre du mois de Mars 1714, qui crée cinq cens mille livres de rentes au denier douze sur les Tailles.

Autre du mois d'Avril 1714, portant réduction au denier vingt-cinq, des cinq cens mille livres de rentes créées sur les Recettes générales par l'Edit du mois de Février 1711, & création d'autres cinq cens mille livres de rentes au même denier vingt-cinq sur les-dites Recettes générales.

Autre du mois de May 1714, qui crée cinq cens mille livres de rente au denier seize à prendre sur le produit de la Ferme des Droits du Contrôle des Actes des Notaires.

Dans le même mois, autre Edit portant création de quatre cens mille livres de rentes viageres au denier douze sur les Tailles.

Autre du mois de Juin 1714, portant création & établissement d'une Loterie Royale en forme de Tontine, dont le fonds étoit de dix millions.

Deux autres du mois d'Août 1714, l'un portant création de cinq cens mille livres de rente au denier seize, sur la Ferme des Droits de Contrôle des Actes des Notaires, Petits Sceaux, & Insinuations Laïques; & l'autre qui crée quinze cens mille livres de rentes au denier vingt-cinq, sur les Aydes & Gabelles, & cinq grosses Fermes, pour achever la conversion des rentes dont le remboursement avoit été ordonné par l'Edit de Décembre 1713.

Edit du mois de Mars 1715 , portant création de quatre cens mille livres de rentes viageres au denier douze, fur les Tailles.

Autre du même mois qui crée cinq cens mille livres de rentes, au denier feize , fur les Droits du Contrôle des Actes des Notaires , Petits Sceaux & Infinuations Laïques.

Autre du mois de Juin 1715, portant création de pareilles rentes fur les Tailles.

Autre du mois d'Août 1715, qui crée dix mille livres de rentes fur les Domaines & Bois , fur le pied du denier vingt-cinq.

Autre du même mois, qui fupprime cinq cens quarante-trois mille quatre cens livres de rentes viageres , créées par l'Edit du mois de Juin 1714, & crée un million de livres de rentes perpétuelles , au denier vingt-cinq.

Autre du même mois portant création de deux millions de rentes héréditaires au denier vingt, rembourfables d'année en année , pour acquitter les dettes de l'Etat.

Ainfi, fous le Regne de Louis XIV. les rentes fur l'Hôtel de Ville ont reçu les fixations de denier que nous venons de remarquer ; mais à l'égard des rentes fur les Particuliers , elles ont toujours été fixées au denier vingt , conformément à l'Edit du mois de Décembre 1665 avec permiffion aux Prêteurs de les remettre à un denier plus favorable , comme au denier vingt-deux , vingt-quatre , ou autre.

Fixations des Rentes fous Louis XV.

Par Edit du mois d'Octobre 1715, ce Prince ordonna la réduction au denier vingt-cinq, des rentes ci-devant créées en 1712, 1713 & 1714, fur les Tailles au denier douze.

Autre du mois de Décembre 1715 , qui réduit au même denier vingt-cinq les rentes y énoncées.

Autre du mois d'Août 1717 , qui fupprime la Caiffe des Emprunts , & crée cinq millions de rente au denier vingt-cinq.

Autre du mois d'Octobre 1717 , qui crée cent mille livres de rentes viageres fur la Ferme des Poftes, au denier vingt-cinq, pour les Actionnaires de la Loterie Royale.

Autre du mois de May 1718 , portant création de cinquante mille livres de rentes perpétuelles au denier vingt-cinq, fur les Aydes & Gabelles.

Edit du mois d'Octobre 1718, portant création de quatre millions de rentes au denier vingt-cinq sur les Tailles.

Arrêt du Conseil du 31 Août 1719, qui ordonne l'extinction & le remboursement des rentes perpétuelles assignées sur les Aydes & Gabelles, Tailles, Recettes générales, Contrôles des Actes & Exploits, & sur les Postes, à compter du premier Janvier 1720. Cet Arrêt fut suivi d'autres qui ordonnoient pareillement la suppression de differentes autres natures de rentes sur le Roi, même sur le Clergé & les Pays d'Etat, à l'exception des rentes non libres & sujettes à remploi, ainsi que les rentes viageres & Tontines, qui en furent exemptes.

Autre Arrêt du 18 Janvier 1720, qui rétablit les rentes non remboursées, en consentant la réduction d'icelles à trois pour cent, à compter du premier dudit mois de Janvier.

Autre du 6 Février 1720, qui ordonne la réduction desdites rentes à deux pour cent, à compter du premier Juillet 1720.

Au mois de Mars 1720, fut publié un Edit portant que les deniers ci-après donnés à constitution de rente par les Sujets de Sa Majesté, ne pourront produire par an, un plus haut interêt que celui du denier cinquante, avec défenses à tous Notaires, Tabellions & autres, de recevoir ou passer aucun Contrat de constitution de rente sur un plus haut pied, à peine de privation de leurs Charges, & d'être lesdits Contrats déclarés usuraires, & d'être procedé extraordinairement contre ceux au profit desquels lesdites constitutions auront été passées, & de perte du prix principal applicable à l'Hôpital Général des lieux où lesdits Contrats auront été passés ; & avec défenses à tous Juges de rendre aucuns Jugemens de condamnation de plus grands interêts, sous les mêmes peines, le tout sans préjudice des constitutions faites jusqu'au jour de la publication dudit Edit, lesquelles seront exécutées comme elles l'auroient pû être auparavant.

Sans rapporter ici les motifs de cet Edit, nous observerons, qu'il n'a point été enregistré dans aucune Jurisdiction de la Province de Bretagne ni de Normandie ; & que tous les Notaires de ces Provinces ont toujours, nonobstant les défenses portées par cet Edit, reçu & passé des Contrats de constitution de rente au denier vingt, même entre personnes domiciliées dans d'autres Provinces.

Au mois de Juin de la même année 1720, parut un Edit portant création de vingt-cinq millions de rente au denier quarante ſur l'Hôtel de Ville de Paris, pour remplacement des rentes rembourſées ou réduites. Dans ce même tems les autres rentes furent rétablies au même denier quarante.

Par autre Edit du mois d'Août 1720, création de huit millions de rentes au denier cinquante ſur l'impoſition des Tailles, pour amortir les Billets de la Banque Royale.

Autre du même mois, qui créé quatre millions de rentes viageres au denier vingt-cinq ſur les Aydes & Gabelles, & autres revenus du Roi, aux mêmes fins de retirer les Billets de Banque.

Autre du mois de Novembre 1722, qui ſupprime deux des huit millions de rentes de l'Edit d'Août 1720, & crée quatre millions de rentes viageres au denier vingt-cinq, ſur les Aydes & Gabelles.

Autre du mois de Juillet 1723, qui crée pareils quatre millions de rentes viageres au même denier ſur les Tailles, & autres revenus du Roy.

Autre du mois de Janvier 1724, qui crée autres quatre millions de pareilles rentes.

Au mois de Juin 1724, Edit qui fixe les conſtitutions de rentes entre Particuliers au denier trente, attendu que rien n'eſt plus important au bien général du Royaume, que d'y établir un denier uniforme pour la conſtitution des rentes, & de les proportionner, tant à la quantité des eſpeces, qu'à ce qui peut être le plus avantageux à la valeur des biens-fonds, à l'Agriculture, aux Manufactures & au Commerce, qui ſont les véritables richeſſes d'un Etat.

Le Roi ayant donc fait examiner en ſon Conſeil les Reglemens faits en differens tems à ce ſujet, & après avoir comparé l'état preſent des biens & du commerce du Royaume à celui où ils ſe trouvoient dans les tems où ces Reglemens ont été rendus, a reconnu que pour ſoutenir dans le Public la valeur du capital des rentes ſur les Aydes & Gabelles, & ſur les Tailles, pour conſerver le capital des biens-fonds dans une valeur proportionnée aux prix qu'ils ont actuellement, & aux engagemens que peuvent avoir contracté les Particuliers qui en ſont Proprietaires, & pour l'interêt même de leurs créanciers, il étoit néceſſaire de ne point fixer le denier de la conſtitution à un denier plus fort que le denier trente, &c.

Enfin, l'Edit du mois de Juin 1725, fixe l'intérêt des rentes ſur des Particuliers au denier vingt. En voici les termes :

LOUIS, &c. A ces causes, Nous avons par le
preſent Edit, dit, ordonné & ſtatué, diſons, ordonnons &
ſtatuons:

I. Qu'a compter du jour de la publication du preſent Edit,
le denier de la conſtitution ſera & demeurera fixé dans toute
l'étendue de notre Royaume, Pays, Terres & Seigneuries de
notre obéïſſance, à raiſon du denier vingt du capital, nonobſtant tous Edits, Déclarations ou autres Reglemens à ce contraires, auſquels Nous avons dérogé & dérogeons par notre preſent Edit.

II. Permettons en conſéquence à tous Notaires, Tabellions & autres perſonnes publiques ayant droit de paſſer & recevoir des Contrats, de les paſſer à l'avenir ſur ledit pied du denier
vingt, ſans néanmoins qu'ils puiſſent en paſſer ſur un pied plus
fort, à peine de privation de leurs Offices, d'être leſdits Contrats
déclarés uſuraires, & d'être procedé extraordinairement contre
les Prêteurs.

III. Ordonnons en conſéquence à tous Juges, dans
les Jugemens qu'ils auront à prononcer portant condamnation
d'interêts, de les prononcer à l'avenir ſur le pied du denier
vingt.

Nous n'entendons néanmoins rien innover aux Contrats de
conſtitution, Billets portant promeſſe de paſſer Contrats de conſtitution & autres actes faits juſqu'au jour de la publication du
preſent Edit, leſquels ſeront exécutés comme ils l'auroient pû
être auparavant. Si donnons en Mandement, &c. Donné
à Verſailles au mois de Juin, l'an de grace mil ſept cent
vingt-cinq, & de notre Regne le dixième. *Signé* LOUIS,
&c.

Regiſtré en Parlement, le Roi tenant ſon Lit de Juſtice le 8 Janvier
1725. Signé Mirey.

Par Edit du mois de Novembre 1726, le Roi ordonna la réduction des rentes viageres créées par les Edits des mois d'Août
1720, Novembre 1722, Juillet 1723, & Janvier 1724, à
compter du premier Juillet 1726, de la maniere portée audit
Edit.

Par Arrêt du Conſeil du 19 du même mois, il a été ordonné
que les Parties de rentes créées depuis 1688, employées dans
les Etats du Roi, de 20 liv. & au-deſſous, en ſeront retranchées,
& que celles au-deſſus de 20 liv. ſeront réduites à moitié à

l'exception de celles qui appartiennent à des Communautés Eccleſiaſtiques , le tout à compter du premier Janvier 1725.

Par autre Arrêt du 10 Décembre les rentes viageres créées au
denier ſeize par l'Edit d'Août 1717 , ont été réduites au denier
vingt-cinq , à commencer du premier Juillet 1725.

Par autre dudit jour les rentes viageres conſtituées en vertu de
l'Edit d'Août 1720 , furent réduites à compter du premier Juillet
1726 , aux trois cinquiémes.

Quelques-unes des parties de rentes , dont la réduction avoit
été ordonnée par l'Edit de Novembre , & les deux Arrêts du
10 Décembre 1726 , furent rétablies en tout ou en partie , ſur
les repreſentations qui furent faites en exécution des Arrêts des
28 Janvier & 18 Mars 1727 , & ce à compter du premier Juillet 1727 , ſuivant l'état dépoſé au Greffe de l'Hôtel de Ville en
exécution de la Déclaration du Roi du 27 Janvier 1728.

Arrêt du Conſeil du 19 Octobre 1728 , qui ordonne le rembourſement des rentes ſur l'Hôtel de Ville par forme de Loterie , laquelle fut confirmée par une Déclaration du 6 Mars 1729.

Edit du mois de Novembre 1733 , qui crée un million cinquante mille livres de rentes viageres en ſept claſſes à differens
deniers , ſuivant les differens âges , avec accroiſſement aux ſurvivans ; ce qui forma la quatriéme Tontine.

Autre du mois d'Août 1734 , qui crée une cinquième Tontine de quatorze cens ſoixante-trois mille livres de rentes viageres en quinze claſſes , avec accroiſſement des trois quarts ſeulement , l'autre quart reſtant au Roi.

Autre du mois de Novembre 1735 , qui crée ſix cens mille
livres de rentes au denier vingt , ſur la Ferme Générale des Poſtes ,
rembourſables en quinze années au ſort de la Loterie.

Autre du mois de Décembre 1737 , qui ordonne une Loterie Royale pour procurer l'extinction de partie des capitaux des
rentes ſur l'Hôtel de Ville , Tailles & autres effets , & crée quatre
cens mille livres de rentes viageres ſur les Aydes & Gabelles.

Autre du mois de Juillet 1738 , qui crée cent mille livres de
rente au denier quarante , ſur les Poſtes , pour l'extinction des
Billets de l'Extraordinaire des Guerres.

Autre du mois d'Août 1739 , établiſſant une nouvelle Loterie
Royale , au même effet que celle établie par l'Edit de Décem-
bre 1737 , & créant huit cens mille livres de rentes viageres ſur les
Aydes & Gabelles.

Autre du mois de Novembre 1740 , qui crée ſix cens mille

livres de rentes viageres fur les Aydes & Gabelles en fept claffes à differens deniers, fuivant les differens âges, fans accroiffement.

Edit du mois d'Octobre 1741, qui crée huit cens vingt mille livres de pareilles rentes.

Autre du mois de Juin 1742, qui crée fix cens mille livres de rentes perpétuelles fur les Poftes, comme celles créées par l'Edit de Novembre 1735.

Autre du mois de Janvier 1743, portant établiffement d'une *Sixiéme Tontine.* nouvelle Loterie Royale, création de deux cens cinquante mille livres de rentes purement viageres, & trois cens quinze mille livres de rentes viageres, formant la fixiéme Tontine en quinze claffes, fuivant les différens âges, avec accroiffement pour moitié aux furvivans, l'autre moitié éteinte au profit du Roi.

Septiéme Tontine. Autre du mois de Février 1743, pareil à celui ci-deffus, formant la feptiéme Tontine.

Arrêt du Confeil du 5 Novembre 1743, qui établit une Loterie Royale pour procurer l'extinction de partie des capitaux des rentes fur les Aydes & Gabelles, Poftes, Tailles, &c. au denier quarante.

Huitiéme Tontine. Edit du mois de Novembre 1744, qui crée quatre cens quatre-vingt mille livres de rentes purement viageres, en huit claffes à differens deniers fuivant les differens âges, fans accroiffement, & huit cens foixante-dix-fept mille deux cens livres de rentes auffi viageres, formant la huitiéme Tontine en quinze claffes à differens deniers, fuivant les differens âges, avec accroiffement aux furvivans.

Neuviéme & derniere Tontine. Autre du mois de Février 1745, qui crée huit cens quatre-vingt-douze mille huit cens livres de rentes viageres, formant la neuviéme Tontine, femblable à la huitiéme ci-deffus.

Autre du mois de Décembre 1746, portant création de cinq cens mille livres de rentes héréditaires au denier vingt, fur la Ferme des Poftes, rembourfables en quinze années, comme celles créées en Novembre 1735 & Juin 1742.

Autre du même mois, qui crée douze cens mille livres de rentes au denier vingt, fur l'impofition des deux fols pour livre du dixiéme denier, rembourfables en dix années.

Autre du mois de Juillet 1747, qui crée douze cens mille livres de rentes viageres en quatorze claffes à differens deniers, fuivant les differens âges y portés, fans accroiffement.

Autre du mois de Janvier 1748, portant création de trois cens mille livres de rentes héréditaires au denier vingt, fur le reftant des deux fols pour livre en fus du dixiéme , remboursables en dix années.

Autre du móis de May 1749, portant création de dix-huit cens mille livres de rentes au denier vingt, remboursables en douze années.

Autre du móis de May 1751, portant création de deux millions de rentes viageres fur les Aydes & Gabelles & cinq Grosses Fermes, en fept claffes à differens deniers, fuivant les differens âges, fans accroissement; & neuf cens mille livres de rentes héréditaires à trois pour cent fur la Ferme des Postes, remboursables d'année en année.

C H A P I T R E XVI.

Du Rachat d'une Rente conftituée.

Rᴇɢᴜʟɪᴇʀᴇᴍᴇɴᴛ le créancier ne peut pas contraindre fon débiteur de faire le rachat d'une rente conftituée à fon profit; mais le débiteur peut quand il lui plaît fe liberer de l'obligation qu'il a contractée, & racheter la rente, parce que telle eft la nature de la rente conftituée.

Nous difons que régulierement le créancier ne peut pas contraindre fon débiteur de faire le rachat de la rente ; mais cette regle fouffre quelques exceptions, c'eft-à-dire, qu'il y a quelques cas aufquels le débiteur peut être contraint au rachat d'une rente conftituée.

Le premier eft, pour caufe de ftellionat, ce qui arrive quand celui qui conftitue une rente, affecte & hypoteque pour la fûreté de la rente, une chofe dont il n'eft pas Proprietaire; (& même en ce cas il eft contraignable par corps, parce que c'eft une efpece de crime.) Il en eft de même, quand celui qui conftituë déclare les héritages qui lui appartiennent francs & quittes, & diffimule les précedentes hypoteques dont ils font chargés; quand il donne pour Caution des perfonnes fuppofées, ou qui ne font pas de la qualité, ou qui n'ont pas les biens qu'on a déclarés; quand il affecte & hypoteque des héritages fubftitués, parce qu'en ce cas, il n'en a, à proprement parler, que l'ufufruit fa vie durant.

Le deuxiéme cas auquel un débiteur peut être contraint au rachat, eft lorfqu'il a vendu un immeuble hypotequé à la rente,

foit

soit spécialement ou généralement, parce qu'il suffit qu'il ait diminué la sûreté de la rente.

Le troisiéme est, quand celui qui emprunte de l'argent, promet d'en faire l'emploi, & d'en fournir acte au créancier dans un certain tems, & de déclarer dans le Contrat d'acquisition, que c'est des deniers du créancier, consentant qu'il ait une hypoteque privilegiée sur la chose ; s'il ne le fait, il peut être contraint au remboursement.

Le quatriéme cas est, quand quelqu'un achete une Maison chargée d'un douaire préfix d'une somme de deniers, à la charge d'icelui, & d'en faire la rente, jusqu'à ce que le douaire ait lieu ; car le douaire ayant lieu, cet Acquereur est obligé d'en faire le remboursement.

Le cinquiéme est, au cas d'une vente faite à la charge que l'Acquereur payera la rente du prix convenu jusqu'à un certain tems, & qu'il ne pourra être contraint au payement d'icelui, jusqu'à ce qu'il soit expiré, mais qu'après il payera au Vendeur ; c'est une convention licite & qui fait partie du Contrat ; & par conséquent, quoique le Vendeur ait perçu les interêts de cette somme pendant quelques années, il peut néanmoins obliger l'Acheteur à rembourser le prix convenu, le tems d'en faire le payement étant venu ; car cette clause est apposée plutôt en faveur de l'Acheteur que du Vendeur, puisque le Vendeur pouvoit ne vendre qu'à la charge de deniers comptans.

On demande au cas que le principal débiteur eût promis au Fidejusseur de racheter la rente dans un certain tems, & que ce tems expiré, le Fidéjusseur la rachetât avec cession d'action du créancier & subrogation, si le Fidéjusseur pourroit valablement contraindre le débiteur au rachat de ladite rente.

Je crois que le débiteur peut être contraint au rachat, parce que c'est une clause sous laquelle le Fidéjusseur est intervenu dans l'obligation, sans quoi il y a lieu de présumer qu'il ne l'auroit pas fait ; car quoique le Fidéjusseur soit devenu le créancier du débiteur, au moyen du rachat qu'il a fait, on ne doit pas avoir pour cela moins d'égard à la clause & à la charge à laquelle il a servi de Caution.

Il a été même jugé que si un des deux Fidéjusseurs obligés solidairement, a racheté la rente après l'insolvabilité du débiteur, il peut contraindre son co-Fidéjusseur à contribuer pour la moitié du rachat, sans qu'il soit recevable à la continuer audit Fidéjusseur, qui a payé la moitié de la rente, & à lui en payer les arrerages.

La nature du Contrat de constitution est, que quoique le créancier ne puisse pas régulierement contraindre son débiteur de faire le rachat d'une rente, néanmoins le débiteur s'en peut décharger quand bon lui semble : Ainsi, rien ne doit ôter à un débiteur la faculté de se liberer, en remboursant le sort principal de la rente & les interêts échus.

Mais quelquefois ceux qui donnent leur argent à constitution, veulent être avertis quinze jours, ou un mois, ou autre tems auparavant le rachat, ce que l'on fait mettre dans le Contrat de constitution, & dont on fait une clause particuliere.

Comme cette convention est contre la nature d'un tel Contrat, duquel le débiteur doit toujours avoir la liberté de se liberer, elle ne doit pas être considerée comme obligatoire, & on peut, au préjudice d'une telle clause faire offres réelles au créancier pour le remboursement du sort principal de la rente & des interêts échus ; l'interêt cesse aussitôt que les offres sont réalisées à l'Audience ; le débiteur, outre cela, est exempt après lesdites offres, de porter la perte de la diminution des monnoyes, s'il en arrivoit. Voilà quelle est la regle.

Mais quand cette même clause, de ne racheter que dans un certain tems, est apposée dans un Contrat de vente d'heritage ou de Charge, ou dans un Contrat de bail d'heritage à rente rachetable, elle doit être pour lors exécutée, & les offres réelles faites avant le tems marqué par le Contrat, ne seroient point cesser les interêts, & n'empêcheroient pas que le débiteur ne portât la diminution des especes, parce que dans ce cas, les offres, quoique réelles, étant prématurées, seroient insuffisantes.

La raison de cette difference vient de ce que dans ce dernier cas, l'on peut dire que cette clause semble faire partie du Contrat, & que le Bailleur ou Vendeur n'auroit pas baillé ou vendu pour un prix ou une rente si médiocre, sans une pareille clause.

CHAPITRE XVII.

Du Titre Nouvel.

UN Contrat de constitution ne dure dans sa vigueur contre celui qui l'a passé, que pendant un certain tems, attendu que toute action étant prescrite par trente ans, devient inutile & sans effet : D'ailleurs, quand le débiteur d'une rente constituée vient à déceder, le Contrat de constitution n'est point exécutoire contre ses heritiers.

Ainsi, pour empêcher que la prescription ne puisse avoir lieu, & pour, en cas de mort du débiteur de la rente, avoir un titre paré contre ses heritiers, il ne faut point manquer de faire passer titre nouvel à ses heritiers.

Il y a encore un cas, où il est nécessaire qu'un créancier d'une rente constituée fasse passer un titre nouvel ; sçavoir, quand son débiteur a vendu ou aliéné par quelque maniere que ce soit, un fonds affecté ou hypotequé à sa rente ; il doit & peut en ce cas, (l'action n'étant pas prescrite) agir contre ce nouvel Acquereur & l'obliger à lui passer titre nouvel de sa rente, si mieux il n'aime déguerpir.

De ce que nous venons de dire, il s'ensuit que l'usage du titre nouvel n'est pas à négliger, puisqu'il peut fort bien arriver qu'un créancier se trouve déchû de son droit, faute d'avoir dans les cas requis fait passer titre nouvel.

On entend par titre nouvel un acte qui contient une nouvelle reconnoissance, un nouvel aveu, & une confirmation d'un Contrat qui a été fait du créancier, soit par celui qui passe le titre nouvel, soit par son auteur à titre universel ou à titre particulier.

Il se fait de differentes manieres, & contient differentes choses, suivant les differens cas qui y donnent lieu.

I. Le titre nouvel est quelquefois un acte par lequel un débiteur qui a passé un Contrat de constitution au profit de quelqu'un, reconnoit qu'il est redevable de cette rente envers lui, qu'il lui en a payé les arrerages, & promet de les lui continuer à l'avenir jusqu'à l'entier rachat.

II. Le titre nouvel est un acte par lequel un heritier de celui

Xxx ij

qui a paffé un Contrat de conftitution au profit de quelqu'un, déclare qu'en qualité d'heritier, il s'oblige à ladite rente pour telle part & portion qu'il eft heritier, & à en payer les interêts pour la même part & portion.

III. C'eft un acte par lequel celui qui le fait, reconnoît qu'il eft Proprietaire d'un fond affecté & hypotequé à une telle rente düe à un tel, & en conféquence promet lui en payer & continuer les arrerages à l'avenir, ou que cet heritage eft chargé de tels droits ou rente ou autre redevance, pour en empêcher la prefcription.

La nature du titre nouvel eft de dénoter purement & fimplement ce qui a été fait auparavant, & de confirmer le Contrat; d'où il s'enfuit que le titre nouvel n'opere point de novation, par rapport à l'antériorité ou poftériorité d'hypoteque, d'autant que celui qui confirme ne donne rien, mais reconnoît ce qui a déja été fait. De plus, quoique celui qui paffe un titre nouvel s'oblige à la dette; néanmoins, par rapport à un tiers, ce titre nouvel n'opere aucun effet, fi le titre primordial & conftitutif n'eft rapporté.

L'ufage des titres nouvels a été introduit par trois differens motifs, comme il paroît par ce que nous avons dit au commencement de ce chapitre. Le premier, pour empêcher & interrompre la prefcription. Le deuxiéme, pour operer un titre paré & exécutoire contre celui qui le paffe en faveur du créancier. Le troifiéme, pour avoir obligé celui qui paffe le titre nouvel, & avoir une hypoteque fur fes biens particuliers.

Comme toute action perfonnelle fe prefcrit par trente ans, le créancier d'une rente ne doit pas paffer trente ans fans faire paffer titre nouvel à celui qui en eft débiteur, ainfi que nous avons déja dit ci-deffus, de peur que la prefcription ne lui foit oppofée, faute par lui de pouvoir juftifier des payemens qui lui avoient été faits; car ordinairement le créancier en recevant les arrerages de fa rente en donne quittance au débiteur; mais il ne lui refte aucune preuve des payemens qu'on lui fait.

Céux qui ont des rentes feroient fagement, fi de tems à autre, lorfqu'ils donnent des quittances, ils en faifoient donner un double figné de leurs débiteurs, ou s'ils donnoient quittance pardevant Notaires, & qu'ils en fiffent refter une minute, ils feroient par ce moyen en état de juftifier des payemens qui leur auroient été faits des arrerages de leur rente, & ne feroient point expofés à cette prefcription de trente ans.

Nous venons de dire que toute action perfonnelle, telle qu'eft celle qui provient d'un Contrat de conftitution, fe prefcrit par l'efpace de trente ans; mais cela ne fe doit entendre que de l'action perfonnelle.

Ainfi, quand l'action perfonnelle eft jointe à l'hypotequaire, & qu'il s'agit d'une hypoteque conventionnelle, l'action hypotequaire dure quarante ans, & peut pendant tout ce tems être exercée fur les biens du débiteur, affectés & hypotequés pour la fureté de la rente & des arrerages d'icelle. C'eft une maxime certaine tirée du Droit Romain, & qui eft de Droit Commun parmi nous; mais comme il pourroit arriver que le débiteur n'auroit point d'immeubles, ou que ceux qu'il avoit au tems du Contrat feroient hors de fa poffeffion, & qu'un tiers détenteur auroit prefcrit contre l'action hypotequaire, il eft toujours de l'interêt du créancier de faire paffer avant les trente ans expirés, un titre nouvel à fon débiteur de la rente créée à fon profit, & de lui faire donner une reconnoiffance qu'il en a payé les arrerages jufqu'à prefent (fi cela eft,) finon qu'il s'oblige de payer ceux qui font échûs, & promet à l'avenir les payer & continuer jufqu'au rachat de ladite rente.

Par rapport à l'heritier du débiteur de la rente, qu'on appelle communément en Droit, *Succeffeur à titre univerfel*, les trois motifs qui ont introduit l'ufage du titre nouvel, s'y rencontrent en faveur du créancier de la rente.

Premierement, il a interêt d'interrompre la prefcription, ce qu'il fait en faifant paffer titre nouvel à l'heritier de fon débiteur.

En fecond lieu, comme il eft des maximes que le titre quoiqu'exécutoire contre le défunt, ne l'eft pas contre fon heritier, le créancier a encore interêt d'avoir un titre paré contre l'heritier de fon débiteur qui eft décedé, afin de pouvoir pourfuivre contre lui fon payement, & c'eft ce que lui produit fon titre nouvel.

En troifiéme lieu, comme les biens de l'heritier ne font pas hypotequés aux dettes de la fucceffion par la fimple adition de l'hérédité; mais feulement du jour du titre nouvel par lui paffé, ou de la condamnation contre lui intervenue, le créancier a interêt de s'affurer au plutôt une hypoteque fur tous les biens particuliers de l'heritier de fon débiteur ; ce qu'il peut faire en lui failant paffer un titre nouvel immédiatement après fon adition d'hérédité, ou après que les délais pour faire inventaire, ou pour déliberer, font ex-pirés.

Ce titre nouvel ne change pas l'hypoteque ancienne que le créancier a fur les biens du défunt, mais le créancier n'ac-quiert hypoteque fur les biens particuliers de l'heritier, qui eſt devenu fon nouveau débiteur par l'adition d'hérédité, que du jour du titre nouvel, ou de la Sentence qui le condamne à le paſſer.

Quand ce nouveau débiteur s'oblige comme heritier pur & fimple de l'ancien, il oblige par ce titre nouvel, non-feulement les biens du défunt, mais encore les fiens propres.

S'il y a plufieurs heritiers de la fucceſſion qui doit la rente, ils font obligés d'en paſſer titre nouvel & reconnoiſſance, cha-cun pour telle part & portion qu'ils font heritiers, & hypote-quairement pour le tout ; & quand un des co-heritiers rachete fa rente, il n'a fon recours contre fes co-heritiers que pour cha-cun leur part.

Lorſque l'heritier du débiteur qui a conſtitué la rente, ne fe porte heritier que par bénéfice d'inventaire, alors par le titre nouvel, il n'engage que les biens de la fucceſſion du défunt, & non pas fes biens particuliers, pourvû qu'il ait pris dans le titre nouvel la qualité d'heritier bénéfiiaire ; autremnt, fi cet he-ritier par bénéfice d'inventaire avoit omis dans le titre nouvel, de prendre la qualité d'heritier par bénéfice d'inventaire, il feroit obligé à la rente, ou au payement de la dette, comme heritier pur & fimple.

Le titre nouvel a lieu, non-feulement quand le débiteur d'une rente conſtituée, vient à décéder ; mais encore quand le créancier, au profit duquel la rente eſt conſtituée, vient à mourir, auquel cas les heritiers du créancier peuvent obliger le débiteur à leur paſſer titre nouvel ; mais avec cette diffé-rence, que quand le créancier de la rente demande titre nouvel à l'heritier du débiteur ; c'eſt à cet heritier qui paſſe titre nouvel, à payer les frais, attendu que la mutation vient de la part du débi-teur.

Par cette raiſon, quand une fille qui doit une rente, fe marie, le créancier doit demander à fon mari de lui paſſer titre nouvel, & c'eſt à ce nouveau débiteur d'en payer les frais. Au contraire, quand la mutation vient de la part du créan-

oïer qui eſt décedé, le débiteur eſt à la vérité obligé de paſſer titre nouvel à ſon heritier, mais les frais du titre nouvel
ne tombent point ſur le débiteur, d'autant que la mutation qui donne lieu au titre nouvel, ne provient point de
ſa part; il faut excepter toutefois, ſi le créancier décedé eût
été en droit d'exiger de ſon débiteur un titre nouvel à ſes
dépens; c'eſt-à-dire, ſi le tems de la preſcription de trente ans
étoit proche.

A l'égard d'un tiers détenteur ou ſucceſſeur à titre particulier des biens ſujets à une rente conſtituée ou de bail d'heritage, le créancier de la rente a un très-grand interêt d'exiger
titre nouvel, ſoit pour interrompre la preſcription de dix ans
entre preſens, & de vingt ans entre abſens, qui a lieu en faveur des tiers détenteurs & ſucceſſeurs à titre particulier, ſoit
pour avoir un titre paré contr'eux; ſoit encore pour avoir
leurs biens particuliers affectés au payement des arrerages
& continuation de la rente, tant qu'elle aura cours, & qu'il
ſera détenteur des biens obligés & hypotequés à la rente.

En effet, le tiers détenteur n'eſt pas tenu, en paſſant titre
nouvel, de s'obliger & hypotequer ſes biens particuliers indéfiniment & à perpétuité, à la continuation de la rente; il ſuffit qu'il s'oblige à la payer & à la continuer tant & ſi longuement qu'il ſera détenteur & Proprietaire de l'heritage, partie ou
portion d'icelui; ceci arrive ordinairement aux rentes foncieres
& Seigneuriales.

Cela eſt fondé ſur ce que ce titre nouvel ne doit point
produire une action pure perſonnelle à la continuation de la
rente, & ne l'exclut pas de la faculté de déguerpir, quand
bon lui ſemblera, les biens ſujets à la rente, en payant néanmoins par lui les arrerages de ſon tems, & le terme à écheoir;
cependant, s'il étoit dû des arrerages auparavant l'acquiſition
du tiers détenteur, le créancier de la rente pourroit le contraindre au payement de ſes arrerages, ſi mieux il n'aimoit déguerpir.

Il nous reſte deux obſervations à faire ſur ce ſujet. La premiere, que ſi le tiers détenteur avoit acquis un heritage à la
charge de la rente, il ne pourroit pas ſe ſervir de la preſcription de dix ou de vingt ans contre le créancier de lad. rente. La
raiſon eſt, que pour ſe ſervir de cette preſcription, il faut
avoir titre & bonne foi; ce qui ne ſe rencontreroit pas dans
le tiers détenteur, puiſque ſon propre titre ſeroit à la charge de la

rente : Mais cela ne l'empêcheroit pas de déguerpir, en cas qu'il le voulût.

La deuxiéme obfervation eft, que quoique régulierement le tiers détenteur ne foit pas tenu, en paffant titre nouvel, d'obliger fes autres biens à la continuation de la rente, il faut néanmoins excepter de cette regle les rentes de bail d'heritage, lorfque l'heritage a été vendu au nouveau débiteur, non-feulement, à la charge de la rente, mais encore d'acquitter le Preneur originaire de l'heritage, des autres charges du bail à rente, entre lefquelles eft ordinairement l'obligation de tous les biens du Preneur ; c'eft pourquoi le nouvel Acquereur eft tenu, en ce cas, fur tous fes biens, du payement de la rente, & d'acquitter toutes les charges du bail.

Ce qu'on peut dire de l'effet des titres nouveaux eft tiré de Me. Charles Dumoulin fur la Coutume, §. 1, glofe 1, nombre 19, *in verbo*. Les titres nouveaux n'induifent rien de nouveau à l'égard de la fubftance de l'obligation, mais bien à l'égard des chofes extrinfeques & accidentelles. Ils operent premierement la preuve contre le reconnoiffant. En fecond lieu, *vim quarentigiam*. En troifiéme lieu, une nouvelle hypoteque, s'ils contiennent une nouvelle obligation générale de tous & chacun les biens. Me. Julien Brodeau fur le titre des Fiefs a extrêmement étendu cette matiere, & fait voir quelles preuves operent ces fortes d'actes.

CHAPITRE XVIII.

CHAPITRE XVIII.

Formules de Contrats de conſtitution & des autres Aĉtes qui ſe font en conſéquence.

ON ne donnera pas ici de formules de Contrats de conſtitution de rentes ſur les Aydes & Gabelles & autres revenus du Roi, rien n'étant plus commun que ces ſortes de Contrats, qui ſe trouvent entre les mains de tout le monde, & qui ſe compoſent de concert avec les Syndics des Notaires rélativement aux Edits de création de rentes qui y ſont rappellés & énoncés.

Au moyen de quoi nous paſſerons aux formules de Contrats de conſtitution ſur Particuliers & aĉtes qui y ont rapport.

Quelquefois on ne veut pas qu'un Contrat ſe faſſe ſous ſon nom, & alors on prie un ami de vouloir bien prêter ſon nom pour cela, lequel ami paſſe un aĉte ou déclaration ſuivant la formule ſuivante, Cet aĉte ſe nomme auſſi contre-lettre.

Déclaration d'une Rente au profit d'un Tiers.

AUJOURD'HUI eſt comparu, &c. P. demeurant à Paris, rue Paroiſſe lequel a reconnu & déclaré que les douze mille livres qui ont été cejourd'hui portées au Tréſor Royal, pour acquérir ſous ſon nom quatre cens quatre-vingt livres de rente au denier vingt-cinq ſur les Aydes & Gabelles, de la création de l'Edit de & dont Monſieur Garde dudit Tréſor Royal a délivré ſa quittance, ſont des deniers de conſentant que ledit ſieur ſes hoirs & ayans cauſe, jouiſſent & diſpoſent de ladite rente, tant en principal qu'arrerages, promettant réiterer la preſente déclaration, lors de la paſſation dudit Contrat. Promettant, &c. obligeant, &c. renonçant, &c, Fait & paſſé, &c,

Réïteration de la déclaration.

Et le eſt comparu pardevant leſdits Notaires ſouſſignés ; ledit lequel en réïterant a déclaration ci-deſſus, a d'abondant déclaré que les quatre cens quatre-vingt livres de rente, qui lui ont été conſtituées par Meſſieurs les Prevôt des Marchands & Echevins de cette

Ville, à prendre sur les Aydes & Gabelles de France, sont pour & au profit dudit   consentant que ledit sieur   ses hoirs & ayans cause, jouissent & disposent de ladite rente, tant en principal qu'arrerages, leur en faisant même, en tant que besoin seroit, toute cession, transport & déclaration nécessaires, sans néanmoins aucune garantie, déclarant avoir remis audit   la grosse du Contrat. Promettant, &c. obligeant, &c. renonçant, &c. Fait & passé en l'Etude, &c. lesdits jour & an, avant midi, & a signé, &c.

Constitution de Rente sur un Particulier, avec promesse d'emploi.

FURENT presens Jacques, &c. & Marthe, &c. sa femme, de lui autorisée à l'effet des presentes ; sieur Etienne, &c. & Dame Antoinette, &c. sa femme, qu'il autorise pareillement, &c. tant en leurs noms, que se faisant & portant fort en cette partie de Bernard, &c. & d'Etiennette, &c. sa femme, demeurant à, &c. par lesquels Bernard & sa femme, lesdits Jacques, &c. Etienne, &c. & leurs femmes, promettent & s'obligent solidairement sous les renonciations ci-après, de faire ratifier ces presentes, & à l'entretenement d'icelles, garantie du sort principal, payement & continuation de la rente ci-après déclarée, les faire solidairement obliger, avec eux ausdites renonciations, & de ladite ratification & obligation, en fournir acte en bonne forme au sieur Acquereur ci-après nommé, d'hui en trois mois prochains, à peine de tous dépens, dommages & interêts, & d'être contraints en leurs propres & privés noms solidairement au rachat de ladite rente, si bon semble audit Acquereur; lesquels esdits noms, ont volontairement reconnu & confessé avoir vendu, créé, constitué, assis & assigné, dès maintenant à toujours, & promettent en chacun desdits noms, & solidairement, sans division, discussion ni fidejussion, à quoi ils renoncent, garantir de tous troubles & empêchemens généralement quelconques au sieur Thomas, &c. Bourgeois de Paris, y demeurant rue, &c. à ce present & acceptant, Acquereur pour lui, ses hoirs & ayans cause, cinq cens livres de rente annuelle & perpétuelle, que lesdits Constituans esdits noms, promettent & s'obligent, sous ladite solidité, bailler & payer aud. Sr. Acquereur, sesd. hoirs & ayans cause, en leur demeure, ou au Porteur, &c. aux quatre quartiers de l'an accoutumés; dont le premier pour portion de tems (outre la portion restante du Contrat) échera & se fera au dernier jour de   prochain, & ainsi continuer, &c. à l'avoir & prendre spécialement sur la moitié d'une Maison, où est l'enseigne Sainte Geneviéve, consistant en plusieurs corps de logis, sise rue, &c. tenant d'un côté à, &c. d'autre côté à, &c. d'un bout par derriere à, &c. & pardevant sur ladite rue, &c. ladite moitié de Maison ausdits Jacques & sa femme appartenant de leur conquêt. *Item*, sur une Maison appartenant ausdits Etienne & sa femme du propre d'elle, assise à Paris rue, &c. en laquelle est l'enseigne Saint Benoît, consistant en deux corps de logis, l'un sur le devant, & l'autre sur le derriere, une cour au milieu, ainsi que ladite Maison & lieux se poursuivent & comportent, tenant d'un côté à, &c. *(& le reste des tenans &*

aboutiffans) louée au fieur , &c. à raifon de cinq cens livres par an. *Item*, fur une grande Maifon, Jardin & lieux appartenans aufdits fieur Bernard & la femme ou propre d'elle, fituée au Fauxbourg Saint Antoine , tenant d'un côté à, &c. tous lefquels heritages lefdits Vendeurs conftituans efdits noms , ont déclaré & affirmé en leurs ames pardevant lefdits Notaires fouffignés, être francs & quittes de toutes dettes & hypoteques quelconques, excepté des Cens & Droits Seigneuriaux accoutumés envers les Seigneurs, dont ils font mouvans, & généralement fur tous & chacuns les autres biens, meubles & immeubles, prefens & à venir defd. Srs. Jacques, Etienne, Bernard & leurs femmes, que lefd. conftituans efd. noms ont par cefdites prefentes, dès-à-prefent chargés, affectés, obligés & hypotequés fous ladite folidité, à garantir, fournir & faire valoir ladite rente bonne & bien payable par chacun an aufdits quatre quartiers, à toujours, fans aucune diminution, nonobftant toutes chofes à ce contraires, & fans que l'une defdites obligations déroge à l'autre. Pour defdites cinq cens livres de rente jouir, faire & difpofer par ledit fieur Acquereur, fefdits hoirs & ayans caufe, comme bon leur femblera, ainfi que de chofe audit Acquereur appartenante au moyen des prefentes. Cette conftitution faite moyennant la fomme de dix mille livres que lefdits Sieur & Dame Conftituans efdits noms, confeffent avoir reçue comptant dudit fieur Acquereur, qui leur a ladite fomme baillée, payée, comptée, nombrée, & réellement délivrée, préfens lefdits Notaires fouffignés, en louis d'or & autre bonne monnoye ayant cours, dont ils font contens, & en quittent ledit fieur Acquereur & tous autres. Défaififfant, &c. Voulant Procureur le Porteur, &c. donnant pouvoir, &c. (*Ce ftile fe met au long dans les groffes & en abregé dans les minuttes.*) Rachetables à toujours lefdites cinq cens livres de rente, en rendant & payant par lefdits Jacques, Etienne, Bernard, quand bon leur femblera, en une fois & un feul payement audit Sr Acquereur, ou à fefdits hoirs & ayans caufe, pareille fomme de dix mille livres, avec les arrerages qui en feront lors dûs & échûs, tous frais, mifes & loyaux-coûts ; déclarant lefdits Sieur & Dame Conftituans efdits noms, que ladite fomme de dix mille livres eft pour employer avec autres leurs deniers fans emprunt au payement du prix d'une Maifon, où eft l'enfeigne de Saint Claude, fife à Paris, rue, &c. que lefdits fieur Bernard & fa femme font fur le point d'acquerir, & promettent folidairement efdits noms de faire déclaration dans la quittance dudit payement, que ladite fomme de dix mille livres provenue de la prefente conftitution y fera entrée, afin que ledit fieur Acquereur foit & demeure fubrogé au lieu & place des Vendeurs, & ait hypoteque fpéciale par privilege & préference fur lad. Maifon de l'Image de Saint Claude jufqu'à concurrence, ou de ladite quittance, qui portera ladite fubrogation, ou du moins ladite déclaration fournir autant, enfemble copie collationnée du Contrat & Décret qui fera fait de ladite acquifition, dans huit mois prochains au plus tard, audit fieur Acquereur ; auffi à peine de tous dépens, dommages & interêts, & d'être pareillement & folidairement comme deffus, contraints audit rachat de ladite rente, fi bon femble audit fieur Acquereur ; car ainfi a été accordé entre lefdites Parties efdits noms ; & pour l'exécution defdites prefentes, & leurs dépendances, lefdi s Conftituans efdits noms ont elû leur domicile irrévocable & perpétuel en cettedite Ville de Paris, ès Maifons où ils font demeurans fus-déclarées, aufquels lieux, &c. nonobftant, &c. promettant, &c. obligeant, &c. lefdits Conftituans efdits noms & qualités folidairement comme deffus, renonçant, &c. Fait & paffé, &c.

Quelquefois ceux qui donnent leur argent, veulent être avertis quinze jours, ou un mois, ou autre tems auparavant le rachat, & qu'il en foit fait mention dans le Contrat, & cela y doit être couché après les mots : *Tous frais, mifes & loyaux-coûts*, en ces termes : *En avertiffant ledit fieur ou fefdits hoirs & ayans caufe, quinze jours, un mois, ou autre tems, auparavant.*

Cette claufe eft contre la nature du Contrat de conftitution de rente, & l'interêt doit ceffer auffitôt que les offres de rembourfement ont été réalifées à l'Audience, attendu qu'il eft loifible en tout tems à un débiteur de fe liberer, comme nous avons dit ci-deffus au chapitre du Rachat des Rentes conftituées.

Ratification d'un Contrat de Conftitution.

Et le   jour de   mil fept cent   lefdits Bernard, &c. & Etiennette, &c. fa femme, qu'il autorife, nommés au Contrat de conftitution ci-devant ; lefquels après avoir pris communication, & que lecture leur a été faite par l'un des Notaires fouffignés, l'autre préfent, du Contrat de conftitution ci-devant & des autres parts, qu'ils ont dit avoir bien entendu, l'ont volontairement ratifié, & par ces préfentes le ratifient, approuvent & confirment, veulent, confentent & accordent, qu'il foit exécuté de même que s'ils avoient été préfens à la paffation d'icelui, felon fa forme & teneur, & s'obligent folidairement fous les renonciations requifes à la garantie du fort principal, payement, cours & continuation des arrerages des cinq cens livres de rentes, conftituées par ledi. Contrat, & outre lefd. Sr. Bernard & fa femme s'y obligent fous lad. folidité avec lefdits Jacques ; &c. Etienne, &c. & leurs femmes, fans divifion, difcuffion ni fidejuffion, à quoi ils renoncent envers ledit fieur Thomas, &c. Acquereur de ladite rente. A tout le contenu duquel ils promettent folidairement, comme deffus, de fatisfaire, & particulierement à l'emploi des dix mille livres provenues de ladite conftitution, dans le tems & conformément audit Contrat, après qu'ils ont dit & affirmé en leurs ames, pardevant lefdits Notaires fouffignés, que la Maifon, Jardin & lieux à eux appartenans, fis au Fauxbourg Saint Antoine, fpécialement obligée à ladite rente, eft franche & quitte de toutes dettes & hypoteques quelconques, ainfi que lefdits Vendeurs conftituans l'ont auffi déclaré pour lefdits fieur Bernard & fa femme, par ledit Contrat de conftitution, pour l'exécution duquel, & des presentes, & leurs dépendances, lesdits Sieur & Dame Bernard ont élû leur domicile en la Maison de, &c. auquel lieu, &c. nonobstant, &c. promettant, &c. obligeant solidairement comme desfus, &c. renonçant, &c. Fait & passé, &c.

Quittance de Rachat que l'on met ensuite ou à la marge de la Minute du Contrat de constitution, lors du Rachat.

Et le   jour de   est comparu pardevant les Notaires soussignés, ledit Thomas, &c. lequel a confessé avoir reçu de Jacques & Etienne, &c. constituans, par les mains de Jacques, l'un d'iceux, à ce present, qui de ses deniers, comme il a dit, lui a presentement baillé, payé, compté, nombré, &c. presens les Notaires soussignés, la somme de dix mille deux cens cinquante livres: Sçavoir, dix mille livres pour le rachat & sort principal de cinq cens livres de rente à lui constituées par le Contrat ci-dessus & des autres parts, & deux cens cinquante livres pour les arrerages qui étoient dûs & échus de ladite rente du passé jusqu'à ce jourd'hui, dont, &c. quittant, &c. Ce faisant ledit sieur Thomas a presentement rendu ausdits Jacques, &c. la grosse en parchemin dudit Contrat de constitution, comme acquitté, promettant, &c. obligeant, &c. renonçant, &c. Fait & passé, &c.

Quand l'un des Constituans a indemnité de la rente, comme n'ayant fait que prêter son nom à son co-obligé, & que lui-même fait le rachat; lors d'icelui, dans la quittance, après ces mots (*dont quittant*) il faut lui réserver son recours contre le co-obligé en cette forme:

Sauf audit Jacques, son recours pour son remboursement de ladite rente, tant en sort principal qu'arrerages, à poursuivre ainsi qu'il avisera contre ledit Etienne son co-Obligé, qui en est seul tenu, & débiteur, & a promis de l'en acquitter par son indemnité passée pardevant Notaires le   & pour cet effet, ledit sieur Thomas l'a par ces presentes mis & subrogé en son lieu & place, droit, hypoteques, privileges, noms, raisons & actions jusqu'à cette concurrence, sans toutefois être tenu d'aucune garantie, restitution de deniers, ni recours quelconques, lui ayant presentement délivré la grosse originale en parchemin dudit Contrat de constitution, comme acquittée à son égard, & consent que sur icelle, & sa minute, quand bon semblera audit Jacques, soit fait sommaire mention des presentes par tous Notaires requis, sans que sa presence y soit nécessaire; promettant, &c. obligeant, &c. Fait & passé, &c.

Les quittances de rachat qui portent subrogation afin de recours, en vertu d'indemnité d'un co-obligé, doivent être faites à part & séparément de la minute de la constitution, afin qu'elle demeure toujours entiere, jusqu'à ce que le débiteur d'icelle l'ait acquittée, à celui duquel il est garant.

Décharge à mettre sur une minute & Grosse d'un Contrat de Constitution.

Les cinq cens livres de rente mentionnées au present Contrat ont été ra-chetées, & les arrerages qui en étoient dûs, payés & acquittés par ledit Jacques, ès mains dudit Thomas, par quittance passée devant &
son Confrere, Notaires, le   dont la minute est vers ledit
en vertu de laquelle a été faite la presente mention par les Notaires sous-signés.

Constitution de Rente par un grand Seigneur, tant en son nom qu'en qualité de Tuteur.

FUT present très-haut, très-puissant & très-illustre Prince
demeurant en son Hôtel, rue   tant en son propre
& privé nom, que comme Tuteur de très-haut, très-puissant & très-illustre
Prince Monseigneur   aussi en son nom,
& en qualité d'heritier par bénéfice d'inventaire de très-haut, très-puissant &
très-illustre Prince Monseigneur   & auquel
Seigneur   sadite Altesse Monseigneur le Prince de   promet
faire ratifier ces presentes, & au contenu d'icelles le faire obliger avec lui
d'abondant solidairement, & en fournir acte valable au sieur Acquereur, ci-
après nommé, en son Hôtel à Paris, ou au Porteur des presentes, sitôt que
mondit Seigneur   aura atteint l'âge de majorité,
qui sera dans, &c. à peine de tous dépens, dommages & interêts, & d'être
solidairement contraint au rachat & remboursement de la rente ci-après
déclarée, lequel esdits noms, a reconnu avoir vendu, créé, constitué, assis &
assigné dès maintenant & à toujours, promet & s'oblige esdits noms, & en
chacun d'iceux solidairement, comme dessus, chacun d'eux un seul pour le
tout, sans division, discussion ni fidejussion, à quoi il renonce, garantir de
tous troubles & empêchemens généralement quelconques, fournir & faire
valoir, en principal & arrerages à, &c. demeurant, &c. tant en son nom que
comme Tuteur des enfans mineurs du Sieur   & de Dame
à ce present, Acquereur esdits noms pour lesdits mineurs, leurs hoirs &
ayans cause, vingt mille livres de rente annuelle & perpétuelle, que sadite
Altesse   promet & s'oblige esdits
noms, & en chacun d'iceux solidairement comme dessus, payer audit sieur
Acquereur audit nom pour lesdits mineurs, leurs hoirs & ayans cause, en
leur demeure à Paris, ou au Porteur, aux quatre quartiers accoutumés,
dont le premier échera le   prochain, pour
portion de tems, & ainsi continuer de quartier en quartier, tant que ladite
rente aura cours, à l'avoir & prendre spécialement sur les Terres & Sei-

gneuries de   *nom*, sur les Domaines de

Item, sur vingt mille livres de rente sur les Gabelles de   le tout
audit Seigneur Prince de   en lad. qualité appartenant, & généralement
sur tous & chacuns les autres biens, meubles & immeubles, présens & à venir de son Altesse   & de mesdits Seigneurs
ses enfans, que sadite Alteffe constituant esdits noms & en chacun d'iceux
solidairement, en a chargés, affectés, obligés & hypotequés, à fournir & faire
valoir ladite rente, bonne, solvable & bien payable par chacun an ausdits
quatre quartiers, nonobstant toutes choses à ce contraires, sans que l'une
desdites obligations déroge à l'autre, pour desdites vingt mille livres de rente
faire & disposer par ledit sieur Acquereur esdits noms, ses hoirs & ayans
cause, comme de chose à eux appartenante. Cette constitution faite moyennant la somme de quatre cens mille livres que sadite Alteffe
esdits noms, confesse avoir reçue dudit sieur Acquereur, qui lui a ladite
somme présentement payée, comptée, nombrée & réellement délivrée en
louis d'or, d'argent & monnoye, le tout bon & ayant cours, en la présence
des Notaires soussignés, dont sadite Alteffe
esdits noms, se contente & en quitte ledit sieur Acquereur & tous autres :
déclarant sadite Alteffe   esdits noms, que ladite somme de
quatre cens mille livres présentement empruntée, est pour employer au payement de   qui sont les plus anciens créanciers desdits mineurs, duquel payement sera tiré quittance par sadite Alteffe
esdits noms, contenant déclaration que les deniers proviennent de la présente
constitution, afin que ledit sieur Acquereur soit & demeure subrogé aux
droits, privileges & hypoteques des créanciers qui recevront ladite somme,
& fournir autant de la quittance portant lesdites déclarations & subrogations,
audit sieur Acquereur dans quinze jours, à peine de tous dépens, dommages
& interêts, & d'être sadite Alteffe
solidairement contrainte au rachat de ladite rente présentement constituée : de laquelle rente, trois mois après chacune année expirée, sadite
Alteffe   sera tenue esdits noms, & en chacun
d'iceux solidairement comme dessus, pour faciliter le payement des arrerages en cette Ville de Paris, aux termes, suivant, & ainsi qu'il est ci-dessus
dit, d'y faire obliger le Fermier ou Receveur d'une des Terres ci-dessus
déclarées, & après lui les subséquens Fermiers & Receveurs de la même
Terre, & en fournir actes valables audit sieur Acquereur : Sçavoir, de
celui qui est à présent, ou sera lors Fermier immédiatement après l'expiration desdits trois mois, & des subséquens Fermiers de ladite Terre, à mesure du renouvellement de leurs baux, sans que l'un ni l'autre desdits Fermiers puissent être déchargés de ladite obligation ni dépossedés de leurs Fermes, que le subséquent Fermier n'y soit pareillement obligé, & l'obligation
fournie audit sieur Acquereur, à peine de tous dépens, dommages & interêts,
& d'être pareillement sadite Alteffe   esdits noms, & en
chacun d'iceux solidairement contrainte au rachat & remboursement de lad.
rente, sans que ladite stipulation puisse empêcher ledit sieur Acquereur de se
pourvoir sur les autres biens de sadite Alteffe
conjointement ou séparément, ainsi qu'il avisera bon être, pour le principal, &

arrerages de ladite rente, laquelle sera & demeurera rachetable à toujours, en rendant & payant par le Rachetant en une fois & un seul payement, pareille somme de quatre cens mille livres pour le principal, avec les arrerages qui en seront lors dûs & échus, frais, mises & loyaux-coûts ; ensemble tous droits de consignation, contrôle & autres quelconques ; & lequel rachat ne pourra être fait qu'en avertissant ledit sieur Acquereur quinze jours auparavant ; & pour l'exécution des présentes & dépendances, sadite Altesse
esdits noms, a élû son domicile irrévocable en la Maison de Maître Procureur au Parlement, sise rue   auquel lieu elle veut & consent que tous exploits & autres actes de Justice qui seront faits soient valables, comme faits à propre personne, nonobstant changement de demeure ; promettant sadite Altesse   esdits noms, de faire nantir & réaliser ledit sieur Acquereur audit nom, sur lesdits biens ci-dessus obligés, qui se trouveront être sujets audit nantissement, & en fournir tous actes & Jugemens nécessaires audit sieur Acquereur dans deux mois prochains ; promettant en outre sadite Altesse   esdits noms, rendre & payer tous coûts, frais, mises, dépens, dommages & interêts, faute de garantie, payement & continuation de ladite rente & d'entretenement des présentes, sous l'obligation & hypoteque de tous ses biens presens & à venir, & de ceux desdits Seigneurs mineurs, qu'il en a esdits noms pour ce du tout soumis à Justice, & renonçant en ce faisant à toutes choses à ces presentes lettres contraires. Fait & passé, &c.

Autre constitution de Rente pure & simple sur un Particulier.

FUT present le sieur Claude, &c. Bourgeois de Paris, y demeurant, rue, &c. lequel a créé & constitué, dès maintenant, & à toujours, promet garantir de tous troubles & empêchemens generalement quelconques au sieur Louis, Marchand Bourgeois de Paris, demeurant rue, &c. à ce present & acceptant, Acquereur pour lui, ses hoirs & ayans cause, cent livres de rente annuelle & perpétuelle, que ledit sieur Constituant s'oblige de payer audit sieur Acquereur par chacun an, en sa Maison à Paris, ou au Porteur, &c. aux quatre quartiers accoutumés également, le premier d'iceux écheant pour portion de tems au dernier jour de Décembre prochain, & continuer ainsi de quartier en quartier ; ladite rente à prendre spécialement sur une grande Maison, où est l'Enseigne Saint François, sise à Paris, rue, &c. consistant en trois corps de logis, l'un sur le devant, &c. ainsi que ladite Maison, Jardin & lieux se poursuivent & comportent, tenant d'un côté, &c. aboutissant par derriere à, &c. & pardevant sur ladite rue, &c. audit Vendeur constituant appartenante, & qu'il a presentement affirmé pardevant les Notaires soussignés, être franche & quitte de toutes dettes & hypoteques quelconques, à la réserve des Cens & Droits Seigneuriaux accoutumés envers le Seigneur dont elle se meut, & généralement sur tous & chacuns les autres biens, meubles & immeubles presens & à venir dudit Sr. Constituant, qu'il a aussi dès-à-present chargés, affectés, obligés & hypotequés avec la susdite Maison, Jardin & lieux, à garantir, fournir & faire valoir ladite rente bonne, solvable & bien payable par chacun an, ausdits

quatre

quatre quartiers à toujours, & sans qu'une obligation déroge à l'autre, pour desdites cent livres de rente, jouir, faire & disposer par ledit sieur Acquereur, sesdits hoirs & ayans cause, comme de chose leur appartenante au moyen des presentes. Cette constitution faite moyennant la somme de deux mille livres, que ledit sieur Constituant reconnoît avoir reçue dudit sieur Acquereur, qui lui a icelle payée, comptée, nombrée & réellement délivrée, presens lesdits Notaires soussignés, en louis d'or & autre bonne monnoye ayant cours, dont, &c. quittant, &c. dessaisissant, &c. voulant, &c. Procureur le Porteur, &c. donnant, &c. pouvoir, &c. rachetable à toujours ladite rente, en rendant & payant par le Rachetant en un seul payement audit sieur Acquereur ou à sesdits hoirs & ayans cause, pareille somme de deux mille livres, avec les arrerages qui en feront lors dûs & échûs, frais, mises & loyaux-coûts; car ainsi, &c. *Election de domicile, &c.*

Titre nouvel du précedent Contrat de constitution.

FUT present Claude, &c. demeurant, &c. lequel a reconnu & confessé que dès le   par Contrat passé pardevant   Notaires, il auroit constitué au profit de Louis, &c. cent livres de rente annuelle & perpétuelle, rachetable de la somme de deux mille livres à prendre sur tous ses biens, spécialement sur la Maison de l'Image Saint François, sise à Paris, rue, &c. à lui encore appartenante; & que depuis ledit Contrat, ledit sieur Louis, &c. étant décedé, ladite rente seroit échue à Georges, &c. l'un de ses heritiers, comme il appert par le partage fait entre lui & ses co-heritiers des biens & succession dudit défunt Louis, pardevant   Notaires, le au moyen de quoi ledit Claude promet & s'oblige envers ledit Georges, &c. demeurant à Paris, rue, &c. à ce present & acceptant, de lui payer & dorénavant continuer ladite rente par chacun an, tant qu'elle aura cours, de la même maniere & ainsi qu'il est porté au Contrat de création d'icelle, auquel n'est aucunement dérogé ni innové. *Election de domicile, &c.*

Contrat de constitution avec solidité.

FURENT presens, &c. demeurans, &c. lesquels ont par ces presentes constitué, & assigné dès maintenant & à toujours, promettent & s'obligent solidairement l'un pour l'autre, un d'eux seul pour le tout, sans division, discussion, ni fidéjussion, à quoi ils renoncent, garantir de tous troubles & empêchemens généralement quelconques, fournir & faire valoir, en principal & arrerages, à Messire   à ce present & acceptant, Acquereur pour lui, ses hoirs & ayans cause, sept cens livres de rente annuelle & perpétuelle que lesdits sieurs Constituans s'obligent solidairement comme dessus, payer audit sieur Acquereur, sesdits hoirs & ayans cause, en leur demeure à Paris, ou au Porteur, par chacun an, aux quatre quartiers accoutumés, dont le premier échera le   pour portion de tems. & ainsi continuer jusqu'au remboursement de ladite rente, qui sera à prendre spécialement sur l'Office de Conseiller au Siége Présidial du Châtelet de Paris, dont est pourvû & jouissant ledit A. & à lui appartenant, & duquel il promet de payer le droit annuel & autres sommes qu'il seroit tenu de payer pour la conservation dudit Office, & fournir copies collationnées des quittances dudit payement audit sieur Acquereur huit jours après l'ouverture du Bureau établi à cet effet, à peine de tous dépens, dommages & interêts, & d'être lesdits sieurs Constituans solidairement contraints au rachat de ladite rente presentement constituée. *Item*, sur une grande Maison sise, &c. & généralement sur tous & chacuns les autres biens, meubles & immeubles, presens & à venir desd. sieurs Constituans, qu'ils ont pour ce solidairement comme dessus, chargés, affectés, obligés & hypotequés à fournir & faire valoir ladite rente bonne, solvable & bien payable par chacun an ausd. quatre quartiers, nonobstant toutes choses à ce contraires, & sans que l'une desdites obligations déroge à l'autre ; tous lesquels biens ci-dessus obligés, tant spécialement que généralement, lesdits sieurs Constituans ont déclaré & affirmé être francs & quittes de toutes dettes & hypoteques quelconques, excepté de la somme principale de la presente constitution. Plus, la somme de   suivant tel Contrat ; pour de ladite rente presentement constituée, jouir, &c. Cette constitution faite moyennant la somme de quatorze mille livres, laquelle lesdits sieurs Constituans reconnoissent & confessent avoir reçue dudit sieur Acquereur, qui leur a ladite somme presentement comptée & réellement délivrée en louis d'or, d'argent & autre monnoye ayant cours, en presence des Notaires soussignés, dont quittance, &c. voulant Procureur le Porteur, donnant pouvoir, &c.

Déclaration d'emploi.

Déclarant lesdits sieurs Constituans que ladite somme de quatorze mille liv. est pour employer au payement de celle de   que ledit sieur A. est tenu payer à cause de sondit Office de Conseiller au Châtelet, suivant les Arrêts du Conseil d'Etat du Roi, des   entre les mains de   Trésorier des Revenus Casuels de Sa Majesté, duquel il tirera quittance, & par icelle fera déclaration que ladite somme de, &c. ainsi payée, procede de la presente constitution, afin que ledit Office soit & demeure par privilege spécial obligé & hypotequé, tant en principal qu'arrerages, à ladite rente presentement constituée, pour plus grande sûreté audit sieur Acquereur d'icelle rente, suivant qu'il est ordonné par les susdits Arrêts du Conseil, & de laquelle quittance portant ladite déclaration, lesdits sieurs Constituans fourniront copie collationnée audit sieur Acquereur, avec autant desdits Arrêts & extraits du Contrat d'acquisition & piéces justificatives de la proprieté de ladite Charge au profit dudit Acquereur, suivant toutes lesquelles piéces ledit sieur Acquereur demeurera seul créancier privilegié sur ledit Office, laquelle délivrance ils promettent faire au plus tard dans huit jours, à peine d'être, comme dit est, solidairement contraints au rachat de ladite rente ; & pour l'exécution, &c.

Autre Déclaration.

Déclarant ledit sieur   que ladite somme de quatorze
mille livres est pour employer avec six mille livres qu'il a emprunté d'ailleurs,
& dix mille livres qu'il fournira de ses deniers, au payement qu'il est tenu
de faire de la somme de trente mille livres sur le susdit prix de trente-six
mille livres pour ledit Office de   acquis par
ledit sieur   du sieur A.   par le
susdit Contrat, duquel susdit payement de trente mille livres, il s'oblige
de tirer quittance en forme dudit   ·   contenant déclaration qu'il y en aura ladite somme de quatorze mille livres des deniers
dudit sieur   provenans de la presente constitution, &
dix mille livres de ses deniers, comme dit est, afin que ledit sieur
soit & demeure subrogé au lieu, droits, privilege & hypoteque dudit sieur
A.   & ait un privilege spécial sur ledit Office, ce
qui a été dès-à-present consenti par ledit sieur   & de
ladite quitttance, portant lesdites déclaration & subrogation, en fournir expedition en forme audit Acquereur, avec copie collationnée dudit traité
d'Office dudit sieur   le tout aussitôt l'obtention des
provisions d'icelui en sa faveur, sans oppositions, & au plutard dans
jours prochains, à peine, &c. & d'être ledit   ·
solidairement contraint au remboursement de ladite rente, sous laquelle peine
il sera aussi tenu à payer toutes les sommes qu'il conviendra payer pour la
conservation dudit Office possedé presentement à titre héréditaire, & en faire
audit sieur, &c. apparoir des quittances, même fournir des copies collationnées d'icelles audit   & à ses ayans causes
incontinent après l'ouverture du Bureau pour ce établi.

Autre Déclaration d'Emploi avec délegation.

Déclarant lesdits   que ladite somme de
est pour convertir & employer à l'acquisition d'un Office de Cour Souveraine
& non de Finance à Paris, au profit dudit
& par le Contrat de ladite acquisition ou quittance qui sera retirée du prix dudit Office, iceux sieurs Constituans promettent & s'obligent sous ladite solidité faire déclaration que ladite somme de   provient de
la presente constitution, & est des deniers de ladite veuve
afin qu'elle soit & demeure subrogée au lieu & place, droits & actions de ceux
qui recevront lesdits deniers, & ait privilege spécial sur ledit Office, & desdits Contrats d'acquisition, quittance & autres pieces nécessaires justificatives
dudit Office, en fournir expeditions & copies nécessaires & en bonne forme
à lad. Damoiselle Acquereure dans un an d'hui prochain, à peine de tous dépens, dommages & interêts, & d'être lesdits sieurs Constituans solidairement
comme dessus, contraints au rachat de ladite rente ; & en outre pour plus
grande sûreté à ladite Damoiselle Acquereure, lesdits sieurs Constituans
promettent & s'obligent sous ladite solidité, payer le Droit annuel & au-

tres sommes qu'il conviendra payer pour la conservation dudit Office, &
d'en fournir les quittances a icelle Damoiselle Acquereure dans huit jours,
même s'obligent lesdits Vendeurs constituans solidairement, sous la
même peine de rachat, de payer & satisfaire incessamment & sans délai, aux charges & conditions qu'il plaira au Roi de prescrire aux Officiers de son Royaume, pour avoir la faculté d'entrer au Droit annuel dans
les tems du renouvellement d'icelui, ensorte que lesdits Vendeurs constituans soient en état de le payer dès la premiere des neuf années
pour lesquelles Sa Majesté a accoutumé de l'octroyer, ou autre tems,
& ce, sur la même peine de rachat de ladite rente; & pourra ladite
Damoiselle Acquereure, si bon lui semble, faire les susdits payemens ou
recouvrement, auquel cas, lesdits sieurs Constituans promettent solidairement, comme dit est, le remboursement, même des frais des oppositions qu'elle pourra faire d'année en année sur ledit Office, & ce, incontinent & à sa premiere réquisition, aussi à peine de, &c. & de rachat
de ladite rente.

Et encore, pour plus grande facilité à ladite Dame Acquereure du
payement des arrerages desdits   de rente presen-
tement constituée, lesdits sieurs Constituans ont promis de ne faire aucuns baux desdites Maisons ci-dessus affectées & hypotequées, qu'à la
charge & condition expresse de faire payer ladite rente annuelle ausdits
quatre quartiers par les Locataires de ladite Maison, & dès-à-present
lesdits Constituans en font tout transport & délegation, avec toute garantie à ladite Acquereure, jusqu'à concurrence de ladite rente, sans
toutefois que ladite Acquereure soit tenue faire aucune poursuite, discussion, ni diligence, en quelque sorte & maniere que ce soit, contre
lesdits Locataires, ni veiller à leurs personnes & biens, & sans néanmoins que le present transport & consentement puisse empêcher ladite
Acquereure de se pourvoir sur tous les autres biens desdits sieurs Acquereurs pour se faire payer des arrerages de ladite rente; desquels
baux ils fourniront copies, &c.

Reconnoissance passée par l'Acquereur d'une Rente, que le Constituant lui a fourni les pieces justificatives de l'Emploi énoncé au Contrat de Constitution.

         jour de   est comparu ledit sieur
nommé au Contrat ci-devant écrit, lequel reconnoît que pour justification
de l'emploi y porté, ledit sieur   aussi y nommé,
lui a fourni & mis ès mains les pieces justificatives de l'emploi énoncé audit
Contrat de constitution: Sçavoir,   dont il décharge
ledit sieur.   Fait & passé, &c.

Autre Contrat de Constitution.

FUT present Guillaume Gentil, &c. lequel constitue & assigne dès maintenant & à toujours, promet garantir de tous troubles & empêchemens généralement quelconques à Damoiselle Catherine Mallet, veuve de   demeurante, &c. à ce presente & acceptante, Acquereure pour elle, ses hoirs & ayans cause, trois cens livres de rente annuelle & perpétuelle, que ledit Gentil s'oblige de payer à ladite Damoiselle Acquereure, ses hoirs & ayans cause, en leur demeure à Paris, ou au Porteur, aux quatre quartiers accoutumés également, dont le premier payement échera pour portion de tems au dernier   prochain, & ainsi continuer tant que ladite rente aura cours, à l'avoir & prendre spécialement & jusqu'au rachat d'icelle, sur une Maison sise en cette Ville de Paris, rue   Paroisse   & sur une Ferme & Métairie appellée   sise   consistante   le tout appartenant audit Gentil & à lui échu par la succession de   & généralement sur tous & chacuns ses autres biens, meubles & immeubles, presens & à venir, sans qu'une obligation déroge à l'autre; déclarant & affirmant ledit Guillaume Gentil, que tous lesdits biens ci-dessus déclarés lui appartiennent, & qu'ils ne font chargés d'aucunes dettes, hypoteques, ni autres charges jusqu'à ce jour, excepté de la somme de   qu'il doit à *(énoncer à quel titre)* pour de ladite rente de trois cens livres en principal & arrerages, jouir, faire & disposer par lad. D^{lle}. Acquereure, comme de chose lui appartenante. Cette constitution faite moyennant la somme de six mille liv. laquelle somme ledit sieur Constituant reconnoît avoir presentement reçue de ladite Damoiselle Mallet, qui lui a ladite somme baillée, comptée, &c. dont ledit sieur Constituant est content, & en quitte ladite Damoiselle Acquereure, & tous autres, Ladite rente de trois cens livres rachetable à toujours, en rendant par les Rachetans en un seul payement, pareille somme de six mille livres avec les arrerages qui en seront pour lors dus & échûs, frais, mises, & loyaux coûts.

Déclaration d'Emploi.

Déclarant ledit Constituant que ladite somme de six mille livres, est pour employer avec autres de ses deniers sans emprunt, au payement du prix de l'Office de   duquel ledit Constituant est pourvû par le Roi sur la résignation faite d'icelui à son profit par Maître François   suivant le traité fait entr'eux le   jour de   pardevant   Notaires, &c. lequel emploi ledit Constituant promet & s'oblige faire dans un mois prochain, & par la quittance qu'il en retirera, déclarer que ladite somme de six mille livres y sera entrée, & de faire subroger ladite Damoiselle Acquereure, au lieu & place, droits, privileges & hypoteque dudit Maître François   & promet ledit Constituant de fournir à ladite Damoiselle Acquereure,

copies collationnées dudit traité entre ledit Constituant & Maître François   pour ledit Office de
ensemble quittance du prix d'icelui, portant l'emploi de ladite somme, déclaration & subrogation dans ledit tems d'un mois, à compter de ce jour,
& d'en requerir acte; & pour l'exécution des presentes, ledit Constituant
a élû son domicile, &c. car ainsi a été convenu entre les Parties. Promettant, &c.

Quelquefois la déclaration des héritages affectés & hypotequés dans un Contrat, transport ou quittance, se fait à part
& séparément du Contrat; & alors, on déclare que les Maisons & héritages sont plus au long déclarés & mentionnés en la
déclaration, que le débiteur a presentement mise ès mains du
créancier, qu'il a affirmé pardevant les Notaires être véritable; & cette clause se met dans les Contrats de constitution
en ces termes:

Lesquels Maisons & heritages sont amplement spécifiés dans la déclaration
qui en a été faite par ledit   qu'il a presentement mis ès
mains dudit sieur créancier, & icelle affirmée véritable devant lesdits Notaires soussignés, par lesquels & par les Parties ladite déclaration a été paraphée *ne varietur*, pour y avoir recours en cas de besoin.

Compte & Obligation pour arrerages de Rente, portant quittance, transport & réserve.

FURENT presens Dame M. V. veuve de Maître Urbain de Laval, demeurante à Paris   d'une part, & Messire C. B. Chevalier,
Marquis d'Ardiviliers, demeurant   d'autre part:
Lesquelles Parties ont reconnu & confessé avoir ce jourd'hui compté ensemble amiablement des arrerages échus depuis le 25 Mars   & qui écheront jusqu'au dernier Juin de la presente année, de mille livres de rente dûe
à ladite Dame de Laval par ledit sieur d'Ardiviliers, & qu'il lui a solidairement avec Dame Madelaine Perrot sa mere, constituée par Contrat passé
pardevant   le   par lequel compte
ledit sieur d'Ardiviliers s'est trouvé redevable envers ladite Dame de Laval
de la somme de cinq mille deux cens soixante-trois livres dix-sept sols neuf
deniers, sur laquelle somme ledit sieur d'Ardiviliers a presentement payé
à ladite Dame de Laval, qui de lui confesse avoir reçu en louis d'or,
d'argent & monnoye ayant cours, presens les Notaires soussignés, celle de
douze cens soixante-trois livres dix-sept sols neuf deniers, dont elle se contente, en quitte ledit sieur d'Ardiviliers, lequel, au moyen dudit payement,
ne doit plus que quatre mille livres; laquelle somme il promet & s'oblige
de payer à ladite Dame de Laval, en sa demeure à Paris, ou au Porteur,
&c. en quatre payemens égaux de mille livres chacun, dont le premier payement échera & se fera au quinze Septembre prochain, & ainsi continuer

d'année en année à pareil jour quinze Septembre, jusqu'au parfait payement de ladite somme de quatre mille livres, à peine, &c. consentant icelui
sieur d'Ardiviliers, faute dudit premier ou autres subséquens payemens,
d'être contraint au payement desdits quatre mille livres, ou de ce qui restera lors dû, nonobstant les termes à lui ci-dessus accordés, dont il demeurera déchû, & sans que cette peine puisse être réputée comminatoire; & pour
faciliter le payement de ladite somme de quatre mille livres, icelui sieur
d'Ardiviliers consent & accorde qu'icelle Dame de Laval la touche & reçoive, aux termes & ainsi qu'il est ci-devant dit, de P. Petit, préposé par
ledit sieur d'Ardiviliers pour recevoir les rentes à lui appartenantes sur les
Aydes & Gabelles; faisant lequel payement, il en demeurera bien & valablement déchargé, comme par ces presentes ledit sieur d'Ardiviliers l'en
quitte & décharge, en rapportant toutefois par ledit sieur Petit, quittance &
décharge en bonne forme desdits payemens, sans néanmoins que le present
consentement puisse empêcher lad. Dame de Laval de se pourvoir à l'encontre & sur les autres biens dudit sieur d'Ardiviliers, pour raison de quoi ladite
Dame de Laval demeure conservée dans tous ses droits, noms, raisons, actions, privileges & hypoteques à elle acquis par ledit Contrat dudit jour 15
Mars qu'elle entend demeurer en son entier, force & vertu, sans novation; & pour l'exécution, &c.

Cession des arrerages d'une autre Rente.

Et pour plus grande sûreté & facilité du payement des arrerages de ladite rente de trois cens livres, ledit Constituant a consenti que ladite Damoiselle Acquereure touche & reçoive par chacun an, tant que la rente
ci-dessus aura cours, de Messieurs les Payeurs des Rentes de l'Hôtel-de-
Ville de Paris, & sous les simples quittances qu'elle seule en donnera, les
arrerages de pareils trois cens livres, constitués par Messieurs les Prevôt des
Marchands & Echevins de cette Ville de Paris, au profit dudit sieur Constituant par Contrat passé pardevant, &c. pour commencer à recevoir les arrerages de ladite rente sur la Ville au &c. & continuer à
recevoir le total desdits arrerages, tant & si longuement que ladite rente ci-
dessus constituée aura cours; & en tant que besoin seroit, ledit Constituant
en fait dès-à-present toute cession & transport, avec garantie, même s'oblige de lui fournir opposition au Sceau par chacun an, pour sûreté de la rente;
& à cet effet, a constitué sa Procuratrice générale, spéciale & irrévocable
ladite Damoiselle Acquereure, pour recevoir ladite rente, & en fournir
toutes les quittances & décharges, sans que néanmoins le present transport puisse empêcher l'exécution du present Contrat de constitution, pour
le payement des arrerages de ladite rente de trois cens livres constituée,
sur les autres biens du Constituant, toutefois & quantes qu'il plaira à ladite Damoiselle Acquereure, qui n'a accepté ledit transport qu'à la priere
& réquisition dudit Constituant, & pour faciliter le payement des arrerages
de ladite rente.

Promesse de faire intervenir le Fermier.

Et pour plus grande sûreté & facilité du payement des arrerages de ladite rente de trois cens livres, ledit Constituant a promis de faire intervenir Charles Duclos, à present Fermier de la Métairie & Ferme de, &c. lequel s'obligera payer & continuer ladite rente à ladite Damoiselle Acquereure, en sa Maison ―――― par chacun an, sur & en déduction du prix de son bail, tant & si longuement qu'il sera Fermier de ladite Terre, tant en conséquence du bail courant à present, que de ceux qui pourront lui être faits à l'avenir, & après ledit Charles Duclos y faire obliger les autres subséquens Fermiers qui lui succederont, ainsi que dessus est dit, & en fournir acte valable en bonne forme ; sçavoir, dudit Charles Duclos dans un mois prochain, & des autres à chaque mutation de Fermier, lesquels Fermiers éliront domicile irrévocable en cette Ville de Paris, en lieu certain.

Clause de fournir Caution.

Et pour plus grande sûreté à ladite Damoiselle Acquereure, & garantie de ladite rente ci-dessus constituée, ledit Constituant a promis & s'oblige fournir bonne & suffisante Caution solvable & domiciliée, à lad. Damoiselle agréable ; qui s'obligera solidairement avec lui à la garantie, payement, cours & continuation de lad. rente & entretenement du present Contrat, & en fournir acte valable & en bonne forme à icelle Damoiselle Acquereure, en saidte Maison à Paris, d'hui en deux mois prochains, à peine d'être contraint au rachat de ladite rente, & de tous dépens, dommages & interêts.

Intervention de Caution.

A ce faire est intervenue Damoiselle ―――― laquelle s'est obligée avec lesdits ―――― solidairement l'un pour l'autre, l'un d'eux seul pour le tout, sous les renonciations requises, à la garantie de ladite rente, tant en principal qu'arrerages, payemens, cours & continuation d'iceux arrerages de quartier en quartier, entretenement & accomplissement de tout le contenu en ces presentes, dans le tems sus-exprimé, dont de tout elle fait son propre fait & dette, comme principale Débitrice pour lesdits en son propre & privé nom, & sans laquelle presente intervention & obligation de ladite Damoiselle ―――― ladite Acquereure n'auroit prêté ses deniers à ce que dessus, & pour raison de quoi, ladite Damoiselle y a chargé, affecté, obligé & hypotequé géneralement tous ses biens, meubles & immeubles, l'une desdites obligations ne dérogeant à l'autre ; car ainsi, &c.

Promesse d'Indemnité.

AUJOURD'HUI sont comparus, &c. lesquels ont reconnu & confessé de bonne foi, qu'à leur réquisition & pour leur faire plaisir, & faciliter l'emprunt de la somme ci-après déclarée,

que

que conjointement avec eux Claude Germain a solidairement vendu & constitue, ailis & assigne sur tous & chacuns leurs biens, a Maître Nicolas de Lorme   trois cens livres de rente au principal de la somme de six mille livres, qu'ils auroient confessé conjointement avoir reçue dudit Maître de Lorme, selon & ainsi qu'il est porté par le Contrat qui a été fait & passé pardevant les Notaires soussignés ce jourd'hui; néanmoins, la vérité est, que ladite somme de six mille livres, aussitôt ledit Contrat signé, a été entierement prise & retenue par lesdits Jean de la Haye & sa femme, pour employer à leurs affaires particulieres, sans que ledit Germain en ait touché ni profité d'aucune chose; c'est pourquoi ledit Jean de la Haye & sa femme ont promis & se sont obligés solidairement l'un pour l'autre, chacun d'eux seul pour le tout, sans division ni discussion, à quoi ils renoncent envers ledit Germain, à ce present & acceptant, de l'acquitter, garantir & indemniser de ladite rente de trois cens livres, tant en principal qu'arrerages, & de tout le contenu & évenement dudit Contrat de constitution; ensemble de tous dépens, dommages & interêts qu'il pourroit encourir; même lui rendre & payer tout ce qu'il pourroit avoir payé, & qu'il seroit contraint de payer pour raison de ce, incontinent & sans délai, & lui fournir quittance du rachat d'icelle dans trois ans au plus tard. Promettant, &c.

Autre Indemnité.

AUJOURD'HUI est comparu, &c. lequel a reconnu qu'à sa priere, pour lui faire plaisir & lui faciliter le prêt de la somme ci-après mentionnée, A. s'est conjointement & solidairement obligé avec lui envers, &c. & auroient ensemble solidairement créé & constitué à son profit cent livres de rente, moyennant deux mille livres, par Contrat passé pardevant les Notaires soussignés ce jourd'hui, de laquelle somme de deux mille livres ledit A. n'auroit touché ni profité d'aucune chose, ayant été icelle somme, aussitôt ledit Contrat passé, entierement prise & retenue par ledit pour employer à   c'est pourquoi il a promis & s'est obligé de l'acquitter, garantir & indemniser, tant du principal qu'arrerages de ladite rente, & satisfaire au surplus dudit Contrat, en telle sorte que ledit A. n'en soit inquieté ni recherché, à peine de tous dépens, dommages & interêts, même promet & s'oblige d'en faire le rachat & amortissement, & en fournir décharge en bonne forme audit A. en sa demeure à Paris, ou au Porteur dans   prochains, aussi à peine sous laquelle peine ledit sieur   s'est obligé de faire obliger conjointement & solidairement avec lui Dame sa femme à l'entretenement des presentes, & en fournir acte aussitôt qu'elle aura atteint l'âge de majorité, qui sera dans Et pour l'exécution, &c.

Autre Indemnité.

AUJOURD'HUI sont comparus pardevant, &c. lesquels se sont obligés solidairement l'un pour l'autre, & chacun d'eux un seul pour le tout, sans division, discussion, ni fidejussion, à quoi ils renoncent, envers le sieur Germain, demeurant   à ce present & acceptant, de l'acquitter, garantir & indemniser, tant en principal qu'arrerages de la rente de trois cens livres, par eux conjointement & solidairement constituée à Maître Nicolas de Lorme, par Contrat passé pardevant les Notaires soussignés ce jourd'hui, ensemble de tous dépens, dommages & interêts dont il pourroit être tenu, d'autant que de ladite somme de six mille livres ledit sieur Germain n'en a pris ni reçu aucune chose, mais que ladite somme a été entierement retenue par lesdits Jean de la Haye & sa femme; & que ledit sieur Germain ne s'est solidairement obligé avec eux à ladite rente, qu'à la priere & réquisition desdits de la Haye & sa femme, pour leur faire plaisir, & leur faciliter l'emprunt de ladite somme pour employer à leurs affaires; laquelle dite somme de six mille livres lesdits de la Haye & sa femme ont déclaré être pour employer, avec autres deniers qu'ils ont à l'acquisition qu'ils esperent faire dans peu d'une Maison à Paris, appartenante à Pierre   suivant l'accord qu'ils en ont fait avec ledit Pierre   par acte passé pardevant Notaires, le   jour sur les peines y portées, & par le Contrat qui en sera fait, qui portera quittance du prix de ladite Maison, lesdits de la Haye & sa femme déclareront que dans icelui, ladite somme de six mille livres y sera entrée avec subrogation en faveur dudit Sr. Germain, des droits, privileges & hypoteques dudit Pierre, & dudit Contrat & quittance portant lesd. déclaration & subrogation, fournir copie valable audit Claude Germain; huit jours après ledit Contrat & emploi fait, qui sera au plus tard dans un mois, le tout pour la plus grande sûreté dudit sieur Germain, & garantie de la presente indemnité; & à faute de ce faire dans ledit tems, ledit Jean de la Haye & sa femme seront tenus solidairement rendre audit Maître de Lorme ladite somme de six mille livres, arrérages, frais & loyaux-coûts, & en faire décharger ledit sieur Germain; & outre lesdits de la Haye & sa femme s'obligent solidairement comme dessus, de rembourser ladite rente de trois cens livres audit Maître de Lorme, & payer les arrerages qui en seront lors dûs, frais & loyaux-coûts, ou en faire décharger ledit sieur Germain, & lui en fournir quittance & décharge valable dans quatre ans prochains, à peine de tous dépens, dommages & interêts; & pour l'exécution des presentes, lesdits sieur de la Haye & sa femme ont élu leur domicile, &c. Promettant, &c.

Il est défendu de donner de l'argent à plus haut denier que le denier vingt, ainsi qu'il a été dit ci-devant; mais il est permis de le donner à un moindre denier comme au denier vingt-deux;

vingt-quatre, vingt-huit, trente, &c. Ce qui est d'usage pour les rentes constituées sur les Communautés, à cause de la sûreté du fonds ; les Particuliers aimant mieux relâcher quelque chose de leurs interêts, & avoir leur capital bien assuré. Dans cette occasion, le Contrat de constitution se fait de la même maniere qu'au denier vingt, excepté qu'on stipule au denier vingt-deux, vingt-quatre, &c. ainsi que les Parties sont convenues.

Lorsque l'on a une rente bien assurée, & qu'on est menacé du remboursement ou rachat, il arrive qu'on réduit la rente d'un denier à un autre, ce qui se fait suivant la formule suivante :

Réduction de Rente du denier vingt au denier vingt-deux.

AUJOURD'HUI est comparu pardevant, &c. Mᵉ. Etienne, &c. demeurant rue, &c. lequel pour éviter le rachat que Maître Pierre, &c. demeurant rue, &c. lui vouloit faire de cinq cens livres de rente, que ledit sieur Pierre lui doit au principal de la somme de dix mille livres, pour les causes portées au Contrat de création de ladite rente, passé pardevant   Notaires, le
jour, ledit sieur Etienne a volontairement réduit ladite rente du denier vingt, sous lequel elle est créée, au denier vingt-deux ; au moyen de quoi lesdits cinq cens livres de rente n'auront plus cours de ce jourd'hui que pour quatre cens cinquante-quatre livres dix sols dix deniers par chacun an, & à l'avenir, toujours rachetables de ladite somme de dix mille livres, au désir dudit Contrat de création d'icelle rente, ce qui a été accepté par ledit Pierre, &c. qui promet de payer lesdits quatre cens cinquante-quatre livres dix sols dix deniers de rente par chacun an audit sieur Etienne, &c. en sa Maison à Paris, & à ses hoirs & ayans cause, ou au Porteur, &c. aux quatre quartiers accoutumés, le premier d'iceux écheant pour portion du tems le   prochain, & continuer à toujours le payement sur tous & chacuns les biens, meubles, immeubles, presens & à venir audit sieur Pierre, &c. sans déroger, innover ni préjudicier à ses hypoteques, du jour & datte d'icelui Contrat de constitution, & aussi sans préjudice des arrerages précedens qui sont dûs jusqu'à ce jour ; consentant les Parties que du present acte mention soit faite sur les minute & grosse dudit Contrat par tous Notaires requis en leur absence : Et pour l'exécution des presentes, &c.

Quand on veut que la rente subsiste sur le même pied qu'elle a été créée, il faut fournir le suplément du principal ; par ce moyen l'on met dans l'acte ce qui suit :

Et afin que ladite rente soit & demeure toujours entiere pour lesdits cinq

cens livres par chacun an, ledit fieur Etienne, &c. a prefentement baillé &
payé audit fieur Pierre, &c. à ce prefent & acceptant, qui a de lui reçu, prefens lefdits Notaires fouffignés, en louis d'or & autre bonne monnoye ayant
cours, la fomme de mille livres, dont, &c. quittant, &c. au moyen de quoi
ladite rente aura toujours cours pour lefdits cinq cens livres par chacun
an, & fera rachetable en un feul payement pour la fomme d'onze mille livres,
& jufqu'au rachat par ledit fieur Pierre, &c.

Ces réductions fe mettent, fi l'on veut, au pied de la minute
du Contrat, de la maniere fuivante :

Réduction au pied de la minute du Contrat.

Et le ⎰ eft comparu pardevant les Notaires fouffignés, ledit Louis &c. lequel a volontairement réduit du
denier vingt au denier vingt-quatre les cent livres de rente conftituée à fon
profit par le Contrat ci-devant, lefquels n'auront plus cours que pour quatre-vingt-trois livres fix fols huit deniers par an, à commencer, &c.

Autre.

Et eft comparu devant les Notaires fouffignés,
Jean demeurant lequel pour éviter le
rembourfement de quatre cens livres de rente mentionnée au Contrat ci-
devant, que lui vouloit faire Louis auffi y nommé, demeurant à ce prefent & acceptant, a ledit Jean
volontairement réduit & moderé ladite rente du denier dix-huit au denier
vingt-deux, fur lequel pied elle n'aura plus cours, à compter du premier
Janvier prochain, que pour de rente, au même principal
de porté audit Contrat, fans au furplus aucune no-
vation, ni déroger aux hypoteques à lui acquifes par icelui; & pour l'exécution des prefentes, ledit Louis élit fon domicile, &c.

Réduction de Rente affignée fur le Domaine de la Ville.

AUJOURD'HUI eft comparu pardevant, &c. St. Louis, &c. Bourgeois de
Paris, demeurant rue, &c. lequel fur ce que Meffieurs les Prevôt des
Marchands & Echevins de cette Ville de Paris lui ont fait entendre, qu'ils
étoient en volonté de lui rembourfer & racheter les cent livres de rente
qu'il a droit de prendre au denier vingt par chacun an aux quatre quartiers accoutumés, fur le revenu & Domaine patrimonial de ladite Ville,
par Contrat de conftitution paffé pardevant
Notaires, le jour de mil
fi mieux il n'aimoit réduire ladite rente au denier vingt-quatre; & ne défirant ledit Louis, &c. recevoir à prefent ledit rachat, a réduit lefdits
cent livres de rente à raifon du denier vingt-quatre; au moyen de quoi
ladite rente n'aura de ce jour plus cours que pour quatre-vingt-trois li-

vres six sols huit deniers par chacun an , rachetables des deux mille livres portés par ledit Contrat de constitution ; ce qui a été accepté par
Messieurs   à présent Prevôt
des Marchands & Echevins de cette Ville de Paris, à ce presens, lesquels
audit nom , ont promis & seront tenus pour eux & leurs successeurs,
de faire payer & continuer lesdits quatre-vingt-trois livres six sols huit
deniers de rente dorénavant par chacun an, aux quatre quartiers accoutumés, audit Louis, &c. ses hoirs & ayans cause, ou au Porteur, &c.
par le Receveur du Domaine de ladite Ville, present & ceux à venir,
dont le premier quartier du payement échera au dernier jour de Septembre
prochain pour portion de tems, & continuer, & sans préjudice des arrerages qui sont dûs de ladite rente jusqu'à ce jour, qui lui seront payés
comme au précedent, à ladite raison du denier vingt, conformément audit
Contrat de constitution, sans innover, ni déroger à l'hypoteque du jour
d'icelui. Promettant, &c.

Rétrocession d'une Rente.

FUT present Emmanuel, &c. demeurant, &c. lequel a reconnu avoir ré-
trocedé, quitté, transporté & délaissé par ces presentes, dès maintenant
à toujours, sans aucune garantie, restitution de deniers, ni recours quelconque, sinon de ses faits & promesses seulement, à Geneviéve, &c.
veuve de Pierre, &c. demeurant rue, &c. tant en son nom, que comme Tutrice des enfans mineurs dudit défunt & d'elle, à ce présente &
acceptante pour elle & ses mineurs, leurs hoirs & ayans cause, vingt
livres de rente annuelle & perpétuelle, par ladite veuve esdits noms, & cedée & transportée à défunt André, &c. & par Contrat passé pardevant   Notaires, le   & par ledit André, &c. depuis cedée audit Emmanuel, par autre Contrat passé pardevant   Notaires, le   ; & outre, lui
cede & transporte, comme dessus, la somme de dix livres pour six mois
d'arrerages de ladite rente, qui écheront le dernier jour du present mois,
le tout à prendre sur Philippe, &c. & Renée, &c. sa femme, débiteurs de
ladite rente, au moyen du Contrat de constitution qu'ils en ont ci-devant
fait solidairement, & passé pardevant   Notaires,
le   au profit dudit feu Pierre, laquelle grosse
dudit Contrat de constitution avec lesdits deux Contrats de transport de
ladite rente, ledit Emmanuel a presentement rendus à ladite Genevieve,
&c. lesdits noms, dont il l'en fait Porteur, & de ladite rente , tant en principal qu'arrerages, la met & subroge esdits noms en son lieu & place,
droits, noms, raisons, actions & hypoteques , sans autre garantie que dessus, pour en jouir, &c. Cette rétrocession, cession & transport ainsi faits
moyennant la somme de quatre cens dix livres ; sçavoir, quatre cens livres pour le sort principal de ladite rente de vingt livres , & dix livres pour
lesdits arrerages d'icelui, ci-dessus cedés, le tout ainsi que ledit Emmanuel,
&c. a confessé avoir reçu comptant de ladite Genevieve esdits noms, qui
lui a ladite somme de quatre cens dix livres presentement payée, comp-

tée, nombrée & délivrée réellement, prefens lefdits Notaires fouffignés, en
louis d'or & autre bonne monnoye ayant cours, dont, &c. quittant, &c.
transportant, &c. deffaififfant, &c. voulant, &c. Procureur le Porteur, &c.
donnant pouvoir, &c. promettant, &c. obligeant, &c. renonçant, &c. Fait
& paffé, &c.

Intitulé d'un Contrat de Conftitution de Rente fait en vertu d'une Procuration.

F U T prefent Jacques   Marchand   demeurant
en la Ville de   étant de prefent en cette Ville
de   logé rue   à l'enfeigne de
Paroiffe   tant en fon nom, que comme Procureur de
Marie   fa femme, de lui autorifée par icelle, & de
Jean   fon frere, auffi Marchand, demeurant en ladite Ville, &
de Catherine   fa femme, auffi autorifée, fondé de leur
procuration fpéciale, à l'effet des prefentes, paffée pardevant
Notaires à   prefens Témoins, le   dûment con-
trôlée, fcellée & légalifée; l'original de laquelle eft demeuré annexé à ces
prefentes, après avoir été dudit   certifié véritable
& paraphé en prefence des Notaires fouffignés à fa réquifition; & encore ledit Jacques   fe faifant & portant fort de ladite
Marie fa femme, & defdits Jean & fa femme; par lefquels il promet faire
ratifier ces prefentes; ce faifant les faire obliger avec lui à la garantie des
cent livres de rente ci-après déclarées, tant en principal qu'arrerages, chacun d'eux feul pour le tout, fans divifion, ni difcuffion, aux renonciations
requifes, & en fournir acte valable à l'Acquereur, ci-après dénommé, dans
un mois; à l'effet de laquelle ratification il autorife fadite femme dès-à-
prefent, fans qu'il foit befoin d'une autorifation plus fpéciale; lequel Jacques,
efdits noms, a reconnu, &c. *le tout comme deffus.*

Le paraphe *ne varietur*, fe fait ainfi :

Certifié véritable & paraphé au defir du Contrat de conftitution paffé
pardevant les Notaires fouffignés, ce jourd'hui, &c.

Ratification du Contrat de conftitution ci-deffus.

Et le   jour de   pardevant, &c. font comparus Jean   Marchand, demeurant en la Ville de
& Catherine   fa femme de lui autorifée à l'effet des prefentes; & Marie, femme de Jacques, auffi Marchand, demeurant, &c.
auffi autorifée par ledit Jacques fon mari, tous de prefent en cette Ville
de   logés ruë   lefquels Jean & Catherine fa femme, & Marie,
femme de Jacques, après avoir eu communication, & que lecture leur a été
faite par l'un des Notaires fouffignés, l'autre prefent, du Contrat de conftitution de rente ci-devant écrit, fait par ledit Jacques & fa femme, & Jean
& fa femme; & encore fe faifant & portant fort d'iceux, au profit de Maître

Claude &c. sur leurs heritages & biens, moyennant ladite somme de six mille livres, que ledit Jacques esdits noms, a reçue dudit Maître Claude réellement, pour employer à l'effet porté par ledit Contrat, sous la faculté de rachat, le tout ainsi qu'il est porté audit Contrat que lesdits Jean & Catherine sa femme, & Marie ont dit avoir bien entendu, ont volontairement ratifié, confirmé & approuvé icelui Contrat, consentent qu'il sorte son plein & entier effet, & soit exécuté selon sa forme & teneur; ce faisant, s'obligent sous la même solidité au principal d'icelui & à la garantie, payement, cours & continuation de ladite rente de trois cens livres, & à l'entretenement & accomplissement du contenu audit Contrat; & pour l'exécution desdites presentes & dudit Contrat, lesdits Comparans élisent leur domicile solidaire en leur demeure, auquel lieu nonobstant, promettant, obligeant solidairement comme dessus, renonçant. Fait & passé, &c.

Il n'est pas permis de constituer des rentes viageres sur des Particuliers, suivant l'Edit du mois d'Août mil six cent soixante-un, vérifié en Parlement le deuxiéme Septembre suivant : Mais on avoit trouvé un moyen d'éluder la disposition de cet Edit, par l'expédient d'une donation qu'un Particulier fait à un autre de tout son bien, ou d'un fond, ou de certains effets, à la charge d'une rente plus forte que les rentes ordinaires, payable pendant la vie du Donateur; en voici un modele :

Donation faite à la charge d'une rente viagere.

FUT present le sieur Louis, lequel, pour la sincere amitié qu'il porte au sieur Nicolas, &c. a par ces presentes donné par donation entre-vifs & irrévocable, pour quelque cause que ce soit, même de survenance d'enfans audit sieur à ce present & acceptant, la somme de vingt mille livres, que ledit sieur Louis a par une réelle & effective tradition presentement baillée en louis dor, d'argent & monnoye ayant cours, à la vûe des Notaires soussignés, audit sieur qui l'a reçue & s'en tient content, l'en quitte & remercie, pour que ledit sieur Nicolas dispose de ladite somme de vingt mille livres à sa volonté, & comme de chose à lui appartenante en proprieté; cette donation faite pour les causes susdites, & à la réserve de *telle somme* de pension viagere, que ledit sieur Nicolas a créée & constituée par ces presentes audit sieur Louis, auquel il a promis payer ladite somme, &c. de pension viagere par chacun an en cette Ville de Paris, ou au Porteur, &c. en deux payemens égaux de six en six mois, pendant la vie dudit sieur Louis, par le décès duquel ladite rente demeurera éteinte & amortie au profit dudit sieur Nicolas, ses heritiers & ayans cause déchargés d'icelle; & pour sûreté de ladite rente, ledit sieur Nicolas affecte & hypoteque tous ses biens, meubles & immeubles, presens & à venir, jusqu'à la valeur & concurrence de ladite rente viagere; & pour faire insinuer ces presentes, &c.

Il faut que cet Edit du mois d'Août 1661, dont il vient d'être parlé, ait été abrogé en cette partie, où qu'il soit tombé en non-usage ; car tous les jours on fait des constitutions viageres de Particulier à Particulier, sans prendre le détour de la donation, & ces rentes viageres ont leur exécution. En effet, il n'y a rien de moins vrai que d'appeller donation un acte qui par l'évenement peut être onereux au Donataire ; c'est, à proprement parler, un forfait qui a été défendu aux Communautés Ecclesiastiques, par l'abus qu'elles pouvoient faire de l'autorité qu'elles ont sur des esprits foibles, mais qui est permis & autorisé dans le commerce : Il y a cependant encore des personnes, même des Notaires à Paris, qui pensent devoir prendre le tour de la donation ; mais les plus instruits ne le font pas, & font l'acte simplement, comme il se voit dans les formules ci-après, ce qui évite l'insinuation, à laquelle la donation seroit sujette ; au surplus, ces rentes viageres se font depuis le denier dix jusqu'au denier vingt, eu égard à l'âge des personnes qui acceptent la constitution.

Constitution viagere sur le pied du denier quinze, payable d'avance avec déclaration d'emploi.

FURENT presens Louis Bernard & Therese   sa femme qu'il autorise, demeurans, &c. lesquels ont constitué & promis solidairement l'un pour l'autre, sans division ni discussion, garantir de tous troubles & empêchemens à Jacques Martin, demeurant, &c. à ce present & acceptant, Acquereur pour lui, pendant sa vie, mille livres de rente viagere, que ledit sieur Bernard & sa femme s'obligent sous ladite solidité de payer audit sieur Martin en sa demeure à Paris ou au Porteur, &c. par chacun an en deux payemens égaux, de six mois en six mois, & par avance, dont le premier qui commence à courir de ce jour, lui a été payé comptant presentement, ainsi qu'il le reconnoît. Le second sera payé dans six mois d'aujourd'hui, & sera ainsi continué de six mois en six mois & par avance, jusqu'au décès dudit sieur Martin.

A l'avoir & prendre spécialement & par privilege, attendu l'emploi qui va être stipulé, sur une Maison sise à Paris, rue
& par hypoteque, généralement sur tous les autres biens presens & à venir desdits Sieur & Demoiselle Bernard, qui les ont sous ladite solidité, affectés & hypotequés au payement exact de ladite rente viagere, sans aucune discontinuation, nonobstant toutes choses contraires, sans qu'une obligation déroge à l'autre.

Cette constitution faite moyennant la somme de quinze mille livres, que lesdits Sieur & Demoiselle Bernard ont reconnu avoir reçue dudit sieur Martin, qui leur a payé ladite somme en especes d'or & d'argent ayant cours,

réellement

réellement délivrées à la vûe des Notaires foufflignes, dont ils font contens & quittent ledit fieur Bernard, au profit duquel ils fe deffaififfent fous ladite folidité, de tous leurfdits biens, jufqu'à concurrence defdits mille livres de rente viagere, qui dès l'inftant du décès dudit fieur Martin fera éteinte & amortie, & lefdits fieur Bernard & fa femme, & tous leurfdits biens en feront libres & déchargés, fans qu'ils puiffent néanmoins avoir aucun recours contre la fucceffion dudit fieur Martin, pour raifon des arrerages qui (à caufe dudit payement d'avance) fe trouveront avoir été payés au-de-là dudit décès.

Déclarent lefdits Sieur & Demoifelle Bernard, que ladite fomme de quinze mille livres qu'ils viennent de recevoir dudit fieur Martin, fera par eux employée avec pareille quinze mille livres de leurs deniers & fans emprunt, au payement de la fomme de trente mille livres, qui refte par eux dûe de celle de cinquante mille livres, moyennant laquelle ils ont acquis du fieur   ladite Maifon fife à Paris, rue   & fon Confrere, Notaires à par Contrat paffé devant Paris, le   lequel payement lefdits Sieur & Demoifelle Bernard s'obligent fous ladite folidité de faire inceffamment, & dans la quittance qu'ils en tireront, déclarer que ladite fomme de quinze mille livres provenue dudit fieur Martin, y fera entrée, afin que, comme lefdits Sieur & Demoifelle Bernard le confentent dès-à-prefent, ledit fieur Martin foit fubrogé aux droits de ceux qui recevront ladite fomme, & acquiert privilége fur ladite Maifon; expedition de laquelle quitance, qui contiendra ladite déclaration, avec les pieces néceffaires pour foutenir la fubrogation, lefdits Sieur & Demoifelle Bernard s'obligent folidairement, comme dit eft, de fournir audit fieur Martin dans un mois de ce jour, à peine de tous dépens, dommages, & d'être folidairement contraints à la reftitution de ladite fomme de quinze mille livres, fi bon femble audit fieur Martin.

Car ainfi a été convenu. *Election de domicile, &c.*

Conftitution viagere au denier dix fimple.

FUT prefent fieur Jacques   lequel a reconnu avoir reçu de Benoît   qui lui a prefentement payé & réellement délivré à la vûe des Notaires fouffignés en efpeces d'or & d'argent ayant cours, la fomme de vingt mille livres, dont ledit Jacques eft content & quitte ledit Benoît au profit duquel, ce acceptant, il a conftitué pour ladite fomme, deux mille livres de rente viagere, qu'il promet & s'oblige de payer audit Benoît pendant fa vie, en fa demeure, ou au Porteur, aux quatre quartiers de l'an accoutumés également, dont le premier pour portion de tems à compter de ce jour échera, & fe fera au dernier prochain, & enfuite continuer de quartier en quartier tant que ladite rente viagere aura cours, & jufqu'au décès dudit fieur Benoît; de laquelle rente viagere ledit fieur Jacques a affecté, obligé & hypotequé tous fes biens prefens & à venir, & au jour du décès dudit fieur Benoît, ladite rente viagere fera éteinte & amortie, & ledit fieur Jacques ou fes ayans caufes, ainfi que tous fefdits biens, en feront libres & déchargés.

Tome I.   BBbb

Car ainſi, &c. & pour l'exécution des preſentes & dépendances, ledit ſieur Jacques a élû domicile, &c.

Le Roi a créé en differentes occaſions des rentes viageres appellées *Tontines*, avec accroiſſement au profit des ſurvivans, & d'autres rentes purement viageres, ſur ſes revenus, leſquelles ſont payées à l'Hôtel de Ville de Paris, & qu'il a été permis aux Particuliers de faire conſtituer ſur la tête de telles perſonnes qu'ils ont voulu choiſir. Cette occaſion peut renaître; & comme celui qui fourniſſant le fonds pour une rente viagere qu'il place ſur la tête d'un Etranger court riſque de perdre ſon revenu, ſi cet Etranger meurt avant lui, il doit prendre la précaution, en fourniſſant le fonds au Tréſor Royal, de faire paſſer un acte par lequel celui, ſur la tête duquel on conſtitue la rente, oblige ſa ſucceſſion de la continuer à celui qui en a fourni le principal, en cas qu'il meure avant lui.

Acte par lequel celui ſous le nom duquel un autre veut placer ſur ſa tête une rente viagere, oblige ſa ſucceſſion à la continuer pendant la vie de celui qui en a fourni les deniers, au cas qu'il ſurvive celui ſur la tête duquel il la doit placer.

AUjourd'hui eſt comparu, &c. Etienne Picart, Bourgeois de Paris, demeurant, &c. lequel reconnoît que pour lui faire plaiſir, le Sr. Pierre Michaut, demeurant, &c. à ce preſent, a bien voulu acquerir la rente viagere de   livres, au principal de   livres qui doit être conſtituée au profit dudit Michaut ſur la tête dudit ſieur Picart, ſuivant la quittance de M.   Garde du Tréſor Royal de ce jourd'hui, pour en jouir par ledit ſieur Picart après le décès dudit ſieur Michaut, au cas qu'il le ſurvive; ladite rente viagere faiſant partie de celles créées par Edit du mois de   aſſignées ſur les   C'eſt pourquoi ledit ſieur Picart promet & oblige ſa ſucceſſion, en cas qu'il prédécede ledit ſieur Michaut, ce acceptant, de lui payer ſa vie durant ſeulement, à compter du décès dudit ſieur Picart, ladite rente viagere de la même maniere que le Roi la lui auroit payée s'il l'avoit placée ſur ſa propre tête, à quoi il a obligé tous ſes biens, meubles & immeubles, preſens & à venir; & pour l'exécution des preſentes, ledit ſieur Picart a élû ſon domicile en ſa demeure.

Il ſe fait auſſi des Contrats de penſion viagere.

La penſion viagere eſt une rente attachée à la perſonne de celui au profit duquel elle eſt conſtituée, enſorte qu'elle s'éteint de plein droit au moment de ſa mort; cela n'empêche pas que les heritiers n'en puiſſent demander les arrerages échûs juſqu'audit tems.

Pension viagere pure & simple.

FUT present Maître Louis Georges demeurant lequel, pour la bonne amitié qu'il porte à Jean Dumont, demeurant à ce present & acceptant, a constitué, & pour plus grande sûreté, promet garantir de tous troubles & empêchemens quelconques, deux cens livres de pension viagere, que ledit sieur Georges promet de payer de six mois en six mois audit Dumont pendant sa vie & jusqu'à son décès, duquel jour ladite rente demeurera éteinte, & les biens dudit Georges déchargés d'icelle, au payement de laquelle pension viagere, ledit sieur Georges oblige tous ses biens, meubles & immeubles, presens & à venir; & est la presente constitution faite à condition expresse & non autrement, que ledit Dumont ne pourra s'opposer ni former aucune opposition aux ventes & aliénations que ledit sieur Georges pourra faire de ses biens, en quelque sorte & maniere, & pour quelque cause que ce soit & puisse être, & pour l'exécution, &c.

Autre Pension viagere.

FUT present Jean-Louis demeurant lequel en reconnoissance des services qu'il a reçûs de Robert-Louis son frere, & désirant lui donner des marques de l'amitié qu'il lui porte, icelui sieur Jean-Louis lui a créé, constitué, & promis garantir de tous troubles & empêchemens, audit Robert-Louis à ce present & acceptant, mille livres de rente & pension viagere, que ledit sieur Jean-Louis promet & s'oblige de payer & continuer audit Sr. Robert-Louis de six mois en six mois, à compter de ce jourd'hui, dont les premiers six mois écheront au & ainsi continuer la vie durant dudit sieur Robert-Louis lors du décès duquel ladite rente demeurera éteinte, au payement de laquelle rente & pension viagere, ledit sieur Jean-Louis oblige tous ses biens, meubles & immeubles, presens & à venir; & pour l'exécution des presentes, &c. *Election de domicile, &c.*

Titre nouvel d'une Rente constituée.

FURENT presens Claude Marchand à Paris, & Nicole sa femme qu'il autorise à l'effet des presentes demeurant à Paris, rue, &c. tant en leurs noms, à cause de sadite femme, que comme ledit Claude Tuteur de Nicolas & encore se faisant & portant fort de Martin aussi Marchand à Paris, & de Jeanne sa femme, par lesquels ils promettent faire ratifier le present titre nouvel; ce faisant, les faire obliger avec lui & sadite femme solidairement aux renonciations requises, & en fournir acte valable au créancier ci-après nommé, dans deux mois prochains; lesdits Nicole, Nicolas & Jeanne, frere & soeurs, enfans & heritiers chacun pour un tiers de Michel, &c. aussi Marchand à Paris, & de Marguerite sa femme, leurs pere & mere ; leſquels Claude & Nicole ſa femme, eſdits noms, ont reconnu que leſdits défunts Michel & ſa femme ont emprunté de Georges, Bourgeois de Paris, la ſomme de ſix mille livres, pour employer avec autres deniers qu'ils avoient, à l'acquiſition d'une Place, Terre & Bâtimens ſur icelle, ſiſe à Paris, rue   laquelle Place, ils auroient en conſéquence acquiſe de Pierre & ſa femme, & pour laquelle ſomme de ſix mille livres, leſdits Michel & ſa femme ont vendu & conſtitué audit Georges trois cens livres de rente, payable aux quatre quartiers de l'année, rachetable de pareille ſomme, par Contrat paſſé pardevant, &c. Notaires audit Châtelet, le, &c. depuis lequel tems leſdits Michel & ſa femme ſeroient décedés, & ont laiſſé pour leurs heritiers leſdites Nicole, Jeanne & Nicolas leurs enfans, qui ſont à preſent débiteurs de ladite rente. A ces cauſes, leſdits Claude & ſa femme, eſdits noms, ont promis & ſe ſont obligés chacun eſdits noms, l'un pour l'autre, un d'eux ſeul pour le tout, ſans diviſion ni diſcuſſion, à quoi ils renoncent, de payer & continuer leſdits trois cens livres de rente àux quatre quartiers de l'année également audit Georges, demeurant, &c. à ce preſent & acceptant, en ſa Maiſon à Paris, ou au Porteur des preſentes, dont le premier payement échera le dernier jour du mois de   & ainſi continuer annuellement auſdits quatre quartiers, tant & ſi long-tems que ladite rente aura cours, à la garantie, payement & continuation de laquelle ladite Maiſon bâtie ſur ladite Place, eſt & demeurera ſpécialement & par privilege primitif & hypoteque ſpéciale chargée, affectée & hypotequée. *Item*, ſur une autre Maiſon ſiſe à Paris, rue   où pend pour enſeigne que leſdits défunts Michel & ſa femme avoient affectée & hypotequée par ledit Contrat de conſtitution, deſquelles deux Maiſons, leſdits Claude & ſa femme eſdits noms, ont déclaré être à preſent Détenteurs & Proprietaires. Plus, ont leſdits Claude & ſa femme, eſdits noms, obligé & hypotequé tous & chacun leurs autres biens, & ceux deſdits Martin & ſa femme, & dudit Nicolas, meubles & immeubles, preſens & à venir, pour fournir & faire valoir ladite rente de trois cens livres bonne & bien payable par chacun an, auſdits quatre quartiers à toujours, & ſans aucune diminution, nonobſtant toutes choſes à ce contraires, ſans qu'une obligation déroge à l'autre, le tout conformément audit Contrat de conſtitution, & ſans déroger ni préjudicier à icelui, ni auſdits hypoteque & privilege acquis par icelui, reconnoiſſant ledit Georges avoir été payé & ſatisfait de tous les arrerages de ladite rente, par leſdits défunts Michel & ſa femme, juſqu'au dernier jour du mois de   paſſé, dont il ſe contente, & les en quitte, &c.

Titre nouvel paſſé par un Acquereur d'un heritage, à la charge d'une Rente.

FUT preſent Jean, &c. Marchand, &c. à Paris, y demeurant, rue, &c. lequel a reconnu qu'au moyen de l'acquiſition par lui faite de Claude & ſa femme, d'une Maiſon, &c. ſiſe à Paris, rue, &c. par Contrat paſſé pardevant, &c. Notaires au Châtelet le, &c. il eſt débiteur, & s'eſt chargé par ledit Contrat de trois cens livres de rente envers Jacques, &c. auquel leſdits Claude & sa femme ont constitué ladite rente par Contrat passé pardevant, &c. Notaires audit Châtelet, le, &c. & en conséquence ledit Jean promet & s'oblige par ces présentes, envers ledit Jacques, à ce présent & acceptant, de lui payer, & dorénavant continuer par chacun an, aux quatre quartiers également, en cette Ville de Paris, lesdites trois cens livres de rente, dont le premier payement échera le   & continuer ainsi annuellement ausdits quartiers, tant que ladite rente aura cours, qui sera à prendre sur ladite Maison, Cour & Jardin ci-dessus déclarés, qui en sont & demeureront chargés, affectés & hypotequés, à fournir & faire valoir ladite rente, promettant ledit Jean de les entretenir en tel & si bon état que ladite rente y puisse être facilement prise & perçue; auquel entretenement ledit Jean a obligé & hypotequé tous & chacuns ses biens, meubles & immeubles, présens & à venir, sans par ledit Jacques déroger ni préjudicier audit Contrat de constitution sur les autres biens, meubles & immeubles, présens & à venir, desdits Claude & sa femme, le tout suivant & conformément à icelui, qui demeure en sa force & vertu; & pour l'exécution des présentes, &c.

Constitution pure & simple.

FUT présent Louis   demeurant
lequel constitue & promet garantir, fournir & faire valoir en principal & arrerages à Joseph   demeurant
à ce présent, Acquereur pour lui, ses hoirs, &c. cent livres de rente que ledit Louis promet & s'oblige payer audit sieur Acquereur, en sa Maison à Paris, ou au Porteur, &c. par chacun an, d'année en année, dont la premiere échera de ce jour en un an, & ainsi continuer jusqu'au rachat de ladite rente, qui sera à prendre généralement sur tous ses meubles & immeubles, présens & à venir, pour de ladite rente jouir par ledit Acquereur, sesdits hoirs, &c. à commencer de ce jourd'hui, cette constitution faite moyennant la somme de deux mille livres, que ledit Louis confesse avoir reçüe dudit Joseph, en écus d'argent & monnoye ayant cours, &c. dont, &c. quittant, &c. dessaisissant, &c. voulant, &c. Procureur le Porteur, &c. donnant pouvoir, &c. rachetable à toujours ladite rente, en rendant & payant pareille somme de deux mille livres, avec les arrerages lors dûs, & loyaux-coûts; & pour l'exécution, &c.

Constitution par un homme & sa femme solidairement.

FURENT présens Louis Dumont   & Marie Dujour sa femme, de lui autorisée à l'effet des présentes, demeurans
lesquels ont créé & constitué, & promettent solidairement sans division, &c. garantir de tous troubles & empêchemens généralement quelconques, fournir & faire valoir en principal & arrerages à Guillaume
demeurant   à ce présent & acceptant, Acquereur pour lui, &c. deux cens livres de rente, que lesdits Dumont & sa femme promettent & s'obligent solidairement comme dit est, de payer audit sieur Acque-

reur en sa Maison à Paris, ou au Porteur, &c. par chacun an aux quatre quartiers accoutumés, dont le premier, pour portion de tems, écherra au
& ainsi continuer jusqu'au rachat desdites 200 livres de rente, à la garantie
& au payement de laquelle, tant en principal qu'arrerages, lesdits Vendeurs obligent & hypotèquent solidairement comme dessus, tous leurs
biens, meubles, &c. pour par ledit Acquereur, sesdits hoirs, &c. jouir de
ladite rente, à commencer de ce jourd'hui, & en faire & disposer comme
de chose leur appartenante; cette constitution faite moyennant la somme de
quatre mille livres, que lesdits Constituans confessent avoir reçue dudit Acquereur, qui leur a icelle somme, &c. lesd. 200 livres rachetables, en avertissant   auparavant, & en rendant & payant pareille somme de
quatre mille livres avec les arrerages qui en seront lors dûs & échûs, frais &
loyaux-coûts; & pour l'exécution des presentes, lesdits Dumont & sa femme élisent leur domicile en leur demeure devant déclarée, auquel lieu, &c.
promettant, &c. obligeant, &c. lesdits Dumont & sa femme solidairement,
comme dit est, &c.

Constitution par un Particulier, comme Procureur d'un mari & de sa
femme, portant Obligation spéciale & générale de leurs biens,
qu'il déclare pour eux être francs; Obligation par ledit Procu-
reur en son nom, de faire ratifier ladite femme, quand elle sera
majeure, avec délégation de la rente constituée sur une partie
de rente sur la Ville, & aussi ladite constitution portant décla-
ration que le prix d'icelle est pour employer en acquisition d'aug-
mentation de gages.

FUT present Pierre David   demeurant
au nom, & comme Procureur de Me. Michel Colas, Conseiller au Parlement, &c. & de Dame M. David son épouse, de lui autorisée, fondé de
leur procuration générale pour toutes leurs affaires, & spéciale à l'effet des
presentes, passée en presence de Claude David leur frere & beau-frere,
pardevant   le   dont l'original est
demeuré joint à ces presentes, par lesquels Sieur & Dame Colas, ledit
sieur David promet & s'oblige de faire ratifier ces presentes, ainsi qu'ils
ont promis par leurdite procuration, & les faire d'abondant obliger solidairement, & sous les renonciations requises, au payement, cours & continuation de la rente ci-après, tant en principal qu'arrerages, & en fournir acte en bonne forme à la Dame Acquereure ci-après nommée, en son
Hôtel à Paris, dans   à peine de rachat d'icelle rente,
& de tous dépens, &c. sans néanmoins que le défaut d'icelle ratification puisse
empêcher l'exécution du present Contrat; lequel sieur David audit nom, a
reconnu & confessé avoir vendu, créé & constitué dès maintenant à toujours, & promet pour eux solidairement, sans division, &c. garantir de
tous troubles & empêchemens généralement quelconques, fournir & faire
valoir en principal & arrerages, à haute & puissante Dame Louise
veuve de haut & puissant Seigneur Messire Louis.   demeurante

en son Hôtel,   à ce presente, Acquereure pour elle, ses hoirs, &c. quatre cens livres de rente, que ledit David audit nom promet solidairement, comme dessus, de payer à ladite Dame Louise en sondit Hôtel à Paris, ou au Porteur, &c. aux quatre quartiers également, dont le premier, pour portion de tems, échera au   & continuer tant que ladite rente aura cours; à l'avoir & prendre spécialement sur ladite Charge de Conseiller, dont ledit sieur Colas est pourvû & jouissant. Plus, &c. & du chef de ladite Dame sur *telle chose*, & généralement sur tous leurs autres biens, meubles & immeubles, presens & à venir, &c. tous lesquels biens leur appartiennent ainsi que ledit David, audit nom, l'a dit & affirmé pour eux, & qu'ils sont francs & quittes de toutes dettes & hypoteques, le tout que ledit sieur David audit nom, a affecté & hypotequé à garantir, fournir & faire valoir ladite rente bonne & bien payable, sans aucune diminution, nonobstant toutes choses à ce contraires, une obligation ne dérogeant à l'autre, pour desdites quatre cens livres de rente par ladite Dame   ses hoirs & ayans causes, jouir, faire & disposer comme de chose à elle apparrenante. Cette constitution faite moyennant la somme de huit mille livres, que ledit sieur David, audit nom de Procureur desdits Sieur & Dame Colas, confesse avoir reçue de ladite Dame   qui lui a baillé & payé comptant à la vûe des Notaires soussignés en louis d'argent & monnoye, le tout bon & ayant cours, pour employer à l'effet ci-après, dont il se contente & l'en quitte, se dessaisissant audit nom de Procureur desdits Sieur & Dame Colas, à son profit, de leursdits biens, meubles & immeubles, presens & à venir, jusqu'à concurrence desdites quatre cens livres de rente, voulant, &c. Procureur le Porteur, &c. donnant pouvoir, &c. Rachetable à toujours ladite rente, en avertissant un mois auparavant, & en rendant & payant en un seul payement, pareille somme de huit mille livres, avec les arrerages lors dûs, frais & loyaux-coûts, & attendu que ladite Dame Colas est encore mineure, ledit sieur David son frere, en son propre & privé nom, & comme fondé de ladite procuration, s'oblige solidairement, sous les renonciations requises, de lui faire ratifier ces presentes aussitôt qu'elle aura atteint l'âge de majorité, qui sera dans   & en fournir acte en bonne forme à ladite Dame Louise, en sondit Hôtel à Paris, à peine d'être solidairement contraints au rachat desdits quatre cens livres de rente; pour faciliter le payement des arrerages de laquelle rente, ledit sieur David audit nom, consent que ladite Dame Louise la touche & reçoive de six en six mois, des mains de   Payeur des Rentes de l'Hôtel de cette Ville de Paris, sur les arrerages desdites deux mille livres de rente en deux parties, constituées sur les Aydes & Gabelles, ci-dessus obligés; desquels ledit sieur David, audit nom de Procureur desdits Sieur & Dame Colas, fait cession & transport à ladite Dame Louise, jusqu'à concurrence desdites quatre cens livres de rente, pour recevoir lesquelles sous son nom, & tant qu'elles lui seront dûes, elle pourra se faire immatriculer chez ledit sieur Payeur, en vertu du present Contrat, quoi faisant par lui, il en demeurera bien & valablement déchargé, comme par ces presentes ledit sieur David, pour lesdits Sieur & Dame Colas l'en décharge; déclarant ledit sieur David, pour lesdits Sieur & Dame Colas, que ladite somme de huit mille livres est pour payer aux Parties Casuelles du Roi, ce qu'il convient pour les augmenta-tions de Gages, que ledit sieur Colas est obligé de prendre pour être reçu au payement de l'annuel de ladite Charge de Conseiller au Parlement, & jouir du bénéfice accordé par le Roi, suivant sa Déclaration du

promettant icelui David, audit nom, de déclarer & faire mention sur les re-gistres desdits Revenus Casuels du Roi, & par la quittance de finance qui en sera retirée & expediée, que les deniers proviennent de la presente con-stitution; afin que ladite Dame Louise ait privilege, tant sur lesdites aug-mentations de Gages que sur la Finance dudit Office de Conseiller, tel que le Roi le veut & l'ordonne par sadite Déclaration & Arrêts rendus en con-séquence, ce que ledit sieur David, audit nom, consent & accorde pour lesdits Sieur & Dame Colas, pour la plus grande sureté de ladite Louise, à laquelle il promet pour eux, de lui fournir incessamment copie collation-née de ladite quittance de Finance desdites augmentations de Gages, portant déclaration afin dudit privilege, à peine de rachat desdites quatre cens livres de rente, si bon semble à ladite Dame Louise, & sans que le consentement à elle ci-dessus donné, puisse l'empêcher de se pourvoir sur les autres biens desdits Sieur & Dame Colas, ainsi qu'elle avisera bon être; & pour l'exécution, &c.

Constitution par un Particulier, comme Procureur, au profit d'une Veuve, tant en son nom, que comme Tutrice de ses enfans, accep-tée pour elle par un Particulier, Procureur d'elle, avec plusieurs clauses particulieres.

FUT present Denis Mar   demeurant   au nom & comme Procureur de haut & puissant Seigneur Louis Cardin, & de haute & puissante Dame Marie-Françoise son épouse, de lui autorisée, par la procuration qu'ils lui ont passée pardevant Notaires à   l'original de laquelle contrôlée & léga-lisée, est demeuré ci-annexé, après avoir été paraphé par ledit Mar, & à sa réquisition, desdits Notaires soussignés, & encore ledit Mar, audit nom, & en vertu de ladite procuration, promet de faire ratifier ces presentes tant par lesdits Sieur & Dame Cardin, que par Messire Cardin leur fils, & desdites ratifications fournir actes en bonne forme à Monsieur Bou, ci-après nommé: Sçavoir, desdits Sieur & Dame Cadin dans   & dudit sieur leur fils, sitôt qu'il aura atteint l'âge de majorité, ainsi qu'ils ont promis par leurdite procuration, sans que le défaut d'icelles ratifications puisse don-ner atteinte à l'exécution du present Contrat; lequel sieur Mar, audit nom, reconnoît pour lesdits Sieur & Dame Cardin, en vertu de leurdite procura-tion, avoir créé & constitué, & promet pour eux solidairement l'un pour l'autre, &c. garantir, &c. à Dame Madeleine veuve de Jean My   tant en son nom que comme Tutrice des Sieurs & Damoiselles leurs enfans mineurs, absente, sti-pulant & acceptant par François Bou   demeurant

à

à ce prefent, fondé de fa procuration du   Acquereur
pour ladite Dame My, efdits noms, quinze cens livres de rente annuelle &
perpétuelle, que ledit Mar, efdits noms, promet de payer à ladite Dame,
ou audit fieur Bou, audit nom, en fa Maifon à Paris, ou au Porteur, &c.
aux quatre quartiers également, dont le premier payement échera pour portion de tems au   & ainfi continuer tant
que ladite rente aura cours, à quoi il oblige, pour lefdits Sieur & Dame
Cardin, en vertu de leurdite procuration, & folidairement comme dit
eft, tous leurs biens, &c. & fpécialement, &c. à eux appartenans,
ainfi que ledit Mar, en vertu de leurdite procuration, a dit & affirmé,
& être francs & quittes de toutes dettes & hypoteques, à la réferve de la
fomme de   dûe à Madame
tous lefquels biens il a, comme dit eft, affectés & hypotequés, à garantir,
fournir & faire valoir lad. rente bien payable, fans aucune diminution, nonobftant toutes chofes à ce contraires, une obligation ne dérogeant à l'autre,
pour de ladite rente faire & difpofer par ladite Dame My, efdits noms,
fes hoirs, &c. comme de chofe leur appartenante. Cette conftitution faite
moyennant la fomme de trente mille livres, que ledit Mar, audit nom,
confeffe avoir reçue de ladite Dame My, efdits noms, & de fes deniers,
par les mains dudit fieur Bou, qui lui a payé comptant en louis d'argent,
&c. en prefence defdits Notaires, dont, &c. quittant, &c. deffaififfant,
&c. voulant, &c. Procureur le Porteur, &c. donnant pouvoir, &c. & demeurera ladite rente rachetable à toujours, en rendant & payant pareille
fomme de trente mille livres en deux payemens égaux, de chacun quinze
mille livres, en avertiffant un mois auparavant de chacun d'iceux, avec les
arrerages qui en feront lors dûs, frais & loyaux coûts, nonobftant toutes
chofes à ce contraires ; conviennent lefdites Parties, efdits noms, que lefdits
Sieur & Dame Cardin feront tenus d'employer dans trois mois de ce jour-
d'hui, ladite fomme de trente mille livres en acquifition d'une Terre fituée
dans le reffort du Parlement de Paris, & d'en fournir à ladite Dame My,
ou audit fieur Bou, pour elle, les quittances d'emploi, avec privilege fpécial fur ladite Terre, & toutes les pieces néceffaires pour faire valider ledit privilege, à peine de rachat de ladite rente, ainfi qu'il eft ftipulé par
ladite procuration ; & pour plus grande fûreté à ladite Dame My, efdits
noms, & lui faciliter le payement des arrerages defdites quinze cens livres
de rente, ledit fieur Mar pour lefdits Sieur & Dame Cardin, en vertu de
leurdite procuration, confent & accorde par ces prefentes, que ladite Dame
My, ou ledit fieur Bou pour elle, les reçoive de terme en terme, ou de
fix mois en fix mois, des mains de   Locataire de
ladite Maifon, rue   & fur les loyers d'icelle ; & des
autres Locataires qui lui fuccederont, tant que ladite rente aura cours ;
defquels loyers, à quelque fomme qu'ils puiffent monter, ledit fieur Mar,
audit nom de Procureur defdits Sieur & Dame Cardin, fait toute ceffion &
tranfport à ladite Dame My, efdits noms, ou audit fieur Bou, pour elle,
jufqu'à dûe concurrence, fans que lefdites ceffion & tranfport puiffent empêcher l'effet & exécution des prefentes, ni ladite Dame My, de fe pourvoir à l'encontre & fur les biens defdits Sieur & Dame Cardin, fi bon

lui femble, déclarant ledit sieur Bou, audit nom, que ladite somme de trente mille livres est la même qu'il a reçue de Monsieur de Barny, pour l'acquisition de l'Office de   dont ledit défunt sieur My étoit pourvû, & vendu audit sieur de Barny, tant par ledit sieur Bou, audit nom, que par Monsieur de Bessy, ci-après nommé; faisant ledit sieur Bou, audit nom, la presente déclaration, pour servir de remploi de ladite somme de trente mille livres, pour la plus grande sûreté de ladite Dame My ; ce fait en la presence & du consentement d'Etienne

demeurant   au nom & comme Procureur d'Henry My   ayeul & subrogé Tuteur desdits mineurs, fondé de sa procuration à lui passée, déposée pour minute à l'un des Notaires soussignés, le.   à ce faire est intervenu ledit sieur Cardin, demeurant.   lequel s'est obligé solidairement, sans division, &c. avec lesdits Sieur & Dame Cardin ses pere & mere, à la garantie, payement, cours & continuation de ladite rente tant en principal qu'arrerages, dont il fait son propre fait & dette envers ladite Dame My, esdits noms, à quoi il oblige solidairement, comme dit est, tous ses biens, meubles, &c. & spécialement sadite Charge de   que lui & ledit sieur Mar, pour lesdits Sieur & Dame Cardin, en vertu de leurdite procuration, ont déclaré franche & quitte; s'obligeant ledit sieur Cardin, de ratifier le present Contrat, lors de sa majorité, & sans que le défaut de ladite ratification puisse tirer à aucune conséquence, à l'exécution des presentes, pour lesquelles domicile est élû, &c.

Constitution par une femme séparée de biens d'avec son mari, tant
en son nom, que comme fondée de sa procuration, & en consé-
quence d'un avis de parens, portant pouvoir à elle d'emprun-
ter une somme, pour employer au payement de partie du prix
d'un Office pour leur fils, qui passe ladite constitution solidaire-
ment avec elle.

FURENT presens Dame Madeleine Buton, épouse séparée de biens de Messire François Dou, tant en son nom, que comme fondée de sa procuration passée pardevant   Notaires à le   & encore, en conséquence de l'avis des parens, & amis dudit sieur Dou, homologué par la Sentence du Châtelet de Paris, du   expediée par   Geffier, dont l'original, avec celui de ladite procuration, sont demeurés ci-joints; & Messire Joseph-Joachim-François Dou, fils desdits Sieur & Dame, majeur de vingt-cinq ans & plus, ainsi que ladite Dame sa mere & lui ont certifié & affirmé, demeurant   lesquels reconnoissent avoir créé & constitué, & promettent: Sçavoir, ladite Dame, esdits noms, & ledit sieur son fils solidairement, sans division, &c. garantir, fournir, &c. à Louis à ce present & acceptant, Acquereur pour lui, ses hoirs & ayans cause, trois mille livres de rente, que lesdits Sieur & Dame Constituans, esdits noms,

& solidairement, comme dit est, promettent de bailler & payer audit sieur Louis, ou au Porteur, &c. aux quatre quartiers de l'an accoûumes également, dont le premier échera pour portion de tems, au dernier prochain, & ainsi continuer tant que ladite rente aura cours, à l'avoir & prendre spécialement sur, &c. & généralement sur tous leurs autres biens, meubles & immeubles, presens & à venir, qu'ils ont pour ce solidairement, comme dit est, obligés & hypotequés à ladite rente pour la garantir, fournir & faire valoir bonne & bien payable ausdits quatre quartiers, comme dit est, nonobstant toutes choses à ce contraires, une obligation ne dérogeant à l'autre; tous lesquels biens, tant spécialement que généralement obligés, lesdits Dame & Sieur Constituans ont déclaré francs & quittes de toutes dettes & hypoteques jusqu'à ce jour; consentant qu'au cas qu'il fût justifié du contraire, d'être solidairement contraints au rachat de ladite rente, comme Stellionataires, pour de ladite rente jouir par ledit sieur Acquereur, &c. Cette constitution faite moyennant la somme de soixante mille livres, que lesdits Dame & Sieur Constituans confessent avoir reçue, &c.

Déclarant lesdits Dame & Sieur Constituans, que ladite somme de soixante mille livres est pour employer au payement du prix de l'Office de   dont ladite Dame Dou est sur le point de traiter avec   pour en faire pourvoir ledit sieur son fils, Droits de Marc d'or, & autres; promettant ladite Dame, esdits noms, de déclarer par le Contrat d'acquisition dudit Office & quittance qu'elle retirera, que les deniers proviennent de la presente constitution, afin que ledit sieur Louis ait hypoteque & privilege spécial sur ledit Office, ainsi que lesdits Dame & Sieur Constituans le consentent & accordent dès-à-present, comme pour lors; copie duquel Contrat d'acquisition & quittance contenant lesdites déclaration & subrogation, lesdits Dame & Sieur Constituans promettent de fournir dans un mois prochain audit sieur Acquereur, à peine d'être solidairement contraints au remboursement de ladite rente, & de tous dépens, &c. laquelle rente sera & demeurera rachetable à toujours, en rendant & payant en une fois & seul payement pareille somme de soixante mille livres, en avertissant dudit rachat un mois auparavant, & en payant les arrerages lors dûs, frais, mises & loyaux-coûts; le tout en especes sonnantes & non autrement; & seront tenus lesdits Dame & Sieur Vendeurs Constituans, de payer le Droit annuel dudit Office, & fournir copie collationnée de la quittance qui en sera retirée quinzaine après ledit payement fait, aussi à peine de rachat, &c. Et pour l'exécution, &c.

Constitution passée par un mari & sa femme, contenant plusieurs clauses particulieres.

FURENT presens Louis Bou   & Dame Françoise L. P. Bou son épouse, de lui séparée quant aux biens, & néanmoins de lui autorisée pour l'effet des presentes, demeurant   lesquels ont vendu, créé & constitué, & promettent solidairement, &c. garantir de

tous troubles, &c. à Jean Perret   demeurant
à ce preſent, Acquereur pour lui, ſes hoirs, &c. mille livres de rente, que
leſdits Sieur & Dame Conſtituans promettent ſolidairement, comme deſſus, de payer audit Acquereur en ſa demeure à Paris, ou au Porteur, &c.
par chacun an aux quatre quartiers également, dont le premier, pour portion
de tems, échera au   & ainſi continuer juſqu'au
rachat de ladite rente, à l'avoir & prendre ſpécialement ſur le fonds & proprieté de la Terre & Seigneurie de Met, qui a été donnée audit Bou, en
faveur & par ſon Contrat de mariage avec ladite Dame de Vil, paſſé pardevant   & ſon Confrere, Notaires à Paris, le
par Meſſire Louis de Bou, Seigneur dudit lieu, & Dame Claude Coman
ſon épouſe, ſes pere & mere, qui s'en ſont réſervé l'uſufruit leur vie
durant, au lieu duquel ils lui ont délegué par chacun an, ſix mille livres, à prendre ſur les loyers de quatre Maiſons à eux appartenantes,
ſiſes rue   louées à différens Particuliers; leſquels
ſix mille livres ledit ſieur Bou a cedé à ladite Dame ſon épouſe, en déduction des interêts de la créance qu'elle a ſur lui. Plus, ſur la moitié, par
indivis, des biens ci-après, provenans de la ſucceſſion de Meſſire Simon de
Vil, pere de ladite Dame de Vil: Sçavoir, les Terres de Bonnet, Paulin,
Villet, Pontin, Simonil, Courtille & Cominel, ſituées, l'une proche de
l'autre, en   produiſant environ quinze mille livres de rente, & de
ſix mille livres de rente en trois parties, conſtituées ſur les Aydes & Gabelles,
le même jour   dont le ſieur
eſt Payeur, laquelle moitié de biens ci-deſſus appartient à ladite Dame de Vil, comme heritiere pour pareille portion dudit ſieur de Vil
ſon pere.
Plus, ſur quinze cens livres de rente auſſi conſtituée ſur les Aydes &
Gabelles, ledit jour   provenant de la même ſucceſſion,
appartenante à ladite Dame, ſuivant l'acte paſſé entr'elle, Monſieur Louis
Dubois, & Dame M. A. de Vil ſon épouſe, ſœur de ladite Dame de Vil;
icelles Dame Louiſe P. & M. A. de Vil, ſeuls enfans dudit ſieur de Vil, par
lequel a été dit que leſd. Sieur & Dame Bou, Sieur & Dame Dubois certifient
qu'ils ne connoiſſent autres dettes audit ſieur de Vil, que celles contenues en
l'état & audit acte du
Plus, ſur leſdites ſix mille livres que ladite Dame a droit de prendre par
chacun an, ſur leſdites quatre Maiſons, comme Ceſſionnaire dudit ſieur ſon
mari, & généralement ſur tous les autres biens, meubles & immeubles, preſens & à venir deſdits Sieur & Dame Conſtituans, qu'ils ont ſolidairement,
comme deſſus, affectés, obligés & hypotequés, pour garantir, &c. ſans
qu'une obligation déroge à l'autre.
Deſquels biens leſdits Sieur & Dame Conſtituans ne pourront diſpoſer &
en recevoir aucun rembourſement, qu'en la preſence dudit ſieur Perret,
tant qu'il ſera leur créancier, à peine, en cas de défaut, d'être ſolidairement
contraints au rachat de ladite rente.
Affirmant leſdits Sieur & Dame Conſtituans, que tous les biens ci-deſſus
ſpécialement déſignés, leur appartiennent librement, & qu'ils ne ſont grevés,
ni chargés d'aucunes ſubſtitutions, & que ladite Dame n'eſt point obligée à

d'autres dettes que celles qui suivent : Sçavoir, à, &c. (*Il faut dire en cet en-*
droit à quel titre & les dattes.) Affirmant aussi lesdits Sieur & Dame Constituans, que les dattes des créances ci-dessus expliquées, sont véritables ; que
ladite Dame Dubois a eu en mariage autant que ladite Dame Bou, qu'elles
sont toutes deux égalées, & qu'elles ont également dans les biens dudit sieur
leur pere, de quoi elles sont convenues dans ledit acte du
Pour de ladite rente jouir par ledit sieur Perret, comme de chose à lui appartenante. Cette constitution faite moyennant la somme de vingt mille
livres, que lesdits Sieur & Dame Constituans confessent avoir reçue dudit
sieur Perret, qui la leur a payée & comptée, &c. rachetables à toujours. lesdites mille livres de rente, en rendant & payant à une fois & un seul payement, & en avertissant par écrit un mois auparavant, pareille somme de
vingt mille livres, avec les arrerages qui en seront lors dûs & échûs, frais,
mises & loyaux-coûts, & ceux des oppositions qui pourroient être formées
annuellement, si bon semble, audit sieur Perret ; & sera ledit rachat, ainsi
que le payement des arrerages de ladite rente, fait en especes d'or & d'argent,
nonobstant tout ce qui pourroit être ci-après ordonné dans le commerce,
être admis pour argent comptant, à quoi lesdits Sieur & Dame Constituans ont expressément renoncé, ainsi qu'à toutes Lettres d'Etat & autres sur-
séances.

Et promettent lesdits Sieur & Dame Constituans sous ladite solidité,
employer ladite somme de vingt mille livres : Sçavoir, quatorze mille livres au payement des dettes dudit sieur de Vil, énoncées audit acte dudit
jour   qui doivent être payées par ladite Dame de Vil ; lesdits
Sieur & Dame de Vil s'étant obligés d'acquitter les dispositions testamentaires dudit feu sieur de Vil, jusqu'à concurrence de pareille somme, & six
mille livres au payement des plus anciennes dettes hypotequaires énoncées
dans l'affirmation ci-dessus faite par lesdits Sieur & Dame de Vil, par le present Contrat, des dettes ci-dessus énoncées, & par les quittances qu'ils en
retireront, déclarer que le payement desdites dettes aura été fait des deniers
provenans de la presente constitution, afin que ledit sieur Acquereur demeure
subrogé aux droits de ceux des créanciers payés, ainsi que lesdits Sieur &
Dame Constituans le consentent & accordent, & à cet effet, mettre ès mains
dud. sieur Acquereur, autant desquelles quittances, portant lesd. déclarations,
& subrogations, seront délivrées audit Sr. Perret, pour justifier la nature & la
datte de leurs créances, & toutes autres pieces nécessaires pour établir ladite subrogation, dans quinze jours prochains, même de fournir dans six mois
aussi prochains, un extrait du partage qui sera fait des biens dudit sieur de
Vil, contenant ceux qui seront échus à ladite Dame de Vil, dans lesquels
biens seront compris au moins deux mille livres de rente sur les Aydes & Gabelles, faisant partie desdites six mille livres de rente qui restent en commun
entre ladite Dame Bou & ladite Dame Dubois, à peine, en cas de défaut,
d'être solidairement contraints, &c.

Et néanmoins, s'il restoit dû au créancier plus ancien hypotequaire de ladite Dame de Vil, qui recevra les deniers de la presente constitution, encore
quelque chose, s'il y a minute de son titre, l'on en fournira copie collationnée, avec condition, que lorsqu'on achevera de le payer, d'en déposer la

grosse à un Notaire, & s'il n'y a point de minute, on lui fera dépoier l'original de son titre chez un Notaire, & pour plus grande sûreté audit Acquereur du principal & arrerages desdites mille livres de rente-ci-dessus constituée, lesdits Sieur & Dame Bou lui ont solidairement, comme dit est, cedé & transporté, avec promesse de garantir, même des faits du Prince, fournir & faire valoir, même de payer de six mois en six mois, à faute de ce faire par le sieur Receveur & Payeur des Rentes ci-après énoncées, pareilles mille livres de rente par chacun an, dont ledit sieur Acquereur recevra les arrerages, à commencer du   & ainsi continuer à l'avenir.; lesdites mille livres de rente, ci-dessus transportées, à prendre dans lesdites quinze cens livres de rente sur les Aydes & Gabelles, constituée audit sieur de Vil, par Contrat passé pardevant   le   dont ledit sieur   est Payeur, duquel Contrat lesdits Sieur & Dame Bou délivreront expedition audit sieur Acquereur, avec des Lettres de ratification en bonne forme, scellées sans opposition sur le présent Contrat; ensemble, copie de l'intitulé d'inventaire fait après le décès dudit sieur de Vil, & ce dans quinzaine, à peine, &c. en conséquence desdites présentes & desdites Lettres de ratification, ledit sieur Perret aura privilege & préference sur le principal & arrerages desdites mille livres de rente, faisant partie desdites quinze cens livres, à l'exclusion de tous autres créanciers desdits Sieur & Dame Bou, sans que sous prétexte de ladite succession, ledit sieur Perret soit tenu de faire aucunes poursuites ni diligences, ni garantir quoique ce soit, ni que cela l'empêche de se pourvoir à l'encontre & sur les autres biens desdits Sieur & Dame Bou, ainsi qu'il avisera bon être; & seront les frais desdites Lettres, même de l'immatricule qui sera faite en conséquence du présent Contrat, & des pieces qu'il conviendra fournir au Payeur pour y parvenir, faits aux frais desdits Sieur & Dame Bou: Et pour l'exécution, &c.

Ordinairement quand un Vendeur délegue une rente à l'Acquereur, celui-ci s'oblige d'en faire le rachat, ou de l'en faire décharger par le créancier, s'il veut bien l'accepter pour homme & débiteur, en réservant son privilege seulement sur la chose vendue : En ce cas, on met à la fin : *Ce qui a été accepté par ledit Jacques, lequel a déchargé ledit Claude & sa femme de ladite constitution, en principal & arrerages, sans néanmoins par lui déroger à sondit Contrat de constitution, pour les hypoteques & privileges qui en résultent.*

Quand le débiteur d'une rente en veut faire le rachat, & que celui à qui il est dû le refuse; il doit lui faire donner assignation, à comparoir en l'Etude d'un Notaire, pour recevoir le rachat de la rente qu'il lui doit, à certain jour & heure; & en cas que le créancier soit défaillant, le débiteur doit prendre acte de sa comparution, avec protestation, suivant la formule suivante.

Mais suivant la Jurisprudence introduite depuis les diminutions qu'il y a ci-devant eu sur les especes, le débiteur doit faire des offres réelles & à deniers découverts à son créancier, de se trouver un tel jour en l'Etude d'un Notaire, apporter ses deniers chez le Notaire, le jour indiqué, prendre acte de défaut, le faire assigner au Châtelet, pour faire déclarer les offres valables, exhiber son argent à découvert au Châtelet; & Monsieur le Lieutenant Civil donne acte de ses offres, & ordonne qu'il sera déposé chez le Notaire. On le dépose & on prend acte.

Acte de Comparution, d'Offres & Protestations, pour raison d'un rachat de Rente.

L'AN, &c. jour de deux heures de relevée, est comparu pardevant les Notaires à Paris soussignés, en l'Etude de l'un d'eux, Maître Pierre Duchesne, Avocat en la Cour, demeurant à Paris rue lequel a dit & déclaré qu'il a fait donner assignation à Maître Claude du Fresnoy, aussi Avocat en la Cour, portant offres réelles, & à deniers découverts, par exploit de Huissier contrôlé le à comparoir cedit jour, lieu & heure, pour recevoir le remboursement de quatre cens livres de rente, au principal de la somme de huit mille livres, & six cens livres pour une année & demie d'arrerages de ladite rente, échûs cedit jour, laquelle rente ledit Maître Pierre Duchesne s'est chargé de payer en l'acquit de Nicolas Février & Marie Gervais sa femme, suivant & en conséquence du Contrat de vente à lui faite par lesdits Nicolas Février & Marie Gervais sa femme, d'une Maison, Jardin & heritages sis à passé pardevant Notaires audit Châtelet le en lui fournissant quittance & décharge valable, avec le Contrat de constitution de ladite rente & piéces que ledit Maître Claude du Fresnoy a entre ses mains concernant ladite rente & consentement des décharges des minutes & grosses, subrogeant aussi ledit Maître Pierre Duchesne en son lieu & place, droits, noms, raisons, actions, privileges & hypoteques; & à l'effet duquel rachat & payement de ladite rente & arrerages, ledit Maître Pierre Duchesne a fait apporter en ladite Etude, & a exhibé auxdits Notaires sept sacs pleins d'or & d'argent, qui ont été déliés, l'argent compté & découvert; & après avoir attendu en ladite Etude, depuis ladite heure de deux heures après midy jusqu'à celle des quatre sonnées, & que ledit Maître Claude du Fresnoy n'y seroit venu, ni comparu, ni personne pour lui, ledit Maître Pierre Duchesne a requis acte de sa comparution, & du défaut de comparoir & de venir recevoir ledit remboursement & arrerages par ledit Maître Pierre Duchesne, & de la protestation qu'il fait que ladite rente cessera & n'aura plus cours, dé ce jourd'hui à l'avenir; & pour cet effet, qu'il se pourvoira pardevant Monsieur le Lieutenant Civil au Châtelet, pour être ordonné ce

qu'il appartiendra; persistant au surplus aux protestations portées à ladite sommation, qu'il réitere, ce qui lui a été octroyé par lesdits Notaires en l'Etude dudit   l'un d'iceux, ledit jour
quatre heures après midy; & a signé.

Rachat par le Débiteur d'une Rente constituée.

EN presence des Notaires à Paris soussignés   a reconnu & confesse avoir reçu de Jean   demeurant, &c. à ce present, qui lui a presentement payé, compté, nombré, & réellement délivré en louis d'or & d'argent ayant cours, en presence des Notaires soussignés, la somme de six mille soixante-quinze livres: Sçavoir, six mille livres pour le rachat de trois cens livres de rente constituée par ledit Jean au profit dudit Claude, par Contrat passé pardevant   Notaires audit Châtelet de Paris, le   pour les causes y contenues, & soixante-quinze livres pour les arrerages de ladite rente échûs ce jourd'hui; de laquelle premiere somme de six mille soixante-quinze livres, ledit Claude se tient content, & quitte ledit Jean, & de tous les arrerages du passé jusqu'à cedit jour, & lui a rendu presentement la grosse en parchemin dudit Contrat de constitution, consentant sur icelle, la minute & autres pieces que besoin sera, mention des presentes être faite en son absence par tous Notaires requis. Promettant, &c.

Clause quand un des cc-Obligés fait le rachat.

Et attendu que ledit sieur Jean rembourse de ses deniers, il aura son recours & répetition pour ledit principal & arrerages contre François co-Obligé à ladite rente, lequel en est seul tenu & débiteur, & a promis de l'en acquitter par acte d'indemnité passé pardevant
Notaires audit Châtelet, le   & pour cet effet, à la réquisition dudit Jean, ledit Claude l'a par ces presentes mis & subrogé en son lieu & place, droits, hypoteques, privileges, noms, raisons & actions jusqu'à dûe concurrence, sans toutefois qu'il soit tenu d'aucune garantie, restitution de deniers, ni recours quelconques, pour le soutien de laquelle subrogation, il lui a presentement remis & délivré la grosse en parchemin dudit Contrat de constitution, & consent que sur icelui & sa minute, il soit fait sommaire mention des presentes par tous Notaires requis, sans que sa presence y soit necessaire. Promettant, &c.

Quittance de rachat, pour mettre sur la minutte d'un Contrat de constitution.

Ledit Claude nommé au Contrat de Constitution ci-dessus, reconnoît avoir reçu dudit Jean, aussi y nommé, à ce present, qui lui a payé, compté, délivré en presence des Notaires soussignés, en louis d'or, &c. la somme de six mille livres pour le rachat de la rente de trois cens livres, constituée par ledit Contrat ci-dessus, de laquelle somme de six mille
livres

livres, ledit Claude quitte & décharge ledit Jean, & des arrerages de ladite rente restans à payer du passé jusqu'à present, & lui a présentement rendu la grosse dudit Contrat, sur laquelle & sa minute, il consent mention être faite des présentes en son absence, par tous Notaires requis. Promettant, &c.

Promesse avec Caution de racheter une Rente constituée pour cause de Stellionat.

FURENT présens Maître Charles, &c. d'une part ; Jacques & Jean, & leurs femmes, d'autre part : Disant les Parties, que par Contrat passé pardevant &c. le, &c. lesdits Jacques & Jean, & leurs femmes auroient constitué audit Maître Charles deux cens livres de rente, moyennant la somme de quatre mille livres qu'il leur auroit prêtée, au payement & continuation de laquelle rente, ils auroient obligés spécialement plusieurs Maisons & heritages qu'ils auroient déclarés francs & quittes, & n'être chargés ni hypotequés à aucunes dettes, sinon de cens, charges foncieres & anciennes ; & néanmoins ledit Maître Charles auroit découvert depuis peu de tems, que lesdites Maisons & heritages auroient été par eux & par leurs pere & mere obligés & hypotequés à plusieurs rentes precedentes: Sçavoir, de cent livres de rente envers Maître Claude, &c. par Contrat du, &c. *Item,* &c. au moyen de quoi, ledit Maître Charles auroit présenté Requête à Monsieur le Lieutenant Civil au Châtelet de Paris, en vertu d'icelle fait assigner lesdits Jacques & Jean, & leurs femmes, pour voir ordonner qu'ils seroient contraints par saisies de leurs biens & emprisonnement de leurs personnes, comme stellionataires, à racheter lesdites deux cens livres de rente, & payer les arrerages, frais & loyaux-coûts ; ce que voyant lesdits Jacques & Jean, & leurs femmes, qu'ils ne pouvoient éviter ladite condamnation, auroient supplié ledit Maître Charles, & icelui requis de leur donner terme pour faire ledit rachat, & que cependant, pour sa plus grande sûreté, ils lui donneroient Caution ; à quoi ledit Maître Charles, à leur priere & requête, & pour éviter à Procès & à frais, auroit consenti, & sur ce, les Parties sont convenues de ce qui ensuit : Sçavoir, que lesdits Jacques & Jean, & leurs femmes d'eux autorisées, ont promis & se sont obligés, qu'ils ne présentes, l'un pour l'autre, chacun d'eux seul pour le tout, sans division, &c. audit Maître Charles de lui racheter lesdites deux cens livres de rente, ce faisant, lui rendre & payer ladite somme de quatre mille livres dans trois mois prochains pour tout délai, avec les arrerages qui en seront lors dûs & échûs, & cependant, pour plus grande assurance audit Maître Charles, ont présenté pour Caution de ce que dessus, le sieur Guillaume, &c. à ce présent & intervenant, lequel s'est volontairement par ces présentes, obligé avec lesdits Jacques & Jean, & leurs femmes, l'un pour l'autre, lui seul pour le tout, &c. *le reste comme aux autres interventions de Caution.* Car ainsi, &c.

Avant de finir ce Chapitre, nous allons expliquer ce que c'est que reconstitution.

De la Reconstitution.

LA reconstitution n'est, à proprement parler, qu'une constitution ordinaire à prix d'argent, avec déclaration d'emploi, qui est effectué par le même acte.

L'effet de la reconstitution est d'operer une subrogation en faveur du Prêteur, au lieu & place du créancier remboursé.

Il y a cette différence entre le transport & la reconstitution, que dans le transport la rente transportée reste sujette aux dettes de celui qui la transporte, à moins qu'on ne purge ces dettes par un décret, & que dans la reconstitution le créancier, au lieu de faire un transport recevant le remboursement des mains de son débiteur, subrogeant celui qui vient de prêter ses deniers pour faire ce remboursement, la rente est totalement affranchie des dettes du créancier remboursé, & le nouveau créancier n'en est pas moins subrogé en tous les droits & privileges de l'ancien.

Si de plusieurs co-Obligés à une même rente, un seul emprunte pour la rembourser, la question étoit de sçavoir, si au moyen de la subrogation, le nouveau créancier avoit droit contre les co-Obligés qui n'avoient point emprunté de lui.

Cette question se trouve décidée en faveur du nouveau créancier par l'arrêté de la Cour sur les subrogations, du 6 Juillet 1690, dont nous avons rapporté la teneur dans le Chapitre IV. du huitiéme Livre de cet Ouvrage.

Formule de Reconstitution.

FURENT presens M. Jacques Dubois & Louise sa femme qu'il autorise, demeurans, &c. Lesquels ont créé & constitué, & promis solidairement sous les renonciations ordinaires aux bénéfices de droit, garantir, fournir & faire valoir en principal & arrerages à M. Charles le Doux, demeurant, &c. à ce present & acceptant, Acquereur pour lui & ses ayans cause, mille livres de rente annuelle, que lesdits Sieur & Damoiselle Constituans s'obligent sous ladite solidité de payer audit sieur le Doux & à ses ayans cause en leur demeure à Paris, ou au Porteur, &c. aux quatre quartiers de l'an accoutumés, & également, dont le premier pour portion de tems à compter de ce jour, échera & se fera au dernier Septembre prochain, & ainsi continuer de quartier en quartier, tant que ladite rente aura cours.

A l'avoir & prendre spécialement & par privilege, & avec hypoteque du attendu l'emploi ci-après déclaré, fur une Maifon fife à Paris, rue Saint Honoré, acquife par lefdits Sieur & Dame Conftituans du fieur de Saint-Leu, par Contrat paffé de- vant le moyennant 40000 livres, dont 20000 livres ont été payées comptant, & pour les 20000 livres reftantes a été conftitué 1000 livres de rente privilegiée fur ladite Maifon, & ra- chetable de même fomme de vingt mille livres, & généralement fur tous les autres biens, meubles & immeubles, prefens & à venir, defdits Sieur & Damoifelle Conftituans, qui ont le tout affecté, obligé & hypotequé à la garantie de ladite rente, & à la fournir & faire valoir bonne & bien paya- ble à toujours, fans aucune diminution, nonobftant toutes chofes contraires, fans qu'une obligation déroge à l'autre ; pour par ledit fieur le Doux & ayans caufe, jouir de ladite rente à leur volonté.

Cette conftitution faite moyennant la fomme de vingt mille livres, que lefdits fieur Dubois & fa femme reconnoiffent avoir reçue dudit fieur le Doux, qui leur a payé & réellement délivré ladite fomme en efpeces d'or & d'argent ayans cours, à la vûe des Notaires fouffignés, dont ils font contens & quittent ledit fieur le Doux, au profit duquel & ayans caufe, ils fe font deffaifis de tous leurfdits biens jufqu'à concurrence du principal & des arrerages de ladite rente, dont le rachat pourra toujours être fait, en rendant & payant pour fon principal, pareille fomme de vingt mille livres, avec les arrerages qui pourroient lors s'en trouver dûs, tous frais & loyaux-coûts ; le payement defquels arrerages, ainfi que le rembourfement du principal ne pourront être faits qu'en efpeces fonnantes d'or & d'argent, &, fans aucuns billets ni autres effets, nonobftant les Edits, Déclarations & Arrêts qui pourroient en introduire le cours dans le commerce, à la fa- veur defquels lefdits Sieur & Damoifelle Conftituans ont dès-à-prefent renoncé, comme condition effentielle à ces prefentes, ceffant laquelle ils reconnoiffent que ledit fieur le Doux n'eût point ainfi aliéné, ni même prêté ladite fomme de vingt mille livres, qui va être employée au rem- bourfement des mille livres de rente reftant dûs, comme dit eft, audit fieur de Saint-Leu.

Pour effectuer lequel emploi, eft intervenu M. Michel de Saint-Leu, demeurant, &c. lequel a reconnu avoir prefentement reçu defdits Sieur & Damoifelle Dubois en efpeces ayans cours, réellement délivrées à la vûe defdits Notaires fouffignés, la fomme de vingt mille fix cens vingt livres: Sçavoir, 20000 livres des mêmes deniers qu'ils viennent d'emprunter du- dit fieur le Doux, pour le rembourfement des mille livres de rente qui lui reftent-dûs par lefdits Sieur & Damoifelle Dubois du prix de ladite Mai- fon qu'il leur a vendue par ledit Contrat du & 620 livres des deniers defdits Sieur & Damoifelle Dubois, pour les arre- rages de ladite rente échus depuis le premier Janvier dernier jufqu'à ce jour, de laquelledite fomme de 20620 livres, ledit fieur de Saint Leu eft content, & en quitte lefdits Sieur & Damoifelle Dubois, à la réquifition defquels il a fubrogé, fans garantie, reftitution de deniers ni recours quel- conque, ledit fieur le Doux en fon lieu & place, droits, noms, raifons, actions, privilege & hypoteque, & pour le soutien de la subrogation, il a presentement délivré audit sieur le Doux, la grosse dudit Contrat de vente contenant ladite constitution en datte dudit jour

sur laquelle grosse, ainsi que sur sa minute, & toutes autres pieces que besoin sera, les Parties consentent qu'il soit fait mention des presentes en leur absence par tous Notaires qui en seront requis.

Car ainsi, &c.

CHAPITRE XIX.

De la Rente fonciere, ou du Bail d'Heritage à Rente & à Cens.

LE Bail d'heritage à rente & à cens, est un Contrat par lequel on abandonne le fonds d'un heritage, moyennant une rente annuelle & fonciere que le Preneur s'oblige de payer; laquelle n'est pas rachetable de sa nature, & dont le Preneur ne se peut décharger qu'en délaissant & abandonnant le fonds.

Ce Contrat emporte une espece d'aliénation, & transfere toute la proprieté de l'heritage en la personne de l'Acquereur, & ce pour toujours, en quoi il differe du Bail emphitéotique, qui ne transfere le Domaine utile, qu'à condition qu'après un long-tems il retournera au Bailleur.

Ce Contrat se fait moyennant une redevance en argent ou en grain, que le Bailleur se réserve dessus son heritage, & que le Preneur s'oblige de lui payer par chacun an.

Cette rente est appellée *fonciere*, parce qu'elle est pour le fonds, & en tient lieu au Bailleur, à la difference de la rente qui est simplement constituée à prix d'argent, dont nous avons parlé dans le Chapitre precedent.

Ainsi, la rente fonciere est subrogée au lieu & place de l'heritage, & au Bailleur de même qualité qu'étoit l'heritage propre ou acquêt.

C'est par cette raison que ces rentes foncieres sont de leur nature non rachetables, si ce n'est que par une clause du Contrat la rente ait été stipulée rachetable; auquel cas nos Coutumes considerent ce Contrat comme celui de vente, la rente ayant alors une condition résolutive.

Mais, quoique telles rentes foient ftipulées rachetables par les Preneurs à ce titre ; néanmoins après trente ans elles ne font plus rachetables, & la faculté du rachat eft preferite par ce tems, fuivant l'article 120 de la Coutume de Paris.

La raifon eft, que la rente du Bail d'heritage eft non rachetable de fa nature, & que la faculté du rachat ftipulée dans un Contrat, ne produit qu'une action perfonnelle, laquelle s'éteint par cet efpace de tems ; enforte que l'action étant éteinte, il n'y a plus lieu de fe fervir de la convention appofée au Contrat, laquelle devient inutile, parce que l'on ne peut plus en demander l'exécution.

Cet article fouffre une exception, laquelle eft contenue dans l'article 121, qui porte : *Que les rentes de Bail d'heritage fur Maifons fifes en la Ville & Fauxbourgs de Paris, font à toujours rachetables, fi elles ne font les premieres après le cens & fonds de terre,* c'eft-à-dire, que le cens ne fe peut racheter, ce qui ne fouffre point de difficulté, ni les rentes lefquelles font impofées fur lefdites Maifons de la Ville & Fauxbourgs de Paris, après le cens ; mais à l'égard des autres rentes foncieres qui font après le cens & l'impofition des premieres rentes foncieres, elles font rachetables, ainfi que M. de Ferriere a dit dans fon Commentaire fur la Coutume de Paris.

Quand des rentes font conftituées à prix d'argent fur les heritages payables, foit en argent, grain, bled, ou autres efpeces, quoiqu'elles foient dites non-rachetables, néanmoins elles font rachetables, parce que toutes rentes conftituées à prix d'argent font toujours rachetables, & le rachat ne s'en peut point preferire.

C'eft ce que dit l'article 119 de la même Coutume, qui porte : *Que faculté de racheter une rente conftituée à prix d'argent, ne fe peut preferire par quelque laps de tems que ce foit ; mais font telles rentes rachetables à toujours, encore qu'il y ait cent ans.*

Et l'Ordonnance de Charles IX. à Tours du 29 Novembre 1565, ordonne la réduction des rentes conftituées en bled à prix d'argent, à raifon du denier douze, qui étoit le denier des rentes dans ce tems-là ; voulant que telles rentes fuffent rachetables, quoique payables en bled, grains ou autres efpeces.

La rente du Bail d'heritage eft donc non rachetable, quand un heritage eft donné à la charge d'une rente, avec ftipulation pour le Bailleur, que le Preneur ne pourra point racheter ladite rente.

Cette charge eſt plus réelle que perſonnelle; car c'eſt proprement une charge, laquelle eſt impoſée ſur la choſe, enſorte que la choſe ne peut être transferée qu'à la charge de cette rente, & c'eſt pour cette raiſon que le Preneur n'eſt tenu de payer cette rente que tant qu'il eſt Détenteur de l'heritage qu'il a pris à cette charge, & qu'il peut déguerpir l'heritage, quoiqu'il en ſoit Preneur, ſans être tenu des arrerages de la rente à l'avenir.

C'eſt ce que dit la Coutume de Paris en l'article 106, qui porte: *Que ſi aucun a pris un heritage à cens ou à rente à certain prix par chacun an, il y peut renoncer en Jugement, Partie preſente ou appellée, en payant tous les arrerages du paſſé & le terme enſuivant, quoique par Lettres il eût promis payer ladite rente, & obligé tous ſes biens.*

Il eſt donc ſans difficulté, en conſéquence de cet article, que celui qui a pris un heritage à cens ou à rente, le peut abandonner, déguerpir & délaiſſer à celui duquel il l'a pris à cens ou à rente, quoique par le Contrat il ait promis de payer ladite rente, & que pour cet effet, il ait obligé, affecté & hypotequé tous ſes biens.

La raiſon eſt, que telle promeſſe s'entend tant qu'il ſera Proprietaire de l'heritage: car cette hypoteque n'eſt cenſée conſtituée ſur les biens du Preneur, que pour la ſûreté du payement des arrerages de la rente, pour laquelle il eſt perſonnellement obligé, ainſi qu'il eſt dit dans l'article 99 de la même Coutume.

Cependant (dit Leſchaſſier) pourquoi ne pas rendre cette faculté réciproque? Le Bailleur ne doit-il pas également rentrer en rembourſant les améliorations & les amendemens, puiſqu'entre correlatifs il y a parité de raiſon? Le Fermier ou Preneur le peut, ſelon la Loi municipale, le Bailleur & le Maître ne le pourra-t'il pas? L'experience de ceux qui ont des rentes de cette nature ſur des Païſans, apprend que la Loi doit être commune. Le Païſan ne déguerpit que quand il a tout ruiné, & le créancier qui a les mains liées, attend que ſon bien ſoit déterioré & abandonné pour le pouvoir reprendre.

Le Bail d'heritage fait la rente fonciere, ſoit qu'il ſoit pur & ſimple, ou qu'il ſoit mêlé du Contrat de vente, comme quand l'heritage eſt partie vendu, partie baillé à rente, & que l'Acquereur en paye certaine ſomme de deniers comptans, & outre s'oblige & promet payer ſur icelui certaine redevance par chacun an pour le reſtant du prix.

Pareillement, quand le Bail à rente eft mêlé du Contrat d'échange, comme quand la rente eft ftipulée pour la plus value & au lieu de la foulte d'heritage contr'échangé; comme auffi fi la rente fonciere eft créée par un partage, comme quand au lieu de foulte de partage en deniers, l'un des co-Partageans qui a le plus fort lot, promet payer à l'autre certaine rente par châcun an fur l'heritage qui eft tombé dans fon lot, chargeant ledit heritage de cette rente. Telle rente eft une rente fonciere.

Quelquefois auffi le Bail à rente eft mêlé de tranfaction & de donation.

L'effet du Bail à rente eft de transferer entierement la poffeffion de l'heritage à la perfonne du Preneur.

Il faut obferver que les heritages ne fe donnent à cens que par ceux qui font Proprietaires de Fiefs, & que tout Proprietaire d'heritage cenfuel ne le peut pas donner à cens, mais à rente fonciere; & qu'un Seigneur de Fief, peut donner à cens jufqu'aux deux tiers des Terres féodales de fon Fief, fuivant l'article 51 de la Coutume de Paris. M. de Ferriere a traité ces matieres dans fon traité des Fiefs, où je renvoye le Lecteur.

Il faut encore obferver que la rente fonciere peut être rachetable, mais que le cens ne le peut être, comme nous avons dit ci-deffus.

Il y a plufieurs differences entre les rentes foncieres Seigneuriales, & celles qui ne le font pas; fur quoi voyez Loyfeau, livre 1 des Rentes, chapitre 5.

Il y a auffi plufieurs differences entre les rentes foncieres & les rentes conftituées; fur quoi voyez le même Loyfeau au lieu cité, chapitre 3, & Henrys, tome 1, livre 4, chapitre 6, queftion 68.

Pour ce qui eft du déguerpiffement, nous en parlerons ci-après dans un chapitre féparé.

Bail à Cens.

FUT préfent Jacques   Seigneur   demeurant à Paris,   lequel reconnoît avoir baillé & délaiffé par ces préfentes à titre de cens, profits de lods & ventes, faifines, défauts & amendes, quand le cas y échera, dès maintenant à toujours, & promet garantir de tous troubles & empêchemens généralement quelconques, à Claude   demeurant à   à ce préf.

fent & acceptant, Preneur audit titre, pour lui, fes hoirs & ayans caufe, deux arpens de terre, &c. audit lieu, &c. tenant d'une part, &c. lefdits heritages tenus & mouvans en la cenfive de ladite Seigneurie de
& chargés envers elle, par ces prefentes, de trois livres & un chapon pour chaque arpent, le tout de cens, payable par chacun an au jour de Saint Martin d'hyver; ledit cens portant droit de lods & ventes, faifines & amendes, quand le cas y échera, avec droit de retenue & fujets au Moulin de ladite Seigneurie de, &c. pour defdits deux arpens de terre jouir pleinement & paifiblement audit titre par ledit Preneur, fefdits hoirs & ayans caufe, comme bon leur femblera; ce Bail fait à la charge dudit cens & droits de bannalité. Plus, que ledit Preneur promet, & s'oblige faire bâtir & conftruire fur lefdits heritages dans un an & demi prochain de ce jourd'hui, une Maifon habitable, l'entretenir & maintenir par an toujours en bon état & valeur; tellement que fur icelle & fur le refte defdits heritages, ledit cens & droits y puiffent aifément être pris & perçus; ce que ledit Preneur s'oblige & promet faire & payer ledit cens audit Seigneur de
ou à fon Receveur, ou au Porteur, audit jour Saint Martin d'hyver, par chacun an, dont la premiere année de payement échera à pareil jour prochain, ou au jour que ledit Seigneur Bailleur fera faire fa recette en fadite Seigneurie de & ainfi continuer annuellement ledit payement, tant & fi longuement qu'il fera Détenteur & Poffeffeur defdits heritages, ou de partie & portion d'iceux, auquel payement ledit Preneur a obligé & hypotequé tous & chacuns fes biens, meubles & immeubles, prefens & à venir; convenu que fi ledit Preneur avoit manqué de faire bâtir & conftruire lad. Maifon dans le tems ci-deffus marqué; en ce cas, pourra led. fieur Bailleur, fi bon lui femble, rentrer de plein droit dans ledit heritage, fans pour raifon de ce, obferver aucune formalité de Juftice, demeurant néanmoins ces prefentes en leur force & vertu pour les arrerages qui en feront lors dûs à raifon dudit cens; lequel Preneur fera tenu en outre, de fournir à fes dépens, autant des prefentes en bonne forme audit Bailleur, dans huit jours; car ainfi, &c. & pour l'exécution, &c.

Bail à Rente de Vignes non-rachetable.

FUT prefent Louis Brouillet, demeurant &c. lequel reconnoît avoir baillé & délaiffé à titre de rente fonciere & de Bail d'heritages, & promet garantir de tous troubles & empêchemens généralement quelconques à Pierre Bigot & à Geneviéve fa femme, qu'il autorife à l'effet des prefentes, demeurans ordinairement à de prefent à Paris, logés à ce prefens, Preneurs pour eux audit titre, leurs hoirs, &c. arpens de Vignes fis à tenans d'une part à d'un bout à d'autre à ainfi que le tout fe pourfuit & comporte, dont lefdits Preneurs font contens pour les avoir vûs & vifités, appartenans audit Louis, comme heritier de fon coufin germain, par reprefentation de défunte fa mere décédée époufe de Louis fon pere; & à lui échûs par le partage fait des biens de défunte Damoifelle fa mere, paffé pardevant

Étant

étant en la cenfive des Seigneurs dont ils meuvent, & vers eux chargés de tels cens & Droits Seigneuriaux qu'ils peuvent devoir, que les Parties n'ont pû dire ni déclarer, de ce enquifes, pour fatisfaire à l'Ordonnance, pour tout & fans autres charges quelconques, quittes des arrerages dudit cens, du paffé, jufqu'à ce jourd'hui, pour par lefdits Preneurs, en jouir audit titre, en faire & difpofer ainfi qu'ils aviferont, à commencer de cedit jour, & à l'avenir; ce Bail fait à la charge defdits cens & redevances, dont lefdites Vignes font chargées, & outre, moyennant la fomme de de rente fonciere de Bail d'heritage non rachetable, premiere prife & perçuë après le cens que lefdits Preneurs promettent & s'obligent folidairement fans divifions, &c. de bailler & payer audit fieur Bailleur en fa demeure à Paris, ou au Porteur, &c. par chacun an, dont la premiere de payement fe fera d'hui en un an, à l'avoir & prendre fpécialement & par privilege & préference fur lefdites Vignes qui en font & demeurent chargées, affectées, & hypotequées, ainfi que tous & chacuns leurs autres biens, meubles & immeubles, prefens & à venir, une obligation ne dérogeant à l'autre; & feront tenus lefdits Preneurs, d'entretenir lefdites Vignes en tel & fi bon état que ladite rente y puiffe être aifément prife & perçuë par chacun an, comme dit eft, le tout pour garantir & faire valoir ladite rente bonne & bien payable, nonobftant toutes chofes à ce contraires, tranfportant, &c. deffaififfant, &c. voulant, Procureur le Porteur, &c. donnant pouvoir, &c. Et pour l'exécution, &c.

Bail à Rente rachetable d'une Maifon.

FUT prefent fieur Pierre Cornu demeurant lequel reconnoît avoir fait Bail à rente fonciere & de Bail d'heritage premiere prife & perçuë après le cens, promet garantir de tous troubles & empêchemens généralement quelconques au fieur C. Menedrieu demeurant à ce prefent & acceptant, Preneur pour lui, fes hoirs, &c. une Maifon fife au Village de & fes dépendances, tenant d'un côté à d'autre à pardevant à & par derriere à ainfi qu'elle fe pourfuit & comporte, le tout fuivant que lefdits lieux font défignés par le Procès verbal de vifite, prifée & eftimation qui en a été faite par Experts-Jurés à Paris, du & adjugés audit fieur Cornu, par Sentence dudit Châtelet, avec autres heritages du pour par ledit Preneur & fefdits hoirs, &c. jouir de ladite Maifon, Jardin, lieux & dépendances, à commencer de ce jourd'hui, & en faire & difpofer ainfi qu'ils aviferont, étant en la cenfive des Seigneur & Dame dont ils font mouvans, chargés envers eux des Droits Seigneuriaux que les Parties n'ont pû précifément dire ni déclarer, de ce enquifes, pour fatisfaire à l'Ordonnance, quittes des arrerages defdits cens & Droits Seigneuriaux du paffé, jufqu'à cedit jour. Ce Bail fait à la charge dudit cens, pour l'avenir feulement, & outre moyennant de rente annuelle de Bail d'heritage, que ledit fieur Menedrieu promet & s'oblige payer audit fieur Cornu en fa Maifon à Paris,

ou au Porteur, &c. par chacun an, au jour & Fête de　　dont la première
année échera à pareil jour de l'année prochaine, & ainsi continuer tant que ladite rente aura cours, qui sera à prendre spécialement & par privilege primitif
sur lesdites Maison, Jardin & dépendances que ledit sieur Preneur s'oblige
entretenir en tel & si bon état, que ladite rente y puisse être facilement prise
& perçue par chacun an, comme dit est, & outre ledit sieur Menedrieu
oblige & hypoteque tous ses biens, &c. & spécialement cinq quartiers de Prés
sis　　sans qu'une obligation déroge à l'autre, laquelle rente (*quoique rente*
fonciere & de Bail d'heritage) sera & demeurera rachetable à toujours, en rendant & payant en une fois & un seul payement la somme de　　avec les arrerages qui seront lors dûs & échûs, frais, mises & loyaux-coûts. Promettant ledit Cornu d'aider ledit sieur Menedrieu desdits Sentence, rapport & estimation, aussitôt qu'il l'en requerera, même du partage fait entre P. Cornu pere
dudit Corau; & pour l'exécution des presentes, ledit Cornu a élû son domicile, &c.

Bail à Rente d'une Maison, avec faculté de rachat.

FUT present François Baray, demeurant, &c. lequel reconnoît avoir
baillé & délaissé à titre de rente fonciere & de Bail d'heritage, & promet
garantir de tous troubles & empêchemens quelconques, à Clement Boudin,
&c. à ce present & acceptant pour lui, ses hoirs & ayans cause, une Maison
de fond en comble, sise　　tenant d'une part, &c. ainsi qu'elle se poursuit & comporte, de la consistance de laquelle ledit Sr. Boudin s'est contenté,
pour l'avoir vûe & visitée, la prenant en l'état qu'elle est, les titres de proprieté de laquelle Maison ledit sieur Baray promet fournir audit sieur Boudin,
dans un an prochain au plus tard; étant ladite Maison en la censive des
Seigneurs ou Dames de qui elle releve, & vers eux chargée de tels cens &
Droits Seigneuriaux qu'elle peut devoir, que les Parties n'ont pû précisément
dire ni déclarer, de ce enquises, desquels cens pour ce qui en peut être dû,
ledit sieur Boudin en acquittera ledit sieur Baray, pour en jouir par ledit
sieur Boudin, sesdits hoirs & ayans cause, comme de chose à lui appartenante
de ce jourd'hui. Ce Bail à rente fait à la charge desdits cens & Droits Seigneuriaux, tant pour le passé que pour l'avenir, & à la charge d'entretenir le
Bail fait de ladite Maison au nommé　　pardevant
Notaires le　　pour le tems qui en reste à expirer, & de faire ensorte qu'à ce sujet il n'en soit inquieté; & outre moyennant trois cens livres
de rente fonciere de Bail d'heritage, premiere prise & perçue après le cens
que ledit sieur Boudin sera tenu, ainsi qu'il s'y oblige, bailler & payer audit
sieur Bailleur en sa demeure à Paris, ou au Porteur par chacun an, à pareil
jour de ce jourd'hui, dont la premiere année échera d'hui en un an, & continuer jusqu'au rachat de ladite rente, qu'il en pourra faire en rendant & payant
en une seule fois en cettedite Ville, la somme de six mille livres audit Bailleur, avec les arrerages qui en seront lors dûs, frais, mises & loyaux-coûts;
à l'avoir & prendre spécialement & par privilege sur ladite Maison, que ledit
sieur Boudin sera tenu de maintenir & entretenir en tel & si bon état & valeur
que ladite rente y puisse être aisément prise & perçue par chacun an, & gé-

néralement fur tous & chacuns fes autres biens, meubles & immeubles, prefens & à venir, le tout que ledit fieur Boudin a obligé, chargé par chacun an, comme dit eft, nonobftant toutes chofes à ce contraires, une obligation ne dérogeant à l'autre ; & pour l'exécution des prefentes, les Parties ont élû leur domicile, &c.

Lorfque dans le Contrat de Bail à rente, on n'eft pas convenu que la rente fût rachetable, on le peut faire par un acte féparé.

Convention pour le rachat d'une Rente qui a été ftipulée non-rachetable dans le Contrat de Bail à Rente.

AUJOURD'HUI font comparus pardevant les Notaires, &c. A. d'une part, & B. d'autre ; lefquels ont reconnu qu'en paffant le Bail à rente par ledit A. audit B. d'une Maifon fife, &c. pardevant les Notaires fouffignés ce jourd'hui, ils font convenus à la fomme de fix cens livres de rente, fur laquelle ledit Acquereur promet & s'oblige de payer audit Vendeur dans un mois d'hui à Paris ou au Porteur, celle de trois mille livres qui feront appliqués à l'amortiffement de partie de ladite rente de fix cens livres portée audit Contrat de Bail à rente, quoique par icelui elle foit ftipulée non rachetable, & pour les autres neuf mille livres reftantes pour le rembourfement de ladite rente ; ledit B. s'oblige pareillement de les payer audit A. dans un an d'hui, avec ce qui fera dû d'arrerages à proportion depuis ledit jour, jufqu'à l'actuel payement & rembourfement de ladite rente, fans au furplus innover audit Contrat de Bail à rente ; & pour l'exécution des prefentes, &c. *Election de domicile, &c.*

Promeffe par le Preneur de faire ratifier le Contrat par fa femme, & la faire obliger avec lui.

Et pour plus grande fûreté aud. Bailleur, ledit Preneur promet & s'oblige faire ratifier & avoir agréable le préfent Contrat par Marguerite, &c. fa femme ; ce faifant, la faire obliger avec lui folidairement l'un pour l'autre, & chacun d'eux feul pour le tout, fans divifion, &c. à la garantie, payement, cours & continuation de ladite rente de vingt livres, & entretenement du contenu en icelle, & en fournir acte en bonne forme audit Bailleur, en fa Maifon à Paris, dans deux mois, pourquoi il autorife dès-à-prefent ladite femme.

Claufe de rentrer dans l'heritage, faute de payement.

Conviennent lefdites Parties, que faute par ledit Preneur de payer ladite rente de vingt livres par trois années confécutives, en ce cas, il fera permis audit Bailleur de rentrer en la poffeffion & jouiffance defdites Maifons & arpens d'heritages, qui feront en bon état, qui lui demeureront pour la fomme de quatre cens livres tant pour le principal , que pour lefdites trois années d'arrerages, defquels heritages led. Bailleur jouira & difposera lors, comme de chofe à lui appartenante , fans pour ce obferver aucune formalité de Juftice.

Nota. Que nonobftant cette claufe, on ne peut , faute de payement, fe remettre en poffeffion de l'heritage donné à rente, fans le faire ordonner en Juftice, ainfi qu'il eft dit ci-après au commencement du Chapitre fuivant, en traitant du Bail emphitéotique.

Claufe pour laiffer jouir un Locataire pendant le tems qui refte à expirer de fon Bail.

De plus, que ledit Preneur laiffera jouir Claude, &c. de ladite Maifon & lieux d'icelle, & defdits heritages, pendant le tems qui refte à expirer du Bail à lui fait par ledit Bailleur, lequel finira au jour de Saint Remy de l'année   à la charge néanmoins que ledit Preneur recevra les loyers pendant ledit tems, finon & en cas que ledit Preneur voulût dès-à-prefent dépoffeder ledit Claude dudit Bail à loyer, ledit Preneur promet acquitter & garantir ledit Bailleur des dommages & intérêts que ledit Claude voudroit prétendre contre lui, à caufe de ladite dépoffeffion.

Claufe portant Ceffion & Tranfport d'une Rente pour fûreté.

Et pour plus grande fûreté de ladite rente de vingt livres, ledit Preneur a cedé, tranfporté & délaiffé par contre-échange audit Bailleur, ce acceptant, pareilles vingt livres de rente à lui appartenantes, conftituées à fon profit par Nicolas & Jacques, demeurans, &c. folidairement, fur tous & chacuns leurs biens, fpécialément & généralement déclarés au Contrat de conftitution, paffé pardevant, &c. laquelle rente ledit Preneur a promis garantir, même payer & continuer annuellement audit Bailleur, faute de payement d'icelle, par lefdits débiteurs, après un fimple commandement à eux fait en leurs domiciles, fans que ledit fieur Vendeur foit tenu, fi bon ne lui femble, faire aucune pourfuite ni diligence, ni faire aucune difcuffion des biens defdits débiteurs, partie ni portion d'iceux, ni pareillement de veiller à la confervation de l'hypoteque de ladite rente, ni auffi s'oppofer pour icelles aux ventes, décrets & adjudications qui fe pourroient faire des biens defdits débiteurs, dont ledit Preneur fe charge par ces prefentes, à fes rifques, perils & fortunes; fera toutefois tenu ledit Bailleur, fans déroger ni préjudicier à la prefente convention, fe faire paffer titre nouvel & reconnoiffance de ladite rente par lefdits Nicolas & Jacques; & à la fûreté & garantie & entretenement du prefent Contrat, demeureront les chofes ci-deffus cedées, obligées par privilege & hypoteque fpéciale, & généralement, &c.

Tranfport de Rente de Bail d'Heritages par un Particulier, comme Heritier de fes pere & mere, portant plufieurs énonciations de mutations de ladite Rente tranfportée.

FUT préfent C. Pean   demeurant   heritier pur & fimple d'Urbain Pean   & pour un de MM. fes pere & mere, lequel reconnoît avoir cedé & tranfporté, & promet garantir de tous troubles & empêchemens généralement quelconques à N. Meffier   demeurant, &c. à ce prefent & acceptant, Acquereur pour lui, fes hoirs, &c. dix livres de rente, au principal de deux cens livres, faifant le fixiéme appartenant audit fieur Vendeur, en ladite qualité d'heritier de   dans foixante livres de rente fonciere de Bail d'heritages, à la charge defquelles L. Bernard auroit baillé & délaiffé à J. David   & C. V. fa femme, les terres & heritages mentionnés au Contrat dudit Bail à rente; paffé pardevant   le   lequel Bernard auroit cedé & tranfporté lefdites foixante livres de rente audit défunt fieur Urbain Pean, par acte paffé devant   le   de laquelle rente de foixante livres a été paffé titre nouvel audit défunt fieur Pean, par lefdits David & fa femme; par acte paffé pardevant le   Et de plus, a encore été paffé titre nouvel de ladite rente aux heritiers defdits Sieur & Dame Pean, dont ledit Meffier eft du nombre, à caufe de Dame M. Pean fon époufe, par G. Mobleau & ladite C. V. fa femme, auparavant veuve dudit Jean David, tant en fon nom, que comme Tutrice de fes enfans, & autres, par autre acte paffé pardevant   le   à l'effet de quoi ledit C. Pean met & fubroge ledit fieur Meffier en tous fes droits, noms, raifons, actions & hypoteques, pour par lui jouir de ladite rente de dix livres, & des arrerages échûs du paffé jufqu'à ce jourd'hui, & en faire & difpofer comme de chofe à lui appartenante. Ce tranfport fait moyennant pareille fomme de deux cens livres pour le principal, & pour lefdits arrerages, bon payement & fatisfaction, le tout que ledit C. Pean confeffe avoir reçu dudit Meffier, dont, &c. quittant, &c. tranfportant, &c. deffaififfant, &c. voulant, &c. Procureur le Porteur, &c. donnant pouvoir, &c. Et pour l'exécution, &c.

Autre Tranfport de Bail d'Heritages, fans garantie.

FUT prefente Dame F. de R. veuve de Meffire L. de D. Seigneur de Ville, demeurante   laquelle reconnoît avoir cedé & tranfporté, fans aucune garantie, reftitution de deniers, ni recours quelconques, finon de fes faits & promeffes feulement à Meffire F. de D. auffi Seigneur de Ville, fon fils, demeurant   à ce prefent & acceptant, cinquante livres de rente de Bail d'heritage, à la charge defquelles N. Roger,   fondé de procuration de ladite Dame.

aûroit baillé & délaiffé à J. Guigny   plufieurs pieces de
Vignes mentionnées audit Bail à rente paffé pardevant
la groffe duquel ladite Dame a prefentement délivrée & mife ès mains dudit
Seigneur Acquereur, pour par lui jouir de ladite rente; enfemble des arrerages d'icelle, fi aucuns font dûs, & en faire & difpofer comme de chofe à
lui appartenante; ce transport fait moyennant la fomme de cinq cens livres,
dont ladite rente eft rachetable; laquelle fomme ladite Dame confeffe avoir
reçue dudit fieur fon fils, dont, &c. quittant, &c. transportant, &c. deffaififfant, &c. voulant, &c. Procureur le Porteur, &c. donnant pouvoir, &c.
Et pour l'exécution, &c.

Lorfqu'un heritage chargé d'une rente annuelle paffe en d'autres mains, foit par acquifition ou par fucceffion, celui à qui la
rente eft dûe peut obliger celui qui poffede l'heritage, à lui paffer
titre nouvel.

Il faut remarquer: 1°. Que le Bailleur d'un heritage à rente
peut obliger le Preneur, ou nouvel Acquereur, à lui paffer
titre nouvel de la rente, pour éviter la prefcription. *Voyez* ci-
deffus page 531. 2°. Les heritiers ou Acquereurs d'un Bailleur
d'un heritage à rente, peuvent obliger le Preneur à leur paffer
pareillement titre nouvel; ce qui fe fait fuivant les formules
fuivantes.

Titre Nouvel d'un Bail à Rente d'Heritage.

FURENT prefens Jacques, &c. & Marie, &c. fa femme, qu'il autorife à
l'effet des prefentes, demeurans, &c. lefquels ont déclaré & reconnu que
défunt Maître Antoine, Avocat au Parlement de Paris, leur auroit fait Bail
à rente d'une Mafure, Cour & Jardin, & quatre arpens de terres & Vignes,
le tout en friche & ruiné, fitués au Village dudit, &c. appartenant audit
Maître Antoine, &c. moyennant trente livres de rente de Bail d'heritage
rachetable de la fomme de fix cens livres, en deux fois & deux payemens
égaux, & outre, à la charge de rétablir ladite Mafure, & bâtir une Maifon, remettre les heritages en bon état, les défricher, labourer & amender, ainfi qu'il eft plus au long porté au Contrat qui en a été paffé pardevant   Notaires   le
&c. laquelle charge a été exécutée par lefdits Jacques & fa femme, lefquels
ont fait lefdits rétabliffemens & amendemens, le tout remis en bon état, &
que depuis ledit tems ledit Maître Antoine, &c. eft décedé, & a laiffé deux
enfans: Sçavoir, Claude & Nicolas, &c. pour fes feuls & uniques heritiers.
A ces caufes, lefdits Jacques & fa femme promettent & s'obligent, par
ces prefentes, l'un pour l'autre, & chacun d'eux feul pour le tout, &c.
aufdits Claude & Nicolas, &c. efdits noms, à ce prefens & acceptans, leur
payer & continuer lefdits trente livres de rente dorénavant par chacun an
à toujours en cette Ville de Paris, aux termes portés audit Contrat de Bail

à rente, dont le premier payement, &c. & ainsi continuer à toujours aufdits deux termes, tant & si longuement que ladite rente aura cours, qui sera à prendre sur ladite Maison, Cour, Jardin, & quatre arpens de terres & heritages, à présent mis en bon état, qui en seront & demeureront par privilege, préference & hypoteque spéciale, chargés, affectés & hypotequés, que lesdits Reconnoissans s'obligent solidairement entretenir en tel & si bon état, que ladite rente y soit aisément prise & perçûë par chacun an, tant & si longuement qu'elle aura cours, & généralement sur tous & chacuns les autres biens, meubles & immeubles, présens & à venir desdits Jacques & Marie, qu'ils en ont chargés, affectés, &c. suivant & conformément audit Contrat de Bail à rente, & sans aucunement y déroger ni préjudicier, ni au privilege & hypoteque en résultans. Promettant, &c. obligeant, &c. *Election de domicile, &c.*

Autre Titre nouvel de Rente fonciere.

FUT présente Perrette Juillet, veuve de feu Pierre, &c. laquelle tant en son nom, à cause de la communauté, &c. que comme Tutrice des enfans mineurs dudit défunt & d'elle, a déclaré & reconnu qu'elle & lesdits enfans mineurs, comme heritiers de leur pere, sont à présent Détenteurs & Proprietaires d'une Maison assise au Village de, &c. tenant d'une part, &c. & que sur lesdits lieux, bâtimens & heritages ci-dessus, comme généralement sur tous & chacuns les autres biens & heritages de ladite veuve & enfans mineurs, présens & à venir, Etienne

demeurant à   a droit de prendre & percevoir par chacun an, le   jour de.   la somme de quarante livres, pour l'interêt au denier vingt de la somme de huit cens livres, dûë audit Etienne   par ladite veuve & ses enfans, à cause du prix principal de la vente faite par ledit Etienne   audit feu Pierre, desdits lieux, bâtimens & heritages, par Contrat passé par devant   Notaires au Châtelet de Paris, en datte du ainsi qu'il est porté audit Contrat; laquelle somme de quarante livres d'interêts, ladite veuve esdits noms, & en chacun d'iceux solidairement & sous les renonciations requises, promet & s'oblige de payer dorénavant audit Etienne   par chacun an, dont la premiere année de payement échera au   jour & ainsi continuer annuellement ledit jour, jusqu'à l'actuel payement dudit principal; & outre, de payer par ladite veuve, à la volonté dudit Etienne   la somme de soixante livres pour les arrerages restans dûs & échûs dudit interêt jusqu'au quinze de ce mois; & pour plus grande sûreté, sera tenuë ladite veuve, ainsi qu'elle promet & s'oblige, entretenir en bon état lesdits lieux, bâtimens & heritages ci-dessus, le tout sans déroger ni innover aux hypoteques & privileges acquis du jour dudit Contrat de vente & de création de ladite rente, ni à l'obligation dudit principal & de la Caution portée audit Contrat que le créancier s'est réservé; fournira ladite veuve, à ses frais, ces presentes en bonne forme, &c.

Clause du Titre nouvel quand les tenans & aboutissans
font changés.

Et d'autant que depuis ledit Bail à rente fait par ledit
& sa femme, de ladite Maison, lieux & heritages ci-dessus déclarés, les tenans & aboutissans sont changés; & pour plus ample & facile connoissance
desdits heritages, afin de perception de ladite rente de quarante livres, ladite veuve esdits noms, a promis & sesdits enfans, chacun à son égard,
fournir audit Étienne　　　　　　　　　　dans six mois prochains,
nouvelle déclaration desdits Maison, lieux & heritages par nouveaux tenans & aboutissans de chaque piece, qui sera par elle certifiée véritable, par
acte valable passé pardevant Notaires.

Autre Titre nouvel d'une Rente fonciere.

FURENT présens, &c. tous Chanoines de l'Eglise de
demeurans, &c. assemblés en leur Chapitre, au son de la cloche, en la
maniere ordinaire, pour traiter & déliberer leurs affaires, faisant & representant la plus grande & saine partie desdits sieurs Chanoines, lesquels reconnoissent qu'ils sont Détenteurs & Proprietaires d'un Moulin à eau, assis au　　　　　　　　　　sur lequel le sieur Dupuis a droit de prendre &
percevoir par chacun an, au jour　　　　　　　quinze muids de bled
de rente fonciere annuelle & perpétuelle, cedés à défunte le Rond sa mere,
& a lui avenu & échû par le partage fait entre ledit sieur Dupuis & ses freres,
passé, &c. C'est pourquoi iceux Srs. du Chapitre de　　　　　promettent & s'obligent pour eux & leurs successeurs, payer, & dorénavant continuer ou faire
payer par leurs Procureurs & Receveurs audit sieur Dupuis, demeurant
à ce present & acceptant pour lui, ses hoirs & ayans cause, lesdits quinze
muids de bled, tels & de la nature qu'ils sont dûs par chacun an audit jour,
& dont la premiere année du payement est échûë à, &c. & ainsi continuer
annuellement audit jour, tant qu'ils seront Détenteurs & Proprietaires dudit Moulin, lequel ils promettent entretenir en tel & si bon état que ladite
rente y puisse être aisément prise & perçue par chacun an à toujours, &c.
Fait & passé, &c.

CHAPITRE

CHAPITRE XX.

De l'Abandonnement & du Déguerpiſſement d'Heritage.

LE Preneur d'un heritage à rente, ne peut jamais racheter la rente fonciere non rachetable ; mais au lieu de ce rachat, voici un autre expedient que nos Coutumes lui ont donné pour s'en liberer, qui eſt le déguerpiſſement de l'heritage qui en eſt chargé.

Quoiqu'on confonde quelquefois les termes de déguerpiſſe-ment & d'abandonnement d'heritage, ils ont néanmoins une ſi-gnification bien differente, comme nous l'allons faire voir ſom-mairement dans ce chapitre; mais ceux qui voudront s'en inſtruire plus amplement, n'ont qu'à voir le Traité que Loyſeau a fait du Déguerpiſſement, & ce que M. de Ferriere en a dit dans ſon grand Commentaire de la Coutume de Paris, au titre des *Actions perſonnelles & d'hypoteque.*

L'abandonnement d'heritage, autrement dit *Délaiſſement* où *Renonciation,* eſt proprement le quittement ou la renonciation que fait le tiers Détenteur de l'heritage chargé de rente ou autre dette hypotequaire & réelle, ſous la charge de laquelle l'heritage a été vendu ou tranſporté à quelqu'autre titre particulier, à l'effet de n'être point tenu ledit Acquereur & Détenteur deſdites rentes ou charges réelles impoſées ſur l'heritage, dont il n'avoit point de connoiſſance.

L'abandonnement d'heritage ne ſe peut faire par celui qui a conſtitué la rente, ou qui eſt débiteur de la dette hypotequaire conſtituée ſur l'heritage, d'autant qu'il eſt perſonnellement obligé à la dette pour raiſon de laquelle le créancier agit.

Il faut dire la même choſe de l'heritier du débiteur, d'autant que l'obligation du défunt paſſe en ſa perſonne, & qu'il eſt tenu de ſes faits & promeſſes.

Il n'y a donc que le tiers Détenteur qui n'eſt point obligé per-ſonnellement à la dette ou rente conſtituée dûë par ſon Vendeur, qui peut, étant aſſigné en déclaration d'hypoteque, abandonner l'heritage qu'il a acquis, pour être vendu par Décret ; mais faute par lui de faire cet abandonnemet, il eſt tenu de la dette en ſon nom, ſi ce n'eſt qu'il ait purgé l'hypoteque par preſcription ou par un Décret.

Tome I.   FFff

Si le tiers Détenteur fait l'abandonnement avant contestation en cause, il fait siens les fruits par lui perçus, sans être tenu des interêts de la dette, ou arrerages de la rente constituée même de son tems, c'est le Droit commun conforme à l'article 102 de la Coutume de Paris.

L'article suivant porte que le Détenteur renonçant à l'heritage, après contestation en cause, doit payer les arrerages de son tems, jusqu'à concurrence des fruits par lui perçus.

Mais cet article 102 étant exhorbitant & contraire au Droit commun, il n'a lieu que dans les Coutumes qui ont une pareille disposition; il y en a un Arrêt du dernier Février 1612, rendu pour la Coutume de Poitou, rapporté par Bouguier, lettre D. nombre 4, qui a jugé que le tiers Détenteur d'un heritage obligé à une rente, n'est tenu de rapporter les fruits, que du jour de la contestation.

Il faut néanmoins remarquer que le tiers Détenteur assigné en déclaration d'hypoteque peut opposer au créancier hypotequaire la discussion des biens de celui qui lui a transporté l'heritage à titre de vente ou à titre particulier, avant que d'être obligé de faire un tel abandonnement; mais ce tiers Détenteur, en opposant la discussion des biens de son Auteur, est obligé d'indiquer les biens appartenans à son Auteur & même de fournir une somme convenable au créancier, pour parvenir à cette discussion.

Dans la Coutume de Paris, si c'est un créancier d'une rente constituée qui a assigné en déclaration d'hypoteque, le tiers Détenteur ne peut pas opposer la discussion, comme il est porté par l'article 101 de cette Coutume; ce qui ne doit pas être étendu aux autres Coutumes qui n'ont pas une pareille disposition; car le Droit commun tiré de l'Autentique, *hoc si debitor, cod. de Pignorib. & hypot.* est que tout tiers Détenteur assigné en déclaration d'hypoteque, peut opposer la discussion.

Il faut encore observer, que si par le Contrat de vente ou autre, l'Acquereur s'est chargé d'acquitter la dette ou la rente dûe par son Auteur, pour lors il n'est plus en son pouvoir de faire cet abandonnement, puisque par ce moyen il devient personnellement obligé à la dette de son Auteur.

Le délaissement se peut faire au Greffe de la Jurisdiction, ou pardevant Notaires; & celui qui le fait est obligé de le faire signifier à la Partie interessée. Voici de quelle maniere se dresse la formule d'un délaissement ou abandonnement d'heritage passé pardevant Notaires.

Délaissement ou Abandonnement d'Heritage.

AUJOURD'HUY est comparu pardevant les Notaires, &c. Charles demeurant lequel déclare que pour éviter les pourfuites contre lui faites en déclaration d'hypoteque par N. il a par ces prefentes abandonné & renoncé, aux rifques, périls & fortunes de Louis fon garant, une Maifon & heritages fis à qu'il a acquis dudit Louis par Contrat du moyennant la fomme de le tout fans préjudice audit Charles, de fon recours contre ledit Louis, pour la reftitution du prix porté par ledit Contrat de vente, frais, mifes, loyaux-coûts, dommages & intérêts; comme auffi, fans préjudice audit Charles des impenfes & améliorations par lui faites en ladite Maifon & heritages préfentement déguerpis, & pour faire fignifier la prefente déclaration audit N. & la réitérer en telle Juftice & Jurifdiction que befoin fera, a fait & conftitué fon Procureur le Porteur, auquel il donne pouvoir, &c. Fait & paffé, &c.

Voyons à prefent ce que c'eft que le déguerpiffement, & en quoi il differe de l'abandonnement d'heritage.

Le déguerpiffement eft le quittement d'un heritage chargé de cens ou rente foncire par le Preneur ou l'Acquereur du Preneur, fon heritier ou ayans caufe, pour être déchargé de la rente ou charge réelle à laquelle l'heritage a été donné.

Le déguerpiffement fe fait donc d'un heritage chargé de cens ou d'une rente fonciere non rachetable, lorfque le Preneur à Bail d'heritage ne veut plus continuer ladite rente, ou que le tiers Détenteur ne la veut point reconnoître & en paffer titre nouvel.

La maxime générale eft donc, que tout Détenteur d'un heritage chargé de rente fonciere, foit le Preneur ou fes heritiers, foit l'Acquereur du Preneur, peuvent faire tel déguerpiffement dudit heritage, en payant les arrerages de la rente fonciere échûe de fon tems; c'eft-à-dire, par rapport au tems de fa détention.

La rente de Bail d'heritage eft non rachetable de fa nature; mais cette rente eft plus réelle que perfonnelle; car c'eft proprement une charge, laquelle eft impofée fur l'immeuble, enforte qu'il ne peut être transferé qu'à la charge de cette rente.

Et c'eft pour cette raifon que le Preneur n'eft tenu de payer cette rente, que tant qu'il eft détenteur de l'heritage qu'il a pris à cette charge, & que voyant que cet heritage lui eft plus nuifible que profitable, il peut déguerpir l'heritage, quoiqu'il en foit Preneur, fans être tenu des arrerages de la rente à l'avenir.

C'eft ce que dit la Coutume de Paris en l'article 109, qui porte

Que si aucun a pris un heritage à cens ou à rente à certain prix par
chacun an, il y peut renoncer en Jugement, Partie presente ou appellée,
en payant tous les arrerages du passé & le terme ensuivant, quoique
par lettres il eût promis payer ladite rente, & obligé tous ses biens.

Il est donc sans difficulté, en conséquence de cet article, que
celui qui a pris un heritage à cens ou à rente, le peut abandonner,
déguerpir & délaisser à celui duquel il l'a pris à cens ou à rente,
quoique par le Contrat il ait promis de payer ladite rente, & que
pour cet effet, il ait obligé, affecté & hypotequé tous ses biens.

La raison est, que quoiqu'il y ait de la part du Preneur, une
obligation personnelle, néanmoins, elle n'est qu'accessoire à la
réelle. Or, il est constant que de toute obligation réelle, on se
peut en quelque tems que ce soit, liberer, en quittant la chose :
Ainsi, la promesse que le Preneur a faite par le Contrat, de payer
la rente fonciere, ne s'entend & ne l'oblige qu'autant qu'il sera
Proprietaire de l'heritage; car cette hypoteque n'est censée constituée sur les biens du Preneur que pour la sûreté du payement
des arrerages de la rente, pour lesquels il est personnellement
obligé, ainsi qu'il est dit dans l'article 99 de la même Coutume.

Néanmoins le Preneur en déguerpissant, est obligé de laisser
l'heritage qu'il déguerpit en aussi bon état & valeur qu'il étoit au
tems qu'il l'a pris, afin que la condition du Bailleur ne soit pas rendue pire qu'elle étoit au tems de la prise.

Il faut aussi que le Preneur exécute les clauses du Contrat,
ausquelles il s'est obligé pendant sa jouissance, sinon le Bailleur ne
pourroit pas être obligé de le recevoir au déguerpissement.

Le déguerpissement seroit aussi recevable, quoique le Preneur
eût promis de payer le cens ou la rente à toujours & perpétuellement; & ces termes *à toujours & perpétuellement*, n'excluent pas le
déguerpissement.

La raison est, que la rente de sa nature, est perpétuelle & non
rachetable, & qu'ainsi cette clause seroit apposée inutilement,
& ne produiroit aucun effet, non-seulement de la part du tiers
Détenteur, mais aussi de la part du Preneur, quoiqu'il eût obligé
tous ses biens, parce que le Preneur n'est obligé que par une obligation personnelle hypotequaire, ensorte que la personnelle n'est
qu'accessoire de l'hypotequaire principale; & ainsi, la personnelle n'est attachée à la personne du Preneur, que tant & si longuement qu'il est Détenteur & Possesseur de l'heritage obligé à la
rente.

Mais cette faculté de déguerpir est donnée sous trois conditions.

La premiere, qu'on laisse l'heritage en l'état qu'il étoit lorsqu'on l'a pris.

La deuxiéme, qu'on paye non-seulement tous les arrerages dûs, mais aussi le premier quartier écheant depuis le déguerpissement.

La troisiéme, que le déguerpissement se fasse en Justice, à l'effet de quoi il faut faire assigner le Bailleur, pour y être reçu ; ce que la Coutume de Paris, en l'article 109 dit en Jugement, s'entend que le déguerpissement se doit faire, l'Audience tenante, comme l'acceptation de la garde, & non pas seulement au Greffe ; mais il n'est pas nécessaire de le faire en personne.

Cet article 109 de la Coutume de Paris propose deux exceptions, ausquelles le Preneur d'un heritage à cens ou à rente, ou à autre charge réelle, n'est pas recevable au déguerpissement.

I. Si par le Contrat de prise d'heritage à cens ou à rente, le Preneur a promis mettre amendement ; c'est-à-dire, faire quelqu'amélioration, ni lui ni ses heritiers ne peuvent déguerpir que cet amendement ne soit fait.

II. Si le Preneur a promis fournir & faire valoir la rente, à laquelle il a pris l'heritage, il ne peut plus déguerpir, d'autant que cette clause renferme l'obligation portée par le Contrat, par laquelle le Preneur oblige tous ses biens, quelque changement ou péril qui avienne en l'heritage ; & en ce cas, il est tenu de payer le cens ou la rente, & faire que le Bailleur en jouisse ; à faute de quoi, il peut être poursuivi par le Bailleur (sans discussion de l'heritage baillé à cens ou à rente) sur ses autres heritages, en vertu de l'obligation personnelle jointe à l'hypotequaire.

Toutefois, le Preneur à cens ou à rente n'est pas obligé de faire rebâtir à ses dépens la Maison qui auroit été ruinée par des inondations, ou par autre cas fortuit ou force majeure.

Ceux qui souhaitent s'instruire à fonds du déguerpissement, peuvent consulter Loyseau, qui en a fait un excellent Traité, où toutes ces matieres sont expliquées.

Il faut ajouter un troisiéme cas, qui est, si le Preneur a renoncé expressément par le Contrat au déguerpissement, ce qu'il peut faire, chacun pouvant renoncer à ce qui est introduit pour son utilité particuliere.

Ces clauses qui empêchent le déguerpissement, ne doivent point être mises dans les Contrats, sans que les Parties les entendent & les demandent, & les Notaires doivent les faire entendre aux Preneurs, & leur faire connoître l'effet qu'elles peuvent produire.

Voyez sur cette matiere le Commentaire de M. de Ferriere sur la Coutume de Paris, au titre *des Actions personnelles & d'hypoteque*.

Il faut enfin remarquer, que l'Acquereur du Preneur, ou son Successeur à titre particulier, peut déguerpir, quoiqu'il ait acquis l'heritage chargé de rente fonciere, à la charge de la rente ou du cens; mais s'il est obligé d'acquitter son Vendeur, & que son Vendeur, en prenant ledit heritage, se soit obligé à fournir & faire valoir, il ne peut plus déguerpir. Il en est de même, si par quelque titre nouvel il s'est obligé de fournir & faire valoir; c'est ainsi que se doit entendre l'art. 110 de la Coutume de Paris.

Il faut observer que les heritages ne se donnent à cens que par ceux qui sont Proprietaires de Fiefs, & que tout Proprietaire d'heritage censuel, ne le peut pas donner à cens, mais à rente fonciere; & qu'un Seigneur de Fief peut donner à cens jusqu'aux deux tiers des terres féodales de son Fief, suivant l'art. 51 de la Coutume de Paris.

Il faut encore observer que la rente fonciere peut être rachetable, mais que le cens ne le peut être, comme nous l'avons dit ci-dessus.

Celui qui veut déguerpir un heritage chargé de cens ou rente fonciere, peut en passer un acte au Greffe, par lequel il déclare qu'il déguerpit un tel heritage; mais il faut qu'il constitue Procureur pour le réïterer en Justice.

Il peut aussi passer cet acte de déguerpissement pardevant Notaires, lequel se dresse en la maniere qui suit.

Déguerpissement fait par le Preneur d'un Heritage à Rente fonciere.

AUJOURD'HUI est comparu pardevant les Notaires soussignés, Nicolas Delorme, demeurant à   lequel pour se liberer de la somme de quatre-vingt livres de rente dûe sur quatre arpens de terres labourables sis à   tenans d'une part à d'autre à   par lui baillé & pris à rente par Contrat du   passé à   déclare qu'il déguerpit & abandonne lesdits quatre arpens de terre, consentant que le sieur de la Bruyere, ancien Proprietaire, rentre en pleine proprieté d'iceux; & pour faire signifier le present déguerpissement audit sieur de la Bruyere, & le réïterer si besoin est, en telle Justice & Jurisdiction qu'il conviendra, ledit sieur Delorme a fait & constitue son Procureur le Porteur des presentes, auquel il donne pouvoir de comparoir devant tous Juges, & d'en requerir actes necessaires; promettant, &c. obligeant, &c. renonçant, &c. Fait & passé, &c.

Déguerpiſſement fait par un tiers Détenteur.

AUJOURD'HUI eſt comparu pardevant les Notaires ſouſſignés lequel pour éviter à conteſtation, & être déchargé de la rente fonciere prétendue par   ſur *un tel* heritage, déclare qu'il déguerpit & abandonne ledit heritage audit   à ce preſent & acceptant, demeurant à conſentant que ledit   ancien Proprietaire, rentre en pleine proprieté d'icelui ; déclare en outre ledit   qu'il fait ledit déguerpiſſement aux riſques, périls & fortunes de *tel* ſon Vendeur, qui ne lui a point déclaré ladite rente fonciere ; comme auſſi ſans préjudice audit   des impenſes & améliorations par lui faites audit heritage ; & pour faire ſignifier la preſente déclaration audit   & la réiterer en Juſtice, a fait & conſtitue ſon Procureur général & ſpécial Mͤ. Antoine Procureur au Châtelet, auquel il a donné pouvoir de pour lui en ſon nom, en faire & requerir acte, même comparoir pardevant M. le Lieutenant Civil ; & là, dire & déclarer qu'il déguerpit & renonce audit heritage. Fait & paſſé, &c.

Il paroît par ces actes, que quoiqu'il ſoit requis que le déguerpiſſement ſe faſſe en Jugement, l'Audience tenante, on n'eſt pas obligé de la faire en perſonne ; car on peut conſtituer un Procureur, auquel le Conſtituant donne pouvoir de pour lui & en ſon nom, comparoir pardevant le Juge, & là déclarer qu'il déguerpit, abandonne & renonce à tel heritage.

L'acte de déguerpiſſement étant paſſé au Greffe ou pardevant Notaires, celui qui l'a paſſé, doit en donner copie au créancier de la rente & lui donner aſſignation, pour voir dire qu'il ſera déclaré bon & valable ; & en conſéquence, que celui qui déguerpit, ſi c'eſt un tiers Détenteur, ſera déchargé de la rente, en payant les arrerages échûs depuis le tems de ſon acquiſition, & ſi c'eſt le Preneur, il concluera à ce que ſon déguerpiſſement ſoit déclaré bon & valable, & en conſéquence, qu'il ſera déchargé des arrerages qui écheront à l'avenir, en payant ceux qui ſont échûs, & le terme ſuivant.

Le délaiſſement ou abandonnement d'heritages, & le déguerpiſſement conviennent :

Premierement, en ce que tout tiers Détenteur peut abandonner ou déguerpir un heritage.

En deuxiéme lieu, que le tiers Détenteur qui délaiſſe par hypoteque, ou qui déguerpit, demeure également déchargé pour la ſûreté de la dette ou de la rente, pour raiſon de laquelle il étoit pourſuivi.

En troisiéme lieu, que celui qui est poursuivi par action hypotequaire peut demander délai, pour faire assigner son Garant.

En quatriéme lieu, que ceux qui n'ont pû aliéner ne peuvent pas faire l'abandonnement d'heritage, ni le déguerpissement : Ainsi, les mêmes formalités requises pour l'aliénation des biens des mineurs & des Communautés sont pareillement nécessaires, lorsqu'ils veulent délaisser ou déguerpir un heritage.

Voici les principales differences qu'il y a entre le délaissement ou abandonnement d'heritage & le déguerpissement.

La premiere est, que le déguerpissement n'a lieu qu'aux rentes foncieres & charges réelles, & le délaissement par hypoteque aux simples hypoteques & rentes constituées.

La deuxiéme, que le déguerpissement se fait à celui qui a été Seigneur & Bailleur de l'heritage, & le délaissement au simple créancier.

La troisiéme, que le déguerpissement se fait pour éviter l'action personnelle, laquelle est *in rem scripta*, & le délaissement pour éviter & prévenir la condamnation de l'action hypotequaire.

La quatriéme, que le Preneur à rente fonciere peut déguerpir; mais celui qui a pris de l'argent à rente, & pour sûreté de la rente ou d'une autre dette a hypotequé ses biens, n'est point recevable au delaissement par hypoteque.

La cinquiéme, que celui qui déguerpit, est déchargé des arrerages de la rente fonciere pour l'avenir, mais non pas pour le tems de sa détention; au contraire, le tiers Détenteur qui délaisse l'heritage pour raison de la rente constituée, est déchargé des arrerages échûs du tems de sa détention, pourvû qu'il abandonne l'heritage avant contestation en Cause.

La sixiéme est, qu'en conséquence du déguerpissement, le créancier de la rente fonciere rentre dans son heritage; c'est-à-dire, qu'il peut accepter & s'approprier l'heritage; mais celui auquel est fait le délaissement par hypoteque, ne peut pas de son chef le prendre pour sa dette; mais le délaissement fait, il faut faire créer un Curateur à l'heritage délaissé, pour être sur lui saisi, mis en criées, & adjugé au plus offrant & dernier Encherisseur, pour le créancier de la rente constituée être payé sur le prix de l'acquisition.

La septiéme est, que le délaissement par hypoteque se peut valablement faire au Greffe ou pardevant Notaires, en signifiant ledit acte au créancier hypotequaire. C'est l'opinion de Loyseau, livre 5, chapitre 1, nombre 14. Au contraire, le déguerpissement,

ment, pour être valable, doit être fait en Jugement, l'Audience tenante, présent ou düement appellé celui auquel le déguerpissement se fait; autrement, s'il étoit purement & simplement fait au Greffe ou pardevant Notaires, quoique signifié à la Partie, il ne seroit pas valable, à moins que ce ne fût du consentement de la Partie interessée.

Ainsi, le déguerpissement est sujet à l'action, & le Preneur est obligé de faire assigner le Bailleur pour voir dire qu'il y sera reçû; de sorte qu'il ne peut être fait qu'après qu'il a été ordonné, & il doit lui donner copie de l'acte passé au Greffe ou pardevant Notaires.

Brodeau, sur l'article 109 de la Coutume de Paris, nomb. 2, dit que ces formalités sont aussi requises au simple délaissement par hypoteque; quoique cela ne soit pas requis par la Coutume, ce seroit toujours le plus sûr, pour éviter toute contestation.

Fin du Livre cinquiéme.

LIVRE SIXIEME.

Des autres Contrats qui se forment par le seul consentement des Parties.

OUTRE les Contrats dont il a été parlé dans les deux Livres précedens, nous en avons encore quelques-uns de même nature, qui se forment par le seul consentement des Parties, & qui pour être obligatoires, ne requierent la tradition d'aucune chose, suivant les principes du Droit Romain.

Tels sont le Contrat de louage, le Bail emphitéotique, le Contrat de societé, & quelques autres dont il sera traité dans ce Livre.

CHAPITRE PREMIER.

Du Contrat de Louage, ou Bail à Loyer.

LE Bail à loyer pour les Maisons, ou à ferme pour les Terres, est un Contrat par lequel, sans aliéner la proprieté, ni directe, ni utile de la chose, ni la livrer à perpétuité, on en transporte la jouissance au Locataire ou Fermier, moyennant une certaine redevance par chacun an. Le Bail est encore, en certaines occasions, un Contrat, par lequel on promet de faire certains ouvrages pour un certain prix.

Il y a differentes especes de louage; on les peut rapporter à trois qui renferment toutes les autres. Premierement, on peut donner à titre de louage la jouissance d'une chose qui rapporte des fruits & des revenus au Fermier, comme une Terre, un Greffe, &c.

En second lieu, on peut donner à titre de louage, l'usage d'une chose, qui naturellement ne produit aucuns fruits, comme les meubles, les maisons.

En troifiéme lieu, on peut louer fon tems, fon induftrie, comme font les Serviteurs, Domeftiques, les Ouvriers, les Commis & autres qui font employés pour le fervice ou pour les affaires d'autrui ; non-feulement on loue fa peine & fon induftrie, mais auffi il arrive quelquefois qu'on loue le travail des animaux.

Le Bail des chofes qui produifent des fruits, & même celui des immeubles qui n'en produifent point, comme des Maifons, peut être fait pour un tems modique au-deffous de dix ans, c'eft proprement ce qu'on appelle *Bail à Ferme* ou *Bail à Loyer.*

Le Bail peut être auffi fait à longues années, de dix ans & au-deffus ; mais pour lors cette convention forme une autre efpece de Contrat qui eft l'Emphitéofe, ou Bail à vie, dont nous parlerons dans les chapitres fuivans.

Ce Contrat fe fait auffi quelquefois, fans qu'il foit convenu du tems entre les Parties ; & en ce cas, le louage eft cenfé fait, à l'égard des heritages de Campagne pour un an, parce que les fruits ne fe cueillent ordinairement qu'une fois pendant ce tems ; mais pour les heritages des Villes, c'eft-à-dire, pour les Maifons, quand il n'y a point de tems limité, ce Contrat vaut jufqu'à ce qu'une des Parties veuille s'en départir ; il faut cependant que le changement de volonté fe faffe avec quelque tempérament, & quelqu'efpace de tems, pour donner lieu aux Parties de fe pourvoir, parce qu'il y a un délai pour donner congé, fuivant la chofe & le prix.

Quand le tems porté par le Bail eft expiré, il eft libre aux Parties de renouveller le Bail ; & de même que le Locataire ne peut être contraint de renouveller fon Bail, le Proprietaire n'y peut être contraint, quoiqu'il offre pareille condition que le nouveau Locataire, fi ce n'eft que le Proprietaire né ne poffede par indivis avec le Prince ou la République, ou qu'il y ait lieu à la licitation entre co-Proprietaires, ou que la Police ou la faveur de la Religion, ou bien que les Seigneurs Hauts-Jufticiers & féodaux, anciens Bailleurs de fonds ne veuillent rentrer en donnant le triple. Il faut dire auffi que pendant le tems que dure le Bail, les Parties font obligées de l'entretenir, & le Bailleur ne peut expulfer le Locataire, fi ce n'eft dans les cas exprimés par les Loix ; & le Locataire ne peut pas auffi réfilier le Bail, & en demander l'inexécution, avant qu'il foit expiré.

Mais quelquefois dans les Baux à loyer des Maifons, on met

GGgg ij

la claufe de fix mois, qui porte que le Bailleur ou le Preneur pourront, en avertiffant fix mois auparavant, fe départir du Bail. La claufe des fix mois ne fe fupplée jamais, & doit être expreffément porté par le Bail ou autre acte fait entre les Parties; elle eft ordinairement refpective & réciproque; mais le Bailleur peut convenir, qu'il pourra feul réfoudre le Bail, en avertiffant fix mois auparavant; il en eft de même du Preneur, qui peut ftipuler, qu'il aura la liberté de réfilier le Bail, en avertiffant le Bailleur fix mois auparavant; ce qui eft fondé fur ce que toutes les claufes qui ne font point contre les bonnes mœurs, & qui n'impugnent la fubftance du Contrat auquel elles font ajoutées, en font partie & font obligatoires. *Imò dant legem contractui.*

Ce Contrat fe fait par écrit, ou fans écrit, & quand il eft convenu qu'il fera rédigé par écrit, il n'oblige point les Parties jufqu'à ce qu'il ait été fait & figné par elles.

Quand il eft par écrit, les Parties ne font obligées que pour le tems qui eft exprimé; néanmoins il fe continue quelquefois après ce tems, par le tacite confentement des Parties; c'eft-à-dire, quand le Preneur à louage retient les heritages qu'il avoit pris à ferme, ou qu'il demeure dans la Maifon qu'il avoit louée, après le tems du Bail expiré, fans que le Proprietaire l'empêche, & c'eft ce que nous appellons *tacite reconduction.*

Elle fe fait, en ce cas, pour un an pour les heritages de la Campagne, & pour fix mois pour les Maifons des Villes, ou pour trois mois pour des portions, fous les mêmes claufes & conditions portées par le Bail.

Néanmoins, au cas de la tacite reconduction, les Parties font obligées de s'avertir l'une l'autre, & fe donner un tems raifonnable pour fe pourvoir ailleurs, s'ils veulent, ou l'un d'eux, fe départir de ce Contrat renouvellé par un tacite confentement.

Il faut remarquer que la tacite reconduction en un Bail à ferme des heritages de Campagne, n'eft que pour un an, comme nous avons déja dit, quoique l'on ait prétendu autrefois qu'elle devoit avoir lieu pour trois années, à caufe des trois differentes façons des Terres, & des trois recoltes qui fe font en trois années. Le Juge d'Amiens l'avoit ainfi ordonné par fa Sentence, qui fut infirmée par Arrêt du trois Janvier 1635, qui ordonna que la tacite reconduction des Fermes ne feroit que pour un an, en rembourfant le Fermier des labours des autres années.

Souvent dans les Baux des heritages de Campagne, les Proprietaires exigent des Cautions, lesquelles s'obligent au payement & à l'exécution des clauses portées par le Bail, au défaut de payement du Preneur à louage; mais les Cautions ne sont tenues que pour le tems du Bail, & non pour le tems des tacites reconductions, s'ils ne s'y obligent de nouveau.

Il est permis par l'article 6 du titre 3 de l'Ordonnance de 1667, de stipuler la contrainte par corps pour les heritages de Campagne, d'où il s'ensuit que cette contrainte ne peut pas être stipulée pour les Maisons; cependant cette contrainte par corps stipulée pour les Fermes par les Baux, cesse quand le Bail est continué par tacite reconduction.

Quand il y a quelque clause obscure dans un Bail, qui se peut interpréter pour & contre le Bailleur, elle se doit interpréter contre le Proprietaire au profit du Preneur; de même que les clauses obscures des Contrats de vente s'interpretent contre les Vendeurs, parce qu'ils doivent s'imputer de ne les avoir pas déclarées assez clairement; c'est pourquoi ceux qui passent les actes doivent prendre garde à n'y laisser aucune obscurité ou ambiguité, & faire expliquer les Parties.

Le Preneur à louage ou à ferme, s'il veut redonner à un autre à louage ou à ferme la chose qu'il a prise, de sorte que si le sous-Bail qu'il auroit fait, étoit à plus haut prix, le Proprietaire n'y pourroit rien prétendre; néanmoins souvent les Proprietaires des Maisons stipulent, que les Preneurs ne pourront pas ceder leur Bail à d'autres, sans leur consentement.

Le principal effet du Contrat de louage est qu'il en provient deux actions; l'une accordée au Bailleur, & l'autre au Preneur. Ces deux actions sont personnelles, & passent aux heritiers & contre les heritiers.

Voyez touchant le Contrat de louage, ce que Monsieur de Ferriere en a dit dans sa traduction des Institutes, livre 3, titre 24.

CHAPITRE II.

Des Baux faits par ceux qui ont l'adminiſtration, & même la jouiſſance des biens dont ils ne ſont pas Proprietaires.

Tous ceux qui ont la libre adminiſtration de leurs biens, en peuvent faire des Baux à ferme, pour tel tems que bon leur ſemble, même au-deſſus de dix ans; auquel cas le Contrat n'eſt pas un Bail à loyer, mais un Bail emphitéotique, comme nous avons dit; mais il y a des perſonnes qui ont l'adminiſtration, & même la jouiſſance des biens dont ils ne ſont pas les Proprietaires, comme les Tuteurs qui ont l'adminiſtration des biens de leurs mineurs, les maris pour les biens de leurs femmes, les Bénéficiers pour les biens de l'Egliſe, les douairieres & autres uſufruitiers, dont l'adminiſtration & la jouiſſance ne doivent pas toujours durer.

Toutes ces perſonnes peuvent, à la vérité, faire des baux; mais on demande ſi ceux qu'ils ont faits doivent finir dès le moment que leur adminiſtration ou leur jouiſſance finiſſent.

A l'égard du Tuteur, comme le Bail qu'il fait n'eſt qu'un ſimple acte d'adminiſtration, pour & au nom du mineur, cette adminiſtration lui étant déferée par la Loi, le Bail doit durer après la tutelle finie, pourvû qu'il n'y ait ni dol, ni fraude, ni lézion énorme; mais un Tuteur ne peut pas donner à ferme les biens de ſon pupille, pour plus de neuf ans, parce que ce ſeroit une eſpece d'aliénation. C'eſt ce qui a été jugé par les Arrêts. Les Tuteurs qui ne veulent donner aucun ſoupçon de leur conduite, ne ſont gueres de baux au-de-là de ſix ans, ſurtout lorſque la fin de leur tutelle approche, à moins qu'il n'y ait une utilité très-évidente pour le pupille.

Le mari ne peut bailler à loyer les Maiſons appartenantes à ſa femme, pour plus de ſix ans, & les heritages de Campagne au-deſſus de neuf, comme il eſt porté par l'article 227 de la Coutume de Paris.

Que ſi tels Baux ont été faits par de-là ce tems, ils obligent les Parties entr'elles à les exécuter, mais non pas la femme, à qui les biens appartiennent : Ainsi, après la mort de son mari, elle n'est obligée d'entretenir le Bail par lui fait de son vivant, que jusqu'au tems porté par ledit art. 227 de notre Coutume.

A l'égard des autres Coutumes qui n'en parlent pas, on tient que la femme est obligée d'entretenir le Bail qui a été fait par son mari pour un tems modique & sans fraude. C'est le sentiment de Dumoulin sur l'ancienne Coutume de Paris, §. 30, nombre 106, & de Pontanus, sur la Coutume de Blois, article 179.

Il faut encore remarquer que la nullité d'un Bail provenant de l'anticipation du tems, ne peut être objectée que par le Proprietaire & non par l'ancien Locataire, comme il a été jugé. *Voyez* Bardet, tome 2, livre 8, chapitre 14. En voici l'espece : Les Chartreux de cette Ville firent Bail à loyer d'une Maison à Me. Pierre Colbert, Procureur au Parlement ; Me. Colbert voulant entrer en cette Maison, M. Jean Pile précedent Locataire l'en empêcha, & soutint devoir être préferé comme ancien Locataire, & de plus, parce que le Bail dudit Colbert étoit nul, pour avoir été fait par anticipation de dix-huit mois, avant que celui qui lui avoit été fait, fût expiré, & se soumit de faire la condition des Chartreux égale ; c'est-à-dire, d'augmenter le prix du Bail de deux cens livres, ainsi que Colbert avoit fait.

Par Sentence des Requêtes du Palais, Pile fut maintenu en la Maison ; Colbert en interjetta appel, & prétendit que Pile, Intimé, n'étant que simple Locataire, n'étoit point Partie capable d'objecter la nullité d'un Bail fait par anticipation ; que cette nullité ne regarde que l'interêt du Proprietaire, qui se plaindroit d'avoir été séduit & prévenu.

Pile, Intimé, soutenoit au contraire, que cette nullité pouvoit être objectée, tant par le Proprietaire que par un autre Locataire ; d'ailleurs, qu'il faisoit la condition de l'Eglise égale en ce qu'il offroit, comme l'Appelant, d'augmenter le prix de son Bail.

Monsieur l'Avocat Général Talon, dit que nous n'observons point la disposition du Droit qui préfere l'ancien Locataire au nouveau ; que néanmoins, la Cause de l'Intimé, ancien Locataire, étoit favorable, attendu deux Arrêts précis & formels qu'il rapportoit ; que les Chartreux ne se plaignoient point ; mais qu'aux Requêtes du Palais, ils étoient en Cause & compris en la Sentence, & que n'ayant osé en interjetter appel, il y avoit lieu de la confirmer.

Néanmoins la Cour, le Jeudy 17 Mars 1639, mit l'appellation, & ce dont étoit appel au néant ; émendant & corrigeant, ordonna que le Bail fait à Colbert feroit exécuté felon fa forme & teneur.

CHAPITRE III.

De l'Obligation que contracte celui qui donne une Maison à Bail, ou une Terre à Ferme.

L'OBLIGATION de celui qui donne une Maison à Bail ou une Terre à Ferme, eft de faire jouir le Locataire ou le Fermier de la chofe louée pendant le tems convenu dans le Bail; finon il doit être condamné aux dommages & intérêts du Locataire ou du Fermier, c'eft-à-dire, à l'indemnifer de toute la perte que lui caufe l'inexécution du Bail.

Il ne dépend pas néanmoins toujours de celui qui a donné à Bail quelque chofe, de réfoudre le Bail, en payant au Preneur fes dommages & intérêts, cela n'a lieu qu'au cas que celui qui a fait le Bail ne foit pas en état de l'exécuter; car s'il le peut entretenir, il ne lui eft pas permis de le réfoudre, quand bien même il offriroit d'indemnifer le Preneur de la perte qu'il fouffriroit de l'inexécution du Bail.

Il faut obferver quatre cas efquels celui qui a paffé Bail y peut contrevenir & expulfer le Locataire, quoique le Bail ne foit pas fini.

Le premier eft, lorfque le Locataire ou le Fermier a été deux ans fans payer les loyers, ou s'il n'exécute pas d'autres conventions portées par le Bail.

Le deuxiéme eft, fi le Locataire a malverfé dans la Maifon, comme s'il y tient un commerce infâme, ou s'il abufe de fon Bail pour détruire ou dégrader les lieux.

Il faut remarquer fur ces deux premiers cas : 1°. Qu'ils font communs aux Fermiers, & aux Locataires des Maifons. 2°. Que dans l'un ni dans l'autre, il n'y a pas lieu aux dommages & intérêts du Preneur, ni aucune remife de loyers échûs, parce que le Bail n'eft réfolu que par fa propre faute.

Le troifiéme cas eft, quand le Proprietaire d'une Maifon qui menace ruine, la veut faire rebâtir; cette réparation étant ab-

folument néceffaire, le Proprietaire de la Maifon ne doit au Locataire pour tous dommages & interêts, que la remife des loyers
du tems que le Locataire n'a pû y habiter : Mais s'il n'y avoit
point de néceffité preffante, & que le Proprietaire ne fît rebâtir
fa Maifon que pour la rendre plus agréable & plus commode, le
Bailleur feroit tenu des dommages & interêts du Preneur, outre
la remife de loyers du tems que le Preneur n'a pû occuper la
Maifon.

Le quatriéme cas eft, quand le Proprietaire veut venir loger
lui-même dans fa Maifon ; ce qui eft particulier pour les Maifons
des Villes, & ne peut pas s'appliquer aux Fermes de la Campagne.

De plus, le Proprietaire qui veut venir loger lui-même dans fa
Maifon avant le Bail expiré, doit donner un tems raifonnable au
Locataire, pour chercher une autre Maifon, comme trois mois
ou fix mois, fuivant la qualité des Maifons, & celle des Locataires. Dans ce cas, on adjuge ordinairement au Locataire des
dommages & interêts qui font liquidés à une demie année, ou à
trois mois de remife des loyers, plus ou moins, fuivant les circonftances & la qualité des perfonnes. Brodeau fur M. Louet,
lettre L. fommaire 4.

Comme les Proprietaires pourroient abufer de ce privilege, il
a été jugé par Arrêt rapporté par Soefve, tome 1, centurie 1,
chapitre 18, qu'un Proprietaire ne pouvoit faire fortir le Locataire pour occuper une très petite portion de la Maifon, & louer
le refte à d'autres.

Mais le Proprietaire d'une Maifon qui a fait le Bail d'une portion d'icelle, peut expulfer le Locataire de cette portion, pour
s'en fervir, & l'occuper lui-même : Ce privilege n'eft accordé
qu'à celui qui eft Proprietaire du total de la Maifon, non pas à
celui qui ne l'eft que d'une partie.

Le principal Locataire ne jouit pas de ce privilege, quand bien
même il lui auroit été cedé par fon Bail. La raifon eft, que ce
privilege eft perfonnel, & attaché à la perfonne du véritable Proprietaire.

Il a été néanmoins étendu au pere ou à la mere, qui ont la
tutelle de leurs enfans, pour les Maifons qui leur appartiennent,
& au mari, pour celles dont fa femme a la propriété ; la raifon
eft, que les enfans logent ordinairement pendant leur tutelle,
avec leur pere ou leur mere ; & la femme logeant avec fon mari, le Locataire ne peut pas objecter que ce ne font pas les vé-

Tome I. HHhh

ritables Proprietaires qui vont loger dans leur Maison, & qui le veulent expulser avant que son Bail soit fini.

Le Proprietaire, qui par le Bail a expressément renoncé à son privilege, ne peut plus expulser de sa Maison celui qui la tient à Bail, pour l'habiter lui-même ; mais cette renonciation regarde seulement celui qui l'a faite; ensorte que son Successeur n'en seroit point tenu.

Que si le Proprietaire qui a renoncé à son privilege, vend la Maison, & charge le nouvel Acquereur d'entretenir le Bail qu'il en a fait ; le nouvel Acquereur peut néanmoins user du privilege du Proprietaire, & expulser le Locataire avant le Bail fini, pour habiter lui-même la Maison qu'il a acquise ; la raison est, que cette clause, par laquelle l'Acquereur s'est chargé d'entretenir le Bail fait par son Vendeur, ne l'empêche que d'expulser le Locataire avant l'expiration du Bail, & d'en pouvoir mettre un autre en sa place ; mais elle ne l'empêche pas de pouvoir user de son privilege de Proprietaire, de venir loger lui-même dans sa Maison, à moins qu'il n'y eût renoncé expressément par le Contrat d'acquisition fait avec le premier Proprietaire.

Le successeur universel, comme l'heritier du Proprietaire qui a fait Bail de sa Maison ou de son heritage, est tenu d'entretenir le Bail fait par le défunt, parce que l'heritier succede aux droits, noms, raisons & actions du défunt.

Mais comme nous avons déja dit, le successeur particulier, comme l'Acheteur, le Donataire ou autre, n'y est pas obligé, s'il n'y a convention expresse portée par le Contrat qui a transmis la proprieté.

La raison est, que l'Acheteur ne represente point son Vendeur, & qu'il n'a point contracté avec le Locataire, & d'autant que le droit du Vendeur est résolu par la vente qu'il a faite de la chose qu'il avoit baillée à louage, il s'ensuit que le droit du Locataire est aussi résolu : Ainsi, le Retrayant n'est point obligé à l'entretenement du Bail fait par l'Acquereur.

Il est donc certain que tout successeur à titre particulier peut expulser le Locataire, si bon lui semble, & cela tant ès Fermes des Champs, qu'ès Maisons des Villes, sans aucuns dommages & interêts envers le Locataire ou le Fermier dépossedé, & dans ce cas, c'est le Vendeur qui est tenu des dommages & interêts.

Il y a néanmoins un cas auquel le successeur particulier du Bailleur à titre de louage, ne peut pas expulser le Locataire, ça-

voir, quand par son Contrat d'acquisition il s'est chargé d'entretenir le Bail, ou qu'il l'a approuvé par quelqu'acte ; ce qui ne
l'empêcheroit pas néanmoins de se servir du privilege du Proprietaire, pour une Maison où il voudroit venir habiter lui-même,
comme nous avons dit ci-dessus.

Quand dans le Bail il y a clause expresse qui stipule que le fonds
& la propriété de la Maison est hypotequé spécialement à la garantie du Bail ; on tenoit autrefois que le Bail ne pouvoit être résolu par le successeur à titre particulier ; & de ce il y a Arrêt
du 10 Décembre 1604; mais cette Jurisprudence a changé,
& on tient aujourd'hui le contraire. La raison est, qu'en France
l'hypoteque ne provient pas de la convention des Parties, mais
de l'authenticité du Sceau Royal ou Seigneurial : Ainsi, la convention des Parties ne peut rien ajouter à l'hypoteque; c'est pourquoi on tient aujourd'hui qu'il ne se trouve en France aucun cas
où l'hypoteque spéciale opere un effet different de celui de l'hypoteque générale ; & comme nous avons déja dit, ces termes
qu'on met tous les jours dans les actes, *Sans que l'hypoteque générale déroge à la spéciale, ni la spéciale à la générale*, sont tout-à-
fait inutiles.

Le fils auquel le pere a donné quelqu'heritage en avancement
d'hoirie, par Contrat de mariage ou autrement, est pareillement
obligé d'entretenir les Baux faits par son pere.

Comme l'obligation de celui qui donne une Maison à Bail,
ou une Terre à Ferme, consiste principalement à en faire jouir le
Preneur, aussi ce Bailleur peut être obligé à mettre en état l'heritage, ou à faire refaire la Maison qu'il a donnée à loyer, ensorte
que le Preneur en puisse avoir la jouissance, autrement le Bailleur
seroit obligé de remettre le loyer, à proportion du tems que le
Preneur n'en jouiroit pas ; & de plus, il pourroit être condamné
en ses dommages & interêts.

Le Bailleur est encore obligé de tenir compte au Preneur des
impenses nécessaires, que le Preneur a faites pour la chose louée.
A l'égard des impenses utiles, mais non absolument nécessaires,
faites par le Preneur, le Bailleur n'est pas obligé d'en tenir compte ; mais s'il ne le fait pas, le Preneur a la liberté de les emporter,
pourvû que cela se puisse faire sans déteriorer les choses.

Néanmoins le Fermier ne peut pas arracher les arbres qu'il a
mis dans l'heritage qu'il a pris à Ferme, le bail étant fini ; autrement il seroit tenu des dommages & interêts du Proprietaire
de la Ferme.

Ordinairement par le Bail, on fait un état de lieux, des heritages & Jardins au tems de la prise, & le Preneur n'est obligé à les rendre que dans le même état: Ainsi il peut ôter les ameliorations qu'il a faites, si ce n'est que le Proprietaire offrît de lui en faire le remboursement, suivant l'estimation des Experts.

CHAPITRE IV.

De l'Obligation que contracte celui qui prend une Maison à Bail, ou une Terre à Ferme.

CELUI qui prend une Maison à Bail, ou une Terre à ferme, s'oblige à trois choses.

Il est réputé devoir en jouir & en user en bon pere de famille, d'où il s'ensuit: Premierement, qu'il ne peut point faire aucune dégradation dans les lieux dont il a la jouissance.

II. Que les Fermiers des terres les doivent cultiver, de maniere que les fonds soient toujours en bon état, ou du moins qu'ils n'empirent pas par leur fait; autrement, ils en seroient tenus.

III. Que les Locataires ou Fermiers soient obligés à faire non-seulement les réparations ausquelles ils se sont engagés par leur Bail, mais encore toutes celles qu'on appelle menues réparations, ou réparations locatives; que s'il étoit nécessaire de faire de grosses réparations ausquelles les Locataires ne sont pas obligés, ils doivent en avertir les Proprietaires.

IV. Que le Locataire d'une Maison doit veiller à sa conservation, comme si c'étoit son propre bien; d'où il résulte qu'il est tenu de tous les accidens qui arrivent par sa faute, ce qui se doit entendre de sa faute légere; car comme ce Contrat se fait pour l'utilité de l'un & de l'autre des Contractans, le Preneur à louage n'est pas responsable de sa faute très-légere, & encore moins du cas fortuit; que si le feu brûle une Maison, le Locataire en est responsable par la raison qu'on présume toujours que l'incendie d'une Maison est arrivé par la faute de celui qui l'habite, à moins qu'il ne prouve le contraire.

Le Locataire est non-seulement tenu des accidens qui arrivent par sa faute, mais aussi de ceux qui arrivent par la faute des Sous-Locataires, par la raison qu'il en est responsable, & qu'il doit s'imputer de n'avoir pas mis dans la Maison qu'il loue, des personnes soigneuses.

La seconde chose à laquelle les Locataires ou Fermiers sont obligés, c'est de payer le prix de leur Bail ; mais comme il peut arriver que les Fermiers de terres de la Campagne, n'en tirent certaines années aucun revenu, à cause des accidens imprévus, comme la grêle, les inondations & autres cas fortuits ; le Fermier peut se faire décharger de payer le prix ou partie du prix convenu pour l'année, pendant laquelle il n'a rien recueilli, à moins que la fécondité d'une année précédente ou suivante, ne pût dédommager le Fermier de la perte qu'il auroit soufferte.

Le Fermier peut, par une clause expresse du Bail, renoncer aux cas fortuits, & aux stérilités qui arrivent ; cependant telles renonciations générales ne s'entendent que des stérilités ordinaires, & non de celles qui n'arrivent que très-rarement, comme sont celles qui arrivent par le passage d'une Armée, laquelle en passant par une Terre, y aura causé un tel ravage, qu'il n'y sera resté aucuns fruits ; car en ce cas, le Fermier, quelque renonciation générale qu'il ait faite aux cas fortuits, n'est pas censé avoir renoncé à la perte de tous les fruits, qui est un cas qui ne le peut prévoir, à moins que l'heritage donné à Ferme ne soit près des Terres ennemies, & que ce cas ne soit compris dans la renonciation, comme il a été jugé par Arrêt rapporté par Monsieur Maynard.

Il faut dire aussi que si la clause du Bail porte expressément que le Fermier ne pourra demander aucune diminution pour toutes sortes de sterilités prévûes & imprévûes ; cette convention est de rigueur, & doit être suivie à la lettre, d'autant qu'il est à présumer que le Proprietaire a diminué le prix courant du Bail, en consideration de cette clause ; & de plus, c'est qu'étant conçue en termes si clairs, le Fermier ne peut pas prétendre qu'il n'a eu intention de se charger des sterilités qu'avec quelque restriction.

La troisiéme chose à laquelle le Locataire ou le Fermier sont obligés, c'est d'entretenir le Bail qui leur a été fait durant tout le tems porté par le Contrat, & d'en payer le prix, ensorte que si le Locataire abandonnoit la Maison, ou si le Fermier cessoit de cultiver les Terres, ils ne seroient pas moins obligés de payer le prix entier de leur Bail ; il faut néanmoins excepter, s'il leur étoit permis par une clause particuliere du Contrat, de quitter la

Maison ou la Terre, en avertissant le Bailleur un an ou six mois auparavant.

Il faut encore excepter s'ils étoient contraints de quitter la Maison ou la Terre par une force majeure, ou par une juste crainte; car par exemple, s'il falloit faire de grosses réparations dans une Maison, le Locataire faute d'en pouvoir jouir, pourroit prétendre avec raison, d'en sortir avant le Bail fini, & ne seroit point en ce cas, tenu d'entretenir le Bail : Mais ordinairement dans les Baux, les Proprietaires stipulent, que les Preneurs à louage seront obligés de souffrir les grosses réparations, sans demander diminution du prix porté par le Bail; sur quoi, il faut observer, que cette clause de souffrir par le Locataire les grosses réparations, sans pouvoir répeter aucuns dommages & interêts, ni demander aucune diminution de loyers, n'a son effet, suivant l'usage du Châtelet & du Parlement, que quand ces réparations se font dans l'espace de six semaines; car si elles durent plus long-tems à faire, le Locataire, après les six semaines, n'est plus obligé de garder le Bail, & peut même demander d'être indemnisé par des dommages & interêts.

CHAPITRE V.

De l'Hypoteque & du Privilege du Proprietaire pour les Loyers.

LE Bail passé pardevant Notaires emporte hipoteque générale sur tous les immeubles du Locataire ou Fermier : Mais soit que le Bail ait été passé pardevant Notaires, ou sous seing privé, le Proprietaire a pour l'inexécution, un privilege que la Loi lui donne sur de certains effets.

A l'égard des Maisons, le Proprietaire a un privilege & une préférence à tous autres créanciers, sur le prix de tous les meubles qui ont été mis dans la Maison par le Locataire; c'est pourquoi dans la plupart des Baux, on met *que le Locataire sera tenu de garnir la Maison de meubles exploitables.*

Ce privilege consiste en ce que pour les loyers, le Proprietaire est préferé à tous créanciers, quoiqu'il ne soit pas le premier saisissant; mais il faut pour cela, qu'il forme son opposition avant la vente des meubles.

Pour ce qui est des Fermes de Campagne, le Droit Romain ne donne au Propriétaire qu'un privilege & préference sur les fruits qui ont été recueillis par le Fermier. Pour les meubles & ustenciles que le Fermier a mis dans la Ferme, le Droit Romain ne donne de privilege au Propriétaire, qu'en vertu d'une convention expresse ; mais cette difference est ôtée par l'article 171 de la Coutume de Paris, qui établit un privilege sur les meubles pour les Propriétaires des Fermes, comme pour les Propriétaires des Maisons.

Ainsi, dans cette Coutume, le Propriétaire d'une Ferme des Champs, en faisant son opposition avant la vente, est préferé au 1er. Saisissant sur les grains, meubles, bestiaux & ustenciles trouvés en la Ferme ; on tient même que la disposition de notre Coutume doit être étendue aux autres Coutumes qui n'ont rien statué sur ce point.

Dans l'usage observé dans la Coutume de Paris, ce privilege des loyers de Maisons n'est accordé au Propriétaire, que pour les trois derniers quartiers & le courant seulement : Mais lorsque le Bail est passé pardevant Notaires, c'est un usage que le Propriétaire doit être préferé à tous autres créanciers sur les meubles mis par son Locataire dans sa Maison, non-seulement pour les trois derniers termes & le courant, mais encore pour les loyers qui doivent écheoir jusqu'à la fin du Bail ; sauf aux autres créanciers à faire le profit de la Maison, & à la relouer pendant le restant du Bail, si bon leur semble.

On demande pour combien de tems ce privilege est donné aux Propriétaires des Fermes des Champs, tant sur les fruits que sur les meubles, bestiaux & ustenciles ? On a prétendu autrefois que ce privilege n'étoit que pour l'année courante seulement, & non point pour les précedentes échûes ; mais on tient aujourd'hui que le Propriétaire d'une Ferme, en faisant son opposition avant la vente, doit être préferé au premier Saisissant sur les fruits, meubles, bestiaux & ustenciles, tant pour le payement de l'année courante, que pour celui des précedentes ; c'est ce qui a été jugé par Arrêt du dernier Décembre 1594, & par un autre du 9 Février 1630. *Voyez* Brodeau, sur l'article 171 de la Coutume de Paris, & Monsieur Louet, lettre F. sommaire 4.

Les meubles des sous-Locataires ne sont pas obligés envers les Propriétaires pour la totalité du prix du Bail de la Maison entiere, mais seulement pour le loyer de la portion qu'ils occupent, & par rapport à ce qu'ils en doivent.

Le privilege du Proprietaire pour ses loyers s'étend non seulement aux charges ordinaires du Bail, mais aussi aux menuës réparations, & même aux dommages & interêts, pour déteriorations & malversations. Voyez Brodeau sur le même art. 171.

Quand les meubles sont hors de la Maison ils ne sont plus le gage du Proprietaire, & par conséquent, le privilege qu'il avoit dessus au tems qu'ils étoient dans la Maison cesse; mais il a toujours son action contre le Locataire, pour être payé de ce qui lui est dû.

Il faut observer qu'après cinq années, à compter du jour que le Bail est expiré, le Proprietaire n'a plus d'action contre le Locataire ou Fermier, suivant l'article 142 de l'Ordonnance de 1629. Ce qui doit s'entendre, lorsqu'il n'y a point eu de pourfuites; car pour lors, s'il n'y avoit point de péremption, l'action du Proprietaire seroit prorogée à trente ans.

CHAPITRE VI.

Du Louage de Meubles, de Chevaux, & autres choses de cette nature; & du Louage des Domestiques & Ouvriers.

L E louage de meubles, de chevaux & autres choses de cette nature, est un Contrat qui consiste ordinairement dans le prix du loyer, le tems dont les Parties conviennent, & la destination de l'usage.

Comme ce Contrat se fait pour l'utilité réciproque des Contractans, le Preneur à louage n'est pas responsable de sa faute très-légere, de laquelle il seroit tenu, si la chose lui avoit été prêtée gratuitement.

Il faut dire aussi qu'il n'est pas à plus forte raison tenu des cas fortuits, à moins qu'il ne s'y soit obligé par une convention particuliere.

Il faut observer que si la chose louée est périe par la faute du Preneur à louage, il est obligé d'en payer l'estimation telle qu'elle étoit au tems que la chose lui a été baillée, suivant le dire de gens à ce connoissans, qui l'ont vûe avant la perte d'icelle; ce qui souffre une exception à l'égard des chevaux de louage,

ge , pour la perte defquels par la faute des Preneurs , il n'eft dû
que la fomme de cinquante livres , fuivant l'ufage , quoiqu'ils va-
luffent beaucoup plus , enforte que le Loueur de chevaux ne feroit pas facilement admis à prouver que le cheval qu'il a donné à
titre de louage valoit une fomme plus grande.

Mais comme il peut arriver qu'un cheval meure de fa mort naturelle , fi ce cas arrivoit , le Preneur ne feroit pas obligé de le
payer , en faifant vifiter le cheval par des Experts , & faifant faire
leur rapport au tems de fa mort ; & au cas que le cheval foit mort
par la faute du Preneur , il n'eft obligé qu'à cinquante livres , non
compris ce qui eft dû pour le louage.

Il y a une efpece particuliere de Bail à loyer , qui eft ordinaire dans les Pays où il y a beaucoup de pâturages , & par conféquent , beaucoup de beftiaux. On l'appelle *Bail à Cheptel* ou
Chapteil.

Ce Bail eft un Contrat , par lequel un Particulier donne à un
autre , un nombre de bœufs ou de brebis , à condition de les
nourrir , & d'en rendre pareil nombre à la fin du Bail , & d'en
partager le croît & le profit. De-là il s'enfuit que ce Contrat eft
mixte , participant du louage & de la focieté. En effet , celui qui
a des troupeaux de moutons , de bœufs ou vaches , les donne au
Preneur , après en avoir fait faire l'eftimation ; la propriété en demeure au Bailleur , jufqu'à concurrence de l'eftimation feulement ; mais le profit , qu'on appelle *le croît,* fe partage également
entre le Bailleur & le Preneur. De ces profits il faut excepter les
fumiers , les labeurs & le laitage , qui appartiennent entierement
au Preneur , qui de fon côté eft chargé de nourrir & garder les
beftiaux à fes frais & dépens , & d'en avoir foin comme un bon
Econome.

Si le beftial meurt , s'il fe perd , ou s'il diminue de valeur par
cas fortuit , la perte tombe également fur le Bailleur & le Preneur ; mais fi cela arrive par la faute du Preneur , il en eft refponfable.

Il y a deux fortes de cheptels ; l'un confifte dans les beftiaux
que le Propriétaire d'un Domaine , d'une Terre , ou d'une Ferme , donne à fon Fermier , à la charge de prendre foin de leur
nourriture , de s'en fervir pour la culture & amélioration des
heritages , & à condition d'en partager le profit ou croît ; l'autre ,
quand on donne des beftiaux à un Particulier , pour faire valoir
fes propres heritages , à condition de partager avec lui les profits,
& on appelle cette efpece de cheptel , *Commande.*

L'origine de ce Contrat vient de la Loi : *Si pascenda pecora 8*, *cod. de pactis*, sur laquelle il faut voir ce qu'en dit Mornac & Monsieur Cujas, & aussi Coquille sur la Coutume de Nivernois, titre des Croîts, & dans ses Institutions au Droit François, titre dernier.

Pour ce qui est du louage des Domestiques & des Ouvriers, c'est une convention par laquelle un Particulier s'oblige de payer à un Domestique ou à un Ouvrier certain salaire pour des services, ou pour des ouvrages dont les Parties conviennent.

Le salaire promis est dû à l'Ouvrier, sitôt que le travail & l'ouvrage est achevé, ou que l'Ouvrier s'est mis en devoir de l'achever ; car encore qu'il ne l'ait pas fait, s'il n'a pas tenu à lui, & que celui qui l'a employé l'ait empêché, la récompense promise est toujours dûë, pourvû toutefois que l'Ouvrier n'ait pas travaillé pour d'autres personnes, dans le tems qu'il devoit travailler pour celui qui l'avoit loué.

L'Ouvrier, de son côté, qui s'est vanté d'un art dont il étoit incapable, est tenu & responsable de toutes les fautes qu'il commet, soit par ignorance, soit par négligence.

CHAPITRE VII.

Formules de Baux à loyer, de Baux à ferme, & de plusieurs autres Actes qui se font en conséquence.

Bail d'un Métier à faire Bas.

FUT présent Louis   demeurant, &c. lequel a donné à loyer pour trois années à commencer du   & promet faire jouir à Jean   à ce présent Preneur, un métier à faire bas de laine, travaillant sur quatorze pouces de large, garni de toutes ses pieces, que ledit Preneur reconnoît avoir en sa possession, dont il est content, pour en jouir pendant ledit tems ; ce Bail fait moyennant la somme de   de loyer, pour & par chacune desdites trois années, que ledit Preneur promet & s'oblige de bailler & payer audit sieur Louis   en sa demeure à Paris, ou au Porteur, de trois mois en trois mois, dont le premier payement se fera d'hui en trois mois, & ainsi continuer jusqu'en fin dudit présent Bail fait aux conditions suivantes : Sçavoir est par ledit Jean   de fournir pendant chacune

desdites trois années, une paire de bas audit sieur Bailleur. Plus, d'entretenir ledit métier de menues réparations, & en fin dudit tems, le rendre en bon
état de travail, le tout sans diminution dudit loyer; ne pourra ledit Preneur
ceder ni transporter son droit des présentes, sans le consentement dudit Bailleur, auquel il fournira icelles en forme incessamment à ses frais & dépens;
& sera tenu ledit sieur Bailleur d'entretenir ledit métier de grosses réparations, au dire de gens à ce connoissans; car ainsi a été convenu & accordé
entre les Parties, qui ont pour l'exécution des présentes, élû leurs domiciles
en cette Ville de Paris, en leurs demeures devant déclarées, ausquels lieux,
&c. Promettant, &c. obligeant, &c. chacun en droit soi, &c. renonçant,
&c. Fait & passé, &c.

Bail d'une Echope.

FUT présent Charles   demeurant   lequel
a fait Bail à loyer & prix d'argent pour quatre années, à compter du
jour de   & promet faire jouir N. à ce présente, Preneure
audit titre durant ledit tems, une Echope située à   contenant   pieds de long, sur   de large, tenant d'une
part à   & d'autre à   de laquelle
ladite Preneure se tient contente, l'occupant présentement, pour en jouir
par elle audit titre, pendant ledit tems; ce Bail fait moyennant la somme
de   de loyer pour & par chacune desdites quatre années, que ladite Preneure promet & s'oblige de bailler & payer audit sieur Bailleur, en
sa demeure, ou au Porteur, &c. d'année en année, dont le premier payement
échera d'hui en un an, & ainsi continuer jusqu'en fin dudit présent Bail, qui
est fait à la charge par ladite Preneure d'acquitter & payer à la décharge dudit sieur Bailleur, & sans diminution du loyer, les six deniers parisis de cens
dont ladite Echope est chargée envers le Domaine du Roi, & de lui en
rapporter quittance en fin desdites quatre années; sans pouvoir par ladite
Preneure, ceder ni transporter son droit dudit présent Bail, à qui que ce soit,
sans le consentement dudit sieur Bailleur, auquel elle fournira la grosse des
présentes incessamment à ses frais & dépens; car ainsi, &c. promettant, &c.
obligeant, &c. Fait & passé, &c.

Bail d'un Privilege.

FUT présent Antoine   Maître en Chirurgie à Paris, y
demeurant   rue   lequel a fait Bail à loyer
& prix d'argent, du   prochain, pour   années consécutives finies
& accomplies, & promet faire jouir à Maximilien Chirurgien, demeurant
à ce présent, Preneur pour lui audit titre, durant ledit tems, le Privilege de
Chirurgien à Paris, appartenant audit Antoine pour. par ledit Maximilien
l'exercer & faire exercer, suivant & conformément aux Statuts & Reglemens de la Communauté des Maîtres Chirurgiens; ce Bail fait moyennant
la somme de deux cens livres de loyer par chacune desdites

années, que ledit Maximilien promet & s'oblige de payer audit sieur Antoine   en la demeure à Paris, ou au Porteur, &c. de trois mois en trois mois, dont les premiers trois mois de payement écheront & se feront d'hui en trois mois, & ainsi continuer jusqu'en fin dudit present Bail, fait en outre aux conditions suivantes: Sçavoir, par ledit Maximilien de payer les droits de visite & autres accoutumés être payés par lesdits Maîtres Chirurgiens, & de tout acquitter ledit Antoine, sans le consentement duquel ledit Maximilien ne pourra ceder ni transporter le droit des presentes, & lui en fournira la grosse d'icelles à ses frais & dépens incessamment; car ainsi, &c. Promettant, &c.

Bail de Meubles.

FUT present Lucas   demeurant   lequel a fait Bail à loyer, & promet faire jouir pendant   années, à commencer du   à   à ce present Preneur, les meubles qui ensuivent; c'est à sçavoir,   tous lesquels meubles ledit Preneur reconnoît avoir en sa possession, dont il est content, pour en jouir, &c. ce Bail fait moyennant la somme de   que ledit Preneur promet de payer audit sieur Bailleur en sa demeure à Paris, &c. Et *le reste comme aux autres Baux.*

Bail à loyer d'une Maison.

FUT present Jacques   Bourgeois de Paris, demeurant, &c. lequel a par ces présentes donné à loyer & prix d'argent, du premier jour de l'année prochaine, jusques & pour six ans consécutifs, finis & accomplis, & promet faire jouir pendant ledit tems à Claude   Marchand à Paris y demeurant   à ce present & acceptant, Preneur pour lui durant ledit tems, une Maison sise à Paris, rue, &c. où pend pour enseigne, &c. consistant, &c. audit sieur Bailleur, appartenant; de laquelle Maison & lieux ci-dessus déclarés, le Preneur se contente, disant la bien sçavoir, & connoître, pour l'avoir vûë & visitée, dont il est content; pour en jouir, &c. Ce present Bail fait moyennant la somme de six cens livres de loyer, pour & par chacune desdites six années, que ledit Preneur promet & s'oblige payer audit Bailleur en sa demeure ou au Porteur des presentes, aux quatre termes de l'année accoutumés, dont le premier échera au premier Avril prochain, & ainsi continuer ausdits termes jusqu'enfin du present Bail; fait en outre, aux charges, clauses & conditions suivantes: Sçavoir, de par ledit Preneur, garnir ladite Maison & lieux de biens-meubles exploitables, pour sûreté dudit loyer, l'entretenir de toutes menuës réparations locatives & nécessaires à y faire pendant ledit tems, & enfin d'icelui la rendre & délaisser en bon état d'icelles; souffrir faire les grosses, si aucunes il convient; payer la somme de   pour le revenu du fond de la taxe de boues & lanternes, qui a été racheté. Plus, payer la taxe des Pauvres & autres charges de Ville & de Police; & du tout en acquitter ledit Bailleur, sans pouvoir pour le tout prétendre aucune diminution dudit loyer, dépens, dommages & intérêts. Ne pourra ledit Preneur ceder ni transporter son droit du présent Bail à aucune personne, sans le consentement exprès & par écrit audit Bailleur, lequel promet le tenir clos & couvert dans ladite mai- son & lieux, selon les Us & Coutume de Paris. Fournira ledit Preneur à ses frais & dépens autant des présentes ou la grosse en forme exécutoire audit Bailleur ; car ainsi, &c. promettant, &c. obligeant, &c. chacun en droit foi, renonçant, &c.

Clause pour les grosses Réparations.

S'il convient faire quelques grosses réparations en ladite Maison & lieux pendant ledit tems, sera tenu ledit Preneur les souffrir & endurer faire, sans pour ce prétendre ni demander par ledit Preneur aucune diminution dudit loyer, dommages, interêts ni récompense, frais ni dépens, pourvû néan- moins que lesdites réparations soient nécessaires, & qu'elles ne durent que, &c. & à l'exception toutefois des quatre gros murs.

Clause de six mois pour résoudre le Bail.

Conviennent lesdites Parties, qu'elles pourront respectivement se désister & départir du présent Bail, en avertissant l'un l'autre six mois auparavant ; quoi faisant, ledit Bail demeurera nul & résolu pour le tems qui restera lors à expirer, sans pouvoir prétendre l'un contre l'autre aucuns dommages ni interêts, sans préjudice des loyers lors dûs, &c.

Nota. Que quoique cette clause soit très-ordinaire dans les Baux, elle ne se supplée pas, si elle n'est apposée précisément dans le Contrat.

Clause pour les accommodemens dans la Maison.

A été convenu entre lesdites Parties, que ledit Preneur ne pourra faire aucun changement, démolition, accommodement, ou augmentation en la- dite Maison & lieux, sans l'exprès consentement dudit Bailleur ; & en cas que ledit Preneur en fit aucun, il a promis remettre & rétablir les lieux en tel & semblable état qu'ils sont à présent ; & pour cet effet, sera dressé un état desdits lieux, dont chacun aura autant pardevers soi, & ce avant que d'entrer dans ladite Maison ; & néanmoins sera au choix dudit Bailleur de retenir les choses changées & augmentées, si bon lui semble, sans aucun rem- boursement, récompense ni diminution dudit loyer, auquel cas ledit Preneur sera déchargé de remettre les lieux dans l'état qu'ils sont à présent.

Autre Clause.

A été aussi convenu entre lesdites Parties, que ledit Preneur fournira à ses frais audit Bailleur par chacun an, pendant le tems dudit Bail, un pain de sucre pesant six livres ou environ.

Clause de nullité de Bail, en cas de vente de la Maison.

Et si pendant ledit tems, ledit Bailleur vend ou échange ladite Maison, en ce cas, ledit présent Bail demeurera nul & résolu pour le tems qui en restera à expirer, en avertissant le Preneur six mois auparavant, sans pouvoir par ledit Preneur prétendre aucuns dommages & interêts, frais & dépens, ni diminution du loyer.

Clause pour faire renoncer le Proprietaire au Droit de Bourgeoisie, qui est de résilier le Bail, quand il veut occuper sa Maison en personne.

Et à la garantie de l'exécution du présent Bail, ledit Bailleur a affecté le fond & proprieté de ladite Maison à la jouïssance, renonçant pour cet effet, au privilege des Bourgeois de Paris, qui est de pouvoir occuper leurs Maisons en personne.

Désistement d'un Bail, du consentement des Parties.

AUJOURD'HUI sont comparus pardevant, &c. Claude, &c. d'une part, & Nicolas, &c. d'autre, lesquels se sont par ces presentes, volontairement désistés & départis de l'effet & exécution du Bail à loyer, fait pardevant Notaires, le de la Maison où ledit Nicolas est à present demeurant, & consentent respectivement que ledit Bail soit & demeure nul & résolu, sans aucuns dépens, dommages & interêts de part ni d'autre, pour le tems qui restera à expirer du premier Avril prochain, auquel jour ledit Nicolas sera tenu & promet vuider ladite Maison & lieux, la rendre libre en bon état de menues réparations, audit Claude, &c. pour en disposer par lui, comme bon lui semblera, & encore de lui payer audit jour premier Avril, tous les loyers qui en seront dûs pour lors, conformément audit Bail, qui pour ce regard demeurera en son entiere force & vertu, sans novation. Car ainsi, &c.

Autre Désistement de Bail, pour raison de grosses Réparations.

Et le sont comparus, ledit sieur Pierre de la Roche d'une part, & ledit sieur Jean Monier, & Catherine Peivin son épouse, qu'il autorise à l'effet des presentes, d'autre part; lesquels, attendu qu'il est nécessaire de démolir la Maison dont le Bail est ci-dessus & de l'autre part, se sont réciproquement désistés & départis dudit Bail, consentent qu'il demeure nul & de nul effet, du terme de pour le tems qui en restera lors à expirer, sans aucuns dépens, dommages & interêts prétendre de part ni d'autre, reconnoissant ledit sieur de la Roche avoir été payé de tous les loyers échûs, sans préjudice de ceux qui écheront du jour de Noel dernier jusqu'audit jour. Fait & passé, &c.

Bail d'une Maifon portant claufe de payer par avance.

F U T préfent François   demeurant   lequel
a fait Bail à loyer pour neuf années entieres & confécutives, du jour de
N. & promet faire jouir à   Louis, demeurant
à ce préfent, Preneur pour lui durant ledit tems, une Maifon à porte cochere,
fife rue   appartenante audit fieur François, confiftante
en   de plus ample déclaration, de laquelle ledit Preneur
a dit n'être befoin, déclarant la bien fçavoir & connoître pour y être, comme
dit eft, demeurant, pour en jouir, &c. Ce Bail fait moyennant la fomme de
mille cinquante livres de loyer, pour & par chacune defdites neuf années,
que ledit fieur Louis promet & s'oblige payer audit François, en fa demeure, ou au Porteur, &c. aux quatre termes de l'année accoutumés, également
& par avance, dont le premier terme écherra
fur lequel terme par avance, a été préfentement payé audit fieur François,
qui reconnoît l'avoir reçu dudit fieur Louis   la fomme
de cent trente-cinq livres, dont d'autant quittant, & quant aux autres cent
trente-cinq livres, pour compofer ledit terme d'avance, ledit Preneur promet & s'oblige les payer audit fieur Bailleur audit jour de
& ainfi continuer de terme en terme, & par avance, jufqu'en fin dudit préfent Bail, qui eft en outre fait aux conditions fuivantes, que ledit Louis
promet d'exécuter & entretenir, fans diminution dudit loyer, dépens, dommages & intérêts, prétendre à l'encontre dudit Bailleur: Sçavoir, de garnir
ladite Maifon, &c. *comme au Bail ci-devant.* Et fera tenu ledit fieur Bailleur
de tenir le Preneur clos & couvert aux Us & Coutumes du Pays, &c.

Claufe de Caution intervenante au Bail.

A ce faire eft intervenu Abraham   demeurant
lequel s'eft obligé avec ledit fieur Preneur folidairement, fans divifion, difcuffion ni fidejuffion, à quoi il renonce, au payement du prix dudit Bail,
dans les termes y portés, & par avance, ainfi qu'il eft ci-devant dit, à l'entiere exécution des charges, claufes & conditions d'icelui, dont il fait fon
propre fait & dette, comme principal Preneur, envers ledit fieur Bailleur,
& y oblige tous & chacuns fes biens, meubles, immeubles, préfens & à
venir. Car ainfi, &c.

Bail d'une Maifon fait par une perfonne, tant en fon nom que comme
fondée de procuration, & encore comme fe portant fort d'autres, à
une veuve, tant pour elle que comme Tutrice de fes enfans, avec
claufe de fix mois.

F U R E N T préfens Damoifelle Madeleine Jolly, demeurante à Paris,
rue   tant en fon nom que comme Procuratrice de Louis
Maltez, fondée de fa procuration fpéciale à l'effet des préfentes, paffée par-

devant   Notaires, le   dont l'ori-
ginal contrôlé & légalisé, est demeuré ci-annexé, après avoir été par ladite
Damoiselle Jolly certifié véritable, & paraphé a a réquisition des Notaires
soussignés, & encore ladite Damoiselle Jolly se faisant & portant fort de
Monsieur A. Jolly   & de Monsieur J. Jolly ses freres,
par lesquels elle promet faire ratifier ces presentes quand elle en sera requise,
Dame Eugene·   épouse séparée quant aux biens de
F. de Barbançois, demeurante ruë   & Monsieur G. P. Martin,
demeurant…. lesd. Sr. & Damoiselle susnommés, Proprietaires de la Maison
ci-après déclarée; lesquels reconnoissent avoir fait Bail à loyer à prix d'argent du jour de   pour trois années consécutives, finies
& accomplies, & promettent esdits noms, faire jouir à Dame E. veuve de
J. de la Porte, tant en son nom, que comme Tutrice de leurs enfans mineurs,
demeurante à Paris, rue   en la Maison ci-après déclarée, à ce presente
& acceptante, Preneure pour elle & ses enfans durant ledit tems, une grande
Maison, consistante en deux corps de logis ainsi qu'elle se poursuit & comporte, de laquelle lad. Dame Preneure se contente, pour y être, comme dit
est, demeurante, pour par elle continuer d'en jouir, &c. Ce Bail fait moyennant la somme de cinq cens livres de loyer pour chacune desdites trois années,
que ladite Dame veuve de la Porte esdits noms, & en chacun d'iceux solidairement, sans division, discussion ni fidejussion, à quoi elle renonce, promet & s'oblige payer ausdits Sieur & Damoiselle Bailleurs esdits noms, ès
mains de M.   qu'ils constituent à cet effet pour leur Procureur,
en sa demeure à Paris, ou au Porteur, &c. aux quatre termes accoutumés
également, dont le premier échera   & continuer de terme en terme jusqu'en fin du présent Bail, qui est fait en outre aux charges, clauses & conditions suivantes, que ladite Dame Preneure, esdits noms, promet exécuter,
sans prétendre diminution dudit loyer, dépens, dommages & interêts : Sçavoir, de garnir ladite Maison de biens meubles exploitables à elle appartenans, pour sûreté dudit loyer, l'entretenir de toutes menues réparations locatives & nécessaires à y faire durant ledit tems; souffrir faire les grosses
s'il en convient faire aucune; payer la taxe des Pauvres, bouës, pavés,
chandelles & autres charges de Ville & Police, & du tout en acquitter lesdits Sieur & Damoiselle Bailleurs, qui tiendront ladite Dame Preneure,
esdits noms, close & couverte aux Us & Coutume de Paris, laquelle Dame
Preneure ne pourra ceder, ni transporter son droit du present Bail à aucune
personne sans le consentement exprès & par écrit desdits Sieur & Damoiselle
Bailleurs, ausquels elle en fournira la grosse à ses frais incessamment; a été
convenu entre les Parties, qu'elles pourront se désister respectivement du present Bail, en s'avertissant l'un l'autre six mois auparavant; quoi faisant, il demeurera nul & résolu pour le tems qui restera lors à expirer, sans prétendre aucuns dépens, dommages ni interêts de part ni d'autre; néanmoins demeurera ledi Bail en sa force & vertu pour les loyers qui pourront être dûs.
Promettant, &c. obligeant, &c. chacun en droit soi esdits noms, ladite Dame
Preneure solidairement comme dessus, renonçant, &c.

Bail

Bail fait à une Veuve, après le décès de son mari, de la Maison qu'ils occupoient, portant compte & obligation.

F U T préfent   lequel a fait Bail à loyer & prix d'argent, du jour de   jufques & pour quatre années finies & accomplies, & promet faire jouir durant ledit tems, à N. veuve de demeurante en la Maifon ci-après déclarée, à ce prefente & acceptante, Preneure pour elle pendant ledit tems, les lieux, dont ladite Preneure a joui conjointement avec ledit défunt fon mari, & jouit encore actuellement, fuivant & conformément aux deux Baux faits audit défunt fon mari; l'un le   & l'autre le   paffés l'un comme l'autre pardevant   Notaires. Plus, une Boutique dépendante encore de ladite Maifon, laquelle n'eft point comprife aufdits deux Baux; icelle Boutique prefentement occupée par defquels lieux ladite veuve eft contente, pour y être, comme dit eft, demeurante, pour en jouir, &c. *Continuer comme aux précedentes formules.*

Reconnoiffant lefdits Sieur & Damoifelle Comparans avoir compté des loyers qui reftent dûs par ladite veuve & ledit défunt fon mari, du paffé jufqu'à tel jour, fur les quittances dudit fieur Bailleur; par lequel compte elle s'eft trouvée redevable de la fomme de   qu'elle promet payer audit fieur Bailleur en fa demeure à Paris, ou au Porteur, &c. à fa volonté & première demande, avec le terme courant qui reftera du dernier Bail, dudit jour de ·   & pour l'exécution, &c.

Bail des Droits de Contrôle des Actes des Notaires, & de ceux fous ſignature privée, petits Sceaux des Actes judiciaires, & Infinuations Laïques, & des deux fols pour livre, dans l'étenduë du Royaume.

F U R E N T préfens M. Louis Bourgeois de ,   y demeurant, rue, &c. Paroiffe, &c. Fermier Général des Droits de Contrôle des Actes des Notaires & de ceux fous fignature privée, petits Sceaux des Actes judiciaires & Infinuations laïques, & des deux fols pour livre de tous lefdits Droits dans l'étendue du Royaume, pour le tems de dix années, qui ont commencé au   de   & finiront au, &c. fuivant le réfultat du Conseil du, &c. lequel, en conféquence de l'adjudication faite au Preneur ci-après nommé en l'Hôtel de, &c.   commis à cet effet par Arrêt du Conseil du, &c. A par ces prefentes baillé & délaiffé à titre de Ferme & prix d'argent, pour le même tems de dix années, à compter du, &c.   à M. Jean, &c. demeurant, &c. à ce préfent & acceptant, Preneur audit titre pendant ledit tems, les Droits de Contrôle des Actes des Notaires, de ceux fous fignature privée, petits Sceaux des Actes Judiciaires, Rôles des Tailles, Fouages & du Scel où ils ont lieu, Infinuations laïques, & deux fols pour livre de tous lefdits Droits dans l'étenduë des Généralités de, &c. pour par ledit Preneur

Tome I.   K K k k

jouir defdits Droits dans la fufdite étenduë defd. Généralités de, &c. ainfi & de même que ledit Louis a droit d'en jouir, en conféquence dudit réfultat, & conformément, aux Edits, Déclarations, Tarifs, Reglemens & Arrêts fur ce rendus & intervenus, & notamment aux Déclarations de Sa Majefté du vingt Mars mil fept cent huit, Tarifs arrêtés en conféquence, & Edits des mois de Mars mil fept cent dix, & Mars dernier, à l'effet de quoi, ledit Louis a fubrogé en fon lieu & place le Preneur, pour l'étendue ci-deffus feulement, & lui a prefentement fourni copie collationnée de tous les Edits, Déclarations, Tarifs, Arrêts & Extraits dudit réfultat, dont le Preneur s'eft contenté pour toute garantie, à la charge que lui, fes Procureurs & Commis ne pourront prétendre & percevoir plus grands Droits que ceux fixés par les Tarifs, Edits, Déclarations & Arrêts ci-deffus énoncés, aufquels, même à ceux qui pourroient intervenir par la fuite, ledit Preneur fera tenu de fe conformer pour la régie des Droits, & aux exceptions y portées, qui font les Infinuations laïques, des Terres de l'appanage & patrimoniales de Son Alteffe Royale Monfeigneur le Duc d'Orleans, fi aucunes y en a dans la fufdite étendue de la Généralité de, &c. & ce, à peine d'en répondre tant par lui que par fes Cautions folidairement en leurs propres & privés noms; enfemble de tous les évenemens à ce fujet, attendu que ledit Bailleur n'a entendu faire le prefent Bail que par fubrogation pure & fimple en fon lieu & place, & de même qu'il a lieu d'en jouir pour la fufdite étendue fans garantie; & pour faciliter audit   la régie & perception defdits droits fous le nom dudit Bailleur, icelui Bailleur lui a auffi prefentement fourni fa procuration à cet effet, le nom du Procureur en blanc, qui a été paffée à cet inftant pardevant les Notaires fouffignés, dont n'eft point refté de minute, de l'évenement de laquelle ledit Preneur & fes Cautions demeureront fous ladite folidité, garans & refponfables, de maniere que ledit Bailleur & fes Cautions n'en puiffent être tenus ni inquietés, & s'ils l'étoient, ledit Preneur & fes Cautions feront tenus fous la même folidité de les en acquitter par les mêmes voyes qu'ils y pourroient être tenus, à peine de tous dépens, dommages & interêts, fans cependant que ledit Preneur & fes Cautions puiffent faire aucune pourfuite, procedure ni diligence en vertu de ladite procuration, fi ce n'eft qu'en y employant qu'elles fe font à leurs pourfuites & diligences, afin que ledit Bailleur & fes Cautions puiffent en outre fe défendre envers & contre tous par les voyes de Droit; a été convenu qu'il fera tenu compte audit Preneur des diminutions d'efpeces qui pourront arriver fur les deniers qui procederont de ladite Ferme pendant l'intervale d'une diminution à l'autre, fur les Procès-verbaux en bonne & dûë forme, qu'il en apportera des fieurs Intendans ou de leurs Subdéleguès; & dans les lieux où il n'y en a point, des Juges des lieux, vifés par lefdits fieurs Intendans ou leurs Subdéleguès, de la même maniere que Sa Majefté en tiendra compte audit Bailleur, au terme dudit réfultat, dont ledit Preneur a connoiffance; en outre, fera tenu ledit Preneur d'indemnifer & faire tenir quitte ledit Bailleur envers les Directeurs & Ambulans, & autres Commis employés à la régie & perception des frais, remifes, appointemens & autres qu'ils pourront prétendre à l'occafion de l'établiffement de ladite Ferme, & perception des Droits depuis ledit jour, &c.   en telle forte qu'il n'en foit recherché ni inquieté, à peine de tous dépens, domma-ges & interêts.

Cette fubrogation & Bail faits moyennant le prix & fomme de, &c.

pour chacune des dix années, que ledit Preneur promet & s'oblige de payer par chacun an audit Bailleur en cette Ville, ès mains & fur les récepiffés du Caiffier général de la Ferme, contrôlés par un des fieurs fes Cautions, fans que ledit Preneur puiffe faire aucun payement autrement, à peine de nullité d'iceux, & ce de quartier en quartier, & par avance, dont le premier quartier d'avance qui a commencé, &c. fera payé comptant pour lui être déduit fur le dernier quartier de la derniere année dudit Bail, fans que ledit Preneur en puiffe prétendre pendant ledit tems aucun interêt, & le fe-cond au premier de, &c. & ainfi continuer de quartier en quartier, comme dit eft, par avance, jufqu'enfin defd. dix années; fera en outre tenu led. Preneur, pour plus grande fûreté du prefent Bail, de faire avance d'an & jour audit Bailleur ès mains dudit Caiffier général de ladite Ferme, contrôlé comme deffus, d'une demie année d'icelui, montante ladite demie année à la fomme de, &c. de laquelle fomme, l'interêt, à raifon du denier vingt par an, fera déduit au Preneur fur le prix du prefent Bail à la fin de chaque année, juf-qu'à l'actuel rembourfement du principal, qu'il fera libre au Bailleur de faire, quand il le jugera à propos, pendant le courant d'icelui, & au plus tard, par compenfation fur le deuxiéme & troifiéme quartier de la derniere an-née, au payement duquel prix & avance, & au compte que ledit Preneur s'oblige à rendre à la fin de chacune année, ainfi qu'à l'entiere exécution du-dit prefent Bail, le Preneur confent d'être pourfuivi, & contraint pour les voyes accoutumées pour les deniers & affaires du Roi, en vertu de la fim-ple contrainte qui fera décernée par ledit Bailleur, vifée de deux de fes Cautions; & faute de payement de quartier en quartier & par avance, fera loifible audit Bailleur de fe mettre en poffeffion de la jouiffance de ladite Ferme, qui en ce cas pourra la faire publier & bailler à la folle-enchere dudit Preneur, au plus offrant & dernier Encheriffeur, pour le tems qui en reftera lors à expirer après trois fimples publications, fans être obligé d'obferver aucune autre formalité de Juftice, ledit Preneur fe foumettant dès-à-prefent au payement de la fomme, dont ledit prix pourroit être dimi-nué par ladite folle-enchere, & ce par les mêmes voyes ci-deffus ftipulées; ne pourra ledit Preneur prétendre ni demander aucune indemnité, diminu-tion, ni dédommagement du prix de ladite Ferme, pendant tout le cours d'i-celle, fous quelque prétexte que ce foit, qui puiffe être prévû ou non pré-vû, y renonçant dès-à-prefent, cette convention étant expreffe, comme fai-fant partie du prefent Bail; fans laquelle il n'auroit été fait audit Preneur, qui fera tenu de fournir dans ce jour bonne & folvable Caution audit Bailleur, qui s'obligera en fon propre & privé nom, pour & avec ledit Preneur foli-dairement, fans divifion, difcuffion, ni fidejuffion, comme pour deniers Royaux, & fous les mêmes contraintes devant déclarées, tant au payement dudit prix de quartier en quartier pendant lefdites dix années, qu'à ladite demie année auffi d'avance; enfemble à l'entretenement & l'exé-cution de toutes les claufes & conditions ci-deffus fpécifiées, qui ne pour-ront être réputées comminatoires, attendu qu'elles font pareillement partie

KKkk ij

du préfent Bail, enforte que l'exécution n'en puiffe être differée, à quoi ils fe foumettront expreffément; fera tenu ledit Preneur de fournir à fes frais & dépens inceffamment audit Bailleur, la groffe du préfent Bail & celle dudit cautionnement.

Et pour l'exécution des préfentes, les Parties ont élû domicile en, &c. fçavoir, ledit Bailleur en, &c.   & le Preneur en, &c. aufquels lieux nonobftant   réciproquement ledit Preneur, comme pour deniers Royaux.

Fait & paffé, &c.

Bail à Ferme des Droits de Cuirs.

FURENT préfens Meffire Nicolas Genty, Chevalier, Seigneur, &c. demeurant, &c. Meffire Louis Moreau, Chevalier, Seigneur de, &c. & Meffire Jacques de Bretigny, Chevalier, demeurant, &c. lefquels ont par ces préfentes, baillé à Ferme & prix d'argent du premier Novembre de la préfente année, pour neuf années enfuivantes & confécutives, & promis faire jouir à Jacques Reffier, Marchand Tanneur à Noyer-Mefnard en Normandie, Election de Lizieux, y demeurant ordinairement, étant actuellement à Paris, logé à la Halle aux Cuirs, près la Boucherie de Beauvais, chez le fieur le Noir, Aubergifte, où eft pour Enfeigne, &c. Paroiffe Saint Euftache, à ce préfent & acceptant, Preneur & retenant pour lui audit titre ledit tems durant, les Droits attribués aux Offices de Prudhommes, & Vendeurs de Cuirs dans ledit lieu & Paroiffe de Noyer-Mefnard. Plus, le Droit du quart en fus des anciens Droits, & les Droits du Vendeur fur les Cuirs à poil qui fe vendent audit lieu pour être tranfportés ailleurs, lefquels Droits tant anciens que nouveaux, appartiennent : Sçavoir, moitié audit fieur Genty, un quart audit fieur Moreau, ès noms & qualités qu'il procede, & l'autre quart audit fieur de Bretigny, en quoi que lefdits Droits fe puiffent confifter, fans aucune chofe en excepter, ni referver, plus ample déclaration defquels ledit Preneur n'a défiré être faite, difant en avoir parfaite connoiffance pour en jouir actuellement, & depuis long-tems, dont il eft content, pour par lui continuer d'en jouir, fuivant & conformément à l'Edit de création defdits Offices, Arrêts & Reglemens, & notamment fuivant les Déclarations du Roi des quinze Septembre mil fept cent trois & fix Février mil fept cent fix, intervenues fur le fait d'iceux; autant defquelles ledit Preneur reconnoît avoir pardevers lui pour toute garantie. Ce Bail fait moyennant la fomme de   pour & par chacune defdites neuf années, que ledit Preneur promet & s'oblige de bailler & payer aufdits fieurs Bailleurs : Sçavoir, audit fieur Genty pour moitié, & aufdits fieurs Moreau & Bretigny, chacun pour un quart, en leurs demeures à Paris, ou au Porteur, d'année en année, dont la premiere écherra au premier Novembre mil fept cent   & ainfi continuer jufqu'en fin du préfent Bail, fait en outre, à condition qu'à défaut par ledit Preneur de payer régulierement le prix du préfent Bail à fon échéance, il demeurera nul & réfolu, fi bon femble aufdits fieurs Bailleurs, qui pourront audit cas, rebailler ladite Ferme à qui bon leur femblera, à la folle-enchere, rifques, périls & fortunes dudit Preneur, lequel ne pourra prétendre aucune diminution dudit prix pour caufe de pefte, guerre, fterilité, & autres cas imprévûs, au payement duquel prix ledit Preneur pourra être contraint, comme pour les propres deniers & affaires de Sa Majefté, & fera tenu d'exercer lefdits Offices bien & dûement, & en percevoir les Droits y attribués, en telle forte qu'il n'en foit fait plainte aufdits fieurs Propriétaires, & qu'ils n'en reçoivent préjudice ; eft encore convenu qu'en cas que le Roi vînt à retirer lefdits Offices, ou les fupprimer, le prefent Bail demeurera réfolu pour le tems qui en reftera à expirer, fans dépens, dommages & interêts ; ne pourra ledit Preneur tranfporter fon Droit du préfent Bail à qui que ce foit, fans le confentement exprès & par écrit defdits Propriétaires, aufquels il fournira autant des préfentes en bonne forme à fes frais inceffamment ; car ainfi a été convenu & accordé entre les Parties ; & pour l'exécution des préfentes & dépendances, ledit Preneur a élû fon domicile à Paris, en la Maifon où il eft logé fus-déclarée, auquel lieu, promettant, obligeant corps & biens, renonçant. Fait & paffé.

Bail de Droits d'un Contrôle de Cuirs, avec intervention d'un Particulier, portant promeffe de fournir un Acte de Cautionnement d'un autre Particulier, & plufieurs autres Claufes.

FURENT préfens fieurs Charles Tonnelier, Claude Tonnelier, & Louis Tonnelier   demeurans enfemble à Paris, rue   Paroiffe   tant en leurs noms, que comme fe faifant fort de   Tonnelier, lefquels reconnoiffent avoir fait Bail à loyer & prix d'argent, du premier Mars de la préfente année, pour fix années finies & accomplies, & promettent pour eux & ledit fieur leur frere, garantir & faire jouir à Claude Marefchal, demeurant   à ce préfent & acceptant, Preneur pour lui, durant ledit tems, les Droits & Revenus du Contrôle des Cuirs, grands & petits, Maroquins, Chamois, Vache de Rouffy, & autres dépendans de l'Office héréditaire de Contrôleur, Garde-Général Marteau aux Halles aux Cuirs des Ville, Fauxbourgs & Banlieue de Rouen, de la confiftance defquels Droits ledit Preneur a dit avoir parfaite connoiffance, dont il eft content, pour jouir d'iceux en tous fruits, profits, revenus, émolumens, circonftances & dépendances, fuivant & conformément aux Edits & Déclarations du Roi, Arrêts & Reglemens intervenus en conféquence, aufquels ledit Preneur fera tenu de fatisfaire, & de les obferver en tout leur contenu, même de prendre garde aux Marchandifes de Cuirs qui fe vendront & débiteront, pour éviter aux abus & malverfations qui fe pourroient commettre ; & au furplus, de faire l'exercice & perception defdits Droits, en telle forte & maniere que lefdits fieurs Bailleurs n'en reçoivent aucunes plaintes, peines ni dommages ; ce Bail fait moyennant la fomme de deux mille cinq cens livres de loyer, pour & par chacune defdites fix années, que ledit Preneur promet & s'oblige payer aufdits fieurs Bailleurs,

en leur Maison à Paris, ou au Porteur, &c. aux quatre termes accoutumés
également, dont le premier échera   & ainsi
continuer pendant ledit tems; & faute de payement de ladite somme par chacun desdits termes, quinze jours après chacun échu, sera loisible ausdits
sieurs Bailleurs de résilier le présent Bail, sans qu'il soit besoin de faire
aucune sommation, ni signification audit Preneur, & d'en passer Bail, si
bon leur semble, à telle autre personne qu'ils jugeront à propos, sans
pour ce, pouvoir par ledit Receveur, prétendre aucune diminution dudit
loyer, dépens, dommages & interêts; mais au contraire, sera tenu, comme
il s'y oblige, de payer le prix de ce que les choses baillées seront moins affer-
mées, & ce jusqu'à la fin dudit tems, dont lesdits sieurs Bailleurs seront crûs
par la representation du Bail qui sera par eux faite; & outre, pourront contraindre ledit Preneur au payement de ce qu'il devra lors du susdit prix, en
vertu des presentes, & par le Porteur d'icelles, sans observer aucune formalité de Justice; pour raison de quoi ledit présent Bail demeurera en sa
force & vertu.

Etant convenu entre les Parties, qu'en cas qu'il arrivât pendant le
cours du présent Bail, quelque peste ou famine en ce Royaume (ce
qu'à Dieu ne plaise) ledit Preneur ne pourra, pour raison de ce, prétendre aucune diminution dudit loyer, ni transporter son droit à personne quelconque, sans le consentement exprès & par écrit desdits sieurs
Bailleurs.

Comme aussi, a été convenu, qu'en cas que lesdits sieurs Bailleurs fussent
remboursés & dépossedés dudit Office des Cuirs, par enchere ou autrement; en ce cas, le présent Bail demeurera pareillement nul & résolu
pour le tems qui en restera lors à expirer seulement, & néanmoins en sa
force & vertu pour les loyers qui en seront lors dûs & charges à en exécuter, sans aussi prétendre aucuns dépens, dommages, ni interêts à l'encontre
d'eux; & s'il se trouvoit quelque Procès pour la perception desdits Droits,
ledit Preneur sera tenu de les poursuivre en toutes Cours & Jurisdictions,
& à ses frais, & en cas qu'il y eût condamnation de dépens, ledit Preneur
sera tenu de les payer, & d'en acquitter lesdits sieurs Bailleurs, ausquels
il sera tenu pareillement de donner avis desdits Procès, afin d'y intervenir,
pour conserver leurs droits & interêts, si bon leur semble, & sans qu'i-
celui Preneur puisse passer aucun acquiescement, sinon du consentement
desdits Bailleurs, ni aussi qu'il puisse prétendre, pour la perte desdits Procès & diminution, aucun rabais du prix dudit présent Bail, la grosse duquel ledit Preneur sera tenu de fournir ausdits sieurs Bailleurs incessamment,
à peine, &c.

Est aussi convenu entre les Parties, que la paix arrivant pendant les trois
premieres années des six portées audit Bail, ledit Preneur augmentera le
prix d'icelui, de ce qu'ils conviendront entr'eux pour être payé pendant les
trois dernieres années, sinon, & à faute de quoi, il sera pareillement permis
ausdits sieurs Bailleurs de faire un autre Bail des choses ci-dessus louées, à
qui bon leur semblera, toutefois après lesdites trois premieres années expirées, sans aussi pour raison de ce, pouvoir prétendre à l'encontre d'eux aucuns dépens, dommages & interêts.

Et en cas que la paix arrivât après leidites trois premieres années expirées, ledit Bail ne fera point augmenté, & fera continué jufqu'en fin d'icelui, aux mêmes prix, charges, claufes & conditions que celles fufdites.

Et pour faciliter audit Preneur le recouvrement & perception defdits Droits de Contrôle des Cuirs, lefdits fieurs Bailleurs, efdits noms, lui ont paffé leur procuration pardevant les Notaires fouffignés, ce-jourd'hui, de l'évenement de laquelle le Preneur s'oblige d'acquitter lefdits fieurs Bailleurs.

A ce faire étoit préfent N. de Saint-Paul, demeurant lequel s'eft obligé envers lefdits fieurs Bailleurs, efdits noms, de' leur fournir dans huitaine, acte de cautionnement de Nicolas Potart, demeurant pour ledit Preneur, & par icelui le faire obliger conjointement & folidairement avec ledit Preneur, fans divifion, &c. au prix du préfent Bail, & à l'exécution de toutes les charges, claufes & de la maniere y énoncée, même de faire le payement du prix du Bail dans les termes auffi ci-devant marqués aufdits fieurs Bailleurs, à peine de répondre par ledit fieur de Saint-Paul, à défaut de fourniffement dudit cautionnement, des prix, charges, claufes & conditions dudit Bail, & de tous dépens, dommages & interêts. Car ainfi, &c.

Continuation de Bail mife enfuite de la Minute d'icelui.

Ledit fieur Jacques nommé au Bail ci-devant d'une part; & ledit J. Briffet & Marie fa femme, demeurans auffi y nommés, d'autre part, ont continué pour années, qui commenceront au jour de le Bail de ladite Maifon, où lefdits Briffet & fa femme font demeurans, énoncés audit Bail, & ce, moyennant le même prix, par chacune defdites années, que lefdits Preneurs promettent & s'obligent folidairement, &c. & fans divifion, &c. payer audit fieur Bailleur en fa demeure à Paris, ou au Porteur, &c. aux termes & ainfi qu'il eft porté audit Bail; & outre, aux charges, claufes & conditions y énoncées, que lefdits Preneurs s'obligent fous ladite folidité exécuter fans aucune diminution dudit loyer. Car ainfi, &c.

Autre Continuation de Bail par Acte féparé, avec plufieurs Claufes.

FUT préfente Dame veuve de Hamelin laquelle continue par ces préfentes, pour cinq années, à commencer du & promet garantir & faire jouir à Michelle veuve de Louis, demeurante à Paris, rue à ce préfente & acceptante, le Bail à elle fait par ladite Dame Hamelin pardevant & fon Confrere, Notaires à Paris, le de la Maifon où elle eft demeurante, rue & fes dépendances & ce au même prix de trois cens livres par chacun an, & aux charges, claufes & conditions portées audit Bail, que ladite veuve Louis promet & s'oblige payer à ladite Dame Hamelin en fa Maifon à

Paris, ou au Porteur, aux quatre termes accoutumés, dont le premier échera   & ainſi continuer pendant leſdites cinq années ; & outre, d'entretenir leſdites charges, clauſes & conditions, ſans préjudice aux Parties de l'exécution dudit Bail, des loyers dûs & échûs, & qui écheront à l'avenir, juſqu'à l'expiration d'icelui, pour raiſon de quoi la-dite Dame Hamelin entend qu'il demeure en ſa force & vertu, ſans au-cune novation, étant convenu entre les Parties, que ladite Dame Hamelin ne pourra louer pendant leſdites cinq années, la Maiſon qui eſt attenante de celle ci-deſſus louée à   attendu que ladite veuve Louis étant de la même Profeſſion, cela lui pourroit faire tort ; ſera tenue ladite veuve Louis fournir à ladite Dame veuve Hamelin, la groſſe des préſentes en forme. Car ainſi, &c.

Autre continuation de Bail portant diminution, & aux mêmes charges,
avec intervention de la ſeconde femme du Preneur,
au lieu de ſa première décédée.

FUT préſente Louiſe Dumontel   laquelle a par ces préſentes continué à Jean Lucas, à ce préſent & acceptant, le Bail par elle à lui fait, & à défunte   ſa femme, pardevant   le pour   années commencées au jour de Saint Remy de l'année & échéantes au   d'une Maiſon ſiſe   moyennant quatre cens cinquante livres par an, aux charges y portées, & ce pour trois années, qui commenceront au jour Saint Jean de la préſente année, & auſ-dites charg◼, clauſes & conditions énoncées audit Bail, le prix duquel la-dite Dumontel a remis & moderé, à compter du jour de   prochain à trois cens cinquante livres, que ledit Lucas promet & s'oblige de payer à ladite Dumontel, conformément audit Bail ; à ce faire étoit préſente Mar-guerite   à préſent femme dudit Lucas, qu'il autoriſe à l'eſſet des pré-ſentes, laquelle s'eſt obligée ſolidairement, ſans diviſion, &c. avec ledit Lu-cas ſon mari, au payement deſdits trois cens cinquante livres, tant par cha-cune deſdites   années, que pour ce qui reſte à expirer du ſuſdit Bail ; enſemble aux charges, clauſes & conditions à en exécuter, après que lecture lui en a été faite par l'un deſdits Notaires ſouſſignés, ſe déſiſtant leſdites Parties de la clauſe de ſix mois, portée au ſuſdit précedent Bail, n'entendant aucunement s'en ſervir. Car ainſi, &c.

Tranſport de Bail de Maiſon mis au pied de la Minute d'icelui,
fait en la préſence du Proprietaire d'icelle,
qui a loué au Cedant.

Et le   eſt comparu devant les Notaires à Paris, ſouſſignés, le ſieur M. nommé au Bail ci-devant, lequel, en la préſence & du conſente-ment de J.   auſſi y nommé, reconnoît avoir cedé & tranſporté le droit dudit Bail, pour   années reſtantes à expirer des y portées, à commencer du   au ſieur L. à ce préſent & acceptant,

tant, moyennant le même prix de quatre cens livres que ledit A. promet
& s'oblige payer audit J. conformément audit Bail, duquel lecture a été
faite audit L. par l'un desdits Notaires soussignés, l'autre présent ; & outre
aux mêmes charges, clauses & conditions y énoncées, que ledit L. promet
& s'oblige exécuter ; à ce faire étoit présent P.
demeurant   lequel s'est par ces présentes,
obligé avec ledit A. solidairement, sans division, &c. au payement desdites
quatre cens livres par chacun an, & à l'entretenement des clauses & conditions mentionnées audit Bail, dont du tout il fait son propre fait &
dette, comme principal Preneur, à quoi il oblige tous ses biens, &c.
Car ainsi, &c.

Souvent les vrais Preneurs, dans les Baux de conséquence, ne
veulent point paroître, quelquefois ils veulent passer seulement
comme Procureurs, & quelquefois aussi ils ne veulent paroître
ni comme Preneurs, ni comme Procureurs, auquel cas on fait
le Bail sous le nom du Prête-nom, les Preneurs paroissent seulement comme Cautions, & le Prête-nom leur passe une déclaration de leur Bail en la forme qui suit.

Déclaration qu'un Bail est au profit d'un autre.

AUJOURD'HUI est comparu devant les Notaires soussignés,
Etienne, &c. lequel déclare ne rien prétendre au Bail à lui fait par
Louis   de la Terre de   pour neuf
années, qui commenceront au jour de   moyennant les prix,
charges, clauses & conditions portées audit Bail, passé pardevant les Notaires soussignés, ce-jourd'hui, & que l'acceptation qu'il en a faite est pour &
au profit de Jacques   & Jean
qui sont intervenus, Cautions d'icelui, & ausquels il n'a fait que prêter
son nom pour leur faire plaisir ; c'est pourquoi il consent qu'ils jouissent dudit Bail, & leur en fait toutes déclaration & subrogation nécessaires, sans
garantie ; ce qui a été accepté par lesdits Jacques   & Jean
à ce présens, demeurant   qui se font solidairement obligés sous les renonciations requises, de l'acquitter, garantir & indemniser de
tous évenemens qui pourroient résulter dudit Bail, par les mêmes voyes
qu'il y pourroit être contraint, à peine, &c. *Election de domicile, &c.*

Contre-Lettre pour le prix d'un Bail.

AUJOURD'HUI est comparuë devant les Notaires soussignés, Geneviéve Poncet, veuve de L. Montois, demeurante
laquelle reconnoît, qu'en passant le Bail qu'elle a fait à Louis
& à M. sa femme, pardevant les Notaires soussignés ce-jourd'hui, d'une
Maison sise ruë   pour   années, qui commenceront au jour de   moyennant deux cens livres de loyer,

& aux charges, clauses & conditions y portées, ladite
est convenuë avec eux, qu'ils ne lui en payeront que cent cinquante livres,
au lieu desdites deux cens livres, sans au surplus déroger audit bail. Promettant, &c.

Sous-Bail par un principal Locataire à des Particuliers,
d'une partie des lieux par lui occupés.

FUT présent A. principal Locataire d'une Maison, sise rue
y demeurant, suivant le Bail à lui fait par G. Proprietaire d'icelle, devant le lequel en ladite qualité,
a sous-loué dès le premier du présent mois, pour trois années & demie qui
restent à expirer de sondit Bail, & promet faire jouir à L. &
sa femme, de lui autorisée, demeurans à ce présens, Pre-
neurs pour eux durant ledit tems, les lieux qui ensuivent : Sçavoir, &c. ainsi
qu'ils se poursuivent & comportent, desquels lesdits Preneurs sont contens,
pour les avoir vûs & visités, pour en jouir, &c. Ce Bail fait moyennant la
somme de par chacune desdites trois années, & à pro-
portion pour lesdits six mois, que lesdits Preneurs promettent & s'obligent
solidairement, sans division, &c. & souffrir les grosses réparations, si aucunes il convient faire pendant ledit tems, pourvû qu'elles ne durent que
quinze jours au plus. *Et le reste comme aux précedens.*

Bail d'un Château par le Seigneur d'icelui, qui se réserve partie
d'icelui, & qui donne permission au Preneur de chasser & de
pêcher, &c. à la charge de plusieurs réparations qui seront
payées par le Preneur, en déduction du prix de son Bail.

FUT présent Louis Comte de Montgomery, demeu-
rant, &c. lequel reconnoît avoir fait Bail à loyer, & prix d'argent, pour
six années consécutives, à compter du premier Janvier prochain, promet
faire jouir durant ledit tems, à Dame Anne Doublet, veuve de Messire G.
demeurante à ce présente & acceptante,
Preneure pour elle pendant ledit tems, le Château de Villebouzin, Paroisse
de la basse-cour, & Bâtimens qui sont dedans, à la réserve
de la Foullerie & Pressoir. Plus, la jouissance du Colombier, Glaciere,
Jardin, Enclos, & tous les fruits qui proviendront des arbres en espalier & contr'espalier, buissons & de tous autres fruits à noyau, comme
cerises, bigarreaux, prunes & autres qui sont dedans & sur les Terres
tenues par le Fermier, & dans le Parc & Jardins potagers; comme aussi
tout le sainfoin qui est dans le Parc, qui consiste en deux arpens cinq perches en une piece attenant aux Fossés dudit Château, & au Potager; &
tout ce dont ledit Seigneur de Montgomery jouit, à la réserve de ce que la
veuve de P. Villaine, Fermier dudit Villebouzin, tient à loyer, dépendant du Parc; aura ladite Dame Preneure, la liberté de chasser & de faire

chasser sur toute l'étendue de ladite Terre & dans la Garenne, comme pouvoit faire ledit Seigneur de Montgomery, sans que le Garde d'icelui Seigneur, ni autres personnes, puissent porter fusils & armes à feu, ni tirer & tuer le gibier.

A laquelle Dame G. ledit Seigneur de Montgomery sera tenu de livrer ledit Château, Bâtimens, & ceux de ladite basse-cour, en bon état; ensemble la Chapelle qui est dans l'enclos d'icelui, les entretenir de grosses réparations, desquels lieux sera fait état, lorsque ladite Dame G. entrera en jouissance d'iceux.

Pourra icelle Dame faire pêcher au filet, quand bon lui semblera, dans les Fossés dudit Château; comme aussi pourra faire tels plans d'arbres fruitiers, & autres, pour servir de Pepiniere, que bon lui semblera, sans que ledit Seigneur soit tenu de lui en faire aucun remboursement, & sans néanmoins que ladite Dame puisse faire couper ni toucher à aucuns arbres des Allées ni Bois taillis.

Sera obligé ledit Seigneur de Montgomery, faire faire à ses frais & dépens, le Carême prochain, un Vestibule massonné & carrelé, un Perron pour monter à la Salle haute, une Salle basse à côté du Vestibule, carrelée & accommodée à proportion, & à côté de ladite Salle un Office fermé.

Plus, une porte au haut de la Chambre, à main droite de la Salle, sur celle qui est vitrée, & quant aux sommes de deniers qu'il conviendra pour lesdits ouvrages & réparations, ils seront avancés & payés par ladite Dame G. sur les arrêtés dudit Seigneur en déduction des loyers. Sera obligé ledit Seigneur de Montgomery de donner à ladite Dame G. une portion de Cave raisonnable, si mieux n'aime ledit Seigneur faire séparer d'une cloison d'ais, des lieux qui sont à côté de la Cuisine, pour servir de Cave & de Fournil; & aussi sera tenu ledit Seigneur de faire nettoyer & rétablir toutes les cheminées, crainte du feu.

Ce Bail fait aux susdites charges & conditions, & outre moyennant la somme de mille livres de loyer pour & par chacune desdites six années, payable de six mois en six mois, dont les premiers six mois seront employés & payés par ladite Dame esdites réparations, si tant se montent, & ainsi continuer annuellement ès mains dudit Seigneur de Montgomery, par six mois, à l'échéance de chacun d'iceux.

Durant lequel présent Bail payera ladite Dame G. les gages du Jardinier qui y est à présent, ou de celui qu'elle mettra en son lieu & place, & par lequel Jardinier, elle fera entretenir, tailler les allées de Charmilles, Espaliers & Contre-Espaliers, de trois façons par chacun an; ensemble, tous les ormes nouvellement plantés dans les Allées, dehors & dedans, même faire tondre en saison convenable lesdites Allées de Charmilles, faites, commencées, & leur faire conserver le tout en bon état.

Comme aussi sera tenue ladite Dame G. d'entretenir le Château & lieux en dépendans de menues réparations, comme elles lui auront été données, & de les rendre en pareil état en fin du présent Bail, le droit duquel elle ne pourra ceder à personne, sans l'exprès consentement dudit

Seigneur de Montgomery, auquel elle fournira la grosse des présentes à ses frais. A été expressément convenu, que ledit Seigneur de Montgomery ne pourra loger ni séjourner durant le présent Bail dans lesdits Château & choses ci-dessus baillées, sous quelque prétexte que ce puisse être, renonçant à tous droits généralement quelconques que les Proprietaires peuvent avoir & prétendre à cet effet, se réservant ledit Seigneur de Montgomery toutes les Vignes dans ledit Parc & dehors, & les Greniers qui sont au-dessus du grand Corps de Logis, & entrée d'icelui, pour en jouir & y mettre ce qu'il voudra. Car ainsi, &c.

Bail à Ferme d'Heritages.

FUT présent Edme Retif   demeurant ruë
    Paroisse   lequel a fait Bail à Ferme & prix d'argent, du premier Janvier de l'année prochaine   pour labourer & ensemencer la présente année, & faire la récolte ladite année prochaine, jusques & pour six années & six dépouilles entieres & consécutives, & promet faire jouir à Jean   Laboureur, demeurant ordinairement à
de présent à Paris, logé ruë   Paroisse   à ce présent & acceptant, Preneur pour lui, ledit tems durant, les Maisons, Terres, Prés, Vignes & Heritages ci-après déclarés, appartenans audit sieur Retif, comme heritier pour moitié du sieur Jean Retif son pere, & qui lui sont échûs par le second lot de partage fait des biens de sa succession.

Premierement, une Maison sise   *Item*, &c.
Tous lesquels Maisons, Heritages, Prés & Vignes, ainsi qu'ils se poursuivent & comportent, soit qu'il y en ait plus ou moins, sans être tenu de parfournir la mesure & quantité pour ceux desdits biens qui en sont susceptibles, le tout que ledit Preneur a dit bien sçavoir, pour l'avoir vû & visité, dont il est content, de plus ample déclaration du tout que ledit Preneur a dit n'être besoin; ce Bail fait moyennant la somme de deux cens cinquante livres de Ferme & loyer pour & par chacune desdites six années, que ledit Preneur promet & s'oblige bailler & payer audit sieur Bailleur, en sa demeure à Paris, à ceux qui auront charge & pouvoir de lui, ou au Porteur, &c. par chacun an, dont le premier payement se fera, &c. & ainsi continuer, tant que ledit présent Bail aura cours, & faute de payement dudit prix, trois mois après le terme échû, le présent Bail demeurera nul & résolu, si bon semble audit Sr. Bailleur, lequel pourra disposer desdites Terres & Heritages ci-dessus affermés, en faveur de telle personne que bon lui semblera, pour le tems qui restera à expirer dudit Bail, aux risques, périls & fortunes dudit Preneur, sans pour raison de ce, observer aucune formalité de Justice; & outre est le présent Bail fait aux charges, clauses & conditions qui suivent, que ledit Preneur promet & s'oblige d'exécuter & accomplir, sans aucune diminution du susdit prix: Sçavoir, labourer, fumer & ensemencer les Terres de ladite Métairie par soles & saisons convenables, sans les dessoler ni deffaisonner, convertir les pailles & feures qui en proviendront en fiens pour les enfumer près & loin, tenir les Prés nets & en bonne nature de fauche. Ne pourra ledit Preneur, prétendre aucune diminution du prix

du préfent Bail, fous prétexte de ftérilité, débordement d'eau, grêle, fé-
chereffe & autres cas prévûs & imprévûs; comme auffi ne pourra ceder ni
tranfporter fon droit du préfent Bail a qui que ce foit, fans le confentement
exprès & par écrit dudit fieur Bailleur, auquel il fournira inceffamment à
fes frais, la groffe des préfentes en forme exécutoire; & pour l'exécution des
préfentes, &c.

Autre Bail à Ferme d'une Métairie.

FUT préfent Jean, &c. lequel a fait Bail à Ferme & loyer du jour de
laTouffaints prochain, jufques & pour fept ans & fept dépouilles de tous
fruits, confécutives & accomplis, & promet durant ledit tems garantir &
faire jouir à Nicolas, &c. Laboureur, & à Jacqueline, &c. fa femme, qu'il
autorife à l'effet des préfentes, demeurans à, &c. à ce préfens & acceptans, Preneurs pour eux, pendant ledit tems, une Ferme & Métairie
fife   appellée *la Ferme du Buiffon*, confiftante en une
Maifon, Granges, Etables, Ecuries, Bergerie, Cour, avec toutes les Terres labourables, Prés, &c. De laquelle Ferme, fes dépendances, tenans &
aboutiffans defdites Terres, lefdits Preneurs font contens, difans bien connoître le tout pour l'avoir vifité; pour jouir par lefdits Preneurs durant ledit tems, de tous fruits & revenus appartenans à ladite Ferme, & felon que
Pierre, &c. précedent Fermier de ladite Ferme en a joui ou dû jouir. Ce
Bail fait moyennant la quantité de   muids de bled,
moitié pur froment, & l'autre moitié méteil, le tout bon grain, fec, net,
loyal & marchand, mefure de   à deux fols près du meilleur, rendu
à   dans les Greniers dudit fieur Bailleur, avec la fomme
de   en argent, pour ladite Ferme & loyer, le tout que lefdits Preneurs promettent & s'obligent folidairement, fans divifion, difcuffion,
ni fidejuffion, à quoi ils renoncent, même par corps; de fournir & payer
audit fieur Bailleur, en fa Maifon à Paris, ou au Porteur des préfentes,
par chacun an: Sçavoir, ledit bled au premier Octobre, & lefdits deniers au dernier Décembre de chaque année, dont la première de payement
defdits loyers & Fermages fe fera aux premier Octobre & dernier Décembre
de l'année   & ainfi continuer annuellement jufqu'à la fin dudit
tems. Outre ledit loyer & Ferme, & fans diminution d'icelui, lefdits Preneurs s'obligent folidairement, comme deffus, faire & accomplir les charges qui enfuivent; c'eft à fçavoir, que lefdits Preneurs promettent fournir
& apporter audit Bailleur en fa Maifon à Paris, par chacune defdites fept
années au jour de Saint Martin d'Hyver, fix Chapons gras, &c. Plus, de
labourer, fumer & cultiver lefdites Terres par foles & faifons convenables,
fans les deffoler ni deffaifonner, convertir les feures & fourages en fumiers,
& enfumer & amender lefdites Terres, tenir les Prés nets & en bonne nature de fauche, & en fin dudit tems, rendre le tout en bon état & labour;
Promettent lefdits Preneurs de rétablir & réparer efdits lieux ce qu'ils y
feront démolir, tenir ladite Maifon & lieux garnis de Meubles, Chevaux,
Beftiaux, outils & uftenciles de Ferme exploitables & fuffifans, à eux appartenans, pour fûreté dudit loyer, les entretenir de toutes menues répa-

rations néceſſaires à y faire durant ledit tems, juſqu'à la ſomme de vingt
livres par an, ſi tant ſe montent. Payer les Cens & Droits Seigneuriaux
auſquels ladite Ferme & Terres en dépendantes, compriſes dans le préſent
Bail, ſont ſujettes, aux jours accoûtumés, aux Seigneurs à qui ils ſont dûs,
en acquitter ledit Bailleur durant ledit tems, à la fin d'icelui en fournir
les quittances, pareillement ſans diminution deſdits loyers. Ne pourront
leſdits Preneurs ceder, ni tranſporter leur droit du préſent Bail à perſonnes quelconques, ſans le conſentement par écrit dudit Bailleur, qui ſera
tenu de mettre la Maiſon & les couvertures en bon état, avant que leſdits Preneurs y entrent; leſquels Preneurs ſeront tenus de délivrer audit
Bailleur la groſſe des préſentes en forme exécutoire; & pour l'exécution
deſdites préſentes, &c. Car ainſi, &c.

Il faut remarquer que pour les Baux à Ferme, on peut ſtipuler la contrainte par corps, ce qui ſe met ainſi : *Car ainſi promettant, obligeant ledit Preneur corps & biens. Renonçant, &c.*
Cette clauſe ſtipulée dans le Bail ſe peut exécuter pour trois
mois ſeulement, comme pour un plus long retard de payer
par le Preneur.

Continuation d'un Bail à Ferme d'une Métairie.

FURENT préſens Pierre Dubois, &c. demeurant, &c. d'une part ;
& Jacqueline Bourgeois, veuve de, &c. demeurant, &c. d'autre part ;
leſquels reconnoiſſent avoir fait l'accord qui ſuit ; c'eſt à ſçavoir, que ledit
Dubois a par ces préſentes, continué à ladite Bourgeois, ce acceptant, le
Bail paſſé audit feu   ſon mari, par ledit Dubois, pardevant   Notaires au Châtelet de Paris, le
de la Ferme & Métairie de, &c. Prés & Heritages en dépendans, le tout ſis
au Terroir de, &c. ainſi que le tout eſt plus amplement énoncé audit Bail,
pour en jouir par ladite Bourgeois pendant les trois années reſtantes à expirer dudit Bail, à compter, la premiere, du jour de la Saint Jean prochain,
tout ainſi que ledit défunt avoit droit d'en jouir par ledit Bail, & aux mêmes
charges, clauſes & conditions y contenues, ſans en rien changer, innover ni
diminuer, leſquelles charges, clauſes & conditions, ladite Bourgeois a dit
bien ſçavoir & entendre par la lecture qui lui a été préſentement faite
dudit Bail par l'un des Notaires ſouſſignés, auſquelles charges, clauſes &
conditions ladite Bourgeois promet ſatisfaire ; & en outre, payer & fournir
par chacun an, au jour de Saint Martin d'Hyver, audit Dubois en ſa Maï-
ſon ci-devant déclarée, où au Porteur des préſentes, la ſomme de, &c. qui
eſt le prix porté audit Bail, avec   Chapons gras, &c. Et pour
l'exécution, &c.

Bail à Ferme d'une Terre Seigneuriale fait par une tierce personne,
en vertu de la Procuration du Proprietaire.

FUT present Maître Jean, &c. au nom & comme Procureur de Messire Jacques, &c. Seigneur de, &c. fondé de sa procuration générale pour toutes ses affaires, & spéciale à l'effet des présentes, passée devant   Notaires au Châtelet de Paris, le
    l'original de laquelle est demeuré annexé à ces présentes
pour y avoir recours, lequel audit nom, reconnoît avoir donné à titre de
Ferme & prix d'argent, du jour & Fête de la Toussaint prochain, jusques &
pour neuf années & neuf dépouilles ensuivantes, finies & accomplies, & promet faire jouir durant ledit tems à Nicolas, &c. Laboureur demeurant, &c.
étant de present en cette Ville de Paris, logé, &c. à ce présent & acceptant,
Preneur, tant pour lui que pour Geneviéve sa femme, & pour Guillaume
leur fils, & chacun d'eux, &c. la Terre & Seigneurie de la Haye, appartenante audit Seigneur Jacques, consistante en Maison Seigneuriale, Colombier, Granges, Etables, Pressoir & autres Bâtimens, Jardin, accint & pourpris, la quantité de cent cinquante arpens de Terres labourables
arpens de Prés,   arpens de Vignes
arpens de Bois, tant de haute futaye que taillis, Moulins à eau, Etangs,
Viviers à poisson, les Cens & Droits Seigneuriaux, le Greffe & Tabellionage, les Droits de Grurie & autres appartenances & dépendances de ladite Seigneurie, sans aucune chose en excepter ni retenir, sinon ce qui sera
ci-après déclaré, dont & de plus ample déclaration, consistances, situations,
tenans & aboutissans desdites choses ci-dessus déclarées, lesdits Preneurs
font contens, disant le tout bien sçavoir & connoître, pour l'avoir vû &
visité, étant demeurans audit lieu, & avoir tenu & labouré partie desdites
Terres, pour de ladite Terre & Seigneurie, Terres & Heritages, & de
tout ce que dessus dit, jouir par ledit Nicolas, sa femme & leur fils audit titre de Ferme, durant ledit tems, & faire la coupe de Bois dans le
tems, & de la maniere portée par l'Ordonnance, tout ainsi que les precedens Fermiers en ont joui ou dû jouir. Ce Bail fait aux charges, clauses
& conditions ci-après déclarées, & outre moyennant la somme de deux
mille deux cens livres en argent   Chapons gras,
&c. pour & par chacune desdites neuf années, que ledit Preneur promet
& s'oblige en chacun desdits noms, l'un pour l'autre, & chacun d'eux seul
pour le tout, sans division, payer, fournir & livrer audit sieur Bailleur,
en sa Maison à Paris, ou au Porteur des présentes : Sçavoir, lesdites deux
mille deux cens livres en deux termes égaux ; le premier à la Saint Martin
d'Hyver, & l'autre à Pâques, dont le premier terme de payement échera
au jour Saint Martin d'Hyver prochain, le second au jour de Pâques ensuivant, & ainsi continuer pendant ledit tems ausdits termes, & lesdits Chapons, &c. au jour Saint Martin d'Hyver de chaque année, dont la premiere livraison se fera au jour Saint Martin d'Hyver prochain, & ainsi
continuer.

Clauses particulieres dudit Bail.

Plus, à la charge de payer & acquitter au Curé de la Paroisse de
par chacune desdites neuf années   muids de grain : Sçavoir,   septiers de froment, mesure de, &c. à deux sols près du
meilleur qui se vend dans le Marché de, &c. que ledit Curé a droit de prendre
pour son gros sur ladite Terre & Seigneurie de, &c. par chacun an audit jour
de Saint Martin, & en rapporter quittance audit sieur Bailleur par chacun
an.

Plus, de faire dire & célébrer le Service divin qui a accoutumé d'être dit
& célébré dans la Chapelle, & y faire prêcher les Fêtes de
& les Dimanches de Carême, & en payer les honoraires.

Plus, de labourer, fumer, cultiver & ensemencer lesdites Terres par soles
& saisons convenables, sans les dessoler, ni dessaisonner, convertir les feures
qui en proviendront en fiens, les enfumer & amender près & loin, & à la fin
du présent Bail, laisser en ladite Ferme les fouares & fiens, sans les pouvoir
vendre ni transporter ailleurs, en quelque maniere que ce soit, tenir les Prés
nets & en bonne nature de fauche, faire la coupe des Bois, & y garder &
observer l'Ordonnance.

Entretenir les Hayes qui font séparation des Heritages de ladite Ferme
d'avec ceux des Voisins & Particuliers, en planter des vives où il en manquera, les faire plisser en tems & saisons dûes, sans pouvoir arracher aucuns pieds d'arbres; currer, nettoyer & entretenir les Fossés, les relever si
besoin est.

Plus, entretenir par ledit Preneur, esdits noms, sous ladite solidité, les
Maisons & Edifices de ladite Ferme & Seigneurie de menues réparations,
jusqu'à soixante-dix livres par chacun an, qu'il employera à mesure qu'il
en sera nécessaire, & en rapporter quittance des Ouvriers de trois en trois
ans.

Comme aussi, entretenir les Maisons, Pressoir & leurs ustenciles de menues réparations, & à la fin dudit tems, rendre & délaisser tous lesdits Heritages & choses susdites en bon & suffisant état.

Entretenir aussi le Colombier bien garni & peuplé de pigeons, & le rendre & laisser de même en fin dudit tems.

Plus, que s'il étoit nécessaire de faire quelques grosses réparations aux
Bâtimens & Edifices de ladite Ferme & Seigneurie, ledit Preneur sera tenu
les souffrir & endurer, & sera tenu de fournir les chaumes pour les couvertures. Toutes lesquelles charges, clauses & conditions, ledit Preneur promet esdits noms, & solidairement comme dessus, exécuter, sans aucune diminution dudit prix.

Ne pourra ledit Preneur, ceder ni transporter son droit du présent Bail,
sans le consentement dudit sieur Bailleur, qui promet le tenir clos & couvert dans les Logemens & Edifices de ladite Ferme, selon la Coutume. Four-
riwa ledit Preneur, la grosse du présent Bail en bonne forme audit sieur Bailleur dans quinzaine, &c. *Comme dessus.*

Autres

Autres Clauses particulieres.

Plus, sera tenu ledit Preneur faire faire le Procès aux Criminels qui feront pris & appréhendés, & mis dans les Prisons de ladite Seigneurie. En cas d'appel, les mener sous bonne & sûre garde ès Prisons du Juge Superieur, & les ramener, s'il est ordonné, & de faire exécuter les Sentences & Jugemens.

Plus, de payer les gages aux Officiers de la Justice de ladite Seigneurie.

Plus, de fournir dans trois ans prochains un papier terrier des Cens, Droits, redevances Seigneuriales dûs à ladite Seigneurie, des Heritages y sujets, & des noms des Détenteurs d'iceux.

Plus, une nouvelle déclaration desdites Terres, Prés & Heritages, par nouveaux tenans & aboutissans, en bonne forme, signée & certifiée par ledit Preneur pardevant Notaires.

A été convenu entre les Parties que faute de payement par ledit Preneur du prix à chacun terme, & un mois après pour tout délai, audit cas le présent Bail demeurera nul & résolu, si bon semble audit sieur Bailleur, pour le tems qui restera lors à expirer; & néanmoins en sa force & vertu pour lesdits fermages, loyers, charges, clauses & conditions; & pourra passer un nouveau Bail à ferme à telles autres personnes que bon lui semblera, à la folle-enchere dudit Preneur, sans lui faire aucune sommation ni signification précedente, ni observer aucune formalité de Justice, pour y proceder, mais en vertu de la présente clause, laquelle ne poura être réputée comminatoire; mais de rigueur, comme faisant partie des présentes qui n'auroient été passées sans icelles.

A été aussi accordé expressément, que ledit Preneur ne pourra prétendre ni demander aucune diminution du prix & redevance de ladite Ferme, soit pour cause de guerre, peste, famine, grêle, sterilité, inondation d'eau, & autres cas fortuits & inopinés; & en conséquence, ledit Preneur renonce au droit qu'il pourroit avoir pour les causes susdites, & toutes autres qui pourroient survenir non-prévuës, de demander aucune diminution du prix de ladite Ferme, quand ce seroit même la derniere année du présent Bail, se réservant ledit sieur Bailleur le Corps de logis de
pour son logement & pour ses Gens, Ecurie pour ses chevaux, &c. pour en jouir par lui pendant le tems qu'il voudra y demeurer; & aussi a été accordé que ledit Preneur fournira audit sieur Bailleur, lorsqu'il sera sur le lieu, les Volailles de sa Cour & du Colombier, & autres vivres étant dans lesdits lieux, à raison du prix du Marché, dont il sera fait un mémoire, qui sera déduit sur le prix & Ferme du présent Bail; & que ledit Preneur sera tenu de recevoir ledit Bailleur lui troisiéme & leurs chevaux dans ladite Ferme, & leur fournir de vivres honnêtement pendant quatre jours par chacun an, lorsqu'il ira audit lieu, sans diminution du prix du Bail.

Clause concernant le Jardin.

Ledit Preneur entretiendra le Jardin en bon état, les Allées, Palissades & Bois y étant, & fera ensorte qu'elles ne puissent en aucune maniere être endommagées; lesquelles Palissades seront vendues en tems & saisons accoutumées; & ne pourront lesdits Preneurs labourer lesdites Allées; comme aussi rendra en fin desdites neuf années les Arbres fruitiers dudit Jardin en pareil état qu'ils leur seront baillés, ensorte que s'il venoit à en manquer quelques-uns, ils seront tenus d'en faire planter d'autres aux endroits où ils manqueront à leurs frais & dépens; & à cet effet, sera dressé un état qui contiendra la valeur & estimation desdits Arbres; & ce par, &c.

Lorsque les Baux se font par Procureur, & qu'il y a minute de la procuration chez un Notaire à Paris, il suffit d'énoncer au commencement du Bail, la procuration, sans annexer l'expedition à l'acte, ni la transcrire à la fin; mais quand il n'y a point de minute de la procuration, il faut nécessairement l'annexer à la minute du Bail, il ne suffiroit pas de la transcrire, parce que la Partie seroit toujours en pouvoir de supprimer l'original.

Compte de Fermages avec remises.

FURENT presens, &c. sa femme, qu'il autorise à l'effet des présentes, demeurans, &c. lesquels pour éviter la vente par Justice, tant de leurs Meubles, Bestiaux & autres Marchandises, ensemble des fruits de présent pendans par les racines, saisis à la requête du sieur Jean, &c. pour les Fermages qu'ils lui doivent de la Ferme, Terre & Seigneurie de, &c. qu'ils tiennent de lui, qui se montent, suivant qu'ils en ont connoissance, à plus que les Marchandises & choses ci-dessus saisies ne valent; c'est pourquoi lesdits & sa femme aimant beaucoup mieux en consentir la vente à l'amiable au profit dudit sieur Jean, &c. que de la voir faire en Justice, ce qui consommeroit une partie de ses effets par les grands frais; pour quoi éviter, amiablement les Parties sont convenues entr'elles de ce qui suit; c'est à sçavoir, qu'ils ont présentement compté verbalement entr'eux de tous les Fermages dûs & échûs du jour de la possession qu'ont eue lesdits, &c. desdites Terres jusqu'aujourd'hui, suivant le Bail à eux fait du pardevant déduction préalablement faite de ce qu'ils ont payé, tant audit sieur Jean, &c. qu'en son acquit à des Particuliers, suivant les acquits & quittances qu'ils ont représentés, par l'évenement duquel compte se sont trouvés débiteurs & redevables envers ledit sieur, &c. de la somme de trente-quatre mille livres, toutes déductions faites du passé jusqu'à ce jour; pour le payement de laquelle dite somme, lesdits, &c. ont par ces présentes, volontairement cedé & abandonné audit sieur, &c. toutes les choses saisies à sa requête, & ainsi qu'elles sont contenues au Procès-verbal de, &c. Huissier, qui a fait ladite saisie; toutes lesquelles choses ont été amiablement prisées & estimées entr'eux avec deux Experts, dont ils sont convenus, qui les déclarent monter à la somme de vingt-deux mille livres, au moyen de quoi, il ne reste plus à payer par lesdits, &c. que celle de douze mille livres, & disposer dès-à-présent desdits effets & des fruits dans le tems de leur maturité, ainsi qu'il avisera, pour par ledit sieur Jean, &c. faire la recolte desdits fruits, chariage, autres besoins & nécessités que pourroient avoir lesdits fruits incessamment, dans le tems propre & accoutumé dans les Maisons, à ses frais & dépens, ensorte que lesdits, &c. n'en soient aucunement tenus, ni garans en façon quelconque, en considération de quoi, & pour la bonne amitié que leur porte ledit sieur Jean, &c. il leur a aussi, pour répondre & concourir à leur bonne volonté, remis & quitté le restant desdits Fermages montans à la somme de douze mille livres, faisant avec lesdites vingt-deux mille livres, celle de trente-quatre mille livres, dont ils s'étoient trouvés redevables, de laquelle somme ils remercient ledit sieur Jean, &c. & sans que cette remise puisse être tirée à conséquence par ses heritiers ou autres ayant droit dans sa succession, d'autant que c'est la volonté dudit sieur, &c. au moyen de quoi & de tout ce que dessus, lesdites Parties demeurent quittes les unes envers les autres de toutes demandes & prétentions respectives généralement quelconques du passé jusqu'à ce jour, & demeureront les quittances & décharges qui se pourroient trouver ci-après ès mains de l'une ou l'autre desdites Parties, nulles, comme étant comprises en ces présentes, & se sont les Parties désistées du Bail desdites Terres ci-dessus, & consentent respectivement qu'il demeure nul pour le tems qui en reste à expirer, & ce, sans aucuns dépens, dommages & interêts de part ni d'autre; consentent lesdits, &c. que ledit sieur Jean, &c. en dispose au profit de qui bon lui semblera, aux charges & conditions qu'il avisera, comme le tout lui appartenant; & pour l'exécution des présentes, &c.

Autre Arrêté de compte de Fermages.

FURENT présens Jean Danger, &c. d'une part, & Nicole Feuret, veuve de, &c. tant en son nom que comme mere & Tutrice des enfans mineurs dudit défunt son mari & d'elle, demeurante, &c. d'autre part, lesquels reconnoissent avoir ce jourd'hui compté à l'amiable de ce que ledit défunt, &c. pouvoit jusqu'à ce jour devoir audit sieur Danger, des Fermages & loyers à lui dûs pour raison de la Ferme & Métairie de, &c. dont ledit sieur Danger avoit passé Bail audit défunt, &c. pour la somme de, &c. par chaque année, & par ledit compte, toutes déductions faites, même des réparations que ledit défunt a été obligé de faire en ladite Maison, par l'évenement duquel compte, il s'est trouvé être dû audit sieur Danger la somme de huit cens livres, laquelle somme ladite veuve esdits noms, promet & s'oblige payer audit sieur Danger, en sa Maison ci-dessus mentionnée, dans, &c. & pour sûreté de ladite somme de huit cens livres, la saisie faite sur les biens dudit défunt & de sadite veuve demeurera en fon entiere force & vertu jufqu'au parfait payement de ladite fomme; & pour l'exécution des préfentes, &c.

Cautionnement d'un Bail.

AUJOURD'HUI eft comparu Antoine, &c. demeurant, &c. lequel après que lecture lui a été faite par l'un des Notaires fouffignés, l'autre préfent, qu'il a dit bien entendre, du Bail à Ferme fait par   à Jacques, &c. du revenu des Terres de   pour neuf années, à commencer au premier Novembre prochain, moyennant vingt-cinq mille livres par an, & aux charges, claufes & conditions portées par ledit Bail, paffé devant *tels* Notaires, &c. le, &c. s'eft ledit fieur Comparant obligé par ces préfentes, pour & avec ledit Jacques folidairement, fans divifion ni difcuffion, à quoi il renonce, tant au payement du prix dudit Bail par chacune defdites neuf années, qu'à l'entiere exécution de toutes les charges, claufes & conditions y portées, dont & du tout ledit fieur Antoine fait fa propre dette folidaire & fans difcuffion, comme dit eft, de même que s'il étoit feul Preneur defdites Terres; & pour l'exécution des préfentes & dépendances, *Election de domicile, &c.* auquel lieu, &c. promettant, obligeant folidairement, comme dit eft, corps & biens, renonçant, &c. Fait & paffé, &c.

Il eft bon de remarquer que les Cautions d'un Bail n'y font plus obligés, lorfque le Bail fe continue par tacite réconduction, ni même la femme obligée avec fon mari.

Bail ou Sous-Bail à Ferme des Domaines & Droits Domaniaux; tant anciens que nouveaux, dûs au Roi.

FUT préfent François Cavet, demeurant, &c. Fermier des Domaines & Droits Domaniaux appartenans au Roi dans la Généralité de Provins, fuivant le Bail à lui fait par Maître Thomas T.   Fermier Général des Fermes Unies, le   paffé devant   Notaires; lequel reconnoît avoir fait Bail à Ferme & prix d'argent, du premier Janvier prochain, jufques & pour fix années enfuivantes, finies & accomplies, & qui expireront au   & promet faire jouir à Edme Roval   à ce préfent & acceptant, Preneur, les Domaines & Droits Domaniaux, tant anciens que nouveaux, dûs au Roi, fans en rien réferver ni retenir, des Elections de Provins & Nogent-fur-Seine, pour par ledit Preneur jouir defdits Domaines, ainfi que ledit T.   l'a affermé audit Bailleur, par le Bail ci-devant datté, auquel ledit fieur Bailleur fubroge ledit Preneur purement & fimplement pour tous droits de garantie, jouiffance & exploitation de la préfente Sous-Ferme. Ce Bail fait moyennant la fomme de onze mille livres, pour & par chacune defdites fix années, que ledit Roval promet & s'oblige de bailler & payer audit fieur Bailleur, ès mains du fieur René Comté, Commis-Caiffier dudit fieur Bailleur en cette Ville, fur les quittances qui feront contrôlées de l'un de Mef-

fieurs les Intereffés en ladite Ferme, à peine de nullité d'icelles, ou de celui qui pourra être prépofé au lieu & place dudit fieur Comté, au choix
& option dudit Bailleur, de trois mois en trois mois & par quartiers, dont
le premier échera au dernier Mars prochain, & ainfi continuer jufqu'en fin
du préfent Bail. Sera tenu ledit fieur Preneur de payer & acquitter toutes
les charges, Fiefs & aumônes, & autres charges locales affignées fur lefdits
Domaines des Elections de Provins & Nogent, fuivant l'Etat du Roi,
dont fera fait déduction fur le prix du préfent Bail, en rapportant ès mains
dudit fieur Comté, les quittances & pieces juftificatives d'icelles en bonne forme, de ceux aufquels lefdites charges auront dû être payées, à quoi
ledit Royal s'oblige, comme pour deniers Royaux ; & pour plus grandé
fûreté de l'exécution du préfent Bail, ledit fieur Preneur s'oblige de
payer dans ce jour ès mains dudit fieur Comté, la fomme de deux mille
fept cens cinquante livres, qui lui fera déduite fur le dernier quartier de la
jouiffance d'icelui, fans par lui prétendre aucuns interêts de ladite fomme
pendant le cours du préfent Bail ; cette claufe faifant partie d'icelui, & en
cas de conteftations, pour raifon du préfent fous-Bail, elles ne pourront
être traitées qu'au Confeil, ni les Parties fe pourvoir ailleurs, renonçant de
part & d'autre à toute autre Jurifdiction, où toutes procedures feront nulles, fous prétexte d'aucunes prétentions dudit Preneur ; & outre, à la charge par lui de donner dans ce jour, bonne & fuffifante Caution, agréée dudit
Bailleur, laquelle s'obligera folidairement avec ledit Preneur à l'entiere
exécution du préfent Bail, & aux charges, claufes, obligation, contrainte,
& foumiffions générales & particulieres, dans lefquelles ledit fieur Cavet
eft entré avec ledit fieur T.   Fermier Général, exprimées au Bail
fait audit fieur Cavet, duquel il a dit avoir pris communication, & dont
lecture lui a été préfentement faite par l'un defdits Notaires, l'autre préfent, qu'il a dit bien fçavoir & entendre ; lefquelles conditions auront
le même effet à l'égard dudit Preneur qui en acquittera ledit Bailleur,
comme fi elles étoient ici exprimées ; & pour faciliter la régie & perception defdits Domaines, pendant lefdites fix années, fous le nom dudit Cavet, fi ledit Royal le juge à propos, il a paffé une procuration, le nom
en blanc, ce-jourd'hui, pardevant les Notaires fouffignés, de l'évenement de laquelle ledit Royal demeure garant par ces préfentes, ainfi que
fes Cautions le feront & demeureront pareillement envers ledit fieur Cavet,
& fournira ledit Royal à fes frais, la groffe des préfentes inceffamment ; car
ainfi, &c. Et pour l'exécution, &c.

Bail d'un Greffe & Tabellionage.

FUT préfent Maître Georges, &c. demeurant à Paris, &c. lequel reconnoît avoir fait Bail à Ferme & prix d'argent, du premier Janvier
prochain, jufques & pour fix ans prochains confécutifs, finis & accomplis,
& promet garantir & faire jouir durant ledit tems à Maître Nicolas, &c.
Procureur au Bailliage de, &c. demeurant, &c. à ce préfent & acceptant,
Preneur, pendant ledit tems, le Greffe & Tabellionage de la Prevôté de,
&c. fruits, revenus & émolumens y appartenans, aux honneurs, préroga-

tives & droits y attribués, tels & femblables qu'en ont joui & ufé les précedens Greffiers & Tabellions, dépendans de ladite Prevôté de, &c. appartenant au Roi, & dont ledit Maître Georges, &c. eft Adjudicataire par Contrat d'engagement à lui fait par Sa Majefté ; pour ledit Greffe & Tabellionage, Droits, Fruits, Revenus & Emolumens d'icelui, jouir par ledit Preneur, pendant ledit tems ; ce Bail fait moyennant la fomme de douze cens livres de Ferme, pour & par chacune defdites fix années, que ledit Preneur promet payer audit fieur Bailleur, ou au Porteur desprésentes, en fa Maifon à Paris, en deux termes égaux, qui font ès premiers jours de Juillet prochain, & de Janvier de l'année fuivante, & ainfi continuer jufqu'en fin dudit Bail ; & outre, à la charge de bien & dûëment exercer ledit Greffe & Tabellionage ; & à cette fin, prêter le ferment ès mains du fieur Prevôt dudit lieu, ou de fon Lieutenant, tenir bons & fideles regiftres des Sentences & Minutes, dont ledit Preneur fera inventare & répertoire, à la fin dudit tems, pour le tout délivrer ès mains du Greffier & Tabellion qui lui fuccedera, dont il tirera décharge, donnant ledit fieur Bailleur pouvoir audit Preneur, en tant que befoin feroit, de retirer du Tabellion & Greffier qui y eft à préfent, les Regiftres & Minutes, Inventaire & Répertoire, & autres papiers qu'il peut avoir concernant ledit Greffe & Tabellionage, dont ledit Preneur fe chargera envers le Public, & en donnera décharge au précedent Greffier & Tabellion, pour être le tout remis ès mains, comme dit eft, du fucceffeur en ladite Charge. Ne pourra ledit Preneur ceder ni transporter fon droit du préfent Bail à un autre, fans le confentement exprès & par écrit dudit Bailleur, auquel il fournira le préfent Bail en bonne forme ; car ainfi, &c. *Et le refte comme aux autres Baux ci-deffus.*

Caution intervenante au Bail.

A ce faire eft intervenu Pierre, &c. lequel volontairement s'eft rendu & conftitué, par ces préfentes, Caution & Répondant pour ledit Maître Nicolas, envers ledit Maître Georges, &c. dudit prix de douze cens livres de Ferme par chacun an, charges, claufes & conditions énoncées au préfent Bail, pendant les fix années y portées, ainfi que ledit Maître Nicolas y eft obligé par ces préfentes, dont du tout ledit Pierre fait fon propre fait & dette lui feul pour le tout, fans divifion ni difcuffion ; renonçant, &c.

Bail d'un Etal du Domaine du Roi.

FUT préfent Michel, &c. lequel reconnoît avoir fait Bail à loyer, du jour de Pâques prochain, jufques & pour fix ans confécutifs, finis & accomplis, & promet faire jouir ledit tems durant à Charles, &c. demeurant rûë, &c. à ce préfent & acceptant, Preneur pendant ledit tems, un Etal dépendant du Domaine du Roi, & dont adjudication a été faite audit Bailleur par Contrat d'engagement, &c. pour en jouir par ledit Preneur pendant ledit tems ; ce Bail fait à la charge de payer à la Recette du Domaine du Roi, deux cens livres de redevance, & en rapporter les quit-

tances audit Bailleur par chacun an ; & outre moyennant la fomme de trois
cens livres de loyer pour & par chacune defdites fix années, que ledit
Preneur promet payer audit Bailleur, en fa demeure à Paris, ou au Porteur, &c. aux quatre termes de l'année, dont le premier de payement échera le premier Juillet prochain, & ainfi continuer tant que ledit Bail fubfifte-
ra. Plus, à la charge de garnir ledit Etal de Marchandifes exploitables à lui
appartenantes, pour fûreté & fortifiant natûre dudit loyer, l'entretenir de
menues réparations, & le rendre en bon état en fin dudit tems, de même
que ledit fieur Preneur reconnoît qu'il eft à préfent ; payer les charges de
Ville & Police, s'il en convient payer. Ne pourra ceder ni tranfporter, &c.
& ledit Bailleur promet tenir ledit Preneur clos & couvert aux Us & Coutume de Paris ; & fournira ledit Preneur autant des préfentes en forme audit
Bailleur, &c. *Le refte des Claufes comme ci-deffus.*

Bail à Loyer d'un Moulin Banal à Eau.

FUT préfent Maître Louis, &c. Receveur de la Terre & Seigneurie de,
&c. demeurant au Château Seigneurial dudit lieu, lequel a fait Bail
à Ferme & moiffon de grains, à commencer du premier Janvier prochain,
jufques & pour trois ans confécutifs & accomplis, & promet durant ledit tems
garantir & faire jouir à François, &c. Marchand, demeurant audit lieu de,
&c. à ce préfent & acceptant, Preneur pour lui, le Moulin banal & moult
dudit lieu de, &c. affis fur la Riviere de Loing (*faut dire l'endroit*) à condition de mouture au douziéme, conformément à l'Arrêt de Nofleigneurs
de la Cour de Parlement de Paris, obtenu par ledit Seigneur de, &c. contre fes Habitans & Sujets ; enfemble la jouiffance de l'Ifle de, &c. contenant demi arpent de Pré ou environ ; & lui permet de pêcher avec l'E-
chiquier & Naffe en ladite Riviere, appartenant audit Seigneur, durant ledit tems de trois ans, & ce, depuis l'un des bouts de la Chauffée dudit
Moulin, jufqu'à l'autre feulement, pour du tout jouir par ledit Preneur
durant ledit tems ; ce Bail fait moyennant la quantité de trente boiffeaux
de bled méteil par chacune femaine mefure dudit lieu de, &c. bon grain,
fec, net, loyal & marchand, rendu au Grenier Seigneurial dudit lieu de, &c.
avec la mouture du grain que pourra faire moudre ledit fieur Bailleur, franche pour fa Maifon feulement, fans que ledit Preneur en prenne aucune
chofe ; & par cefdites préfentes, ledit Preneur promet & s'oblige de payer
& livrer lefdits trente boiffeaux de grain, de la qualité & mefure ci-deffus, & la rendre par chacune femaine, ainfi que dit eft, à commencer le
premier payement & livraifon au huit dudit mois de Janvier prochain, &
ainfi continuer par chacune femaine, jufqu'enfin defdites trois années. Plus,
fera tenu, ledit Preneur, d'aller ou d'envoyer chercher la monée dudit
fieur Bailleur, & icelle rapporter audit Château, à fes frais ; femblablement, d'ouvrir & déboucher le pertuis au montant & avalant. Fournira
ledit fieur Bailleur audit Preneur, de Bateau pour porter la corde feulement, à la charge par ledit Preneur de bien entretenir ledit Bateau durant
ledit tems, & auffi d'aller ou d'envoyer par ledit Preneur, chercher la clef
dudit pertuits au Château Seigneurial, & icelle rapporter audit lieu ; com-

me auffi, ledit Preneur fera tenu des menues réparations qu'il conviendra faire
audit Moulin, entretenir les chauffees & pertuits bien termés & bouchés, &
faire enforte que led. Sr. Bailleur n'en foit aucunement recherché ni inquieté
en façon quelconque, à la charge toutefois que ledit fieur Bailleur fournira
de bois & de pierres pour l'entretien dudit Moulin, chauffées & pertuits,
fur le bord de la Riviere & proche ledit Moulin, lefquels bois & pierres ledit Preneur fera employer à fes dépens, aux réparations qu'il conviendra
faire audit Moulin, chauffées & pertuits, pendant ledit tems, comme arbre,
roues, rouet du Moulin & autres chofes néceffaires, battre des pieux efdites
chauffées quand befoin fera, mettre fers & barres audit pertuits, fi befoin
eft; & pendant ledit tems, fera encore tenu ledit Preneur de relever les
pierres qui tomberont des chauffées, & à la fin d'icelui, rendre ledit Moulin, chauffées & pertuits en bon état, felon la vifite qui en fera faite en en-
trant en jouiffance du préfent Bail; & quant aux meules, feront jaugées de
l'épaiffeur qu'elles auront lors du commencement du préfent Bail, afin que
ledit Bailleur en puiffe avoir récompenfe en fin d'icelui, à raifon de trente
fols pour chaque pouce, que ledit Preneur s'oblige auffi payer audit fieur
Bailleur en fin dudit tems; d'abondant ledit fieur Bailleur délaiffe audit Preneur, ce acceptant pour le tems de trois ans, la pêche du pertuits à la chûte
des Anguilles, moyennant la fomme de douze livres, & deux Chapons
par chacun an, que ledit Preneur promet pareillement payer audit Bailleur
par chacun an, à deux termes égaux, qui écheront au jour de Saint Jean-
Baptifte & à Noel, dont le premier échera audit jour de Saint Jean-Bap-
tifte prochain, & ainfi continuer de terme en terme après pendant ledit
tems; jouira ledit Preneur, pendant ledit tems, de la pêche du Montoy,
en toute moitié, en l'exerçant par ledit Preneur, & fourniffant par lui de Fi-
lets & Naffe, & à condition qu'il ne pourra lever ladite Naffe, fans y appeller ledit Sieur Bailleur, ou gens pour lui, pour être fait le partage en
leur préfence, & emporter chacun fa moitié, de laquelle ledit fieur Bailleur, ou ceux de fes gens qni y font appellés pour lui, auront le choix,
après que ledit Preneur en aura fait les lots; ledit Preneur fera encore tenu de bailler audit fieur Bailleur un gâteau de fleur de froment la veille du
jour des Rois par chacun an; & quant à la vifite dudit Moulin, chauffées
& pertuits, elle fe fera entre lefdites Parties, avant que ledit Preneur entre en jouiffance du préfent Bail, & par Gens à ce connoiffans, dont les
Parties conviendront amiablement, à peine de tous dépens, dommages &
intérêts; & pour recevoir par ledit Preneur, les réparations que Nicolas,
&c. précedent Fermier dudit Moulin & fes dépendances, doit laiffer en fin de
fon Bail, qui échera au dernier Décembre prochain, audit Moulin, chauffées & pertuits, ledit Bailleur a conftitué fon Procureur général & fpécial, ledit Preneur & le Porteur defdites préfentes, aufquels il en donne
tout pouvoir, même de pourfuivre ledit précedent Fermier à ce fujet, par
toutes voyes dûes & raifonnables; lefquelles pourfuites ledit Preneur fera
tenu de faire auffi à fes dépens; mais s'il y en a d'adjugés contre ledit précedent Fermier, ils appartiendront entierement audit Preneur; lequel pour
plus grande affurance audit fieur Bailleur du contenu ci-deffus, a promis
d'y faire folidairement obliger avec lui aux renonciations requifes Pierre,
&c.

&c. & de ladite obligation en fournir acte en bonne forme audit sieur Bailleur, avant que d'entrer en jouissance du présent Bail, à peine de tous dépens, dommages & interêts; & en faveur du présent Bail, ledit Preneur
promet aussi de donner pour le pot-de-vin d'icelui, audit sieur Bailleur,
la somme de, &c. Sçavoir, moitié dans le premier jour de Janvier prochain,
& l'autre moitié six mois après; car ainsi, &c. Promettant, &c.

Autre Bail à Loyer pour un Moulin à Eau.

FUT présent Claude   lequel reconnoît avoir fait Bail à loyer
& prix d'argent, du jour de Pâques prochain jusques & pour six ans après
ensuivans & accomplis, & promet garantir & faire jouir pendant ledit tems
à Jacques, &c. à ce présent & acceptant, Preneur pour lui, ledit tems durant, un Moulin à eau, faisant de bled farine, sis sur la Rivière de, &c.
garni de ses meules, tournans & travaillans, & autres ustenciles audit Bailleur appartenans, pour en jouir par ledit Preneur, pendant ledit tems. Ce
Bail fait moyennant la somme de   pour
& par chacune desdites six années, que ledit Preneur s'oblige de payer audit
Bailleur, ou au Porteur des présentes, en deux termes égaux: Sçavoir, ès
premiers jours de Janvier & Juillet, dont le premier terme de payement
échera le premier Janvier prochain, & ainsi continuer ausdits termes, pendant ledit tems, à la charge par ledit Preneur, d'entretenir, & rendre en fin dudit tems, ledit Moulin, & les tournans & travaillans en bon état. Ne pourra
ledit Preneur, ceder ni transporter, &c.

De plus, sera tenu ledit Preneur d'entretenir les vannes & chaussées aussi
en bon état, de sorte que l'eau ne se perde ni déperisse.

Clauses particulieres pour un Moulin à Vent.

Sera ledit Preneur, tenu d'entretenir les volans & toiles d'iceux, l'arbre
du Moulin, tournans & travaillans, & le tout rendre, &c.

Est convenu qu'avant d'entrer, par ledit Preneur, en la jouissance dudit
Moulin à vent, sera fait prisée & estimation des ustenciles d'icelui, par Gens
Experts, dont les Parties conviendront, pour le rendre par ledit Preneur en
pareil état à la fin dudit tems, dont sera lors fait aussi prisée & estimation;
& en cas que ladite prisée se trouve à plus ou moins que la premiere, les
Parties s'en payeront l'un à l'autre la somme à laquelle se trouvera monter
ladite estimation.

Bail ou Marché pour un Moulin à Papier.

FUT présent Antoine, &c. Ouvrier Papetier, demeurant à, &c. lequel
reconnoît avoir fait marché, & promet par ces présentes, au sieur François, &c. Proprietaire d'un Moulin à Papier, situé sur la Rivière de, &c. à
ce présent & acceptant, de fabriquer & faire fabriquer incessamment & sans
discontinuation, avec nombre d'Ouvriers suffisant, bien & dûement com-

me il appartient, au dire d'Ouvriers & Gens à ce connoissans, la quantité
de Papiers qu'il se pourra faire & fabriquer, audit Moulin à Papier, pendant deux années entieres, qui ont commencé au premier jour de
& finiront à   laquelle fabrique sera faite suivant les
deux formes que ledit sieur François lui a remises & les pareilles qu'il lui
fournira à l'avenir, au fur & à mesure qu'il en aura besoin, lesquelles sont &
seront marquées, l'une de la marque du Pot, & l'autre de celle de, &c. en
l'une & l'autre desquelles marques seront imprimées ces deux lettres F. & G.
signifiant le nom & surnom dudit François; lequel promet fournir aussi incessamment durant ledit tems audit Entrepreneur, tous les drapeaux, feu-
tres, colles, toilettes, ficelles & cloux qui seront nécessaires pour la Ma-
nufacture & fabrique du Papier, même de faire faire toutes les réparations & rétablissemens nécessaires, tant aux Bâtiment & Habitation dudit
Moulin, qu'ustenciles servans à ladite fabrique, tournans & travaillans dudit Moulin, dans lequel & dans l'Habitation d'icelui ledit Entrepreneur, sa
famille & Ouvriers, seront tenus de faire leur demeure & résidence actuelle
durant ledit tems, sans que ledit sieur François lui puisse demander ni prétendre aucune chose pour le loyer durant ledit tems. Ce marché fait à la charge
que ledit Entrepreneur promet fournir & livrer à ses dépens audit sieur François, &c. en sa Maison à Paris, tout ledit Papier qui sera fabriqué durant ledit
tems audit Moulin, moyennant & à raison de
pour chacune rame de Papier marqué au Pot & de
pour chaque rame marquée, &c. Tout lequel Papier sera composé de vingt-
cinq feuilles à la main, & de vingt mains à la rame, bon, loyal & marchand,
y compris les premiere & derniere mains de chacune desdites rames; lesquelles mains de chacune desdites rames, seront reçues pour bonnes, quoiqu'elles se trouvent cordées ou cassées; lesquelles livraisons ledit Entrepreneur promet faire audit sieur François, &c. en sadite Maison à
ou au Porteur, de mois en mois, durant ledit tems, sans qu'il puisse divertir,
vendre ni débiter aucun Papier de ladite fabrique à qui que ce soit, à peine
de cinq cens livres, qu'il promet payer audit sieur François pour chaque
contravention, pour ses dommages & interêts, sans que ladite peine puisse
être réputée comminatoire; tout le prix duquel papier, ledit sieur François,
&c. promet aussi payer audit Entrepreneur en cette Ville de Paris, ou au
Porteur, &c. au fur & à mesure de ladite livraison bien conditionnée, comme
dit est; & encore de payer & acquitter ledit Entrepreneur, de tous les
Droits qui se trouveront dûs au Roi pour ledit Papier; car ainsi, &c. Et pour
l'exécution des présentes, &c.

Bail de Vaches

FUT présente Catherine, &c. laquelle reconnoît avoir fait Bail à loyer,
du jour de Pâques prochain jusques & pour trois ans ensuivans, finis &
accomplis, à Marguerite   demeurante à
à ce présente & acceptante, deux Vaches laitieres, âgées de trois ans chacune, l'une sous poil rouge, l'autre sous poil noir & blanc; lesquelles Vaches, ladite Marguerite reconnoît avoir en sa possession: Ce Bail fait moyen-

snant la somme de douze livres de loyer pour lesdites deux Vaches, que la-dite Marguerite promet payer à ladite Catherine, ou au Porteur en son nom, en deux termes égaux : Sçavoir, &c. dont le premier, &c. à la charge de par ladite Marguerite, nourrir, loger & heberger lesdites Vaches, tant en Hyver, qu'en Eté, & en avoir soin pendant ledit tems, ensorte qu'il n'en arrive perte ni inconvenient ; lequel cas arrivant, ou la mort desdites Vaches, ou de l'une d'icelles, par la faute ou négligence de ladite Marguerite, ou de ses Gens, ladite Marguerite s'oblige payer à ladite Catherine, la somme de quarante-six livres pour la valeur de chacune d'icelles, aussitôt le cas arrivé ; & si lesdites Vaches, ou l'une d'icelles meurt de mort naturelle, elle en sera quitte & déchargée, en rapportant la peau d'icelle, avec certificat valable de ladite mort naturelle. Car ainsi, &c.

Bail d'un Troupeau.

FUT présent Martin, &c. lequel reconnoît avoir fait Bail à loyer & moitié de profit, de ce jourd'hui, jusques & pour cinq ans finis & ac-complis ; & promet faire jouir pendant ledit tems à Claude, &c. à ce pré-sent & acceptant, Preneur pour lui, un Troupeau de Bêtes à laine, com-posé de cent cinquante Brebis & cinq Beliers, appartenant au Bailleur, que ledit Preneur reconnoît avoir en sa possession, dont il est content, pour en jouir pendant ledit tems ; & en conséquence, ledit Preneur s'oblige nourrir, loger, heberger & faire mener aux champs en tems & saison conve-nable led.Troupeau, en prendre soin, & faire ensorte qu'il n'en arrive aucune perte ni dommage, & à la fin dudit tems rendre ledit Troupeau en bon état aud.Bailleur ; que si par la faute ou négligence dudit Preneur ou de ses Do-mestiques, arrivoit la mort de la totalité, ou de partie dudit Troupeau, ledit Preneur promet & s'oblige d'en payer la valeur audit Bailleur, à sa premiere demande, à raison de
par chacune Bête, qui est le prix dont les Parties sont convenues entr'elles : Mais au contraire, si la mort ou perte d'icelle arrivoit sans la faute ou le fait dudit Preneur ou de ses Gens, ledit Preneur en demeurera déchargé envers ledit Bailleur, lui rapportant les peaux, sans que ledit Preneur puisse rien prétendre ni demander pour nourriture dudit Troupeau, four-nie pendant ledit tems audit Bailleur, à la charge que tous les accrois-semens qui proviendront desdites Bêtes à laine par chacune année pen-dant ledit tems, seront partagés également & par moitié entre ledit Bail-leur & ledit Preneur, & promet ledit Preneur faire la tonture dudit Trou-peau à ses frais & dépens, & tous autres frais nécessaires pour ledit Trou-peau, sans en rien demander ni exiger dudit Bailleur, & sans aucune diminution de ladite moitié des accroissemens, dans lesquels sera aussi com-prise la moitié des laines d'icelles, que ledit Preneur s'oblige de faire rap-porter audit Bailleur en sa Maison, &c. Ne pourra ledit Preneur, ceder ni transporter, &c.

Il faut ici observer, que le Bailleur d'un Troupeau ne peut pas faire obliger le Preneur par corps, parce que l'Ordonnance

de 1667, titre 34, article 7, ne permet de ſtipuler la conſ-
trainte par corps, que pour les Terres & Heritages ſitués à
la Campagne : Ainſi, elle exclut tacitement tous les Baux
des autres choſes.

Ratification miſe enſuite d'un Bail.

Et le   eſt comparu pardevant les Notaires à Paris
ſouſſignés, ledit Louis   nommé au Bail ci-devant, lequel,
après que lecture lui a été faite par l'un deſdits Notaires ſouſſignés, l'autre
préſent, dudit Bail, qu'il a dit bien ſçavoir & entendre, l'a volontairement
ratifié, confirmé & approuvé, & conſent qu'il ſorte ſon plein & entier effet,
& ſoit exécuté ſelon ſa forme & teneur, s'obligeant ſolidairement avec
ledit   y nommé, au payement du prix dudit loyer, & à l'entretenement
des charges, clauſes & conditions y contenuës. Promettant, &c.

CHAPITRE VIII.

Des Baux Judiciaires & des Actes qui ſe font en conſéquence.

LEs Baux judiciaires ſont ceux qui ſe font des biens ſaiſis
réellement, à la pourſuite du Commiſſaire aux Saiſies-réel-
les, par autorité du Juge, par enchéres faites en Juſtice, après les
proclamations requiſes.

On les appelle Baux Judiciaires, à la différence des Baux con-
ventionnels qui ſe font volontairement entre le Preneur & le
Bailleur, & ſans autorité de Juſtice.

De ce que nous venons de dire, il s'enſuit que les Baux judiciaires ne ſe font point ſous ſeing privé, ni pardevant Notaires;
auſſi n'en parlons-nous ici qu'en paſſant, & à cauſe des actes qui
ſe font en conſéquence : Ainſi, nous ferons ſeulement les remarques ſuivantes :

I. Ces Baux ne ſe font que pour trois ans.

II. Ils ne finiſſent pas dans le moment que ſe fait la vente &
adjudication des biens ſaiſis, ou que le Saiſi obtient main-levée de
la ſaiſie-réelle ; ſi c'eſt une Maiſon en Ville le Fermier Judiciaire jouit encore ſix mois après, & ſi c'eſt du bien de Campagne un an, ſuivant l'Arrêt de Reglement du 12 Août 1664.

III. Le Fermier judiciaire eſt obligé de donner Caution ; &

s'il ne la donne pas, on doit proceder à un nouveau Bail à sa folle enchere.

IV. Si le Commissaire ne fait les poursuites nécessaires pour faire payer au Fermier judiciaire, ou à sa Caution, le prix du Bail, il en est responsable envers les créanciers.

V. Les Baux judiciaires emportent la contrainte par corps contre les Fermiers & contre les Cautions.

Voici presentement les formules des principaux actes qui peuvent se faire en conséquence des Baux judiciaires.

Cautionnement d'un Bail Judiciaire.

A UJOURD'HUI est comparu, &c. Jacques, &c. demeurant, &c. lequel s'est rendu & constitué Caution & principal Débiteur envers Messieurs les Commissaires aux Saisies-Réelles, du sieur.... Fermier judiciaire de .... auquel le Bail judiciaire lui a été fait par Sentence du . . . . En ce faisant, led. Jacques, &c. s'oblige conjointement & solidairement avec led. .. au payement du prix dudit Bail par chacun an, & des charges, clauses & conditions y contenues, qu'il a dit bien sçavoir, & duquel bail lui a été presentement fait lecture. Car ainsi, &c. *Election de domicile, &c.*

Indemnité de Caution.

A UJOURD'HUI est comparu, &c. Michel, &c. lequel déclare & reconnoît qu'à sa priere & réquisition, & pour lui faire plaisir, Jacques, &c. s'est rendu Caution pour lui solidairement envers Charles, &c. du prix de, &c. par chacun an, & des charges, clauses & conditions portées au Bail judiciaire fait par ledit Charles, &c. au Châtelet de Paris, le, &c. de la Terre & Seigneurie de, &c. sise en la Paroisse de, &c. saisie sur, &c. lequel Bail ledit Charles, &c. a cédé & transporté aud. Michel, &c. pardevant les Notaires soussignés ce-jourd'hui, pour en jouir tant que la Commission durera, à commencer, &c. ainsi que le tout est plus au long déclaré audit transport ; c'est pourquoi ledit Michel promet par ces présentes audit Jacques, &c. demeurant . . . à ce présent & acceptant, de l'acquitter, garantir & indemniser dudit cautionnement & intervention, qu'il a cedit jour fait pour ledit Michel, &c. & de tout l'évenement, tant en principal que dépens, dommages & interêts qu'il en pourroit encourir, & ce, par les mêmes voyes dont ledit Charles pourroit en être tenu, &c. *Election de domicile, &c.*

Déclaration de l'Adjudication d'un Bail Judiciaire au profit d'un autre.

AUJOURD'HUI eft comparu pardevant, &c. Charles, &c. lequel a déclaré & reconnu qu'il ne prétend rien au Bail judiciaire qui lui a été fait au Châtelet de Paris le   du loyer d'une Maifon fife à Paris,   faifie fur Jacques   moyennant la fomme de cinq cens livres par chacun an, & charges portées par l'enchere ; & que l'adjudication qui lui en a été faite, eft pour, & au profit de Claude, &c. qui lui a donné charge & pouvoir d'encherir ledit loyer, s'en rendre Adjudicataire pour lui, & n'a fait que lui prêter fon nom à fa priere & réquifition ; c'eft pourquoi ledit Charles confent que ledit Claude jouiffe & difpofe dudit Bail judiciaire, comme bon lui femblera, le mettant & fubrogeant en fon lieu & place, confentant qu'il leve ledit Bail au Greffe ; ce qui a été accepté par ledit Claude, demeurant   à ce préfent, qui promet acquitter, garantir & indemnifer ledit Charles du prix dudit loyer par chacun an, charges & conditions dudit Bail judiciaire, de la Caution qu'il eft tenu fournir, de l'effet & évenement dudit Bail, de la procuration qu'il a paffée ce-jourd'hui pardevant les Notaires fouffignés pour prendre poffeffion de ladite Maifon, & en recevoir les loyers ; enfemble, de toute perte, dépens, dommages & interêts qu'il pourroit encourir pour raifon de ce que deffus, & faire enforte qu'il n'en foit aucunement inquieté, à peine, &c. promettant, &c. obligeant, &c. renonçant, &c. Fait & paffé, &c.

Autre Déclaration par un Particulier, comme il ne prétend rien aux Baux Judiciaires à lui adjugés.

AUJOURD'HUI eft comparu pardevant, &c. Jean B. Fermier judiciaire des Terres de   faifies réellement fur   à la requête de   lequel déclare qu'il ne prétend rien aux Baux judiciaires defdites Terres à lui adjugées par Sentence du moyennant : Sçavoir, celle de   pour   & celle de   pour & qu'il ne les a acceptées, & ne s'en eft rendu Adjudicataire que pour faire plaifir à haute & puiffante Dame veuve   demeurante   à ce préfente & acceptante, à laquelle il n'a fait que prêter fon nom à fa priere, confentant qu'elle en jouiffe, faffe & difpofe ainfi que bon lui femblera, lui en faifant en tant que befoin eft ou feroit, toute déclaration & tranfport néceffaires, fans garantie ; de l'évenement defquels Baux judiciaires & pourfuites faites fous fon nom, lad. Dame (*telle*) s'oblige de l'acquitter & indemnifer, & faire enforte qu'il n'en foit aucunement recherché ni inquieté, à peine, &c. reconnoiffant ladite Dame, avoir en fes mains les Sentences & pieces concernant lefdits Baux. Et pour l'exécution, &c.

Autre Déclaration de l'Adjudication d'un Bail Judiciaire, au profit d'un autre.

AUJOURD'HUI est comparu devant les Notaires soussignés, M. Soucher demeurant   Fermier judiciaire des Maisons, Terres & Héritages situés à   saisis réellement sur Jeanne   veuve de N.   & Consorts, à la requête de   lequel déclare qu'il ne prétend rien au Bail judiciaire desdites Maisons, Terres & Héritages à lui adjugés par Sentence du Châtelet, du   qu'il n'a accepté, & ne s'en est rendu Adjudicataire, qu'à la priere & pour faire plaisir à M. Poupart & A. Cotté, demeurans   à ce présens & acceptans, ausquels il n'a fait que prêter son nom, consentant qu'ils en jouissent & disposent ainsi qu'ils aviseront, leur en faisant, en tant que besoin seroit, toute cession & transport, sans garantie; promettant lesdits Poupart & Cotté, d'acquitter, garantir & indemniser ledit Soucher de l'évenement dudit Bail; ensemble, des poursuites qui seront faites sous son nom, & faire ensorte qu'il n'en soit aucunement recherché ni inquieté, à peine, &c. reconnoissant avoir en leurs mains les Sentences & pieces concernant le susdit Bail; & pour l'exécution, &c.

Transport d'un Bail Judiciaire.

FUT présent Charles, &c. lequel reconnoît avoir cedé & transporté à Michel, &c. à ce présent & acceptant, le Bail judiciaire à lui fait & adjugé au Châtelet de Paris, le, &c. du mois de, &c. de la Terre & Seigneurie de, &c. sise en la Paroisse de, &c. saisie sur Messire, &c. amplement spécifié par ledit Bail judiciaire, que ledit Michel, &c. a dit bien sçavoir & connoître, pour être demeuran sur les lieux, pour en jouir par lui, à commencer du jour de Saint Martin d'Hyver prochain, jusqu'à trois ans, si tant dure la Commission; & à cet effet, ledit Charles, &c. a présentement mis ès mains dudit Michel, la grosse en parchemin dudit Bail judiciaire, le mettant & subrogeant en son lieu & place; ce transport fait moyennant la somme de quinze cens livres par an, que ledit Michel promet & s'oblige, par ces présentes, bailler & payer audit Charles en cette Ville de Paris, en sa Maison, ou au Porteur des présentes, en deux termes égaux, qui seront, &c. dont le premier terme, &c. & ainsi continuer, tant que ladite Commission durera; & outre, à la charge par ledit Michel, d'entretenir toutes les charges, clauses & conditions contenues audit Bail judiciaire, en acquitter & indemniser ledit Charles, à peine de tous dépens, dommages & interêts, &c.

Nota. Le transport d'un Bail judiciaire ne libere pas celui qui l'a fait envers le Commissaire aux Saisies - Réelles, auquel il est personnellement tenu de payer le prix du Bail judiciaire & par

corps ; fauf à lui à fe faire payer par les mêmes voyes par fon Ceffionnaire ; il peut néanmoins obtenir fa décharge, en faifant
agréer celui à qui il a fait le tranfport par le Commiffaire aux Sai-
fies-réelles, & par les créanciers.

CHAPITRE IX.

Du Bail Emphitéotique.

LE Bail emphitéotique eft un Contrat par lequel on prend
à longues années un heritage, à la charge de le cultiver, ou
un fonds, à la charge d'y faire un Bâtiment ; c'eft auffi un Contrat, par lequel on prend à longues années une Maifon en ruine,
à condition de la rebâtir ; c'eft enfin un Contrat, par lequel on
prend à longues années quelques Droits de Bannalité, ou autres,
pour en tirer le profit.

Ce Contrat fe fait moyennant une certaine penfion, laquelle
eft ordinairement modique, payable par chacun an par le
Preneur ; & quelquefois auffi à la charge de bailler au jour
du Contrat par le Preneur, une certaine fomme pour une fois
payer.

Le Bail emphitéotique fe fait ordinairement d'heritages in-
cultes, à la charge d'y bâtir ou de les cultiver & améliorer ;
c'eft à proprement parler, une maniere d'aliéner un bien pendant
quelques années pour une penfion modique, à condition que
ce bien fera rendu en meilleur état lors de la fin de l'emphitéofe.

Ce Bail fe fait pour vingt, trente, quarante, cinquante, foixante ou quatre-vingt-dix-neuf ans. Il ne transfere pas la proprieté directe, mais le Domaine utile ; & comme il emporte
aliénation, les profits des Fiefs en font dûs ; il eft fujet à retrait.

La penfion annuelle eft néceffaire dans ce Contrat, autrement
ce ne feroit pas une emphitéofe, ce feroit un véritable Contrat
de vente.

Cette penfion fe paye tous les ans au Bailleur, non pas
par rapport à la jouiffance & perception des fruits, mais en
reconnoiffance du Domaine direct, que le Bailleur s'eft réfervé.

Le

Le tems du Contrat étant fini, le fonds ou Maison, ou droit donné à ce titre retourne au Bailleur.

Ce Contrat se peut faire auſſi pour la vie du Preneur feulement, ou auſſi pour celle des enfans & de ſes petits-enfans.

Quoique par le Contrat, il ſoit porté, que faute par le Preneur de cultiver l'heritage & le maintenir en bon état, ou faute d'avoir fait par lui les ameliorations auſquelles il s'eſt obligé, le Bailleur pourra rentrer dans l'heritage, ſans pour ce obſerver aucunes formalités de Procès ; cela ne peut cependant ſe faire ſans l'autorité du Juge, & ſi l'on ne l'a fait ordonner par Jugement, autrement ce ſeroit donner lieu à ſe faire juſtice à ſoi-même, & permettre les voyes de fait.

Pareillement, quoique par le Contrat il ſoit porté, que ſi le Preneur manque de payer la rente emphitéotique par deux ou trois années conſécutives, le Bailleur pourra reprendre & rentrer dans la choſe baillée à ce titre, ſans aucune formalité de Juſtice, & ſans l'autorité du Juge ; toutefois, il faut le faire ordonner.

Quoique le Preneur ſe ſoit obligé à entretenir les choſes qu'il prend à emphitéoſe en bon état, néanmoins il n'eſt pas obligé de rebâtir les édifices compris dans ſon Bail, qui ont été renverſés, brûlés ou ruinés par quelque cas fortuit ou force majeure, ſans qu'il y ait eu de ſa faute.

Il en faut dire de même, quoique le Preneur à emphitéoſe ſe ſoit obligé d'entretenir en bon état les Maiſons & heritages qu'il prend à ce titre, & les rendre auſſi en bon état à la fin du Bail, enſorte que la penſion convenue y puiſſe être priſe & perçue ; néanmoins, il n'eſt pas obligé de rendre auſſi en bon état les édifices qu'il auroit bâtis de nouveau, auſquels il ne s'étoit point obligé, leſquels il eſt cenſé avoir donnés au fonds à emphitéoſe, parce que perſonne ne garantit ſa liberalité.

Quand l'emphitéoſe eſt finie, l'Emphitéote ou ſes heritiers ſont tenus de rendre en bon état, non-ſeulement les lieux tels qu'ils leur ont été donnés ; mais auſſi les Bâtimens & autres ameliorations qu'ils étoient obligés de faire par le Contrat, parce que c'eſt en vûe de ces ameliorations que l'heritage leur a été donné à une redevance modique. *Voyez* Monſieur Louet, lettre E. ſommaire 11.

On demande : Si quand celui qui a pris un heritage à Bail emphitéotique, après l'expiration de l'emphitéoſe, reſtitue l'heritage, il peut répeter le prix des grandes augmentations qu'il y a faites, aufquelles il n'étoit pas obligé, ou s'il peut les démolir & en emporter les matériaux, en ne faifant aucune détérioration au fonds? La Jurifprudence des Arrêts eft pour la négative, & qu'en quelque cas que ce foit, il ne peut répeter le prix des augmentations, ni les démolir ou les emporter, d'autant que ce qu'il a fait a été pour fa commodité, & qu'il eft cenfé en être ré-compenfé par fa longue jouiffance. Par la même raifon, il faut dire que le Preneur ne peut faire compenfation des réparations à faire dans l'ancien bâtiment, avec les augmentations qu'il a faites fans y être obligé. M. Louet, lettre E. nomb. 10 & 11; M. Bou-guier, lettre D. nomb. 13.

Celui qui prend à emphitéofe, eft déchargé de la penfion qu'il s'eft obligé de payer, par la perte entiere de la chofe pour laquelle il l'a conftituée; mais fi elle ne périt qu'en partie, il n'eft pas moins obligé au payement de toute la penfion annuelle. Que s'il arri-voit une ftérilité de plufieurs années, le Preneur ne feroit pas moins obligé de payer toute la penfion, enforte qu'il ne feroit pas recevable d'en demander diminution; la raifon eft, que dans les Contrats emphitéotiques le Preneur ne s'oblige ordi-nairement qu'à une penfion médiocre, eu égard aux fruits des chofes baillées à ce titre; c'eft pourquoi il feroit injufte d'accor-der une remife ou diminution de la penfion convenue. Il en faut dire de même du Cens, à la charge duquel un heritage a été baillé.

Le Bail emphitéotique fe réfout par deux manieres:

La premiere, eft le déguerpiffement; fur quoi voyez ce qui en eft dit ci-devant.

La deuxiéme, eft la perte entiere du fonds, lorfqu'elle n'eft pas arrivée par la faute du Preneur; car autrement, il pourroit être tenu des dommages & interêts envers le Proprietaire du fonds.

Bail Emphitéotique.

FUT préfent Jean   lequel reconnoît avoir baillé, cedé, quitté, tranfporté & délaiffé dès maintenant à titre de Cens & Rente emphitéo-tique pour quatre-vingt-dix-neuf années finies & accomplies, & promet garantir de tous troubles & empêchemens généralement quelconques à Louis   & à Catherine   fa femme, qu'il autorife à l'effet qui fuit, à ce préfens & acceptans, Preneurs pour eux, leurs hoirs & ayans caufe, une Maifon fife   appartenante audit fieur Bailleur confiftant en   tenant d'une part à   d'autre à d'un bout par derriere à   & pardevant   ainfi

qu'elle se poursuit & comporte, dont lesdits Preneurs sont contens, pour
l'avoir vûë & visitée, pour par eux, leursdits hoirs, &c. Ce Bail fait moyennant   de rente annuelle de Bail d'heritage & emphitéotique non-
rachetable que lesd. Preneurs, tant pour eux que pour leursdits hoirs & ayans
cause, promettent & s'obligent solidairement l'un pour l'autre, un d'eux
seul pour le tout, sans division ni discussion, à quoi ils renoncent, payer audit Bailleur, ses hoirs, &c. en sa demeure à Paris, ou au Porteur, &c. d'année en année, dont la première de payement échera
& ainsi continuer annuellement pendant ledit tems, à l'avoir & prendre
spécialement & par privilege sur ladite Maison, qui en demeure chargée, affectée, obligée & hypotequée, que lesdits Preneurs, leurs hoirs, &c. seront
tenus d'entretenir en tel & si bon état, que ladite rente y puisse être aisément
prise & perçue par chacun an ; seront tenus lesdits Preneurs, leurs hoirs,
&c. de rendre ladite Maison en fin desdites quatre-vingt-dix-neuf années,
en bon état de grosses & menues réparations, & en pareil état qu'elle est à
présent, selon la prisée qui en sera faite par Experts & Gens à ce connoissans,
dont les Parties conviendront, & fourniront lesdits Preneurs audit Bailleur
la grosse des présentes incessamment. Car ainsi, &c.

Bail à Cens & à Rente Emphitéotique.

FUT présent Maître Jacques Dubois, &c. Seigneur de
demeurant à, &c. lequel a reconnu & confessé avoir fait Bail à titre de
Cens & Rente emphitéotique, dès maintenant & pour le tems ci-après déclaré, ledit Cens portant lods & ventes, saisines, défauts & amendes quand
le cas y échet, & promet garantir de tous troubles & empêchemens généralement quelconques à Nicolas, &c. à ce présent & acceptant, Preneur pour
lui, ses hoirs & ayans causes, jusques & pour quatre-vingt-dix-neuf ans, à
compter d'aujourd'hui, consécutives, finies & accomplies, dix arpens de
terre, &c. (*Il faut mettre les choses comprises dans le Bail avec ses tenans &*
aboutissans) pour en jouir, par ledit Preneur, ses hoirs & ayans causes, pendant ledit tems, ainsi que bon lui semblera ; ce Bail fait moyennant cinq sols
de cens par chaque arpent, ledit cens portant lods & ventes, & trois livres de
rente annuelle & emphitéotique, pareillement pour chaque arpent ; ladite
rente non-rachetable, le tout payable au lieu de lad. Seigneurie, ès mains
du Receveur d'icelle, & outre moyennant la somme de deux cens livres une
fois payée, laquelledite somme ledit Preneur a payée, comptée & nombrée
audit Bailleur, en présence desdits Notaires soussignés, en louïs d'or, &c.
dont quittance ; lesquels cens & emphitéotique ledit Preneur promet &
s'oblige payer par chacun an, pendant led. tems de quatre-vingt-dix-neuf ans
audit Bailleur & à ses successeurs en ladite Seigneurie de   à leur
Procureur, Receveur ou au Porteur, audit jour & lieu de, &c. dont la
première année de payement échera au jour de   & ainsi continuer
annuellement lesdits cens & rente emphitéotique, audit jour de
jusqu'enfin desdits quatre-vingt-dix-neuf années, sur lesdits lieux & héritages
ci-dessus énoncés, qui en demeurent dès-à-présent chargés, obligés & hypotequés ; lesquels ledit Preneur pour lui, sesdits hoirs & ayans causes, promet

& s'oblige entretenir en bon état ; ensemble de toutes réparations grosses & menues ; ensorte que lesdits cens & rente emphitéotique y puissent être aisément pris & perçus par chacun an , & aussi , à la charge que lesdits heritiers ou ayans cause seront tenus ; ainsi que ledit Preneur le promet & s'oblige , de rendre lesdits lieux à la fin dudit tems en bon état de toutes réparations , grosses & menues , & de même qu'ils sont à present , selon la prisée & estimation qui en sera faite par Experts & Gens à ce connoissans , dont les Parties conviendront ; lesquels lieux & heritages , ledit sieur Bailleur , ses heritiers ou ayans causes , pourront faire visiter de dix ans en dix ans , pour sçavoir & connoître s'ils sont bien entretenus & réparés , & contraindre les Détempteurs à les entretenir en bon état ; & outre , à la charge que si ledit Preneur , ses hoirs & ayans causes étoient en demeure de payer lesdits cens & rente emphitéotique , par trois ans consécutifs ; en ce cas , le présent Contrat sera & demeurera nul , si bon semble audit sieur Bailleur ou à ses heritiers & ayans causes , & pourra rentrer dans les susdits lieux & heritages , sans aucune sommation , ni observer aucune formalité de Justice , & néanmoins en sa force & vertu pour les arrerages qui en seront lors dûs , & toutes lesdites charges à en exécuter , &c. *Election de domicile, &c.*

Bail Emphitéotique de la Bannalité d'un Moulin.

FUT présent Messire Jean de la Lande , &c. Seigneur de , &c. lequel a reconnu & confessé avoir baillé , &c. à Jacques , &c. à ce présent & acceptant , pour lui , ses hoirs & ayans causes , pendant quatre-vingt-dix-neuf années ensuivantes & consécutives , finies & accomplies , le droit de Moulin banal , tel qu'il est & appartient audit sieur Bailleur en ladite Seigneurie , à cause d'icelle , pour en jouir par ledit Jacques , ses hoirs & ayans causes , pendant ledit tems , & des mêmes droits que ledit sieur Bailleur , ses heritiers ou ayans causes successeurs en ladite Seigneurie pourroient jouir & user sur lesdits Sujets & Habitans dudit lieu ; ce Bail fait moyennant cinq sols & deux chapons de cens , portant lods & ventes , saisines & amendes , quand le cas y échet , & trente livres de rente annuelle de Bail d'heritage & pension emphitéotique non rachetable ; le tout payable au jour , &c. & lieu , par ledit Jacques , ses hoirs & ayans causes , pendant ledit tems , & que ledit Jacques fasse bâtir dans deux ans prochains , comme il s'y oblige , un Moulin à eau sur ladite Terre & Seigneurie de & sur le Ruisseau à l'endroit le plus commode que faire se pourra , pour la commodité de tous les Sujets & Habitans de ladite Seigneurie , & pour le logement du Meûnier , lequel Moulin demeurera spécialement affecté , obligé & hypotequé au payement & continuation desdits cens & rente emphitéotique que ledit Jacques promet entretenir , &c. même de rendre , ou ses heritiers , leurs hoirs & ayans causes , ledit Moulin & lieu en fin desdites quatre-vingt-dix-neuf années , en bon état , &c. *Ainsi qu'à la Formule ci-dessus.*

CHAPITRE X.

Du Contrat de Societé.

LA Societé eſt un Contrat par lequel deux ou pluſieurs perſonnes conviennent enſemble de mettre leurs biens ou partie d'iceux en commun, ou bien d'entreprendre conjointement
quelques affaires ou négociations, à condition de ſe communiquer & partager entre les Aſſociés le gain ou la perte qui en pourra
provenir.

Ce Contrat ne déſire point d'autre ſolemnité que le ſeul conſentement des Parties contractantes; cependant l'uſage eſt de
les rédiger par écrit, tant pour en avoir la preuve, que pour en regler les conditions.

Pour que le Contrat de Societé ſoit obligatoire, il faut que
l'objet de la Societé ſoit une choſe honnête & permiſe; car ſi
l'on avoit fait une Societé d'une choſe qui ſeroit contre les Loix
ou bonnes mœurs, elle ſeroit nulle de plein droit. Par exemple,
ſi la Societé étoit contractée du gain ou de la perte que les Aſſociés pourroient faire à des jeux défendus, elle ne produiroit
aucune action à l'un ni à l'autre Aſſocié.

Tous ceux qui ont la libre adminiſtration de leurs biens, ſont
capables de contracter Societé.

Dès le moment que la Societé eſt contractée, l'un des Aſſociés ne peut pas y admettre un tiers ſans le conſentement de tous
les autres Aſſociés; mais il eſt permis à un Aſſocié de ceder la
moitié, le tiers ou autre portion de la part qu'il a dans la Societé,
auquel cas il n'admet pas pour cela ſon Ceſſionnaire dans l'ancienne Societé, mais c'eſt une nouvelle Societé qu'il contracte
avec lui, par laquelle il s'oblige de lui rendre le même compte
que ſes premiers Aſſociés lui auront rendu.

Le Contrat de Societé eſt ſuſceptible de toutes les clauſes &
conventions qu'il plaît aux Parties d'y inſerer; on peut en fixer
la durée à un certain tems, ou pour toute la vie; on peut la faire
pure & ſimple, ou ſous certaines conditions; on peut faire une
Societé univerſelle de toutes ſortes de biens préſens & à venir;
on peut la faire d'un certain bien ſeulement, ou d'un certain commerce; enfin, c'eſt la volonté des Parties qui regle l'obligation

qui réfulte de ce Contrat : Mais pour que les claufes & conventions appofées à un Contrat de Societé foient valables & obligatoires, il faut qu'elles ne foient point contre les bonnes mœurs,
ni contraires au Droit public, & qu'elles ne détruifent pas la
fubftance de ce Contrat ; ainfi, quoiqu'on puiffe convenir qu'un
des Affociés fera participant du gain & ne fera pas tenu de la perte, on ne pourroit pas convenir que l'un participeroit à la perte
& ne feroit point participant du gain, comme nous dirons ci-
après.

Il y a peu de Contrats où la bonne foi foit fi néceffaire que
dans la Societé, puifqu'elle produit une efpece de fraternité entre les Affociés ; c'eft un Contrat fort utile, raifonnable & néceffaire, qui forme un lien d'amitié & de perfection entre des
Etrangers qui vivent comme des freres, & très-fouvent
mieux.

Ce Contrat fe fait en contemplation de l'utilité de tous les Affociés, d'où il s'enfuit, qu'ils font refponfables des pertes qu'ils
caufent à la Societé, non-feulement par dol ou par leur lourde
faute, mais encore par leur faute légere ; & quand même ils auroient procuré par leur induftrie de grands avantages à la Societé,
cela ne les difpenferoit pas de porter la perte qu'elle auroit fouf-
ferte par leur négligence.

De ce Contrat naît une action de Societé accordée à tous les
Affociés pour l'une des quatre caufes fuivantes :

1°. Pour demander la diffolution de la Societé, à moins qu'il
n'y ait convention contraire ; car on n'eft pas obligé de demeurer en Societé, fi ce n'eft que pour la nature des chofes dont la
Societé a été faite, elle ne pût pas fe diffoudre facilement, fans
un dommage confiderable.

2°. Pour demander la réparation du tort caufé à la Societé par
un des Affociés, par fon dol ou par fa faute légere.

3°. Pour être rembourfé des frais faits pour les affaires de la Societé.

4°. Pour que le gain & la perte fe communiquent entre les
Affociés, ce qui ne doit avoir lieu qu'après que la Societé eft
finie.

Mais on demande, comment le gain & la perte fe communiquent entre les Affociés. Il faut diftinguer, ou les Parties fe font
expliquées touchant la diftribution du gain ou de la perte, ou
elles n'ont rien ftipulé à ce fujet.

Au premier cas, la convention des Parties doit être gardée,

pourvû que ce qu'ils ont stipulé ne soit pas contraire à la nature de la Societé.

Au second cas, lorsque les Associés n'ont point exprimé dans l'acte de Societé les portions que chacun d'eux y doit avoir, ni les avances qu'ils doivent faire pour la nature de la Societé, tout y doit être égal, soit pour le gain, soit pour la perte ou pour les avances : Ainsi, le gain & la perte se partagent également entre les Associés, eu égard à la proportion géometrique, c'est-à-dire, que chacun des Associés reçoit le gain ou est tenu de la perte, à raison de la part qu'il a dans la Societé, à moins qu'il n'y ait une convention contraire ; car, comme nous avons déja dit, la convention touchant le gain & la perte, doit être gardée & observée, à moins qu'elle ne soit contre la nature de la Societé ; sur quoi il faut remarquer :

Premierement, qu'il est permis de stipuler que l'un des Associés fera toutes les avances ; & alors, l'industrie, le travail, le crédit & les autres avantages que l'autre apporte dans la Societé, lui tiennent lieu d'avances ; & par cette même raison, on peut stipuler que les portions du gain seront inégales, que l'un en aura le quart & l'autre les trois quarts. La raison est, qu'il arrive souvent que l'industrie de l'un des Associés contribuë beaucoup plus au profit de la Societé, que l'argent & les marchandises par lesquels les autres y sont entrés : Ainsi, par rapport à de semblables raisons, quand il a été arrêté par le Contrat qu'un des Associés remportera une plus grande portion de gain, ou souffrira une plus grande partie de la perte que les autres, la convention est valable & doit être exécutée.

On peut même stipuler, que l'un des Associés participera au gain, & qu'il ne sera aucunement tenu de la perte, s'il y en a ; mais pour lors, on ne compte pour gain de Societé, que ce qui se trouve après les pertes & les dépenses déduites.

Quoiqu'on puisse stipuler, qu'un des Associés participera au gain & ne sera point tenu de la perte, il n'est pas permis de stipuler, que l'un des Associés prendra tout le profit, & que l'autre souffrira toute la perte, d'autant que cette derniere convention est contraire à l'équité naturelle & détruit la substance du Contrat de Societé : En effet, la convention que l'un des Associés participeroit à la perte, & ne seroit point participant du gain, ne peut jamais passer pour un Contrat de Societé, puisqu'il est de la substance de produire, pour ainsi dire, un droit de fraternité, & les rendre par conséquent, tous participans du gain qui y arrive.

Lorsqu'un Aſſocié a mis de l'argent dans la Societé, & que l'autre n'y a mis que ſon travail & ſon induſtrie, cet argent ne doit être regardé que comme une avance., & doit être prélevé tout entier par celui qui l'a avancé, à moins qu'il n'y eût une convention contraire, c'eſt-à-dire, à moins qu'il ne fût convenu entre les Parties, que l'un des Aſſociés fournira un fond d'une certaine ſomme, qui demeurera à la Societé, & qui ſera partagé, comme ſi c'étoit un gain & un profit de la Societé, car une telle clauſe feroit ſans contredit valable, n'étant ni contre les bonnes mœurs, ni contre la nature de la Societé; au contraire, une telle convention ne feroit conſiderée que comme une juſte compenſation de l'argent de l'un des Aſſociés avec l'induſtrie de l'autre; car on peut regarder l'induſtrie des Aſſociés comme une eſpece de fonds qu'il apporte dans la Societé.

Au reſte, ſi on étoit convenu de la maniere que le gain ſe partagera entre les Aſſociés & qu'on n'eût point parlé de la perte, la convention établie pour le gain regleroit auſſi la perte.

Il y a differentes eſpeces de Societés, ſuivant leſquelles il y a differentes regles établies par les Loix & les Ordonnances.

La Societé eſt, ou univerſelle ou particuliere.

La Societé univerſelle, eſt celle par laquelle deux ou pluſieurs perſonnes mettent tous leurs biens en Societé pour partager le gain ou la perte qui en pourra provenir; ſur quoi il faut remarquer, que quand la Societé eſt contractée purement & ſimplement de tous biens, les Aſſociés ne s'étant pas expliqués davantage, pour lors la Societé ne comprend que le gain que les Aſſociés peuvent faire par leur travail & leur induſtrie, & non par les ſucceſſions, les legs, les donations qui arrivent à l'un ou à l'autre des Aſſociés. Il faut dire auſſi que les dettes particulieres que chacun des Aſſociés aura contractées pour autre cauſe que pour la Societé, n'y entrent pas.

La Societé particuliere eſt celle qui ſe fait d'une certaine partie de biens, comme d'une négociation particuliere, ou de quelque marchandiſe.

Les Societés les plus ordinaires parmi nous, ſont celles qui ſe contractent entre Marchands-Négocians & Banquiers, & celles qui ſe font entre les Fermiers & Traitans des affaires du Roi.

Les Societés entre Marchands ſont ſujettes aux mêmes regles
que

que toutes les autres Sociétés ; elles en ont auſſi de particulieres, que l'Ordonnance de 1673 a introduites pour la facilité & l'utilité du Commerce.

Il y a deux ſortes de Sociétés entre Marchands, la Societé générale & la Societé en commandite.

La Societé générale eſt celle qui ſe fait entre deux ou pluſieurs Aſſociés qui agiſſent également pour les affaires de la Société, & qui font le commerce ſous leurs noms collectifs, Claude, Jean, & Compagnie. Cette Societé oblige tous les Aſſociés, tant pour le fonds ou capital qu'ils ont mis, que pour le ſurplus qu'il pourroit y avoir de perte.

La Societé en commandite eſt celle où pluſieurs des Aſſociés mettent leur argent dans la Société, pour le faire valoir, ſans faire aucune fonction d'Aſſocié, ni paroître exterieurement intereſſés, & dans laquelle l'autre ne donne que ſon travail & ſon induſtrie, prête, pour ainſi dire, ſon nom, enſorte qu'il ne fait le commerce que ſous ſon nom, & non ſous le nom de ſes autres Aſſociés.

Les Aſſociés en commandite ne ſont obligés que pour leur part ; c'eſt-à-dire, que la Compagnie en commandite oblige tous les Aſſociés pour le fonds & capital de la Société, mais non pas au-de-là, de ſorte que s'il arrive qu'ils perdent plus grande ſomme que leurs fonds, il n'y a que celui ſous le nom duquel les affaires de la Société ſe ſont faites, qui ſoit obligé pour le ſurplus ; mais cela n'empêche pas que chacun ne ſoit reſponſable des effets qu'il met dans la Société.

Comme la Societé en commandite n'oblige les Aſſociés qui ont donné leur argent pour faire valoir, que juſqu'à concurrence du fonds de la Société, il faut non-ſeulement que ces Sociétés ſoient rédigées par écrit ; mais il faut encore que l'acte contienne le capital des ſommes ou autres effets qui y ſont entrés, le tems que la Société doit durer, la part que chacun des Aſſociés a dans le gain ou dans la perte, la défenſe de pouvoir négocier hors d'icelle, la fin ou continuation en cas de mort, & autres ſemblables particularités.

Quand une Societé eſt générale ou en commandite, elle peut être rédigée par écrit, pardevant Notaires, ou ſous ſignatures privées, & on n'admet point la preuve par Témoins pour la prouver, ſuivant l'article premier du titre 4 du Code Marchand. L'uſage eſt que la plus grande partie des Sociétés ſe font ſous ſignatures privées entre les Marchands & Banquiers, à cauſe des conventions ou claufes portant des interêts plus forts que ceux de l'Ordonnance.

Les Societés entre Marchands & Négociäns, tant en gros qu'en détail, doivent être enregiftrées par extrait au Greffe de la Jurifdiction Confulaire, s'il y en a, finon en celui de l'Hôtel commun de la Ville; & s'il n'y en a point, au Greffe des Juges Royaux des lieux, ou de ceux des Seigneurs; & l'extrait en doit être inferé dans un tableau expofé en lieu public, fur peine de nullité, fuivant la même Ordonnance, art. 2, tit. des Societés.

L'extrait doit être figné par les Affociés; il doit contenir leurs noms, furnoms, qualités & demeures, & les claufes extraordinaires de leurs Societés, s'il y en a; le rems auquel ils doivent commencer & finir leurs Societés, & elles ne peuvent être continuées, s'il n'y en a un acte par écrit, qui foit pareillement enregiftré & affiché, par l'article 3 du même titre.

Tous Affociés font obligés folidairement aux dettes de la Societé, quoiqu'il n'y en ait qu'un qui ait figné, au cas néanmoins qu'il ait figné pour la Compagnie, & non autrement, par l'article 7; c'eft pourquoi les Affociés ne peuvent pas convenir par le Contrat de Societé que chacun ne fera obligé que pour la part qu'il a dans la Societé, d'autant qu'il eft de l'interêt public que les obligations foient folidaires: Ainfi, les Contractans ne peuvent point contrevenir à cette Ordonnance, qui n'eft pas faite pour leur avantage.

Il faut dire auffi par la même raifon, que les bénéfices de divifion & de difcuffion n'ont point lieu entre Affociés, puifqu'il y a folidité entr'eux, felon Bacquet, chapitre 26; mais non entre leurs heritiers. Les titres *pro Socio* font précis fur cette matiere, dont Chriftineu a fait le fujet de trois décifions.

Il faut néanmoins excepter les Affociés en commandite, lefquels, comme nous venons de dire, ne font obligés que jufqu'à la concurrence de la part pour laquelle ils font en Societé, & pour la fomme qu'ils ont promis d'y apporter, fuivant l'article 8.

Pour éviter les Procès, qui caufent fouvent la ruine des Marchands, l'Ordonnance de 1673 veut que dans toutes les Societés il y ait une claufe par laquelle les Affociés fe foumettent à des Arbitres, pour terminer à l'amiable les conteftations qui pourroient furvenir entr'eux; & fi cette claufe eft omife, elle eft fuppléée par la difpofition de l'article 9 du rirre des Societés de la même Ordonnance, qui permet à un des Affociés de pouvoir nommer des Arbitres, ce que les autres seront tenus de faire de leur part, autrement le Juge en nommeroit d'office pour ceux qui en feroient refus.

La Société se dissout par quatre manieres, à moins que les Parties n'en soient convenues autrement par leur Contrat.

I. Par la renonciation faite par un des Associés, ou de tous, de leur commun consentement ; car comme la Société se contracte par le consentement des Parties, elle se dissout aussi par le même consentement.

II. Par la mort naturelle d'un des Associés ; car les heritiers succedent bien aux droits des Associés dans la part qu'ils avoient dans la Société, à l'effet d'obliger les autres d'en faire le partage avec eux ; mais ils ne succedent pas en leur place dans la Société, à moins qu'il ne soit convenu autrement entr'eux. La raison est qu'on ne sçait pas si les heritiers seront propres pour les affaires de la Société, comme ceux qui l'ont contractée.

La mort civile est aussi un moyen par lequel la Société se dissout, comme quand un des Associés est banni, ou que ses biens sont confisqués, ou qu'il est condamné à amende-honorable, ou aux Galeres, ou à quelqu'autre peine infamante.

Quant aux Societés qui se contractent entre Gens d'affaires, souvent ils conviennent que les veuves & les heritiers n'auront aucun droit dans la Société, ou qu'ils abandonneront tout le fonds, moyennant une certaine somme, afin que par ce moyen les affaires de la Société soient secrettes, & ne soient point découvertes par des comptes & des partages qu'il faudroit faire du fonds, du gain ou de la perte, lesquels ne se pourroient pas faire sans de très-grandes difficultés, avant que la Société fût finie. Ces Societés ne finissent point par la mort d'un ou de quelques-uns des Associés, mais elles se continuent entre les autres.

III. Par la fin de la Société, c'est-à-dire, quand l'affaire pour laquelle la Société a été contractée est achevée.

IV. Par la saisie, vente publique & confiscation des biens d'un des Associés, parce que celui qui n'a plus de biens ne peut plus demeurer en Société.

Cette clause, *qu'il ne sera jamais permis aux Contractans de se départir de la Société*, est nulle dans les Sociétés ordinaires, étant contre la justice, en ce qu'il peut arriver journellement des discordes & des contestations entre les Associés, & qu'ils ne pourroient point se séparer ; néanmoins, on peut convenir que la Société ne se pourra dissoudre que dans un certain tems, &

qu'auparavant il ne fera pas loifible à aucun des Affociés de s'en départir.

Voyez touchant le Contrat de Societé, ce que Monfieur de Ferriere en a dit dans fa traduction des Inftitutes, livre 3 ; titre 25.

Societé entre deux Chapeliers.

F URENT préfens Michel   Maître Chapelier à Paris, demeurant   d'une part ; & René auffi Maître Chapelier à Paris, demeurant   d'autre part ; lefquels reconnoiffent s'être affociés par ces préfentes, pour fix années, à compter de cejourd'hui, au fujet dudit Négoce de Chapelier, à l'effet de quoi ledit Michel a loué une Boutique rue   pour y travailler, vendre & débiter tous & chacun les chapeaux qu'ils feront, en détail, en recevoir le profit, qui fera partagé également entr'eux, au moyen de quoi fera tenu un livre de recette, pour être rendu compte l'un à l'autre, au moins une fois l'année ; & pour contribuer audit Négoce, & aider à y travailler plus aifément, ledit René a mis dans led. Négoce la fomme de   ainfi que ledit Michel le reconnoît, de laquelle fomme ledit René ne pourra prétendre aucuns interêts, fous quelque prétexte que ce foit, & lui fera ladite fomme rendue à la fin defdites fix années, ou plutôt, fi la préfente Societé n'avoit fon effet ; laquelle cependant ils entendent être exécutée, & faute par l'un ou l'autre d'eux de l'exécuter, fera payé par le Contrevenant à l'autre la fomme de   par forme de dommages & interêts, & demeurera la Boutique à celui qui acquiefcera à la préfente Societé, même en fin defdites fix années, ladite Boutique fera laiffée par ledit René audit Michel ; fur lequel regiftre de recette fera auffi écrit les dépenfes & crédits qui feront faits, & fe nourriront lefdits Michel & René, pendant lefdites fix années, chacun féparément, à moins qu'ils ne vouluffent fe nourrir enfemble à frais communs ; & s'il fe trouvoit quelques dettes faites par l'un ou l'autre defdits Affociés, avant & pendant ladite Societé, ils feront tenus de les payer chacun féparément, & par ceux qui les auront faites, fans qu'il puiffe être touché au fonds de ladite Societé ; & en cas de conteftation entr'eux, ils promettent d'en paffer par l'avis des Arbitres, qu'un chacun d'eux nommera de fa part ; car ainfi a été convenu, &c. Fait & paffé, &c.

Societé entre deux Maffons.

F URENT préfens Jean   Maître Maffon, demeurant   d'une part ; & Louis auffi Maître Maffon, demeurant   d'autre part ; lefquels font volontairement demeurés d'accord de ce qui fuit ; c'eft à fçavoir : Qu'ils fe font affociés par ces préfentes, dans tous les ouvrages de Maffonnerie qu'ils pourront ci-après entreprendre pour quelques perfonnes que ce foit

& puisse être, sans aucune réserve. Cette Société faite à la charge que lesdites Parties seront tenues, ainsi qu'elles s'y obligent l'une envers l'autre, de contribuer chacun pour moitié à tout ce qu'il conviendra faire & payer pour raison des marchés qu'ils pourront faire durant　　　　　　années, à commencer du　　　　　　lesquels ouvrages lesdites Parties promettent & s'obligent réciproquement de faire & parfaire dans les tems, de la maniere & ainsi qu'il sera porté par les marchés qu'ils feront, & faire ensorte qu'ils n'encourent l'un pour l'autre aucuns dépens, dommages & interêts, dont ils promettent respectivement de s'acquitter l'un l'autre; & les deniers provenans desdits ouvrages, seront reçus par chacune desdites Parties indifféremment, dont elles compteront ensemble, & partageront également le profit, s'il y en a, & si au contraire il y a de la perte, elles la supporteront chacun par moitié: Car ainsi, &c. promettant, &c. obligeant, &c. chacun en droit soi, renonçant, &c.

Autre Societé entre deux Marchands.

FURENT présens Jacques Dubois, Marchand Mercier, Bourgeois de Paris, & Jeanne, &c. son épouse, qu'il autorise à l'effet des présentes, demeurant, &c. d'une part; François & Claude Dubois freres, leurs enfans, aussi Marchands Merciers, demeurans avec leursdits pere & mere, d'autre part; lesquelles Parties ont fait les traités, conventions & associations qui suivent; c'est à sçavoir: Que lesdits Jacques Dubois & sa femme, désirans procurer l'avancement de leursdits enfans, pour leur bien & facilité de la Société d'entr'eux d'eux, accordent ausdits François & Claude, ce acceptans, le Bail à loyer de ladite Maison & lieux où les Parties demeurent, pour le tems de six années, commençantes au premier Janvier prochain, qui finiront à pareil jour de l'année

pour en jouir par eux audit titre, à la réserve faite par lesdits Bailleurs, de ce qu'ils occupent à présent en ladite Maison, & ce moyennant là somme de mille livres de loyer, payable, &c. & aux charges qui ensuivent: Sçavoir, de la garnir de biens meubles, &c. & quand il plaira ausdits Bailleurs de sortir de ladite Maison, & de laisser ce qu'ils occupent ausdits François & Claude Dubois, en ce cas, seront tenus d'augmenter ledit loyer de la somme de deux cens livres, & par ces mêmes présentes lesdits Bailleurs délaissent ausdits François & Claude leurs enfans, qui reconnoissent avoir en leur possession toutes les Marchandises de Mercerie, étant en la Boutique & autres lieux de ladite Maison, contenues en l'inventaire signé par les Parties cejourd'hui, demeuré annexé à ces présentes, après avoir été d'elles paraphé, & à leur réquisition des Notaires soussignés, montant à la somme de vingt mille livres, dans laquelle est compris l'estimation des armoires, boëtes, comptoir, & autres ustenciles étant dans ladite Boutique, & autres lieux de la Maison servans à ladite Marchandise, de laquelle somme lesdits Bailleurs pere & mere, consentent qu'il y en ait en avancement d'hoirie de leurs successions futures, celle de douze mille livres, qui est pour chacun d'eux moitié, qu'ils feront tenus rapporter ou moins prendre venant esdites successions futures de leurfdits pere & mere, & le furplus montant à la fomme de huit mille li-vres, lefdits François & Claude Dubois promettent folidairement, &c. les payer à leurfdits pere & mere, fans aucun profit, dans quatre années & en quatre payemens égaux, le premier, &c.

Et pour accommoder les affaires defdits François & Claude Dubois fre-res, & faire profiter lefdites Marchandifes, ils fe font, par ces mêmes préfentes, de l'avis de leurfdits pere & mere, affociés & affocient enfem-ble, pour le Négoce & Trafic de ladite Marchandife, qu'ils exerceront en ladite Maifon & lieux, à perte & à gain, pour le tems defdites fix an-nées, commençant, &c. & finiffant à pareils jours que deffus ; pour com-pofer le fonds de laquelle Societé, ils ont dès-à-préfent, mis toutes les Marchandifes contenues audit inventaire, montant à la fomme de vingt mille livres ; & fe partagera le profit par moitié ; comme auffi fupporte-ront également la perte, s'il en arrive ; auquel fonds & Societé n'entreront, mais leur demeureront chacun en particulier, les meubles qu'ils ont en leurs Chambres refpectivement, dont fera fait inventaire d'eux figné, pour être le montant d'icelui repris avec leurs habits, & autresmeubles à leur ufage, de leurs femmes & enfans, outre leur fonds ci-deffus déclaré ; & fi lefdits Affociés, ou l'un d'eux apporte & met en maffe de ladite So-cieté quelques autres fommes de deniers, en fera tiré le profit à raifon de   pour cent, au profit de celui qui aura mis lefdits deniers, bien entendu qu'il n'entrera en ladite Societé les heri-tages, rentes, revenus, & autres biens & droits que lefdits Affociés au-ront ci-après en mariage, par fucceffion ou autrement, qui leur pourroient, ou à leurs femmes, écheoir, dont ils jouiront chacun féparément. Seront les loyers de ladite Maifon, enfemble la dépenfe de bouche, tant defdits Affociés que de leurs femmes, enfans, Nourrices, Serviteurs & Domef-tiques, pris fur leurs profits, s'ils fuffifent ; finon ce qui s'en défaudra fera repris fur ledit fonds ; & pour ce qui leur conviendra débourfer pour leurs affaires particulieres, foit pour habits, achats de meubles, frais & dépen-fes de maladies & autres affaires & charges, n'étant de leur communauté, chacun d'eux fera tenu de les fupporter, fans que ladite Societé en foit tenue ; promettant les Parties garder & faire garder par leurs femmes toute foi & fidelité en ladite Societé ; & enfin de chaque année, fera fait inven-taire de tout ce qui leur appartiendra en commun dans ladite Societé, pour connoître l'état d'icelle, partager refpectivement le gain & fupporter la perte, afin de les rendre égaux. Ne pourront lefdits Affociés, pendant le tems de ladite Societé, faire aucun Trafic à part, pour fon compte parti-culier, ni fe féparer de ladite Societé, fans le confentement exprès & par écrit l'un de l'autre, à peine de deux mille livres contre le Contrevenant, lefquelles feront préalablement prélevées fur fa part & portion dudit fonds. Les dettes créées pour le fait de ladite Marchandife pendant la Societé, feront payées & acquittées fur le profit d'icelle, & s'il ne fuffit, fur le fonds, encore que les Billets, Lettres de change & leurs cédules ne foient faites que par l'un d'eux, dont ils feront tenus de faire mention fur leur li-vre d'achats, lequel livre en fin de chaque page ou achat lefdits Affociés figneront, afin qu'il ne s'y commette aucune fraude. Conviennent que fi en fin de la diffolution de ladite Societé, furvient quelque différend, à caufe d'icelle, feront tenus lefdits Affociés de s'en rapporter à quatre Marchands, aufquels ils fe foumettront, & qui pourront prendre un cinquiéme, tel qu'ils aviferont, pour terminer enfemble leur conteftation, lequel Jugement ils feront tenus d'entretenir, & y fatisfaire, à peine de quatre cens livres payables par le Contrevenant à l'Acquiefçant, avant que de pouvoir être reçu Appelant. Car ainfi, &c.

On peut s'affocier pour achat de droits fucceffifs, recouvremens, entreprifes, travaux, bâtimens, &c. ainfi qu'on peut voir par les formules fuivantes.

Societé de Droits fucceffifs.

FURENT préfens Pierre le Jeu⬤   d'une part, & Gilbert Aubry d'autre; lefquels fe font volontairement affociés & affocient également & par moitié en l'acquifition qu'ils ont faite de Louis l'Aumônier, des droits fucceffifs, mobiliers & immobiliers de la fucceffion de feu Jacques Sauvage, pour ce qui en appartenoit à Thomas Sauvage & Marie Dumont fa femme, comme heritiere quant aux meubles & acquêts dudit Jacques Sauvage leur fils, par acte de rétroceffion du   pour participer & partager auffi chacun par moitié, les fommes de deniers, droits, rentes & heritages qui en font provenus & proviendront à mefure qu'ils le recevront, dont le recouvrement fe fera à frais communs, conjointement par eux ou féparément, ainfi qu'ils aviferont & que le cas le requerera, avec pouvoir de donner & fournir toutes quittances & décharges néceffaires, faire faire & exercer toutes pourfuites, contraintes & diligences requifes; à cet effet, & pour connoître la valeur des effets de ladite fucceffion, les Parties en feront faire un état exact fur l'inventaire fait après le décès dudit Sauvage, & tirer les pieces y inventoriées, même ledit le Jeune rendra compte de tout ce qu'il a touché & reçu depuis l'acquifition qu'il en avoit faite le   jufqu'à préfent; comme auffi du payement des fommes de deniers qu'il a payées pour ladite acquifition, dettes & charges acquittées, dont ils en garderont chacun un double pardevers eux, & contribueront pareillement par moitié au payement, tant de la fomme de   à quoi ils font obligés envers ledit fieur l'Aumônier par ledit acte du   que des autres fommes de deniers qu'il conviendra payer & débourfer pour raifon de ladite fucceffion, & s'acquitteront l'un l'autre de la moitié du total; fe rendront compte & raifon réciproquement & à l'amiable, de trois mois en trois mois, de ce que chacun aura reçû & débourfé en cette affaire, fur les livres & regiftres qu'ils feront obligés d'avoir chacun de fon côté, & celui qui devra à l'autre payera actuellement ce dont il fe trouvera redevable; & enfin, agiront de bonne foi en tout ce qui dépendra & regardera ladite fucceffion, fans fraude ni déguifement. Car ainfi, &c.

Societé de Marchandises.

FURENT préfentes Anne l'Hermite, Marchande de   à Paris,
&c. & Jeanne de la Barre, fille majeure, &c. lefquelles fe font volontairement affociées & affocient par ces préfentes, pour quatre ans, commençans le   au profit ou perte qu'il plaira à Dieu leur envoyer
dans le Commerce du Linge, Dentelles, & autres qu'elles défireront faire fous
le nom de ladite l'Hermite, & à cet effet, ont chacune mis dans le fonds de ladite Societé la fomme de cinq cens livres, faifant enfemble mille livres; outre
pareille fomme de mille livres que ladite de la Barre y a encore fournie en
Marchandifes; pour; fur le produit de ladite Societé, être les loyers de Boutique, Chambre, nourritures, autres frais pris & dépenfés à mefure qu'il en
fera befoin, & le furplus, s'il y en a, partagé également par moitié, la perte,
s'il s'en trouve, fupportée à proportion; & feront auffi les Parties réciproquement obligées en cas de maladie de fe faire traiter, panfer & médica-
menter fur fa part dans ladite Societé, fans que l'autre foit aucunement tenue
d'y contribuer. Sera le livre convenable à ladite Societé, tenu & écrit par
ladite l'Hermite; compteront & examineront l'état de ladite Societé tous
les ans à pareil jour, de laquelle Societé les Parties ne pourront fe défifter
pour quelque caufe que ce foit; & lorfque ladite Societé finira, ladite de
la Barre reprendra fur le total, ladite fomme de mille livres, pour la valeur de ce qu'elle y fournit, fans que ladite l'Hermite puiffe prendre plus
grand profit, & le refte partagé également & par moitié. Car ainfi, &c.

Societé d'Ouvrages de Menuiferie.

FURENT préfens Remond Bourgeois, Maître Menuifier à Paris,
d'une part; Hubert Banoit, Menuifier, demeurant, &c. d'autre part;
lefquels reconnoiffent s'être affociés du jour de Saint Remy, pendant trois
ans finis & accomplis, pour les ouvrages de Menuiferie qu'ils prétendent faire enfemble pendant ledit tems, dans la Maifon qu'ils ont pris à
loyer de   par Bail fait cejourd'hui fous le nom
dudit Bourgeois, pardevant, &c. pour participer chacun par moitié au
gain & à la perte qu'ils feront dans lefd. Ouvrages, à l'effet de quoi, ils fourniront chacun par moitié les Marchandifes de Bois, enfemble les outils &
uftenciles qui leur feront néceffaires pour travailler aufdits Ouvrages;
comme auffi, payeront par moitié les loyers de lad. Maifon, & feront les deniers qu'ils recevront de leur travail, touchés par l'un & par l'autre, dont ils
fe rendront compte fidelement de huit en huit jours, & lors dudit compte, ils
partageront enfemble le gain qu'ils auront fait, fi aucun y a; comme
auffi, fupporteront également la perte, fi aucune fe trouve, en dédui-
fant toujours, avant de faire ledit partage, les frais & avances qui fe
trouveront avoir été faits par l'une des Parties; & afin qu'ils puiffent
compter avec plus de facilité & par ordre, ils auront un regiftre entr'eux,
fur lequel ils feront mention jour par jour, des Ouvrages qu'ils auront en-
trepris, tant par l'un que par l'autre; enfemble, des Bois, Marchandifes &

autres

autres chofes qu'ils auront achetés, & des deniers qu'ils auront payés & débourfés de part & d'autre ; & de l'autre côté dudit livre, ils écriront ce qu'ils auront auffi reçu ; & d'autant que ledit Bourgeois eft Maître dudit Métier de Menuifier, & que ledit Banoit ne l'eft pas, ledit Bourgeois a déclaré qu'il ne prétend aucune chofe contre lui pour ladite Maîtrife, en confideration de ce que ledit Banoit fera de fon côté pour lefdits ouvrages. Car ainfi, &c.

Societé de Sous - Fermes.

NOUS fouffignés   reconnoiffons nous être affociés, comme par ces préfentes nous nous affocions pour l'exécution du Bail qui doit nous être fait par M. Antoine, &c. Adjudicataire général des Fermes de France, en conféquence de l'adjudication qui nous en a été faite le, &c. fous le nom de Jacques Bourgeois, &c. par Meffieurs les Commiffaires du Confeil nommés par Arrêt du, &c. de la Sous-Ferme des Domaines, Contrôle des Exploits & Droits Domaniaux des Généralités de, &c. Droits de Contrôle des Actes de Notaires & fous fignatures privées, Petit-Sceau, Infinuations Laïques & Centiéme Denier, des Droits & Emolumens des Greffes, Amortiffemens, Francs-Fiefs, Ufages & Nouveaux Acquêts dans l'étenduë defdites Généralités pour fix années, à compter du, &c. & les Droits du Timbre fur les Papiers & Parchemins des Généralités de   pour pareil nombre d'années, à compter du, &c. moyennant la fomme de, &c. par an ; duquel Bail ledit Bourgeois fera déclaration à notre profit, & dont nous nous rendrons Cautions envers le Roi & ledit Antoine, &c. ladite Societé pour participer au profit ou fupporter la perte qui pourra s'y trouver à proportion de nos interêts dans ladite Societé, & aux conditions ci-après portées.

PREMIÈREMENT.

Nous ferons folidairement obligés à l'exécution des charges, claufes & conditions portées par le Bail & Cautionnement d'icelui, encore qu'aucun de nous n'eût figné ledit Cautionnement ; de forte que fi faute de payement du prix dudit Bail, il y avoit quelqu'un de nous contraint dans fa perfonne & dans fes biens, il pourra par voye de folidité exercer les mêmes contraintes contre fes Affociés.

II.

Il fera fait dans le premier Décembre prochain un fonds de la fomme de, &c. tant pour le premier quartier d'avance que pour les dépenfes qu'il conviendra faire, auquel fonds chacun contribuera à proportion de fon interêt, entre les mains du Caiffier qui fera nommé du confentement unanime de la Compagnie, lequel fera tenu de donner bonne & fuffifante Caution ; & feront les récepiffés qu'il délivrera defdits fonds d'avance. ainfi que ceux qu'il expediera pour les remifes qui lui feront faites par les Commis qui seront préposés à la régie & recette sur les lieux ; contrôlés par celui de nous qui sera nommé pour tenir les registres du Contrôle de la Caisse, à peine de nullité ; il en sera usé de même pour les Lettres de Change & rescriptions qu'il pourra tirer, qui seront pareillement contrôlées ; à peine de nullité.

I I I.

Si par la suite, il est nécessaire de faire d'autres fonds & avances, chacun de nous y contribuera proportionnellement à son interêt, sans pouvoir s'en dispenser sous quelque prétexte que ce soit ; & si la Compagnie étoit obligée de faire quelque emprunt, les fonds de chacun de nous précédamment faits y demeureront affectés & hypotequés ; & tous les Interessés en la presente Société seront solidairement obligés au payement des Billets, encore bien qu'aucuns ne les eussent signés.

I V.

Les interêts de nos avances nous seront payés de trois mois en trois mois, à raison de dix pour cent, suivant les états de répartitions qui seront arrêtés par la Compagnie, à commencer du premier Décembre prochain.

V.

Tous les fonds qui seront par nous faits, seront & demeureront spécialement affectés & hypotequés au payement du prix du Bail, par préférence à tous créanciers, même à ceux qui pourroient avoir prêté leurs deniers, nonobstant toutes déclarations inserées dans le récepissé de fonds, pourquoi il sera mis autant du present article en tête desdits récépissés.

V I.

Tous les deniers qui proviendront de ladite Ferme seront reçus par le Caissier & par lui enregistrés, ainsi que la dépense jour par jour, de suite & sans aucun blanc sur un registre cotté & paraphé conformément à l'Edit du mois de Juin mil sept cent six, lequel registre il sera tenu de representer & compter à la Compagnie toutes fois & quantes qu'il en sera requis, à peine de révocation, & d'y être contraint comme pour les propres deniers & affaires de Sa Majesté.

V I I.

Aucun de nous ne pourra recevoir aucuns deniers provenans de ladite Ferme, sous quelque prétexte que ce soit, sans en avoir un pouvoir spécial de la Compagnie, à peine de restitution du double, & de radiation sur les comptes des Commis qui auroient payé ; laquelle clause sera in-

ferée dans les foumiffions de tous les Commis, tant généraux que particuliers de ladite Ferme, pour s'y conformer.

VIII.

Aucun de nous ne pourra prendre interêt directement ou indirectement, dans les arrieres-Fermes qui pourront être faites, à peine de perdre ses fonds, sans que cette peine puisse être réputée comminatoire,
mais bien de rigueur.

IX.

Il ne pourra être expedié aucunes quittances dudit Bourgeois aux Redevables des Droits d'Amortiffemens, Francs-Fiefs & Usages, qu'elles ne
soient imprimées ; & il n'en fera imprimé aucune, qu'en conféquence de
délibération expreffe de la Compagnie, par laquelle l'Imprimeur qui fera
choisi fera nommé avec la précaution, qu'au bas ou au dos de chacune desdites quittances, il y fera imprimé le nom & la demeure dudit Imprimeur
en lettres italiques, & la datte de ladite délibération, dont lui fera donné, à cet effet, copie, au pied de laquelle il donnera sa quittance de la
somme qu'il aura reçuë pour le nombre des quittances qu'il aura imprimées, dont il fera mention ; desquels imprimés de quittances, celui de nous
qui fera nommé se chargera sur le regiftre de délibérations, après qu'elles
auront été signées dudit Bourgeois, & fera nommé par autre déliberation, celui de la main de qui lesdites quittances feront remplies, dont alors
il fera dreffé fideles inventaires, fuivant lefquels lefdites quittances feront
fournies aux Directeurs des Provinces pour les délivrer aux Particuliers
au nom de qui elles feront expediées, defquelles quittances lefdits Directeurs se chargeront au pied defdits inventaires, avec promeffe d'en compter toutefois & quantes, le tout à peine de nullité des quittances, qui
feront expediées fans l'obfervation de toutes les formalités ci-deffus.

X.

Nul de nous ne pourra se tranfporter dans les Provinces pour y donner
fes ordres, s'il n'eft jugé néceffaire, & nommé par délibération de la Compagnie, qui reglera les frais de voyage.

XI.

Aucun de nous ne pourra ceder ni tranfporter son interêt en tout ou
partie pour paroître dans la préfente Societé, fans un confentement unanime & par écrit de toute la Compagnie, à laquelle les Ceffionnaires
ne pourront s'addreffer ni demander aucun compte, mais à leurs Cedans
feulement.

X I I.

L'expedition du Bail, la procuration générale dudit Bourgeois, &c. le nom du Procureur en blanc, qui ne pourra être rempli qu'en vertu d'une déliberation des Aſſociés, ſignée du plus grand nombre, les Cautionnemens & autres papiers de conſéquence ſeront mis dans une armoire commune de la Compagnie, fermante à deux clefs, qui ſeront remiſes à deux de nous, qui ſeront nommés par déliberation; leſquels s'en chargeront ſur le regiſtre.

X I I I.

Tous les Commis néceſſaires pour la régie & exploitation de ladite Ferme ſeront agréés par déliberation de ladite Compagnie, après avoir été examinés, & ſeront tenus de donner bonne & ſuffiſante Caution pardevant Notaires agréables à la Compagnie, duquel Cautionnement il y aura minute, & indépendamment duquel le Nominateur demeurera d'abondant Caution du Commis qu'il aura nommé, ſans qu'il ſoit beſoin pour cela, d'autre acte que la nomination qui en ſera faite ſur le regiſtre des déliberations, & ſignée de lui; les appointemens deſquels Commis ſeront reglés par déliberation.

X I V.

Nous nous aſſemblerons tous les jours de la ſemaine aux lieux & heures reglées par déliberation; & pour les peines, ſoins & travaux que chacun de nous ſera tenu de prendre pour raiſon de ladite Ferme, il ſera diſtribué la ſomme de quatre livres par chacune aſſemblée à chaque Intereſſé, à compter du, &c.

X V.

Arrivant le décès d'aucun de nous pendant le cours de la preſente Societé, les veuves, enfans, heritiers, ou ayans cauſes ſeront tenus de la continuer, ſans qu'ils y puiſſent paroître ni avoir voix déliberative aux aſſemblées; & ſeront tenus de s'en rapporter à tout ce qui ſera fait par les ſurvivans, tant pour le paſſé que pour l'avenir; enſemble, aux comptes qui auront été ou ſeront par eux arrêtés, ſans le pouvoir conteſter ni débattre, en quelque ſorte ni maniere que ce ſoit; mais pourront ſeulement nommer un des Aſſociés ſurvivans à leur choix, & non autre, pour avoir ſoin de leur interêt dans la preſente Societé, & ſera diſtribué à chaque veuve, en conſideration du défunt, la ſomme de ſix cens livres par an, laquelle, en cas qu'il y ait des enfans, ſera partagée entr'elle & leſdits enfans, leſquels auront la totalité deſdites ſix cens livres, s'il n'y a point de veuve; la ſuſdite gratification ne s'étendant point ſur les collateraux, ni ayans cauſes, qui en ſeront formellement exclus.

X V I.

S'il arrive quelque conteſtation entre nous pour raiſon de la preſente Societé, circonſtances & dépendances, nous nous en rapporterons à deux perſonnes ayant interêt dans les Fermes du Roi, réſidans à Paris, & non autres, leſquels, en cas de contrarieté d'avis, pourront choiſir un tiers Sur-Arbitre auſſi intereſſé dans les Fermes du Roi, au jugement deſquels nous ſerons tenus d'acquieſcer comme à Arrêt de Cour Souveraine, ſans pouvoir ſe pourvoir contre, à peine de quatre mille livres payables moitié à l'Hôpital Général de Paris, & l'autre moitié aux Acquieſçans, avant de pouvoir être reçus à ſe pourvoir; & ne ſera la preſente clauſe réputée comminatoire, mais de rigueur, attendu que ſans icelle, la preſente Societé n'auroit pas été faite.

X V I I.

La Compagnie ſuppléera par déliberations aux choſes auſquelles il n'a point été pourvû par ces préſentes.

X V I I I.

Et afin qu'il plaiſe à Dieu benir la preſente Societé, il ſera aumôné tous les ans dans le tems de la Semaine Sainte, la ſomme de quatre cens quarante livres, ſuivant l'état de répartition qui en ſera arrêté à proportion de nos interêts, pour être diſtribuée par chacun de nous ſuivant ſa charité.

Et pour l'exécution des préſentes, circonſtances & dépendances, nous avons élû nos domiciles en nos demeures ci-devant déclarées, où nous conſentons que tous exploits & actes de Juſtice nous ſoient valablement faits comme à nos perſonnes & à nos domiciles. Fait, &c. Signé, &c.

Acte de Reconnoiſſance de la Societé ci-deſſus.

AUJOURD'HUI ſont comparus pardevant les Conſeillers du Roi, Notaires au Châtelet de Paris, &c.

Leſquels reconnoiſſent être convenus, & demeurés d'accord entr'eux de la Societé des autres parts, contenant, &c. rôle qu'ils ont fait écrire, & enſuite ſigné de leurs ſignatures ordinaires, laquelle ils déclarent contenir vérité, & comme telle, promettent & s'obligent chacun à ſon égard, l'entretenir & accomplir en tout ſon contenu, aux charges, clauſes & conditions y portées, réiterans leſdits ſieurs, reconnoiſſans les élections de domicile par eux faites par ladite Societé, auſquels lieux, nonobſtant, promettant, obligeant, renonçant. Fait & paſſé à Paris, en la demeure du ſieur, &c.

Nota. *Suivant l'article* 78 *du Tarif du Contrôle du* 29 *Septem-*

bre 1722, les Notaires ne peuvent plus paſſer d'actes de reconnoiſſances, de ſous-ſeings privés, qu'ils ne ſoient au préalable
contrôlés, dont mention doit être faite dans l'acte; c'eſt pourquoi
il vaut mieux à Paris, paſſer tout d'un coup la Societé, ou autres
conventions, pardevant Notaires, pour éviter le droit de Contrôle,
dont leurs actes ſont exempts.

Renouvellement de Societé entre Marchands.

FURENT préſens Louis   & Alexandre
Marchands, Bourgeois de Paris, Aſſociés, demeurans même Maiſon,
rue   Paroiſſe
Leſquels ont par ces préſentes renouvellé pour le tems & eſpace de,
&c.   la Societé qui a été ci-devant établie entr'eux
par acte du, &c. pour faire le Négoce & Commerce d'Etoffes de Soyes
dans toute leur étendue, pour raiſon duquel renouvellement de Societé,
leſdits, &c. ſont convenus & demeurés d'accord entr'eux, des clauſes &
ſtipulations ci-après énoncées.

PREMIEREMENT.

La Societé ſera gerée & exercée ainſi qu'elle l'a été juſqu'ici, ſous le nom
& raiſon de, &c. les gains & profits en ſeront partagés entr'eux également &
par moitié, & les pertes, ſi malheureuſement il s'en trouve, ſeront pareillement ſouffertes par eux également, & par moitié.

I I.

Le fond de la Societé a été juſqu'ici & continuera d'être de la ſomme, &c.
prix des Marchandiſes qui compoſoient le fond du Commerce de, &c. cedé
auſdits ſieurs, &c. au payement duquel prix, leſdits ſieurs, &c. doivent
fournir chacun la ſomme de, &c. mais ledit ſieur Louis n'ayant fourni juſqu'ici que celle de, &c. & s'oblige de mettre & porter dans la Caiſſe de la
Societé les, &c. reſtantes, & ledit Alexandre n'en ayant pour ſa part fourni
que, &c. il promet & s'oblige pareillement de porter dans la Caiſſe la ſomme
de, &c. reſtant de ſa portion.

I I I.

Il paroît par l'article ci-deſſus que le ſieur Alexandre a mis dans la
Societé la ſomme de, &c. plus que le ſieur Louis, pourquoi a été convenu qu'à compter dudit jour de   & juſqu'à ce que
ledit ſieur Louis ait égalé la miſe dudit, &c. ledit ſieur Alexandre prélevera ſur le profit de ladite Societé, les interêts de ſon excedent, à raiſon de cinq pour cent par année, dont ledit ſieur Alexandre ſera payé de
quartier en quartier également, ce qui aura lieu pareillement pour les,

&c. qui reſtent à fournir par ledit ſieur, &c. lorſqu'il en aura fait le payement à la Caiſſe de la Societé ; étant auſſi convenu & arrêté, que ſi par la ſuite l'un des ſieurs Aſſociés apporte, du conſentement de l'autre, à la Caiſſe de ladite Societé, des fonds excedans ceux qu'il étoit tenu d'y apporter, les interêts lui en ſeront pareillement payés à raiſon de cinq pour cent par an, de quartier en quartier, ſur le profit de ladite Societé, lors de la diſſolution de laquelle celui deſdits ſieurs Aſſociés, dont les fonds ſe trouveront exceder ceux de l'autre, prélevera ledit excedent, & les interêts qui ſe trouveront lui en être dûs ſur le fond de ladite Societé, avant qu'il puiſſe en être fait aucun partage, pour raiſon de laquelle diſtraction, il ſera préferé à tous droits & actions que la Demoiſelle épouſe de l'autre deſdits ſieurs Aſſociés pourroit prétendre exercer à quelque titre que ce puiſſe être, ce qui a été conſenti en tant que beſoin ſeroit par Demoiſelle   épouſe de, &c. & par Demoiſelle   épouſe dudit, &c. à ce préſentes, autoriſées à cet effet deſdits ſieurs leurs maris.

I V.

Les loyers de Maiſon, Boutique, Magaſin, réparations locatives, Capitation, Droits de Viſites, Gages & Appointemens des Garçons de Boutique & Magaſin, & généralement tous les frais qu'il faudra faire pour l'exercice & geſtion de la Societé, ſeront payés en communauté, & pris dans la Caiſſe de ladite Societé. A l'égard des frais du ménage, leſdits ſieurs Aſſociés étant convenus de tenir ſéparément leurs ménages, & chacun en ſon particulier, pour fournir aux frais néceſſaires à ce ſujet, chacun d'eux pourra prendre dans la Caiſſe de la Societé la ſomme de, &c. par chacun an. Au reſte, les dépenſes communes de la Societé, ainſi que les frais communs de ménage, fixés de part & d'autre à la ſomme de, &c. paſſeront au compte de ladite Societé, qui ſera arrêtée tous les ans au jour, &c. mais ſi par quelque beſoin extraordinaire, maladie ou accident imprévû, l'un deſdits Aſſociés étoit obligé de tirer de ladite Caiſſe au-de-là de ladite ſomme, il le pourra faire, à la charge de rétablir ladite ſomme excedante le plutôt que faire ſe pourra, & cependant d'en payer les interêts à la Societé à raiſon de cinq pour cent par chacun an, pour raiſon de quoi ſera ouvert dès-lors avec lui, un compte particulier.

V.

Aucun deſdits ſieurs Aſſociés ne pourra faire aucun commerce ſéparément, ni pour ſon profit particulier, ni par conſéquent créer ou contracter aucune dette paſſive ni active pour fait de commerce, ſinon pour le profit de la Societé ; auquel cas, elles ſeront couchées & écrites ſur les livres-journaux de ladite Societé.

V I.

La Caiſſe de la Societé ſera tenue par chacun deſdits ſieurs Aſſociés alternativement pendant trois mois confécutifs, &c. & à mefure que chacun d'eux quittera la Caiffe pour la remettre à fon Affocié, il fera tenu de lui en rendre compte, & pour le faire avec plus de facilité & régularité, a été convenu & ftatué, que tout ce qui fera vendu journellement, foit comptant ou à crédit (ce qui ne pourra être fait que du confentement mutuel defdits Affociés) fera écrit jour par jour fur un livre brouillon, foit par lefdits fieurs Affociés ou par les Dames leurs époufes, ou leurs Garçons; fur lequel livre lefdits Affociés compteront tous les foirs conjointement le produit de la vente journaliere, auffibien que de la recette des crédits qui auront été faits du confentement mutuel defdits Affociés, ainfi qu'il eft dit ci-deffus.

V I I.

Lefdits Affociés feront tous les ans dans le mois de un inventaire exact des effets actifs & des dettes paffives de la Societé, lequel inventaire fera arrêté & figné double, étant convenu qu'au bas de l'inventaire qu'ils feront en l'année, &c. ils feront tenus de déclarer s'ils entendent continuer ou rompre ladite Societé; fi leur deffein eft de la continuer, il en fera paffé acte enfuite des préfentes, & au contraire, en cas de rupture a été ftatué & convenu, que lefdits fieurs Affociés tireront au fort en préfence de Notaires, pour regler à qui d'eux reftera la Maifon en laquelle ils font actuellement, enforte que celui en faveur de qui le fort en aura décidé en jouira feul & divis, du moment de la diffolution & expiration de ladite Societé, à la charge par lui de payer à fon Affocié exclus la fomme de, &c. à laquelle ils font convenus par forme de dédommagement, & ce au jour de l'expiration de la Societé fans aucun délai, ce que lefdits Affociés s'obligent refpectivement chacun en droit foi d'exécuter, fi le fort leur donne la jouiffance de ladite Maifon, & pour conftater la décifion du fort, les Notaires leur en donneront acte.

V I I I.

Mais fi lefdits fieurs Affociés demeurent d'accord de continuer ladite Societé, l'un d'eux ne pourra après l'expiration du Bail actuel de ladite Maifon, ni par avance louer ladite Maifon fous fon nom feul, ni fous celui de quelque perfonne que ce puiffe être, directement ou indirectement, pour quelque caufe & raifon que foit, à peine de, &c. d'amende payable à celui fans la participation de qui le nouveau Bail auroit été pris, ou à fa veuve; & la même peine aura lieu contre celui qui conformément au précedent article ayant été exclus par le fort de ladite Maifon, en feroit enfuite paffer le Bail fous fon nom, ou fous un nom fuppofé directement ou indirectement; mais fi l'un defdits Affociés vouloit à l'expiration de ladite Societé, quitter le commerce, & en avoit figné la déclaration, l'autre en ce cas pourra prendre feul le Bail de ladite Maifon, fans encourir ladite peine.

I X.

IX.

En cas de rupture de ladite Societé, les sieurs Associés feront faire à l'a-miable, lors de l'expiration d'icelle, inventaire & prisée de leurs Marchandi-ses par deux Marchands de leur Corps & Commerce, dont ils conviendront entr'eux pour Arbitres, lesquels en cas de diversité d'avis, auront le pou-voir de choisir eux-mêmes un tiers & Sur-Arbitre de leur Corps & Com-merce; promettant lesdits sieurs Associés réciproquement de s'en rapporter à la prisée & estimation qu'ils en feront entr'eux, lequel comprendra non-seulement lesdites Marchandises, mais encore tous les effets actifs & pas-sifs de ladite Societé; & au surplus convenu, que depuis le moment où les sieurs Associés seront demeurés d'accord de ne point continuer la So-cieté jusqu'à celui de son expiration, tout l'argent comptant que produira tant la rentrée des dettes actives que la vente journaliere au comptant, sera employé à payer les dettes passives de la Societé, compris dans les-dites dettes passives ce qui pourra être dû à l'un des Associés, tant en principal qu'interêt, pour raison de ce qu'il pourroit avoir apporté de fonds dans ladite Societé au-de-là de ce qui auroit été mis par l'autre; après lesquelles dettes passives acquittées, seront faits deux lots égaux, tant en qua-lité que quantité, de tout ce qui restera dans la masse de la Societé, soit en fond de Marchandise, ou de dettes actives, meubles ou autres ef-fets de quelque nature qu'ils puissent être, lesquels lots seront tirés au sort entre lesdits Associés; cependant, s'ils en conviennent réciproque-ment, celui qui sera exclus par le sort de la Maison qu'ils occupent, ou qui voudra bien l'abandonner volontairement, pourra ceder à celui qui restera dans ladite Maison, son lot de Marchandises pour le prix au-quel il se trouvera monter suivant l'estimation reglée ci-dessus, auquel cas celui qui restera dans ladite Maison, voulant bien prendre led. lot, aura trois années de terme pour le payement dudit prix, à la charge par lui d'en payer l'interêt jusqu'au parfait payement, à raison de cinq pour cent par chacun an, & de faire obliger sa femme solidairement avec lui par un acte en bonne forme, & passé devant Notaires, au payement dud. prix & des in-terêts, de la maniere ci-devant dite.

X.

Arrivant le décès de l'un desdits sieurs Associés pendant le cours de la-dite Societé, s'il laisse une veuve, ladite Societé sera continuée avec elle, à moins qu'elle ne juge à propos de la dissoudre, ce qu'elle sera tenue de déclarer par acte ensuite de ces présentes dans le cours de trois mois du jour du décès de son mari; si au contraire, il ne laisse point de veuve; mais seulement des enfans ou autres heritiers, la Societé ne sera point con-tinuée avec eux, & sera réputée finie au jour de son décès, auquel cas de rupture & discontinuation de ladite Societé, soit avec ladite veuve, au moyen de sa déclaration, ou avec les enfans ou autres heritiers, sera pro-cédé à la prisée & estimation des Marchandises de ladite Societé, en la maniere portée par l'article 9, & à l'inventaire general de tous les effets de la Societé, dans lequel néanmoins ne feront point compris les profits qui pourront avoir été faits depuis le précedent inventaire, qui aura été arrêté entre lefdits fieurs Affociés conformément à l'article 7, lefquels profits appartiendront en ce cas, au furvivant defdits Affociés, lequel fera tenu de fe charger de la totalité des Marchandifes & autres effets actifs & paffifs de la Societé, à condition que lefdites Marchandifes ne lui feront point comptées fur le pied de leur eftimation actuelle; mais à la déduction de, &c.   par cent, dont lui fera fait remife fur ladite eftimation, & que pour le payement de ce qui reviendra à ladite veuve, enfans ou heritiers pour leur part dans la Societé, toutes dettes paffives acquittées & prélevées, il aura trois ans de terme pour y fatisfaire par fixiéme de fix mois en fix mois, à la charge d'en payer les interêts à la raifon de cinq pour cent par année, & de faire obliger fa femme folidairement avec lui par acte en bonne forme, & paffé devant Notaires, au payement du capital & des interêts, le tout conformément à l'article 9.

X I.

S'il arrivoit quelques conteftations ou difficultés entre lefdits fieurs Affociés pour raifon de leur Societé, ils n'entreront point en Procès, mais pour les terminer à l'amiable, ils nommeront chacun un Marchand pour Arbitre, avec faculté aux deux de prendre un tiers & Sur-Arbirre à leur choix; s'obligeant lefdits fieurs de fe rapporter & fe foumettre à leur décifion, comme fi c'étoit Arrêt de Cour Souveraine; à peine contre les Contrevenans de la fomme de, &c..   qu'il fera tenu payer avant d'être reçu à fe pourvoir contre ladite décifion, ladite fomme applicable, moitié à l'Hôtel-Dieu de Paris, l'autre moité au profit de l'Acquiefçant.

X I I.

Et afin que le Seigneur veuille benir les foins & travaux defdits fieurs Affociés, & les faire fructifier, il fera par eux avifé tous les ans lors de la clôture de chaque inventaire, quelle fomme de deniers ils employeront dans ladite année, en charité & œuvres pieufes. Car ainfi, &c.

Réfolution d'une Societé.

FURENT préfens   demeurant   d'une part, &   d'autre part, lefquels fe font par ces préfentes réciproquement défiftés de la Societé de   qu'ils avoient contractée enfemble par acte paffé devant   Notaires à Paris, le   confentent que ladite Societé demeure nulle & réfoluë du dit jour de   fans dommages ni interêts de part ni d'autre; reconnoiffans s'être fait raifon de tout ce qu'ils pourroient fe devoir l'un à l'autre, & fe quittent & déchargent de toutes chofes géneralement quelconques à ce fujet. Fait & paffé, &c.

Autre Désistement de Société.

FURENT présens sieur Jean d'une part, & Nicolas d'autre part, Marchands Bourgeois de Paris en Société, demeurans ensemble rue lesquels ont reconnu s'être respectivement désistés par ces présentes, de l'effet & exécution de la Société contractée entr'eux par acte du
(*Il ne faut pas dire*, fait sous signature privée, *parce qu'un Notaire ne peut pas dire sous signature privée sans datter le controle*,) pour le tems qui en reste à expirer, à commencer de cejourd'hui, laquelle au moyen de ce, sera & demeurera nulle comme non-avenue ; reconnoissans lesdits sieurs Jean & Nicolas, s'être fait raison l'un l'autre de tous les profits de ladite Société, & de toutes choses quelconques par rapport à icelle, tant en profits que perte, même ledit sieur Nicolas, de l'interêt qu'il avoit en icelle, par rapport à sa mise, dont ils se quittent respectivement ; consentant ledit sieur Nicolas, que toutes les Marchandises & effets de ladite Société qui se trouvent actuellement dans la Maison & Magasin où ils demeurent, soient & appartiennent audit sieur Jean, duquel il reconnoît avoir reçu bon payement & satisfaction, & au moyen de ce que dessus, icelui sieur Jean promet & s'oblige de payer toutes les dettes de ladite Société à la décharge dudit sieur Nicolas, & l'en acquitter, garantir & indemniser envers & contre tous, à peine, &c. pour desdites Marchandises & autres effets de ladite Société, faire & disposer par ledit sieur Jean, comme de chose à lui appartenante, ainsi que des ustenciles & meubles de la Boutique que ledit sieur Nicolas déclare avoir toujours appartenu audit sieur Jean, qui promet en outre l'acquitter & décharger du Bail de ladite Maison qu'ils ont signé conjointement, ensorte que ledit sieur Nicolas ne soit aucunement tenu des loyers d'icelle, qui écheront de cedit jour, que ledit sieur Jean promet payer à sa décharge, & satisfaire à toutes les charges, clauses & conditions dudit Bail. Car ainsi, &c. promettant, &c. obligeant chacun en droit soi, renonçant, &c. Fait & passé, &c.

CHAPITRE XI.

De la Procuration.

LA Procuration est un Contrat par lequel on donne charge à quelqu'un de faire quelque chose, lequel de son côté, se charge gratuitement d'exécuter le mandat. Ce Contrat étant gratuit, n'admet point de convention pour la récompense des peines du Mandataire ; autrement, si la Procuration ne se faisoit qu'à la charge d'une récompense ou d'un salaire, cette convention seroit un traité, un louage, ou une autre espece de Contrat.

Ainfi, les Procurations qui fe donnent aux Procureurs, pour occuper dans les Jurifdictions, ne font pas proprement des Procurations, mais des traités & conventions, puifqu'elles ne fe font qu'à la charge des falaires qui font fixés & arrêtés felon les affaires dont ils font chargés, & le tarif.

Si celui qui a donné procuration fait de fon propre mouvement quelque reconnoiffance au Mandataire, cela n'empêche pas la nature de ce Contrat, parce que dans ce cas, cette récompenfe ne fe fait point en vertu d'une convention ou claufe, fans laquelle le Contrat n'auroit point été fait; il eft néanmoins certain que fi le Conftituant avoit promis de fon gré & fans convention quelque récompenfe au Mandataire, il pourroit fort bien être pour raifon de ce, pourfuivi en Juftice, & devroit être contraint d'accomplir fa promeffe.

La Procuration qu'un homme paffe à un autre, pour faire quelque chofe pour lui, eft un véritable Contrat, appellé par le Droit Romain, *Mandat*, qui oblige refpectivement: Sçavoir, le Procureur à tenir compte & à rendre à l'autre ce qu'il a reçu en vertu de la Procuration, & le Conftituant, de rendre & reftituer ce que le Porteur de Procuration a débourfé.

Celui qui contracte en qualité de Procureur, ne s'oblige point en fon nom; mais ne fait qu'obliger le Conftituant, qui en pourra être feul pourfuivi. Si par l'acte, le Procureur eft chargé de faire ratifier, il en eft tenu & obligé, ou au défaut, il peut être tenu des dommages & interêts; de même, quand il a contracté, fans avoir Procuration en main, comme foi-difant Procureur & ayant charge, avec promeffe de faire ratifier: Mais quand le Contrat porte qu'il s'oblige, tant en fon nom que comme Procureur, alors il eft obligé perfonnellement, ou pour partie, ou folidairement, felon la claufe du Contrat.

Pour la validité d'un acte paffé, en vertu de Procuration, le Notaire doit annexer à fa minute la Procuration qui lui eft préfentée par le Procureur, après l'avoir fait parapher & certifier par les Parties contractantes; ce qui s'entend fi la Procuration eft en original.

Il n'y a que les actes & Contrats obligatoires de la part de celui pour lequel on agit, qui requierent que l'on foit fondé de Procuration pour les paffer au nom d'autrui: Ainfi par exemple, on peut rembourfer une rente ou acquitter une obligation pour une perfonne fans fa Procuration, par la raifon que l'on peut faire l'avantage d'une perfonne & accepter tous Contrats où il n'y a

point de claufes, ni de conditions obligatoires, fans qu'il foit
befoin d'avoir d'elle aucune Procuration; on peut auffi par la
même raifon recevoir une Lettre de Change, parce qu'il fuffit
d'en être Porteur pour être autorifé à en recevoir le montant, la
rendre, & à refus ou faute du payement, faire le protêt, pourfuites
& procedures néceffaires en pareil cas.

La Procuration eft générale ou fpéciale; la générale eft un pouvoir de faire généralement tout ce qui concerne les affaires de
celui qui la donne. La fpéciale eft un pouvoir fpécial de faire
une certaine affaire, ou plufieurs y fpécifiées.

Par exemple, celui qui a une Procuration générale d'adminiftrer une Terre appartenante à celui qui lui a donné cette Procuration, & de la pouvoir donner à Ferme, & enfin de pouvoir
faire tout ce qu'il trouvera à propos pour cette Terre, n'a pas la
faculté de l'aliener, de l'hypotequer, de tranfiger pour quelques
droits prétendus fur icelle, ni enfin de faire d'autres actes qui
pourroient diminuer les droits du Propriétaire, & pour cet effet
il a befoin d'une Procuration fpéciale.

Les Procurations anticipées, c'eft-à-dire, celles qui font données par un préfomptif heritier, pour en cas de décès de la perfonne dont il eft heritier, faire lever un fcellé, proceder à un inventaire & vente de meubles du défunt, font nulles à cet égard,
il faut qu'elles foient pofterieures au décès, finon il faut la prefence d'un Subftitut de M. le Procureur du Roi, fuivant la Déclaration du Roi du 27 May 1690; néanmoins, telles Procurations valent pour la fuite des affaires de la fucceffion.

Nous ne recevons point en France les Procurations qui donnent tout pouvoir, qu'on appelle Procurations *cum libera;* c'eft-à-
dire, un pouvoir général de faire les affaires de celui qui le donne, & d'en difpofer à fa volonté, parce que telles Procurations
pourroient caufer de grandes pertes à ceux qui les donneroient;
mais il faut déclarer ce qu'on veut permettre au Mandataire: Sçavoir, d'agir, adminiftrer, tranfiger, recevoir, obliger, vendre &
aliéner les Maifons ou Heritages, &c. autrement, fi le pouvoir
de vendre & aliéner n'y étoit pas compris expreffément, le Mandataire ne pourroit pas valablement vendre, en vertu d'une telle
Procuration générale, & la Procuration feroit reftrainte dans fes
juftes bornes.

Pour qu'un Porteur de Procuration puiffe fubftituer un autre
à fa place, il faut que le Conftituant ait inferé la claufe, de le
pouvoir faire, fans quoi il ne le pourroit valablement.

Pareillement, s'il arrive un cas, comme un défaveu, une inscription de faux, une demande en retrait, une affirmation d'une créance dans un ordre de Créanciers ou dans un Contrat d'attermoyement, & autres choses qui ne font pas ordinaires; il faut pour que celui qui agit pour un autre en vertu d'une Procuration, les puisse faire, qu'elles foient spécialement exprimées, autrement le Procureur n'en auroit pas pouvoir valable. Il faut diligemment exécuter les clauses du Mandat, dit la Loi *diligenter*, *ff. de mandat.*

Lorsque les Procurations font générales & d'importance, le Notaire en doit garder minute, pour y avoir recours, & qu'elle ne foit point exposée à être perduë, furtout dans les inscriptions de faux, & il doit être fait mention dans l'expedition, qu'il en est resté minute, & à qui elle est restée. Ce qui ne se pratique pas pour les Procurations qui font simples.

Le Notaire qui passe une Procuration doit se garder d'y mettre le mot *renonçant*, parce que le Constituant ne se doit jamais ôter la faculté de révoquer fa Procuration, quand il en aura la volonté.

La Procuration se fait *ad lites*, pour faire les pourfuites & procedures dans une Cause, Instance ou Procès; elle se fait aussi pour toutes fortes d'autres affaires, pour faire passer des Contrats, pour l'exécution d'iceux; & enfin, on en peut faire presque d'autant de fortes qu'on peut faire d'affaires differentes; car tout ce qu'on peut faire foi-même, on le peut faire faire par un autre, en vertu d'une Procuration.

Nous rapporterons plufieurs exemples de Procurations, foit *ad lites*, ou d'autres, dont nous donnerons des Formules les plus ordinaires.

La Procuration finit par trois manieres.

La premiere, par la révocation de la Procuration dûëment fignifiée au Mandataire; furquoi il faut remarquer que c'est l'usage de toute la France, qu'une Procuration peut être révoquée toutefois & quantes qu'il plaît à celui qui l'a donnée, parce qu'il feroit abfurde que quelqu'un pût faire les affaires d'un autre contre fa volonté.

Cela s'entend de tous Procureurs, foit des Procureurs *ad lites*, ou des Procureurs pour les autres affaires; car encore bien qu'on ait donné pouvoir à un Procureur d'une Jurifdiction, de pourfuivre un Procès, néanmoins il peut être révoqué en tout tems, à la charge de rembourfer les frais, falaires & avances par lui faites;

cependant, la révocation se fait préalablement, sans qu'il soit nécessaire de faire le remboursement auparavant.

Il y a cette difference entre la révocation des Procurations
d'un Procureur d'une Jurisdiction & la révocation des Procurations données pour d'autres affaires, en ce qu'un Procureur de
Jurisdiction ne peut être révoqué qu'en constituant par le même
acte un autre Procureur pour occuper dans l'affaire, afin de ne
pas arrêter le cours d'une Instance au préjudice des Parties ad-
verses; mais la révocation d'une Procuration pour faire d'autres
affaires, peut être faite sans en donner pouvoir à un autre.

La raison de la difference est, que les Procès ne se peuvent
poursuivre que par le ministere des Procureurs en titre d'Office
ou immatriculés en la Jurisdiction où ils se doivent décider; mais
on n'est pas obligé de charger quelqu'un de ses autres affaires; on
les peut faire soi-même.

La deuxiéme maniere par laquelle finit la Procuration, est la
renonciation à la Procuration faite par le Mandataire. La raison
est, que l'on ne peut être contraint de faire plaisir à quelqu'un, ni
de prendre soin de ses affaires, si on ne le veut; il faut néanmoins
que la renonciation du Mandataire ne cause aucun préjudice à celui qui a donné le Mandat; car lorsqu'on a bien voulu se charger
d'une Procuration, il la faut exécuter fidelement & exactement,
ou y renoncer en tems & lieu, ensorte que le Constituant ait du
tems pour faire ses affaires lui-même, ou pour en charger quelqu'autre.

Enfin, la mort du Mandant ou du Mandataire cause l'extinction de la Procuration; ce qui est contre la regle commune des
autres Contrats, par laquelle l'heritier succede aux droits acquis
par les Contrats, & represente le défunt pour les droits actifs &
passifs; mais cette regle n'a pas lieu dans ce Contrat, & l'obligation qui résulte de la Procuration, s'éteint par la mort du Mandant ou du Mandataire; & ne passe point en la personne de leurs
heritiers, quoique l'action qui dérive de ce Contrat passe en leurs
personnes, lorsque l'exécution en a été faite du vivant des Contractans.

Touchant la Procuration, voyez ce que M. de Ferriere en
a dit dans sa Traduction des Institutes sur le titre 35 du troisiéme livre.

Procuration pour recevoir une somme de deniers
düe par Obligation.

FUT préfent Lucien Mouret demeurant
lequel a fait & conftitué fon Procureur général & fpécial A. auquel il
donne pouvoir de pour lui & en fon nom, recevoir de Jean
la fomme de huit cens livres düe audit Conftituant par ledit Jean, fuivant
l'Obligation qu'il lui a paffée pardevant le
du reçu en donner toutes quittances & décharges valables, & à refus de
payement faire toutes pourfuites, contraintes & diligences néceffaires, tant
par faifies, arrêts, exécution de fes meubles, faifies-réelles de fes immeubles, qu'autrement, en quelques lieux & endroits qu'ils foient fitués, plaider, &c. oppofer, &c. appeller, &c. élire domicile, &c. fubftituer, donner main-levée; & généralement, promettant, &c. obligeant, &c. Fait &
paffé, &c.

Procuration donnée par une Ceffionaire, pour toucher
la fomme à elle cedée.

FUT préfente Damoifelle Henriette Defvieux, fille majeure, demeü-
rante ayant les droits cedés de Louis par
acte paffé pardevant le cejourd'hui,
dont n'eft refté minute; laquelle a fait & conftitué fon Procureur
auquel elle donne pouvoir de pour elle & en fon nom, recevoir de R.
veuve de Lomougon & de C. fon fils, la fomme de
quinze cens livres, à elle düe par l'acte ci-devant datté, du reçu donner
quittances & décharges valables; & à refus de payement, faire toutes
pourfuites, contraintes & diligences néceffaires, faifir & arrêter, & fi befoin eft plaider, &c. oppofer, &c. élire domicile, &c. fubftituer, &c. &
généralement faire pour le recouvrement de ladite fomme de quinze cens
livres, tout ce que ledit fieur Procureur jugera à propos & néceffaire. Promettant, &c. obligeant, &c.

Procuration pour recevoir des Appointemens,
portant pouvoir d'affirmer.

FUT préfent P. Foucault, Chef d'Office de Madame la Marquife de
M. demeurant à Paris, rue lequel a fait &
conftitué fon Procureur M. V. auquel il donne pouvoir de pour lui & en fon
nom, recevoir de madite M. la fomme de
pour quinze mois des appointemens dûs audit Conftituant, à raifon de
par an, du reçu en donner toutes quittances & décharges néceffaires, & affirmer pour ledit Conftituant, comme il a prefentement fait ès mains des
Notaires fouffignés, qu'il n'a reçu aucune chofe fur lefdits appointemens; &
à refus de payement, faire toutes pourfuites, contraintes & diligences néceffaires; & généralement, promettant, &c. obligeant, &c.

Procuration

Procuration pour faire le recouvrement de deniers, en vertu de Sentences, Arrêts & Exécutoires, & pourſuivre les Inſtances à ce ſujet.

FUT preſent Pierre   demeurant   lequel a fait & conſtitué ſon Procureur général & ſpécial Louis   auquel il donne pouvoir de pour lui & en ſon nom, pourſuivre le recouvrement des ſommes qui lui ſont dûes par Georges   & ſa femme, & autres, tant par Sentence des Requêtes du Palais, Arrêts confirmatifs d'icelles, qu'autrement ; comme auſſi, pourſuivre les Inſtances des ſaiſies & arrêts qu'il a convenu faire, tant à l'encontre deſdits Sieur & Damoiſelle Georges, qu'autres & leurs débiteurs, leſdites ſaiſies pendantes   au rapport de faire faire nouvelles ſaiſies, exécutions & contraintes ſur eux, compter avec eux & avec leurs débiteurs, clôre & arrêter les comptes, ainſi que ledit ſieur Louis, Procureur, aviſera bon être, en recevoir le reliquat, en donner toutes quittances & décharges valables, paſſer tous actes qu'il conviendra faire pour ce ſujet ; comme auſſi recevoir toutes & chacunes les ſommes de deniers qui lui ſont & pourront être dûes ci-après, pour quelques cauſes que ce puiſſe être, & en donner pareillement quittances, & à refus de payement, &c.

Procuration pour recevoir une ſomme leguée.

FUT preſent Louis   demeurant   lequel a fait & conſtitué ſon Procureur general & ſpécial   auquel il donne pouvoir de pour lui & en ſon nom, recevoir de Salomon de Caux, Exécuteur du teſtament de Jean   ſon oncle, la ſomme de deux mille livres : Sçavoir, celle de mille livres leguée par le teſtament & ordonnance de derniere volonté défunt ſon oncle, & pareille ſomme de mille livres leguée à défunt Jean-Louis ſon frere ; dont il eſt ſeul heritier ; du reçu en donner toutes quittances & décharges valables, & à refus de payement, faire toutes pourſuites, contraintes & diligences néceſſaires, plaider, &c. oppoſer, &c. appeller, &c. élire domicile, ſubſtituer, donner main-levée, & généralement, &c.

Procuration générale pour recevoir des ſommes de deniers.

FUT preſent Albert   lequel a fait & conſtitué ſon Procureur général & ſpécial Pierre   auquel il donne pouvoir de pour lui & en ſon nom, recevoir toutes & chacunes les ſommes de deniers qui lui ſont & pourront être ci-après dûes, ſoit pour loyers, fermages, arrerages de rentes, billets, promeſſes, obligations ou autrement ; du reçu donner toutes quittances & décharges valables, & à refus de payement, faire toutes pourſuites & diligences néceſſaires, ſaiſir, arrêter, donner main-levée ; & ſi beſoin eſt, faire vendre, échanger ou donner à loyer les biens immeubles de

ses débiteurs , à telles personnes, pour tel prix, tems , charges, claufes &
conditions qu'il jugera à propos ; recevoir le prix defdites ventes , loyers &
fermages, du reçu en donner toutes quittances & décharges valables; comme
auffi , ledit fieur Conftituant donne pouvoir audit fieur Pierre　　　　fon
Procureur, de tranfiger, traiter, compofer & accorder de toutes & chacunes
les fommes qui lui font & feront dûes ci-après, avec telles perfonnes & aux
conditions les plus avantageufes qu'il pourra , pour ledit fieur Conftituant ,
plaider , &c. oppofer, appeller , &c. élire domicile, fubftituer , &c. & généralement , &c. Promettant, &c. obligeant; &c.

Procuration pour recevoir des Rentes fur la Ville ; &c.

FUT préfent Jean Dumont　　　　　　　demeurant
lequel a fait & conftitué fon Procureur　　　　　　auquel il
donne pouvoir de pour lui & en fon nom, recevoir les arrerages échûs &
qui écheront à l'avenir , des rentes, tant viageres que perpétuelles , & dé
tontines , avec leurs accroiffemens, appartenantes audit fieur Conftituant
& affignées fur les Aydes & Gabelles & autres Revenus du Roi, Tailles,
Poftes, Pays d'Etats, Clergé ancien & nouveau, Corps & Communautés ,
du reçu defdits arrerages & accroiffemens , en donner toutes quittances
& décharges valables ; & à refus de payement, faire toutes pourfuites,
contraintes, & diligences néceffaires, & généralement, &c. Promettant , &c.

Autre au même effet ; par une Veuve, tant en fon nom que comme Tutrice de fes Enfans.

FUT préfente Dame A. veuve de Louis　　　　　　demeurante
ordinairement à　　　　　étant de préfent à Paris , rue
tant en fon nom que comme Tutrice de leurs enfans mineurs ; laquelle a fait
& conftitué fon Procureur Vincent　　　　　auquel elle donne
pouvoir de pour elle & en fon nom, en ladite qualité de Tutrice, recevoir
de Meffieurs les Receveurs & Payeurs des Rentes de l'Hôtel de cette Ville
de Paris , les arrerages échûs & à écheoir de trois parties de rentes étant de
la fucceffion dudit défunt fieur Louis. La première de
conftituée le　　　　　La feconde de　　　　　conftituée
le　　　　　　　Et la troifiéme de　　　　　conftituée
le　　　　　　lefdites parties de rentes cedées & transportées audit
défunt par tel & telle fa femme, par Contrat paffé pardevant
du reçu en donner quittances & décharges, &c.

Procuration à l'effet de recevoir une feule partie de Rente fur la Ville.

FUT préfent Nicolas, &c. lequel a fait & conftitué fon Procureur général & fpécial François, &c. auquel il donne pouvoir de pour lui & en fon
nom, recevoir les arrerages échus & qui écheront à l'avenir de quatre cens

livres de rente perpétuelle (*ou*) viagere, conftituée à fon profit fur les Aydes & Gabelles, par Contrat paffé pardevant   Notaires à Paris, le   du reçu en donner quittance, & généralement, &c. Promettant & obligeant, &c. Fait & paffé, &c.

Procuration à l'effet feulement de recevoir les arrerages d'une Rente fur le Clergé.

FURENT préfentes Damoifelle C. Houftel   demeurante   Proprietaire de onze livres deux fols deux deniers de rente, à prendre en vingt-cinq livres auffi de rente affignée fur le Clergé, conftituée le 17 Avril 1660, & Damoifelle Marie Jardé, veuve de C. Houftel, demeurante rue   feule & unique heritiere de M. François Jardé   qui étoit Proprietaire de cinquante-cinq fols huit deniers de rente, à prendre fur ladite rente de vingt-cinq livres ; lefquelles ont donné pouvoir à Maître Charles Lebinois auffi Prorietaire de pareilles onze livres deux fols deux deniers de rente, faifant le furplus defdites vingt-cinq livres de rente ; de pour eux, & en leurs noms, recevoir de Meffieurs les Receveurs & Payeurs des Rentes de l'Hôtel de cette Ville de Paris, affignées fur le Clergé, les arrerages échûs & à écheoir defdites vingt-cinq livres de rente, du reçu en donner toutes quittances & décharges valables, & generalement, &c. Promettant, &c. obligeant, &c.

Procuration pour recevoir les arrerages d'une Rente, & accepter le Titre nouvel d'icelle.

FUT préfente Damoifelle Reine Bodart, fille majeure   demeurante   laquelle, en approuvant le payement des arrerages de la rente de cinquante-fept livres douze fols à elle annuellement dûe par défunt le fieur Menard   & à préfent par fes heritiers & biens-tenans, fait à Damoifelle Marie   fa mere, veuve du fieur Nicolas Bodart, demeurante en la Ville de a ladite Damoifelle comparante, fait & conftitué fa Procuratrice generale & fpéciale, ladite Damoifelle Marie   fa mere, à laquelle elle donne pouvoir de pour elle & en fon nom, recevoir de Monfieur Dardault & Damoifelle Marie Menard fon époufe, fille & heritiere dudit défunt fieur Menard, les arrerages de ladite rente de cinquante-fept livres douze fols, échus & reftant dûs du paffé jufqu'à ce jour ; enfemble ceux qui écheront à l'avenir, en donner toutes quittances & décharges valables, même accepter pour ladite Damoifelle Conftituante, le titre nouvel & reconnoiffance que lefdits Sieur & Damoifelle Dardault doivent paffer à fon profit de ladite rente en la qualité fufdite ; & à défaut ou de refus par eux, foit de paffer ledit titre nouvel & reconnoiffance, ou de payer lefdits arrerages, faire toutes pourfuites, contraintes & diligences néceffaires, & fi befoin eft plaider, &c. oppofer, &c. appeller, &c. élire domicile, fubftituer, &c. generalement, &c. promettant, &c. obligeant, &c.

Procuration pour recevoir des Augmentations de Gages,
en conséquence d'un Transport.

FUT present Nicolas   lequel a fait & constitué son Procureur
auquel il donne pouvoir de pour lui & en son nom, recevoir des sieurs
Tréforiers-Payeurs des Augmentations de Gages de Messieurs du Châtelet, les arrerages échûs & qui écheront ci-après, de cent trente-trois livres
six sols huit deniers de rente pour trois quartiers d'augmentations de Gages
de cent soixante-dix-sept livres quinze sols six deniers, au principal de quatre
mille livres, levées aux Parties Casuelles de Sa Majesté, par N. suivant la
quittance de Monsieur Bertin, Tréforier des Revenus Casuels du Roi du
contrôlée le   desquelles Augmentations de Gages en principal & arrerages, ledit sieur Constituant a droit dudit N. & de M. sa femme, par transport passé pardevant   Notaire Royal à   presens Témoins,
le   contrôlé le même jour, portant promesse par ledit N. & sa
femme de tenir compte audit sieur Constituant, de ce que le Roi pourroit diminuer de ladite somme de quatre mille livres, si lors du remboursement qu'il
fera, il diminuoit quelque chose, lequel transport est demeuré annexé à ces
presentes, après avoir été certifié véritable, par ledit sieur Constituant, de lui
paraphé, & à sa réquisition des Notaires soussignés, du reçu en donner toutes
quittances, &c. *comme dessus.*

Procuration pour affirmer en conséquence d'une Saisie-arrêt.

FUT present Louis   lequel a fait & constitué son Procureur Bona-
venture   auquel il donne pouvoir de pour lui & en son nom
comparoir pardevant   sur l'assignation à lui donnée, à la requête
du sieur N. par exploit de   du   & là jurer & affirmer,
comme ledit sieur Constituant a presentement fait en son ame & conscience,
en presence des Notaires soussignés, qu'il ne doit au sieur R. jusqu'à ce
jour, que la somme de cent quatre-vingt-dix livres, pour le prix de quatre
arpens de Vignes, qu'il tient à loyer dudit sieur R. à raison de cent livres par
chacun an, suivant & ainsi qu'il est mentionné au Bail qui en a été fait audit
sieur Constituant, par ledit sieur R. pardevant   le   & en
conséquence requerir pour ledit sieur Constituant, qu'il doit être renvoyé
quitte, avec dépens, même de la demande en saisie & arrêt faite sur lui par
ledit sieur N. de la somme excedente celle de cent quatre-vingt-dix livres,
qui est ce qu'il doit quant à present, pour les loyers desdits quatre arpens de
Vignes, ainsi qu'il est ci-devant dit & affirmé; & laquelle il déclare qu'il est
prêt & offre de payer à qui par Justice sera ordonné, en le faisant toutefois
dire & ordonner avec ledit sieur N. Comme aussi ledit sieur Constituant donne
pouvoir audit sieur son Procureur, de faire au sujet de ladite assignation, toutes les poursuites & diligences nécessaires, & generalement tout ce qu'il conviendra, plaider, &c. opposer, &c. appeller, &c. élire domicile, & substituer, &c. promettant, &c.

Autre, quand on ne doit rien à la Partie faifie.

Auquel il donne pouvoir de pour lui & en fon nom, comparoir pardevant tous Juges qu'il appartiendra, & là déclarer & affirmer pour ledit fieur Conftituant, comme il a fait en fon ame & confcience, devant les Notaires fouffignés, qu'au jour de la faifie-arrêt faite en fes máins, à la requête de L. fur il ne devoit & ne doit encore à prefent aucune chofe audit   & en ce faifant, requerir pour ledit fieur Conftituant, d'être renvoyé avec dépens. Promettant, &c.

Autre Procuration affirmative, quand on ne doit rien pour le prefent.

Auquel il donne pouvoir de pour lui & en fon nom, comparoir pardevant tous Juges qu'il appartiendra fur l'affignation à lui donnée à la requête de Charles   par exploit de   en date du   & là jurer & affirmer, comme il a prefentement fait devant les Notaires fouffignés, qu'il ne doit aucuns loyers audit Jofeph de l'appartement qu'il tient de lui, que le terme qui échera au jour de   & generalement, &c.

Procuration par un fils, pour faire rendre compte à fon pere de la régie qu'il a euë de la fucceffion de fa mere.

FUT prefent Pierre Maximilien, demeurant   fils & heritier de   décedée femme de Mathieu Maximilien, fes pere & mere, lequel a fait & conftitué fon Procureur general & fpécial P. auquel il donne pouvoir de pour lui & en fon nom, demander & faire rendre compte audit fieur fon pere, à l'amiable ou en Juftice, de la régie & adminiftration qu'il a euë des biens de la fucceffion de ladite défunte Damoifelle fa mere, arrêter ou débattre les articles dudit compte, accepter ce qui lui reviendra d'icelui; & à l'effet que deffus, paffer tous Contrats & actes qui feront néceffaires. Promettant, &c. obligeant, &c. Fait & paffé, &c.

Procuration paffée par un Seigneur d'une Terre, pour faire rendre compte à fes Fermiers, & pour vendre des Bois.

FUT prefent   Seigneur de Ferriere, demeurant, &c. lequel a donné pouvoir à   de pour lui & en fon nom, compter avec les Fermiers de ladite Terre de Ferriere & dépendances, arrêter leurs comptes en recette & dépenfes, recevoir le reliquat, & leur en donner décharge; comme auffi vendre les Bois que ledit fieur Procureur jugera à propos d'être coupés dans l'étenduë de ladite Terre & Seigneurie de Ferriere & dépendances, à telles perfonnes & pour tel prix, charges, claufes & conditions qu'il avifera; recevoir le prix en tout ou partie; donner décharge; paffer pour raifon de ce que deffus, tous actes néceffaires, & généralement, &c. promettant, &c.

Procuration par un Particulier, pour vendre une Ferme & dé-
pendances, tant de son chef, comme Proprietaire d'icelle pour
moitié, que comme se faisant & portant fort de deux autres
Proprietaires.

FUT present Nicolas Dupuis, Marchand   demeurant   tant de son chef, comme Proprietaire d'une
Ferme, vulgairement appellée *la Brille*, & dépendances, sise au Village
de   au moyen de l'acquisition qu'il auroit faite de
la moitié de Catherine Dupuis sa sœur, que comme se faisant & portant fort de Martin Laval   & de Nicolas Dupont   aussi Proprietaires, chacun pour un quart, de
ladite Ferme : Sçavoir, ledit sieur de Laval, de son chef, & ledit
sieur Dupont, à cause d'Anne Dupuy son épouse, sœur desdits sieur
Nicolas & Catherine Dupuis, par lesquels sieurs de Laval & Dupont,
ledit sieur Comparant promet de faire ratifier ces presentes, quand il en
sera requis, & en fournir acte en forme aux Sieur & Dame Acquereurs ci-après nommés ; lequel a fait & constitué son Procureur le sieur
André   auquel il donne pouvoir de pour lui
esdites qualités, vendre & transporter avec toute garantie ladite Ferme & dépendances, avec tous les droits rescindans & rescisoires, sans
néanmoins aucune garantie desdits droits, à Monsieur & Madame la Marquise de Fleville, moyennant la somme de quatre mille livres, & autres
charges, clauses & conditions que ledit sieur Procureur avisera bon être ;
pour laquelle somme lesdits Seigneur & Dame de Fleville constitue-
ront solidairement rente au denier vingt, qui sera répartie entre lesdits
sieurs Dupuis, Laval & Dupont, pour ce qui leur appartient chacun
à proportion dans ladite Ferme, au payement de laquelle rente, ladite
Ferme & dépendances demeureront spécialement & par privilege, affectés, obligés & hypotequés, & généralement tous les autres biens,
meubles & immeubles desdits Sieur & Dame de Fleville, qui pourront, quand bon leur semblera, racheter ladite rente, en rendant pareille somme de quatre mille livres, en quatre payemens égaux, avec
les arrerages qui se trouveront lors dûs & échûs, frais, mises &
loyaux-coûts, & généralement faire par ledit sieur Procureur, pour raison de ladite vente, tout ce qu'il jugera à propos ; promettant ledit
sieur Constituant, avoir le tout pour agréable, le ratifier & faire ratifier, comme dessus est dit, quand il en sera requis. Obligeant, &c. Fait &
passé, &c.

Procuration pour paſſer Bail à Ferme, & pour recevoir les loyers qui ſont dûs par celui qui tient la Ferme, & lui faire accomplir les charges & clauſes portées par le Bail.

FUT preſent Louis   lequel a fait & conſtitué ſon Procureur general & ſpécial   auquel il donne pouvoir de pour lui & en ſon nom, paſſer Bail à Ferme, loyer & prix d'argent pardevant Notaires, pour ſix années, à commencer du jour de   à Jean Maximilien, ou à telle autre perſonne qu'il lui plaira, de la Terre & Seigneurie de   enſemble, des heritages qui en dépendent, qui ſeront déſignés par pieces, tenans & aboutiſſans, aſſis au Village de appartenans audit ſieur Conſtituant, & ce pour tel prix, charges, clauſes & conditions que ledit ſieur Procureur trouvera le plus à propos, recevoir les fermages deſd. Terres qui ſeront dûs tant par Pierre   à preſent Fermier deſdites Terre & Seigneurie de   échûs & qui écheront juſqu'audit jour de   que de ceux du nouveau bail, du reçu des uns & des autres donner toutes quittances & décharges valables, faire accomplir par ledit Pierre   toutes les charges, clauſes & conditions, auſquelles il eſt obligé par ledit Bail; & à refus de payement deſdits loyers & fermages; & d'accompliſſement du contenu au ſuſdit Bail, faire à l'encontre de lui toutes pourſuites, contraintes, ſaiſies-arrêts & autres diligences néceſſaires, même faire vendre tous & chacuns les biens, meubles & immeubles qui ſe trouveront ſaiſis, juſqu'à concurrence de ce qu'il ſe trouvera redevable, en recevoir le prix, & en donner toutes quittances & décharges valables, & en cas de payement, donner toutes mainlevées; comme auſſi, plaider, &c. oppoſer, &c. appeller, &c. élire domicile, ſubſtituer, &c. & generalement, &c. Promettant, &c. obligeant, &c.

Procuration par un Fermier judiciaire, à l'effet de paſſer Baux des Terres à lui adjugées, & en recevoir le prix.

FUT preſent J. B. Barthelemy   demeurant   Fermier judiciaire des Terres de   ſaiſies téellement ſur à la requête de   les Baux judiciaires deſquelles Terres ſaiſies ont été adjugés audit Barthelemy par Sentence des Requêtes du Palais, du lequel audit nom a fait & conſtitué ſon Procureur general & ſpécial le ſieur Lucas, auquel il donne pouvoir de paſſer nouveaux Baux deſdites Terres ſaiſies, à telles perſonnes, pour tel tems, prix, charges, clauſes & conditions que ledit ſieur Procureur aviſera; dépoſſeder les Fermiers, s'il le juge à propos, & en mettre d'autres en leurs places; recevoir les loyers; fermages échûs, & qui écheront à l'avenir des ſuſdites Terres ſaiſies; du reçu en donner toutes quittances & décharges valables, & à refus de payement faire toutes pourſuites, contraintes & diligences néceſſaires, ſaiſir & arrêter, donner main-levée, & ſi beſoin eſt plaider, &c. oppoſer, &c. appeller, &c. élire domicile, même ſubſtituer un ou pluſieurs Procureurs, pour agir en vertu

des prefentes, & les révoquer, s'il le juge à propos, faire & paffer tous Baux
& actes de Juftice que befoin fera, & generalement, &c. Promettant, &c.

Procuration pour tiercer un Bail judiciaire.

FUT prefent   lequel, &c. auquel il donne pouvoir de pour
lui & en fon nom, tiercer le Bail judiciaire des Terres de
faifies réellement fur   à la requête de   dont le décret fe pourfuit à   de la fomme de deux mille livres, à quoi il
eft adjugé, & le porter jufqu'à la fomme de deux mille cinq cens livres, obtenir Sentence pour faire proceder à nouveau Bail judiciaire, fur ledit tierce-
ment encherir le Bail judiciaire defdites Terres jufqu'à ladite fomme de deux
mille cinq cens livres, ou à plus haute fomme, s'il y échet, promettant l'indemnifer d'icelui, donner Caution, & generalement, &c. Promettant,
&c.

Procuration par un mari & fa femme, pour emprunter par Obligation ou Conftitution.

FURENT prefens Nicolas   & Marie   fa femme,
de lui autorifée à l'effet qui fuit, demeurans   lefquels ont fait
& conftitué leur Procureur   auquel ils donnent pouvoir de pour
eux, & en leurs noms emprunter d'une ou plufieurs perfonnes, jufqu'à la
fomme de huit mille livres, par obligation ou conftitution, pour employer   en cas de conftitution, garantir, tant en principal
qu'arrerages, la rente qui fera conftituée, & en cas d'obligation, promettre de payer dans le tems convenu, & dans les deux cas, obliger folidairement lefdits Conftituans, fous les renonciations requifes, & tous leurs
biens, meubles & immeubles, prefens & à venir, & fpécialement une Maifon
fife à Paris   à eux appartenante, élire domicile, paffer à ce
fujet telles obligations ou conftitutions qu'il avifera; & faire pour les payemens des arrerages de la rente qui pourra être conftituée, toutes délegations fur les loyers de ladite Maifon, & generalement, &c.

Procuration à l'effet d'emprunter, comme Caution de la Procuratrice.

FUT prefent Nicolas Duval   demeurant   lequel
a fait & conftitué fa Procuratrice generale & fpéciale Leonore
veuve de   à laquelle il donne pouvoir de pour lui & en fon nom,
& comme Caution de ladite Procuratrice, emprunter conjointement, féparément ou folidairement avec elle, à conftitution, par obligation ou autrement,
de telles perfonnes qu'il lui plaira, les fommes de deniers qu'elle jugera à
propos, pour employer à la confignation du prix des Terres & Seigneuries
de   dont ladite Dame Procuratrice a l'adjudication, & à la reftitution des deniers empruntés, garantie & payement des arrerages des rentes
qui

qui feront par elles conftituées, tant en principal qu'arrerages, y obliger ledit fieur Conftituant, foit féparément, par intervention, conjointement, ou folidairement avec elle, tous les biens, meubles & immeubles, prefens & à venir, & à cet effet, paffer tous Contrats & autres Actes que befoin fera, par lefquels ledit fieur Conftituant interviendra en ladite qualité de Caution, & généralement, &c. Promettant, &c. obligeant, &c.

Procuration par un mari & fa femme mineure, avec promeffe de la faire ratifier quand elle fera majeure ; à l'effet d'emprunter par conftitution.

FURENT prefens Georges   & Anne   fa femme, qu'il autorife à l'effet des prefentes, demeurans   lefquels ont fait & conftitué leur Procureur general & fpécial   auquel ils donnent pouvoir de pour eux & en leurs noms, emprunter à conftitution de rente, jufqu'à la fomme de fept mille deux cens livres ; déclarer que c'eft pour employer à payer les Augmentations de Gages que ledit fieur Conftituant eft obligé de lever aux Parties Cafuelles du Roi, à caufe de fadite Charge de   les obliger folidairement à fournir l'emploi dans tel tems que ledit fieur Procureur avifera, à peine de rachat de la rente qui fera conftituée ; en paffer un ou plufieurs Contrats, & à la garantie de la rente conftituée, tant en principal qu'arrerages ; les obliger folidairement fous les renonciations requifes, & tous leurs biens, prefens & à venir ; & attendu que ladite Dame Georges eft encore mineure, promettre pour ledit fieur Conftituant fon mari, de la faire ratifier les Contrats de conftitution de ladite fomme qui feront paffés, lors de fa majorité ; & generalement faire pour lefdits Conftituans, tout ce qui fera néceffaire. Promettant, &c. obligeant, &c.

Procuration pour s'oppofer au nom du Conftituant, comme Créancier, à la vente des biens de fon Débiteur.

Auquel il donne pouvoir de pour lui & en fon nom, comme Créancier de défunt   fuivant les obligations & promeffes qu'il a de lui, s'oppofer à la vente des effets par lui délaiffés, que ledit fieur Conftituant a appris que le fieur Lucas entend faire au préjudice de fes Créanciers ; demander que lefdits effets & deniers comptans, fi aucuns y a, foient délivrés audit fieur Conftituant, fur & tant moins de fon dû, & s'il y a du furplus, offrir pour & au nom dudit fieur Conftituant, d'en tenir compte à qui il appartiendra, fe charger des effets & deniers comptans, en donner telle décharge que befoin fera ; & fi befoin eft plaider, &c. oppofer, &c. appeller, &c. élire domicile, fubftituer & generalement, &c. Promettant, &c. obligeant, &c.

Procuration pour opposer reproche contre des Témoins.

Auquel il donne pouvoir de pour lui & en son nom reprocher les Témoins ouis en l'enquête de   pardevant   le   `   pour raison de   & dire singulierement pour reproche contre lesdits Témoins, qu'ils font parens dudit Juge au dégré prohibé par l'Ordonnance ; au moyen de quoi, protester que leurs dépositions doivent être rejettées & déclarées nulles ; comme aussi , offrir de prouver & justifier lesdits reproches, tant par titres que par Témoins ; & generalement, &c.

Procuration pour faire opposition à une vente de meubles.

Auquel il donne pouvoir, &c. de s'opposer à la vente & délivrance que l'on pourroit faire des biens-meubles saisis sur   à la requête de   —   pour les causes & raisons qu'il déduira en tems & lieu ; & generalement , &c.

Procuration pour faire opposition à un mariage.

Auquel , &c. de s'opposer au mariage proposé entre   son fils, d'une part, & Damoiselle   d'autre part, entre les mains de Monsieur le Curé de   & de telles autres personnes qu'il appartiendra , pour les causes & raisons qu'il déduira en tems & lieu ; & generalement , &c.

Cette opposition se peut faire tout d'un coup par le ministere d'un Huissier.

Procuration à l'effet de se désister d'un Procès-Criminel par un pere & une mere , comme heritiers de leur fils décedé.

FURENT presens   &   sa femme, qu'il autorise , &c. demeurans   heritiers mobiliers de défunt leur fils   lesquels esdits noms, ont fait & constitué leur Procureur   auquel ils donnent pouvoir de pour eux & en leursdites qualités , se désister purement & simplement de la plainte rendue par ledit défunt leur fils , contre les nommés   devant Commissaire, le   pour raison de deux blessures dont il est decedé, & qu'il avoit reçû ledit jour sur les   heures du soir, & de toute la procedure qui a pû s'être ensuivie au Châtelet contr'eux ; consentir que le tout soit & demeure nul , comme non fait, & que lesdits   en foient déchargés ; comme par ces presentes lesdits Constituans s'en désistent , les en quittent & déchargent ; passer tous actes qu'il conviendra , & generalement, &c. Promettant, &c. obligeant, &c.

Procuration à l'effet de compulser des Titres.

Lequel donne pouvoir à   Huissier   de pour lui & en son nom, en vertu des Lettres de Compulsoire par lui obtenues en Chancellerie, le   desquelles il sera Porteur, se transporter où il appartiendra, pour compulser des titres & pieces dont ledit Constituant entend se servir à l'encontre du nommé   & à cet effet, faire pour ledit   tous les frais qu'il conviendra ; promettant d'avoir le tout pour agréable, & de lui rendre lesdits frais qui seront par lui avancés. Obligeant, &c.

Le Compulsoire s'exécutant par un Huissier, à la requête de celui qui l'a obtenu, l'Huissier n'a pas besoin d'une Procuration; par conséquent, telle Procuration n'est bonne qu'à augmenter les frais.

Procuration pour composer avec la veuve du Seigneur d'une Terre, relevant de celle du Constituant, du Droit de Garde Seigneuriale appartenant au Constituant, au moyen du décès du Seigneur qui avoit la Terre relevante de lui.

FUT present   Seigneur de Ferriere, lequel, &c. auquel il donne pouvoir de pour lui & en son nom, traiter & composer avec la Dame veuve, heritiers ou Tuteur des enfans de Monsieur   Seigneur de la Terre de   & ses dépendances, sise proche & relevante de ladite Terre de Ferriere, pour raison du droit de Garde Seigneuriale, échû audit Seigneur de Ferriere, de la Terre de   par le décès dudit sieur   suivant la Coutume de   à telles sommes & conditions que ledit sieur Procureur avisera bon être, recevoir les sommes à quoi il aura été composé, ou partie d'icelles, en donner quittances & décharges valables, passer tous Contrats & actes nécessaires, & generalement promettant, &c. obligeant, &c.

Procuration par un Seigneur d'une Terre, pour prendre possession d'une autre Terre relevante de la sienne, à cause d'un droit qu'il a sur icelle, attendu le décès de celui à qui il appartenoit.

Auquel comme Seigneur de Ferriere, & ayant le Droit de Garde Seigneuriale de la Terre & Seigneurie de   & dépendances, sise proche & relevant de ladite Terre de Ferriere par le décès de Monsieur   Seigneur de ladite Terre de   prendre possession pour ledit Seigneur de Ferriere de ladite Terre de   & dépendances, à cause du Droit de Garde Seigneuriale, suivant & au désir de la Coutume de   observer toutes les formalités requises & nécessaires, & generalement, &c. Promettant, &c.

Pouvoir à un Procureur de Jurisdiction pour encherir à un Décret.

Auquel il donne pouvoir de pour lui & en son nom, encherir & porter l'adjudication qui se poursuit en *tel endroit*, d'une Maison sise saisie réellement sur   à la requête de
jusqu'à la somme de   & faire, pour parvenir à l'adjudication d'icelle, toutes les formalités requises, & generalement, &c.

Ces sortes de pouvoirs se donnent également sous seing privé.

Procuration pour faire une exploitation de Bois.

FUT present   Adjudicataire des ventes ordinaires & extraordinaires de la Forêt de Villers-Cotterêts, pour les années ainsi qu'il est porté en l'adjudication à lui faite en la Maîtrise dudit Villers-Cotterêts, le   & Proprietaire des Chablis qui arriveront en ladite Forêt pendant les   années de son exploitation, comme lui ayant été abandonnées par le résultat du Conseil de son Altesse Royale Monseigneur le Prince de Condé, du six Janvier dernier ; lequel a fait & constitué son Procureur general & spécial   auquel il donne pouvoir de pour lui & en son nom, faire l'exploitation de tous lesdits Bois, consistans en deux cens cinquante-trois arpens cinquante-neuf verges, distribués : Sçavoir, vingt-un arpens vingt-six verges à la vente de Chafosse, vingt-quatre arpens à la Fosse aux Bois du Roi, dix-huit arpens à la Femmetuée, dix-huit arpens à Malva en Montbarloing, dix-huit arpens à la Queue de Retz, trente arpens à la Tranchée, & cent vingt-neuf arpens trente-trois verges à la vente de Notre-Dame de Viviers ; faire couper & façonner lesdits Bois dans le tems de l'Ordonnance, convenir de prix avec les Ouvriers, faire charroyer lesdits Bois, & convenir de prix pour les voitures, payer ce à quoi il sera convenu pour lesdites façons & voitures, en retirer quittances & décharges desdits Ouvriers & Charretiers ; vendre lesdits Bois en gros ou en détail, à une ou plusieurs personnes, aux prix, charges, clauses & conditions que ledit Procureur avisera bon être ; recevoir les prix provenans desdites ventes, en donner quittances & décharges valables ; faute de payement faire toutes poursuites, intenter telles actions qu'il avisera bon être, accorder terme & délai pour les payemens du prix desdites ventes ; faire aussi l'exploitation desdits Chablis qui arriveront pendant lesdites   années, les faire façonner & voiturer, payer les Ouvriers & Charretiers, retirer quittances, vendre iceux, en recevoir le prix, & en donner quittances ; & generalement, &c.

Procuration par un Particulier, comme habile à se dire heritier
de son oncle, à l'effet d'être present à la levée des Scellés,
& à l'inventaire.

FUT present   demeurant ordinairement à
étant de present à Paris, logé ruë   habile à se dire &
porter heritier de N. son oncle   lequel a fait & constitué
son Procureur general & spécial   auquel il donne pouvoir
de pour lui & en son nom, en ladite qualité, assister & être present à la levée
des Scellés apposés après le décès dudit défunt N. par le sieur Commissaire
G.   à la requête de Dame   veuve dudit sieur N. même à l'inventaire, description & prisée des biens, meubles & effets par lui délaissés,
qui se trouveront, tant sous lesdits scellés qu'en évidence; & à cet effet, nommer & convenir d'Officiers; & en y procedant, faire telles
demandes, réquisitoire, consentement, dires & protestations que ledit
Procureur jugera à propos, même s'en désister, s'il est besoin, & generalement, &c.

Procuration par un mari à sa femme, pour prendre connoissance
d'une succession, & proceder au partage.

FUT present   lequel a fait & constitué sa Procuratrice generale
& spéciale   sa femme, de lui autorisée à l'effet des presentes
& pour tout ce qu'elle fera en conséquence; icelle   heritiere
pour moitié de défunte   sa mere, au jour de son décès
veuve de   à laquelle il donne pouvoir de pour eux
& en leurs noms, se transporter au Village de Perigny près Magny en Normandie, pour prendre connoissance des biens & effets délaissés après le décès de ladite veuve de   ensemble, de l'inventaire des-
dits biens, si aucun a été fait, sinon en faire un s'il est jugé nécessaire, ensuite proceder au partage desdits biens avec   son frere,
accepter le lot qui lui en viendra, & s'en tenir contente; recevoir les sommes de deniers qui pourront y être comprises, vendre le tout ou partie
desdits biens qui lui écheront, à telles personnes, & pour tels prix,
charges, clauses & conditions qu'elle avisera; recevoir le prix, & en
donner quittance; donner lesdits biens à ferme, si elle le juge à propos;
faire toutes poursuites à l'encontre des Débiteurs; passer tous Contrats
& actes qu'il appartiendra; & s'il est besoin, plaider, &c. opposer, &c.
élire domicile, substituer, &c. & generalement faire par ladite Procuratrice, tout ce qu'elle jugera raisonnable pour leur bien & avantage. Promettant, &c. obligeant, &c.

Procuration des Exécuteurs testamentaires d'un défunt,
pour proceder à l'Inventaire de ses biens.

FURENT presens   Exécuteurs conjointement du
testament & ordonnance de derniere volonté de défunt
reçu par   Notaires, le   lesquels ont fait &
constitué leur Procureur general & spécial   auquel ils donnent pouvoir de pour eux, & en ladite qualité d'Exécuteurs testamentaires dudit défunt, faire proceder à l'inventaire & description des biens, meubles &
effets, titres & papiers par lui délaissés ; & à cet effet, convenir d'Officiers &
Dépositaires d'iceux ; faire en cas de contestations, leurs réquisitions, protestations & déclarations nécessaires, & generalement, &c.

Procuration generale d'une Veuve, tant en son nom, que comme
Tutrice de ses enfans, à l'effet de régir leurs affaires.

FUT presente Dame   veuve de   Dupuis,
demeurante   tant en son nom que comme Tutrice des
enfans mineurs dudit défunt Dupuis & d'elle ; laquelle audit nom, a fait &
constitué son Procureur Ambroise   auquel elle donne pouvoir de pour elle audit nom, régir & gouverner tous ses biens & affaires,
poursuivre & défendre en tous Procès, en transiger & composer selon &
ainsi qu'il avisera bon être ; recevoir de ses Locataires, Fermiers, Débiteurs & Redevables, les sommes qu'ils lui doivent & pourront ci-après
lui devoir, pour quelque cause que ce soit & puisse être ; du reçu en
donner quittances & décharges valables ; & à refus de payement faire
toutes poursuites, contraintes & diligences nécessaires, vendre, ceder &
transporter tout ou partie de ses biens, à telles personnes, & pour tel
prix, charges, clauses & conditions que ledit sieur Procureur jugera à
propos ; emprunter d'une ou plusieurs personnes, jusqu'à concurrence de
la somme de six mille livres, pour employer au payement des Ouvriers
qui ont travaillé pour ladite Constituante, en ses Maisons, soit par constitution, obligation, promesse, ou autrement, y obliger ladite Dame Constituante, esdits noms, & generalement tous ses biens, meubles &
immeubles, presens & à venir ; faire baux à loyer de ses immeubles à telles
personnes, pour tels tems, prix, charges, clauses & conditions qu'il avisera, les continuer, ou en passer de nouveaux, recevoir le prix tant desdites ventes desdits biens que des loyers d'iceux, & en donner pareillement quittances & décharges valables ; passer tous Contrats, quittances,
promesses, baux & autres actes que besoin sera ; plaider, &c. opposer, &c.
appeller, &c. élire domicile, substituer, &c. révoquer, constituer, &c. &
generalement, &c. Promettant, &c. obligeant, &c.

Procuration Génerale.

FUT présent Louis   lequel a fait & conftitué fon Procureur général & fpécial   auquel il donne pouvoir de pour lui & en
fon nom, régir & adminiftrer tous fes biens & affaires, préfens & à venir, &
en recevoir les revenus, foit loyers, fermages, arrerages de rentes ou autrement, recevoir toutes les fommes mobiliaires qui lui font & pourront être
dûës de quelque nature que ce foit & puiffe être, même recevoir les fommes
qui feront ordonnées être payées par Sa Majefté, foit pour penfion, gratifications, appointemens ou autrement; comme auffi recevoir tous rembourfemens qui pourroient être offerts; rendre & remettre tous titres & pieces
néceffaires; compter avec les Débiteurs, Fermiers & autres Redevables
dudit fieur Conftituant; former débats & arrêter leurs comptes, en recevoir les reliquats; du reçu du tout donner quittances & décharges valables; à refus de payement faire toutes pourfuites, contraintes & diligences néceffaires, tant par faifie, exécution de leurs meubles, faifie-
réelle d'immeubles, donner main-levée, pourfuivre jufqu'en fin defd. faifies.

Comme auffi ledit fieur Conftituant donne pouvoir audit fieur Procureur,
d'affermer & renouveller les Baux de fes biens, à telles perfonnes, moyennant les prix, tems, charges, claufes & conditions qu'il avifera, faire paffer
titres nouvels & reconnoiffances des rentes appartenantes audit fieur Conftituant, & les paffer de celles qu'il doit.

Recueillir toutes fucceffions qui pourroient lui écheoir purement & fimplement ou par bénefice d'inventaire, faire proceder à tous Procès-verbaux
d'appofition de fcellé, inventaire & partage, convenir d'Officiers, prendre
communication du tout; & fi ledit Procureur le juge à propos, renoncer à
icelles fucceffions, accepter les lots qui écheront audit fieur Conftituant,
payer foulte ou la recevoir, accepter toutes donations & legs qui pourront
être faits audit fieur Conftituant.

Pourfuivre toutes les Inftances qu'il a ou aura ci-après, tant en demandant que défendant, en tels Tribunaux, contre telles perfonnes & pour quelques caufes que ce foit & puiffe être, & ce, jufqu'à Sentence & Arrêt
définitifs; les mettre à exécution, tranfiger, traiter & compofer des droits
dudit fieur Conftituant, pour tels prix, charges, claufes & conditions que led.
fieur Procureur jugera à propos.

Faire tous payemens pour ledit fieur Conftituant, requerir & faire toutes
fubrogations & déclarations requifes & néceffaires, avec ou fans garantie;
retirer les pieces juftificatives des fommes qui feront payées.

Emprunter de telles perfonnes qu'il avifera, par billets, promeffes, obligations, conftitutions & autrement, jufqu'à la fomme de   même
vendre, ceder & tranfporter auffi à telles perfonnes, moyennant les prix,
charges, claufes & conditions qu'il avifera, une Maifon fife à
appartenante audit fieur Conftituant; recevoir le prix de ladite vente, ou en
accorder termes & délais, & à la garantie des fommes qui pourront être empruntées, & de ladite vente obliger ledit fieur Conftituant & tous fes biens
préfens & à venir; & fur le tout plaider, &c. oppofer, &c. appeller, &c. élire

domicile, fubftituer un ou plufieurs Procureurs, en tout ou partie du préfent pouvoir, les révoquer, en conftituer d'autres ; ces préfentes demeurant toujours valables jufqu'à révocation d'icelles, nonobftant furannation, & à l'effet de tout ce que deſſus, paffer tous Contrats & autres actes qu'il appartiendra ; promettant ledit Conftituant d'avoir le tout pour agréable, & le ratifier quand il en fera requis ; obligeant. Fait & paſſé, &c.

Procuration générale, contenant donation au profit du Mandataire.

FURENT préfens fieur Claude Lamot, Bourgeois de Paris, & Damoifelle Marie Olivier fon époufe, qu'il autorife à l'effet des préfentes, demeurant ladite Damoifelle Lamot habile à fe dire & porter heritiere d'Etienne Olivier, Marchand Mercier à Londres, fon pere, lefquels ont fait & conftitué pour leur Procureur général & fpécial Adrien Kgnet, Bourgeois de Dijon, leur beau-frere, auquel ils donnent pouvoir de pour eux & en leurs noms, régir & gouverner leurs biens & affaires, recevoir toutes les fommes qui pourront être ou feront dûës aufdits Conftituans par telles perfonnes & pour quelque caufe que ce puiffe être, foit pour arrerages de rente, fommes principales, mobiliaires & immobiliaires, interêts d'icelles, le tout échû & à écheoir, même les principaux de rentes, s'ils font offerts en tout ou en partie, loyers de Maifons, fermages, ou autrement ; faire rendre compte par tous Fermiers, Locataires, Débiteurs & Redevables, & Gens tenans les biens defdits Conftituans, des fommes qu'ils doivent & devront, ou de l'adminiftration qu'ils ont eue de leurs biens & revenus ; arrêter, allouer, clôre, débattre & contefter lefdits comptes, en recevoir les reliquats, & de toutes les fommes qu'il recevra en vertu des préfentes, en donner bonnes & valables quittances & décharges ; confentir toutes mentions & fubrogations, fans garantie, rendre les pieces, & au refus de payement ou de compter par lefdits Débiteurs, faire faire toutes faifies, arrêts, exécutions, ventes de meubles, emprifonnement, faifiesréelles des immeubles, & pourfuivre la vente, délivrance & adjudication ; faire toutes pourfuites & diligences néceffaires, plaider, oppofer, appeller, élire domicile, fubftituer un ou plufieurs Procureurs, les révoquer, en conftituer d'autres ; intenter & pourfuivre tous Procès, foit en demandant ou défendant, jufqu'à Sentence & Arrêt diffinitifs ; fournir oppofitions, défendre, produire, écrire & contredire, & fur le tout tranfiger & compofer, accorder, compromettre, convenir d'Arbitres, fous les peines & aux charges, claufes & conditions que ledit fieur Procureur jugera à propos les proroger ; acquiefcer à tous Jugemens & Sentences, ou en appeller ; donner toutes main-levées, prêter tous confentemens, confentir élargiffement, accorder terme & délai pour le payement des fommes qui font & feront dûës aux Conftituans ; donner à loyer, faire Baux à ferme des Maifons, Terres & heritages appartenans aufdits Conftituans à telles perfonnes, pour le tems & moyennant les prix, charges, claufes & conditions que ledit fieur Procureur jugera à propos ; renouveller & proroger les anciens Baux à leurs échéances, ou s'en défifter ; faire appofer les fcellés par-

tout

tout où il fera néceffaire pour la confervation des droits defdits Conftituans;
faire tous dires, réquifitions, proteftations, déclarations & fommations néceffaires; accepter toutes fucceffions, foit en ligne directe ou collaterale
échûës & qui pourront écheoir aufdits Conftituans, notamment celle dudit
défunt fieur Olivier, leur pere & beau-pere; faire faire inventaire, en prendre communication, faire procedera tous partages & liquidations de Droit,
accepter le lot, & recevoir ce qui fera échû aufdits Conftituans, ou renoncer aufdites fucceffions; prendre en icelles telles qualités que ledit fieur
Procureur conftitué avifera bon être, vendre, ceder, quitter & délaiffer,
tranfporter, échanger à telles perfonnes, moyennant les prix, charges,
claufes & conditions que ledit fieur Procureur conftitué avifera bon être,
tous les droits fucceffifs, mobiliers & immobiliers, fruits & revenus d'i-
ceux, qui peuvent competer & appartenir à ladite Damoifelle Lamot
en la fucceffion de fondit pere, ou autrement, en recevoir le prix, en
donner quittances, & généralement faire au fujet de ce que deffus, tout
ce que ledit fieur Procureur conftitué jugera à propos, promettant avoir
le tout pour agréable, même le ratifier fi befoin eft; comme auffi, promettent lefdits Conftituans, de payer & rembourfer audit fieur Procureur conftitué, les fommes pour lefquelles ils feront tenus pour leur cotte-
part & portion de la fomme de 600 livres que ledit fieur
doit avancer pour eux, pour retirer par retrait ou autrement, certains biens
fis aux Plans, vendus par ledit défunt fieur   Plus, de lui payer
& rembourfer les frais & débourfés qu'il fera pour lefdits inventaires &
partages des biens de la fucceffion de leurdit défunt pere & beau-pere, &
des autres frais qui feront faits à cette occafion feulement; & à l'égard des
autres frais & débourfés, peines & falaires, lefdits Conftituans n'en tiendront
aucun compte audit fieur Procureur conftitué, attendu la donation ci-après,
fauf à lui à les répeter contre qui il appartiendra, autres que contre lefdits
Conftituans.

Et pour l'amitié que lefdits Comparans ont dit porter audit Kgnet leur
beau-frere, & voulant le récompenfer des peines & foins qu'il a pris &
prend journellement pour les affaires defdits Sieur & Damoifelle Lamot,
& l'indemnifer des dépenfes, frais & débourfés qu'il a fait & fera par la
fuite pour le recouvrement des biens defdits Sieur & Damoifelle Lamot, en
vertu de leur préfente procuration, lui ont par ces mêmes préfentes, donné,
cedé, quitté, tranfporté & délaiffé dès maintenant & à toujours par donation entre-vifs & irrévocable en la meilleure forme que faire fe peut, &
promettent garantir de tous troubles, dettes, hypoteques, évictions, aliénations, & autres empêchemens généralement quelconques, audit fieur
Kgnet leur beau-frere, à ce préfent & acceptant, demeurant ordinairement
à Dijon, étant de préfent à Paris logé   le tiers de tous les
biens & revenus qu'il recouvrera pour lefdits Donateurs, à quelques fommes qu'il puiffe monter, pour dudit tiers ci-deffus donné, jouir, faire &
difpofer en toute proprieté par ledit fieur Kgnet, fes hoirs & ayans caufe, comme de chofe lui appartenante, au moyen des préfentes, cette préfente donation ainfi faite pour les caufes fufdites, & parce que telle eft la
volonté defdits Donateurs, & pour faire infinuer cefdites préfentes par-

tout où il appartiendra, même les réitérer si besoin est, lesdits Sieur & Damoiselle Lamot ont fait & constitué leur Procureur le Porteur, lui en donnant tout pouvoir, & d'en requerir acte; promettant, &c. obligeant, &c. renonçant, &c. Fait & passé, &c.

Procuration pour régir une Ferme du Roi.

FUT présent Maître Jacques   Adjudicataire général d'une *telle Ferme*, suivant les états arrêtés au Conseil, demeurant à   lequel a fait & constitué son Procureur général & spécial   auquel il donne pouvoir de pour lui & en son nom, se transporter en la Ville de .   Province de   & Bureaux dépendans de la Généralité d'icelle, où sont établis les Droits de   faire compter les Commis tant généraux que particuliers de ladite Généralité, retirer d'eux les deniers qu'ils ont reçus depuis le   à cause des Droits de   & en cas qu'ils soient en demeure ou refusent de le faire, décerner par ledit Procureur, ses contraintes contre lesdits Commis, lesquelles ledit Jacques veut être de pareil effet, que si c'étoit les siennes mêmes; prendre garde & avoir l'œil que lesdits Commis, ensemble les Gardes, tant généraux que particuliers, fassent leur devoir pour le bien & conservation des droits dépendans de enforte qu'il ne s'y commette aucun abus ni malversation; leur faire tenir bon & fidele registre de la Recette & Contrôle de tout ce qui se fera en chaque Bureau; les casser & révoquer par ledit Procureur, s'il le juge à propos, en établir d'autres en leur lieu & place, intenter toutes actions contre les Infracteurs des ordres, & toutes autres personnes que ledit sieur Procureur avisera, même contre les Commis employés en ladite Province qui se trouveront avoir mal usé des droits de ladite Ferme, les poursuivre pardevant tous Juges qu'il appartiendra, jusqu'à Sentence & Arrêt diffinitifs; comme aussi donne pouvoir audit sieur Procureur de substituer en son lieu & place toutes personnes capables qu'il avisera, auquel il donnera pareil pouvoir que celui ci-dessus, ou partie d'icelui, que ledit Procureur trouvera à propos pour le bien de ladite Ferme. Pourra ledit Procureur porter toutes sortes d'armes à feu & bâtons, pour la défense de sa personne & de ceux qui l'assisteront pour les affaires de ladite Ferme, ainsi que Sa Majesté l'a permis audit Constituant & ses Commis, par le   article du Bail général d'icelle Ferme; & généralement, &c. à la charge de rendre par ledit Procureur bon & fidele compte de ladite recette générale, & d'en fournir les deniers toutefois & quantes qu'il en sera requis, suivant les ordres & mandemens de Messieurs les Fermiers. Promettant, &c.

Procuration generale d'un mari à sa femme.

FUT présent Joseph le Blond, &c. demeurant , &c. lequel a fait & constitué sa Procuratrice générale & spéciale Damoiselle Anne le

Brun son épouse, qu'il autorise pour tout ce qu'elle fera en vertu des présentes, à laquelle il donne pouvoir de régir & gouverner leurs biens & affaires, recevoir toutes les sommes qui leur sont & seront dûes ci-après, par Billets, Lettres de Change, Obligations, Sentences, pour loyers, fermages, arrerages de rentes ou autrement, même les sorts principaux desdites Rentes, s'ils sont offerts, & en donner quittances & décharges valables; & au refus de payement proceder par toutes voyes de Justice dûes & raisonnables, employer ce qu'elle recevra au payement de leurs dettes passives, achat de marchandises, acquisitions ou autrement, bien & utilement à leur décharge & profit, composer & accorder avec leurs Débiteurs, leur remettre une partie de leurs créances, prendre des effets ou leur accorder du tems pour le payement du surplus, en faire transport ou en accepter avec ou sans garantie, louer & affermer à prix d'argent & à moisson leurs Maisons & heritages à Paris & à la Campagne pour les tems, prix, charges, clauses & conditions les plus avantageuses que faire se pourra, y faire faire les réparations & augmentations qu'elle jugera nécessaires, les vendre ou échanger, si le cas y échet; poursuivre & défendre leurs Procès & différends mûs & à mouvoir, jusqu'à Sentence ou Arrêt définitif; en transiger ou compromettre sous les nominations d'Arbitres & Surarbitres, peines, prorogations & conditions qu'elle désirera acquiescer aux Jugemens & Sentences qu'ils auront rendus, les faire exécuter, prendre & emprunter les sommes de deniers dont elle aura besoin, soit à constitution de rente, par obligations ou autrement; passer à ce sujet tous Contrats, obligations, baux, marchés, quittances, mains-levées, consentemens & autres actes nécessaires, sous les charges, clauses & conditions que ladite Demoiselle Procuratrice jugera à propos; & à l'exécution & entretenement de tout ce qu'elle fera, y obliger conjointement & solidairement avec elle ledit sieur Constituant, & tous leurs biens, meubles & immeubles, présens & à venir, même en cas de besoin, plaider, &c. Promettant ratifier toutefois & quantes ce qui aura été fait & geré par ladite Demoiselle Procuratrice. Fait & passé, &c.

Autre Procuration générale faite par un mari à sa femme.

FUT présent Jacques Pasquier, &c. demeurant, &c. lequel a fait & constitué sa Procuratrice générale & spéciale Damoiselle Claude du Bou son épouse, qu'il autorise pour tout ce qu'elle fera en vertu des présentes, à laquelle il donne pouvoir de pour eux & en leurs noms, gouverner, régir & administrer tous leurs biens & affaires, faire Baux à ferme, loyer, prix d'argent & moisson de grains de leurs Maisons & Fermes, & autres heritages à eux appartenans, situés en divers endroits, à telle personne, pour le tems, prix, charges, clauses & conditions que ladite Damoiselle trouvera bon être, même vendre & aliéner lesdites Maisons & heritages, & autres leurs biens, tant meubles qu'immeubles, de quelque nature qu'ils puissent être, ou telle partie d'iceux qu'elle trouvera à propos, à telles personnes & pour tel prix, charges, clauses & conditions qu'elle avisera bon être, emprunter toutes & chacunes les sommes de deniers, soit par obligations ou constitution de rente, demander & recevoir toutes les sommes qui leur sont & pourront ci-après être dûes, sans aucune excepter ni réserver; & en outre ledit sieur Pasquier a donné pouvoir à ladite Damoiselle son épouse & Procuratrice, de transiger, accorder & composer par voye d'Arbitres ou autrement, tous Procès & différends mûs & à mouvoir, en demandant ou défendant, ainsi que bon lui semblera, même faire cession & transport de leurs droits, accorder & donner terme, recevoir aussi tout ce qui en proviendra, comme aussi d'accepter généralement tous dons, gratifications & récompenses de quelques personnes que ce puisse être, à quelques charges, clauses & conditions que bon lui semblera ; les faire insinuer au lieu où besoin sera, d'accomplir l'effet desdites donations, gratifications & récompenses ; y associer telle personne que ladite Damoiselle trouvera bon être, ou de prendre & accepter telles parts & portions qu'on lui voudra accorder dans les dons & récompenses qui pourroient être faites à d'autres personnes, aux mêmes charges, clauses & conditions qu'elle stipulera ; & en conséquence, prendre possession de toutes choses en la maniere ordinaire, pour ce qui en appartiendra audit sieur Pasquier, & à ladite Damoiselle son épouse, même faire rendre compte à tous Comptables de tous les deniers & autres choses mobiliaires qui leur en appartiendront par les lots qui en seront avenus à ladite Damoiselle par les traités ou partages qu'elle en aura faits, en vertu desdites présentes, recevoir les reliquats ; comme aussi ledit sieur Pasquier a donné pouvoir à ladite Damoiselle son épouse, d'accepter & recueillir purement & simplement, ou par bénéfice d'inventaire, toutes successions & legs qui leur pourront écheoir ou y renoncer, en traiter & composer, le tout suivant qu'elle croira être pour le mieux, même en cas de refus de payement de toutes les choses qui leur sont à présent ou seront ci-après dûes, pour quelque cause & maniere que ce soit, ledit sieur Constituant donne pouvoir à ladite Damoiselle d'y contraindre les Débiteurs par les voyes dûes & raisonnables, ainsi qu'ils y sont obligés, & de déposseder les Locataires & Fermiers des Maisons, Terres & heritages, en faire Bail à d'autres, & si besoin est plaider, opposer, appeller, renoncer & affirmer, élire domicile & substituer par ladite Damoiselle un ou plusieurs Procureurs en tout ou en partie du pouvoir ci-dessus, les révoquer, si bon lui semble, & en substituer d'autres en leur lieu & place, faire passer tous Contrats, obligations, cessions, transports, compromis, transactions, associations, partages, arrêts & redditions de compte, quittances, décharges, donations, & généralement tous autres actes qui seront nécessaires ; comme aussi, pour l'entretenement d'iceux & garantie, obliger ledit Constituant avec ladite Damoiselle son épouse & Procuratrice solidairement aux renonciations accoutumées, tous & chacuns leurs biens, meubles & immeubles, présens & futurs, tant & ainsi que le cas le requerera ; promettant ledit sieur Pasquier ratifier, &c.

Procuration générale faite par une femme à son mari.

FUT présente Damoiselle Olimpe épouse de Jacques, de lui autorisée à l'effet des présentes, à ce présent, demeurant
laquelle a fait & constitué son Procureur général & spécial ledit sieur son mari, auquel elle donne pouvoir
de pour elle & en son nom, se présenter pardevant tous Juges, Notaires &

autres perfonnes qu'il appartiendra ; faire toutes pourfuites pour la confervation de fes droits, actions & biens, faire partage d'iceux, & s'il y échet ,
les vendre, aliéner & engager à telles perfonnes, moyennant le prix,
charges, claufes & conditions que ledit Procureur avifera, en recevoir
le prix , en donner quittances & décharges valables, recevoir toutes les
fommes qui lui font & pourront être dûes ci-après , foit pour loyers, fermages , arrerages de rente, billets , promeffes , cédules, obligations, retour de partage ou autrement, du reçu en donner quittances, tranfiger &
accorder defdites fommes avec telles perfonnes & aux conditions qu'il jugera à propos ; & en cas de refus, ou faute de payement, faire toutes pourfuites, contraintes & diligences néceffaires, même fi befoin eft plaider, oppofer, appeller, élire domicile, fubftituer, donner main-levée, conftituer
Procureurs, les révoquer, en conftituer d'autres, & généralement, &c.

Nota. Quand une femme paffe procuration à fon mari, il faut
qu'il y foit préfent pour l'autorifer, & y mettre ces mots : *Dudit   fon mari, pour ce comparant, autorifée à l'effet des
préfentes.*

Auffi quand le mari paffe Procuration à fa femme, il faut qu'il
l'autorife pareillement , autrement la procuration eft défectueufe ;
& l'on ne peut valablement contracter avec elle , fi elle n'eft autorifée de fon mari par fa procuration, à l'effet d'agir en conféquence.

Que fi le mari a befoin d'une procuration de fa femme qui eft
éloignée de lui, il faut qu'il faffe dreffer le modele de la procuration fur du papier timbré, & qu'il paffe un acte au bas dudit modele pardevant Notaires en cette maniere.

FUT préfent Antoine, &c. lequel a autorifé par ces préfentes Jeanne,
&c. fa femme, pour paffer la procuration, dont le modele eft ci-devant
écrit. Fait & paffé, &c.

Procuration générale faite par un Marchand à fon Facteur.

FUT préfent Pierre Dubois, Marchand de, &c. demeurant, &c. lequel a
fait & conftitué fon Procureur général & fpécial Nicolas Lemoine,
fon Facteur & Agent, à ce préfent & acceptant, demeurant, &c. auquel il a donné pouvoir de pour lui & en fon nom, fe tranfporter ès Villes de Rouen,
&c. où ledit fieur Dubois a & pourra avoir affaire, à caufe de fon trafic,
fuivant les mémoires & inftructions, tant verbales que par écrit que led. Sr.
Dubois en a dès-à-préfent remifes & envoyera aud. Sr. Lemoine ; & en conféquence en tous lefdits lieux, gérer & négocier bien & dûement toutes
les marchandifes & droits dudit fieur Dubois, les vendre & débiter dans
les lieux ordinaires & accoutumés, même ès Foires & Marchés publics,
en gros ou en détail, foit à crédit, argent comptant ou autrement, ainfi

que ledit sieur Lemoine le trouvera à propos ; recevoir les deniers provenans desdites ventes, même toutes & chacunes les sommes de deniers qui lui sont & pourront être ci-après dûes esdits lieux & ailleurs, par promesses, cédules & obligations, lettres de change, arrêtés de comptes, Sentences, Arrêts & autrement, pour les deniers qui en proviendront, les convertir en lettres de change, & les faire tenir audit sieur Dubois en sa Maison à Paris, ou bien en achat d'autres Marchandises pour les vendre, dont & du tout ledit sieur Lemoine promet tenir bon & fidele compte & registre, comme aussi bon & fidele bilan de tout ce qu'il négociera esdites Foires & Marchés, tant en marchandises que lettres de change & autres lettres actives qui lui seront ordonnées par ledit sieur Dubois, selon les avis qu'il lui en envoyera par écrit, si besoin est ; pourra ledit sieur Lemoine, suivant la nécessité des affaires dudit sieur Dubois, tirer sur lui à Paris, telles lettres de change qu'il jugera à propos, lesquelles ledit sieur Dubois promet & s'oblige d'accepter & d'acquitter au tems d'icelles, conformément aux avis que ledit sieur Lemoine lui en donnera par écrit, pour éviter toutes surprises & falsifications des lettres que l'on pourroit contrefaire. Pourra ledit sieur Lemoine commettre jusqu'à quatre personnes pour lui aider seulement à la garde & conservation desdites marchandises esdites Foires & en ses Magazins, à la charge qu'il démeurera garant de la fidelité desdites personnes envers ledit sieur Dubois ; comme aussi ledit sieur Lemoine demeurera garant de tout ce qu'il recevra en vertu des présentes, de quoi il délivrera les quittances & décharges nécessaires au lieu dudit sieur Constituant. Pourra ledit Sr. Lemoine, à refus ou faute de payement par lesdits Débiteurs, les y contraindre par voyes dûes & raisonnables, ainsi qu'ils y seront obligés ; & à ces fins leur faire telles sommations, protêts de lettres de change, instances & autres actes de Justice qu'il conviendra, même plaider pardevant tous Juges, opposer, appeller, & substituer un ou plusieurs Procureurs, les révoquer si bon lui semble, & en substituer d'autres en leur place ; & en outre, mettre les condamnations par corps à exécution, ès cas esquels il en échera, soit pour lettres de change ou autrement, contre toutes sortes de personnes, faire exécuter & vendre leurs biens, meubles & immeubles, en la maniere accoutumée ; donner main-levée des saisies desdits biens, élargissemens desdites personnes, suivant que ledit sieur Lemoine le jugera à propos & nécessaire ; comme aussi traiter & transiger desdites dettes par voye d'Arbitres ou autrement, même en faire cessions & transports, donner termes, faire remise desdites dettes, acquiescer ou appeller de toutes Sentences arbitrales, & sur le tout faire passer tous actes, contrats, accords, obligations, transactions, cessions, transports, compromis, acquiescemens, quittances & décharges, & par tous lesdits actes & autres qui seront nécessaires, obliger ledit sieur Constituant, tous ses biens, meubles, immeubles, présens & à venir, tant & si avant que le cas le requerera ; & pour l'exécution d'iceux & du contenu en ces présentes, élire domicile en tous lieux & endroits que bon semblera audit sieur Lemoine, & généralement en tout ce que dessus, circonstances & dépendances, faire pour ledit sieur Dubois, ainsi & comme il auroit pû faire étant présent ; promettant ledit sieur Dubois ratifier toutefois & quantes qu'il en sera requis, tout ce que ledit Lemoine aura fait, en vertu de cesdites présentes, &c.

Nota. Qu'une procuration de cette étenduë & conféquence, requiert minute, & même un Facteur en doit avoir pluſieurs copies, pour les produire en différentes occaſions, ſuivant les occurrences.

Il faut encore remarquer, que lorſque le Facteur a geré les affaires en vertu de telle procuration, il doit ſe faire donner une décharge, & même en faire faire mention ſur la minute, pour empêcher qu'il ne ſoit inquieté dans la ſuite.

Procuration générale donnée par une perſonne qui eſt prête de ſortir du Royaume.

FUT préſent le ſieur Mathieu Oug. &c. lequel étant ſur le point de ſortir du Royaume pour ſe transporter au Pays du Senegal, pour l'exercice de ſondit emploi de　　　 & voulant que non-ſeulement ſes propres affaires, mais auſſi celles des perſonnes dont les interêts ſe trouvent liés avec les ſiens, ne puiſſent ſouffrir aucun retardement par ſon abſence, a fait & conſtitué ſon Procureur général & ſpécial　　　 auquel il donne pouvoir de pour lui & en ſon nom régir, gouverner & adminiſtrer tous ſes biens & affaires, recevoir toutes les ſommes de deniers qui lui ſont & pourront être ci-après dûes tant en principaux qu'interêts, & autres acceſſoires; ſoit pour ſes appointemens en ladite qualité de　　　 ou à cauſe des autres emplois qu'il pourroit exercer par la ſuite, ſoit par billets, promeſſes, lettres de change, obligations ou autrement, même pour gratifications & récompenſes, ſoit pour revenus des biens immeubles qui pourront lui appartenir ci-après, comme rentes ſur les Aydes & Gabelles, ſur les Tailles, Poſtes, ou d'autre nature, dûes par Sa Majeſté, rente ſur le Clergé de France, ſur Dioceſes, ſur Communautés & ſur Particuliers ou ſur Pays d'Etat, Maiſons, Terres & heritages ſitués tant à Paris qu'à la Campagne, en quelques lieux que ce ſoit & puiſſe être, & tous autres revenus de quelque nature qu'ils ſoient ſans aucune exception; faire rendre compte à tous Fermiers, Locataires & autres Débiteurs, y former débat, les réſoudre, clôre & arrêter leſdits comptes, & en fixer les reliquats, recevoir leſdits reliquats; au refus de payement ou de rendre compte, faire contre tous Débiteurs, toutes les pourſuites, contraintes & diligences néceſſaires, faire faire toutes ſaiſies & arrêts, exécutions & ventes de meubles, même toutes ſaiſies-réelles, oppoſitions & empêchemens que beſoin ſera, pourſuivre ſur le tout juſqu'à Jugemens, Sentences & Arrêts diffinitifs, faire mettre leſdits Jugemens, Sentences & Arrêts à dûe & entiere exécution, recevoir ſur & tant moins ou juſqu'à concurrence de ce qui ſe trouvera lui être dû tant en principaux qu'acceſſoires, les deniers provenans de la vente des meubles ou autres effets mobiliers ſaiſis, ou de l'adjudication des immeubles, faire tous baux à loyer & à ferme à telles perſonnes, pour tels tems & moyennant tels prix, charges, clauſes & conditions que ledit ſieur Procureur jugera à propos, les renouveller à leurs échéances, ſoit aux mêmes perſonnes ou à d'autres, auſſi pour tels tems, prix, charges, clauſes & conditions que bon ſemblera audit ſieur Procureur,

réfoudre & réfilier lefdits baux, foit avec ou fans dommages & interêts, ainfi
qu'il avifera, faire faire dans les Maifons & Bâtimens qui pourront appartenir audit fieur Conftituant, foit en fon particulier ou en commun, toutes
réparations & réconftructions néceffaires, même telles nouvelles conftruc-
tions que ledit fieur Procureur défirera, paffer à cette fin devis & marchés
avec tous Entrepreneurs & Ouvriers, moyennant les prix & fous les charges,
claufes & conditions dont ledit fieur Procureur conviendra avec eux; arrêter leurs mémoires, leur payer le prix de leurs ouvrages, foit comptant
ou dans les termes convenus, & en retirer quittances; nommer & convenir
d'Experts, fi befoin eft, pour la vifite, réception, toifé & eftimation defdits
ouvrages, ou confentir qu'il en foit nommé d'office, leur donner tous les
pouvoirs néceffaires, pourfuivre & contefter l'enterinement de leurs rapports;
requerir nouvelle vifite & eftimation, fi le cas y échet, payer tout ce qui
pourra fe trouver légitimement dû par ledit fieur Conftituant à telles perfonnes & pour telles caufes que ce foit, en retirer quittances, ou faire à cette fin,
tels ceffions, tranfports, délaiffemens & délégations, & avec telle garantie que
ledit fieur Procureur jugera à propos; paffer tous titres nouveaux & reconnoiffances des rentes qui pourroient fe trouver dûes par ledit Sr. Conftituant,
même en cas de co-débiteurs, fous telles folidités que ledit fieur Procureur
avifera, en faire paffer au profit dudit fieur Conftituant, par fes Débiteurs,
en cas de refus faire toutes pourfuites & diligences, & obtenir tous Jugemens
& condamnations néceffaires; recevoir les rembourfemens de tout ou partie
des rentes qui pourront appartenir audit fieur Conftituant, foit qu'elles foient
dûes par Sa Majefté ou par le Clergé de France, Diocefe, Pays d'État, Communautés ou Particuliers fans aucune réferve, rendre tous titres & pieces,
confentir toutes mentions & décharges, & fi befoin eft, fubrogations fans
garantie, confentir la converfion ou réduction defdites rentes à tel denier que
ledit fieur Procureur jugera à propos; confentir, fi befoin eft, à tous changemens, converfion ou réduction qui pourroient être ordonnées à l'égard des
rentes dûes par Sa Majefté ou d'autres natures, en cas d'option déférée
aux Propriétaires defdites rentes, faire tels choix & prendre tel parti que ledit
fieur Procureur jugera à propos, comme auffi, vendre, ceder & tranfporter
le tout ou partie defdites rentes de toutes natures, ainfi que des Maifons,
Terres, heritages & autres immeubles qui pourront appartenir audit fieur
Conftituant, bailler à rente rachetable ou non rachetable, le tout ou
partie Maifons, Terres & heritages; ceder & tranfporter toutes
fommes & effets mobiliers qui font dûs & appartiendront audit fieur Conftituant, le tout à telles perfonnes, moyennant tels prix, charges, claufes &
conditions que ledit fieur Procureur avifera, & fous telle garantie que bon
lui femblera; recevoir le prix defdites rentes & tranfports, foit comptant ou
dans les formes qui feront convenues; accepter en payement defdits prix tels
biens & effets & fous les garanties, charges, claufes & conditions que ledit
fieur Procureur jugera à propos; échanger le tout ou partie defdites rentes,
Terres, Maifons & heritages contre tels autres biens que bon femblera audit
fieur Procureur; délivrer & promettre de délivrer tous titres & pieces, retirer
ceux qu'il conviendra, & en donner décharge; faire au nom & profit dudit
fieur Conftituant telles acquifitions de biens, Terres, héritages ou rentes. &
pour

pour tels prix, claufes & conditions que ledit fieur Procureur avifera, fous
la condition néanmoins, que dans le cas d'acquifitions de rentes il y aura emploi de deniers de la part des emprunteurs avec privilege fur quelques Maifons, Terres ou autres heritages, en accepter les Contrats, en payer le prix
dans les termes & de la maniere qu'il fera convenu avec les Vendeurs, en retirer les titres & en donner décharges, emprunter à cette fin ainfi que pour
l'acquit d'autres fommes qui pourront fe trouver légitimement dûes par
ledit fieur Conftituant, tous les deniers dont il aura befoin, foit à conftitution
de rentes, ou par obligations, emprunter de nouveau pour acquitter les obligations ou rembourfer lefdites rentes fucceffivement & autant de fois que
ledit fieur Procureur jugera convenable; faire par les actes d'emprunts,
Contrats d'acquifitions, quittances & autres actes, toutes les déclarations &
réquifitions, prêter tous les confentemens néceffaires pour operer en faveur
des Prêteurs, les fubrogations & privileges qu'ils défireront, au payement &
reftitution des fommes qui feront ainfi empruntées par obligation, dans les termes & de la maniere qui feront convenus, ainfi qu'au payement & continuation defdits arrerages de rentes qui feront conftituées, & à les garantir, fournir & faire valoir en principaux & arrerages, affecter, obliger & hypotequer
fpécialement & par privilege lefdits biens à acquerir, & généralement tous les
autres biens, meubles & immeubles, préfens & à venir dudit fieur Conftituant, fans qu'une obligation déroge à l'autre, paffer indemnité au profit de
ceux qui pourroient fe rendre Caution dudit fieur Conftituant, pour raifon
defdits emprunts, ou d'autres fommes qu'il pourroit devoir légitimement,
& ce, fous telles fûretés, affectations & obligations que ledit fieur Procureur
jugera à propos, faire pour raifon du tout toutes délegations & tranfports avec
ou fans garantie, agir pour ledit fieur Conftituant dans toutes les fucceffions
directes ou collaterales qui pourront lui écheoir; faire appofer, fi ledit fieur
Procureur le trouve convenable, fcellés fur les biens & effets defdites fucceffions, requerir ou confentir les reconnoiffances & levées defdits fcellés;
faire proceder & affifter aux inventaires & defcriptions defdits biens & effets;
nommer & convenir d'Officiers; faire tous dires, réquifitions & proteftations;
prêter tous confentemens, fe charger pour & au nom dudit fieur Conftituant
perfonnellement ou folidairement avec autres, de tout ou partie des biens &
effets, titres & papiers qui feront contenus aufdits inventaires; convenir d'un
autre Dépofitaire; prendre communication defdits inventaires, titres & piéces
qui y feront inventoriées; s'inftruire des forces, dettes & charges defdites
fucceffions, contefter tous teftamens ou autres difpofitions à caufe de mort ou
en confentir l'exécution; faire délivrance des legs univerfels, ou particuliers
qui y feront contenus; accepter ceux qui pourront fe trouver faits en faveur
dudit fieur Conftituant, en demander & pourfuivre la délivrance, ou y renoncer; accepter lefdites fucceffions purement & fimplement, ou par bénéfice d'inventaire; prendre en icelles telles autres qualités que ledit fieur Procureur avifera, s'en abftenir ou y renoncer, faire tous partages & fubdivifions,
convenir de la maffe des biens à partager & telle diftraction à faire fur icelles,
foit pour reprife de propres & autres, foit pour égalemens, payemens de dettes, frais & autres caufes; accepter les lots qui écheoiront audit fieur Conftituant, ou tels biens & effets que ledit fieur Procureur avifera : faire aux au-

Tome I.   X x x

tres heritiers & interessés ausdites successions, tous délaissemens nécessaires, le tout avec ou sans garantie, payer ou recevoir toutes soultes & retours; retirer tous titres & pieces, & en donner décharges; se charger de ceux que ledit sieur Procureur jugera à propos; promettre en aider qui il appartiendra; consentir que toute autre personne en demeure chargée, à condition d'en aider ledit sieur Constituant autant qu'il y aura interêt; faire toutes licitations à l'amiable ou en Justice; encherir à tel & si haut prix que ledit sieur Procureur avisera; recevoir, payer, ou promettre payer les prix desdites licitations, pour ce qui concernera ledit sieur Constituant Adjudicataire; emprunter tous deniers nécessaires, avec tous les mêmes pouvoirs, sans exception que ceux ci-devant exprimés au sujet des emprunts pour acquerir, accepter toutes les donations entre-vifs, mobiliaires & immobiliaires qui pourroient être faites audit Constituant, sous telles réserves d'usufruit, pensions viageres & autres charges, clauses & conditions que ledit sieur Procureur jugera à propos, recevoir les sommes & deniers qui se trouveront comprises ausdites donations; retirer les titres & pieces concernant les meubles & autres biens & effets, en donner décharge; requerir & faire faire les insinuations desdites donations partout où besoin sera, observer les autres formalités requises & nécessaires, & faire au surplus pour la validité & entiere exécution desdites donations tout ce qu'au cas appartiendra; intenter toutes actions & demandes en Justice; défendre à toutes celles qui pourroient être intentées à l'encontre dudit sieur Constituant; poursuivre sur le tout jusqu'à Sentences, Jugemens ou Arrêts diffinitifs; nommer & convenir d'Arbitres & Surarbitres; passer compromis & prorogations d'iceux sous telles peines, clauses & conditions que ledit sieur Procureur conviendra; acquiescer aux Sentences arbitrales, ou en appeller; appeller aussi de toutes autres Sentences & Jugemens, se pourvoir par toute voye de Droit suivant l'exigence des cas; poursuivre sur le tout jusqu'en définitif, ou s'en désister; plaider, opposer, appeller, élire domicile; substituer un ou plusieurs Procureurs au fait de plaidoirie, les révoquer, & en substituer d'autres autant de fois que ledit sieur Procureur jugera à propos; leur payer ou promettre payer leurs frais, salaires & déboursés, consentir distraction à leur profit; retirer de leurs mains ainsi que des mains de toutes autres personnes, tous titres, papiers, procedures & autres pieces, & leur en donner décharges, traiter, transiger & composer de tous Procès, differends, instances & contestations mûes & à mouvoir, moyennant telles sommes & sous telles charges, clauses & conditions que ledit sieur Procureur jugera à propos, recevoir, payer ou promettre payer les sommes dans les termes & de la maniere qui seront convenus, accepter ou donner en payement tels biens & effets, & avec telles garanties qu'il avisera; accorder termes & délais; donner toutes main-levées, consentir tous élargissemens, & prêter tous autres consentemens que le cas requerera; de tous les reçus que fera ledit sieur Procureur en vertu des presentes, donner par lui toutes quittances & décharges nécessaires qui seront valables, en cas de payement par le Receveur des Consignations, Commissaires aux Saisies-Réelles & autres Dépositaires; obliger ledit sieur Constituant de les en faire tenir quittes, & décharger envers & contre tous, même de rapporter les sommes payées s'il étoit ainsi ordonné par Juſtice, à peine d'y être contraints par les mêmes voyes & ainſi que leſdits Dépoſitaires y pourroient être pourſuivis, & de tous dépens, dommages & interêts; faire pardevant tous Juges & Magiſtrats telles affirmations que beſoin ſera, en requerir acte, & en ſigner les Procès-verbaux au nom dudit ſieur Conſtituant; ſubſtituer un ou pluſieurs Procureurs en tout ou en partie, des pouvoirs ci-deſſus, & notamment dans les cas où il en ſera beſoin, lorſque ledit Procureur & ledit ſieur Conſtituant ſe trouveront tous deux intereſſés dans une même ſucceſſion, ou dans d'autres affaires où ils auront des interêts differens ou oppoſés; les révoquer & en ſubſtituer d'autres autant de fois que ledit ſieur Procureur jugera à propos, ces preſentes demeurant toujours en leur force & vertu; paſſer & ſigner aux fins ci-deſſus par ledit ſieur Procureur conſtitué & par ceux qui pourront être par lui ſubſtitués tous Contrats de ventes & d'acquiſitions, obligations, tranſports, délaiſſemens, conſtitutions de rente, tranſactions, accords, partages, conventions, nominations, quittances, mains-levées, conſentemens & autres actes de telles natures qu'ils puiſſent être, ſous toutes les clauſes, charges, conditions & ſtipulations ci-devant exprimées, & autres que ledit ſieur Procureur jugera à propos, & par leſdits actes, obliger ledit ſieur Conſtituant & tous ſes biens, meubles & immeubles, préſens & à venir, tant & ſi avant que ledit ſieur Procureur jugera à propos, & ſous telles ſolidités que bon lui ſemblera, & généralement faire tout ce qu'il aviſera bon être, & que ledit ſieur Conſtituant pourroit faire, s'il étoit préſent en perſonne, quoique non exprimé en ces préſentes, & encore que le cas requît un mandement plus ſpécial.

En cas de décès dudit ſieur Procureur ci-deſſus conſtitué, ledit ſieur Oug comparant conſtitue en ſon lieu & place pour ſon Procureur général & ſpécial le ſieur Louis Mazy Bourgeois de Paris, & en cas de décès dudit ſieur Mazy, ledit ſieur Oug conſtitue pour ſa Procuratrice générale & ſpéciale Damoiſelle Catherine Oug ſa ſœur, femme dudit ſieur Mazy, auſquels Sieur & Damoiſelle Mazy, & chacun d'eux ſucceſſivement audit cas de décès ledit ſieur Oug donne tous les pouvoirs ci-devant exprimés ſans en excepter aucuns, pour par eux agir en conſéquence & les exercer en toute leur étendue: Sçavoir, ledit ſieur Mazy, en cas de décès dudit ſieur Procureur ci-deſſus conſtitué, & ladite Damoiſelle Mazy, en cas de décès deſdits ſieurs & Mazy; & outre ledit ſieur Oug veut & entend que la préſente procuration ait lieu & valide à toujours en tout ſon contenu juſqu'à révocation expreſſe dûement faite & ſignifiée, nonobſtant toute ſurannation & laps de tems, attendu ſon éloignement; promettant, obligeant, &c. Fait & paſſé, &c.

Procuration pour recevoir des deniers en Hollande.

FURENT préſens Claude & René, freres, Marchands de Drap en Compagnie, Bourgeois de Paris, demeurans rue   leſquels ont fait & conſtitué leur Procureur général & ſpécial, Paul, &c. lui donnant pouvoir de pour & en leurs noms, demander & recevoir toutes & chacunes les ſommes de deniers qui leur ſont & pourront être ci-après dûes par quelques perſonnes que ce ſoit en Hollande, par obligations, promeſſes, billets, lettres de change, envois de marchandiſes, arrêtés de comptes ou mémoires & autrement, le tout fuivant les pieces, extraits & mémoires, dont ledit Procureur fera Porteur, du reçu fe tenir contens, & en donner quittances & décharges néceffaires ; à refus de payement y contraindre les Débiteurs, & tous autres qu'il appartiendra, par les voyes de droit de Juftice, obtenir Sentences, Jugemens & condamnations, & en vertu d'iceux & autres pieces qu'aura ledit Procureur, faire emprifonner les Débiteurs, faifir & exécuter leurs biens, meubles & immeubles, les faire vendre & décreter en la maniere accoutumée, & faire les autres pourfuites jufqu'à parfait payement, & que lefdits fieurs Conftituans foient payés de leur dû, même lui donnent pouvoir lefdits Sieurs Conftituans de tranfiger & compofer ainfi qu'il avifera avec lefdits Débiteurs de ce qui eft & fera par eux dû aufdits Conftituans, & leur accorder délais, fi befoin eft, ou bien defdites dettes en faire telles ceffions & tranfports que bon lui femblera, à telles perfonnes qu'il avifera, recevoir ce qui en proviendra, & en donner les quittances fur le tout faire & paffer tous Contrats, accords, compofitions, tranfactions, tranfports, quittances, décharges, main-levées, élargiffemens & autres actes néceffaires, & généralement, &c. promettant lefdits fieurs Conftituans avoir agréable tout ce que ledit Procureur, fes Subftituts, ou chacun d'eux aura fait, en vertu des prefentes, le ratifier fi befoin eft, toutefois & quantes, à peine de tous dépens, dommages & interêts, fous l'obligation, &c. Fait & paffé, &c.

Procuration pour rendre Compte.

FUT préfent Emmanuel, &c. lequel donne pouvoir à Nicolas, &c. de comparoir en Juftice, fi befoin eft, & partout où il fera néceffaire, pour examiner le compte dreffé par lui en qualité de, &c. affirmer icelui véritable, convenir des apoftilles dudit compte fuivant les allocations, radiations ou fouffrances qui y pourront être appofées par Denis oyant compte, les allouer, débattre, contefter & foutenir les emplois d'icelui s'il y échet, le tout fuivant & ainfi que ledit fieur Nicolas, &c. trouvera à propos ; & enfin, clôre & arrêter le compte, en la maniere qu'il eftimera être à l'avantage dudit fieur Emmanuel, figner icelui, & tous les actes qu'il conviendra pour ce fujet, en recevoir le reliquat & du reçu en donner quittances & décharges valables, & fi befoin eft plaider, appeller, oppofer, élire domicile, fubftituer, & généralement, &c.

Procuration pour faire rendre Compte.

FUT préfent Jacques Maureau, Marchand, &c. demeurant, &c. lequel a fait & conftitué fon Procureur général & fpécial Jofeph Mignard, &c. auquel il donne pouvoir de pour lui & en fon nom, faire rendre compte au fieur Pierre Tardif, Marchand, &c. & à tous autres qu'il appartiendra, de toutes & chacunes les Marchandifes que ledit Conftituant a envoyées audit fieur Tardif, &c. enfemble des lettres de change que ledit fieur Maureau a tirées fur lui, lefquelles font acquittées, ainfi qu'il eft déclaré au mémoire que ledit fieur Conftituant en a fait, auffibien que defdites Marchandifes, lequel il a certifié véritable, dont ledit Procureur fera Porteur, pour examiner, former les débats & foutenemens contre les articles dudit compte, clôre & arrêter icelui, fuivant les allocations, radiations ou fouffrances, le tout ainfi que ledit fieur Mignard trouvera avantageux, figner icelui & autres actes qu'il conviendra, donner quittances & décharges néceffaires; & au cas que ledit fieur Tardif faffe refus de rendre ledit compte, & en payer le reliquat, l'y faire contraindre par Juftice; & à cet effet, plaider, appeller, élire domicile, fubftituer, &c.

Procuration pour vendre un Heritage.

FUT prefent Jean Lemaître, &c. demeurant à Paris, lequel a fait & conftitué fon Procureur général & fpécial, Nicolas, &c. auquel il donne pouvoir de vendre, ceder & tranfporter, & promettre pour ledit Conftituant garantir de tous troubles & autres empêchemens généralement quelconques, à telles perfonnes, pour tel prix, charges, claufes & conditions que ledit Nicolas trouvera bon être, une Maifon, &c. le tout fitué au Village de, &c. qui feront défignés plus particulierement par tenans & aboutiffans, fuivant les anciens & nouveaux titres, partages & Baux, audit Conftituant appartenans, défigner la proprieté, recevoir tout ou partie du prix de ladite vente, accorder terme & délai pour le payement du furplus, en paffer Contrat & donner quittances pardevant Notaires, & à la garantie & entretenement y obliger le Conftituant, avec tous fes biens, meubles & immeubles, prefens & à venir, élire domicile, &c. & généralement faire tout ce qui fera néceffaire, comme ledit Conftituant feroit, lequel promet avoir le tout pour agréable, & le ratifier, quand il en fera requis, obligeant, &c. Fait & paffé, &c.

Quelquefois on énonce dans la procuration de quelles charges eft chargé l'heritage qu'on veut vendre, & le prix qu'on en veut avoir; ce qui fe fait en ces termes:

Vendre, &c. moyennant la fomme de trois mille livres de prix principal, francs deniers au Vendeur; plus, à la charge de dix livres de rente & fondation dûes à l'Eglife & Fabrique dudit lieu, & des Droits de Cens, & autres Droits Seigneuriaux que lefdites Maifons & heritages peuvent devoir au Seigneur dudit lieu; & encore à la charge du Bail à loyer fait defdits lieux à Jacques, &c.

Procuration pour accepter ou répudier une Succeffion, faire Inventaire & Partage.

FUT préfent André, &c. demeurant, &c. habile à fe dire & porter heritier de Philippe, &c. fon oncle paternel, vivant, &c. lequel audit nom, a fait & conftitué fon Procureur général & fpécial, Maître François, &c. auquel il donne pouvoir de pour lui & en fon nom, en ladite qualité, conjointement avec les autres préfomptifs heritiers dudit défunt, faire faire inventaire & defcription en la maniere accoutumée, de tous les biens & effets délaiffés par ledit défunt fon oncle, qui fe trouveront, tant en la Maifon où il eft décedé, que, &c. nommer & convenir d'Officiers pour la confection dudit inventaire, prifée & vente des biens meubles de ladite fucceffion; confentir, fi befoin eft, da clôture dudit inventaire, faire faire la vente defdits meubles en la maniere accoutumée; quand ledit Procureur aura eu une entiere connoiffance de tous les biens & effets de ladite fucceffion & dettes paffives d'icelle, s'il y en a, accepter purement & fimplement ou par béné-fice d'inventaire, ou répudier pour ledit fieur Conftituant ladite fucceffion; l'acceptant; faire proceder au partage defdits biens & effets dudit défunt, avec fes autres co-heritiers: Ce faifant, demander & recevoir de tous ceux qu'il appartiendra, tous les deniers qui fe trouveront lui être dûs, à refus de payement y faire contraindre les Débiteurs & autres qu'il appartiendra par les voyes de Juftice; & fi lefdits préfomptifs co-heritiers dudit Confti-tuant étoient négligens ou refufans de faire proceder audit inventaire & partage, faire contr'eux telles fommations & proteftations que befoin fera à ce fujet, même en ce cas, faire faire à fa requête, & diligence, par autorité de Juftice, ledit inventaire & partage; fi befoin eft plaider, oppofer, appeller, renoncer, affirmer, élire domicile, fubftituer, &c. Comme auffi donne pouvoir à fondit Procureur de vendre, ceder, tranfporter, échanger, & autrement aliéner tout ce qu'il peut prétendre & lui pourra écheoir par le partage des biens de ladite fucceffion, à telles claufes, conditions, & con-tre tels autres biens & effets qu'il avifera; recevoir pareillement lefdits prix de tout ce que ledit Procureur recevra en vertu defdites préfentes, en don-ner quittances & décharges néceffaires, & fur tout le contenu ci-deffus, cir-conftances & dépendances, faire & paffer tous Contrats de vente, ceffions, tranfports, partages, échanges, compromis, fommations, proteftations, in-ventaires, quittances, décharges, tranfactions, & autres actes qui feront né-ceffaires. Promettant ledit Conftituant avoir agréable, & ratifier, &c.

Procuration pour faire échange.

FUrent préfens Jacques &c. & Marie, &c. fa femme, de lui autorifée, de-meurans, &c. lefquels ont fait & conftitué leur Procureur général & fpé-cial Claude, auquel ils donnent pouvoir de pour eux & en leurs noms, ac-querir de Jean & de Nicole, &c. fa femme, demeurans, &c. qui lui délaif-feront à titre d'échange, & promettront folidairement fous les renonciations requifes, leur garantir de tous troubles, dettes, hypoteques, évictions & autres empêchemens quelconques, une Maifon fife rue　　　Paroiffe *tenans & aboutiffans*, appartenante audit Jean & fa femme, du propre de lad. femme, & à elle échûe par le décès de, &c. à la charge des Cens & Droits Seigneuriaux & de telles rentes & arrerages, &c. & en contr'échange de la-dite Maifon, lefdits Conftituans donnent pouvoir à leurdit Procureur, de délaiffer audit Claude & fa femme, avec promeffe de pareille garantie fo-li-daire, une Maifon fife, &c. *comme deffus.* Plus, cent livres de rente au prin-cipal de deux mille livres dûe & conftituée au profit dudit Jacques, par Pier-re & Madeleine fa femme fur leurs heritages & biens, par Contrat paffé, &c. Plus, deux cens livres de rente, &c. le tout appartenant aufdits Conftituans:

Sçavoir, ladite Maifon & ladite rente de cent livres du propre de ladite femme; & ladite rente de deux cens livres de l'acquifition qu'ils en ont faite de   par Contrat paffé, &c.

Et fera ledit échange fait pour jouir des chofes échangées du jour du Contrat & des arrerages des rentes, &c. fans aucune foulte ni retour, à la charge des Cens & Droits Seigneuriaux par chacune defdites Parties, par qui ils feront dûs.

Et ont lefdits Conftituans en outre, donné pouvoir audit de faire lefdits échanges à telles charges, claufes & conditions que ledit fieur Procureur avifera avec lefdits   paffer à ce fujet tous Contrats & actes que befoin fera. Promettant, &c.

Quand c'eft à la charge de foulte, il faut dire :

Moyennant la fomme de   pour foulte & retour que lefdits Conftituans payeront comptant par les mains de leurdit Procureur aufdits Jacques & Marie fa femme; & au furplus, à telles charges, claufes & conditions que ledit Procureur avifera, avec iceux Jacques & fa femme, paffer tous Contrats & autres actes, & généralement faire, &c.

Procuration pour emprunter à conftitution de rente, ou parObligation.

FURENT préfens Charles & Marie fa femme, qu'il autorife à l'effet des préfentes, demeurans, &c. lefquels ont fait & conftitué leur Procureur général & fpécial, Jean, auquel ils donnent pouvoir d'emprunter pour eux & en leurs noms jufqu'à la fomme de dix mille livres, d'une ou de plufieurs perfonnes, foit parContrat de conftitution de rente, à raifon de l'Ordonnance, par obligations ou autrement, pour employer lad. fomme, &c. Promettre au nom defd. Conftituans folidairement, la rendre & payer, ou de payer & continuer la rente qui en fera créée, felon & ainfi que led. Procureur avifera; paffer Contrats de conftitution & obligations, & autres actes, fous les conditions qui feront accordées, & à la garantie, payement, reddition de la fomme & condition de la rente, y obliger lefdits Conftituans folidairement l'un pour l'autre, un d'eux feul pour le tout, fans divifion ni difcuffion, renoncer aux Bénéfices & exceptions defdits droits, avec tous & chacuns leurs biens, meubles & immeubles, préfens & à venir, fpécialement leur Maifon, &c. élire domicile, & généralement faire, &c. Promettant avoir agréable & ratifier, &c.

Le Notaire qui en vertu d'une telle procuration paffe Contrat de conftitution ou obligation, charge la procuration en marge, s'il en eft requis, de la fomme contenue en fon Contrat, pour fûreté du Créancier; & cela fe fait fur l'expedition & fur la minute de la procuration, s'il en eft refté une, comme il enfuit:

En vertu de la préfente procuration, ledit   a emprunté & pris par obligation, *ou* Contrat de conftitution, la fomme de douze cens livres du fieur   comme le contient plus au long ledit Contrat *ou* obligation paffée pardevant   Notaires, le   jour, &c.

Procuration pour recevoir une somme & poursuivre.

FUT présent Pierre, &c. lequel a fait & constitué son Procureur Nicolas, &c. auquel il donne pouvoir de pour lui & en son nom, recevoir de Jean, la somme de deux mille livres à lui dûe par ledit Jean, contenue en sa promesse du   jour de   pour les causes y mentionnées ; du reçu donner quittances & décharges valables, & à refus de payement faire toutes poursuites & diligences nécessaires, obtenir Sentence définitive, recevoir Caution, si besoin est, faire mettre à exécution ladite Sentence ; & en vertu d'icelle, saisir & vendre les biens, meubles & immeubles dudit Jean, jusqu'à dûe concurrence, donner main-levée, plaider, appeller, élire domicile, substituer, & généralement, &c. promettant, &c.

Procuration pour recevoir le rachat d'une Rente.

FUT présent Claude, &c. lequel a constitué son Procureur général & spécial Georges, auquel il a donné pouvoir de recevoir pour lui & en son nom de Jacques, & de tous autres qu'il appartiendra, le remboursement & sort principal de cent livres de rente; ensemble, les arrerages qui en seront dûs au jour dud. remboursement, frais, dépens & loyaux-coûts, appartenans aud. Constituant, comme ladite rente lui ayant été cedée & transportée par tel & telle sa femme, par Contrat passé pardevant   Notaires à   le ausquels icelle rente avoit été vendue & constituée par tel par Contrat passé pardevant   Notaires, le   du reçu en donner quittances & décharges valables, rendre ledit Contrat de constitution & autres pieces; consentir sur icelles leurs minutes & autres que de besoin toutes mentions nécessaires; & en cas que lesdits Débiteurs ne veuillent faire led. remboursement, les poursuivre pour leur faire passer titre nouvel de ladite rente, les contraindre aussi au payement des arrerages par saisie & vente de leurs biens, donner main-levée, &c. comme en la précedente.

Procuration pour assister à un Contrat de Mariage.

FUT présent Gabriel, &c. demeurant, &c. lequel a fait & constitué sa Procuratrice générale & spéciale, Marguerite une telle sa femme, qu'il autorise à l'effet des présentes, & pour ce qu'elle fera en conséquence d'icelles, à laquelle il donne pouvoir de pour eux & en leurs noms, assister au Contrat de mariage proposé entre Philippe, &c. & Nicole, &c. leur fille, donner leur consentement à la célébration d'icelui, même par ledit Contrat constituer en dot à lad. Nicole, &c. la somme de quinze mille livres, au payement de laquelle, dans les tems qui seront convenus, obliger lesdits Constituans & tous leurs biens présens & à venir solidairement, aux renonciations requises, élire domicile, & généralement faire tout ce qu'au cas appartiendra, &c.

Procuration ad lites.

FUT préfent François, &c. demeurant, &c. lequel a donné pouvoir à Maître, &c. Procureur au Parlement, de pour lui & en fon nom, occuper en toutes les caufes dudit Conftituant mûes & à mouvoir, tant en demandant qu'en défendant, foit pardevant Noffeigneurs de Parlement, Requêtes du Palais, ou autres Jurifdictions de l'Enclos d'icelui, contre toutes perfonnes & pour quelques caufes que ce foit, fournir défenfes, écrire, produire, & contredire; faire les pourfuites néceffaires jufqu'à Sentences & Arrêts définitifs, & généralement, &c. promettant, &c. Fait & paffé, &c.

Procuration pour s'oppofer aux Criées & Décret.

FUT préfent Jacques, &c. lequel a fait & conftitué fon Procureur Maître Procureur au Châtelet de Paris, auquel il donne pouvoir de s'oppofer au nom dud. Conftituant aux criées, vente & adjudication par Décret, qui fe pourfuivent audit Châtelet, de la Terre de, &c. fife, &c. à la requête de Meffire fur le fieur Dubois, pour les caufes & raifons qu'il déduira en tems & lieu; comme auffi faire tout ce qu'il jugera à propos, pour conferver ledit fieur Conftituant en fes droits de propriété, d'hypoteque & autres qu'il a fur ladite Terre de & même, fi befoin eft, plaider, oppofer, appeller, élire domicile, fubftituer, & généralement, &c.

Au lieu de ces mots: *Pour les caufes qu'il déduira en tems & lieu,* on peut mettre tout de fuite les caufes en ces termes:

Pour fûreté, confervation & payement de la fomme de huit mille livres dûe audit Jacques, &c. par Contrat paffé à fon profit par ledit fieur Dubois le, &c. interêts de ladite fomme, frais & dépens, en quoi ledit Dubois a été condamné envers ledit Jacques par Sentence, &c. & outre pour être confervé en fes droits d'hypoteques, & autres raifons & actions, &c.

Procuration pour intervenir en une Inftance.

FUT préfent Pierre, &c. lequel a fait & conftitué fon Procureur général & fpécial, Maître Procureur en la Cour de Parlement, auquel il a donné pouvoir de pour lui & en fon nom, intervenir en l'Inftance pendante en ladite Cour, en la premiere Chambre des Enquêtes, entre Maître Jacques, &c. d'une part, & Claude & Jean, &c. d'autre; pour raifon de, &c. & là déduire & fournir fes moyens d'intervention, écrire, produire, contredire, plaider, oppofer, & généralement, &c.

Procuration pour s'infcrire en faux.

FUT préfent Nicolas de Laval, &c. lequel a fait & conftitué fon Procureur général & fpécial, Maître, &c. Procureur au Parlement, auquel il donne pouvoir de pour lui & en fon nom, s'infcrire en faux au Greffe de la Cour, & partout, où il appartiendra, contre une prétendue quittance qu'on prétend avoir été fignée par défunt Jean de Laval, pere dudit Conftituant, au profit de Jacques, &c. de la fomme de quatre mille livres, paffée devant, &c. Notaire, le deuxiéme jour de, &c. laquelle prétenduë quittance a été produite par Maître　　　Procureur dudit Jacques, &c. au Procès d'entre lui & ledit Conftituant, en fon inventaire de production fous la cotte F. troifiéme piece de ladite cotte ; ce faifant, fournir moyens de faux, recevoir & admettre reproches, Témoins & Experts, écrire, produire & contredire, plaider, &c. oppofer, &c. élire domicile, &c. fubftituer, &c. & généralement faire en ladite Inftance, toutes pourfuites, contraintes & diligences néceffaires jufqu'à Jugement définitif. Promettant, obligeant, &c.

Le Notaire doit garder minute de toutes procurations pour infcription de faux, pour en éviter la perte, & affurer le Procureur de fa Partie qui a voulu faire ladite infcription en faux, afin qu'elle réponde de fon action au cas qu'elle en fût déboutée & condamnée en quelques dépens, dommages & interêts, comme Chicaneur & témeraire Plaideur.

Il y a des Débiteurs fi mauvais Payeurs, qui pour travailler un légitime Créancier, & lui faire perdre fon dû, s'ils pouvoient, fe fervent infolemment de cette voye d'infcription de faux contre leurs propres écritures & fignatures. Anciennement les Juges les condamnoient à des peines afflictives, felon l'importance du fujet ; mais à préfent, l'on convertit le plus fouvent les moyens de faux en moyens de nullité.

Procuration pour tranfiger d'un Procès.

FURENT préfens Claude, Jean, Marie & Nicole, &c. tous freres & fœurs, enfans & heritiers de défunt Jacques, &c. lefquels ont donné pouvoir à Maître　　　leur Procureur, de pour eux & en leurs noms, en ladite qualité d'heritiers dudit　　　tranfiger, traiter & accorder du Procès pendant entr'eux efdits noms en la Cour de Parlement, au rapport de Monfieur　　　Confeiller en icelle en la Grand'Chambre, & Maître　　　pour raifon des heritages contentieux entr'eux, charges & fervitudes qu'ils prétendent l'un fur l'autre, convenir d'Experts pour la vifite des lieux, & rapport de l'état d'iceux ; convenir & nommer Arbitres pour juger & terminer à l'amiable ledit Procès, écrire, produire & contredire, le tout felon & ainfi que ledit Procureur avifera bon être ; recevoir, payer ou promettre payer s'il y échet, les fommes de deniers aufquelles fera convenu ; paffer à cet effet, tous Contrats, tranfactions, promeffes, quittances, remifes & autres actes que befoin fera, & à l'entretenement d'iceux, & de tout ce qui fera fait, y obliger lefdits Conftituans folidairement ou féparément ; faire toutes fommations, proteftations, offres, pourfuites & autres actes de Juftice qui feront requis ; promettre de faire ratifier par lefdits Conftituans tout ce qui fera fait, élire domicile, &c. & généralement faire au fujet de ce que deffus, circonftances & dépendances, tout ce qui fera néceffaire, &c.

Indemnité d'une Procuration.

AUJOURD'HUI eſt comparu devant les Notaires ſouſſignés, P. de Laval, demeurant   lequel reconnoît qu'à ſa priere, & pour lui faire plaiſir, le ſieur J. Lemoine   s'eſt bien voulu charger d'une procuration qu'il lui a paſſée ſous ſon nom, pardevant les Notaires ſouſſignés, ce jourd'hui, dont n'eſt reſté minute, à l'effet d'intervenir en ſon lieu & place en une ou pluſieurs Inſtances qu'il a pendantes en la Cour de Parlement, en la première Chambre des Enquêtes, au rapport de Monſieur Conſeiller en icelle, entre *tel* & *tel*, pour raiſon de, &c. comme auſſi pour demander communication de ladite Inſtance, y déduire ſes moyens d'intervention, ainſi qu'il eſt porté par ladite procuration; c'eſt pourquoi ledit ſieur Comparant promet & s'oblige par ces préſentes envers ledit ſieur Lemoine, demeurant   à ce préſent & acceptant, de l'acquitter, garantir & indemniſer de l'évenement de ladite procuration, & de tous dépens, dommages & interêts qu'il pourroit encourir au ſujet d'icelle, même de lui payer tout ce qu'il aura débourſé, éliſant, &c.

Autre indemnité de Procuration portant Contre-Lettre.

AUJOURD'HUI, &c. François Lhuiller   demeurant   lequel reconnoît qu'à ſa priere & pour lui faire plaiſir, F. Boy lui a préſentement mis ſa procuration ès mains, le nom du Procureur en blanc, paſſée devant les Notaires ſouſſignés, dont n'eſt reſté minute ſpéciale, pour faire au nom dudit ſieur Boy, le recouvrement des droits de lods & ventes, quints & requints, rétention par préſentation, & autres droits & devoirs Seigneuriaux acquis par Sa Majeſté, à cauſe de la mutation, de la Terre & Seigneurie de   ſituée   mouvante & relevante de Sa Majeſté à cauſe du Domaine de l'Iſle, &c. en conſéquence du teſtament du ſieur de Fay, du   deſquels droits ledit ſieur Lhuillier a obtenu don de Sa Majeſté, ſous le nom dudit ſieur Boy; promettant ledit ſieur Lhuillier d'acquitter, garantir & indemniſer ledit ſieur Boy de l'évenement de ladite procuration, & de tous frais, dépens, dommages & interêts, eſquels ledit ſieur Boy pourroit ſuccomber pour raiſon d'icelle, ne l'ayant ledit ſieur Boy accepté que pour adherer à la priere & réquiſition dudit ſieur Lhuillier, auquel leſd. droits appartiennent, dans leſquels il ne lui a ſimplement fait que prêter ſon nom; ce qui a été accepté par ledit ſieur Boy, demeurant   à ce préſent, & pour l'exécution, &c.

Autre indemnité de Procuration.

AUJOURD'HUI, &c. lequel reconnoît que ce n'eſt qu'à ſa priere & pour lui faire plaiſir que Louis   lui a pardevant Notaires, ce jourd'hui paſſé procuration générale en ſon nom, pour procéder au recouvrement des ſommes & effets énoncés en icelle. C'eſt pourquoi ledit Comparant promet & s'oblige de rendre & payer audit *tel* tous & cha-

YYyy ij

euns les deniers qu'il pourra être tenu de débourſer au ſujet de ladite procuration & de l'acquitter, garantir & indemniſer de toutes procedures & frais qu'il
pourra faire en conſéquence, même le décharger ou l'en faire décharger envers & contre tous de ce qu'il recevra en vertu d'icelle procuration, & ce,
attendu que les ſommes & effets y mentionnés ont été rétrocedés par ledit
Comparant aux Sieur & Damoiſelle *tels*, qui lui en auroient fait ceſſion; leſquels Sieur & Damoiſelle *tels* en ont traité avec ledit ſieur Comparant, auquel
le tout appartient; ce qui a été accepté par ledit ſieur Louis ●   à ce
préſent, demeurant.   Car ainſi, &c.

Révocation de Procureur.

FUT préſent   demeurant., &e. lequel a révoqué Me. Pierre M.
 Procureur au Châtelet de Paris, qui a ci-devant occupé pour lui en pluſieurs Inſtances qu'il a au ſujet d'une licitation à l'encontre des nommés
n'entendant plus que ledit M. occupe ni s'immiſce à l'avenir dans aucunes de
ſes affaires; & en ſon lieu & place a fait & conſtitué pour ſon Procureur général & ſpécial Me. Antoine R. auſſi Procureur audit Châtelet, auquel il donne pouvoir de pour lui & en ſon nom, occuper eſdites Inſtances, & faire pour
raiſon d'icelles, tout ce qu'il jugera & aviſera bon être, promettant l'avouer
& avoir le tout pour agréable; & pour faire ſignifier la préſente révocation
audit Me. M.   & à qui il appartiendra, ledit ſieur.   en a donné
pouvoir audit Me. R.   Fait & paſſé, &c.

Autre Révocation de Procureur.

FUT préſent   lequel a par ces préſentes
 révoqué & révoque Maître Gilles L. Procureur en la Cour, n'entendant plus qu'il agiſſe ni s'immiſce dans ſes affaires en aucune maniere,
& en ſon lieu & place a conſtitué pour ſon Procureur Me.
auſſi Procureur en la Cour auquel il donne pouvoir de pour lui & en ſon nom,
pourſuivre les Inſtances qu'il a ou aura ci-après, tant en ladite Cour de Parlement, Cour des Aydes, Requêtes de l'Hôtel & du Palais, qu'autres Juriſdictions de l'Enclos d'icelui; écrire, produire & contredire, & préſenter toutes Requêtes néceſſaires; comme auſſi, compter avec ledit L. des frais & dépens qui lui ſont & peuvent être dûs par ledit ſieur Conſtituant, pour avoir
pourſuivi ſes affaires, arrêter leſdits frais; & s'il le juge à propos, croiſer la
déclaration de dépens qui en pourra être faite, avec offre de les lui payer en
retirant par ledit ſieur Procureur conſtitué, tous les titres, pieces & procedures que ledit Me. L. peut avoir en ſes mains, concernant les affaires dudit
ſieur Conſtituant, qui pour cet effet, donne pouvoir audit ſieur Procureur
conſtitué de lui en donner toutes décharges, même faire ſignifier ces préſentes audit Me. L. & à tous autres qu'il appartiendra; lui en donnant tout pouvoir néceſſaire, &c. & ſi beſoin eſt plaider, &c. oppoſer, &c. appeller, &c.
fournir cauſes & moyens d'appel, élire domicile, ſubſtituer, &c, & généralement, &c. Promettant, &c.

Révocation de Procuration.

FUT préfent étant de préfent à Paris, logé rue des Roziers chez le fieur Moreau, Aubergifte, lequel a révoqué par ces préfentes le pouvoir par lui donné à la Demoifelle Marguerite Guerin fon époufe, par procuration paffée pardevant le à l'effet de n'entendant plus qu'elle ait aucun effet, ni que fadite époufe agiffe à l'avenir en vertu d'icelle, dont il a requis acte à lui octroyé, pour lequel faire fignifier à qui il appartiendra, il a conftitué fon Procureur le Porteur des préfentes, lui en donnant pouvoir ; promettant, obligeant, &c. Fait & paffé, &c.

Il faut obferver ici que quand on révoque un Procureur *ad lités*, pour que la révocation foit valable, il faut que l'acte contienne conftitution de nouveau Procureur, au lieu & place de celui qui eft révoqué, ce qui n'eft pas néceffaire quand on révoque un Procureur *ad negotia.*

Fin du fixiéme Livre.

LIVRE SEPTIE'ME.

DES DONATIONS.

NOUS traiterons dans ce Livre de la Donation, qui est un Contrat ; de ses differentes especes ; de ceux qui peuvent donner & recevoir des Donations ; de plusieurs autres choses qui conviennent à cette matiere ; sur quoi le Lecteur peut voir le Traité des Donations de Monsieur Ricard, ce que M. de Ferriere a dit dans sa Traduction des Institutes de Justinien sur le titre 7 du second Livre, & l'Ordonnance de Louis XV. du mois de Février 1731.

CHAPITRE PREMIER.

De la Donation en général, & de ses differentes especes.

LA Donation est un Contrat par lequel le Donateur exerce sa liberalité en faveur du Donataire. Il n'y a plus qu'une sorte de donation, qui est celle entre-vifs ; les Donations à cause de mort n'ayant plus lieu si elles ne sont dans la forme des testamens ou codiciles, ensorte qu'il n'y a plus que deux formes de disposer de son bien à titre gratuit, l'une par Donation entre-vifs, & l'autre par testament ou codicile, à l'exception des Donations à cause de mort par Contrat de mariage, suivant l'article 3 de la derniere Ordonnance de 1731, ci-après, chapitre 19 de ce Livre.

La Donation entre-vifs est celle qui se fait sans aucune contemplation ni commémoration de la mort, par un pur motif d'exercer sa liberalité, & de se dépoüiller de son vivant de la proprieté de la chofe donnée ; ce que les Notaires expriment ordinairement par ces termes : *Donation entre-vifs irrévocable.*

Dès le moment que la Donation entre-vifs eft parfaite, elle eft irrévocable, finon dans certains cas que nous expliquerons ci-après. Il eft permis de difpofer par Donation entre-vifs de tous fes biens, propres, acquêts, meubles & immeubles généralement quelconques, à perfonnes capables & non prohibées. Le Donataire entre-vifs étant fait Proprietaire dès le moment de la Donation, s'il décede avant le Donateur, il tranfmet à fes heritiers le droit qui lui eft acquis.

Les Donations entre-vifs font ou pures & fimples, ou conditionnelles, ou faites pour caufe, ou rémuneratoires.

Les Donations pures & fimples font celles qui fe font par un pur principe de liberalité, & fans aucune chofe, fuivant la Loi 1, au digefte *de Donationibus*, où le Jurifconfulte dit, que cette Donation fe fait, *propter nullam aliam caufam, quam ut Donator liberalitatem & munificentiam in Donatarium exerceat.*

Les Donations conditionnelles font celles qui dépendent de l'évenement de la condition appofée dans la Donation, & qui deviennent caduques & fans effet, fi la condition n'arrive pas.

Par exemple, je donne à Titius une Maifon de Campagne, s'il époufe ma niéce, ou en cas qu'il achete un certain Office dans un tel tems. Si Titius ne fatisfait pas à ces conditions dans les tems convenus, il ne pourra m'obliger à lui faire délivrance de la chofe donnée ; & fi la délivrance en avoit été faite, je ferois en droit de la répeter, quoique la Donation fût revêtuë de toutes les formalités requifes, & eût été infinuée : La raifon eft que les actes conditionnels dépendent toujours de l'évenement de la condition qui s'y trouve appofée, enforte qu'ils font toujours *in fufpenfo*, jufqu'au jour qu'elle foit arrivée, & que du moment qu'il eft certain qu'elle n'arrivera pas, l'acte devient caduc & comme non fait. La Donation qui fe fait pour caufe future n'eft pas une véritable Donation, parce qu'elle ne fe fait pas par un pur principe de liberalité ; c'eft plutôt un Contrat innommé, *do ut facias*, comme fi je donne à Titius cent piftoles pour aller faire quelque chofe qui me concerne ; aufli cette Donation ne participant en rien de la nature d'une véritable Donation, n'eft pas irrévocable tant que les chofes font dans leur entier. *Locus eft pœnitentiæ rebus integris.*

Les Donations rémuneratoires font celles qui fe font en reconnoiffance de quelque fervice ou de quelque bienfait qu'on

a reçu du Donataire ; comme elles ne procedent pas de la pure
liberalité du Donateur , ce n'eſt qu'improprement qu'elles
ſont appellées *Donations ;* mais comme elles ſe font *non ob cau-*
ſam futuram , ſed ob cauſam præteritam , rien n'en peut ſuſpendre
l'exécution.

Ainſi , cette donation , de même que la donation entre-vifs pure & ſimple , prend ſa forme & ſa perfection du conſentement du
Donateur & du Donataire , enſorte que ſitôt que le Donateur a
déclaré ſa volonté, & que le Donataire a accepté, la donation devient parfaite , pourvû qu'elle ſoit inſinuée , elle devient irrévocable ; ce qui fait que, quoique le Donateur ne faſſe pas dans l'inſtant la délivrance de la choſe donnée , toutefois il n'eſt pas moins
obligé de la livrer , de même qu'il y pourroit être contraint s'il
l'avoit venduë ; & il n'eſt pas ſeulement tenu de la livrer , comme
en cas de vente , il eſt encore obligé d'en transferer la propriété
au Donataire.

La donation qui ne peut valoir comme donation entre-vifs , ne
peut valoir comme teſtamentaire, quand même elle ſeroit revêtuë
des formalités des teſtamens ; la raiſon eſt que la nouvelle Ordonnance de 1731 , articles 3 & 4, n'a admis que deux eſpeces de donations , l'une entre-vifs , & l'autre teſtamentaire.
Or, ce ſeroit en admettre une troiſiéme eſpece participante de
l'une & de l'autre , ſi étant faite entre-vifs, elle étoit valable comme donation à cauſe de mort.

Après avoir expliqué ce qui concerne les donations entre-vifs,
nous allons examiner dans les chapitres ſuivans les choſes qui
ſont requiſes pour qu'une donation ſoit valable : Sçavoir , 1°. La
capacité du Donateur & du Donataire. 2°. Que la donation ne ſe
faſſe que de choſes dont il eſt permis de diſpoſer par donation.
3°. L'acceptation du Donataire. 4°. Que la donation ſoit inſinuée.
5°. La tradition réelle & civile de la choſe donnée , ou au moins
que le Donateur puiſſe être contraint de la livrer , & que faute par
le Donateur de le faire , le Donataire ait obtenu contre lui avant
ſon décès un Jugement qui l'y condamne ; après quoi nous parlerons de la révocation des donations ; nous donnerons enſuite
des formules de donations entre-vifs , du don mutuel entre Conjoints ; & comme la démiſſion de biens eſt une eſpece de donation qui participe des donations entre-vifs, nous finirons ce Livre
par l'explication de cette eſpece particuliere de Contrat.

CHAPITRE

CHAPITRE II.

De la Capacité requiſe en la perſonne du Donateur.

L A capacité du Donateur, ſans laquelle la donation ſeroit nulle, conſiſte en l'état & liberté de ſa perſonne, puiſque tous ceux qui ſont ſains d'eſprit & d'entendement, & qui ont libre diſpoſition de leurs biens, peuvent donner, pourvû qu'ils ayent l'âge requis pour donner, & qu'ils n'en ſoient point empêchés par les Loix ou par les Coutumes : Ainſi, les incapacités de donner, ſont le défaut d'âge, la dépendance d'autrui, & l'incapacité des effets civils.

Quant à l'âge requis pour faire valablement une donation, en Pays de Droit écrit, il faut être majeur de vingt-cinq ans, pour pouvoir donner entre-vifs, & pour lors on peut donner entre-vifs tous ſes biens de quelque nature qu'ils ſoient, avec tradition d'iceux.

Pluſieurs de nos Coutumes ne déſignent point à quel âge on peut faire une donation entre-vifs, mais en cela on ſuit la diſpoſition de la Coutume de Paris, qui veut en l'article 272, que pour pouvoir diſpoſer de tous ſes biens par diſpoſition entre-vifs, celui qui veut faire donation ait atteint l'âge de vingt-cinq ans accomplis : Ainſi, les mineurs de vingt-cinq ans ne peuvent diſpoſer de leurs biens par donation entre-vifs. La raiſon eſt que l'âge de vingt-cinq ans étant requis par la plupart des Coutumes pour pouvoir aliéner, la donation étant une aliénation qui dépouille en pure perte le Donateur de ſes biens, l'on a décidé avec raiſon, que celui qui ne peut aliéner, ne peut auſſi donner. Il eſt vrai qu'avant cet âge, on peut diſpoſer de ſes biens par teſtament ; par exemple, en la Coutume de Paris, pour teſter des meubles, acquêts & conquêts immeubles, il ſuffit d'avoir rempli l'âge de vingt ans. Voyez les articles 293 & 294 de cette Coutume. En Pays de Droit écrit, il ſuffit pour teſter, d'avoir pour les mâles, quatorze ans accomplis, & douze ans accomplis pour les femelles ; mais il ne s'enſuit pas de-là, qu'on puiſſe à cet âge, diſpoſer de ſes biens par donation entre-vifs. La raiſon de la difference eſt que les dernieres volontés ſont très-favorables ; les teſtamens ayant été introduits *ad ultimum vitæ ſolatium ;* d'ailleurs, les Testateurs ne se dépoüillent pas de leurs biens *hîc & nunc*, ils peuvent révoquer leurs testamens *usque ad ultimum vitæ spiritum*, & les testamens n'ont aucun effet qu'après la mort des Testateurs; tout au contraire, les Donateurs se dépoüillent de leur vivant, des biens qu'ils donnent; d'ailleurs, la donation est une aliénation beaucoup plus préjudiciable à celui qui la fait, que toute autre aliénation, puisque, comme disent les Jurisconsultes, *donare est perdere*. Ces raisons ont fait décider que dans les Coutumes qui ne fixent point l'âge pour disposer de ses biens entre-vifs, il faut le regler à vingt-cinq ans, qui est le tems de la majorité légale, lequel est reçu dans toute la France, à l'exception de quelques Coutumes où l'âge pour disposer de ses biens entre-vifs, est arrêté avant l'âge de vingt-cinq ans.

Il faut néanmoins remarquer que les mineurs de vingt-cinq ans qui se marient, ou qui ont obtenu des Lettres de bénéfice d'âge, enterinées en Justice, peuvent à vingt ans accomplis, disposer de leurs meubles, dans la Coutume de Paris & dans plusieurs autres. Voyez l'article 272 de cette Coutume; ce qui se doit entendre néanmoins des meubles ordinaires, qui ne font que la moindre partie des biens du mineur; car si tout le bien d'un mineur consistoit en effets mobiliers, il ne pourroit pas disposer entre-vifs du total, quoiqu'âgé de vingt ans, marié ou émancipé.

Pour la validité d'une donation, il faut que le Donateur soit sain d'esprit & d'entendement, parce que la donation étant une aliénation, elle doit être faite avec jugement & discretion; c'est pourquoi les furieux & ceux qui sont aliénés d'esprit ne peuvent donner en aucune maniére, soit par donation entre-vifs ou testamentaire; il faut dire la même chose de ceux à qui, par une Sentence d'interdiction, le Juge a ôté l'administration de leurs biens; de même, les sourds & muets de nature, ne peuvent faire aucune donation, parce qu'il est impossible qu'ils puissent véritablement connoître ce qu'ils veulent faire.

Il faut encore, pour la validité d'une donation entre-vifs, que celui par qui elle est faite, soit indépendant & ait la libre disposition de ses biens: Ainsi, dans les Pays de Droit écrit, les enfans de famille, tant qu'ils sont en puissance paternelle, ne peuvent point faire de donations, si ce n'est du consentement de leur pere, à moins que ce ne soit de leur pécule militaire, ou quasi militaire, dont ils ont la libre disposition; ils peuvent aussi donner les choses qui leur ont été données ou leguées, pourvû néanmoins que ces choſes leur ayent été données à condition qu'ils en auront la libre diſpoſition, & que le pere n'y pourra prétendre aucun uſufruit.

La raiſon eſt que les enfans de famille n'ont par eux-mêmes aucune incapacité de donner; la Loi ne leur défend que par rapport à l'interêt du pere, ſous la puiſſance duquel ils ſont: Ainſi, dès que le pere conſent à la donation, ou que les choſes données n'appartiennent point au pere, ni pour la propieté ni pour l'uſufruit, rien ne peut plus empêcher la validité de la donation qu'ils ſont de leurs biens adventices.

En Pays Coutumier les femmes mariées ne peuvent faire de donation entre-vifs ſans l'autoriſation, ou ſans le conſentement de leur mari; dans toutes les Coutumes qui requierent pour la validité des aliénations & obligations des femmes mariées, qu'elles ſoient autoriſées par leur mari, comme dans la Coutume de Paris & dans les autres qui ont une diſpoſition ſemblable, les femmes mariées ne peuvent diſpoſer de leurs biens ſans être autoriſées de leur mari, ſi ce n'eſt par teſtamens & codiciles; la raiſon eſt que la donation eſt une aliénation qui requiert les mêmes conditions que toute autre aliénation: Mais dans les Coutumes qui ne requierent point pour la validité des aliénations faites par une femme mariée, qu'elle ſoit nommément autoriſée de ſon mari, & où il ſuffit qu'il lui donne ſon conſentement, comme dans la Coutume de Sens, pour la validité d'une donation entre-vifs faite par une femme mariée, la donation eſt valable, pourvû qu'il apparoiſſe du conſentement par écrit du mari, ou d'une ſignature de ſa part. Voyez ce que M. de Ferriere en a dit ſur l'art. 223 de la Coutume de Paris.

Ceux qui ſont incapables des effets civils ne peuvent diſpoſer de leurs biens, ni par donation entre-vifs, ni par teſtament. Tels ſont, 1°. Les Religieux, leſquels ſont réputés morts au monde, & par conſéquent, incapables des effets civils. 2°. Les Aubains non naturaliſés qui ne ſont capables en France que des effets du droit des gens. 3°. Celui qui eſt condamné à mort civile ou naturelle, à moins que l'acte n'eût été fait *pendente appellatione*, & qu'il ne ſoit enſuite abſous par le Jugement qui doit intervenir ſur l'appel. Pareillement celui qui eſt accuſé de quelque crime capital, ne peut valablement faire aucunes donations, au cas qu'il ſoit dans la ſuite convaincu du crime; c'eſt-à-dire, que ſi un homme prévenu de crime capital, fait une donation, ſoit entre-vifs ou à cauſe de mort, elle dépend de l'évenement de l'accuſation; car s'il est absous, la donation est valable, parce qu'il n'y a en sa personne aucune incapacité de donner; mais s'il est condamné par le Jugement qui intervient sur l'accusation, la donation devient nulle, parce qu'il est censé incapable de donner du jour de l'accusation, outre que telle donation est regardée comme étant faite en fraude du fisc, ce qui fait qu'on n'y doit avoir aucun égard.

CHAPITRE III.

De la Capacité requise en la personne du Donataire.

OUTRE la capacité requise en la personne du Donateur, il faut que le Donataire ait la capacité d'accepter une donation, sur quoi il faut observer que c'est une maxime certaine, que toute personne peut accepter une donation entre-vifs, à moins qu'il n'en soit empêché par la Loi ou par la Coutume.

Ceux à qui la Loi ou la Coutume défend de donner & d'accepter aucune donation, sont tous ceux qui sont incapables des effets civils, dont nous avons fait mention dans le chapitre précédent. Il y en a d'autres qui sont incapables de recevoir des donations, non pas de toutes sortes de personnes, mais seulement par rapport à la personne du Donateur. Tels sont:

I. Les Conjoints par mariage, sur quoi il faut remarquer, que par les Loix Romaines, le mari & la femme ne se peuvent faire de donation entre-vifs durant le mariage; mais les donations entre-vifs faites entre mari & femme, peuvent devenir valables; car comme par le Droit Romain, elles sont considerées comme donations à cause de mort, si le Donateur decede le premier, sans avoir révoqué la donation par lui faite à sa femme, la donation est confirmée par sa mort; d'où il résulte que la validité d'une telle donation dépend toujours d'un évenement incertain. Voilà ce qui s'observe à ce sujet dans le Pays de Droit écrit.

Quant au Pays Coutumier, nos Coutumes sont differentes, & du Droit Civil, & entr'elles, au sujet des donations faites entre mari & femme.

Il y a des Coutumes qui permettent toutes donations entre Conjoints, soit entre-vifs ou par testament; d'autres ne leur permettent que les donations teftamentaires, mais la plupart, comme celle de Paris, leur défendent de s'avantager l'un l'autre en quelque façon que ce foit, finon qu'elles leur permettent le don mutuel des effets de la communauté en ufufruit au furvivant: Ainfi, dans la plupart de nos Coutumes, les Conjoints par mariage ne fe peuvent faire aucun avantage, foit par donation entrevifs ou teftamentaire, directement ni indirectement, fuivant l'article 282 de la Coutume de Paris, & cela par rapport aux heritiers du fang, crainte que l'amour conjugal, qui doit être toujours préfumé entre Conjoints, ne les porte à fruftrer leurs parens de leurs fucceffions, & que cet amour ne devienne venal: Ainfi, on a jugé à propos d'empêcher l'effet des liberalités que le plus avide des Conjoints pourroit extorquer de l'autre.

Cette prohibition ne s'étend point dans les Contrats de mariage ni auparavant, où l'on peut tout donner fans aucune reftriction, que celle de l'Edit des fecondes Nôces; mais elle s'exécute à la rigueur pour le tems après le mariage contracté.

II. Les inceftueux, adulteres, concubinaires, font incapables de fe donner & de recevoir l'un de l'autre; & c'eft une maxime générale que les donations faites entre Concubins, d'autres chofes que d'alimens, font nulles, parce qu'elles ont pour caufe une turpitude réprouvée dans le Chriftianifme.

Si les donations font défendues entre Conjoints par mariage, à plus forte raifon doivent-elles l'être entre tels gens, où la paffion eft d'ordinaire plus effrenée. Ce que deffus eft encore plus indubitable pour les dons & legs faits par Prêtres à leurs Concubines.

III. Les Bâtards font incapables de donations & autres avantages, tant de la part de leur pere que de leur mere, à moins qu'elles ne foient fort modiques; fur quoi il faut remarquer qu'aux garçons, on eft tenu de leur donner des alimens ou leur faire apprendre mêtier, & aux filles, de les doter; & les Bâtards peuvent pour ce cas, avoir action contre la fucceffion de leurs pere & mere naturels.

IV. Les Tuteurs, Précepteurs, Adminiftrateurs, Curateurs & autres qui ont pouvoir fur l'efprit du Donateur, font incapables de donations, fuivant l'Ordonnance de 1539, art. 131.

L'article 276 de la Coutume de Paris porte: *Les Mineurs & autres perfonnes étant en la puiffance d'autrui, ne peuvent donner ou tester directement ni indirectement au profit de leurs Tuteurs, Curateurs, Pédagogues, ou autres Administrateurs, ou aux enfans desdits Administrateurs, pendant le tems de leur administration, & jusqu'à ce qu'ils ayent rendu compte ; peuvent toutefois disposer au profit de leur pere, mere, ayeul, ayeule, ou autres ascendans, encore qu'ils soient de la qualité susdite.*

On a étendu cette disposition à toutes personnes qui ont pouvoir sur l'esprit du Donateur ; ce qui forme diverses personnes à qui on ne peut donner, qui se réduisent principalement à six especes.

1°. Les Tuteurs & Curateurs des Mineurs. 2°. Les Curateurs aux Interdits. 3°. Les Gouverneurs, Régens, Précepteurs & Pédagogues. 4°. Les Confesseurs & Directeurs de conscience. 5°. Les Monasteres où on fait Profession. 6°. Les Médecins, Chirurgiens & Apotiquaires d'un défunt sont incapables de dons & legs faits pendant la maladie dont il décede.

Il y en a qui tiennent que le Client ne peut donner à son Avocat ou Procureur ; mais cela n'a pas toujours lieu en ce Parlement, & cela dépend beaucoup des circonstances.

On demande, si la donation entre-vifs, ou le legs fait à un enfant à naître est valable. Il a été jugé que les donations testamentaires, & les legs faits à un enfant à naître étoient valables. Arrêt du 20 Mars 1643.

La donation entre-vifs est pareillement valable, dans ce cas, suivant l'article 12 de l'Ordonnance du mois de Février 1731.

CHAPITRE IV.

De quels Biens on peut disposer par Donation entre-vifs, ou par Testament.

C'EST un principe certain que chacun peut donner entre-vifs ou à cause de mort, tous les biens dont la Loi ou la Coutume ne lui défend pas de disposer.

Suivant la disposition du Droit Romain, on peut donner généralement tous ses biens, pourvû qu'ils ne soient pas substitués, que le Donateur ne se soit pas remarié ayant des enfans du premier lit, & qu'il réserve la légitime à ses enfans.

A' l'égard des biens ſubſtitués, la donation qui en eſt faite n'eſt pas nulle dans ſon principe, elle dépend d'un évenement incertain; ſi tous ceux appellés à la ſubſtitution décedoient avant le Donateur, la donation ſeroit valable. Quant à ce que ceux qui ſe remarient peuvent donner, nous en avons ſuffiſamment parlé en traitant des ſecondes Nôces.

A l'égard de nos Coutumes, elles ſont très-differentes ſur la qualité & quantité des biens dont elles permettent la donation. Il y en a qui ſuivent la diſpoſition du Droit Romain, & qui permettent de tout donner; d'autres permettent de donner tous les meubles & acquêts, & le tiers des propres, comme Anjou, Maine; d'autres diſent le quint des propres.

Il y en a qui ne permettent de donner en proprieté que les meubles & l'uſufruit des acquêts, & le tiers des propres; quelques-unes ne permettent de donner les meubles & acquêts, que quand le Donateur a des propres; mais s'il n'a que des meubles, il n'en peut donner que le tiers; & s'il n'a que des meubles & acquêts immeubles, il peut alors donner la totalité de ſes meubles, & le tiers ſeulement des acquêts immeubles.

Il y en a qui permettent de donner tout entre-vifs, & ne reſtraignent la liberté de donner, que dans les teſtamens, comme Paris; d'autres la reſtraignent auſſi dans les donations entre-vifs, voulant aſſûrer une légitime à tous les heritiers.

En cela on doit ſuivre exactement la Coutume des lieux & tâcher de ne rien mettre dans ces ſortes d'actes, qui puiſſe produire des ſujets de conteſtations.

On demande ſi la donation de tous biens préſens & à venir eſt valable.

Cette queſtion a été autrefois fort diſputée.

Mais l'Ordonnance de Louis XV. du mois de Février 1731, a enfin établi une Juriſprudence certaine ſur ces ſortes de donations.

Par l'article 15, il eſt défendu de faire dorénavant aucunes donations de biens préſens & à venir, à peine de nullité deſdites donations, même pour les biens préſens; & ce encore que le Donataire eût été mis en poſſeſſion du vivant du Donateur deſdits biens préſens, en tout ou en partie.

Ainſi, la Juriſprudence qui diviſoit ces ſortes de donations n'eſt plus ſuivie.

Cependant, par l'article 17 de la même Ordonnance, ces ſortes de donations de biens préſens & à venir, ſont encore

permifes, quand elles font faites par Contrats de mariage, en faveur des Conjoints ou de leurs defcendans, par quelque perfonne que ce foit ; & pour lors le Donataire a le choix de prendre les
biens tels qu'ils fe trouveront au jour du décès du Donateur, en
payant toutes les dettes & charges, même celles qui feroient pofterieures à la donation, ou de s'en tenir aux bi ns qui exiftoient
dans le tems qu'elle avoit été faite, en payant feulement les dettes
exiftantes audit tems.

C H A P I T R E V.

De l'Acceptation d'une Donation.

L'ACCEPTATION d'une donation eft le concours de la
volonté & du confentement du Donataire qui accepte la
donation, & qui par ce confentement donne la perfection à l'acte, fans quoi cette donation ne peut être valable ; en effet, c'eft
une claufe intrinfeque à cet acte, & une condition abfolument
néceffaire, à peine de nullité, de même que l'infinuation eft une
claufe extrinféque.

Pour l'acceptation d'une donation, il faut que le Donataire
foit préfent au Contrat, & dife qu'il accepte ; ou que s'il eft
abfent, il y ait une autre perfonne qui accepte pour lui, fondée
de fa procuration fpéciale dont il y a minute, ou que le Brevet
foit annexé à la minute de la donation. Cette acceptation doit être
expreffe par le mot *acceptant*, & la fimple préfence & fignature
du Donataire ne fuffit pas. Ce mot *acceptant* étant effentiel, ne
peut être fuppléé par un &c. & ne peut l'acceptation être accomplie par équipolent, de maniere que l'infinuation faite à la
requête du Donataire, ne peut fuppléer le défaut d'acceptation.

L'acceptation faite par le Notaire, en l'abfence du Donataire, ne fert de rien, fi la donation n'eft acceptée après par
le Donataire en perfonne, ou par Procureur fpécial par acte
exprès. La donation n'a effet que du jour qu'elle a été ratifiée
& acceptée par le Donataire, & l'acte d'acceptation fait après,
doit être infinué auffibien que la donation, à peine de nullité.
L'acceptation doit être faite du vivant du Donateur, autrement
elle feroit inutile ; bien entendu qu'il faut que les chofes foient
    entieres

entieres quand on accepte, c'est-à-dire, que le Donateur n'ait
point révoqué ; car avant l'acceptation, le Donateur peut révoquer, si bon lui semble , parce qu'avant l'acceptation l'acte est
imparfait.

Les Mineurs même ne peuvent être relevés du défaut d'acceptation ; cette nullité a lieu, soit que les Mineurs soient dépour-
vûs de Tuteur ou non. Si un Mineur n'a point de Tuteur il lui en
faut faire créer un pour accepter, & que dans l'acte la qualité de
Tuteur soit énoncée, que l'acte de tutelle y soit daté, & que le
Juge où il a été passé y soit nommé, à peine de nullité. La donation faite aux Mineurs qui sont en puissance de Tuteur, peut
être acceptée par le Tuteur, sans nouvel avis de parens *ad
hoc.*

Pareillement le pere comme Tuteur naturel de ses enfans,
peut accepter pour eux, sans qu'il ait été créé Tuteur, & sans
procuration, les peres & meres vivans, doivent aussi accepter
pour & au nom de leurs enfans mineurs. Voyez l'article 7 de
l'Ordonnance du mois de Février 1731.

En donation faite par Contrat de mariage, l'acceptation expresse n'est point nécessaire quand les Parties sont presentes au
Contrat. La consommation du mariage est une suffisante acceptation. Dans les donations mutuelles entre Conjoints, l'acceptation expresse n'est point aussi absolument nécessaire ; la présence
des deux Parties suffit , & la réciprocité fait une espece d'acceptation ; mais ordinairement dans ces deux cas, les Notaires
ne manquent pas de mettre , *ce acceptant par le survivant réciproquement.*

CHAPITRE VI.

De l'Insinuation des Donations.

IL ne suffit pas pour la validité d'une donation entre-vifs ;
qu'elle soit acceptée, il faut encore qu'elle soit insinuée ,
enforte que la donation ne commence à avoir son effet que du
jour de son insinuation.

L'Empereur Constantin introduisit chez les Romains la nécessité de l'insinuation des donations, pour empêcher la clandestinité
qui se trouvoit dans la plupart. Après qu'on eut adouci la rigueur

Tome I. AAaaa

de l'ancienne Loi qui obligeoit les Donateurs de fe dépouiller
de la jouiffance des chofes par eux données, en tolerant les
traditions feintes, & la rétention d'ufufruit; il arrivoit fouvent
que celui qui avoit donné la plus grande partie de fes biens,
en retenoit la jouiffance, & que les créanciers qui lui avoient
prêté depuis la donation, étoient fruftrés de leur dû; c'eft pourquoi l'Empereur Conftantin ordonna que les donations feroient
rendues publiques par le moyen de l'infinuation.

Le même motif a fait admettre cette condition parmi nous.
La premiere Ordonnance de nos Rois qui ait été faite fur ce
fujet, eft celle de François I. de l'an 1539, article 132. Cette
Ordonnance a été fuivie de plufieurs autres, dont nous avons
rapporté les principales à la fin du fecond volume de cet Ouvrage, avant les matieres Béneficiales.

L'infinuation eft un enregiftrement qui fe fait dans les regiftres publics des actes & difpofitions qui doivent être rendues
publiques pour empêcher la fraude, comme font les donations
entre-vifs & les fubftitutions, lefquelles doivent être enregiftrées,
comme M. de Ferriere l'a expliqué fort au long fur l'art. 284 de
fon grand Commentaire fur la Coutume de Paris.

Cette infinuation eft une condition extrinfeque au Contrat de
donation, mais qui ne laiffe pas d'être abfolument néceffaire, à
peine de nullité, ce qui eft fi vrai, que les Parties n'y peuvent pas
déroger par leurs conventions.

Par ladite Ordonnance de François I. toutes donations entre-
vifs font fujettes à infinuation, à l'exception des donations faites
par le Roi à des Particuliers, & des donations de chofes mobiliaires; ce que nous expliquerons ci-après.

L'Ordonnance de 1539 porte que l'infinuation doit être faite
dans la Jurifdiction ordinaire des Parties & des chofes données,
ce qui forme une difficulté, qui eft de fçavoir fi la donation doit
être infinuée, tant en la Jurifdiction du domicile du Donateur,
qu'en celle du domicile du Donataire, au cas qu'ils demeuraf-
fent en différentes Jurifdictions.

Cette difficulté a été levée par l'Edit du mois de Décembre 1703, article 9, en ces termes: *Seront toutes donations d'im-*
meubles entre-vifs ou à caufe de mort, dons mutuels & fubftitutions,
enfemble les Jugemens qui les auront déclaré nulles, infinuées & regif-
trées ès regiftres des Greffes des infinuations, tant du lieu du domicile
des Donateurs ou Teftateurs, que de ceux où les immeubles feront fi-
tués, fans préjudice de la publication des fubftitutions prefcrites par
nos Ordonnances.

Dans l'article 10, il est dit, lorsque la donation sera simplement d'effets mobiliaires, il suffira de la faire insinuer au Greffe des insinuations du domicile du Donateur.

Voyez l'Edit du mois de Décembre 1703, avec les autres Edits, Déclarations & Arrêts du Conseil intervenus depuis, & l'art. 23 de l'Ordonnance du mois de Février 1731.

Anciennement en France, l'insinuation n'étoit point requise, elle fut premierement introduite par l'Ordonnance de 1539, c'est pourquoi dans plusieurs Coutumes rédigées avant cette Ordonnance, il y a des articles exprès, portant que l'insinuation n'est point requise pour la validité des donations; mais la maxime est que l'Ordonn. des Insinuations déroge à toutes Coutumes, non-obstant ces dispositions particulieres expresses; même en Pays de nantissement l'insinuation est nécessaire outre le nantissement.

Comme les actes faits sous seing privé, ne peuvent être admis au Greffe des Insinuations, les donations qui ne peuvent valider sans être insinuées, sont absolument nulles, lorsqu'elles sont faites sous seing privé, il faut absolument qu'elles soient faites pardevant Notaires, & qu'il en reste minute, l'art. 1 de l'Ordonnance de 1731 y est exprès.

Régulierement l'insinuation n'est requise que pour les immeubles & non pour les meubles : Mais en donation universelle de tous meubles, elle est requise, & doit être faite en la Justice Royale du domicile du Donateur, & en ce cas, elle vaut pour tous les meubles en quelques endroits qu'ils soient.

Des donations particulieres de meubles, il faut distinguer : en celle de meubles effectifs, elle n'est point requise.

Pour ce qui est des donations de sommes de deniers à prendre sur les immeubles, l'insinuation y est absolument requise, à peine de nullité.

La donation de l'usufruit est sujette à insinuation; c'est pourquoi par la Coutume de Paris, & l'Ordonnance, les donations mutuelles entre Conjoints sont sujettes à insinuation, quoiqu'elles ne soient qu'en usufruit.

A l'égard des donations rémuneratoires pour récompenses de services, ou onereuses & à la charge de quelque chose, il sembleroit qu'elles devroient en être exemptes, étant plutôt des Contrats, marchés ou conditions, que des donations, & ç'a été le sentiment de plusieurs Docteurs.

Néanmoins, les Ordonnances & les Arrêts y sont contraires, & comprennent généralement toutes especes de donations : Ainsi, il n'y a point de difficulté qu'elles sont aussi sujettes à insinuation, surtout depuis l'Ordonnance du mois de Février 1731, qui l'ordonne en termes formels en l'art. 20.

Quand il n'y avoit que l'Ordonnance de 1539, on tenoit pour maxime, que les donations en faveur de mariage n'étoient point sujettes à insinuation, n'étant pas tant des donations qu'une espece de Contrat ; d'ailleurs les Contrats de mariage sont si favorablement reçus, qu'on prétendoit qu'ils étoient exceptés de toutes regles générales, à moins qu'ils n'y fussent expressément compris : Mais depuis, les Déclarations de 1549 & de 1566 ont rendu ces donations sujettes à insinuation aussibien que les autres. Il faut excepter les donations faites par pere & mere & autres ascendans à leurs enfans par Contrat de mariage, soit des sommes promises ou d'heritages ; elles ne sont point sujettes à insinuation, car c'est une donation dont le mari est véritable Créancier & Acheteur, & non Donataire, & si les Ordonnances comprennent les donations en faveur de mariage, on peut dire que cela doit s'entendre des donations faites par Etrangers aux Conjoints, ou des donations insolites & extraordinaires.

Il se met souvent des conventions dans les Contrats de mariage, qui semblent être des donations, & qui néanmoins ne le sont pas, mais des Loix apposées à la communauté, & sur le défaut d'insinuation, on les a prétendu nulles ; mais tous les Arrêts ont jugé qu'elles ne sont point sujettes à insinuation.

En Pays de Droit écrit, l'augment de dot, quoiqu'appellé donation, n'est point sujet à insinuation, non plus que le don en cas de survie.

L'insinuation se doit faire dans quatre mois, à compter du jour des donations à l'égard des personnes demeurantes dans le Royaume, & dans six mois pour ceux qui seroient hors le Royaume, suivant l'Ordonnance de Moulins, art. 58 ; sur quoi l'on demande si ce tems limité par les Ordonnances est absolument fatal, & s'il emporte la nullité de la donation *ipso jure*, faute d'avoir fait insinuer la donation dans ledit tems.

Il faut dire que si le Donataire a laissé passer les quatre mois sans faire insinuer la donation à lui faite, & que le Donateur vienne à déceder, la donation sera nulle *ipso jure* ; mais tant que le Donateur est vivant, le Donataire peut faire insinuer sa donation, encore qu'il y ait plus de quatre mois qu'elle ait été faite, sans qu'il soit besoin pour cela d'aucun consentement du Donateur, ni de Jugement qui l'ordonne.

La Déclaration du Roi du 17 Novembre 1690, y eft précife. Voici les termes : *Les donations pourront être infinuées pendant la vie des Donateurs, encore qu'il y ait plus de quatre mois qu'elles ayent été faites, & fans qu'il foit befoin d'aucun confentement du Donateur ni de Jugement qui l'ait ordonné, & lorfqu'elles ne feront infinuées qu'après les quatre mois, elles n'auront effet contre les Acquereurs des biens donnés & contre les Créanciers des Donateurs, que du jour qu'elles auront été infinuées.* Voyez Louet, lettre D. fommaire 6 ; enforte que fi le Donateur depuis la donation par lui faite, & dans le tems intermediaire de l'infinuation, contracte des dettes, les Créanciers pourront agir valablement contre le Donateur.

Pour ce qui eft des donations entre Etrangers, il faut toujours qu'elles foient infinuées du vivant du Donateur, autrement elles font nulles.

Mais à l'égard des donations faites entre Conjoints par Contrat de mariage ou autrement, elles ne font pas toujours nulles faute d'avoir été infinuées du vivant du Donateur, & il y a en cela une diftinction à faire. Si c'eft le mari qui eft Donataire, il faut pareillement que cette infinuation faite après les quatre mois, fe faffe du vivant de la Donatrice, autrement il y auroit nullité.

Si la femme eft Donataire, il fuffit qu'elle foit infinuée dans les quatre mois après la mort de fon mari, quelque tems qu'il y ait qu'elle ait été faite, parce que la femme eft excufée du défaut d'infinuation, tant qu'elle eft en puiffance maritale, ne pouvant efter en Jugement, ni faire aucun acte fans fon autorité.

D'ailleurs les heritiers du mari ne peuvent alleguer le défaut d'infinuation, laquelle a dû être faite par le mari ; la femme n'ayant pas le foin de fes affaires pendant la communauté, il feroit injufte que la négligence du mari fût préjudiciable à la femme. Mais ce privilege de la femme, dit Brodeau, ne s'entend que pour les donations qui lui font faites par fon mari, & non par des Etrangers, dans lefquelles elle doit être fujette au Droit commun.

L'Ordonnance de 1539 ne parle que des donations entrevifs, & n'ordonne point que les donations à caufe de mort foient infinuées, à l'exemple de l'Empereur Juftinien, en la Loi derniere, au code de donat. *caufa mortis,* parce qu'elles peuvent être révoquées par le Donateur jufqu'à la mort.

Mais à préfent ces fortes de donations n'ayant plus lieu, il n'y a que les legs faits par teftament ou par codiciles, qui foient fujets à l'infinuation, & ce, à la diligence des Légataires, lefquels ne peuvent obtenir la délivrance de leurs legs, que l'infinuation n'en ait été faite, aux termes des articles II. & III. de l'Edit du mois de Décembre 1703, fi ce n'eft pour les difpofitions teftamentaires faites par peres & meres, fuivant la Déclaration du 2 Août 1707.

Une donation de meubles eft aufli fujette à l'infinuation, fuivant l'article II. de l'Edit qui vient d'être cité; en un mot, toutes fortes de donations foit pures & fimples, conditionnelles, rémuneratoires, ou autres, entre-vifs & teftamentaires, doivent être infinuées, à l'exception feulement de celles qui fe font en ligne directe par Contrat de mariage, & des donations & difpofitions teftamentaires faites par peres & meres à leurs enfans.

Pour ce qui concerne la nullité des donations, faute d'avoir été infinuées, toutes fortes de perfonnes font fujettes à la rigueur des Ordonnances. Les Mineurs, les Eglifes, les Hôpitaux & les Ruftiques n'en font pas exempts, parce que les Ordonnances ne diftinguent perfonne, & qu'elles obligent généralement tous les Donataires, fous peine de nullité, de faire infinuer les donations à eux faites.

CHAPITRE VII.

De la Tradition requife pour la validité d'une Donation entre-vifs.

L'UNE des plus effentielles conditions requifes pour la validité des donations entre-vifs, eft la tradition des chofes données, foit réelle & actuelle, civile & feinte, ou au moins il faut que fi le Donateur ne les livre pas actuellement, il puiffe être contraint de les livrer après la donation faite & acceptée; de même que le Vendeur eft obligé de livrer la chofe vendüe après quele Contrat a été paffé.

Le Donateur n'eft pas feulement tenu de délivrer la chofe donnée; mais il eft obligé d'en transferer la propriété en la perfonne du Donataire, quoiqu'à la vérité le Donateur ne foit pas tenu de l'éviction, au cas qu'il ait donné de bonne foi

une chofe qui ne lui appartenoit pas , croyant qu'elle lui ap-
partînt.

Ainfi, quand la donation eft parfaite, le Donataire a action
contre le Donateur, pour l'obliger de lui transferer la proprieté de la chofe donnée, de forte que le Donateur ne peut
pas s'en difpenfer : Mais il faut que le Donataire agiffe contre le
Donateur de fon vivant ; car fi le Donateur étoit refté en poffeffion de la chofe donnée jufqu'au jour de fon décès, & que le Donataire n'eût point intenté d'action contre lui, il ne feroit plus recevable à en faire la demande, parce qu'on préfume alors que
l'intention du Donateur n'a pas été de donner entre-vifs, mais
feulement à caufe de mort ; ce qui feroit proprement *donner &*
retenir, & cauferoit la nullité de la donation entre-vifs.

L'article 274 de la Coutume de Paris porte : *Que c'eft donner*
& retenir, quand le Donateur s'eft réfervé la puiffance de difpofer li-
brement de la chofe par lui donnée, ou qu'il demeure en poffeffion
jufqu'au jour de fon décès. Et dans l'article 275, il eft dit : *Que*
ce n'eft donner & retenir, quand l'on donne la proprieté d'un heritage,
& que l'on retient à foi l'ufufruit à vie ou à tems, ou quand dans la
donation il y a claufe de conftitution précaire, & qu'en ce cas, la do-
nation eft valable.

La raifon pour laquelle la donation ne peut valider, lorfque le
Donateur s'eft réfervé la puiffance de difpofer de la chofe par lui
donnée, ou lorfqu'il en demeure en poffeffion jufqu'au jour de
fon décès, c'eft qu'il ne doit point dépendre de la volonté du
Donateur de laiffer la donation en fufpens, & de pouvoir difpofer de la chofe donnée au préjudice du Donataire, parce que la
nature de la donation entre-vifs, confifte dans le délaiffement actuel que doit faire le Donateur de la chofe donnée, *L.* 1, *ff. de*
Donationib. autrement ce feroit donner & retenir, ce qui eft abfolument contraire à la nature & à l'effence des donations entre-
vifs.

D'ailleurs, fi cela étoit permis, ce feroit donner lieu à la fraude;
car comme il eft permis en Pays Coutumier de difpofer de tous
fes biens par donation entre-vifs, fans diftinction de propres &
d'acquêts, & que la faculté de difpofer par derniere volonté, eft
reftrainte par nos Coutumes, quand on voudroit priver un heritier
préfomptif de tous fes biens, on prendroit la voye de la donation
entre-vifs, & on refteroit en poffeffion des chofes données, & on
en jouiroit jufqu'au tems de fa mort.

La claufe par laquelle ceux qui fe feroient une donation mutuelle, se réserveroient la faculté de la révoquer conjointement ou séparément, influe une nullité essentielle & radicale sur la donation, parce que cette clause fait que le vice *donner & retenir* se trouve dans l'acte, & est absolument contraire à l'irrévocabilité si essentielle aux donations entre-vifs. Ainsi jugé par Arrêt rendu en la Grand Chambre au rapport de M. le Meusnier, le 7 Septembre 1707.

Il faut donc, pour la validité d'une donation entre-vifs, que celui qui donne puisse être contraint de se défaisir de la chose donnée, & d'en transferer la proprieté au Donataire, & que le Donataire agisse du vivant du Donateur, à l'effet de faire ordonner la délivrance de la chose donnée ; ou bien il faut, pour qu'une donation soit valable, qu'elle soit accompagnée d'une tradition réelle & actuelle, ou d'une tradition civile & feinte, comme nous avons dit ci-dessus.

La tradition réelle & actuelle est celle par laquelle le Donateur se défaisit entierement, & sans aucune réserve, de la proprieté & jouissance de la chose donnée, au profit du Donataire, en lui transferant la possession ; & quand le Donateur est en demeure de livrer la chose donnée, pour que la donation subsiste, il faut que le Donataire obtienne contre le Donateur, avant son décès, un Jugement qui le condamne à livrer la chose donnée ; car un tel Jugement obtenu du vivant du Donateur, tient lieu de tradition au Donataire, & fait que les heritiers du Donateur ne peuvent pas objecter qu'il a donné & retenu.

La tradition civile & feinte est celle qui provient de la fiction de la Loi, que l'on appelle en Droit, *Fictio brevis manus*, par laquelle le Donateur est censé avoir livré la chose donnée en conséquence de la donation qu'il en a faite, & ensuite être rentré en possession de la chose donnée à titre d'usufruit ou de constitut, ou de précaire, en vertu d'une clause expresse apposée en l'acte ; laquelle emporte la tradition de la chose à titre de proprieté, & la possession civile & feinte ; de sorte que le Donateur qui reste en possession de la chose donnée, ne la possede plus en son nom, mais au nom du Donataire, auquel il a transferé la possession à titre de proprieté, pour ne la plus retenir qu'à titre d'usufruit, de constitut & de précaire.

Il est bon de remarquer, que quand, dans une donation de meubles, le Donateur s'en réserve l'usufruit en vertu de la clause de constitut & de précaire, il faut pour que la donation soit valable, constater les choses données, & pour cet effet, il faut faire

un

un état des meubles & effets donnés, que l'on joint à la minute de la donation, ou que l'on met en tête; & si cet état est séparé de la donation, & qu'il y soit seulement joint, il faut le faire signer & parapher par les Parties; autrement, la donation qui auroit été faite de meubles avec rétention de la jouissance pendant la vie du Donateur, ne vaudroit pas, s'il n'en avoit été fait inventaire au tems de la donation, parce que quand il n'y a point d'inventaire, c'est laisser le Donateur maître d'anéantir la donation, en aliénant les choses données; au lieu que lorsqu'il en a été fait un inventaire, si le Donateur les aliéne, le Donataire a une action contre les heritiers du Donateur, en vertu de laquelle il peut les faire condamner de remplir la donation, suivant & conformément à l'inventaire fait des meubles compris dans la donation.

Comme la mutation du Vassal & la translation de proprieté n'arrive pas moins quand il y a dans une donation de Fief, rétention d'usufruit, que quand la donation est pure & simple, il s'ensuit que dans le cas de la donation d'un Fief avec rétention d'usufruit de la part du Donateur, la foi & hommage & le relief sont dûs par le Donataire, dès le moment du Contrat, sans qu'il soit besoin d'attendre que l'usufruit soit fini, à moins que ce ne soit dans une Coutume qui ait en cela une disposition particuliere & contraire au Droit commun, comme celle d'Orleans & de Montargis.

Quand la donation a été faite avec rétention d'usufruit, & que le Donataire n'a eu qu'une tradition feinte de la chose à lui donnée, on demande si l'usufruit étant fini par la mort du Donateur, le Donataire est obligé de demander à l'heritier la délivrance de la chose donnée. Il faut dire qu'il n'y est point obligé, parce que ce seroit inutilement que l'on auroit introduit la tradition feinte si le Donataire ne devenoit pas absolument Proprietaire de la chose donnée dès la perfection du Contrat. Or, la tradition feinte opere une possession civile, qui a le même effet que la possession naturelle, par conséquent il faut conclure qu'après l'usufruit fini, le Donataire n'est point obligé de demander à l'heritier, la délivrance de la chose donnée, à la difference des Légataires, soit particuliers ou universels, qui sont tenus de s'addresser aux heritiers pour avoir délivrance des choses qui leur ont été leguées, parce que le droit n'est acquis aux Légataires qu'après la mort du Testateur, auquel tems, la possession de tous ses biens est transmise par la disposition de la Loi, en la per-

Tome I. BBbbb

fonne de fes heritiers, par la regle générale, *le mort faifit le vif.*
Au lieu que le Donataire eft faifi de la chofe donnée dès l'inftant
de la tradition, quoique feinte, de forte que le Donateur ne peut
plus transferer la chofe donnée en la perfonne de fes heritiers, le
Donataire en ayant eu la proprieté & la poffeffion civile du vivant
du Donateur, dès l'inftant de la perfection de l'acte.

De ce que nous venons de dire, il s'enfuit, que pour qu'une
donation entre-vifs foit valable, il faut que la tradition de la chofe donnée foit faite par le Donateur de fon vivant; fur quoi, il
nous refte à remarquer que dans l'acte, on doit mettre tout au long
la claufe, *que le Donateur tranfporte tous droits de proprieté qu'il a*
dans la chofe donnée, s'en défaififfant au profit du Donataire, de fes
hoirs & ayans caufe, voulant qu'il en foit faifi, &c.

La raifon eft, que ces termes, *tranfportant & deffaififfant,* dé-
notent la tranflation de proprieté. L'expreffion de ces termes eft
fi importante, qu'au fujet d'une donation paffée à Lyon, où ces
termes avoient été omis, ou fous-entendus par *& cætera,* Procès ayant été intenté fur les lieux, & l'appel dévolu au Parlement,
par Arrêt la donation fut déclarée nulle.

CHAPITRE VIII.

De la Révocation des Donations.

LEs donations à caufe de mort ou plutôt les teftamens &
codiciles (car les donations à caufe de mort n'ont plus
lieu comme nous l'avons dit) peuvent être révoquées toutefois
& quantes qu'il plaît au Donateur, fuivant la maxime qui porte
que *in ultimis difpofitionibus voluntas hominis ambulatoria eft, quam-*
obrem ultima femper præfertur priori. Les dernieres difpofitions à
caufe de mort n'étant parfaites que par le décès du Donateur,
elles peuvent être par lui révoquées jufqu'au dernier moment de
fa vie.

Pour ce qui eft des donations entre-vifs, comme elles tiennent de la nature des Contrats, qui font *ab initio voluntatis, & ex*
poft facto neceffitatis, elles font irrévocables fitôt qu'elles font
parfaites, parce que, quoiqu'il foit libre de donner, ou de ne
pas donner, néanmoins quand la donation eft parfaite, elle eft irrévocable.

Mais quand on dit que les donations entre-vifs font de leur nature irrévocables, cela fignifie qu'elles ne peuvent point être révoquées temerairement, & fans une jufte & légitime caufe autorifée par les Loix, comme:

I. L'ingratitude atroce du Donataire envers le Donateur, dont les cas font énoncés dans la Loi derniere, au code *de revocandis donationibus;* fur quoi, il faut remarquer, que quoique ce foit une vraie ingratitude de la part du Donataire, de refufer de nourrir le Donateur, lorfqu'il eft tombé dans l'indigence, néanmoins comme cette claufe d'ingratitude n'eft pas énoncée dans la Loi que nous venons de citer, elle ne peut operer la révocation: Ainfi le Donateur dans ce cas, n'a point d'autre reffource que de faire condamner en Juftice le Donataire à lui fournir des alimens.

II. La furvenance d'enfans; c'eft-à-dire, que fi le Donateur n'ayant point d'enfans lors de la donation, il lui en furvient après, elle devient caduque.

Il y a cette différence entre la révocation qui fe fait pour caufe d'ingratitude, & celle qui fe fait par la furvenance d'enfans, qu'au cas d'ingratitude du Donataire, la donation n'eft révoquée que *caufâ cognitâ* par l'autorité du Juge qui intervient en conféquence de l'action appellée *ingrati,* que le Donateur intente contre le Donataire; mais au cas de la furvenance des enfans, la donation eft révoquée de plein droit, fans qu'il foit néceffaire d'obtenir aucun Jugement, de forte qu'elle produit toujours fon effet, quoique le Donateur foit refté dans le filence.

L'ingratitude atroce & qualifiée eft fi odieufe, que quoique le Donateur foit convenu de ne point révoquer la donation, même pour caufe d'ingratitude; néanmoins il fera reçu à le faire, en prouvant la caufe qui le porte à révoquer, fi elle eft comprife dans la Loi derniere au code *de revocandis donationibus.*

La révocation d'une donation fe doit faire par acte paffé devant Notaire, dans lequel on exprime les caufes de la révocation; enfuite le Donateur qui révoque, fait fignifier cet acte & affigner le Donataire pour voir déclarer la révocation bonne & valable.

CHAPITRE IX.

Contenant l'Ordonnance du mois de Février 1731, qui fixe la Jurisprudence sur la nature, la forme, les charges, ou les conditions des Donations, & la Déclaration du 17 du même mois concernant les Insinuations.

VOICI ce que portent les quarante-sept articles de l'Ordonnance du mois de Février 1731, touchant la nature, la forme, les charges, ou les conditions des donations.

ARTICLE PREMIER.

Tous actes portant donations entre-vifs, seront passés pardevant Notaires, & il en restera minute, à peine de nullité.

II.

Les donations entre-vifs seront faites dans la forme ordinaire des Contrats & actes passés pardevant Notaires ; & en y observant les autres formalités qui y ont eu lieu jusqu'à présent, suivant les differentes Loix, Coutumes & Usages des Pays soumis à notre domination.

III.

Toutes donations à cause de mort, à l'exception de celles qui se feront par Contrat de mariage, ne pourront dorénavant avoir aucun effet, dans les Pays même où elles sont expressément autorisées par les Loix ou par les Coutumes, que lorsqu'elles auront été faites dans la même forme que les testamens ou les codiciles, ensorte qu'il n'y ait à l'avenir dans nos Etats, que deux formes de disposer de ses biens à titre gratuit, dont l'une sera celle des donations entre-vifs, & l'autre celle des testamens ou des codiciles.

IV.

Toute donation entre-vifs, qui ne seroit valable en cette qualité, ne pourra valoir comme donation ou disposition à cause de mort, ou testamentaire, de quelque formalité qu'elle soit revêtue.

V.

Les donations entre-vifs, même celles qui seroient faites en faveur de l'Eglise ou pour causes pies, ne pourront engager le Donateur, ni produire aucun autre effet, que du jour qu'elles auront été acceptées par le Donataire, ou par son Procureur général ou spécial, dont la procuration demeurera annexée à la minute de la donation ; & en cas qu'elle eût été acceptée par une personne qui auroit déclaré se porter fort pour le Donataire absent, ladite donation n'aura effet que du jour de la ratification expresse, que ledit Donataire en aura faite par acte passé pardevant Notaire, duquel acte il restera minute. Défendons à tous Notaires & Tabellions, d'accepter les donations, comme stipulans pour les Donataires absens, à peine de nullité desdites stipulations.

V I.

L'acceptation de la donation sera expresse, sans que les Juges puissent avoir aucun égard aux circonstances, dont on prétendroit induire une acceptation tacite ou présumée, & ce quand même le Donataire auroit été présent à l'acte de donation, & qu'il l'auroit signé, ou quand il seroit entré en possession des choses données.

V I I.

Si le Donataire est mineur de vingt-cinq ans, ou interdit par autorité de Justice, l'acceptation pourra être faite pour lui, soit par son Tuteur ou son Curateur, soit par ses pére ou mere, ou autres ascendans, même du vivant du pere & de la mere, sans qu'il soit besoin d'aucuns avis de parens pour rendre ladite acceptation valable.

V I I I.

L'acceptation pourra aussi être faite par les Administrateurs des Hôpitaux, Hôtels-Dieu, ou autres semblables établissemens de charité, autorisés par nos Lettres Patentes registrées en nos Cours, & par les Curés & Marguilliers, lorsqu'il s'agira de Donations entre-vifs faites pour le Service Divin, pour Fondations particulieres, ou pour la subsistance & le soulagement des Pauvres de leur Paroisse.

I X.

Les femmes mariées, même celles qui ne seront communes en biens, ou qui auront été séparées par Sentence ou par Arrêt, ne pourront accepter aucunes donations entre-vifs sans être autorisées par leur mari, ou par Justice, à son refus. N'entendons néanmoins rien innover sur ce point, à l'égard des donations qui seroient faites à la femme, pour lui tenir lieu de bien paraphernal, dans les Pays où les femmes mariées peuvent avoir des biens de cette qualité.

X.

N'entendons pareillement comprendre dans la disposition des articles précedens, sur la nécessité & la forme de l'acceptation dans les donations entre-vifs, celles qui seroient faites par Contrat de mariage aux Conjoints, ou à leurs enfans à naître, soit par les Conjoints même, ou par les ascendans ou parens collateraux, même par des Etrangers; lesquelles donations ne pourront être attaquées, ni déclarées nulles, sous prétexte de défaut d'acceptation.

XI.

Lorsqu'une donation aura été faite en faveur du Donataire & des enfans qui en naîtront, ou qu'elle aura été chargée de substitution au profit desdits enfans ou autres personnes nées ou à naître, elle vaudra en faveur desdits enfans ou autres personnes, par la seule acceptation dudit Donataire, encore qu'elle ne soit pas faite par Contrat de mariage, & que les Donateurs soient des collateraux ou des Etrangers.

XII.

Voulons pareillement qu'en cas qu'une donation faite à des enfans nés & à naître ait été acceptée par ceux qui étoient déja nés dans le tems de la donation, ou par leurs Tuteurs, ou autres dénommés dans l'article VII. elle vaille, même à l'égard des enfans qui naîtront dans la suite, nonobstant le défaut d'acceptation faite de leur part ou pour eux, encore qu'elle ne soit pas faite par Contrat de mariage, & que les Donateurs soient des collateraux ou des Etrangers.

XIII.

Les institutions contractuelles, & les dispositions à cause de mort, qui seroient faites dans un Contrat de mariage, même par des Collateraux ou par des Etrangers, ne pourront être attaquées par le défaut d'acceptation.

XIV.

Les Mineurs, les Interdits, l'Eglise, les Hôpitaux, Communautés, ou autres, qui jouissent des privileges des Mineurs, ne pourront être restitués contre le défaut d'acceptation des Donations entre-vifs; le tout sans préjudice du recours tel que de droit desdits Mineurs ou Interdits, contre leurs Tuteurs ou Curateurs; & desdites Eglises, Hôpitaux, Communautés ou autres jouissans des privileges des Mineurs, contre les Administrateurs, sans qu'en aucun cas la donation puisse être confirmée, sous prétexte de l'insolvabilité de ceux contre lesquels ledit recours pourra être exercé.

X V.

Aucune donation entre-vifs ne pourra comprendre d'autres biens que ceux qui appartiendront au Donateur dans le tems de la donation ; & si elle renferme des meubles, ou effets mobiliers, dont la donation ne contienne pas une tradition réelle, il en sera fait un état signé des Parties, qui demeurera annexé à la minute de ladite donation, faute de quoi, le Donataire ne pourra prétendre aucun desdits meubles ou effets mobiliers, même contre le Donateur ou ses heritiers. Défendons de faire dorénavant aucunes donations des biens présens & à venir (si ce n'est dans le cas ci-après marqué) à peine de nullité desdites donations, même pour les biens présens, & ce encore que le Donataire eût été mis en possession du vivant du Donateur, desd. biens présens, en tout ou en partie.

X V I.

Les donations qui ne comprendroient que les biens présens, feront pareillement déclarées nulles, lorsqu'elles feront faites à condition de payer les dettes & charges de la succession du Donateur, en tout ou en partie, ou autres dettes & charges que celles qui existoient lors de la donation, même de payer les légitimes des enfans du Donateur au de-là de ce dont ledit Donataire peut être tenu de droit, ainsi qu'il sera reglé ci-après; laquelle disposition fera observée généralement à l'égard de toutes les donations faites sous des conditions dont l'exécution dépend de la seule volonté du Donateur ; & en cas qu'il se soit réservé la liberté de disposer d'un effet compris dans la donation, voulons que ledit effet ou ladite somme ne puisse être censé compris dans la donation, quand même le Donateur seroit mort sans en avoir disposé, auquel cas, ledit effet ou ladite somme appartiendront aux heritiers du Donateur, nonobstant toutes clauses ou stipulations à ce contraires.

X V I I.

Voulons néanmoins que les donations faites par Contrat de mariage, en faveur des Conjoints ou de leurs descendans, même par des collateraux ou par des Etrangers, soient exceptées de la disposition de l'article XV. ci-dessus, & que lesdites donations faites par Contrat de mariage, puissent comprendre tant les biens à venir que les biens présens, en tout ou en partie; auquel cas, il sera au choix du Donataire, de prendre les biens tels qu'ils se trouveront au jour du décès du Donateur, en payant toutes les dettes & charges, même celles qui feroient posterieures à la donation,

ou de s'en tenir aux biens qui exiftoient dans le tems qu'elle aura
été faite, en payant feulement les dettes & charges exiftantes audit tems.

XVIII.

Entendons pareillement que les donations des biens préfens
faites à condition de payer indiftinctement toutes les dettes &
charges de la fucceffion du Donateur, même les légitimes indéfiniment, ou fous d'autres conditions, dont l'exécution dépen-
droit de la volonté du Donateur, puiffent avoir lieu dans les Contrats de mariage en faveur des Conjoints ou de leurs defcendans,
par quelques perfonnes que lefdites donations foient faites, &
que le Donataire foit tenu d'accomplir lefdites conditions, s'il
n'aime mieux renoncer à ladite donation ; & en cas que ledit Donateur par Contrat de mariage, fe foit réfervé la liberté de difpofer d'un effet compris dans la donation de fes biens préfens, ou
d'une fomme fixe à prendre fur lefdits biens : Voulons que s'il
meurt fans avoir difpofé, ledit effet ou ladite fomme appartiennent au Donataire ou à fes heritiers, & foient cenfés compris
dans ladite donation.

XIX.

Les donations faites dans les Contrats de mariage en ligne directe, ne feront pas fujettes à la formalité de l'infinuation.

XX.

Toutes les autres donations, même les donations rémuneratoires ou mutuelles, quand même elles feroient entierement
égales, ou celles qui feroient faites à la charge de fervices & de
fondations, feront infinuées, fuivant la difpofition des Ordonnances, à peine de nullité.

XXI.

Ladite peine de nullité n'aura pas lieu néanmoins à l'égard des
dons mobiles, augmens, contre-augmens, engagemens, droits
de rétention, agencemens, gains de nôces & de furvie, dans les
Pays où ils font en ufage; à l'égard de toutes lefquelles ftipulations
ou conventions à quelque fomme ou valeur qu'elles puiffent
monter, notre Déclaration du 25 Juin 1729 fera exécutée fuivant fa forme & teneur.

XXII.

L'exception portée par l'article précedent, & par ladite Déclaration, aura pareillement lieu à l'égard des donations de chofes mobiliaires, quand il y aura tradition réelle, ou quand elles
n'excederont pas la fomme de mille livres une fois payée.

XXIII.

XXIII.

Dans tous les cas où l'infinuation eft néceffaire à peine de nullité, les donations d'immeubles réels, ou de ceux, qui, fans être réels, ont une affiette felon les Loix, Coutumes, ou Ufages des lieux, & ne fuivent pas la perfonne du Donateur, feront infinuées, fous ladite peine de nullité, au Greffe des Bailliages ou Sénéchauffées Royales, ou autre Siége Royal reffortiffant nuement en nos Cours, tant du domicile du Donateur, que du lieu dans lequel les biens donnés font fitués, ou ont leur affiette; & à l'égard des donations de chofes mobiliaires, même des immobiliaires qui n'ont point d'affiette & fuivent la perfonne, l'infinuation s'en fera feulement au Greffe du Bailliage ou Sénéchauffée Royale, ou autre Siége Royal reffortiffant nuement en nos Cours, du domicile du Donateur. Défendons de faire aucunes infinuations dans d'autres Jurifdictions Royales, ou dans les Juftices Seigneuriales, même dans celles des Pairies, & en cas que le Donateur y ait fon domicile, ou que les biens donnés y foient fitués, l'infinuation fera faite au Greffe du Siége qui a la connoiffance des cas Royaux, dans le lieu dudit domicile ou de la fituation des biens donnés; le tout à peine de nullité.

XXIV.

Sera tenu à l'avenir, dans chaque Bailliage ou Sénéchauffée Royale, un regiftre particulier, qui fera cotté & paraphé à chaque feuillet par le premier Officier du Siége, clos & arrêté à la fin de chaque année par ledit Officier; dans lequel regiftre fera tranfcrit en entier l'acte de donation, fi elle eft faite par un acte féparé, finon la partie de l'acte qui contiendra la donation, fes charges ou conditions, fans en rien obmettre, à l'effet de quoi la groffe ou expedition dudit acte feront reprefentées, fans qu'il foit néceffaire de rapporter la minute.

XXV.

Le Dépofitaire dudit regiftre fera tenu d'en donner communication toutes les fois qu'il en fera requis, & fans Ordonnance de Juftice, même d'en délivrer un extrait figné de lui, fi les Parties le demandent, le tout fauf fon falaire raifonnable, & ainfi qu'il eft reglé par notre Déclaration du 17 du préfent mois.

XXVI.

Lorfque l'infinuation aura été faite dans les délais portés par les Ordonnances, même après le décès du Donateur ou du Donataire, la donation aura fon effet du jour de fa datte, à l'égard de toutes fortes de perfonnes: Pourra néanmoins être infinuée après

Tome I.

lefdits délais , même après le décès du Donataire , pourvû que le
Donateur foit encore vivant ; mais elle n'aura effet en ce cas , que
du jour de l'infinuation.

XXVII.

Le défaut d'infinuation des donations qui y font fujettes à peine
de nullité , pourra être oppofé , tant par les tiers Acquereurs &
Créanciers du Donateur , que par fes heritiers , Donataires poftérieurs , ou Légataires , & généralement par tous ceux qui y auront
interêt , autres néanmoins que le Donateur ; & la difpofition du
préfent article aura lieu , encore que le Donateur fe fût chargé expreffément de faire infinuer la donation , à peine de tous dépens ,
dommages & interêts , laquelle claufe fera regardée comme nulle
& de nul effet.

XXVIII.

Le défaut d'infinuation pourra pareillement être oppofé à la
femme commune en biens , ou féparée d'avec fon mari , & à fes
heritiers , pour toutes les donations faites à fon profit , même à titre de dot , & ce dans tous les cas où l'infinuation eft néceffaire , à
peine de nullité , fauf à elle ou à fes heritiers d'exercer leur recours , s'il y échet , contre le mari ou fes heritiers , fans que fous
prétexte de leur infolvabilité , la donation puiffe être confirmée
en aucun cas , nonobftant le défaut d'infinuation.

XXIX.

N'entendons néanmoins qu'en aucun cas , ledit recours puiffe
avoir lieu quand il s'agira de donations faites à la femme pour lui
tenir lieu de bien paraphernal , fi ce n'eft feulement lorfque le mari
aura eu la jouiffance de cette nature de bien , du confentement
exprès ou tacite de la femme.

XXX.

Le mari , ni fes heritiers ou ayans caufe , ne pourront en aucun
cas , & quand même il s'agiroit de donation faite par d'autres que
par le mari , oppofer le défaut d'infinuation à la femme commune
ou féparée , ou à fes heritiers ou ayans-caufe , fi ce n'eft que ladite
donation eût été faite pour tenir lieu à la femme de bien paraphernal , & qu'elle en eût eu la libre jouiffance & adminiftration.

XXXI.

Les Tuteurs , Curateurs , Adminiftrateurs , ou autres qui par leur
qualité font tenus de faire infinuer les donations faites par eux ou
par d'autres perfonnes aux mineurs ou autres étant fous leur autorité , ne pourront pareillement , ni leurs heritiers ou ayans-caufe ,
oppofer le défaut d'infinuation aufdits mineurs ou autres Donatai-

res dont ils ont eu l'administration, ni à leurs heritiers ou ayans-cause.

XXXII.

Les mineurs, l'Eglise, les Hôpitaux, Communautés, ou autres qui jouissent du privilege des mineurs, ne pourront être restitués contre le défaut d'insinuation, sauf leur recours tel que de droit contre leurs Tuteurs ou Administrateurs, & sans que la restitution puisse avoir lieu, quand même lesdits Tuteurs ou Administrateurs se trouveroient insolvables.

XXXIII.

. N'entendons comprendre dans les dispositions des articles précedens qui concernent l'insinuation, les Pays du ressort de notre Cour de Parlement de Flandre.

XXXIV.

Si les biens que le Donateur aura laissés en mourant, sans en avoir disposé, ou sans l'avoir fait autrement que par des dispositions de derniere volonté, ne suffisent pas pour fournir la légitime des enfans, eu égard à la totalité des biens compris dans les donations entre-vifs par lui faites, & de ceux qui n'y sont pas renfermés ; ladite légitime sera prise : Premierement, sur la derniere donation, & subsidiairement sur les autres, en remontant des dernieres aux premieres ; & en cas qu'un ou plusieurs des Donataires soient du nombre des enfans du Donateur, qui auroient eu droit de demander leur légitime sans la donation qui leur a été faite, ils retiendront les biens à eux donnés, jusqu'à concurrence de la valeur de leur légitime, & ils ne seront tenus de la légitime des autres que pour l'excedent.

XXXV.

La dot, même celle qui aura été fournie en deniers, sera pareillement sujette au retranchement pour la légitime dans l'ordre prescrit par l'article précédent, ce qui aura lieu, soit que la légitime soit demandée pendant la vie du mari, ou qu'elle ne le soit qu'après sa mort, & quand il auroit joui de la dot pendant plus de trente ans, ou quand même la fille dotée auroit renoncé à la succession par son Contrat de mariage ou autrement, ou qu'elle en seroit excluse de droit ; suivant la disposition des Loix, Coutumes ou Usages.

XXXVI.

Dans le cas où la donation des biens présens & à venir pour le tout ou pour partie, a été autorisée par l'article XVII. si elle comprend la totalité desdits biens présens & à venir, le Donataire sera tenu indéfiniment de payer les légitimes des enfans du Donateur, soit qu'il en ait été chargé nommément par la donation, soit que cette charge n'y ait pas été exprimée ; & lorsque la donation ne contiendra qu'une partie des biens présens & à venir, le Donataire ne sera obligé de payer lesdites légitimes, au-de-là de ce dont il peut être tenu de droit, suivant l'art. XXXIV. qu'en cas qu'il en ait été expressément chargé par la donation, & non autrement ; auquel cas d'expression de ladite charge, le Donataire sera tenu directement & avant tous les autres Donataires, quoique postérieurs, d'acquitter lesdites légitimes pour la part & portion dont il aura été chargé dans la donation ; & si ladite portion n'y a pas été expressément déterminée, elle demeurera fixée à telle & semblable portion que celle pour laquelle les biens présens & à venir se trouveront compris dans la donation, sauf au Donataire, dans tous les cas portés par le présent article, de renoncer, si bon lui semble, à la donation.

XXXVII.

Si néanmoins le Donataire, par Contrat de mariage, de la totalité ou de partie des biens présens & à venir, déclare qu'il opte de s'en tenir aux biens qui appartenoient au Donateur au tems de la donation, & qu'il renonce aux biens posterieurement acquis par ledit Donateur, suivant la faculté qui lui est accordée par l'article XVII. les légitimes des enfans se prendront sur lesdits biens posterieurement acquis, s'ils suffisent, sinon ce qui s'en manquera, sera pris sur tous les biens qui appartenoient au Donateur dans le tems de la donation, si elle comprend la totalité desdits biens ; & en cas que la donation ne soit que d'une partie des biens, & qu'il y ait plusieurs Donataires, la disposition de l'article XXXIV. sera observée entr'eux selon sa forme & teneur.

XXXVIII.

La prescription ne pourra commencer à courir en faveur des Donataires contre les Légitimaires, que du jour de la mort de ceux sur les biens desquels la légitime sera demandée.

XXXIX.

Toutes donations entre-vifs, faites par personnes qui n'avoient point d'enfans, ou de descendans actuellement vivans dans le tems de la donation, de quelque valeur que lesdites donations puissent être, & à quelque titre qu'elles ayent été faites, & encore qu'elles fussent mutuelles ou remuneratoires, même celles qui auroient été faites en faveur de mariage, par autres que par les Conjoints ou les ascendans, demeureront révoquées de plein droit par la furvenance d'un enfant légitime du Donateur, même d'un pofthume, ou par la légitimation d'un enfant naturel par mariage fubféquent, & non par aucune autre forte de légitimation.

X L.

Ladite révocation aura lieu, encore que l'enfant du Donateur ou de la Donatrice fût conçu au tems de la donation.

X L I.

La donation demeurera pareillement révoquée, quand même le Donataire feroit entré en poffeffion des biens donnés, & qu'il y auroit été laiffé par le Donateur depuis la furvenance de l'enfant fans néanmoins que led. Donataire foit tenu de reftituer les fruits par lui perçus, de quelque nature qu'ils foient, fi ce n'eft du jour que la naiffance de l'enfant, ou la légitimation par mariage fubféquent, lui aura été notifiée par exploit ou autre acte en bonne forme, & ce, quand même la demande pour rentrer dans les biens donnés, n'auroit été formée que pofterieurement à ladite notification.

X L I I.

Les biens compris dans la donation révoquée de plein droit, rentreront dans le patrimoine du Donateur, libres de toutes charges & hypoteques du chef du Donataire, fans qu'ils puiffent demeurer affectés, même fubfidiairement, à la reftitution de la dot de la femme dudit Donataire, reprifes, douaire, ou autres conventions matrimoniales; ce qui aura lieu, quand même la donation auroit été faite en faveur du mariage du Donataire; & inferée dans le Contrat, & que le Donateur fe feroit obligé comme Caution par ladite donation, à l'exécution du Contrat de mariage.

X L I I I.

Les donations ainfi révoquées ne pourront revivre, ou avoir de nouveau leur effet, ni par la mort de l'enfant du Donateur, ni par aucun acte confirmatif; & fi le Donateur veut donner les mêmes biens au même Donataire, foit avant ou après la mort de l'enfant, par la naiffance duquel la donation avoit été révoquée, il ne le pourra faire que par une nouvelle difpofition.

X L I V.

Toute claufe ou convention par laquelle le Donateur auroit renoncé à la révocation de la donation pour furvenance d'enfant, fera regardée comme nulle, & ne pourra produire aucun effet.

X L V.

Le Donataire, fes heritiers ou ayans caufe, ou autres Détenteurs des chofes données, ne pourront oppofer la prefcription pour faire valoir la donation révoquée par la survenance d'enfans, qu'après une possession de trente années, qui ne pourront commencer à courir que du jour de la naissance du dernier enfant du Donateur, même posthume; & ce sans préjudice des interruptions telles que de droit.

X L V I.

N'entendons comprendre dans les dispositions de la présente Ordonnance, ce qui concerne les dons mutuels & autres donations faites entre mari & femme, autrement que par le Contrat de mariage, ni pareillement les donations faites par le pere de famille aux enfans étant en sa puissance, à l'égard de toutes lesquelles donations il ne sera rien innové, jusqu'à ce qu'il y ait été autrement par Nous pourvû.

X L V I I.

Voulons au surplus que la présente Ordonnance soit gardée & observée dans tout notre Royaume, Terres & Pays de notre obéïssance; à compter du jour de la publication qui en sera faite. Abrogeons toutes Ordonnances, Loix, Coutumes, Statuts & Usages différens, ou qui seroient contraires aux dispositions y contenües, sans néanmoins que les donations faites avant ladite publication, puissent être attaquées, sous prétexte qu'elles ne seroient pas conformes aux regles par Nous prescrites, notre intention étant qu'elles soient exécutées ainsi qu'elles auroient pû & dû l'être auparavant, & que les contestations nées & à naître sur leur exécution, soient décidées suivant les Loix & la Jurisprudence qui ont eu lieu jusqu'à présent dans nos Cours à cet égard. SI DONNONS EN MANDEMENT, &c.

Voici ce que porte la Déclaration du 17 Février 1731 touchant l'insinuation des donations.

ARTICLE PREMIER.

A compter du jour de l'enregistrement des Présentes, toutes donations entre-vifs de meubles ou immeubles, mutuelles, réciproques, rémuneratoires, onéreuses, même à la charge de services & fondations, en faveur de mariage, & autres faites en quelque forme & maniere que ce soit (à l'exception de celles qui seroient faites par Contrat de mariage en ligne directe) soient insinuées : Sçavoir, celles d'immeubles réels, ou d'immeubles fictifs, qui ont néanmoins une assiette aux Bureaux établis pour la perception des droits d'insinuations près les Bailliages ou Sénéchausfées Royales, ou autre Siége Royal, ressortissant nuement en nos Cours, tant du lieu du domicile du Donateur, que de la situation des choses données, & celles des meubles ou de choses immobiliaires qui n'ont point d'assiette, aux Bureaux établis près lesdits Bailliages, Sénéchaussées ou autre Siége Royal ressortissant nuément en nos Cours, du lieu du domicile du Donateur seulement; & au cas que le Donateur eût son domicile, ou que les biens donnés fussent situés dans l'étenduë de Justices Seigneuriales, l'Insinuation sera faite aux Bureaux établis près le Siége qui a la connoissance des cas Royaux dans l'étenduë desdites Justices, le tout dans le tems & sous les peines portées par l'Ordonnance de Moulins, & la Déclaration du 17 Novembre 1690. Déclarons nulles & de nul effet, toutes les insinuations qui seroient faites à l'avenir en d'autres Jurisdictions, dérogeant à tous Edits & Déclarations à ce contraires.

I I.

Voulons qu'à commencer au premier Juillet prochain les Commis établis dans chacun desdits Bureaux, lesquels seront tenus de prêter serment pardevant le Lieutenant Général des Siéges ci-dessus nommés, tiennent un registre séparé, cotté & paraphé par ledit Lieutenant Général, ou par le premier ou plus ancien Officier du Siége en son absence, dans lequel les actes de donations, si elles sont faites par un acte séparé, sinon la partie de l'acte qui contiendra la donation avec toutes ses charges ou conditions, seront inserés & enregistrés tout au long, pour le paraphe desquels registres il sera pris dix sols pour ceux de cinquante feuillets & au-dessous; vingt sols pour ceux de cent feuillets, & trois livres pour ceux qui contiendront plus de cent feuillets.

I I I.

Lesdits Commis seront tenus de communiquer lesdits registres sans déplacer, à tous ceux qui le demanderont, & de fournir des extraits, ou expéditions en papier, suivant qu'ils en seront requis, des actes y inserés, & ne sera pris que dix sols pour le droit de recherche dans chaque registre, & pareille somme pour chaque extrait délivré; & en cas qu'ils fussent requis de délivrer des expéditions entieres des actes enregistrés, il leur sera payé par rôle de grosse le même droit qui se paye pour les expéditions en papier au Greffe du Siége près lequel ils sont établis.

I V.

Lesdits registres seront clos & arrêtés à la fin de chaque année, par le Lieutenant Général, ou le premier ou le plus ancien Officier du Siége en fon abfence, & quatre mois après feront mis au Greffe de la Jurifdiction ; à quoi faire lefdits Commis feront contraints par corps, à la diligence des Subftituts de nos Procureurs Généraux, & fera dreffé Procès-verbal par le Lieutenant Général, ou par le premier ou plus ancien Officier du Siége, de l'état defdits regiftres, au bas duquel le Greffier de la Jurifdiction s'en chargera pour en donner communication toutefois & quantes, même en fournir des extraits gratis à nos Fermiers ou à leurs Commis, en lui rembourfant les frais du papier timbré feulement; à peine de cent livres d'amende, qui fera encouruë fur le fimple Procès-verbal defdits Commis.

V.

Lefdits Greffiers feront pareillement tenus de communiquer lefdits regiftres, fans déplacer, à tous ceux qui le demanderont, & de fournir des extraits ou expeditions auffi en papier, fuivant qu'ils en feront requis, des actes y inferés ; leur défendons de prendre pour raifon de ce, d'autres droits que ceux qui font attribués aux Commis par l'article III. des préfentes.

V I.

N'entendons déroger à l'article III. de notre Déclaration du 20 Mars 1708, en ce qu'il ordonne l'infinuation des donations par forme d'augments ou contre-augments, dons mobiles, engagemens, droits de rétention, agencemens, gains de nôces & de furvie, dans les Pays où ils font en ufage. Voulons que lefdits actes foient infinués conformément à ladite Déclaration, & les droits payés fuivant le tarif, en même-tems que ceux du Contrôle dans les lieux où le Contrôle eft établi, & dans ceux où le Contrôle n'a pas lieu, dans les quatre mois du jour & datte defdits actes, fans néanmoins que le défaut d'infinuation defdits actes puiffe emporter la peine de nullité, & ce conformément à notre Déclaration du 25 Juin 1729, lefquels droits, lorfqu'ils auront été payés en même-tems que ceux du Contrôle, appartiendront aux Fermiers qui auront infinué lefdits actes, fans répetition.

V I I.

Voulons pareillement que ladite peine de nullité ne puiffe avoir lieu à l'égard des donations de chofes mobiliaires, quand il y aura tradition réelle, ou quand elles n'excederont la fomme de mille livres, au cas qu'elles n'euffent pas été infinuées, conformément à l'article premier des Préfentes. Voulons que les Parties qui auroient négligé de les faire infinuer, foient feulement fujettes à la peine du double droit, & que les droits defdites donations

tions foient payés conformément à ce qui eſt preſcrit par l'article précedent. Voulons au ſurplus, que les Ordonnances, Edits & Déclarations enregiſtrés en nos Cours concernant les inſinuations, ſoient exécutés ſuivant leur forme & teneur, dans toutes les diſpoſitions auſquelles il n'eſt pas dérogé par ces préſentes. Sɪ DONNONS EN MANDEMENT, &c.

CHAPITRE X.

Formules de differentes eſpeces de Donations.

Donation de Marchandiſes & Meubles.

FUT préſente Claude Girard, veuve de Charles Laſnier, demeurante   laquelle déſirant donner des preuves de l'amitié & de l'affection qu'elle porte au ſieur Martin Giraud ſon couſin, & lui procurer un établiſſement, a par ces préſentes fait donation entre-vifs & irrévocable, en la meilleure forme que faire ſe peut; & pour plus de ſûreté, a promis & s'eſt obligée de garantir de toute revendication audit ſieur Giraud, demeurant à   à ce préſent & acceptant, toutes les marchandiſes qui ſont actuellement en la Maiſon, demeure & lieux que ladite veuve Laſnier occupe, où pend pour enſeigne   contenus en l'état qui en a été fait, lequel eſt demeuré ci-joint, après avoir été ſigné & paraphé des Parties en préſence des Notaires ſouſſignés; enſemble tous les uſtenciles, tablettes, & autres choſes ſervant à la profeſſion de pour de tout ce que deſſus donné, jouir, faire & diſpoſer par ledit Giraud, comme de choſe à lui appartenante, à commencer la jouiſſance de ce jour-d'hui. Cette donation ainſi faite pour les cauſes ſuſdites, & parce que telle eſt la volonté de ladite veuve Laſnier; & pour faire inſinuer ces préſentes au Greffe des Inſinuations du Châtelet de Paris, dans les quatre mois de l'Ordonnance, les Parties font & conſtituent leur Procureur le Porteur, lui donnant pouvoir; promettant, &c. obligeant, &c. renonçant, &c. Fait & paſſé, &c.

Donation entre-vifs, avec réſerve d'uſufruit.

FUT préſent Jacques, &c. lequel voulant donner au ſieur Claude, &c. des preuves de ſon amitié, a par ces préſentes fait donation entre-vifs, pure, ſimple & irrévocable, en la meilleure forme que faire ſe peut; & pour plus grande validité, promet garantir de tous troubles, dettes, hypoteques, évictions, & autres empêchemens généralement quelconques audit Claude, &c. à ce préſent & acceptant pour lui, ſes hoirs & ayans cauſe, une Maiſon ſiſe &c. où eſt l'enſeigne de la Croix, conſiſtant en un corps de logis, une Cour, ainſi qu'ils ſe pourſuivent & comportent, tenant d'une part à   d'autre à ladite maison audit sieur Donateur appartenant, comme l'ayant acquise de, &c. par Contrat passé pardevant, &c. Notaires, le　　jour de étant en censive de　　　　　　& envers lui chargé de de Cens & Droits Seigneuriaux, pour toutes charges, & sans aucunes autres dettes ni hypoteques quelconques; quitte néanmoins des arrerages desdits Cens & Droits Seigneuriaux du passé jusqu'à présent; pour de ladite Maison & lieux en dépendans, jouir, faire & disposer par ledit Donataire, ses hoirs & ayans cause, comme bon lui semblera, au moyen des présentes, à commencer ladite jouissance du jour du décès dudit sieur Donateur, qui s'en réserve l'usufruit seulement, pour en jouir à titre de Constitut & Précaire; & du jour du décès dudit sieur Donataire, ledit usufruit sera réuni & consolidé au fonds & proprieté de ladite Maison & lieux, au profit dudit Donataire, & de ses hoirs & ayans cause; transportant ledit sieur Donateur, tous droits de proprieté, fonds, très-fonds & autres qu'il a & pourroit avoir en ladite Maison & lieux, s'en délaississant au profit dudit Donataire, & de ses hoirs & ayans cause; voulant qu'il en soit saisi & mis en possession par qui & ainsi qu'il appartiendra, constituant à cet effet son Procureur le Porteur d'icelles, auquel il en donne pouvoir; & pour faire insinuer cesdites présentes au Greffe des Insinuations du Châtelet de Paris, dans les quatre mois de l'Ordonnance, lesdites Parties ont aussi constitué leur Procureur le Porteur des présentes, auquel elles en donnent pouvoir. Promettant, &c.

Donation faite en faveur de Mariage, avec rétention d'usufruit d'une partie des choses données.

FUT présente, &c. laquelle pour l'amitié qu'elle porte à Messire Nicolas son neveu, & désirant faciliter son futur mariage avec ladite Dame　　　　　　dans la vûe dudit mariage, a volontairement donné, cedé, transporté & délaissé par ces présentes, par donation entrevifs & irrévocable, en la meilleure forme & maniere que faire se peut, sans néanmoins aucune garantie de sa part, ni recours quelconque contr'elle ni sur ses biens, pour quelque cause & en quelque sorte & maniere que ce puisse être, non pas même des faits du Roi, quelqu'évenement qui puisse arriver audit sieur Nicolas, demeurant　　　　　à ce présent & acceptant pour lui, ses hoirs & ayans cause, sous les charges & conditions ci-après déclarées; c'est à sçavoir, en premier lieu, tous les biens, heritages & rentes situés & dûs en la Ville de　　　　　& ès environs, appartenant à ladite Dame Donatrice, en conséquence du délaissement qui lui a été fait par ses pere & mere, suivant le Contrat passé devant.　　　　　& son Confrere Notaires à　　　　le　　ainsi que lesdits biens se poursuivent & comportent, en l'état qu'ils sont présentement, & autant seulement qu'il s'en peut trouver appartenir aujourd'hui à ladite Dame Donatrice, dont ledit sieur Donataire est content, disant bien sçavoir & connoître lesdits biens donnés, avec tous les loyers, revenus & arrerages desdits biens; ensemble, les fruits qui peuvent en être dûs du passé jusqu'à présent par les Locataires, Fermiers & Débiteurs seulement, & ce sans aucune garantie comme dessus, ni aussi que le sieur Donataire puisse exercer aucune ac-

tion ni recours, non-seulement contre les heritiers dudit défunt sieur
pere, pour ce qu'il peut avoir touché desdits revenus & arrerages pendant sa
vie, mais encore contre les successions échûes desdits Sieur & Dame pere &
mere de ladite Dame Donatrice pour la garantie par eux promise, par ledit
Contrat de délaissement, pour lesdits biens, heritages, rentes & revenus compris en la présente donation, dont ladite Donatrice veut & entend que leurs
successions demeurent quittes & déchargées envers ledit sieur Donataire, ses
hoirs & ayans cause. Et en second lieu, d'une rente annuelle de 1720 liv. au
principal, à raison du denier vingt-cinq de la somme de
constituée sur les Aydes, Gabelles, &c. pour desdits biens donnés jouir,
faire & disposer par ledit Donataire, ses hoirs & ayans cause en proprieté &
à leur volonté : Sçavoir, desdits biens, heritages ou rentes situés & dûs en la
Ville de   & aux environs, du jour de la célebration du
mariage dudit sieur Donataire avec ladite Damoiselle
& de ladite rente sur les Aydes & Gabelles, seulement du jour du décès de
ladite Dame Donatrice, laquelle s'en réserve l'usufruit & jouissance pendant
sa vie, à titre de constitut & précaire, pour après son décès, ledit usufruit,
demeurer réuni & consolidé au fonds & proprieté de ladite rente en faveur
dudit sieur Donataire, ses hoirs & ayans cause, & à cause de ladite réserve
usufruitiere, ladite Dame Donatrice a retenu en ses mains la grosse du Contrat de constitution de ladite rente sur les Aydes & Gabelles, qu'elle veut &
entend être fournie & délivrée après sondit décès, par ses hoirs ou autres
qui s'en trouveront saisis, audit sieur Donataire, ses hoirs & ayans cause,
& dès-à-présent ladite Dame Donatrice lui a mis ès mains l'expedition dudit délaissement susdatté, reconnoissant ledit Donataire avoir en sa possession
tous les autres titres desdits biens de
& ès environs, dont il est content ; cette donation ainsi faite & acceptée aux
charges & conditions suivantes : Sçavoir, de payer par ledit sieur Donataire
les cens & rentes, & Droits Seigneuriaux, qui peuvent être dûs aux Seigneurs de qui relevent lesdits heritages, & ce tant pour le passé que pour l'a-
venir, d'entretenir les baux qui en pourroient rester à expirer, que le fond desdits biens présentement donné, compris ladite rente sur les Aydes & Gabelles,
demeurera propre audit sieur Donataire, & aux siens, de son côté & ligne paternelle ; & en cas de vente, remboursement, ou autres alienations du fond
du tout ou partie desdits biens par ledit sieur Donataire & de son vivant, les
deniers en seront par lui remployés en acquisition d'autres biens immeubles,
qui leur tiendront même nature de propre, & aux siens, de son côté & ligne
paternelle, & où ledit remploi ne se trouveroit pas fait lors de son décès,
en ce cas, les deniers en seront repris sur tous les biens dudit sieur Donataire,
qu'il délaissera au jour de son décès, & ce, pour ceux qui auront droit de lui
succeder du côté paternel ; à l'effet de quoi, l'action dudit remploi sera & demeurera propre & immobiliaire à ceux qui l'exerceront, & à eux de leur côté & ligne, du côté paternel dudit sieur Donataire. Plus, que la présente donation qui n'est faite que dans la vûe du futur mariage dudit sieur
avec ladite Damoiselle   sera & demeurera nulle comme non-
faite ni avenue, en cas que ledit mariage ne s'accomplisse pas, & au surplus,
parce que telle est la volonté & intention de ladite Dame Donatrice, la-

quelle, fous toutes lefdites conditions, a dès-à-préfent comme pour lors, tranfporté audit fieur Donataire, tous fes droits de proprieté, noms, raifons, actions, &c. autres qu'elle a & peut avoir, &c. & pour faire infinuer, &c.

Donation entre-vifs, à la charge de Penfion viagere.

FUT préfent Nicolas, &c. lequel, en confideration de l'amitié qu'il à pour a volontairement fait donation entre-vifs, en la meil- leure forme que faire fe peut, à Jacques, &c. fon frere, à ce préfent & ac- ceptant pour lui, fes hoirs & ayans caufe, du fixième par indivis au total d'u- ne Maifon fife de la confiftance de laquelle ledit Donataire a parfaite connoiffance, comme Proprietaire de la plus forte partie ; pour par ledit fieur Donataire jouir, &c. comme de chofe à lui appartenante, ainfi que du furplus qui lui en appartient, à commencer la jouiffance dudit fixième pour les loyers du premier Juin prochain. Cette donation faite parce que telle eft la volonté dudit fieur Donateur, à la charge du cens dont peut être tenu ledit fixième envers les Seigneurs en la cenfive defquels eft ladite Maifon ; & outre à la charge de cinq cens livres de penfion viagere que ledit fieur Donateur fe réferve, & que ledit fieur Donataire promet & s'oblige de lui bailler & payer annuellement aux quatre quartiers accoutumés également, dont le premier commencera, &c. & ainfi continuer jufqu'au décès dudit fieur Donateur, auffitôt lequel arrivé, ladite penfion fera réunie & confolidée au fonds & pro- prieté de ladite portion de Maifon, au payement defquels cinq cens livres de penfion, ledit fieur Donataire oblige, affecte & hypoteque tous fes biens, meubles & immeubles, préfens & à venir, outre le privilege primitif acquis fur ladite portion de Maifon, fans qu'une obligation déroge à l'autre, &c. Et pour faire infinuer, &c.

Nota. Que cette donation fe nomme auffi onéreufe & à charge.

Donation d'ufufruit à la charge d'une Rente viagere.

FURENT préfens M. Pierre Grunot de Valdery, Confeiller du Roi en fes Confeils, demeurant & M. Pierre Grunot, Con- feiller demeurant lefquels ont dit que par acte paffé devant & fon Confrere, Notaires à Paris le infinué où befoin a été, ledit fieur Grunot de Valdery a donné par donation entre-vifs, tant audit fieur Grunot, Confeiller qu'à M. Roland Grunot, Maître des Comptes, à préfent décédé, à chacun par moi- tié, les Fiefs, Juftice, Terre & Seigneurie de la Selle, Saint Cyr, & autres biens, Fiefs, Terres, Juftices, Seigneuries & Droits mentionnés en ladite donation ; enfemble, les meubles meublans qui étoient & fe trouveroient dans le Château, Bâtiment & dépendances de ladite Terre, avec les Cuves, Pref- foirs & autres uftenciles en dépendans ; dans lefquels meubles avoit été fti- pulé que la vaiffelle d'argent ne feroit point comprife, pour par lefdits fieurs Grunot, Maître des Comptes & Confeiller, jouir, faire & difpofer defdites Terres, Fiefs & Seigneuries, & meubles compris en ladite donation, comme dé chofe à eux appartenante, à commencer toutefois la jouiffance du jour du décès dudit fieur de Valdery, qui s'en eft réfervé l'ufufruit & jouiffance fa vie durant, pour en jouir par lui à titre de Conftitut & Précaire.

Que par autre acte paffé devant   l'un des Notaires fouffignés, & fon Confrere, le   infinué où befoin a été, lefdits fieurs Grunot, Maître des Comptes & Confeiller, freres, en fuivant le deffein qu'avoit eu ledit fieur de Valdery en leur faifant la donation ci-deffus mentionnée, de conferver & affurer ladite Terre de la Selle, fes appartenances & dépendances, & tout ce qui eft compris en ladite donation dans la famille, & au nom defdits fieurs Grunot; ce qui pouvoit s'exécuter naturellement, ayant lors chacun un fils; iceux fieurs Grunot freres, fe font refpectivement fait donation entre-vifs l'un à l'autre de la moitié qui appartenoit à chacun d'eux dans ladite Terre & Seigneurie de la Selle Saint-Cyr, fes appartenances & dépendances, & autres chofes comprifes dans la donation à eux faite par ledit fieur de Valdery, pour commencer à en jouir du jour de fon décès; ladite donation faite aux charges, conditions & ftipulations y mentionnées; qui ont été agréables audit fieur de Valdery, ainfi qu'il l'a déclaré par ladite donation qui a été faite en fa préfence.

Que par acte paffé pardevant ledit   & fon Confrere, le   dudit mois   auffi infinué où befoin a été, ledit fieur de Valdery, en augmentant & confirmant la donation par lui faite aufdits fieurs Grunot, Maître des Comptes & Confeiller, fes coufins, ci-deffus dattée & mentionnée; leur a encore donné toute la vaiffelle d'argent qui étoit dans le Château & dépendances de ladite Terre de la Selle, & qui avoit été exceptée par la donation du   1720, ladite vaiffelle d'argent détaillée & mentionnée en l'état qui en a été fait, qui eft demeuré annexé à la minute de ladite derniere donation; pour par lefdits fieurs Grunot freres, en jouir également & par moitié, comme leur appartenante du jour du décès dudit fieur de Valdery, qui s'en eft réfervé l'ufage & jouiffance fa vie durant; ladite donation faite fous condition que ladite vaiffelle d'argent fera & demeurera fubftituée aux enfans mâles defdits fieurs Grunot, Maître des Comptes & Confeiller, ainfi, de la même maniere, & aux conditions que ladite Terre de la Selle, fes appartenances & dépendances, meubles meublans compris en la donation du   1720, l'ont été par l'acte portant donation & fubftitution faite entre lefdits fieurs Grunot freres, en la préfence & de l'agrément dudit fieur de Valdery dudit jour.

Et voulant ledit fieur de Valdery faire connoître la fatisfaction qu'il a euë & a encore actuellement defdites donation & fubftitution ci-deffus mentionnées, & pour donner audit fieur Grunot, Confeiller au Parlement, de nouvelles marques de fon amitié, il lui a propofé de lui faire donation entre-vifs de l'ufufruit qu'il s'eft réfervé, tant par la donation du   que par celle du   afin qu'il puiffe dès-à-préfent entrer dans la jouiffance de ladite Terre de la Selle, & autres biens compris en ladite donation du   enfemble des meubles meublans, & de la vaiffelle d'argent donnée par l'acte du   fur laquelle propofition ledit fieur Grunot, Confeiller, lui a fait entendre qu'il vouloit bien accepter la donation dudit ufufruit, pourvû que lui fieur de Valdéry n'y voulût point comprendre les droits & profits qui pourront ariver pendant la vie dudit fieur de Valdery, par vente de Fiefs relevans de ladite Terre & Fief de la Selle, & des autres Fiefs compris en ladite donation, & qu'il confentît que ledit fieur Grunot, Confeiller, lui payât mille livres de rente & penfion viagere pour lui tenir lieu dudit ufufruit, fur lefquelles propofitions font les Parties convenues & demeurées d'accord de ce qui fuit.

C'eft à fçavoir, que ledit fieur Grunot de Valdery a par ces préfentes, donné, cedé & délaiffé par donation entre-vifs pure, fimple & irrévocable, faite en la meilleure forme que faire fe peut, & que donation peut avoir lieu, audit fieur Grunot, Confeiller, fon coufin & filleul, à ce préfent & acceptant, l'ufufruit, ufage & jouiffance que ledit fieur de Valdery s'étoit réfervé par la donation qu'il a faite aufdits fieurs Grunot freres, ledit jour 1720, de ladite Terre de la Selle Saint-Cyr, fes circonftances & dépendances, & des autres biens compris dans ladite donation, enfemble des meubles meublans qu'il leur a donnés par icelle.

Plus, l'ufage & jouiffance qu'il s'étoit auffi réfervé pendant fa vie de la vaiffelle d'argent, qu'il leur a donnée par ledit acte du
pour dudit ufage & jouiffance préfentement donné, jouir, faire & difpofer par ledit fieur Grunot, Confeiller, comme de chofe à lui appartenante, à commencer la jouiffance dudit ufufruit du premier
& en conféquence, entrer dans la jouiffance de ladite Terre & Seigneurie de la Selle, & de tous les biens, tant meubles qu'immeubles, compris en la donation du　　　　& de la vaiffelle d'argent donnée par l'acte du　　　　le tout de la même maniere que pourroit faire ledit fieur de Valdery, en vertu des réferves d'ufufruit qu'il avoit faites par lefdites deux donations.

Dans lequel ufufruit préfentement donné, feront compris les Droits Seigneuriaux qui pourroient être dûs, pour les ventes qui pourroient être faites des biens en roture étant en la cenfive, tant de la Terre & Fiefs de la Selle que des autres Fiefs compris en ladite donation du

Mais n'eft compris en la préfente donation d'ufufruit, & ledit fieur de Valdery fe réferve feulement les droits & profits qui pourront arriver pendant fa vie, à caufe des Fiefs qui pourront être vendus en la mouvance dudit Fief & Terre de la Selle, & des autres Fiefs compris en ladite donation du　　　　pour par lui recevoir lefdits droits féodaux, & en difpofer ainfi qu'il avifera bon être, fauf audit fieur Grunot, Confeiller, à fe faire rendre les foi & hommage, à fe faire fournir les aveux & dénombremens par les Acquereurs defdites Terres & Fiefs; & en cas qu'au jour du décès dudit fieur de Valdery tous lefdits droits Seigneuriaux qui pourront arriver pendant fa vie ne lui fuffent pas payés, ce qui en reftera dû appartiendra aud. fieur Grunot, Confeiller, auquel ledit fieur de Valdery en fait toute donation néceffaire; ce acceptant par ledit fieur Grunot, Confeiller, pour par lui recevoir ce qui reftera dû, & en difpofer comme de chofe à lui appartenante; cette donation faite pour les caufes & aux conditions fufdites, & pour la bonne amitié que ledit fieur de Valdery porte audit fieur Grunot,

Conseiller. Plus, à la charge par ledit sieur Grunot, Conseiller, de payer ainsi qu'il s'y oblige, toutes les charges réelles & foncieres dont lesdites Terres & Fiefs peuvent être chargés, à compter dudit jour premier

Plus, de payer audit sieur de Valdery, en sa demeure à Paris, ou au Porteur, mille livres de rente, & pension viagere pour lui tenir lieu dudit usufruit ci-dessus donné, & ce aux quatre quartiers accoutumés , dont le premier paye-ment échera pour portion de tems le .... & continuer jusqu'au jour du décès dudit sieur de Valdery, duquel jour lesdites mille livres de rente demeureront éteintes & amorties ; au payement desquelles mille li-vres de rente & pension viagere , ledit usufruit présentement donné, demeu-rera par privilege, obligé, affecté & hypoteque ; en outre, ledit sieur Gru-not, Conseiller, y affecte, oblige, & hypoteque ses autres biens , meubles & immeubles, présens & à venir , sans qu'une obligation déroge à l'autre ; & pour plus grande sûreté de l'exécution de la présente donation, ledit sieur de Valdery a transporté audit sieur Grunot, Conseiller, tous les droits qu'il avoit pour raison dudit usufruit , s'en dessaisissant, voulant Procureur le Porteur , &c. donnant pouvoir. Ce faisant , ledit sieur de Valdery a présen-tement délivré & mis ès-mains dudit sieur Grunot, Conseiller , une liasse des foi & hommage, aveux & dénombremens des Fiefs & Seigneuries de Douzy, Biort, relevans du Fief de la Coudre: Quant au surplus des titres concernant la proprieté de ladite Terre & des droits d'icelle, led. Sr. de Val-dery déclare qu'ils sont aud. Château de la Selle, consentant que led. Sr. Gru-not, Conseiller, s'en mette en possession pour s'en servir toutefois & quantes qu'il en aura besoin, à la réserve des titres des acquisitions faites desdites Terres par ledit sieur de Valdery , & défunt M. son pere, & des Décrets d'i-celles qui ne sont point au Château de la Selle, & que ledit sieur de Valdery promet délivrer audit sieur Grunot, & pour faire insinuer ces présentes au Greffe des Insinuations du Châtelet de Paris & partout ailleurs que besoin sera, les Parties constituent leur Procureur le Porteur des présentes, auquel ils en donnent pouvoir ; & pour l'exécution des présentes, les Parties ont élû domicile en leurs demeures ci-devant déclarées, ausquels lieux, nonob-stant, &c. promettant, &c. obligeant, &c. renonçant, &c. Fait & passé, &c.

Donation rémuneratoire.

FUT présent Jacques, &c. lequel considerant les bons services que Clau-de, &c. son Domestique, lui a rendus depuis plusieurs années, désirant l'en récompenser , & lui donner des marques de l'affection qu'il a pour lui, a volontairement fait donation entre-vifs, pure, simple & irrévocable, en la meilleure forme que faire se peut, & pour plus de sûreté, promet garantir de tous troubles, dons, douaires, dettes, hypoteques & autres empêchemens quelconques audit Claude, à ce présent & acceptant pour lui, ses hoirs & ayans cause, une Maison, &c. audit Jacques appartenant de son propre, à lui échûe de la succession, &c. dont il a présentement remis ès mains dudit Clau-de les titres & Contrats, &c. *Le reste comme dessus.*

Autre Donation rémuneratoire.

FUT préfent Luc, demeurant, &c. lequel a par ces préfentes, fait donation entre-vifs, pure, fimple & irrévocable, en la meilleure forme que
faire fe peut, fans efperance de la pouvoir révoquer ; & pour plus grande
validité, promet garantir de tous troubles, dettes, hypoteques, évictions,
aliénations & autres empêchemens quelconques à Paul, &c. & Marie, &c.
fa femme, qu'il autorife à l'effet des préfentes, demeurant rue, &c. à ce
préfens & acceptans pour eux, leurs hoirs & ayans caufe, une Maifon où eft
l'enfeigne de Saint Nicolas, confiftant, &c. audit fieur Donateur appartenante, au moyen de l'acquifition qu'il en a faite par Contrat, &c. étant en
la Cenfive de, &c. & envers lui chargée de tels Cens & Droits Seigneuriaux
que peut devoir, que lefdites Parties n'ont pû déclarer, &c. pour de ladite
Maifon, Jardin & lieux, jouir & difpofer par lefdits Donataires, leurfdits
hoirs & ayans caufe comme bon leur femblera au moyen des préfentes, à
commencer ladite jouiffance, &c. Cette donation ainfi faite pour récompenfer lefdits Paul & Marie des bons offices qu'ils lui ont toujours rendus &
qu'ils lui continuent encore journellement, & dans l'efperance qu'ils lui
continueront à l'avenir, de la preuve defquels ledit Donataire fe difpenfe,
& parce que telle eft fon intention de la leur faire ; tranfportant en outre par
ledit fieur Donateur, tous droits de propriété, fonds, très-fonds, & autres
qu'il a & peut avoir fur ladite Maifon & dépendances, dont il s'eft par cefdites préfentes deffaifi & dévêtu au profit defdits Donataires, & de leurfdits hoirs & ayans caufe, voulant qu'ils en foient faifis, & mis en poffeffion, par qui & ainfi qu'il appartiendra ; conftituant à cette fin fon Procureur
le Porteur, auquel il en donne pouvoir ; & pour faire infinuer cefdites préfentes, &c.

En matiere de donations entre-vifs, il eft néceffaire que les
claufes *tranfportant & deffaififfant*, foient entierement couchées
dans l'acte, parce que cela transfere la propriété de la chofe donnée au Donataire, ainfi qu'il a été dit ci-deffus.

Donation à la charge de nourrir le Donateur.

FUT préfent Nicolas, &c. lequel attendu fes indifpofitions & les maladies
continuelles dont il eft extrêmement affligé, reconnoiffant la bienveillance
& l'amitié que lui témoignent depuis quelques années le fieur Jean, &c. &
Marie, &c. fa femme, en confideration de l'eftime qu'il leur porte, a par
ces préfentes fait donation entre-vifs, pure, fimple & irrévocable, & promet garantir de tous troubles, dettes, hypoteques, évictions, aliénations, &
autres empêchemens généralement quelconques aufdits Jean & fa femme, à
ce préfens & acceptans, pour eux, leurs hoirs & ayans caufe, une Maifon,
&c. cette donation faite moyennant & à la charge que lefd. Jean & fa femme,
de lui autorifée à l'effet des préfentes, promettent & s'obligent folidairement
l'un

l'un pour l'autre, &c. audit fieur Nicolas, de le nourrir chez eux & fon Valet, leur fournir de lits, linge de table, feu, lumiere, & la chambre que ledit
Nicolas meublera au deuxiéme appartement fur le devant de la Maifon defdits
Jean & Marie fa femme, où ils font demeurans & à eux appartenante, le tout
pendant la vie dudit Nicolas, tant en fanté qu'en maladie, à condition que fi
ledit Nicolas tomboit malade, lefdits Jean & fa femme, & leurs Domeftiques
auront un foin particulier de lui; & pour faire infinuer, &c.

Donation pour récompenfe de fervices, à condition de n'en jouir par le Donataire, qu'au cas qu'il furvive au Donateur.

FUT préfent Charles Lemoine, &c. lequel défirant reconnoître les peines
& foins que prend journellement pour lui le fieur Claude Nolin, Bourgeois de Paris, & fouhaitant le récompenfer des fervices qu'il a ci-devant
rendus à fes défunts pere & mere, a par ces préfentes fait donation entre-
vifs & irrévocable audit Nolin, demeurant   ruë
Paroiffe.   à ce prefent & acceptant, de la fomme de trois
mille livres, à prendre fur les plus clairs & apparens biens qu'il délaiffera au
jour de fon décès, à la charge qu'en cas de prédécès dudit Donataire fans
enfans, ladite fomme appartiendra audit fieur Donateur, & la préfente donation demeurera éteinte fans qu'après fon décès fes heritiers collateraux ou
ayans caufe puiffent prétendre aucune chofe en la préfente donation, faite aux
conditions fufdires, parce que c'eft la volonté dudit Donateur; & pour faire,
fi befoin eft, infinuer &c.

Quand on veut faire une donation à une perfonne abfente dans
la vûe qu'elle acceptera la donation, on copie l'acte de donation
en fon entier, & enfuite le Donataire fait en la forme fuivante
l'acceptation de la donation.

Acceptation d'une donation faite au Donataire abfent.

FUT préfent, &c. lequel après avoir pris communication de la donation
entre-vifs faite en fa faveur par le fieur   fuivant l'acte paffé
pardevant, &c. le *tel* jour, & duquel copie eft ci-deffus, & auffi après avoir
entendu la lecture qui vient de lui être faite par l'un des Notaires fouffignés,
l'autre préfent, dudit Contrat de donation, a déclaré qu'il accepte ladite donation, fous toutes les charges, conditions & réferves y appofées; & pour la
faire infinuer partout où il appartiendra, il a conftitué fon Procureur le Porteur, &c. auquel il en donne pouvoir, dont acte. Fait & paffé &c.

Le Donataire peut auffi faire tranfcrire la donation à lui faite
dans le corps de l'acte d'acceptation, ce qui eft encore mieux, &
en conféquence l'acte d'acceptation fe fait en la maniere qui
fuit.

Acceptation d'une donation en conséquence de la donation insérée
dans l'acte d'acceptation.

FUT présent, &c. lequel après avoir pris communication d'un Contrat de
donation entre-vifs faite en sa faveur par, &c.   passé devant,
&c.   & duquel la teneur suit (*on copie en cet endroit la do-*
nation en entier) a dit & déclaré, qu'il accepte ladite donation, &c. *comme il*
est porté en l'acte d'acceptation ci-dessus.

Donation faite par un Particulier, au profit de son frere, d'une somme
à prendre sur tous ses biens après son décès ; de laquelle somme
le Donateur se réserve l'usufruit.

FUT present Toussaint Lafosse   lequel voulant donner
des marques de l'amitié qu'il a pour Nicolas Lafosse son frere, demeurant   & désirant lui procurer un établissement convenable, a par
ces presentes fait donation entre-vifs & irrévocable, en la meilleure forme
que donation puisse avoir lieu, audit sieur Nicolas Lafosse, à ce présent &
acceptant pour lui, ses hoirs & ayans cause, de la somme de vingt mille
livres une fois payée, à prendre sur tous ses biens, meubles & immeubles
les plus clairs & apparens qui se trouveront lui appartenir au jour de son
décès, jusqu'auquel il s'en réserve l'usufruit & jouissance à titre de Constitut
& Précaire ; auquel jour du décès dudit sieur Donateur, il veut & entend que
ledit sieur son frere soit saisi de ladite somme de vingt mille livres, ou des
Biens qu'il choisira pour icelle, sans être tenu d'en faire aucune demande en
Justice, se dessaisissant ledit sieur Donateur au profit dudit Donataire, dès-
à-présent, de tous ses biens, meubles & immeubles, présens & à venir, jusqu'à concurrence desdites vingt mille livres. Voulant, &c. Procureur le
Porteur, &c. donnant pouvoir, &c. Cette donation faite pour les causes susdites, & parce que telle est la volonté dudit sieur Donateur, & pour faire
insinuer, &c.

Donation faite par plusieurs enfans majeurs, au profit de leur pere,
d'une pension viagere à prendre après le décès de leur mere sur
les biens par lui abandonnés pour payement de ses reprises.

FURENT présens Messieurs Alexandre Thomas, Pierre Thomas &
Louis Thomas, demeurans   lesquels reconnoissent que Michel Thomas leur pere s'étant engagé dans quelques traités, où il a eu le malheur de
perdre la plus grande partie de son bien, ayant été obligé d'abandonner ce
qui lui en restoit à Damoiselle Jacqueline Hu sa femme, d'avec lui séparée
quant aux biens, pour la restitution de ses conventions matrimoniales, ensorte qu'il se trouve à présent sans aucun bien ; & désirant lui donner des
marques de reconnoissance de l'amour paternel qu'il leur a toujours témoi-
gné, en le mettant en état de subsister pendant sa vie, ils ont par ces pre-

fentes fait donation entre-vifs & irrevocable audit fieur leur pere, à ce préfent & acceptant, de la fomme de mille livres de penfion viagere fa vie durant, dont il jouira à commencer du jour du décès de ladite Damoifelle fa femme à prendre fur pareilles mille livres de rente dûë par lefquelles ont été cedées à ladite Damoifelle leur mere par ledit fieur leur pere, en payement de fa dot ; & en cas que ladite rente foit rembourfée, lefdits fieurs Thomas confentent que le principal d'icelle foit employé en acquifition d'autre rente, pour être affujettie à ladite penfion, au moyen de quoi lefd. Srs. Thomas Donateurs mettent & fubrogent led. fieur leur pere en leur lieu, droits & hypoteques, pour par lui jouir de ladite penfion fa vie durant, du jour du décès de ladite Damoifelle fon époufe, laquelle penfion demeurera éteinte au jour du décès dudit Thomas pere. Cette donation faite pour les claufes fufdites ; & pour faire infinuer, &c.

Touchant la donation de tous biens, il faut remarquer, qu'au moyen de l'Ordonnance du mois de Février 1731, elle ne peut être faite que des biens préfens & ne peut pas comprendre les biens futurs ; fauf à faire une nouvelle donation, quand le Donateur aura fait quelque nouvelle acquifition.

On peut néanmoins dans une donation de biens préfens y donner une fomme fixe, à prendre fur les biens qui fe trouveront au jour du décès, autres que ceux qui font compris en la donation, & telle donation feroit valable.

Donation entre-vifs réciproque de tous biens préfens.

FURENT préfens, &c. lefquels confiderant l'amitié réciproque qu'ils fe portent, ils fe font par ces préfentes fait donation réciproque entre-vifs & irrévocable, en la meilleure forme que donation peut avoir lieu, au furvivant d'eux deux, ce acceptant par led. furvivant réciproquement, de tous & chacuns leurs biens, meubles, immeubles, acquêts & propres qui appartiennent préfentement à chacun d'eux, & confiftent ; fçavoir, ceux dudit, &c. en, &c. & ceux dudit, &c. en, &c. pour en jouir par ledit furvivant, à commencer du jour du décès du premier mourant, & en difpofer comme de chofe à lui appartenante, fe refervant lefdites Parties refpectivement leur vie durant, l'ufufruit & jouiffance defdits biens, pour le tenir réciproquement l'un de l'autre à titre de Conftitut & Précaire, & auffi-tôt le décès du prédécedé, être réuni à la proprieté des biens par lui délaiffés au profit du furvivant. Cette donation faite pour les confiderations ci-deffus, & parce que telle eft leur volonté ; & pour faire infinuer, &c.

Autre donation entre-vifs réciproque de tous biens présens & d'une certaine somme fixe à prendre sur les biens qui se trouveront au jour du décès du premier mourant, autres que ceux qui sont compris dans la donation.

FURENT présens   demeurans
&   veuve de   demeurante avec ledit
frere & sœur, étant tous deux ce jour à Paris logés, &c. lesquels ayant toujours été en une égale & parfaite amitié, & défirant en témoigner l'effet & la reconnoissance l'un à l'autre, se sont par ces présentes fait donation entre-vifs, mutuelle, pure, simple & irrévocable, pour quelques causes que ce soit & puisse être l'un à l'autre, & au survivant d'eux, ce acceptant respectivement par ledit survivant, de tous & chacun les biens immeubles, acquêts & propres généralement quelconques à eux & à chacun d'eux appartenans, consistans : Sçavoir, ceux dudit sieur   en sa portion, en la moitié indivise entre lui & lad. Damoiselle sa sœur, au total d'une Ferme sise, &c. Plus, tous les meubles meublans, habits, linge, hardes, batterie de cuisine, ustenciles de ménage, vaisselle d'argent & d'étain, livres & autres effets, sans exception, qui sont en la Maison qu'ils occupent ensemble audit qui sont communs entr'eux, & qui leur sont venus tant desdites successions, que de leurs acquisitions mentionnées en l'état qu'ils en ont representé, & demeuré ci-joint, après avoir été signé & paraphé par eux en présence des Notaires soussignés. Plus, se sont respectivement donné, & au survivant d'eux deux, ce acceptant par led. survivant, la somme de   en deniers comptans une fois payée, à prendre sitôt le décès du prédécédé d'eux, sur les biens qui se trouveront appartenir au premier mourant à sondit décès, toutefois autres que ceux ci-dessus spécifiés, & que ceux compris audit état. Pour de tous lesdits biens & effets, & de ladite somme de   jouir, faire & disposer par ledit survivant & ses ayans cause, en toute proprieté du jour du décès dudit prédécédé, jusqu'auquel jour ils s'en réservent respectivement l'usufruit & jouissance pendant leurs vies, & ce, à titre de Constitut & de Précaire : sitôt le décès duquel prédécédé, ledit usufruit cessera & demeurera éteint, réuni & consolidé à la proprieté au profit dudit survivant, se transportant & démettant respectivement l'un au profit de l'autre, de tous droits de proprieté, noms, raisons, actions, rescindans & rescisoires, dont ils se sont dessaisis dès-à-présent au profit de l'un & de l'autre ; voulant que chacun d'eux en soit saisi & mis en possession, par qui & ainsi qu'il appartiendra, constituant à cette fin leur Procureur le Porteur, auquel ils en donnent tout pouvoir, jusqu'auquel décès, & pour perception dudit usufruit seulement, les titres de proprieté desdits biens & effets, sont restés entre les mains de celui auquel ils appartenoient ; & à l'égard desdits meubles, ils resteront toujours en commun : Voulant & entendant expressément qu'à l'instant dudit décès, ledit survivant se mette sur le champ en possession, & qu'il se fasse payer par les representans & ayans cause dudit prédécédé, de ladite somme de
Cette présente donation faite à la charge des Cens & Droits Seigneuriaux, si aucuns sont dûs sur ladite Ferme ; & aussi la présente donation est faite pour

la bonne amitié que lesdits Sieur & Damoiselle se portent, & par les considerations susdites, & encore, parce que telle est leur volonté : Déclarant lesdits Sieur & Damoiselle qu'ils ont vécu ensemble depuis plusieurs années, que leurs revenus ont été employés à leur dépense commune, qu'ils entendent continuer de même jusqu'au décès du prémourant d'eux, & qu'ils veulent que les representans ou ayans cause dudit premier mourant ne puissent former aucunes actions, demandes ni prétentions pour raison de ce, tant du passé que pour l'avenir, contre ledit survivant, en façon quelconque, comme le tout demeurant compris en la presente donation, & étant leur intention & volonté; pour faire insinuer ces présentes où besoin sera, les Parties ont donné tout pouvoir au Porteur de l'expedition d'icelle. Promettant, &c.

Autre donation entre-vifs respective.

FURENT présentes lesquelles ayant toujours vécu en une égale & parfaite union, & désirant s'en témoigner une reconnoissance réciproque, se sont par ces présentes, respectivement fait donation entre-vifs, pure, simple & irrévocable l'une à l'autre, & à la survivante d'elles, ce acceptant par chacune d'elles, de tous & chacuns les biens, meubles & immeubles, acquêts & propres généralement quelconques à elles appartenans, consistans, &c. sans en rien réserver, sinon la jouissance par usufruit la vie durant de chacune d'elles, qu'elles se constituent tenir à titre de Constitut & Précaire, voulant qu'à l'instant du décès de la prémourante, ledit usufruit cesse & soit réuni à la propriété desdits biens donnés, pour par la survivante d'elles, ses hoirs & ayans cause en jouir, faire & disposer en toute propriété, comme de chose leur appartenante. Cette donation faite pour la bonne amitié qu'elles se portent, par les considerations susdites, & que telle est leur volonté, se transportant à cette fin l'une à l'autre tous droits de proprieté & possession, rescindans & resciscoires, s'en dessaisissant respectivement, voulant que chacune d'elles en soit saisie & mise en possession, par qui & ainsi qu'il appartiendra, bien entendu que si lesdites Damoiselles venoient à se marier, ou l'une d'elles, & qu'elles se trouvassent lors toutes deux vivantes, la presente donation demeurera nulle: Et pour la faire insinuer; car ainsi, &c. promettant, &c. obligeant, &c. chacun en droit soi, &c. renonçant, &c. Fait & passé, &c.

Donation entre-vifs faite par un oncle à son neveu, de tous ses biens, Meubles & Immeubles, desquels Immeubles il donne la jouissance en passant icelle donation, & des Meubles seulement il s'en réserve la jouissance sa vie durant; laquelle donation porte décharge par le Donataire envers le Donateur de ce qu'il lui doit généralement quelconque, & de payer au Donateur une pension viagere.

FUT présent Jacques lequel attendu son grand âge & ses infirmités continuelles; ne pouvant plus vaquer à ses affaires, ni même faire valoir ses biens, qui ne consistent qu'en une Maison, Terres, Vignes,

& héritages situés au Village de   & lieux circonvoifins ; &
confiderant le refpect que lui a toujours porté Maître François
fon neveu, joint aux grands fervices qu'il lui a rendus, de la preuve defquels
il le difpenfe, & eftimant qu'il eft de juftice de l'en reconnoître; pour ces caufes a ledit fieur Jacques   par ces prefentes, donné, cedé, quitté,
tranfporté & délaiffé dès maintenant & à toujours, par donation entre-vifs
& irrévocable, en la meilleure forme que donation peut avoir lieu, auditFran-
çois   demeurant   à ce préfent & accep-
tant pour lui, fes hoirs, &c. tous & chacuns les biens, meubles & immeubles
généralement quelconques, qui appartiennent de préfent audit Jacques, con-
fiftans, &c. fans aucune exception ni réferve, finon de vingt-cinq livres de
rente au principal de cinq cens livres dûës audit Donateur par
dont il fe réferve la faculté de difpofer par teftament, ainfi qu'il avifera bon
être, pour de tous lefdits biens jouir par ledit François, fefdits hoirs, &c.
comme de chofe à eux appartenante, à commencer; fçavoir, defdits biens
immeubles, de ce jourd'hui; & defdits biens mobiliers, du jour du décès dudit fieur Donateur, qui s'en réferve expreffément la jouiffance fa vie durant,
reconnoiffant ledit François avoir en fes mains les titres concernans la propriété de tous les biens immobiliers, dont il décharge ledit Jacques, qui lui en
tranfporte tous droits de propriété, &c. voulant, &c. Procureur le Porteur,
&c. donnant pouvoir, &c. Cette prefente donation faite pour les caufes fufd.
& à la charge par ledit Donataire de payer les cens, rentes & Droits Seigneuriaux que lefdits immeubles peuvent devoir, dont il promet d'acquitter
& indemnifer ledit fieur Donateur; & outre, à la charge par ledit François
de payer, ainfi qu'il s'y oblige par ces prefentes, audit Donateur par chacun an, fa vie durant, la fomme de deux cens livres de penfion viagere, aux
quatre quartiers & par avance, dont le premier qui échera
a été par lui prefentement payé en louis d'argent, &c. audit fieur Donateur,
dont il fe contente & le quitte; & le fecond fera payé dudit jour en trois
mois, & ainfi continuer de quartier en quartier, & par avance jufqu'au jour
du décès dudit Jacques; auquel jour de fon décès ladite rente & penfion
viagere fera éteinte & amortie; s'oblige en outre ledit François de donner
audit fieur Donateur par chacun an au jour de Noël, fadite vie durant, deux
muids & demi de vin du cru dudit Village de   & d'en payer
la voiture, les droits d'entrées, & généralement tous les autres frais qu'il conviendra faire, enforte qu'ils foient mis francs & quittes de toutes chofes dans
la cave dudit fieur Donateur; & au moyen de la préfente donation ledit fieur
François quitte & décharge ledit Jacques de tout ce qu'il pouvoit lui devoir,
tant par conftitution, billets, obligations ou autrement, en quelque forte &
manière que ce foit & puiffe être: Car ainfi a été convenu; obligeant, &c.
pour faire infinuer, &c.

CHAPITRE XI.

Des Donations à cause de mort.

LA donation à cause de mort est une liberalité qui se fait en vûë, & en commémoration de la mort, ensorte qu'elle ne peut être confirmée que par le décès du Donateur.

Ces donations étoient valables dans le Pays de Droit écrit, & même dans plusieurs Coutumes de France.

Mais on a douté si elles étoient reçues dans la Coutume de Paris, comme M. de Ferriere l'a dit dans son Commentaire sur l'art. 277, où il a remarqué, que le plus sûr étoit dans cette Coutume, de faire ces sortes de donations à cause de mort, en forme de legs, & de les laisser dans un testament ou codicile. La raison est, qu'il paroît que cette Coutume ne reconnoît & n'admet point d'autre donation à cause de mort, que celle qui est revêtue des solemnités des testamens, & qu'elle les confond avec les legs, puisqu'elle n'a parlé que des donations entre-vifs, & des testamens, & n'a point parlé des donations à cause de mort, si ce n'est par un testament qui soit solemnel, & fait avec les formalités requises : Ainsi, dans l'étendue de la Coutume de Paris, cette sorte de donation a toujours été plutôt une disposition testamentaire, qu'une donation ; c'est pourquoi, comme elle participe entierement de la nature du testament, je renvôye le Lecteur à ce qui est dit ci-après des testamens.

Telles donations sont révocables à la volonté du Donateur, à l'exemple des dernieres volontés, lesquelles peuvent être révoquées à la volonté de celui qui les a faites, & ces donations sont réductibles au quint des propres.

D'ailleurs, depuis l'Ordonnance du mois de Février 1731, les donations à cause de mort ne sont plus valables, même en Pays de Droit écrit, à moins qu'elles ne soient revêtues des formalités requises aux testamens & codiciles suivant les art. III & IV. de cette Ordonnance, que nous avons rapportés ci-dessus.

Au moyen de ce que ces sortes de donations sont aujourd'hui confondues avec les testamens, je vais finir ce chapitre sans donner des formules de ces sortes d'actes.

Mais comme on peut encore aujourd'hui révoquer une do-

nation faite par teftament, fans donner atteinte à toutes les autres difpofitions qui y feroient contenuës, nous avons crû devoir
donner ici une formule d'une telle révocation.

Révocation de Donation à caufe de mort faite par teftament.

AUJOURD'HUI eft comparu Guillaume, &c. lequel a déclaré qu'il
a révoqué & révoque par ces préfentes la donation par lui faite à caufe
de mort, à Damoifelle Marie, &c. d'une Maifon fife, &c. felon qu'il appert
par fon teftament paffé pardevant   le
jour   parce que ledit fieur Guillaume ne veut & n'entend que
ladite donation ait aucun effet, mais qu'elle foit & demeure nulle, fans que
cela puiffe nuire à fes autres difpofitions teftamentaires, & que tel eft fon vouloir & intention pour certaines caufes & raifons qu'il n'a entendu ici déduire,
de laquelle préfente révocation il a requis acte aufdits Notaires fouffignés, qui
lui ont octroyé le préfent pour fervir & valoir en tems & lieu, ce que de raifon : Ce fut ainfi fait, &c.

CHAPITRE XII.

Du Don mutuel entre Conjoints.

DANS les Coutumes où il eft défendu aux Conjoints de s'a-
vantager l'un l'autre, on leur a permis le don mutuel au
profit du furvivant, qui n'eft que des meubles & conquêts immeubles de la communauté en ufufruit, & cela feulement lorfqu'il n'y a point d'enfans.

Les Coutumes fe font difpenfées de leur rigueur en ce point,
parce que l'avantage eft égal & l'efperance réciproque, & c'eft
cette égalité qui forme toute la faculté & l'effence de ce Contrat:
Mais afin que cette égalité y foit, il doit être fait en pleine fanté
de tous les deux, & non point dans la maladie dont l'un décede,
autrement il feroit nul.

Il eft fujet à infinuation dans les quatre mois, comme les donations entre-vifs, ainfi qu'il a été dit ci-devant.

Il y a eu queftion pour la validité d'un Don mutuel fait pendant
la groffeffe d'une femme toujours très-infirme durant icelle & fes
précedentes, dont l'enfant duquel elle étoit accouchée étoit
mort deux jours après, & elle fix jours après. Par Arrêt du quatorziéme

storziéme May mil fix cent quarante-huit, le Don mutuel fut déclaré valable. Le même Arrêt jugea, que n'y ayant point d'enfant lorfque le Don mutuel eft fait, & en furvenant depuis qui décedent avant leurs pere & mere, le Don mutuel eft valable, & n'a point été révoqué, parce que l'empêchement venant à ceffer avant la perfection de l'acte, il n'empêche plus, & eft comme s'il n'étoit point furvenu.

Le Don mutuel, depuis qu'il eft infinué, ne peut plus être révoqué que du confentement des Conjoints; & afin que cette révocation foit valable, elle doit être faite en pleine fanté de tous les deux; car étant faite durant la maladie, dont l'un décede, elle feroit nulle.

Prefque toutes les Coutumes chargent celui qui recueille le Don mutuel, de donner Caution, laquelle ne fe peut remettre nonobftant le confentement & ftipulation des Conjoints, parce que ce feroit un avantage indirect; ce qui fe doit entendre pour le Don mutuel fait pendant le mariage; car le Don mutuel fait par Contrat de mariage, avec décharge de Caution par le furvivant, eft valable fans donner aucune Caution; & cela en faveur du Contrat de mariage, où il eft permis aux Conjoints de s'avantager, ainfi qu'il eft dit ci-deffus page 297.

Le Donataire mutuel furvivant des deux Conjoints eft tenu d'avancer toutes les dettes mobiliaires, comme auffi les frais des obféques; mais non pas les legs, pas même les legs pieux. *Voyez* M. Ricard, dans fon Traité du Don mutuel.

Il ne faut pas confondre le Don mutuel avec la donation mutuelle; car les donations font bien differentes; en effet, le don mutuel fe fait entre Conjoints durant le mariage; au contraire la donation mutuelle fe fait entre futurs Conjoints par le Contrat de mariage, & avant la célebration d'icelui.

Cette donation mutuelle s'exécute fans formalités ni conditions, fi ce n'eft l'infinuation & l'inventaire qui doit être fait. Le furvivant n'eft pas obligé de donner Caution, à la difference du Don mutuel qui fe fait après le mariage contracté entre les Conjoints; lequel, 1°. Doit être infinué.

2°. Oblige le furvivant à donner Caution fuivant la Coutume, & à faire inventaire.

3°. N'a pas lieu, s'il y a des enfans vivans au tems de la donation.

4°. Ne peut être que des meubles & conquêts de la communauté, & non pas des propres; ce qui n'a pas lieu dans la do-

Tome I. FFfff

nation mutuelle qui fe fait par Contrat de mariage avant la célebration d'icelui, où l'on peut tout donner fi l'on veut.

Il y a néanmoins des Coutumes en France, comme celle du
Maine, article 334; celle d'Anjou, art. 321 & 325, qui permettent aux Conjoints de fe donner mutuellement, lorfqu'il y a
même des enfans, partie de leurs propres en ufufruit, & auffi en
proprieté, quand il n'y a point d'enfans.

Don mutuel fait par Conjoints pendant leur mariage.

AUJOURD'HUI font comparus pardevant les Notaires &c. Nicolas,
&c. & Marie, &c. fon époufe, qu'il autorife à l'effet des préfentes,
lefquels étant en parfaite fanté, confiderant qu'ils n'ont aucuns enfans, pour
fe donner des marques de l'affection réciproque qu'ils fe portent, & procurer
au furvivant d'eux deux les moyens de vivre avec plus d'aifance, ils fe font
volontairement fait & font par ces préfentes, Don mutuel réciproque & égal
l'un à l'autre, & au furvivant d'eux, ce acceptant par ledit furvivant, de
tous & chacuns les biens, meubles & conquêts immeubles qui fe trouveront
être & appartenir au premier mourant au jour de fon décès en quelques
lieux & endroits que lefdits biens foient fitués, pour en jouir par le furvivant par ufufruit, fuivant la Coutume, pourvû toutefois, qu'au jour dudit décès, il n'y ait aucuns enfans vivans de leur mariage; & pour faire infinuer au Greffe, &c.

Autre Don mutuel.

AUJOURD'HUI font comparus, &c. Adrien & Marguerite fa fem-
me, qu'il autorife à l'effet des préfentes, demeurans, &c. lefquels en confideration de l'amitié qu'ils fe portent l'un à l'autre, fe font par ces préfentes
volontairement fait Don mutuel & réciproque l'un à l'autre, & au furvivant
d'eux, ce acceptant par ledit furvivant, de tous les biens, meubles &
conquêts immeubles, généralement quelconques, qui appartiendront au
premier mourant d'eux, au jour de fon décès, en quelques lieux qu'ils
foient & fe trouvent fitués; pour en jouir par le furvivant en ufufruit pendant fa vie, conformément à la Coutume de Paris, nonobftant toutes autres
Coutumes & difpofitions contraires, aufquelles ils ont dérogé & renoncé pour
cet effet, pourvû toutefois qu'au jour du décès du premier mourant, il n'y ait
aucuns enfans vivans ou à naître de leur mariage; & pour faire infinuer ces
préfentes au Greffe du Châtelet de Paris, & partout ailleurs que befoin fera,
les Parties ont conftitué leur Procureur le Porteur des préfentes, auquel ils
donnent pouvoir de ce faire, & d'en requerir acte; promettant, &c. obligeant, &c. renonçant, &c. Fait & paffé, &c.

Autre Don mutuel, avec réferve d'une fomme.

AUJOURD'HUI font comparus, &c. Maître François F Confeiller
du Roi, & Commiffaire des Guerres au département de Valenciennes;
& Dame Marguerite C. ... fon époufe, qu'il autorife à l'effet qui fuit, demeurant ordinairement aud. Valenciennes, étant de préfent à Paris, logés en

la Maiſon où pend pour enſeigne la Sellette rouge, rue Saint Denis Paroiſſe Saint Euſtache; leſquels n'ayant à préſent aucuns enfans, & voulant procurer les moyens, au ſurvivant d'eux, de vivre plus commodément avec les biens qu'il a plû à Dieu de leur départir, ſe ſont par ces préſentes fait Don mutuel égal, réciproque & irrévocable, en la meilleure forme que faire ſe peut au ſurvivant d'eux deux, ce acceptant par ledit ſurvivant, de l'uſufruit & jouiſſance de tous & chacuns les biens, meubles & conquêts immeubles qui ſe trouveront appartenir audit premier mourant, au jour de ſon décès, à cauſe de la communauté de biens qui eſt entr'eux, pour en jouir par le ſurvivant ſuivant la Coutume de Paris, à la réſerve de la ſomme de en deniers comptans dont chacun deſdits Sieur & Damoiſelle F   pourront diſpoſer par teſtament; & au cas que le premier mourant n'ait diſpoſé de ladite ſomme à lui réſervée au jour de ſon décès, la jouiſſance en appartiendra au ſurvivant, en conſequence des préſentes; pour leſquelles faire inſinuer au Greffe des Inſinuations du Châtelet, & où beſoin ſera, leſdites Parties ont fait & conſtitué leur Procureur le Porteur d'icelles, lui en donnant pouvoir; promettant, &c. obligeant, &c. Fait & paſſé, &c.

Comme la matiere du Don mutuel eſt importante, avant que de finir ce chapitre, nous expliquerons les queſtions les plus ordinaires qui ſe preſentent à ce ſujet.

I. On demande ſi l'inégalité de biens qui ſe trouve dans un Don mutuel en cauſe la nullité pour le tout? Par exemple, il eſt convenu que la femme ſurvivante ne jouira que de l'uſufruit d'une certaine ſomme de la part du mari en la communauté, & qu'au contraire le mari ſurvivant jouira de la part entiere en la communauté, appartenante à la femme au jour de ſon décès.

Il faut dire que ce Don étant inégal, directement & expreſſément par la convention des Parties, il demeure entierement nul pour le tout. La raiſon eſt, que dans les Contrats ſynallagmatiques & réciproques, les conventions ſont indiviſibles, d'autant que le conſentement n'a été donné qu'à la charge de l'avantage plus fort d'un côté, ſans lequel il n'auroit pas été donné.

Mais quand il s'agit d'un retranchement qui ſe fait par la diſpoſition de la Loi, ſans le fait des Parties, leſquelles ont eu deſſein de ſe faire un avantage égal aux termes de la Coutume, ce retranchement ne donne point atteinte à la convention des Parties, au moins juſqu'à concurrence de l'égalité. *Voyez* ce que M. de Ferriere a dit ſur l'article 280 de la Coutume de Paris, gloſe 1, nomb. 112 & ſuiv.

II. On demande ſi le Don mutuel, ou la donation mutuelle requiert une acceptation expreſſe, & la tradition réelle ou feinte?

Elle ne requiert ni l'un ni l'autre; car la donation mutuelle n'est considerée que comme un Contrat onéreux, lequel ne requiert que le consentement des Parties énoncé dans l'acte qui en est fait, les Contrats ne requerant rien autre chose que leur perfection ; mais on a requis d'autres formalités pour la donation pure & simple, qui est un Contrat lucratif. A l'égard de la tradition, elle n'est pas requise dans le Don mutuel, ni dans la donation mutuelle, parce que les choses étant données sous un évenement incertain, les choses contenuës dans ces sortes de donations demeurent en possession des Donateurs, & la tradition feinte n'y peut avoir lieu, vû que leur dessein n'est pas d'en transferer la possession.

III. On demande si les mineurs peuvent faire donation mutuelle ou Don mutuel?

Comme cet avantage est réciproque & dépend de la survivance de celui qui en veut profiter, qui est un cas incertain, & qu'il ne comprend que les biens de la communauté qui viennent du travail & de l'économie des Conjoints, ou qu'il provient de la convention de leur Contrat de mariage fait en présence de la famille; il n'y a pas lieu de douter que la donation mutuelle ou le Don mutuel ne soient valables, quoique faits entre deux mineurs, & même quand il n'y auroit que l'un des Contractans qui fût mineur.

IV. On demande si l'autorisation expresse du mari est requise pour la validité du Don mutuel?

Comme la Coutume de Paris requiert l'autorisation du mari dans tous les actes que fait la femme mariée, & qu'elle la déclare sans aucune distinction inhabile à passer aucuns actes & Contrats, n'étant point autorisée ; il y a lieu de dire, que le Don mutuel fait pendant le mariage, sans l'autorisation du mari, seroit absolument nul.

V. On demande encore, si le Don mutuel entre Conjoints doit être fait par un seul & même Contrat, & s'il peut être fait sous seing privé?

Il n'y a point de doute qu'il ne doive être fait par un même acte, autrement si le mari faisoit une donation à sa femme de la moitié qui appartiendroit au mari des biens de la communauté, pour en jouir par elle, en cas de survie, & que quelque tems après la femme fit une semblable donation à son mari, ces deux donations étant distinctes & séparées, seroient nulles, comme étant faites pendant le mariage, contre la disposition de la Coutume, ensorte que la premiere ne pourroit pas être confirmée par la seconde.

A l'égard de l'autre question, sçavoir si le Don mutuel peut être fait sous seing privé, la Coutume de Paris n'ordonne pas qu'il soit fait pardevant Notaires ; cependant je crois que cela est absolument nécessaire pour sa validité ; & qu'ainsi étant fait sous seing privé, il ne seroit pas valable, à moins qu'il ne fût par après reconnu pardevant Notaires.

La raison est, que le Don mutuel n'est pas valable, s'il n'est fait par les Contractans, étant l'un & l'autre en parfaite santé. Si on recevoit un Don mutuel fait sous signature privée, on pourroit l'antidater ; ainsi les heritiers du premier mourant pourroient dire avec raison qu'il a été fait pendant sa maladie.

CHAPITRE XIII.

Des Démissions de biens.

DEMISSION de biens, est une disposition par laquelle un homme poussé par l'affection du sang, dans la vûe d'imiter l'ordre naturel des successions & de prévenir le cas de la mort, se dépouille & se démet de son vivant de l'universalité de ses biens pour en saisir par anticipation ses heritiers présomptifs, & les rendre par ce moyen Possesseurs actuels, & Proprietaires des biens d'une succession, dont ils n'avoient que l'esperance.

Dans la plupart des lieux où la démission est reçûe, on la juge révocable : Ainsi, elle n'est pas une donation entre-vifs ; elle n'est pas non plus une donation testamentaire, puisqu'elle a un effet présent ; & n'est point sujette aux formalités que les testamens requierent ; mais c'est ordinairement un Contrat sans nom, *do ut des, do ut facias* ; à cause des conditions que le Démettant a coutume d'imposer, comme d'une pension viagere.

Les démissions se font rarement par d'autres que par des peres & meres ou autres ascendans, & ne se pratiquent gueres qu'entre gens d'un état très-médiocre, qui abandonnent leurs biens à leurs présomptifs heritiers pour se mettre à couvert de l'imposition de la Taille, & pour s'assurer de quoi vivre en repos le reste de leurs jours.

La volonté du Démettant doit être certaine & constante, & l'acte qu'il en fait par écrit, doit avoir toutes les conditions requises pour faire une démission.

La premiere eſt, qu'elle ſoit acceptée par ceux au profit de qui elle eſt faite ; car de même que nul n'eſt heritier qui ne veut, de même auſſi nul n'eſt Démiſſionnaire qui ne veut. L'acceptation d'une démiſſion ſe peut faire expreſſément par le même acte ou par un autre ſéparé ; elle peut auſſi être faite tacitement, par la priſe de poſſeſſion des biens démis qu'en fait le Démiſſionnaire en les exploitant, ou bien par le partage qu'il en fait avec ſes co-Démiſſionnaires ; au lieu qu'une donation doit être nommément & expreſſément acceptée, & que dans l'acte mention doit être faite de l'acceptation ; au reſte, l'acceptation d'une démiſſion n'eſt point une acceptation de ſucceſſion ; ainſi il eſt libre au Démiſſionaire qui a accepté la démiſſion, de renoncer lors du décès du Démettant à ſa ſucceſſion, ou de l'accepter ſous bénéfice d'inventaire.

La ſeconde eſt, que le Démettant & le Démiſſionnaire ſoient capables des effets civils.

La troiſiéme, que le Démettant ſe démette en faveur de ſon heritier préſomptif ; & quand il y en a pluſieurs, il faut que la démiſſion ſoit faite en faveur de tous.

La quatriéme eſt, que l'acte de démiſſion ne contienne point de partage, ou que celui que le démettant feroit, ſoit entierement conforme à la Loi des ſucceſſions *ab inteſtat*, de ſorte qu'il laiſſe ſes biens à tous ceux que la Coutume y appelle, & de la maniere qu'elle les y appelle.

La cinquiéme eſt, que la démiſſion comprenne tous les biens du Démettant à l'imitation du droit d'hérédité qui eſt univerſel. Il faut même que la démiſſion ſoit faite par forme d'univerſalité ; c'eſt pourquoi ſi le Démettant donnoit tous ſes biens à titre ſingulier, cet acte, quoique fait en faveur de ſes heritiers préſomptifs, ne ſeroit pas une démiſſion, mais une donation qui devroit être revêtue des formalités des donations entre-vifs, & qui ne ſeroit pas ſujette à révocation ; la raiſon eſt, qu'une ſucceſſion ne ſe défere pas à titre ſingulier, & que la démiſſion eſt une ſucceſſion anticipée.

La ſixiéme eſt, que le Démettant ne donne point à ſes biens une qualité qu'il ne pourroit leur donner par teſtament en la perſonne de ſes heritiers ; mais il faut qu'il ſe conforme entierement aux Loix des ſucceſſions *ab inteſtat*.

La ſeptiéme eſt, que la démiſſion ait un effet préſent, & transfere la poſſeſſion & la propriété des biens démis en la perſonne du Démiſſionaire, pour en jouir tant que la démiſſion ne

fera point révoquée ; enforte que le Démettant eſt par fiction réputé mort du jour de la démiſſion : Mais comme à l'exception de
la Province de Bretagne, la démiſſion eſt révocable à la volonté
de celui qui l'a faite, elle ne ſaiſit définitivement & incommutablement le Démiſſionaire qu'au moment du décès du Démettant ;
tems auquel le partage anticipé devient irrévocable.

De ce que nous venons de dire, il s'enſuit que le partage anticipé, dont il eſt parlé dans la Novelle 18, chapitre 7, & la Novelle 107, qui ſe pouvoit faire chez les Romains par un pere entre
ſes enfans, & qui ſe peut faire encore parmi nous, n'eſt point une
démiſſion. 1°. Parce que ce partage ſe fait ſans avoir beſoin d'être
accepté du vivant du pere. 2°. Parce qu'il n'a pas un effet preſent,
& qu'il ne concerne que le tems de la mort du pere qui l'a fait.
3°. Parce qu'il n'exige pas que les parts & portions des enfans
ſoient égales, & que le pere qui fait le partage peut avantager qui
bon lui ſemble de ſes enfans, pourvû qu'il laiſſe la légitime aux
autres ; ces mêmes raiſons prouvent auſſi que le partage dont il eſt
parlé dans l'article 216 de la Coutume de Bourbonnois, n'eſt pas
une véritable démiſſion, mais un ſimple partage.

Voyez ce que M. de Ferriere a dit touchant la démiſſion des
Biens, dans ſon Introduction à la Pratique.

Formule d'une démiſſion de biens.

FUT préſente Dame   veuve de   demeurante à
laquelle déſirant ſe débaraſſer des affaires du monde pour ne ſonger qu'à
celles de ſon ſalut, a volontairement donné, abandonné & délaiſſé du tout dès
maintenant & à toujours, & s'eſt volontairement démiſe par anticipation de
ſucceſſion à Jean   demeurant à   & Marie
demeurante à   ſes enfans & heritiers préſomptifs à ce préſens &
acceptans, tous les biens, ſommes principales, arrerages, interêts échûs &
autres effets généralement quelconques qui appartiennent préſentement à ladite Dame   ſans aucune exception, ſinon de ſes meubles meublans qu'elle ſe réſerve, tous leſquels biens & effets, ladite Dame a dit être
mentionnés en un état qu'elle en a repreſenté, qu'elle certifie véritable, demeuré annexé à ces preſentes, après avoir été paraphé des Parties & des Notaires ſouſſignés, ſans néanmoins que ledit état puiſſe empêcher que s'il s'en
trouvoit d'autres que ceux qui y ſont énoncés, ils ne ſoient compris dans le
préſent délaiſſement ; ladite Dame n'entendant s'en réſerver aucuns ; & déclare que tous ſeſdits biens ne ſont chargés d'aucune dette ni hypoteque, à
la réſerve de   de rente qu'elle doit à
à l'effet du préſent délaiſſement, ladite Dame a preſentement remis & délivré
auſdits Sieur & Damoiſelle   ſes enfans tous les titres &
papiers qu'elle avoit, concernans ſeſdits biens & affaires, dont a été fait un

état auſſi demeuré annexé à ces préſentes , après avoir été paraphé deſdites
Parties & Notaires ſouſſignés ; conſentant que ceux qui peuvent en avoir
d'autres, les remettent ès mains deſdits Sr. & Damoiſelle   ſes enfans, qu'elle ſubroge en tous ſes droits, noms, raiſons, actions, privileges & hypoteques ; pour par eux jouir , faire & diſpoſer de tous leſdits biens & effets ,
comme de choſe à eux appartenante , conſentant même ladite Dame
que leſdits Sieur & Damoiſelle   ſes enfans, faſſent le recouvrement de tous leſdits effets ſous ſon nom ; tranſportant , &c. déſaiſiſſant ,
&c.

Fin du premier Volume.